COLLECTION
FOLIO/ESSAIS

Sous la direction
de Roland-Manuel

Histoire
de la musique

I vol. 1

*Des origines
à Jean-Sébastien Bach*

Gallimard

Cette édition reprend l'intégralité des deux tomes de l'*Histoire de la musique*, ouvrage paru, sous la direction de Roland-Manuel, dans l'Encyclopédie de la Pléiade.

Chaque tome est publié en deux volumes dont la pagination est continue d'un volume à l'autre. Les tableaux chronologiques, les index de chaque tome (des noms, des œuvres) ainsi que les tables des matières, analytique et générale, se trouvent donc en fin de chaque volume indiqué comme second (vol. 2). Le glossaire des principaux termes techniques se trouve à la fin du tome premier (I, vol. 2).

PRÉFACE

ON peut lire dans le Grand Dictionnaire Universel du xxᵉ siècle, à l'article *Guillaume de Machaut* : « *Ses compositions musicales, (...) dont l'intérêt est purement historique, fourmillent de fautes d'harmonie.* » Jugement qui présente lui-même un intérêt « purement historique... » Félix Clément, qui l'a rendu en 1872, fut un musicographe de l'espèce sérieuse et l'un des fondateurs de l'École Niedermeyer. Il est plaisant de lui voir relever des « fautes d'harmonie » dans la musique d'une époque où la notion même d'harmonie est proprement inconcevable, chez le plus grand polyphoniste du XIVᵉ siècle — ce même Machaut à qui nous faisons gloire aujourd'hui d'avoir été le premier à savourer le pressentiment de l'accord dans les intermittences du contrepoint.

En 1892, vingt ans après Félix Clément, un jeune compositeur de saine et forte culture, Paul Dukas, s'efforce de déterminer « le point précis où la musique a pu commencer à mériter de s'appeler un art ». Il croit le découvrir aux confins du Moyen âge et de la Renaissance, en un temps où « la musique est encore balbutiante », et il s'arrête au *Miserere* de Josquin des Prés dont il goûte « la saveur archaïque, la naïve roideur des formes, l'adorable et touchante gaucherie ». Cependant, chacun pense et dit aujourd'hui que le style de Josquin répond à la perfection savamment achevée du gothique en sa dernière fleur. Sans doute, les perspectives illusoires n'ont cessé de commander, au cours des âges, ces vues du présent sur le passé qui composent proprement ce que nous appelons l'histoire, et l'on dira que la musique n'en détient pas le monopole. Il importe néanmoins d'indiquer les obstacles singuliers qui ont longtemps empêché notre art de concevoir l'étendue de ses métamorphoses, et qui lui interdisent encore de prendre sa place et sa pleine signification dans le concert de l'humanisme.

De la fin du XVIᵉ à la fin du XVIIᵉ siècle, nous voyons la musique plus attentive à sa mythologie qu'à son histoire, et moins occupée encore de son histoire que de sa géographie.

Les sources antiques, qui défrayent à l'envi la littérature et les arts plastiques, sont hors de sa portée. Aujourd'hui encore, la musique grecque ne nous livre qu'une dizaine de fragments d'une interprétation problématique et dont l'ensemble n'excéderait pas la capacité d'une face de disque microsillon de quinze centimètres. Autant dire que la matière de cette musique est perdue. Moyennant quoi, dans un pays de stricte obédience humaniste comme le nôtre, les législateurs du Parnasse et les maîtres de l'Université conserveront l'habitude de laisser en marge de la culture le seul art qui n'ait pas de référence certaine à l'Antiquité grecque et latine. Comment la musique pourrait-elle se porter partie dans la querelle des Anciens et des Modernes ? Charles Perrault n'en fait pas moins dire aux interlocuteurs de son Parallèle *quelques mots qui rejoignent le fond de notre débat : « — Combien de secrets, dit l'un, se sont perdus entièrement sans qu'il en soit demeuré aucune trace. — C'est mauvais signe pour ces secrets-là, répond l'autre, et il ne faut accuser de leur perte que leur peu d'utilité ou leur peu d'agrément. — Il ne vous reste plus qu'à dire que ce sont les Modernes qui ont appris aux Anciens tous les arts et toutes les Sciences... »*

Au vrai, comment les premiers pourraient-ils résister à l'envie de prêter aux seconds les lumières et les conseils de leur expérience ?

Car la musique de l'âge classique ne dispose que du passé qu'elle se donne. Privée de tout recours aux parangons antiques, elle n'en méprise pas moins le legs des siècles qui l'ont précédée, et qu'elle nomme gothiques, *avec le dédain qui s'attache pour lors à l'épithète. Elle a le sentiment d'être née de la veille et n'attend rien du lendemain. Le présent la défraye et lui suffit. Nous avons quelque peine à nous convaincre qu'il fut un temps où tout concert aurait pu prendre place dans un festival de musique contemporaine ; où la faveur qui se portait sur une cantate ou sur un opéra durait ce que dure aujourd'hui le succès de ces musiques que l'on dit de variété. Plus près de nous, Auber tient encore la musique pour une activité qui ne mérite pas de retenir l'attention de l'histoire : « C'est un art fugitif que la mode détruit »; mais déjà des voix s'étaient élevées d'outre-Rhin. Elles avaient incliné Schumann à demander grâce pour « cette orpheline dont personne ne peut nommer le père ou la mère ».*

C'est que, dès les beaux jours de l'Encyclopédie, tandis que s'exténuait la vieille lutte de prestige entre les musiques de

France et d'Italie, l'*Allemagne* de l'*Empfindsamkeit était*
entrée dans le jeu. Il était naturel que cette nouvelle venue
s'efforçât d'appuyer de solides précédents son éclatante et sou-
daine suprématie. Reste que l'*Allemagne* est « *tardive en son*
art comme en son histoire » selon le mot de Focillon, et il n'était
pas moins naturel que son entreprise lui suscitât des rivales.
A l'heure où Victor Hugo s'obstine à nous faire croire que la
musique est « *née au XVI*e *siècle* », entre les « *doigts sonores* »
de Palestrina, une élite de chercheurs français, belges, anglo-
saxons découvrent, chacun dans son domaine, que la musique
est lourde de passé et que les débuts de son histoire se perdent
dans la nuit des âges. On notera que les premiers monuments
de la science musicologique coïncident avec l'affirmation du principe des nationalités : les publications initiales de la Bach-
gesellschaft, les études médiévales d'Edmond de Coussemaker
et la Biographie universelle de Fétis sont sensiblement
contemporaines des révolutions de *1848.*

Les Académies florentines et parisiennes, au temps de la
Renaissance, avaient caressé la chimère d'un humanisme musical
fondé, à défaut de documents substantiels, sur les écrits des
philosophes de l'antiquité — en particulier sur le troisième
livre de la République. Le XIXe siècle, tourmenté par
l'obsession romantique des retours, mais partiellement nanti de
connaissances précises, va se charger de prouver que le dogme
de l'imitation des Anciens est applicable à toutes les fins de
l'esthétique.

Un nouvel humanisme, moins « platonique » que n'avait été
celui des Renaissants, tentera de promouvoir une science, encore
colorée du reflet de ses songes et trop souvent égarée par la fièvre
chauvine.

Mais les Muses sont filles de Mémoire : les perspectives de
la musicologie, à s'élargir sans trêve, font injure à l'étroitesse
des nationalismes. Nous en venons maintenant à découvrir des
baroques et des précieux, des classiques et des romantiques,
bref à nous choisir des ancêtres, des maîtres et des modèles
au-delà des époques que nos aînés considéraient comme primitives — hors des lieux qu'ils tenaient pour privilégiés. A surprendre dans les couloirs d'une discothèque les propos de certains
réalisateurs d'émissions radiophoniques, on en vient à se demander si le zèle des paléographes et des ethnologues est à la
mesure d'une impatience qui voudrait apaiser sa fièvre de
nouveauté en remontant indéfiniment le cours du temps. Il semble,
aussi bien, que l'opinion se soit moins modifiée, depuis dix ans,

à l'égard d'un Igor Strawinsky que sur le propos de saint Ephrem le Syrien, et nous en avons certainement moins appris, dans le même temps, sur les possibilités de la musique concrète que sur les origines de la polyphonie. L'existence, aujourd'hui bien attestée, d'une polyphonie immémoriale, spontanément pratiquée dans le monde entier par les représentants de diverses civilisations archaïques : Pygmées, Indiens d'Amérique, etc. réduit à néant la thèse classique et constamment reprise dans nos manuels, qui porte au crédit de l'Europe occidentale, et d'elle seule, le principe de cette association de voix concurrentes — complexio oppositorum, sur quoi repose tout l'édifice de la musique européenne.

Autour de nous cependant, le désaveu presque unanime d'un système tonal aux fonctions impératives, la complaisance marquée pour les échelles mélodiques exorbitantes de ce système, le goût d'un rythme libre dans le cadre d'une métrique sévère, le besoin accru d'instruments de percussion à sons fixes, les exigences du timbre promu à la dignité d'élément formel de la composition, tout un ensemble de pratiques et de techniques nous éloignent et nous libèrent de cette époque où la musique d'Occident donnait valeur d'absolu aux conventions qu'elle appliquait à son exercice. Tout nous porte, au demeurant, à cultiver la nostalgie de ces civilisations qu'on a pu croire immuables, que la permanence de leurs traditions semblait promettre à l'éternité et dont les liturgies, gardiennes et témoins du temps mythique, ont trouvé dans la musique l'expression du cycle enchanté de la durée. C'est pourquoi nous nous sentons capables d'un intérêt sérieux pour les orchestres de Bali comme pour l'Opéra de Pékin, tandis que Félix Clément nous fait rire quand il censure les « fautes d'harmonie » de Guillaume de Machaut.

*

Ces réflexions ont inspiré notre tâche. C'eût été la trahir que de mesurer trop strictement la place à ces musiques que le temps et l'espace nous donnent pour lointaines, mais qui nous sollicitent toujours davantage quand on nous met à même de les connaître mieux. Les obligations d'une encyclopédie rejoignent ici les préoccupations dominantes de l'époque. Strawinsky nous disait, il n'y a pas si longtemps, que, peu curieux pour sa part des compositions d'autrui, il ne laissait pas d'être sensible aux voix d'Heinrich Isaac, de Dufay, de Pérotin le Grand — et d'Anton Webern.

Les sections relatives à la musique du monde ancien, des civilisations non européennes, du haut et du bas Moyen âge paraîtront plus développées ici qu'elles ne le sont d'ordinaire dans les ouvrages qui traitent généralement de l'histoire musicale. Comment l'historien pourrait-il se borner à faire le point des connaissances actuelles sur le cours des événements qui font l'objet de son étude sans méditer sur leur sens et sans tenter d'en tirer une vue d'ensemble ? On s'est généralement efforcé ici d'offrir au lecteur une perspective qui découvre les grands courants de l'évolution musicale, qui situe les Écoles et leurs maîtres dans le lieu et dans l'époque où ils ont paru.

Procurer ce qu'on serait tenté de nommer une biographie de la musique requiert un effort de synthèse que la complexité de la matière et l'extrême dispersion des compétences à travers le monde rendent de plus en plus délicate. Car la musicologie, dernière-née des sciences tributaires de l'histoire et de l'ethnographie, a vu s'ouvrir, avec notre siècle, l'ère des spécialistes, dont la répartition et l'implantation dans les diverses régions du globe est moins déterminée, le plus souvent, par le génie du lieu que par l'organisation, fort inégalement développée, de la recherche dans chaque pays. C'est ainsi qu'en France, où la musique est traditionnellement tenue, comme nous l'avons dit, en marge de la culture, l'enseignement supérieur, ayant généreusement doublé le nombre de ses chaires de musicologie, peut aujourd'hui se targuer d'en posséder deux... La Belgique, cependant, en compte cinq, l'Allemagne plus de cinquante et les États-Unis près de deux cents. On ne s'étonnera donc point que nous ayons été amenés à chercher quelquefois fort loin les meilleurs experts en telle matière qui nous touche de très près.

Car nous nous sommes fait une obligation de la règle commune aux divers départements de notre Encyclopédie, et qui nous impose, pour chaque article, de faire appel à la rigueur du spécialiste plutôt qu'à l'éloquence sans mandat du compilateur. Une histoire composée par plus de soixante-dix collaborateurs représentant quelque quinze nations ne peut manquer de présenter des disparates, d'autant plus sensibles que la personnalité du rédacteur s'affirme davantage. Ces vues parfois hétérogènes sont excitantes pour l'imagination du lecteur avisé : elles répondent mieux à la réalité d'une évolution harcelée de contrastes et bourrelée par les démons de l'antinomie, que cette superbe et rassurante unité de vues dont la même cohérence incite à soupçonner l'arbitraire sous la plume arrangeante des polygraphes. « Quand une théorie tient compte des faits, remarque G. K. Chesterton, et qu'elle paraît absolument irréfutable, on peut être certain qu'elle n'est pas la bonne. »

Le lecteur doit aussi s'attendre à rencontrer des lacunes. M. Emile G. Léonard a fort bien dit avant nous, en présentant l'Histoire Universelle de cette Encyclopédie, que la vérité ne se recompose pas comme un puzzle. L'historien de la musique conçoit, lui aussi, la matière de son ouvrage sous les espèces d'un champ de fouilles « avec son chaos apparent où se juxtaposent les excavations incertaines, les collections de menus objets évocateurs et, ici ou là, les belles résurrections d'ensemble et les œuvres d'art ».

Notre Histoire de la Musique comprendra deux volumes. Ce premier tome expose, dans une partie introductive, les éléments de l'acoustique et de l'organologie. Une seconde section traitera généralement de la préhistoire, de la conception musicale des civilisations mythiques, puis plus particulièrement des différentes musiques non européennes et de celles de l'Antiquité gréco-romaine. La musique du monde occidental sera méthodiquement suivie, dans ce premier volume, depuis la formation des liturgies chrétiennes de rite latin jusqu'aux années 1750, qui marquent conventionnellement, avec la mort de Jean-Sébastien Bach, les débuts de l'ère musicale classique, tout ainsi que la prise de Constantinople par les Turcs marque la fin du Moyen âge.

Les auteurs de ce volume sont trop nombreux pour que je puisse les remercier nommément de la collaboration qu'ils nous ont accordée avec une conscience et une longanimité dont la mise au point délicate de ce livre leur a fait bien attendre le remerciement. Et c'est avec un profond regret que je salue la mémoire de ceux d'entre nous qui nous auront quittés sans avoir vu paraître un ouvrage qui leur doit tant de pages essentielles. Rappeler les noms de Constantin Braïloiu, Manfred Bukofzer, Edward J. Dent, Jacques Handschin, Paul-Marie Masson, et Joseph Samson, c'est montrer l'étendue des pertes que la science musicale a subies depuis cinq ans.

J'aime à remercier particulièrement Mme G. Thibault, MM. Norbert Dufourcq, François Lesure, Marc Pincherle et André Schaeffner dont les conseils m'ont été précieux.

Mlle Myriam Soumagnac a bien voulu m'aider dans mes premières démarches. On me permettra pour terminer de rendre hommage à la compétence, à l'obligeance, à l'infatigable *dévouement des collaborateurs de la publication. Travailler sous la direction de M. Raymond Queneau est un privilège que tous ses lecteurs nous envieront. J'aime à lui devoir plusieurs suggestions capitales et je ne saurais assez remercier MM. Robert Antelme et Louis-René des Forêts d'avoir apporté à la recension des textes comme à l'établissement du volume les soins les mieux avisés. Mme Gilberte Lambrichs et Mme Renée Thomasset ont assumé la lourde charge d'établir la chronologie et les index. Enfin mon élève et ami M. Georges Humbrecht m'a prêté les lumières d'une critique exigeante pour la révision et l'harmonisation des articles.*

ROLAND-MANUEL.

NOTE DE L'ÉDITEUR

Comme les précédents volumes de l'Encyclopédie de la Pléiade, ce premier tome de l'*Histoire de la Musique* peut être utilisé comme ouvrage de référence. Aussi chaque étude est-elle suivie d'une brève bibliographie qui permet d'orienter les recherches que le lecteur désirerait entreprendre sur un point du sujet traité. En ce qui concerne le texte de Constantin Brăiloiu, où est évoquée *la Vie antérieure* de la musique, nous renvoyons à la bibliographie qui suit le chapitre de Marius Schneider sur *le Rôle de la musique dans la mythologie et les rites des civilisations non européennes*. Pour la partie consacrée à J.-S. Bach les bibliographies se trouvent à la suite des chapitres sur l'orgue, la musique instrumentale et la musique vocale.

En outre, le lecteur pourra consulter à la fin du volume :

1° Les *tableaux chronologiques* des principaux événements de la création et de la vie musicales, avec des repères historiques. Nous les avons groupés en trois sections :

a) du début de l'ère chrétienne à l'an mille (Repères historiques — Musique grecque païenne — Musique chrétienne occidentale — Traités de musique);

b) de 1000 à 1600 (Repères historiques — Musique profane — Musique sacrée — Traités de musique);

c) de 1600 à 1760 (Repères historiques — Musique instrumentale — Musique religieuse — Musique lyrique [opéras, oratorios, ballets, d'une part; madrigaux, cantates, airs, de l'autre] — Traités de musique);

2° Un *glossaire* des principaux termes techniques utilisés dans le volume.

3° Un *index des noms propres*. Nous n'avons pas cru pouvoir unifier absolument l'orthographe des noms : en effet, dans le chapitre qui traite de la Musique en Iran — et qui fait partie de l'ensemble consacré à la Musique musulmane —, nous avons gardé la graphie iranienne des noms d'auteurs musulmans, souvent très sensiblement différente de la graphie traditionnelle, utilisée dans les autres chapitres de cette partie. Un système de renvois, à l'intérieur de l'index, assure l'identification.

4° Un *index des œuvres* citées.

5° Une *table analytique* donnant le plan de chaque chapitre et un aperçu du sujet traité à l'intérieur de chaque paragraphe.

6° Une *table générale*.

LISTE DES COLLABORATEURS

Mme Anna Amalie ABERT, MM. Léon ALGAZI, Higinio ANGLÉS, Arnold A. BAKE, Mehdi BARKECHLI, Günther BIRKNER, Friedrich BLUME, Constantin BRAILOIU, Mme Nanie BRIDGMAN, MM. Jacques BRILLOUIN, Manfred F. BUKOFZER, Alexandre CELLIER, Jacques CHAILLEY, Mme Paule CHAILLON, MM. Alexis CHOTTIN, Pierre CITRON, Mme Suzanne CLERCX-LEJEUNE, Mlle Solange CORBIN, MM. Adelmo DAMERINI, Thurston DART, Edward J. DENT, Mme Marcelle DUCHESNE-GUILLEMIN, M. Norbert DUFOURCQ, Mlle Madeleine GARROS, MM. Federico GHISI, Donald J. GROUT, Kurt GUDEWILL, Jacques HANDSCHIN, Armand HAUCHECORNE, Marc HONEGGER, Georges HUMBRECHT, Raoul HUSSON, Simon JARGY, Claude LEHMANN, François LESURE, MA HIAO-TSIUN, Paul-Marie MASSON, Mme Renée MASSON, MM. Federico MOMPELLIO, Carl de NYS, Marc PINCHERLE, Nino PIRROTTA, Félix RAUGEL, Henry RAYNOR, Gilbert ROUGET, Joseph SAMSON, Ahmed Adnan SAYGUN, André SCHAEFFNER, E. SCHLAGER, Marius SCHNEIDER, Léo SCHRADE, José SUBIRA, Mme G. THIBAULT, MM. Ottavio TIBY, Michael TILMOUTH, TRAN VAN KHE, André VERCHALY, Mlle Edith WEBER, M. Egon WELLESZ.

ÉLÉMENTS ET GENÈSES

L'ACOUSTIQUE ET LA MUSIQUE

L'OBJET de l'acoustique est l'étude des sensations sonores et des phénomènes qui les provoquent. Cette science relève donc de plusieurs disciplines : la psychologie étudie les sensations en elles-mêmes et les relations d'intelligibilité ou de qualité que l'usage du langage parlé et le plaisir de la musique établissent entre elles; la physiologie examine comment les phénomènes physiques, vibrations ou ondes, mettent l'oreille en branle et quels sont les signaux nerveux transmis au cerveau par cet organe; la physique et la mécanique traitent des mouvements de la matière susceptibles d'agir sur l'oreille; la mathématique, enfin, base de toute science des grandeurs numériquement mesurables, impose ses lois et parfois ses méthodes.

C'est aux sensations qu'il faut toujours se reporter pour limiter en chacune de ces disciplines le domaine propre à l'acoustique. Il est alors tentant d'aborder cette science par une étude des sensations sonores puis de remonter ensuite aux causes qui en ont déterminé la formation : démarche logique et vraisemblablement orientée dans la même direction que la curiosité du lecteur. Malheureusement cette méthode oblige à supposer à chaque instant que ce dernier est déjà instruit de tout ce qui lui sera exposé par la suite. Il est donc plus clair et plus aisé de suivre la démarche inverse en commençant par l'étude des propriétés du nombre et de la matière, quitte à se référer aux phénomènes sensoriels avant d'en avoir examiné de près les propriétés. Celles-ci, d'ailleurs, dérivent de faits qui, selon les cas, relèvent de l'une ou l'autre des disciplines en cause, et ne se comprennent bien qu'à la lumière des lois qui régissent leurs origines.

Il importe cependant de ne pas oublier que les diverses sciences évoluent à des étages différents de la pensée et de la sensibilité. Ce qui est simple pour l'une peut être complexe pour l'autre : dire oui ou non est plus simple que d'exprimer une opinion nuancée, et c'est bien ce qu'en pense celui à qui cela s'adresse. Mais, pour le physiologiste comme pour le physicien, les phénomènes sonores utilisés pour faire entendre ce oui, ce non ou ce peut-être, ne sont qu'assemblages complexes de mouvements ou d'influx nerveux que rien ne distingue spécifiquement les uns des autres. Dans l'ordre inverse des choses, que tel mouvement soit, pour le physicien, un objet relativement simple, facile à discerner et à étudier, n'implique en aucune manière que les phénomènes physiologiques, et à fortiori psychologiques, engendrés par ce mouvement possèdent aussi, considérés en eux-mêmes et non par rapport à leur cause extérieure, un caractère de simplicité, voire d'unicité, qui les distingue de phénomènes produits par des causes physiques complexes.

L'oubli de ces différences de nature risque d'entraîner à de faux raisonnements et ce d'autant plus aisément que le langage usuel y prête, le même mot étant souvent utilisé pour désigner des objets ou concepts foncièrement différents bien que liés entre eux par quelque association d'idées ou quelques relations naturelles. Son et bruit, par exemple, s'appliquent à la fois à la sensation auditive et au phénomène physique qui en est l'origine. Les propriétés de l'une sont en relation avec celles de l'autre mais ne sont pas celles de l'autre. Ce qui est mesurable et dénombrable dans le domaine de la physique peut n'être que position ou qualité dans celui des sensations : la hauteur d'un son, pour un musicien, ne se mesure pas, elle se situe sur une échelle; le timbre n'est pas un dénombrement d'harmoniques mais une qualité.

Le lecteur devra donc prendre garde à éviter les confusions de pensée qui peuvent résulter de l'ambiguïté de certains termes. S'il a quelque doute, le contexte l'éclairera sur le sens exact dans lequel chaque mot doit être pris.

Un point encore paraît nécessaire à préciser : quelles relations peut-on établir entre les faits scientifiques et les doctrines esthétiques ? Il n'est rien de mieux à ce sujet que de citer ce qu'a écrit l'illustre mathématicien Henri Poincaré au sujet des rapports de la morale et de la science :

... Il ne peut pas y avoir de morale scientifique ; mais il
ne peut pas y avoir non plus de science immorale. Et la raison
en est simple ; c'est une raison, comment dirai-je ? purement
grammaticale. Si les prémisses d'un syllogisme sont toutes les
deux à l'indicatif, la conclusion sera également à l'indicatif.
Pour que la conclusion pût être mise à l'impératif, il faudrait
que l'une des prémisses au moins fût elle-même à l'impératif.
Or, les principes de la science, les postulats de la géométrie
sont et ne peuvent être qu'à l'indicatif ; c'est encore à ce même
mode que sont les vérités expérimentales, et à la base des
sciences, il n'y a, il ne peut y avoir rien autre chose. Dès lors,
le dialecticien le plus subtil peut jongler avec ces principes
comme il voudra, les combiner, les échafauder les uns sur les
autres ; tout ce qu'il en tirera sera à l'indicatif. Il n'obtiendra
jamais une proposition qui dira : fais ceci, ou ne fais pas cela ;
c'est-à-dire une proposition qui confirme ou qui contredise la
morale. *(Dernières pensées.)*

Tout cela s'applique à l'esthétique dans la mesure où
cette discipline prétend édicter des règles, imposer des
lois, justifier ou condamner un style ; la science n'est
et ne peut en aucune manière être mise en cause à cet
égard. Tout au plus peut-elle parfois aider à discerner
les faits, souvent plus psychologiques et historiques que
physiologiques ou physiques, qui ont permis aux artistes
d'établir des corrélations entre tels et tels phénomènes
musicaux puis, par un choix d'ailleurs absolument arbitraire entre les diverses corrélations ainsi discernées,
d'établir un système qui puisse servir d'ossature à un
discours intelligible. Si l'esthétique considère ce système
comme un objet d'étude, la science peut lui en faciliter
l'examen. Mais s'il s'agit de porter un jugement de valeur,
la science n'a rien à dire et c'est une escroquerie que de
l'appeler à la rescousse.

LE SON, PHÉNOMÈNE PHYSIQUE

Le son, phénomène physique, est constitué par des
mouvements vibratoires dont la cadence est telle que
l'oreille puisse en suivre l'évolution et, de ce fait, ébranler
les nerfs qui provoqueront notre sensation.

Dans le langage usuel de l'acoustique on nomme
bruit un son auquel aucune hauteur précise ne peut être

attribuée. Un *son musical,* au contraire, se perçoit comme
ayant une hauteur bien définie et repérable dans l'échelle
musicale. Cette diſtinction purement subjective n'a pas
valeur de définition pour un physicien. Cependant l'expérience montre aisément qu'un bruit eſt un mouvement
vibratoire désordonné alors qu'un son musical eſt un
mouvement périodique. Nous sommes ainsi, dès l'abord,
conduits à examiner ceux des phénomènes acouſtiques
qui ne dépendent que de la nature des mouvements et
relèvent donc uniquement de la science du mouvement,
la cinématique.

I. CINÉMATIQUE DES OSCILLATIONS

Une oscillation ou vibration eſt un mouvement au
cours duquel un mobile se déplace en reſtant dans le voisinage d'un point fixe. Le mobile peut être un objet
entier : balancier d'une horloge, ou particule matérielle
appartenant à un milieu élaſtique solide, liquide ou
gazeux, cela importe peu à l'étude cinématique du mouvement. Sous sa forme la plus simple, qu'il suffira
d'examiner ici, l'oscillation eſt un va-et-vient exécuté
par le mobile le long d'une ligne droite. Sur cette ligne
représentée verticale à gauche de la figure 1, O eſt le
point où se trouverait le mobile M au repos. Du fait
de l'oscillation le point M monte et descend alternativement et sa position eſt repérée à chaque inſtant par la
diſtance OM qui le sépare de son point de repos. Comme
on le fait sur l'échelle d'un thermomètre, cette diſtance
eſt comptée positivement lorsque le mobile eſt au-dessus
de O, négativement s'il eſt au-dessous.

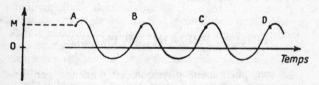

FIG. 1.

Il est commode de représenter une oscillation par une
courbe (à droite de la *fig. 1*) : le temps eſt porté horizon-

talement et la distance OM du mobile à son point de repos, verticalement. La forme de cette courbe donne une image de la nature du mouvement.

MOUVEMENT PÉRIODIQUE.

La courbe de la figure 1 représente une oscillation périodique, c'est-à-dire un mouvement qui se reproduit, semblable à lui-même, à intervalles réguliers. Si l'on trace la courbe de la figure sur un papier transparent et qu'on fasse glisser ce calque de gauche à droite ou inversement, chaque fois qu'il aura été déplacé d'une certaine longueur, la courbe originale et la courbe tracée sur le transparent se superposeront exactement. Ainsi le point A du calque peut être successivement amené sur les points B, C, D... de l'original.

La plus petite distance A B dont on puisse faire glisser le calque pour obtenir la superposition des deux courbes représente un intervalle de temps T nommé *période* du mouvement. Le nombre, entier ou fractionnaire, de périodes contenu dans l'unité de temps se nomme *fréquence*. En acoustique, l'unité de temps est la seconde. La fréquence se mesure donc en nombre de périodes par seconde, ou *hertz*. La période d'un son ayant une fréquence de 100 hertz (dit en abrégé : son de 100 Hz) est donc de un centième de seconde.

Certains phénomènes acoustiques découlent de la périodicité du mouvement et sont indépendants de sa nature, souple ou saccadée par exemple, c'est-à-dire de la forme, arrondie ou anguleuse, de la courbe qui le représente. D'autres dépendent essentiellement de cette forme. Dans leur étude les mathématiques rejoignent la psychologie car, en raison du fonctionnement mécanique et physiologique de l'oreille, la représentation mathématique usuelle d'un phénomène périodique se trouve correspondre à la manière dont la sensation se forme et s'analyse en elle-même. Cette correspondance n'existe pas dans d'autres domaines sensoriels, la vue, par exemple.

Le fondement de la méthode consiste à choisir comme phénomène élémentaire le mouvement sinusoïdal, choix en lui-même arbitraire car d'autres méthodes d'analyse existent qui sont parfois plus fécondes, mais que justifie dans notre cas la commodité d'une démarche logique dont chaque étape exprime des relations physiques aisé-

ment observables et correspond à des aspects de la
sensation directement saisis par la conscience.

Le mouvement sinusoïdal, parfois dit pendulaire ou
harmonique, se définit comme suit *(fig. 2)* :

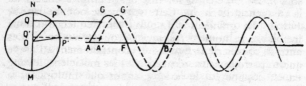

FIG. 2.

Considérons un cercle sur la circonférence duquel un
point P se déplace à une vitesse constante. Soit MN
un diamètre de ce cercle et Q le pied de la perpendiculaire
abaissée de P sur MN. Lorsque P parcourt la circonférence, le point Q se déplace et effectue une série de va-
et-vient entre M et N. Le mouvement de Q est sinusoïdal.
Il est représenté à droite de la figure par la courbe G
tracée en trait continu. Sa période est le temps mis par
P à faire un tour complet, c'est-à-dire le temps qu'il faut
au point Q pour repasser dans le même sens à son point
de départ; elle est représentée sur la courbe par la longueur AB.

Si l'on fait tourner en même temps que P, et à la
même vitesse, un autre point P', l'angle P'OP restant
donc constant, le mouvement du point Q' correspondant
à P' sera identique à celui de Q, mais en retard sur ce
dernier. La courbe G', tracée en pointillé, le représente;
elle se déduit de la courbe G par la translation AA'.
L'angle P'OP se nomme *différence de phase* entre les deux
mouvements, ou *phase* du premier par rapport au second.
Si cet angle est nul, le point A' coïncide avec le point A,
les deux courbes se superposent, les mouvements sont
dits *en phase*. Si les points P et P' sont diamétralement
opposés (angle égal à deux droits), le point A' vient en
F. Les mouvements sont dits *en opposition* : Q et Q'
effectuent en effet deux mouvements semblables et simultanés mais, tandis que l'un monte, l'autre descend et
vice versa.

Revenons maintenant à l'analyse d'un mouvement
périodique. Par un théorème célèbre, Fourier a démontré

qu'une grandeur subissant à la fréquence *n* une variation
périodique de forme quelconque pouvait toujours être
considérée, et ce d'une manière unique, comme la somme
de grandeurs périodiques sinusoïdales dont les fréquences
sont *n, 2n, 3n*, etc., c'est-à-dire des multiples entiers de
la fréquence de base *n*. Cette somme se nomme *série de
Fourier*. La grandeur sinusoïdale de fréquence *n* ainsi
introduite se nomme *fondamentale* ou *harmonique I*. Les
autres s'appellent *harmoniques* et, contrairement à l'usage
ancien parfois encore répandu chez les musiciens, le rang
en est désigné par le nombre entier qui, multipliant la
fréquence fondamentale, donne la fréquence de l'harmonique. Ainsi, l'octave de la fondamentale est l'harmonique 2 : fréquence *2n*, la douzième est l'harmonique 3,
etc.

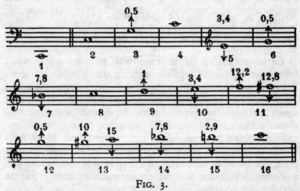

FIG. 3.

Tableau des 16 premiers harmoniques. Les notes placées sur les
portées sont celles de la gamme bien tempérée qui en sont les plus
voisines; la flèche indique que la note tempérée doit être haussée ou
abaissée; le chiffre placé au-dessus est, en savarts, l'écart entre la
note de la gamme et l'harmonique (25 savarts font un demi-ton
tempéré, et le savart est à peu près le plus petit intervalle que
l'oreille puisse apprécier mélodiquement).

Le physicien nommant *son pur* un son dont les grandeurs caractéristiques, mouvement ou vitesse des particules, pression de l'air, etc., ont une variation sinusoïdale,
le théorème de Fourier nous apprend donc que tout
son musical, c'est-à-dire périodique, peut être considéré
comme résultant de la superposition d'une série de sons

purs dont les fréquences forment une suite d'harmoniques. Par opposition à *son pur*, un tel son se nomme *complexe*.

Le musicien demandera aussitôt en quoi un accord parfait majeur joué juste (quintes et tierces non tempérées) diffère d'un son complexe. En rien pour le physicien ou le mathématicien; et souvent aussi pour l'oreille qui ne le perçoit alors que comme formant une note musicale unique dont la hauteur est celle de la fondamentale. Nous aurons à revenir sur ce point important lorsque nous examinerons les propriétés de l'oreille.

Battements de deux sons purs. — Un théorème de trigonométrie démontre que la somme de deux grandeurs sinusoïdales de fréquences m et n est égale au produit de deux autres grandeurs sinusoïdales dont les fréquences sont d'une part la demi-somme $\dfrac{(m + n)}{2}$, d'autre part la demi-différence $\dfrac{(m - n)}{2}$ des fréquences m et n.

Cette propriété ne se manifeste par un phénomène physique et physiologique significatif que si les deux fréquences m et n en jeu sont peu différentes l'une de l'autre, ce qui correspond au cas de deux sons de hauteur assez voisine. La demi-somme représente alors un son dont la hauteur est intermédiaire entre celles des composants; quant à la demi-différence, sa valeur est très faible : il lui correspond donc un phénomène périodique très lent. Le produit des deux quantités ainsi introduites se présente donc, et se perçoit, comme un son unique (terme de fréquence $\dfrac{(m + n)}{2}$) dont l'amplitude varie périodiquement (terme de fréquence $\dfrac{(m - n)}{2}$). Ce phénomène se nomme *battement*. Du fait qu'un changement de signe de l'amplitude, c'est-à-dire un retournement du mouvement, ne modifie ni l'aspect de la vibration ni la sensation qu'elle produit, le maximum et le minimum d'amplitude du battement se produisent chacun deux fois par période, en sorte que la fréquence du battement (nombre de battements entendus par seconde) n'est pas la demi-différence des fréquences mais le double de cette quantité, c'est-à-dire la différence $(m - n)$ de ces fréquences.

La figure 4 fait comprendre le mécanisme du phénomène. On a représenté en haut la vibration de fréquence *m*, au-dessous celle de fréquence *n*, en bas la somme des deux.

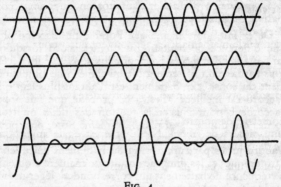

FIG. 4.

On voit que, pendant un certain temps, les deux vibrations composantes se produisent à peu près simultanément dans le même sens : leurs effets s'ajoutent. Puis, la seconde se décalant progressivement par rapport à la première, l'amplitude de la somme diminue. Le décalage augmentant, il vient un moment où les vibrations sont de nouveau simultanées mais se produisent en sens inverse : leur somme est alors à peu près nulle. L'amplitude de la somme augmente ensuite et redevient maxima lorsque les deux vibrations se retrouvent en concordance comme au début. Le temps qui s'écoule entre deux maxima successifs (période du battement) est donc le temps nécessaire pour que la première vibration ait effectué une oscillation de plus que la seconde, ce qui, par un calcul simple, permet de montrer que la fréquence du battement est bien égale à la différence des fréquences des composantes.

Les battements sont utilisés en musique; deux tuyaux très légèrement désaccordés donnent un son dont l'amplitude est fluctuante : voix céleste des orgues.

Les battements peuvent se produire entre deux harmoniques de sons complexes. En ce cas les fondamentales des sons complexes peuvent avoir des hauteurs fort différentes, il suffit qu'elles possèdent des harmoniques de

hauteurs assez voisines : ainsi l'harmonique 1, ou fondamentale, de la note de fréquence 300 Hz, peut battre avec
l'octave (harmonique 2) d'une note dont la fondamentale
est voisine de 150 Hz ou avec la douzième (harmonique
3) d'une note de fréquence voisine de 100 Hz.

De ce fait, alors même que l'oreille ne discerne plus
une différence de hauteur ou un désaccord lorsqu'on
lui fait entendre successivement deux sons, elle les décèle
sous forme d'un battement lorsqu'elle écoute simultanément ces sons, et ce battement est d'autant plus lent que
l'accord est meilleur. C'est à ce procédé que fait appel
l'accordeur pour ajuster la tension des deux ou trois
cordes qui donnent, au piano, la même note, puis pour
obtenir des octaves justes. Quant aux quintes, il les règle
d'abord justes par suppression du battement entre leurs
harmoniques et les diminue ensuite de manière à obtenir
la fréquence de battement qui correspond au léger désaccord qu'exige le tempérament : douze quintes justes
consécutives donnent en effet une note un peu plus aiguë
que sept octaves.

TRANSMISSION D'UN MOUVEMENT, SYSTÈMES LINÉAIRES ET
NON LINÉAIRES, SONS RÉSULTANTS.

Pour transmettre un mouvement d'un point à un
autre il faut faire appel à un mécanisme qui met en jeu
d'une part des relations de position entre les divers
organes qui le composent (bielles, manivelles, leviers,
etc.), d'autre part les propriétés de la matière dont sont
faits ces organes (poids, raideur, etc.). Il en résulte que
le mouvement transmis à une extrémité du système n'est
pas toujours l'image fidèle de celui qui lui a été imposé à
l'autre extrémité.

Dans le cas où le mouvement transmis ne diffère du
mouvement proposé que par un certain retard dans le
temps et par une modification d'amplitude, le système
de transmission est dit *linéaire* (ses propriétés s'expriment
algébriquement par des équations du premier degré dites
linéaires parce qu'elles représentent géométriquement
des lignes droites). Un tel système peut affaiblir ou amplifier les oscillations, il ne les déforme point. Un son pur
reste pur. De plus, tout mouvement qui, à l'entrée, pouvait être considéré comme résultant de la superposition
de deux mouvements élémentaires reste, à la sortie,

formé par la superposition de ce que sont devenus, chacun pour soi, ses deux composants. Un système linéaire transmet donc fidèlement les sons, d'où l'importance que les ingénieurs attachent à la linéarité des systèmes de transmission et d'enregistrement et les soins qu'ils apportent à l'obtenir.

Un système non linéaire, au contraire, déforme le mouvement. Evidemment, si on lui impose un mouvement périodique, il ne peut faire autre chose que de transmettre un mouvement de même fréquence; mais un mouvement sinusoïdal, un son pur, est transformé en un mouvement différent, en un son complexe; un son complexe en un autre son complexe, en sorte que le système non linéaire fait apparaître des harmoniques nouveaux, modifie l'importance de ceux qui existaient déjà. C'est dire que ce qui sort du système n'est plus ce qui y est entré. Les différentes composantes d'un mouvement ne sont pas transmises indépendamment l'une de l'autre mais réagissent l'une sur l'autre, d'où production d'harmoniques et formation de sons nouveaux dits *résultants*. Cet ensemble de phénomènes se nomme *distorsion*. L'étude en est très importante car la plupart des systèmes naturels, et singulièrement l'oreille, sont non linéaires.

Cependant, lorsque les mouvements sont de faible amplitude leurs déformations et leurs interréactions sont de peu d'importance et l'on peut pratiquement les négliger : c'est ce qu'exprime le principe de superposition des petits mouvements. La distorsion, insensible pour des sons faibles, apparaît lorsque l'intensité croît et son importance augmente très rapidement à mesure que les sons deviennent plus forts.

Les *sons résultants*, conséquences d'une non-linéarité, sont dits *objectifs* lorsqu'ils sont produits par un système extérieur à l'auditeur : le physicien peut alors les observer tout à son aise; ils apparaissent fréquemment dans les systèmes électro-acoustiques mal réglés (radio, phonographe) et chacun a pu en apprécier le désagrément. Les sons résultants sont dits *subjectifs* lorsqu'ils sont engendrés dans l'oreille et singulièrement dans la partie mécanique de cet organe; nous examinerons plus loin leur action sur la sensation sonore.

Deux sons purs donnent alors naissance à des sons dont la fréquence est la somme ou la différence de deux

multiples entiers de leurs fréquences : on les nomme
alors selon le cas additionnels ou différentiels. Le calcul
permet d'en déterminer l'intensité si l'on connaît la loi
de non-linéarité du système qui les produit. Ces sons
apparaissent dans les équations sous forme de termes qui
s'ajoutent les uns aux autres et non, comme dans le cas
du battement, sous forme d'un produit de deux termes.
Par suite, bien que la fréquence du premier son différentiel soit égale à la fréquence de battement des deux sons
initiaux, les deux phénomènes diffèrent profondément
quant à leur nature et leur origine. Un son différentiel est
perçu comme une sensation musicale réelle ayant une
hauteur propre; il peut être isolé après suppression des
sons qui lui ont donné naissance; il n'est jamais perçu
comme fluctuation d'intensité. Le battement, au contraire,
disparaît avec ses composants et, lorsqu'il devient assez
rapide pour que sa fréquence entre dans le domaine des
fréquences audibles, il n'est pas perçu comme un son
mais comme une sorte de roulement analogue à celui du
sifflet à roulette, puis, si sa fréquence augmente encore, il
cesse d'être entendu.

La nature et la répartition des fréquences des sons
résultants appellent encore une remarque importante.
Si deux sons ont des fondamentales qui puissent être
considérées comme harmoniques d'une même basse, tous
leurs résultants seront également des harmoniques de
cette basse : en ajoutant ou retranchant des produits de
nombres entiers on n'obtiendra en effet que des nombres
entiers. Les harmoniques d'une fondamentale forment
donc ce que l'on peut appeler un ensemble fermé sur
lui-même. C'est ce qui explique que la distorsion produite par un système non linéaire sur un son musical
complexe unique modifie le nombre et l'importance relative des divers harmoniques de sa fondamentale, c'est-
à-dire en altère le timbre, mais ne fasse pas apparaître
de sons discordants étrangers à la série harmonique.

II. DYNAMIQUE DES OSCILLATIONS

L'OSCILLATEUR SIMPLE.

On nomme ainsi un système dont le mouvement peut
être décrit au moyen d'une seule coordonnée de position. Tel est le cas du pendule, ou celui d'un poids P

oscillant verticalement à l'extrémité d'un ressort R *(fig. 5)*. Nous prendrons ce dernier comme exemple.

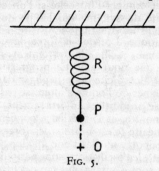

Fig. 5.

Dans tous les problèmes d'oscillation on commence par mettre de côté toutes les grandeurs qui régissent l'équilibre du système lorsqu'il est laissé au repos. La position du point P au cours de son mouvement est donc repérée par la mesure de la distance qui sépare ce point de sa position de repos O, distance nommée élongation, positive lorsque P est au-dessus de O, négative dans le cas contraire. La vitesse de P sera donc positive lorsque le point monte, négative lorsqu'il descend. De même, les forces qui se manifestent au cours de l'oscillation, et singulièrement celle qui résulte de la déformation du ressort, sont celles qui s'ajoutent aux forces qui assuraient l'équilibre statique du système au repos, ou qui s'en retranchent.

On nomme *vibration* ou *oscillation libre* le mouvement que prend l'oscillateur lorsqu'il est abandonné à lui-même après avoir été écarté de sa position de repos, par exemple à la suite d'un déplacement imposé au point P ou d'un choc. La *vibration* ou *oscillation forcée* est le mouvement pris par l'oscillateur lorsqu'on agit sur lui en permanence au moyen d'une force vibratoire.

La *vibration libre* résulte de la composition des forces qui naissent dans l'oscillateur lorsqu'il se déforme : force élastique du ressort, résultant du déplacement du point P, qui tend à ramener ce point à sa position d'équilibre; force d'inertie, produit de la masse du point P par l'accélération de son mouvement, qui tend à s'op-

poser à une variation de la vitesse de ce point; force de
frottement, en général proportionnelle à la vitesse du
point, qui en freine le mouvement. Lorsque la force de
frottement est grande, le système n'oscille pas mais revient
lentement à sa position de repos. Ce cas est de peu d'intérêt en acoustique. Lorsque la force de frottement est
faible le système oscille, le frottement n'intervenant
pratiquement que pour amortir progressivement l'oscillation. Il est alors licite de le négliger dans l'étude de
tous les problèmes où l'on ne s'intéresse pas à la rapidité
avec laquelle se produit cet amortissement.

Le calcul montre, et l'expérience confirme que, si le
système est linéaire (c'est-à-dire si les forces en jeu sont
exactement proportionnelles l'une à l'élongation, l'autre
à l'accélération), les oscillations sont périodiques et sinusoïdales. Elles sont d'autant plus rapides : fréquence plus
grande, son plus aigu, que le ressort est plus raide et la
masse du point P plus faible. L'oscillateur émet donc un
son pur dont la fréquence peut être ajustée en agissant
soit sur la raideur du ressort soit sur le poids du point P.
Cette fréquence se nomme *fréquence propre* de l'oscillateur.

Si l'oscillateur n'est pas linéaire, ses oscillations ne
sont synchrones et sinusoïdales que lorsque l'amplitude
en est faible. Les grandes oscillations se font à une
fréquence qui dépend de leur amplitude, et comportent
des harmoniques.

Vibrations forcées. — Lorsqu'on fait agir sur l'oscillateur, sur le point P de notre modèle, une force sinusoïdale, il se met peu à peu en mouvement et, après un délai
d'autant plus bref que l'oscillateur est plus amorti, ce
mouvement se stabilise. Il se fait alors à la fréquence
que lui impose la force extérieure et, si l'oscillateur est
linéaire, il est sinusoïdal.

L'amplitude du mouvement est d'autant plus grande
que la fréquence imposée est plus voisine de la fréquence
propre de l'oscillateur. Le maximum d'amplitude a lieu
lorsque les deux fréquences sont égales. Si l'oscillateur
est très peu amorti, ce maximum est très important, et la
moindre variation de fréquence de la force imposée se
traduit par une diminution considérable de l'amplitude
du mouvement. Ce phénomène se nomme *résonance*.

Si l'oscillateur n'est pas linéaire les phénomènes sont
plus compliqués : la fréquence de la force excitatrice qui

produit le maximum d'amplitude dépend non seulement des propriétés de l'oscillateur, mais aussi de la manière dont on s'y prend pour ajuster cette fréquence en vue d'obtenir une résonance. Nous n'insisterons pas sur ce cas qui a relativement peu d'importance en acoustique musicale.

Un point reste à examiner : que se passe-t-il pendant la période transitoire qui précède la stabilisation du mouvement ? On démontre que le mouvement résulte alors de la superposition d'une oscillation libre de l'oscillateur et du mouvement permanent stabilisé qui subsistera seul après amortissement de la vibration libre. Pratiquement, si l'on est assez loin de la résonance, cette composition se traduit par l'apparition d'oscillations qui ne sont pas tout à fait périodiques et dont l'amplitude, nulle au départ, croît progressivement jusqu'à atteindre la valeur stabilisée qu'elle conserve ensuite. Près de la résonance, et si l'oscillateur est peu amorti, il n'en est pas toujours de même : l'oscillation libre et l'oscillation forcée, en se composant, font apparaître des battements intenses au début, puis décroissant progressivement à mesure que l'oscillation libre s'amortit.

Lorsque la force excitatrice est supprimée, l'oscillateur se trouve abandonné à lui-même, mais non point à l'état de repos. On se retrouve alors dans le cas d'une oscillation libre : la fréquence passe brusquement de la valeur imposée à la valeur de la fréquence propre, et l'oscillation s'amortit d'elle-même peu à peu.

ONDES SONORES DANS LES MILIEUX CONTINUS.

On considère le milieu continu comme formé de minuscules masses, dites particules, que relient de petits ressorts. Lorsqu'une particule s'écarte de sa position d'équilibre, elle déforme ces ressorts qui exercent alors des efforts sur certaines des particules voisines. Celles-ci se mettent donc en mouvement, et ce d'autant plus rapidement que les ressorts sont plus raides et les particules plus légères. Le mouvement se répand ainsi de proche en proche et forme ce que l'on nomme une *onde* par analogie avec les diverses formes d'oscillations qui se voient à la surface de l'eau : rides, houle, etc.

L'action d'une particule sur les particules voisines peut prendre deux formes différentes. Ou bien la parti-

cule pousse celle qui est devant elle et tire celle qui est
derrière, en comprimant ou allongeant les ressorts qui
les séparent : l'onde qui en résulte est dite *onde de compression*. Ou bien la particule agit sur les particules qui se
trouvent sur ses flancs : *onde de cisaillement*. Dans les fluides
parfaits, gaz et liquides, les seuls efforts qui puissent
apparaître sont des efforts de compression; on n'y observe donc pratiquement que des ondes de ce type. Dans
les solides, au contraire, outre les efforts de compression,
on voit naître des efforts de cisaillement : les deux types
d'ondes s'y observent. Comme les forces de compression
et de cisaillement diffèrent en intensité, la vitesse de propagation des ondes n'est pas la même dans les deux cas.

Enfin, si l'on considère un solide mince : corde, membrane, verge ou plaque, on voit apparaître de nouveaux
types d'ondes qui se manifestent beaucoup moins par
des déformations internes de la matière que par une
déformation, flexion ou torsion, de l'objet en cause. Les
forces mises en jeu résultent alors soit de la raideur de
l'objet : verges et plaques, soit de la tension à laquelle il
est soumis : cordes et membranes. La vitesse de propagation des ondes de ce type dépend à la fois de la matière
dont l'objet est fait, de la forme et des dimensions de cet
objet et de la tension éventuelle qu'on lui impose.

Pour observer une onde, on peut se placer à deux
points de vue : ou bien on la suit dans son mouvement
apparent comme l'on fait en regardant les vagues de la
mer, on examine la forme de la ligne ou de la surface
qu'elle occupe dans l'espace et l'on en mesure la vitesse
de propagation; ou bien on considère un point fixe de
l'espace, repéré par exemple à la surface de l'eau par un
bouchon qui y flotte. On voit alors que ce bouchon
monte et descend successivement, oscille, mais n'est
point entraîné par l'onde. C'est ce qu'on exprime en
disant que l'onde se propage dans la matière, mais n'entraîne pas de matière.

Observons le bouchon. Si son oscillation est périodique,
l'onde est dite périodique : son musical, et nous nommons
fréquence de l'onde la fréquence d'oscillation du bouchon. Prenons maintenant un second bouchon. Plaçons-
le à côté du premier et éloignons-le progressivement. Si
nous avons affaire à un milieu dans lequel une seule onde
se propage, nous trouverons une direction dans laquelle

nous pouvons déplacer ce second bouchon sans que son mouvement cesse d'être en concordance parfaite avec celui du premier. La ligne ainsi parcourue sur l'eau, ou la surface ainsi reconnue dans un milieu à trois dimensions comme l'air, se nomme *ligne* ou *surface d'onde*. Elle est en général perpendiculaire à la direction dans laquelle on voit les ondes se propager.

Si, au contraire, nous éloignons notre bouchon en suivant la direction dans laquelle les ondes se propagent, nous voyons que son oscillation se produit avec un certain retard par rapport à celle du premier, de même que l'oscillation engendrée par le point P′ de notre figure 2 retardait sur celle du point P. A force de nous éloigner, il arrive un moment où le retard est égal à la durée d'une oscillation, à une période; les mouvements des deux bouchons sont alors *en phase,* ils se font simultanément. La distance séparant les bouchons se nomme *longueur d'onde.* C'est la distance que l'on voit entre deux crêtes ou deux creux successifs des vagues. Notre expérience nous montre que c'est aussi la distance que parcourt l'onde en un temps égal à une période; elle est donc égale au produit de la vitesse du son par la période de l'onde, ou, ce qui revient au même, au quotient de cette vitesse par la fréquence. A fréquence constante, la longueur d'onde est donc proportionnelle à la vitesse du son.

Dans un grand nombre de cas : ondes de compression d'amplitude modérée dans les gaz et les liquides, ondes de flexion des corps souples, cordes et membranes tendues, la vitesse du son est indépendante de la fréquence. Un son grave et un son aigu se propagent à la même vitesse; la longueur d'onde dans le milieu en cause est donc proportionnelle à la période, inversement proportionnelle à la fréquence.

Dans d'autres cas, et singulièrement lorsqu'il s'agit d'ondes de flexion de corps raides, la vitesse de propagation dépend de la fréquence. Dans le cas de verges ou de plaques, cette vitesse est proportionnelle à la racine carrée de la fréquence. Ainsi, lorsque le son monte de deux octaves : fréquence multipliée par quatre, la vitesse du son double; par suite la longueur d'onde qui, dans l'air eût été réduite au quart n'est ici réduite que de moitié.

Vitesse de propagation des ondes de compression.

Cette vitesse est égale à la racine carrée du rapport du module d'élasticité à la densité du milieu; elle est donc d'autant plus grande que le milieu est moins compressible et plus léger. Dans les gaz, et singulièrement dans l'air, le rapport en question, et par suite la vitesse du son, ne change pas lorsqu'on modifie la pression du gaz sans en faire varier la température; il ne dépend que de la température : la vitesse du son est proportionnelle à la racine carrée de la température absolue (température centigrade augmentée de 273 degrés). Aux températures usuelles, la vitesse du son dans l'air augmente d'environ 0,19 pour 100 quand la température monte de 1 degré. Comme un instrument à vent donne un son dont la longueur d'onde est fixée par la longueur du tuyau, il en résulte que la fréquence de ce son augmente dans les mêmes proportions que la vitesse du son. Un échauffement de 31 degrés fait alors monter le son d'environ un demi-ton tempéré. Au contraire, à température constante, le tuyau donnera toujours le même son, quelle que soit la pression atmosphérique : une flûte ne se désaccordera pas si l'on va en jouer au sommet du Mont Blanc !

Ondes de flexion dans les cordes.

La force élastique qui intervient dans ce phénomène est la tension de la corde. La vitesse de propagation de l'onde le long de la corde est alors proportionnelle à la racine carrée du rapport de cette tension au poids de l'unité de longueur de corde; elle est donc d'autant plus lente que la corde est moins tendue et plus lourde. Une élévation de température a, sur une corde tendue, un effet inverse de celui qui se produit sur un tuyau : l'échauffement produit une dilatation de la matière dont est faite la corde et par suite, si les extrémités en sont fixes, une diminution de tension. La vitesse des ondes de flexion diminue, donc aussi la fréquence de vibration qui correspond à la longueur de la corde : le son baisse.

Si donc on veut que l'accord des cordes et vents d'un orchestre soit juste, il faut effectuer cet accord dans une salle maintenue à la même température que la salle de concert. Si la température d'une salle s'élève au cours d'un concert, les instrumentistes devront rectifier leur accord. Enfin, un bon accord entre instruments à sons fixes, l'un à cordes, l'autre à vent (orgue et piano), ne pourra être assuré qu'entre des limites de température assez étroites.

DÉFORMATION PROGRESSIVE D'UNE ONDE.

Lorsqu'une onde se propage elle subit des déformations dont les causes sont diverses.

Cause géométrique. — Il en est du son comme de la lumière : l'énergie contenue dans un pinceau limité par des rayons sonores voyage avec l'onde; l'intensité sonore est alors inversement proportionnelle à la surface qu'occupe l'onde à l'intérieur de ce pinceau. Si le pinceau s'élargit : ondes divergentes, l'intensité du son diminue à mesure que l'onde progresse. Ce cas est celui des ondes sphériques divergentes qu'engendre une source sonore dans un milieu indéfini : la surface de l'onde augmente comme le carré de la distance qu'elle a parcouru depuis sa source, l'intensité du son diminue donc en raison inverse du carré de cette distance. L'onde plane, au contraire, telle qu'on peut l'obtenir dans un long tuyau cylindrique, occupe toujours la même surface : elle voyage sans s'affaiblir. Bien d'autres cas peuvent se produire lorsque la forme des ondes se trouve modifiée à la suite de réflexions sur des parois convexes ou concaves. Les échos intenses proviennent en général de la réflexion du son sur une paroi concave qui transforme l'onde incidente en une onde réfléchie convergente dont l'intensité, comme celle de la lumière en un cas analogue, devient très grande à mesure que l'on s'approche du foyer où se concentrent les rayons.

Première cause physique : dissipation d'énergie. — Les mouvements ondulatoires d'un milieu continu ne mettent pas seulement en jeu des forces élastiques et des forces d'inertie, mais aussi des forces de frottement qui consomment de l'énergie vibratoire pour la transformer en chaleur. D'où un affaiblissement progressif de l'onde qui se superpose aux effets d'origine géométrique. Les sons aigus subissent presque toujours de ce fait un affaiblissement plus rapide que les graves. Un son complexe voit donc peu à peu disparaître ses harmoniques, à commencer par les plus aigus; il se détimbre. C'est pour cette raison que le bruit d'un avion, entendu à grande distance, n'est plus guère qu'un son très grave, fondamentale du bruit très complexe qu'engendre la rotation de l'hélice.

Deuxième cause physique : non-linéarité du milieu. — Lorsque les amplitudes vibratoires sont très grandes, au voisinage de la membrane d'un haut-parleur suralimenté par exemple, les réactions élastiques du milieu ne restent pas proportionnelles aux déplacements des particules. Il apparaît donc des effets non linéaires : production d'harmoniques et de sons résultants. Tant que l'onde reste intense ces phénomènes continuent de se produire et leurs effets sont cumulatifs : l'onde se déforme donc à mesure qu'elle progresse et ne se stabilise que lorsqu'elle s'est suffisamment affaiblie pour que la non-linéarité disparaisse. Pour obtenir une reproduction correcte de la musique il est donc nécessaire de disposer d'un nombre de haut-parleurs suffisant pour que l'intensité désirée puisse être obtenue sans qu'aucun de ces instruments ne soit suralimenté.

Troisième cause physique : vitesse du son variant avec la fréquence. — Cette cause intervient si l'onde transporte un son complexe : la fondamentale et les harmoniques ne voyagent pas à la même vitesse. Cet effet, signalé pour mémoire, est rarement observé en acoustique musicale mais joue un rôle très important dans la transmission du son par les lignes téléphoniques. Signalons en passant que c'est un phénomène de cette nature qui, en optique, est à l'origine de la décomposition de la lumière blanche par le prisme.

ONDES STATIONNAIRES ET INTERFÉRENCES.

Lorsque plusieurs ondes de même fréquence se croisent dans l'espace, comme cela peut se produire après réflexion d'une onde par un mur, il arrive qu'en certains points, sur certaines lignes ou surfaces, les mouvements qu'elles produisent soient en concordance de phase et par suite s'ajoutent; en d'autres endroits ils sont en opposition et se retranchent. L'espace se divise alors en zones où le mouvement est alternativement intense et faible. Ce sont des *interférences*.

Lorsqu'il s'agit d'ondes de forme simple, ce phénomène se nomme aussi *ondes stationnaires;* il s'observe particulièrement bien dans un tuyau que parcourent en sens inverse deux ondes planes de même intensité. Si, partant d'un point où les deux ondes sont en phase, on se déplace dans le tuyau, les mouvements engendrés par ces ondes se produiront l'un plus tôt, l'autre plus tard que précédemment : la somme des deux diminue. Lorsqu'on a parcouru un quart d'onde, un des mouvements se trouve avancé d'un quart de période, l'autre retardé d'autant; ils se produisent donc en opposition, leur somme est nulle. Continuant plus loin, à une demi-onde du point de départ nous retrouvons les deux mouvements en phase. On observe ainsi une alternance régulière de points où le mouvement est intense, dits *ventres,* et de points où le mouvement est nul, dits *nœuds.* Un quart d'onde sépare un nœud de chacun des ventres qui l'encadrent. Le même phénomène s'observe aisément sur une corde parcourue par deux ondes de flexion cheminant en sens inverse. La corde se voit alors sous l'aspect d'une série de fuseaux dont le renflement maximum se trouve en un ventre (d'où ce nom) et où les nœuds apparaissent comme des points immobiles autour desquels pivote la corde.

On remarquera qu'un nœud n'est pas un endroit où rien ne se passe. Au nœud d'une corde les mouvements transversaux sont nuls, mais la corde pivote. Au nœud d'un tuyau, l'air reste immobile mais subit des compressions et des détentes successives importantes, tandis qu'au ventre, où les mouvements sont grands, l'air ne subit pas de variations de pression.

Les ondes dans les milieux limités, les corps sonores.

L'étude des ondes stationnaires conduit naturellement à la compréhension des vibrations des milieux limités, souvent appelés *corps sonores.* Ces vibrations, comme celles de l'oscillateur simple, peuvent être libres ou forcées. Considérons les premières dans un cas simple à partir duquel la généralisation sera facile.

Partons d'un tuyau cylindrique illimité parcouru en sens inverse par deux ondes de même fréquence et de même intensité *(fig. 6).* A un ventre, avons-nous dit, les

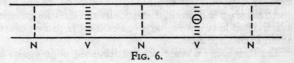

Fig. 6.

mouvements de l'air sont importants, ils se produisent
dans le sens de la longueur du tuyau; en revanche les
variations de pression sont nulles. Nous pouvons donc
percer un trou dans la paroi du tuyau sans qu'aucun
mouvement d'air se produise à travers cet orifice puisque
la pression reste en permanence la même à l'intérieur et
à l'extérieur du tuyau. Allons plus loin, élargissons ce
trou jusqu'à obtenir une fente mince séparant le tuyau
en deux tronçons; les mouvements dans ces deux tronçons en seront à peine modifiés. Enlevons enfin un des
deux tronçons, cela n'aura encore que peu d'effet sur les
mouvements dans le tronçon restant.

Autre expérience : l'air, en un nœud, est immobile.
Nous pouvons donc y couper le tuyau par une paroi
rigide sans que cela change rien au mouvement.

Nous avons ainsi deux moyens de limiter l'espace où
se propagent les ondes sans modifier d'une manière sensible les phénomènes qui se passent dans le morceau qui
nous reste entre les mains.

Ce sectionnement, évidemment, n'est valable que pour
les ondes dont la fréquence est telle que nœuds et ventres
puissent se produire aux points qu'impose la fermeture
ou la coupure du tuyau. Les fréquences qui satisfont à
cette condition sont dites *fréquences propres* et les sons
correspondants, *sons propres* du tuyau. Ce sont ceux qui
apparaissent lorsque l'air intérieur au tuyau entre en
vibration libre.

Si le tuyau est fermé aux deux bouts, un nœud se
forme à chaque extrémité. La distance séparant deux
nœuds successifs étant égale à une demi-longueur d'onde,
le son le plus grave qui puisse se produire est celui dont
la longueur d'onde est double de la longueur du tuyau.
C'est le fondamental, et *le tuyau résonne alors en demi-onde.*
Les sons supérieurs sont déterminés par la condition
qu'un nombre entier de demi-longueurs d'onde soit
exactement contenu dans la longueur du tuyau. On les
nomme *partiels* parce que, pour chacun d'entre eux, il
existe dans la longueur du tuyau un certain nombre de
nœuds, distants d'une demi-longueur d'onde, ce qui permettrait, si on le désirait, d'introduire des cloisonnements
subdivisant le tuyau en parts égales dont le son en cause
serait le fondamental.

Les longueurs d'onde des partiels sont donc égales à

la moitié, au tiers, au quart, etc. de celle du fondamental. Leurs fréquences forment, *dans ce cas particulier,* une série harmonique complète.

Si le tuyau est ouvert aux deux bouts, le même raisonnement montre qu'il résonne aussi en demi-onde et que les partiels forment une série harmonique complète. Cependant, alors que l'introduction d'une cloison en un nœud ne modifiait en rien les mouvements de l'air, une ouverture complète (et non un simple trou sur la paroi latérale) en perturbe quelque peu les mouvements. Tout se passe comme si la longueur du tuyau était légèrement plus grande qu'elle n'est en réalité. Cet allongement apparent est d'autant plus marqué que le tuyau est plus large. Il n'est pas exactement le même à toute fréquence en sorte que, surtout pour des tuyaux larges, les partiels ne forment pas une série exactement harmonique. Les écarts sont faibles d'ailleurs et le plus souvent imperceptibles à l'oreille.

Lorsque le tuyau est ouvert à un bout, fermé à l'autre (bourdon de l'orgue), les sons propres comportent un nœud au bout fermé, un ventre à l'extrémité ouverte. La distance d'un nœud au ventre le plus proche est d'un quart de longueur d'onde. Le son fondamental a donc une longueur d'onde égale à quatre fois la longueur du tuyau. Le tuyau *résonne en quart d'onde.* Sa fondamentale sonne à l'octave grave de celle d'un tuyau de même longueur fermé aux deux bouts ou ouvert aux deux bouts. Pour trouver les partiels, il nous faut partir d'un nœud et aboutir à un ventre, c'est-à-dire, ayant parcouru un quart d'onde pour rencontrer le ventre le plus proche, parcourir ensuite une, deux... demi-ondes pour trouver un autre ventre. Au total nous aurons parcouru un *nombre entier impair* de quarts d'onde. Les partiels sont donc les *harmoniques impairs* de la fondamentale. La suite des octaves, en particulier (harmoniques 2, 4, 8...), est absente. Le premier partiel est donc la douzième (harmonique 3). C'est pourquoi on dit qu'un tel tuyau ne peut pas octavier; il quintoie. Comme dans le cas précédent, la longueur géométrique du tuyau doit être légèrement allongée à l'extrémité ouverte pour calculer les longueurs d'onde des sons propres.

La vibration d'une corde est analogue à celle d'un tuyau fermé aux deux bouts, car la nécessité de tendre la

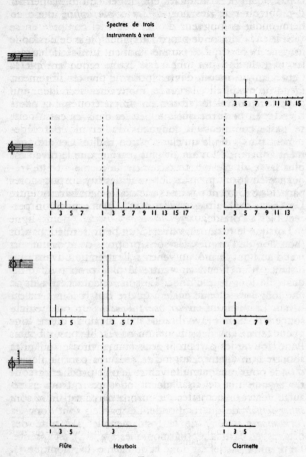

Spectres de trois
instruments à vent

Flûte Hautbois Clarinette

FIG. 7.

Exemple de spectres d'instruments de musique (d'après Saunders). — Nous avons choisi à titre d'exemple trois bois : flûte, hautbois, clarinette et nous en donnons les spectres, pour une suite de *fa*, situés dans les différents registres de ces instruments.

Les traits verticaux représentent l'intensité relative de la fondamentale et des harmoniques par rapport à l'intensité totale émise

corde oblige à en fixer les extrémités ce qui ne permet
d'y obtenir que des nœuds. La corde sonne donc en
demi-onde, la longueur d'onde étant ici comptée en se
référant à la vitesse de propagation de l'onde de flexion le
long de la corde. Les partiels forment une série harmonique complète, pas tout à fait exacte cependant car la
corde, en un nœud, devrait pouvoir pivoter librement.
Or, si fine soit-elle, la corde a une certaine raideur qui
perturbe un peu sa vibration aux extrémités. Les effets
n'en sont pas discernables à l'oreille dans les cas usuels;
ce sont eux cependant qui motivent l'emploi de cordes
filées, moyen d'obtenir une corde qui, sans être trop
raide, soit assez lourde pour donner un son grave sans
être trop longue ou trop peu tendue.

Les vibrations propres de tous les autres corps sonores
s'examinent par les mêmes méthodes : combiner entre
elles des ondes progressives dont la superposition permette de satisfaire aux *conditions aux limites* : point, ligne
ou surface nodale ou ventrale, et parfois relation plus
complexe encore entre les déformations de la matière et
les efforts qu'elle subit au cours de la vibration. Dans tous
les cas, on met en évidence l'existence d'un son fondamental et d'une ou plusieurs séries de partiels. Ces derniers ne
forment une série harmonique que dans des cas exceptionnels. Donnons-en un exemple dans un cas particulièrement simple : vibrations de flexion d'une tige
cylindrique. D'une part, comme nous l'avons dit plus
haut, les ondes s'y propagent à une vitesse qui croît
lorsque la fréquence augmente; d'autre part, la flexion
d'une verge met simultanément en jeu des efforts de
compression et de cisaillement en sorte qu'aux extrémités, libres ou encastrées, les conditions à satisfaire sont

---

par l'instrument, indiquée par la prolongation pointillée du trait
correspondant à la fondamentale.
    On remarquera :
    Flûte : prédominance de la fondamentale, absence d'harmoniques
supérieurs;
    Hautbois : fondamentale toujours faible vis-à-vis de l'ensemble des
harmoniques; dans l'octave grave, grande richesse en harmoniques
supérieurs;
    Clarinette : comme pour la flûte, prédominance de la fondamen-
tale; assez grande richesse en harmoniques aigus : absence presque
totale d'harmoniques pairs, caractéristique du tuyau à anche à
perce cylindrique.

beaucoup plus complexes que dans le cas du tuyau ou de
la corde. Les partiels sont beaucoup plus espacés que
dans les cas précédents et leurs fréquences ne sont pas
en rapport simple avec celle de la fondamentale. Pour
une verge encastrée à une extrémité et libre à l'autre, les
fréquences des premiers partiels sont sensiblement égales
à 6,25 — 17,47 — 34,28 — 56, 7 — 84,6 — 118,3... fois
celle de la fondamentale. Ces chiffres ne sont pas des
nombres entiers ; par suite, aucun des partiels n'est un
harmonique de la fondamentale. Pour situer ces partiels,
nous en donnons la hauteur sur une portée musicale, les
signes + et — signifiant que le son réel du partiel est
un peu plus haut, ou plus bas que celui de la note marquée (fig. 8).

FIG. 8.

Les membranes, les plaques (et les cloches), les espaces
clos (salles) ont des partiels très nombreux car on y peut
combiner non seulement deux ondes cheminant en sens
inverse mais aussi quatre (et dans les salles huit) ondes
obliques. Il arrive alors parfois que deux partiels correspondant à des groupes d'ondes différents aient des fréquences très voisines ; s'ils se trouvent simultanément
excités ils produisent des battements : cela s'observe souvent avec des cloches.

Lorsqu'on a frappé ou déformé un corps sonore :
piano, timbales, cloches dans un cas, clavecin, harpe,
guitare dans l'autre, il vibre ensuite en émettant presque
tous ses sons propres, mais selon la manière dont le corps
a été mis en branle, certains sont intenses, d'autres faibles.
La sonorité en peut donc varier beaucoup. C'est ce qui
explique l'importance du choix du point du corps qui
sera attaqué : on cherche en général à sortir principalement le fondamental et à éviter des partiels jugés discordants ou désagréables. Le marteau du piano frappe la
corde au voisinage du septième de sa longueur afin d'éviter qu'un nœud ne se forme en ce point et par suite d'at-

ténuer l'importance de l'harmonique 7, étranger à la gamme.

Résonateurs de Helmholtz. — Certains corps sonores peuvent vibrer à la fois comme un groupe d'oscillateurs simples : mouvements d'ensemble des divers organes composant le corps, et comme un système continu : mouvements comportant des déformations internes des organes. Ils comportent alors un ou plusieurs sons propres relativement graves, en nombre limité, qui correspondent au premier genre de vibration, puis une série illimitée de partiels, en général beaucoup plus aigus, provenant des vibrations du second genre. Tel est le cas du *résonateur de Helmholtz.*

Cet appareil est formé d'une cavité relativement importante qui débouche sur l'extérieur par un trou ou un petit tuyau nommé *col*. Lorsque les oscillations sont assez lentes, l'air contenu dans le col se déplace en bloc comme une manière de piston : il joue le rôle du point pesant de l'oscillateur; au contraire, dans la cavité, l'air ne subit que de très petits déplacements, cependant qu'il se trouve alternativement comprimé et détendu comme l'était le ressort de l'oscillateur. Un choix convenable des dimensions du col et de la cavité permet alors de régler la fréquence propre du résonateur.

Ce fonctionnement de l'appareil exige que toutes ses dimensions soient petites par rapport à la longueur d'onde aérienne du son en cause.

Un résonateur comporte également des sons partiels lorsque les longueurs d'onde sont assez petites par rapport aux dimensions du résonateur pour que les mouvements de l'air intérieur à l'appareil puissent comporter des surfaces nodales qui en subdivisent le volume en deux ou plusieurs parts. Les partiels ont alors des longueurs d'onde beaucoup plus petites que le fondamental; ils sont beaucoup plus aigus. L'oreille, comme les instruments du physicien, les en distinguent donc aisément. C'est cette propriété qui a fait du résonateur de Helmholtz un outil d'analyse précieux jusqu'à l'invention des appareils électro-acoustiques modernes.

Vibrations forcées d'un corps sonore, résonances, zones formantes. — Si l'on impose un mouvement sinusoïdal à un ou plusieurs points d'un corps sonore, ou si l'on applique des forces sinusoïdales en ces points, le corps vibre à la fréquence qui lui est imposée. Nous n'entrerons pas dans l'étude de ses déformations qui exige un appareil mathématique savant et est d'assez peu d'intérêt pour notre propos. Disons seulement que, pour qu'une résonance soit importante, il faut non seulement que la fréquence excitatrice se rapproche d'une des fréquences propres du corps, mais encore que les mouvements ou les forces imposés favorisent le mode de déformation du corps qui correspond à la fréquence propre en cause.

Lorsqu'un corps sonore est mis en vibration par un son musical complexe, sa vibration comporte tous les harmoniques du son excitateur, chacun d'eux étant, par rapport à la fondamentale, affaibli ou renforcé selon que sa fréquence est éloignée ou proche de celle d'un partiel. Si les vibrations du corps sonore sont assez amorties, les renforcements de sons par résonance ne sont pas très importants mais se font sentir assez loin de la fréquence de chaque partiel; autour de chaque partiel existe donc une zone de renforcement dite *zone formante*. La raison de ce nom est la suivante : lorsque la fondamentale de la vibration forcée est assez grave, un ou plusieurs harmoniques de cette vibration se situent dans chaque zone formante. Chacun de ces groupes d'harmoniques se trouve alors renforcé. Ces zones de renforcement donnent alors un caractère commun à tous les sons transmis par le corps sonore. La table d'harmonie des instruments à cordes jouit de cette propriété qui entre pour une bonne part dans la différence de leurs sonorités. Les cavités buccales dont les dimensions et la forme varient selon la position de la langue et l'ouverture de la bouche forment un système doué de deux ou trois zones formantes principales. C'est l'importance relative de ces zones et le domaine des fréquences qu'elles couvrent qui donnent aux voyelles leurs sonorités particulières, grâce à quoi on les reconnaît quelle que soit la hauteur du son fondamental de la voix, parlée ou chantée, voire en l'absence de tout fondamental : voix chuchotée.

PRODUCTION DU SON,
PRINCIPE DES INSTRUMENTS DE MUSIQUE

Les instruments de musique se subdivisent en deux grandes classes. La première comprend ceux qui sont constitués par un corps sonore que l'on met en vibration libre à la suite soit d'une déformation (cordes pincées, clavecin, pizzicato) soit d'une percussion (cordes, membranes, plaques, tubes ou cloches frappées). Nous n'avons ici rien à ajouter à ce que nous avons déjà dit à ce sujet. En revanche, la seconde classe qui comprend les instruments à son soutenu pose de nouveaux problèmes au physicien : comment un mouvement continu, déplacement de l'archet ou courant d'air, peut-il engendrer une vibration, et comment peut-on régler la fréquence de cette vibration ? Divers procédés sont utilisés.

L'archet. — La manière dont l'archet fait vibrer la corde résulte des propriétés du frottement entre les corps solides. Chacun sait qu'il faut un minimum de force pour faire glisser un solide sur un autre mais que, dès que le glissement est obtenu, il subsiste même sous un effort minime : c'est le cas du dérapage des automobiles.

Représentons alors le mouvement que prend le point de la corde attaqué par l'archet *(fig. 9)*.

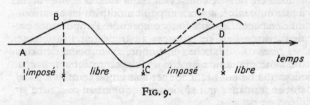

FIG. 9.

Au départ, corde et archet étant deux solides en contact, l'archet entraîne la corde en un mouvement continu et uniforme : ligne droite oblique A B du diagramme. La force que la corde oppose à cet entraînement augmente peu à peu jusqu'à être suffisante pour que la corde se détache de l'archet : le dérapage se produit et la corde poursuit son mouvement comme si l'archet n'existait plus. Le point de la corde situé sous l'archet effectue alors un mouvement sensiblement sinusoïdal correspondant à la vibration libre de la corde : après avoir continué un instant à progresser sur sa lancée dans le sens où l'archet l'entraînait, il recule, revient en arrière, puis la suite de son oscillation l'amène à se déplacer de nouveau dans le même sens que l'archet. Arrive un moment (point C de la courbe) où la vitesse de la corde est presque égale à celle de l'archet : le contact se reprend, les deux solides s'accrochent l'un à l'autre, le mouvement de la corde est de nouveau imposé par l'archet, se fait à vitesse constante jusqu'au prochain dérapage (point D de la courbe). Nous avons donc une alternance de déplacements forcés et de fragments d'oscillations libres. Si l'on prolonge en C C′ la courbe représentant l'oscillation libre, on voit que la période de cette oscillation est légèrement plus courte que celle du mouvement que prend la corde frottée. Il est donc possible de jouer faux, trop bas, en écrasant l'archet sur la corde (ce qui prolonge la branche CD de la courbe) et en le tirant trop lentement (ce qui éloigne vers la droite le point D et allonge la période du mouvement).

La forme exacte du mouvement de la corde, et par suite la proportion d'harmoniques, le timbre du son, dépend beaucoup du point où la corde est attaquée (plus ou moins loin du chevalet), de la force avec laquelle l'archet est appuyé, de la vitesse qu'on lui imprime et de la manière dont le contact est établi avec la corde : archet à plat ou incliné, ce dernier point modifiant les conditions du dérapage. Ces faits font comprendre l'importance particulière de l'art du virtuose pour de tels instruments.

L'anche. — L'anche fonctionne, avec moins de brutalité, comme une manière de clapet maintenu par un ressort. Elle peut fonctionner soit en ouvrant *(fig. 10 a)*, soit en fermant *(fig. 10 b)* le passage offert au courant d'air.

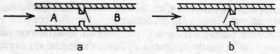

a   b

Fig. 10.

Dans le premier cas, l'anche étant à peu près fermée, lorsqu'on souffle de A vers B, le passage est étranglé, la pression monte peu à peu en A; lorsqu'elle est suffisante, le clapet s'ouvre, laisse passer l'air en sorte que la pression diminue brusquement en A; le clapet se referme et le processus recommence. Dans le sens inverse l'anche doit, pour fonctionner, être douée d'une fréquence propre ou débiter l'air sur un tuyau ou un volume B susceptible de résonner. Au repos l'anche est partiellement ouverte, le courant d'air tend à la fermer, elle fléchit, puis, son mouvement naturel étant oscillant, s'ouvre à nouveau et, après avoir reculé en deçà de sa position de repos, recommence à se fermer; le courant d'air l'y aidant, elle se trouve relancée en sorte que l'oscillation s'amplifie peu à peu jusqu'à atteindre une valeur stable. Il est évident qu'un certain équilibre entre la force du courant d'air et les propriétés mécaniques de l'anche est nécessaire pour que le système ne se bloque pas, soit : trop peu de vent, que l'anche ne prenne pas un mouvement initial suffisant pour que les oscillations s'amorcent, soit : trop de vent, que l'anche se ferme complètement et reste maintenue en cette position par une pression trop forte.

Dans la plupart des instruments à vent, l'anche est une languette dont la fréquence propre est très amortie, et qui est assez souple pour que ce soit le tuyau qui la suit qui joue le rôle de ressort : un nœud se forme dans le tuyau au voisinage de l'anche et les variations de pression qui s'y produisent imposent à l'anche leur périodicité. L'action des lèvres sur la languette permet alors à l'instrumentiste d'accrocher la vibration de l'anche sur l'harmonique du tuyau qu'il désire faire sonner.

Dans les orgues, l'anche est elle-même accordée sur la fondamentale du tuyau auquel on l'accouple. L'harmonium, l'accordéon, l'harmonica utilisent des anches assez peu amorties pour qu'elles puissent vibrer sans l'adjonction d'un tuyau. Dans les instruments en cuivre, cors, trompettes, trombones, ce sont les lèvres de l'instrumentiste qui jouent le rôle d'anche.

Partiels du tuyau à anche. — Un nœud se forme au voisinage de l'anche, un ventre à l'autre extrémité du tuyau, qui est ouverte. Les partiels d'un instrument à anche à perce cylindrique (clarinette), comme ceux du tuyau ouvert-fermé, ne comportent donc que les harmoniques impairs : la clarinette quintoie. Si la perce du tuyau est conique (hautbois, saxophone, cuivres) le cas est différent : les oscillations propres du tuyau ne résultent plus de la combinaison de deux ondes *d'intensité constante* y cheminant en sens inverse. Le calcul montre alors que les partiels forment une série harmonique complète; les instruments peuvent octavier.

L'embouchure de flûte. — Lorsqu'un courant d'air

frappe un obstacle, les écoulements sont instables et se
font alternativement de part et d'autre de l'obstacle :
c'est ce qui fait claquer un drapeau, siffler ou hurler le
vent, vibrer les cordes de la harpe éolienne, parler la
flûte. Cette instabilité est liée à la formation de tourbillons qui prennent naissance alternativement de part et
d'autre de l'obstacle et s'en détachent lorsqu'ils ont
atteint une grosseur suffisante : tout rameur a observé
cela à l'extrémité de ses avirons.

Un tel obstacle étant placé à l'entrée d'un tuyau, si les
dimensions en sont convenables et si le vent n'est ni
trop fort ni trop faible, les mouvements oscillants de l'air
du tuyau règlent la cadence à laquelle se détachent les
tourbillons : l'air s'écoule alors alternativement vers
l'intérieur ou l'extérieur du tuyau, l'instrument parle.
L'oscillation peut s'accrocher sur la fondamentale ou
sur un partiel : la position des lèvres du flûtiste et la
manière dont il souffle lui permettent d'obtenir celui
qu'il désire.

L'air du tuyau agissant sur le fonctionnement de l'embouchure par ses mouvements et non, comme dans le
cas de l'anche, par ses variations de pression, c'est un
ventre qui se forme à l'embouchure. La flûte est donc
un tuyau ouvert aux deux bouts et possède la série
complète des harmoniques. Le bourdon de l'orgue, le
sifflet, la flûte de Pan étant fermés à l'extrémité opposée
à l'embouchure sont des tuyaux ouvert-fermé, résonnent
en quart d'onde et ne possèdent que les harmoniques
impairs.

Effet d'un trou à la paroi du tuyau. — Les mouvements
alternatifs de l'air à travers le trou s'opposent à ce que
la valeur de la pression intérieure au tuyau s'écarte de
celle qui règne au-dehors : d'où production d'un ventre
au voisinage du trou. La partie du tuyau comprise entre
l'embouchure et le trou fonctionne sensiblement comme
si l'on avait coupé le tuyau au niveau du trou. Le reste
du tuyau vibre peu, à moins que sa longueur ne lui permette d'entrer en résonance. En fait le trou, s'il est
étroit, fixe bien la position que l'on désirerait donner
au ventre, mais établit entre l'extérieur et l'intérieur une
communication insuffisante pour que les pressions s'y
égalisent; s'il est grand, les pressions s'égalisent aisément
mais la position du ventre est incertaine. D'autre part, la

partie du tuyau située au-delà du trou reste le siège d'une
vibration qui réagit quelque peu sur celle de la partie
comprise entre l'embouchure et le trou. C'est pourquoi
il est parfois utile d'ouvrir plusieurs trous soit pour
favoriser la production du son correspondant à la longueur du tuyau entre l'embouchure et le premier trou, soit,
en utilisant la réaction de la partie de tuyau située au-delà
de ce trou, pour déplacer le ventre et modifier ainsi la
hauteur du son produit. Ces combinaisons permettent,
avec un nombre de trous restreint, d'obtenir toutes les
notes de la gamme avec une justesse convenable. C'est
la raison du doigté, souvent singulier au premier abord,
des instruments à vent, doigté qui résulte beaucoup
plus d'une expérience traditionnelle que d'un calcul.

LES CORDES VOCALES.

On a cru longtemps que les cordes vocales vibraient
comme une anche dont la fréquence était réglée par leur
état de tension et de contraction. Cependant, les récents
travaux de médecins français montrent que, si cette mise
en place de l'organe est nécessaire pour lui permettre
de bien vibrer, ce n'est pas seulement elle qui semble
fixer la hauteur et le timbre des sons produits. La vibration des cordes vocales paraît commandée par des
influx nerveux indirectement issus de l'une des
deux oreilles, la droite en général, nommée par ces
auteurs oreille directrice. Nombre de défauts d'élocution
(le bégaiement par exemple) et d'altérations de la voix
résultent d'une maladie ou d'un traumatisme de l'oreille
directrice et disparaissent à la guérison de cet organe.
Un chanteur qui, en vieillissant, cesse, comme tout le
monde, de bien entendre les sons aigus et suraigus, voit
sa voix se détimbrer; l'emploi d'un appareil électroacoustique qui corrige ce défaut d'audition suffit en
certains cas à rendre à sa voix l'éclat de la jeunesse. De
passionnantes recherches sont en cours à ce sujet; on
peut en espérer beaucoup en ce qui touche la technique de
l'art vocal.

MESURE PHYSIQUE DE L'INTENSITÉ DES SONS, LE DÉCIBEL

Pour le physicien pur, le son est une forme de l'énergie; il n'a donc pas besoin d'une unité spéciale pour en mesurer l'intensité. Cependant, pour obtenir des valeurs utilement comparables à ce que ressent l'oreille, il a été nécessaire d'utiliser une échelle de mesure spéciale. Les fondements en sont les suivants :

Tout d'abord on constate que c'est aux variations de pression et non aux mouvements de l'air que l'oreille est sensible : le son paraît fort en un nœud, faible ou nul en un ventre. D'autre part, les lois psychophysiologiques régissant les sensations (loi de Fechner) montrent que, pour obtenir une impression d'intensité croissant par paliers régulièrement espacés, comme le sont les nuances musicales, du pianissimo au fortissimo, il ne faut pas que l'énergie acoustique croisse en progression arithmétique, mais géométrique : comme la différence de hauteur des sons correspond à un rapport de fréquences, une différence de nuance résulte d'un rapport d'énergies. D'où l'emploi d'une échelle logarithmique qui exprime des rapports sous la forme de quantités additives. Lorsque l'énergie est multipliée par 10, le *niveau sonore* augmente de 1 *Bel*. Cette augmentation qui correspond sensiblement au passage d'une nuance musicale à la nuance immédiatement supérieure est relativement grande; l'unité pratique est alors le *décibel*.

Le zéro de l'échelle correspond à l'intensité sonore prise comme unité, comme point de départ. On l'a choisi de manière qu'il représente le son produit par une onde dont les variations de pression soient, à très peu près, les plus petites que l'oreille humaine puisse percevoir, variations minimes, d'environ deux dix-millionièmes de gramme par centimètre carré.

PSYCHO-PHYSIOLOGIE DE L'AUDITION

Nous ne donnerons pas ici de description anatomique de l'oreille : le lecteur curieux en trouvera aisément dans nombre d'ouvrages. Il nous suffit de savoir que les vibrations du tympan provoquées par les variations de pression de l'air sont transmises à l'oreille interne par un mécanisme : chaîne des osselets, puis, dans cette dernière, mettent en vibration la membrane basilaire. Celle-ci subdivise le limaçon en deux canaux parallèles et porte les organes sensibles d'où partent les fibres du nerf auditif. La membrane basilaire a une longueur d'environ trois centimètres ; les résonances qui se produisent dans le limaçon ont pour effet d'imposer à la membrane basilaire une vibration qui présente un maximum d'amplitude en une région dont la position dépend de la fréquence du son ; d'où une localisation de l'excitation des fibres nerveuses qui semble le moyen principal utilisé par la nature pour nous permettre de distinguer la hauteur des sons. Les aigus sont localisés à l'entrée du limaçon, les graves au fond. Dans le médium l'écart entre les points excités par deux sons distants d'une octave est d'environ quatre millimètres.

A peu près aucun des éléments successifs constituant ce mécanisme n'est *linéaire*. Un son pur produit donc dans l'oreille un son complexe, deux sons engendrent des sons résultants. Les harmoniques et sons résultants ainsi produits sont nommés subjectifs : ils n'existent pas dans les ondes sonores qui agissent sur l'oreille ; on les entend cependant s'ils sont assez forts. La réalité physiologique de ce phénomène a été prouvée par nombre d'expériences et notamment en recueillant les courants électriques produits dans le nerf auditif de chats.

HAUTEUR DES SONS.

C'est à la localisation des excitations nerveuses dans l'oreille interne qu'on attribue en général l'origine de la sensation de hauteur. Cependant, bien qu'une fibre nerveuse isolée ne puisse transmettre des impulsions successives qu'à une cadence relativement lente (phénomène de chronaxie), un groupe de fibres simultanément excitées et se relayant l'une l'autre est apte à transmettre une impulsion par période. L'expérience ci-dessus mentionnée faite sur l'oreille du chat le prouve : l'oreille fonctionne comme une sorte ce microphone.

Par suite, le signal transmis au cerveau est porteur de deux sortes d'informations liées à la fréquence du son : le lieu où l'excitation du nerf est produite, la fréquence elle-même. Aucune expérience décisive n'a permis encore de répondre à la question qui se pose alors : le cerveau utilise-t-il une seule de ces deux informations, et laquelle, ou les deux ?

Quoi qu'il en soit, la sensation de hauteur est liée à la fréquence du son excitateur : une même différence de hauteur entre deux sons, mesurée par un intervalle musical donné, correspond à un même rapport entre les fréquences ; le rapport correspondant à la somme de deux intervalles est donc le produit des rapports correspondant aux intervalles ajoutés : $2/1$ est alors dit rapport d'octave, $3/2$ rapport de quinte, $4/3$ de quarte, etc.

La hauteur d'un son n'est cependant pas rigoureusement liée à la fréquence : lorsqu'on augmente la force d'un son pur jusqu'à le rendre presque insupportable, on en entend la hauteur baisser d'une quantité qui peut atteindre le demi-ton. Cet effet disparaît d'ailleurs si le son est complexe et assez riche en harmoniques. Il semble qu'on puisse l'attribuer à un déplacement du point où l'excitation nerveuse se produit dans l'oreille.

La non-linéarité de l'oreille, nous l'avons dit, fait qu'un son extérieur pur y engendre un son complexe. La hauteur d'un son musical, pur ou complexe à l'origine, résulte donc du fait que l'oreille informe le cerveau de la présence d'une série harmonique ; la hauteur attribuée au son est celle de la fondamentale de cette série même si cette fondamentale n'existe pas dans le son proposé à l'oreille ; les conséquences musicales de ce fait sont importantes. Trois harmoniques successifs, fussent-ils de rang élevé (8, 9 et 10 par exemple), sont entendus comme un son unique dont la hauteur est celle de la fondamentale. Cela explique que l'on puisse entendre les basses lorsqu'on reproduit la musique avec un appareil physiquement incapable d'en transmettre les fréquences : le phonographe mécanique par exemple. L'audition des fondamentales n'est pas supprimée, seul le timbre s'en trouve profondément altéré.

Les facteurs d'orgue connaissent ce phénomène et l'utilisent parfois. Deux tuyaux accordés en quinte juste donnent la sensation de la fondamentale et non celle d'un accord. Ceci sert à réaliser des jeux de 32 pieds avec des tuyaux de 16 pieds *(fig. 11)*.

sons émis

son entendu

Fig. 11.

La réussite de l'expérience exige un accord excellent; si l'on désaccorde tant soit peu la quinte (et beaucoup moins qu'il n'est nécessaire pour en faire une quinte tempérée) la fondamentale disparaît, on entend un accord. Le passage d'une sensation à l'autre est brutal, on n'entend jamais à la fois la fondamentale et l'accord. Il s'agit donc de deux sensations de nature différente et qui s'excluent l'une l'autre. L'une, la sensation de la fondamentale, ne justifie donc aucunement que l'on attribue aux autres - sensation de quinte, d'accord parfait majeur, par exemple - une préférence sur toute autre combinaison harmonique, préférence qui devrait d'ailleurs s'étendre à toute combinaison d'harmoniques susceptible de provoquer la sensation de la fondamentale et n'aurait, de plus, aucun sens appliquée aux notes de la gamme tempérée.

Le timbre.

Lorsque la fondamentale est seule perçue, les harmoniques contribuent à lui donner une sonorité particulière dite *timbre*. C'est une des gloires de Helmholtz d'avoir découvert ce fait. Comme il arrive souvent cependant, l'empirisme technique avait de longue date précédé la connaissance scientifique : les jeux de mutation de l'orgue consistent à enrichir artificiellement le timbre d'un tuyau en lui adjoignant quelques tuyaux plus petits accordés sur divers harmoniques (et par suite faux par rapport aux notes de même nom de toute gamme tempérée).

D'autres causes interviennent d'ailleurs dans la sensation spécifique de timbre : de légères fluctuations d'intensité ou de fréquence, assez faibles pour être à peine perçues comme telles, donnent de la chaleur à un son ; des sons non musicaux : frottement de l'archet sur la corde, chuintement du vent sur l'embouchure de flûte, contribuent à la sonorité particulière de ces instruments ; enfin les partiels, parfois étrangers à la série harmonique, qui apparaissent au moment de l'attaque et de la fin d'un son, jouent également un rôle important : il n'est rien de tel pour s'en rendre compte que d'écouter l'enregistrement d'une voix ou d'un instrument dont l'attaque et la fin ont été coupées, le meilleur musicien est souvent incapable de l'identifier.

L'intensité sonore.

La sensation d'intensité n'a pas la précision de la sensation de hauteur. Aucune échelle naturelle ne s'impose qui nous permette, comme le font les gammes, de situer sans conteste l'intensité d'un son. Nous pouvons cependant porter des jugements d'égalité, de plus ou de moins. Il a donc été nécessaire de chercher hors du domaine sensoriel une échelle de comparaison : le bruit ou le son à évaluer est comparé à un son pur de 1 000 Hz (à peu près le *si* au-dessus de la portée, en clef de *sol*) dont on ajuste l'intensité jusqu'à ce que les deux sons alternativement écoutés paraissent de même force ; le *niveau d'intensité subjective* du son en cause, exprimé en *phones,* est alors égal au niveau d'intensité physique du son de 1 000 Hz, mesuré en décibels. Pour les sons dont la fréquence est supérieure ou égale à 800 Hz, les niveaux physiques et subjectifs coïncident sensiblement ; il en est de même à toute fréquence pour les sons intenses. Mais, lorsque le niveau physique d'un son grave décroît au-dessous de 80 décibels, son niveau subjectif, en phones, diminue plus vite et ce d'autant plus que le son est plus grave. Ainsi, pour un son de 100 Hz (à peu près le *la* bémol en bas de la portée, en clef de *fa*), une diminution de 5 décibels suffit pour que l'intensité subjective baisse de 10 phones. Grâce à cela, bien que les basses d'orchestre n'aient, pour le physicien, qu'une marge de dynamique assez étroite, l'étendue des nuances musicales qu'elles sont capables de donner reste grande.

SENSATIONS DE DIRECTION ET DE DISTANCE.

La phase et l'intensité avec lesquelles les ondes atteignent les deux oreilles varient selon la direction des ondes et la distance de la source sonore. Les sensations correspondantes se forment à partir de la comparaison des informations que les deux oreilles fournissent à cet égard.

Un processus inverse nous permet de concentrer notre attention sur une ou plusieurs régions de l'espace et, par suite, d'entendre à la fois plus fort et plus distinctement les sons provenant de ces régions. C'est ce qui nous permet de suivre une conversation dans le brouhaha et nous aide, au concert, à distinguer les parties jouées par des instruments concertants.

Ces facultés disparaissent lorsqu'une des deux oreilles est sourde, ou lorsque le son est transmis par un canal unique (phonographe, radio). La musique y perd du relief et les contrastes entre parties concertantes, mélodie et accompagnement, sont diminués.

Il est à remarquer, d'autre part, que la sensation de localisation est aussi sous l'influence des informations visuelles. Au cinéma nous n'avons pas l'impression de voir, sur le côté de l'écran, un personnage qui remue les lèvres pendant qu'un autre, caché dans le haut-parleur, nous adresse la parole; la sensation visuelle s'impose et commande la localisation de la sensation auditive. Cette faculté de conformer, dans la mesure du possible, notre sensation à notre désir est générale : à moins de nous placer dans l'état d'esprit d'un accordeur, nous n'entendons pas comme fausse une quinte tempérée; de même, un instrumentiste amateur n'entend pas toujours les fausses notes qu'il fait : il a lu, pensé et désiré la note juste, c'est elle qu'il entend.

PRÉCISION DES SENSATIONS, TOLÉRANCE DE L'OREILLE.

Ces deux notions sont fort différentes. La *précision* avec laquelle l'oreille, considérée comme instrument d'observation, peut discerner une modification du son qu'on lui fait entendre est limitée à un certain *seuil*, en deçà duquel elle ne distingue aucun changement. Les seuils correspondant aux diverses qualités sonores résultent de la structure et du fonctionnement physiques et physiologiques de l'appareil auditif.

La finesse d'oreille ainsi définie est difficile à mesurer. Pour y parvenir, il faut non seulement que le sujet qui écoute concentre son attention sur le phénomène qu'il observe, mais encore que les sons à comparer lui soient présentés de manière à tirer le meilleur parti possible des propriétés de l'appareil auditif.

Le problème de la *tolérance* de l'oreille est tout autre. C'est, peut-on dire, le problème inverse. L'auditeur est supposé dans une disposition d'esprit qui lui fait désirer entendre des sons doués de certaines qualités : justesse d'intonation, exactitude d'un rythme ou d'une nuance, par exemple. La tolérance est alors définie par la marge d'inexactitude qu'il permet à l'exécutant.

Cette marge dépasse toujours beaucoup la valeur du seuil correspondant. La tolérance ne résulte donc pas des propriétés de l'oreille, mais d'un processus psychologique. Selon que l'on écoute la musique pour y prendre plaisir, attitude de l'auditeur, ou pour en contrôler l'exécution, attitude du chef d'orchestre, on n'entendra point ou l'on entendra certaines erreurs.

On ne saurait donc faire état de la tolérance d'oreille, par exemple pour jouer un peu faux, que si l'on est assuré d'avoir un auditoire dont la culture musicale et la disposition d'esprit s'y prêtent.

On remarquera que la plupart des systèmes musicaux sont fondés sur tel ou tel genre de tolérance à laquelle l'auditeur consent d'autant plus volontiers que les compositeurs ont su mieux en tirer parti pour enrichir leur langage et leurs moyens d'expression. Tel est le cas pour la gamme bien tempérée dont l'acceptation, d'abord fort discutée, fut à l'origine du développement contrapuntique et harmonique de deux siècles de musique européenne.

L'AUDITION SIMULTANÉE DE PLUSIEURS SONS, LE MASQUE.

Lorsque plusieurs sons atteignent l'oreille, nous pouvons former diverses sortes de sensations dont la nature et la qualité dépendent à la fois du phénomène physique extérieur dont l'audition nous est proposée, de la disposition d'esprit avec laquelle nous l'écoutons et des facultés plus ou moins exercées dans telle ou telle direction que nous mettons en œuvre pour l'entendre, l'analyser, lui attribuer un sens intelligible. En fait, les sons qui nous sont proposés ne sont jamais perçus individuellement. Ils sont toujours regroupés en vue soit de nous informer sur ce qui se passe autour de nous (nous les groupons alors en fonction de leur origine), soit de nous transmettre un message intelligible (le regroupement n'est alors possible que si nous connaissons le langage, parlé ou musical, qui est utilisé), soit de nous procurer plaisir ou désagrément.

La mécanique et la physiologie de l'oreille n'interviennent en ceci qu'au départ : fournir ou non les informations nécessaires aux opérations psychologiques. Nous ne tenterons pas ici d'en étudier le mécanisme et nous nous contenterons de passer en revue les phénomènes susceptibles d'intéresser le musicien.

La gêne qu'un bruit peut apporter à l'audition d'un autre bruit se nomme *masque*. Pour la musique le cas le plus intéressant est celui du masque d'un son musical par un autre. Le masque d'un son pur par un autre son pur a fait l'objet de mesures précises qui éclairent notre problème. Un son pur en masque un autre d'autant plus aisément que l'intervalle qui les sépare est plus petit. Un son intense qui engendre des harmoniques dans l'oreille masque également les sons dont la hauteur est voisine de celle de ces harmoniques; ceci explique que des basses trop fortes masquent plus les aigus que les aigus ne le font des basses.

Les musiciens, depuis longtemps, ont une connaissance empirique de ces faits. En particulier, pour que l'on entende sans effort une mélodie, il est prudent d'en écarter à distance de quarte ou de quinte les parties d'accompagnement à moins que des différences marquées d'intensité, de timbre, de caractère : rythme, parties concertantes ayant chacune une ligne mélodique facile à suivre, n'en facilitent la perception séparée à l'auditeur exercé. Cet aspect psychologique du phénomène de masque fait comprendre qu'une musique dont la logique interne nous échappe soit perçue comme une sorte de bruit et jugée comme tel, c'est-à-dire comme peut l'être le bruit d'un ruisseau ou celui du tonnerre. Ce jugement ne sera pas injuste, car ce que l'auditeur a effectivement entendu est informe, les moyens psychiques lui faisant défaut comme vis-à-vis d'une langue inconnue, pour organiser en sensation musicale intelligible les messages sonores que son

oreille a recueillis. Une éducation nouvelle lui sera
nécessaire pour entendre, dans le sens le plus plein du
mot, l'œuvre qu'on lui propose et pouvoir alors porter
sur elle un jugement d'ordre esthétique.

L'*harmonie* est la sensation qui résulte du fait que l'on
entend plusieurs sons musicaux simultanément et distincts les uns des autres. Bien des efforts ont été faits
pour justifier au nom de l'acoustique l'agrément que l'on
peut trouver à telle ou telle combinaison sonore. Nous
avons montré dans l'introduction la vanité de ces tentatives. Certaines cependant méritent quelque examen, car
elles mettent en lumière les conséquences logiques de
l'impératif qui a été subrepticement et le plus souvent
inconsciemment introduit dans le raisonnement. Telle
est la théorie des consonances de Helmholtz.

Ce remarquable travail est basé sur l'étude des sons
résultants engendrés dans l'oreille par les accords : plus
ces sons sont étrangers à l'harmonie proposée, dit notre
auteur, moins celle-ci est douce et agréable. Une telle
explication n'est pas absurde : un son résultant étranger
à l'harmonie est en quelque sorte un intrus qui vient
déranger un édifice auquel le musicien imposait un certain ordre; mais il n'est intrus que si, par un acte purement gratuit, on s'impose l'ordre en cause. Si l'on
consent à ce que l'accord parfait majeur, dans sa disposition naturelle, constitue l'harmonie la plus agréable à
entendre, la théorie de Helmholtz justifie un classement
des consonances par ordre de douceur décroissante,
mais elle ne saurait en aucune manière être invoquée en
faveur du choix initial.

Pour le musicien d'ailleurs toutes ces théories pèchent
par un point essentiel : la musique n'est pas faite d'accords longuement écoutés et savourés pour eux-mêmes
indépendamment de ce qui les précède et les suit. L'agrément d'un accord ne tient pas seulement à ce qu'il est
mais à ce qu'il dénoue, à ce qu'il prépare : les dissonances,
notes de passage et ornements n'introduisent aucune
dureté dans le discours musical dès l'instant qu'ils sont
convenablement préparés et résolus. La musique, en un
mot, organise le monde sonore à la fois dans le simultané
et le successif; le choix d'une gamme et d'un système
harmonique ne suffit pas à définir un style, une esthétique,
il y faut encore des règles d'organisation dans la durée.

L'acoustique n'a pas à prendre parti dans ces choix. Il paraît cependant intéressant de signaler aux musiciens certains faits qui sont en rapport avec le déroulement des sensations dans le temps. Cette évolution ne se fait pas d'une manière continue mais est constituée par la succession d'événements plus ou moins complexes nommés *durées de présence,* dont la qualité et le sens intelligible sont appréhendés comme formant un tout. La durée de présence, selon les individus, couvre un espace de temps de 0,6 à 1,1 seconde. Chez un individu elle est remarquablement stable. Elle peut cependant subir l'influence d'un rythme extérieur : si nous entendons frapper une série de coups égaux entre eux, nous avons une tendance naturelle à les réunir en groupes dont la durée soit voisine d'une durée de présence; chaque groupe forme alors un ensemble qui se présente comme un tout, une unité analogue à ce qu'est, en musique, la mesure par rapport au temps. Le premier coup de chaque groupe semble en général plus fort que les autres : il déclenche le passage d'une durée de présence à la suivante. Un rythme qui ne nous paraît ni lent ni rapide s'organise à l'intérieur d'une mesure ou d'un groupe de mesures dont la durée égale une durée de présence.

L'étude de tous les phénomènes qui découlent de ce fait dépasse le cadre de l'acoustique; nous retiendrons seulement deux choses. L'une est que la qualité et le sens intelligible d'une sensation résultent de l'ensemble des excitations reçues pendant une durée au moins égale à la durée de présence et que, par suite, l'impression que nous ressentons et le jugement que nous portons ne sont formés qu'*a posteriori.* Nous reportons cette impression et ce jugement sur un événement passé et les attribuons à l'ensemble de cet événement. L'autre est que certains aspects de la sensation peuvent résulter de causes extérieures en apparence étrangères à la nature de l'effet produit. De tels transferts du présent au passé, d'une qualité de la sensation sur une autre, sont fréquents et importants.

LE TOUCHER DU PIANO.

Lorsqu'on enfonce une touche, la mécanique du piano lance le marteau puis l'abandonne; ce dernier poursuit librement sa course jusqu'à ce qu'il frappe la corde. Il

est donc évident que le pianiste ne peut alors que jouer
plus ou moins fort mais ne dispose d'aucun moyen d'action sur la qualité du son obtenu. Il en est tout autrement
lorsque le doigt abandonne la touche : l'étouffoir en suit
fidèlement le mouvement. La manière dont le son est
interrompu est donc sous le contrôle direct de l'artiste.
C'est cet effet qui, reporté sur l'ensemble de la sensation
et joint à celui d'un jeu plus ou moins lié, donne au toucher
de chaque artiste sa qualité propre. La technique de
frappe ne peut donc avoir d'influence que dans la mesure
où elle réagit sur le mouvement que prend le doigt lorsqu'il abandonne la touche.

FORCE ET DURÉE.

Tenir une note un peu trop longtemps et retarder l'attaque de la suivante ne donne pas la sensation que le
rythme boite, mais que la première note a été jouée plus
fort que la seconde. Cet effet s'observe même dans des
mouvements lents et ne saurait être attribué aux propriétés mécaniques de l'oreille; son origine est purement
psychologique. Les organistes le connaissent bien et s'en
servent pour remédier au fait que leur instrument manque
de souplesse dynamique et n'est capable, si l'on peut dire,
que de teintes plates.

Un cas analogue s'observe si l'on procède à l'enregistrement purement rythmique du jeu d'un instrumentiste :
un trait ou une gamme dont l'exécution a paru parfaitement égale montrent des irrégularités rythmiques éton-
nantes. En fait il y avait double irrégularité : inégalités
de durée et de force; et, l'une compensant l'autre, un
transfert réciproque des excitations correspondantes sur
les sensations de durée et d'intensité a rétabli chez l'auditeur le sentiment de l'égalité.

Ces exemples n'ont pas la prétention d'épuiser le sujet
mais de montrer, sur des cas spécifiquement musicaux,
l'extrême complexité du mécanisme psychique qui intervient dans la formation des sensations et de faire ainsi
sentir la prudence qu'il faut apporter à utiliser les données de l'acoustique lorsqu'on cherche à comprendre ou
à expliquer les choses de la musique.

Car, si la physique nous enseigne ce que sont les phénomènes matériels dont use l'art musical, si l'étude de
l'audition nous montre quels genres d'informations

l'oreille nous permet de recueillir, c'est à la psychologie qu'il faut faire appel pour tenter de saisir l'étrange alchimie qui transforme ces informations en sensations dont les qualités, l'agrément, l'intelligibilité sont le fruit d'une collaboration intime de l'auditeur avec le phénomène sonore extérieur que les musiciens lui proposent.

Jacques BRILLOUIN.

BIBLIOGRAPHIE

Beaucoup d'anciens ouvrages sont d'une lecture pleine d'intérêt et provoquent l'admiration devant l'ingéniosité de physiciens qui ne possédaient aucun des moyens que l'électronique a mis à la disposition des modernes.

Les curieux trouveront à cet égard des renseignements historiques et bibliographiques nombreux dans :

CHWOLSON, O. D., *Traité de physique,* tome I, fascicule 4, Paris, 1906.

Signalons d'autre part :

HELMHOLTZ, H. von, *Théorie physiologique de la musique fondée sur l'étude des sensations auditives,* traduction française, Paris, 1874.

Ouvrage assez rare que l'on ne trouvera guère que dans de grandes bibliothèques.

BOUASSE, H., nombreux volumes consacrés à l'acoustique dans son monumental ouvrage : *Bibliothèque de l'ingénieur et du physicien,* Paris.

BOUASSE, H., *Bases physiques de la musique,* Paris, 1906.

Intéressant petit ouvrage d'un physicien qui fut grand amateur de musique.

FLETCHER Harvey, *Speech and Hearing,* Van Nostrand, New York, 1929.

FOCH, A., *Acoustique,* Paris, 1934.

On pourra également consulter les revues suivantes :

« Revue d'Acoustique »,

« Journal of the Acoustical Society of America »,

« Akustische Zeitschrift »,

« Akustica ».

LA VOIX HUMAINE

LA voix humaine peut être considérée à des points de vue bien différents, tous également intéressants. Sa genèse pose des problèmes ardus, qui concernent le physiologiste et le psychophysiologiste. Placé au sein d'un orchestre, le chanteur peut être considéré comme un instrument, et il intéresse l'acousticien et le compositeur. S'il doit nous émouvoir, il retient l'attention du psychologue et de l'artiste. Combinée avec l'articulation, la voix peut également se charger de signification conventionnelle, et elle va alors intéresser le phonéticien et le linguiste. Tous ces points de vue différents ont déjà, de nos jours, un passé et une évolution, c'est-à-dire une histoire, et le point de vue de l'historien n'est pas le moins instructif. Nous retiendrons seuls les trois premiers points de vue énumérés plus haut, et quelques jalons historiques jetteront des ponts fragiles entre le présent et le peu que nous savons du passé.

ÉVOLUTION DE NOS CONNAISSANCES SUR LA GENÈSE DE LA VOIX HUMAINE

Les premières dissections faites sur l'Homme, qui remontent à des millénaires, ont fixé nos premières connaissances sur la voix. Galien (vers 170) n'ignorait pas qu'elle se formait dans le larynx, et que son passage à travers le pharynx et la bouche, et parfois le nez, lui conférait ses qualités vocales. Il fallut cependant attendre seize ou dix-sept siècles pour que des précisions sur ces deux phénomènes pussent être acquises, ou du moins présumées. Dans cette lente progression de l'esprit humain, c'est l'apparition de techniques expérimentales de plus en plus perfectionnées qui marque les progrès, comme d'ailleurs dans toutes les sciences.

En ce qui concerne le rôle du pharynx et de la bouche dans la genèse de la voix, c'est Helmholtz qui, en 1857, avança la première explication rationnelle. Pour lui, pharynx et bouche renforcent, dans le son complexe émis par le larynx, les harmoniques les plus voisins de leurs « sons propres ». Cette idée si simple explique déjà la moitié des caractères vocaliques de la voix, ce qui lui conféra une extraordinaire longévité : cent ans ! Ce n'est en effet qu'en 1957 que l'on parviendra à expliquer la totalité des phénomènes vocaliques en invoquant à leur propos la théorie des pavillons, poussée à son plus haut degré, dès 1935, par le physicien français Yves Rocard pour d'autres besoins (usage des haut-parleurs).

La progression de nos connaissances en ce qui concerne le fonctionnement du larynx fut plus lente, et fertile en péripéties innombrables. Le larynx fut d'abord comparé aux instruments de musique les plus divers : à une flûte par Fabrizio d'Acquapendente (1537); à un cor de chasse, à un châssis bruyant, puis à un sifflet, par Dodart (1700); à un dicorde pneumatique par Ferrein (1741); à un cor par Cuvier (1805), puis par Dutrochet (1806); à un trombone par Despiney (1821); à un hautbois par Magendie (1823); à un appeau par Savart (1825); à une « pratique » par Malgaigne (1831); à des anches libres par Müller (1839); Petrequin et Diday (1840) le comparent à un cor de chasse pour la voix sombrée, à un hautbois pour la voix blanche, à une flûte pour le fausset; Bataille (1861), Fournié (1866), Mandl (1872), et d'autres, reviennent à un système d'anches, mais c'est la muqueuse qui vibre pour les uns, et le muscle pour les autres. Richerand et Beraud (1884) déclarent finalement, non sans humour, que « le larynx ressemble encore plus à un larynx ». L'apparition de la laryngo-stroboscopie (Œrtel, 1878) ne freine guère les imaginations : Guillemin (1904) revient à la comparaison avec un appeau; Ewald (1898) à un système d'anches à bourrelets; Bonnier (1903), puis Baratoux (1923), à une explication aérodynamique; Van den Berg (1953) à la théorie de Ferrein. Puis d'aimables fantaisies apparaissent : pour Vallancien (1953), les influx récurrentiels jouent le rôle de « starter » d'automobile, facilitant la mise en marche; et pour Svend Smith (1954), la glotte se ferme à chaque période parce que ses bords sont « aspirés » par le courant d'air.

C'est sur ces entrefaites (1950) que nous avons mis en évidence que la physiologie nerveuse et la physiologie neuro-musculaire les plus classiques, à elles seules, suffisaient à expliquer le fonctionnement phonatoire du larynx et toutes ses modalités normales et pathologiques. Les fibrilles musculaires des cordes vocales s'insèrent « en dents de peigne » sur leur bord libre (Goerttler, 1950). Elles se contractent et décollent les bords de la glotte à chaque salve d'influx moteurs. La prétendue « vibration » des cordes vocales n'est qu'une suite de contractions rapides et rythmées dont chacune démasque la fente glottique, contractions commandées coup par coup par des influx moteurs en provenance du cerveau : comme a pu le dire le professeur A. Soulairac, on est en face de la « genèse cérébrale de la vibration des cordes vocales ». De ce fait, la recherche en ce domaine est relancée dans des directions nouvelles. Successivement, le docteur A. Moulonguet, dans des expériences célèbres (1952-1953), recueille les influx récurrentiels phonatoires sur l'homme; le professeur G. Portmann (1954-1956) étudie *in situ* la réponse électrique des cordes vocales; le docteur J.-H. Amado (1951-1954) met en évidence le rôle important des principales hormones sur ces fins mécanismes; le docteur A. Djian (1952-1955) étudie tomographiquement les accolements laryngés; le professeur Piquet, de Lille (1956), filme la vibration des cordes vocales en l'absence de courant d'air *(fig. 1)*; le docteur Garde, à Paris, le professeur de Quiros, à Buenos Aires, le professeur Brunetti, à Turin, renouvellent les pathogénies et les thérapeutiques des maladies de la voix.

Sans que nous puissions songer à citer ici les conséquences sans nombre de l'ensemble de ces travaux, nous rapporterons cependant l'une d'elles, dont les répercussions pratiques sont considérables pour l'art du chant. Dès 1953, le docteur C. Chenay et nous-même avons montré que la classification vocale tonale d'un chanteur ne dépendait que de l'excitabilité de ses cordes vocales (identique à celle de leur nerf moteur), susceptible d'être mesurée avec une grande précision et facilement. Il ne s'agit ici que du classement tonal, c'est-à-dire indépendant du timbre et de la puissance de la voix. Mais la détermination physiologique des tessitures individuelles

met fin à des difficultés sévèrement ressenties de tout
temps par les artistes lyriques.

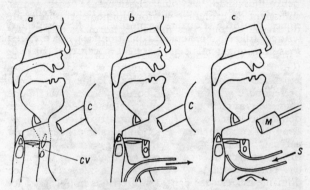

Fig. 1. – *Schémas des expériences de Piquet, Decroix, Libersa et Dujardin
(Faculté de Médecine de Lille, février-avril 1956).*

a) La caméra ultra-rapide C filme la vibration des cordes vocales
CV accompagnée d'une pression sous-glottique normalement ali-
mentée par les poumons du sujet.

b) L'air expiré est détourné du larynx par une canule de trachéo-
tomie et, dans ces conditions, la caméra ultra-rapide C filme la
vibration des cordes vocales qui se réalise sans courant d'air.

c) La pression sous-glottique d'origine pulmonaire a été remplacée par l'action d'une soufflerie S (munie d'un manomètre) non
figurée, et devant la glotte du sujet a été disposé un microphone
étalonné M qui reçoit le son émis et mesure son intensité.

(Les figures de ce chapitre ont paru dans les numéros de janvier 1957, novembre 1957, mars 1958 de *la Nature,* et sont reproduites ici grâce à l'aimable autorisation de cette revue.)

SUR LA GENÈSE
DES QUALITÉS ARTISTIQUES
DE LA VOIX CHANTÉE

Si, pour le physicien, les qualités d'un son se nomment
hauteur, intensité et timbre, ce ne sont point là celles qui
interviennent dans le jugement d'une voix chantée. En
laissant de côté la hauteur, qui se traduit directement par
la tessiture d'emploi, on considère la *puissance,* l'*éclat* (ou
mordant), l'*épaisseur*, et le *volume*.

La *puissance* de la voix, qui ne dépasse pas 40 db à un mètre de la bouche dans la conversation banale, reste inférieure à 80 db chez un bon orateur, et atteint 125 db chez les voix ultra-puissantes de nos grandes scènes lyriques, constitue la qualité primordiale, le fleuron de l'art lyrique. Elle est directement conditionnée par la pression sous-glottique que le sujet parvient à réaliser et par l'uti-

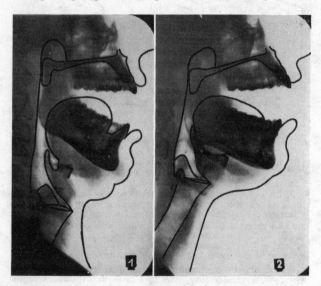

Fig. 2. – *Radiographies de profil de la cavité pharyngo-buccale pendant l'émission de la voyelle A émise sur Ré 3 par le même sujet.*

A gauche (cliché 1) : position de voix chantée. A droite (cliché 2) : position de voix parlée.

Clichés pris le 20 février 1957 par le docteur Albert Djian sur M. Ernest Blanc, premier baryton de grand opéra à l'Opéra de Paris. Noter, sur la même voyelle et la même tonalité d'émission, l'énorme abaissement du larynx dans la position de voix chantée.

lisation qu'il fait de sa cavité pharyngo-buccale *(fig. 2)*, et elle est également sous la dépendance étroite de la constitution endocrinienne du sujet.

Les trois autres qualités dépendent de la richesse de la voix en harmoniques, et s'analysent comme suit : la fourniture du son émis par le larynx contient des harmoniques jusque 5 500 cycles environ au maximum. Le pavillon pharyngo-buccal n'agit que sur les harmoniques inférieurs à 2 500 cycles environ (fréquence dite de « coupure du pavillon »), dont il renforce en général deux éléments (appelés « formants vocaliques ») qui fixent la nature de la voyelle. Ceux supérieurs à 2 500 cycles, non influencés par le pavillon, donnent l'*éclat* (ou *mordant*) de la voix. Le *volume* de la voix est donné par l'intensité du fondamental, et par son renforcement éventuel par la bouche ou le pharynx. L'*épaisseur* de la voix dépend de l'importance des harmoniques inférieurs à la fréquence de coupure dans leur ensemble. Ces qualités dépendent donc toutes trois de l'intensité de la voix, et les deux dernières, de la configuration et des dimensions du pavillon pharyngo-buccal du sujet.

ÉVOLUTION DES TECHNIQUES VOCALES UTILISÉES ET DES POSSIBILITÉS EXPRESSIVES MISES EN ŒUVRE DANS LE CHANT

Un laryngologiste fort connu du second quart de ce siècle parlait de la façon « physiologique » d'émettre sa voix, oubliant que toutes les motricités complexes s'accommodent de conduites neurologiques multiples. Ainsi en est-il pour la locomotion, par exemple, qui reconnaît les conduites du saut, de la course, du pas gymnastique, à côté des innombrables types de marche et de danse. De même voit-on les façons de chanter se diversifier à l'infini, conduisant d'ailleurs à des caractéristiques vocales souvent fortement dissemblables. Une « technique vocale » n'est pas autre chose qu'un mode d'utilisation de nos organes phonateurs, sur la base d'automatismes sensitivo-moteurs stabilisés par l'éducation, ayant en vue un certain rendement vocal en hauteur, timbre et intensité.

L'examen des vieux textes lyriques montre que, jusqu'au début du XVIIIᵉ siècle, les voix graves d'homme n'étaient utilisées que jusqu'au *si₂* et les voix aiguës d'homme jusqu'au *ré₃* (les voix de femme à l'octave aiguë). La difficulté du « passage » avait donc été rencontrée, et évitée par l'abstention, et les voix gardaient leur caractère « ouvert » sur toute la tessiture. Les besoins de l'art théâtral lyrique exigèrent d'aller plus haut et, pour franchir les fréquences de « passage », les voix d'homme passèrent en voix de fausset, c'est-à-dire changèrent de registre. Tel était encore l'état des techniques vocales pour voix d'homme vers 1830 en France, dont le ténor Nourrit offrait un exemple typique.

Cependant l'usage du fausset dans l'aigu ne permettait pas — ou permettait mal — l'interprétation de rôles vaillants et dramatiques. C'est en Italie, au cours des vingt premières années du xixe siècle, semble-t-il, que commença à être pratiquée la « couverture des sons » dans l'aigu, ou *voce coperta*, qui permet de franchir les difficultés du « passage » en restant en premier registre, mettant à la disposition des chanteurs les sonorités sombres et puissantes des sons « couverts » sans danger pour le larynx. Ce fut là, sans doute, la plus grande découverte de technique vocale apparue depuis le début des temps historiques de l'art du chant. Le ténor français Gilbert Duprez s'initia à cette émission en Italie, et revint en 1837 à l'Opéra de Paris, où sa technique lui permit des interprétations dramatiques jamais entendues auparavant sur cette scène, et qui provoquèrent un enthousiasme extraordinaire. Duprez quitta l'Opéra en 1852 pour le Conservatoire, et donna chaque année un récital. En 1896 — il avait quatre-vingt-dix ans —, les chroniqueurs de l'époque s'étonnaient encore devant « les restes de cette voix prodigieuse qui avait rempli les plus grandes salles de l'Europe ».

Plus d'un demi-siècle s'est écoulé et, dans tous les grands pays où fleurit l'art lyrique, qu'il s'agisse de l'Italie, de la France, de l'Allemagne ou de l'U.R.S.S., les chanteurs et les pédagogues se partagent encore entre deux grandes classes de techniques vocales, comprenant d'ailleurs tous les intermédiaires entre deux types extrêmes : le premier caractérisé par la voix « claire », « ouverte », « abandonnée »; le second par la voix « sombre », « couverte », « appuyée ». Ces deux types d'émission possèdent des pouvoirs expressifs très différents. Si la mélodie et le lied s'accommodent mieux des émissions de la première classe, du moins par rapport à notre goût actuel, les situations dramatiques du chant théâtral requièrent l'emploi des secondes. Nous verrons plus loin que l'analyse physiologique intervient également pour caractériser ces deux types de technique vocale et pour formuler certaines remarques qu'il conviendrait sans doute de méditer.

LE PROBLÈME NORMATIF
DES TECHNIQUES VOCALES

La première constatation qui s'offre à l'examen physiologique strict est que l'on peut chanter avec *n'importe quelle technique vocale*, à la quadruple condition de ne chanter ni aigu, ni fort, ni longtemps, ni souvent. Dans cette quadruple limite, la fonction phonatoire paraît toujours assurée normalement.

Une seconde constatation apparaît bien vite : si l'une de ces quatre conditions n'est plus correctement assurée — surtout les deux premières —, la variété des techniques vocales *possibles* se restreint, les autres engendrant des altérations variées, et de gravité diverse, des cordes vocales. A mesure que les quatre conditions ci-dessus cessent de pouvoir être remplies — c'est-à-dire à mesure que le sujet doit chanter aigu, fort, longtemps et souvent —, la variété admissible des techniques vocales se restreint de plus en plus, aboutissant à définir un mode d'émission bien particularisé, caractéristique du « chant théâtral à grande puissance ».

Il convenait d'en faire l'analyse physiologique aussi fine que possible, tâche à laquelle nous nous sommes consacré depuis 1951, avec les nombreuses collaborations scientifiques nécessaires et la participation des voix françaises et étrangères les plus étendues et les plus puissantes. Le détail des résultats obtenus ne saurait trouver place ici. Mais il est remarquable que, parmi les impératifs physiologiques qui furent dégagés, figurent :

1º La réalisation de positions laryngées très basses, exigence déjà formulée, dès 1880, par certains savants allemands et russes.

2º L'exécution rigoureuse de la « couverture des sons » sur les fréquences optima, mécanisme découvert en Italie vers le début du XIXᵉ siècle.

3º L'emploi de configurations pharyngo-buccales ramenant une impédance toujours suffisamment élevée sur le larynx (la notion acoustique d'impédance peut être comprise ici comme une « résistance à la propagation »).

4º La minimisation maxima de toute nasalisation, et son exclusion absolue au-dessus du « passage ».

5º Enfin, faits nouveaux et d'une importance capitale, des *exigences indépendantes de la technique vocale* apparurent — concernant notamment la physiologie du cœur droit (professeur Di Giorgio, de Turin) et la constitution endocrinienne du sujet (docteur J.-H. Amado, de Paris) —, mettant en évidence que ce type privilégié de technique vocale n'était pas réalisable chez tous les sujets.

Ainsi donc, un résultat nouveau s'est progressivement dégagé : c'est que la constitution anatomo-physiologique de chaque sujet conditionne, dans une certaine mesure, la technique phonatoire optima qu'il est susceptible d'acquérir, et conditionne, en conséquence, les performances vocales auxquelles il peut prétendre et les œuvres lyriques qu'il peut raisonnablement songer à exécuter.

LE PROBLÈME DES MÉTHODES
D'ÉDUCATION VOCALE

Une méthode d'éducation vocale est un ensemble de directives systématisées, pouvant être de nature très diverse, et dont l'application doit progressivement stabiliser chez le sujet une technique vocale déterminée, c'est-à-dire lui permettre certaines performances de hauteur, de timbre et d'intensité. L'ingéniosité des hommes s'est longuement exercée sur ce problème, et les procédés pédagogiques qui ont vu le jour à cette fin — dont presque tous sont encore utilisés présentement dans tous les pays — sont tellement nombreux qu'on ne peut guère en parler qu'en les classant. Nous laisserons d'ailleurs de côté les procédés saugrenus (il y en a !) ou simplement trop particuliers, pour nous limiter aux grandes méthodes ayant fait l'objet d'exposés systématiques, et admettant — ou prétendant admettre — des bases physiologiques au moins raisonnables. Elles se laissent ranger en cinq classes.

La première classe de procédés consiste à préconiser, pour l'élève, la réalisation de certaines activités ou postures musculaires bien déterminées conditionnant l'émission vocale : type d'ouverture buccale, postures linguales, modalités respiratoires, modalités articulatoires, etc. Ces procédés varient du simple conseil correctif à la grande systématisation d'ensemble. Parmi ces dernières, les plus célèbres sont le *Stauprinzip* formulé par Armin en 1909, et les *Weitung- und Federung-Prinzipien* définis par Mme Hélène Fernau-Horn en 1953. Le *Stauprinzip*, destiné théoriquement à assurer la réalisation de positions laryngées basses dans le chant, connut outre-Rhin une vogue immense (non encore éteinte) auprès des *Heldentenor* et des *Heldenbaryton* wagnériens, tandis que nombre de laryngologistes l'accusaient des pires méfaits. Plus près de nous, les *Weitung- und Federung-Prinzipien* de Mme Fernau-Horn, tendant au même but théorique, paraissent en faciliter et en tempérer intelligemment la réalisation pratique.

La seconde classe englobe tous les procédés consistant à agir sur le timbre, ou mieux la couleur des voyelles émises par l'élève, en recherchant systématiquement son évolution ou sa modification dans tel ou tel sens. Bien entendu, par une modification de couleur vocalique, c'est la modification correspondante de la configuration pharyngo-buccale qui est recherchée. Rentrent dans cette catégorie les recherches systématiques de voix « claire », de voix « blanche », de voix « noire », etc., avec toutes les variétés intermédiaires et toutes les évolutions possibles du grave à l'aigu. Ce type de méthode a reçu sa forme la plus achevée dans les célèbres travaux d'Alfred Labriet, parus en 1925 sous le nom de « compensation des voyelles » (C.-R. Acad. des Sciences de Paris, tome 180, p. 1860, et tome 181, p. 358). Il convient de remarquer qu'il s'agit ici d'une méthode de caractère absolument général, susceptible de diriger l'élève vers telle ou telle technique vocale désirée, simplement en choisissant de façon convenable les « compensations vocaliques » à réaliser dans la période éducative. S'il est juste d'observer que beaucoup de professeurs de chant procèdent ainsi, empiriquement, on doit souligner que les procédés d'Alfred Labriet présentent l'avantage de minimiser les hésitations et les tâtonnements.

La troisième classe de procédés pédagogiques, peut-être les plus fins et les plus subtils, utilise la propriété du chant théâtral de donner lieu, au niveau des organes phonateurs mis en action, à des *sensibilités internes* nettement perçues et bien localisées. Les unes sont ressenties au palais dur, entre le voile et les incisives supérieures; d'autres tendent à attribuer aux sons émis des directivités subjectives *(fig. 3)*, comprises entre le plan horizontal

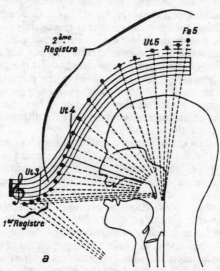

Fig. 3. – *Éventails comparés des directivités subjectives des projections des sensibilités internes céphaliques phonatoires sur toute l'étendue d'une tessiture féminine : en a, larynx haut ; en b, larynx bas.*

En *a* : dessin inspiré de Lilli Lehmann.

buccal et la direction du vertex. Or ces sensibilités internes varient en nature, intensité et localisation, suivant la technique vocale du sujet. D'où l'idée de réaliser progressivement telle ou telle technique vocale désirée par la recherche systématique et persévérante des sensibilités internes qui leur sont liées. C'est sous cet aspect qu'apparaît la méthode de Lilli Lehmann (1909),

liée aux directivités subjectives selon lesquelles la voix
paraît se projeter, ainsi que celle préconisée, dès 1933,
par Jean Mauran, caractérisée par la recherche d'un
point palatal antérieur invariable de stimulation maxima.

Une quatrième classe de procédés, plus rarement
employés, est constituée par l'emploi d'*intentions expressives volontaires*, accompagnées de mimiques faciales

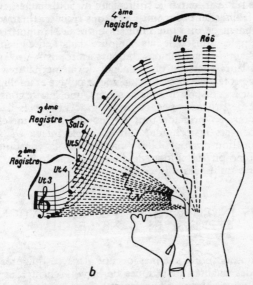

b

En *b* : dessin réalisé grâce à l'étude des voix françaises féminines
les plus puissantes du Théâtre national de l'Opéra, et de la voix de
Mme Mado Robin pour les 3e et 4e registres.

appropriées, en vue de déclencher les modifications
recherchées de la configuration pharyngo-buccale du
sujet, génératrices des couleurs vocaliques désirées.
Raoul Duhamel, dès 1929, en a donné un exposé systématique; et Georges Vaillant, de l'Opéra de Paris, en
1954, a montré tout le parti que l'artiste lyrique, dans le
feu de l'action, pouvait en tirer.

Une cinquième classe doit être enfin réservée à
l'ensemble des procédés dans lesquels les modifications
phonatoires sont obtenues par voie *auditive rétrograde*,

c'est-à-dire par l'utilisation systématique des rétroactions neurologiques qu'exercent sur la phonation d'un sujet les stimulations auditives qui lui parviennent à peu près dans le même temps. Ce phénomène remarquable, découvert par le docteur Tomatis en 1954, analysé en détail par nous en 1957, met en œuvre le *schéma corporel vocal* du sujet, notion fondamentale introduite en physiologie phonatoire par le professeur A. Soulairac en 1955. Son utilisation pédagogique est très récente. Il convient cependant de dire que l'imitation vocale, le mimétisme, l'exemple, utilisés depuis toujours dans l'enseignement du chant — quoique pas toujours à propos —, relèvent dans leurs effets de phénomènes de même nature.

Le professeur de technique vocale cultivé et intelligent a donc à sa disposition, de nos jours, une variété considérable de procédés pédagogiques grâce auxquels il doit pouvoir, en principe tout au moins, diriger un élève donné vers la technique qui lui est le mieux adaptée, en fonction des possibilités offertes par la constitution anatomo-physiologique de l'élève et en fonction des œuvres qu'il aura à interpréter.

LES INTENTIONS ET LES RÉALISATIONS EXPRESSIVES DANS LE CHANT

Nous ne nous sommes occupé dans ce qui précède que des qualités acoustiques de la voix chantée et des conditions physiologiques optima de son émission. Mais le chanteur doit en outre, et surtout, émouvoir et transmettre le message affectif du compositeur. Deux nouvelles exigences apparaissent pour lui : 1º Mettre en action les mimiques de toutes natures (vocales, faciales, gestuelles, etc.) par lesquelles il va *exprimer*. 2º Transférer au public les sentiments qu'il a la charge d'exprimer.

Le déclenchement des mimiques expressives de l'artiste — qu'elles soient naturelles, c'est-à-dire correspondantes à des sentiments réellement sentis par lui, ou provoquées, c'est-à-dire réalisées par des commandes neuro-motrices adaptées — est un problème de psycho-physiologie d'une nature bien différente de ceux que nous avons précédemment abordés. Ce déclenchement est incontestablement susceptible de dressage, c'est-à-dire de conditionnement (au sens de Pavlov). Mais l'émotion ressentie par le sujet lui-même, si elle n'est point excessive, y apporte de multiples facilitations. On se retrouve en face des éléments antinomiques qui définissent le célèbre problème de Diderot : l'artiste, pour exprimer, doit-il sentir lui-même ou seulement mimer ? Il est inutile de s'arrêter ici sur ce qui n'est en fait qu'un pseudo-problème. Dans la genèse des mimiques, le rôle des intentions expressives est considérable. Elles facilitent la coordination des motricités en vue du but recherché, améliorent l'objectivation des personnages et des conduites. De là au dédoublement léger et fugace de la personnalité de l'acteur, il n'y a qu'un pas, parfois franchi.

L'action exercée sur le public s'analyse plus difficilement. Certes, lorsqu'un auditeur-spectateur ressent une émotion qui est provoquée en lui par un chanteur, on peut invoquer l'apparition du jeu bien connu de l'*émotion rétrograde*. Mais ce phénomène n'est peut-être pas le seul. Il se produit, dans certaines conditions, des émotions contagieuses, et Mackensie a pu parler de la formation d'un être « polypsychique », formule qui couvre de toute évidence des faits plus complexes. Enfin, entre l'artiste et le public, il s'organise peut-être aussi des échanges mal connus, de nature parapsychique, évoqués naguère avec talent par René Sudre, malheureusement difficiles à saisir et à étudier par les méthodes classiques de la psychologie expérimentale.

Ce qu'il y a de certain, c'est que, dans le chant — et déjà dans la parole avec une mesure moindre —, la voix humaine peut recevoir l'addition de surcharges affectives et psychiques multiples, puisées d'ailleurs aux mêmes activités encéphaliques, et qui se superposent au message purement linguistique du langage oral, en estompant parfois la signification rationnelle de ce dernier.

CLASSIFICATION ET CLASSEMENT
DES VOIX

La *classification* des voix est le tableau synoptique de toutes les catégories de voix chantées en fonction de leurs

principaux caractères : étendue, puissance, timbre, etc. Le
classement d'une voix est, soit la désignation de la catégorie
qui lui échoit dans le tableau synoptique de classification,
soit l'opération qui permet d'établir cette désignation.

CONCEPTIONS ANCIENNES CONCERNANT LA CLASSIFICATION DES VOIX

La fin du XVIIe siècle voyait déjà la subdivision des
voix, tant masculines que féminines, en voix *graves* et
voix *élevées* ; la notion de voix *moyennes* apparut avec le
raffinement de la composition lyrique. C'est cette division
tripartite qui, au théâtre lyrique, se matérialisa par la
terminologie de basse, baryton et ténor pour les voix
masculines, et de contralto, mezzo et soprano pour les
voix féminines. Cependant, dès le début du XVIIIe siècle,
son insuffisance était déjà reconnue, comme en témoigne
l'apparition de nombreuses subdivisions, soit relatives à
l'étendue tonale (basse profonde et basse chantante,
mezzo-contralto et mezzo-soprano, etc.), soit relatives
au timbre (ténor léger et ténor dramatique, soprano
léger et soprano dramatique, etc.). A cette terminologie,
dans laquelle la part relative au timbre était souvent
confondue avec celle relative à la hauteur tonale, vint
encore se superposer une terminologie d'emploi au
théâtre (baryton d'opérette, d'opéra-comique, d'opéra,
de grand opéra; premier baryton, second baryton;
Heldenbaryton, baryton Verdi, baryton Martin, etc.),
ce qui accrut une confusion ressentie depuis des décades.

CONCEPTIONS ANCIENNES CONCERNANT LES PROCÉDÉS DE CLASSEMENT D'UNE VOIX DONNÉE

Les procédés de classement les plus connus, encore
employés de nos jours, sont les suivants :

Classement par l'étendue vocale.

En faisant vocaliser le sujet sur toutes les voyelles, le
pédagogue observe : *a)* la note la plus aiguë atteinte;
b) la note la plus grave atteinte; *c)* la note la plus favorable
de « couverture des sons ouverts »; *d)* la région tonale
émise avec le maximum de facilité (dite *tessiture*). Sur ces

données d'observation, le sujet est placé dans une catégorie vocale déterminée (au moins provisoirement).
Cette méthode, la plus ancienne et la plus raisonnable,
rencontre cependant des difficultés insurmontables dans
le classement de certaines voix, soit de tessiture trop
étendue, soit de tessiture paraissant intermédiaire entre
deux catégories contiguës.

CLASSEMENT PAR LE TIMBRE.

Dans cette méthode, un sujet est dit ténor s'il a un
« timbre de ténor », soprano s'il a un « timbre de
soprano », etc. Mais l'expérience montre qu'étendue
vocale et timbre sont indépendants : il y a des ténors à
timbre épais et sombre, des basses à voix claire et légère,
des sopranos aigus à volume énorme, etc. Par ailleurs,
le timbre d'une voix dépend étroitement de la technique
vocale imposée au sujet par l'éducation.

CLASSEMENT PAR LA LONGUEUR DES CORDES VOCALES.

Cette méthode, préconisée par certains laryngologistes,
repose sur la comparaison du larynx avec un instrument
à cordes : corde longue, son grave; corde courte, son
aigu. Indépendamment de l'absurdité de la comparaison,
l'expérience montre que les sujets d'une catégorie vocale
donnée, ténors par exemple, ont des cordes vocales se
répartissant sur toutes les longueurs observables (de 1,4
à 2,5 cm). Un sujet de dix-huit ans, vivant présentement
(1958) à Pesaro (Italie), possède des cordes vocales de
4,5 centimètres de longueur vibrant normalement (cas
de gigantisme laryngé signalé par le docteur Pagnini) :
c'est un ténor.

CLASSEMENT PAR LE VOLUME DES CAVITÉS SUS-GLOT-
TIQUES.

Cette méthode attribue des voix graves aux sujets
pourvus de cavités pharyngo-buccales spacieuses, et
inversement. Mais l'expérience montre que le volume
pharyngo-buccal ne modifie que le timbre de la voix, et
ne conditionne nullement la tessiture.

CLASSEMENT PAR LE TYPE MORPHOLOGIQUE.

Cette méthode attribue des voix graves au type morphologique longiligne (sujets grands et maigres), et des

voix aiguës au type morphologique bréviligne (sujets petits et gras). Mais l'observation révèle que les sujets d'une catégorie vocale déterminée se répartissent dans tous les types morphologiques avec une égale fréquence.

CLASSEMENT PAR LE TYPE SEXUEL.

Cette méthode attribue aux basses un type androïde, aux ténors un type gynoïde (malheureux ténors !), aux sopranos un type hyperféminin, et aux altos un type viriloïde. Elle ne relève que de l'anecdote et de la fantaisie.

CLASSEMENT PAR LA TOUX SONORE.

C'est la dernière méthode en date ; elle est préconisée par le docteur Tarneaud, qui classe un sujet, non plus en le faisant chanter, mais en le faisant tousser, et en notant la hauteur tonale de la toux sonorisée (*Larynx et Phonation,* Paris, 1957, pp. 120-121 ; *The Bulletin,* Official Magazine of the National Association of Teachers of Singing, 15 février 1958, pp. 14-15, Chicago).

LOIS FONDAMENTALES DE LA PHYSIOLOGIE PHONATOIRE DIFFÉRENTIELLE

La connaissance de la physiologie phonatoire laryngée, acquise par les travaux expérimentaux poursuivis en France depuis 1950 (expériences d'André Moulonguet, 1953 ; de Georges Portmann, 1954 ; de Jean Piquet, 1956, etc.), ainsi que dans certains pays étrangers (travaux de Kurt Goerttler, 1950 ; de Mme Jelena Krmpotic, 1956 ; de Mme Anna-Maria Di Giorgio, 1957 ; de Galli et Bernaldo de Quiros, 1957 ; etc.), a permis d'établir comme suit les fondements de la physiologie phonatoire différentielle :

1º L'étendue des notes que tout sujet peut émettre, dans chaque registre, ne dépend que de l'excitabilité de son nerf récurrent (nerf moteur des cordes vocales). Elle est rigoureusement indépendante de tout autre caractère vocal (timbre, intensité, etc.).

2º La puissance de la voix d'un sujet (mesurée en décibels à un mètre de la bouche) dépend en premier lieu de la pression sous-glottique qu'il est susceptible de réaliser, et en second lieu de l'utilisation qu'il fait de son pavillon pharyngo-buccal (c'est-à-dire de sa technique vocale). La pression sous-glottique atteinte dépend elle-même d'un conditionnement complexe : laryngien, respiratoire, cardiaque et endocrinien, sur lequel nous ne pouvons insister.

:º Le timbre de la voix d'un sujet (analysable au spectromètre de fréquences) dépend en premier lieu de la fourniture harmonique fabriquée par le larynx, et en second lieu de l'utilisation qu'il fait de son pavillon pharyngo-buccal (c'est-à-dire de sa technique vocale). La fourniture harmonique laryngée dépend elle-même des dimensions des cordes vocales, du tonus de leur accolement, et de la pression sous-glottique réalisée.

Il résulte de ces données physiologiques que le timbre et la puissance d'une voix sont assez étroitement liés, tandis qu'ils sont rigoureusement indépendants de la tessiture. La classification des voix est donc une classification à trois caractères (tessiture, puissance et timbre), réductibles pratiquement à deux.

CLASSIFICATION ET CLASSEMENT DES VOIX CHANTÉES EN FONCTION DE LEUR SEULE ÉTENDUE TONALE

Chez tout sujet dont la voix est longuement et correctement éduquée, la tessiture se confond pratiquement avec l'étendue vocale; nous nous placerons exclusivement dans ce cas. Comme l'étendue d'une voix dépend exclusivement de l'excitabilité du nerf récurrent, la détermination physiologique d'un classement tonal revient simplement à une mesure de cette excitabilité.

ÉTABLISSEMENT CHRONAXIMÉTRIQUE D'UN CLASSEMENT TONAL INDIVIDUEL.

Christian Chenay a montré en 1953 que, chez tout sujet, l'excitabilité d'un nerf récurrent était égale à celle du sterno-cléido-mastoïdien homolatéral, facile à mesurer directement par la technique classique de la mesure d'une *chronaxie* (Louis Lapicque). De la valeur de cette chronaxie, exprimée en millisecondes, se déduisent par des formules simples les fréquences : *a*) de la note la plus aiguë atteinte; *b*) de la note la plus grave atteinte;

c) de la note optima de « couverture des sons ouverts ».
Ceci pour chaque registre utilisé par le sujet.

TABLEAU GÉNÉRAL DONNANT LA CLASSIFICATION TONALE
DES VOIX EN FONCTION DE L'EXCITABILITÉ RÉCURREN-
TIELLE.

A l'aide de mesures effectuées, de 1953 à 1955, sur de
nombreux artistes de la Réunion des Théâtres lyriques
nationaux français, ainsi que sur les élèves des classes de
chant du Conservatoire de Paris et de divers conserva-
toires provinciaux, Raoul Husson et Christian Chenay ont
établi le tableau suivant, qui donne la classification
tonale (ou tessiturale) en fonction de la chronaxie récurrentielle (mesurée sur le sterno-cléido-mastoïdien) :

VOIX MASCULINES	VALEURS DE LA CHRONAXIE en millisecondes	VOIX FÉMININES
	0,055	Soprano ultra-aigu.
	0,060	Soprano ultra-aigu.
Ténor suraigu	0,065	Soprano suraigu.
Ténor aigu	0,070	Soprano aigu.
Ténor central	0,075	Soprano central.
Ténor grave	0,080	Soprano grave.
Voix intermédiaire...	0,085	Voix intermédiaire.
Voix intermédiaire...	0,090	Mezzo-soprano aigu.
Baryton aigu........	0,095	Mezzo-soprano central.
Baryton central	0,100	Mezzo-soprano grave.
Baryton grave	0,105	Voix intermédiaire.
Voix intermédiaire. .	0,110	Mezzo-contralto aigu.
Voix intermédiaire...	0,115	Mezzo-contralto central.
Basse chantante aiguë	0,120	Mezzo-contralto grave.
Basse chantante grave	0,130	Voix intermédiaire.
Basse centrale.......	0,140	Voix intermédiaire.
Basse centrale.......	0,150	Contralto.
Basse profonde......	0,160	Contralto.
Basse profonde......	0,170	Contralto.

REMARQUES IMPORTANTES CONCERNANT LA CLASSIFICA-
TION TONALE PRÉCÉDENTE.

a) La classification offerte par la nature est en réalité
continue ; les catégories vocales traditionnelles n'en
désignent que certains *échelons* ou *repères.*

b) Certaines excitabilités correspondent à des voix
intermédiaires, ce qui signifie intermédiaires entre les
catégories tonales utilisées par la composition lyrique
traditionnelle; les voix intermédiaires les plus déshéritées,
à ce point de vue, sont celles qui présentent des chro-
naxies récurrentielles comprises entre 0,082 et 0,090, pour
lesquelles aucun rôle du répertoire ne paraît convenir.

c) La chronaxie récurrentielle d'un sujet paraît immua-
blement fixée dès l'âge de quatre ou cinq ans (Bourguignon); elle est la même avant et après une mue normale;
elle ne varie, ni avec l'âge, ni avec le travail vocal.

d) Si un homme et une femme de même chronaxie
récurrentielle ont des étendues vocales exactement déca-
lées d'une octave, c'est que l'homme utilise son premier
registre, et la femme son second registre (qui est à l'octave
aiguë du premier).

CARACTÉRISTIQUES TONALES CORRESPONDANT À UNE CHRONAXIE RÉCURRENTIELLE DONNÉE.

CATÉGORIE TONALE	CHRONAXIE RÉCURREN-TIELLE	ÉTENDUE TOTALE	TESSITURE D'EMPLOI	COUVERTURE DES SONS OUVERTS EN PASSANT DE :
Ténor aigu (rare)	0,070	Ut 2 à Mib 4	Ré 2 à Ut 4	Fa♯3 au Sol 3
Ténor grave (courant) ...	0,080	Sib 1 à Ut♯4	Ut 2 à Sib 3	Fa 3 au Fa♯3
Baryton central (courant) ...	0,100	Fa♯1 à La 3	La 1 à Sol 3	Mib 3 au Mi 3
Basse chantée grave (courant) ...	0,130	Mib 1 à Sol 3	Fa 1 à Fa 3	Ré 3 au Mib 3
Basse profonde grave (rare) ...	0,170	Si 0 à Mi 3	Ut 1 à Ré 3	Ut 3 au Ut♯3

Ce tableau donne les étendues tonales, les tessitures d'emploi, et les notes optima de « couverture des sons ouverts » pour quelques valeurs typiques de chronaxie récurrentielle de voix masculines; pour les voix féminines de même excitabilité, les hauteurs sont à majorer exactement d'une octave.

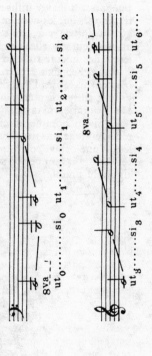

8va
ut 0 ......si 0 ut 1 ......si 1 ut 2 ......si 2

8va
ut 3 ......si 3 ut 4 ......si 4 ut 5 ......si 5 ut 6 ....

SOUS-CLASSIFICATION ET SOUS-CLASSEMENT
DES VOIX CHANTÉES
D'UNE TESSITURE DONNÉE
SELON LEUR PUISSANCE ET LEUR TIMBRE

L'étendue tonale d'une voix étant indépendante de sa puissance et de son timbre, il s'ensuit que toutes les voix d'une étendue donnée se répartissent en sous-classes de puissance et en sous-classes de timbre. La puissance d'une voix se mesure à l'aide d'un intégrateur d'intensité étalonné relié à un microphone placé à 1 m devant la bouche du sujet; on note le maximum atteint dans les « pointes » d'intensité, qui varie entre 40 db (voix de conversation) et 130 db (voix ultra-puissantes de grand opéra). Selon le maximum atteint, les voix se répartissent ainsi :

Voix dites de grand opéra................ 120 db et plus.
Voix dites d'opéra...................... de 110 à 120 db.
Voix dites d'opéra-comique.............. de 100 à 110 db.
Voix dites d'opérette................... de 90 à 100 db.
Voix dites de concert................... de 80 à 90 db.
Voix banales .... moins de 80 db.

En ce qui concerne le timbre, les voix se classent, soit suivant la *couleur* (du clair au sombre), soit suivant l'*épaisseur,* soit suivant le *volume,* soit suivant le *mordant* (des voix lisses ou détimbrées aux voix rugueuses ou mordantes). Les qualités du timbre sont traditionnellement exprimées par les termes de : *léger* (clair et peu intense), *noble* (volumineux et sombre), *dramatique* (épais et sombre), etc., parfois employés avec des acceptions variables. En fait, comme le timbre évolue *grosso modo* parallèlement à l'intensité, un sous-classement unique peut suffire, et il est loisible de l'établir relativement à la puissance, facile à mesurer, et au sujet de laquelle aucune discussion n'est possible.

EMPLOI THÉÂTRAL D'UNE VOIX CHANTÉE
SELON LE VOLUME DE LA SALLE

Les salles de théâtre lyrique se divisent, selon leur volume, en salles de : 1re catégorie (30 000 m³ ou plus),

2e catégorie (de 16 000 à 30 000), 3e catégorie (de 10 000 à 16 000), et 4e catégorie (de 7 000 à 10 000). Dans les salles de 1re catégorie (Opéra de Paris par exemple), les premiers emplois ne peuvent être tenus que par des voix atteignant 120 db et les seconds emplois par des voix atteignant 110 db. Mais ces dernières pourront tenir des premiers emplois dans des salles de 2e catégorie, etc. La distribution des emplois, au théâtre lyrique, dépend donc à la fois de la puissance de la voix et du volume de la salle.

CLASSIFICATION GÉNÉRALE DES EMPLOIS AU THÉÂTRE LYRIQUE ET CONSTITUTION D'UN PLATEAU

Le théâtre lyrique utilise traditionnellement, depuis au moins un siècle, une hiérarchie d'emplois ainsi constituée : premiers emplois (de grand opéra, d'opéra, d'opéra-comique, etc.); seconds emplois (comportant des premiers seconds); coryphées (allant des petits rôles aux premiers choristes); choristes. Cette hiérarchie repose exclusivement sur la puissance de la voix.

On appelle constitution d'un plateau, dans un théâtre lyrique donné et pour une pièce déterminée, le choix des interprètes à attribuer aux différents rôles de la pièce. On peut dire en gros ce qui suit : l'écriture musicale du compositeur impose la tessiture; l'importance et la longueur de chaque rôle imposent la catégorie de l'emploi (premier, second, etc.); la catégorie sociale du personnage dans la pièce impose le timbre; enfin la nature même d'un rôle (guerrier, roi, bouffon, religieux, etc.) pourra requérir un certain tempérament pour son interprète (placide, comique, dramatique), caractère parfois confondu à tort avec le classement en timbre.

Il convient en outre d'observer qu'un rôle déterminé peut parfois être chanté par des sujets de tessitures différentes (exemples : Athanaël, de *Thaïs,* par une basse chantante aiguë, ou un baryton grave ou même central; Carmen par un mezzo-soprano ou un mezzo-contralto; etc.). Il est même arrivé qu'un rôle déterminé soit confié à des voix de timbres opposés à deux périodes différentes de l'histoire ou dans des pays différents (exemples : *la Traviata,* confiée actuellement à des sopranos légers, fut chantée autrefois par des sopranos dramatiques; Nadir, des *Pêcheurs de perles,* confié actuellement à des ténors légers, fut chanté jadis par Caruso; etc.). Le caractère des interprétations en est généralement modifié. La tessiture du rôle demeure le seul impératif du choix de l'interprète, tandis que le timbre et la puissance s'accommodent des ressources vocales du moment et du lieu.

TERMINOLOGIE PROFESSIONNELLE RELATIVE AUX EMPLOIS ET AUX CATÉGORIES VOCALES UTILISÉE DANS L'ART THÉÂTRAL LYRIQUE ACTUEL

En sus des terminologies précises *tonales* (ultra-aigu, suraigu, aigu, central, grave) et de *puissance* (de grand opéra, d'opéra, etc.) définies ci-dessus, diverses terminologies moins précises ont été et sont encore parfois employées, que nous allons tenter d'énumérer et de définir.

1º Voix masculines.

Le *ténor haute-contre* (Affre, J.-H. Amado) possède une voix suraiguë, non exempte parfois de puissance, utilisée jadis dans le grand opéra. Le *tenorino,* de tessiture souvent banale, se remarque par sa voix faible et détimbrée. Le terme de *ténor gracieux* s'applique surtout à certaines qualités d'interprétation nuancée, servies par un timbre clair. Le *ténor léger,* de tessiture aiguë ou suraiguë, présente une voix mince et claire, pas nécessairement exempte de puissance. Le *ténor de demi-caractère,* de tessiture centrale ou aiguë, présente une voix un peu moins claire, et qui s'épaissit dans la force. Le *ténor lyrique,* de tessiture grave, centrale ou aiguë, possède plus de puissance, avec un timbre plus mordant et qui s'épaissit dans la force. Le *ténor lirico-spinto* ne se distingue du précédent que par une puissance et une facilité accrues dans l'aigu. Les ténors à grande puissance se voient réserver les qualificatifs de : *fort ténor, ténor dramatique, ténor serio, ténor di sforza, taille, Heldentenor, ténor wagnérien, ténor noble,* entre lesquels apparaissent cependant certaines différences : le *fort ténor* peut avoir une voix large alliée à une tessiture aiguë (Duc), un timbre clair (Tama-

gno) ou sombre (Caruso); les qualificatifs de *dramatique,
serio, di sforza,* sont plutôt relatifs à l'emploi; les termes
de *taille,* de *Heldentenor,* de *ténor wagnérien,* de *ténor noble,*
s'accordent plus fréquemment à des tessitures de ténors
graves (ou intermédiaires entre baryton aigu et ténor
grave), parfois ne dépassant pas le *la$_3$* dans leur emploi,
mais à voix sombres et volumineuses. On note aussi des
termes d'emploi : *ténor vaillant,* qui excelle dans des rôles
de vaillance; *ténor traduction,* qui excelle dans la composition de personnages marqués; *ténor trial* (du nom de
l'artiste Trial), qui excelle dans des rôles comiques, souvent avec des qualités vocales modestes.

Les voix de *baryton* (appelé autrefois *concordant*) s'accommodent également de terminologies variées. Le *baryton
léger,* en général central ou aigu, présente un timbre
mince et clair, manquant de puissance. Le *baryton ténorisant,* quelle que soit sa tessiture, imite le timbre du
ténor dans sa quinte aiguë, surtout dans la mezza voce
couverte. Le *baryton Martin* possède la tessiture aiguë et
le timbre clair qui appartenaient autrefois à Martin, de
l'Opéra-Comique. Le *baryton Verdi,* central ou aigu, possède la puissance exigée par les rôles de baryton des
grands opéras de Verdi. Les *barytons wagnériens* ou *Hel-
denbarytons* ont le timbre sombre, la puissance et la tessiture aiguë exigés par les opéras de Wagner. Le *baryton
basse* est un baryton grave, souvent confondu avec la
basse chantante aiguë. Le *baryton noble* est un baryton
grave ou central, mais à voix sombre et volumineuse.
Le *baryton traduction* est un terme d'emploi désignant un
baryton, de puissance et de tessiture variables, excellant
dans la composition de personnages marqués.

De la tessiture la plus aiguë à la plus grave, les voix
de basse se subdivisent en basses *chantantes, centrales* et
profondes (ces dernières encore appelées *basses-tailles,
basses-nobles* et *basses-contre*). La *basse de demi-caractère* est
une basse-chantante au timbre assez clair, exempt de
rudesse, parfois même ténorisant. La *basse-bouffe* est un
terme d'emploi pour rôles comiques spéciaux de l'ancien
répertoire, ainsi que celui de *laruette,* qui désigne certains
emplois comiques confiés à des coryphées à voix graves
(du nom de Laruette qui se spécialisa autrefois dans ces
emplois).

2º Voix féminines.

Le terme de *soprano sopranissimo* est réservé à Mme Mado Robin qui, seule au monde et depuis les débuts de l'histoire du chant, possède un quatrième registre et atteint le $ré_6$ (2 320 cycles). Les termes de *soprano léger*, *coloratur*, *soprano sfogato*, désignent des sopranos suraigus, atteignant le fa_5 en second registre, et dont la quinte aiguë d'emploi est parfois large et éclatante (soprano léger de grand opéra). Le *soprano de demi-caractère* possède moins de mordant et un aigu en général moins étendu. Le *soprano lyrique* est un soprano central ou aigu, au timbre étoffé et mordant, prenant du volume dans la force; si sa quinte aiguë est facile et flexible, il devient *soprano lyrique vocalisant*. Le *soprano assoluto* est un soprano aigu ou suraigu, joignant la puissance dans la force à la flexibilité dans l'aigu. Le *soprano dramatique* possède un timbre sombre et épais, volumineux dans le médium, recouvrant une tessiture variable, grave, centrale ou aiguë. Le terme de *falcon* sera expliqué plus loin. Il convient d'ajouter à cette nomenclature trois termes d'emploi : *prima donna*, qui désigne simplement le premier emploi féminin d'une troupe; *travesti*, désignant un rôle masculin joué par une femme, en général second soprano; *page*, rôle d'adolescent ou de garçonnet tenu par une femme, en général soprano léger.

Le *mezzo-soprano*, souvent confondu avec *mezzo-contralto*, présente quelques variétés terminologiques d'emploi très remarquables. La *dugazon* (du nom de la cantatrice) est un mezzo-soprano aigu, un soprano grave, ou une voix intermédiaire, manquant de mordant et de volume, mais bonne comédienne, à laquelle on réserve certains seconds rôles. La *galli-marié* (nom de la cantatrice) est un mezzo-soprano central ou grave de puissance moyenne, bonne comédienne de nature dramatique. On appelle *falcon* (nom de la cantatrice) une voix féminine caractérisée surtout par l'épaisseur et la puissance, et dont la tessiture étendue va du mezzo-soprano central au soprano grave; c'est le plus souvent une voix intermédiaire, à laquelle un larynx particulièrement résistant permet parfois de chanter à la fois Charlotte de *Werther* et *la Tosca* (mais non sans fatigue !); selon sa tessiture réelle, elle excellera dans les sopranos dramatiques (Santuzza, de *Cavalleria Rusticana*) ou les mezzo-sopranos de grand opéra (Brunehilde de la *Walkyrie*). Le terme de *forte chanteuse,* dans une troupe, désigne un premier rôle féminin à voix large et puissante, dont la tessiture réelle peut varier du mezzo-contralto au soprano dramatique.

Le *mezzo-contralto,* parfois confondu avec un mezzo-soprano à voix large et sombre, possède en général un timbre épais et un aigu étendu, alliés à une puissance variable. Si la puissance est suffisante et l'aigu assez étendu, elle peut aborder les rôles d'Hérodiade ou d'Amnéris (d'*Aïda*). Dans le cas contraire, lui sont réservés les emplois de *duègne* (mère, nourrice, vieille servante, etc.), appelés parfois de nos jours *desclauzas* (nom de la cantatrice).

Le *contralto,* souvent mal distingué du mezzo-contralto grave, possède une voix sombre, parfois détimbrée, parfois rugueuse, dont la partie grave de la tessiture est généralement émise en premier registre jusque vers ut_3 ou $ré_3$. Elle dépasse rarement le sol_4 en second registre. Certains contraltos (et certains mezzo-contraltos graves), poussant leur premier registre jusque vers la_3 avec un timbre rappelant celui du baryton, reçoivent le nom de *viragines*.

Raoul HUSSON.

BIBLIOGRAPHIE

En langue française, le lecteur trouvera dans la revue *la Nature* (Dunod, éditeur, Paris), à partir du 1er janvier 1957, une suite d'articles de haute vulgarisation sur les travaux récents de physiologie phonatoire de l'école française de la Sorbonne, et notamment dans les numéros : 3261 de janvier, 3262 de février, 3267 de juillet, 3271 de novembre 1957, 3275 de mars 1958, 3281 de septembre 1958, 3285 de janvier 1959.

Il consultera aussi avec fruit certains exposés publiés, de conférences faites au Palais de la Découverte, série A, les 15 novembre 1952, 12 décembre 1953, 12 février 1955, 8 février 1958.

Pour des études de niveau scientifique plus élevé, mais embrassant à la fois la voix et la parole, il se reportera aux

Actes des congrès tenus à Paris, depuis 1952, par l'Association française pour l'étude de la Phonation et du Langage, publiés par la « Revue de laryngologie », éditée à Bordeaux par le professeur PORTMANN dans ses supplementums de février 1953, février 1954, novembre 1955, mai 1956, juillet 1957, et suivants.

Voir aussi, dans la Collection « Que sais-je ? », le volume sur *la Voix,* du docteur GARDE, P. U. F., Paris, 1954.

En langue allemande, les écrits du professeur-docteur G. PANCONCELLI-CALZIA sont à recommander tout particulièrement, et notamment :

Quellenatlas zur Geschichte der Phonetik, Hambourg, 1940.
Geschichtzahlen der Phonetik, Hambourg, 1941.
Phonetik als Naturwissenschaft, Berlin, 1948.
Die Stimmatmung, Nova Acta Leopoldina, Bd. 18, n° 123, 1956.

CLASSIFICATION ET CLASSEMENT DES VOIX

Sur les anciens procédés, on lira avec fruit *le Classement des voix,* du docteur Pierre PRUDHOMME (Thèse Fac. Méd. Paris, Foulon, 1945).

Les recherches modernes sont exposées par :
HUSSON Raoul, dans : *Bulletin Acad. Nat. de Méd.,* tome CXXXIX, n° 1-2, 1955, pp. 25-32;

Exposés ann. d'O.R.L., 1955, pp. 181-209, Masson, édit.; *La Nature,* n° 3.262, février 1957, pp. 41-46, Dunod, édit.; *Confér. Palais de la Découverte,* 8 février 1958, série A, n° 235.

Les problèmes d'emploi au théâtre lyrique liés à la classification vocale font l'objet de deux articles documentés de :
MARTINI A. DE, dans l'*Encyclopédie de la Musique* de A. Lavignac, IIe partie, fascicule 13, pp. 919-922, Paris, et: ARGER Jane, même publication pp. 1025-1033.

Voir aussi *Un demi-siècle d'Opéra-Comique (1900-1950),* par Stéphane WOLFF, Éditions André Bonne, Paris, 1953, détaillant les œuvres, les rôles et les interprètes (un volume doit suivre, relatif à l'opéra).

GENÈSE
DES INSTRUMENTS DE MUSIQUE

L'EMPLOI des instruments de musique paraît si naturel aujourd'hui que l'on ne songe point à se demander pour quelles raisons l'homme les a créés. Il aurait pu s'en passer, comme le prouvent des civilisations anciennes, ou encore actuelles, qui ne pratiquent que le chant. L'usage prépondérant, sinon exclusif, du chant a même permis à celui-ci d'atteindre à une complexité dont la musique instrumentale est souvent dépourvue. Ainsi, pour l'ornementation de la ligne mélodique, la subtilité des intervalles ou l'art de superposer les voix, sommes-nous surpris par l'extraordinaire imagination et par la sûreté d'exécution dont les peuples dits primitifs se montrent capables dans leur musique vocale. Il nous serait possible de recomposer l'évolution de la technique musicale en l'illustrant par des exemples empruntés uniquement à des chants exotiques ou populaires. Polyrythmie, contrepoint, harmonie, densité symphonique, tout se trouve en des chœurs de diverses régions du monde et remonte de la sorte à des époques antérieures à celles où l'histoire l'enregistre pour la première fois. Il reste que l'homme a éprouvé le besoin de produire autrement que par la voix, ou par le bruit de son corps, des sons quelconques. Il s'est servi d'instruments, que ce soit pour accompagner le chant ou pour en tenir lieu plus ou moins. Il a cherché hors de lui-même, parmi les matériaux que la nature lui offrait ou que son industrie avait déjà façonnés, ce qui paraissait le plus propre à un dessein musical auquel sans doute la voix seule ne convenait pas. Si au nombre des instruments inventés d'abord figurent surtout des instruments de rythme, c'est que la voix, ou que le corps, ne marquait pas ce rythme avec efficace. Là et ailleurs un sentiment d'insuffisance dut être éprouvé, qui, si nous savions l'analyser, nous éclairerait sur les fins premières de la musique.

Autant que nos connaissances sur les sociétés inférieures d'aujourd'hui ou d'hier permettent d'en juger, la facture des instruments primitifs ne révèle point que l'on ait voulu reproduire quoi que ce soit appartenant au chant humain, encore moins imiter ce chant en totalité. Le moindre essai en ce sens a dû surgir ultérieurement, — sans que nous considérions en général toute imitation comme tardive et de portée négligeable. La musique imitative, dont maints exemples se rencontrent chez les primitifs, a joué un grand rôle, contrairement à ce que l'on croit d'ordinaire par ignorance de l'histoire de la musique ou, plus encore, par méconnaissance du pouvoir magique qui est attribué universellement à l'imitation. Dans la danse nous découvrons trop de signes d'une imitation volontaire pour qu'il n'en existe pas d'équivalents en la musique elle-même. Et ce que nous venons de dire vaut encore pour la musique à programme, vraisemblablement aussi ancienne que les récits mythiques ou la représentation dramatique de ces mythes. Mais, à défaut d'imitation directe, il est peu croyable que l'homme primitif soit resté indifférent aux bruits et aux sons de toutes sortes émis dans la nature; sans désirer les reproduire exactement, il a pu s'en inspirer. Quiconque traverse les pays tropicaux remarque une parenté d'espèce entre les bruits naturels, ou les cris d'animaux, et les timbres instrumentaux que l'on y a cherchés de préférence. Ces rapports d'homophonie, au sens non musicologique du terme, sont peu perceptibles en nos régions et au stade actuel de notre instrumentation, mais ils ont dû se présenter dès l'origine; ils subsistent encore, là où la qualité, et disons l'étrangeté du timbre, l'emportent presque sur d'autres éléments, rythme, hauteur, intensité des sons. Bien des choses, et dans la facture des instruments et dans l'étendue sonore, furent sacrifiées à l'attrait spécial du timbre. Nous ne nous expliquerions pas autrement les formes peu rationnelles, et même antiphysiques, que présentent certains instruments, ainsi que les postures incommodes auxquelles les exécutants se trouvent parfois contraints. Lorsque nous disons antiphysiques, nous ne prétendons point que les premiers facteurs d'instruments aient manqué d'une intuition des lois acoustiques, mais très vite ils en ont usé de manière contradictoire, à des fins assez incompréhensibles :

par exemple, ayant mis tout en œuvre pour renforcer un son, ils ne parviennent qu'à l'atténuer en le détimbrant. Il n'est presque aucun amplificateur, ou aucune sourdine, qui n'agisse comme déformateur de son. Une diversité d'organes a été imaginée, afin uniquement de modifier, de masquer un timbre originel, et au risque d'entraver considérablement le jeu de l'instrument.

Cette tendance générale à dénaturer le son s'observe aussi bien dans les multiples façons de chanter en usage dans le monde; elle s'y est peut-être manifestée en premier. Or nous ne doutons pas qu'il existe un chant « naturel »; des peuples, qui chantent différemment en presque toutes circonstances, témoignent cependant qu'ils le connaissent et savent le pratiquer. Aucune distinction de ce genre n'est possible avec les instruments de musique; tous sont déjà engagés sur la voie de l'artificiel. Si un petit nombre résulte de découvertes fortuites dans le domaine des sons, la plupart semblent avoir été suggérés, ou justifiés, par tout ce qui résonne d'étrange dans la nature, en tout cas *d'étranger à l'homme*. Cela laisserait supposer qu'une qualification des sons s'est opérée en correspondance avec une représentation ordonnée, religieuse, du monde. De fait, les mythes qui ont été recueillis sur la création des instruments de musique attribuent celle-ci à des êtres surnaturels, qu'ils soient des dieux, des ancêtres divinisés ou des animaux doués de pouvoirs singuliers, notamment du langage.

À bien d'autres indices se reconnaît que l'on a voulu, en créant des instruments, ainsi qu'en déformant la voix, émettre des sons d'apparence aussi peu humaine, aussi surprenante et fantastique que peut l'être l'aspect d'hommes recouverts de peinture ou revêtus de fibres et masqués. Au départ il y eut probablement identité d'intention entre la décoration corporelle, le costume de danse, l'art de la ronde-bosse et la musique. Malgré la longue évolution ultérieure, la musique instrumentale s'en est ressentie plus que la vocale. Les premières matières et formes d'instruments furent adoptées soit à des fins que nous considérons, peut-être à tort, comme extra-musicales, soit faute d'avoir disposé d'autres moyens. Encore aujourd'hui maints détails dans la structure de nos instruments, en premier lieu les formes caractéristiques de nos instruments à cordes, ne sont pas ceux que l'unique connaissance de l'acoustique eût imposés. Une célèbre expérience du physicien Félix Savart a montré que la caisse du violon aurait pu être conçue différemment, selon un dessin moins baroque, sans nuire à la qualité sonore. Une certaine forme avait prévalu, héritée d'instruments primitifs, qui ne furent pas à cordes frottées mais à cordes pincées, harpes ou luths ; en sorte que l'étranglement ou le double renflement que marque la caisse du violon ne provient pas, comme un préjugé tenace le fait croire, de la nécessité de mouvoir l'archet, mais des matières elles-mêmes que l'on employa anciennement pour amplifier le son de la corde. La forme naturelle de ces résonateurs fut conservée. Tout au plus fut-elle corrigée, pour la rapprocher d'une figuration anthropomorphique. Là, un autre facteur est venu jouer. L'instrument étant un objet, le plus souvent confectionné de main d'homme, quelque fantaisie a pu s'exercer sur sa forme. En plus des sons qu'il produit, et bien parce qu'il est censé les recéler, cet objet est entré dans un circuit de symboles, que l'on s'est plu à lui faire traduire plastiquement. Si parfois, en Afrique, le *tambour-de-bois,* instrument de chef, apparaît sculpté en forme de bovidé, probablement l'on a voulu marquer par ce signe de la richesse la puissance du chef. La harpe, l'instrument à cordes par excellence, s'est vue liée, par diverses civilisations et pour des motifs différents, à l'idée et représentation du corps humain. Bref, recherche de timbres singuliers, raisons de facture primitive, imagination symbolique, tout a conduit les instruments à épouser des formes dont ensuite on n'a pas su les dégager. Presque aucune n'est entièrement justifiée du seul point de vue physique. Mais, si ce dernier avait toujours prévalu, peut-être la musique n'eût-elle pas parcouru d'aussi féconds méandres.

Les physiciens, et par bonheur les théoriciens de la musique, sont arrivés trop tard. Les uns et les autres n'ont jamais légiféré que sur une situation acquise. En ce qui concerne les instruments, l'invention de presque aucun ne leur est due. Bien au contraire, ce sont les instruments qui ont mis à portée des physiciens certains phénomènes acoustiques. Il a fallu plus de deux mille années pour qu'on explique scientifiquement ce que connaissaient les plus anciens fondeurs de grosses

cloches, en Chine ou ailleurs. De même, bien avant que
Zarlin ou Mersenne, Sauveur ou Rameau aient présenté
leurs théories, les phénomènes sur lesquels elles se
fondent pouvaient avoir été observés par les facteurs ou
joueurs d'instruments. Nous devons d'ailleurs supposer
une plus large expérience que la musicologie ne l'accorde
en se fiant exclusivement à des documents écrits. Il n'est
pas soutenable, par exemple, que la faculté de produire
des sons harmoniques sur les instruments à cordes ait été
reconnue aussi tardivement que l'historien de la technique musicale le prétend : ils sont à la base d'un instrument primitif, très répandu à travers le monde, l'*arc
musical,* qui fut même utilisé dans la musique populaire
du Nord et du Sud de l'Europe — outre son plus
proche parent, la *trompette marine.*

Il est évident que des instruments, construits hors de
toute raison scientifique, et ayant dû satisfaire à diverses
sortes d'exigences, émettent des sons dont aucune loi
ne rend compte. Mais même autrement, une marge
d'incertitudes ou d'inconnues subsiste : des sons, qui
devraient normalement s'entendre, ne « sortent » guère;
d'autres, imprévisibles, se perçoivent. De plus interviennent l'adresse et la fantaisie de l'exécutant, ainsi que
ses inexplicables incapacités ou refus. De la structure du
plus simple instrument l'on augure mal tout ce qu'un jeu
habile réussit à en tirer, quelles que soient les étroites
limites où ce jeu se maintient obligatoirement. Nous ne
devons jamais oublier qu'un maximum d'effets par très
peu de moyens, ou l'épuisement systématique du
moindre de ceux-ci, caractérise le plus la musique primitive. C'est aussi ce qui paraît survivre de primitif dans
notre propre musique. Cette limitation des moyens, et
par force leur exploitation rigoureuse, résulte, pour une
bonne part, de tout ce que la recherche du timbre, de son
étrangeté, de son pouvoir probable, obligea à sacrifier.
Le physicien, ne jugeant que des sons et de leur possibilité d'être émis dans les meilleures conditions de pureté
et en le plus grand nombre, se replacera avec difficulté à
un point de vue tout opposé, qui prima lorsque les
instruments de musique furent créés.

Cette obsession du timbre a fait imaginer une multitude de procédés d'émission ou d'altération sonore, à
quoi un âge plus avancé de la musique n'a guère ajouté.

Mais elle-même a pu durer. Elle reste sensible dans la facture raffinée de l'Extrême-Orient, au moins autant que dans celle, ingénieuse à se servir de matériaux de fortune, de l'Afrique noire ou de l'Amérique indienne. Toujours hors de l'Europe, et le plus souvent avec le rebut de ses produits manufacturés, on a encore confectionné çà et là des instruments orientés vers le saugrenu ou l'insupportable. Sans doute parce que les conditions s'y trouvent le plus favorables, le goût du timbre pour le timbre a subsisté dans les jeux de l'enfance. Il s'en faut qu'il se soit aussi bien conservé dans toutes nos musiques populaires; ici le recours à des instruments modernes s'est montré nuisible. Par défaut de comparaison, nous nous abusons sur la fonction spécifique du timbre dans notre musique savante : d'abord, elle n'est guère séparable ni même différente de celle de l'harmonie ou du chromatisme; et, davantage que nos musiciens contemporains n'en prennent conscience, nombre de recherches en ce domaine demeurent tributaires du folklore. Sous ce terme, quitte à en forcer le sens, sont englobées les musiques proprement populaires de l'Occident aussi bien que mi-savantes du reste du monde. Surtout, notre seule occupation est de combiner différemment des instruments, sans égard à leur teneur relativement faible. Ici apparaît le mieux le renversement qui s'est opéré : les instruments ont perdu en crudité de timbre et en variété de types ce qu'ils ont gagné en étendue de registre, en aisance de jeu et en capacité de nuances. L'idéal que notre musique poursuit est à rapprocher de celui de la peinture, lorsqu'elle réalisa le clair-obscur et s'y confina. Il suffit de comparer le matériel de notre orchestre et celui utilisé hors d'Europe. C'est avec les instruments à percussion ou de batterie que notre indigence ou notre insensibilité se révèle le plus : où nous ne produisons que du bruit, les musiciens d'autres civilisations s'exercent à émettre de véritables sons, au timbre accusé, le plus souvent accordés, abondant en harmoniques, et, s'il le faut, d'une suprême intensité. Nous avons restreint déjà le champ de la percussion, en nous appliquant à éliminer celle-ci de l'attaque du moindre instrument; ce perfectionnement certain est aussi un appauvrissement. Ce que le tempérament égal ou l'enharmonie a été par rapport à la hauteur des sons s'est réalisé en matière de timbre; soit en abandonnant des instruments soit en les employant, indifféremment ou volontairement, les uns pour les autres, des différences subtiles de timbre se sont perdues. Il n'existe presque aucun instrument dont le timbre d'un des registres ou le mode d'attaque ne se retrouvent en d'autres instruments. Cette égalisation et cette réduction du matériel instrumental remontent plus haut que le XVIIIe siècle; mais vers cette époque se comptent le plus de pertes. Bien des familles d'instruments ont disparu; de quelques-uns tout au plus un représentant est resté. Spécialement la classe des instruments à vent n'offre aujourd'hui qu'un échantillonnage de timbres dispersés le long de l'échelle sonore. Nous sommes loin de l'étendue que chacun de ces timbres couvrait dans le passé et qu'il couvre encore dans d'autres civilisations. A peu près une seule flûte est demeurée, en regard de la variété de types, timbrés différemment, et de divers registres, que cet instrument présente à travers le monde. Plus encore que la flûte grave, la trompette grave, ou quelque instrument approchant, est répandue ailleurs; ni notre trombone ni notre tuba n'en sauraient tenir lieu. Le hautbois ayant atténué sa violence de jadis, aucun autre instrument à anche double, digne d'être qualifié de « pastoral », ne s'est adjoint. Enfin, il a fallu accroître considérablement les effectifs de nos orchestres pour retrouver, à défaut de verdeur ou de diversité, les maximums d'intensité auxquels les musiciens primitifs atteignent à peu de frais. Seule exception, le jazz, mais dans les limites de certains secteurs, s'est servi de familles entières d'instruments, leur arrachant en outre des sons inouïs jusqu'alors, en particulier dans l'aigu; encore cette invention n'est-elle pas nôtre.

A vrai dire, déjà dans le passé, le nombre d'inventions que nous pouvons revendiquer apparaît faible. Il est très symptomatique que l'une des dernières en date, celle du piano, a eu pour effet indirect d'ajouter à l'uniformisation du matériel instrumental. Aucune invention n'a, à la fois, conduit à un plus grand enrichissement de la littérature musicale et fait disparaître autant de qualités incompatibles avec son propre rayonnement. Ce qui est bien dans le sens où nous voyons la musique évoluer et s'unifier.

ANCIENNETÉ DES INSTRUMENTS

Tout s'explique mieux si l'on considère l'âge très avancé qu'ont la plupart de nos types d'instruments. A défaut de savoir quand et même par qui ils ont été inventés, un ordre de grandeur de leur ancienneté peut être donné.

Au ∼IIIe millénaire remontent les lyres sumériennes qui ont été découvertes dans les tombes princières d'Ur. Alors que l'on se trouve d'ordinaire devant des figurations d'instruments, avec ce qu'elles laissent de détails indéterminés — ce fut le cas, avant 1928, de la lyre sumérienne dont l'existence était attestée par une seule représentation schématique sur une stèle —, ici nous possédons plusieurs instruments, dans un état de conservation satisfaisant. L'examen de ces pièces sensationnelles permet d'établir au moins trois points : la facture de certains instruments à cordes avait atteint un niveau élevé, il y a déjà cinq mille ans ; le luxe extrême avec lequel ces lyres sont ornées prouve qu'elles étaient liées à une haute fonction, royale ou religieuse ; enfin, si certaines correspondent à la forme la plus connue de l'instrument, la moins ancienne vraisemblablement, les autres constituent un chaînon intermédiaire entre la harpe et la lyre. Celle-ci serait dérivée de celle-là. Cette filiation, apparente à Sumer, est encore visible en Ecosse et en Irlande, aux VIIIe-IXe siècles de notre ère. Ailleurs, en Assyrie, en Egypte, en Grèce, à Rome, et malgré les formes variées soit de l'une soit de l'autre, harpe et lyre ne présentent aucune parenté à première vue. Leurs aires respectives de répartition ne sont d'ailleurs point comparables : autant l'usage de la lyre est localisé (en Afrique, uniquement la bordure orientale ; en Asie, pas au-delà de la Mésopotamie), autant la harpe s'est propagée. La diversité de ses formes dans l'iconographie égyptienne, et qui s'est maintenue à l'intérieur de l'Afrique noire, ses multiples figurations dans les arts anciens de l'Inde, de l'Asie centrale, du Cambodge et de Java, la perfection de lignes qu'elle a atteinte aussi bien en Perse qu'en Birmanie, la présence de types particuliers en Sibérie et au nord de l'Europe, tout dénote un instrument qui a évolué pendant une durée et sur un espace considérables, et qui, antérieurement aux autres instruments à cordes, a été l'objet d'une fabrication soignée, par des artisans de races différentes. Entre autres traits probants, aucun instrument primitif ou d'avant la fin du Moyen âge n'a autant augmenté l'étendue de son registre (au total, de 3 à 50 cordes). Si de nos jours elle ne semble jouer qu'un rôle secondaire et n'être même qu'une survivance, au moins la harpe a pour elle la richesse de son passé. Elle est un des rares fils conducteurs qui permettent de remonter, à peu près sans interruption, jusqu'à la préhistoire.

Sa courbure en forme d'arc, qui est assez générale, a fait supposer que la harpe provenait directement d'un instrument primitif, l'*arc musical,* encore en usage chez des populations de l'Afrique et de l'Océanie, et dont quelques types plus complexes annoncent en effet la harpe. L'arc musical, étant composé de matériaux périssables (une corde ou une liane tendue par les deux extrémités d'un arc en bois flexible), n'a laissé aucun vestige de son existence ancienne; celle-ci nous est prouvée cependant grâce à une gravure rupestre du paléolithique supérieur (grotte des Trois-Frères, dans l'Ariège) qui représente un danseur masqué jouant de cet instrument. Nous aurions donc là le plus ancien témoignage d'un instrument à cordes. Or, coïncidence curieuse, le même genre de figuration, danseur masqué jouant de la flûte, atteste l'usage de cette dernière en Égypte, au ∼ ıve millénaire. Entre l'âge de la pierre taillée en Europe et la protohistoire égyptienne, au moins deux instruments, arc musical et flûte, ont accompagné des danses manifestement magiques. Encore aujourd'hui, chez les Noirs d'Afrique, chez les Mélanésiens ou chez les Indiens d'Amérique, l'un ou l'autre de ces instruments reste associé à des danses indifféremment de masques, d'initiation ou de magie. Il en est de même du *rhombe,* planchette tournoyante dont le ronflement est censé figurer la voix des esprits; un exemplaire de cet instrument, à la fois le plus répandu et le plus secret dans les civilisations primitives, a été retrouvé dans un site paléolithique de la Dordogne. Si le rhombe peut à peine être qualifié de musical, son « contemporain » préhistorique, l'arc sonore, et plus encore la flûte prédynastique et les lyres sacrées d'Ur, témoignent que, bien avant notre ère, l'accomplissement de certains rites requérait le jeu d'instruments assimilables aux nôtres. Probablement d'autres devaient servir.

Sans emploi connu, divers types de sifflet en os (de grand oiseau surtout) s'échelonnent à partir également du paléolithique supérieur, pour réapparaître dans une Égypte tardive, ainsi que dans des sociétés actuelles d'Amérique. Le principal intérêt de ces menus instruments est de nous révéler des antécédents de la flûte, puisque plusieurs formes d'embouchure s'y trouvent esquissées qu'elle-même a utilisées au cours de sa propre évolution. Cette période d'essais n'est vraisemblablement pas unique dans l'histoire universelle des instruments; elle suggérerait que, de façon précoce, l'on découvrit divers modes de mise en vibration avant de savoir les appliquer aux types ou aux matières d'instrument les plus convenables. Ces essais ont pu être guidés exclusivement par des recherches de timbre. Il est du moins permis de l'imaginer, à voir, par un autre exemple, le nombre d'instruments apparentés au xylophone et qui ne diffèrent que dans le choix des matières frappées : lames ou bâtons ou tuyaux (ceux-ci clos, ouverts ou perforés), en bois, bambou, pierre, bronze..., suspendus ou non au-dessus de résonateurs.

Pour s'en tenir à ce dernier genre d'instruments, qui sont de percussion pure tout en ayant le privilège d'émettre des sons de hauteur précise, le fait que les civilisations méditerranéennes et du Proche-Orient ne les aient pas connus est pour beaucoup dans notre ignorance concernant leur passé. Nous ne possédons que trois ou quatre témoignages anciens sur eux : une figuration de xylophone sur une sculpture de Java (XIVe siècle) et, de la même époque, une mention assez obscure de l'instrument par un voyageur arabe visitant le Soudan occidental; les vestiges d'un métallophone javanais antérieur à l'éruption volcanique de 915; enfin un lithophone de dix (ou onze) grandes lames, récemment découvert au Tonkin, et dont la facture révèle une technique de la pierre remontant à l'âge néolithique. Il est regrettable que ce dernier instrument ne puisse être autrement daté; la structure de sa gamme ou échelle dénote autant une

subtilité dans l'établissement des intervalles qu'un procédé d'accordage des plus savants. Si ce lithophone était
aussi ancien que certains préhistoriens le présument
(trois ou quatre mille ans), nous aurions la certitude
qu'avant notre ère, au moins en Extrême-Orient, il
existait des échelles musicales plus complexes que celles
dont on s'est contenté depuis. Là encore l'on aurait à se
demander si de pareilles échelles étaient destinées, non
à raffiner sur le dessin mélodique, mais à faire chatoyer
spécialement le timbre. Cela laisserait supposer que les
gammes furent d'abord instituées moins pour jalonner
un espace abstrait que pour relever çà et là les points de
meilleure résonance. Rien dans les faits ne montre
d'ailleurs que les échelles instrumentales se soient jamais
entièrement accordées avec les échelles vocales, pas plus
que les instruments aient eu pour objectif d'imiter le
chant.

Egalement dans le domaine de la percussion, alors que
les plus anciens textes chinois signalent l'usage rituel d'un
tambour en poterie dont l'archéologie n'a pas retrouvé
trace jusqu'à présent, des instruments de cette espèce ont
été exhumés dans des sites néolithiques de l'Allemagne
centrale et des monts Sudètes; ils sont presque en tous
points semblables à ceux dont on joue encore en Afrique
du Nord. Il est remarquable que divers tambours, qui
n'épousent nullement la forme des précédents, et dont
la caisse a été taillée dans un tronc d'arbre, présentent
des signes d'une imitation du vase en terre; ce qui
confirmerait la relation entre l'invention de la poterie et
celle du tambour, de même qu'entre leurs usages respectifs. Rites agraires et funéraires exigent le plus souvent
l'emploi du tambour, et de lui exclusivement. D'autres
types de tambours, à une ou deux membranes, apparaissent successivement dans l'iconographie sumérienne,
hittite, égyptienne et chinoise; ils montrent qu'une fois
découvert le principe du tambour, l'homme en a étendu
l'application le plus loin possible. Une histoire universelle du tambour établirait que cet instrument, qui n'est
pas le plus primitif de tous, a suivi de près l'évolution
de la culture matérielle, s'il n'y a pas lui-même contribué.
Certains progrès dans la facture des instruments à cordes
lui sont imputables, de même que, de nos jours, les
appareils téléphoniques et les haut-parleurs lui doivent

l'emploi de leur membrane. Le *tambour-de-bronze* d'Extrême-Orient n'est peut-être lui aussi qu'un avatar du tambour à peau, au même titre que notre timbale représente un avatar du tambour en argile : dans un cas c'est la membrane qui s'est « métallisée », dans l'autre la caisse. Les plus anciens tambours-de-bronze que l'on possède datent du ∼Ier millénaire. L'origine du *gong* demeure encore controversée; son invention n'en semble pas moins tributaire de l'existence du tambour qui, d'autre part, lui a emprunté quelques-unes de ses appellations, en Afrique noire notamment.

Si l'on ne peut faire remonter plus haut que l'époque néolithique l'emploi du tambour, la cloche est forcément d'âge plus récent; elle est liée à la technique du bronze. Les clochettes découvertes en Crète et à Babylone présentent, quoique en argile, une forme entièrement calquée sur celle de la cloche en métal. Les plus beaux exemplaires de cloche en bronze qui aient été conservés proviennent de la Chine du ∼Ier millénaire. Leur forme très étudiée, leur mode d'accordage et leur décoration font présumer qu'il s'agit d'instruments parvenus à un point de perfection, après des siècles d'élaboration.

De l'âge du bronze également datent la plupart de nos trompes, trompettes et cors. Mais il n'est aucun de leurs types qui n'ait dû être précédé par des instruments en d'autres matières : bois, coquillage, corne et ivoire. Ainsi la trompe géante, ou *lur*, du Nord de l'Europe, a-t-elle pu détenir sa forme bizarre de la défense de mammouth. Le bronze ou l'argent a servi d'abord à revêtir le tuyau d'origine, en bois ou en os, comme nous le voyons aujourd'hui sur des instruments du Tibet, sinon à parfaire l'embouchure de ce tuyau. La conicité naturelle de la corne ou de l'ivoire, doublée de son courbement régulier, a sans doute inspiré l'idée de la conicité intérieure du tuyau, qui ne se rencontre qu'accidentellement, ou postérieurement, dans les flûtes et instruments à anches. Toutefois, à examiner certaines trompes en bois, de la Nouvelle-Guinée ou du bassin de l'Amazone, cette conicité semble s'être également imposée d'elle-même. C'est là, de toute manière, une des plus importantes découvertes d'ordre acoustique attribuables à plusieurs civilisations primitives (Afrique noire, Océanie et

Amérique). Rien ne permet d'en estimer l'époque, toute figuration de trompe étant assez tardive. Le *cornu* étrusque ou romain reste à peu près le seul instrument de perce conique dont on connaisse l'âge; mais auparavant, comme l'iconographie égyptienne le prouve, les Noirs trafiquaient l'ivoire, et peut-être avec lui l'olifant, dont nous savons qu'ils se sont longtemps réservé la fabrication.

Un dernier élément d'appréciation peut être fourni sur le degré d'avancement auquel les instruments de musique étaient parvenus en des temps plus rapprochés. Il s'agit du trésor du Shoso-in, près d'Osaka (Japon), qui constitue un petit conservatoire instrumental, le plus ancien de tous : il date du VIIIe siècle de notre ère. Il renferme des luths, de type évidemment extrême-oriental, mais dont la facture parfaite, et fort précieuse, n'a rien à envier à celle des instruments à cordes d'aujourd'hui, encore moins de notre Moyen âge — autant que l'iconographie de cette époque nous en offre un aperçu. Plus généralement, et en ne tenant pas compte de nos instruments à clavier, l'œuvre de perfectionnement qui s'est réalisée dans notre lutherie entre le XVIe et le XVIIIe siècle semble avoir été chose accomplie plus de cinq cents ans auparavant, depuis la Perse et l'Inde jusqu'à Java et au Japon. Il est permis d'objecter que cette avance marquée par la civilisation orientale a été suivie d'un ralentissement et d'un arrêt presque entier.

Si éparses que soient ces indications (nous en aurions pu joindre d'autres : existence certaine de la famille des luths au ∼IIe millénaire et, encore antérieurement, des instruments à anches...), il en ressort combien loin dans le passé se sont établis et fixés les genres d'instruments dont on ne s'est plus guère écarté. Relativement tôt furent déterminées les seules directions où l'évolution des instruments se poursuivra. Pas assez tôt cependant pour que, dans l'hypothèse d'une dispersion à partir d'un foyer commun, tous les hommes aient également tiré profit d'inventions successives. Fait significatif, tous les types d'instruments à cordes se trouvent largement représentés à travers l'Asie et l'Afrique, alors que les Indiens d'Amérique n'en possèdent à peu près aucun qui ne provienne de la conquête espagnole. Même abondance ou diversité de tambours en Asie et en Afrique, tandis

que leur nombre est restreint en Amérique. Inversement,
c'est sur ce dernier continent, et en Océanie, que les types
primitifs de flûtes ou de trompes se sont le mieux conservés. Enfin uniquement l'Asie (avec l'Indonésie) a vu se
développer les différentes familles d'instruments à anches ;
au point même qu'aucun instrument européen, de l'une
ou l'autre de ces familles, ne se fonde sur un principe
physique qui n'ait été éprouvé d'abord en Asie, par
exemple l'harmonium ou le saxophone. Une aussi inégale répartition des instruments peut être fondée sur des
raisons d'histoire ; il va de soi que nous ne saurions les
connaître toutes. La preuve par l'absence, si détestable
qu'elle soit, reste souvent notre unique recours ; au moins
faut-il définir avec exactitude ce qui est absent. Des instruments n'ont jamais franchi certaines barrières ; il n'est pas
exclu qu'on les rencontre au-delà à l'état embryonnaire.
L'*orgue-à-bouche,* petit instrument dont le vent est alimenté par la bouche et qui utilise l'anche libre, est limité
à l'Extrême-Orient et n'a jamais approché des frontières
de l'Inde ; mais l'anche libre elle-même, ou son amorce,
n'est pas inconnue des Noirs ou d'autres races d'Afrique.
De même l'on aperçoit des types extrêmement primitifs
de « clarinettes » ou d'instruments à cordes frottées en
des régions isolées d'Afrique noire comme d'Amérique
du Sud, faits inexplicables par une influence musulmane
ou par une origine asiatique antérieure. La notion
d'instrument primitif paraît d'ailleurs sujette à caution ; il
n'en est presque aucun, reconnu pour tel, dont on n'ait
découvert qu'il s'apparentait à un instrument plus élémentaire. Antérieurement à l'anche la plus simple, on
a placé l'*anche-en-ruban,* formée d'une herbe ou d'une
liane tendue entre les lèvres ; or, de celle-ci l'anche libre
n'est pas plus éloignée que ne le sont d'autres types d'anches
pouvant avoir servi d'étapes intermédiaires. A différents
stades d'évolution une filiation se rétablit avec l'instrument supposé primitif. En réalité l'on n'a cessé, et autant
le violon que le piano en fourniraient d'excellents
exemples, d'appliquer à toute forme d'instrument les
modes d'action ou de vibration qui préexistaient. Il y
eut un lot de gestes primitifs — frapper, pincer, frotter,
souffler, etc. — qui, selon les objets auxquels ils étaient
associés, montrèrent ou ne montrèrent pas immédiatement une efficacité suffisante.

L'histoire universelle des instruments est remplie d'inventions qui ont tourné court, mais qui, en d'autres circonstances, et pas seulement matérielles, ont trouvé ou trouveront peut-être leur justification. La combinaison de l'anche simple et du tuyau conique a produit d'abord d'obscurs instruments, joués par quelques populations d'Extrême-Orient; il a fallu récemment un double retour de fortune pour que son bien-fondé se reconnaisse, avec le saxophone. Même en matière d'organologie, presque tout se réduit à une question de chance.

S'il fallait procéder à un inventaire des différents types d'instruments, nous devrions donc faire appel à l'ethnologie, plutôt qu'à la trop brève histoire de notre musique. Encore est-il vain d'espérer que, parmi les instruments éparpillés dans un immense espace, on puisse reconstituer un ordre chronologique certain. Des chaînons manquent sans doute; d'autres, visibles, ont bien pu s'insérer une fois les suivants déjà en place. Probablement l'on est revenu sur les mêmes problèmes, pour aboutir à des solutions quelque peu différentes, dont la succession dans le temps nous échappe. Rien n'est moins sûr qu'il y ait eu évolution, en tous les cas, du plus simple au plus complexe, ou du plus petit au plus grand. Les formes géantes, encombrées et encombrantes, naissent plutôt les premières; les plus petites ou les plus simples, ainsi que celles qui facilitent à l'excès le jeu de l'exécutant, viennent en dernier ou marquent un temps mort. Enfin il est impensable qu'un instrument ait jamais évolué isolément, à l'écart de tout autre. Une population, et l'humanité la plus primitive, eût-elle été réduite à l'usage d'un seul instrument, que rien d'approchant d'une musique instrumentale ne se fût constitué et que cet instrument lui-même n'eût jamais fait que stagner. Il est à remarquer que la notion d'orchestre, si rudimentaire que soit celui-ci, tend d'abord à prévaloir sur celle d'instrument. Les rares exemples de musique instrumentale apparemment primitive que nous possédions montrent des individus groupés pour faire du bruit ou produire des sons. Pas d'instrument solo, mais au moins deux, et presque toujours plus, quand il ne s'agit pas de matériaux multiples que l'on assemble occasionnellement. Ce sont grappes de sonnailles suspendues aux corps d'une troupe de danseurs, pilonnage collectif du sol ou d'un arbre couché, poutrelle frappée à l'aide d'un grand nombre de baguettes, également paire d'objets que l'on entrechoque et, très tôt, paire de trompes, sifflets doubles ou chœur de sifflets. La flûte de Pan elle-même, avant de se présenter sous la forme contractée que nous lui connaissons, a pu être préfigurée — il nous en reste des exemples — par des danseurs-flûtistes, chacun jouant sa note. Même soliste, il n'est pas rare que l'instrument se dédouble, étant soumis à deux actions différentes : il est insufflé en même temps que battu, telle la trompe dont par surcroît l'on frappe la paroi; s'il est à cordes, sa caisse peut être battue ou son manche raclé. L'obligation, pour l'exécutant, de mouvoir les membres donne la possibilité de mettre en branle les instruments accessoires : le bras qui frappe la plaque du xylophone, la main touchant la corde, secoue diverses sonnailles, grelots ou hochets. En une certaine mesure le musicien primitif se présente comme un homme-orchestre, s'il ne se révèle pas au moins autant danseur que musicien et si sa manière de jouer n'est pas indistinguible de la parade, de la pantomime ou de la chorégraphie.

En bien des cas, la limite, si nette pour nous, entre les instruments à vent et ceux qui ne le sont pas s'aperçoit à peine : les procédés relatifs aux uns et aux autres se trouvent utilisés conjointement. Que penserions-nous d'un trompettiste qui, plutôt que d'emboucher son instrument, frapperait du plat de la main l'ouverture du pavillon, ou d'un harpiste qui s'aviserait de souffler sur la corde ou d'en approcher une cavité ? Il existe des instruments à cordes dont le résonateur offre l'aspect d'un petit pavillon de cor, ou des caisses de tambour, voire de harpe, qui se terminent par un tuyau d'échappement. Les mêmes mirlitons ont poussé, telles de petites excroissances, sur toutes sortes d'instruments, qu'ils soient à vent ou non. Exemples entre plusieurs, qui font se demander s'il y eut confusion originelle ou rapprochement ultérieur de deux espèces d'instruments. C'est le problème que pose aussi l'arc musical qui, par son jeu et par son timbre, se place immédiatement à la frontière des instruments à cordes et des instruments à vent. Si loin qu'il remonte dans la préhistoire, il ne saurait être envisagé comme absolument primitif. Joué en solo, il est assez complet pour se suffire à lui-même. Il implique la double connaissance du résonateur et des sons harmoniques. N'est-il pas déjà troublant que l'on ait produit si tôt des harmoniques sur un instrument à corde, que l'on se soit même borné à cela d'abord et que, pour ce faire, l'on ait recouru à la cavité de la bouche comme résonateur ? Les exemples fournis par l'ethnologie, et l'unique représentation préhistorique que nous ayons de l'arc musical, prouvent en effet que, dans la première position de celui-ci, la corde ou le bois de l'arc est approché de l'ouverture de la bouche, à fin d'amplification. Ce qui était acquis dans le cadre des instruments à vent s'est joint à ce que les autres instruments faisaient pressentir du rôle du résonateur.

RÉSONATEURS

A voir le nombre d'instruments qui n'existeraient pas sans une cavité ou un corps quelconque qui en renforce, soutient ou prolonge le son (aucun de ces termes n'étant bien approprié à la réalité acoustique), il paraît assez logique de rechercher quelles formes de résonateur purent se proposer. L'une des premières fut la fosse creusée dans la terre. En la recouvrant d'une plaque et en frappant celle-ci avec les pieds ou avec des bâtons, l'on produit un son puissant, qui ressemble à celui qu'émettrait un énorme tambour. Pareil procédé a d'ailleurs conduit indirectement à l'invention de ce dernier instrument. On a ainsi observé des Indiens d'Amérique du Sud qui piétinaient une grande plaque en écorce tendue au-dessus d'une fosse et des Mélanésiens qui pilonnaient à l'aide de bambous une planche posée de même. Un stade plus avancé serait représenté par l'estrade de l'ancien théâtre japonais sous laquelle des jarres sont dissimulées. Le pot-tambour africain, employé dans divers rituels, est également une poterie, mais dont on frappe l'ouverture avec une peau ou un éventoir. Cette substitution de la jarre à la fosse nous éclaire sur l'origine de certaines espèces de « xylophone » où une lame de bois, sinon un simple éclat de bambou, en suspension au-dessus de l'orifice d'un petit résonateur (un pot, une calebasse sphérique, un tuyau de bambou), sert principalement à faire agir celui-ci. A l'inverse, de vrais xylophones, disposant d'un jeu accordé de lames, restent tout de même assez archaïques pour se suffire d'une fosse comme isolateur et comme résonateur. Enfin, revenant à la fosse recouverte d'une plaque, nous verrons que les instruments à cordes eux-mêmes ont usé de ce procédé d'amplification : une corde unique, partant du sommet d'un bâton planté dans le sol (*arc-en-terre*) ou d'une poutrelle suspendue horizontalement (*cithare-en-terre*), aboutit au centre de la plaque. Ces quelques exemples montrent, et les suivants l'établiront encore plus nettement, qu'ayant décelé une source d'amplification, l'homme s'ingénia à l'utiliser au mieux et à en susciter d'équivalentes. De plus, un résonateur peut parfois à lui seul faire fonction d'instrument.

Autre genre de résonateur : le tronc d'arbre excavé en forme d'auge ou de pirogue, quand ce n'est pas l'auge ou la pirogue elle-même dont on frappe les bords supérieurs. Nous sommes ici à la naissance d'un type particulier d'instrument, le *tambour-de-bois,* tambour sans membrane, et qui n'est du reste qu'une immense caisse de résonance que l'on ébranle par frappement direct de sa paroi. De forme généralement cylindrique, tel le tronc d'arbre d'où il est extrait, il est fermé de toutes parts, à l'exception d'une fente longitudinale dont les deux bords sont battus; ces bords étant d'épaisseurs inégales, il en résulte deux sons de hauteurs différentes qui peuvent servir de base à un système de signaux tambourinés, audibles à une certaine distance, mais de sens toujours secret. Il est remarquable qu'un instrument aussi singulier se trouve répandu, sous des aspects peu dissemblables, à travers tout le monde tropical : Sud de l'Asie (où il atteint des dimensions considérables, de six à onze mètres de longueur), Indonésie, Mélanésie, ancien Mexique, Nord de l'Amérique australe, enfin Afrique noire principalement.

La même opposition entre deux tons a été obtenue par des moyens encore plus simples; or la nature de ceux-ci devait inciter à ne plus s'en tenir à un intervalle unique. Là encore le matériel est lié à la végétation tropicale. Heurté, un gros tuyau de bambou produit un son dont on fixe la hauteur selon les dimensions données au tuyau ou suivant que l'on en ouvre ou ferme les

extrémités : toutes choses dont les primitifs acquièrent
d'eux-mêmes l'expérience, en jouant de leurs premiers
instruments à vent. Les Malais et les Noirs ont établi
de véritables carillons de tuyaux, en percutant ceux-ci
contre le sol, contre une planche, contre un arbre couché,
ou mieux en faisant heurter une extrémité du bambou
contre un butoir (principe de l'*angkloung* javanais, dont
les tuyaux sont échelonnés sur une gamme pentaphoni-
que, chaque note, en outre, étant doublée ou triplée à
l'octave). A titre de résonateur qui vibre par sympathie
avec un son proche, le tuyau de bambou a été adjoint à
des xylophones, métallophones et même guimbardes
d'Indonésie.

La cavité buccale, si elle est de dimensions réduites,
a la supériorité sur les autres résonateurs de pouvoir
insensiblement varier de forme et de volume; d'où l'on
s'en est servi pour isoler et amplifier des harmoniques
qui accompagnent des sons n'ayant eux-mêmes qu'une
faible intensité. De toute évidence, si l'on n'avait pas
reconnu à la bouche de telles possibilités, au moins un
instrument, la *guimbarde,* n'aurait jamais été imaginé : le
pincement presque imperceptible d'une aussi fine aiguille
ou languette ne peut être renforcé d'aucune autre manière.
Tout porte à croire cependant que l'arc musical devança
la guimbarde. De structure extrêmement simple, l'arc
musical est peut-être l'instrument qui s'est présenté sous
le plus de formes et n'est resté étranger à aucun type de
résonateur. Ses ressources sont plus étendues que celles
de la guimbarde : corde ou ruban susceptible de produire
des sons moins ténus; faculté de diviser la corde et
d'exploiter ainsi les harmoniques de plus d'un son fondamental; procédés variés de mise en vibration (frappement, pincement, frottement de la corde; frappement ou
plutôt raclement du bois de l'arc). Sur un plan non plus
technique mais social, l'arc musical, au service de plusieurs rituels, et ayant suscité divers mythes de création,
a tenu un rôle dont la guimbarde semble avoir toujours
été éloignée, ce curieux mais trop discret instrument étant
relégué, à peu près universellement, parmi les jeux profanes. Enfin l'arc ne paraît pas être lui-même le premier de
son espèce, une autre forme a pu le précéder : l'*arc-en-terre,*
à vrai dire demi-arc, planté en terre et dont le bas de la
corde traverse une plaque recouvrant une petite cavité

dans le sol. Ainsi retrouvons-nous toujours la fosse en terre, celle-ci étant encore à l'origine d'un autre instrument à cordes, la cithare. Il reste à se demander comment l'on est passé du niveau du sol à celui de la bouche. Il a bien fallu que, parmi les premiers instruments à vent, certains aient utilisé une cavité souterraine (nous en avons un exemple : la *trompe-en-terre*) ou qu'ils aient agi sur un résonateur en poterie. D'autre part, que l'usage de la voix et du chant, le battement sur la bouche ouverte, les emplois les plus primitifs de l'anche aient mis en évidence toutes les ressources instrumentales de la bouche, en plus de la faculté de souffler. Encore le simple soufflement s'est-il montré capable de donner une impulsion suffisante à une corde d'arc, comme la *gora* de l'Afrique du Sud le prouve. Au début, nous l'avons dit, et certainement à plusieurs reprises, instruments à vent et autres instruments se distinguèrent si peu entre eux qu'il y eut identité de gestes, d'organes, de matériaux, afin de produire, renforcer et, cela va de soi, déformer des sons de nature quelconque.

Dernière matière de provenance exotique, la grosse coque de fruit (calebasse, noix de coco, etc.) a connu de multiples emplois. Elle s'est introduite dans la facture des instruments peut-être moins pour des raisons pratiques ou acoustiques que parce que l'on y a vu un symbole de la végétation, de la fécondité, du renouvellement de la vie. La calebasse a servi à confectionner des hochets, des sistres, des tambours, des trompes et quelques autres instruments : leur usage est, soit réservé aux femmes ou aux enfants, soit lié à des rites de semailles ou d'initiation, à la divination ou à la magie bénéfique. Au moyen de la calebasse encore l'on a pourvu de réservoirs d'air ou de pavillons les instruments à vent, de résonateurs les xylophones et les instruments à cordes. C'est elle-même qui a donné à grand nombre de ces derniers leur profil définitif. Il lui a suffi de se substituer à la bouche sur l'arc musical; faute désormais d'utiliser exclusivement les sons harmoniques, l'on varia plus qu'auparavant la longueur acoustique de la corde et l'on passa de la corde unique à plusieurs cordes; d'où nécessité de divers aménagements qui, ajoutés au volume du résonateur, ont conduit à un type formel dont plusieurs familles d'instruments ne se sont plus dégagées. A partir de ce moment il est légitime de parler de harpe, de luth, de vièle ou violon. Mais leur histoire commence dès que l'on chercha, sur l'arc lui-même ou sur des instruments apparentés, à établir des rapports plus rationnels entre corde, manche et résonateur. En ce qui concerne la position du résonateur, on eut le choix entre suspendre la coque du fruit directement à la corde ou la fixer au bois de l'arc. La première solution, contrefaçon de la bouche à portée de la corde, fut peu appliquée. La seconde prévalut et incita à transpercer la coque par le bois de l'arc, enfin à remplacer cette coque par une véritable caisse, en bois ou en peau et bois. En d'autres termes, une partie de l'arc, en s'unissant ou en fusionnant avec le résonateur en coque de fruit, engendra la caisse de nos instruments à cordes. De cette évolution, plus complexe que nous ne saurions le décrire ici, témoignent différents types qui ont subsisté en Asie, en Afrique et en Europe. Bien des instruments à cordes pincées ou frottées de l'Inde et de l'Extrême-Orient portent encore au dos un ou deux résonateurs sphériques ou hémisphériques, en fruit de calebassier, de cocotier, sinon en bois ouvragé. Le luth arabe, dont le nôtre est issu, rappelle par sa caisse piriforme l'emploi des volumineux résonateurs en coque de fruit; son nom (al ûd — « le bois ») date du moment où s'opéra le changement de matière. Autre preuve de fidélité à la forme ancienne des résonateurs, la caisse plate de certains luths extrême-orientaux est demeurée rigoureusement circulaire. A peu près seuls de leur espèce, les luths de l'ancienne Egypte et de l'actuel Soudan occidental ont, au contraire, une caisse étroite, naviforme; ici l'on a procédé en respectant moins la sphéricité du résonateur que l'allongement du bois de l'arc. En résumé, l'arc et le résonateur paraissent ne s'être jamais combinés à proportions égales, comme le laisseraient supposer tant de manches longs ou courts bizarrement mariés à des caisses menues ou énormes. De toute manière la partie antérieure du résonateur, ou la pièce au revers de laquelle il est fixé, tendit à s'aplatir et constitua une « table », au sens de ce terme dans notre lutherie moderne; à cette table, en peau ou même déjà en bois mince, les cordes communiquèrent directement ou indirectement leurs vibrations. Il n'y eut plus d'autre invention importante, tous les éléments étant en place, et la table elle-même pouvant provenir de l'application à des instruments évolués d'un procédé très primitif : la plaque qui recouvrait la fosse en terre. Plaque et cavité, l'une au moins, sinon les deux, ont déterminé depuis l'origine la structure du plus grand nombre d'instruments.

DÉGUISEMENTS SONORES
ASPECT ET FONCTION DES INSTRUMENTS

Nous devons toutefois prendre garde à trop accorder au facteur physique. Outre que le sens où le musicien primitif le fait jouer a parfois de quoi nous surprendre, la forme des instruments paraît obéir également à des préoccupations d'une autre espèce. En particulier lorsqu'il s'agit d'instruments à cordes. Bien qu'ils soient des premiers conditionnés par l'action d'un résonateur et que leur forme elle-même dépende étroitement de la nature de celui-ci, leur conception a souvent cédé à des préoccupations autres que proprement physiques. Et d'abord, parmi les physiques, s'en trouve-t-il qui déconcerteraient un physicien moderne.

Dans nombre de cas, l'organe destiné apparemment à amplifier les sons a fini ou commencé par les déformer. Déjà l'évolution du xylophone montre que cet instrument aurait pu, sans dommage appréciable, se priver de tout résonateur. S'il en a comporté, comme c'est le cas en Afrique noire, le but vrai semble avoir été d'accompagner d'un timbre métallique, ou enchifrené, le bruit du bois que l'on frappe : les calebasses suspendues au-dessous des lames doivent leur principale raison d'être à une petite membrane, ordinairement un fragment de cocon d'araignée, qui couvre un trou percé dans leur paroi et produit une espèce de bourdonnement; simples supports de mirlitons, leur mise en place n'en a pas moins déterminé la structure de certains types de xylophone. Le pavillon adjoint à des instruments à vent, et qui exerce une action réelle sur leur timbre, a influé sur leur contour général : sans pavillon, le cor se serait peut-être inscrit dans une autre figure. Si l'on a taillé des « ouïes » dans la table des instruments à cordes, ce n'est pas toujours pour la raison de bonne sonorité que les acousticiens en ont donnée : loin de les laisser ouvertes comme maintenant, on les ferma avec une membrane de mirliton, qui changea entièrement le timbre. Désirant remédier à la faible intensité d'une corde, le joueur d'arc musical a d'abord songé à la cavité buccale; de ce fait il n'a pu disposer que des harmoniques, sons qui ressemblent le moins à ceux d'une corde. Nous n'en finirions pas de mettre en doute que, par l'adjonction d'un résonateur ou par la modification de celui-ci, l'on ait voulu rendre parfaite, à notre goût du moins, la sonorité de l'instrument. Au même titre, il n'existe peut-être aucun instrument que l'on n'ait pourvu d'accessoires qui voilent, travestissent son timbre propre ou que l'on n'ait joué dans les positions les plus invraisemblables, les plus contraires en tout cas à son meilleur rendement. Un excellent exemple de déguisement sonore nous est donné en Afrique noire par des orchestres de xylophones, où le bruit du bois frappé est presque entièrement masqué par le nasillement des calebasses-mirlitons et par l'entrechoc des anneaux de métal que les musiciens portent à leurs poignets; d'où l'illusion d'entendre un *gamelan* javanais (voir le chap. sur la *Musique de Bali*), composé exclusivement de métallophones. Toujours en Afrique, si l'on écoute des orchestres de harpes auxquelles sont fixées de grandes sonnailles en fer-blanc, l'on a peine à admettre que l'étrange bruissement continu qui les enveloppe et les sons graves qui s'en détachent, tels des pizzicati de contrebasse, proviennent des mêmes instruments.

Laissant de côté ces extravagances du goût musical, nous découvririons qu'il s'est dépensé autant d'imagination à singulariser l'aspect des instruments. Nous avons dit que l'étranglement que présente la caisse du violon n'avait point eu pour but de faciliter le mouvement de l'archet, puisqu'il se rencontre d'abord sur des instruments à cordes pincées. En de nombreux cas le choix des matières s'est porté sur les plus difformes. La calebasse aura subi des traitements spéciaux au cours de sa maturation, sinon après, afin d'épouser des formes qui ne lui sont pas normales. Au goût du bizarre s'est allié un besoin figuratif. Aucune partie d'instrument n'a échappé, par la matière employée, par sa coloration, par sa sculpture, à un souci d'imitation ou de suggestion.

Plus encore que par des sons, c'est par sa forme, par sa décoration, que l'instrument a tenté de reproduire la nature. Il peut résumer le monde ou en figurer un élément. Il peut également spécifier, par un détail aussi naturaliste que possible ou par un signe allégorique, à quel usage il est réservé, sa liaison avec un rituel, avec une institution. A tel point que sa seule présence muette suffit parfois à produire l'effet désiré. D'où s'explique qu'il ne soit pas traité indifféremment en tant qu'objet. Des sociétés ont pour lui des égards que justifie, non sa qualité musicale, mais la fonction qu'on lui a attribuée, d'ailleurs arbitrairement. A un niveau assez élevé de civilisation il compte encore au nombre des *regalia* ou signes du pouvoir. Des populations demeurées primitives l'assimilent à des objets tels que masques, « idoles » ou statuettes sacrées, auxquels il s'apparente par des traits plastiques communs, lui-même se présentant comme une véritable sculpture ou étant décoré de motifs mascoïdes (comme en Afrique noire ou en Mélanésie), étant enfin « habillé », soigné, purifié, voire gardé secrètement, à titre de matériel du culte. Souvent, et ceci intéresse plus directement sa facture, il est censé devoir sa force à d'autres instruments, dont il porte la figuration ou dont la ressemblance lui est donnée : effigies de cloches gravées sur des caisses de tambour ; flûtes qui s'affublent d'un pavillon de trompe, dénué de toute vertu acoustique; tambours-de-bois taillés en forme de cloche ou de grelot; tambours-de-bronze enfin, où l'on a cru reconnaître une combinaison de gong et de tambour à peau. Ces emprunts formels d'instrument à instrument prouvent au moins l'espèce d'émerveillement que causa longtemps tout objet, toute matière d'où un son émane. On y vit une vertu magique, dont, au contraire, les religions purent se défier, et pas seulement les plus grandes. Quoique suspect à d'autres égards, le chant eut généralement leur préférence; non pour la raison que l'on en a donnée. Le son de la voix risquait tout autant que celui de l'instrument d'éveiller le souvenir des cultes ou des pratiques que l'on bannissait; souvent, en passant d'une religion à une autre, ou peut-être de magie à religion, le chant est resté identique; mais l'instrument a les caractères marqués d'une idole, et qui incitent à l'idolâtrie, étant d'abord visible, objet figuratif ou pour le moins suggestif, portant trop de signes indélébiles de son origine. A partir de la valeur démonstrative qu'offre leur forme extérieure, l'on reprendrait avec profit l'abondante iconographie des instruments, ainsi que les textes interdisant leur usage.

En divers cas l'assujettissement à un nombre, à une mesure sacrée, a compliqué singulièrement la facture ou le jeu de l'instrument. Le constructeur, comme l'exécutant, ont dû s'accommoder, non sans difficulté, de règles étrangères à l'acoustique. Nous relevons dans l'un des écrits les moins connus de Jean-Philippe Rameau, l'*Origine des sciences* (1761), une phrase curieuse où celui-ci soupçonne des musiciens de s'être « laissé enchanter » par des *emblèmes* (il s'agit des Chinois et de la façon dont ils avaient conçu leur échelle musicale). On ne s'est jamais autant aveuglé sur les nombres qu'à l'occasion des instruments. D'eux-mêmes, ceux-ci traduisaient les rapports numériques les plus simples, donc les plus prestigieux. N'eût-on connu que le chant, n'eût-on pas utilisé des tuyaux ou des cordes, disposé celles-ci en éventail ou en trapèze, employé le bambou aux nœuds apparemment équidistants, que l'on ne se fût peut-être pas avisé d'analogies entre musique et géométrie. On essaya de reproduire sur les instruments des mesures qui ne se conformaient à aucun étalon musical. Ainsi aurait-on fait avec des unités de longueur, royales et à ce titre sacrées; des pouces, pieds, aunes de Sumer, de Phénicie ou d'Egypte se seraient propagés assez loin, comme des mesurages d'instruments encore actuels le semblent prouver. Derrière la fable, absurde telle qu'elle est rapportée, de Pythagore et des marteaux de forge, se cache peut-être une tentative de même ordre, mais ici une succession de poids devenant génératrice d'une échelle de sons. Il a fallu attendre le XIXe siècle pour que nos flûtes aient leurs trous distribués selon une échelle musicalement utilisable. Une réforme de ce genre montre, par les préjugés auxquels elle se heurte, combien peuvent être fortes des raisons d'optique, de prétendues facilités de doigté, et aussi de fidélité à un timbre même défectueux. Uniquement par désir de symétrie, l'on a ajouté ou déplacé un tuyau, un trou sur ce tuyau; des flûtes de Pan, des orgues-à-bouche, des xylophones comportent des tuyaux ou des lames, dont on n'a que faire et qui, n'étant que pour la montre, sont parfois qualifiés d' « aveugles ». Mais il arrive que les aveugles chantent; et les sons que l'on ne put corriger restèrent, bien qu'étrangers au système. Dans un domaine assez proche, ne découvrirait-on pas à quel point la géométrie du clavier, par exemple, a pesé ur la musique elle-même ? Selon la remarque d'Alfredo Casella, l'harmonie de *Pétrouchka* eût été différente si les touches noires du piano n'avaient pas été placées au-dessus des touches blanches.

Il est certes imprudent d'attribuer à un détail ou à un accident de facture, ou même à un type d'instrument, l'origine de certains procédés musicaux. L'histoire fournit plus souvent la preuve que ceux-ci étaient déjà du domaine commun ou qu'ils ne tardèrent pas à y tomber. La musique instrumentale est de matière composite; la part de tel ou tel instrument s'y distingue mal, tant chacun est porté à reproduire ou à parodier les autres. Traiterions-nous ici de la genèse de la musique instrumentale, et non de celle des instruments, que nous aurions soin de montrer qu'il n'est peut-être pas de style instrumental qui provienne en entier du même instrument. Celui-ci se sera toujours essayé à en contrefaire un autre ou plusieurs. Là encore nous prendrions en défaut les contempteurs de la musique imitative, qui ne soupçonnent point de quoi la musique d'un instrument est ordinairement tissue. Des réminiscences de toute nature s'y entrelacent; quoi qu'elle emprunte, transpose ou évoque, elle tend à être, selon le mot de Nietzsche sur les sources d'inspiration de Beethoven, « une musique *au sujet* de la musique ».

INSTRUMENTS À CORDES
ARC ET CITHARE

Un idéal de forme d'instrument a longtemps persévéré, peu compatible avec des exigences nouvelles du sentiment musical. Nous verrons de quels artifices l'on a encore usé afin de ne pas rompre l'unité de l'arc, en particulier de sa corde. Malgré tout, des détails de facture paraissent avoir été décisifs, donnant plus de possibilités, incitant divers instruments à converger vers un même type. Certains agencements ou tels modes de production

du son ont pu, sinon causer, du moins favoriser des styles
déterminés.

Sous le seul nom de *cithare* l'organologie désigne à vrai
dire plusieurs types d'instruments, sans autre trait
commun que de comporter une pièce unique (bâton,
tuyau, caisse ou table) au ras de laquelle les cordes sont
tendues, et sur sa longueur exclusivement : ce qui est le
cas, par exemple, du psaltérion ou du piano, mais non de
la guitare ou du violon dont les cordes couvrent à la fois
la table et le manche. Nous verrons dans un instant que
l'unité de composition d'un instrument peut avoir eu
une importance idéologique. Il va de soi que, si la pièce
sur laquelle les cordes sont fixées est un bâton, l'instrument (la *vînâ* de l'Inde) est complété nécessairement par
un résonateur, tel qu'il a déjà été décrit ; mais, dans la
majorité des cas, le tuyau ou la caisse, par leur cavité,
la table, par sa seule élasticité, suffisent à amplifier le son
de la corde. Encore pouvons-nous douter que la cavité
relativement réduite du tuyau ou de la caisse ait une
action comparable à celle de la paroi elle-même. De fait
les cithares disposent le plus souvent de parois longues
ou larges. Les plus évoluées se présentent sous la forme
de caisses plates, sinon de plaques, rectangulaires ou
trapézoïdales, qui contraste avec les rondeurs des autres
instruments à cordes. Rien en elles n'évoque le souvenir
de la coque de fruit, qui s'est conservé dans tant de harpes
ou de luths. Les quelques courbures qu'elles offrent
encore proviennent du tuyau de bambou, dans la mesure
où celui-ci fut bien leur première matière. Mais cette
raison ne saurait être la seule; là aussi des motifs idéologiques ont dû agir. D'autant que d'autres matériaux, non
naturellement incurvés, furent employés dès les types les
plus primitifs et que la structure générale des cithares
tend moins à ménager des cavités qu'à les exclure. A
divers stades d'évolution une table plane tient lieu de
tout résonateur. Nous ignorons à l'appui de quelles
expériences l'on a reconnu qu'une simple plaque, d'une
matière suffisamment élastique, un bois d'une contexture
particulière, produisait des vibrations capables d'ajouter
leur effet à celui d'une corde. S'il y eut là un progrès
de la facture, celui-ci s'est manifesté assez tôt, avec des
instruments relativement primitifs. La table plane semble
toujours provenir d'autre chose : bâtonnets assemblés

sous forme de radeau ; paroi convexe d'un bambou ou, inversement, cuvette en bois ; caisse qui s'est effondrée. Il n'est pas exclu que l'arc musical ait joué aussi un rôle. Il a fallu divers détours avant que la table couvrant la fosse en terre ait trouvé son autonomie. Nous ne saurions les suivre tous. En quelques parties de l'Inde, de l'Afrique occidentale et équatoriale, se rencontre la *cithare-en-radeau,* constituée d'une série de tiges de roseau ou de palmier (de 5 à 30), le tout formant d'abord table ; une lanière détachée superficiellement de chaque tige, et tenant encore par ses extrémités à celle-ci, est soulevée et tendue en guise de corde. Notons que cette manière archaïque de produire une « corde » n'est pas propre à un seul instrument : d'autres cithares présentent sur le pourtour, total ou partiel, d'un tuyau de bambou jusqu'à une vingtaine de lanières d'écorce qui ont été soulevées de la paroi (Malaisie, Afrique noire, et Madagascar principalement). De façon identique, sur les tambours-de-bois dont nous avons déjà parlé, les lèvres ou les langues destinées à être battues sont taillées dans la caisse de résonance, sans cesser de faire corps avec elle ; enfin, sur les types les plus primitifs de clarinette et de guimbarde, l'anche ou la languette peut être découpée à même le tuyau, y demeurant jointe par une extrémité (« anche idioglottique »). Tous ces instruments rentrent dans le cadre de ceux dont une même matière, sinon un même objet, a fourni les moindres éléments, et cela pour des raisons non pas tant techniques que religieuses et symboliques, parfaitement claires à l'esprit de l'indigène : l'instrument devant, par exemple, synthétiser les parties d'un végétal ou ne pas allier des matières d'origines différentes. A des desseins de cet ordre la cithare put mieux correspondre que les dérivés de l'arc musical, harpes et luths, et par la suite évita toute disparate de structure. Autrement dit, la cithare marqua une simplification et même une rationalisation. Le *khin* de la musique savante chinoise constitue à cet égard un modèle de forme et de facture simples, tout en répondant ou *parce que* répondant à une représentation du monde. Encore trouvons-nous des cithares plus simples, de la même espèce que le *khin* : alors que celui-ci comporte une caisse en bois et que le bombement du dessus s'oppose à la partie plane du dessous — images contraires du ciel et de la terre —, des instruments japonais, d'origine chinoise, se réduisent à une table convexe, taillée dans une paroi de gros bambou. Nous ne saurions décider si ce deuxième type de cithare sur table provient d'une régression de la cithare sur caisse oblongue (*khin* chinois, *koto* japonais) ou s'il procède plus directement de l'arc, comme un autre type de cithare (celui-ci africain), sur table concave ou cuvette. La tradition japonaise y voit des arcs accolés. S'agirait-il d'arcs musicaux que leur conversion en une cithare ne se heurterait à aucune impossibilité théorique : par son bâton l'arc peut toujours être assimilé à une cithare. Mais il est plus plausible que l'arc, *musical ou non,* par sa simplicité de conception, par sa courbure et la visible tension de la corde, ou par les mythes qui s'y attachent, s'est proposé en symbole.

La multiplication des cordes s'est faite, moitié rompant moitié respectant la courbe et l'unité de l'arc; si paradoxal que cela paraisse, elle a même semblé un temps conciliable avec le maintien de la corde unique. Le passage des instruments à une corde aux instruments à plusieurs cordes a pu en effet se réaliser de deux manières : des arcs ont été juxtaposés avec leurs cordes respectives, un seul résonateur, calebasse ou caisse en bois, assurant l'unité de l'instrument, — le *pluriarc* de l'Ouest africain en offre le meilleur exemple; la corde s'est fragmentée en plusieurs, mais qui sont autant de lacets de la même — à ce simulacre se sont prêtés à la fois des arcs musicaux, quelques harpes, des cithares, et particulièrement des cithares sur table concave ou plane. Juxtaposition de plusieurs cordes ou survivance de la corde unique, mais aussi concavité ou convexité de la table ont pu provenir de l'arc, au moins imaginairement. L'une des cithares japonaises porte des encoches et des bouts de corde grossière dont la seule fin est de perpétuer le souvenir de l'arc. Entre l'arc ordinaire à verge de bois cylindrique et la cithare à table oblongue la filiation nous est suggérée par divers instruments de la Mélanésie et de la Polynésie, qui restent bien des arcs, mais dont le bois aplati, en forme à peu près de palette, préfigure la table longue de la cithare; sur certains est sauvegardée l'unité de la corde, qui revient deux fois et assume le rôle de deux cordes. En nous gardant de tout rapprochement forcé, nous verrions sur bon nombre encore d'instruments resurgir l'arc : ou sa courbe, ou sa corde unique, ou quelque autre de ses attributs. Nous relèverions en outre ce qui a subsisté de son jeu lui-même, où, selon que l'on *touche* la corde en des points différents, la longueur acoustique change. Les possibilités qu'offre une seule corde d'arc ont contribué à son maintien jusque sur d'autres instruments. Il en est résulté autant la variation constante, systématique, de sa tension, que l'idée de lui faire décrire des lacets. Ce n'est pas simple hasard si, entre Polynésie, Inde, Indochine et Chine, les glissandi ou les degrés mobiles sont d'usage courant sur nombre de cithares tant évoluées que primitives (*khin, vînâ,* monocorde, etc.); non plus si, de l'Inde à l'Ouest de l'Afrique, et en correspondance avec le repliement de la corde sur elle-même, ou avec une disposition similaire des lanières d'écorce sur la cithare-en-radeau, l'émission simultanée, et non plus successive, de plusieurs sons se produit parfois. Cette tentative d'harmonie instrumentale n'est pas la conséquence la moins négligeable de la division de la corde. Division dont on n'aurait sans doute pas acquis une expérience aussi profonde sans un attachement superstitieux à la corde unique de l'arc.

Une comparaison paraît ici légitime : l'on a éprouvé moins de gêne à composer de plusieurs tuyaux une flûte de Pan; de cet instrument rapidement formé, et dont rien n'a contrarié la progression, la musique a-t-elle bénéficié autant que de la flûte à tuyau unique ? La perce de plusieurs trous sur un même tuyau n'a pas dû soulever moins de problèmes que la division de la corde, qui lui fait pendant. Mais là aussi des raisons ont joué qui ne sont pas d'acoustique musicale : elles ont peut-être autant déterminé le nombre ou la position des trous sur les instruments à vent que la forme ou la somme des éléments qui entrent dans les instruments à cordes.

Si nous recherchions quelle sorte d'instrument, quel mode de production sonore a le plus favorisé un style particulier, le premier exemple qui s'offrirait à l'esprit est celui des instruments à cordes frottées. L'archet paraît avoir été inventé en plusieurs lieux, pour être appliqué à divers types d'instruments : luths, cithares, et sans doute auparavant, arcs musicaux. L'effet n'en est pas moins identique : son tenu indéfiniment, trait peu ou point coupé par des respirations; les notes seront

détachées bien après. De l'emploi de l'archet résulte presque
naturellement la pratique de la double-corde ; mais, si
étrange que cela paraisse, l'on frotte simultanément deux
cordes à des fins aussi bien d'homophonie (Extrême-
Orient) que de polyphonie (Proche-Orient) ; tout au plus
l'archet est-il disposé différemment. Le jeu du violon
présente partout les mêmes caractéristiques, or le voici, et
sans que le procédé change, qui obéit à deux conceptions
musicales que l'on oppose en général. Pour les instruments à cordes, soit pincées, soit frappées, à première vue
la structure d'aucun ne se modifie avec le style de la
musique. Ainsi le même luth, qui vint de cet Orient où
triomphait l'art de la monodie instrumentale, contribua
pour beaucoup en Europe à fortifier la notion d'harmonie. A en juger toutefois d'après l'évolution entière de la
famille des luths, et pareillement des cithares, des traits
de facture expliquent le rôle privilégié que ces instruments ont joué dans des musiques savantes — quel que
soit le principe de chacune. Pour les cithares l'aplatisse-
ment et l'allongement de la caisse, l'aplanissement de
la table et l'affranchissement final de celle-ci ; faits
corroborés par une évolution assez similaire, quoique interrompue, dans la famille des luths, où le manche rigoureusement plan est venu à s'élargir et a s'allonger déme-
surément. Même avorté, cet essai de conversion du luth
en cithare est bien un signe que ce dernier type d'instrument progressait dans le sens où la musique savante se
dirigeait. Qu'a-t-on voulu en agrandissant la table ou le
manche et en les aplanissant, sinon allonger les cordes,
ou les multiplier, ou en faciliter l'intonation la plus juste
et la plus subtile, cela grâce à un jalonnement de la table
ou du manche, qui tient lieu en quelque sorte de clavier.
Toutes choses ayant dû convenir à des esthétiques différentes, et même opposées, comme en témoignent les
musiques d'Extrême-Orient, de l'Inde, du Proche-Orient
et, vers la fin du Moyen âge, de l'Occident.

Notre embarras croît à mesure que nous approchons
des formes les plus évoluées, les plus perfectionnées, de
cithare : nous sommes dans l'incapacité de dire pourquoi
la monodie ne s'est jamais dessinée plus librement ni plus
subtilement que sur le *khin* ou sur le *vînâ*, et pourquoi,
au contraire, l'on n'a jamais été porté autant à raffiner sur
l'harmonie qu'en composant pour le clavecin ou le piano.

Une pareille antinomie est-elle explicable par des raisons de facture ? L'introduction du clavier, qui pourrait en être une des causes, a eu des effets moins positifs que négatifs. Le plus clair, à l'origine, est ce que le clavier a supprimé, et non pas ce qu'il a suscité; s'interposant entre les doigts et les cordes, il a enlevé toute possibilité de toucher celles-ci et d'en modeler en quelque sorte le son. Dans l'ordre de l'intensité comme de la hauteur, il a aboli des nuances, des variations, sans en provoquer de nouvelles. A voir les plus anciennes pièces que nous possédions pour un instrument à clavier, orgue ou clavecin, combien leur teneur en harmonie paraît faible; peu à peu seulement furent réalisés les accords et les agrégats en puissance dans le clavier. On a parlé « des révélations et des bonnes fortunes du clavier »; des surprises de cet ordre ne font quand même pas de l'harmonie le privilège d'un instrument. L'absence de clavier, outre les libertés qu'elle permettait, n'a jamais empêché de plaquer des accords. Là où le besoin d'harmonie ou de polyphonie a été impérieux, l'on a surmonté bien des difficultés pour y répondre. Nous ne saurions même affirmer qu'une certaine disposition des cordes a été jugée nécessaire pour en faire sonner plusieurs ensemble : à peu près la même se retrouve sur des cithares ou des luths que l'on joue monodiquement ou harmoniquement. Encore une fois, le nombre de sons productibles, leur tessiture ou leur intensité ont été partout en s'accroissant, donc au profit de la monodie comme de l'harmonie. Mais, finalement, plutôt de l'harmonie, celle-ci ayant besoin de sons graves ou renforcés d'unissons, d'octaves, voire de sons sympathiques, ainsi que le montrent, dans les faits, l'établissement de la basse continue et, dans la théorie, les idées de Rameau. En d'autres termes, dans la mesure où le sort de l'harmonie a pu dépendre de l'emploi ou de l'évolution de certains instruments, ces derniers avaient l'avantage non pas tant de produire aisément des accords mais de présenter un registre étendu, surtout vers le grave, et des redoublements de notes tout préparés. C'est précisément ce renforcement de la note par un « chœur » d'unissons et d'octaves qui a déterminé en partie la facture de nos instruments à clavier. Leurs devanciers immédiats, psaltérions, tympanons, et autres cithares sur table, en offraient déjà la

possibilité; d'un dispositif apparu sur des instruments
exclusivement monodiques l'harmonie a tiré le meilleur
parti. Nous en dirions autant des familles d'instruments
(violes, hautbois, etc.) qui s'établissaient à peu près à la
même époque et élargissaient le registre de chacun des
timbres : cette extension générale, mais plus vers le grave
que vers l'aigu, avait pour objet peut-être moins l'étendue des sons que leur redoublement. Là encore se réunis-
saient les conditions les plus favorables pour asseoir
l'harmonie.

Les historiens ont d'ailleurs eu tort de fixer une trop
nette frontière entre « homophonie » et « polyphonie »,
division ne tenant pas plus compte du développement
réel des choses que du caractère ambigu de certaines.
Pour nous borner aux unissons et aux octaves, si un
instrument les multiplie, peut-être de tels sons ne se con-
çoivent-ils plus comme identiques ; leur émission participera déjà de l'harmonie. Il ne paraît pas qu'il ait fallu un
développement de la polyphonie, ni même la pratiquer
résolument, pour avoir conscience d'un phénomène res-
semblant fort à notre harmonie. Contrairement à l'idée
que l'on s'en est faite d'après l'unique exemple de notre
musique savante du XVIe siècle, l'harmonie semble bien
avoir été une invention indépendante, et d'une autre
nature que celle de la polyphonie. Elle est en germe là où
le joueur d'instrument, par une amplification appropriée,
suscite un déploiement d'harmoniques et de sons partiels,
prolonge la durée de résonance ou, par un accordage
spécial, se ménage des sons doubles ou encore dispose
les degrés selon un ordre discontinu, mettant ainsi à
portée de la main des intervalles de tierce, de quinte ou
des accords entiers. Un fait est certain : nous connaissons
en Afrique des peuples qui ne semblent user d'aucune
polyphonie, même vocale, et qui cependant arpègent ou
plaquent des accords sur des cithares, harpes ou lyres, et
accompagnent leurs chants de la même façon. Au
contraire de ce que la théorie prétend, de tels accords
n'ont pu provenir de rencontres accidentelles de parties
polyphoniques, toute conjonction de ce genre étant
exclue — faute de polyphonie. Et même celle-ci se
retrouverait-elle chez d'autres peuples, que le jeu harmonique de leurs instruments ne présenterait avec elle
aucune parenté. Çà et là des formes spontanées d'harmo-

nie instrumentale se découvrent, qui ne procèdent, historiquement ou techniquement, d'aucune expérience de la polyphonie. Il suffit de se reporter à la manière de jouer de petits instruments primitifs, cithares-en-radeau de l'Afrique occidentale ou de l'Inde, dont les cordes sont raclées d'un seul coup de plectre, quand on ne les fait pas toutes résonner en frappant le revers de la table. Tout au plus mettrions-nous en cause la forme de ces instruments et certains agencements auxquels elle se prête mieux qu'une autre. Table réduite à elle-même, multiplication des cordes sur cette table, de pareils traits de facture incitent peut-être à l'émission d'accords; ils ne manqueront pas de se présenter à nouveau dans l'histoire ultérieure de la cithare et de coïncider assez exactement avec un développement du sentiment harmonique.

Qu'une famille d'instruments ait réuni le plus de possibilités, c'est bien celle de la cithare. En Chine, le *khin* n'a pas seulement porté la monodie instrumentale à un degré extrême de raffinement, il s'est essayé à des harmonies, alors que celles-ci sont demeurées inconnues, semble-t-il, du violon, malgré l'emploi obligé de la double-corde. Sur la lyre, dans l'ancien Orient comme dans l'actuel Soudan oriental, le raclement harmonique des cordes a subsisté; nous nous l'expliquons mieux si nous nous rappelons qu'issue de la harpe, la lyre s'en était différenciée en s'acheminant vers la cithare. En Occident, c'est dans la mesure où le luth s'est rapproché de la cithare que la fonction harmonique lui a été confiée.

INSTRUMENTS À VENT

Si nous nous sommes autant attardé sur les instruments à cordes, et sur certains en particulier, ce n'est pas que, musicalement, leur apport ait été supérieur à celui des autres instruments. Parmi les hautes civilisations, au moins une, celle de l'Indonésie, a prouvé que l'on pouvait n'utiliser aucun instrument à cordes, ni à vent, et élaborer la plus belle matière d'orchestre que l'on ait jamais produite. Des jeux de gongs, des claviers de plaques de bronze, dont on a étudié le timbre, la résonance, finement mesuré la hauteur sonore, suffisent pleinement. Lorsqu'un tambour s'y joint, son rôle est épisodique; rarement s'ajoute un violon, ou une flûte, ou un hautbois, tous trois d'origine étrangère et d'introduction récente. Les instruments de cet orchestre javanais ou balinais s'étagent sur plusieurs octaves, les uns émettant le même thème mélodique, d'autres le ponctuant, d'autres encore le paraphrasant, enfin quelques-uns pouvant soit introduire un contre-motif soit donner des indications rythmiques aux musiciens comme aux danseurs, soit enfin porter l'effroi ou exciter le rire. Combinaison d'homophonie, d'hétérophonie et de signaux sonores, la musique du *gamelan* a un pouvoir d'enchantement, auquel la nôtre n'atteint que par des superpositions d'instruments et des complications harmoniques qu'il faut sans cesse renouveler, tant leur effet est de courte durée.

En Afrique noire il existe des sociétés non moins musiciennes, où les instruments à cordes abondent, mais ceux-ci n'apportent souvent rien de plus qu'un agrément profane; d'où leur usage restreint. Leur répertoire est généralement de qualité moindre, au regard des chants et des percussions que le rituel exige. Nous ne saurions exposer ici toutes les raisons, liturgiques, de pure technique musicale, ou simplement sociologiques, pour lesquelles nombre d'instruments, tels que harpes, luths ou cithares, tiennent un rôle secondaire en Afrique. Que certains soient liés à la personne toujours inquiétante du magicien, ou plutôt méprisable du griot; qu'ils soient propriété individuelle, et non confiés par la collectivité à la garde d'individus, déjà pour cela ils doivent être jugés impropres au service religieux. En Afrique, de tous les continents le plus conservateur, ces instruments sont le reliquat d'un passé qui n'est point africain. Qu'on les ait gardés n'a rien à voir avec la religion; pas plus que certains autres objets, ils n'ont été « religieusement » conservés. C'est à titre d'instruments étrangers, anormaux, que la plupart ont subsisté. Leur extraordinaire circulation à travers le monde et la profusion de leurs formes tiennent peut-être à des raisons aussi troubles.

Nous pouvons nous demander si, dans l'histoire de notre musique savante, telle que l'ont faite des musicologues trop convaincus de la supériorité des instruments à cordes, le répertoire de ceux-ci n'occupe pas une place usurpée. Il semble que l'on n'ait pas examiné d'aussi près les œuvres composées, presque de tout temps, pour des groupes d'instruments à vent. Certes l'on a reconnu l'importance de la musique d'orgue, mais en privant celui-ci de sa nature d'instrument à vent. Les organistes n'auraient-ils jamais prêté attention ni rien emprunté à des musiques très proches de la leur par l'éclat ou le mordant des timbres, outre d'autres traits communs d'expression ou de technique ?

Les instruments à vent ont joué dans l'histoire universelle de la musique un rôle que nos propres conceptions musicales nous empêchent peut-être de discerner. Une image nous gêne d'abord, celle de notre orchestre essentiellement à cordes et à cordes frottées, cas sans doute unique au monde. Bien que, depuis deux siècles, nombre d'instruments à vent s'y soient introduits, un déséquilibre est demeuré ; il est particulièrement sensible lorsque des œuvres de musique ancienne, et même classique, sont exécutées par cinquante instruments à archet contre lesquels luttent dérisoirement les quelques instruments à vent prévus à l'époque, qui se justifiaient par une répartition toute différente de l'orchestre. Ces instruments, et quelques autres, étaient employés surtout dans de petites formations de musique de chambre, où, quoi qu'on ait dit, le souci de la couleur était vif. C'est souvent par le détour de l'opéra, ou à des fins pittoresques ou psychologiques, étrangères à la musique « pure », qu'ils pénétrèrent dans l'orchestre symphonique et y prirent place définitivement. Dans la musique romantique ou moderne leur importance croît dès que l'on se propose d'évoquer certains aspects de la nature, ou les esprits qui la hantent, ou les dieux et les cérémonies afférant à leur culte :

> ...des fanfares étranges
> Passent, comme un soupir étouffé de Weber.

Ici, nous ne sommes pas loin du monde primitif, avec ses rites et ses mythes. Toutefois, malgré ces enrichissements de la palette orchestrale, l'ensemble de nos instruments à vent ne représente qu'un échantillonnage. Nous ignorons la diversité des timbres, l'étendue des sons que

les familles de ces instruments produisaient autrefois ou
n'ont cessé de produire ailleurs.

Rares sont les civilisations archaïques qui ne possèdent
point d'instrument à vent, et de trompe en particulier.
Certaines même semblent n'avoir jamais imaginé d'autre
instrument. Aucun tambour, mais au moins une trompe.
Nous ne saurions dire si celle-ci devança ou suivit
l'invention des flûtes et sifflets. A s'en tenir aux instruments ou aux débris d'instruments découverts en Europe
et appartenant à l'âge de la pierre, l'antériorité de la flûte
paraît certaine; du moins n'a-t-on encore exhumé aucun
objet dont la forme puisse être rapprochée de celle d'une
trompe. La préhistoire musicale présente à peu près la
succession suivante : sifflets et sonnailles — arc musical —
tambour. Alors que l'ethnologie, se référant aux seules
populations qu'elle considère comme primitives, et en
particulier aux tribus de l'Australie, place en premier la
trompe, antérieurement même à la flûte. C'est ce que
prouvent aussi les peintures rupestres de l'Afrique, mais
dont l'âge pourrait être assez récent. L'acoustique ne
nous apprend rien : selon elle, il a été aussi facile d'emboucher un tuyau de trompe que de souffler sur le bord
supérieur, à peine taillé en biseau, d'un tuyau de flûte.
L'acousticien Bouasse ira jusqu'à soutenir qu'il n'existe
pas, à proprement parler, d'histoire des instruments à
vent; aucune de leurs formes n'a évolué, pour l'essentiel;
toutes sont nées telles que nous les trouvons maintenant,
à des perfectionnements mécaniques près. Aucune n'ayant
d'histoire et ne s'inscrivant dans l'histoire, peut-être
serait-il vain de chercher à établir entre elles un ordre
chronologique. En fait, l'acoustique, même celle qui se
dit appliquée, ne tient compte ni des matières employées
(dont l'action est nulle sur le timbre des instruments à
vent) ni de la forme extérieure donnée à un tuyau qui,
droit ou recourbé, demeure acoustiquement pareil :
toutes choses au contraire ayant leur valeur en histoire,
en ethnologie, en technologie. L'acoustique reste également indifférente aux moyens, aux artifices, dont l'exécutant use pour tirer un son d'un instrument. Sans doute
avons-nous lieu de douter que la facilité ou la difficulté
relative d'un procédé serve de critère. La voie la plus
simple a été rarement trouvée d'abord, et l'on s'est
complu souvent à multiplier les détours. Nombre

d'instruments à vent furent joués obliquement ou trans-
versalement, ou dressés vers le ciel, ou insufflés par le
nez, ou encore introduits profondément dans la bouche,
quand leur tube droit et démesuré n'exigeait pas qu'il
fût appuyé contre une caisse, une barre ou l'épaule d'un
compagnon. Mais nos propres façons de tenir les instruments ne sont-elles pas aussi arbitraires; ne varient-elles
pas, serait-ce de peu, d'une nation ou d'une classe à
l'autre; lesquelles pourrions-nous estimer entièrement
rationnelles ?

L'ensemble de faits que l'ethnographie nous propose en
faveur de la priorité de la trompe a l'avantage de ne pas
séparer celle-ci de procédés sonores qui lui sont étroitement apparentés. En Afrique noire d'abord, une extraordinaire abondance d'instruments tenant du porte-voix
et ayant pour seul but de déformer le timbre de la voix
humaine; l'inventaire qui en a été dressé est sans doute
loin d'être complet. Ils constituent des masques de la
voix et, à ce titre, peuvent être rapprochés des masques
eux-mêmes, dont ils reproduisent souvent l'aspect. Leur
tube a la forme d'une trompe et présente sur une ouverture presque secrète une membrane de mirliton; celui-ci
se retrouve sur d'autres instruments africains, mais
exclusivement trompes et résonateurs; aucune trace de
flûte à mirliton. La même liaison trompe-mirliton
s'observe dans l'Inde; or nous commençons à découvrir
à l'intérieur de l'Inde, ou autour d'elle, l'existence d'éléments primitifs, communs à l'Afrique et à l'Océanie.
Ailleurs, en Extrême-Orient comme en Occident, le
mirliton est adjoint uniquement à la flûte, ou à un petit
tuyau qui lui ressemble; encore la flûte dite « eunuque »
ou « à l'oignon » d'Europe reste-t-elle, par son pavillon
de trompette ou de hautbois, plus proche de l'instrument
équivalent de l'Inde (*nyastaranga*) que de la flûte-mirliton
de la Chine. L'adjonction du mirliton à des instruments
de musique savante et profane indique bien la fin d'une
évolution; rien ne subsiste plus de son ancienne fonction
religieuse ou magique, amenuisée, comme il est de règle,
en des pratiques carnavalesques ou des jeux enfantins.
Alors qu'en Afrique la trompe-mirliton demeure liée à
des rituels d'initiation ou à des manifestations de sociétés secrètes. A mesure que notre connaissance des institutions africaines s'accroît, le rôle attribué d'abord

uniquement au rhombe, par analogie à celui que joue cet instrument ronflant dans les cérémonies australiennes, semble devoir être partagé entre plusieurs instruments : trompe et trompe-mirliton, poterie qui en fait office, tambour-à-friction, de tous les tambours celui dont le son rappelle le plus la trompe. Ils ont au moins en commun un ensemble de sonorités rauques, caverneuses, de mugissements, auquel il paraît bien que l'homme ait recouru dès l'origine. Si nous passons à l'Australie, nous y retrouvons la trompe, sous sa forme la plus primitive, et employée tour à tour comme porte-voix et comme trompe. À défaut d'un mirliton, elle a parfois son extrémité enfoncée dans un résonateur, combinaison qui est fréquente en Mélanésie. Il est permis d'y voir l'un des premiers emplois du résonateur. Et, là encore, nous pouvons assister à un transfert tardif du procédé, au bénéfice de la flûte, que des Indiens d'Amérique plongent dans un vase pour en assombrir le timbre.

La trompe elle-même est demeurée, avec sa suite de dérivés (cor, trompette, etc.), ses formes monumentales, ses attributions liturgiques, royales et militaires. Autant par son aspect que par le caractère de ses sonorités, elle a gardé avec un monde ancien et même primitif des rapports qui, contrairement à ce qui s'est produit pour d'autres types d'instruments, ont joué en sa faveur. La flûte et le hautbois lui ont emprunté çà et là son pavillon qui, physiquement, ne leur sert de rien. Inversement, au Siam ou en Birmanie, l'anche libre, utilisée ailleurs dans les seules orgues-à-bouche, a été appliquée sur la paroi percée d'une corne d'animal : cette fausse trompe est à la fois l'opposé de la trompe-mirliton et sa réplique; elle n'atteste pas moins que le cornet, ou corne à trous, un désir de faire bénéficier la trompe ancestrale des progrès acquis sur d'autres instruments. Cette association bizarre, restreinte à cette partie de l'Asie, de corne (d'après des textes chinois du VIIIe siècle : de défense d'éléphant) et d'anche peut être considérée comme un dernier avatar de la trompe. Forme traversière de l'instrument (le seul cas pour l'orgue-à-bouche), jeu par groupes d'instruments semblables, mais de dimensions différentes : ces deux traits évoquent les orchestres de trompes, répandus en Afrique orientale et occidentale. Ici se rejoignent deux civilisations qui pratiquent la polyphonie.

Il ne paraît pas douteux que la polyphonie instrumentale a, sinon pris origine, du moins connu ses premiers développements avec les instruments à vent. Il n'est d'abord aucun de leurs types qui ne soit joué en série. Qu'il s'agisse de trompes, de flûtes, de flûtes de Pan même, ou d'instruments à anches, il arrive assez fréquemment que ceux-ci soient insufflés par un groupe de musiciens-danseurs, qui émettent chacun un son unique, différent selon la taille de l'instrument ; les rythmes peuvent varier individuellement, il résulte de leurs nombreuses combinaisons ou une monodie ou une polyphonie. Comme autant de rouages animés de mouvements particuliers, les instruments se succèdent ou se chevauchent. Le passage de la monodie à la polyphonie se fait en toute innocence, alors qu'imbus de nos préjugés de théoriciens nous nous imaginerions rencontrer là un de ces problèmes difficiles — que la nature ne se pose jamais. Parmi toutes les combinaisons possibles, certaines conduisent nécessairement à des simultanéités. Ici la cause de la polyphonie est rythmique. Une autre sera religieuse, une autre encore sexuelle. Flûtes et trompes, souvent réunies, symbolisent deux catégories opposées d'esprits, bénéfiques et maléfiques, ou la vie et la mort ; elles ne manquent pas de s'affronter en un combat, dont plusieurs phases sont indiquées par la superposition des thèmes respectifs. De même, au cours de rituels printaniers ou en d'autres circonstances, instruments de garçons et instruments de filles joutent entre eux ; après avoir longuement alterné, il est toujours un moment où ils viennent à s'accoupler ; selon la société et l'idée qu'elle se fait de l'opposition des deux sexes, et presque selon le niveau de civilisation, cette rencontre se traduit par une polyphonie agressive ou se résout en une apaisante homophonie. Là encore, comme c'était le cas pour les trompes et flûtes à son unique, nous voyons qu'à un état inférieur de culture la polyphonie a plus d'occasions de s'improviser. Sans doute les emblèmes des sexes rivaux ne sont pas toujours des instruments à vent ; ceux-ci cependant, et d'une façon inexplicable surtout les instruments à anches, et les plus polyphoniques d'entre eux, se trouvent associés généralement à des rites ou à des notions de fécondité. Nous pourrions même remarquer que, de tous, les instruments à anches sont les plus représentatifs d'une dualité sexuelle. Fécondité, mariage, bi-sexualité, ces thèmes circulent, dans le monde méditerranéen comme en Extrême-Orient, aussi bien dans les légendes qu'à travers les rites qui concernent la création et l'usage des instruments à anches et de leur polyphonie. Il paraît au moins étrange que deux civilisations, aussi éloignées que la Chine ancienne et la Rome antique, aient attribué l'invention de l'orgue-à-bouche et du hautbois double à deux femmes ou divinités féminines, dont l'une créa également le mariage, dont l'autre possède des attributs masculins et est honorée au cours de cérémonies printanières où les joueurs de *tibiae* obéissent à des rites de travestissement; enfin, que les deux instruments soient liés à des provocations sexuelles, allant, à Rome et dans le monde avoisinant, jusqu'au dévêtissement des musiciennes et jusqu'à des figurations ithyphalliques. L'une des plus anciennes représentations connues d'instrument polyphonique est une statuette de l'âge du bronze, exhumée en Sardaigne, et où est figurée — à quel usage ? — une sorte de Priape jouant de la clarinette triple, instrument encore employé aujourd'hui en Sardaigne même. Nous voilà fort loin des origines chrétiennes, et d'église, que les musicologues ont longtemps prêtées à la polyphonie, et nous nous expliquons mieux que le christianisme ait particulièrement réprouvé le hautbois double, instrument non seulement des sacrifices païens, mais des prostituées.

Pour conclure, et rentrer dans le domaine de la facture des instruments, nous ne pouvons qu'être frappés par l'extraordinaire diversité de formes et de procédés qui ont été imaginés sur tous les continents, et à un stade souvent primitif, afin de permettre au joueur de flûte ou de chalumeau de produire simultanément deux ou trois sons, et parfois plus. Il n'est pas jusqu'à la flûte de Pan elle-même, instrument monodique par excellence, dont une disposition spéciale des tuyaux ou un mode singulier d'insufflation ou encore l'adaptation à un réservoir d'air, ne prouvent qu'elle a participé à la polyphonie instrumentale, ou, simplement, suggéré, suscité celle-ci.

André SCHAEFFNER.

BIBLIOGRAPHIE

BALFOUR, Henry, *Ritual and secular Uses of vibrating Membranes as voice-disguisers,* « Journal of the Royal Anthropological Institute », 1948.

IZIKOWITZ, K. G., *Musical and other Sound Instruments of the South American Indians,* Erlander, Göteborg, 1935.

KIRBY, Percival R., *The Musical Instruments of the Native Races of South Africa,* Oxford University Press, 1934.

KUNST, Jakob, *Music in Java,* Martinus Nijhoff, La Haye, 1949.

ORTIZ Y FERNANDEZ, Fernando, *Los instrumentos de la musica afrocubana,* Cardenas, La Havane, 1952-1955.

SACHS, Curt, *Geist und Werden der Musikinstrumente,* Berlin, Reimer, 1929.

SACHS, Curt, *The History of Musical Instruments,* Norton, New York, 1940.

SCHAEFFNER, André, *Origine des instruments de musique,* Paris, 1936.

SCHAEFFNER, André, *Les Instruments de musique,* dans : *La Musique des origines à nos jours,* Paris, 1946.

SCHAEFFNER, André, *Les Kissi : une société noire et ses instruments de musique,* Paris, 1951.

SEEWALD, Otto, *Beitrage zur Kenntnis der steinzeitlichen Musikinstrumente Europas,* Schroll, Vienne, 1934.

LA VIE ANTÉRIEURE

Passé le document le plus ancien qu'elle exploite, l'histoire affronte soudain un mur de silence. Là commence le ténébreux domaine de l'inconnaissable, l'ère des siècles sans voix, dont on s'accorde à penser que rien ne nous est parvenu. Passé « antéhistorique », disait Fétis, et, de ce fait, impénétrable, à tout le moins tant que des fouilles heureuses n'auront pas mis au jour quelque document nouveau, antérieur aux plus vénérables.

Par malheur, celui-là même ne paraîtra jamais antique que par la seule référence à l'instant de l'ère historique où nous en aurions connaissance. Reculerait-il d'une courte foulée un seuil auparavant infranchissable, il n'entamera guère l'obscurité immense qui le précède. Parmi les premiers à considérer attentivement des chants indiens d'Amérique, Stumpf ne disait-il pas déjà qu'on les jugerait bien à tort primitifs : leur étude fait voir qu'ils supposent une gestation millénaire et se placent, dans le temps, infiniment plus loin d'un état originel de la musique que de notre art musical présent.

C'est que, selon la stricte règle du métier, le témoignage espéré ne sera valable qu'à condition d'être un écrit et, de préférence à tout autre, une « notation ». Mais nous le savons de reste : l'écriture du son est une conquête tardive. Des peuples de haute culture parmi lesquels ont fleuri, comme nous aimons à dire, les lettres et les arts, s'en sont passé, tels les Arabes. Et chez ceux qui en ont fait usage, elle ne procède, le plus souvent, que par allusions et raccourcis, se fiant au souvenir et à l'expérience. Si Jean-Jacques Rousseau déplore que les Occidentaux modernes ne sachent plus percevoir la musique qu'à travers les « figures » qui l'expriment, et n'y voient plus que noires, blanches et croches, tout ne peut point se lire, cependant, sur leurs portées. Ne voit-on pas toujours nos interprètes s'acharner à surprendre, auprès des derniers disciples d'un maître défunt, les secrètes pensées cachées

au cœur des textes les plus explicites ? A quelque trois
siècles derrière nous, la graphie se fait déjà si elliptique
que la lecture, sans le secours des commentaires, se heurterait à une liberté dont elle ne saurait trop que faire ;
plus loin, c'est le règne des conjectures et des querelles,
enfin le néant. Telles sont les étroites limites entre lesquelles le document confine la connaissance, dans l'espace
et le temps.

Pourtant, la voix des âges présumés muets ne s'est pas
tue, et, sans doute, par quelque fenêtre ouverte, les érudits penchés sur leurs parchemins auraient-ils parfois pu
l'entendre. Mais l'heure n'avait pas encore sonné de dresser l'oreille. Bien tard seulement est apparue à quelques
rares esprits cette vérité que, pareil à quelque objet de
fouille, un chant indien — à le supposer intact — pourrait lui-même faire office de document, qu'il atteste un
fait dont il y a peut-être lieu de se soucier et que, à elle
seule, sa réalité matérielle lui confère une valeur « historique ». Notion nouvelle, d'où naîtra promptement une
science nouvelle aussi.

Pour commencer, la controverse qu'elle suscite ne porte
que sur la définition du document et ne déborde pas le
cadre de la méthode : simple séparation de corps, que le
divorce ne suivra que plus tard. On était au dernier quart
du siècle passé, alors que plusieurs articles de foi indis-
cutables (combien discutés, par la suite !) dominaient la
pensée européenne. Il ne faisait de doute pour personne
que la perfection — celle de l'art autant que toute autre —
est l'aboutissement des incessants progrès accomplis par
l'humanité, grâce au génie particulier des « Blancs » et
que, par voie de conséquence, seuls ces Blancs possèdent
une musique parfaite, mesure de toute chose musicale. Il
s'ensuivait, pour les uns, que seule les concernait celle-là,
avec ses antécédents immédiats. Récusant une information à la fois indigente et, à leurs yeux, irrecevable, il ne
leur resterait qu'à se cantonner résolument dans le péri-
mètre du lisible. Pour les autres, si, à leurs yeux aussi, le
dogme de la prééminence européenne demeurait intan-
gible (au point que leur chef de file Stumpf, déjà nommé,
ne rapportait lui-même les effets esthétiques de telles mélodies exotiques qu'à l'absolu de nos chefs-d'œuvre classiques) en revanche il leur importait de connaître par
quels cheminements et à partir de quel foyer initial

hypothétique notre art avait pu s'élever, pour y briller à jamais, jusqu'au faîte spirituel du monde.

L'unique moyen de l'apprendre leur parut être d'explorer des traditions orales vivantes, matière de leurs méditations futures, et leur premier devoir de rassembler la documentation insolite qui leur faisait encore largement défaut (à quoi les progrès — ceux-là bien réels — des mécaniques promettaient de les aider de mieux en mieux). Et comme, pensaient-ils, la source qu'ils s'apprêtaient à rechercher ne pouvait se trouver que fort loin et qu'ils se préparaient à un très grand voyage, ils confièrent allégrement leur continent à leurs confrères orthodoxes, qui devaient seuls s'en soucier depuis lors.

Toutefois, entre les domaines des uns et des autres, un troisième allait longtemps rester en friche : celui d'une Europe archaïque, qu'ils niaient tous. Objet mineur, abandonné au zèle subalterne des « folkloristes ».

De toute façon, une aventure considérable débutait. Non qu'on n'eût encore jamais tourné le regard vers des horizons lointains : mainte Histoire de la musique avait déjà consacré quelque chapitre à des époques défuntes, au Proche ou à l'Extrême-Orient. Mais c'était sous l'empire d'une manière de réflexe encyclopédique et loin de toute idée de rapprochement. Lorsque, au XVIIIe siècle, Burney compare sans sourciller la tonalité de la Chine à celle des villages de l'Écosse et ne craint pas d'attribuer leur ressemblance non au hasard ni à des rapports malaisément imaginables, mais aux seules conditions d'un stade, en quelque sorte fatal, de croissance, il fait preuve d'une liberté d'esprit certainement exceptionnelle, non moins d'ailleurs que, à sa façon, au XIXe siècle, le secrétaire de légation nommé de Ferrière le Vayer qui, tout en persiflant de son mieux un orchestre de Macao, croyait néanmoins discerner dans son « sabbat de sorciers » comme une parodie du plain-chant de nos églises. Maintenant la comparaison devenait loi suprême et raison d'être de la discipline nouveau-née. Elle l'est restée jusqu'à ce jour.

Depuis près de soixante-dix ans qu'elle s'exerce, selon des méthodes qui se cherchent sans désemparer et dont la rigueur varie à l'extrême, elle n'a pas cessé d'achopper aux obstacles prévus : étendue démesurée du terrain à reconnaître, profondeur insondable des temps, mais aussi, et bien davantage, à l'imprévu de ses découvertes :

multiplicité prodigieuse des phénomènes, disparités troublantes, similitudes plus troublantes encore des techniques et des styles. Abstraction faite même de ces
musiques de grand art, encore vivantes peu ou prou,
qu'en quelques lieux privilégiés — Japon, Indes, Java et
ailleurs — on a vu naître, à plus d'un égard semblables
à la nôtre, gouvernées par des codes pointilleux et récla-
mant chacune ses propres historiens, comment comprendre, au-dessous de ces hautes sphères, les oppositions
sans nombre que des voisinages immémoriaux censément
excluaient ou, au rebours, ces concordances, innombrables aussi, que n'interdisaient ni montagnes ni océans ?
Ainsi, de l'ombre qui les entourait surgissaient, tour à tour,
à des distances considérables, des peuples qui n'usaient
d'aucun instrument ou, dans une zone restreinte, des
groupes humains chantant naturellement à plusieurs voix,
à côté de voisins qui ignoraient tout de cet art. Parmi
ceux qui le cultivaient, certains, que l'Europe contemporaine n'avait pu corrompre, défilaient cependant, à la
façon des écoliers d'Occident, des chapelets de tierces,
sinon même de ces accords que nous nommons parfaits;
d'autres, que nul ne soupçonnait d'avoir étudié les traités
de notre haut Moyen âge, enchaînaient plus volontiers
quartes et quintes; d'autres, manifestement, prenaient
goût à ce que nous jugeons « dissonant » : secondes dites
majeures et mineures; d'autres encore auxquels, selon
toute vraisemblance, les manuscrits du XIIIe siècle n'étaient
guère familiers, n'éprouvaient aucun embarras à bâtir un
canon aussi achevé que tel modèle célèbre d'Angleterre.

Portées sur la carte, les aires de diffusion des engins
sonores dessinaient, pareillement, tantôt des superficies
continues, tantôt des taches dispersées aux quatre points
cardinaux, les « positives » s'expliquant, à première vue,
aussi mal que les « négatives » (ou décrétées telles). Il en
était — et il en est toujours — qui contournent des continents entiers ou n'en effleurent que les côtes, et quelques-
unes qui en évitent soit le sud, soit le nord.

La répartition des mille manières d'user du gosier
humain ne paraissait pas plus intelligible. Que l'on s'ap-
pliquât à tirer de sa voix (ce que les purs esthéticiens que
nous sommes estimeraient naturel) tous les effets dont elle
est capable, y compris ceux qui se dérobent le plus à notre
terminologie débile, ou qu'on s'évertuât à la rendre

méconnaissable, la forçant jusqu'au cri, frôlant le sanglot ou s'aidant de quelque ustensile : autant de manières dont la carte signalait les localisations sans les expliquer. Tout ce qui nasille n'est pas arabe.

Au surplus, il devint vite évident que dans les sociétés « arriérées » où, sur la trace des ethnologues, chaque nouveau cylindre de phonographe entraînait plus avant les musicologues, la clef des pratiques pour nous incompréhensibles était à rechercher bien au-delà des caprices du goût, dans les profondeurs des croyances, où l'art n'est que fonction. D'où leur puissance et leur pérennité. Si la voix de l'homme s'y fait rauque, caverneuse, chevrotante ou criarde, c'est pour guérir, protéger, intimider. Quelques « bruiteurs » n'ont d'emploi que dans un rite. Forme ou décoration de beaucoup d'instruments représentent l'homme, ce monde-ci ou l'autre. Une symbolique instrumentale est déjà largement ébauchée. « Le tambour, dit Schaeffner, résonne en accord avec un système du monde ».

Mais plus l'exploration amoncelait de trouvailles disparates, plus elle menaçait de noyer le chercheur dans le néant des catalogues et plus s'imposait la nécessité des raccordements et des systématisations. La thèse d'un berceau unique des cultures apparentait, en outre, entre elles, toutes les préfigurations de la plus haute que l'on se croyait fondé à placer au même niveau d'une évolution interrompue ou avortée. Elles se groupaient ainsi en « cercles », dont il devint urgent d'établir la hiérarchie.

Aussi vit-on proliférer, en dépit des terres ignorées (dont l'Europe, d'avance exclue des investigations), ces hypothèses communément appelées « de travail », toutes chargées de signes d'interrogation circonspects que, à peine écloses, elles se hâtent généralement d'abandonner, pour prendre rang de démonstrations. Quelque élément frappant d'un « cercle » — objet, coloration vocale typique, principe musical — apparaissant où l'on s'y attendait le moins, on le mit aussitôt sur le compte de contacts préhistoriques ou de fabuleuses migrations, les conclusions d'un raisonnement dirigé ou quelque appel à l'anthropologie suppléant, au besoin, le contrôle historique ou annulant la géographie. Terrain mouvant, car s'il est vrai que telle cithare de bambou a bien franchi de vastes mers entre la Malaisie et Madagascar, il est moins

sûr que les Berbères soient des Asiatiques qui s'ignorent,
parce que leurs mélodies (ou quelques-unes d'entres elles)
rappellent à leurs auditeurs (ou à quelques-uns d'entre
eux) celles de la Chine. On a vu mieux. Préjugeant de
l'inconnu par le connu, on professa que le jodel (ou tyrolienne) ne se rencontre que dans les vallées alpines et les
Salomon septentrionales. Mais, attendu qu'il s'agit de
l'imitation chantée d'un instrument — flûte de Pan là, cor
des Alpes ici —, force est d'admettre que les trompes,
parties d'Asie, devaient atteindre les montagnes de l'Europe centrale avant que l'imitation (pourtant inusitée au
point de départ) pût y avoir lieu, engendrant le jodel, apanage des peuples pasteurs, l'élevage ayant, lui aussi, son
origine en Asie. Il a fallu la découverte des jodleurs
pygmées, virtuoses de la forêt équatoriale, chasseurs et
démunis de trompes, pour que ce monument d'érudition
chancelât sur ses bases.

Par ailleurs, une classification par états de développement appelait impérieusement un étalon de primitivité,
et l'on crut le trouver dans un syllogisme. L' « étroitesse
de la conscience » du primitif aurait pour corollaire matériel l'étroitesse de son chant, dont l'amplitude n'excède
pas l'étagement de peu de sons contigus. Parallèle qui,
malheureusement, assimile, sans y prendre garde, une
métaphore à une propriété concrète.

Tout cela n'est pas encore le passé, mais le devient,
jour après jour. Les devanciers ont fait souche. Dépassant déjà la capacité d'absorption des meilleures têtes,
l'afflux des documents a élargi notre champ visuel au-delà
de toute attente. Trop longtemps relégués dans les annexes
de l'Académie, les folkloristes sont rentrés en scène, quelques-uns apportant les fruits d'un travail remarquablement méthodique et jetant des ponts par-dessus le fossé
étourdiment creusé naguère entre notre continent et le
reste du globe.

Une à une, les failles des inductions anciennes tom-
baient désormais sous le sens. Il y a beau temps que nous
ne croyons plus à un déroulement de l'histoire ayant pour
terme nécessaire la *IXe Symphonie*. Et l'énigmatique
foyer d'où la musique aurait pris son vol recule toujours
plus loin dans les nuages de la légende.

Au sortir de la période scientifique qui s'achève à cette
heure, une première évidence, tout au moins, se dégage,

dont on ne saurait assez méditer la portée : c'est l'indé-
fectible fidélité de la mémoire dans les milieux sans écriture. Non qu'en un lieu quelconque subsiste une espèce
humaine exactement primitive ou telle qu'elle nous reporte
au commencement des âges, et c'est, à coup sûr, trop
légèrement qu'on a parlé, dans le présent, de musiques
néolithiques ou de l'âge du bronze. Mais dans les sociétés
que l'écrit (et ce qui l'a suscité) a épargnées, tout comme
dans celles dont seuls d'infimes secteurs lui ont échappé,
se perpétuent obstinément, en Asie, à la Terre de Feu
ou en Europe, des survivances plus anciennes que tous
nos souvenirs. Elles se reconnaissent tant à leur identité
foncière qu'à leur universalité : jusque dans les chœurs à
quatre voix mixtes d'aujourd'hui persistent les étranges
syllabes bénéfiques des bergers suisses, de même que per-
sistaient, hier encore, celles des laboureurs berrichons,
toutes semblables à celles de tant d'exotiques.

Nos enfants continuent de répéter des embryons mélodiques que nous ne leur avons pas appris, mais qu'Océa-
niens, Eskimos ou Noirs connaissent comme eux et
que les explorateurs ont entendus jadis chez les « sauvages » qu'ils découvraient : il n'a pas été nécessaire qu'un
missionnaire les leur apporte de Chine, dès avant le
XVIᵉ siècle. Ils défient l'espace. On chante en quintes au
Caucase et à Bali, en tierces en Afrique et en Nouvelle-
Guinée, en secondes à Formose et en Dalmatie.

Affranchis des servitudes spatiales, les faits spirituels
premiers le sont non moins des temporelles ou, plus précisément, de la chronologie absolue qui nous sert à définir la durée. Ils ne sont vieux, nouveaux ou périmés que
par rapport les uns aux autres, non à quelque date de
notre histoire. Même préservés jusqu'à nous dans leur
pureté et leur vigueur, ils nous portent peut-être tout
près des sources, tel ce sistre que des mains de bergers
agitent encore, alors que, même attestée depuis quatorze
mille ans, une flûte est peut-être récente auprès de lui.
Rien, au surplus, n'interdit de penser que la musique ait
pu naître plus d'une fois et en plus d'un lieu, en des temps
plus ou moins éloignés du présent.

Une chose certaine, c'est que ses premiers mouvements, quels que soient l'heure et le point géographique
de cette naissance, sont guidés par une sorte d' « ordre
des choses », qu'il ne lui est pas donné de faire fléchir.

Et, petit à petit, cet ordre se dévoile, par-delà les spéculations et les philosophies.

A ne s'en tenir qu'aux documents, tout semble se passer comme si, le premier son à vibrations régulières (ou musical) trouvé, les voies vers une musique étaient tracées de toute éternité. L'avance sur ces voies est lente, à la fois entravée et soutenue par des lois physiques élémentaires.

Il se peut qu'à partir d'un premier son, la voix humaine ait tenté, en se « traînant » vers l'aigu ou le grave, d'en atteindre d'autres, par une « intonation au jugé » : nous en avons des spécimens, cueillis en plusieurs contrées de la terre. Peut-être même s'en est-on, par endroits, tenu là, ou bien se souvient-on simplement toujours de cette manière de faire. C'est celle de la première enfance de l'homme ; d'où quelques-uns, raisonnant dans l'abstrait, ont conclu qu'il en était ainsi de la naissance de toute musique, et qu'à partir du tâtonnement initial, son évolution suivait une voie identique dans la durée de l'humanité et celle de l'individu.

Nous avons appris, depuis, que ce tâtonnement n'ouvrait aucun avenir. Avant qu'un lien de parenté puissant eût raccordé à un premier son ceux qu'il en fait dériver, aucune assise ferme n'était encore acquise. La plus robuste des parentés se nomme « consonnance », ce dont les physiciens croient connaître les raisons. Dès qu'elle agit, une route se présente, et, dès le premier pas sur cette route, une musique prend corps. Deux sons — à plus forte raison, trois — suffisent à la constituer, à condition d'être aussi étroitement solidaires que les étoiles d'une constellation. De leur jeu naîtra alors, en pays français :

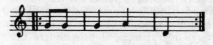

en Russie :

chez les Lapons :

à Hawaii :

chez les Eskimos :

aux îles Salomon :

Un système a pris naissance, pauvre mais rigoureusement cohérent, et dont d'autres découleront, apparemment par bonds espacés. Chacun comportera un nombre déterminé de ressources et de carences propres, qui le caractériseront nettement, ou, si l'on veut, un répertoire de lieux communs spécifiques. C'est ce qui, d'une part, permet de les reconnaître et, de l'autre, les prive de tout caractère régional, à plus forte raison racial ou national. Semblable caractère ne deviendra sensible que du jour où une préférence collective pourra se porter sur tels ou tels des moyens d'expression qu'ils offrent. Le vocabulaire des plus archaïques est trop restreint pour qu'aucun choix ne s'exerce. Lorsqu'il interviendra, il provoquera des conséquences diverses : un cycle s'ouvrira qui, par suite d'événements fortuits ou que, du moins, il n'implique pas, mènera éventuellement, un jour, dans une société instruite, à un art musical savant, mais point de toute nécessité au nôtre.

Ce n'est pas cet avenir virtuel qui nous sollicite. Notre regard scrute un passé intemporel, dont les antiques

« systèmes », reconstruits pièce à pièce, composent, trait par trait, l'image. Patiemment assemblées et confrontées, leurs locutions et leurs formules immuables, toujours vivaces et sans cesse plus familières, se prennent à parler un langage intelligible. Elles nous enseignent le destin de la musique avant qu'elle ait émergé à la lumière de l'écrit, son histoire d'avant l'histoire et, en un mot, sa vie antérieure.

Constantin BRAILOÏU.

(Le lecteur pourra se reporter à la bibliographie qui fait suite au chapitre de Marius Schneider sur *Le rôle de la musique dans la mythologie et les rites des civilisations non européennes*).

LA MUSIQUE
DANS LES CIVILISATIONS
NON EUROPÉENNES

LE RÔLE DE LA MUSIQUE
DANS LA MYTHOLOGIE ET LES RITES
DES CIVILISATIONS
NON EUROPÉENNES

Il n'est pas aisé de reconstruire aujourd'hui l'ensemble des idées que les hautes civilisations anciennes et les peuples primitifs actuels se sont formées au sujet de la nature de la musique. Ce qui nous a frappé au cours de nos recherches et qui en même temps nous a facilité le travail de reconstruction, c'est la grande uniformité de ces idées qui, malgré les nombreuses variantes géographiques et historiques, nous font leur supposer une origine commune. Mais nous ne savons pas si ces conceptions aussi homogènes ont eu leur point de départ dans une donnée élémentaire de la psychologie humaine ou si elles ont été formées par un ou plusieurs cycles de culture déterminés. Même le cours du développement de cette philosophie reste encore assez obscur, car, en l'état actuel de nos connaissances, il est presque impossible de séparer nettement les idées créées par les civilisations vraiment primitives de celles que les hautes cultures ajoutèrent peu à peu à ce système philosophique de base. Tout ce que nous pouvons assurer, c'est que l'idée du son-substance (qui forme le substratum de l'univers) existe déjà chez les peuples les plus primitifs, alors qu'une grande partie des symboles et des applications pratiques de l'idée du son-substance fut ajoutée par les civilisations mégalithiques dont la diffusion dans le monde a été extraordinairement intense. Des survivances considérables de ces cosmogonies se retrouvent aussi dans l'Europe ancienne, mais en matière musicale elles se sont beaucoup effacées.

Les documents archéologiques, littéraires et ethnologiques qui peuvent nous renseigner sur notre sujet, ne renferment que des fragments. Aucune *summa musicae* ne nous est conservée. Nous ne possédons que des éléments isolés et éparpillés dans les contextes les plus différents et seules leurs affinités réciproques nous permettent de supposer qu'ils ont formé autrefois un système d'idées cohérent. Ce que nous chercherons donc à réaliser dans cette étude est simplement la reconstitution de l'agencement des éléments isolés, afin de retrouver le lien logique qui enchaînait primitivement ces idées et déterminait l'emploi de la musique dans les rites. On pourrait comparer ce travail à la reconstitution d'une peinture, dont il existerait encore un assez grand nombre de reproductions mal conservées, incomplètes et déchiquetées en mille lambeaux. Notre effort consisterait alors à examiner le dessin et les contours extérieurs de chaque morceau et à chercher à identifier chaque fois la partie qui s'adapte exactement au morceau donné. De ce groupement purement empirique des éléments résultent les idées que nous exposerons dans ce chapitre d'une façon systématique.

LES DIEUX SONT DES CHANTS

LE SON CRÉATEUR DU MONDE

Des renseignements considérables sur la nature de la musique et son rôle dans le monde nous sont donnés par les mythes de la création. Toutes les fois que la genèse du monde est décrite avec la précision désirée, un élément acoustique intervient au moment décisif de l'action. A l'instant où un dieu manifeste la volonté de donner naissance à lui-même ou à un autre dieu, de faire apparaître le ciel et la terre ou l'homme, il émet un son. Il expire, soupire, parle, chante, crie, hurle, tousse, expectore, hoquette, vomit, tonne ou joue d'un instrument de musique. Dans d'autres cas il se sert d'un objet matériel qui symbolise la voix créatrice. La source dont émane le monde est toujours une source acoustique. L'abîme primordial, la gueule béante, la caverne chantante, le *singing* ou *supernatural ground* des Eskimos, la fente dans la roche des *Upanishad* ou le *Tao* des anciens Chinois, d'où le monde émane

« comme un arbre », sont des images de l'espace vide
ou du non-être, d'où s'élève le souffle à peine perceptible du créateur. Ce son, issu du Vide, est le produit
d'une pensée qui fait vibrer le Néant et, en se propageant,
crée l'espace. C'est un monologue dont le corps sonore
constitue la première manifestation perceptible de
l'Invisible. L'abîme primordial est donc « un fond de
résonance » et le son qui en émane doit être considéré
comme la première force créatrice, personnifiée dans
la plupart des mythologies par les dieux-chantres. La
matérialisation de ces dieux dans les mythes sous la
forme d'un musicien, d'une caverne dans la roche ou
d'une tête (soit humaine soit animale) qui crie, n'est
évidemment qu'une concession faite au langage plus
concret et imagé du mythe.

Le terme « Brahmâ » signifie primitivement « force
magique, parole sacrée, hymne ». C'est de la « bouche »
de Brahma que sortirent les premiers dieux. Ces Immortels sont des chants. Les *Upanishad* ne se lassent pas de
nous répéter que les sons OM ou AUM sont les syllabes
« immortelles et intrépides » et créatrices du monde.
Selon le *Nadabindou Upanishad,* le souffle sonore d'Atman
(c'est-à-dire Atman lui-même) est symbolisé par un
oiseau dont la queue correspond au son de la consonne M,
alors que la voyelle A constitue l'aile droite et le U
l'aile gauche. Prajâpati, le dieu créateur védique, issu
lui-même d'un souffle sonore, est un chant de louange.
Tous ses membres, et même son trône, sont composés
d'hymnes. Aussi son activité est-elle purement musicale.
« Tout ce que les dieux font, c'est par la récitation
chantée qu'ils le font » (*Çatapatha Upanishad*). Les
Iakoutes, de même que les anciens Égyptiens et quelques
tribus primitives d'Afrique, considèrent Dieu comme
un grand hurleur. La mythologie chinoise abonde en
dieux qui opèrent essentiellement par des cris ou des
instruments de musique. Les vingt-deux caractères
énumérés par le *Livre de Jézirah* sont les émanations
sonores et créatrices de Dieu.

Très souvent, on identifie le chant du créateur avec
le tonnerre. Cette assimilation est certainement très
ancienne, puisqu'on la trouve déjà dans la mythologie
de peuples aussi primitifs que les Californiens, les
Aranda d'Australie, les Samoyèdes et Koryak de l'Asie

septentrionale. Elle existe aussi en Afrique méridionale
(Zoulou, Bashlengwe), au Congo, au Niger et chez
les Massaï. En Amérique, sa diffusion est énorme et elle
persiste même dans les hautes civilisations du Proche-
et de l'Extrême-Orient. En Afrique et en Asie septentrionale on reconnaît la voix de Dieu dans le bruit de
la pluie ou du vent tourbillonnant. Très souvent le
créateur se présente aussi comme un quadrupède rugis-
sant (le taureau védique ou persan), un insecte bourdonnant, un oiseau-tonnerre ou comme un dieu-chanteur
anthropomorphe tout blanc et resplendissant. Le dieu
Çiva est un danseur qui maintient le monde en jouant
du tambour, de la flûte, de la conque ou de la cithare.
En Afrique le dieu créateur des Kamba est appelé
« Mouloungou », ce qui veut dire « bonheur, bambou
creux, flûte ». En Californie (Kato, Pomo, Yuki) la
voix tonitruante du créateur est produite par un grand
rhombe. Le crocodile (égyptien et chinois) qui, pour
ordonner le chaos, se bat le ventre avec sa propre
queue est un tambour, et il est fort probable que le
dieu des Uitoto (Amérique), tirant les eaux primordiales
de son propre corps, est lui-même un tambour. En Asie
Mineure, le dieu Ea ou Enki est « bouloug », le tambour
(« la Parole du créateur »), de même que les dieux qui,
en dirigeant la création se trouvent incarnés dans des
arbres parlants (Lango, Hottentot, Pangwe), correspondent aux grands tambours-arbres, taillés généralement de manière zoomorphe ou anthropomorphe. Le
dieu Taaroa (Iles de la Société) s'engendra lui-même
dans un coquillage qui était probablement une conque
marine. Selon le *Taittirîya Brâhmana*, le dieu Prajâpati
se secoua pour donner l'origine aux premiers rythmes
du monde *(rishi)*. Ce dieu était-il un hochet?

Dans certains mythes, le son créateur n'est pas symbolisé directement par un instrument de musique, mais par
des objets, auxquels on prête la faculté de résonner.
Il est très probable que le roseau dont parlent les mythes
japonais est une flûte de bambou. La fumée de la pipe,
dans laquelle le grand Manitou accumule les âmes
humaines, symbolise le pont sonore du sacrifice. De
nombreux contes californiens nous rapportent que le
monde surgit du chant d'une plume ou d'un duvet.
Au commencement, la plume flotta immobile sur les

eaux du Nord. Mais bientôt elle commença à chanter et à tournoyer en se dirigeant vers l'Est, où ses sons firent apparaître la Terre. Les rites nous permettent de supposer que ce tournoiement de la plume s'effectua en forme de spirale.

L'idée de la genèse du monde par un chant doit avoir un très grand âge. Sa diffusion seule pourrait le démontrer. Mais elle paraît aussi très ancienne, parce qu'elle n'implique pas la préexistence d'un instrument de travail plus ou moins perfectionné. Les civilisations techniquement plus avancées nous présentent souvent le créateur comme un potier, un charpentier ou un sculpteur qui, après avoir formé les corps, leur communique la vie au moyen de son cri, de son expiration sonore ou de sa salive. Nous verrons plus tard que ces représentations du créateur résultent d'une confusion entre le dieu et ses esprits auxiliaires. Mais, d'une façon générale, ces civilisations accentuent moins l'importance capitale du son. Ce n'est que dans la philosophie des hautes cultures que l'idée du son créateur réapparaît dans toute sa vigueur.

Puisque le créateur est un chant, il est évident que le monde auquel il donne l'existence est un monde purement acoustique. Le *Chândogya Upanishad* nous dit que le rythme *gâyatrî* est « tout ce qui existe ». Les rites védiques énumèrent cependant un plus grand nombre de rythmes ou de mètres. Ces cérémonies nous prouvent que le son et le rythme particuliers ou le nom assigné à chaque être constituaient en effet l'essence des dieux invoqués et des êtres créés par eux. La racine, la puissance et la forme de toutes les existences sont constituées par leurs voix ou par le nom qu'elles portent, parce que tous les êtres commencèrent à exister par le seul fait d'avoir été appelés par leur nom. La nature des premiers êtres est purement acoustique. Leurs noms ne sont pas des définitions, mais des noms ou des sons propres. Ces noms ne sont pas seulement des supports de la force vitale des êtres mis en voix, mais ils sont les êtres mêmes. Il n'y a pas d'exception à cette règle. Même le dieu suprême, qui se crée lui-même, acquiert son existence en prononçant son nom, sauf s'il est lui-même engendré par le son d'une cloche (Java), d'un orchestre de tambours (Indes), d'une parole tambourinée (Uitoto) ou d'une flûte de bambou (Zoulou). Dans l'ordre de la création, ces sons constituent alors le plus haut et le plus ancien échelon sonore concevable.

LE SON-LUMIÈRE

Dans un grand nombre de mythes, il est dit que les premiers chants de la création amenèrent la clarté ou l'aurore. Les peuples primitifs attribuent souvent ce cri de lumière au soleil, au chant d'un coq divin ou au rugissement d'une bête féroce et affamée. Dans les hautes civilisations, cette action merveilleuse est généralement l'œuvre d'un animal domestique particulièrement vénéré. Dans l'ancien Iran, la lumière fut évoquée par le taureau céleste de Ahura Mazda. La littérature védique nous parle du « rugissement d'une vache lumineuse » qui symbolise le nuage de pluie. Le *Kâthaka Upanishad* désigne Atman (l'être suprême) qui s'extériorise dans la syllabe OM, comme une puissante lumière. Les Tahitiens font passer la lumière créatrice par la bouche du dieu Tane. Selon les Maori, Dieu créa l'Univers au moyen d'une Parole qui évoqua la lumière. Au dire des mythes polynésiens, Atua commença son chant au milieu de la nuit et ce ne fut que vers le matin que la clarté s'en dégagea. Ces chants sont donc tantôt des voix lumineuses, tantôt des sons qui produisaient la clarté. Les textes ne sont généralement pas très explicites à ce sujet. Dans un certain nombre de légendes, la création est même issue soit d'un simple son soit d'un rayon de lumière. Ces textes sont peut-être incomplets. Il est très probable que la version originale considérait le feu ou le soleil-chantre comme un élément primordial, inaudible et caché dans les eaux ténébreuses. En sortant de la mer, ce chant (qui est tantôt le créateur, tantôt une créature de Dieu) se mêle à celui des eaux et l'aurore commence à poindre. Si nous nous en tenons au symbole de l'orage, la pensée créatrice de Dieu est le cri-éclair qui produit le tonnerre et ce n'est qu'après l'orage que le chant de lumière du soleil commence à rayonner.

Le *Maitrâyana Upanishad* considère Atman comme le « premier » soleil dont émanent un grand nombre de rythmes qui, après avoir « rayonné, versé la pluie et chanté des hymnes », retournent à la « caverne » de l'être suprême. Cette caverne sonore ou ce soleil primordial sont symbolisés parfois par un œuf resplendissant ou un coquillage brillant dont sortit le soleil actuel. Après que le dieu égyptien Amon, sous la forme d'une oie, eut couvé l'œuf solaire, sa voix annonça la lumière. Selon le *Chândogya Upanishad*, tout ce qui existe se développa dans un œuf muni d'une fente qui permit le passage au soleil chanteur. Or, symboliquement, l'œuf avec sa fente correspond sur le plan anthropologique à une tête dont la bouche émet le premier chant de la création. L'*Aitareya Brâhmana* nous dit que l'œuf couvé par Atman « se fendit comme une bouche » pour proférer la première parole ou pour donner naissance à la tête de Purusha (le géant cosmique). Le *Rigveda* nous signale les sept Rishi, ces poètes mythiques ou mètres poétiques dont le chant produisit la première aurore et forma la tête de Prajâpati chargée de prononcer les syllabes créatrices du monde. D'après une autre version, Prajâpati est sorti d'un concert de dix-sept tambours.

L'image de la tête comme symbole de l'œuf ou de la caverne peut nous faciliter beaucoup la compréhension de certaines formules employées fréquemment dans la description de ce premier stade purement acoustique de la création. Quand on nous dit que les dieux « produisent » et « fécondent » au moyen de la bouche, alors qu'ils se « nourrissent » et « conçoivent » par l'oreille, on exprime simplement par la voie du symbole que, pendant le premier stade de la création, tous les actes avaient une nature acoustique. Dans sa *Religion du Veda*, H. Oldenberg a bien vu que le chant signifie une émission de la semence, mais il ne semble pas avoir reconnu que cette « semence » est un élément purement acoustique qui part de la bouche d'un dieu pour féconder sa propre oreille. En se chantant d'abord à eux-mêmes, les dieux réalisent la parthénogenèse, caractéristique des débuts de la création. Aussi Thot, le dieu créateur de la musique, de la danse et de l'écriture, de même que le dieu-soleil, se fécondent-ils eux-mêmes par leur rire ou leur cri de lumière. L'école d'Héliopolis exposait l'histoire de la création en deux versions différentes. Selon la première, le dieu-soleil engendra les autres dieux au moyen d'un cri de lumière. Dans la seconde version, ce cri est remplacé par un acte de masturbation ou une expectoration du soleil.

Comme la parole, le soleil ou l'œuf sont d'abord plongés dans la nuit des eaux éternelles, il est évident qu'en évoquant l'aurore ils sont imprégnés d'humidité. Dans la cosmogonie des Dogon (Afrique), cette « parole humide et lumineuse » intervient à tous les stades de la première phase de la création. Le rôle d'éclaireur attribué aux dieux-musiciens paraît impliquer, dès les débuts de la création, la position que les civilisations anciennes reconnaissaient aussi à la musique dans la culture humaine. Située entre les ténèbres et la lumière du premier jour, la place occupée par la musique sur le plan humain se trouve entre l'obscurité de la vie inconsciente et la clarté des représentations intellectuelles. Elle appartient donc en grande partie au monde du rêve. Au premier stade de la création, pendant lequel les sons se revêtent peu à peu de lumière, la musique devance le langage intelligible comme l'aurore précède le jour. Elle renferme à la fois l'obscurité et la clarté, les eaux et les feux. La musique est le soleil humide qui chante l'aurore. Mais, à mesure que les sons se précisent, ce « langage » primaire se divise. Une partie s'achemine vers la musique proprement dite; une autre s'incarne dans le langage composé de phrases claires et distinctes et soumises à la pensée logique; la troisième partie se transforme peu à peu en matière.

On a relevé maintes fois la particularité étrange qu'ont ces mythes de mentionner souvent, dès les débuts de la création, des éléments concrets (eaux, feux, œuf, tête, plumes, animaux) qui sont déjà des objets créés. En vérité, ces éléments ne sont que des symboles matériels des premiers phénomènes purement acoustiques. Dans ce monde humide de sons et de lumière, la musique est la seule réalité et ce n'est qu'après l'apparition de la matière qu'elle se transforme partiellement en feu, en eau et en d'autres objets concrets. Les ténèbres et les eaux symbolisent probablement le son pur, alors que la lumière qui précise peu à peu les contours des eaux correspond au mètre. Les « eaux éternelles empourprées par les rayons de l'aurore » ne peuvent être interprétées que comme un symbole de la musique primordiale. Cette musique semble se composer tantôt de cris ou de syllabes magiques, tantôt de gémissements ou de bruits inarticulés. Sous ce rapport les documents sont assez contradictoires; mais il est fort probable qu'il s'agit d'un cri de joie mêlé de douleur, étant donné que tous ces dieux créateurs ont une nature double. Dans le langage symbolique, le caractère hermaphrodite de cette musique s'exprime clairement par son identification avec l'aurore, car la fusion de la nuit et du jour, des eaux et des feux ou de la pluie et des rayons du soleil « dans le bruit des noces brillantes de l'aurore » *(Rigveda)* est une métaphore du mariage, c'est-à-dire d'un rythme produit par l'union du son et du mètre. La musique est le prototype du principe concertant des forces de la nature. Tous les autres phénomènes de la nature concrète enregistrant deux aspects antithétiques ne sont que des expressions matérielles d'une loi essentiellement musicale. Aussi les anciens philosophes ne se lassèrent pas d'employer des métaphores empruntées à la musique qui est la préfiguration et l'essence du ciel et de la terre.

UNE VOIX DIVINE CRÉE LE MONDE ET LA PROTOHUMANITÉ

En étudiant les documents qui se rapportent à la création du monde nous nous heurtons souvent à la difficulté de délimiter exactement le rôle de chacun des dieux qui entrent en jeu. En confrontant les différents mythes on est amené à distinguer un Dieu Tout-Puissant d'un autre dieu chargé de créer le monde. Le Tout-Puissant ne se mêle jamais directement à l'action. Il a seulement l'idée de la création et se limite à « énoncer », d'une voix presque imperceptible, un dieu inférieur qu'il charge de la réalisation de son idée. C'est ainsi qu'agit par exemple Prajâpati, le dieu védique, en créant le ciel, les eaux, l'atmosphère et la terre. De même en Amérique, le dieu du tonnerre, ou « grand hurleur », exécute l'œuvre de la création sur l'ordre du grand Manitou. Mais ce dieu inférieur et créateur proprement dit est encore trop haut placé pour pouvoir s'occuper de la création d'un monde matériel. Il ne peut produire qu'un monde acoustique. Pour achever

son œuvre il faut qu'il désigne à son tour un démiurge
(le *coyote* ou *transformer* des ethnologues anglais et
américains) et qu'il le charge de la matérialisation partielle
du monde acoustique. Cet assistant, qui est parfois une
espèce de fou, n'est d'ailleurs pas toujours un serviteur
fidèle. Très menteur et voleur, il se présente parfois
même comme un adversaire plus ou moins déclaré ou
du moins comme un mauvais imitateur de son maître.
Par opposition à son maître toujours guidé par l'idée
du bien, Coyote fait naître le mal et prépare la décadence
du monde.

L'activité de chacun de ces trois premiers personnages est donc très particulière. Le Tout-Puissant est
un être purement céleste. Il est « le grand Mort » qui
n'a aucune relation directe avec la terre. En revanche,
son auxiliaire maintient un certain contact avec la
terre par le fait qu'il crée le monde. Le *transformer* ne
paraît être qu'un démiurge. Il est le maître de la matière.
Ces deux derniers personnages, réunis parfois en un
seul individu de nature double, représentent le principe
de l'action concertante. Le premier est essentiellement
céleste, le second est plutôt terrestre. Or, comme le
ciel est le lieu de séjour des morts, alors que la terre
héberge les vivants, ces deux dieux ne sont ni des
morts, ni des vivants, mais des cadavres vivants. On
dit aussi que le Tout-Puissant dort profondément,
pendant que les deux autres dieux rêvent. La mort
ou le sommeil sont les réservoirs de leurs forces.

Dans la mythologie des peuples primitifs, le Tout-
Puissant dont l'activité se limite généralement à donner
l'existence au dieu créateur n'apparaît que très rarement.
Dans la majeure partie des légendes, il est presque
inexistant ou il est confondu avec son serviteur. Les
Gros-Ventre (Amérique) disent que « Dieu » créa le
monde en chantant trois fois. Les Miwok, les Uitoto
et les Massai attribuent l'origine du monde au son
d'une « parole divine ». Mais le contexte ne permet
pas de discerner si ce créateur est le Tout-Puissant ou
son premier serviteur. Les hautes philosophies, par
contre, distinguent très nettement deux étapes ou deux
personnages différents. Le *Çatapatha Brâhmana* dit
qu'à l'origine il n'y eut que des eaux animées de la volonté
de créer. Ce désir développa à son tour un œuf d'or

qui donna la vie à Prajâpati, dont la parole fit naître le ciel et la terre. Selon les lois de Manou, cet œuf se divisa en deux parties qui formèrent le ciel et la terre. Parfois le Tout-Puissant paraît être l'esprit de Prajâpati. Dans le *Tândya Mahâ Brâhmana* nous lisons le passage suivant :

Prajâpati désira se multiplier et procréer. Il contempla en silence avec l'esprit. Ce qui était en son esprit devint le *sâman* (chant). Il considéra : Voici que je porte en moi un embryon ; je veux le procréer par *vâc* (la voix). Il émit *vâc*... et le coupa en trois parties : A fut la terre, KA l'atmosphère et HO le ciel.

Le *Chândogya Upanishad* nous décrit le dieu créateur comme un mort chantant ou comme la personnification de la faim, c'est-à-dire de la volonté farouche de créer, de l'inquiétude de sortir du néant pour pouvoir « dérouler » ou « étendre » l'univers. Son air qui était un chant de louange et de joie créa les quatre éléments.

Par opposition à ce mort chanteur qui crée la vie, son assistant (Coyote) est un dieu vivant dont la voix rauque et cassée « chante la mort ». Il est le détenteur de la matière périssable qu'il peut parfois former, mais qu'il est incapable d'animer. C'est en vain qu'on lui donne des plumes pour voler (chanter). Au moment où il cherche à voler, il perd ses ailes et tombe à terre. La mythologie des Maidu (Amérique) nous rapporte aussi que les deux dieux associés vivaient primitivement au nord où ils chantaient comme les arbres parlants pendant qu'ils fabriquaient le tonnerre. Un jour, en traversant les eaux sur un bateau (probablement un tambour-arbre), Coyote s'écria : « Où es-tu, ô monde ? » Mais il ne se produisit rien. Alors le créateur se leva et entonna « le chant du monde créé », et immédiatement les eaux commencèrent à retentir. Néanmoins le créateur ne put se passer de l'aide de son serviteur, car son immatérialité l'empêcha de donner un corps matériel à sa création acoustique. Alors Coyote dut descendre au fond des eaux pour chercher la vase qui, sous l'incantation de la voix du créateur, se transforma en terre ferme.

IDENTIFICATIONS DIVERSES DE LA VOIX,
CRÉATRICE DE LA MATIÈRE

Selon les Mattole (Californie) et les Sakai (Malacca), des jumeaux divins ont créé le monde au moyen d'un vent tourbillonnant. Des croyances semblables se trouvent aussi chez les nomades mongols. Mais la voix créatrice la plus populaire est celle du tonnerre. Aussi les Cheyenne américains représentent-ils dans leurs pantomimes le grand Manitou donnant au monde son origine au moyen de la voix du tonnerre. La double nature du dieu du tonnerre (créateur + *transformer*) s'accuse surtout dans la distinction des bruits différents qu'on lui attribue. A Timor, on sépare le tonnerre sec, clair et céleste, d'un autre tonnerre dont la voix est grave, grondante et terrestre. Les Zoulou ne craignent pas le tonnerre céleste, mais ils ont grand-peur de celui de la terre. Pour les Massai le tonnerre est bon et noir, lorsqu'il se fait entendre au loin; il est rouge et méchant, quand il est proche. Les Ewe (Afrique) désignent le tonnerre brusque comme masculin et le roulement prolongé comme féminin. En criant, Tuiafutuna, le dieu du tonnerre des Polynésiens, se divise en deux parties (Tonga). Pour les Mbowamb (Nouvelle-Guinée), le tonnerre est un couple de jumeaux appelé Ngakukl et Ngkalka. Dans la Chine ancienne, le tonnerre qui signalait le commencement et chaque renouveau printanier de la vie cosmique était considéré comme un rire des nuages.

En Égypte, le dieu Thot créa le monde en battant des mains et en poussant sept éclats de rire. De ce rire naquirent sept dieux :

Il rit encore six fois et chaque éclat de rire donna naissance à des êtres et à des phénomènes nouveaux. La terre, percevant le son, poussa un cri à son tour, se courba et les eaux se divisèrent en trois masses. Le destin naquit, la justice, l'âme. Cette dernière, en voyant le jour, rit, puis pleura, sur quoi le dieu siffla, s'inclina vers la terre et produisit le serpent Python qui est la prescience universelle. La vue du dragon le frappa de stupeur. Il clappa des lèvres, et au clappement un être armé apparut. Voyant cela, il fut de nouveau frappé de stupeur comme devant un être plus puissant que lui, et, abaissant son

regard vers la terre, il proféra les trois notes musicales : IAO !
Alors le dieu qui est le maître de tout naquit de l'écho de ces
sons.

Selon les Yuki de Californie, Dieu battit des mains
en disant : « Que ceci existe », et la terre apparut. Les
Yukun (Afrique) prétendent que le monde fut créé par
un claquement de doigts.

Dans les mythes qui font naître le monde dans un
instrument de musique, il est souvent difficile de vérifier
si l'instrument est un attribut du dieu ou le dieu lui-
même. Mais comme dans ce monde acoustique tout
objet concret n'est qu'un symbole, et comme les dieux
sont ce qu'ils font, le sujet et l'attribut doivent se
confondre. Le créateur que les Lango (Afrique) placent
dans un arbre parlant, de même que le dieu des Uitoto
qui extrait la parole créatrice de son propre corps, est
le tambour-arbre caractéristique de ces tribus. La
tradition dravidienne fait remonter également le monde
à un son issu d'un tambour, et la vache (nuage) du
Rigveda est certainement le même instrument. En
Australie, la voix du tonnerre ne sort pas du tambour
mais du rhombe. Chaque objet, issu du vrombissement
de cet instrument, porte le nom du dieu-totem qui l'a
fait résonner. Mais le rhombe est mentionné plutôt
dans les rites que dans les mythes de la création. Chez
les Kato de Californie, il donne cependant la voix du
dieu du tonnerre « qui engendra tout ». Les Warra-
munga (Australie) disent qu'un dieu de corps assez
rond et sans jambes (un rhombe) vomit les hommes
par sa bouche. Alors des chiens qui se précipitèrent
sur lui le déchirèrent, et les morceaux de sa chair volèrent
en l'air comme des rhombes. A tous les endroits où
ces morceaux tombèrent sur la terre, poussèrent des
arbres. Au lieu des morceaux de chair, d'autres versions
mentionnent des plumes qui étaient collées aux rhombes.

Souvent la création s'effectue aussi par un violent
soufflement ou par une forte expectoration. Les Chippewa
(Amérique) disent que Dieu soufflait dans la terre jusqu'à
ce qu'elle se gonflât. Au Caucase, on croit que le créateur
et le *transformer* ont réussi à séparer la terre de la mer
en soufflant dans les eaux au moyen de deux tuyaux.
Dans le *Nihanshoki* (Japon), il est question d'un roseau
divin, duquel sort un dieu créateur. Les Wintu, en

Californie, mentionnent une lamproie « à neuf trous »
(les neuf orifices destinés à la respiration) qui, au début
de la création, se fixa au moyen de sa bouche à un rocher
et joua de la flûte sur son propre corps. Une légende
américaine (Arapaho) mentionne une flûte sacrée que
Dieu portait sur son bras pendant qu'il se promenait à
jeun sur la surface de la mer. Ce roseau était l'unique
compagnon de Dieu. Pendant six jours le créateur
« gémit sur la pointe de sa voix ». Le septième jour il
toussa pour éclaircir sa voix et s'écria : « Eh! Venez
et essayez de trouver la terre! » Alors de nombreux
cotonniers commencèrent à pousser et la tortue plongea
jusqu'au fond des eaux à la recherche de la vase indispensable. Entre-temps, le dieu pressait son roseau fortement
contre sa poitrine. Il le fit cinq fois; à la sixième fois,
son corps se transforma en une flûte qui ressemblait
à un canard à tête rouge. Il plongea et, lorsqu'il sortit de
nouveau des eaux, il reprit des contours humains.
Alors il mit des boulettes de vase sur son instrument
et joua à chacune d'elles quatre chants. Et la terre fut.

L'assemblage de roseaux qui flottait sur les eaux et
que le dieu Marduk couvrait de terre pour former le
continent, pourrait bien avoir été une flûte de Pan. La
flûte paraît d'ailleurs avoir souvent des affinités avec la
pipe, attribut classique du tambour dans les sociétés de médecine américaines. Il est aussi très probable que la braise
et la fumée vomies par les volcans correspondent au chant
lumineux. D'après une légende des Arapaho, le créateur
était une pipe qui flottait sur les eaux (peut-être une île
volcanique). Affamé par un long jeûne, il gémit et finalement cria au secours jusqu'à ce qu'un canard (le *transformer*) lui apportât un peu de fange qu'il mit sur la
braise de la pipe. Alors la fange se sécha et se transforma
en terre ferme. Les Pomo (Amérique) disent que Dieu
créa le soleil en se servant de la braise de sa pipe.

Au lieu d'une flûte ou d'une pipe les peuples californiens mentionnent aussi des plumes. Les Yuki
disent qu'à l'origine du monde le créateur Taikomol
tournoya sur les eaux sous la forme d'un duvet, duquel
émana un grand chant. Selon une autre légende de la
même région, le créateur, habitant le Septentrion sous
la forme d'une plume, commença à chanter lorsqu'il
se dirigea vers l'Est. En traversant l'écume des flots il

prit peu à peu des formes humaines et lorsqu'il posa une couronne de plumes sur sa tête, les eaux commencèrent à retentir. A ce moment solennel, le créateur apprit à Coyote à participer à son chant et le « colla » à la personne de son maître. Il ne peut faire aucun doute que la plume qui chante en tournoyant et qui fait répondre les créatures par un chant de gloire au Seigneur s'affilie directement au vent-tourbillon produit par les ailes de l'oiseau-tonnerre. Beaucoup de tribus asiatiques et américaines considèrent cet oiseau comme le créateur du monde. Le grand Manitou fait exécuter son idée de la création par quatre oiseaux-tonnerre et même les *rishi* védiques (les rythmes primordiaux) sont considérés comme des oiseaux.

LE SACRIFICE SONORE

Un chant polynésien (Maori) dit : « La force de la procréation, la première extase à vivre et la joie devant la croissance firent passer le silence de la contemplation au son. » Ce son créa le ciel et la terre qui « crûrent comme des arbres ». Le dieu tahitien Taaroa, issu d'un œuf, était un oiseau dont les plumes se transformèrent en arbre à mesure que la création se développa. Ici les symboles du son (œuf, oiseau, plumes, arbre) s'accumulent. Ils pourraient représenter la série des métamorphoses nécessaires pour réaliser la création, car une telle œuvre ne s'exécute pas sans effort. La philosophie et les rites désignent cet effort comme un frottement, un chemin en spirale, un voyage circulaire, un mouvement de moulinet, ou un sacrifice par lequel se réalise le déplacement des forces. Or, dans un monde dont l'essence est de nature acoustique, le sacrifice qui « étend » le monde est nécessairement un phénomène acoustique. De nombreux textes rapportent que les dieux-chantres gémirent et s'épuisèrent d'abord à peiner et à se mortifier par le jeûne. En produisant alors leur cri de faim et de lumière, ils s'échauffèrent, et leur faim de créer des chants nouveaux et de recevoir leurs échos augmenta sans cesse. Le dieu des Arapaho est tantôt une pipe, tantôt une flûte affamée. Prajâpati se sent « vidé et épuisé » après avoir proféré son chant créateur, c'est-à-dire après avoir « sacrifié son corps composé

d'hymnes », car « tout ce que les dieux font, c'est par
la récitation chantée qu'ils le font. Or, la récitation
chantée c'est le sacrifice » *(Çatapatha Upanishad)*. Les
Brâhmana ne se lassent pas de nous répéter que Prajâpati, le chant créateur, *est* le sacrifice. Le plus souvent,
ce dieu émet directement de son corps, membre par
membre, organe par organe, les catégories diverses de
créatures. Sa tête fut le ciel, sa poitrine l'atmosphère,
sa taille l'océan, ses pieds la terre. Son œuvre terminée,
Prajâpati perd le souffle et tombe en pièces. Pour le
recomposer, le secours de ses créatures est indispensable. « N'étant plus qu'un cœur, il gisait. Il poussa
un cri : « Ah, ma vie ! » Les eaux l'entendirent et, avec [le
chant] *agni-hotra*, elles vinrent à son secours et lui
rapportèrent le tronc » *(Taittirîya Upanishad)*. Les dieux
sont gloire et beauté, mais ils ne doivent pas à la nature ce
privilège. C'est uniquement par le sacrifice de la récitation chantée que ces morts sont sonores, lumineux
et immortels. Quand Prajâpati eut émis tous les êtres,
il pensa qu'il était vidé et il eut peur de la mort. De
même que le dieu Thot, il s'effraya de ses propres
œuvres. « Il fit naître Agni de sa bouche... et Agni se
tourna vers lui la bouche grande ouverte. Prajâpati
eut si peur que sa propre grandeur sortit de lui. Alors
il chercha en lui-même une offrande [un chant] qui plût
à Agni... et Agni s'écarta » *(Çatapatha Upanishad)*.

Aussi longtemps que les dieux sont seuls, le sacrifice
se déroule en eux-mêmes ou entre eux-mêmes. Après la
création du monde, il commence à s'étendre entre les
dieux et leur création. De même que les dieux vivent
du son des vallées sonores, celles-ci existent par la voix
des dieux qui les font résonner. Le soleil de l'ancienne
Égypte se nourrit « du rugissement de la terre » qui
s'alimente des rayons de l'astre du jour. Ce sacrifice
sonore de la protohumanité devait être très semblable
à celui des dieux, étant donné que (d'après la cosmogonie brahmanique) les premiers hommes étaient des
êtres incorporels, transparents, sonores et lumineux qui
planaient au-dessus des eaux. Comme le langage
créateur des dieux était un chant de lumière, tous les
êtres et tous les objets de ce monde, nés de cette musique,
ne constituaient pas des êtres ou des objets concrets
et palpables mais des hymnes de lumière qui reflétaient

les idées de leur créateur. Ils formaient les images
acoustiques qui étaient l'essence de leur nature et qui,
seulement au second stade de la création, se revêtiront
de matière.

UN CHANT ET UNE CONTRE-VOIX
DONNENT NAISSANCE À L'HUMANITÉ

Les cosmogonies védiques, hindoues et persanes nous
rapportent que, déjà aux temps mythiques, les dieux et
les démons, connaissant la puissance du sacrifice sonore,
se battirent avec acharnement pour la possession de
cette force. A certaines occasions ils n'hésitaient même
pas à en faire un mauvais usage. Ils l'obscurcirent par
le mensonge. Le *Tândya Mahâ Brâhmana* rapporte que,
sous l'influence de cette intenable situation, la Parole
échappa un jour partiellement aux dieux et alla se loger
dans les eaux et les arbres, dans les cithares et les tambours. Le *Chândogya* exprime les mêmes faits d'une manière
plus philosophique. Il dit que le monde fut engendré
par la syllabe OM, qui constitue l'essence du *sâman*
(chant) et du souffle. Ensuite il énumère les différentes
étapes sur lesquelles s'échelonne la matérialisation progressive du monde : le *sâman* est l'essence du mètre
poétique, le mètre est l'essence du langage, le langage
est l'essence de l'homme, l'homme est l'essence des
plantes, les plantes sont l'essence de l'eau et l'eau est
l'essence de la terre. Selon le traité du *Bruissement de
l'aile de Gabriel* de Shihabaddin Yeya Sohrawardi, Dieu
a certaines paroles majeures qui font partie des
paroles lumineuses émanant de l'éclat de sa force. Du
rayonnement de ces paroles procède toute la création.
La dernière de ces paroles se manifeste dans le bruissement des ailes de Gabriel. L'une, à droite, est la lumière
pure et absolue et n'a de rapport qu'avec Dieu. De l'aile
gauche, sur laquelle s'étend une empreinte ténébreuse,
provient notre monde du mirage et de l'illusion. Le
monde n'est qu'un écho ou une ombre de cette aile.
Selon les Dogon (Afrique), le maître de la parole a
pris une partie de sa parole et l'a introduite dans la
pierre qui est la matière la plus ancienne du monde. Cela

signifie qu'au moment de la création du monde physique une partie de la force du sacrifice sonore se revêtit de matière. A ce même moment commence déjà la décadence partielle du monde acoustique, car les « images » matérielles (les objets) élaborées pendant cette seconde étape de la création ne sont plus que des reflets des anciennes images acoustiques.

Mais bien qu'un grand nombre de ces images matérialisées soient désormais privées de toute sorte de voix, tous les êtres et tous les objets revêtus de matière continuent à renfermer une quantité plus ou moins considérable de leur substance acoustique originelle. Cette substance se manifeste soit par leur voix, soit par le son que l'on en peut tirer, ou simplement par le nom qu'ils portent. C'est ainsi que se constitue entre l'homme et l'objet le plus inanimé et muet, toute une hiérarchie de valeurs, établies suivant le grade ou l'intensité, avec laquelle chaque être ou chaque objet est capable de réaliser la substance acoustique de sa matière. C'est à la suite de cette évolution causée par le démiurge que les hommes perdirent leurs corps sonores, lumineux et transparents et cessèrent de planer dans les airs. Ils devinrent lourds et opaques et, lorsqu'ils commencèrent à manger les produits de la terre, leur nature acoustique s'assourdit à tel point qu'il ne leur resta plus que la voix. La tradition brahmanique rapporte également que même leur langage ne renfermait plus qu'un quart du parler originel, les animaux ayant hérité de ce qui restait.

Pour réaliser cette matérialisation du monde acoustique, il fallut la collaboration de toute une hiérarchie de dieux, de démiurges et d'esprits, qui se transféraient de bouche en bouche et par échelons leurs forces sonores, afin de tisser le voile de la *mâyâ* en obscurcissant le son-substance par la matière. Au début de la création, le grand Mort énonça un dieu qu'il chargea de créer (au moyen d'un cri, du vent ou du tonnerre) un monde de sons et de lumière. Ce dieu agissait donc sans prendre contact avec des objets matériels. Pour donner naissance à la matière, il s'associa avec le *transformer* qui était le maître de la matière. Suivant des traditions de l'Asie septentrionale, c'était la voix rauque de ce démiurge qui formait les montagnes, les gouffres et les vallées. Mais son aide était loin d'être désintéressée. Ce démiurge est un dieu-glouton et anthropophage qui cherche à posséder les hommes. On dit aussi que c'était lui qui apprenait aux hommes les relations sexuelles. De nombreux mythes rapportent que « le mort qui chante » voulait créer des hommes immortels. Mais son rival, le dieu vivant qui « chante la mort » *(transformer)*, sut faire avorter ce projet. Lorsque le caméléon, très lent et paresseux, allait transmettre aux hommes l'annonce divine de leur immortalité, Coyote le fit dépasser clandestinement par une bête plus rapide qui disait le contraire. Cette nouvelle, bien que fausse, ayant pénétré l'ouïe des hommes, leur mortalité fut irrévocable. Pour adoucir ce triste sort, apparut sur terre un nouveau demi-dieu qui, sur l'ordre du créateur, apporta aux hommes la musique. Comme tous ces êtres mythiques, ce « héros civilisateur » possède une nature double ou s'associe avec un autre *transformer* en un couple de jumeaux. Ce second *transformer* est le dieu de la guerre qui cherche à nuire aux hommes et à leur enlever leurs enfants pour les apporter au dieu-glouton, alors que le héros de culture défend la paix, la vie et la culture humaine, et transmet les chants et les prières des hommes au créateur. Le *transformer* se plaît dans le monde brut; il crée les cris de haine et le bruit amorphe; son rival modifie la terre pour la rendre plus habitable et invente la musique proprement dite en utilisant les meilleures sonorités musicales de la nature. Le premier amène les maladies; le second enseigne l'art de la médecine. Ces jumeaux qui descendent généralement sur terre au moyen d'un fil, d'une chaîne ou d'un arbre, portent souvent des noms très semblables. Les deux frères « qui firent un chant pour descendre par un arbre » sur l'île d'Er (détroit de Torrès) s'appelaient Kod et Pop.

Les cosmogonies des hautes civilisations substituent souvent au chant créateur l'idée du mariage. Dans ce cas, les deux *transformer* sont considérés comme des femmes. L'action concertante des consonances ou des dissonances musicales entre les jumeaux est remplacée par l'union conjugale. L'épouse du créateur est alors la terre-mère et celle du héros de culture est la déesse de la guerre. Le fils du premier couple est le dieu du feu qui habite le « nombril de la terre ». Le second couple engendre un dieu ou une déesse de la végétation destiné au sacrifice printanier. Les concordances stellaires de ces dieux sont les suivantes :

Centre : 1. Le Tout-Puissant.

Nord {2. Le Créateur.   Le soleil primordial.
Sud   {3. Le *transformer I* (la
           terre-mère).   La lune pleine.
       4. Leur fils, le dieu du
          feu.   Le soleil.
Est   {5. Le héros civilisateur. Croissant étoile du
                                matin, Vénus.
Ouest {6. Le *transformer II*. Lune en déclin, étoile
                                du soir, Mars,
                                dieu de la guerre
                                (déesse de la guerre
                                et des enfers).

       7. Leur fils, le dieu émis-
          saire ou dieu des
          morts et de l'eau.   Lune noire.
      {8. Les bons esprits.
      {9. Les mauvais esprits.

Dans les mythologies primitives, les personnages 1 et 2 ou 3 et 6 se confondent très souvent. mais les cosmogonies un peu plus complètes ne laissent aucun doute sur l'existence de ces sept dieux. Le tonnerre est généralement entre les mains du premier couple. Le second couple, qui représente souvent les ancêtres mythiques, paraît avoir surtout la faculté d'imiter et de provoquer le tonnerre et de le rendre perceptible aux oreilles humaines. Symbolisé parfois par les deux aspects de la planète Vénus, il est chargé d'administrer les chants et les instruments du premier couple. Selon la mythologie des Pawnee (Amérique), le créateur ordonna à l'étoile du soir de diriger le vent, les nuages, le tonnerre et l'éclair qui chantèrent, secouèrent leurs hochets et frappèrent les eaux avec leurs massues jusqu'à ce que la terre se séchât et que la végétation apparût. Par contre, l'étoile du matin préluda au chant du soleil pour libérer le monde des ténèbres de la mort.

Dans cette hiérarchie des dieux, les couples 2/3, 5/6, 7/8 et les esprits 8/9, qui collaborent à tour de rôle à la création et à la conservation du monde, forment des groupes analogues. Chaque groupe correspond à un seul dieu à double nature (c'est-à-dire à une force émanant de l'opposition de deux vertus) ou à un couple de jumeaux qui sont à la fois amis et adversaires. De même que la musique du monde acoustique est à la fois humide et lumineuse, ces couples ou ces dieux à double nature expriment dans le monde matériel le mélange de l'eau et du feu au moyen d'une action concertante qui est le produit du sacrifice mutuel ou de l'interpénétration de deux éléments opposés. Dans les arts plastiques, on les représente comme deux personnages adossés l'un à l'autre ou comme un personnage unique composé de deux matières très différentes. Parfois ils apparaissent avec une seule tête et deux troncs, ou comme un corps à deux têtes.

Quelques remarques dans les mythologies primitives et certains éléments de la littérature chinoise nous permettent de supposer que le dieu créateur, dont la position mythique correspond à l'hiver et au Nord, gémit sur un ton nasal. Le dieu de la mort et de l'instinct sexuel (été, Sud) rit ou ricane; le héros de culture (printemps, Est), appelle. Les bons esprits (automne, Ouest) se lamentent, mais les dieux du feu et de l'eau (l'action concertante pendant la saison des pluies) chantent. Les personnages 3, 6 et 9 ont des voix affreuses, les dieux 2 et 5 et les bons esprits possèdent des voix agréables.

L'APPARITION DE L'HOMME

La terre, que le héros de culture et le dieu de la guerre doivent aménager et administrer, est présentée généralement comme une île dominée par une grande montagne. Sur le sommet (le nombril du monde) de cette montagne, on voit un arbre parlant ou deux arbres entrelacés (la vie et la mort) dont la pointe touche l'étoile polaire. Les branches portent le soleil, la lune et la Voie lactée. (Au lieu d'un arbre on mentionne aussi la colonne de fumée vomie par le chant lumineux d'un volcan.) Autour du sommet de l'arbre, tourne le dragon, roulent les chars (Petite et Grande Ourse) du dieu du tonnerre (créateur) et des démiurges qui imitent ou répètent le son du tonnerre. Le tronc de l'arbre, qui est creux (mort) comme celui d'un tambour-arbre, passe par un lac situé à l'intérieur d'une caverne. Ce centre de résonance se trouve dans le cœur de la montagne. Le lac est rempli d'un mélange de feu et d'eau qui fait résonner la caverne comme un nuage pendant la tempête. Il forme le foyer de la vie et envoie ses forces miraculeuses vers une source située au pied de l'arbre, dont les racines touchent le pôle opposé à l'étoile polaire. C'est sur la mer intérieure de cette caverne que le dieu du tonnerre se rencontre avec le *transformer* ou avec une déesse de la terre pour appeler les premiers hommes à l'existence.

Les mythes qui soulignent les grandes facultés de résonance de cette caverne abondent. Les Marind-anim de la Nouvelle-Guinée racontent qu'un jour une grande fête se célébra dans une caverne souterraine. Un chien entendit les rumeurs et creusa le trou, duquel sortirent les premiers hommes.

Les Hopi d'Amérique croient également que les premiers hommes vivaient originairement sous terre. Pour sortir de leur caverne, ils plantèrent deux arbres et des roseaux (des tambours et des flûtes ?) qu'ils enchantèrent avec leur musique, s'en servirent comme d'une échelle et sortirent par une ouverture pratiquée dans le plafond de la caverne. Un oiseau-moqueur (héros de culture), assis près de la porte de sortie, entonnait des chants par lesquels il déterminait, pour chacun des arrivants, le langage et la tribu qui lui correspondait. Lorsque le répertoire de ses chants fut épuisé, aucun homme ne put plus quitter la caverne. — En Afrique (Louba), les hommes firent une visite au ciel. Ils montèrent sur un grand escalier (symbole du son), précédés de deux flûtistes, qui sollicitèrent la permission d'entrer. Cette grâce leur étant accordée, on laissa passer toute la procession. Lorsque les joueurs de tambour eurent franchi le seuil, on referma la porte, pensant qu'ils constitueraient l'arrière-garde de ce cortège. Alors tous les hommes qui marchaient derrière les tambours retombèrent sur la terre et moururent. L'homme qui n'a pas de chant personnel, n'a pas de place légale dans la société. Un conte américain dit qu'à ses origines le peuple des Navajo vivait dans une caverne obscure. Il n'y avait que deux flûtistes qui « animaient » un peu ces ténèbres. Mais un jour un des musiciens, touchant le plafond de la caverne avec sa flûte, entendit un grand écho. Alors les hommes et les animaux se mirent à creuser un tunnel dans la direction indiquée par le son et, en y pénétrant, ils arrivèrent à la surface de la montagne. Arrêtés par une mer immense, ils jouèrent leurs chants préférés, et le vent commença à souffler et chassa les eaux. Sur quoi les Navajo s'installèrent sur la terre. Ils construisirent leur soleil et leur lune et les confièrent aux soins des deux flûtistes.

Encore plus nombreux sont les contes dans lesquels un dieu fait apparaître les hommes en les invitant à haute voix à sortir de l'intérieur d'un arbre. Un tel arbre est vénéré par les Uitoto sous la forme d'un tambour-arbre muni d'une fente longitudinale et considéré comme le siège de toutes les âmes des membres de la tribu, mortes ou prêtes à s'incarner dans un corps humain. La mythologie des peuples de l'Altaï cite un arbre à neuf branches dont Dieu fait sortir neuf peuples. Suivant une légende australienne, Dieu créa la femme en frappant la surface des eaux de la même manière que les femmes battent les peaux des animaux (c'est-à-dire les tambours à membrane les plus primitifs). Selon d'autres traditions, les hommes naissent d'un tuyau. Le dieu des Zoulou, qui créa tous les objets par l'énoncé de leurs noms, fit sortir les hommes d'une flûte de bambou ou d'un « lit de roseaux » (flûte de Pan) « qui se trouvaient dans une vallée riche en eaux ». Les Tonga (Afrique) disent que lorsque le premier couple humain sortit d'un roseau, il se produisit une forte explosion. Le dieu des Gros Ventres avait enfermé tous les êtres dans sa pipe. Toutes les fois qu'il appelait une de ces créatures par son nom, elle commençait à vivre. Mais la flûte employée par le *transformer* pendant la création de l'homme a des effets fâcheux. Dans les vallées de l'Altaï, on raconte que le « diable » entra clandestinement dans la hutte où Dieu avait déposé le corps encore inanimé d'une femme. Il prit sa flûte et lui insuffla la vie par le rectum : c'est pourquoi la femme est un être méchant. Cette hostilité du *transformer* envers l'œuvre de Dieu se manifeste encore plus clairement dans un conte toun-gouse d'après lequel ce démiurge cherchait à détruire « l'instrument à douze cordes » dont Dieu s'était servi pour créer le monde.

En Californie, en Colombie britannique et aux îles Salomon, Dieu forma les hommes au moyen de bambous (flûtes?) qu'il vivifia par son souffle, son chant, sa salive ou sa danse. Selon les Cuba (Afrique), il vomit les hommes. Les Zoulou disent que les premiers êtres vivants furent expectorés par une vache. Au dire des Pomo (Californie), le créateur venant du Nord s'arrêta à l'Est où il prit des cheveux pour former un homme et des plumes pour faire une femme (symboles du son).

Il reste à mentionner le fil, le long duquel les premiers hommes descendirent sur la terre. Il nous paraît hors de doute que ce fil symbolise une corde vibrante. Parfois ce fil représente simplement la relation qui existe entre Dieu et les hommes. Dans la philosophie du Védânta et dans la mythologie des peuples sibériens, l'âme humaine est un oiseau attaché à Dieu par un fil. Un chamane californien, qui entrevit Dieu dans un spectre de lumière et l'entendit chanter, disait que « quelque chose qui ressemblait à un fil » allait de sa tête vers la face de Dieu. Depuis ce temps, cet homme ne pouvait plus cesser de répéter le chant qu'il avait entendu. Selon la mythologie des Pima le créateur était une plume, c'est-à-dire un chant. Elle prit la poussière qui se trouvait « sur sa poitrine » et chanta; sur quoi se formèrent la terre et une grande araignée dont la toile reliait le ciel et la terre.

Une tradition tibétaine réunit les différents symboles du son dans la formule suivante : les hommes de l'Est furent créés par une chaleur lumineuse; ceux du Sud sortirent du sein maternel et ceux de l'Ouest d'un œuf. Seuls les êtres extraordinaires sont issus d'une voix laide et horrible émise par un arbre du Septentrion.

L'ESSENCE SONORE DE L'HOMME

L'homme étant né du son, son essence restera toujours sonore. Nous avons vu que le chant d'un oiseau-moqueur, assis à la sortie de la caverne des Hopi, ajoutait au son fondamental de chaque individu une mélodie appropriée. Au moyen de cette mélodie, le nouveau-né fut affecté à une langue et une tribu déterminées. Le chant que l'oiseau assigne à chaque individu est un chant d'état civil qui légalise la place que son porteur occupe

dans la société. Il ne peut y avoir plus d'hommes sur
terre que de chants ou de noms disponibles. Lorsque
le répertoire de l'oiseau (qui est le héros civilisateur)
fut épuisé, aucun homme ne put plus sortir de la caverne.
C'est pourquoi les chasseurs de têtes ne tuent leur victime
qu'après l'avoir obligée à confesser son nom. Ce nom
étant libéré par le décès de son porteur, ils peuvent
le donner à un de leurs enfants qui, faute de nom, n'ont
pas encore pu acquérir une place légale dans la société.

Il y a encore deux autres chants, d'un caractère plus
intime que cette mélodie personnelle. Nous les désignerons par « son fondamental » et « chanson individuelle ». Le son fondamental est le protoplasma de la
force vitale de l'homme. Il n'est connu que par l'individu,
auquel il appartient. Il constitue la dernière réalité métaphysique personnelle de son porteur. Il est le produit
de l'individuation de la force active et anonyme qui réside
dans la caverne de la vie. Il précède certainement le
premier cri du nouveau-né qui, d'après une croyance
fort répandue, attire l'âme dans le corps et détermine le
nom intime de l'individu. La « chanson individuelle »
est une mélodie qui exprime le rythme individuel d'une
personne. Elle est connue de tous mais, en principe, elle
ne peut être chantée que par son « propriétaire ». Il
n'est pas nécessaire qu'elle soit une composition originale; il suffit qu'elle soit exécutée d'une manière très
personnelle. Une chanson qui reflète de cette façon le
comportement individuel est en effet presque inimitable.
Parmi ces trois types de chants appropriés, le premier est
inné et immortel; le second est souvent porteur de vertus
médicinales dues à un mort qui apparut en songe. Le
« chant personnel », conféré généralement par le héros de
culture, correspond à un individu, mais, par extension, il
peut aussi exprimer l'état civil d'une famille ou d'une
société.

Selon Granet, le terme chinois qui signifie vie et
destinée *(ming)* ne se distingue pas de celui *(ming)* qui
sert à désigner les symboles vocaux. Peu importe que les
noms ou les chants de deux êtres se ressemblent au point
qu'il y ait chance de les confondre. Chacun de ces noms
exprime intégralement une essence individuelle.

La voix, c'est l'homme; le chant est l'âme ou le véhicule
de l'âme. Un homme attiré au ciel, pendant que les dieux

faisaient un banquet anthropophage (mangeaient la substance sonore d'un homme), s'aperçut que le mort était
son beau-frère. Saisi d'épouvante, il descendit sur la
terre et raconta ce qu'il avait vu ; mais on le traita de fou,
parce que, au même moment, son beau-frère se trouvait
parmi ses amis en train de chanter une mélodie de sacrifice. La légende ajoute ensuite que, peu de temps après
ces événements, une tribu voisine fit une irruption dans
le pays, s'empara du chantre et le sacrifia aux dieux
(îles Marquises).

NATURE ACOUSTIQUE DES LIENS
ENTRE LES DIEUX ET LES HOMMES

LE HÉROS CIVILISATEUR
APPORTE LA MUSIQUE À L'HUMANITÉ

Nous avons vu que, contre la volonté du créateur,
le *transformer* réussit à fixer une limite à la vie humaine.
Cette mortalité était une conséquence directe de la matérialisation des corps sonores et lumineux des premiers
hommes. Si les dieux échappèrent à cette dégradation
des images acoustiques, c'est « parce qu'ils eurent peur
et se réfugièrent à temps dans le sacrifice sonore ».
De cette façon, ils devinrent des chants purs et « virent
de leurs propres yeux les hymnes dans lesquels ils s'em-
barquèrent » *(Maitrâyana Upanishad)*. N'étant pas soumis
à la matière, ils ne furent pas non plus victimes de cette
illusion des sens qui empêche le commun des mortels
de reconnaître l'essence sonore et lumineuse de la réalité
métaphysique. Mais les hommes peuvent encore remonter partiellement le courant de la matérialisation, s'ils
se décident à pratiquer également le sacrifice. Pourtant,
la grâce de « voir » les hymnes lumineux, les dieux ne
l'accorderont qu'à quelques hommes élus.

L'idée de la *mâyâ* n'est pas un produit exclusif des
hautes philosophies. Dans le mythe de la création d'un
peuple aussi primitif que les Uitoto, on dit que Dieu
émit primitivement au moyen d'un souffle une substance irréelle qui sortit de sa bouche sous forme d'un
fil. « Il toucha ce fil avec le doigt et le fixa grâce à un

rêve ». Mais lorsque le créateur examina le fond de ce rêve, il reconnut qu'il n'y avait aucune réalité. Il appuya sur le vide et prit la substance irréelle dans ses mains. Ensuite il foula le fond et s'installa sur la terre qu'il avait rêvée. On serait tenté de croire que ce fil est la corde d'un arc musical, mais comme les Uitoto prêtent à leur créateur aussi la forme d'une araignée, ce fil symbolise probablement le chant qui descend de la bouche du créateur vers la terre. Ce fil sonore, dont une extrémité forme la terre, établit aussi un pont entre le créateur et les hommes, entre la réalité métaphysique et la réalité physique. Situé entre le monde éternel et celui de nos représentations, il traverse toute la zone du rêve qui tisse le monde matériel de notre illusion. Un autre symbole très ancien de la route qui part de la terre et traverse la *mâyâ* pour arriver au seuil de la réalité métaphysique, est l'arbre-tambour « rêvé par la déesse-mère, lorsqu'elle reçut les paroles divines » (Menominee). Ce tambour, de même que le fil, correspond à l'arbre parlant qui domine la montagne mythique et dont la pointe touche l'étoile polaire.

Or, cette route sonore n'a pas été touchée par la matérialisation partielle du monde acoustique. Elle s'est maintenue jusqu'à nos jours telle qu'elle sortit de l'abîme primordial, c'est-à-dire « comme un arbre ». Facilement praticable pendant le premier stade de la création, son accès est devenu cependant plus difficile, parce que, dans le monde matériel, elle n'est plus visible. Les rythmes qui frayent le chemin à travers le voile de la *mâyâ* sont restés sonores, mais leurs éclats de lumière ne sont plus perceptibles aux yeux des hommes. Même Isis et Osiris, séjournant sur terre, ne purent remonter au ciel qu'après avoir repéré et reconstruit cette voie moyennant un chant.

Mais ce pont entre le ciel et la terre ne reste utilisable de part et d'autre qu'à condition d'être réalisé avec un degré extraordinaire de confiance. Il est vrai que tous les rites présument la confiance comme une *force active* (et non seulement comme une condition préliminaire) pour faire réussir le sacrifice, mais le musicien, et en particulier le musicien aveugle, paraît avoir été considéré comme le personnage le plus apte à développer cette force, parce que l'invisibilité, l'impalpabilité et le lancement exact (la mise en voix) du phénomène sonore réclament une confiance-force plus grande que n'importe quelle autre forme du sacrifice. Aussi le *Rigveda* désigne-t-il le musicien comme un *svâbhanavah*, c'est-à-dire comme un homme qui porte la lumière en lui-même. Parmi tous les mortels, le musicien au chant lumineux est celui qui ressemble le plus aux dieux.

Pourtant l'homme, de ses propres forces, ne sut pas reconnaître la puissance extraordinaire de ce pont sonore qui lui donnait un accès aussi facile au monde des dieux. Bien au contraire, il était gêné par la proximité du ciel (autrefois si proche de la terre) et il le repoussa pour avoir plus d'espace. Il coupa même l'arbre parlant et il s'aperçut trop tard que cette action (exécutée très souvent par une femme) lui avait été néfaste. Pour réparer ce mal, il fallut que le héros civilisateur descendît du ciel et enseignât aux hommes les rites et les chants nécessaires pour vaincre l'illusion des sens et leur faire récupérer l'immortalité. Il dirigea leur attention surtout sur la forme la plus substantielle des offrandes possibles, c'est-à-dire sur le sacrifice sonore qui se déroule dans les hymnes des personnes pieuses. Ce bienfaiteur, vénéré souvent comme un ancêtre mythique, leur fit comprendre que, dans ce monde matérialisé, l'offrande du souffle vital par le chant était le moyen le plus direct, le plus sûr et le plus efficace de s'acheminer sur le pont, le fil ou « l'échelle » qui relie la terre au ciel. Les dieux ne sauraient négliger les sacrifices sonores que les hommes leur présentent, parce que ces rites touchent la substance des immortels. Ils sont obligés d'y participer. De même les hommes ne peuvent se soustraire au sacrifice que les dieux exigent, mais ils sont libres de l'accepter en chantant ou de faire la sourde oreille en le subissant, muets et passifs. Le sacrifice est réciproque ; il est la loi du monde. Mais, lorsqu'il est sonore, les dieux se matérialisent et les hommes se spiritualisent sur cette voie, et c'est alors que se réalise l'interpénétration du ciel et de la terre qui amène l'harmonie entre les dieux et les hommes. A mesure que l'homme est disposé à se transformer en résonateur et à devenir « fine oreille », il est récompensé par la faculté de défaire le voile de l'illusion et de se rapprocher du monde acoustique des morts. Le sacrifice sonore est supérieur à toutes les autres formes du sacrifice. Il est la substance du chant rituel et il résonne par

la corde vibrante (le fil ou le « pont de crins »), par la
flûte (« la passerelle de bambou ») ou par le tambour
(l'arbre parlant). Les Samoyèdes et les Kato californiens
disent que de chaque homme part un fil qui le relie directement à Dieu. Plus ce fil est tendu, plus la relation est
intense. D'après une croyance des Lakher (Inde), le ciel
et la terre communiquent par un réseau de cordes
qui sont tellement rapprochées les unes des autres,
que seul un esprit peut passer par l'espace qui les
sépare. Lorsqu'un chef de tribu meurt, son âme passe
entre ces cordes et en coupe une. Alors un tremblement
de terre se produit.

Ce chemin entre la terre et le monde des dieux et des
morts se déroule en forme de spirale. Ce symbole de la
croissance et de la révolution du soleil est souvent
représenté par un escalier tournant qui se compose d'une
série de coins enfoncés en une succession hélicoïdale
dans le tronc d'un arbre. Musicalement, cette « hélice
à huit spires » (Dogon, Duala) correspond à un chant
qui se répète par groupes de huit unités de temps, soit
en augmentant son intensité, soit par un accelerando,
soit par une diminution progressive de la sonorité ou de
la durée des sons employés. Étant donné que presque
tous les rites représentent des actes qui imitent la puissance du verbe créateur, le chant en spirale a des affinités directes avec le chant du tourbillon, avec la plume
qui tournoie sur les eaux primordiales, « la buée tiède,
porteuse du Verbe, qui se meut sur une ligne hélicoïdale » ou le fil en spirale qui, au dire des Dogon, pro-
pulse le soleil. Selon Griaule, à qui nous devons des
renseignements précieux sur la philosophie des Dogon,
tout le système du monde est descendu le long du fil
de la Vierge. Les mythes américains et asiatiques disent
qu'au commencement le *transformer* courut sans cesse
« en cercle autour de la terre pour la faire croître en
hauteur et en largeur ».

LA MUSIQUE, ALIMENT DES DIEUX

Ces hymnes ou ces spirales sonores réalisent l'échange
des forces entre le ciel et la terre au moyen du chant
alterné. Comme les dieux sont toujours avides de chants
de louange qui « les fortifient et les font croître » et

que, d'autre part, les hommes ont également besoin des chants de la grâce divine (ne fût-ce que sous la forme de la pluie fécondante), le chant alterné nourrit autant les hommes que les dieux. « Les dieux trouvent leur subsistance dans ce qu'on leur offre ici-bas, comme les hommes la trouvent dans les dons qui leur viennent du monde céleste » (*Taittirîya Upanishad*). Aussi les hommes ne manquent-ils pas de profiter de cette situation et offrent-ils leur souffle vital pour préparer le véhicule sonore, dont leurs âmes auront besoin après la mort, pour pouvoir entrer dans « la maison des chants » ou « le pays de la musique ». « Si les dieux mangent, ne fût-ce qu'une seule fois, la nourriture qu'on leur offre, on devient immortel » (*Kausîtaki Upanishad*). Le *Sâmavidhâna Upanishad* attribue à chaque dieu (Prajâpati, Adityas, Sadhyas, Agni, Soma, Mitra Varouna et Vayou) un son déterminé de l'échelle tonale comme aliment. Mais généralement ce sont des hymnes qui nourrissent les dieux dont ils portent le nom. Dans le *Rigveda*, le poète offre son chant au même titre que la boisson rituelle. Le *Li-ki* considère le chant et la libation comme les deux éléments principaux du sacrifice, mais le chamane sibérien verse au dieu Aerlik un vin qu'il puise directement dans son tambour. Les prêtres mexicains attachaient des coupes à boire à leurs tambours rituels. Pour le sacrifice du Soma les prêtres védiques ajustaient des cavités de résonance au vase de sacrifice afin d'augmenter la sonorité du « murmure de Soma » quand le jus sortait du pressoir. Les holocaustes et les libations ne sont que des expressions secondaires du sacrifice, mais ils sont conformes au monde matérialisé. Les *sutras* du *Yajurveda* confessent clairement que les morts ne mangeaient pas les sacrifices matériels. Ils en consommaient surtout la chaleur. Mais primitivement on ne leur faisait aucun sacrifice matériel; on se limitait à prononcer des *mantras*.

MULTIPLICITÉ
DES FONCTIONS DU HÉROS CIVILISATEUR

Nous avons vu que le chemin sonore, susceptible d'établir ce contact fécond avec les morts, a été frayé par le héros civilisateur. Ce bienfaiteur de l'humanité révéla aussi que les morts logent souvent dans les pierres

et les arbres. Étant donné que la transformation partielle du monde acoustique en matière se réalisait
d'abord dans la roche et le bois, ces matériaux « les plus
anciens » sont — après le chant — les meilleurs intermédiaires entre le monde acoustique et le monde matériel;
et voici pourquoi ils forment aussi un lieu de passage
pour les âmes des morts qui vont d'un monde à l'autre.
Aussi le héros civilisateur s'efforce-t-il d'aménager la
terre le plus vite possible pour mettre toutes ces ressources naturelles en valeur. Il creuse des canaux pour
rendre la terre plus habitable et rend les pierres et les
arbres plus maniables en les transformant en lithophones et en tambours, en haches, en récipients ou en
canots. Il commence par la construction des instruments
de musique et les transforme plus tard en outils dont la
puissance résidera dans leur origine musicale. L'arc
musical se convertira en arc à tir, le cor deviendra une
corne, la flûte donnera naissance au soufflet, la harpe se
transformera en barque, les tambours circulaires formeront un char ou les roues d'un char. Pour augmenter la
force du sacrifice sonore de ces instruments, qui lui
permettent de travailler, de lutter, de voyager et de se
nourrir, il se servira même des cadavres pour faire
chanter les morts. Leurs peaux couvriront ses tambours.
Leurs fémurs lui fourniront des trompettes, et deux
crânes, réunis par leurs sommets, constitueront un
tambour en forme de sablier.

Le héros civilisateur est tantôt un médecin, tantôt un
berger ou un forgeron; mais il est toujours un chantre.
Il a le grand mérite d'avoir inventé le métal dont le
son repousse les démons et dont la sainteté est presque
égale à celle de la pierre. Le côté sombre de sa double
nature se traduit par sa collaboration avec le *transformer II*, qui est soit un guerrier féroce et un peu bête, soit
un chasseur. Le premier exige le sacrifice, le second le
met en valeur. Sur le plan astrologique, le *transformer*
représente (suivant les civilisations) la lune décroissante, l'étoile du soir ou Mars. Le héros civilisateur correspond au croissant, à l'étoile du matin ou (par opposition à Mars) à Vénus. Ce couple représente souvent
les ancêtres mythiques de l'humanité. Selon la mythologie des Cora (Amérique), l'étoile du soir est un liber-
tin qui habite un beau jardin situé aux rivages du fleuve

de la vie, alors que l'étoile du matin est un poète chaste, un médecin-musicien, enthousiaste des sciences et des arts qu'il apporte aux hommes.

Grâce à son contact intime avec les dieux, le héros civilisateur peut apporter aux hommes le feu qu'il a obtenu en ébréchant le disque solaire ainsi que les animaux et les grains qu'il emporte souvent dans un tambour. Dans les contes qui rapportent des événements de ce genre, intervient souvent un élément comique ou dramatique qui caractérise la double nature ou la position intermédiaire du héros de culture, qui n'est ni un dieu authentique ni un homme véritable. Selon une légende que A.-M. Vergiat a rapportée de l'Oubangui-Chari, Yilungu, le dieu créateur, remit à Téré trois paquets. Ensuite il tressa une longue corde et un grand filet. Dans un récipient qu'il ferma, il avait mis de l'eau, dans un panier un couple de chaque espèce et dans un autre les graines de toutes les plantes. Téré, ne connaissant point le contenu des trois paquets, s'installa avec eux dans le filet pour descendre sur la terre. Mais avant de partir, Yilungu lui remit un tam-tam pour qu'il l'avertît de son arrivée sur terre, tout en lui recommandant de ne s'en servir que lorsque ses fesses toucheraient le sol. Puis il laissa filer la corde. Téré était à mi-chemin que, fort curieux de connaître le contenu des trois paquets, il se mit à frapper le tam-tam. A cet appel Yilungu se pencha et invectiva contre Téré : « Comment, tu n'es même pas à mi-chemin et tu frappes déjà le tam-tam. La terre est encore loin. » Et il continua à laisser filer la corde. Quelques instants plus tard le tam-tam retentit de nouveau. Yilungu se contenta de hausser les épaules et continua à filer la corde. Quelques minutes s'écoulèrent et à nouveau le tam-tam se fit entendre. Alors Yilungu coupa la corde. Mais le pauvre Téré n'était pas encore arrivé et c'est bien lourdement qu'il tomba avec ses cadeaux sur le sol.

Le rapport entre le héros civilisateur et le tambour est constant. Mais il est loin d'avoir toujours cet aspect burlesque, car dans le maniement du tambour réside la véritable force des ancêtres mythiques. C'est le dieu du tonnerre lui-même qui leur a conféré le droit de répéter les rythmes du tonnerre sur cet instrument, afin que les hommes puissent entendre au moins un écho de la voix céleste. La légende des Dogon rapporte que ce couple de jumeaux ou ce forgeron-musicien avait des tambours en forme de soufflet de forge ou d'enclume. En frappant ces tambours, il imite la force créatrice des dieux, scande et fortifie la prière et apaise les courroux. Toutes les fois que le forgeron sacrifie ses forces en battant son enclume, une partie de ses forces lui échappe et se communique à la terre. Sa masse, dans laquelle les graines sont descendues du ciel, est « l'image du monde » et le centre de la caverne. Dans cette forge terrestre le héros civilisateur réalise le sacrifice sonore à l'exemple de la forge céleste dont l'orchestre de tambours rythme le mouvement de l'univers. Un bon nombre de traditions disent que le forgeron laisse traîner une jambe, imitant en ceci le dieu du tonnerre qui n'a qu'une seule jambe et danse sur une queue de serpent. Mais comme les corps du héros civilisateur et de son rival se rapprochent davantage de la forme humaine avec deux jambes, ils imitent les dieux en boitant d'un pied.

LE HÉROS CIVILISATEUR
DANS LA MYTHOLOGIE CHINOISE

Dans la mythologie chinoise, toute une armée de forgerons et de joueurs de tambour peuple la montagne mythique. To-fei, le fils du mont campaniforme, est un dieu glouton, un hibou aux cris féroces, dont les tambours et les flûtes sont des soufflets de forge. Les fils de la fille du fleuve Rouge inventèrent des tambours et des cloches. Tchouei créa des instruments à vent. D'autres traditions rapportent que les premiers chants et les premiers instruments de musique émanèrent des huit vents ou des voix des huit ancêtres. Les huit chants parlent de l'éducation des hommes, des soins à donner à la volaille, de la culture des herbes, du labourage des champs, du respect des règles du ciel, des bienfaits des empereurs mythiques, de l'exploitation des ressources de la terre et de la domestication des animaux. Les huit instruments sont destinés à faire résonner les huit éléments. Dans le lithophone vibre la pierre (en particulier la phonolithe des volcans), dans les ocarinas la terre cuite, dans les cloches et les anches des orgues à bouche le métal, dans les racleurs et cliquettes le bois, dans les flûtes le bambou, dans l'orgue à bouche la calebasse, sur les tambours les peaux, dans les cordes la soie. De grands sacrifices sont nécessaires pour établir la paix et l'ordre sur la terre. Kouen, le musicien, dut se sacrifier en combattant le chaos et les dieux gloutons. Kouei qui, au moyen d'un lithophone fit danser les animaux, fut chargé par l'empereur mythique Chouen de créer la musique : « La musique est l'essence du ciel et de la terre. Seul un saint peut introduire de l'harmonie dans les principes de la musique. Kouei possède les facultés nécessaires pour créer cette harmonie. » Alors Houang-ti le fit prisonnier, le sacrifia et se servit de sa peau pour faire un tambour. Il le frappa avec l'os de la bête de tonnerre afin d'inspirer à l'empire une crainte respectueuse. Il prit aussi soin de donner à toute chose une désignation correcte, « afin d'éclairer le peuple sur les ressources utilisables », et institua une commission composée de scribes et de musiciens aveugles, chargés de contrôler toute altération des emblèmes visuels ou auditifs. Le même Houang-ti affecta également aux différentes familles un nom approprié, destiné à singulariser leur vertu. Il y réussit, dit-on, en jouant de la flûte.

Comme tous les empereurs, Yu le Grand était un forgeron. Il créa le tambour à un seul pied (« la porte du tonnerre ») et les neuf chaudrons sonores correspondant aux neuf parties de la terre. Il introduisit le mariage des métaux et construisit des « tambours de bronze ». Il vainquit le dragon de la sécheresse en émettant avec son cor le son du dragon de l'eau. Il dansait en ployant une jambe, afin d'imiter l'oiseau de pluie ou le dieu du tonnerre qui danse sur un seul pied. Comme il avait « la voix juste », correspondant à l'essence des objets qu'il imitait, il put devenir lui-même le faisan qui, avec le bruit de ses ailes, amène le tonnerre. « Au premier mois de l'année il y a nécessairement du tonnerre; mais le tonnerre n'est pas nécessairement entendu. Ce sont les faisans qui font que nécessairement on l'entend. »

Toute cette montagne mythique, dans laquelle les ancêtres peuvent se transformer en animaux, ou, en ployant leurs jambes lunaires, chevauchent des animaux ou des outils qui sont des instruments de musique, où les crocodiles, dans leur joie de vivre, se tapent le ventre et où les morts sont des tambours ambulants ou marchent avec des jambes en forme de trompettes, font penser parfois aux œuvres créées par l'imagination d'un Jérôme Bosch. Ces formes, qui touchent à la fois au tragique et au comique, sont l'expression du dualisme de la zone intermédiaire entre le monde acoustique et le monde matériel.

Liu Pou-wei rapporte que Houang-ti voulut aussi assigner à la musique des notes invariables. Il envoya Ling Louen, le ministre de la musique, vers le pays des morts, aux confins septentrionaux de l'empire. Dans une vallée sonore, près des sources jaunes, Ling Louen vit des bambous merveilleux, tous de la même grosseur. Ayant coupé l'une des tiges entre deux nœuds, il souffla et un son sortit. Or ce son était celui même de sa voix, lorsqu'il parlait sans passion. Il était aussi le murmure du fleuve Jaune qui naissait dans la vallée. En entendant ce son, deux oiseaux, un couple de faisans, se posèrent sur un arbre. Le premier émit six sons en partant du son issu du bambou de Ling Louen. La femelle émit six autres sons. Le ministre ayant prêté l'oreille, coupa onze autres tubes répondant à tout ce qu'il venait d'entendre. Cela fait, il rentra au palais et remit à son maître ces étalons sonores que l'on nomma *liu* c'est-à-dire « lois ». Voici les noms de ces sons par ordre chromatique et ascendant : la cloche jaune, le grand *liu*, le grand fer de flèche, la cloche serrée, l'ancienne purification, le *liu* cadet, la fécondité bienfaisante, la cloche des bois, la règle égale, le *liu* du sud, l'imparfait, la cloche d'écho. Il est très probable que primitivement ces bambous n'étaient pas des flûtes, mais des bâtons de rythme.

Par la suite, l'effort des empereurs porta sur la transformation de la musique naturelle en musique artistique et sur la création d'un bon répertoire musical. Lorsque Tchouan-hou monta sur le trône, tous les vents soufflèrent dans les directions correspondantes. L'empereur, ravi de ce chant, ordonna au dragon Fei d'imiter les huit vents et de donner à ce chant naturel une forme musicale. Le crocodile T'o (tambour) fut chargé de marquer le rythme par les sons *yang*, qu'il produisit en se battant le ventre avec sa queue. Cette musique fit tant de plaisir à l'empereur qu'il en fit un sacrifice sonore aux dieux. Sous l'empereur Yao, le musicien Tsi jouait d'un tambour et d'un lithophone qui firent danser les

animaux. Il imitait aussi le bruissement des forêts et
les sons des fleuves. Pour ces pièces toutes nouvelles,
un musicien aveugle éleva le nombre des cordes de la
cithare de cinq à quinze et les employa pour faire des
sacrifices aux dieux. Mais on essayait aussi de se servir
de cette musique nouvelle à des fins magiques. Le
roi Wou fit composer des chants et construire de
nombreux instruments de musique dont le son obligeait
le faisan à régler son vol sur les rythmes de l'orchestre
impérial. Yu le Grand n'hésitait même pas à mettre la
musique au service de la propagande. Lorsqu'il eut cana-
lisé les grands fleuves, il ordonna au musicien Ngan
Yao de composer les neuf parties du *Hia Yue* qui célébrait les exploits et les bienfaits de l'empereur.

AU MOYEN DE LA MUSIQUE
LES HOMMES IMITENT LES DIEUX

SITUATION COSMIQUE
DU MAGICIEN-CHANTEUR

Le créateur et son rival, ainsi que le héros civilisateur
et son adversaire, entretiennent leurs relations avec
l'humanité au moyen des esprits. Ces êtres sont généralement les âmes des morts. Ils entrent dans l'ouïe ou
dans le corps du magicien qui forme le dernier échelon
de la hiérarchie des êtres à double nature. Aussi
accuse-t-il souvent, dans sa manière de parler, de chanter
ou de s'habiller, un caractère nettement hermaphrodite. Son secret consiste dans l'art de savoir imiter les
dieux. Presque tous les rites cherchent à réaliser par
leurs chants des actes d'analogie avec la musique de la
création. Aussi bien la force évocatrice, capable de ramener le printemps, la pluie ou la santé, que la construction
de l'échelle sonore entre le ciel et la terre, émanent du
sacrifice sonore. Le siège de cette capacité du magicien
« d'étendre le sacrifice » réside dans sa voix ou dans un
engin magique qui, en définitive, est toujours un instrument de musique ou un symbole du son. Par sa parole
humide et lumineuse le chantre alerte les dieux, suscite
leur action et prolonge leur son. Mais comme cette « flèche

sonore » se dirige vers le pays des morts, un rapport direct avec les esprits est indispensable.

Pour parvenir à ce but un magicien australien se laisse mettre à mort et jeter dans un trou d'eau pour quatre jours. Le cinquième jour on l'en retire; on lui donne l'os d'un mort qui sert aux envoûtements et on lui enseigne les chants nécessaires. Le jeune chamane sibérien visite le pays des morts pour « se faire durcir la voix et la gorge ». Ensuite on le conduit à un arbre immense, peuplé d'âmes humaines qui lui donnent trois branches dont il doit construire trois tambours. Souvent le futur médecin-chantre est obligé de se soumettre à une opération très difficile. Alors les esprits lui ouvrent le ventre, lui enlèvent les viscères et introduisent dans son corps des cordes et des cristaux qui arrivent en sifflant. Pendant les longues semaines qu'il passe dans la solitude, il s'astreint à connaître la musique interne des objets. Une telle infiltration dans l'essence de la vie cosmique ne peut se réaliser que grâce à un sentiment de solidarité avec les objets et à une identification complète de l'homme avec la nature au moyen du son. Il faut que se produise entre le magicien et son objet une compénétration qui efface les frontières entre le sujet et l'objet et qui confère au magicien la faculté de reproduire avec « la voix juste » les sons qui, normalement, n'appartiennent qu'aux objets qu'il imite.

On n'a pas le choix entre devenir un magicien-chanteur ou non. Une voix impérieuse qui vit dans l'âme du candidat, lui impose son destin. Un magicien yakoute raconte qu'à l'âge de vingt ans, il tomba malade et entendit subitement les voix de tous les objets que les autres hommes ne pouvaient percevoir. Il en souffrait terriblement jusqu'à ce qu'il prît un tambour et commençât à chanter et à jouer de l'instrument. Alors les esprits purent pénétrer dans son corps. Au dire des Wintu (Amérique), les esprits (les sons-substance) lui percent les oreilles. Mais pour qu'ils puissent entrer par une oreille, traverser la tête et sortir par l'oreille opposée, il faut que le chamane chante sans interruption. Les hautes civilisations connaissent également ce chemin acoustique qui permet d'acquérir des connaissances ésotériques. Selon l'*Atharvaveda*, le yogi fait son ascension vers Brahmâ en dix étapes. La première résonne

comme « *cinî* », elle est conforme au corps; la seconde
fait entendre « *cininî* » et tord le corps. Le troisième
son, issu d'une cloche, fatigue. La quatrième étape,
semblable au son d'une conque, fait secouer la tête.
Ensuite vibre une corde qui excite le palais, ce qui engage
le yogi à battre des mains et à boire « la vérité immortelle voilée ». La septième étape est un son de flûte
qui révèle de nouvelles connaissances. Au huitième et
au neuvième stade, un rythme de tambour exprime la
Parole Sainte et produit l'invisibilité du yogi qui, au
dixième son, par un coup de tonnerre, devient Brahmâ.

LE CHANT DU MAGICIEN

Un magicien-chantre est donc plus qu'un homme
ordinaire. Étant un résonateur cosmique, le rayonnement de sa puissance croît avec sa faculté d'entendre et
de résonner. Il est capable de reproduire au moins une
partie du langage primitif des dieux. Souvent il voudrait
être comme les dieux, ce qui n'a d'ailleurs rien d'étonnant, puisqu'il peut s'identifier avec tous les êtres qu'il
se sent en mesure d'imiter.

La forme la plus courante de ces métamorphoses est
la transformation en animal. Dans les rites de l'Égypte
et de l'Inde anciennes on cherchait à imiter les voix des
dieux zoomorphes avec le plus grand réalisme. Les
hymnes à Indra étaient chantés avec la voix d'un vau-
tour ou d'un taureau; pour Soma on imitait le bourdonnement des abeilles. Pendant les trois libations, les prêtres
védiques récitaient le matin d'une voix de poitrine qui
ressemblait au rugissement du tigre; à midi on chantait
avec la voix de gorge, semblable au cri de l'oie; le soir
on se servait de la voix de tête qui rappelait le cri du
paon. Les Douala (Afrique) assimilent la voix de tête
à l'aigle, celle de la poitrine au tigre et celle du ventre
au bœuf. Mais, dans ces coutumes, la différence entre la
magie et la religion commence déjà à devenir sensible.
Le magicien cherche à s'identifier avec son dieu ou son
esprit pour mettre la main sur lui. La religion se limite
à appeler ou à réveiller son dieu et lui offre la nourriture
acoustique sous la forme d'un chant de louange; mais
elle ne cherche pas à entraver la liberté de ce dieu. L'imitation des cris et des mouvements des dieux dans l'inten-

tion de réaliser une transsubstantiation au moyen du
son se trouve déjà chez les tribus totémistiques. Pour
elles l'imitation des essences sonores constitue l'unique
forme du sacrifice. On sait que, dans ces civilisations,
chaque objet et chaque être ont été créés par la voix
d'un dieu-totem. Lorsque ces dieux, épuisés par leur
travail, se retirèrent, ils conférèrent chaque création à un
individu humain déterminé en le rendant responsable
de la conservation et de la multiplication de cette espèce.
A cet effet, ils lui enseignèrent le sacrifice sonore, c'est-à-
dire l'imitation exacte des sons-substance au moyen des
cris et des chants. Tout individu sachant imiter le bruit
de la pluie ou le sifflement du serpent, sera une pluie
ou un serpent, capable de réanimer la pluie ou le serpent
au moment propice. Le sacrifice du magicien qui jeûne,
offre son souffle vital en chantant, se met en extase et,
d'inanition, tombe finalement par terre pour réaliser la
transsubstantiation par le son, est un phénomène très
répandu. Pourtant son existence dans les cultures totémistiques peut paraître étrange, étant donné que ces civilisations ne connaissent pas les sacrifices matériels. Mais
A. W. Howitt a souligné à plusieurs reprises que dans
ces rites australiens les cris constituent la partie centrale
des cérémonies. C'est précisément dans le sacrifice exclusivement acoustique que se manifeste le caractère particulièrement ancien de ces civilisations.

Au moyen de « la voix juste », le magicien réussit
donc à réveiller les dieux ou les esprits qui animent les
objets et à s'identifier avec eux. Les substances des
esprits évoqués ayant pénétré son corps, le magicien,
en les faisant parler par sa bouche, cherche à leur
imposer sa volonté par l'insertion du cri-substance dans
une chanson qui, munie de paroles, imprime à cette
force la direction désirée. Souvent il commence par
un murmure en gesticulant avec ses mains, afin de
repérer le corps sonore de l'esprit envisagé. Sa pensée
s'étant éclaircie, peu à peu il élève la voix. Lorsque le
contact s'est établi, un bruissement ou un sifflement
trahit l'arrivée de l'esprit. La présence de cet être se
traduit presque toujours par des sensations auditives
qui, après cela, peuvent être doublées ou non d'impres-
sions visuelles. Comme chaque esprit est une mélodie
déterminée, le timbre de sa voix et le motif caracté-

ristique de son chant constitueront les éléments principaux de la composition, dans laquelle le magicien
emprisonnera cet esprit. Dans d'autres cas la cérémonie
commence par un cri qui effraye les esprits. Ensuite
le magicien leur chante leurs noms, leur couleurs, leur
habitat et leurs qualités. Quand il a à faire à un esprit
inconnu, il emploie des paroles flatteuses ou des invectives, afin de l'obliger à se présenter et à confesser son
nom ou sa chanson. Au lieu de « chevaucher » la
voix du magicien, l'esprit peut s'introduire aussi dans
un engin magique. Le médecin des Cherokee tient
dans la main droite un croc de serpent et, pendant qu'il
chante, l'esprit-serpent est censé pénétrer dans le croc
que l'on voit frémir. En terminant sa chanson, le médecin porte le croc à sa bouche, souffle dessus et chantonne. Après cela, il s'en sert pour dessiner des sillons
sur la poitrine du malade. Les Pangwe (Afrique) « sucent »
le son-substance de l'esprit d'un objet, « comme une
araignée suce le sang de sa victime ». Ensuite ils l'enferment dans leur bouche et le « font danser dans le filet
d'une chanson » exécutée à dents serrées. Finalement,
quand il est épuisé, ils l'expectorent.

Il n'est pas facile de tracer la limite entre les demi-
dieux et les esprits. D'une façon générale, ces êtres sont
les âmes de personnes mortes dont on se souvient encore
plus ou moins. Suivant leur importance ou le temps
écoulé depuis leur mort, ils vivent dans les nuées ou
dans les matières anciennes (pierre, bois, eau). Comme
ils peuvent se déplacer, ils ne forment pas l'essence
sonore des objets qui leur servent de support, mais
ils sont capables d'exercer une grande influence sur
les êtres qui leur offrent l'hospitalité. Les esprits qui
constituent la substance sonore de ces objets forment
le dernier échelon des êtres semi-divins engagés dans
la création et la conservation du monde matériel. La
magie pratique s'adresse surtout à eux, parce qu'ils
sont plus faciles à atteindre que les dieux.

Les textes des chansons se réduisent souvent à une
simple répétition du nom de l'esprit. Les discussions
et les invectives entre le sorcier et son adversaire sont
probablement des produits de basse magie. Pour que
le rite soit efficace, chaque nom, ou chaque phrase, doit
être exécuté sur une seule respiration. Si le texte contient

plusieurs phrases, il est indispensable qu'un tambour, un hochet ou une cloche sonnent sans interruption pour couvrir les silences du chanteur. Il faut que « le sacrifice soit continu », sinon un mauvais esprit ne manquerait pas de faire avorter le rite en se glissant dans les silences. « Il déchirerait le filet » (Douala).

Une grande gamme de ressources dynamiques est également nécessaire. Il y a des esprits qui désirent être abordés doucement et d'autres qui préfèrent qu'on leur parle sur un ton franc et fort. Un chant magique est toujours une accumulation de forces qui, à partir du cri initial, s'accroît de plus en plus. Son potentiel dépend de la capacité du magicien qui doit savoir s'arrêter, « avant que le chant éclate ». Les Douala considèrent certaines interjections vocales comme des soupapes. Mais même sans avoir approché ce point critique, le simple fait de terminer une chanson est toujours accompagné de certaines mesures de pré-caution. Un chant est « un char qui descend sur une pente » ou « un animal qui s'est mis en colère » (Douala). Aussi les hommes lancent-ils des cris féroces, pendant que les femmes lâchent des trilles perçants pour avertir les gens que la chanson est sur le point de se terminer. Alors tout le monde fuit en poussant des cris qui empêchent les esprits libérés de se précipiter sur les personnes dont ils ont été « prisonniers dans la chanson ». Dans les îles Marquises, on forme la cadence moyennant un son très long, coupé finalement par un brusque coup de diaphragme au moment où l'on ferme la bouche. « On fait un nœud, comme si l'on fermait un sac. » Les derviches tourneurs terminent leurs chants par une puissante exclamation de la syllabe HOU qui veut dire LUI (Dieu).

Un bon magicien doit être un bon chanteur. Cela ne veut pas dire qu'il doit avoir une belle voix; il doit être un résonateur desséché par le sacrifice, capable de reproduire tous les sons de la nature. Quand sa peau, sèche comme le parchemin d'un tambour, touche ses os, il est devenu une offrande pure aux dieux qui, à leur tour, s'offrent alors à lui en entrant dans son corps. Il suffit qu'il laisse sa bouche grande ouverte et se comporte comme le dieu évoqué, pour que celui-ci pénètre en lui, lui imprime les mouvements de sa danse et chante par sa bouche. Or, si le corps du magicien-danseur est chargé de grelots ou de paquets de demi-coques de fruits desséchés ou de pièces métalliques, cet « homme-sonnailles » (Schaeffner) n'est plus qu'un instrument de musique du dieu qui l'a envahi. A l'exemple des dieux, il est un cadavre vivant. Constituant un foyer du sacrifice sonore, il se place dans le centre mystique de l'univers. Il ressemble à l'arbre parlant ou à l'arbre du culte dont les branches portent toutes sortes d'offrandes et des instruments de musique qui sont censés renfermer les âmes humaines. Par opposition aux « instruments » du monde purement acoustique, ces instruments ne sont plus de purs symboles des chants divins, mais des images concrètes des dieux, car les ancêtres ont formé les instruments à l'image des maîtres du monde. Tout instrument de ce genre est une caverne de résonance qui produit une musique lumineuse pour ceux qui savent l'entendre. Le « tambour du corbeau » des Tsimshian (Amérique) émet une clarté éblouissante. Les habitants de l'île Malékoula parlent d'une conque immense et rayonnante qui nage sur la mer. Selon la tradition hindoue, des clochettes des stoupas émanaient des sons harmonieux en même temps que la lumière. Peut-être cette idée était-elle aussi liée à l'aspect brillant du métal. Une inscription sumérienne du troisième millénaire mentionne une cymbale ou coupe d'offrande qui « brille comme le jour ».

LES INSTRUMENTS DE MUSIQUE SONT DES DIEUX ISSUS DU SACRIFICE

Nous avons vu que les ancêtres, en construisant les instruments de musique, se servaient surtout des « matières anciennes ». Dans les Indes, Dhamrakara émet par les pores de son cuir chevelu et les paumes de ses mains toutes sortes d'instruments. Lorsque le grand Manitou donna son tambour à l'ancêtre maternelle des Chippewa, il réclama en échange le sacrifice de deux hommes pour en faire un nouvel instrument. De même Houang-ti n'hésitait pas à tuer Kouei, le musicien, et à se servir de la peau de sa victime pour construire un tambour. Mais lorsque sa peau fut bien séchée, Kouei devint plus puissant encore, car désormais sa voix parlait à travers sa peau sacrifiée. Tout corps résonnant procédant d'une « matière ancienne » ou du sacrifice d'un dieu, d'un ancêtre, d'un homme ou d'un animal, est un réservoir de forces surnaturelles, dont les formes parfois anthropomorphes ou zoomorphes reproduisent l'image des êtres sacrifiés. Aussi les hommes, construisant leurs instruments, imitèrent-ils l'œuvre des dieux. Les Incas scalpaient leurs victimes et en faisaient des mannequins qu'ils gonflaient pour leur frapper le ventre. Au Tibet, le lama souffle dans un fémur humain, transformé en trompette. Les chamanes asiatiques considèrent l'homme ou l'animal qui ont sacrifié leur peau pour la construction d'un tambour comme « le Seigneur de l'instrument ». La baguette est tantôt un « couteau », tantôt un « fouet » ou elle a la forme d'une patte meurtrière ou d'un Y, qui est un symbole du sacrifice. A des occasions particulièrement solennelles, le chef des Bayeke (Afrique) jette une lance à l'intérieur du tambour. Les Dchagga (Afrique) considèrent l'arc musical comme le corps d'une jeune fille assassinée et jetée à l'eau. Dans un conte kirghiz, probablement d'origine persane *(Tuti Name)*, un dieu-singe, sautant d'un arbre à l'autre, tomba et se blessa mortellement. Ses intestins restant tendus entre deux branches, résonnèrent au vent lorsqu'ils furent devenus secs. Un chasseur qui découvrit cet « instrument » en imita le principe et construisit le premier luth.

L'incarnation des dieux du tonnerre se réalise de préférence dans les tambours. Les rhombes australiens, qui reproduisent également la voix du tonnerre, sont les corps pétrifiés des dieux-totems morts à la suite de leurs sacrifices sonores. Aussi les Kaitish donnent-ils à chaque rhombe le nom du dieu incarné dans cet instrument. Les hochets des Menominee sont les « mains » d'un dieu. La conque de Çiva est la parole divine. A l'ouverture de la conque est Chandra, le dieu de la lune, sur son côté Varouna, sur son revers Prajâpati. Sur la pointe se trouvent Gangâ, Sarasvatî et tous les autres fleuves sacrés des trois mondes. Çiva inventa la cithare en contemplant Pârvatî. Le long manche de l'instrument correspond au pur visage de sa çakti. Les deux gourdes représentent ses belles formes. L'ivoire symbolise ses seins, le métal ses bracelets et le son de l'instrument est sa respiration rythmée. Des trompettes d'argent de

l'Egypte ancienne portent les images des dieux Ptah
et Amon-Rê ou Rê-Horakhti. Mais la majorité des
instruments paraît correspondre aux ancêtres célestes.
Le grand tambour mexicain *hue huetl* du dieu de la
guerre est le « vieux chantre » lui-même. Les tambours-
arbres des Nouvelles-Hébrides, de même que certaines
flûtes taillées en forme de corps humain en Colombie
britannique et en Nouvelle-Zélande, sont des ancêtres.
Tous les instruments que Tore donnait aux Pygmées
Efé (Afrique) pour les rites de la circoncision portent
le nom de ce dieu. Le rhombe « Oro » est le dieu-
chasseur des Yorouba africains. Lorsqu'un instrument
est nommé « étoile du matin » ou orné des symboles de
cet astre, il incarne certainement le héros de culture
(certains tambours indonésiens, la conque de Quetzal-
coatl, le *shofar* [cor] des Israélites). La double nature
de ces ancêtres s'accuse parfois dans la construction
des instruments. Chez les Bhil (Asie), les tambours à
sablier, constitués de deux peaux humaines tendues sur
deux hémisphères crâniens soudés sommet à sommet,
symbolisent les ancêtres de l'humanité. D'autres tambours
présentent deux peaux dont l'une est souvent de bouc
et frappée avec une baguette, alors que l'autre est de
chèvre et frappée à la main. Parfois le musicien s'identifie avec son instrument. Quand il danse avec le tambour,
il semble être le frère jumeau de l'instrument. Le
tambour qui paraît être le plus conforme aux hommes
et aux ancêtres est celui en forme de sablier. Les
Monumbo de la Nouvelle-Guinée l'appellent « danse
humaine ». C'est lui qui a déterminé l'anatomie artistique du tronc du dieu Çiva.

Il n'est pas aisé de vérifier exactement si les corps des
instruments *représentent* ou *sont* les dieux, mais il paraît
certain que leurs voix *sont* les voix des dieux. Mais
ces cadavres vivants ont faim. Les trompettes sont
munies d'un pavillon en forme de gueule grande ouverte,
les flûtes et les hochets crient famine, les cithares et
les tambours-sabliers à une seule peau montrent des
bouches béantes de crocodile ou de baleine. Pour
assouvir leur faim, on les nourrit d'abord de substances
qui symbolisent le son des morts et ensuite on les
meurtrit par le jeu sacrificiel qui les fait résonner.
Très souvent on place des pierres sacrées dans le fond

du tambour. En Afrique, en Indonésie et en Assam,
on dépose des crânes ou des mâchoires de morts à
l'intérieur de cet instrument. Les Bena-Kanioka (Afrique)
ferment le fond de résonance d'un tambour avec la
calotte d'un crâne humain. Lors de l'intronisation d'un
nouveau chef, les Bahavu construisent un tambour et
mettent la tête de l'ancien chef de la tribu à l'intérieur
de l'instrument. Ensuite ils ferment le tambour avec
la peau d'un bœuf de sacrifice. Chez les Bayankolé,
les tambours royaux, posés sur un lit, sont considérés
comme des vaches sacrées. Il leur est fait des offrandes
quotidiennes de lait. Avec le reste de ce liquide, on fait
le beurre, dont on oint les tambours. Lors du couronnement d'un nouveau roi, on les recouvre de nouvelles
peaux que l'on frotte avec des boules faites du sang
d'un jeune pasteur mélangé à celui d'une vache et à
des cendres de papyrus. En Nouvelle-Guinée hollandaise,
la peau du tambour est collée à l'aide de chaux et de
sang provenant du membre viril. En Asie septentrionale,
on verse des boissons alcooliques sur les parchemins
ou les cordes.

Mais il ne suffit pas que l'instrument reçoive des
offrandes. La réponse du dieu dépend aussi de la qualité
de l'instrumentiste. Un griot Malinke (Afrique) demanda
un jour à un forgeron de lui construire une guitare.
L'instrument étant achevé, le musicien fit un essai et
constata qu'il sonnait fort mal. Alors le forgeron lui
dit : « Cette guitare est un morceau de bois. Comment
veux-tu qu'il chante, aussi longtemps qu'il n'a pas de
cœur ? C'est à toi de le lui donner. Ce bois, tu dois le
prendre sur ton dos et l'emporter au combat pour qu'il
résonne quand les coups de sabre tombent. Il faut qu'il
absorbe du sang; il lui faut absorber ton sang et ton
souffle. Il faut que tes peines deviennent les siennes et
que ta gloire devienne sa gloire. » Aussi longtemps
qu'un instrument n'est pas consacré, il est un temple
vide. Pour y faire entrer le dieu, les Menominee
« chauffent » les tambours avec des chants. Les Papouas
mettent le masque du dieu à côté de la flûte pour lui
faciliter l'orientation vers sa maison. Dans un nouveau
tambour ils introduisent une pierre et la remuent avec
un bâton jusqu'à ce qu'on entende le son « gimo ».
Alors le dieu est entré dans son instrument. En Sibérie

l'entrée des esprits dans le tambour se fait ou par la
baguette ou par la poignée. Certaines traditions disent
que les dieux s'acheminent vers leur instrument par une
danse en spirale. Cela n'a rien d'étonnant quand il
s'agit de la conque marine. Les Algonkin (Amérique)
leur facilitent cette danse en frappant leurs tambours
avec des baguettes ornées de spirales. Les Dogon
(Afrique) roulent un fil hélicoïdal autour du tambour
en forme de sablier. Un conte des Papago (Amérique)
parle d'un bambou (flûte) dans lequel l'ancêtre du
flûtiste se mouvait comme un serpent.

Le chamane sibérien tend son tambour en l'air, la
peau tournée vers le sol. Quand il le frappe, les esprits
ou les âmes des enfants s'installent dans le tambour
en de telles proportions que le poids de l'instrument
dépasse les forces physiques du musicien. Un tel tambour
est souvent considéré comme un char ou un crible.
D'autres tambours sont réellement des mortiers ou des
auges qui servent aux femmes pour décortiquer le riz.
Les bâtons à encoches se rapprochent de la râpe, les
cymbales des coupes à boire, les timbales des chaudrons.
En Chine, les cloches servaient aussi de récipient pour
le vin. C'est pourquoi on peut « manger du tambourin
et boire de la cymbale », la nourriture acoustique des dieux.

Le roi des instruments de musique est le tambour.
Il doit être construit avec un bois « pur » ou avec le tronc
d'un arbre foudroyé. Pour faire son tambour, Gilgamesh
se servit du bois destiné à la construction du trône de
la déesse. Ngoma, nom très répandu en Afrique orientale pour le tambour, ne désigne pas seulement l'instrument, mais toute la musique. Dans un orchestre il est
toujours le chef. Il est « la hutte des ancêtres » et considéré comme un être vivant, détenteur d'une grande
force. En Ouganda, « manger le tambour » veut dire
prendre possession du pouvoir royal. Il protège sa
tribu et, en cas de danger, il résonne tout seul, sans que
personne le touche. Aussi le considère-t-on comme
un grand ami et, à certains d'entre eux, on édifie même
une cabane. Le nouveau tambour, destiné à évoquer
les forces surnaturelles pendant la fête d'hiver des
Eskimos, crie ou gémit, lorsqu'il se voit retiré des
épaules de son porteur et qu'il touche la terre pour la
première fois. De même que les flûtes de Pan, les

tambours forment des familles et évoquent l'idée de foule ou de réunion. Chez les Lango (Afrique), un orchestre de tambours se compose de sept instruments : deux pères, une mère et quatre enfants. On fait des visites à ces familles et on leur apporte des cadeaux. Lorsqu'un tambour doit quitter le village, les vieux Batela versent des larmes, comme si un ami mort était porté en terre. En Amérique, il existe toute une « religion du tambour ». Suspendu à quatre poteaux ornés de plumes, cet instrument forme le centre du monde. Aux Indes, on le vénère comme une divinité. Il est placé sur un canapé; on le lave tous les jours et on le parfume. Lorsqu'il sort dans la rue, il est monté sur un éléphant (Pura-Nannuru).

Tout instrument de musique occupe le centre (nombril) du monde. Il est l'autel sur lequel la substance sonore des dieux est sacrifiée. L'opérateur du sacrifice, qui devient coupable, expie son action en sacrifiant ses forces et son individualité, car, en jouant de l'instrument, il « rend un service aux dieux » par l'action de ses mains ou de son souffle. Il est vrai que ce sacrifice n'est pas aussi complet que celui du chantre. Un conte californien nous raconte que la lamproie sortit victorieuse d'un concours musical, parce qu'elle se servait de son propre corps (transformé en flûte) pour jouer de son instrument, alors que les autres animaux avaient de véritables instruments entre leurs mains. En fait, un instrument sert au sacrifice du dieu; le chant est le sacrifice de l'homme. De cette valeur métaphysique du chant et des instruments découlent tous les symboles. Comme ils réalisent le déplacement ou l'échange des forces, ils sont avant tout des moyens de transport. Les rhombes australiens portent souvent des dessins symbolisant les « voyages » effectués par les dieux, soit pendant la création, soit durant les rites. Le tambour du chamane passe pour être un traîneau, un renne, un cheval ou une oie dont il se sert pour « voler » au ciel. Imitant la Grande Ourse, il est le « char » terrestre qui tourne autour de l'arbre de la vie et de la mort, c'est-à-dire autour du « poteau du sacrifice » qui est l'axe du monde. La harpe est tantôt une barque, tantôt un cygne qui transporte les âmes. Les Papouas-Nor désignent leurs flûtes comme des oiseaux. Les hochets sont souvent parés de plumes

ou accusent nettement la forme d'un oiseau. De même
que les tambours, les hymnes sont des chars ou des
bateaux sur lesquels les dieux entreprennent leurs
voyages de sacrifice. L'expression « charrier un chant »
ou « tirer un chant » est extrêmement répandue chez
les peuples primitifs, mais elle n'est pas moins courante
dans les hautes civilisations. « Les mélodies du *brhat*
et du *râthamtara* sont les deux nefs qui font traverser
le sacrifice. Comme on monte sur un vaisseau, ainsi
on monte sur les hymnes » *(Aitaréya Upanishad)*.

Le tambour circulaire du chamane est aussi un arc à
tir qui, par le fait qu'il réalise le sacrifice sonore, « est
le monde entier ». Le sacrifice c'est le monde. Chez les
Shor de l'Altaï, cet instrument porte un certain nombre
de dessins que le propriétaire du tambour expliquait à
L. P. Potapov de la façon suivante : la partie supérieure
de cette image du monde, peinte sur le parchemin du
tambour, représente le ciel, la partie inférieure correspond au monde souterrain. Entre ces deux règnes se
placent les huit tambours qui indiquent le terrain d'opération du chamane. Toute la périphérie céleste est
bordée d'une file de tambours dont les deux extrémités
touchent les tambours du chamane. Parmi les huit
instruments, les trois tambours placés du côté droit
portent les trois « esprits véloces ». Au-dessus d'eux
huit faucons volent vers le soleil. Du côté gauche,
neuf cerfs et deux rennes montent depuis les tambours
du chamane jusqu'à la lune. A côté des trois tambours
de gauche se dressent les arbres de la vie et de la mort,
flanqués de l'esprit protecteur du chamane. Sur les
deux tambours du centre, s'accroupit la grenouille
chargée d'apporter la libation (l'offrande du tambour)
au dieu Aerlik. Au-dessous des huit tambours se trouvent
les sept esprits qui parviennent jusqu'au col de la
montagne mythique, les serpents à sept et à neuf pieds,
les lézards, deux animaux fabuleux et la grenouille qui
porte la boisson sacrificielle au dieu du monde souterrain.
Une corde transversale placée à l'intérieur du tambour
(derrière la peau peinte) est appelée « la corde de fer »,
de laquelle part la flèche sonore. Sept pièces métalliques
symbolisent la Grande Ourse. Le bord de la partie céleste
est muni de six cornes qui servent au chamane pour
se défendre contre les mauvais esprits. Par les six trous de

la poignée du tambour entre le « tigre à six yeux », prêt
à secourir le chamane pendant son vol à travers les airs.

Nous voyons donc que la musique humide et lumineuse, issue des eaux éternelles à la suite d'un cri, d'un
coup de vent ou de tonnerre, est l'œuvre des dieux ou
des morts. Tout chanteur, tout instrument est un
cadavre vivant et l'expression du dualisme des forces
cosmiques. Il n'est peut-être pas inutile de citer ici un
passage d'Ægidius Zamorensis qui nous montre que
ces idées existaient autrefois aussi en Europe. Dissertant
sur le problème de l'invention de la musique, ce théoricien médiéval dit que les uns voudraient faire dériver
la musique « de l'agitation des vents aux cavités des
forêts, dans lesquelles on entend certains sifflements,
principalement la nuit; d'autres, du son des eaux et
de la déchirure de l'air contre les rochers ou les lieux
rocailleux : de là « cette voix pareille à la voix d'eaux
nombreuses »; d'autres, du mouvement impétueux des
régions périphériques et de leur révolution, ainsi qu'il
arrive, d'une certaine manière, sous l'ardeur du soleil,
à partir des pourtours de Tolède; d'autres, des fibres
tendues dans les chairs des cadavres ainsi que des os
dénudés, principalement dans l'eau courante ou ailleurs,
dès qu'on les touche ».

LES PHILOSOPHES ENGLOBENT LA MUSIQUE
DANS LEURS SPÉCULATIONS
COSMOGONIQUES (INDE, CHINE)

La création aussi bien que la conservation de l'univers
sont fonction d'un mouvement continu dont l'origine
est une vibration acoustique. L'idée de l'unité vibratoire
du monde a amené les philosophes à créer une cosmogonie, dans laquelle cette homogénéité de l'univers
s'exprime dans un système de concordances. A l'origine
il n'y avait que des sons qui peu à peu se transformèrent
en matière. Mais, grâce aux travaux et aux voyages
circulaires des dieux, cette matérialisation se réalisa à
des époques et sur des plans différents. Le son émis à
l'Est, pour créer l'espace et le printemps, était joyeux. Sur
le plan stellaire, il fit surgir le Soleil, sur le plan du temps,

la Lune et l'aurore, sur le plan de la Terre, le sol humide.
Le cri créateur du printemps est donc l'essence sonore
du soleil matinal, de l'aurore et de la terre jeune. C'est le
premier son d'un système cosmique dominé par l'idée
du rythme des saisons.

Dans l'imagination des peuplades primitives, ces
sons sont des cris ou des chants. Pour démontrer cette
origine et cette unité musicales du monde, les philosophes, passionnés par l'idée de créer tout un système
de concordances entre les différents phénomènes de la
nature, n'insérèrent pas seulement les cris (créateurs de
ces différents plans cosmiques), mais ils se servirent
aussi des cinq ou sept sons du système tonal créé par
les hautes civilisations. Une concordance entre des cris
et des sons déterminés d'un système tonal se trouve
dans le *Naradaçiksha,* le *Sangîta ratnâkara* et quelques
traditions populaires qui identifient certaines voix
d'animaux avec les sons suivants :

paon	taureau	tigre	chacal
	bœuf	chèvre	grue
ré	*mi*	*fa*	*sol*
oiseau chanteur		grenouille	éléphant
		cheval	
la		*si*	*do*

Dans la philosophie du *Vedanta,* nous trouvons la série
suivante de concordances *(voir tableau ci-contre)* dont la
dernière ligne représente les cinq parties du *sâman*
(chant rituel qui commence avec la partie *hinkâra*).

La suite des sons dans le système chinois *(ré, la, do, fa,
sol)* paraît étrange. Le problème se résout quand on
respecte la manière des Chinois d'énumérer les points
cardinaux. Du nord on passait au sud et de l'est à
l'ouest. En suivant cet ordre on obtient la formule :

Nord	Sud	Est	Ouest	Centre
ré	*do*	*la*	*sol*	*fa*

Cette progression correspond exactement à l'histoire
de la création. Dans les mythes, le créateur vit au
nord, où règne la mort, et « voyage » vers l'est. Son
« adversaire », le *transformer,* siège au sud et va vers
l'ouest. Le héros civilisateur se déplace de l'est au midi,
tandis que la route du dieu de la guerre mène de l'ouest

hiver	printemps	été	saison des pluies	automne
nord	est	sud	centre	ouest
nuit	lever du soleil	matin	midi	soir
eau	terre	feu (air)	eau-feu	air
lune	feu	soleil	soleil et lune	étoiles
Chandra, Soma	Aditya	Yama, Vayou	Agni, Disha	Varouna
intelligence	souffle	langage	Parole	oreille
paon, homme, taureau	chèvre, tigre	agneau, chacal	vache, oiseau, cheval	éléphant
mi	*fa*	*sol*	*la*	*do*
nidhanam	hinkâra	prastâva	udgitha	pratihâra

Les concordances chinoises les plus courantes sont :

hiver	printemps	été	saison des pluies	automne
nord	est	sud	centre	ouest
Mercure	Jupiter	Vénus-Mars	(soleil/lune) Saturne	Mars-Vénus
pierre, eau, peau	bois, calebasse	feu, soie	(feu et eau) terre	métal
noir	vert	rouge	jaune	blanc
tortue sombre	dragon vert	oiseau rouge		tigre blanc
porc	mouton	coq	bœuf	chien
oreilles	yeux	langue	bouche	nez
reins	foie	cœur	rate	poumons
crainte	colère	joie	volonté	tristesse
gémir	appeler	rire	chanter	se lamenter
lithophone, tambour	flûte	cordes	(chant ?) ocarina	cloche
boucliers et lances	plumes de faisans	tambours à manche		boucliers et haches
ré (fa)	*la (sol)*	*do*	*fa (la)*	*sol (ré)*

vers le nord. Les quatre personnages se meuvent
suivant un svastika. Cette marche détermine aussi la
position mystique des instruments de musique. Les
matériaux les plus anciens (la pierre, la peau de sacrifice
et le bois pour les lithophones, les tambours et les
flûtes) se trouvent au nord et à l'est. Les matériaux
particulièrement préparés (la terre cuite pour les ocarinas et le métal pour les cloches) apparaissent seulement
à l'ouest. Dans cette classification que les philosophes
chinois ont insérée dans leur système de concordances,
chaque instrument correspond à une matière déterminée. Mais A. Schaeffner a attiré notre attention sur
le fait qu'il y a aussi des instruments qui embrassent
les trois règnes de la nature. Les anches de l'orgue à
bouche sont faites de métal, les tubes et les calebasses
sont tirés du monde végétal; sa forme imite les ailes
du faisan qui représente le règne des animaux. La
cithare chinoise symbolise l'univers. Fou-hi, premier
souverain mythique et inventeur de cet instrument,
prit du bois d'éléocoque et fit la table d'harmonie bombée
comme le ciel, le fond plat comme la terre. La longueur
totale correspondait aux trois cent soixante et une
allées célestes; l'épaisseur était de deux pouces, afin
qu'elle fût l'emblème du soleil et de la lune. Le front
était appelé « front du faisan » et le chevalet, « montagne ».
L'ouïe centrale était « l'étang du dragon » qui, avec ses
huit pouces de dimension, agissait sur les huit vents.
L'ouïe postérieure, nommée « étang du faisan », avait
quatre pouces. Les cinq cordes représentaient les cinq
éléments; lorsque les successeurs de Fou-hi ajoutèrent
deux nouvelles cordes, elles correspondirent aux sept
corps célestes.

Notre table des concordances cite aussi les planètes.
On connaissait donc probablement la musique des
sphères. Mais il semble que les astres-chanteurs les
plus importants étaient l'étoile Polaire (le siège du Tout-
Puissant) et les deux Ourses (les concordances entre
les sons et les planètes chez les théoriciens arabes sont
certainement d'origine grecque). Le « petit char »
doit être occupé par le créateur et le *transformer I*. Son
timon touche l'étoile Polaire. Le grand véhicule est
le siège des sept Rishi ou du héros civilisateur et de son
rival qui, au moyen du tambour, provoquent, répètent

et commencent à matérialiser la voix du tonnerre procédant de la Petite Ourse. Sur des peintures murales dans les tombes de l'époque des Han, on voit le dieu assis dans le grand char, battant le tambour à tour de bras. Parfois il est précédé par le dieu du vent dont la bouche laisse échapper une branche d'arbre, symbolisant le bruit du vent. Ces tambours sont tantôt suspendus à un baldaquin, tantôt dressés sur un seul pied. Selon Wang-Tch'ong, le maître du tonnerre tire de la main gauche des tambours reliés entre eux (nuages) et brandit de la main droite un marteau. Lorsque le son du tonnerre est un roulement prolongé, c'est le bruit d'un amas de tambours reliés entre eux qui se heurtent les uns les autres. Lorsque le tonnerre éclate d'une manière brusque comme un déchirement, c'est le bruit du coup frappé par le marteau.

Le zodiaque chinois semble correspondre à la gamme chromatique. Cependant les animaux de sacrifice cités dans notre table de concordances ne coïncident ni avec les sons, ni avec les points cardinaux des signes correspondants du zodiaque. Ils suivent l'ordre de la gamme pentatonique, indiqué par les intervalles *kong, chang, kio, tché* et *yu* :

lunes	P. card.	zodiaque	interv.	sons	anim. de sacrifice	P. card.
11	nord	rat	kong	fa	bœuf	centre
12		bœuf		fa ♯		
1	est	tigre	chang	sol	chien	ouest
2		lièvre		sol ♯		
3		dragon	kio	la	mouton	est
4	sud	serpent		si bémol		
5		cheval		si		
6		mouton	tché	do	coq	sud
7	ouest	singe		do ♯		
8		coq	yu	ré	porc	nord
9		chien		mi bémol		
10	nord	porc		mi		

Ces termes n'indiquent pas des notes déterminées, mais la succession des intervalles : seconde, seconde, tierce, seconde, qui peut être transportée à n'importe quelle tessiture. Pendant la onzième lune elle était : *fa, sol, la, do, ré* ; pour la douzième lune on la transposait à *fa* dièse, *sol* dièse, *la* dièse, *do* dièse, *ré* dièse. Cette gamme était transposée chaque mois, pour que la musique se trouvât toujours en harmonie avec le son fondamental de la nature qui variait de mois en mois. La position fondamentale de ce son de la nature était le *fa* qui correspond à peu près à notre *fa dièse* actuel. Il était le son du Nord, du pays des morts, des sources du fleuve Jaune ou de la voix qui parle sans passion.

Le *Li-ki* (*Mémoires sur les bienséances et les cérémonies*) dit que les sons clairs et distincts représentent le ciel; les sons forts et puissants, la terre. La relation entre ces deux mondes est celle d'un intervalle harmonique. Cette idée, particulièrement chère aux anciens Chinois, Sseu-ma Ts'ien ne se lasse pas de nous la répéter dans ses *Mémoires historiques*. La « grande musique » produit la même harmonie que le ciel et la terre. Par l'harmonie les divers êtres viennent à l'existence et ne perdent pas leur propre nature. La musique n'est autre chose que la substance des relations harmoniques qui doivent régner entre le Ciel et la terre. Quand il y a union et harmonie, tous les êtres obéissent à l'action civilisatrice du Fils du Ciel. C'est pourquoi les anciens rois faisaient de la musique un instrument d'ordre et de bon gouvernement. Les chants d'une bonne époque sont forts et tranquilles. Ils ont la juste mesure. Les temps révolutionnaires sont caractérisés par des chants excitants et débordants. La musique d'un État en décadence est sentimentale, corrompue et morbide. Les rois créèrent aussi dans le système tonal une stricte hiérarchie, destinée à symboliser l'ordre dans leurs États. *Kong* représente le prince, *chang* les ministres, *kio* le peuple, *tché* les affaires, *yu* les objets. « Lorsque *kong* est troublé, le son est désordonné; c'est que le prince est arrogant. Lorsque *chang* est troublé, le son est lourd; c'est que les ministres se sont pervertis. Lorsque *kio* est troublé, le son est inquiet; c'est que le peuple est chagrin. Lorsque *tché* est troublé, le son est douloureux; c'est que les affaires sont pénibles. Lorsque *yu* est troublé, le son est anxieux; c'est que les fortunes sont épuisées. Lorsque les cinq sons sont troublés, les catégories empiètent les unes sur les autres et c'est ce qu'on appelle l'insolence. S'il en est ainsi, la perte du royaume interviendra en moins d'un jour. » Des idées semblables se retrouvent dans l'organisation du système tonal hindou. Aux Indes, la gamme est un « village ». La note fondamentale est comparée au souverain de l'État, dont les ministres sont les intervalles consonnants, alors que les ennemis représentent les dissonances.

LE CHANT INDIVIDUEL

Pour approfondir l'influence régularisatrice de la musique dans la société humaine, les rois chinois multiplièrent aussi les morceaux de musique suivant la capacité des gens, de telle manière que les relations entre le noble et le vil, l'aîné et le plus jeune, l'homme et la femme prirent forme dans des chants alternés. Ces oppositions symétriques se manifestaient dans les spectacles des fêtes de printemps par la formation de deux chœurs antagonistes (hommes et femmes) séparés par une rivière. C'est en la franchissant que les deux groupes commençaient à se mêler et préludaient à l'hiérogamie collective qui terminait les réjouissances. Suivant l'exemple donné par le héros civilisateur (l'oiseau-moqueur), il fallut aussi attribuer à chaque homme un chant approprié à son métier et à son caractère. Sur un plan plus vaste ce genre de chant apparaît comme emblème d'une famille, d'une organisation professionnelle (chansons corporatives) ou d'une unité politique. Mais dans sa forme stricte, le chant personnel est toujours individuel. Si une telle mélodie pouvait être « vue », elle réaliserait sur-le-champ tout souhait exprimé par elle. Le *Tândya Mahâ Brâhmana* dit que Sindhuksid resta longtemps détrôné. Mais un jour il vit la mélodie qui portait son nom. Il s'en saisit et fut alors fermement établi. Mais comme les hommes ne peuvent plus voir les chants, il faut qu'ils aient vu au moins en songe l'ancêtre mort qui leur avait inspiré cette mélodie, car, pour que ce chant soit effectif, il est indispensable qu'il soit absolument « vrai et pur ». La mélodie d'un récit n'est pas « vraie », lorsque le chanteur n'a pas participé personnellement aux événements rapportés. Même la récitation d'une histoire authentique, mais apprise seulement par un témoin de ces événements, n'est pas « vraie », parce que le chanteur ne les a pas vus de ses propres yeux, ni entendus de ses propres oreilles. L'*essence* d'un événement ne peut être reproduite que par celui qui a directement participé à sa lumière sonore.

Très souvent les emblèmes musicaux se manifestent aussi dans le choix des instruments. Le chant d'un tailleur de pierres doit contenir des passages qui imitent les sons de la pierre. Un vendeur de perles sonne de la conque, un pasteur se servira d'une corne animale, le tambour reflétera le pouvoir du chef de la tribu, le gong d'une bonzerie doit se distinguer clairement de celui d'un autre couvent. En Chine, le tambour de bronze et la cloche conviennent aux seigneurs, les luths et les guitares aux grands officiers, les tambours en terre cuite au peuple. Il faut utiliser aussi les hommes suivant leur conformation : les bossus porteront, penchés en avant, les pierres sonores, tandis que, ployés en arrière, les êtres à dos concave frapperont les cloches de bronze.

RANG SOCIAL DU MUSICIEN

Etant donné l'importance cosmique de la musique, il va de soi que le musicien qui, d'après la tradition védique, porte la musique lumineuse dans son cœur, occupe aussi une position de premier ordre dans la vie sociale. Il est le représentant d'Agni, du préchantre des dieux ou de l'étoile du matin sur terre. Aussi les mythologies attribuent-elles aux premiers musiciens des naissances extraordinaires. Neuf musiciens furent vomis par le chant des volcans. « Mitra et Varouna, nés du sacrifice, ont tous deux également jeté (chanté) leur semence dans le vase. Du milieu de ce vase se leva et s'étendit Vasista. » Vasista, le premier chantre, est celui qui « se dresse dans un vase » (caverne sonore). Très souvent les premiers musiciens sont des adversaires dont la rivalité se manifeste dans des concours artistiques. Ces deux chantres, dont l'un est généralement un artiste, alors que l'autre représente la nature (souvent sous la forme d'un animal), reproduisent dans leur lutte la relation que nous avons déjà observée entre le créateur ou le héros civilisateur et les deux *transformers*. L'artiste est le créateur ou le héros civilisateur. L'âne-musicien, dont l'instinct sexuel est proverbial, symbolise le coyote ou le dieu de la guerre. Ces concours ne servent qu'à mettre en relief la nature du véritable musicien. Selon Sseu-ma Ts'ien, le véritable musicien est un sage :

« Ainsi ceux qui connaissent les sons, mais ne connaissent pas les notes, sont des animaux; ceux qui connaissent les notes, mais ne connaissent pas la musique, sont des hommes ordinaires; mais il n'y a que le sage qui puisse connaître la musique. » Pour cette raison les musiciens se divisent très souvent en deux castes différentes. De la première procèdent les musiciens-prêtres et les conseillers du roi; à la seconde appartiennent les musiciens un peu méprisés qui se consacrent au divertissement des hommes. Leur métier est souvent héréditaire. De toutes façons on ne devient pas musicien par libre décision. Les Iakoutes disent qu'un musicien souffre de la même obsession de la part des esprits que le chamane. Il est forcé de chanter. Mais alors que le chamane paie sa force avec la santé, le musicien la rembourse par la perte du bonheur. Il est un homme infortuné, parce qu'il attire constamment l'attention des esprits. Aussi ne fait-il jamais entendre à ses amis ses chants les plus profondément sentis. Il sait trop bien que ces mélodies leur apporteraient plus de peine que de joie.

Ce contact avec le monde surnaturel le rend toujours mystérieux pour son entourage. En temps normal, les hommes cherchent plutôt à l'éviter; mais ils le recherchent, quand ils ont besoin de sa faculté d'intervenir auprès des esprits. Aux « dholi » des Bhil (Asie), tout le monde leur demande conseil, mais personne n'oserait se mettre à table avec eux. Pour les festivités, on préfère faire venir les musiciens du village voisin qui n'ont pas de contact avec les parents morts des organisateurs du banquet. A mesure que le musicien perd sa charge sacerdotale, le respect qu'on lui porte diminue ou change de caractère, mais l'idée du contact qu'il maintient avec les morts et la crainte de son instabilité (dualisme) subsistent. Un père de famille, organisant une cérémonie dans sa maison, n'hésitera pas à faire de grands honneurs et de riches cadeaux au musicien qui a créé l'union des âmes pendant la fête; mais il se déciderait difficilement à lui donner sa fille en mariage. Ce n'est qu'avec la désacralisation complète que cette crainte à l'égard du musicien s'efface peu à peu. Malgré tout, les deux castes continuent à exister, sans qu'aucune loi les confirme. Les grands virtuoses sont fêtés outre mesure et les pauvres, qui ne jouissent pas des félicités de la fortune, restent plus ou moins méprisés.

LES INSTRUMENTS DE MUSIQUE SYMBOLISÉS

Le musicien, tel que le conçoit le *Li-ki,* est un sage qui connaît les sources profondes de la vie. Sa voix et sa pensée ne sont pas des manifestations d'un individu plus ou moins original, mais des échos ou des miroirs objectifs de la vie tout entière. Elles reproduisent toute la gamme des pensées et des sentiments humains. Les instruments de musique ont également ce caractère totalitaire. Leur corps représente le monde d'une façon symbolique, mais dans sa caverne retentit l'essence sonore du « monde entier ». C'est en vain que quelques ethnologues ont cherché à leur octroyer un caractère spécifiquement sexuel. Une telle interprétation ne répond en aucune façon à la réalité des faits. S'il y a un plan humain prédominant, auquel correspondent les instrument de musique, c'est bien la partie située entre l'estomac et le ventre, c'est-à-dire la région du nombril, du fœtus et, probablement, du plexus solaire. Mais l'instrument du culte destiné essentiellement à la création du pont sonore entre le ciel et la terre, tient la place de l'arbre parlant (du nombril à la tête) qui, selon les mythologies anciennes, sort du nombril du monde et touche l'Étoile polaire. Cette position mystique motive aussi la coutume de suspendre des instruments aux arbres de culte. Si cet acte rituel s'accomplit surtout après la mort du propriétaire de l'instrument, c'est parce que celui-ci est capable d'héberger l'âme du mort au moment où elle passera par la montagne mythique pour aller dans l'autre monde. De même que les feuilles, les instruments sont les véhicules sonores des âmes qui peuplent l'arbre de la vie et de la mort. Dans le paysage mythique, ils forment tantôt le tronc, tantôt la couronne de cet arbre. Le tronc correspond à l'axe du monde, la couronne à la Voie lactée. Dans les rites d'initiation, la position horizontale (Voie lactée) s'accuse par l'attitude assise que prennent les candidats sur le tambour-arbre. Mais dans la position par laquelle on symbolise l'axe du monde, le tambour est posé ou suspendu verticale-

ment, avec une légère inclinaison correspondant à celle
de la terre.

Or, cet arbre qui porte le ciel et la Voie lactée, n'a
aucun caractère phallique. Il est la colonne vertébrale
du géant cosmique à double nature, dont le sacrifice est
un lieu commun de la mythologie. Du démembrement
de la nature féminine surgirent les montagnes (os),
la végétation (cheveux) et les eaux (sang). De la partie
masculine du mort, on prit surtout la colonne vertébrale
et on en fit le pilier de la voûte céleste. C'est dans ce
monde que le héros civilisateur et son rival commencèrent leur travail en creusant des canaux et des tunnels
pour donner libre passage aux vents et aux eaux stagnantes. Selon un mythe chinois, ce chaos était une
outre informe, sans orifices, et gonflée. On le tua en
perforant les parois de cette outre. Les Uitoto disent
qu'au début de la création il n'y avait qu'une lune toujours pleine, c'est-à-dire un chaos inerte et sans échange
de forces. Cette lune n'avait pas d'anus. Alors on lui en
fit un en perçant un canal au moyen d'un arbre. Elle
en mourut et se transforma en tambour ou en lune
noire. Mais, grâce à ce sacrifice, elle fut le premier mort
et fut capable de se renouveler constamment par la répétition mensuelle du sacrifice. Ces canaux ou tunnels que
creusent les héros civilisateurs réapparaissent dans les
Upanishad comme les canaux respiratoires et alimentaires,
par lesquels « le sacrifice monte en forme de la syllabe OM » *(Maitrâyana Upanishad)*. Ils représentent l'intérieur de la colonne vertébrale ou l'ensemble de la
caverne de résonance humaine (ou cosmique) qui s'étend
depuis la tête jusqu'au coccyx. Leur centre se trouve dans
la région du plexus solaire ou du nombril. Avec toutes
leurs ramifications, ces canaux forment l'ensemble des
organes qui nourrissent la vie psychologique et physique
de l'homme, c'est-à-dire aussi bien la vie spirituelle que
végétative ou sexuelle. Le canal central s'accuse très
nettement dans la fente longitudinale du tambour-
arbre évidé, aux formes anthropomorphes. Comme la
fente de ce tambour s'étend du cou au bas-ventre et
s'élargit souvent aux deux extrémités (et parfois même
le long de son trajet), il est évident qu'elle indique la
totalité du corps résonnant. La fente, élargie à plusieurs
reprises par des ouvertures circulaires, fait même penser

à la colonne vertébrale sur laquelle les yogis échelonnent les différentes forces de Kundalini. De toute façon, il est impossible d'interpréter cette longue fente et la baguette de ce tambour comme des symboles du vagin et du membre viril. Elles indiquent tout simplement l'ensemble des fonctions vitales : la voix, la vie végétative et la force sexuelle. Ce triple emploi se manifeste aussi clairement dans les rites. Les tambours, de même que les rhombes, sont les voix du dieu du tonnerre qui servent autant dans les cérémonies d'initiation ou de pluie, de végétation ou de médecine, que pendant les rites funéraires ou sexuels. Les flûtes que les victimes du sacrifice au soleil rompaient sur chaque degré des escaliers menant aux autels mexicains, étaient peut-être phalliques; mais aucun document ne nous le confirme. Elles peuvent tout aussi bien avoir symbolisé l'ensemble de l'existence humaine sacrifiée au dieu du soleil. D'autre part, la flûte est très souvent un détenteur du savoir mystique. Le premier conseiller du roi des Baule (Afrique) la porte comme un emblème de sa grande intelligence. Yama, le dieu de la mort, joue de la flûte; les derviches tourneurs accompagnent leurs prières du son de cet instrument. Les rhombes, qui représentent en premier lieu les corps mystiques des ancêtres, ne sont pas spécifiquement phalliques, mais exercent une action fécondante sur tous les plans de la vie. Les hochets ne sont jamais phalliques, mais ils représentent parfois des seins. Ils sont cependant bien plus souvent des mains divines. En Egypte, le sistre se trouve sur la barque nocturne du soleil. La conque sonne surtout dans les cérémonies funéraires ou agricoles, ou appelle à la prière. Les conques de Çiva et du Grand Manitou servent à prendre possession de l'espace.

C'est en vain que l'on chercherait à réduire l'ensemble de l'idéologie impliquée dans les instruments de musique à des critères exclusivement sexuels. En vérité, les trois plans coexistent. On peut même distinguer entre eux un ordre hiérarchique, déterminé par le développement historique de la création. Selon les mythes, la première étape était exclusivement acoustique; la seconde apporta la terre et la nourriture à des hommes qui ne connaissaient pas encore la procréation. Le sacrifice sonore est donc en premier lieu spirituel. Les deux autres plans ne se réalisent

qu'après la matérialisation partielle du son originel.
Mais même ce monde matérialisé tire sa force du son
pur dont il est issu. Par conséquent, la musique et ses
incarnations instrumentales sont en premier lieu des
manifestations de l'esprit. Aux défenseurs acharnés de
l'interprétation sexuelle, on ne peut que rappeler le
concours artistique dans lequel les dieux opposaient
leur harpe ou leur chant de lumière au chalumeau ou
au cri des ânes en rut. Et puisque les ancêtres se sont
nettement décidés à donner la couronne de la victoire
aux dieux, pourquoi la mettrions-nous aujourd'hui sur
la tête de l'âne? Peut-être parce que le couronnement
de notre époque serait le couronnement de l'âne?

LES CÉRÉMONIES TIRENT LEUR EFFICACITÉ
DE LA MUSIQUE

« Celui qui possède l'éther comme base, l'ouïe
comme règne, la vue comme intelligence et qui connaît
l'Esprit, le sommet des êtres purs, est un véritable
sage... Il est l'esprit de l'ouïe. » (*Brihadáranyaka Upanishad.*) Il a atteint un entendement suprême, car,
l'essence de l'univers étant de nature sonore, sa pénétration ne peut se réaliser que par le sens acoustique.
De cette manière l'homme peut même toucher les
dieux. Mais pour pouvoir opérer avec les sons, il faut
que l'homme arrive aussi à imiter les dieux. Pour
exercer une action créatrice, il est nécessaire qu'il
produise une musique lumineuse, dans laquelle l'objet
dont on désire l'existence apparaît d'une manière visible.
Avant de pouvoir devenir un corps concret, il faut
que l'essence sonore de l'objet convoité se révèle visi-
blement dans une image acoustique. « Shyâvâshva
Arvanânasa tenait une session rituelle; on le transporta
dans le désert; il vit (la pluie dans) une mélodie rituelle;
par elle il répandit la pluie. Devatiki avec son fils
errait affamé; il trouva dans la forêt des fruits d'*urvâru;*
il s'approcha respectueusement d'eux avec une mélodie
rituelle; ils se transformèrent aussitôt pour lui en vaches
tachetées » (*Tândya Mahâ Brâhmana*). Cette musique
lumineuse, seul le magicien la voit. Quant aux autres

adeptes du culte, on leur communique la partie visuelle
des images sonores au moyen des rites. Ce qui se réalise
d'une façon mystique dans le chant, les rites le représentent d'une manière concrète. Les rites sont l'expression matérielle du chant. La mélodie lui donne sa
substance, les rites lui offrent son aspect concret. Dans
les *Mémoires historiques* de Sseu-ma Ts'ien, nous lisons :
« La musique et les rites manifestent la nature du ciel
et de la terre. Ils pénètrent jusqu'aux vertus des intelli-
gences surnaturelles. Ils font descendre les esprits d'en
haut et font sortir les esprits d'en bas; ils réalisent la
substance de tous les êtres. La musique s'exerce à l'intérieur, les rites sont établis par l'extérieur. La musique
correspond au ciel, les rites correspondent à la terre.
La musique unifie (l'image et le son), les rites (les)
différencient. »

L'INTERDÉPENDANCE
DU CIEL ET DE LA TERRE

Cette musique, rendue visible par les rites, doit créer
une bonne ordonnance entre le ciel et la terre. Lorsque
la magie est supplantée par la religion et que le sacrifice
au dieu remplace le sacrifice *du* dieu, la musique est en
premier lieu une offrande ou un hommage présenté au
dieu. Dans ce cas, les rites se rendent de plus en plus
indépendants de la musique, qui souvent ne fait plus
qu' « accompagner » des pantomimes. La magie, au
contraire, se sert de la musique pour établir un bon
équilibre entre le ciel et la terre. Elle opère surtout par
le son sympathique, c'est-à-dire par « symphonie ».
Étant donné l'interdépendance du ciel et de la terre, les
magiciens n'ont pas un sentiment de soumission absolue
envers le ciel, car ils considèrent la vie terrestre comme
une partie complémentaire de l'harmonie universelle.
(Si, malgré ce sentiment d'égalité, ils éprouvent un
profond respect du ciel, c'est parce qu'ils considèrent
les rites comme un élément essentiel de la terre et la
politesse comme la seule forme admissible et féconde
de toutes sortes de relations.) D'après le *Tcheou-li,* un
fonctionnaire bat le tambour autant pour combattre
les excès du froid que la chaleur extrême. Son action
sert uniquement à la conservation d'un équilibre juste

et correct. Dans les civilisations primitives qui s'adressent surtout aux ancêtres ou aux esprits, les rites sont plus plastiques et le procédé symphonique est généralement plus combatif, plus direct et souvent très terre à terre. Chaque esprit ayant sa chanson, c'est avec elle qu'on l'aborde. Quand on le flatte, les rites expriment les gestes correspondants. La chanson-offrande est accompagnée d'une offrande matérielle. Lorsque le magicien menace les esprits, des pantomimes guerrières rendent ce chant visible. Durant un chant ou un rythme instrumental qui imite le tonnerre, un auxiliaire arrose le sol avec de l'eau. Mais en réalité, à travers toutes ces cérémonies on ne vise qu'à s'emparer, au moyen de la voix juste, de l'esprit dont on veut sacrifier (faire résonner) la substance sonore. En agissant de cette manière, les hommes ne contrarient pas les dieux. Bien au contraire, ils leur rendent un service. Le dieu Atnatu des Unmatjera (Australie) exige que les hommes fassent entendre le rhombe pendant la circoncision. Si les hommes manquent à ce devoir, il se met en colère et lance des flèches sur la terre, car ce n'est qu'en entendant le bruit des instruments terrestres qu'il peut également faire tourner son rhombe et circoncire son fils. Un chamane californien chante une mélodie qu'il a vue en rêvant. A ce moment un esprit apparaît et lui dit : « Tu chantes une mélodie qui me plaît. C'est ma chanson. » Alors il lui offre ses services sur la base d'une aide mutuelle.

Les dieux ou les esprits nécessitent les hommes. Ils sont des cavernes de résonance qui ont besoin de chanter et d'entendre chanter. Si les hommes ne s'occupent pas d'eux, ces esprits peuvent devenir dangereux; si, au contraire, on les nourrit de leurs chants préférés, ils deviennent de grands protecteurs. Un bon esprit est caractérisé par le fait qu'il se soumet volontairement au sacrifice. Sa voix douce ou plaintive supplie les hommes de lui donner la nourriture sonore dont il a besoin. Les mauvais esprits sont des âmes réfractaires au sacrifice. Trop liés à la terre, ils n'ont pas pu récupérer l'immatérialité et la pureté sonore d'un véritable mort. Ils ont des voix horribles ou trompeuses, ils font des bruits désordonnés et se nourrissent en partie des sons-substances des âmes des vivants qu'ils rongent. On les chasse avec le son du sacrifice, surtout avec le son des matériaux anciens et du métal ou, par un choc en retour, au moyen d'un contrebruit qui les effraye. Lors d'une éclipse de la lune, on déchaîne un vacarme assourdissant pour repousser les esprits qui cherchent à dévorer l'astre. On protège le sommeil des hommes en fendant la nuit avec les chants de la conque. Les hommes particulièrement menacés à cause de leur rang élevé ou de leur office portent des vêtements ou des ceintures munis de clochettes. Un autre moyen de combattre les mauvais esprits, c'est le silence le plus complet, qui empêche ces malfaiteurs de s'orienter pendant qu'ils cherchent des victimes. Les deux forces antagonistes de l'univers, exprimées par un couple de dieux ou un être à nature double, se manifestent chez les esprits très souvent à travers leur évolution dans le temps. Un même esprit est tantôt bon et doté d'une voix douce et plaintive, tantôt mauvais et criard, suivant qu'il a subi ou non le sacrifice. Aussi pourra-t-il se manifester dans la même mélodie, mais sa sonorité sera tantôt laide, tantôt agréable.

LES RITES FUNÉRAIRES

Etant donné que les morts sont des chants ou qu'ils s'acheminent vers « la maison des chants », il n'est pas surprenant que les rites funéraires comportent une grande partie musicale. Lorsqu'une âme se prépare à rebrousser le chemin du monde acoustique dont elle était sortie à l'heure de son incarnation dans un corps humain, elle s'efforce de se débarrasser de la matière qui lui avait servi de support sur la terre. Ce n'est que par le sacrifice sonore qu'elle peut réaliser cette intention; mais, pour mener cette entreprise à bonne fin, l'âme a besoin du concours des vivants. Le *Jaiminîya Upanishad* nous apprend que le chant du *Sâmaveda* délivre l'âme d'un mort de sa dépouille mortelle. Chez les peuples primitifs, la famille du mourant cherche parfois à secourir l'âme en imitant ou en renforçant le son du dernier gémissement, c'est-à-dire le dernier sacrifice du souffle vital terrestre. Les cris violents que les Dogon poussent à la fin de leurs chants funéraires expriment également les derniers soupirs de la personne en agonie. Plus l'âme est restée attachée aux choses matérielles, plus elle a besoin de chants. Mais un rappel de l'âme vers un autel de sacrifice est toujours nécessaire, afin de la soumettre à cette opération rituelle qui l'aidera à retrouver complètement sa nature acoustique ou lui créera le véhicule sonore dont elle ne pourra pas se passer en traversant la montagne mythique. Au dire des Dogon, le créateur ne tue les hommes que lorsque les âmes, rappelées par l'énonciation de leurs noms, sont placées sur un autel de sacrifice. C'est alors qu'on coupe les cheveux du cadavre (symboles de la corde sonore ?), car ils forment le dernier support matériel de l'âme. C'est seulement devant le cadavre qu'un parent ou un ami intime peut oser l'imitation du chant individuel du mort pour fortifier la substance sonore du défunt. Très souvent ces chants se limitent à répéter le nom (la substance sonore) du mort. Les pleureuses ne brodent que des textes très courts d'éloge ou de regret, tournant toujours autour de ce nom. Pour ce rappel de l'âme, le *Li-ki* ordonne aux hommes de monter sur le toit de la maison, où ils doivent prononcer le nom du défunt et pousser un cri en faisant un bond vers le nord (pays des morts). Il est recommandé de crier le nom, avec lequel on appelait le mort lorsqu'il était enfant. Selon les chapitres XVIII à XX du *Livre des morts,* les anciens Egyptiens plaçaient sur la tête des momies « la couronne de voix juste » qui permettait aux morts la récitation victorieuse du livre sacré. Ensuite ils leur « rendaient la bouche » par des incantations et leur rappelaient leurs noms.

Le chamane de l'Altaï s'approche du cadavre et rappelle l'âme au son du tambour en décrivant une spirale autour du mort. Au moment où l'âme arrive, il l'attrape entre son instrument et la baguette, et la presse avec le tambour contre la terre. Ensuite il frappe les rythmes sourds et étouffés qui permettent à l'âme d'entrer dans le royaume de la mort. Les cérémonies qui rappellent l'âme par l'énoncé de son nom et l'enferment ensuite dans une conque, un cor ou un pot que l'on ferme, brûle ou noie dans un fleuve, cherchent à donner au mort à la fois un support et un centre de résonance. Souvent on dépose simplement un instrument de musique dans les tombes ou l'on attache des sonnailles aux chevilles, aux mollets ou aux poignets du défunt. Aux Indes, la musique funéraire est faite parfois avec des instruments correspondant à la caste à laquelle le mort appartenait. En Chine, on retire la cithare à un officier subalterne, parce que cet instrument ne convient qu'aux militaires d'un grade plus élevé. Aux Indes et en Indonésie, on tend à l'âme un fil de coton (symbole du son ?) et on frappe le gong et le tambour qui l'aideront à surmonter les grands obstacles qu'elle trouvera en route. Les Bororo (Amérique) représentent le mort par un homme couvert de feuillage qui, placé derrière un chanteur, agite deux hochets et exécute sa danse macabre. Cela fait, il appelle deux autres morts en soufflant dans une flûte. Immédiatement les fantômes arrivent et l'emportent au son du rhombe, pendant que la propriété du défunt flambe. Les Manjia (Afrique) mettent une sagaie dans la main du mort et relient par une ficelle ses pouces au tam-tam, ce qui provoque un léger balancement du corps quand l'instrument joue, faisant ainsi participer le cadavre au son et à la danse.

Il est certain que beaucoup de cris et de musiques instrumentales servent aussi à mettre les esprits dangereux en fuite. Les observations faites à ce sujet sont malheureusement encore très insuffisantes. De toute façon, il est indispensable de rester toujours en bons termes avec les morts, parce qu'ils sont les intermédiaires entre les dieux et les hommes. Ce sont eux qui envoient les maladies et la sécheresse ou la prospérité et la pluie, selon l'attention que les hommes leur témoignent.

LES CHANTS RITUELS À LA NAISSANCE ET À LA CIRCONCISION

D'après une croyance très répandue, l'âme d'un enfant entre dans le fœtus par le nombril de sa mère. C'est pourquoi en Australie le futur père chante sur le nombril de sa femme enceinte. Comme il ne peut pas y avoir sur terre plus d'hommes que de noms ou de chants disponibles, les habitants de Haïti préparent l'existence humaine d'un enfant en chantant son nom dès avant sa naissance. En Chine, quand un prince héritier naît, le maître de musique détermine, à l'aide du diapason, celle des cinq notes sur laquelle vagit le nouveau-né, afin de pouvoir fixer son nom (ming) qui définira sa destinée (ming, avec la même prononciation mais avec un caractère différent). C'est au premier cri de l'enfant que les Douala reconnaissent l'ancêtre qui s'est réincarné en lui.

Lorsqu'un garçon a atteint l'âge de la puberté, sa voix change. Cette mue est l'expression la plus substantielle du changement qui s'est produit en lui. Le rite qui accompagne et confirme la mue de la voix est la circoncision. Pendant cette opération, précédée souvent de rites d'enterrement (de l'enfance) ou de réclusion des candidats, apparaît la voix d'un monstre sous la forme d'un rhombe qui dévore ces enfants « morts » et les rejette ensuite sur la terre, métamorphosés en hommes circoncis, initiés et dotés d'une voix nouvelle. Au dire des Nootka (Amérique), ce dieu glouton qui ploie une jambe habite dans un rocher. Sa voix est généralement celle du tonnerre. En Nouvelle-Guinée, ce dieu est représenté parfois par une longue hutte en forme de monstre dans laquelle des hommes font vrombir les rhombes. En Australie, on imite aussi la voix du dieu par le cri de l'animal qui lui correspond. En Californie, les rhombes sont accompagnés de hochets que les dieux ont expressément recommandés pour ce genre de cérémonies. Chez les Bambara (Afrique), les ancêtres crient à travers une trompe de fer terminée par deux cornes, à la fois idole et trompette, qui vous glacent d'effroi. Pendant que les tambours ronflent, les auxiliaires du dieu répètent les paroles divines d'une manière plus articulée et plus compréhensible mais assourdie par un mirliton. En Afrique méridionale et en Mélanésie, les candidats sont assis sur le tambour. Dans d'autres régions, on emploie des conques, des flûtes ou des racleurs pour libérer la voix du dieu glouton. Les instruments qui ne rendent pas cette voix servent à couvrir les cris que les candidats pourraient pousser pendant cette douloureuse opération. Cette mesure de précaution est d'une grande importance, car le sacrifice pourrait perdre toute son efficacité si les jeunes gens poussaient un cri. Ils ne doivent ni chanter ni crier, parce qu'à ce moment leur substance sonore est censée être congestionnée. De plus, des cris de douleur ou de colère pourraient être néfastes ou interprétés comme une manifestation de refus du sacrifice. En revanche, les chants et les cris sont obligatoires lorsque le sacrifice

est achevé, c'est-à-dire quand la substance sonore est
libérée. Seul un individu qui se sacrifie lui-même peut
chanter durant une cérémonie, parce que dans ce cas
son chant est le sacrifice. Mais si le rite est exécuté
par une seconde personne (l'opérateur), il ne peut
chanter qu'après avoir subi le sacrifice. Aussi la circoncision est-elle précédée d'un long entraînement qui rend
les jeunes gens capables de supporter silencieusement
les plus grandes douleurs. Chez les Tchokwé (Afrique),
on leur permet de chanter pendant le temps de réclusion
« la chanson de la peur » du dieu glouton. Mais en
terminant ils retombent « morts » à terre et y restent
couchés jusqu'à ce qu'un homme les ranime un peu
en les fouettant avec des plumes ou des branches
d'arbres, afin de pouvoir les amener auprès de l'opérateur.

Toutes ces cérémonies sont destinées à donner au
jeune homme la voix virile, c'est-à-dire l'ensemble du
comportement d'un homme. Elles n'ont aucun caractère
spécifiquement sexuel. Elles enseignent aux candidats
l'emploi des chants et des instruments rituels. Elles les
initient aux lois et aux coutumes de la tribu et
leur inculquent le sens de la responsabilité. Leur initiation à la vie sexuelle ne fait que préluder au mariage.
De même beaucoup de cérémonies agricoles n'ont
aucun caractère particulièrement sexuel et se limitent
très souvent à attirer la chaleur printanière. Dans sa
Description du Tibet, le R. P. Hyacinthe écrit : « Quand
la montagne est couverte d'une neige profonde, il faut
se garder de faire du bruit, de proférer la moindre
parole, sans cela la glace et la grêle se précipiteraient
avec abondance et célérité. » Pour rappeler la chaleur,
les anciens Chinois piétinaient la terre et lançaient de
grands cris en exécutant les danses hivernales. Selon
le *Li-ki,* cette musique doit imiter le murmure et le
fracas soudain du tonnerre qui provoque la naissance
de tous les êtres. Chez beaucoup de peuples primitifs
les hommes crient, pendant que les femmes lancent
des sons suraigus en appuyant la pointe de la langue
contre les dents d'en haut et en la faisant vibrer rapidement. En Annam, un jeune homme et une jeune
fille, chacun couché sur un lit, se livrent à des joutes
littéraires et musicales. Alors, le tambour qui sépare
les deux lits doit appeler le premier tonnerre de l'année.

LES RITES SAISONNIERS

Comme la « nouvelle peau » dont la nature se revêt au printemps est l'œuvre des morts, les anciens Mexicains recouvraient aussi leurs tambours de peaux nouvelles provenant des sacrifices. Ces chants des morts qui ressuscitent de leurs peaux résonnent depuis l'hiver jusqu'au printemps. Aux Indes, pendant le solstice d'hiver, on imitait l'autosacrifice des dieux. On plaçait la peau d'un animal sur un trou creusé dans la terre et on se servait de la queue du même animal pour battre ce « tambour ». A la même occasion, les Eskimos sifflent en allant de l'ouest à l'est, agitent des hochets et des plumes d'aigle et frappent leurs tambours circulaires afin de réveiller « les forces surnaturelles ». Le printemps arrivé, on voit toutes sortes d'instruments mis en action pour animer la croissance des plantes. Les Menominee secouent leurs hochets. Les Kiwai tournent leurs rhombes, les Kaitish (Australie) les ornent même de plumes. Dans d'autres continents, on joue de la conque ou de la flûte.

La musique lumineuse de cette terre est santé et prospérité. Aussi, dans la table des concordances reproduite plus haut, le chant proprement dit figure sous la rubrique centrale « saison des pluies ». Pendant cette époque de l'année qui sépare l'été et l'automne, l'eau et le feu se mêlent et, au point de vue astrologique, la lune se rapproche du soleil. Lorsque, après la pluie, une odeur fraîche se dégage de la terre ensoleillée ou quand la pluie tombe entre les rayons du soleil, la musique lumineuse du ciel donne au monde une nouvelle impulsion. Elle rétablit la santé et la fécondité des hommes et de la terre, si le faiseur de pluie (qui est souvent aussi un médecin) sait l'évoquer au moment propice. Les rites de pluie caractérisent surtout les peuples d'agriculteurs qui ont développé une mythologie, dans laquelle le rapport entre le ciel et la terre est souvent symbolisé par un mariage entre le dieu du ciel et une déesse terrestre. Parfois il est dit que cette relation ne devenait effective que par les chants que ces divinités s'adressaient mutuellement. Primitivement le ciel était si proche de la terre que les hommes pouvaient le toucher avec leurs mains. Mais lorsque les deux mondes se séparèrent (tantôt par la volonté de leur fils, tantôt par celle des hommes), il cessa de pleuvoir, jusqu'à ce que les dieux aient pu se rapprocher de nouveau. Par cette conception mythologique d'un ciel fécondateur de la terre, les rites de pluie et les rites sexuels se confondent très souvent. Tous les deux sont des rites de fécondité.

L'astre qui entre particulièrement en jeu est la lune. Lorsqu'elle est en déclin (*transformer II* ou dieu de la guerre), elle s'empare des âmes humaines qui montent dans les brouillards humides vers la Voie lactée et les apporte à la lune noire (dieu des morts), symbole stellaire de la caverne de sacrifice. (Au lieu de cette lune, on mentionne aussi les « nuages noirs » de pluie.) Mais la lune noire, invisible aux hommes, régénère les âmes et, quand elle recommence à croître, elle les rejette métamorphosées en pluie sur la terre. Selon le *Kaushîtaki Upanishad* et bien d'autres traditions, la lune interroge les âmes et ne renvoie sur la terre que celles qui ne savent pas répondre correctement. Ce sont donc les âmes destinées à la réincarnation qui tombent de l'arbre de la mort (lune noire) et qui chantent lorsque la pluie féconde la terre et quand les femmes se sentent enceintes. Aussi les cérémonies de fécondité se déroulent-elles souvent devant des tombes. En Nouvelle-Calédonie, on déterre un mort et on arrose le squelette suspendu à un arbre avec de l'eau. Au Nigeria, le nuage sonore est représenté par la tête d'un mort. Dans les rites védiques la pluie est renfermée dans la tête du cheval de sacrifice. On s'adresse aussi à des « pierres de pluie » habitées par les morts ou on mouille des cheveux provenant d'un cadavre.

D'une façon générale, les rites cherchent à attirer les eaux par des actions d'analogie et par une musique qui imite les phénomènes désirés. On contrefait les animaux annonciateurs de la pluie, on agite des plumes, on arrose la terre ou les victimes de sacrifice, on casse un bambou rempli d'eau ou on expose l'image du dragon de l'eau. Les instruments varient suivant les civilisations. On emploie des rhombes, des conques, des hochets, des cloches, des fifres, des tambours, des gongs et même des luths. Les rhombes, les tambours et les gongs (le « tambour de bronze » orné de grenouilles) imitent généralement le tonnerre. Les fifres symbolisent l'éclair, les flûtes « fendent l'air ». Avec les hochets, ornés de plumes ou taillés en forme d'oiseau, on imite le bruit de la pluie. Chez les Lango (Afrique), la double nature du dieu du tonnerre est représentée par une double cloche, sur laquelle on souffle pour la mettre en branle. Le *Li-ki* nous dit que, pour obtenir la pluie d'été, il faut exécuter des sacrifices et faire résonner tous les instruments en les accompagnant des pantomimes correspondantes. Mais très souvent les instruments se limitent aussi à scander les chants, sans que l'imitation d'un bruit naturel intervienne.

L'action exercée par ces rites est considérée comme le cri de l'éclair, du soleil, du feu ou des vents, lancé contre les nuages, la lune ou le lac intérieur de la caverne. C'est par un cri qu'Indra force la porte d'entrée de l'antre de Ahi et libère les vaches beuglantes que le démon aux cheveux d'or retient dans sa caverne. Les dieux du vent qui accompagnent Indra attaquent les nuages avec leur sifflement et « répandent la pluie sonore comme des libations ». Aussi les rites imitent-ils cet exemple en forçant l'entrée d'une hutte ou en symbolisant cette hiérogamie par le mariage de deux poupées. Selon une croyance assez répandue, le dieu du tonnerre dort beaucoup et se fâche lorsqu'on fait trop de bruit. Réveillé brusquement, il lance des cris terribles qui, produisant un vent tourbillonnant et le tonnerre, annoncent la pluie. Aussi les hommes, d'accord avec la femme de ce dieu dormeur, n'hésitent-ils pas à le déranger lorsqu'ils ont besoin d'eau. Dans ces rites, la puissance créatrice de la voix de ce dieu, dont on dit qu'il n'a qu'une seule jambe, est parfois symbolisée sur terre par une pierre phallique. Bien que ce physique étrange représente un corps divin et le prototype du corps humain, il n'est pas impossible que le tambour, monté sur un seul pieu et joué par ce dieu, ait également une signification semblable. Même Indra apparaît parfois comme un « bouc à un seul pied ». Lorsque Yu sautillait sur une seule jambe, il imitait les faisans dont le battement de tambour, produit par leurs ailes, « ressemblait à l'ébranlement qu'éprouve une femme à l'instant où elle devient enceinte » (M. Granet). Or, l'orgue à bouche, dont les treize tuyaux symbolisent les ailes du faisan, était l'œuvre de Niu Koua qui avait inventé le mariage. Mais quand les légendes ou les rites attribuent aux dieux des actes nettement sexuels, il ne faut jamais perdre de vue que ces images ne sont que des métaphores. Les dieux sont des chants, et les âmes qu'ils libèrent chevauchent leurs chants qui, en se matérialisant, pénètrent dans la pluie et dans la semence des hommes pour féconder la terre et les femmes.

LES RITES DE MARIAGE

D'une façon générale, les rites de mariage n'offrent pas un grand intérêt musical. C'est plutôt dans les rites prénuptiaux que la puissance du son est évoquée. Chez les Boanoro (Nouvelle-Guinée), la bru est déflorée par un parent devant le tambour et la flûte de la maison de cérémonies. Les Kuna (Amérique) enveloppent deux flûtes dans une feuille pour vérifier la virginité de la fiancée. L'innocence est démontrée lorsqu'en dépliant ce paquet les instruments ne bougent pas. Pour des charmes d'amour, les habitants des îles Salomon se servent de la flûte de Pan. Les Kiwai utilisent un tambour dans lequel ils cachent une feuille qui a couvert les parties sexuelles de la femme désirée. A Hawaï, on fait résonner un arc musical pour inciter la femme à sortir de sa cabane.

LES RITES DE GUÉRISON

Nous avons déjà dit que le faiseur de pluie est aussi un médecin. Mais, alors que les cérémonies de pluie matérialisent les chants divins, la musicothérapie cherche à sauvegarder et à fortifier la pure substance sonore de l'homme. Elle atteint son apogée quand elle s'efforce d'épurer et d'augmenter le volume normal de cette substance vitale dans l'intention de procurer l'immortalité à l'homme. A cet effet les Aswin (les médecins védiques), dont les chevaux font couler l'eau en frappant les « nuages de pierre » avec leurs sabots, ont inventé un médicament qui guérit la cécité des hommes soumis aux illusions des sens. Le yogi qui chante et *voit* la syllabe AUM sait que la voyelle A, avec laquelle il commence, est le son de la terre, l'U est l'espace intermédiaire, le M touche le ciel et « fait s'écrouler la colonne qui supporte le ciel » et qui sépare les deux mondes. Sous cette forme extrême, la musicothérapie prend un chemin parallèle, mais de sens opposé, aux cérémonies de pluie. Celles-ci matérialisent la musique lumineuse, la musicothérapie cherche à ramener la matière à son origine sonore et lumineuse et à rendre à l'homme sa pureté acoustique originelle. L'eau des rites de pluie féconde, mais quand elle tombe d'une manière excessive, elle souille la terre et les hommes et amène les maladies. L'eau des rites de médecine purifie et enlève les péchés, mais elle détruit la vitalité physique, lorsqu'elle mène les hommes trop près des dieux.

Généralement le mal physique est censé être causé par des fautes consciemment ou inconsciemment commises qui mettent l'homme à la merci d'un esprit dont la voix cassée se nourrit en suçant la substance sonore du corps humain. Alors l'âme ne quitte pas le corps d'une façon définitive, mais elle s'absente souvent pendant de longues heures. La maladie ou le péché augmentent la matière inerte de l'homme et diminuent la substance sonore. Aussi tout rite curatif est-il un sacrifice expiatoire qui épure à la fois le malade et le démon de la maladie. Tous les deux ont besoin de se débarrasser des entraves créées par la matière. A cet effet le malade exécutera son chant personnel de médecine et l'esprit se fera sacrifier en confessant son nom pour pouvoir libérer ses forces acoustiques.

Quand le Grand Manitou était sur terre, il donna aux Chippewa et aux Papago des chants, des tambours et des hochets qui avaient la vertu de lustrer les mauvais esprits et de guérir les malades. Les Yuchi désignent leur école de médecine, dans laquelle chaque membre reçoit sa chanson curative personnelle, par le terme *hempino* qui veut dire tout simplement « chanter ». Pour combattre les épidémies, on se borne souvent à lancer des cris sauvages en fouettant l'air avec des branches d'arbre. Pour le traitement individuel, on fait des massages, on suce la peau du malade ou on met des herbes curatives sur la plaie. De même que dans les rites de pluie, on agite des plumes d'aigle (oiseau-tonnerre) que l'on fixe aussi aux instruments de musique. Le médecin des Uitoto attache des plumes dans sa chevelure « pour mieux voir ». Mais tous ces procédés ne deviennent efficaces que par les chants. Avant d'offrir une boisson à son client, le chamane des Creek (Amérique) souffle la force magique de son chant au moyen d'un tube dans le liquide. C'est par des chants, tantôt menaçants, tantôt flatteurs, que l'on pousse le mauvais esprit à quitter le corps du malade ou à se loger directement sous l'épiderme, afin de pouvoir mieux entendre sa chanson. C'est à ce moment que le médecin pourra l'attraper, le chasser ou le conduire au sacrifice.

Comme tout malade est un demi-mort dont l'âme (errante en dehors du corps pour échapper à l'esprit de la maladie) est constamment menacée d'être mangée par un esprit, la cérémonie commence souvent par un rappel de l'âme. La situation ressemble à celle que nous avons vue dans les rites funéraires : on ne peut secourir une personne lorsque sa substance sonore n'est pas présente. Aux îles Loyalty, la caverne sonore à travers laquelle on rappelle l'âme dans son corps est une flûte nasale. Les Menominee l'évoquent au moyen d'une flûte ordinaire et sucent la maladie avec un tuyau de bambou. L'instrument de musique et l'engin médical ont des formes semblables. Le chamane des Katchinz (Asie), après avoir fumigé son manteau, son tambour et la baguette, commence par tambouriner très lentement pour réunir ses esprits auxiliaires. Ensuite il lance un cri violent et commence à chanter en secouant la tête et prononce sans arrêt le nom de l'âme égarée. Cela fait, il pose le tambour sur sa tête. Son chant devient de plus en plus sombre jusqu'à ce que la voix ait atteint le timbre sourd et grave qui permet à l'âme de s'introduire dans le tambour qui vibre devant la bouche du médecin. A ce moment la voix du docteur s'étouffe en sanglotant. Les Samoyèdes du Iénisséi soufflent une âme ainsi retrouvée dans l'oreille du malade. Parfois le chamane ramène les âmes dans un os creux. Les Bouriat attachent un fil rouge à un arbre et fixent l'autre extrémité à une flèche. Ce symbole de la corde vibrante constitue le chemin par lequel l'âme du malade peut rentrer dans son corps.

Pour reconnaître les démons, provocateurs de la maladie, le médecin fait d'abord appel à ses esprits auxiliaires au moyen du chant, du tambour ou du gong. Ensuite il essaie, en présence de l'âme évoquée, de faire son diagnostic. Il commence par chercher le nom (la substance sonore endommagée) de l'esprit de la maladie, car « toute maladie prend la fuite, lorsqu'elle entend chanter son nom ou sa voix ». Elle se sent alors menacée, parce qu'elle est dévoilée et reconnue. Les Douala disent qu'elle est effrayée de sa propre voix comme une sorcière qui voit subitement son visage horrible dans une rivière (miroir). Chez les Kavirondo (Afrique), les auxiliaires du docteur chantent et secouent des hochets, jusqu'à ce que le malade commence à trembler et à gémir. A ce moment on a trouvé le rythme de l'esprit nocif. Quand le chamane des Kintak-Bong (Asie) traite un malade dans sa cabane, le chœur qui se trouve devant la porte aide le médecin à se mettre en extase et à trouver le démon. Ensuite il répète continuellement le nom de l'esprit de la maladie.

Comme chaque esprit qui provoque une maladie a un chant ou est un chant personnel, il est indispensable que le médecin connaisse un grand nombre de mélodies et de timbres vocaux, capables d'imiter les voix cassées (la substance sonore endommagée ou insuffisante) de ces êtres. Pour leur offrir ce véhicule, dans lequel il les emprisonnera ensuite, il chante leurs mélodies tantôt avec la voix laide et horrible qui leur correspond, tantôt avec une voix sonore ou bien rythmée, montrant la beauté que pourraient avoir leurs mélodies s'ils se décidaient à sacrifier leur adhésion exagérée à la matière et à devenir des esprits vraiment sonores et bienfaisants. Si cette tactique échoue, on cherche à expulser l'esprit par le bruit et par la violence. Alors le « médicament » en forme de syllabes (hi, hi, ho, ho) ou d'injures est « tiré » de la bouche du médecin comme une flèche. Parfois les médecins, ne connaissant qu'une seule mélodie, sont tellement spécialisés qu'ils traitent seulement une maladie déterminée.

Mais on emploie aussi des instruments de musique. Dans les hautes civilisations, l'homéopathie sympathique est souvent exercée au moyen des instruments à cordes. Le *Kausika-sutra* recommande l'absorption de la corde du luth Pisala, trempé pendant les trois jours de la lune noire dans du miel et du lait caillé. Selon al-Kindî, la

plus haute corde du luth *(do)*, teinte en jaune, correspond
à la bile, qu'elle augmente en combattant la pituite.
La corde du sang, de couleur rouge *(sol)*, fortifie le
sang et elle est contraire à l'atrabile. La corde noire
(terre, *ré*) augmente l'atrabile et apaise le sang. La corde
de l'eau *(la)*, teinte en blanc, augmente la pituite et
combat la bile. A côté du procédé homéopathique,
nous trouvons donc aussi un traitement allopathique.
En Australie, on gratte le bois du rhombe dont on fait
manger les râpures au malade. En Californie, on joue
de la flûte ou on fait résonner les rhombes. Au Tibet,
on emploie des conques, des trompettes et des cloches.
Les Thonga (Afrique) roulent le hochet sur la partie
malade du corps. Les instruments les plus courants
sont les tambours et les hochets. Le médecin des Kazak-
Kirghizes imite sur le tambour circulaire, renforcé par
des plumes de hibou, tous les sons depuis le bourdonnement d'une mouche jusqu'au bruit de la tempête.
Il fait tourner les poumons de l'animal de sacrifice au-
dessus et autour de la tête du malade en contrefaisant
tous les animaux qui pourraient avoir produit le mal.
Chez les Uana (Amérique), le médecin souffle de la
fumée de tabac sur son client, masse le corps et secoue
un hochet avec la main gauche. Cela fait, il lance la
maladie en l'air avec un brusque mouvement de sa
main. Dans d'autres cas, la maladie est rejetée à l'eau,
sur des arbres ou des animaux.

Mais très souvent la guérison ne peut être obtenue
que lorsque le médecin se décide à offrir à la maladie
son propre corps. Il faut que le chamane mange le
démon d'une façon rituelle. Quand les femmes-médecins
des Tinguian (Philippines) frappent avec des conques
(provenant de la propriété d'un mort) contre une
plaque de métal, elles chantent et supplient l'esprit de
la maladie d'entrer dans leurs corps. Le chamane
Kwakiutl (Amérique), après avoir rappelé l'âme du
malade, fait passer l'âme et le mal dans son propre
corps en suçant la peau de son client. Ensuite il « vomit »
l'âme et la rend à son propriétaire en soufflant sur la
fontanelle du malade. L'âme étant en sécurité, il expectore
la maladie, la saisit et l'offre à son hochet toujours
affamé qui engloutit le méchant esprit. Quand les
Papago ont identifié l'animal provocateur de la maladie,

ils sacrifient une bête de la même famille. Pendant la cure, les assistants du médecin, qui chantent la mélodie de cette famille d'animaux provocateurs de la maladie, sont obligés de manger la viande de cette bête, tandis que le docteur frotte le corps du malade avec la queue de l'animal sacrifié. Ce repas rituel, par lequel le médecin, ses assistants ou les hochets mangent (sacrifient) l'esprit de la maladie pour le transformer en un esprit bienfaisant ou inoffensif, est très caractéristique. Selon la mythologie des Papago, toutes les maladies proviennent des plumes que le « magicien de la terre » *(transformer)* a portées sur sa tête au début de la création. Mais ces mêmes plumes pourraient aussi guérir toutes les maladies. Les Chippewa disent que chaque animal a créé une maladie et un médicament capable de la combattre. Le même être porte bonheur ou malheur suivant qu'on arrive à le sacrifier et à le faire résonner ou non. La maladie est un esprit qui, tout en souffrant de son attachement à la matière et de la laideur de sa voix, cherche à échapper au sacrifice sonore et, pour se nourrir, préfère continuer à ronger la substance sonore des hommes. La force du magicien consiste à l'identifier, à lui arracher son nom et à l'obliger au sacrifice qui réanimera sa substance sonore. La maladie est un esprit que l'on peut saisir comme une personne. Il n'y a guère de différence entre un tel esprit et un criminel. Quand le provocateur d'un mal est un véritable homme, un sorcier ou un assassin, le procédé est exactement le même. On cherche d'abord à connaître le nom du criminel qui n'a pas seulement causé la maladie, mais qui est lui-même la maladie. Ne pouvant pas attraper le malfaiteur, les Kurnai (Australie) brûlent ses vêtements en criant son nom.

LA PENSÉE MAGIQUE
SURVIT PARTIELLEMENT
DANS LES IDÉES ESTHÉTIQUES

Le symbole général de la musique est le tambour ou l'arbre. Il indique la relation ou l'harmonie entre le ciel et la terre. Un symbole plus spécifique est le dieu du tonnerre, dont le tambour distribue la nourriture.

Les habitants de Mangaia le représentent aussi par une conque. Très souvent le dieu de la musique est l'étoile du matin, « le médecin qui ne cesse de chanter » pour dissiper les ténèbres et aider les hommes. Sur le fameux tambour de Malinalco (Mexique), on représente le dieu de la musique à côté du signe *olin* (l'écoulement du temps), de l'aigle et des emblèmes du sacrifice. C'est Xochipilli, orné de fleurs et de plumes, qui chante et danse en ayant des nuages, symboles du son, sous la tête et sous les pieds. Des clochettes pendent de ses oreilles; ses sandales sont munies de petites boules qui symbolisent la danse. Sur toute la surface du tambour se trouvent les hiéroglyphes de la guerre et la corde du sacrifice, tressée de fils bleus et rouges symbolisant l'eau et le feu (la musique humide et lumineuse). On dit que Tezcatlipoca, le dieu de la guerre, arrachait la musique de ce tambour à la maison nocturne du soleil.

De même que les anciens Égyptiens qui vénéraient le dieu Thot comme le maître de la musique, de l'écriture, de la danse et des singes, le Mexique et les Indes élevèrent le singe au rang de dieu de la musique. Dans les manuscrits mexicains, ce grand guerrier et tambourineur est parfois représenté comme le dieu de la mort adossé au dieu de la vie. Il est donc probable que c'est le couple des ancêtres qui symbolise la totalité de la musique. Le héros civilisateur correspondrait alors à la création spontanée, et le dieu de la guerre (le singe) à la musique imitative. Or, ce que les hommes et la terre (féminine par rapport au ciel) font par la musique, c'est imiter les dieux. C'est une technique que les anciens Chinois désignaient par le terme *kong*, qui veut dire en premier lieu « musique », et ensuite « travail manuel » et en particulier « ouvrages féminins ». C'est par leur grand talent d'imitation, combiné avec une certaine verve créatrice, que les ancêtres réussirent à faire tant de miracles : ils firent ressusciter des morts et vainquirent les démons. Ils aménagèrent la terre avec des engins sonores et firent danser les animaux.

Grâce à ce principe, on essayait d'imiter avec la « voix juste » tous les sons de la nature; et sous ce rapport les hommes cherchaient à copier l'exemple des ancêtres le mieux possible. Mais à mesure qu'une religion

commençait à supplanter les idées magiques, la voix
juste et l'imitation naturaliste perdirent peu à peu leur
valeur effective. Elles prirent un caractère profane et
artistique et aboutirent à la musique descriptive ou à la
musique à programme. Les instruments des hautes
civilisations sont beaucoup moins aptes à contrefaire
les bruits de la nature que ceux des civilisations primitives. Dans cet ordre d'idées, leur seule ambition
consiste dans l'imitation de la voix humaine. L'Extrême-
Orient a produit une littérature de musique imitative
pour la cithare, dont les titres poétiques sont extrêmement suggestifs : l'aurore printanière qui pénètre
le ciel, la vigueur du coursier, le vol du dragon, le bruissement du vent dans la forêt. Confucius était célèbre
pour la dignité qu'il savait donner à l'exécution de ces
pièces dont il expliquait le sens à ses élèves. Mais le
style descriptif de cette musique est rarement tout à
fait réaliste. Souvent elle mêle l'imitation musicale,
déjà assez stylisée, à l'expression d'un sentiment de la
nature rendu par une pure mélodie. Cette technique ne
paraît d'ailleurs pas tout à fait nouvelle. Elle semble
être plutôt le dernier reflet de la conception qu'on avait
de l'imitation du son-substance créateur qui, avant de
se manifester dans les bruits de la nature (monde matérialisé), était un cri, l'expression d'un sentiment ou d'une
volonté créatrice. Ce flottement du style, motivé par
la présence de deux sortes de son-substance, existe
aussi chez des peuples primitifs. Lorsqu'un groupe de
Baule (Afrique) nous chanta la « mélodie de la cigogne »,
tout le monde trouva que ce chant imitait les mouvements
de l'animal. Cependant, cette imitation ne formait
pas la partie essentielle de ce chant. La musique devait
surtout réaliser la « vie » ou la force de la cigogne.
Aussi y avait-il un grand nombre de sons ou de thèmes
de « force pure » qui n'avaient pas un caractère descriptif,
mais qui constituaient l'essence de la force sonore
animale. Cette force ne peut pas être traduite par une
musique descriptive, parce qu'elle n'a aucun équivalent visuel. Ce sont ces idées-forces tout à fait abstraites
qui, dans un état considérablement « sécularisé »,
paraissent constituer plus tard (dans les hautes civilisations) la partie abstraite de la musique à programme.
Pour la musique de ce genre jouée sur la flûte, il

existe parfois des textes sous-entendus qui traduisent
les intentions du compositeur dans les passages non
descriptifs. Quant à l'imitation réaliste, elle se réduit
généralement à l'expression musicale des éléments
littéraires particulièrement faciles à contrefaire.

Aux Indes et dans les pays de civilisation arabe, la
musique descriptive est liée à une technique de composition qui développe ses idées en se référant constamment à un patron musical et littéraire préexistant,
nommé *raga* ou *maqam*. A. Schaeffner a déjà souligné
que le *raga* n'est pas simplement un mode musical
déterminé, mais qu'il représente un stade encore magique
du mode. Il contient certaines tournures mélodiques
et rythmiques caractéristiques d'un mode qui doivent
former l'essence thématique de toute composition
obéissant à ce modèle. Ces *raga* ou *maqam* ne sont pas
des créations exclusivement musicales. Al-Fârâbî,
Safiy-Yüd-Din et al-Ladhiqi les associent étroitement avec
certains signes du zodiaque et certaines qualités psychologiques. Le genre diatonique, un peu grossier, engendre
le courage et correspond au tempérament des peuples
montagnards. Le *maqam* Isfahan, concordant avec les
Gémeaux, dilate l'âme; il faut le chanter en présence
d'une personne aimée. Mais il y a aussi des heures
déterminées pour leur exécution. A l'aurore, on chante
en Husayni (Scorpion), au lever du soleil en Rast
(Bélier), à midi en Zangulah (Vierge). Cette idéologie
semble être plus développée encore dans les *raga* hindous.
Le *raga* Shri, correspondant aux mois de novembre et
de décembre et à l'heure du crépuscule, exprime l'image
d'un homme portant un lotus en présence de sa bien-
aimée. Mais O. C. Gangoly a bien montré que, primitivement, le *raga* est le corps sonore du dieu, auquel il
appartient. La musique artistique s'est éloignée peu à
peu de ces idées magiques; néanmoins il paraît probable
que ces musiques saturées de sensations visuelles et
parfois même olfactives constituent les derniers reflets
du concept de la musique lumineuse. Il est vrai que
certaines idées esthétiques que l'on trouve chez Sseu-
ma Ts'ien sont loin de posséder ce raffinement artistique : « Les tessitures hautes (de la musique) rendent
l'homme comme soulevé; les tessitures basses le rendent
comme abattu; les passages sinueux le rendent comme

courbé; les parties où il y a arrêt le rendent immobile comme un arbre mort. » Mais il faut croire que ces idées étaient déterminées par le système de concordances qui semble avoir vraiment tyrannisé certains auteurs chinois.

La racine magique de la musique artistique pourrait aussi expliquer le caractère presque sacré et souvent très officiel que l'on prête aux manifestations musicales déjà complètement séparées du culte. On ne fera jamais jouer un orchestre pour le simple plaisir d'entendre de la musique. Produite avec des moyens limités, et aussi longtemps qu'elle ne se met pas au service du théâtre, elle évite tout ce qui la réduirait à n'être qu'un simple divertissement. Elle est un moyen précieux d'illustrer toutes sortes d'événements importants et de souligner le caractère spécifique des cérémonies. La musique parfaite doit toujours accuser un équilibre juste et correct et « agir sans violence ». « Tous ceux qui instituèrent la musique, le firent pour modérer la joie. » La musique ne doit pas exciter les passions; elle est « la fleur de la vertu » (*Li-ki*). Si les rites symbolisent la justice, la musique correspond à la bonté. « Au moyen du chant l'homme se corrige lui-même et déploie sa vertu. »

Mais malgré ce caractère officiel de leur art, les théoriciens chinois ne s'abstiennent pas tout à fait de faire allusion aux sentiments intimes que la musique est capable de canaliser ou d'évoquer. « En prolongeant le son, l'homme exprime ses sentiments. » « Lorsque le cœur, affecté par des objets, est ému, il donne une forme à ses émotions par le son. C'est des sons que la musique prend naissance; son origine est dans le cœur de l'homme. Ainsi, lorsque le cœur éprouve un sentiment de tristesse, le son qu'il émet est contracté et va en s'affaiblissant. Lorsque le cœur éprouve un sentiment de plaisir, le son qu'il émet est aisé; lorsque le cœur éprouve un sentiment de joie, le son qu'il émet est élevé et s'échappe librement. Si le cœur éprouve un sentiment de colère, le son qu'il émet est rude et violent; si le cœur éprouve un sentiment de respect, le son qu'il émet est franc et modeste. Si le cœur éprouve un sentiment d'amour, le son qu'il émet est harmonieux et doux » (*Li-ki*).

Aussi longtemps que la musique a un caractère

purement magique, aucune idée d'esthétique ne peut
modérer son dynamisme. C'est seulement aux approches
de la musique artistique qu'un certain souci de beauté
et d'équilibre du son commence à se manifester. L'imitation du cri de la grenouille, rituel dans les cérémonies
de pluie, l'étiquette la condamne comme obscène;
cependant, on continue à chanter avec la voix de ventre,
qui est d'origine magique. Les instruments de musique,
ne devant plus résonner tous en même temps, sont
soumis à un rythme alternatif qui répond mieux au
sentiment d'esthétique; mais ce chant alterné continue
à représenter l'action concertante des forces antagonistes
de l'univers. Possédant un instrumentaire plus riche,
les hautes civilisations le divisent en différents groupes
éthiques. En Chine, les cloches sont guerrières et les
cordes austères; les instruments à vent suggèrent l'idée
de l'ampleur et de la multitude, le tambour évoque
l'élan de la foule. Partout les survivances magiques
restent sensibles. Le fait que la danse chinoise commence
avec le tambour, évocateur de la foule, et se termine
avec les cloches guerrières, rappelle bien les conceptions
magiques des peuples primitifs qui, en commençant
la danse, invitent les esprits et les hommes par des coups
de tambour et finissent au moyen de cris violents qui
doivent protéger la foule contre les attaques éventuelles
des esprits libérés par la musique.

De tout temps on a attribué le premier rang à la voix
humaine. Souvent, les qualités les plus vantées de la
flûte ou de la cithare sont de savoir imiter la voix humaine.
La voix c'est l'homme; et l'homme est la mesure de
tout. Les instruments de musique, les arbres parlants,
l'univers entier sont faits sur le modèle de l'homme. Les
roches sont les os, les fleuves les veines et les forêts
les cheveux du géant ou de la géante cosmique dont le
sacrifice a donné naissance au monde matériel. La
substance de sa force, résonnant dans le canal volcanique qui traverse le monde, fait vibrer toute sa charpente, lorsque le sacrifice sonore commence à « s'étendre ». Un phénomène analogue se produit dans l'homme
qui à son tour « déroule » le sacrifice. Alors il sent sa
puissance s'élever le long de la colonne vertébrale. Son
souffle sonore monte par ses canaux intérieurs, dilate
ses poumons et fait vibrer ses os. Ainsi transformé en

résonateur cosmique, l'homme se dresse comme l'arbre parlant. Cette force sonore ira prendre son siège dans sa peau ou dans son squelette, lorsque le sacrifice aura été total. Alors il ne sera plus qu'un instrument entre les mains d'un dieu et ses os, encore imprégnés de sa puissance sonore matérialisée, constitueront des amulettes précieuses entre les mains de ses fils. Sa partie immortelle (le son fondamental de son âme) s'acheminera vers la Voie lactée. Mais lorsqu'elle aura réussi à passer le pont dangereux situé à l'Orient, entre Orion, les Gémeaux et le Taureau, où les astrologues placent le larynx du monde, elle s'incorporera au chœur des morts et participera à leur chant dans la caverne de lumière qui lance l'œuf solaire et le fixe sur la corne du taureau printanier. Le larynx du monde est la caverne de lumière, la gueule béante des dieux qui, à chaque printemps, renouvelle l'action de l'abîme primordial en ouvrant ses portes au soleil qui monte comme un arbre, un œuf resplendissant ou un crâne chantant. Et c'est ce crâne qui énonce de nouveau le monde au moyen d'une musique, dont les rayons résonnent d'abord comme la syllabe OM, comme une conque ou un son intermédiaire entre les voyelles OU et O. Or, pour émettre ce sombre chant des débuts, destiné à s'éclaircir de plus en plus, il a fallu que les lèvres du cadavre vivant s'arrondissent pour former le cercle O, symbole de l'issue de la caverne de résonance d'où sort le soleil à chaque printemps pour renouveler la substance sonore de tout ce qui existe.

Marius Schneider.

BIBLIOGRAPHIE

Il n'existe pas de littérature particulière au sujet traité dans cette étude. Comme introduction à cette matière nous recommandons :

Spencer, B., et Gillen, F., *The native Tribes of Central Australia,* Londres, 1899.

Spencer, B., et Gillen, F., *The northern Tribes of Central Australia,* Londres, 1904.

Un grand nombre de mythes de création se trouvent dans le volumineux ouvrage de :

SCHMIDT, W., *Der Ursprung der Gottesidee*, Munster, 1929-1955.
Et chez :
GRANET, M., *Danses et légendes de la Chine ancienne*, Paris, 1926.
CRAIGHILL HANDY, E. S., *Polynesian Religion*, Honolulu, 1927.
GRIAULE, M., *Dieu d'eau*, 1948, Paris.
GRANET, M, *La pensée chinoise*, Paris, 1934.
BAUMANN, H., *Schöpfung und Urzeit des Menschen im Mythus der afrikanischen Völker*, Berlin, 1936.
LEENHARDT, M., *Do Kamo*, Paris, 1947.
DIETERLEN, G., *La religion Bambara*, Paris, 1951.
Pour l'Inde :
LEVY, Sylvain, *La doctrine des sacrifices dans les Brâhmanas*, Paris, 1898.
OLDENBERG, H., *Die Religion des Veda*, Berlin, 1917.
ZIMMER, H., *Ewiges Indien*, Zurich, 1930.
DANIELOU, A., *Théorie métaphysique du Verbe*, (Approches de l'Inde), Paris, 1949.
SCHNEIDER, M., *Die historischen Grundlagen der musikalischen Symbolik*, « Die Musikforschung », 1951, 4.

Parmi les Brâhmanas nous signalons surtout les *Brihadâ-ranyaka*, *Aitareya*, *Chandogya*, *Taittirîya* et *Maitrâyana Upanishads*.

LA MUSIQUE D'AFRIQUE NOIRE

Comparée à la place de choix qu'ont maintenant conquise dans l'histoire universelle des arts peinture et sculpture d'Afrique noire, celle qu'occupe encore la musique africaine reste dérisoire. Ce n'est pas ici le lieu d'examiner pourquoi la musique dite « primitive », africaine ou non, demeure, contrairement aux autres arts dits « primitifs », si étrangère à la sensibilité esthétique du monde occidental moderne. Bornons-nous à observer que celle-ci confond dans le même genre d'indifférence les rudes polyphonies des paysans albanais, par exemple, les concerts de flûtes et trompes des Indiens Piaroa du Brésil ou les liturgies homophones du Dahomey. Cela est significatif. Européenne, indienne ou africaine, ces musiques n'ont en commun que d'appartenir à la même catégorie musicale, celle que constituent les musiques non écrites. Face aux musiques écrites, en effet, les musiques non écrites forment un tout et obéissent ensemble à des principes parfois radicalement différents de ceux qui régissent les premières.

Musique non écrite ou, mieux, musique de tradition orale, c'est ainsi que se définit la musique d'Afrique noire. Plus exactement, c'est le seul dénominateur commun qu'on puisse trouver aux innombrables variétés dont elle est faite. Musique primitive ? Assurément pas, ni dans le sens absolu ni dans le sens relatif du terme. L'homme primitif a depuis longtemps disparu de la surface de la terre, comme chacun sait, et avec lui sa musique, exception faite, vraisemblablement, de quelques usages et aussi de quelques instruments comme le rhombe, dont il sera question plus loin. D'autre part, comparée aux musiques relativement primitives qui ont survécu, celle des aborigènes australiens par exemple, la musique africaine se présente en bloc comme un art infiniment plus tardif. Mais à l'intérieur de ce bloc, il y a autant de différence d'un genre musical à un autre qu'il y en a, ailleurs, d'un type d'organisation sociale à un autre, et l'on imaginera sans peine quel arc-en-ciel cela compose si l'on veut bien se souvenir qu'en Afrique vivent simultanément des sociétés quasi féodales, fortement hiérarchisées et différenciées, ayant bâti de grands empires, des petites communautés vivant dans un état voisin de ce qu'il est convenu d'appeler le communisme primitif et, entre ces deux extrêmes, autant de formes intermédiaires qu'on peut en imaginer.

Dans la diversification des styles et des genres musicaux, l'histoire a joué un grand rôle. L'Afrique ne s'est pas peuplée d'un seul coup, mais par vagues successives. Il s'en est suivi de grands brassages de peuples. Des influences extérieures se sont exercées, véhiculées par l'Islam notamment. De pays en pays, enfin, climat, sol et végétation changent à tel point que les différences qui en résultent dans les manières de vivre ont eu nécessairement un écho dans la musique.

[De nos jours, la musique africaine, là où elle subit fortement le contact du monde moderne, est surtout perméable à la musique « arabe » de film, à la musique chrétienne (catholique et protestante), à la musique dite « de charme », enfin à la musique « antillaise » (au Ghana, le *calypso* venu de Trinidad, avec sa version locale qu'est le *high life,* fait fureur ; dans tous les dancings, mais particulièrement en Afrique équatoriale, rumba et biguine sont en grande vogue). Dans l'ensemble, exception faite pour les grandes villes d'Afrique australe, il est curieux de constater une indifférence presque totale au jazz. Pour l'instant rien n'est encore né, à ma connaissance, en fait de musique moderne, qui puisse figurer dans la catégorie des « écoles nationales ».]

C'est pourquoi, hormis quelques traits si généraux qu'ils en deviennent vides de sens, rien ou presque ne peut être dit d'une musique africaine particulière qui puisse s'appliquer à toutes les autres. Même l'idée si justement répandue, apparemment, de la prépondérance du rythme n'est pas toujours fondée. Il est des musiques vocales, *a cappella* (solo, duo, chœur), où l'intérêt du rythme — je ne dis pas sa rigueur — est complètement estompé au profit d'une liberté si grande qu'elle paraît totale. Même l'idée sacro-sainte de l'omniprésence de la musique en Afrique est fausse. Il est des peuples où la musique et la danse sont si contraires à la bonne éducation qu'à de très rares exceptions près, on se remet du soin d'en faire à des castes ou à des peuples tenus pour inférieurs.

LA MUSIQUE PUREMENT NÈGRE

Dans l'état actuel des choses, les documents enregistrés que l'on possède, de plus en plus nombreux depuis quelques années, mais couvrant encore très inégalement le continent africain, renseignent assez pour qu'on puisse commencer à distinguer, derrière cette infinie variété de la musique africaine traditionnelle, de grandes zones stylistiques.

[Les références chiffrées que l'on trouvera dans le cours du texte renvoient à la discographie. Celle-ci se rapporte exclusivement à des enregistrements de musique africaine publiés sous forme de disques et, en principe, accessibles au public.]

Très schématiquement, l'Afrique noire semble coupée en deux par une ligne courant à peu près parallèlement à l'équateur et délimitant deux grandes régions musicales, plus ou moins homogènes si on les considère chacune en elle-même, mais bien caractérisées si on les prend l'une par opposition à l'autre. Cette ligne de partage, discontinue, sinueuse, souvent estompée par une zone de transition, laisse au nord tout le pays sénégalais et, disons pour simplifier, soudanais, et au sud la grande forêt guinéenne, la grande forêt équatoriale et toute l'Afrique australe. De part et d'autre de cette ligne il existe dans la première région des enclaves de la seconde et réciproquement. Cette délimitation déborde largement les frontières linguistiques, anthropologiques, politiques ou géographiques traditionnellement admises par l'africanisme. On serait tenté de l'interpréter ou bien comme manifestant l'existence de deux sensibilités musicales distinctes, l'une s'exprimant dans ce que l'on pourrait appeler la musique de la forêt, l'autre dans ce que l'on pourrait appeler la musique de la savane, ou bien comme marquant la séparation entre une musique purement nègre et une musique nègre ayant subi directement ou indirectement l'influence de l'Islam.

Quoi qu'il en soit, l'émission naturelle de la voix
(« naturelle » suivant nos conceptions occidentales, tout
au moins), la tendance à l'utiliser dans le grave, remarquable chez les femmes, dont les voix, dès qu'elles
atteignent la maturité, se confondent facilement avec
celles des hommes, la pratique beaucoup plus volontiers
collective qu'individuelle du chant, le caractère très
souvent mixte des chœurs, l'organisation fréquemment
polyphonique de la musique chorale, l'usage prédominant du pentatonique, le goût pour les grands ensembles
réalisant, par mille artifices d'instrumentation, des combinaisons très subtiles de timbres, enfin, si l'on veut bien
pardonner l'imprécision des termes, une certaine douceur, une certaine liquidité de la matière sonore, tels sont
les traits qui pourraient caractériser, me semble-t-il, la
musique de la région que j'appellerai, pour la commodité
de l'exposé et avec toutes les réserves possibles, « purement nègre ».

Pris tous ensemble, les traits énumérés ne s'entendent
que pour une subdivision de cette grande région musicale, celle qui coïncide à peu près avec les pays de langue
bantou, et rassemble, en un groupe remarquablement
homogène si l'on considère l'énorme étendue du territoire en même temps que la très grande variété des
peuples qui y vivent, les musiques de toute l'Afrique
australe — exception faite pour les minorités hottentote
et bochimane, comme pour les musiques d'influence
islamique ou indienne — et celles du Congo, de l'Angola,
du Gabon, des régions forestières de l'Oubangui-Chari,
du Cameroun et de la Nigeria.

Seconde subdivision : au fond du golfe de Guinée,
dans le golfe du Bénin, célèbre pour ses sculptures, ses
bronzes à la cire perdue et ses travaux sur ivoire, s'est
développée une musique chorale qui, tout en conservant
plusieurs des caractères précédents, se distingue, lorsque
le chant touche à un sujet sacré, par un exceptionnel
parti pris d'homophonie et par la construction très particulière de la mélodie, d'une longueur tout à fait inhabituelle en Afrique et d'une composition singulièrement
élaborée.

Toujours dans le golfe de Guinée, mais plus à l'ouest,
coïncidant cette fois avec les civilisations dites « gui-
néennes », la région côtière du Ghana, la Basse-Côte-

d'Ivoire, le Libéria, la Basse-Guinée, constituent la troisième subdivision de cette musique « purement nègre ». Elle se distingue des deux autres par le caractère particulier que donne à la polyphonie, instrumentale ou vocale, l'usage systématique des tierces parallèles. A cette musique s'apparente de la façon la plus inattendue celle des peuples nègres de Madagascar.

La quatrième et dernière subdivision est composée par des peuples formant, au nord de la ligne indiquée tout à l'heure, autant d'enclaves isolées et séparées les unes des autres. Kirdi (c'est-à-dire « païens ») réfugiés dans les régions montagneuses du Nord Cameroun, Kabré du Nord Togo, Dogon des falaises de Bandiagara, dans la boucle du Niger, Gouin de Haute-Volta, Coniagui de Guinée, d'autres encore, semblent bien constituer en effet un groupe musical à part. Point de polyphonie chez eux, sinon instrumentale. La simultanéité de plusieurs voix, lorsqu'elle existe, résulte seulement de cet effet de « tuilage », si fréquent en Afrique, que produit l'alternance de deux voix (ou de deux chœurs, ou d'une voix et d'un chœur), lorsque l'une s'attarde sur la dernière note de la mélodie alors que l'autre a déjà commencé à se faire entendre. Les formes responsoriales de la musique chorale paraissent prédominantes chez ces peuples. Peut-être les Mossi, dont on connaît mal la musique, faute d'enregistrements en nombre suffisant, appartiennent-ils à ce dernier groupe.

LA POLYPHONIE

La polyphonie — le mot, pris étymologiquement, désigne simplement ici, par opposition à homophonie, la conduite simultanée de plusieurs parties — est en Afrique noire un trait trop important de la musique, et particulièrement de cette musique de la forêt, pour qu'on ne s'y arrête pas un moment. À vrai dire, les techniques polyphoniques varient considérablement de peuple à peuple, mais dans le cadre des divisions qui viennent d'être indiquées, trois espèces, peut-on dire, se dégagent[1]. De la dernière des trois celle des Baoulé[2], peuple important de la Côte-d'Ivoire et dont la musique a été assez abondamment publiée, peut être prise comme exemple. On affectionne chez eux une sorte de diaphonie — dans le sens étymologique, ici encore — en tierces parallèles qui semble spécifique de cette région et sur laquelle se chantent des mélodies longues et volubiles, coupées en phrases d'inégales longueurs, ponctuées de notes tenues et enchaînées les unes aux autres comme des guirlandes. Le chœur, lorsqu'il intervient, est puissant et massif, s'arrêtant sur des consonnances parfaites, sortes d'accords plaqués qui résonnent longuement et contrastent avec la mobilité de la diaphonie en même temps qu'ils l'équilibrent. Les peuples qui ont coutume de chanter en tierces parallèles utilisent de la même façon certains de leurs instruments, la harpe fourchue notamment[3].

Il est assez étrange que dans les royaumes du Bas-Dahomey et, semble-t-il, dans toute la région du Bénin, là précisément où les arts africains ont atteint le plus haut degré de raffinement, la polyphonie soit si rare. Peut-être est-ce de façon délibérée qu'elle a été proscrite des cérémonies se rapportant aux dieux et aux rois, c'est-à-dire de ce qui fait la plus grande part de la musique rituelle. L'homophonie y est, en effet, très rigoureuse dans la plupart des cas et il est tentant de penser que, si l'on évite ainsi de faire entendre plusieurs parties à la fois, c'est tout à fait volontairement et de sorte que le chant, conduit d'une seule voix, y gagne en ordre et en sérénité, comme c'est le cas pour notre plain-chant. C'est à ce style qu'on doit des pièces aussi recueillies et dépouillées que certain *Oriki* de Shango (sorte de biographie du Dieu du Tonnerre) qui met au tout premier rang, dans l'art liturgique de tous les temps, le chant religieux africain[4]. Mais même dans le rituel royal, il y a place parfois pour la polyphonie, témoin ce *Chœur des princes*[5], d'une barbarie grandiose et, elle aussi, délibérée, si curieuse par sa technique en mosaïque, ses parties très disjointes et ses rencontres de voix inattendues. Peut-être faut-il en chercher l'origine dans la technique qu'utilisent les orchestres de trompes[6], tendant maintenant à disparaître, mais qui étaient naguère un aspect remarquable de la musique instrumentale africaine. Schweinfurth, célèbre explorateur du XIXᵉ siècle, en vit un formé de plus de cent trompes d'ivoire.

En Afrique équatoriale, la polyphonie vocale utilise des procédés différents. Un chanteur, homme ou femme, est chargé de la mélodie, qu'il expose et varie avec d'autant plus de bonheur dans l'improvisation qu'il a de talent. Le chœur fait entendre sur deux ou trois notes une sorte d'*ostinato* dont la formule vient parfois à changer au cours du développement du chant principal. Il arrive qu'une seconde voix se mêle à la première, soit pour lui donner une réponse, soit pour ajouter une partie tout à fait indépendante. Les chants de levée de deuil, exécutés par le chanteur Ngoundi Mondéléndoumbé[6], sont parmi les plus beaux exemples de ce genre de polyphonie.

Deux autres espèces de polyphonie vocale, tout à fait à part des précédentes, méritent à bien des égards l'attention, celle des Pygmées et des Bochimans d'une part, celle des Peul Bororo de l'autre. Pygmées[7] de la grande forêt équatoriale et Bochimans[8] du désert de Kalahari ont en commun d'être des gens de petite taille et des chasseurs. Aussi différents des uns et des autres qu'il est possible de l'être, mais néanmoins nomades, eux aussi, les Peul Bororo (Niger et Nigeria) sont des gens de grande taille et des éleveurs de bovidés. Chez tous, la musique instrumentale, très pauvre, est comme atrophiée au profit d'une musique vocale extrêmement développée. Là se borne, apparemment, tout rapprochement concevable entre eux. Pygmées et Bochimans se distinguent ensemble du reste des habitants de l'Afrique par l'habitude qu'ils ont de jodler («jodl», «tyrolienne», donnent une image approchée, sinon exacte, de cette façon de chanter, constante surtout chez les femmes) et par leur manière de combiner polyphoniquement les voix, chacune faisant entendre une sorte de « boucle mélodico-rythmique » et toutes s'imbriquant les unes les autres dans de grands ensembles qui se renouvellent perpétuellement. On a pu dénombrer et mettre en partition, à partir d'enregistrements, jusqu'à sept parties distinctes dans une polyphonie bochimane. Il va sans dire que ces chants, presque toujours liés à la danse, pour des rituels de chasse chez les Pygmées, pour des rituels de guérison chez les Bochimans, sont exécutés sans qu'intervienne aucun chef de chœur d'aucune sorte, toute notion de chef de chœur — ou de chef d'orchestre — étant absolument étrangère à la musique africaine et, plus généralement, à la musique non écrite. Le rôle du musicien conducteur, tel qu'il existe nécessairement un

peu partout dès qu'il y a musique collective, est en effet
d'un tout autre ordre. Le plus souvent pentatoniques,
parfois tétratoniques, parfois tritoniques, les mélodies
bochimanes et pygmées se caractérisent par la fréquence
des intervalles très disjoints.

La polyphonie des Bororo n'est en rien comparable
à la précédente, sinon qu'elle est, elle aussi, « sans
paroles », les chanteurs ne faisant entendre, en quelque
sorte, que des vocalises. Moins mouvantes, les voix
échelonnées sur les degrés d'un accord parfait font naître
un sentiment d'harmonie et l'on a comparé certains
chœurs d'hommes Bororo « au jeu de l'orgue, tant ils
sont sonores, graves et solennels ». Bororo, pygmée
ou bochimane, aucune de ces techniques polyphoniques
ne devrait être omise désormais dans une histoire générale de la musique chorale, tant elles ont de valeur, les
unes et les autres, et du point de vue de l'art et du point
de vue de la musicologie.

Quant à la polyphonie instrumentale, elle est également répandue dans toute l'Afrique noire, contrairement à la polyphonie vocale, et aucun de ses procédés
ne semble être spécifique d'une région ou d'une autre.
Le goût pour la polyphonie instrumentale est si prononcé
chez l'Africain qu'il est extrêmement rare que deux instruments soient joués à l'unisson ou même par mouvement
parallèle. Aussitôt qu'il y a deux ou plusieurs instruments
il y a deux ou plusieurs parties différentes, témoins ces
duos de flûtes Baoulé [3], ou Dogon [9], ou encore ces trois
flûtes Ganda [10].

Parmi les instruments souvent utilisés en soliste et
pour la seule délectation de l'exécutant lui-même — le
soir, sur le seuil de la case; aux champs, lorsqu'on garde
troupeaux ou récoltes; en voyage, pendant qu'on marche;
la nuit, le veilleur; — ce qu'il est convenu d'appeler
sanza [11] ou encore *mbira* (de deux des innombrables noms
que porte l'instrument), parce qu'elle est répandue dans
plus de la moitié de l'Afrique, parce qu'elle est aussi le
seul instrument absolument spécifique de l'Afrique,
mérite qu'on lui réserve une place à part. Il n'est pas
question de la décrire ici en détail; l'inventaire et la
description des différentes formes qu'elle a pu prendre
en Afrique et dans les régions d'influence africaine — An-
tilles, Amériques — occuperaient à eux seuls un volume.

Disons seulement qu'elle est constituée par une caisse
à laquelle sont fixées des lamelles vibrantes, végétales
ou métalliques, que l'on touche avec les pouces. Dimensions, matière, facture varient d'un type à l'autre au
point qu'à peine distingue-t-on sous tant de formes
diverses le même instrument. Timbre et style changent
avec chacun des types, mais deux traits restent à peu près
constants : l'usage indifféremment monodique ou polyphonique qu'on fait de l'instrument et les bruiteurs qu'on
y adjoint pour en rendre le son bourdonnant, grésillant,
touffu, bref le moins pur possible, marque d'une conception typiquement africaine de la musique. La *sanza*
n'étant jouée qu'avec les deux pouces, quel que soit le
nombre des lames, la polyphonie se trouve forcément
réduite à deux parties, mais il arrive que le musicien les
mène *prestissimo* et dans une si parfaite indépendance
l'une de l'autre que certaines pièces de sanza sont de
véritables chefs-d'œuvre de maîtrise instrumentale. Elles
démontreraient, s'il en était besoin, qu'en Afrique comme
ailleurs la virtuosité demeure pour la musique une tentation permanente.

Le xylophone, souvent appelé *balafon* (du mot
malinké qui veut dire « celui qui joue du xylophone ») et
dont il existe aussi tant de variantes en Afrique, est, lui,
toujours utilisé polyphoniquement, soit qu'il y ait un
seul instrumentiste, avec, dans ce cas, une partie « main
droite » et une partie « main gauche », soit que pour un
seul instrument il y ait plusieurs instrumentistes (jusqu'à
quatre pour les immenses xylophones d'Afrique du Sud),
chacun jouant une ou deux parties différentes, soit
enfin qu'il y ait plusieurs instruments formant un
ensemble, très fréquemment trois — un instrument
conducteur encadré par deux instruments d'accompagnement — comme c'est le cas chez les Malinké [12], les
meilleurs peut-être des « balafonniers » d'Afrique
occidentale et dont les balafons, avec leurs dix-huit lames,
leur série de calebasses à mirliton servant de résonateurs,
leurs grelots attachés aux poignets des musiciens,
semblent être identiques à ceux qui furent décrits au
début du XVIIe siècle par un voyageur portugais.

MUSIQUE DE LA RÉGION SOUDANAISE

Comprise entre le Sahara, au nord, et la région que j'ai appelée, par commodité encore une fois, « purement nègre » au sud, s'étend l'autre grande région musicale d'Afrique que j'appellerai, faute de mieux, « soudanaise », évitant ainsi de la définir, par opposition avec la première et comme il eût été logique de le faire, comme « non purement nègre », ce qui aurait donné une part trop grande aux influences étrangères, si importantes soient-elles et, du même coup, simplifié les choses à l'excès. « Musique nègre tardive » serait peut-être une définition meilleure. L'interprétation des faits qu'elle implique est encore trop peu fondée cependant pour qu'on puisse la retenir.

L'émission forcée de la voix — la gorge est parfois distendue par l'effort au point que les veines du cou semblent gonflées à éclater —, sa nasalisation plus ou moins prononcée suivant les cas, la tendance chez les hommes et les femmes à utiliser la voix de tête, la fréquence des chants destinés à être exécutés par des solistes — notamment ceux des « griots », dont il sera question plus loin —, l'extrême rareté de la polyphonie, le caractère rarement mixte des chœurs, l'usage fréquent, à côté du pentatonique, de gammes heptatoniques (ou pseudo-heptatoniques) à demi-tons assez stables, la relative pauvreté de l'instrumentation, le caractère à la fois rêche et violent de la musique vocale ou instrumentale, tels sont les traits les plus apparents de la musique soudanaise, compte tenu d'exceptions trop nombreuses pour qu'on puisse leur faire une place ici. Quant aux instruments de musique, certains sont communs aux deux régions, d'autres sont propres à la région soudanaise : le luth à quatre cordes et surtout la vièle [13], petit instrument à archet et à une seule corde en crins de cheval, dont le style nasillard, volubile et orné est sans aucun doute à l'origine d'une certaine façon de chanter caractéristique du Soudan. Vièle et aussi hautbois, longues trompettes de métal et timbales, ceux-ci composant les fameux orchestres de Sultanat [14] — ou Émirat, ou encore

Lamidat — répandus du Niger au Tchad, ont été introduits en Afrique par l'Islam.

Tout un aspect de la musique soudanaise est dû à l'existence d'une catégorie particulière de musiciens qu'on désigne par le terme, discutable mais consacré par l'usage, de « griot ». Dans les sociétés africaines ayant été influencées par l'Islam et présentant un début de stratification par classes, les griots forment, en marge de la société, une caste spéciale où la profession musicale est héréditaire. Il y a toutes sortes de griots, de très illustres et de très obscurs, de très bons et de très mauvais. Certains sont spécialistes du luth, d'autres de la harpe, d'autres du hautbois, d'autres du xylophone, certains sont trompettistes, d'autres timbaliers, certains sont attachés à un grand chef politique ou religieux, d'autres à un obscur chef de village, quelques-uns sont devenus tout à fait indépendants, beaucoup sont ambulants, tous sont, à des degrés divers, les généalogistes et les chroniqueurs du peuple auquel ils appartiennent, et assument ainsi, dans ces sociétés sans écriture, le rôle d'historiens. C'est dire leur importance sociale. Leur répertoire musical se fonde essentiellement sur la récitation des généalogies, récitation toujours louangeuse et chargée de vertu magique. Pour s'entendre louanger en public l'Africain n'hésite pas à dépenser des sommes considérables, mais c'est à tort qu'on attribuerait cette prodigalité parfois extravagante à la seule vanité. Le louangé, s'il aime à entendre chanter en public sa puissance, sa richesse, ses mérites, sait qu'à travers sa personne c'est en réalité sa lignée toute entière qu'on célèbre. C'est donc pour lui un devoir de donner, et beaucoup, à ces musiciens. Ainsi s'explique, chez des peuples où la religion se fonde toujours, de façon plus ou moins apparente, sur le culte des ancêtres, l'importante fonction des griots et de leurs chants.

Mais les variétés de griots sont innombrables. Un peu en marge de cette catégorie de musiciens, s'y rattachant encore cependant, on trouve à un extrême, côté vertu, l'aveugle dévot qui, au Sénégal, dans les réunions de fidèles chante la gloire du Prophète, des califes et des saints marabouts de la secte, et à l'autre, côté débauche, la prostituée ou la maquerelle dont le chant est peut-être la pièce maîtresse de l'attirail professionnel. Ce dernier

type de griotte, à vrai dire exceptionnel, semble particulier aux Songhay, peuple du Niger dont l'empire fut
célèbre au xve siècle. Nulle part ailleurs, en Afrique,
sinon chez les Zerma, très voisins des Songhay, la voix
de femme n'a atteint ce degré de stridence. Suraiguë,
surtendue, elle fait penser au théâtre chinois, d'autant
plus irrésistiblement que le pentatonisme qu'elle utilise
est strict. Ce n'est pas, au demeurant, le seul cas où la
musique soudanaise revêt un déconcertant aspect asiatique. La Grande Chanson, de Aïssata Gaoudélizé, est
caractéristique du genre [15].

Poussant aussi sa voix jusqu'à la limite de ses forces,
surtout dans l'aigu, mais avec une tessiture beaucoup
plus étendue puisqu'elle atteint couramment la double
octave, Kondé Kouyaté, griotte malinké aussi renommée
en Guinée qu'Aïssata Gaoudélizé l'est au Niger, représente un autre aspect de la musique vocale soudanaise.
Heptatonique, mais non tempérée, est-ce la peine de le
dire, la mélodie, assez ornée, déploie longuement ses
volutes, commençant fortissimo dans l'aigu puis descendant lentement par paliers et, après maints rebondisse-
ments, s'achevant très piano dans le grave. Bien que la
voix ne soit pas « travaillée » au sens où nous l'entendons, toutes ses ressources sont tour à tour employées
de sorte qu'on se trouve en présence d'une manière
de bel canto soudanais. Peut-être cette école de chant,
et avec elle cette esthétique de la voix qu'on utilise
comme athlétiquement et pour en tirer avant tout des
effets de puissance, est-elle plus casamançaise que guinéenne. Quoi qu'il en soit, les chants de Kondé Kouyaté
sont sans doute les plus belles pièces de musique vocale
nègre islamisée que le disque nous ait jusqu'à présent
permis d'entendre.

Autant Kondé Kouyaté est représentative du chant
griot chez les Malinké, autant elle l'est peu du chant
paysan. La femme malinké, et plus généralement la femme
soudanaise, lorsqu'elle n'est pas professionnelle, s'en
tient à des formes mélodiques beaucoup plus simples,
évoluant à l'intérieur d'une tessiture beaucoup plus
étroite. Il arrive cependant qu'elle emprunte une voix
de tête très aiguë, mais seulement pour chanter pianissimo. Parfois, passant entre les cases, on entend comme
dans un murmure une voix très douce, aérienne, très

légère et en même temps un peu acide, aiguë, menue, irréelle, c'est une femme qui chantonne pour elle-même, dans sa cour ou dans sa maison. Ces chants intimes sont d'une féminité et d'un charme incomparables.

Chez les hommes aussi, le répertoire, avec tout ce que cela implique : manière de poser la voix, forme mélodique, échelle, accompagnement instrumental, est tout à fait différent, suivant qu'il s'agit de celui des griots ou de celui des paysans, encore que le répertoire griot lui-même comprenne, pour un même peuple, plusieurs styles distincts. Les Haoussa qui, comme les Songhay et les Malinké eurent aussi leur empire, fournissent en griots la plupart des sultanats nigéro-tchadiens. Le style de ces griots, violent et emphatique (on pourrait presque parler, pour certains d'entre eux, de griots hurleurs), n'a presque rien de commun avec celui des griots campagnards qui, lui, reste assez proche, par l'émission relativement naturelle de la voix et par le contour plus mélodique et plus mélodieux du chant, de celui des paysans soudanais. D'une manière générale, du Sénégal au Tchad, une grande partie des chants de griots obéit, plus ou moins rigoureusement, au schéma suivant : on commence abruptement par un mot chanté, sinon crié, le plus fort qu'on peut et au sommet de la voix, vient ensuite une période psalmodiée dans le médium et l'on termine dans le grave par une désinence descendante. L'organe le plus robuste ne résiste pas longtemps à ce régime et la voix du griot, presque toujours reconnaissable à son timbre éraillé, est quelquefois cassée au point qu'on comprend mal qu'elle soit encore capable d'émettre un son.

MUSIQUE DE LA MAURITANIE

Au nord de cette région soudanaise, si composite, la Mauritanie, qui, à bien des égards, appartient beaucoup plus à l'Afrique dite blanche qu'à l'Afrique dite noire, forme en Afrique occidentale une région musicale à la fois distincte de toutes les autres et, malgré certaines particularités de la musique vocale qui changent de province à province (« manière » du Trarza, « manière » du Hodh, etc.), très homogène. On en connaît encore assez mal la musique à proprement parler populaire, mais on commence à en connaître, par les enregistrements qu'on en a faits et par les études qu'on y a consacrées, la musique des griots. Elle a ceci de remarquable qu'elle s'organise dans certains cas (concert donné par un chef à ses invités, par exemple) en une vaste composition qu'on pourrait appeler, faute de mieux, une *suite,* tout au long de laquelle, style arabe ou berbère (« *Voie blanche* ») et style nègre (« *Voie noire* ») alternant plus ou moins régulièrement, les différentes pièces se succèdent suivant un ordre établi [16]. Les poèmes, chantés soit en arabe littéraire soit en dialecte et accompagnés du luth à quatre cordes (instrument des hommes) ou de la harpe à onze cordes (instrument des femmes), ont pour thèmes la guerre, l'amour ou la religion. Religieuse, amoureuse ou guerrière, la ferveur, toujours d'une grande intensité, s'exprime, à travers arabesques et ornements, par l'extrême tension de la voix dont les *vibrato* semblent n'être obtenus que par un effort presque douloureux de tout le corps. Tristesse et nostalgie forment l'autre pôle de l'inspiration musicale et poétique. Qu'elle soit au service de la violence ou de l'émotion contenue, la mélodie maure est d'une qualité plastique rare, qui la place au tout premier rang de l'art monodique [17].

*
**

Malgré l'importance de la population nègre en Abyssinie et en Egypte, on ne parlera pas ici de la musique de ces deux pays. Ce serait dépasser le cadre de cette courte étude. Force sera bien aussi de laisser de côté la musique du Soudan oriental, encore trop peu connue. Quant aux autres pays d'Afrique orientale, l'histoire y a été si mouvementée que le tableau de la musique s'en trouve particulièrement compliqué. On peut cependant dire, en simplifiant et en faisant abstraction d'une part des apports islamiques, de l'autre des influences de l'Inde et même de l'Indonésie, que la situation de la musique se caractérise par la coexistence ou par le mélange, à divers degrés, de deux musiques, celle des Bantou agriculteurs et celle des peuples pasteurs ou guerriers, parente, semble-t-il, de celle des Peul. Tel paraît être assez clairement l'état des choses, tout au moins dans le Ruanda-Urundi, au Kenya et en Ouganda. Harpes et

surtout lyres, caractéristiques de ces régions, dénotent
le voisinage de l'Abyssinie et de l'Egypte [10].

LE RENOUVELLEMENT
DANS LA MUSIQUE AFRICAINE

De toutes les idées reçues se rapportant à la musique
africaine l'une des plus fausses est sans doute celle qui la
représente, à travers bien des clichés littéraires, comme
agissant avant tout par la répétition. On l'a abondamment qualifiée de « lancinante », d'« obsédante », pour
finalement n'y voir qu'une forme d'expression assez
inférieure, tout juste bonne à abolir, chez les participants,
à la fois la conscience du temps et le sentiment du moi.
Même dans le cas où c'est bien une modification des
notions de temps et de personne qu'on veut obtenir —
raison d'être des danses de possession — ce n'est pas,
ou c'est très peu, par le moyen de la répétition que la
musique y parvient. Si la musique africaine est apparue
à tant d'observateurs comme se répétant sans fin, cela
tient surtout à ce qu'on ne s'est pas donné la peine de
l'écouter assez attentivement. Cela tient aussi, secon-
dairement, à ce qu'elle a tendance, dans certains cas, à
s'étirer longuement dans le temps sans renouveler le
matériel instrumental utilisé, d'où cette impression de
monotonie que ressent, à l'entendre, l'auditeur superficiel.
En réalité, la musique africaine, toute musique d'ailleurs,
n'est que constant renouvellement. Tout est de savoir
le discerner, parfois sous les plus trompeuses apparences.

Obsessionnelle à force d'avoir l'air de se répéter, telle
apparaît la musique de possession chez les Songhay [18].
Obsessionnelle, elle l'est, mais point par répétition. C'est
par accumulation qu'elle procède. Des heures, des jours
durant, la vièle, avec sa corde unique en crins de cheval,
se fait entendre, fouaillant l'oreille de son timbre râpeux
et criard et agissant sur les nerfs, cependant que la grande
calebasse, posée par terre et frappée avec violence à
l'aide de longues et fines baguettes disposées en éventail,
fait retentir l'air de son crépitement assourdissant. Tout
au long d'une cérémonie de possession qui peut durer
plusieurs jours c'est cette musique que l'on entend, à

l'exclusion de toute autre. On reste donc enfermé, tout
ce temps, dans un même monde sonore. C'est là d'ailleurs,
à n'en pas douter, un des principaux moyens mis en
œuvre pour déclencher la transe. Cela posé, à l'intérieur
de ce monde clos, tout n'est que perpétuel renouvellement : les mélodies aussi nombreuses que les génies ou
les dieux qu'on invoque (dans ce panthéon innombrable,
chacun en effet a son air), les rythmes variant avec les
mélodies et les pas de la danse, les mouvements, plus ou
moins pressés suivant l'intensité dramatique du moment,
la succession des périodes de tension et de repos,
l'enchaînement des airs, en étroit rapport avec le déroulement de la cérémonie, enfin la manière de les traiter,
suivant que le dieu se manifeste ou non. Sans paradoxe,
on peut dire qu'au cours d'une danse de possession, si
longue soit-elle, rien n'est jamais tout à fait une redite.
Peut-être même cet incessant changement, en stimulant
l'intérêt, est-il, pour ce genre de musique, complémen-
tairement à la couleur sonore qui, elle, reste immuable,
la condition *sine qua non* de l'efficacité. Pour d'autres types
de possessions, beaucoup moins violentes que les nigé-
riennes, celles du Bas-Dahomey par exemple [19], la musique
se développe suivant un schéma tout à fait différent.
L'enregistrement d'une cérémonie pour *Shango* en est
un assez bon modèle [4].

· Contrairement au cas extrême qu'on vient d'évoquer,
le renouvellement de la musique se manifeste avec le
plus grande évidence à l'occasion de nombreuses cérémonies africaines. Certaines même constituent, à mesure
qu'elles se déroulent, comme une anthologie des différents genres musicaux définissant un cycle. C'est ainsi
qu'au cours d'une journée consacrée au culte des anciens
rois, au Dahomey [5], on entend successivement, dans un
ordre qu'il serait trop long d'analyser ici : de grands airs
lyriques, d'une ligne mélodique ample et chargée
d'expression, des récitatifs, des litanies, ponctuées seulement par le tintement d'une cloche de fer, des oraisons,
entonnées en forme de répons, tout cela strictement
homophone, des airs de danse, chantés et tambourinés,
des rythmes de danse, tambourinés seulement, des onomatopées chantées polyphoniquement, des airs magiques,
moitié chantés moitié parlés. Encore s'agit-il ici d'un
rituel où l'on observe volontairement une grande

économie de moyens musicaux. D'autres rituels déploient des ressources instrumentales beaucoup plus variées, surtout s'ils mobilisent, comme c'est le cas pour certaines funérailles, plusieurs groupes sociaux différents, lesquels interviennent chacun avec l'instrument ou les instruments de musique qui leur sont propres.

La succession et la combinaison des différents genres musicaux dont est fait un rituel composent, avec le déroulement de la cérémonie, de vastes fresques sonores qui sont autant d'architectures du temps aux proportions parfois grandioses et obéissant à des principes qu'on commence à peine à entrevoir.

LES INSTRUMENTS DE MUSIQUE

En Afrique, comme partout, sauf dans la civilisation occidentale moderne, les instruments de musique sont l'objet d'une appropriation bien déterminée qui en restreint l'usage ou bien à une catégorie d'individus (les hommes, les femmes, les jeunes gens...), ou bien à l'exercice d'un rite (social, religieux...) ou bien à l'accomplissement d'une fonction (magie, travail, amusement...), de sorte que c'est toujours un certain genre de personne qui joue d'un certain type d'instrument pour une certaine sorte de circonstance, parfois dans un certain lieu seulement, en présence de certaines personnes seulement et seulement à l'occasion de certains événements qui peuvent ne se produire d'ailleurs que de très loin en très loin. La richesse du matériel instrumental est donc en étroit rapport avec la différenciation sociale, plus ou moins poussée, et la complexité plus ou moins grande des institutions. C'est dire qu'elle varie du simple au décuple suivant la société africaine envisagée. On compterait sur les doigts d'une main les instruments de musique des Peul Bororo, il faut un livre pour décrire ceux des Kissi.

D'une manière générale, c'est aux rituels religieux et aux cérémonies de sociétés secrètes et d'initiation qu'appartiennent les instruments auxquels on doit les sonorités les plus étranges. C'est bien l'étrange en effet et le terrifiant que veulent produire le rhombe[9], — sa vue est strictement interdite aux femmes et aux non-initiés, son vrombissement est la voix du premier ancêtre —, les divers types de tambours à friction ou à raclement[2], comparables au précédent par les effets qu'on en tire, rugissants ou mugissants, et par les interdits dont ils sont l'objet, les trompes[3] ou les voix humaines déguisées par des mirlitons[12], les poteries dans lesquelles on chante — voix du dieu, elles aussi — ou qui servent, remplies d'eau ou non, de résonateur à des trompes. Tous instruments relativement rudimentaires quant à leur facture, mais tous saisissants quant à l'effet produit. On les emploie souvent seuls, en des lieux choisis, aux heures les plus inquiétantes. Mais il serait faux de croire qu'ils représentent, musicalement, des solutions de facilité. C'est toujours de façon très dosée qu'on en use, parfois en les combinant artistement à d'autres instruments. C'est le cas notamment de la voix de l'afoui qui compose, avec des sifflets de pierre et des cloches de métal, une des instrumentations africaines les plus accomplies qu'on connaisse[20].

A l'autre extrême, si l'on considère et la complexité organologique, incomparablement plus grande, et le caractère totalement profane de l'instrument, se placent les magnifiques xylophones malinké[8], par exemple, (aussi beaux, mais très différents de forme, les immenses xylophones en arc de cercle d'Afrique australe sont comme leurs pendants de l'autre côté de l'Equateur) ou les harpes-luths, si soignées, aux caisses rehaussées de clous de cuivre et comptant, disposées sur deux rangs, jusqu'à vingt et une cordes.

C'est à un musicien malinké célèbre et appartenant à l'école la plus traditionaliste que l'on doit certains enregistrements de harpe-luth qui sont autant de pièces capitales à verser au dossier des origines africaines du jazz[17]. Très *boogie-woogie* d'allure, ces exécutions évoquent irrésistiblement, pour toutes sortes de raisons — *swing*, répartition du jeu entre main gauche et main droite, traitement du rythme et de la mélodie, harmonisation même — la pianistique de jazz. Il est hors de doute, dans ce cas précis, que c'est l'Amérique qui se souvient de l'Afrique et non point l'inverse. De même en ce qui concerne, autre exemple, la trompette, le joueur de trompe que l'on entend pendant la cérémonie pour

Shango[4] — il s'agit d'une simple corne d'antilope embouchée sur le côté, instrument traditionnel s'il en fut et enregistré, de plus, dans une région restée à l'écart — démontre-t-il de façon éclatante que c'est à l'Afrique qu'Armstrong doit en grande partie cette façon si caractéristique — et si peu européenne — d'utiliser l'instrument. Il y aurait beaucoup à dire sur ce chapitre, bornons-nous à rappeler, sans vouloir cultiver le paradoxe, que la batterie est peut-être, de tous les attributs du jazz nègre américain, celui qui doit le moins à l'Afrique, tandis que la voix y est restée très africaine, tant il est vrai qu'en musique les techniques corporelles sont parfois plus tenaces que les techniques instrumentales.

Mais revenons aux instruments. Entre les types très primitifs qu'on a brièvement énumérés (il conviendrait d'y ajouter au moins cet ancêtre des instruments à cordes qu'est l'arc-en-terre) et les formes les plus évoluées que revêtent en Afrique xylophones et harpes, se place la masse des instruments africains dont la seule description dépasserait de beaucoup les limites de cet article. C'est dans le domaine des instruments à vent que l'Afrique noire semble avoir déployé le moins d'imagination. Trompes, flûtes, clarinettes, si répandues et si diverses qu'elles soient, ne constituent ni par le nombre ni par la variété des types un ensemble comparable à celui que forment, pour les cordes, arcs musicaux et pluriarcs, harpes, luths et harpes-luths, cithares et harpes-cithares, lyres enfin. Pour le grand nombre de types qui en existe, une place à part doit être faite aux sifflets, groupés parfois en série (série de tuyaux en roseau, série de petites poteries) et souvent utilisés pour communiquer à distance, grâce à un « langage sifflé » très voisin par le principe du langage tambouriné.

Quant aux tambours — proscrivons le mot tam-tam emprunté à l'Extrême-Orient et désignant un gong en métal — c'est peut-être la famille d'instruments qui présente, en Afrique, la plus grande diversité de facture. Les « tambours à membranes » comportent suivant les cas une ou deux peaux. Le procédé grâce auquel celle-ci est fixée à la caisse (elle peut être collée, clouée, ligaturée, lacée, maintenue à l'aide de piquets, etc.) détermine autant de types caractéristiques d'une région ou d'un groupe de peuples. On joue d'un tambour à membranes soit avec les mains nues, soit avec des baguettes, soit encore avec une main et une baguette, parfois le talon intervient de surcroît pour frotter la peau et la faire ronfler. Des bruiteurs de toutes sortes peuvent être ajoutés à l'intérieur ou à l'extérieur de la caisse. Très particulier est le jeu du « tambour en sablier » ou « tambour d'aisselle », ainsi nommé parce qu'on le tient sous le bras de sorte qu'en serrant plus ou moins le laçage qui relie entre elles les deux peaux on en fasse varier la tension pour obtenir à la fois des oppositions de hauteur et des glissando. A chaque type de tambour, d'ailleurs, correspond nécessairement une manière de jouer particulière. On attaquera, par exemple, de façon très différente un tambour tendu d'une peau d'éléphant, épaisse et dure, et un tambour tendu d'une peau de chèvre, fine et souple. Facture et technique combinées ont ainsi fait naître en Afrique quantité de styles tambourinés. Il en va de même des « tambours-de-bois » — à langues ou à lèvres — dans cette catégorie entrent aussi les « tambours-d'eau » — qui, comme les tambours à membranes, sont souvent utilisés par paire, ou plutôt par couple, puisque dans ce cas on distingue le mâle et la femelle, et souvent aussi en batterie de plusieurs instruments où les deux types peuvent d'ailleurs être mêlés.

Le plus nombreux ensemble connu semble être celui des tambours royaux de Lubili, en Ouganda, qui en compte quinze et auquel on doit une des plus belles musiques tambourinées qui soit[10]. Un tel nombre est exceptionnel, mais des batteries de quatre tambours sont tout à fait courantes. Quel que soit le nombre de tambours composant une batterie, jamais un instrument n'en double un autre. Dans tous les cas, le tambourinaire principal, sorte de meneur de jeu, fait entendre le discours rythmique, soit en l'énonçant suivant un ordre établi, soit au contraire en en variant les enchaînements avec d'autant plus de liberté qu'il a de talent, tandis que les autres instruments s'en tiennent chacun à une formule rythmique invariable, plus ou moins compliquée. De l'imbrication rigoureuse des différentes parties rythmiques résulte une polyrythmie dont la complexité, si grande soit-elle, est toujours plus apparente que réelle et ne demeure indéchiffrable que lorsqu'on la considère globalement, sans isoler ce qui revient, dans cet ensemble, à chaque tambour pris en particulier.

Tambours à membranes ou tambours-de-bois, suivant les régions, servent aussi à transmettre des messages, en utilisant divers principes qui vont du langage tambouriné proprement dit au simple code. Le langage tambouriné, *stricto sensu*, ne se rencontre que chez les peuples où les tons, c'est-à-dire les différentes hauteurs sur lesquelles sont prononcées les différentes syllabes d'un mot ou d'une suite de mots, jouent dans le langage un rôle de tout premier plan. Chez ces peuples, en effet, la langue parlée prend, par suite des combinaisons de hauteurs et de durées que compose l'enchaînement des phonèmes, un aspect vocal à ce point mélodique qu'il devient possible d'en produire un équivalent instrumental.

Certains auteurs pensent actuellement que les rapports du langage et de la musique ont, en Afrique, une importance qu'on est encore loin de soupçonner[11]. Il y aurait aussi beaucoup à dire, dans un autre ordre d'idées, sur le symbolisme des instruments et sur la place que les Africains assignent à la musique dans ce qui constitue leur représentation du monde[9]. (*Voir, à ce sujet, les études qui précèdent, d'André Schaeffner et de Marius Schneider.*)

La musique et la danse enfin sont restées en Afrique si intimement liées que le plus souvent l'une et l'autre ne sont en réalité que deux aspects d'une seule et même activité et qu'en les dissociant il devient impossible, quel que soit le point de vue d'où l'on se place, musicologique, psychologique ou sociologique, de les comprendre. Quant aux instruments de musique, certains n'ont d'existence en tant que tels que par la danse : grappes de sonnailles qu'on porte attachées aux jambes, aux bras ou à la ceinture, grelots de toutes espèces, bracelets, chevillères, voire colliers. Leur bruissement n'est que l'aspect sonore du mouvement dansé, en même temps que le mouvement lui-même n'est conçu et ressenti qu'en fonction du bruit qu'il fait naître. Avec des instruments de ce dernier type, si proches du corps qu'ils en sont presque le corps lui-même, la dialectique du mouvement et du son s'affirme de la façon la plus évidente. Tous ces instruments d'entrechoc, qu'on ne

considère plus guère en Europe comme des instruments
de musique dignes de ce nom, donnent à la musique
africaine une saveur dont on ne peut soupçonner ni les
richesses ni les délicatesses lorsqu'on ne les a pas entendus. Dans l'art de découvrir des qualités musicales aux
matières les plus banales et aux objets les plus humbles
ou les plus inattendus, les Africains font preuve d'une
invention intarissable et, dans l'art de les utiliser, d'une
sensibilité sans égale (témoin, entre beaucoup d'autres,
cet instrument baptisé « tape-cuisse », qui n'est qu'une
courge séchée ouverte aux deux bouts, que l'on frappe
contre la cuisse pour obtenir une sorte de glou-glou,
infiniment discret et nuancé, dont on accompagne le
chant); c'est ce qui contribue à donner à la musique
d'Afrique noire sa réconfortante et radicale absence
d'académisme.

Gilbert ROUGET.

BIBLIOGRAPHIE

A défaut d'ouvrage traitant de la musique africaine dans
son ensemble, nous indiquons ci-dessous deux études fragmentaires, les plus importantes parues jusqu'ici. Hormis deux
ou trois autres livres, les matériaux pour une connaissance de
la musique africaine doivent donc être cherchés dans des
articles de revue ou dans des chapitres de livres disséminés
un peu partout. Une bibliographie de tout ce qui a paru sur
la musique d'Afrique noire a été publiée en 1936 :

VARLEY, D. H., *African native Music, an annotated Bibliography*,
Londres, 1936. Cette bibliographie a été mise à jour par
MERRIAM, A., dans la revue *Africa*, vol. XXI, n° 4, Johan-
nesburg, 1951.

KIRBY, P., *Musical Instruments of the native Races of South
Africa*, Londres 1934.

SCHAEFFNER, A., *Les Kissi, une société noire et ses instruments
de musique*, Paris, 1951.

DISCOGRAPHIE

Le signe* indique les disques appartenant à la collection
du Musée de l'homme, à Paris.

Le signe** indique les disques réservés aux institutions
scientifiques.

1. *Afrique*, Collection universelle de musique populaire enregistrée, UNESCO, n° 35, 25 cm., 78 tours.

2. *Pondo kakou, musique de société secrète**, « Contrepoint » MC 20 141, 30 cm., 33 tours.

3. *Musique d'Afrique occidentale**, « Contrepoint » MC 20045, 30 cm., 33 tours.

4. *Shango**, Musée de l'homme LD 2, 30 cm., 33 tours.

5. *Musique des princes**, « Contrepoint » MC 20093, 30 cm., 33 tours.

6. *Musique bantou d'Afrique équatoriale**, « Boîte à musique » LD 324, 25 cm., 33 tours.

7. *Musique pygmée de la Haute-Sangha**, « Boîte à musique » LD 325, 17 cm., 33 tours.

8. *Musique bochiman et musique pygmée***, Musée de l'homme et Peabody Museum, LD 9, 30 cm., 33 tours.

9. *Les Dogon*, Radiodiffusion de la France d'Outre-mer, 2 disques 25 cm., 33 tours.

10. *British East Africa*, World Library of Folk and Primitive Music, « Columbia » SL 213, 30 cm., 33 tours.

11. *Anthologie de la vie africaine (Congo, Gabon)*, « Ducretet-Thomson » 320 C 126, 127 et 128, 30 cm., 33 tours.

12. *Musique du roi (Dahomey, Guinée) **, « Contrepoint » MC 20 146, 30 cm., 33 tours.

13. *Air de Haoua*, « Africavox » A 108-01, 25 cm., 78 tours.

14. *Musique du Nord-Cameroun*, « Boîte à Musique » LD 331, 25 cm., 33 tours.

15. *La grande chanson*, « Africavox » A 108-02, 25 cm., 33 tours.

16. *Musique maure***, Institut français d'Afrique noire, Centre Sénégal-Mauritanie, 2 disques 25 cm., 33 tours.

17. *Afrique**, vol. 1, 2, 3, 4, « Contrepoint » EXTP 1026, 1029, 1031, 1032, 17 cm., 45 tours.

18. *French Africa*, World Library of Folk and Primitive Music, « Columbia » SL 205, 30 cm. 33 tours.

19. *Musique du dieu du fer**, « Contrepoint » MC 20.L57, 30 cm., 33 tours.

20. *Guinée française, musique Toma**, « Contrepoint » MC 20.097, 30 cm., 33 tours.

LA MUSIQUE DE BALI

L A culture musicale de Bali est si riche que les Balinais ne se font pas de soucis pour sa conservation. On l'a toujours considérée comme une chose naturelle et son développement s'est fait si graduellement que les jeunes ne l'ont même pas réalisé. Ce sont les vieillards qui racontent parfois qu'on jouait différemment lorsqu'ils étaient enfants. Quoique les compositions balinaises soient d'un formalisme strict, il n'y a pas de théorie musicale écrite, et il est même difficile d'obtenir des renseignements théoriques de la part des musiciens : le Balinais n'apprend pas en analysant et en étudiant des éléments de musique, mais en participant activement aux répétitions avec les adultes dès sa première jeunesse. C'est ainsi qu'il n'est même pas conscient qu'il y ait une théorie.

La seule force conservatrice est la religion; c'est grâce à elle qu'une musique rituelle d'origine ancienne existe, simultanément avec la musique classique et moderne. Il y a des *gamelans,*

[Nous utilisons le mot javanais *gamelan* également pour les orchestres balinais, parce qu'il n'y a pas de dénomination balinaise. La langue balinaise est, en effet, très pauvre en expressions théoriques, car les musiciens sont, avant tout, des praticiens. C'est pourquoi, telle dénomination peut se faire par le moyen d'un terme technique ou simplement descriptif, ou même parfois erroné, « faute de mieux ». Les vrais termes techniques procèdent le plus souvent de l'onomatopée; par exemple : *kempur* = gong qui fait « purr », *tjèng-tjèng* = cymbales, etc.]

et des mélodies qui sont considérés comme *pituron,* ce qui veut dire « descendu du ciel »; personne n'ose modifier ce que les dieux ont donné aux hommes, et c'est ainsi que la musique ancienne s'est conservée jusqu'à nos jours. L'inconvénient du respect dû à ces gamelans « pituron » est que beaucoup sont désaccordés mais qu'on n'y touche

pas; on ne change une touche que si elle est cassée. Si
exceptionnellement on accorde un de ces gamelans
sacrés, c'est au prix d'offrandes coûteuses pour obtenir le
consentement du dieu qui a son siège dans les instruments mêmes. La musique fait d'ailleurs partie intégrante
des offrandes aux dieux dans les fêtes du temple, ce qui
permet l'existence de bons orchestres gamelans dans
presque tous les villages.

LES INSTRUMENTS PRINCIPAUX

INSTRUMENTS CONTENANT LA GAMME.

a) Des touches en bronze, fer, bambou ou bois sont
appuyées *(djongkok)* ou suspendues *(gantung)* à un bloc
de bois à trous de résonance, un pour deux à quatre
touches. Le *gangsa* (à touches de bronze, rarement de fer)
et le *saron* (à touches de bambou) sont construits ainsi. La
résonance est plus spécifique dans le groupe des *gender*
(à touches de bronze, rarement de fer) : chaque touche se
trouve sur un tube de bambou exactement accordé, et la
résonance est telle que la touche frappée produit un son
prolongé; en ordre ascendant, *djégog, djublag, penjelat,
kantilan* couvrent quatre octaves.

b) Des petits gongs accordés (nous les appelons du
nom javanais : *bonang*) sont utilisés dans le *trompong* et
le *réjong*.

c) *Suling* (flûte) et *rebab* (violon à deux cordes avec une
noix de coco comme boîte sonore, qui est couverte
d'une peau de chèvre) sont utilisés dans quelques
ensembles seulement.

INSTRUMENTS À PERCUSSION.

a) Les tambours coniques *(kendang)* jouent un rôle
très important dans la coordination de la musique et de
la danse. Le *kendang gupekan* est battu avec les mains des
deux côtés; pour le *kendang pegongan* on utilise aussi une
baguette (main droite).

b) De nombreux gongs de différente grandeur *(gong,
kempul, kemong, kempli, bendé, kadjar)* servent à la ponctuation musicale et chorégraphique. En outre, certains instruments, notamment les cymbales *(tjèng-tjèng, ritjik)*,
donnent à la musique balinaise ce fond métallique caractéristique.

Presque tous les instruments existent en paires :
(*wadon* = féminin, et *lanang* = masculin; ou *pengumbang*
= bourdonner, et *pengüsep* = aspirer). Chaque paire présente un certain désaccord intentionnel, destiné à produire le *tanguran,* c'est-à-dire les battements qui résultent
des interférences d'ondes très voisines. Les battements, minutieusement ajustés dans toutes les paires d'instruments,
donnent aux gamelans balinais cet admirable brillant.

LA MUSIQUE HEPTATONIQUE RITUELLE

Bali était constitué autrefois de républiques villa-
geoises, c'est-à-dire de villages à constitution autonome,
avec des traits communs, mais aussi des différences
considérables.

Nous les appellerons « villages traditionalistes » à la différence des villages ayant subi l'influence des princes hindous
immigrés de Java aux xive et xve siècles, dont ils sont devenus « apanages » (« villages apanages »).

Le Balinais ne parle pas de sons graves et aigus, mais de
sons grands *(ageng* ou *gedé)* et petits *(alit* ou *tjenik).*

Ces différences s'étendent jusqu'aux gammes; c'est ainsi
qu'il n'y a pas une gamme standard balinaise; seul le début de la gamme est à peu près fixé et la dénomination
des sons est dérivée de l'alphabet balinais. Nos notations
sont approximatives, puisque les sons balinais ne coïncident pas avec les nôtres. Voici la gamme heptatonique :

1)	ding	grand dong	grand dang	deng	dung	petit dang	petit dong
2)	i	O	A	e	u	a	o
3)	\	~	—	⅂	Ⅴ	₹	o

1) Dénomination balinaise des sons.
2) Nos abréviations.
3) Notes balinaises.

La gamme ci-dessus peut contenir des dièses et des
bémols. La même composition entendue dans différents
villages semble donc, à l'oreille, être exécutée dans différents modes, mais pour l'œil, l'exécution reste la même.

La virtuosité technique compte plus pour le Balinais que l'audition. Les touches de certains instruments sont disposées de manière à faciliter au maximum l'exécution musicale.

D'où vient la solmisation balinaise avec ce curieux redoublement de *dong* et de *dang*? Notons d'abord que les intervalles entre grand *dong* et petit *dong* d'une part, et grand *dang* et petit *dang* d'autre part, ne sont pas les mêmes; dans la musique classique et moderne, petit (= aigu) *dong* représente l'octave supérieure au grand (= grave) *dong*.

A première vue cela semble inexplicable. Fort heureusement nous avons trouvé des notations sur des textes, qui nous ont donné une explication très naturelle; comparons les textes (1 et 2) de la composition suivante avec leur mélodie *(a)*:

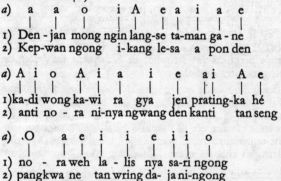

Cet exemple montre que le texte est traduit *littéralement* en musique; à quelques exceptions près, la concordance est parfaite avec la musique, selon la règle : *la voyelle de la syllabe donne la clef du son*.

Cette pratique ressemble à celle que l'on trouve au Moyen âge, par exemple dans une composition de Josquin :

Hercules dux Ferrariae
ré ut ré ut ré la mi ré

Ceci nous amène à conclure que le système de solfège balinais est d'origine *vocale* ; les dénominations des sons procèdent de l'onomatopée : *ding* est le son pour la voyelle *i, dong* pour la voyelle *o,* etc.

Il est rare qu'une concordance soit aussi exacte entre
le texte et la musique que dans l'exemple ci-dessus ; mais
il y a des endroits où la concordance est obligatoire, à la
fin des vers notamment. Les vieux textes composés sont
des chants de *kidung*, dans les mètres *(tembang) tengahan* et
matjapat. Les chants de *kidung* contiennent quatre strophes
(*puh* ou *pupuh* — le *h* est prononcé comme le *khi* grec) :

1) *asiki* ou *kawitan*
2) *pingkalih* ou *pingro*
3) *pingtiga* ou *pingtelu*
4) *pingpat*.

Chaque vers d'une strophe comporte un certain
nombre de syllabes *(guru wilangan)* et doit se terminer par
une syllabe contenant une voyelle déterminée *(guru lagu)*.
On note donc la structure d'une strophe *(tembang)*, en
mettant le nombre de syllabes avec la voyelle de la dernière syllabe de chaque vers, par exemple :

$$8\ i,\ 8\ a,\ 8\ a,\ 6\ o,\ 6\ i,\ 8\ a$$

C'est le *tembang Sidapaksa* (exp. 39 de la Table XVI de
Kunst I) qui est mis en musique de la manière suivante
dans le *pingkalih* (2ᵉ strophe) de Sidapaksa du *lontar* de
Tihingan, près de Selat :

Nous avons donc la règle suivante : *la concordance entre
le texte et la musique est obligatoire à la dernière syllabe de
chaque ligne, c'est-à-dire au guru lagu.*

L'existence d'une gamme heptatonique ne veut pas
dire que la musique balinaise soit heptatonique. La
conception musicale balinaise — comme d'ailleurs la
javanaise — est pentatonique.

La gamme heptatonique n'est alors qu'une suite de 7 sons qui permettent la constitution de 7 modes pentatoniques *(atut* ou *patut)* comme, dans notre musique, des sélections de 7 sons de la gamme de 12 sont à la base de nos modes.

Tous les modes pentatoniques ont la même structure asymétrique; celle-ci résulte de l'omission des sons 4 et 7 de la gamme heptatonique.

Heptatonique : i O A e u a o

1   2   3   4   5   6   7

Pentatonique : i o e — u a —

Notons que les gammes pentatoniques ont une nomenclature propre : le 3e son est *deng* au lieu de grand *dang* ; les autres sons portent les mêmes noms naturellement, en omettant « grand » pour *dong* puisqu'il n'y en a qu'un seul.

En appliquant la formule pentatonique 1 2 3 — 5 6 — à la gamme heptatonique (chacun des 7 sons étant pris successivement comme n° 1 = *ding* pentatonique), on obtient les 7 modes pentatoniques tels que les représente le tableau de la page 244.

Chaque son de la gamme heptatonique peut ainsi devenir « ding pentatonique » (à Asak il est nommé *ding magenap* = ding pluriforme), mais la gamme pentatonique doit toujours être conforme à la formule pentatonique 1 2 3 — 5 6 —. On a toutefois la possibilité d'y ajouter un 6e son, ce qui permet de jouer deux modes différents dans une même composition.

Ex. : Les 6 sons : i O A e u a permettent de jouer atut (mode) ding : i O A u a (ding pentatonique = i) atut deng   : e u a i O (ding pentatonique=e).

Nous pouvons maintenant comprendre pourquoi il existe deux *dong* et deux *dang.* C'est d'abord qu'il n'existe que cinq voyelles, mais sept sons : dans ces conditions les redoublements sont inévitables. En outre, la solmisation des textes du *kidung* exige des modes déterminés pour chaque combinaison de voyelles. Seuls les modes grand *dang* et *deng* permettent la solmisation des cinq voyelles; avec les modes petit *dang* et petit *dong,* quatre voyelles seulement peuvent être solmisées, et trois avec les modes grand *dong* et *dung.*

Venons-en maintenant à l'examen des différents ensembles de la musique heptatonique rituelle.

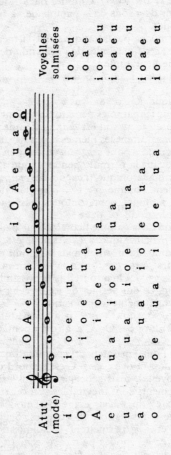

LE CHANT DU KIDUNG.

La musique ancienne est notée sur des feuilles du palmier *lontar*. Les livres (*lontar* : on utilise également ce terme pour désigner ceux-ci) de musique représentent généralement le répertoire d'un village. La plupart des exemplaires sont composés tout à fait au hasard, et contiennent des feuilles de différentes grandeurs. Les notes (*sastra; mesastra* = jouer les *sastra*, c'est-à-dire le cantus firmus) sont écrites sans aucune indication rythmique; quelquefois le texte de *kidung* est ajouté. Ces vieilles notations constituent la matière des compositions vocales et instrumentales rituelles, comme c'était le cas pour le chant grégorien dans les musiques religieuses du Moyen âge.

Mekidung (chanter le *kidung*) fait partie des cérémonies religieuses (processions, fêtes) et suit les règles heptatoniques. Chaque son est orné : un certain nombre de syllabes (2, 3 ou 4) constituent une unité suivie d'un bref arrêt :

Ex. 1.

Autrefois, le *kidung* était aussi chanté avec l'accompagnement de l'ensemble *gambang*. Nous avons eu la grande chance de trouver à Asak de vieux musiciens encore capables d'exercer cet art.

Il ne faut pas penser que toute la musique vocale ancienne provient du *kidung*. Certains chants accompagnant les *sanghyangs* (cérémonies chamanistes d'exorcisme) sont probablement très anciens et se sont conservés surtout dans les villages montagnards. A partir de là, des formes laïques se sont développées, comme le *djanger* et le *ketjak*.

L'ensemble saron ou tjaruk.

Cet ensemble est un gamelan qui, étant sacré, n'est habituellement joué que par des prêtres. Il consiste en :

2 *gangsa* à 7 touches en bronze, l'un à l'octave supérieure de l'autre. L'un est placé devant l'autre et un seul joueur joue simultanément sur les deux avec des marteaux en bois. Ils servent à l'exécution du cantus firmus (*mesastra*) qui est alors joué en octaves et forme une suite de sons de durée égale (rythme saron). Le 7e son est placé devant le 1er pour faciliter l'exécution des septièmes, intervalles fréquents dans le kidung.

1 *saron menanga* contenant 7 touches de bambou, suspendues au-dessus d'un bloc de bois. Il joue la même mélodie que les *gangsa*, mais chaque son est répété.

1 *saron pengulu* avec 2 fois 4 touches suspendues dans l'ordre suivant o i u a i O A e (voir exemple musical ci-après). Il joue la figuration à raison de 4 sons (rarement 8) de figuration pour 1 son de *gangsa* (nous l'appelons figuration 4 : 1).

Ce que nous constaterons régulièrement plus tard apparaît déjà dans l'ex. 2, page 247 : la figuration est liée au son figuré d'une manière si stéréotypée qu'on pourrait parler de « formules de figuration ».

L'ENSEMBLE GAMBANG.

Sur un relief du temple Panataran de Blitar (Java oriental) de l'an 1375, figure un gamelan composé d'ins-

Ex. 2.

truments très curieux. Ces instruments n'existent pas à Java et on les a cru disparus jusqu'à ce qu'en 1919 le préhistorien P. V. van Stein Callenfels nous apprenne que ces gamelans étaient encore joués à Bali. D'origine balinaise, ils ont probablement été introduits à Java pendant ou après le règne du grand Erlangga (né en 996 à Bali). Les échanges culturels entre les deux îles étaient intenses à ces époques. Dans les villages traditionnels le *gambang* est considéré comme sacré et joué pendant les fêtes religieuses. Dans d'autres parties de Bali il participe au culte des morts.

L'ensemble *gambang* est composé des instruments suivants :

2 *gangsa* (comme dans le *saron*) pour jouer le *mesastra* (cantus firmus) exécuté dans un rythme asymétrique de 5 + 3, que nous appellerons RYTHME GAMBANG;

4 *gambang* à 14 touches de bambou, joués chacun avec
2 marteaux fourchus. La disposition ingénieuse des sons
permet de jouer la figuration des octaves. Les touches de
l'instrument le plus bas, *menanga,* se présentent dans
l'ordre suivant :

L'instrument *pemero* commence avec le *O,* le *penjelat* avec
le *u* et le *pametit* présente l'octave supérieure du *menanga.*

La première strophe *(asiki)* est jouée *unisono* par tous
les instruments; dans les trois autres les gangsa jouent le
mesastra, les gambang la figuration qui est appelée *ontjangan.* Ce même mot sert à désigner le bruit rythmé du
pilage du riz. L'exemple 3, que nous présentons à la
page 249, montre que les sons utilisés par les quatre
gambang sont à peu près les mêmes, mais la structure
rythmique des formules de figuration diffère quelquefois,
ce qui provient de l'ordre des touches, différent pour chacun des gambang. C'est ainsi que la figuration exécutée
par les gambang reproduit la polyrythmie du pilage du riz,
l'ontjangan, d'où elle provient et qui lui a donné son nom.

Selon notre notation, la figuration est à doubles croches
pour 1 *sastra* (note de cantus firmus); nous l'appellerons
figuration 8 : 1. Chaque son de la gamme a une ou plusieurs formules de figuration, qui dans notre exemple
commence schématiquement sur 1 et 3, comme si le
mesastra était joué en rythme *saron* (sons de durée égale :
voir p. 246). Il y a de nombreuses modifications possibles,
et par exemple, la figuration peut aller jusqu'à 64 : 1.

L'ENSEMBLE SELUNDING.

Ce gamelan, qui comporte des touches de fer, est au
premier rang des instruments sacrés de Bali. A Selat on
conserve dans le temple du village des touches qui
ne sont plus utilisées, dont la plus grande est de
92 × 26,5 cm. Presque chaque village a une légende,

Pupuh Malat, *commencement du* pingpat,
exécuté par le gambang d'Abientibing.

Gangsa
Pametit

Penjelat

Pemero

Menanga joue la même partie que le pametit, mais à
l'octave inférieure

Ex. 3.

selon laquelle le *selunding* est descendu du ciel *(pituron)*.
C'est pourquoi il n'est joué que par les prêtres. Il est
mentionné pour la première fois, en 1181, dans les édits
royaux gravés sur des plaques de bronze.

Certains *selunding,* pour l'exécution du mesastra, possèdent les 2 gangsa avec des touches de bronze comme
dans le saron et le gambang, mais la plupart des *selunding*
se composent exclusivement d'instruments à touches de
fer. Ainsi le *selunding* de Selat comprend principalement
cinq instruments de type saron, munis de touches de fer
et appelés *gangsa* (petits instruments) et *djegog* (grands instruments).

[Le « djegog » du selunding n'est pas un véritable djegog
(grand gender; voir p. 239); cette dénomination n'est pas
exacte (voir p. 238).]

Exceptionnellement le ding de la gamme heptatonique
du selunding est *la,* tandis que le ding du gambang du
même village est — comme c'est la règle — *mi.*
L'exemple suivant est le *pupuh Manjura,* joué par le selunding de Selat. La première strophe *(asiki)* est jouée
unisono par tous les instruments. Puis suit le *pingkalih*
(2ᵉ strophe) dans laquelle les djegog exécutent le mesastra et les gangsas la figuration. Voici le commencement
du *pingkalih :*

Ex. 4.

Le *pingkalih* est répété, puis l'*asiki* est repris *unisono*. Ensuite le pingkalih est joué de nouveau, mais maintenant le mesastra est donné par les gangsa et la figuration par les djegog :

Ex. 5.

[La figuration est notée de manière à montrer comment elle se répartit entre la main droite et la main gauche.]

On remarquera la formule de figuration extraordinaire du A (= *do* dièse doublé) sur le djegog *lanang,* masculin. Le djegog féminin (*wadon,* que nous n'avons pas noté) joue la même formule syncopée sur son double son *i* (= *la*) pour le sastra *i* des gangsa. Il y a d'autres selunding qui jouent le mesastra en RYTHME GAMBANG (5 + 3) ou qui, plus complexes, permettent plusieurs groupements d'instruments, par exemple à Tenganan. Il y a aussi des compositions pour un ensemble selunding, qui ne sont pas dérivées du kidung et qui sont probablement très anciennes comme UDUH-UDUHAN que voici, exécuté par un selunding (les noms et la disposition des touches sont particuliers à ce village) :

Échelle des différents instruments :

Ex. 6.

L'ENSEMBLE GONG LUANG OU GONG SARON.

Le mesastra (cantus firmus) est joué par les deux gangsa avec des touches de bronze, la figuration par quatre *trompong,* comprenant chacun quatre *bonang* (petits gongs).

En outre un saron à touches de bambou participe à la figuration. Comme éléments nouveaux il y a un gong et le *kendang tumba* (littéralement : tambour de puce), petit tambour frappé d'un côté seulement par une baguette. Dans quelques ensembles il y a en outre des djegog-selunding et des *tjèng-tjèng* (cymbales). Nous avons choisi comme exemple une partie du *pupuh lilit ubi,* jouée par le *gong luang* de Tangkas, le plus traditionnel des quatre ou cinq exemplaires existant encore :

Lilit ubi

• = Kendang tumba
⊕ = Gong

Ex. 7.

Cet exemple est intéressant du point de vue modal : jusqu'à 1 nous avons *atut* (mode) *ding* (i O A u a = *mi*₂ *fa sol*ᵥ *si*ᵥ *do*); à partir de 1, le *grand dang* est remplacé par *deng* pour obtenir l'*atut deng* (e u a i O = *la*-ᵥ, *si*-ᵥ, *do*, *mi*-ᵥ, *fa*); le retour à l'*atut ding* est effectué à partir de 2. Le mesastra (cantus firmus) est exécuté dans le *rythme gambang* 20/8 + 12/8 = 5 + 3, mais les deux mesures pendant lesquelles la modulation se fait sont jouées en *rythme saron* (voir p. 246).

Les phrases ponctuées par les coups secs du tambour et par le gong sont une forme primitive du *tabuh* qui, dans la musique classique, devient la forme fondamentale de la structure musicale.

Les autres types du gong luang (spécialement à Sukawati) jouent des compositions qui ne permettent plus de reconnaître un mesastra de kidung. Ils sont influencés par la musique classique qui, elle-même, est souvent jouée dans ces villages sur le gong luang.

LA MUSIQUE CLASSIQUE

Lorsque les Hindous javanais ont émigré à Bali, ils ont apporté avec eux des gamelans : d'une part des gamelans majestueux, comme le *gamelan gong* pour les cérémonies de cour, d'autre part des orchestres de divertissement comme le *gambuh*. Au cours des siècles ces gamelans ont évolué d'une manière autonome, de sorte que la musique balinaise d'aujourd'hui est complètement différente de celle de Java. Elle diffère aussi fondamentalement de la musique heptatonique rituelle qui contient beaucoup d'éléments autochtones balinais. On peut distinguer : le groupe gambuh, sorte d'opéra balinais, et ses dérivés; le gong gedé, musique solennelle de cérémonie; le gender wayang, musique accompagnant les jeux d'ombres; et les gamelans angklung (musique pour le culte des morts) et genggong (instrument pastoral). Mais cette énumération est loin de rendre compte de l'existence de tous les gamelans dont les types sont très divers.

GROUPE GAMBUH

a) Gambuh.

Le *gambuh* est, en quelque sorte, l'opéra balinais. Les aventures du Don Juan javanais Pandji et les contes de *Tantri* (histoires d'animaux) donnent lieu à un grand nombre de versions dramatique mises en musique. C'est ainsi que le gambuh est devenu un arsenal où l'on a puisé des mélodies pour les compositions classiques et même modernes.

Le gamelan gambuh est un petit ensemble où la mélodie est jouée par une ou deux flûtes à sept trous, longues d'un mètre *(suling gambuh)* et par le *rebab* (violon). La mélodie est accompagnée par un grand nombre d'instruments à percussion.

[Parfois on ajoute un ou deux *suling gambuh barangan* (l'expression *barangan* indique que ces instruments sont une octave plus haut que les *suling gambuh*). Il est impossible de donner une gamme parce que les joueurs ne couvrent les trous que partiellement selon le mode joué].

Les compositions sont caractérisées par le *tabuh*, la structure musicale et chorégraphique. C'est la partie des tambours qui forme la base du tabuh.

Des ponctuations *(angsel)* marquent les phrases musicales : le *tjedàg* (accent produit sur le tambour wadon), comparable à la virgule, l'*angsel kadjar* (accent produit sur le *kadjar*, petit gong appuyé et semblable au *bonang* (voir p. 253) ou *tjeluluk* (ce dernier nom est l'imitation vocale du trémolo *kadjar*), comparable au point-virgule, et le *kempul* (gong) qui termine la phrase musicale comme un point. En outre il y a de nombreux instruments à percussion qui « remplissent » la structure par des formules d'un bruit rythmique, notamment les *ritjiks (tjèng-tjèng djongkok =* cymbales reposant sur un bloc de bois), le *klénèng* (très petit gong), le *kenjir, kenjor* ou *kangsi* (trois touches de bronze battues par un marteau trifourchu), le *gentorak* ou *gentoral* (série de petites cloches qu'on secoue), le *selepita* (crécelle), deux *kumanak* (sorte de triangle).

Les deux tambours coniques *(kendang gupekan)* sont battus avec les mains des deux côtés et produisent différents sons selon la localisation des coups.

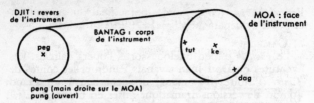

Les sons principaux sont *tut* sur le tambour lanang (masculin) et *dag* sur le tambour wadon (féminin). Le joueur du kendang lanang est le *tukang giing* = le chef d'orchestre, qui réalise la coordination entre musique et danse, donne les *accelerandi* et les *ritardandi*, les *crescendi* et les *diminuendi*. Il « cause » avec les danseurs grâce à son tambour, en indiquant l'allure à prendre; d'autre part les danseurs « causent » avec le tukang giing par des gestes convenus. Dans les grands orchestres un second chef joue les soli et donne les débuts des tutti.

Le *kadjar* est coordonné aux tambours. Il produit les sons :

Les sons correspondants sont :

kendang wadon (fém.)	kendang lanang (masc.)	kadjar
dag	peng	teng
peng	*tut*	plug
peg	ke	
ke	peg	tek

Les Balinais utilisent ces expressions imitatives pour reproduire avec la bouche la partie des tambours; le lecteur pourra se faire une idée du jeu de tambour en utilisant ces syllabes.

ÉTUDE D'UNE COMPOSITION TYPE DU GROUPE GAMBUH.

Une composition complète commence par le *pengalihan* (introduction) joué par les flûtes et le rebab (violon) solo auxquels les tambours se joignent pour préparer l'*angsel kempul* (coup gong), point final du pengalihan et point de départ du *pengawak*, partie principale.

Brahmara *atut* (mode) *sunaren : sol la si♭ ré mi-♭*.

PENGALIHAN

1) suling et rebab

2) ke peg peng tut

3) ke peg peng dag

PENGAWAK

Ex. 8.

1) *suling* (flûte) et *rebab* (violon),
2) tambour *lanang* (masculin),

3) tambour *wadon* (féminin),

kempul ou *kempur* = gong du groupe *gambuh*, plus petit que ceux utilisés dans l'ensemble *gong gedé* (p. 269); le son du kempul ou kempur est *pul* ou *pur*.

Notons que le *fa* dans la quatrième mesure n'appartient pas au mode *sunaren*.

Le *pengawak* constitue la partie principale de la composition. On peut le comparer à l'adagio d'une sonate. Sa base est le *tabuh,* qui est une forme musicale et aussi chorégraphique. Celui-ci peut être comparé à une phrase ponctuée de virgules, points-virgules et points; ces ponctuations étant représentées par des signes bien définis. Une « unité de *tabuh* » comporte quatre subdivisions *(paled)* dont chacune est notée en quatre mesures de 4/4. Selon le nombre d'unités de tabuh, on parle de *tabuh pisan* (1), *kalih* (2), *telu* (3), *pat* (4). Chaque composition se termine par le *pemilpil,* sorte de coda qui comporte — comme l'unité de tabuh — 4 paled, mais qui est ponctuée différemment.

Voici un schéma de la structure de deux formes de *tabuh telu,* la deuxième étant assez rare :

Le signe du kempul indique un coup de gong; celui du kadjar, un accent sur le kadjar; celui du tjedag, un accent « dag » sur le tambour féminin.

Chaque trait indique un paled.

AK = *angsel kado* = ponctuation qui devrait figurer mais qui n'est pas indiquée, ce que la sensibilité rythmique éprouve comme un accent très fort.

Poursuivons l'étude de l'exemple précédent : après le coup du gong *kempul* (+) suling (flûte) et rebab (violon) jouent en solo le premier paled jusqu'aux dernières croches où *peg* accentué, suivi de *ke,* indique le tutti qui commence avec le deuxième paled.

Voici maintenant le troisième paled de ce même Brahmara :

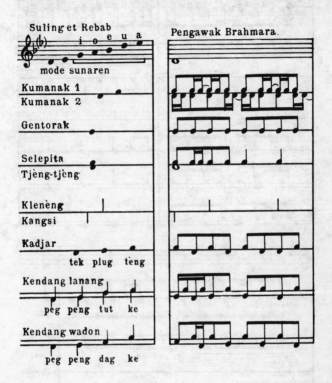

Ex. 9.

La troisième partie de la composition, trio commençant par le dernier son du pengawak, est jouée en *allegro*.

La forme de composition étudiée ci-dessus est utilisée pour les danses. Pour l'action dramatique il y a des formes courtes, des motifs répétés comme le *bapang* et le *batel*. Leur structure, et la partie des tambours, sont plus simples, et le kadjar frappe des coups redoublés, réguliers (comme les battements d'un métronome) sur le *monjong* — on appelle cela *melegpeg*.

Voici un exemple caractéristique de forme courte :

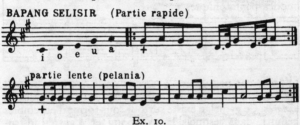

Ex. 10.

Les modes utilisés dans le *gambuh* sont :
selisir : do ♯ ré mi sol ♯ la; *sunaren* : sol la si-♭ ré mi(-♭);
baro : ré mi-♭ fa-♭ la si-♭ ; *lebang* : mi fa sol ♯ si do,
(notation approximative).

Le gambuh est joué très rarement aujourd'hui, puisqu'il a dû céder la place à des dérivations modernes comme l'*ardja* et le *sampik,* tous deux ensembles d'instruments à percussion qui accompagnent l'action chantée et secondée par une flûte d'une longueur de quinze à cinquante centimètres, selon le mode utilisé.

b) L'ENSEMBLE SEMAR PEGULINGAN.

Ce gamelan réalise une transposition approximative des sons du suling gambuh (flûte longue d'un mètre) sur des métallophones accordés. Il contenait autrefois une gamme heptatonique (*saih pitu* = série de 7 sons). Nous ne connaissons que l'existence de deux exemplaires très rarement joués. Celui de Kamasen, que nous avons

entendu, était malheureusement très désaccordé. Des
7 modes possibles 5 sont utilisés : *tembung* 1 2 3 5 6,
sunaren 2 3 4 6 7, *baro* 4 5 6 1 2, *lebang* 5 6 7 2 3, *selisir*
6 7 1 3 4.

La mélodie est jouée par le trompong solo (carillon de
petits gongs bonang), le suling gambuh et le rebab
(violon) et, sous une forme rudimentaire non rythmée,
par le groupe des *gender*. Tabuh et jeu des tambours sont
essentiellement les mêmes qu'au gambuh, mais le
kemong (sorte de gong) prend la place de l'angsel tjedag
(accent sur le tambour féminin). De plus, l' « unité
djegog », c'est-à-dire la période entre deux sons de djegog,
remplace le paled, dont 4 font une unité tabuh.

Le *semar pegulingan* à 6 sons *(saih anam)*, dont il ne
reste que quelques exemplaires, permet de jouer deux
modes pentatoniques :

Le semar pegulingan à 5 sons *(saih lima)* ne permet
qu'un seul mode : on trouve *selisir* ou plus rarement
sunaren. Ce gamelan existe surtout sous forme d'ensembles
réduits, dans lesquels le trompong et d'autres instruments sont omis :

le *pelegongan* pour la danse *legong*,

le *bebarongan* pour le *barong*, drame exorciste; un
ensemble similaire est utilisé pour le drame de Tjalona-
rang,

le *pedjogèdan* pour le *djogèd*, danse de « flirt » très populaire, autrefois avec des touches de bronze, aujourd'hui
avec des touches de bambou.

Comparées à celles du gambuh les formes du tabuh
sont pratiquement les mêmes, mais l'*angsel kemong* (gong)
remplace l'*angsel tjedag* (tambour conique) ou l'*angsel
kadjar* (on trouve souvent des altérations régionales
typiques). Aussi la partie des tambours est-elle essentiellement identique alors que dans le pelegongan, cité ci-
dessus, elle a subi des altérations.

Le tabuh 3 est le plus utilisé, suivi des tabuh 1 et 2;
comme formes courtes il y a surtout le *bapang* et le *batel*
(structures ne comprenant que 4 et 8 paled).

SCHÉMA MUSICAL ET CHORÉGRAPHIQUE DU TABUH 3.

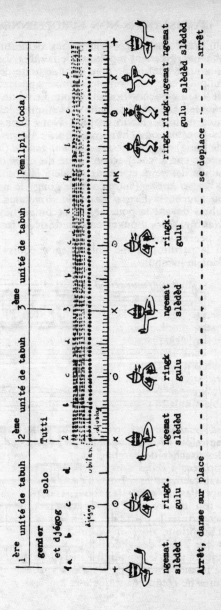

x = Huit notes de figuration sur une note de djublag.
AK = angsel kado (voir p. 258).

Étude d'une composition type de Semar Pegulingan.

Le schéma précédent représente le tabuh 3. La partie des tambours est la même pour chaque unité de tabuh. Le pemilpil n'est plus compté comme appartenant au tabuh et il a une ponctuation différente. Le tabuh 1 serait représenté selon le même schéma sans 2ᵉ unité, le tabuh 3 aurait une unité de tabuh en plus. Nous avons donné aussi les ponctuations chorégraphiques : l'*angsel kempul* (coup de gong) exige toujours le *ngemat* gauche (lever du bras gauche sur le côté) accompagné du *slèdèd* (mouvement rapide des yeux et retour rapide à la position initiale); à l'*angsel kemong* (autre coup de gong), le *ngemat* est droit ou gauche; à l'*angsel kadjar* le *reringkasan* (abrév. *ringk.*), bras devant la poitrine, est accompagné du *gulu wangsul* (abrév. *gulu*), mouvement rapide de la tête.

Voici la partition d'une unité djegog équivalent du paled dans le gambuh :

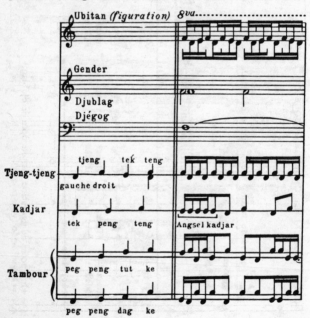

Ex. 11.

Un son de djegog correspond à 8 sons de djublag (gender « ténor »); les djublag jouent la mélodie primitive qui atteint sa perfection dans la partie des gender. Ce qui est nouveau par rapport au gambuh c'est la figuration (kotekan, torekan, metjandetan, ubitan — cette dernière expression désigne aussi les instruments de figuration; ontjangan n'est utilisé que pour les gamelans heptatoniques rituels). Elle se base sur la partie du djublag à raison de 8 ou rarement 16 sons pour 1; chaque son a ses formules de figuration stéréotypées. Nous y rencontrons une particularité curieuse : chaque élément est distribué entre deux exécutants et les deux parties sont ajustées l'une à l'autre si parfaitement que l'oreille entend une série ininterrompue de doubles croches. Le *tempo* de la musique moderne a été accéléré à un tel point qu'une exécution minutieuse est assurée seulement par cette méthode. De plus, l'oreille du Balinais est plus sensible à la perception du rythme caché dans la figuration. Voici des exemples des nombreux modèles existants :

Modèles symétriques :

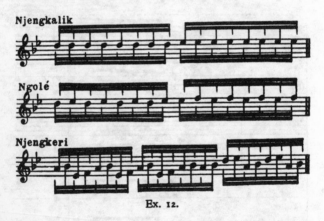

Ex. 12.

Pour nous, il est relativement difficile de jouer exclusivement des syncopes, mais sur les métallophones c'est facile : tandis qu'un joueur frappe la touche, l'autre l'arrête; dans nos exemples nous utilisons des traits courts aux endroits où la touche est stoppée.

Modèles asymétriques :

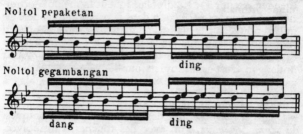

Ex. 13.

Les deux modèles principaux de figuration, kotekan *ngitjek* (A) et *bulus* (B) existent en 8 ou 4 dérivés, que l'on obtient en prenant comme point de départ le premier son, puis le deuxième, le troisième, etc., de la formule de figuration :

Ex. 14.

Nous avons trouvé tous ces dérivés rythmiques, obtenus théoriquement dans nos notations de musique balinaise, et le lecteur en trouvera aussi dans nos exemples.

La figuration peut être composée aussi de 4 sons (slandungan); la coïncidence de 2 sons produit des accents nouveaux, qui se superposent à la structure rythmique ordinaire.

SLANDUNGAN.

Ex. 15.

AUTRES GAMELANS DE CE GROUPE.

Djogèd et *gandrung* sont des dérivations pentatoniques du *semar pegulingan*, l'un avec des touches, l'autre avec des tubes en bambou. Ce sont des ensembles profanes pour l'accompagnement des danses.

L'INSTRUMENTATION DU GROUPE GAMBUH.

Dans le *gambuh* — modèle des gamelans de ce groupe — la mélodie est donnée par les grandes flûtes *(suling)*, qui existent éventuellement aussi pour l'octave supérieure *(suling barangan)*, et par le violon *(rebab)*. Cette mélodie est accompagnée des deux tambours, battus avec les mains *(kendang gupekan)*, et de nombreux instruments de batterie. Dans les ensembles *semar pegulingan* hepta, hexa et pentatoniques (SP 7, SP 6, et SP 5), *pelegongan* (L) et *bebarongan* (B), la mélodie prend plus d'importance. Le *semar pegulingan* comporte encore le *trompong* (clavier de bonang) comme instrument soliste pour l'exécution de la mélodie; elle est soutenue par de nombreux instruments contenant la gamme, qui doublent quelques sons de la mélodie d'une façon stéréotypée (gender, djublag et djegog; gangsa agang et alit; tjuring et tjuring barangan — sorte de gangsa contenant les mêmes sons que le trompong —; grantang = instrument en tubes de bambou contenant une gamme). Nous avons dix-sept touches dans le SP 7, et treize dans les autres ensembles.

La figuration s'est développée de plus en plus dans les SP, L et B, se substituant à la richesse de la batterie du gambuh. C'est par les *gender penjatjah* (l'octave supérieure du djublag) et par les *kantilan* (à une octave supérieure encore) que la figuration se manifeste d'une manière sobre dans les pièces anciennes et très animée dans les modernes. Elle suit le djublag.

La batterie est très riche dans le *gambuh*. Il y a d'une part des instruments donnant la ponctuation (le « dag »

du tambour féminin, le « tjeluluk » du kadjar et le
« pur » du kempur). Les autres instruments servent à
créer une sorte d'arrière-fond de bruits polyrythmiques.
Dans les gamelans SP, L et B la batterie est, comme
nous l'avons dit, plus simple, et concentrée surtout sur les
cymbales et les instruments qui marquent la ponctuation; on ajoute même un instrument, le *kemong* (petit
gong). C'est ainsi que le kemong remplace le « tjedag »
du tambour féminin, tandis que les autres ponctuations
ne sont pas modifiées; dans certaines régions, le « tjeluluk » du kadjar est remplacé par le kemong, le « tjedag » par le kadjar, tandis que le « pur » reste inchangé.

L'ENSEMBLE GONG GEDÉ
(« GRAND » GONG)

[La dénomination gong est utilisée ici comme synonyme
d'orchestre; voir aussi gong *luang* et gong *gilakan*.]

Ce grand orchestre se distingue du semar pegulingan
surtout par le tabuh et l'ensemble des instruments. Il est
exclusivement pentatonique, et le mode utilisé est toujours selisir, jamais sunarèn. Conformément à son caractère majestueux, les instruments apaisants comme la
flûte et le violon sont absents.

Voici quelques-unes des différences qui existent avec
le semar pegulingan :

La ponctuation est marquée par 2 gongs (lanang
(masculin) avec le son djirr, wadon (féminin) + avec le
son gurr, kempul (+) et kempli = kemong (×); il n'y
a pas de kadjar.

Les tambours sont plus grands. Dans les compositions
héroïques et solennelles, les sons *tut* et *dag* sont exécutés
avec une baguette *(pangul)* — ce qu'on nomme *bèbèdan*
— et le joueur du kendang wadon (tambour conique
féminin) devient le *tukang giing* (conducteur). Par contre,
les tambours sont battus avec les mains *(gupekan)* surtout
dans les compositions accompagnant les danses calmes, et
le joueur du kendang lanang (tambour conique masculin)
reste le tukang giing (conducteur).

La mélodie est exécutée par le trompong solo comme
dans le semar pegulingan complet. Il faut noter la complexité du jeu, qui est considéré comme d'autant plus
artistique qu'il fait l'effet d'une improvisation. La mélo-

die primitive est jouée par les gender sans animation rythmique. Les petits gender (gender barangan, penjatjah et kantilan) y participent, dans l'ancienne forme, tandis que dans la forme moderne ils jouent une figuration.

La figuration était autrefois jouée par deux exécutants sur le rejong, instrument à 4 bonang *(dong, deng, dung, dang)*. Les éléments de figuration commencent par le son figuré à l'exception du *ding (ré)* : comme le rejong ne contient pas de ding, la formule du *deng (fa)* est utilisée aussi pour la figuration du ding.

Le gong gedé est joué dans des occasions solennelles et dans les temples. En outre il sert à accompagner le *topèng,* jeu de masques glorifiant l'histoire des princes javanais immigrés à Bali. Aussi le *baris,* danse héroïque de guerriers, est-il exécuté sur ce gamelan. Enfin les instruments à percussion du gong gedé, utilisés dans les processions, constituent le *gong gilakan.*

A côté de nombreuses formes de tabuh (structure) nous trouvons comme formes courtes le *gilak* et le *kali* (équivalent du batel).

Malheureusement les gongs gedé disparaissent de plus en plus pour faire place au kebijar.

On trouvera à la page suivante quelques mesures du Longor jouées par le gong gedé de Timbrah à l'ancienne façon *(ex. 16,* p. 271).

Ex. 16.

Trompong	
Rejong	série de 10, 4 et 2 bonang.
Ponggang	

Barangan	
Gender	gender de différentes grandeurs, le djegog
Djublag	étant le plus grand.
Djegog	

Penjarik	
Penjoman	cymbales de différentes grandeurs, les pengédé
Pemadé	étant les plus grandes (on tient une cymbale
Pewayan	dans chaque main et on les frappe l'une contre
Pengédé	l'autre).

Bendé	
Kemong ×	gongs de différentes grandeurs, le gong étant
Kempul +	le plus grand.
Gong ⊕	

Kendang lanang	tambours. masculin et féminin (les sons
Kendang wadon	« tut » et « dag » sont produits avec la
	baguette).

La partie de percussion reste la même pour chaque unité djegog. Elle est particulièrement intéressante par sa polyrythmie (20 rythmes différents, dont 9 rythmes de tjeng-tjeng, cymbales qu'on porte aussi dans les processions, une dans chaque main). Comparée à celle du gambuh, la partie des tambours est plus simple et les sons tut et dag prédominent.

La forme du Longor est le tabuh 3.

Dans son développement récent (tel le gong kébijar) cette figuration a été transmise sur le trompong barangan (à l'octave) qui, aujourd'hui, comporte douze bonang, avec quatre exécutants. Dans le gong gedé, il ne constitue qu'un instrument de second ordre qui ne fait que participer à l'exécution de la mélodie. En outre, la figuration par les petits instruments utilise surtout des formules njengkéri, noltol ou njitjek, par exemple :

Ex. 17.

GENDER WAYANG

Ce petit ensemble est d'un très grand charme. Quatre gender, dont deux une octave plus haut, produisent une musique tantôt dramatique, tantôt intime et très émue, illustrant le célèbre jeu d'ombres, *wayang kulit*. Le *dalang*, animateur de poupées, récite ou chante d'une voix rauque ou douce les poèmes épiques hindous du *Râmâyana* et du *Mahâbhârata*. D'une façon réaliste il imite le bruit du combat, en frappant sur la caisse dans laquelle les poupées sont conservées.

On ajoute aux gender des instruments à percussion dans le *wayang wong*, *Râmâyana* dramatisé et exécuté par des acteurs masqués.

Le *pewayangan* est une gamme pentatonique : approximativement *mi, fa* dièse, *sol* dièse, *si, do* dièse.

Bien qu'elle soit apparentée au *slendro* javanais, considéré comme une division en parties égales de l'octave, la gamme du gender *wayang (pewayangan)* suit la formule pentatonique avec les grands intervalles entre deng et dung, et dang et ding octave. Ce gamelan a été étudié à fond et décrit par Colin Mc Phee.

On nous a souvent parlé d'un style ancien, plus compliqué. On l'appelle *lamba rangkab* (littéralement : se couvrant rarement) par contraste avec le style actuel *renjab* (épais). Nous avons trouvé deux pêcheurs qui le connaissaient encore. Les deux façons de jouer sont réunies dans l'exemple suivant (*Lelasan megaat jeh*) :

Ex. 18.

Comparé au renjab (1 b et 2 b) qui, dans notre transcription, forme une série ininterrompue de doubles croches, le lamba rangkab (1 a et 2 a) est plus libre, moins serré et rend possible la production d'un rythme autonome. 1 c et 2 c sont des ponts permettant le passage d'une position à l'autre. S'il y a deux positions, on appelle la supérieure *kedulu* et l'inférieure *keteben* ; s'il y en a trois, la position moyenne est appelée *ketenga*. Considérons l'ostinato, qui constitue la base de notre exemple, dans trois positions différentes :

Cet exemple est très significatif de la conception de la gamme pentatonique : pour les Balinais, c'est la technique qui compte, c'est-à-dire la succession des sons ; pour nous, c'est la succession des intervalles, dans la mesure où nous estimons le ketenga différent du kedulu et du keteben : pour les Balinais, en effet, c'est la même figure musicale, mais transposée.

ANGKLUNG ET GENGGONG

Le gamelan *angklung* a une gamme de 4 sons, habituellement *sol la si ré = deng dung dang ding*. Dans le véritable angklung, chaque joueur tient dans chaque main un instrument à trois tubes de bambou qu'il secoue quand ses 2 sons apparaissent dans la composition.

Cette gamme tétratonique interprétée sur des métallophones forme l'*angklung klentèngan,* ensemble de petits instruments, principalement de gender à différentes octaves, qui peuvent être portés dans les processions. Le rejong (à 4 bonang) a encore, dans certains orchestres, la forme portative que nous lui connaissons dans les reliefs des temples javanais. Les tambours sont très petits et leur partie est relativement simple. Ce gamelan a une sonorité admirable : la partie des djegog (gender graves) donne l'impression d'une ligne mélodique, au-dessus de laquelle se déroule une figuration agitée, exécutée par une petite flûte *(suling angklung),* des gender et des rejong, et qui a un caractère mélodique propre, contrastant par sa vivacité avec l'imperturbable sérénité des djegog.

C'est la musique du culte des morts ; toutefois, de plus en plus, on peut l'entendre dans d'autres fêtes, et elle accompagne également les danses. Mais ce gamelan délicat, lui-même, n'a pas échappé à la dramatisation par le style *kebijar* (voir p. 279). Dans le Nord de Bali on a même ajouté à la gamme de l'angklung un cinquième son.

Une étude approfondie sur ce gamelan a été publiée par C. McPhee. Selon lui, l'angklung a des corrélations étroites avec le *genggong* (guimbarde en bambou), ce qu'on prétend également dans les villages de l'Est de Bali; cette hypothèse est très vraisemblable étant donné la nature des compositions d'angklung jouées par le genggong et inversement.

Dans les montagnes, le genggong est l'instrument favori des amoureux; on en joue toujours par paires (*lanang* et *wadon*). Mais, à Sanur et à Batuan, deux clubs de genggong se sont formés : on joue une mélodie sur la flûte d'angklung et les genggong, qu'accompagnent de nombreux instruments à percussion très curieux (par exemple un flacon de pharmacie, deux tubes de verre ou des pièces de fer suspendues à des animaux en bois sculpté). On peut voir parfois un vieillard ou une jeune fille exécuter avec cet ensemble des danses impressionnantes.

MUSIQUE MODERNE

DJANGER ET KETJAK.

Toute évolution à Bali se fait progressivement. Les Balinais se sentent mal à l'aise s'ils perdent le contact avec la tradition. Cela ne les empêche pas toutefois de parvenir à des formes nouvelles qui semblent fort éloignées des modèles anciens.

Le *djanger* est un exemple exceptionnel de la rapidité de diffusion d'une mode à Bali. Créé aux environs de 1930, il atteint son apogée durant les années qui précèdent immédiatement la guerre — il en existait plus de cent groupes. Peu nombreux sont ceux qui ont survécu à la guerre, mais ce que l'on montre aujourd'hui aux visiteurs est d'une forme très raffinée et impressionnante.

Le djanger a un passé mouvementé. Il vient certainement des *sanghyang,* cérémonies chamanistes d'exorcisme. Dans le sanghyang *dedari,* qui est le plus commun, une ou deux très jeunes filles entraient en transes au milieu des incantations et des fumées d'encens. Des vieillards de

Bali oriental nous ont assuré que le refrain typique du
djanger existait déjà à la fin du siècle dernier dans quelques
incantations de sanghyang. Mais la forme la plus
ancienne est probablement le sanghyang *djanger,* cérémonie d'exorcisme (H. N. van der Tuuk, R. van Eck) qui,
selon une communication de mon ami Théo Meier (1956),
existe aujourd'hui encore dans la région montagneuse de
Bangli, et au cours de laquelle jeunes filles et jeunes gens
entrent en transes.

Personne ne sait comment cette cérémonie religieuse a
pris une forme nouvelle, dans laquelle elle a perdu son
caractère rituel.

Aux environs de 1930, le djanger était exécuté uniquement par des garçons qui tenaient même les rôles féminins; puis les jeunes filles les y remplacèrent.

La forme du djanger devenue classique constitue le
cadre d'une grande variété d'histoires dansées. Les danseurs sont assis dans un carré dont deux côtés sont formés
par des jeunes filles (les djanger), les deux autres par des
garçons (les djak). Le contraste féminin-masculin se manifeste dans les mouvements et dans la façon de chanter :
selon l'idéal balinais, la femme doit être douce et tendre,
l'homme courageux et noble. C'est ainsi que les jeunes
filles chantent le refrain *djanger-idjang-idjangere* en l'accompagnant de mouvements doux, tandis que les garçons
font le contrepoint en criant une suite de syllabes fortement accentuées comme *ketjâke-ketjâk* ou *tji-pô-a-tji-pô-a.*
Le djanger a eu immédiatement beaucoup de succès parce
qu'il permet à un nombre relativement grand de participants de se manifester comme artistes, ce qui est le rêve
de tout Balinais.

Le *ketjak,* qui trouve son origine dans les sanghyang,
existe surtout dans les régions de Sukawati et de Den
Pasar; il est réalisé, alternativement, par la musique du
gamelan et les chants des femmes. Un groupe d'hommes.
assis, parle en chœur avec les éléments *ke* et *tjak,* ce qui
donne : *ketjakeketjak,* etc... En même temps ils remuent
le corps et les bras sur un rythme véhément, mais chœur
et mouvement ne cessent pas d'être réglés. Il est fort
probable que ce bruit rythmé avait un but d'exorcisme.
Le ketjak a pris aujourd'hui des proportions considérables à Bona et à Bedulu : plus de cent hommes y participent. Des scènes du *Râmâyana* y sont intégrées.

Kebijar.

Dans les premières décades de notre siècle, la musique balinaise s'est développée d'une manière particulièrement frappante à partir du Nord de Bali, et a pénétré dans toute l'île, jusqu'aux régions montagnardes isolées. Même de petits villages ont fait venir de loin des musiciens pour moderniser leur gamelan et apprendre le style kebijar qui, par sa véhémence bruyante, sa vélocité stupéfiante et son accentuation puissante a fasciné les musiciens, pour devenir aujourd'hui le gamelan de gala.

Ce qui est nouveau, c'est surtout la figuration par le trompong barangan à 12 bonang, exécutée par quatre joueurs, la partie des tambours et l'introduction sensationnelle de l'accent-accord *bjang*. Cette figuration est surajoutée à la figuration ordinaire par l'ubitan. Elle dérive de celle du rejong et contient des éléments comme ceux-ci :

kotekan ngerod

ding   ding   dong

dong   deng   deng

Ex. 19.

Le style du jeu de tambours a complètement changé : dans la musique classique les deux joueurs sont assis l'un en face de l'autre. Si l'un frappe avec la main gauche, l'autre le fait en même temps comme dans un miroir.

Dans le kebijar il faut se les représenter l'un derrière l'autre. Chaque son donné d'un joueur est immédiatement suivi du même par l'autre joueur, par exemple :

| peg | | kum |
| peg | | kum | |

Les pièces jouées sont souvent des sortes de rhapsodies ou des pots-pourris « kebijarisés », de composition classique; mais fréquemment la vieille musique est adaptée au nouveau style. L'intégration entre musique et danse a atteint un degré insurpassable.

L'ENSEMBLE DJOGÈD GRANTANG

En août 1955, un nouvel ensemble créé par des ouvriers des plantations de l'Ouest de Bali s'est manifesté pour la première fois. Il a eu un tel succès que des ensembles similaires se sont formés ailleurs. Le *djogèd,* danse de flirt, a toujours été très populaire. Une jeune danseuse, accompagnée par un orchestre d'instruments à touches de bambou, se place en dansant devant un spectateur et l'invite au *ngibing,* danse durant laquelle elle lui fait des avances; mais dès qu'il essaye de la toucher, elle se défend avec son éventail. Ce jeu osé est pour les Balinais l'amusement par excellence; c'est quelquefois très comique.

La musique du *djogèd grantang,* qui comporte des tubes au lieu de touches de bambou, rappelle quelquefois celle du jazz. Il est possible que la radio et le phono aient influencé cette musique. Mais ce qui est caractéristique à Bali, c'est que ces influences ont été complètement « balinisées », adaptées à la musique balinaise.

E. SCHLAGER.

Les éléments qui constituent la base de ce travail ont été rassemblés en compagnie de mon ami et compatriote le peintre Théo Meier qui, au cours d'un séjour de vingt années, est devenu un grand ami et un admirateur des Balinais.

La notation des partitions n'aurait pas été possible

sans la grande patience dont ont fait preuve les Balinais
qui, inlassablement, ont répété les mêmes parties jusqu'à
ce qu'elles fussent notées. (En effet, ces éléments ont
été recueillis pendant la guerre et nous n'avions pas
d'appareil d'enregistrement.)

BIBLIOGRAPHIE

GORIS (R.), *Inheemsche tooneelkunst, danskunst en muziekbeoefening op Bali*, Indisch Verslag, p. 247ff., La Haye, 1932-1933.

GORIS (R.), *Godsdienst en gebruiken in Bali*, édité par la Vereeniging voor Toeristenverkeer in Ned. Indië, Bali.

KUNST (J. et C. J. A. Kunst-v. Wely), *De Toonkunst van Bali I*, Koninklijk Bataviaasch Genootschap van Kunsten en Wetenschappen, 1925.

KUNST (J. et C. J. A. Kunst-v. Wely), *De Toonkunst van Bali II*, dans « Tijdschrift voor Indische Taal », Land-en Volkenkunde 65, 369, 1925.

Mc PHEE (C.), *The « Absolute » Music of Bali*, « Modern Music » 12, 165, 1935.

Mc PHEE (C.), *The Balinese Wayang Koelit and Its Music*, « Djawa » 16, 1, 1936.

Mc PHEE (C.), *Angkloeng Music in Bali*, « Djawa » 17, 321, 1937.

Mc PHEE (C.), *Children and Music in Bali*, « Djawa » 18, 309, 1938.

Mc PHEE (C.), *Figuration in Balinese Music*, dans « Peabody Bulletin », mai 1940.

Mc PHEE (C.), *Balinese Ceremonial Music, transcribed for two pianos : 1. Gambangan, 2. Pemungkah, 3. Tabuh telu*, éd. Schirmer, Inc., 1941.

Mc PHEE (C.), *The Technique of Balinese Music*, dans « Bulletin of the American Musicological Society, » no 6, p. 4, 1942.

Mc PHEE (C.), *Dance in Bali*, dans le « Dance Index 1949 », p. 156.

Mc PHEE (C.), *In this far Island*, dans « Asia and the Americans », 1944-1945.

Mc PHEE (C., et B. BRITTEN et G. BARRÈRE) *Music of Bali, an Album of Transcriptions for Two Pianos*, Schirmer's Library of Recorded Music, Série no 17.

SACHS (C.), *Die Musikinstrumente Indiens und Indonesiens*, Berlin-Leipzig, 1923.

SCHLAGER (E.), Article sur la musique de Bali dans « Die

Musik in Geschichte und Gegenwart » Bärenreiter-Verlag, Cassel et Bâle.

SPIES (W.), *Bericht über den Zustand von Tanz und Musik in der Negara Gianjar*, « Djawa » 16, 51, 1936.

SPIES (W.), *De gamelanwedstrijd te Gianjar*, « Djawa » 19, 197, 1939.

DE ZOETE (B., et W. SPIES) *Dance and Drama in Bali*, Harper, Londres, 1939.

LA MUSIQUE CHINOISE

LA musique chinoise repose sur des bases qui lui
sont propres : une conception différente, une théorie très développée, une notation particulière, des
instruments de musique nationaux ont façonné un art
différent de celui de l'Occident, et dont les caractères se
sont conservés, de nos jours, dans le théâtre traditionnel.

La musique européenne parut jadis étrangère aux
Chinois, et le P. Amiot a écrit dans ses *Mémoires* que
les Chinois ne savaient pas apprécier les pièces de clavecin de Rameau, les airs de flûte les plus brillants qu'il
avait joués pour eux, car cette musique n'est pas faite
pour leur oreille, ni leur oreille pour cette musique.
Un lettré chinois lui avait expliqué ainsi sa propre réaction : « Les airs de notre musique passent de l'oreille
jusqu'au cœur, et du cœur jusqu'à l'âme. Nous les sentons, nous les comprenons; ceux que vous venez de
jouer ne font pas sur nous cet effet. »

Pour les Chinois, la musique vient du cœur et va au
cœur. En effet, nous lisons dans le *Yo-ki, Mémorial de la
musique* (introduit dans le *Li-ki, Mémoires sur les bienséances
et les cérémonies,* par Ma Yong [79-166]) :

Lorsqu'un son musical se produit, c'est dans le cœur
humain qu'il a pris naissance. C'est par l'action des objets que
le cœur humain est ému. Il s'émeut sous l'impression qu'il en
reçoit, et son émotion se manifeste par la voix. La voix répond
à cette émotion et se modifie. C'est lorsque cette modification
se produit selon les lois, qu'elle prend le nom de son musical.

La musique chinoise modère et n'excite point les
passions. Dès l'antiquité, les souverains chinois en
usaient pour influencer les sentiments de leur peuple.
Depuis l'empereur Fou-hi, chaque souverain eut
sa propre musique, créée par lui-même ou composée
sous sa direction. Certaines de ces compositions
étaient exécutées dans les cérémonies religieuses et
civiles.

La plupart des cérémonies religieuses étaient célébrées à des époques fixes : le solstice d'hiver était consacré au sacrifice au Ciel, et le solstice d'été au sacrifice à la Terre. Dans le faubourg Sud de la capitale, on faisait dresser un tertre, sur lequel l'empereur seul avait le droit d'adorer le Ciel, la Terre, les Montagnes et les Fleuves célèbres du monde entier. Le costume de l'empereur, le nombre de musiciens, de danseurs et d'instruments de musique étaient minutieusement réglés.

La danse fut introduite dans les cérémonies sous le règne de l'empereur Chouen. Elle revêtait deux formes : danse civile et danse militaire. Dans la première, les danseurs tenaient de la main gauche une flûte, et de la main droite une poignée de plumes de faisan; tandis que dans la seconde, les danseurs tenaient en main un bouclier et une hache. Ces danses avaient un caractère symbolique et les mouvements étaient assez lents. Lorsqu'elles étaient accompagnées de chant, un chœur participait à la danse.

La musique rituelle jouissait d'une grande considération sous la dynastie des Tcheou (~ 1027/~ 256). Le nombre des musiciens de la cour dépassait mille quatre cents, et la tradition avait conservé fidèlement l'art musical des six dynasties précédentes. Confucius (~ 551/~ 479), ayant entendu dans le royaume de Ts'i la musique de l'empereur Chouen, appelée *Ta-chao (Grande concorde),* fut vivement impressionné par sa beauté, et resta pendant trois mois indifférent au goût de la viande.

LA THÉORIE MUSICALE

Au temps de l'empereur Houang-ti (~ 2697/~ 2597), son ministre Ling Louen fut chargé de régler la musique. Arrivé à l'ouest de Ta-hia, dans la vallée de Hie-k'i, il prit des bambous, tous de même grosseur, et les coupa dans l'intervalle de deux nœuds. En soufflant dans celui qui était long de trois pouces et neuf dixièmes, il produisit le son fondamental appelé « *houang-tchong* (la cloche jaune) », qui devait servir désormais de base à la musique. Alors, selon la légende, deux phénix, un mâle et une femelle, vinrent chacun chanter six notes. Le ministre, les ayant entendues, coupa onze autres bambous qui produisirent des sons différents bien que restant en rapport avec le *houang-tchong* initial. Ainsi furent inventés les douze *liu,* constituant une série de degrés chromatiques. Ces degrés, simplement mis à leur place parmi d'autres, n'ont pas à eux seuls un sens musical. Pour former une échelle mélodique, il faut choisir un certain nombre d'entre eux.

Les gammes naissent des progressions ascendantes de quintes à partir du *houang-tchong* (équivalant au *fa* d'aujourd'hui). Après quatre progressions de quintes, on obtient cinq notes : *fa do sol ré la,* qui forment, en les mettant à leur place dans une octave, la première gamme pentatonique : *fa sol la do ré.* Dans la gamme, chacune des notes prend un nom particulier qui indique sa fonction : la première note *(fa)* s'appelle *kong* (le palais), représentant le prince ; la deuxième note *(sol)* s'appelle *chang* (la délibération), représentant le ministre ; la troisième note *(la)* s'appelle *kiao* (la corne), représentant le peuple ; la quatrième note *(do)* s'appelle *tche* (la manifestation), représentant les affaires ; et la cinquième note *(ré)* s'appelle *yu* (les ailes), représentant les objets.

Les cinq degrés de la première gamme pentatonique ont donné naissance à cinq modes : mode de *kong :* *fa sol la do ré ;* mode de *chang :* *sol la do ré fa ;* mode de *kiao :* *la do ré fa sol ;* mode de *tche :* *do ré fa sol la ;* et mode de *yu :* *ré fa sol la do.*

Ces modes sont composés de notes qui sont disposées suivant des degrés qui diffèrent de l'un à l'autre ; chacun des douze *liu,* donnant la hauteur absolue, peut servir de point de départ à un de ces modes. La combinaison des douze *liu* avec les cinq modes a donné naissance à soixante tons différents.

Vers l'époque Tcheou, deux autres notes complémentaires prirent place dans la gamme pentatonique. Elles sont désignées par rapport aux notes immédiatement supérieures : l'une s'appelle « *pien-tche* (*tche* altéré ou bémolisé) » et l'autre s'appelle « *pien-kong* (*kong* altéré ou bémolisé) ». Ainsi, prenons *houang-tchong* comme tonique et nous obtenons la gamme suivante :

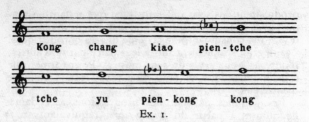

Ex. 1.

Les deux degrés complémentaires sont des notes
auxiliaires. Ils sont employés dans la musique chinoise
comme notes de passage; le septième degré ne joue pas
le rôle de sensible.

De cette gamme heptatonique sont nés sept modes
qui prennent respectivement leur point de départ sur
chaque degré. Ils peuvent se combiner avec les douze
liu, et donnent ainsi quatre-vingt-quatre tons différents.

LE TEMPÉRAMENT.

L'ancienne méthode pour calculer les *liu* a été notée
comme suit, par Sseu-ma Ts'ien dans le *Che-ki (Mémoires
historiques)* :

« Partant du *houang-tchong (fa),* multiplié par 2/3,
on obtient *lin-tchong (do)* ; *lin-tchong* multiplié par 4/3
donne *t'ai-ts'ou (sol)*... »

Après les douze progressions de quintes, on devait
théoriquement retrouver le *houang-tchong* initial. Mais ce
qu'on trouva fut un autre son d'un neuvième de ton plus
haut que le *houang-tchong.* Afin de retrouver le *houang-
tchong* initial, de nombreux théoriciens firent des
recherches approfondies.

Sous la dynastie des Han, qui régna de ∼ 206 à 219 de
notre ère, King Fang continua ses progressions jusqu'au
54e son, appelé « *sö-yu* (produit coloré) »; après avoir
obtenu la faible différence de 1/56e de ton avec le *houang-
tchong* initial, il se contenta de ce résultat. Mais pour avoir
un chiffre rond, il fit encore six progressions et s'arrêta
à « *nan-che* (événement du sud) ». Il réalisa ainsi les soixante *liu.*

Sous le règne de l'empereur Wen-ti (424-453), des
Song, Ts'ien Yo-tche poursuivit mathématiquement la
progression des *liu* jusqu'au 360e qu'il nomma « *ngan-*

yun (chance de paix) », aboutissant à 1/134ᵉ de ton plus haut que le *houang-tchong* initial.

Ces calculs purement théoriques furent rejetés, sous le règne de l'empereur Hiao-tsong (1163-1189), par Ts'ai Yuan-ting, qui proposa un autre système : il trouva que les premiers douze *liu* étaient justes, mais que le treizième son était un peu trop haut; il ne fallait donc pas le considérer comme le retour au *houang-tchong*. Pour moduler dans les douze tons, il trouva que les six premiers tons *(fa, do, sol, ré, la, mi)* étaient justes, mais les six autres, faux. Afin de faciliter les modulations, il adopta six *liu* auxiliaires tirés des soixante *liu* de King Fang. Ce fut le système de dix-huit *liu*.

Sous la dynastie des Ming (1368-1643), le prince Tchou Tsai-yu inventa enfin les douze *liu* tempérés qui furent adoptés officiellement en 1596, soit un siècle plus tôt que l'adoption par Werckmeister, en Europe, de la gamme chromatique tempérée (vers 1700).

LA NOTATION MUSICALE

Chez les anciens·Chinois, l'enseignement musical se donnait souvent oralement, par tradition; ils ne se souciaient guère de notation musicale.

Sous la dynastie des T'ang, pendant les années de K'ai-yuan (713-741), on faisait de la musique à l'occasion des réunions populaires ou cérémonielles en chantant les douze poèmes dans le style de *fong* et de *ya,* dont la musique a été notée par Tchao Yen-sou, et qu'a recueillie Tchou Tseu-yi dans son ouvrage intitulé *Li-king-tchouan t'ong-kiai (Explication générale du livre classique des rites).* C'est la notation la plus ancienne qu'on possède. Elle date au moins du VIIIᵉ siècle. Elle est écrite en petits caractères qui indiquent simplement les noms abrégés des *liu* : *houang* pour *houang-tchong (fa)*, *ts'ing-houang* pour *ts'ing-houang-tchong (fa* aigu)... sans aucun signe de mesure.

La notation populaire a été mentionnée pour la première fois par Chen Kouo (licencié en 1056, mort en 1093) sous la dynastie des Song, dans son ouvrage intitulé *Mong-k'i pi-t'an (Causerie écrite à Mong-k'i).* On l'a conservée, à quelques améliorations près, jusqu'à nos jours dans le chant et dans la musique instrumentale populaire.

Voici les noms des notes dans l'écriture populaire avec leur correspondance dans la notation universelle :

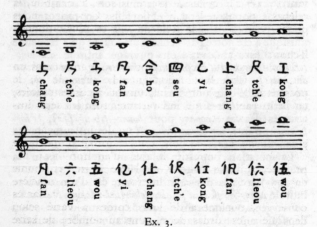

Ex. 2.

Remarquons que le *do* aigu est désigné par *lieou* et non par *ho ;* le *ré* aigu par *wou,* et non par *seu.*

Pour les notes plus graves que *ho (do),* on emploie les mêmes caractères que l'octave du médium, en ajoutant simplement, en bas du caractère vers la droite, un petit crochet qui indique le registre du grave. Pour les notes aiguës, on place à gauche du caractère un petit signe appelé « clef de l'homme ». Malgré les différents signes ajoutés, la prononciation de ces caractères reste la même.

Ex. 3.

Ces notes sont écrites par colonnes verticales descendantes et rangées de droite à gauche, suivant le sens de l'écriture chinoise. Elles se rapportent à chaque mot chanté de façon verticale ou oblique selon le besoin.

Pour marquer la mesure, on ajoute d'autres petits signes. Ce sont les *pan* et les *yen* :

Les *pan* sont les suivants : *t'eou-pan* (au premier temps) pour marquer le temps fort, *ti-pan* (au dernier temps) pour la syncope et la note prolongée, *tsie-pan* (temps rythmique) pour la pause et le contretemps, et *yao-pan* (temps prolongé) pour la note pointée.

Les *yen,* théoriquement au nombre de sept, sont des signes qui marquent les subdivisions.

Avec ces signes sommaires, on arrive à noter correctement la musique vocale et instrumentale d'une étendue relativement restreinte.

LES INSTRUMENTS DE MUSIQUE

Les instruments de musique, dont la plupart sont encore en usage aujourd'hui, non seulement présentent un intérêt historique, mais donnent à la musique chinoise un caractère national, bien que l'origine de certains instruments soit étrangère. Ils sont traditionnellement classés en huit catégories selon la matière dont ils sont formés : le métal, la pierre, la soie, le bambou, la calebasse, la terre, le cuir et le bois. Cependant nous préférons le classement occidental qui est plus rationnel.

INSTRUMENTS À CORDES.

Les instruments à cordes pincées ou à archet ont un emploi généralement mélodique. Le *k'in*, le *sö*, le *tcheng* et le *p'i-p'a* sont des instruments à cordes pincées, tandis que le *hou-k'in* et ses variantes sont les seuls instruments à archet.

Le *k'in,* luth à sept cordes, est un des instruments les plus anciens. Il est en bois, sous la forme d'une boîte élégante, plate, étroite, longue d'environ 1,25 m., recouverte d'une couche de laque noire, et munie de sept cordes en soie. Sa littérature est d'un caractère intime et noble. Le *sö* et le *tcheng* sont des variantes du *k'in*. Le nombre de leurs cordes a varié selon l'époque : les cordes du *sö* sont au nombre de seize à cinquante, et celles du *tcheng,* de treize à seize. Sous chaque corde se place un petit chevalet mobile pour régler le son. Le *tcheng* est actuellement d'usage populaire.

Le *p'i-p'a,* d'origine étrangère, était en usage dès l'époque des Ts'in (∼ 246/∼ 206). Fait en bois, il mesure environ un mètre de longueur; il ressemble assez à la guitare. Plus tard, les Chinois fabriquèrent d'autres instruments du même genre : le *san-hien* (trois cordes) et ses variantes, le *jouan,* le *chouang-ts'ing* et le *yue-k'in.* Actuellement, le répertoire du *p'i-p'a* continue à s'enrichir; sa fabrication, qui s'améliore, met en valeur cet instrument qui prend un caractère national.

Le *hou-k'in* (luth étranger) est plus connu sous le nom de violon chinois. On distingue le *eul-hou* (à deux cordes), le *sseu-hou* (à quatre cordes, deux par deux à l'unisson s'accordant comme le *eul-hou,* en quinte), le *pan-hou* (dont la caisse de résonance est recouverte d'une mince planchette à la place d'une peau de serpent), et le *king-hou,* petit violon criard, destiné spécialement au théâtre de Pékin.

INSTRUMENTS À VENT.

Quatre instruments sont faits en bambou : le *tch'e,* le *ti,* le *siao,* et le *cheng.* La flûte traversière d'autrefois à cinq trous, appelée *tch'e,* fut primitivement un instrument populaire, mais fut introduite plus tard dans la musique de cour. La flûte traversière proprement dite à huit trous, appelée *ti,* fut importée d'Asie centrale sous le règne de l'empereur Wou-ti (∼ 140/∼ 87), des Han. La flûte droite, appelée *siao,* était un instrument tibétain; sa sonorité est beaucoup plus douce que celle de la flûte traversière. Le *cheng* ou orgue à bouche est un instrument composé de treize ou de dix-sept petits tuyaux en bambou, munis d'anches à leur extrémité inférieure, et plantés dans une sorte de bol fait en calebasse ou en bois qu'on nomme *teou;* il est muni d'une embouchure par laquelle on souffle, tandis que les doigts des deux mains ouvrent ou ferment les trous dont les tuyaux sont percés. Le *cheng* peut donner jusqu'à quatre sons simultanés.

Deux autres instruments sont faits en bois : le *kouan* et le *so-na.* Le *kouan,* tuyau sonore à huit ou neuf trous, est un instrument à anche double qui était utilisé au

VIᵉ siècle dans l'orchestre impérial. Le *so-na* (hautbois chinois) à anche double, très répandu sous le règne de l'empereur Tcheng-tö (1506-1521), des Ming, est très populaire aujourd'hui.

Le *hiuan*, fait de terre cuite ou de porcelaine laquée, est un instrument à vent en forme d'œuf, sur lequel se trouvent sept trous : un sur la tête, quatre devant et deux en arrière. C'est en quelque sorte l'ocarina de la Chine. Il fut employé primitivement dans la musique populaire, ensuite dans la musique de cour.

INSTRUMENTS À PERCUSSION.

Les instruments à percussion sont très nombreux. Ils sont faits de bronze, de jade ou de bois, et jouent un rôle très important dans la musique rituelle comme dans la musique populaire. Certains de ces instruments s'emploient dans le théâtre pour accompagner les danses ou pour souligner l'action, les jeux et la mimique.

La cloche isolée, en bronze, s'appelle *po-tchong*. Elle apparut sous la dynastie des Yin (∼ 1521(?)/∼ 1028), et on s'en servait dans la musique de cour. Dès l'époque des Tcheou (∼ 1027/∼ 256), on employait les *pien-tchong*, série de cloches suspendues à un gros support en bois, généralement au nombre de seize, donnant chacune un son différent. Les *pien-tchong* du royaume des Tch'ou (époque des Royaumes Combattants, ∼ 481/∼ 221), qui ont été trouvés dans une tombe à Sin-yang dans le Ho-nan en 1957, donnent les sons suivants :

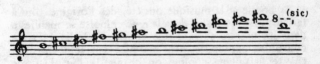

Ex. 4.

Le *lo* et les *po* sont connus en Europe sous les noms de tam-tam (ou gong) et de cymbales. Les *yun-lo* sont composés d'une série de petits tam-tam dont le nombre varie de dix à vingt-quatre selon l'époque. Ils s'emploient en Chine dans la musique populaire.

Le *t'ö-'k'ing,* les *pien-k'ing* et les *fang-hiang* sont faits en jade. Le *t'ö-k'ing* est une pierre isolée en forme d'équerre; tandis que les *pien-k'ing* sont généralement au nombre de seize, suspendus à un support en bois. Ils furent employés sous les Tcheou dans la musique de cour. Les *fang-hiang* ont une forme rectangulaire et ne sont qu'une variante des *pien-k'ing*. Sous les Souei (589-618), on s'en servait comme instruments populaires.

Les instruments en bois jouent plutôt un rôle rythmique. Les *p'o-pan* (planchettes à frapper) servent à indiquer généralement le temps fort; le *pang-tseu*, composé de deux gros bâtons, s'emploie dans le théâtre du Nord, et le *mou-yu* (poisson de bois), d'origine bouddhique, s'emploie aussi dans la musique populaire.

Deux instruments utilisés dans la musique rituelle pour marquer le début et la fin des strophes sont le *tchou*, en forme de boisseau carré que l'on frappe sur le côté avec un marteau en bois, et le *yu*, en forme de tigre couché, dont le dos denté est raclé par un bambou fendu en menues tiges, appelé *tchen*.

Le tambour appelé *kou* fut employé sous la dynastie des Yin. On distingue le *kang-kou* (tambour en forme de jarre), le *t'ang-kou* (tambour de la salle), le *yao-kou* (tambour allongé), le *chou-kou* (tambour du conteur) et le *pan-kou* (petit tambour aigu). Le joueur de *pan-kou*, tout en battant des coups rythmés, joue en même temps le rôle de chef d'orchestre.

LA POÉSIE ET LA MUSIQUE

La poésie et la musique ont été, dès l'origine, tout à fait liées. La musicalité de la langue chinoise se manifeste dans les paroles suivant une courbe mélodique; cette courbe est particulièrement marquée dans le poème. On chante le poème comme on chante la joie. Dans le *Yo-ki, Mémorial de la musique,* nous lisons :

Le chant est une sorte de parole, il en est le prolongement. Dans la joie, on s'explique par des paroles. Ces paroles ne suffisant pas, on les prolonge en chantant. Le prolongement chanté ne suffisant pas, on pousse des soupirs. Des soupirs ne suffisant pas, sans même qu'on s'en aperçoive, les mains font des gestes et les pieds dansent.

Les paroles, le chant et la danse ne furent, à l'origine, qu'une manifestation de l'émotion humaine. Pour accompagner la danse, on rythma les paroles chantées, puis on les rima. Ce fut le premier poème : il est né en même temps que la musique, et ne peut vivre sans elle. Bientôt le poème et la musique prirent la forme de chanson populaire d'un style très libre.

Inspirés par ces chansons, des lettrés écrivirent d'autres poèmes qui furent adoptés pour les cérémonies ou pour les divertissements de la cour. Sous la dynastie des Tcheou, il existait trois mille chansons qui furent recueillies par Confucius (∼551/∼479), dont trois cent quinze dans le *Che-king, Livre des vers.*

Voici l'*Ode Kouan Kiu,* tirée du *Livre des vers* de Confucius. Le poème est en vers tétrasyllabiques et comprend cinq strophes (la musique est transcrite en notation universelle) :

Les sarcelles chantent « *kouan kouan* »
Sur un îlot de la rivière.
Une jeune fille vertueuse qui vit retirée
Sera la digne compagne d'un prince sage.

La plante aquatique *hing* d'inégale hauteur
Qui se trouve à droite et à gauche suit le fil de l'eau.
Cette jeune fille vertueuse qui vit retirée,
C'est elle que l'on cherche en veillant ou en sommeillant.

Quand on n'arrive pas à la trouver,
Eveillé ou endormi, on y pense sans cesse.
Pensivement, pensivement,
Sans cesser de se tourner et de se retourner.

La plante aquatique *hing* d'inégale hauteur,
A droite et à gauche, on la cueille.
Cette jeune fille vertueuse qui vit retirée,
Au son du luth et de la guitare on la reçoit en amie.

La plante aquatique *hing* d'inégale hauteur,
On la lui donne en nourriture à droite et à gauche.
La jeune fille vertueuse qui vit retirée,
Au son des cloches et des tambours on la divertit.

Ts'en ts'eu hing t'sai   Tsouo yeou mao tche

參差荇菜　左右芼之

Yao t'iao chou niu   Tchong kou lo tche

窈窕淑女　鐘鼓樂之

Ex. 5.

Sous le règne de l'empereur Wou-ti (~ 140/~ 87), des Han, un Département de la Musique fut fondé par le gouvernement. Sa tâche était de superviser les rites, les cérémonies, la musique de cour et le chant folklorique, de préparer les recueils de mélodies nationales et d'établir ou de maintenir le diapason correct des *liu*. Parmi ces mélodies nationales, certains poèmes, dont le chant était accompagné d'instrument, donnèrent naissance à un genre de poésie chantée appelé *yo-fou*, très en vogue à cette époque.

Sous la dynastie des T'ang (618-907), la poésie chantée fut en pleine floraison. Ce fut le poème en vers symétriques, nommé *che*, écrit le plus souvent en vers heptasyllabiques. Le *Ts'ing-p'ing-tiao (Chant au ton paisible)* du célèbre poète Li T'ai-po (701-762) en est un excellent spécimen :

Yun siang yi _ _ chang _ _ _ _

houa _ siang jong _ _ _

Tch'ouen feng fou _ _ kien _ _ _

Ex. 6.

Vers la dernière période de l'époque T'ang, des interprètes de la poésie chantée, voulant briser la symétrie des poèmes et la monotonie qu'elle déterminait, ajoutèrent des mots explétifs dans les vers. Cette innovation eut un résultat heureux, et donna naissance à une autre forme de poème en vers non symétriques, appelée *ts'eu* : c'était un mélange de phrases longues et courtes. Il est souvent écrit sur des mélodies déjà existantes. Le titre du *ts'eu* indique le genre de mélodie qu'on a pris pour modèle. Le *ts'eu* n'est parvenu à sa perfection que sous la dynastie des Song (960-1276). Il s'écarta du *yo-fou*, et devint un des éléments du théâtre traditionnel chinois, notamment pour le *k'ouen-k'iu* dont nous parlerons un peu plus loin.

Voici une mélodie du *ts'eu* (sur l'air de *Lang-t'ao-cha*) *(ex. 7)*, de Li Yu, dernier souverain des T'ang postérieurs (923-936) :

Lien wai _ _ yu tch'an tch'an,
tch'ouen yi _ lan _ _ san, Louo k'in
pou nai _ wou keng han. Mong li pou tche
chen che k'o _ _ yi hiang t'an _ houan.
Tou tseu _ _ mou p'ing lan, wou hien
kiang _ chan. Pie che jong yi ki'en che
nan. Lieou choueï la houa tchouen k'iu ye _ _
_ _ T'ien chang jen kien.

Ex. 7.

LE THÉÂTRE TRADITIONNEL

Le théâtre chinois fut organisé tout d'abord en l'honneur des divinités; il servit plus tard aux divertissements de la cour.

Le premier institut musical et théâtral fut fondé en 714 par l'empereur Hiuan-tsong dans le Li-yuan (Jardin des Poiriers) pour enseigner à trois cents élèves le chant et la danse. Ce fut la plus ancienne organisation officielle concernant le théâtre chinois. Sous les Song, divers théâtres firent leur apparition, et prirent un caractère populaire.

Dès le début de la dynastie des Yuan (1277-1367), le développement théâtral fut considérable. Les pièces, dites Yuan-k'iu (musique de la dynastie des Yuan), contenaient généralement trois éléments essentiels : le chant, la déclamation et la pantomime. Elles furent écrites par des lettrés dans un style savant. La musique y prit une place prépondérante. L'originalité et la valeur musicale et littéraire des pièces maintinrent ce théâtre en vogue pendant un siècle.

Deux écoles se distinguèrent alors : celle du Nord et celle du Sud. Dans l'école du Nord, le chant était fondé sur des gammes heptatoniques, et accompagné par les cordes; le texte littéraire avait un caractère populaire. Tandis que, dans l'école du Sud, le chant suivait la gamme pentatonique; la flûte traversière était le principal instrument d'accompagnement, et le texte littéraire, de style savant.

Inspiré par le théâtre des Yuan, le K'ouen-k'iu (musique de l'école de K'ouen-chan) prit naissance sous le règne de l'empereur Che-tsong (1522-1566), des Ming. Les auteurs du K'ouen-k'iu étaient aussi des lettrés. Leurs pièces, de haute valeur littéraire et musicale, s'adressaient plutôt à un public cultivé.

La musique du K'ouen-k'iu comprend un grand nombre de modes, chacun ayant son caractère propre. Le *Tchong-yuan yin-yun* (*Rimes de la Chine proprement dite*) cite les dix-sept tons, de différents caractères, qui ont été employés dans le Yuan-k'iu, puis adoptés dans le K'ouen-k'iu. Nous les groupons ci-dessous en quatre modes :

Le mode *sien-liu-kong* (*la* bémol *si* bémol *do ré mi* bémol *fa sol la* bémol) a un caractère frais et profond. En le prenant pour modèle, mais en commençant par d'autres degrés, se forment : le *nan-liu-kong* (gamme de *la*), soupirant et triste; le *houang-tchong-kong* (*si* bémol), riche et sentimental; le *tchong-liu-kong* (*mi* bémol), rapide et varié; le *tcheng-kong* (*do*), mélancolique et majestueux; le *tao-kong* (*fa*), gracieux et solitaire, et le *kong-tiao* (*ré* bémol), noble et grave.

Le mode *ta-che-tiao* (*ré mi fa* dièse *sol la si do ré*), élégant et raffiné, sert de modèle aux cinq autres tons qui sont : le *siao-che-tiao (sol)*, vibrant et attrayant; le *hie-tche-tiao (la)*, précipité et haletant; le *chang-tiao (si* bémol), affligé et plaintif; le *yue-tiao (do)*, léger et railleur; et le *chouang-tiao (fa)*, obstiné et insistant.

Le mode *pan-chö-tiao (la si do ré mi fa* dièse *sol la)*, ordonné et assuré, sert de modèle au *kao-p'ing-tiao (mi)*, clair et ondoyant.

Le mode *chang-kio-tiao (sol la si* bémol *do ré mi* bémol *fa sol)*, triste et persuasif, sert de modèle au *kio-tiao (la)*, tendre et sanglotant.

Dans le chant du K'ouen-k'iu, les gammes pentatonique et heptatonique sont employées indifféremment : ainsi fusionnent les deux écoles du Yuan-k'iu. L'accompagnement instrumental, dominé par la flûte, soutient le chant et souligne la pantomime.

Vers 1850, à la suite des troubles des T'ai-p'ing, le K'ouen-k'iu tomba en décadence après avoir fleuri pendant quatre siècles. Le King-tiao (Théâtre de Pékin) prit alors la prédominance sur le K'ouen-k'iu.

Avant d'aborder le King-tiao, il nous semble utile de dire quelques mots sur les rôles dramatiques, dont le classement s'applique aussi bien aux théâtres régionaux qu'au K'ouen-k'iu et au King-tiao.

Dans le théâtre chinois, les rôles féminins peuvent être joués par des hommes. Cette particularité résulte des décrets de 661 et de 1729, qui interdirent aux femmes la carrière théâtrale. Un siècle plus tard, des actrices, profitant de la situation difficile du gouvernement mandchou, formèrent des troupes exclusivement féminines, où les rôles d'hommes furent tenus par des femmes.

Les rôles du théâtre chinois sont répartis entre les quatre catégories suivantes, qui représentent les individus dénommés :

Cheng (homme), qui comprend notamment : *siao-cheng* (jeune premier), *wou-cheng* (guerrier) et *lao-cheng* (homme âgé au visage barbu).

Tsing (homme au visage colorié).

Tch'eou (homme jouant un rôle comique) et *tch'eou-tan* (femme jouant un rôle comique).

Tan (femme), qui comprend notamment : *ts'ing-yi* (jeune femme sérieuse), *houa-tan* (jeune femme légère), *wou-tan* (guerrière) et *lao-tan* (femme âgée).

Le timbre des voix chantant ces rôles comporte trois

genres différents : la voix de fausset pour les jeunes femmes *(ts'ing-yi, houa-tan* et *wou-tan)*, et aussi pour les jeunes hommes *(siao-cheng* et *wou-cheng)* ; la voix naturelle pour les rôles comiques et les personnes âgées, hommes ou femmes ; et la voix grave (gutturale le plus souvent) pour les rôles au visage colorié.

Le King-tiao prit naissance dans la province du Hou-pei. On l'appela tout d'abord Houei-tiao (école du Ngan-houei), parce qu'il se perfectionna dans la province du Ngan-houei. Plus tard, son influence s'étendit jusqu'à Pékin où il continua de se développer et prit enfin le nom de King-tiao.

Les pièces du King-tiao, dont les auteurs, générale-ment anonymes, furent souvent les acteurs eux-mêmes, sont en général assez courtes. On y recherche surtout les effets scéniques, et elles n'ont pas une haute valeur littéraire.

La musique du King-tiao ne comprend que quatre modes principaux : le *si-p'i,* le *eul-houang,* le *fan-si-p'i* et le *fan-eul-houang.* Les deux derniers, qui dérivent des deux premiers, sont souvent employés pour exprimer la tris-tesse ou le désespoir.

Dans le mode *si-p'i,* selon le tempo et le caractère des pièces, on distingue les mouvements suivants : *yuan-pan* (modéré), *man-pan* (lent), *tao-pan* (angoissant), *k'ouai-pan* (rapide), *yao-pan* (mouvementé), *eul-lieou-pan* (palpitant) et *lieou-chouei-pan* (coulant). Ils expriment des sentiments divers : méditation, regret, anxiété, colère, emportement, orgueil, joie.

Dans le mode *eul-houang,* aux mouvements *yuan-pan, man-pan, k'ouai-pan, tao-pan* et *yao-pan,* s'ajoute le *sseu-p'ing-tiao,* qui est entraînant et grisant.

Un cinquième mode, le *nan-pang-tseu,* s'ajoute aux pré-cédents : il est surtout réservé aux rôles féminins.

Le chant du King-tiao est toujours précédé d'une petite introduction instrumentale, jouée à l'unisson par les cordes (notamment le *eul-hou,* violon chinois à deux cordes, et le *san-hien,* instrument à trois cordes pincées) et dominée par le *king-hou* (petit violon chinois aigu). Dès que le chant commence, l'accompagnement double sim-plement la ligne mélodique du chant. Lorsque le chant s'arrête, on reprend les mêmes ritournelles qui res-semblent à une sorte de refrain instrumental. Cette musique, beaucoup moins riche et variée que celle du K'ouen-k'iu, n'est qu'un élément secondaire dans ce théâtre. Mais la batterie y joue un rôle très important.

Elle se compose de six instruments à percussion : les *p'o-pan* (planchettes à claquer), le *pan-kou* (petit tambour aigu), le *kou* (tambour), le *lo* (gong), le *siao-lo* (petit tam-tam) et les *po* (cymbales). Non seulement ils s'emploient pour ponctuer le chant, accompagner les danses et souligner l'action, mais ils constituent aussi une sorte de leitmotiv rythmique, faisant prévoir l'action : par exemple, le tambour et le gong résonnant sur un rythme serré, annoncent le combat; le petit tambour aigu et le petit tam-tam sur un rythme ralenti, annoncent l'entrée d'une femme, d'un lettré ou d'un rôle comique; le tambour, le gong et les cymbales réunis, en y ajoutant les deux *so-na* (hautbois chinois), annoncent une réception officielle, un banquet, ou l'heureux dénouement de la pièce.

La simplicité de la musique, la variété des jeux scéniques et le style très populaire des textes du King-tiao, intéressent à la fois les auditeurs cultivés et le grand public. Ce théâtre reste donc l'un des plus populaires en Chine.

Durant ces dernières années, il a franchi les frontières du pays pour se produire sur des scènes étrangères : unissant dans un seul spectacle le chant, la danse, la comédie, la pantomime et l'acrobatie, il s'est fait acclamer par un public qui jusqu'alors ignorait ce théâtre traditionnel chinois.

LES INFLUENCES ÉTRANGÈRES
ET LA NOUVELLE MUSIQUE

En dehors de la musique traditionnelle, un courant de musique occidentale a pénétré peu à peu en Chine. Ce courant resta très faible jusqu'à la fin du XIXᵉ siècle.

Au début du XXᵉ siècle, des Chinois de grandes villes firent connaissance avec les instruments de l'orchestre occidental. Le premier orchestre formé à Changhaï, il y a une cinquantaine d'années, fut une entreprise menée par les étrangers. Il se développa ensuite sous les efforts de Mario Paci, arrivé en Chine pendant la Première Guerre mondiale. Il fit entendre au public chinois non seulement des œuvres de grands maîtres classiques, mais aussi celles de compositeurs modernes. L'influence de cet orchestre fut considérable. Bientôt de jeunes virtuoses chinois lui prêtèrent leur concours; d'autres orchestres d'amateurs se formèrent, suscitant l'émulation parmi les jeunes Chinois.

Après la révolution de 1912, des écoles furent fondées partout, et l'enseignement musical y prit place. Des musiciens formés à l'étranger s'efforcèrent de propager la musique occidentale. Le premier conservatoire de musique fut fondé à Changhaï en 1927.

En même temps, le disque, la radio, le cinéma et le concert ont contribué à diffuser la musique occidentale. Des représentations d'opéras ont eu lieu à Changhaï, faisant connaître des œuvres du répertoire européen.

Influencés par cet art, certains compositeurs ont produit des œuvres de style européen, comme MM. Houang Tseu, Tang Hio-yong et Li Wei-ning.

Face à la musique occidentale, on a pu noter deux types de réactions : d'une part, des virtuoses chinois jouant des instruments de musique nationaux ont écrit une musique exclusivement destinée à ceux-ci. On peut citer, par exemple, les pièces pour *eul-hou* (violon chinois) de Lieou T'ien-houa, mort en 1933, les pièces pour *p'i-p'a* de Tchou Ying et T'an Siao-ling.

D'autre part, des compositeurs, connaissant l'écriture occidentale, ont écrit de préférence pour les instruments de musique universels, mais en s'efforçant de donner à leurs œuvres un caractère national. Nous citons MM. Ma Sseu-ts'ong, Hö Lou-t'ing, Ting Chan-tö et Tchang Wen-kang, pour ne mentionner que les plus connus.

Les efforts de ces jeunes musiciens sont assurément méritoires. D'autres musiciens éclairés se joindront à eux pour nous donner des œuvres représentatives.

MA HIAO-TSIUN.

BIBLIOGRAPHIE

EN LANGUE CHINOISE

Tchong-kouo yin-yo-che ts'an-k'ao t'ou-p'ien (*Album de photographies d'instruments de musique chinoise*), Shanghai, 1954, trois parties comprenant chacune vingt planches.

T'ONG Fei, *Tchong-yo sin-yuan* (*Recherches sur les origines de la musique chinoise*), Shanghaï, 1935.

WANG Kouang-k'i, *Tong-si yo-tche-tche-yen-kieou* (*Étude sur les systèmes de musique orientaux et occidentaux*), Shanghaï, 1928.

Wen-wou ts'an-k'ao tseu-liao (*Matériaux servant à l'étude des objets de fouilles*), 1958, n° 1, Pékin.

EN LANGUE FRANÇAISE

AMIOT, R. P., *De la musique des Chinois tant anciens que modernes* (*Mémoires concernant les Chinois,* vol. VI), Paris, 1779.

CHAVANNES, Edouard, *Les mémoires historiques de Se-ma Ts'ien*, 5 vol., Paris, 1895-1905.

COURANT, Maurice, *Essai historique sur la musique classique des Chinois* (dans l'*Encyclopédie de la musique* de Lavignac).

GRANET, Marcel, *Fêtes et Chansons anciennes de la Chine*, Paris, 1919.

GUILLERMAZ, Patricia, *La poésie chinoise, Anthologie des origines à nos jours*, Paris, 1957.

LALOY, Louis, *La musique chinoise*, Paris, 1912.

MA, Hiao-tsiun, *La musique chinoise de style européen*, Paris, 1941.

La musique chinoise dans *La musique des origines à nos jours*, Paris, 1946.

TSIANG, Un-k'ai, *K'ouen-k'iu*, Paris, 1932.

EN LANGUE ANGLAISE

AALST, J. A. van, *Chinese Music*, Shanghaï, 1884.

GULIK, R. H. van, *The Lore of the Chinese Lute*, Tôkyô, 1940.

HARICH-SCHNEIDER, Eta, *The Earliest Sources of Chinese Music and their Survival in Japan* (*Monumenta Nipponica* XI, 1955).

LEVIS, John Hazedel, *Foundations of Chinese Musical Art*, Pékin, 1936.

PHELPS, D. L., *The place of Music in the Platonic and Confucian Systems of Moral Education*, J. of North China Br. of R. A. S., 1928.

SCOTT, A. C., *The Classical Theatre of China,* with illustration by the author, Londres, 1957.

EN LANGUE ALLEMANDE

HOFFMANN, Alfred, *Die Lieder des Li Yu (937-978),* Herrschers der südlichen T'ang-Dynastie, Greven Verlag Cologne, 1950.
PISCHNER, Hans, *Musik in China,* Berlin, 1955.
REINHARD, Kurt, *Chinesische Musik,* Cassel, 1956.
WANG, Kwang-ki (Kouang-k'i), *Uber die chinesische klassische Oper,* Genève, 1934.

LA MUSIQUE JAPONAISE

Cette étude a pour objet la musique proprement
japonaise, y compris toutefois celle reçue de la
Chine. Elle laissera de côté les modifications que l'art
national a pu subir parfois, à des dates récentes, par
imitation de l'Occident.

CARACTÈRES GÉNÉRAUX

Au cours d'une évolution de huit siècles, mais rapide
si l'on considère l'immensité du chemin parcouru,
les compositeurs occidentaux, multipliant recherches
et créations, ont exploré les ressources de leur art
— développement mélodique, polyphonie, instrumentation, etc. — pendant que d'autres musiciens, perfectionnant les doctrines, parvenaient à formuler une théorie générale et cohérente, fondée même sur des données
scientifiques. Finalement la musique européenne est
devenue un grand art *autonome,* l'égal des autres et se
suffisant à lui-même. Elle s'est créé une langue complète, et dans cette langue les maîtres se sont exprimés
totalement, comme les poètes s'expriment avec des
mots.

Remarquons en passant que l'art des sons a, de la
sorte, acquis un dynamisme puissant et complexe, mais
qui est allé en s'éloignant de plus en plus des inflexions
naturelles à la langue parlée. C'est devenu un problème
ardu de juxtaposer la musique à la poésie, de trouver
des formes prosodiques assez souples et légères pour ne
pas écraser un texte et lui laisser sa valeur (Debussy
mit dix années à composer *Pelléas et Mélisande).* Sur
ce point il semble qu'un art plus simple et plus ancien
reprenne ses avantages.

Au Japon, le plus souvent, la musique nous apparaît
encore à ce stade ancien où elle s'unit intimement avec
la poésie et avec le mime. Ces trois arts du mouvement

forment un tout complet, au point qu'il est difficile de les dissocier les uns des autres. Est-ce à dire que la musique ne soit qu'un art auxiliaire? Non pas : elle donne un accent pathétique à la déclamation et l'enveloppe du mystère sonore; elle rythme les pas et les mouvements de la danse. Elle est le ciment qui joint le poème avec sa représentation visuelle, le mime. Enfin elle crée l'atmosphère.

En France, la scission entre le théâtre littéraire et le théâtre lyrique s'est affirmée au XVIIe siècle, lorsque Lully fit jouer son premier opéra et cessa de collaborer avec Molière. Le Théâtre-Français et l'Opéra étaient fondés dès cette époque et chacun de son côté poursuivit sa glorieuse carrière. Au Japon le théâtre est tout à la fois littéraire, musical et chorégraphique.

La musique est sans doute de tous les arts japonais le plus méconnu. Rien de surprenant à cela en Europe, où l'on n'a guère occasion de l'entendre. Mais, au Japon même, à moins d'être vraiment musicien, le touriste étranger y est souvent réfractaire. Il est obsédé par le souvenir d'une musique qu'il aime, ses oreilles bourdonnent encore de l'orgie sonore de nos grands orchestres. Or le contraste entre ces souvenirs et ce qu'il entend est presque violent : la voix des chanteurs lui semble assez rauque, le *shamisen* sec et strident. Il cherche dans cette musique ce qui ne s'y trouve guère ou pas du tout : un véritable développement mélodique, des combinaisons harmoniques... Si pourtant il fait un effort d'adaptation, s'il laisse à son oreille le temps de s'habituer, il pourra comprendre que la musique japonaise remplit bien le rôle qui lui est dévolu et peut-être percevra-t-il qu'un art simple en apparence peut être très raffiné et même devenir source d'émotion pour l'Européen.

L'esprit grammairien est très développé chez les peuples d'Europe qui parlent des langues à flexions; ils en ont appliqué les exigences à la musique comme au langage. Très sensibles au pouvoir expressif de la musique, les Japonais, par contre, ne semblent pas avoir cherché à mettre sur pied une théorie générale. Ils se sont plutôt laissé guider par l'oreille et le sens artistique et sont arrivés souvent à des résultats voisins des nôtres. A vrai dire ils ont leurs propres notions techniques applicables à tel ou tel instrument (car ils appren-

nent en somme la musique de leur instrument), mais elles
ne correspondent pas à nos conceptions. C'est pourquoi
les musicographes occidentaux, comme F. T. Piggott
et Noël Péri, ont dû faire le double travail très délicat
d'étudier d'abord ces notions, puis de les confronter
avec notre théorie que nous jugeons plus rigoureuse et
plus complète.

LA THÉORIE MUSICALE

Toute musique digne de ce nom repose sur des
séries de sons successifs que nous appelons les gammes.
Quelles sont celles que les Japonais ont employées jusqu'à présent ? Le graphique (page suivante) représentant
plusieurs séries sous forme d'échelles, répond à cette
question. (Les notes des différentes gammes, représentées par des traits pleins, sont mises à leurs places
sur l'échelle chromatique dont les degrés sont complétés
par des lignes en pointillé. Les transcriptions sont celles
données par Piggott.) Les deux échelles de droite sont
des exemples de gammes reçues de la Chine à l'origine;
les trois échelles de gauche montrent des gammes que
les Japonais eux-mêmes ont créées plus tard. (Toutes
sont pentaphoniques et se prolongent sur une étendue
un peu supérieure à deux octaves.)

La gamme chinoise comprend deux modes, le *ryo*
et le *ritsu* qui ne diffèrent l'un de l'autre que par un
écart d'un demi-ton au deuxième degré. Le *ryo*, d'un
caractère franchement majeur, domine en Chine. Le
ritsu, qui est moins éloigné du mineur, est préféré des
Japonais et nous allons constater que les gammes qui
leur appartiennent en propre ont une résonance mineure
très accentuée. Ce contraste dans le goût musical caractérise bien les deux peuples. La musique qui provient
de la Chine (comme celle du *gagaku* et du *bugaku*) est
composée sur les gammes de ce pays. De même encore
l'hymne national (le *Kimigayo*). La plus grande masse,
et la partie la plus vivante de la musique nippone,
est d'ailleurs composée sur les diverses gammes japonaises.

Les trois gammes japonaises, à gauche, sont celles
que la grande cithare (le *koto*) utilise le plus souvent.
Elles paraissent dérivées, surtout celle dite *kumoi,* du

mode chinois *ritsu*. Ce qui frappe ici, ce sont les écarts
très inégaux entre les notes successives. Le *hirajoshi*,
par exemple, nous montre les intervalles d'un ton, d'un
demi-ton, de deux tons, d'un demi-ton et de deux tons.

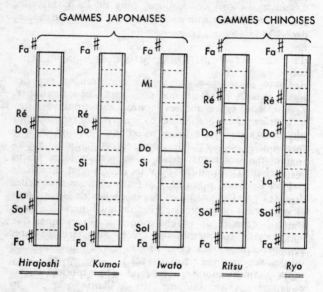

GAMMES JAPONAISES   GAMMES CHINOISES

Hirajoshi   Kumoi   Iwato   Ritsu   Ryo

Les gammes ainsi construites sont d'une mélancolie
pénétrante, romanesques en quelque sorte; elles permettent sur le *koto* des effets de *glissando* très séduisants
s'ils ne sont pas trop répétés.

Noël Péri pense que ces gammes indigènes sont
apparues vers le XIIIe ou le XIVe siècle, au temps où des
moines aveugles parcouraient les chemins et chantaient,
en s'accompagnant du *biwa,* des passages du *Heiké monogatari* qui racontent les guerres du XIIe siècle entre les
deux clans Heike et Genji. Ces gammes nous apporteraient donc l'écho d'une sombre période historique.

Les musiciens japonais ne sont pas limités aux cinq
notes de leur gamme. Le joueur de *koto,* par exemple,
peut élever une note d'un demi-ton ou d'un ton en
appuyant de la main gauche sur la partie non vibrante
de la corde, au-delà du chevalet. On en a parfois conclu

que la gamme japonaise avait sept notes. C'est une erreur : il n'y a là que des notes supplémentaires, des « variables » comme on les nomme. Aussi bien le procédé ci-dessus indiqué aide-t-il l'exécutant à moduler avec facilité.

Remarquons encore que, si nous montons les trois échelles du graphique en partant du *fa* dièse pour la première, du *si* pour la seconde et du *mi* pour la troisième, nous aurons trois échelles contenant la même succession d'intervalles (un ton, un demi-ton, deux tons, un demi-ton et deux tons). Et si nous complétons ces échelles des degrés qui leur manquent, c'est-à-dire la sous-dominante et la sensible, nous obtenons nos trois gammes de *fa* dièse mineur, *si* mineur et *mi* mineur.

L'Européen trouve plus coulante sa gamme diatonique. La gamme japonaise lui paraît plus heurtée, incomplète, surtout parce que la sous-dominante y manque et c'est une raison pour laquelle son oreille résiste instinctivement à la musique orientale.

De toute façon, il est intéressant de remarquer que les Japonais ont su compléter leurs gammes en cas de besoin. Il est surtout intéressant de constater que leurs notes musicales peuvent être reportées, avec assez d'exactitude, sur divers degrés de notre échelle chromatique tempérée. Il est permis d'en conclure que le système musical du Japon est, au fond, de même nature que celui de l'Occident et ne se rattacherait pas à celui de certains pays plus rapprochés tels que l'Inde ou Java.

On croit souvent que la composition japonaise (instrumentale) est dénuée de forme précise parce que, au premier abord, on a l'impression d'un court motif qui se répète fréquemment. Elle est, au contraire, assujettie à des règles fixes de développement. Pour le *koto,* par exemple, une forme de composition, le *danmono* ou *dan,* a été créée par Yatsuhashi au xviie siècle. Le *dan* contient un nombre fixe de mesures, il est bâti sur un thème principal qui revient souvent sous des formes légèrement variées. À ce thème s'ajoutent parfois des motifs subordonnés qui reviennent aussi avec des variantes. Finalement la composition se soulève et atteint un passage culminant, rempli d'agréments et reflétant tout ce qui a précédé : c'est là que le *koto* multiplie les jolis arpèges ou plutôt les *glissandi* où il excelle.

La musique japonaise est soumise à une mesure binaire

(à deux ou quatre temps). Notre oreille ne la saisit pas aisément parce qu'il y manque le temps fort et parce que la mesure est fréquemment brisée par des ornements imprévus. Quand la musique accompagne une danse rapide, son rythme, accusé ou non par le tambour, se marque plus fortement.

On a dit que la musique japonaise ne connaît pas les combinaisons harmoniques. La remarque est vraie, mais il ne faudrait pas croire que cette musique ne recèle aucun groupement de notes dans le sens vertical. On y rencontre souvent des intervalles d'octave, de sixte, de septième mineure et de quinte par exemple, simples enrichissements de sonorité. Dans certaines pièces, la voix, la flûte et le *shamisen* s'entrelacent de telle manière qu'on peut voir là une sorte de contrepoint, et c'est peut-être par ce procédé que la musique japonaise de l'avenir s'enrichira le plus naturellement.

LA TRADITION

Le Japon a su conserver des formes musicales, chorégraphiques et théâtrales anciennes qui sont d'un intérêt profond.

Souvent en Europe, la musique d'autrefois fut abolie par un art nouveau. Il a fallu les travaux méritoires des musicographes dans les bibliothèques pour remettre en lumière les œuvres du passé; il a fallu rééduquer des chanteurs, refaire des instruments anciens et retrouver un style d'exécution pour rendre vie à ces œuvres.

Au Japon, la plupart des genres anciens sont encore vivants. Il en est, comme la musique de cour *gagaku* et les danses *bugaku* et *kagura,* qui remontent à douze siècles et plus. Cet étonnant pouvoir de conservation tient sans doute à plusieurs causes : depuis les temps protohistoriques jusqu'à notre siècle, les îles japonaises n'ont jamais subi d'invasions et de destructions massives. La race, très artiste, n'a cessé de vouer un grand respect aux choses d'autrefois, rendues en quelque sorte sacrées par l'usage qu'en avaient fait les empereurs défunts et les ancêtres. Mais surtout il s'est toujours trouvé des temples, des familles, des sociétés qui se font gloire de perpétuer telle ou telle forme d'art reçue de leurs prédécesseurs : c'est un patrimoine qu'ils doivent transmettre intact aux générations suivantes. Ajoutons que la profession artistique est souvent héréditaire et qu'on se transmet de père en fils les secrets de la technique.

Cette préservation des formes anciennes est précieuse à la fois par elle-même et pour l'histoire de l'art. Tout Européen cultivé qui, par exemple, assiste à la représentation d'un *nô*, ressent une impression profonde et, presque inévitablement, devant cette saisissante révélation du théâtre à ses débuts, il fera retour vers le vieux théâtre grec : il lui sera désormais plus facile d'imaginer son véritable caractère au temps où il était encore lyrique, religieux, chorégraphique et paré d'un modeste ornement musical.

LES INSTRUMENTS

C'est une curieuse histoire que celle des instruments de musique. Beaucoup sont venus de loin, par les guerres, les invasions ou les routes commerciales. Les peuples n'ont guère inventé leurs instruments, mais, souvent, les ayant reçus d'autres peuples plus civilisés, ils les ont perfectionnés, transformés parfois, suivant leur goût.

L'influence coréenne atteignit d'abord le Japon, mais c'est surtout de la Chine qu'il a tenu la plupart de ses instruments.

Les Japonais ont enveloppé de gracieuses légendes l'origine de ceux-ci; il en ressort qu'ils furent un don de certaines divinités bienfaisantes. Ces récits nous apportent un écho de l'enchantement ressenti par une race neuve devant ces précieux objets qui donnèrent une forme délicate et précise au rêve musical.

Une première constatation : certains instruments comportent de nombreuses variétés; on en compte vingt-trois pour la cithare dite *koto,* vingt-quatre pour les instruments à cordes avec manche et caisse de résonance, huit pour les flûtes traversières. Ces multiples variétés s'expliquent par le fait que beaucoup de genres musicaux ou chorégraphiques possèdent leurs instruments particuliers; les genres anciens notamment sont joués avec les mêmes types qu'autrefois. Les instruments à percussion sont fort nombreux : seize tambours de grosseur et de forme très diverses, dix instruments percutés en bois, huit sortes de gongs en métal. L'abondance de ce matériel tient évidemment à l'importance primordiale de la danse.

Une autre observation fera ressortir une différence radicale entre le goût japonais et le nôtre. Pour nous, la musique est essentiellement un chant. Ainsi nous faisons chanter les cordes avec l'archet, en leur imprimant par surcroît un vibrato spécial. Au Japon, sauf le *koto*, l'instrument à cordes est joué avec un plectre. La corde, ainsi frappée, donne un son bref qui se marie bien avec le son du tambour et qui laisse au premier plan la voix du déclamateur ou du chanteur. Ce n'est pas tout : le *shamisen*, si répandu au Japon, possède une petite caisse de résonance dont les deux surfaces planes sont en peau de chat. Souvent le plectre frappe ensemble la corde et la membrane et l'instrument rend un double son caractéristique. On peut dire qu'il tient un peu de l'instrument à percussion.

Les sons prolongés sont fournis par la voix humaine et les flûtes.

Parlons maintenant des quatre instruments les plus connus : le *biwa*, le *shamisen*, le *koto* et le *shakuhachi*.

Le *biwa* fut apporté en 935 par une mission que l'empereur avait envoyée en Chine. Il était d'origine barbare et se jouait autrefois à cheval. La forme peu profonde, large et plate de sa caisse de résonance permettait sans doute aux cavaliers de le porter en bandoulière. C'est un de ces nombreux instruments à manche qui proviennent de l'Asie antérieure; il est de la même famille que nos anciens luths, restés populaires jusqu'à l'époque de Louis XIII. Il porte quatre cordes et de gros sillets sur le manche. Il se joue avec un très grand plectre et sa sonorité est riche. L'instrument primitif était lourd et massif; on l'a conservé pour exécuter l'ancienne musique chinoise et la danse *bugaku*. Les Japonais ont construit un modèle plus léger, dit *satsuma biwa* ou *heiké biwa* qui servit à accompagner les récits héroïques tirés du *Heiké Monogatari*. Le *biwa* fut détrôné au XVIIe siècle par le *shamisen*, plus maniable et plus léger.

Le *shamisen* est l'instrument le plus populaire : brillant et péremptoire, on l'entend partout, au théâtre, au restaurant, dans les fêtes et les réunions. Il est arrivé par les îles Liou-Kiou en 1560; son origine était chinoise, mais le Japon se l'est approprié de telle manière qu'il en a fait l'instrument national par excellence. Il est gracieux à voir, tenu en travers du corps, avec son manche élancé sur lequel trois cordes sont tendues par de grandes chevilles. Le corps de résonance est assez petit, constitué par un cadre en bois sur lequel sont tendues deux membranes. Il existe deux modèles : le plus grand est réservé au théâtre, l'autre sert à tous et notamment aux *geishas*.

La grande cithare, dite *koto,* est certainement, à notre goût, le plus beau des instruments japonais. Elle fut introduite dès l'an 673, sous l'empereur Temmu. Elle dérive du *k'in* chinois, qui est fort ancien — Confucius, dit-on, en jouait lui-même — et qui fut toujours considéré comme l'instrument de choix des lettrés. Il comportait divers types que l'on retrouve au Japon. Un modèle archaïque spécialement japonais, le *yamato koto,* est encore en usage pour des genres très anciens comme la danse *kagura.* Actuellement les trois modèles les plus employés sont le *so-no-koto,* qui sert pour la musique d'origine chinoise, l'*ikuta-koto* et le *yamada-koto* : le premier, plus délicat, joué surtout dans l'ouest par les femmes, le second, plus robuste et plus sonore, joué par des musiciens professionnels. L'instrument se compose d'une longue planche de résonance légèrement bombée dans le sens de la longueur et de la largeur, sur laquelle sont tendues treize cordes en soie tressée enduite de cire; elles passent sur des chevalets mobiles qui servent à les accorder, suivant la gamme dans laquelle on veut jouer. L'exécutant touche les cordes avec de petits onglets d'ivoire fixés aux trois premiers doigts de la main droite, la main gauche pouvant faire pression sur la partie non vibrante de la corde, comme on l'a déjà dit, pour élever la hauteur de celle-ci. La sonorité est très belle; l'onglet déclenche la note avec une netteté et un mordant particuliers, mais avec moins de rudesse que le plectre. Le *koto* a été très perfectionné aux xviie et xviiie siècles. Il a beaucoup contribué au développement de la musique moderne; les compositeurs actuels l'associent d'une manière très heureuse à la flûte *shakuhachi,* au *shamisen* ou à la voix humaine.

Le *shakuhachi* fut introduit de Chine au Japon en 1335. Voici le joli conte que l'on nous fait à ce propos : un ermite, qui l'avait inventé, en jouait au fond d'une grotte. Les doux sons s'envolèrent, dans la nuit pure, jusqu'au palais où reposait l'empereur; ils se mêlèrent à ses songes, révélant aussi le nom et la retraite du musicien. Dès son réveil l'empereur envoya chercher ce dernier, et quelle ne fut pas sa joie en constatant que son rêve ne l'avait pas trompé!

Cette flûte droite, qui se tient dans la position d'une clarinette, est ouverte aux deux extrémités et faite d'un épais bambou à plusieurs nœuds. On trouve une flûte du même type en Égypte et en Turquie nommée *nay,* et chez les Indiens du Pérou sous le nom de *kena.* Les sons du *shakuhachi* ne sont pas faciles à émettre; bien joué l'instrument est d'un timbre moelleux très agréable. Le grave est d'une belle ampleur, les autres registres sont moins sûrs, mais ces inégalités ne lui enlèvent pas de son charme et donnent à ses soupirs comme un peu d'hésitation. Le *shakuhachi* a toujours été traité en instrument soliste; il a son répertoire particulier. Au théâtre et pour accompagner la danse, ce sont les flûtes traversières qui se font entendre.

LES GENRES MUSICAUX

Voici quelques indications sur plusieurs genres musicaux caractéristiques que nous offre le Japon. (La discothèque du musée Guimet en possède des spécimens qui peuvent être entendus certains jours de la semaine.)

Le *gagaku,* qui serait d'origine indienne, fut, en Chine, la musique de cour de l'ancienne dynastie T'ang (618-907). Elle a disparu de ce pays, mais s'est heureusement conservée au Japon. Elle se joue avec une douzaine d'instruments différents (flûtes traversières, *hichiriki,* orgue à bouche donnant des accords, *biwa, koto,* petit gong métallique, tambours de trois dimensions). Au Japon, ce n'est pas dans une salle qu'il convient de l'entendre mais en plein air, par exemple au cours d'une cérémonie shintoïste. Alors ses timbres font merveille, cette musique issue des âges révolus prend une grande douceur et s'harmonise avec ces bruissements légers dont est fait le calme de la nature... Les disques ne sauraient donner cette impression; il faudrait du moins les entendre sur un appareil pouvant jouer pianissimo.

Le *nô,* première forme du drame japonais née au

xive siècle, constitue véritablement le chaînon intermédiaire entre la danse primitive et le théâtre. Les enregistrements réalisés nous font entendre une déclamation qui semble provenir des vieilles incantations des temples. Cette déclamation très particulière, appuyée de temps en temps par un chœur à l'unisson ou par une flûte et deux tambours, côtoie la musique sans presque y pénétrer. C'est la partie sonore d'un ensemble qui comprend d'autres éléments précieux : la lente chorégraphie, les gestes hiératiques des acteurs portant masques et somptueux costumes, le lyrisme d'une poésie qu'inspirent la ferveur bouddhique ou les légendes shintoïstes.

Les *ha-uta* ou *ko-uta* sont de courts poèmes qui datent souvent du xviie et du xviiie siècle. Ils ont fréquemment un caractère populaire et les *geishas,* qui viennent chanter et danser dans les restaurants, puisent largement dans ce répertoire. Qu'ils soient pathétiques ou rythmés avec entrain, les *ha-uta* sont agréables à entendre et très évocateurs du milieu japonais. Les chansons de métiers s'en rapprochent et sont nombreuses dans un pays où subsiste encore un artisanat traditionnel en dehors de la grande industrie.

Les *naga-uta* (« longs poèmes ») sont d'une grande importance, car ils nous font connaître une musique japonaise bien développée, en possession de tous ses moyens. Nés souvent au xviiie siècle, ils s'apparentent au théâtre *kabuki,* datant du xviie, époque où la paix imposée à la féodalité par les Shogun Tokugawa favorisa la création artistique dans tous les domaines. Les *naga-uta* laissent d'ordinaire à la voix humaine un rôle prépondérant, tout en l'associant à des instruments tels que le *shamisen,* le *koto,* les flûtes, le tambour. La musique, s'adaptant à la nature des poèmes, prend des formes variées; souvent elle fait entendre des mélopées bien dessinées dont notre oreille saisit sans peine le caractère et l'émotion qui s'en dégagent. Les enregistrements de *naga-uta* sont nombreux et souvent d'excellente qualité.

La conclusion de cette étude tiendra en quelques lignes.

La musique du Japon mérite d'être connue, comme ses arts plastiques familiers à nos yeux depuis longtemps. Les genres anciens, qu'elle a su préserver de l'oubli, gardent une grande valeur intrinsèque et historique. Elle possède quelques beaux instruments dont les timbres sont nouveaux pour nous. Son riche matériel à percussion détermine comme une polyphonie rythmique qui vaut d'être étudiée de près. Enfin sa mélopée se classe à part dans la musique orientale par sa force dramatique, sa passion contenue et son charme triste, écho persistant d'un passé féodal qui fut trop souvent tragique et dont l'âme japonaise ne semble pas encore consolée...

Armand HAUCHECORNE.

Hymne national « Kimigayo ».

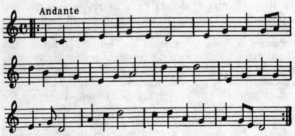

Mélopée pour voix d'homme, extraite d'un « naga-uta »
(musique non mesurée).

Transcription de Mr Ma Hiao-tsiun.

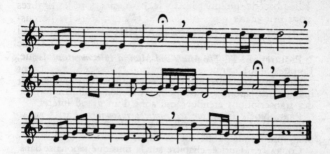

« *Saïta sakura* » : *les Cerisiers en fleurs.*

BIBLIOGRAPHIE

PIGGOTT, F. T., *The Music and Musical Instruments of Japan*, Londres, 1893.

Ouvrage fondamental pour l'étude de la musique et des instruments japonais; il contient d'excellentes illustrations et des transcriptions étendues qui sont d'un grand intérêt.

PÉRI, Noël, *Essai sur les gammes japonaises*, Paris, 1934.

Ouvrage revisé par S. Elisséeff et Ph. Stern; le travail le plus approfondi publié sur ce sujet.

COURANT, Maurice, chapitre sur la musique japonaise dans l'*Encyclopédie de la musique* de Lavignac, p. 242-256.

Contient plusieurs exemples musicaux. L'auteur, qui était sinologue, a également fourni une étude très étendue sur la musique chinoise et coréenne, dans le même volume.

SUNAGA, M. K., *Japanese Music*, Tokyo, 1936.

Bien illustré, convient pour prendre une connaissance rapide du sujet.

SUKEHIRO, Shiba, *Score of Gagaku, Japanese Court Music*, 2 fascicules, Tokyo.

Transcriptions en notation occidentale de l'ancienne musique de cour, ces partitions sont d'un grand intérêt pour les musicographes; les explications de l'auteur sont rédigées en anglais et en français.

HARICH-SCHNEIDER, Eta, *Les rythmes du gagaku et du bugaku*, Leyde, 1954.

L'introduction est particulièrement intéressante.

LA MUSIQUE INDIENNE

LES premières recherches européennes sur la musique
indienne datent de la fin du XVIIIe siècle. Vers 1780, le
brillant Sir William Jones et son cercle commencèrent à
s'occuper de la civilisation indienne sous tous ses aspects.
La Société asiatique du Bengale, fondée en 1784 par Sir
William Jones lui-même pour « l'étude de l'histoire et
des origines des arts, des sciences et de la littérature de
l'Asie » unifiait leurs recherches. Ni Sir William Jones,
auteur d'un traité admirable, *On the musical Modes of the
Hindus,* ni Francis Fowke avec son excellent article *On
the Vina or indian Lyre* n'étaient des musiciens professionnels. La musique les intéressait comme une des
facettes de la vaste culture asiatique, qu'ils estimaient
profondément. Sir William Jones fut le premier à signaler l'existence d'une riche littérature sanscrite sur la
théorie de la musique, et lui-même commença à l'étudier :
notamment le *Râgavibodha* de Somanâtha, du XVIIe siècle,
qu'il considérait comme une œuvre très ancienne, selon
ses instructeurs brahmines pour qui, comme toujours, une
différence d'un millier d'années n'importait pas beaucoup. Un siècle encore passa avant qu'une édition d'un
de ces textes fût préparée en Europe. En 1888, Joanny
Grosset publia sa *Contribution à l'étude de la musique hindoue,* dans laquelle il donna une excellente reconstitution
du texte du premier chapitre consacré à la musique (le
nº 28) d'un traité sanscrit, le *Nâtyaçâstra* de Bharata, du
commencement de notre ère, le plus ancien qui nous soit
parvenu ; il y ajouta une traduction — parfois approximative — qui a beaucoup contribué à corriger quelques
erreurs de Sir William Jones et de ses successeurs,
comme Sourindro Mohun Tagore, erreurs qui se rapportaient spécialement à la gamme primaire de l'antiquité
indienne.

Depuis les travaux de Joanny Grosset, les éditions de
textes musicaux, de traductions et de traités sur la théorie

musicale de l'Inde se sont succédé, mais nous sommes
encore bien loin de comprendre à fond cette théorie. Des
dizaines de manuscrits inédits qui demeurent dans des
bibliothèques privées et publiques, eux aussi, pourraient
nous éclairer sur cette science qui date de deux et presque
trois mille ans, la musique liturgique védique remontant
au moins au huitième siècle avant notre ère.

L'inclusion de cette musique liturgique — au moins
du point de vue mélodique — paraît justifiée, parce que,
d'une part, l'analyse de la tradition vivante nous fait
découvrir des principes analogues dans la musique profane et dans la musique liturgique, et que, d'autre part, les
textes de la musique profane eux-mêmes attestent que
leur système mélodique a été extrait du *Sâmavéda* par
Brahmâ lui-même.

Cette continuité mélodique est en effet un des traits
les plus remarquables de la musique indienne. En Occident les catastrophes qui ont accompagné la grande
migration des peuples ont effectivement brisé cette continuité musicale. Après cela, les expériences effectuées dans
le domaine de la polyphonie et de l'harmonie ont radicalement changé la modalité de la musique européenne.
En revanche, la musique de l'Inde, qui a bien connu des
changements de style, n'a pas — autant qu'on puisse
l'apercevoir — subi de modifications dans ses principes.
Sous l'abondance des détails et des termes contradictoires
que nous présente cette longue série de textes, il est possible de démêler un développement constant et continu
à partir de la tierce majeure de la récitation des hymnes
du *Rigvéda,* jusqu'à l'étendue de trois octaves des modes
spécialisés, groupés sous le nom collectif de *râga.*

Le système rythmique moderne ne révèle pas ces
liens intimes avec le système védique et n'est même pas
mentionné parmi les créations de Brahmâ, dieu-chantre
par excellence des conquérants aryens (*brahman* veut
dire : formule sacrée psalmodiée). Dans le domaine de la
mythologie, le rythme vient de Shiva, dieu indigène, avec
son *damaru,* tambour ayant la forme d'une horloge de
sable, sur lequel bat le rythme créateur de sa danse,
tândava. La musique vivante confirme cette image mythologique des textes théoriques. Les rapports entre la
musique de l'Inde et celle de l'Occident se situent exclusivement dans le domaine de la mélodie, création de

Brahmâ, dieu aryen. L'analyse du rythme de la musique non liturgique, création de Shiva, dieu non aryen, suggère des traits qui n'ont aucun rapport avec le rythme occidental.

Les analogies entre la structure mélodique et la musique modale de l'Occident ont frappé les observateurs dès Sir William Jones. Il n'est pas facile d'expliquer ces parallélismes, qui apparaissent non seulement dans les grandes lignes mais souvent dans les petits détails. Les origines communes de la musique, comme celles des langues et des mythologies de l'Inde et de l'Europe ne peuvent être niées. En outre, il n'est pas douteux que, durant les siècles de formation de la musique indienne et de la musique grecque, entre ces deux civilisations apparentées, un contact vivant existait, dont la musique aura bien profité.

Quoi qu'il en soit, il reste que l'étude de la musique indienne peut être utile aux musicologues de l'Occident, parce qu'elle a conservé des traits qui ont disparu en Europe; au contraire, en philologie, les problèmes que posent les textes sanscrits sont parfois résolus par l'étude de phénomènes parallèles en Europe.

LA MUSIQUE VÉDIQUE

L'ensemble des textes liturgiques védiques, désigné par Bharata comme l'origine du *Nâtyavéda* (*la Science du théâtre*), dont il s'occupe, comporte quatre recueils, à savoir le *Rigvéda*, le *Sâmavéda*, le *Yajurvéda* et l'*Atharvavéda*. Brahmâ, pour répondre au désir de tous les dieux d'un nouveau Véda qui ne serait pas le privilège des trois castes supérieures, s'absorba dans une méditation profonde et créa le *Nâtyavéda,* dont la récitation (*pâthya*) provenait du *Rigvéda,* la mélodie (*gîta*) du *Sâmavéda,* l'art mimétique (*abhinaya*) du *Yajurvéda* et les sentiments (*rasas*) de l'*Atharvavéda*. Tous les quatre appartiennent aussi à la musique proprement dite, parce que les Indiens considèrent la danse comme un élément intrinsèque de la musique. *Sangîta,* le mot sanscrit pour musique, est un trinôme, comprenant la musique vocale (*gîta*), la musique instrumentale (*vâdya*), et la danse (*nritya*). C'est ainsi que l'abhinaya du *Yajurvéda* entre dans le domaine de la musique. Le fait que les rasas proviennent de l'*Atharva-*

véda est très significatif, parce que l'*Atharvavéda* est le recueil des incantations magiques et par conséquent le générateur tout indiqué du pouvoir enchanteur de la musique classique, enraciné dans la science des émotions (rasas). Déjà à l'origine de la musique profane le lien entre les sons et les émotions fut analysé à fond, lien qui aurait son plein épanouissement dans le système des râgas avec leurs réactions émotionnelles fixes et détaillées.

L'importance du *Rigvéda,* générateur de la récitation musicale (pâthya) est plutôt d'ordre historique. Son intonation varie selon les trois accents musicaux, l'*udâtta,* l'*anudâtta* et le *svarita,* qui, d'après la tradition vivante, s'étendaient sur une tierce. L'udâtta se trouve au milieu, l'anudâtta un ton au-dessous, le svarita un ton au-dessus. L'intonation n'en est pas toujours très précise, plus spécialement en ce qui concerne le svarita, qui varie entre un demi-ton et un ton majeur. Une ligne de texte récitée selon les accents se présente à peu près de la manière suivante :

Fragment du Taittirîya Aranyaka *10-11,
récité par un brahmine d'Allepey.*

Ex. 1.

Il est évident que les accents rigvédiques représentent une cristallisation de la mélodie d'une langue archaïque. Elle n'offre pas de possibilités de développement musical en soi, mais la forme du récit, c'est-à-dire ce mouvement de la voix autour d'un son central, se retrouve dans les mélodies les plus archaïques du *Sâmavéda,* père de la mélodie (gîta), selon Bharata. On ne sait plus comment les prêtres d'il y a deux mille ans ont chanté leur *Sâmavéda,* mais le conservatisme religieux se manifeste aussi clairement que possible dans la religion védique. Le succès des sacrifices dépendait en premier lieu de l'intonation juste des formules et des hymnes, de sorte que les prêtres faisaient de leur mieux pour éviter les désastres causés par une intonation fausse. Leurs efforts menaient, dès le ∼ ivᵉ siècle, à la formulation d'un système phonétique et grammatical quasi parfait. Comme, même à présent, les jeunes prêtres se consacrent exclusivement à cette étude pendant les longues années de leur apprentissage, la continuité de la tradition jusqu'à nos jours n'est pas improbable et par conséquent certaines conclusions tirées de la tradition vivante peuvent être également valables pour l'Antiquité.

La pratique sâmavédique n'est pas uniforme. Elle est divisée en plusieurs branches (Kauthumas, Jaiminîyas, etc.), chacune avec sa tradition propre. La forme même des hymnes d'une même branche varie considérablement. Les uns ont un caractère plus archaïque que les autres. Les mélodies les plus développées sont basées sur une gamme descendante bien définie, tandis que dans une des formes plus archaïques il n'y a pas de gamme aux extrémités bien déterminées, mais plutôt un groupe de sons, analogue à celui du *Rigvéda*, c'est-à-dire un son central et un certain nombre de sons au-dessus et au-dessous de lui. Le son central est toujours le son final. Il est évident que le point de départ de la gamme moins archaïque n'est autre que ce son central, la *finalis* de cette forme. Voici les deux formes, selon les Kauthumas, l'école la plus répandue dans le Sud de l'Inde, forteresse de la tradition orthodoxe :

Fragment d'un hymne sâmavédique archaïque, selon l'école des Kauthumas (enregistré à Palghat).

....ha - oya dā ___ to ___ ya _ ___ i

to _ ya _ _ i na i ho ta sa _

_ tsa _ _ i ba - a - a _ a au hau

Ex. 2.

Fragment d'un hymne sâmavédique avec une gamme développée selon l'école des Kauthumas (enregistré à Trichinopoli).

Ex. 3.

Dans l'état le plus avancé de son développement, la théorie du chant sâmavédique tient compte de plus de sons que ceux inclus dans le pentacorde de l'exemple nº 3. On y trouve les noms de sept et même, dans les plus récents textes, de huit notes, toujours en ordre descendant.

LA THÉORIE SELON BHARATA

LA GAMME PRIMAIRE OU *sa-grâma*.

A première vue le système du *Nâtyaçâstra* de Bharata ne semble pas très proche de la tradition sâmavédique. Il se base sur une gamme ascendante, comprenant trois tons majeurs, deux tons mineurs et deux demi-tons, exprimés en *çrutis*. Un demi-ton représente deux, un ton mineur trois et un ton majeur quatre çrutis, ce qui explique le nombre de vingt-deux çrutis de l'octave indienne. Les intervalles de la gamme peuvent être consonnants (*samvâdi*), dissonants (*vivâdi*), ou assonants (*anuvâdi*). Le centre de la mélodie, le son principal est intitulé le sonnant (*vâdi*). L'intervalle d'octave n'est pas mentionné spécialement, mais existe du fait de la répétition du nom de la note inférieure. Les quintes et les quartes sont consonnantes, les demi-tons sont dissonants, le reste est assonant.

Les notes se nomment : *shadja* ou *sa* (quatre çrutis), *rishabha* ou *ri* (trois çrutis), *gândhâra* ou *ga* (deux çrutis), *madhyama* ou *ma* (quatre çrutis), *pancama* ou *pa* (quatre çrutis), *dhaivata* ou *dha* (trois çrutis), *nishâda* ou *ni* (deux çrutis). Par conséquent, la succession des çrutis dans le *sa-grâma*, la gamme primaire de Bharata, se présente ainsi :

$$4.3.2.4.4.3.2.$$

Sir William Jones, ayant constaté que la gamme primaire de son temps était très proche de notre gamme majeure, transcrit le sa-grâma par notre gamme d'*ut* majeur, identification apparemment acceptable, surtout en comparaison avec la gamme majeure de la musique non tempérée. Après lui, Sourindro Mohun Tagore, et même Combarieu, dans son *Histoire de la musique* (t. I, p. 50), ont accepté cette identité du sa-grâma et de notre gamme majeure. C'est le grand mérite de Joanny Grosset d'avoir démontré, à l'aide de tous les textes sanscrits à partir de Bharata, que c'était une erreur fondamentale. Dans l'interprétation de Sir William Jones le sa-grâma était construit ainsi :

s   r   g   m   p   d   n

Cependant les textes indiquent que le nom de la note s'attache à la dernière çruti et non à la première. Par conséquent les quatre çrutis de *sa* se trouvent entre *ni* et *sa* et non pas entre *sa* et *ri*, ainsi :

s   r   g   m   p   d   n

Cette nomenclature, illogique dans un système qui se

fonde sur une gamme ascendante, peut être expliquée comme un reste de la tradition sâmavédique à gamme descendante.

En jouant la gamme ascendante du sa-grâma sur une *vînâ,* on touche le *sa* sur la première corde vide. Le son suivant doit être le *ri* à une distance de trois çrutis, puis le *ga,* deux çrutis au-dessus, et ainsi de suite. Les quatre çrutis du *sa* apparaissent seulement après que le *ni,* à deux çrutis au-dessus de *dha,* ait été touché. Il en résulte une gamme avec une tierce mineure et une septième mineure, apparentée au mode de *ré* (ou au mode phrygien des Grecs) et non au mode d'*ut* majeur (mode ionien des Grecs) de Sir William Jones. Il est évident que cette gamme se retrouve à l'état embryonnaire dans la forme archaïque du *Sâmavéda* (ex. 2) et aussi que sa tierce mineure apparaît dans la gamme développée (ex. 3), qui a pris le son central de l'exemple 2 pour point de départ. Des textes sur la théorie sâmavédique qui, comme le *Nâradaçiksha,* comparent l'échelle du système liturgique à celle de la musique profane, identifient le premier son sâmavédique au *ma* profane, le deuxième au *ga,* le troisième au *ri* et le quatrième au *sa,* ce qui nous mène au son fondamental de l'exemple 3.

LA GAMME COMPLÉMENTAIRE OU *ma-grâma.*

Le sa-grâma doit être considéré comme une abstraction théorique d'une gamme vivante et on peut accepter la même chose pour le ma-grâma, gamme complémentaire du sa-grâma chez Bharata. Ce deuxième grâma commence au *ma* du sa-grâma, avec la succession suivante de çrutis : 4.3.4.2.4.3.2., ce qui donne encore une gamme avec une septième mineure (les quatre çrutis entre *ga* et *ma*), mais cette fois-ci avec une tierce majeure (les quatre çrutis entre *pa* et *dha*), gamme apparentée au mode de *sol* (mode hypophrygien des Grecs). Comparée au sa-grâma elle montre une différence d'une seule çruti, ce qui demande que le *pa* soit baissé d'une çruti, créant un *dha* de quatre çrutis :

En accordant deux vînâs dans le sa-grâma, c'est-à-dire avec une quinte juste (non tempérée) entre les deux premières cordes à vide, on peut adapter l'une au ma-grâma en jouant le *ma* (la quarte) sur sa propre touchette sur la première corde et en abaissant la deuxième corde (corde *pa*) pour obtenir le ton mineur du commencement du ma-grâma. En faisant sonner les deux vînâ, on peut maintenant montrer ce qu'est une seule çruti, à savoir la *pramâna-çruti* (la çruti-étalon). Puis Bharata, guidé par l'oreille seule, fait dériver les autres çrutis de celle-ci. L'identité de cette pramâna-çruti et du comma de Didyme, admise par plusieurs observateurs occidentaux, peut exister en réalité, mais en la postulant on implique dans l'élaboration de la musique indienne un point de vue mathématique non existant. La seule définition possible et vraiment indienne, c'est qu'une çruti est un intervalle plus petit qu'un demi-ton.

On voit que la tierce initiale seule constitue la différence entre le sa- et le ma-grâma. Bharata lui-même l'indique en disant que, si l'on veut jouer le ma-grâma à partir du *sa,* on n'a qu'à hausser le *ga* du sa-grâma de deux çrutis pour en faire un son de quatre çrutis correspondant au *dha* du ma-grâma. (Par cette opération le *ma* du sa-grâma devient automatiquement une note de deux çrutis, correspondant au *ni* du ma-grâma.) Autrement dit, on change 4.3.2.4., ordre originel, en 4.3.4.2., ordre identique au commencement du ma-grâma.

Ce n'est qu'en commençant le ma-grâma sur le *ma* du sa-grâma qu'on crée une série nouvelle, à cause du changement du *pa*. Un *pa* de trois çrutis signifie la destruction de la consonnance essentielle (la quinte) de la gamme primaire.

LA GAMME « CÉLESTE » OU *ga-grâma*.

Au cours des siècles qui ont suivi Bharata, des théoriciens ont inventé un troisième grâma en introduisant la seule variation qui restait dans la répartition des çrutis de la tierce, à savoir deux tons mineurs. (Sa-grâma : 4.3.2.4.; ma-grâma : 4.3.4.2.; ga-grâma : 4.3.3.3.). La série du grâma complet, qui fut, dès sa naissance, relégué au ciel, se présente donc ainsi : 4.3.3.3.4.3.2. On lui a donné le nom de ga-grâma et, de même que le sa- et le ma-grâma, il débute sur le son qui lui donne son nom. Il est probable qu'on a choisi le *ga* de préférence à l'une

ou l'autre note de la gamme à cause de la généalogie
mythologique des notes. Du fait que, seuls parmi les
notes, le *sa,* le *ma* et le *ga* étaient issus des dieux, il était
convenable que chacun d'eux eût un grâma à soi. Mais
comme il n'existe qu'au ciel, le ga-grâma n'a pas de
valeur pratique.

LES GAMMES SECONDAIRES OU *mûrcchanâs.*

Chacun des deux grâmas donne naissance à sept
gammes secondaires, qui s'appellent *mûrcchanâs,* échelles
de sept sons ascendants et descendants. La première
mûrcchanâ du sa-grâma commence sur le *sa,* la deuxième
sur le *ni,* et ainsi de suite en ordre descendant. De même
les sept mûrcchanâs du ma-grâma commencent sur le
ma, le *ga* et les sons suivants. Il y a donc quatorze mûrcchanâs en tout, mais, selon Bharata, chacune d'entre
elles peut se présenter sous quatre formes différentes, à
savoir heptatonique, hexatonique, pentatonique ou « avec
sâdhârana », ce qui veut dire une septième majeure au-
dessus du son le plus grave, autrement dit un *ni* (ou *ga*)
de quatre au lieu de deux çrutis, ou bien un *sa* (ou *ma*)
de deux au lieu de quatre çrutis. Ces grâmas, aussi bien
que les mûrcchanâs, sont des gammes simples, dans
lesquelles tous les sons ont la même importance. Elles
constituent la matière brute de la musique modale. Chacune de ces mûrcchanâs porte en elle la possibilité d'être
changée en « mode » *(jâti),* par la fixation de certaines
marques distinctives, en premier lieu du son initial
(graha), du son central *(amça* ou *vâdi),* et du son final
(nyâsa). En outre, Bharata en énumère encore sept, à
savoir le final intermédiaire *(apanyâsa),* la limite supérieure et la limite inférieure *(târa* et *mandra),* la fréquence
ou le petit nombre de certains sons *(bahutva* et *alpatva)*
et finalement l'hexatonalité et la pentatonalité *(shâdavitâ*
et *auduvitâ)* qui, en fin de compte, ne sont qu'une sorte
d'*alpatva* intensifié. L'application de ces dix marques
distinctives transforme une mûrcchanâ en jâti (mode).

LES MODES OU *jâtis.*

Bharata énumère dix-huit jâtis, sept pures ou primaires
(çuddhâ) et onze altérées ou composites *(vikritâ).* Les
sept jâtis primaires commencent par les sept sons de
l'échelle primaire en ordre ascendant, et empruntent

leur nom au son initial : *shâdjî* sur *sa*, *ârshabhî* sur *ri*, etc.
S'il est vrai que la gamme de la *jâti shâdjî* correspond à
celle du mode phrygien, les autres seront comparables
aux modes dorien, hypolydien, etc., et nos quatre bémols
et notre *fa* dièse apparaîtront un par un dans les sept
jâtis primaires jouées ou chantées à partir de la même
tonique, selon l'habitude indienne. Ces bémols et ce
dièse sont donc des marques intrinsèques des jâtis en
question et non pas des altérations. Toutefois la grande
différence entre la musique indienne et la nôtre est que
la musique indienne ne connaît pas de hauteur absolue.
Le *sa* est fixé à une hauteur qui convient au chanteur.
D'une jâti à l'autre on ne change que la relation interne
des sons dans l'octave, selon l'exigence de la jâti choisie.
La tonique, une fois choisie et fixée sur les cordes du
tamboura et sur la peau des tambours, reste la même
pour la durée du concert. A part ces bémols et ce dièse
intrinsèques, Bharata reconnaît deux changements de
passage, un *si* naturel et un *mi* naturel, qui sont réservés
exclusivement à l'ordre ascendant et doivent être employés rarement.

Les onze *jâtis vikritâs* (modes composites) montrent
les différentes combinaisons des jâtis primaires. Quelques-
unes d'entre elles, comme la *jâti gândhâra-pancamî*, portent
les noms des jâtis qui les composent, (comme les *râgas*
de l'époque suivante), et l'une d'elles, la *jâti Andhrî*,
porte le nom d'un pays (« à la manière du pays d'An-
dhra ») ; ainsi, dans les siècles suivants, des râgas porteront des noms comme *Karnâtakî* (du pays de Kanara),
Multâni (de Multan), *Sindhavî* (de Sindh), etc. Les jâtis,
aussi bien çuddhâs que vikritâs, appartiennent à l'un ou
l'autre des deux grâmas : parmi les sept jâtis primaires,
shâdjî, ârshabhî, naishadî (ou nishâdavatî) et dhaivatî sont
dérivées du sa-grâma, et gândhârî, madhyamâ et pan-
camî sont dérivées du ma-grâma (voir tableau, p. 335).

Il est évident qu'on peut baser plusieurs jâtis sur une
seule gamme (mûrcchanâ), soit en variant l'application
des dix marques distinctives, par exemple par un changement de l'*amça* (son central), soit en introduisant l'hexa-
ou la pentatonalité dans une forme d'origine heptatonique,
soit en supprimant un ou deux degrés en montant ou en
descendant et en réintroduisant la forme heptatonique
dans le sens inverse. Bref, il y a des possibilités illimitées

de variation. Bharata lui-même en indique quelques-unes
en constatant que telle ou telle jâti peut avoir deux, trois
ou plus d'amças différents. Grâce à ces seuls changements
d'amça, les dix-huit jâtis n'ont pas moins de soixante-
quatre variantes, qui peuvent être considérées comme
des modes nouveaux et individuels.

En ce qui concerne le rapport entre les notes et les
rasas (sentiments), Bharata ne s'écarte pas des huit catégories de sentiments reconnues dans l'art dramatique et
dans la rhétorique : amour, joie, héroïsme, etc.

LA MUSIQUE CLASSIQUE
LE SYSTÈME DES RÂGAS

Vers le xᵉ siècle, un auteur nommé Matanga introduisit
le mot *râga* pour désigner un mode individuel avec l'ensemble de ses traits caractéristiques, mélodiques aussi
bien qu'émotionnels. De la même manière que les jâtis
se groupaient dans les grâmas, les râgas se groupaient
dans les jâtis. C'est pourquoi on commençait à remplacer
le mot jâti par grâma-râga.Le principe ne changeait pas,
ce n'était qu'un raffinement nouveau. *Râga* (couleur,
passion) concerne donc aussi bien l'atmosphère émotionnelle que la combinaison des sons et des intervalles du
mode choisi, avec tous les ornements et tous les agréments destinés à éveiller cette émotion spécifique. Si
un musicien est convaincu qu'une combinaison nouvelle
produit un effet émotionnel nouveau il est fondé, en
principe, à la considérer comme un nouveau râga et à
lui donner un nom particulier. Le passage du système,
relativement simple, de Bharata, aux accablantes complications du système des râgas, s'étend sur plusieurs siècles.
Le système de Matanga ne s'épanouit qu'après la domination musulmane, au moment où, au xvıᵉ siècle, s'a-
chève l'établissement des cours mogholes.

Dans le Nord, ce sont plutôt les raffinements de nature
émotionnelle que l'on va rechercher, alors que, dans le
Sud, l'intérêt sera plus marqué pour les raffinements de
nature spécifiquement musicale. Les divergences entre
les deux styles, si distincts de nos jours, apparurent avec
l'influence de la culture islamique qui transformait le
système indigène d'une manière subtile. L'évocation
minutieuse de la relation entre la mélodie et l'heure du

jour, de la nuit, la saison, l'évocation des râgas et de leurs belles râginîs (râgas féminins) dans les palais, dans les bois, les prés verts (décrits avec précision dans la poésie lyrique, montrés dans des miniatures d'une grande tendresse), et la floraison des anecdotes sur le pouvoir magique des râgas, tout cela est du Nord. C'est une orgie d'émotion stylisée; elle a produit une musique passionnée, passionnante, un art très particulier. Ce raffinement dans la recherche de l'émotion se manifeste naturellement en d'innombrables nuances musicales, mais il a empêché que ne se crée un système musical concerté et logique. Souvent le rapport musical entre un râga et sa râginî ne peut pas faire l'objet de critères logiques, parce qu'il n'existe que dans la subtilité des affinités sensibles. Pour en donner un exemple : la gamme du râga Bhairava est celle que, de nos jours, on appelle chromatique orientale *(do, ré bémol, fa, sol, la bémol, si, do)* et la gamme de la râginî Bhairavî, sa compagne, est celle du mode de *mi (do, ré bémol, mi bémol, fa, sol, la bémol, si bémol, do)*. Le seul groupement strictement musical qu'on trouve dans le Nord, à savoir le *that*, correspond, en effet, à la continuation de la conception des jâtis-grâma-râgas, c'est-à-dire une gamme mère, qui donne naissance à plusieurs râgas. Parmi les dix thats généralement énumérés, se retrouvent six des sept çuddha-jâtis du *Nâtyaçâstra*, mais sous des noms différents (voir tableau, p. 335). Le mot that est d'origine musulmane et désigne l'arrangement des touchettes réglables du *sitar* (instrument à cordes) pour la gamme mère d'un groupe de râgas.

Il ne faut pas croire cependant que le Sud nie le pouvoir métaphysique de la musique par opposition à celui d'un système musical concerté et logique. Rien de moins vrai. Mais il ne s'est pas égaré en tant de détails fantastiques. En effet, la musique classique de l'Inde entière n'est profane qu'en certains aspects. Sangîta, selon Çârngadeva, auteur du XIIIe siècle, est le moyen unique pour acquérir les richesses du monde *(artha)*, pour trouver l'amour *(kâma)*, pour s'acquitter de ses devoirs religieux *(dharma)*, finalement pour se délivrer du cycle des naissances et des morts et s'unir au Principe créateur de l'Univers *(moksha)*. Le rapport entre le dharma et la musique se trouve dans la musique liturgique, mais la musique qui donne le moksha est encore quelque chose de différent. Elle s'appelle *mârga,* la route. Cette musique mârga descend directement de la musique des Védas, qui mettait le sacrificateur en contact immédiat avec la Divinité (ou les dieux). Cette conception vient de la croyance au pouvoir créateur du Son *(nâda).* La théorie du nâda comme principe créateur de l'Univers, *(nâdabrahman* ou *anâhatanâda)* fut développée d'une façon très détaillée par Çârngadeva, en relation avec la musique mârga.

L'antithèse de la musique mârga est la musique *deçî.* Ce terme désignait d'abord toute musique non liturgique, mais il finit par acquérir un sens très péjoratif. Cette musique deçî sert uniquement à amuser les gens du commun, c'est la musique populaire (« du pays » - deçî) méprisée par les musiciens de cour, gardiens de la musique mârga, dont l'unique soin était d'ajouter de nouveaux raffinements à un art déjà raffiné. Ils ne se rendaient plus compte de tout ce qu'ils devaient à cette musique « abjecte ».

LES MÉLAKARTAS.

Bien que le Sud soit, autant que le Nord, sensible à cette antithèse, il n'a pas à l'égard de la musique deçî le même dédain que celui-ci. La musique du Sud a conservé un contact plus intime avec le peuple et l'ensemble de la culture, peut-être à cause des grandes fêtes des temples, avec l'art classique si vivant et accessible à tous. Les plus grands chanteurs du Sud étaient des saints shivaïtes et vishnouïtes et leurs compositions n'étaient pas réservées à une élite de connaisseurs comme dans le Nord. Dans sa technique et dans sa théorie la musique du Sud paraît être plus proche de la musique des auteurs pré-islamiques, mais on y trouve des modifications très importantes, même dans les cas où elle se sert des termes anciens. Le Sud a fini par développer un système cohérent, appelé parfois système karnatique. L'auteur de ce système fut un certain Venkatamakhi, au commencement du XVIIᵉ siècle. En se basant sur l'idée des jâtis-grâmarâgas, il introduisit ses mélakartas (voir tableau p. 335), gammes mères de plusieurs râgas. Chaque mélakarta porte le nom de son râga principal (comme d'ailleurs les thats du Nord). Sa grande innovation consistait en ce que ses mélakartas sont arrangés méthodiquement selon la progression de leurs bémols et de leur dièse. Venkatamakhi remplace les dix-huit jâtis du *Nâtyaçâstra* par soixante-douze mélakartas, divisés en deux groupes parallèles de trente-six. Il n'admet plus les deux grâmas anciens et nie même l'existence du ma-grâma, mais il introduit une marque distinctive comparable à la tierce mineure et à la tierce majeure de Bharata. Une moitié des mélakartas de Venkatamakhin a un *fa* naturel, (4e degré naturel), l'autre a un *fa* dièse, (4e degré élevé). A part cela le mélakarta n° 37 est l'image exacte du mélakarta n° 1, et ainsi de suite. Chaque moitié est subdivisée en six groupes de six mélakartas qui s'appellent *cakras*. Dans chacun de ces cakras enfin s'effectuent les altérations admissibles. Comme le *do* et le *sol* n'admettent pas d'altérations et que le *fa* et le *fa* dièse sont la marque distinctive des deux groupes de 36, toutes les altérations sont limitées au *ré* et au *mi* du tétracorde inférieur, et au *la* et au *si* du tétracorde supérieur. Le système est de nature ascendante, parce que la position initiale des notes (donc celle du mélakarta n° 1 et du mélakarta n° 37) est la plus basse possible et que chaque mélakarta suivant a quelques-unes de ses notes dans une position un peu plus élevée.

Les degrés reconnus dans le système de Venkatamakhi se présentent ainsi :

1.	sa	do
2.	çuddha ri	ré bémol
3.	catuhçruti ri	ré
4.	çuddha ga	mi double bémol
5.	sâdhârana ga	mi bémol
	ou	ou
6.	shatçruti ri	ré dièse
7.	antara ga	mi
8.	çuddha ma	fa
9.	prati ma	fa dièse
10.	pancama	sol
11.	çuddha dha	la bémol
12.	catuhçruti dha	la
13.	çuddha ni	si double bémol
14.	kaiçikî ni	si bémol
	ou	ou
15.	shatçruti dha	la dièse
16.	kâkalî ni	si

Les deux tétracordes sont exactement parallèles.

Dans chaque cakra le tétracorde inférieur reste le même pour ses six mélakartas, les altérations se trouvent toutes dans le tétracorde supérieur de la série de six. La gamme mère des six mélakartas du premier cakra se présente ainsi (sauf pour le *fa* dièse, celle du cakra n° 7 [nos 37-42] est identique) :

Schéma des gammes des mélakartas du premier cakra, nos 1-6.

Ex. 4.

La progression des altérations du tétracorde inférieur s'effectue exactement dans le même ordre, mais il s'étend sur l'ensemble des 36 mélakartas de chaque groupe, à savoir par une seule altération par cakra :

Schéma des changements dans le tétracorde inférieur des six cakras.

Ex. 5.

Le râga principal basé sur la gamme d'un mélakarta s'appelle le *mélarâga,* les râgas secondaires sont ses *janya-râgas,* c'est-à-dire ses parents de tribu.

Il est évident que la majorité de ces échelles est inventée en fonction des exigences du système. La gamme

Mode	Médiéval	Grec	Jâti	Çruti	That	Mélakarta
Ré	Dorien	Phrygien	shâdji	4.3.2.4.4.3.2. (sa-gr)	Kâfi	Kharaharapriyâ
Mi	Phrygien	Dorien	ârshabhi	3.2.4.4.3.2.4. (sa-gr)	Bhairavi	Hanumantodi
Fa	Lydien	Hypolydien	gândhâri	2.4.3.4.2.4.3. (ma-gr)	Imânkalyân	Kalyâni
Sol	Mixolydien	Hypophrygien	madhyamâ	4.3.4.2.4.3.2. (ma-gr)	Jhinjoti	Harikâmbhoji
La	Æolien	Hypodorien	pancamî	3.4.2.4.3.2.4. (ma-gr)	Sindhubhairavi	Natabhairavi
Si	Locrien	Myxolydien	dhaivatî	3.2.4.3.2.4.4. (sa-gr)		
Do	Ionien	Lydien	nishâdavatî	2.4.3.2.4.4.3. (sa-gr)	Bilâval	Çankarâbharana

primaire de Bharata, le sa-grâma, trouve sa place comme
le n° 4 du quatrième cakra, le mélakarta n° 22, qui porte
le nom de *Kharaharapriyâ*. Ce nom même n'est qu'un mot
de code. Quand on en connaît la clef, les deux premières
syllabes suffisent pour déterminer son numéro d'ordre.

Dans les siècles après Venkatamakhi plusieurs compositeurs se sont servis de ces râgas artificiels. Dans plusieurs
de ses *kirtanams* célèbres, l'illustre poète-chanteur mystique Tyâgarâja (mort en 1847) s'est servi de ces modes
inventés et le compositeur Kotishvara Iyar (mort en
1938) a réussi à composer des hymnes dans tous les
soixante-douze. On ne sait pas ce qu'il faut admirer le
plus, de la ténacité du compositeur ou de la dextérité de
l'exécutant d'une de ces chansons, composée, par exemple
dans la gamme du mélakarta n° 67, nommé *sucarita* :

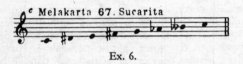

Ex. 6.

Il est possible qu'au cours du développement du système
de Venkatamakhi, des traits particuliers de la musique
dravidienne aient agi sur le système classique de Bharata,
d'origine aryenne. Cependant, la correspondance entre
les traditions du temps de Bharata et celles de nos jours
indique une continuité remarquable dans le Nord comme
dans le Sud (voir tableau, p. 335).

LES INSTRUMENTS

Quoique la musique indienne soit de nature plutôt
vocale qu'instrumentale et que le développement d'une
musique instrumentale indépendante ne commence qu'à
partir de la période islamique (dans l'Antiquité les instruments semblent avoir joué un rôle de pur accompagnement), Bharata donne une classification des instruments identique à celle qui fut introduite en Europe au
commencement du xxe siècle. Les quatre classes de
Bharata, *tata, ghana, avanaddha* et *sushira,* correspondent
respectivement à nos cordophones, idiophones, membranophones et aérophones.

Parmi les aérophones, les flûtes de bambou droites et traversières dominent dans l'Antiquité. Le *shannai* (dans le Nord) et le *nâgasvaram* (dans le Sud), de la famille des hautbois, viennent du monde islamique. La clarinette est venue de l'Europe moderne. Impossible de ne pas mentionner ici l'abominable harmonium portatif venu avec les missionnaires et qui a pénétré jusque dans les villages les plus solitaires et les plus reculés, avec des effets désastreux.

La conque marine *(çankha)*, les trompettes et les cornes *(sarpa* et *çringa)* sont des instruments de cérémonie et de bon augure.

Les idiophones, comme les cymbales *(karatâla)*, servent généralement à marquer le rythme (mais parfois eux aussi ont une importance magique). La plupart des idiophones sont d'origine indienne.

Parmi les cordophones, quelques-uns, peut-être, sont d'origine indienne, mais la plupart sont importés du dehors, même la *vînâ*, instrument consacré à la déesse Sârasvatî, dite d'origine égyptienne. Elle se présente sous deux formes principales, la *rudravînâ* dans le Nord et la *sârasvatîvînâ* dans le Sud. Toutes deux sont des instruments pincés, à touchettes fixes et sans cordes sympathiques. D'autres instruments à touches sont le *sitar* (à touchettes réglables) et le *sarod* (sans touchettes), tous deux avec des cordes sympathiques. La *sârangi*, le *dilruba* et l'*esraj* sont joués à l'archet. Tous les trois ont des cordes sympathiques. Ils proviennent, comme le sitar et le sarod, du monde islamique. Le violon a été introduit de nos jours; il est très répandu, spécialement dans le Sud où il est considéré comme un instrument indigène. Un instrument à cordes, mi-instrument de musique, mi-indicateur du rythme, est le *tamboura*, dont les quatre cordes (tonique, quinte *ou* quarte, octave, double-octave) touchées rythmiquement, donnent le fond modal sur lequel le musicien étale les broderies de sa mélodie.

Il n'est pas douteux que de tous les instruments indiens la classe des membranophones est de beaucoup la plus importante, en dépit de la beauté et de la perfection des shannais, des vînâs ou des sitars. Une musique modale et monophone, qui n'a jamais connu les possibilités d'expression de la polyphonie ou de l'harmonie, dépend pour ses contrastes de raffinements mélodiques

et rythmiques, et le rythme c'est le domaine du tambour.
L'Inde en a produit en quantité, de la cruche vide jusqu'aux tambours à double face, accordés avec précision
sur la tonique (et parfois aussi la quinte), pour qu'ils
puissent fournir non seulement le rythme mais aussi la
base modale. Leur technique a été perfectionnée au plus
haut degré : chaque main donne ses coups propres dans
des rythmes contrastants, de sorte qu'au lieu d'une polyphonie mélodique une espèce de polyphonie rythmique
et consciente s'est développée dans la musique indienne.
Le tambour est en tout point l'égal — et parfois le rival —
de la voix ou de l'instrument qu'il accompagne. On le
frappe le plus souvent avec les doigts, parfois avec des
baguettes, parfois avec les deux (main droite et baguette
à la main gauche). Dans la musique classique du Nord,
de style sévère, spécialement dans le *dhrupad*, on se sert
du *pakhâwaj*, tambour cylindrique en terre glaise à deux
faces. Dans les styles *kheyal, thumri* ou *tappa,* moins
sévères, on se sert du *tabla*, d'origine arabe, qui consiste
en une paire de tambours dont l'un, en métal, placé entre
les genoux du joueur, est frappé par la main gauche,
l'autre, en bois, par terre devant le joueur, par la main
droite. Le tabla donne un son plus léger que le pakhâwaj, mais admet tous les raffinements de technique possibles. Les timbales *(naqara)* d'origine arabe, se trouvent
seulement dans la suite des râjas. Dans le Sud, le *mridanga*
a la même importance que le pakhâwaj et le tabla dans le
Nord.

LE SYSTÈME RYTHMIQUE

Dans le système rythmique on retrouve l'antithèse
mârga-deçî du système mélodique. Pourtant il est évident
qu'en ce cas-ci l'élément deçî a été victorieux. Le mot
sanscrit désignant le temps musical est *tâla,* dérivé de
tâla : « paume de la main », puis « coup des mains »,
ensuite « accent fort, marqué par un coup des mains »,
enfin « temps musical » en général. C'est, par conséquent,
un terme provenant d'un système qualitatif (faible-fort),
non quantitatif (long-bref). Dans la liturgie des Védas,
d'où est issue la musique mârga, ce principe qualitatif
est absent. Il fut introduit dans la musique profane sous
l'influence de la poésie et de la musique populaires.
Comme on peut constater que tous les tâlas prétendus

mârga se rattachent aux règles de la poésie classique
quantitative, et qu'ils ont un caractère additif comme
les vers, ils ne sont pas, en effet, des tâlas proprement dits.

Les tâlas deçîs, c'est-à-dire tous les tâlas des systèmes
modernes, sont qualitatifs et divisibles. On les compte
par périodes d'un certain nombre d'unités rythmiques,
divisées primairement par des points accentués, et subdi-
visées ensuite en n'importe quel nombre de fois, pourvu
que l'agrégat de toutes ces fractions dans une période donne
exactement le nombre original des unités rythmiques.
Là réside le secret de la polyphonie rythmique
indienne. Le chanteur, le tambour et le batteur de cymbales, tous connaissent la longueur des périodes dans le
tâla choisi. En général les cymbales marquent les accents
principaux et conservent la division primaire. Dans la
période de quatorze unités rythmiques du tâla de l'Inde
du Nord, nommé *adacautal,* les cymbales indiqueraient
la division rythmique ainsi :

Dans le tâla *chotodashkushi*
du Bengale :

Dans le tâla *dhrûva, caturas-
rajati* du Sud :

Sur ce canevas, le chanteur (ou l'instrumentiste) et le
tambour exécutent leurs broderies rythmiques, de sorte
que parfois quatre lignes rythmiques s'entrecroisent,
celle des cymbales, celle de la voix et celles des deux
mains divergentes du tambour. Une phrase rythmique
consiste généralement en quatre périodes et les broderies
rythmiques peuvent s'étendre sur la phrase entière, pourvu qu'elles se rejoignent sur le premier coup de la phrase
suivante. Ce premier coup porte le nom significatif de
sam, ce qui veut dire « ensemble ». Par conséquent, une
composition doit finir sur le sam.

Le phénomène nommé *tâla* a été analysé par les théoriciens indiens et la définition qu'en donne un certain
Katyâyana, cité dans le *Sangîtadarpana (Miroir de la musique)* du XVIIᵉ siècle, semble être parfaite. Il dit : « Tâla
est né quand kâla, kriyâ et mâna se joignent. Kâla, c'est
le courant uniforme des instants, kriyâ désigne l'accentuation de certains de ces instants et mâna, enfin, veut

dire l'intervalle entre deux points accentués » (ce qui crée la différence entre un tâla et l'autre, kâla et kriyâ étant communs à tous).

Bharata définit la valeur binaire *(caturasra)*, la valeur ternaire *(tryasra)* et la valeur composite *(sankîrna)*, c'est-à-dire les valeurs de cinq, sept, etc. Dans la musique classique on compte par *anudrutas, drutas, laghus, gurus* et *plutas,* désignant une série progressive de 1/4, 1/2, 1, 2 et 3. La valeur de 3 du terme *pluta* pourrait être exprimée aussi par *guru-virâma,* parce que le virâma a la même fonction qu'un point derrière une note dans la musique occidentale.

Dans le système karnatique moderne, l'anudruta a remplacé le laghu comme unité rythmique et le guru et le pluta ont disparu. Parmi les innombrables schémas de tâlas classiques on a choisi, d'une manière assez arbitraire, une série de sept comme base de sa structure rythmique. Ce sont :

le dhrûvatâla :	laghu, druta, laghu, laghu
le mâthyatâla :	laghu, druta, laghu
le rûpakatâla :	laghu, druta
le jhampatâla :	laghu, anudruta, druta
le triputatâla :	laghu, druta, druta
l'âtatâla :	laghu, laghu, druta, druta
l'ékatâla :	laghu.

Chacun de ces sept tâlas primaires donne naissance à cinq tâlas secondaires par l'attribution de cinq valeurs différentes aux laghus de leur schéma. Ainsi le tâla *eka* peut représenter 3/4, 4/4, 5/4, 7/4 et 9/4 selon la valeur tryasra, caturasra, khanda, miçra ou sankîrna donnée au laghu (comparez le numéro trois de la série de quatorze unités rythmiques [page 339], classifiée comme dhrûvatâla, caturasra jâti).

LA COMPOSITION

Par sa nature, la musique indienne se borne à deux formes principales, thème et variations, et rondo. La construction sur un thème fait apparaître des variations de plus en plus compliquées, mélodiquement et rythmiquement. La forme du rondo, dont le dhrupad mentionné ci-dessus est l'exemple classique, s'approche de la poésie. Le thème s'appelle *sthây* dans le Nord et *pallavî* dans le Sud. Le premier développement contrastant s'appelle

antara-anupallavî ; il est suivi d'une répétition du sthây.
Puis on peut avoir encore un ou deux développements,
appelés *abhog* et *sancârî (caranam* dans le Sud), toujours
avec un retour au sthây.

Dans cette musique purement modale (comme dans
les *maqâms* du monde islamique), l'*âlâp* est de la plus
grande importance. On appelle ainsi l'introduction, généralement sur un rythme libre et sans accompagnement
du tambour, au cours de laquelle le chanteur expose le
râga choisi. Il en crée trait par trait la physionomie, jusqu'au moment où le râga enveloppe de son atmosphère
le public et l'artiste lui-même. La durée d'un âlâp peut
varier de quelques minutes à des heures, il donne l'occasion d'apprécier la valeur artistique de l'exécutant.

Il est impossible de dire comment la musique indienne
se développera. La société féodale dans laquelle elle est
née et pour laquelle elle était faite n'existe plus. La vie
moderne et industrialisée a complètement bouleversé la
structure ancienne. De plus, la musique européano-amé-
ricaine, harmonisée et non modale, a envahi le pays, et
la musique des films, de la radio et surtout de jazz
séduit un grand nombre de jeunes musiciens. Il en est
résulté la production d'une musique hybride d'une vulgarité incroyable. Cependant, en dépit de tous ces dan-
gers, la musique classique semble avoir réussi à survivre
à l'écroulement de son ancien milieu. Comme dans
l'Europe de Mozart et de Haydn nous sommes témoins
de la naissance d'une musique de concerts publics, remplaçant la musique intime d'antan, différente, mais tout
de même indienne. Voilà qui donne l'espoir que ce grand
art ancien trouvera le moyen de se renouveler sans perdre
sa valeur intrinsèque.

Arnold A. BAKE.

BIBLIOGRAPHIE

GÉNÉRALITÉS

DANIÉLOU, Alain, *Northern Indian Music,* vol. I et II,
Halcyon Press, Londres, 1949-1954.
FELBER, Dr. Edwin et GEIGER, Prof. Bernhard, *Die indische*

Musik der vedischen und der klassischen Zeit, Sitzungsberichte der Kais. Akad. der Wissensch., in Wien, tome CLXX, traité 7, Vienne, 1912.

GROSSET, Joanny, *Inde, Histoire de la musique depuis l'origine jusqu'à nos jours,* dans l'*Encyclopédie de la musique* de Lavignac, Paris, 1912.

Contribution à l'étude de la musique hindoue, Paris, 1888.

JONES, Sir William, *On the Musical Modes of the Hindus,* dans : Tagore (Sourendro Mohun), *Hindu Music from Various Authors,* première partie, Calcutta, 1875.

LACHMANN, Robert, *Musik des Orients,* Jedermanns Bücherei, Ferdinand Hirt, Breslau, 1929.

MUKERJI, D. P., *Indian Music, an Introduction,* Kutub Publishers, Poona.

POPLEY, Herbert A., *The Music of India,* Oxford University Press, Londres, 1921.

ROSENTHAL, Ethel, *Indian Music and its Instruments,* William Reeves, Londres, 1928.

SACHS, Curt, *The Rise of Music in the Ancient World East and West,* Norton and Co Inc., New York, 1943.

Our Musical Heritage, Prentice Hall Inc., New York, 1955.

STERN, Philippe, *La musique indoue, les Ragas,* « Revue musicale », n° 7, tome III, Paris, 1923.

STRANGEWAYS, A. H. Fox, *The Music of Hindustan,* Oxford University Press, Londres, 1914.

LES INSTRUMENTS

DAY, C. R., *The Music and Musical Instruments of Southern India and the Deccan,* Novello, Londres et New York, 1891.

MARCEL-DUBOIS, Claudie, *Les instruments de musique de l'Inde ancienne,* Paris, 1941.

LA NOTATION

BAKE, Arnold A., et STERN, Philippe, *Chansons de Rabindranath Tagore,* Bibliothèque musicale du Musée Guimet, Librairie orientaliste Paul Geuthner, Paris, 1935.

RATAN DEVI, *Thirty Songs from the Panjab and Kashmir,* Luzac and Co, et Novello and Co., Londres, 1913.

LA DANSE

BOWERS, Faubion, *The Dance in India,* Columbia University Press, New York, 1953.

DE ZOETE, Beryl, *The other Mind, a Study of Dance and Life in South India,* Victor Gollancz, Londres, 1953.

LA MUSIQUE VIETNAMIENNE

Par son histoire et sa position géographique, le Vietnam se trouve en contact avec les civilisations chinoise et indienne. La musique vietnamienne porte aussi la marque de ces deux influences.

En dehors des origines obscures, l'histoire de la musique vietnamienne peut être divisée en trois périodes :

1º Du xᵉ au début du xvᵉ siècle : l'élément chinois et l'élément indien — ce dernier étant prédominant — exercent une influence conjuguée sur la musique vietnamienne.

2º Du xvᵉ siècle à la fin du xviiiᵉ siècle : les musiciens vietnamiens se mettent à l'école chinoise; d'où, nette prépondérance de l'élément chinois.

3º Du xixᵉ siècle à la veille de la Deuxième Guerre mondiale : la musique vietnamienne affirme son originalité et, au début de ce siècle, l'influence occidentale commence à se faire sentir discrètement.

Les instruments utilisés sont variés. De nombreuses particularités du point de vue mélodique ou rythmique se rencontrent dans différents genres de musique populaire et de musique savante.

LES INSTRUMENTS

En dehors des instruments archaïques d'origine chinoise, les instruments en usage peuvent être classés en quatre catégories : instruments à vent, instruments à cordes, instruments à membrane, instruments à percussion de bois et de métal.

Citons comme instruments archaïques le *sênh* (orgue à bouche), le *bài tiêu* (flûte de Pan à 12, 16, ou 24 tubes), le *huân* (sifflet en terre), le *tri* (flûte primitive), le *thuoc* (flûte à 3 trous), le *minh ca* (hautbois en feuilles de roseau), le *câu giôc* (cor en corne de buffle), le *hai loa* (conque marine), le *câm* (cithare à 7 cordes), le *sat* (cithare à

25 cordes), le *khâng hôu* (cithare à 20 ou à 23 cordes), le *biên chung* (carillon de cloches), le *biên khanh* (carillon de phonolithes), le *huyên phuong huong* (carillon de lames d'acier).

Comme instruments à vent, le *sao* ou *dich* (flûte traversière), le *tiêu* (flûte droite), le *kèn trung* ou *kèn dai* (hautbois moyen ou grand hautbois), le *kèn tieu* (petit hautbois), le *kèn doi* (clarinette double).

Comme instruments à cordes, dans la catégorie des cithares, le *trong quan* (cithare en terre), le *dàn bâu* ou *dàn dôc huyên* (monocorde), le *dàn tranh* ou *dàn thâp luc* (cithare à 16 cordes).

Dans la catégorie des luths, le *dàn kim* ou *dàn nguyet* (luth en forme de lune), le *dàn doan* ou *dàn nhat* (luth court à manche ou luth en forme de soleil), le *dàn xen* (luth d'origine mongole), le *dàn tam* (luth à 3 cordes), le *dàn day* (luth des chanteuses), le *dàn ty bà* (luth piriforme).

Dans la catégorie des vièles, le *dàn co* ou *dàn nhi* (vièle à 2 cordes), le *dàn co chi* (petite vièle à 2 cordes), le *dàn co gao tre* (vièle à boîte de résonance en bambou), le *dàn gao* ou *hô* (vièle à boîte de résonance en noix de coco).

Comme instruments à membrane à une peau : les *dan diên cô* (tambours à une peau) comme le *trông giang* (tambour en forme de lune) ou *trông boc*, le *trông bat câu* (le *pang kou* chinois), le *cai bông* (tambour en sablier); à deux peaux : les *dai cô* (grands tambours), les *tiêu cô* (petits tambours), les *trông nhac* (tambours de cérémonie), le *trông com* (tambour de riz), à caisse bombée.

Comme instruments à percussion de bois, les *phach* ou *sinh* ou *song lang* (cliquettes), le *sinh tiên* (cliquettes à sapèques), les *mo* (tam-tam).

Autre instrument à percussion : le *mo sung trâu* (tam-tam en corne de buffle);

Comme instruments à percussion de métal, les *chuông* (cloches), les *chiêng*, *lênh* et *dông la* (gongs avec ou sans mamelon central), les *thanh la* ou *dâu* (petit gongs ou tympanons), le *tam âm la* (carillon de trois gongs), les *chap bat* (petites cymbales), les *chap choa* (grandes cymbales). Les musiciens traditionnels utilisent aussi la mandoline, la guitare et le violon pour exécuter la musique ancienne.

LA THÉORIE

Les notes utilisées dans la musique vietnamienne traditionnelle n'ont pas de hauteur absolue. Les instruments
sont accordés au jugé ou suivant la tessiture des chanteurs — mais pour exécuter la musique de l'Esplanade
du Ciel, à partir du XIXᵉ siècle, les instruments sont accordés suivant les carillons de cloches et carillons de phonolithes, instruments à sons fixes.

On rencontre le plus fréquemment des pièces à structure pentatonique, mais aussi des exemples de résidu dito-
nique (*ho lo,* chant de repiquage, *hat noi,* chant parlé),
tritonique ou tétratonique (passages de pièces du système
modal *Nam*), des exemples de tritonique pur (*hat vi,*
chant d'amour), de tétratonique pur (berceuse du
centre du Vietnam) et d'hexatonique (certains passages
de musique rituelle de cour). Les degrés de l'échelle
vietnamienne correspondent à peu près aux notes suivantes de la gamme tempérée :

L'incertitude de la hauteur relative des degrés de
l'échelle vietnamienne est due au jeu des musiciens qui,
en exerçant une pression plus ou moins forte sur les
cordes de leurs instruments, font osciller la hauteur des
sons obtenus. Les degrés auxiliaires *xu* (entre *mi* bémol
et *mi*) et *oan* ou *phan* (entre *si* bémol et *si*) existent
en tant que notes de passage ou notes ornementales, et
ont le comportement des *pien*, des degrés qui se distinguent, comme l'a remarqué C. Brailoïu, « par la dis-
crétion de leur apparition et leur poids négligeable ».

Le phénomène de « déplacement des degrés faibles »
(*xu* et *cong*) qui sont attirés par les « degrés forts » (*ho,*
xang, xê) de l'échelle pentatonique, ainsi que la « méta-

bole », une succession ou alternance, dans le cours des mélodies pentatoniques, des « gammes de cinq sons » avec ou sans retour périodique et final au point de départ, se rencontrent dans les pièces du système modal *Nam,* certains chants de théâtre populaire (le *sa lêch,* chant d'amour), les chants de fête de Bac Ninh (le *quan ho),* les incantations de devineresses *(châu van)* pour ne citer que ceux-là.

Dans la musique vietnamienne traditionnelle, il n'y a pas de finale conclusive. Le degré fondamental de l'échelle vietnamienne, le *ho,* ne correspond pas à la tonique de la gamme diatonique. On ne peut pas parler de « mode » ni de « tonalité ». Il existe deux *diêu* ou *giong* que nous désignons par le terme de « systèmes modaux », car le *diêu,* tout en étant plus qu'un système, n'a pas tous les caractères d'un mode. Le système modal *Bac* exprime l'allégresse, la gaieté, le système modal *Nam,* la tranquillité, la mélancolie ou la tristesse. Les principaux caractères de ces systèmes modaux sont les suivants :

SYSTÈME MODAL *Bac :*

1º Echelle pentatonique régulière avec la présence des *pien* comme notes de passage ou ornements.

2º N'importe quel degré de l'échelle pentatonique peut servir de point de départ, de finale et de note de repos.

3º Les ornements caractéristiques du système modal *Bac* doivent être utilisés.

4º Le tempo va de *moderato* à *presto.* Le mouvement lent est exceptionnel.

5º Le système modal *Bac* exprime la gaieté.

SYSTÈME MODAL *Nam :*

1º Echelle tétratonique à résidu tritonique, ou échelle pentatonique irrégulière avec métabole (l'irrégularité de l'échelle provient du phénomène d'attraction des degrés faibles par les degrés forts).

2º Seuls les degrés du tritonique peuvent servir de point de départ, de finale et de note de repos. Le degré *phan (si* bémol), un *pien* dans le système modal *Bac,* se solidifie dans le système modal *Nam* et entraîne des métaboles.

3º Les ornements caractéristiques du système modal *Nam* doivent être utilisés.

4º Le tempo va de *moderato* à *lento :* le mouvement rapide est exceptionnel.

5º Le système modal *Nam* exprime la tranquillité, la mélancolie ou la tristesse.

Chaque système modal comporte des nuances : *bac* proprement dit, *nhac* (cérémonie), *quang* (cantonais) pour le système modal *Bac; xuân* (printemps), *ai* (lamentations), *dao* (renversement) et aussi *oan* (tristesse) pour le système modal *Nam*. En dehors de ces deux systèmes modaux, il existe encore d'autres particularités régionales : le *hat a dao* (chant des chanteuses), le *châu van* (chant de possession), le *vong cô* (regret du passé).

Dans la musique vietnamienne traditionnelle, la mélodie d'une pièce peut avoir subi des variations dans le temps et dans l'espace. Elles sont dues à la fantaisie des exécutants qui ont la liberté d'ajouter, à un dessin mélodique défini, des notes de passage et des notes ornementales, ou de changer le rythme ordinaire d'une pièce en rythme syncopé; à l'imperfection d'anciens systèmes de notation musicale dans lesquels il n'y a d'indication ni de mesure, ni de durée, ni de nuances.

Dans le domaine du rythme, nous notons l'absence de rythmes à trois temps, la fréquence du rythme syncopé, la variété et la complexité des rythmes exécutés par les instruments à percussion pour accompagner les chanteurs ou musiciens dans la musique rituelle et dans la musique de théâtre.

Dans le domaine de l'harmonie, nous signalons l'inexistence de la structure harmonique et l'extrême simplicité de l'écriture contrapuntique.

A propos du contrepoint, indiquons que :

1° Toutes les parties doivent être à l'unisson ou à l'octave au premier temps fort et à la finale de la pièce.

2° Autant que possible, les différentes parties doivent être à l'unisson, à l'octave ou, à la rigueur, en consonance parfaite au premier temps de chaque mesure.

3° Chaque exécutant a le droit d'ajouter à un dessin mélodique donné, des notes de passage ou des notes ornementales.

LES GENRES

Ils sont très nombreux. Mais le répertoire de chaque genre de musique n'a pas beaucoup varié depuis des siècles.

Musique populaire.

Les chansons de travail *(ho)* varient suivant les professions et les régions. Les chants de fête comme le *co la* (l'aigrette vole) ou le *trong quan* et le *quan ho* (chants alternés) se rencontrent dans le Nord du Vietnam où le folklore est très florissant. On y entend aussi les chants d'aveugles *(xam)*, les chants de théâtre populaire *(hat chèo)*, les chants de possession *(châu van)*, et dans tout le pays les chansons de jeux, les incantations de magiciens et les psalmodies de bonzes.

Musique savante.

Disparue depuis la fin du régime monarchique, la musique rituelle de cour a été en usage pendant plus de quatre siècles. Elle se composait de huit sortes :

— musique de l'Esplanade du Ciel *(giao nhac)* pour le sacrifice au Ciel et à la Terre, avec ballets (danse civile et danse militaire);

— musique des temples *(miêu nhac)* ;

— musique des cinq sacrifices *(ngu tu nhac)* ;

— musique pour le secours au Soleil et à la Lune en cas d'éclipse *(cuu nhêt nguyut giao trung nhac)* ;

— musique des grandes audiences *(dai triêu nhac)* ;

— musique des simples audiences *(thuong triêu nhac)* ;

— musique des banquets *(yên nhac)* avec ballets (danse des branches de fleurs et danse de la pêche miraculeuse);

— musique du palais *(cung trung chi nhac)*.

Dans le peuple, il existe une musique de cérémonie différente de la musique rituelle de cour et une musique de chambre avec ses trois variétés : le *hat a dao* (chant des chanteuses) le *ca Huê* (musique de Huê) et le *don tai-tu* (musique dite des amateurs). La musique du théâtre traditionnel *(hat tuong* ou *hat bo)*, malgré la pauvreté de son répertoire, est intéressante par l'utilisation des instruments à percussion dans l'accompagnement des chants, accompagnement dont les rythmes sont variés et complexes. Citons encore la musique du théâtre rénové *(don cai luong)* née dans le Sud du Vietnam, et qui n'est en somme que l'adaptation pour la scène de la musique dite des amateurs. Le manque de recul ne nous a pas permis d'avoir des vues très nettes sur la musique dite rénovée *(am nhac cai cach)* qui est un compromis entre la musique vietnamienne et la musique européenne. A part quelques compositions dignes d'intérêt, la musique dite rénovée comporte seulement des chansons. Les musiciens vietnamiens formés à l'école occidentale sont à la recherche d'un langage harmonique original. Ils ne l'ont pas encore trouvé.

La musique vietnamienne, de nos jours, présente des caractères particuliers qui la distinguent de la musique chinoise dont elle est issue, et des musiques des pays environnants de tradition indienne.

Tran Van Khê.

BIBLIOGRAPHIE

Hoang Yen, *La musique à Huê,* Bulletin des Amis du Vieux Huê, juil.-sept. 1919, pp. 233-381.

Knosp, Gaston, *Histoire de la musique de l'Indochine,* dans l'*Encyclopédie de la Musique et le Dictionnaire du Conservatoire,* de Lavignac, t. V, pp. 3000-3146.

La musique indochinoise, Mercure musical et Bulletin français de la S. I. M., IIIe année, n° 9, 15 sept. 1907, pp. 929-956.

Rapport sur une mission officielle d'étude musicale en Indochine, Internationales Archiv für Ethnographie, Band XX, 1911, pp. 123-151; 165-188; 217-244; Band XXI, 1912, pp. 59-65.

Lebris, Ernest, *Musique annamite : Airs traditionnels,* Bulletin des Amis du Vieux Huê, oct.-déc. 1922, pp. 253-310 et juil.-déc. 1927, pp. 137-148.

Nguyen Dinh Laï, *Etude sur la musique sino-vietnamienne et les chants populaires du Viet Nam,* Bulletin de la Société des Etudes Indochinoises, nouvelle série t. XXXI n° 1, Ier trimestre 1956, 86. p.

Tran Van Khê, *La musique vietnamienne traditionnelle,* thèse soutenue en Sorbonne en juin 1958, 480 p.

La musique vietnamienne, dans le Tome II de l'*Encyclopédie de la musique,* Paris, 1959. Nous avons signalé dans notre thèse les principales erreurs faites par les auteurs précités. Au sujet de l'article de M. Nguyen Dinh Laï, prière de se reporter à un appendice de notre thèse, pp. 385-392.

Des enregistrements de musique vietnamienne se trouvent au musée de l'Homme, au musée Guimet, au Service phonographique et à la discothèque de la Radiodiffusion-Télévision française.

LA MUSIQUE
DANS L'ANCIEN ORIENT

LA MUSIQUE EN ÉGYPTE
ET EN MÉSOPOTAMIE ANCIENNES

Les musicologues, dont l'attention était fixée sur
l'Egypte depuis la publication, par Villoteau, des résultats de la campagne napoléonienne, cherchaient dans ce
pays les plus anciennes figurations d'instruments, lorsque
les trouvailles d'E. de Sarzec, vers la fin du XIXᵉ siècle,
amenèrent au Louvre des documents sumériens. On
savait déjà que les premières dynasties égyptiennes ne
connaissaient que peu d'instruments : harpe et flûte
droite, et que des musiciens syriens, à l'époque de la
XIIᵉ dynastie, et plus encore au Nouvel Empire, avaient
introduit en Egypte des instruments nouveaux. On
voyait les mêmes sur les reliefs assyriens rapportés par
Rawlinson au British Museum, mais ceux-ci étaient plus
tardifs : il fallait donc attendre, pour établir une filiation,
la découverte des civilisations anciennes de Sumer et de
Babylone. Peu à peu, les fouilles mirent au jour dans ces
régions un butin important : textes rituels décrivant des
cérémonies accomplies au son des instruments, mentions
de musiciens professionnels attachés aux temples, représentations de scènes de musique dans les banquets, enfin
quelques instruments d'une grande richesse trouvés
dans les tombes royales d'Ur.

Il est très difficile de tirer parti des sources écrites. On
n'a retrouvé aucun document qui soit sûrement une
notation musicale et qui soit déchiffrable comme tel. La
terminologie des instruments est obscure (l'ouvrage de
Galpin est spécialement peu sûr; il est source de
beaucoup d'erreurs; la terminologie est entièrement à
refaire, sauf pour l'Egypte, où les inscriptions nous
donnent quelques noms bien identifiés), les allusions
sont vagues. Les instruments conservés dans les musées
(Berlin, Louvre, New York, Le Caire) sont parfois
abîmés, mal datés, de provenance incertaine. Seules les

représentations nous indiquent la façon dont ils étaient employés, en solo ou dans des ensembles, la manière d'en jouer et leur date. Elles sont assez fidèles et nombreuses pour nous faire entrevoir une évolution. D'un point de vue plus général, nous y décelons de grands courants d'influence entre civilisations voisines.

La chronologie la plus récente situe l'époque des premiers documents sumériens au ~ IVe millénaire, les dynasties d'Ur I et II dans la première moitié du ~ IIIe millénaire jusqu'en ~ 2360 (Shub-ad vers~2500), plus tard Gudéa vers ~ 2100, la Ire dynastie babylonienne vers ~ 1850. Apogée des Hittites : ~ 1250-~ 850. Celle des Assyriens : ~ 732 - ~ 625.

En Egypte, période prédynastique avant ~ 2900. Ancien Empire : de la Ire à la Xe dynastie (~2900-~2060). Moyen Empire : de la XIe à la XVIIe dynastie (~2060-~1580). Nouvel Empire (~ 1580-~ 1090) : de la XVIIIe à la XXIe dynastie. Basse Epoque : de la XXIIe à la XXXe dynastie.

Nés du rythme, du battement des mains, les *bâtons entrechoqués* apparaissent très tôt sur les plaques sumériennes [ivoires de Kish (Chicago Oriental Institute); sceau d'Ur (Philadelphia University Museum)], comme sur les poteries prédynastiques égyptiennes. Ils sont simples, ou en forme de boomerang, parfois ornés, à l'époque de l'Ancien Empire, d'une tête d'animal, souvent en forme de bras terminé par une main (XIIe dynastie).

Réunis en paire dans une seule main au Nouvel Empire, ils deviendront des *cliquettes* qui, elles-mêmes, à la Basse Epoque, engendreront les *languettes battantes,* les *crotales* (à disques métalliques). Finalement, creusés et raccourcis, ils seront les *castagnettes* (très tardives).

Des *cymbales* coniques en bronze, déjà connues sur une plaque babylonienne (vers ~ 1100) ont été trouvées récemment *(Illustrated London News,* 4 avril 1959) dans les fouilles d'un site pré-hittite datable du ~ XXIe siècle. Elles sont employées chez les Hittites et les Assyriens. La forme en assiette est tardive (musée du Caire).

Aimés sous diverses formes en Mésopotamie, peu appréciés en Egypte (où ils sont exclus du culte d'Osiris), les *tambours* ne sont pas d'importation africaine. Le *tambourin* rond et le quadrangulaire à côtés incurvés sont déjà à Sumer (vase de Bismya, Chicago Oriental Institute; plaque d'Ur, Philadelphia University Museum). Ils n'apparaissent en Egypte qu'à la XVIIIe dynastie. Les tambours à caisse cylindrique, conique ou en barillet à deux peaux sont également connus en Elam, en Babylonie, en Assyrie. Le plus intéressant est un tambour sumérien monumental de l'époque de Gudéa (Louvre) frappé par deux joueurs. Sachs, dans *The History of musical instruments* (p. 75 et 96), en signale un seul spécimen en Egypte, importé de Sumer, et le compare aux instruments géants d'Extrême-Orient. Il croit à des contacts entre Sumériens et Chinois à une époque très ancienne, en Asie centrale. La *timbale* voisine avec les cymbales (plaque babylonienne précitée).

Les instruments chordophones posent les problèmes de structure les plus intéressants. La harpe se caractérise par un plan de cordes inégales, perpendiculaires à un corps résonnant; la lyre et la cithare, par un plan de cordes parallèles au résonateur et attachées à un joug transversal que soutiennent deux bras formant cadre fermé avec la caisse de résonance et le joug. Le luth a des cordes égales et parallèles à un corps résonnant que prolonge un manche servant à fixer les cordes mais aussi à les raccourcir à volonté par la pression du doigt sur le manche à différentes distances.

Proche encore de l'arc musical, le *luth* a un corps résonnant ovale ou en demi-poire; il a deux ou trois cordes. Il est connu depuis la fin du ∼ IIIe millénaire en Babylonie et chez les Hittites. Un instrument de Tello (Lagash) est, par exception, pourvu de chevilles d'arrêt. Généralement, les cordes sont fixées par de simples ligatures. Le manche est cylindrique. On a un très beau spécimen égyptien de la XVIIIe dynastie, époque où cet instrument est largement adopté dans la vallée du Nil (Nora Scott le décrit en détail dans le Bulletin du Metropolitan Museum, janvier 1944, p. 159). Il est toujours joué avec un plectre.

La *harpe* est l'instrument-roi à Sumer et en Egypte. Son histoire se déroule harmonieusement et nous offre d'intéressants problèmes de filiation et de technique.

Il est à peu près certain que les deux civilisations l'ont héritée d'une source commune et qu'elle était née, avant l'arrivée des Sumériens en Mésopotamie et des

Egyptiens sur le Nil, de l'arc ou du pluriarc. De ce stade primitif, rien ne demeure, sauf, sur les premières représentations égyptiennes (IVe dynastie), un lointain souvenir de calebasse dans la forme du corps résonnant.

La préhistoire de la harpe doit avoir été assez longue, car, dès les représentations les plus anciennes de Sumer, l'instrument se présente sous une forme très évoluée : le corps résonnant est dissimulé dans la structure en arc et il y a déjà des boutons d'arrêt pour les cordes. Les harpes sumériennes sont de deux types, complètement différenciés à plusieurs points de vue. L'un (A) est en arc vertical, la caisse tenue contre la poitrine du musicien, les cordes vers l'avant (la plus longue étant la plus éloignée du musicien). L'instrument ne forme pas un cadre fermé comme dans notre harpe moderne. Le pilier qui, dans celle-ci, joint les deux extrémités de l'arc, reste complètement étranger à l'Asie occidentale et à l'Egypte.

Le second type (B) est en arc horizontal. Porté tout différemment, la caisse sous le bras gauche, l'arc s'ouvrant vers le haut, il allonge ses cordes horizontalement l'une au-dessus de l'autre, en un plan vertical, au-dessus de la caisse de résonance. C'est l'instrument de Bismya et d'une plaque d'Ashnunak au Louvre (d'époque babylonienne).

Le type A se joue avec les mains nues; le type B avec un plectre en forme de bâtonnet (non visible sur la figuration de Bismya parce que la main droite n'y est pas représentée, mais parfaitement apparent sur la plaque d'Ashnunak).

La harpe de la reine Shub-ad, conservée au British Museum, est un instrument admirable, à onze cordes, couvert de métal précieux et de lapis-lazuli en fines mosaïques et orné d'une tête d'animal. Celle-ci devait être tournée vers l'avant, ce qui prouve que l'instrument était du type A (arc vertical) et non du type B, comme on l'affirme généralement. (Sa courbure a été exagérée par la restauration, de l'aveu même de Galpin, le restaurateur : voir son ouvrage, p. 80).

La harpe égyptienne de l'Ancien Empire est tenue verticalement ou presque, le musicien s'agenouillant pour en jouer à l'aise. Elle est typiquement en arc, avec six à huit cordes attachées à des crochets encastrés. Le type portatif, qu'on appuie sur un socle et qui sera en vogue surtout au Nouvel Empire, est l'exact correspondant de la harpe de Shub-ad telle que nous venons de l'interpréter (arc vertical).

Vers le tournant du ‿ IIIᵉ millénaire, une importante modification se produit dans la harpe du type B (arc horizontal). La ligne de l'arc se brise à angle droit et finalement la partie antérieure de l'arc forme un montant fixé angulairement dans la caisse de résonance, au lieu d'en former le prolongement. Ceci paraît être un progrès important, peut-être dû à la technique du plectre. Une forme de transition est bien visible sur une plaque du Louvre [voir « Revue d'Assyriologie », 34 (1937), fig. 10]. La harpe horizontale assyrienne, connue sur les bas-reliefs du British Museum, ne dérive donc pas d'une Kerbzither comme le supposait Sachs (*Geist und Werden der Musikinstrumente*, Berlin, 1929, p. 158), mais remonte à cette harpe horizontale babylonienne.

Le même agencement fut transféré — peut-être à cause de la stabilité d'accord qu'il permettait — au type A (arc vertical), car nous voyons celui-ci devenir à la même époque une harpe verticale angulaire [« Revue d'Assyriologie », 1937, fig. 5 (Musée du Louvre)]. Cependant, il garde la technique de pincement à la main des harpes en arc. Cette différence de technique est à souligner : les Egyptiens, au Nouvel Empire, accueillirent ce type (vertical angulaire) pincé à la main, mais n'adoptèrent jamais la harpe angulaire horizontale, dont le jeu à plectre apparemment leur déplaisait. (L'instrument du musée archéologique de Florence, publié par Galpin, pl. VI, 5, est une harpe verticale angulaire mal photographiée.)

Dans le type angulaire, la caisse de résonance est à la partie supérieure de l'instrument et s'appuie contre la poitrine du musicien; les cordes se trouvent à l'avant, la barre de fixation, en bas, formant avec elles un angle de 90° (plus ou moins). Cette harpe supplante complètement en Mésopotamie la harpe en arc, à laquelle l'Egypte demeure fidèle.

Le génie raffiné de la race égyptienne s'exerce sur l'antique harpe arquée et lui donne une grande variété de formes. [La « classification » de Hickmann, en pelle, en louche, en croissant, en navire (« Bulletin de l'Institut d'Egypte », t. 35, p. 309 sqq.), pour amusante qu'elle soit, n'est pas très scientifique. Il ne semble pas voir que tous ces « types » se ramènent à l'arc vertical]. Elle devient pour une courte période un charmant instrument d'intimité à quatre cordes, porté sur l'épaule ; elle prend, peu après, les proportions majestueuses d'un instrument joué debout. Le nombre de ses cordes augmente et sa décoration s'enrichit à l'époque des Ramsès. Plus tard encore, elle redevient portative, en forme de croissant orné à sa base d'une imposante tête de pharaon (Chicago Oriental Institute).

L'Egypte fournira même, à la XXVe dynastie, deux exemplaires d'un type angulaire spécial issu de la forme arquée A, la caisse de résonance gardant sa place à la base de la harpe et la partie supérieure se cassant à angle droit pour former un support distinct. Cette transformation est comme le pendant inverse de la première modification subie en Babylonie, la caisse de résonance restant cette fois dans le bas de l'instrument. C'est la place qu'elle gardera dans la harpe moderne. L'instrument ancien est joué généralement sans plectre, sauf dans un cas où un objet de forme bizarre, dans la main du musicien, pourrait être pris pour un plectre, ce que ne confirme pas la position du bras. C'est la seule image où le plectre intervienne avec la harpe en Egypte (Nous trouvons un dessin correct dans *The Temple of Kawa,* de M. Macadam, vol. II, pl. XIV, photo LIII).

La cithare — il vaut mieux, en français, réserver le mot lyre à l'instrument grec λύρα — existe déjà sous deux formes essentielles à Sumer : I à joug horizontal ; II à joug oblique (un support étant plus court que l'autre). Ce dernier instrument pourrait être une forme de transition avec la harpe (inégalité des cordes).

Le type I a souvent une caisse de résonance en forme d'animal, de bovidé dont la tête en ronde-bosse émerge à l'avant quand l'instrument est porté. Cette particularité a fait considérer cette cithare comme un instrument à part, mais c'est à tort, car il en existe une forme sans tête d'animal, simplement rectangulaire (cylindre de Fara, Berlin, Vorderasiat. Abt., 8655 et 8629). C'est elle qui, en diminuant de grandeur [terre cuite d'Ischali (Chicago Oriental Institute (t. XX, p. 94, fig. 74) et plaque de Tell-Halaf avec scènes d'animaux musiciens], donnera naissance à la grande famille des cithares et sera l'ancêtre de la cithare grecque (Voir l'article de M. Guillemin et J. Duchesne).

La tradition des instruments de grande taille se poursuit néanmoins en Babylonie (terre cuite d'Ischali, Chicago Oriental Institute, t. XX, fig. 72 b) et en Egypte, où l'on en voit sur les scènes de Tell el Amarna, joués par deux musiciens debout de chaque côté de l'énorme instrument. Cette forme a peut-être un lointain rejeton dans la *bagannâ* éthiopienne.

La cithare à joug oblique (type II) s'est répandue en Egypte, en Syrie, en Palestine (G. Loud, *The Megiddo Ivories,* pl. IV, Chicago 1939), mais n'atteignit pas la Grèce. Les deux instruments sont joués avec ou sans plectre. Le nombre des cordes varie de quatre à onze, mais nous ne connaissons rien de leur tessiture ni de leur gamme. Seules les flûtes peuvent nous éclairer sur la gamme.

La *trompette* est mentionnée dans les textes sumériens et figure sur le vase de Bismya. En Egypte, la tombe de Toutankhamon en a fourni deux superbes exemplaires, l'un en argent doré, l'autre en bronze. Une *corne* apparaît dans les reliefs hittites. Mais ces instruments sont à peine musicaux. Les représentations assez grossières, où l'on ne peut guère distinguer l'embouchure, nous informent peu. La *double clarinette* à tuyaux parallèles, qui a survécu dans la *zummarâ* arabe, figure dans les inscriptions de l'Ancien Empire avec un nom redoublé. (E. Brunner-Traut, *Der Tanz im alten Ægypten,* p. 17, Gluckstadt, 1938). Elle est à distinguer du *double aulos* à tuyaux divergents qui n'apparaît en Egypte qu'au Nouvel Empire. Il a une anche double, comme celle du hautbois. Il apparaît à Sumer : on en a un exemplaire en argent trouvé dans les tombes d'Ur (Philadelphia University Museum). La *flûte* simple et droite employée en Egypte depuis l'époque prédynastique (palette en schiste d'Hieraconpolis) a, par sa longueur, de grandes possibilités musicales. V. Loret en a donné une description minutieuse et a reconnu la tessiture et la gamme des instruments conservés au Caire (*Encyclopédie* de Lavignac, t. I., pp. 1 à 34).

La *flûte traversière* et la *flûte de Pan* n'apparaissent qu'à l'époque gréco-romaine.

L'orgue, inventé à Alexandrie vers le ∼ IIIᵉ siècle, est le couronnement d'une série de recherches dont nous savons peu de chose. Il est muni d'un ingénieux dispositif hydraulique qui maintient l'air sous pression (admirablement décrit et reconstitué par le père de V. Loret, *Encyclopédie* de Lavignac, t. I, p. 30 sq), et qui a eu pour précurseur un agencement associant la flûte de Pan (à 10 tuyaux) à un réservoir d'air. Celui-ci est alimenté par un soufflet que le musicien actionne avec le pied (Sachs, *History...*, pl. VIII, c).

Le grand nombre d'instruments connus nous fait saisir l'importance de la vie musicale dans le Proche-Orient ancien. La variété des timbres était probablement une des délices les plus appréciées. Dès les premières représentations sumériennes, nous voyons associés cithares, flûtes, harpes, sistres, tambours, trompettes. L'orchestre atteint une très grande ampleur dans les grands reliefs assyriens du British Museum.

Les rapports de la musique avec les croyances magico-religieuses sont très étroits : on fait des libations aux tambours et aux harpes, considérés comme objets sacrés. On associe la musique à la vie future, dans les mastabas et à Ur, et au culte solaire en Egypte (Sainte-Fare Garnot, *Mélanges Masson,* p. 89, Paris, 1955). Les instruments sont souvent aux mains d'animaux musiciens, qui sont peut-être des déguisements magiques.

Que savons-nous de la musique elle-même ? Jusqu'à présent, peu de chose. On n'a pas encore découvert de textes précis et clairs. On a quelques indications sur la conduite de la musique en Egypte par des signes convenus appelés « chironomie », mais absolument rien qui donne une suite mélodique. (Hickmann propose maintes hypothèses invérifiables). Cependant, la musique était peut-être notée en Assyrie : une curieuse tablette du musée de Berlin, où sont données les versions sumérienne et assyrienne d'un hymne, porte une troisième colonne de signes qui pourrait être une notation musicale. Sachs (*Archiv für Musikwissenschaft*, 1925, p. 1 sq.) et Galpin l'ont interprétée chacun à sa manière, l'un par le système pentatonique, l'autre par l'heptatonique. Sachs prétendit même, pour justifier son interprétation, que la polyphonie existait déjà (Sachs, *Zweiklänge...*). Il y renonce dans son dernier ouvrage *The Rise...*, où il nous donne une idée plus juste de la musique antique en Asie occidentale en se fondant sur une comparaison avec les plus anciennes mélodies juives. Ces mélodies, conservées dans des communautés restées à l'écart des influences arabes et occidentales, auraient gardé une tradition originale. Musique faite d'éléments additifs modelés sur le texte, avec dessin excluant les sauts ou intervalles étendus. Elle est modérément mélismatique, faite de répétitions avec variante finale. Heptatonique (ce qui l'apparente à la musique grecque), elle n'excède que de peu l'octave, avec probablement quelques traits d'hétérophonie naturelle. Elle a des affinités avec la musique (non pentatonique) d'une oasis égyptienne que son éloignement a préservée de l'influence arabe (B. Schiffer, *Die Oase Siwa und ihre Musik,* Berlin, 1936).

Un lointain reflet de ces mélodies se décèle peut-être dans certaines litanies grégoriennes dont la forme littéraire est curieusement proche d'anciens hymnes sumériens (A. Machabey, dans *Rassegna Musicale,* 1951, p. 279). Le texte des chants de harpistes égyptiens (publiés par M. Lichtheim, dans le *Journal of Near Eastern Studies,* t. IV, 1945, p. 1759) nous ramène à la même ancienne source. La pensée littéraire et la créativité dans les instruments vont de pair : elles marquent le haut degré de culture des Sumériens et leur influence sur toute la civilisation antique.

Marcelle Duchesne-Guillemin.

BIBLIOGRAPHIE

Sachs, C., *Die Musikinstrumente des alten Aegyptens,* Berlin, 1921.

Schaeffner, A., *Origine des Instruments de Musique,* Paris, 1936.

Sachs, C., *The History of musical Instruments,* New York, 1940.

Guillemin, M., et Duchesne, J., *Origine asiatique de la cithare grecque,* « Antiquité classique », pp. 117 à 124, 1936.

Duchesne-Guillemin, M., *La harpe en Asie occidentale ancienne,* « Revue d'Assyriologie », pp. 29 à 41, 1937.

GALPIN, F. W., *The Music of the Sumerians*, Cambridge, 1937. (Appelle des réserves.)

HICKMANN, H., *Miscellanea musicologica*, « Bulletin de l'Institut d'Egypte », 1951 et suiv.

HICKMANN, H., *La musicologie pharaonique*, Kehl, 1956. *Quarante-cinq siècles de musique dans l'Egypte ancienne*, Paris, 1956. (Belles images; théories contestables, surtout quant au jeu des instruments.)

SACHS, C., *Geist und Werden der Musikinstrumente*, p. 158, Berlin, 1929.

SACHS, C., *Zweiklänge im Altertum*, dans « Festschrift für Joh. Wolf », p. 168 et s., Berlin, 1929.

SACHS, C., *The Rise of Music in the ancient World*, New York, 1943.

STAUDER, W., *Die Harfen und Leiern der Sumerer*, Francfort, 1957. (Bonne documentation; propose une restitution de la harpe de Shub-ad.)

LA MUSIQUE JUIVE

MUSIQUE juive ou musique hébraïque ?
La première expression englobe la seconde ; l'inverse n'est pas toujours vrai.

Musique juive donc. Qu'est-ce à dire ? S'agit-il, simplement, de la musique écrite par tout auteur « né de parents juifs » ? Certains l'ont prétendu ou le prétendent, au nom d'une doctrine dont l'inanité n'est plus à démontrer. (Les Mendelssohn, Meyerbeer, Offenbach, Rubinstein, Mahler, Paul Dukas, pour ne citer que des morts, n'ont laissé aucune œuvre que le judaïsme soit en droit de revendiquer.)

Le regretté musicologue Curt Sachs proposait, lors du Ier Congrès international de musique juive, la définition suivante : « La musique juive est toute musique créée par des juifs pour des juifs. » Si séduisante qu'elle paraisse, la formule ne cadre pas entièrement avec les faits. Des infiltrations, des influences de tous ordres se révèlent jusque dans le chant « traditionnel » — religieux et profane — en usage chez les juifs. Quant à la production savante qui se veut juive, ses sources d'inspiration, les principes esthétiques auxquels elle obéit sont trop disparates pour que l'on puisse, à son propos, parler d'une école homogène.

Comment y voir clair ?

En se référant à la partie la plus ancienne et la plus authentique de la tradition musicale d'Israël, c'est-à-dire à la « cantillation » des livres bibliques : *Pentateuque, Prophètes, Psaumes, Cantique des Cantiques, Lamentations de Jérémie, Esther, Ruth, Ecclésiaste, Proverbes, Job,* etc.

On sait que la liturgie synagogale est entièrement chantée (dans l'Est européen, des prédicateurs itinérants chantaient, naguère encore, leurs sermons, à l'instar des Prophètes de l'Antiquité qui soutenaient par un accompagnement instrumental leurs exhortations, sans doute également chantées [I. *Samuel,* chap. 10, v. 5]) ; que

même la lecture publique de la Bible s'effectue sur des
mélopées plus ou moins « ornées ». Chaque livre de
l'Ecriture a sa mélopée appropriée : on n'entonne pas les
Psaumes de la même manière qu'un chapitre d'Isaïe, ni les
Lamentations de Jérémie comme les textes du Pentateuque.

Qu'est-ce qui atteste l'ancienneté et l'authenticité de ces
cantilènes ? Ceci peut-être : la lecture solennelle de la
Bible a toujours été soumise à une discipline rigoureuse,
toute prononciation incorrecte, le moindre écart d'intonation constituant une impiété grave, alors que les
chantres juifs étaient et restent libres d'improviser musicalement pendant les autres moments de la prière.

Pour être tout à fait exact, on doit ajouter que la récitation des Psaumes (de David ou d'autres chantres
sacrés), qui, naturellement, comportait à l'origine une ou
plusieurs mélopées appropriées, s'écarte aujourd'hui parfois des normes fixées anciennement. La plupart des
communautés d'Europe occidentale n'ont conservé que
d'infimes éléments de la psalmodie traditionnelle. Il en va
autrement dans les synagogues du Bassin méditerranéen
et du Proche-Orient : la cantillation des Psaumes s'y effectue encore sur des mélismes et des rythmes déterminés,
dont l'Eglise chrétienne (la catholique principalement) a
recueilli un nombre appréciable.

Le souci d'assurer une transmission fidèle des mélopées
bibliques s'est manifesté de bonne heure. Dès le VIIe siècle
de l'ère chrétienne, à Tibériade, des exégètes-grammai-
riens, doublés sans doute de musiciens — les Massorètes
— inventèrent, en même temps que les « points-voyelles »
(l'alphabet hébraïque n'en comportait pas), un système de
signes marquant, à la fois, la ponctuation, les syllabes
accentuées et les normes de la cantillation. Ces signes,
nommés *teamim* (« goûts », « ordres ») ou *neguinoth* (« mélismes ») et qui se placent au-dessus et au-dessous des
mots, correspondent aux neumes catholiques ou byzantins. Beaucoup moins précis cependant, ils ne constituent
pas une notation musicale proprement dite, car ils ne
figurent jamais un son isolé, mais un groupe de sons
(équivalent du *gruppetto*), dont ils n'indiquent ni la hauteur,
ni la durée, ni l'échelle. Leurs graphies évoquent, au plus,
l'orientation (montante ou descendante), la courbe, plus
ou moins complexe, de la mélodie.

Tels quels, les *teamim* ont servi d'aide-mémoire et de frein. Ils ont protégé la cantillation biblique contre la plupart des altérations qu'ont subies les autres chants liturgiques, négligés par les docteurs de Tibériade. C'est pourquoi les dissemblances que l'on constate entre les ramifications *askenazie* (septentrionale), *sefardie* (méditerranéenne), *yéménite*, etc. de la tradition musicale juive sont moins accusées dans les mélopées *teamiques* que partout ailleurs.

**

Voilà pour l'authenticité.

Et l'ancienneté ? Il est évident qu'au VIIᵉ siècle, les Massorètes n'ont pas « créé » la cantillation. Ils ont voulu seulement préserver de l'oubli des traditions consacrées par une pratique déjà longue.

Autre point de repère : on admet généralement que l'Eglise naissante a emprunté à la Synagogue, dont elle était issue, en même temps que les Livres saints, la manière de les chanter. Entre la liturgie juive et la chrétienne, les parentés modales s'avèrent, en effet, nombreuses et frappantes. Les éléments musicaux juifs adoptés par le christianisme primitif ne sauraient donc lui être postérieurs.

Problème plus ardu : que subsiste-t-il, dans le chant synagogal, de la musique qu'exécutaient jadis les Lévites (instrumentistes et chanteurs) au temple de Jérusalem ?

Les premières synagogues apparurent en Palestine, au retour de l'exil babylonien (600 avant l'ère chrétienne), et elles ont coexisté avec le second, puis le troisième temple (celui d'Hérode). D'abord lieux de réunion et d'étude, les synagogues allaient devenir bientôt des maisons de prière. Un culte d'un style absolument original, sans prêtres, sans sacrifices (apanages exclusifs du Sanctuaire) s'y organisa progressivement. La musique instrumentale en fut exclue. (Exception unique : la « corne de bélier », *shofar,* instrument des plus rudimentaires n'émettant que deux ou trois sons, en rapport de quinte et d'octave. On en sonne encore aujourd'hui, au jour de l'An religieux et à l'issue du Grand Pardon.) Mais la liturgie du Temple servit de modèle : Psaumes, fragments du Pentateuque, précédés et suivis de formules de « bénédiction » ou de louange, continuèrent d'être entonnés par les « prieurs » *(mitpalelim)* et les fidèles des synagogues.

Sur quels motifs ? Ceux-là mêmes, vraisemblablement, que chantaient les Lévites...

Par malheur, nous ignorons tout de l'art lyrique des Lévites. Les maigres renseignements que nous fournissent à ce sujet la Bible et les écrits post-bibliques nous instruisent sans doute des noms des instruments, du nombre des exécutants, mais ne nous apportent aucune précision concernant la nature, les lois de la musique qui se jouait et se chantait au temple de Jérusalem.

Force nous est de considérer le chant synagogal tel qu'en lui-même la tradition le change...

*
* *

Toute tradition orale (nous venons de voir que la rudimentaire notation *teamique* elle-même ne saurait se passer entièrement de ce moyen de transmission) implique une part plus ou moins considérable d'aléas. Dans le cas de la tradition musicale juive, les possibilités de déviation se sont accrues du fait que la prière synagogale établit un constant dialogue entre l'assemblée des fidèles *(qahal)* et l'officiant *(hazan* ou *sheliah-tsibour)* — « délégué de la communauté ». — D'où une alternance de libres mélodies (le *Kaddish* rendu célèbre par Ravel en est le type le plus accompli), de récitatifs syllabiques, réservés au chantre, et de répons mesurés et synchrones incombant à l'assemblée des fidèles. A ce propos, il n'est pas exagéré de dire que le véritable prêtre du culte synagogal est la communauté en prière...

Le degré d'instruction des fidèles, les contacts « culturels » qu'ils ont pris au cours des migrations de la Diaspora ont donc contribué tantôt à la conservation, tantôt à la déformation du chant traditionnel : c'est naturellement dans les milieux les moins « évolués » — le Proche-Orient, une partie de l'Est européen — que le patrimoine musical juif a gardé au maximum son identité.

*
* *

De l'analyse des cantilènes scripturales et de la confrontation de leurs variantes il ressort que le chant synagogal primitif est strictement monodique et modal. S'y font entendre fréquemment les modes de *ré, mi, fa, sol, la,* ainsi que des échelles penta ou tétratonique :

Mode de *ré*

Mode de *mi*

Mode de *sol*

Mode de *fa*

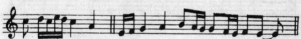

Mode de *la*   Mode de *mi*

Exemples d'échelle tétratonique :

Exemple d'échelle pentatonique :

Récitations de Psaumes :

Ex. 1.

* *

Les modes à l'intérieur desquels les mélismes bibliques s'enchaînent ont été générateurs (comme tels ou tels de ces mélismes eux-mêmes) d'autres éléments de la liturgie synagogale :

Ex. 2.

Dans les communautés *askenazie* de l'Occident, par exemple, la prière quotidienne du soir emprunte presque toutes ses inflexions à la cantilène du Pentateuque (mode propre au jour de l'An et à celui du Grand Pardon) :

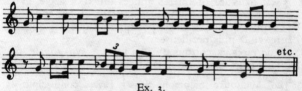

Ex. 3.

Le chant liturgique juif s'est, bien entendu, développé également hors des limites modales des *teamim*.

Aux modes les plus anciens sont venus s'ajouter progressivement, et parfois se mêler, des échelles chromatiques à une ou deux secondes augmentées, situées soit dans le tétracorde inférieur (2e — 3e ou 3e — 4e degré), soit dans le tétracorde supérieur (6e — 7e degré), soit encore dans l'un et l'autre à la fois.

Certaines de ces gammes, que les chantres juifs utilisent volontiers pour leurs improvisations, s'identifient au *hidjaz* des Arabes et des Turcs.

Les échelles majeure et mineure ont, à leur tour, intégré la musique synagogale.

En dépit de ces influences, le chant religieux juif avait, jusque vers la fin du XVIIIe siècle, gardé son identité et conservé son caractère monodique, alors même que certains officiants se faisaient accompagner par trois, quatre choristes (ténors, basses, soprani) ou plus : ceux-ci se bornaient souvent à des répons et des tenues ou pédales ana-

logues à l'*uson* byzantin. Le fameux *Col Nidré,* relativement
moderne (XVIIIᵉ siècle) et qui n'est pas un des exemples
les plus purs de la tradition musicale juive, a résisté
à tous les « arrangements » indiscrets ou maladroits,
grâce à la rare vertu expressive de sa ligne mélodique.

[Les premières transcriptions de chants hébraïques sur une
portée musicale sont dues à Benedetto Marcello (1686-1739).
Il en nota une douzaine, entendus sans doute dans les synagogues de Venise. Peu après, un officiant allemand, Ahron Beer,
réunit des compositions liturgiques de son temps, ainsi que
des mélodies traditionnelles. Les collections juives de musique
religieuse se sont depuis multipliées. Elles sont de valeur inégale. La plus complète et la plus concluante demeure le *Thesaurus* (10 volumes in folio) de A. Z. Idelsohn, encore que le
système de transcription adopté soit, par endroits, insuffisam-
ment clair.]

C'est dans les premières années du XIXᵉ siècle, avec
l'introduction du chœur à quatre parties et, par endroits,
de l'orgue, que commence, pour la musique synagogale,
l'épreuve la plus périlleuse.

A de rares exceptions près, la liturgie synagogale, on
l'a vu, avait été, jusque-là, homophone.

[Le Mantouan Salomone Rossi *Ebreo,* condisciple et
collaborateur de Claudio Monteverdi, avait, au XVIᵉ siècle,
composé une trentaine de pièces liturgiques à 3, 4, 5, 6, 7
et 8 voix mixtes. Elles tombèrent dans l'oubli. En 1870,
l'officiant parisien Samuel Naumbourg, assisté du jeune
Vincent d'Indy, les réunit en volume et les fit adopter
partiellement par quelques synagogues.]

Elle ne pouvait le rester indéfiniment. Il est cependant
regrettable que les musiciens qui, selon la parole du
Psalmiste, entreprirent de « chanter à l'Eternel un chant
nouveau » n'aient pas senti la nécessité de rattacher le
« nouveau » à l' « ancien » et qu'ils aient prêté une
oreille trop complaisante aux appels mondains ou pseudo-
religieux. Les opéras, les oratorios en vogue devinrent
les principaux modèles des Salomon Sulzer (Autriche);
Israël Lovy, Samuel Naumbourg, Samuel David, Emile
Jonas (France); Louis Lewandowski (Allemagne); David
Nowakowski (Russie). On n'écarta pas entièrement les
vieilles mélopées (la Bible, notamment, continua d'être
récitée selon les normes traditionnelles), mais on soumit
la plupart d'entre elles à un traitement tout à fait étranger

à leur essence modale : on leur imposa des harmonisations, des stylisations mélodiques et rythmiques les rendant parfois méconnaissables.

Nous assistons aujourd'hui à la réaction indispensable. Un peu partout, en Europe occidentale, en Israël, en Amérique on s'emploie à restituer à la tradition lyrique synagogale plus de caractère et d'authenticité.

Recueillis, au moyen du magnétophone, de la bouche d' « informateurs » dignes de foi, les divers éléments de la tradition musicale juive sont transcrits, analysés et classés selon des méthodes ethno-musicologiques rigoureuses.

Grâce à ces efforts, aussi scrupuleux que dévoués, l'ensemble de l'héritage musical hébraïque, *encore vivant,* se trouvera bientôt à l'abri de l'oubli et des déformations.

Une partie assez considérable du legs ancestral aura cependant disparu à jamais, car la génération présente n'a pas recueilli de celles qui l'ont précédée tout ce qui méritait d'être conservé.

**

Parmi les chants qu'il importe de sauver, il en est qui n'appartiennent pas à la liturgie synagogale. Faute d'un terme plus adéquat, on les appelle « folkloriques » ou « populaires ».

Mais plus d'un relève du culte qui se célèbre dans les foyers juifs, le sabbat et les jours de fête.

On trouve, en outre, maint exemple d'inspiration religieuse dans l'abondante floraison de chants profanes (principalement parmi les berceuses, chants de fiançailles, de mariage, de circoncision, chants de métiers, etc.) yiddish, judéo-espagnols, judéo-arabes, etc. :

Ex. 4.

Un mouvement mystique du XVIIIe siècle — le *hassidisme* — a réservé à la musique instrumentale, au chant, voire à la danse une place éminente. Le fondateur et les animateurs du hassidisme professaient que Dieu veut être servi dans la joie et que la musique est particulièrement apte à « réjouir le cœur de l'homme ».

Ex. 5.

Des influences arabes, turques, persanes, slaves, roumaines, etc., ont marqué le folklore musical juif. Mais celui-ci, à son tour, a influencé diverses traditions populaires, de sorte qu'il est souvent malaisé, en ce domaine, de rendre à chacun ce qui lui revient.

**

La musique juive n'appartient pas au domaine de l'archéologie : elle demeure un art vivant qui continue d'être pratiqué simultanément sous des formes savante et populaire, liturgique et profane.

A la diversité des traditions s'ajoute aujourd'hui, dans le domaine savant, une production israélienne symphonique et lyrique digne d'intérêt. On n'y remarque pourtant pas encore des noms aussi prestigieux que ceux d'un Ernest Bloch, d'un Darius Milhaud qui, depuis de nombreuses années déjà, s'inspirant de la tradition ancestrale, ont doté la musique juive de partitions dont leurs « Services sacrés » constituent des exemples très significatifs.

Assistons-nous à la naissance d'une « école » musicale juive ? Il est trop tôt pour en décider.

Léon ALGAZI.

BIBLIOGRAPHIE

IDELSOHN, A. Z., *Thesaurus of Hebrew Oriental Melodies ;* dix volumes in-folio, contenant plusieurs milliers de mélodies. Chaque volume est précédé d'une substantielle étude historique et musicologique. Ces volumes ont paru simultanément en anglais (New York), allemand (Leipzig), et hébreu (Jérusalem). Le texte allemand a été publié à Leipzig, 1914-1932.

IDELSOHN, A. Z., *Jewish Music in its historical Development,* 1 vol., Henry Holt and Company, New York, 1929.

GRADENWITZ, Peter, *The Music of Israël,* W. W. Norton and Company Inc., New York, 1949.

ROSOWSKY, Salomon, *The Cantillation of the Bible,* 1 vol., The Reconstruction Press, New York, 1957.

WERNER, Eric, *The Sacred Bridge — The Interdependence of Liturgy and Music in Synagogue and Church during the first Millennium,* Dennis Dobson, Londres, 1958.

BINDER, A, W., *Biblical Chant,* Philosophical Library, New York.

LA MUSIQUE
DANS
L'ANTIQUITÉ CLASSIQUE

LA MUSIQUE DES CIVILISATIONS
GRÉCO-LATINES

Durant de longs siècles, la musique accompagne la vie du peuple grec. Il y a peu d'épisodes de la vie civile, militaire, religieuse ou intellectuelle qui ne soient liés au chant et au son. L'instruction musicale, que le citoyen reçoit dès son enfance, le rend capable de participer activement aux manifestations artistiques de la Cité. L'art des sons, appris comme un devoir, ne fait pas seulement partie de l'instruction artistique et littéraire, mais de l'éducation morale. Les poètes et les philosophes vantent la musique avec enthousiasme; les législateurs s'en occupent; il n'y a personne, dirait-on, qui ne témoigne de l'intérêt à son égard.

Cette musique des Anciens n'a consisté cependant, tout au long de l'évolution historique des temps classiques, qu'en une mélodie d'une rigoureuse simplicité, à l'intérieur d'un *ambitus* réduit, soutenue, lorsqu'elle s'exprimait par la voix humaine, par quelque instrument de structure rudimentaire. La même ligne mélodique était reproduite par la voix et l'instrument, non sans que ce dernier ne se permît quelques sons étrangers à la mélodie proprement dite. On ajoutera que cette musique se présente à nous comme quelque chose d'immuable qui traverse les générations sans être troublée dans sa simplicité paisible et immatérielle. Il est également vrai que, pour les plus anciens, les textes musicaux réellement sûrs sont en très petit nombre. Encore présentent-ils, pour la plupart, des mutilations et des lacunes qui les font ressembler à des monuments en ruine. Toutefois, en dépit des incertitudes, notre connaissance des musiques antiques, appuyée sur les témoignages des écrivains du temps, est suffisante pour justifier l'exactitude d'une vue d'ensemble.

Comparée à la nôtre, la musique grecque ancienne ne

connaît que des moyens et des procédés enfantins. La musique des temps modernes, pléthorique, recherche continuellement des voies nouvelles, tandis que l'art du passé avait recours à un cercle limité d'effets. Des générations entières cependant ont fait preuve d'un enthousiasme et d'un intérêt qui ne se sont pas toujours retrouvés dans les siècles suivants. Il s'ensuit que les préférences esthétiques des ancêtres de notre civilisation étaient, en musique, bien différentes des nôtres et nous devons faire un effort pour les comprendre, sans pouvoir les apprécier totalement. D'où l'obligation, pour qui veut donner un panorama complet de l'art musical pendant l'époque classique, de définir sa constitution interne avant d'en retrouver l'histoire. C'est ce que nous allons essayer de faire dans les pages qui suivent et où sont omis ou limités certains aspects techniques qui ont donné lieu à des controverses entre spécialistes.

ÉLÉMENTS TECHNIQUES

LES MODES

Dans notre musique, l'ordonnance des sons est fondée sur une octave limitée sur le clavier par *ut* et les six touches blanches qui le suivent — jusqu'à la rencontre d'un autre *ut*. Pour les Grecs, il en allait sensiblement de même, avec cette différence qu'il leur était possible d'établir une octave à partir de chaque note. Les sept octaves possibles qui résultaient de ce procédé recevaient les noms de *modes* ou *harmonies*.

Il faut toutefois prendre garde au sens de ce dernier mot. De nos jours, l'harmonie est le résultat de la résonance simultanée de plusieurs sons de hauteurs diverses, alors que pour les Grecs, qui ne pratiquaient pas couramment la simultanéité des sons, une *harmonie* signifiait une succession bien ordonnée de sons dans un schéma modal.

Les *modes* sont conçus indépendamment de la hauteur absolue des sons (nous verrons plus loin comment on fixait cette hauteur). Ce sont simplement des schémas abstraits qui donnent les rapports réciproques entre les

sons successifs de la gamme considérée. En outre, la
gamme, quel que soit son point de départ, va de l'aigu
au grave — au contraire de nos théories musicales —,
la conception d'une série de sons descendante leur
paraissant plus naturelle (Aristote, *Problèmes musicaux*, XXXIII).

Au centre du système musical grec, s'inscrit le mode
dorien, constitué par les huit sons compris entre les
deux *mi* ; au-dessous de lui se trouve le mode phrygien,
compris entre deux *ré* ; le mode lydien entre deux *ut* ;
le mode mixolydien entre deux *si*. Au-dessus du dorien,
il y a le mode hypolydien construit sur l'échelle de *fa*,
le mode hypophrygien sur l'échelle de *sol*, le mode hypodorien sur l'échelle de *la*.

Nous voyons apparaître ici des dénominations qui semblent attribuer à certaines octaves une origine extra-hellé-
nique, de source orientale. Mais l'histoire des modes
reste assez obscure, car le classement théorique en question
est d'époque tardive. D'origine diverse, ils présentèrent
certainement en des temps plus reculés des différences
de structure qu'on atténuera plus tard de manière à
permettre leur coordination systématique. Il y avait, par
exemple, une variété de l'hypodorien qui était appelée
mode éolien, cependant que l'hypophrygien était
identique à un ancien mode iastien. Ces dénominations
primitives disparurent pour ne laisser subsister que les
sept que nous avons citées. Mais comme les Grecs
n'avaient pas oublié l'origine « barbare » de certains
modes, leur prédilection alla au mode dorien. Ce dernier
était considéré comme le seul digne des hommes libres
et des femmes honnêtes, quoiqu'on s'accordât, en même
temps, pour tolérer le mode phrygien qui s'adaptait
assez bien aux choses de la vie paisible (Platon, *la
République*, III). En ce qui concerne les modes lydien et

hypolydien, et plus tard mixolydien, les simplifications
apportées à la théorie modale les firent tomber en désuétude.

Comme on le voit par les jugements platoniciens, il
faut préciser que les Grecs attribuaient aux modes —
conçus d'ailleurs dans une extrême simplicité mélodique
— un caractère particulier, tel que l'effusion d'un sentiment ou l'expression d'un état d'âme. C'était la doctrine
de l'*éthos* des modes, sans correspondance exacte dans
notre sentiment musical, orienté différemment.

Or, sur cette doctrine, les Anciens ont beaucoup et
même trop écrit. Pour eux, le dorien était viril et majestueux, le phrygien enthousiaste et bachique, le mixolydien pathétique, les modes avec le préfixe *hypo* étant
considérés comme moins actifs que ceux qui n'en comportaient pas. Si l'on ajoute que certains modes étaient, par
tradition, affectés à un type particulier de composition
(hymnes, chœurs tragiques, dithyrambes, aulodies, citha-
rodies, etc...), on comprendra sans peine que le style
traditionnel de ces compositions en soit venu à influencer
la détermination de l'*éthos*. Lorsqu'elles sont exécutées
de notre temps, les mélodies écrites selon les échelles
modales grecques ne font naître en nous que des sensations indéterminées : cette musique, assez indéfinissable,
nous paraît manquer de conclusion. Ainsi nous serait-il
impossible d'attribuer à ces innocentes et minces cantilènes des significations complexes, et de les rendre
responsables, comme le faisaient les philosophes, de
méfaits d'ordre moral ou social. Mais le développement
séculaire de la musique polyphonique et les nécessités
tyranniques des combinaisons harmoniques ont radicalement changé notre conception musicale et nous ont
rendus définitivement étrangers aux époques que nous
sommes en train d'étudier.

GENRES, NUANCES ET TONS

Hors l'ordonnance de ces sons en sept gammes différentes, les Grecs reconnaissaient la possibilité d'altérer
certains degrés de l'octave modale. On obtenait ainsi les
genres, qui étaient au nombre de trois : *diatonique, chromatique* et *enharmonique.* Le premier de ces genres était
constitué de sons simples, sans altérations, correspondant

aux touches blanches de notre clavier. Dans le genre chromatique, le 2ᵉ et le 6ᵉ degré de l'échelle descendante étaient altérés — comme si nous ajoutions deux touches noires de notre clavier. Dans le troisième cas enfin, le genre enharmonique, certains sons — à savoir le 3ᵉ et le 7ᵉ de l'échelle descendante — étaient affectés de valeurs intermédiaires — quart de ton — que notre clavier est impuissant à reproduire.

Voici ce que devenait l'harmonie dorienne dans les trois genres (le signe –, au-dessus de la note, désignant un abaissement de 1/4 de ton) :

HARMONIE DORIENNE

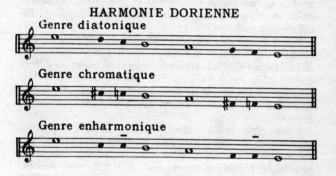

Il y avait encore d'autres possibilités de modifier la hauteur de certains sons. Les Grecs admettaient en effet que, d'un point de vue théorique, l'octave se divisait en vingt-quatre parties, adoptant ainsi une répartition double de la nôtre (qui comprend douze degrés, soit douze demi-tons) ce qui revient à dire qu'ils mettaient ainsi en jeu des quarts de ton. Cela était surtout valable en théorie. En pratique, l'usage des *nuances* — ainsi nommées — se réduisait à abaisser certains sons, dans les genres diatonique et chromatique, d'une fraction d'un demi-ton. Cette opération s'accomplissait sur la lyre et la cithare en diminuant quelque peu la tension de certaines cordes et, pour les instruments à vent, en obturant partiellement avec le doigt le trou correspondant au son qu'on voulait abaisser.

Il est permis de penser que les divers genres du diatonique et que les sous-nuances furent importés d'Asie en Grèce. Si les artistes helléniques les ont employés assidûment, ils n'en ont jamais oublié la provenance exotique. Ces harmonies ainsi modifiées ne furent pas appliquées à la musique chorale, domaine incontesté de la sobriété du genre diatonique, où il était impossible d'avoir recours à des intonations grêles et incertaines. Au contraire, le solo vocal et le solo instrumental employaient largement, auprès du diatonique, les deux autres genres et même les nuances. Tout cela fut, bien entendu, l'objet de maintes contestations et discussions; philosophes et musiciens, théoriciens et praticiens, conservateurs et novateurs se retrouvèrent souvent dans des camps opposés.

Nous avons déjà dit qu'il fallait concevoir les modes comme des schémas abstraits, tout à fait indépendants de la hauteur absolue des sons. Pour transposer les divers modes plus haut ou plus bas dans l'*ambitus* sonore, l'Antiquité employait les *tons,* qui désignaient les degrés de l'échelle générale des sons sur lesquels on établissait le mode.

L'ensemble tonal utilisé par les Grecs comprenait quinze tons — soit douze tons compris dans une octave chromatique complète, plus trois tons qui étaient la répétition, à l'octave aiguë, des trois tons plus graves. Le système entier était divisé en trois groupes de cinq tons. Le groupe central comprenait les tons dorien, iastien, phrygien, éolien et lydien; dans le groupe inférieur, les mêmes sons étaient affectés du préfixe *hypo,* tandis que dans le groupe aigu le préfixe devenait *hyper.* Tout cela intervint lorsqu'on fut parvenu à une systématisation théorique qui prétendit remédier au désordre provoqué par plusieurs causes dans le mécanisme tonal et ses liaisons avec les échelles modales. Sans insister sur la confusion que ce mécanisme tonal introduisit dans les théories musicales de l'Antiquité, nous nous bornerons à ajouter que les tons, comme les modes eux-mêmes, étaient traditionnellement liés à des types déterminés de composition ou de moyens instrumentaux et que le degré de gravité ou d'acuité dans l'exécution d'un morceau contribuait également à son *éthos.*

Toujours en ce qui concerne la théorie musicale hellénique, nous rappellerons que nous possédons une échelle type : celle d'*ut*. Les Grecs, nous l'avons dit, en avaient sept. Alors que nous avons la possibilité de varier certains sons de notre gamme unique, dans les deux formes majeure et mineure, les Grecs avaient; pour chaque mode, trois genres dans lesquels certains sons variaient en hauteur à l'intérieur de l'échelle modale. De plus, l'usage des *nuances* introduisait de nouvelles variantes et de nouvelles subtilités. Le fait que les théories qui nous ont été transmises n'étaient pas toujours mises en pratique et qu'elles ne purent résister dans leur ensemble à l'usure des siècles, ne saurait nous empêcher de constater que la musique de ces époques suivait des voies bien différentes de celle qu'elle emprunte aujourd'hui. Le mode était une entité, conçue uniquement comme fonction mélodique et utilisée de manière à faire valoir la couleur et l'expression de la mélodie, alors que notre musique poursuit des fins analogues par des moyens tout différents — notamment au moyen d'agrégations harmoniques. Ces dernières restèrent inconnues à toutes les époques de la musique grecque.

RYTHMIQUE ET MÉTRIQUE

Une inclination instinctive pour l'ordre et la juste mesure dans les actes nécessaires à la conservation de l'existence nous prédisposerait à goûter le rythme (Aristote, *Problèmes musicaux,* XXXVIII). Le rythme est constitué par la succession, bien ordonnée dans le temps, des sons, des syllabes vocales, des mouvements du corps humain. La nature elle-même exprime le rythme, non seulement dans l'organisation du corps (pouls, respiration, marche), mais dans plusieurs autres phénomènes périodiques, semblables à eux-mêmes en des temps égaux. Le rythme est donc d'origine extra-musicale et universelle.

Dans la musique grecque, la prévalence de la parole chantée, unie à la particularité des langues classiques dont la versification était fondée sur son principe quantitatif, nous permet de parler du rythme en rapport avec la poésie. Les liens entre les deux arts étaient si étroits qu'il est possible d'affirmer : 1° qu'à la syllabe longue correspondait un son long et à la syllabe brève, un son bref; 2° que chaque syllabe longue ou chaque son long valaient deux syllabes ou deux sons brefs.

Encore faut-il observer ici que nous avons affaire à de simples schémas, indépendants de la durée effective des sons et des syllabes. De même que le mode est indépendant de la hauteur absolue de la composition et fixe uniquement les rapports réciproques entre les sons, de même les schémas métriques fixent des rapports relatifs. C'est à la vitesse de l'exécution musicale (l'*agogè* des Grecs; le « mouvement » de notre musique) d'établir les durées rythmiques absolues.

A un certain moment de l'histoire grecque, il arriva que la matière rythmique fut assujettie à une révision et à une systématisation théorique par Aristoxène de Tarente (∼ IVᵉ siècle), l'écrivain le plus intéressant dont l'Antiquité nous ait transmis les travaux sur ce sujet. Il fonda son système sur une figure rythmique primordiale, dite *temps premier,* qui ne peut contenir plus d'une syllabe, plus d'un son, plus d'un mouvement de danse, ni ne peut être décomposée en aucune nuance. Il est convenu de figurer ce temps premier (qui est identique à la syllabe brève : ◡ et qui est, au fond, une véritable unité de mesure) par la croche ♪ ; tandis que la longue : –, sera figurée par la noire ♩. Une suite uniforme de sons est dépourvue de rythme jusqu'au moment où l'on met en relief certains sons, séparés par un nombre égal d'unités, de manière à former des groupements égaux qui commencent par un *ictus* (accent fort). Le sentiment humain est toutefois incapable de réunir en un seul groupe beaucoup d'unités, et seuls les groupes binaires ou ternaires sont appréciés par nous, tandis que des groupements plus étendus sont décomposés par notre esprit en groupes moindres, tels que 4 = 2 × 2, 6 = 3 × 2 (ou vice versa), 5 = 3 + 2 (ou vice versa), etc.

Le groupe rythmique compris entre deux *ictus* est le *pied* ou *mesure*. Comme l'*ictus* était d'ordinaire marqué par les Grecs en frappant le sol du pied (muni quelquefois d'une semelle de bois), on reconnaissait dans chaque mesure deux phases : un abaissement (*thesis*) et une élévation (*arsis*). Le *pied* se divisait donc en deux parties : l'une forte (frappé), l'autre faible (levé), ces parties pouvant être égales ou inégales selon l'espèce du rythme.

Voici la représentation musicale des pieds fondamentaux de la poésie classique :

4 temps premiers

DACTYLE $\frac{2}{4}$ … ANAPESTE $\frac{2}{4}$ …

3 temps premiers

TROCHÉE $\frac{3}{8}$ … IAMBE $\frac{3}{8}$ …

5 temps premiers

PÉON $\frac{5}{8}$ … BACCHIUS $\frac{5}{8}$ …

6 temps premiers

IONIQUE MAJEUR $\frac{3}{4}$ … IONIQUE MINEUR $\frac{3}{4}$ …

A gauche on voit les rythmes qui commencent avec la *thesis,* tandis qu'à droite sont ceux qui débutent avec l'*arsis.* Les premières formules étaient dites *thétiques,* les secondes *anacrousiques.*

Pour chacun des pieds, il est possible d'opérer toutes les formes de décomposition, contraction et inversion, c'est-à-dire qu'une longue peut être toujours décomposée en deux brèves équivalentes, ou bien deux brèves contractées dans une longue; les figures peuvent aussi être inverties. On parvient de cette manière à un grand nombre de formules rythmiques, dont voici seulement les principales :

Genre dactylique

SPONDÉE $\frac{2}{4}$ … SPONDÉE ANAPESTIQUE $\frac{2}{4}$ …

DACTYLE ANAPESTIQUE $\frac{2}{4}$ …

PROCÉLEUSMATIQUE $\frac{2}{4}$ …

Genre trochaïque

IAMBE RETOURNÉ $\frac{3}{8}$ ♪ ♪ | TRIBRAQUE $\frac{3}{8}$ ♪ ♪ ♪ |

Genre péonique

CRÉTIQUE $\frac{5}{8}$ ♪ ♪ ♪ |

Genre ionique

CHORIAMBE $\frac{3}{4}$ ♪ ♪ ♪ ♪ | DITROCHÉE $\frac{6}{8}$ ♪ ♪ ♪ ♪ |

MOLOSSE $\frac{3}{4}$ ♪ ♪ ♪ | IONIQUE COUPÉ $\frac{6}{8}$ ♪ ♪ ♪ | ♪ ♪ ♪ |

Une formule rythmique bien caractéristique était celle du rythme *dochmiaque,* qui, dans la tragédie, exprimait l'extrême agitation. Il résultait d'une succession de mesures : 3/8 et 5/8 :

$\frac{3}{8}$ ♪ | $\frac{5}{8}$ ♪ ♪ ♪ | $\frac{3}{8}$ ♪ ♪ | $\frac{5}{8}$ ♪ ♪ ♪ | $\frac{3}{8}$ ♪

Rappelons encore qu'on rencontre parfois, en scandant le vers dans une succession dactylique, un trochée ou un tribraque, ou bien dans une succession trochaïque, un dactyle ou un spondée. Ce sont deux cas de rythmes irrationnels, c'est-à-dire de rythmes qui ne peuvent pas diviser exactement la durée de la mesure en temps premiers. Mais l'exécution musicale en est tout à fait aisée, correspondant dans le premier cas à un triolet introduit dans une série binaire (rythme *dactyle trochaïque, épitrite* ou *dorien*) :

Trochée entre deux dactyles

$\frac{2}{4}$ ♪ ♪ ♪ | ♪ ³ ♪ | ♪ ♪ ♪ |

dans le deuxième cas à une figure de ce type :

Dactyle entre deux trochées

$\frac{3}{8}$ ♪ ♪ | ♪ ♪ ♪ ♪ | ♪ ♪ |

Ce sont de petits problèmes que les enfants des classes
de solfège apprennent facilement à résoudre, et pourtant
ces mêmes problèmes ont fort préoccupé les métriciens,
qui oublient trop souvent de se tourner vers la musique
pour demander à la pratique vivante de dissiper l'obscurité des doctrines des Anciens. Ils emploient assez souvent
un langage compliqué et définissent certaines formules
rythmiques de telle manière que le musicien, qui traduit
les mêmes formules en écriture musicale, se trouve dans
l'impossibilité de les approuver. (Voir le chorïambe, noté
ci-avant [p. 386], qui est défini quelquefois comme un
pied composé, formé par l'union d'un trochée [ou
chorée] et d'un ïambe; alors qu'il est de toute évidence
que cette union subsiste seulement *du point de vue graphique,* et la disposition de la *thésis* et de l'*arsis* suffit à
démontrer qu'il s'agit bien d'un pied simple, qui n'a rien
à voir avec le genre ternaire.)

Il y a aussi des rythmes qui sont fondés sur des sons
d'une durée supérieure au temps premier. Voilà les plus
importants d'entre eux :

Enfin il faut dire que les Grecs possédaient des signes
qui exprimaient les silences. Comme il est naturel, ces
derniers étaient considérés comme partie intégrante d'un
pied (ce qui est parfois négligé par les métriciens) :

Si maintenant nous passons des pieds simples aux organismes rythmiques d'ordre supérieur, c'est-à-dire à la succession de plusieurs pieds ou mesures, nous trouvons les membres de phrase (*kôla*) qui, eux aussi, peuvent être binaires, ternaires, quaternaires, quinaires ou sénaires. Nous aurons donc les dipodies, les tripodies, les tétrapodies, les pentapodies, jusqu'aux hexapodies. Les premiers de ces groupements sont les membres les plus communs, les pentapodies les moins communs. Chaque vers coïncidait d'ordinaire avec un *kôlon*.

Au-dessus des membres de phrase, la *période* était composée d'une succession de membres, soit de vers liés ensemble, tandis que le *système* (strophe) comprenait une suite de *kôla* similaires, groupés en sections d'une longueur variable. La strophe se répétait plusieurs fois avec un rythme et une mélodie identiques; mais on différenciait le type *monostrophique* (dans lequel une même strophe était répétée indéfiniment) du type *antistrophique*. Dans ce dernier cas, les strophes étaient réunies en couples symétriques auxquels s'ajoutait une troisième strophe dissemblable (*épode*), la réunion des trois constituant une *triade*. A une époque postérieure enfin ce fut la composition *anabolique* qui prévalut. Il s'agit d'une composition qui unissait en un tout une suite de strophes indépendantes, dissemblables et inégales, chacune d'elles ayant sa mélodie et son développement mélodique propres.

Nous avons dit au commencement de ce paragraphe que l'étroite liaison qui existait en Grèce entre poésie et musique résidait dans l'identité de la quantité de syllabes et de la durée relative des sons. Mais de cette affirmation on ne saurait conclure que la correcte scansion d'un poème littéraire ancien nous livre *ipso facto* le rythme musical selon lequel le poème était chanté : il n'est que le squelette, pour ainsi dire, de la mélodie perdue. En fait, la loi qui liait la quantité de la syllabe à la durée du son ne fut pas intégralement appliquée à toutes les époques du monde classique. Si en un temps plus reculé la correspondance existait, il semble que, par la suite, le procédé ait subi quelque relâchement, ne fût-ce que pour obtenir des mélodies plus souples, moins strictement liées au vers. Toutefois, cette loi ne fut jamais complètement abandonnée et elle resta toujours un des fondements techniques du lyrisme antique.

Un dernier mot reste à dire sur les rythmes à propos de leur *éthos*, c'est-à-dire à propos de leur signification expressive, de leurs liens avec des sentiments et des situations déterminés. Tout en laissant de côté certaines précisions, il faut reconnaître que les caractères éthiques de chaque rythme (autrement dit, ce qui ressortit aux différents modes) concordent encore avec le sentiment moderne. La noblesse et la solennité d'une série dactylique spondaïque, par exemple, peuvent être appréciées de nous comme elles l'étaient au temps où les rhapsodes déclamaient les poèmes homériques, et l'effet que produit l'*Allegretto* de la *VIIe Symphonie* de Beethoven, qui se développe sur ce rythme, appartient précisément à cet ordre de sensations. La vivacité, l'élan des trochées et des ïambes trouvent leur exacte correspondance dans nombre de pages de notre musique; il suffira de rappeler certains scherzos beethoveniens. Les formes quinaires et certaines combinaisons de rythmes, qui étaient assez communes dans l'Antiquité, le sont beaucoup moins chez nous; néanmoins, elles se rencontrent partout dans la musique d'aujourd'hui et leur valeur expressive correspond parfaitement à ce qu'en ont écrit les Anciens. L'extrême exaltation de Tristan à Karéol, lorsque s'approche le vaisseau d'Yseult, s'exprime en une succession haletante et frénétique de mesures binaires, ternaires, quinaires (p. 910 et suiv. de la « partition de poche »). Que sont-elles ces successions, sinon le reflet moderne des dochmiaques véhéments, qui dans l'Antiquité apparaissaient partout où les passions humaines se peignaient dans leur plus grande violence ? D'où l'on voit, pour conclure, que le rythme a des racines bien profondes dans la psychologie humaine. Comme tel, il est resté immanent à notre nature à travers les âges.

LES MOYENS :
LA VOIX HUMAINE, LES INSTRUMENTS

Voyons maintenant quels étaient les moyens dont le musicien antique disposait pour l'exécution, c'est-à-dire quels instruments il employait.

La première place doit être donnée ici à la voix humaine, le plus noble de tous les instruments musicaux. La mélodie vocale, tant individuelle que chorale, mais toujours soutenue par des instruments, constitue l'aspect technique fondamental de la musique grecque. Comme celle-ci réunissait à la fois le mot et le son, elle représentait le meilleur moyen d'expression d'un art où la poésie était étroitement liée à la musique.

Il n'y a pourtant aucun indice que les Anciens aient cherché à assujettir l'organe vocal à des procédés éducatifs, afin d'améliorer les qualités naturelles des chanteurs. Tout le monde chante dans l'Antiquité; mais les enfants et les adultes, les hommes et les femmes ne font que s'abandonner à leurs dispositions naturelles, sans connaître même les rudiments d'un art que possède aujourd'hui le plus modeste de nos chanteurs. Lorsque Aristote soutient l'infériorité technique de la voix humaine par comparaison avec les instruments (*Problèmes musicaux*, x), il se réfère évidemment à des voix incultes, les seules qu'il entendît, et qui, mis à part les sujets exceptionnels, ont une moindre précision d'attaque qu'un instrument. Le défaut d'une véritable technique vocale obligeait à contenir la plupart des chants dans une étendue moyenne, correspondant pour l'homme à la partie médiane de la voix de baryton et pour la femme à celle de mezzo-soprano. Mais dans la période classique, les femmes n'étaient admises que bien rarement aux exécutions musicales publiques. Il y avait bien à Sparte, où la femme jouissait d'une liberté supérieure à celle des autres villes grecques, des chœurs féminins; mais à Athènes, ce sont les chœurs d'hommes ou d'enfants qui se disputent la palme, et les musiciens grecs ne s'occupent que des voix viriles. L'adoption d'un registre moyen ne demandait, après tout, que peu d'habileté aux exécutants; au surplus, un art qui ignore les constructions polyphoniques à voix superposées n'a nullement besoin de disposer de voix exceptionnelles. Ces voix toutefois existaient, comme elles ont toujours existé, même chez des personnes qui n'ont jamais étudié le chant. Les virtuoses rivalisaient dans les concours en chantant avec une voix *nétoïde,* c'est-à-dire avec une voix de ténor (en opposition avec la voix *mésoïde* du baryton et *hypatoïde* de la basse), des mélodies écrites dans un registre élevé, dans la plupart des cas des nomes *orthioi* (nous retrouverons sous peu cette dénomination). Mais ceux qui pouvaient le faire étaient rares (Aristote, *op. cit.,* xxxvii).

LYRE ET CITHARE.

En ce qui concerne les instruments de musique proprement dits, parmi les nombreux instruments à cordes
connus des Grecs, la première place doit être accordée
à la *lyre*, dont la *cithare* fut un dérivé. La lyre est l'instrument millénaire qui traversa presque sans changement
l'Antiquité, des premières lueurs de l'Egéide à la fin du
monde gréco-romain. *Phorminx* fut son nom le plus
ancien. Elle consistait, dans sa première forme, en deux
cornes ovines recourbées, réunies en haut par une traverse et jointes en bas à une cavité fermée (à l'origine une
écaille de tortue), qui formait caisse de résonance. La
cithare est une lyre perfectionnée. La cavité résonnante
est beaucoup plus ample, de manière à augmenter l'intensité du son; les deux bras sont également creux. Les
grandes cithares de concert, d'une forme élégante, souvent richement ornées, que nous voyons en grand
nombre dans la décoration des vases, cachaient en plus
dans la caisse quelques lames vibrantes qui venaient
accroître la puissance sonore de l'instrument.

Lyre et cithare ont des cordes de boyau, d'égale longueur mais de diverses intonations; on variait donc leur
tension et peut-être leur épaisseur. De la traverse à la
caisse elles demeuraient parallèles ou presque. Il y en
avait sept à l'origine. Plus tard, après de longs tâtonnements, leur nombre fut porté à huit, neuf, onze, douze,
jusqu'à quinze et plus encore, et elles étaient accordées
de manière qu'on pût disposer sur l'instrument de plusieurs échelles modales. Toutefois les ressources de la
cithare furent toujours plus grandes, tandis que la modeste lyre restait l'instrument pédagogique et domestique.
Les mains de l'exécutant se partageaient les cordes : les
graves à gauche, les aiguës à droite. On les touchait
directement avec les doigts ou bien avec un plectre d'os
ou de métal, que les virtuoses, cependant, dédaignaient.
Le timbre de l'instrument était grave, plein, mais somme
toute peu intense. C'était l'instrument consacré à Apollon et il s'adaptait parfaitement à la conception de beauté
pure et sereine dominant dans la musique hellénique
sévère. La Grèce connut beaucoup d'autres instruments
à cordes. Ils furent pour la plupart importés de l'Orient.
Ils appartenaient soit au même type que la lyre-cithare
(cordes d'égale longueur et de tension diverse), soit au

type de notre harpe (cordes de longueur diverse, forme triangulaire). Nous ne citerons ici que le *barbiton,* qui accompagnait les compositions de la grande musique lyrique éolienne (Alcée, Sappho); le *clepsïambe* dont se servit Archiloque pour ses chants satiriques; la *magadis,* sur laquelle on faisait résonner dans le même temps une corde et son octave aiguë, si bien que *magadiser* signifie : exécuter un chant en octave.

Aulos.

A côté de la lyre-cithare, l'emploi des *auloi* était universel dans l'Antiquité. Sous cette dénomination, on comprenait en général des instruments qu'aujourd'hui nous reconnaissons appartenir à des familles diverses, correspondant à celles de nos flûtes, hautbois et clarinettes. Ils comprenaient un tuyau cylindrique ou conique (de roseau, d'os, d'ivoire, de métal), qui produisait des sons de hauteur différente au moyen de la fermeture d'une série de trous pratiqués dans la paroi du tuyau même. Les modes d'ébranlement de la colonne d'air pouvaient être différents : on avait des *auloi* avec embouchure de flûte, des *auloi* à simple languette, d'autres à double languette.

Les *auloi* rendaient toute l'échelle sonore comprise entre les sons aigus de notre flûte et les notes les plus graves de la voix de baryton. Cette étendue était répartie entre un nombre considérable d'instruments, dont il serait inutile de faire ici la description. Pour nous en tenir à l'essentiel, nous citerons les *syringes* (ou *syrinx*), les vraies flûtes de l'Antiquité, instruments populaires et rustiques, qu'on retrouve aux époques les plus reculées et qui n'étaient pas des flûtes traversières (celle dont on joue en la tenant horizontalement), mais des flûtes droites, comme nos flûtes à bec ou comme était la flûte encore du temps de Bach. La flûte droite était appelée *monaulos,* la traversière *plagiaulos.* Ce dernier type n'était pas inconnu des Grecs, qui le tenaient des Egyptiens; mais en Grèce, il fut toujours peu utilisé.

Les *auloi,* moins aigus, étaient tous des instruments à anche, du type de nos hautbois et clarinettes. C'étaient ceux qu'employaient les meilleurs artistes. Si leur sonorité n'était pas considérable, elle n'en était pas moins pénétrante. Parmi eux l'*aulos pythique,* utilisé dans les grands concours musicaux, était le plus important. C'était un instrument ténor, comparable à la voix mâle. Tous ces instruments disposaient, comme les nôtres, d'un seul tuyau, d'une seule colonne d'air qui vibrait. Mais il y avait aussi des instruments polycalames, comme la *flûte de Pan,* la *syringe ennéaphone* (neuf sons), instrument des Satyres. Dans cette flûte, chaque tuyau, bouché à l'orifice inférieur au moyen d'un tampon de cire, rendait un seul son, qu'on obtenait en soufflant dans l'extrémité ouverte comme on siffle dans une clef. Il y avait aussi le *diaulos,* la flûte à deux tuyaux, qui cependant resta toujours un instrument rudimentaire, dédaigné des virtuoses. Cet *aulos,* condamné à une polyphonie perpétuelle (car on ne pouvait évidemment pas souffler dans un tuyau sans souffler en même temps dans l'autre), était employé dans certaines pièces traditionnelles. C'est ainsi que Pollux nous a transmis le souvenir du *gamèlion* (air de noces) dans lequel, en une intention symbolique, on accouplait un *aulos* soprano à un *aulos* ténor, tandis que dans certains airs qui étaient joués dans les festins, les tuyaux étaient du même type, car, dit le vieux grammairien, à table les convives sont toujours égaux. Il est clair que chaque tuyau ne pouvait disposer de grandes ressources musicales, parce que l'exécutant ne pouvait disposer que de quatre doigts, le cinquième servant à soutenir l'instrument, alors que sur l'*aulos monocalame,* les trous, en général, étaient au nombre de sept. L'*aulète,* en renforçant son souffle, faisait sortir non pas le son fondamental, mais son premier harmonique. Toute la série des sons sautait de cette manière à l'octave aiguë, selon un phénomène naturel que les Grecs connaissaient bien. Il faut encore mentionner la possibilité d'obtenir de manière permanente, sur les *auloi,* des sons un peu plus bas que ceux donnés par les trous. A cette intention, on adaptait aux trous de petits tuyaux, de petits appendices qui allongeaient quelque peu la longueur de la colonne d'air vibrante.

Les *auloi* étaient des instruments orgiastiques. Si la lyre était consacrée à Apollon, le *calame* (chalumeau) était dédié à Dionysos et à ses rites. La lyre était l'instrument de l'éthos, le calame celui du pathos. L'*aulos* était en outre l'instrument de grands concours musicaux

panhelléniques, et on ne dédaignait pas non plus, sous
ses formes les plus communes, de s'en servir à des fins
utilitaires, comme de donner la cadence aux rameurs,
aux gymnastes et aux soldats.

Les Grecs n'ignoraient pas cette catégorie d'instruments
de musique que nous appelons, d'après la matière
dont ils sont faits, les « cuivres ». Mais la puissance
sonore dont ils étaient doués les rendait peu convenables
à l'art de l'époque. Instruments de hérauts, les *salpinges*
furent donc vouées aux sonneries militaires et religieuses.
Plus tard on les admit aux grands concours, mais le prix
n'allait pas à celui qui déployait le plus de talent ou de
grâce, mais à celui qui, pourvu de robustes poumons,
se faisait entendre le plus loin. Le son d'Epidates était
entendu à une distance de cinquante stades et Hérodore
de Mégare était capable de jouer de deux salpinges à la
fois. Evidemment, rien de musical en tout cela.

Enfin les instruments à percussion n'étaient pas davantage
inconnus de l'Antiquité classique. Tambourins,
cymbales, sistres, crotales de dimensions différentes,
toute une variété de types très anciens et universellement
connus, étaient laissés aux cérémonies orgiastiques et aux
danses des hétaïres.

L'HÉTÉROPHONIE

L'*aulos* double, condamné à une perpétuelle diaphonie,
nous conduit à parler des procédés polyphoniques employés
dans l'Antiquité gréco-romaine. La question a été
longuement discutée par les historiens des doctrines
musicales de l'Antiquité, quelques-uns niant que les
Anciens aient jamais pratiqué ces procédés.

Il n'est pas douteux que dans le cours entier de la
civilisation ancienne, l'aspect naturel de la musique,
quels que fussent sa forme et les moyens employés, était
l'homophonie : une seule mélodie, une seule succession
de sons, fût-elle entonnée par cent voix ou cent instruments.
Mais il n'est pas dépourvu d'intérêt de savoir
que les Grecs connurent au moins certaines tentatives
d'hétérophonie : les combinaisons de sons qu'ils pratiquaient
furent cependant absolument rudimentaires,
quasi accidentelles, et certes ni les exécutants ni les
auditeurs n'eurent jamais l'idée des lois physiques et

esthétiques qui régissent une musique à plusieurs parties. Voyons en quoi consistaient ces tentatives.

Lorsqu'un chœur et des instruments reproduisent la même ligne mélodique, il se peut que des voix féminines ou enfantines chantent avec des voix viriles, ou bien qu'un instrument soprano s'unisse à un instrument ténor. Dans ces cas, l'impossibilité d'agir à l'unisson, à cause de la différence entre la voix de l'homme et celle de la femme ou de l'enfant, ou bien à cause de la distance des registres instrumentaux, produit une forme primordiale de polyphonie : les voix à distance d'une octave. Alors que nous ne donnons pas une valeur polyphonique à une succession d'octaves, les Grecs, dans l'élémentaire simplicité de leur art, considéraient attentivement le procédé et lui donnaient le nom d'*antiphonie*. Sous ce terme, ils englobaient aussi les successions de voix en quintes ou en quartes, ce qui correspond à la distance que la nature a établie entre une voix aiguë (soprano ou ténor) et une voix moyenne (mezzo-soprano ou baryton), ou bien entre une voix moyenne et une voix grave. Ces formes rudimentaires de polyphonie ont paru dures à nos oreilles et notre art les a abandonnées pendant des siècles.

Le cas le plus général qui donnait lieu à des procédés hétérophoniques (à la *symphonie,* disaient les Anciens) était celui du chanteur soutenu par un instrument. Ce dernier, nous l'avons déjà dit, ne faisait la plupart du temps que doubler simplement la voix. Mais l'accompagnateur professionnel savait s'éloigner quelque peu de la règle. Dans ce cas, l'instrument exécutait un prélude qui constituait l'introduction au chant, puis, quand la voix entrait en action, non seulement il doublait le chant, mais il faisait entendre d'autres sons, au choix de l'instrumentiste, en introduisant quelques variantes au thème vocal. Ces sons étrangers à la mélodie n'étaient pourtant liés à elle par aucune loi, et il est probable que si par un miracle nous pouvions reproduire un de ces duos qui, selon Plutarque, furent inventés par Archiloque de Paros et dans lesquels les dissonances se mêlaient indifféremment aux consonnances, nos oreilles n'en seraient pas extrêmement charmées.

Des duos de ce type étaient également possibles entre deux *auloi* ou bien entre une cithare et un aulos. Dans ce dernier cas, la cithare avait la partie principale et l'aulos, tout au contraire de ce que nous ferions avec des instruments de ce genre, accompagnait ces duos, que l'on nommait *synaulies*. Ils étaient exécutés aussi bien dans le cas de la cithare employée polyphoniquement que dans celui du diaulos.

Une autre singularité de ces tentatives incertaines d'accouplement sonore provient de ce que la partie accompagnante était toujours à l'aigu de la partie principale, c'est-à-dire que le chant était toujours au grave.

Il faut toutefois reconnaître que nous avons peu de détails sur la polyphonie des Anciens, ce qui explique les débats auxquels la question a donné lieu de nos jours. Elle existait, cela n'est pas douteux; mais il n'est pas douteux non plus qu'il s'agissait là d'un procédé peu répandu, limité dans ses applications et abandonné aux virtuoses. Platon, qui pourtant nous a donné dans un passage de ses *Lois* (VII) les détails les plus intéressants sur les procédés hétérophoniques, les répudie et veut les exclure de l'éducation de la jeunesse.

LA RÉUNION DES ARTS MUSICAUX

Nous avons dit plus haut que le rythme constitue la norme commune qui commande l'évolution dans le temps de la poésie, de la musique et de la danse, conjointes ou séparées. Ces trois arts musicaux se présentent à nous comme un tout dans les différentes formes de la lyrique chorale, comme aussi dans le théâtre tragique ou comique; mais la poésie apparaît comme la reine de la triade.

Tout conspirait à lui donner la prééminence : la signification plus concrète de la parole, la transparence du chant qui laissait à découvert le texte, la pratique constante de l'homophonie vocale, les moyens instrumentaux peu nombreux qui s'unissaient à la voix. La musique n'est pour Aristote *(Poétique,* VI) que l'assaisonnement de la poésie. La danse, également, et on peut la détacher de l'ensemble avec plus de facilité encore.

LA DANSE.

La danse, que les Grecs nommaient *orchestique,* faisait également partie, comme ses deux sœurs, de l'éducation de la jeunesse. Elle avait donc sa place dans la vie religieuse, dans la vie publique et privée. Les créations les plus hautes du génie hellénique l'appelaient en aide et elle intervenait sous une multitude de formes.

Plutarque dit que, dans les danses de son époque, on recherchait trois choses : le mouvement, l'attitude et le geste (*Propos de table*, IX, 15). Platon et Aristote nous donnent plus de détails. Ce dernier écrit que « les danseurs imitent par les attitudes rythmiques de leur corps les caractères, les affections, les actions » (*Poétique*, I). Donc, on veut que la danse exprime avec clarté les idées de la poésie qu'elle accompagne; elle doit les exprimer avec la beauté plastique des corps animés par des attitudes et des gestes appropriés. La vaste participation de l'*orchestique* aux manifestations artistiques plus complexes de l'Hellade veut qu'elle puisse disposer de figurations abondantes et d'une force dramatique particulière, alors que nous-mêmes, guidés par des principes esthétiques, nous voulons que la danse soit avant tout l'art qui idéalise le corps humain dans des attitudes et des mouvements harmonieux. C'est au fond le but des figurations académiques de nos danseuses en maillot et en tutu, et l'on peut aisément voir que des fils très ténus relient dans nos ballets ces mêmes figurations à un argument quelconque. C'est seulement lorsque l'action scénique doit unir un épisode dansé à l'autre, qu'intervient la mimique, à laquelle est confiée la tâche aristotélicienne d'exprimer des caractères, des affections, des actions. En Grèce, au contraire, tous les danseurs étaient des mimes, et la danse avait un but bien précis : elle était avant tout mimique et ne consistait pas en une manifestation abstraite. Il existait une liaison intime et constante entre les sentiments commandés par l'argument et leur traduction plastique par les attitudes et les gestes des danseurs. Dans les ensembles, les danseurs assumaient indifféremment le même rôle, sans qu'il existât de premiers danseurs, de grands et de petits sujets, etc. On en peut inférer que les danseurs antiques n'étaient pas soumis à une discipline individuelle aussi rigoureuse que celle que notre chorégraphie impose aux danseurs d'aujourd'hui.

C'est une étude attentive et patiente de la statuaire et de la peinture qui a permis de reconstituer les principes techniques de la danse grecque. Cette étude a révélé qu'un grand nombre de nos figures étaient connues des Anciens. Néanmoins, leur technique chorégraphique n'était pas aussi développée que la nôtre. Elle n'avait ni le fini d'exécution, ni la vigueur de maintien que nous tenons pour indispensables. On pourrait répéter à ce propos ce que nous avons dit des chanteurs grecs, dont les gosiers s'évertuaient de leur mieux pour utiliser les ressources que la nature leur avait départies ; de même les danseurs sautaient et s'agitaient selon la solidité de leurs jarrets, s'en remettant à leur fougue pour improviser la mimique qui convenait à leur personnage. La danse grecque, qu'on serait peut-être tenté d'imaginer comme un spectacle soumis aux exigences d'une esthétique raffinée, devait être bien différente : elle s'ordonnait en figures plus ou moins complexes exécutées par des moyens qui ne différaient pas sensiblement des nôtres, mais qui ressortissaient à une chorégraphie rudimentaire, réalisant des ensembles quelque peu confus, car les Grecs ne témoignaient pas d'une exigence excessive à l'égard de la symétrie et du synchronisme des groupes orchestiques. Dans les danses dionysiaques le désordre était même de règle.

Sans la danse, la poésie et la musique devenaient un solo vocal accompagné, c'est-à-dire la *citharodie* ou l'*aulodie* selon l'instrument qui s'accouplait à la voix. Si la composition était seulement instrumentale, on employait d'autres dénominations relatives à l'instrument qui était en jeu : *citharistique* et *aulétique*. Dans ces cas, on avait affaire à une musique dominée par un souci de virtuosité. Les deux derniers termes servaient aussi pour indiquer d'une manière générale l'art de jouer de la cithare ou de l'aulos.

LE NOME.

La composition la plus fameuse pour voix accompagnée ou pour un instrument solo était le nome (*nomos*). Littéralement le mot signifie « règle » ou « loi », mais dans la terminologie musicale hellénique il était employé pour désigner plusieurs choses. Avant tout, le *nomos* est une mélodie inventée dans le passé le plus reculé et transmise de génération en génération. C'était probablement un chant très simple, une trame constituée par une

brève succession de notes essentielles à la signification
mélodique, sur laquelle les musiciens travaillaient d'âge
en âge afin d'en tirer des chants plus étendus. Il est évident qu'ils utilisaient à cette fin des procédés analogues
à ceux de nos compositeurs, lorsqu'ils écrivent une suite
de variations sur un thème original ou emprunté. Nous
touchons ici à l'un des aspects les plus singuliers de cet
art si éloigné du nôtre : au gré de l'auditeur, l'originalité
de la création, c'est-à-dire la qualité essentielle que nous
exigeons de nos compositeurs, paraissait si peu nécessaire,
qu'elle rebutait le public et le détournait de l'œuvre.
Aristote, dans ses *Problèmes musicaux* (XL), affirme qu'il
est plus délectable d'écouter un morceau déjà connu
qu'une pièce de musique inédite, parce que l'auditeur a
la possibilité de suivre de près l'exécutant. Il éprouve
en effet plus de plaisir à approfondir un langage qu'il
connaît d'avance et, pendant l'exécution, il chante en
lui-même, en même temps que le musicien. Il paraît
évident que la pénétration musicale du public devait être
bien lente, les mélomanes bien paresseux. Qui s'étonnerait
après cela que la musique ancienne nous apparaisse,
comme nous l'avons déjà remarqué, sous les espèces
d'un système dont l'immobilité, l'immuabilité nous
déconcertent étrangement ? Une compréhension plus
prompte et plus ouverte aurait sans doute favorisé une
évolution plus rapide. Le Pseudo-Plutarque, dans un
long passage du *De musica* (chap. XXXV et suiv.), nous
dit qu'il est extrêmement difficile d'émettre des jugements en matière de musique. Il complique la question
en imposant au critique une somme de connaissances
allant de la technique musicale et poétique la plus approfondie à la philosophie, au goût esthétique le plus délié.
Ces connaissances ne pouvaient évidemment être exigées
du commun des citoyens, lequel devait se satisfaire de
mélodies traditionnelles plus ou moins rafraîchies par le
talent d'un artiste contemporain, mais qui n'en remon-
taient pas moins aux âges les plus reculés, voire aux
génies mythiques d'Orphée ou d'Olympos.

Le nome (*nomos*) était aussi un terme générique servant à désigner une composition musicale destinée à être
exécutée en public par un chanteur accompagné ou bien
par un instrument soliste. Quatre types étaient alors
possibles : le *nome citharodique* et le *nome aulodique* selon

l'instrument qui accompagnait, ou bien le *nome citharistique* et le *nome aulétique* pour les virtuoses de cithare et d'aulos. Ces différents types de composition n'eurent pas tous, cependant, une égale fortune. Les nomes citharodiques et aulétiques furent les formes favorites de l'art raffiné, tandis que le nome aulodique tombait assez vite en désuétude comme type de composition agonale, et le nome citharistique apparaît tardivement, sans jamais connaître une grande vogue.

Enfin, le nome était une forme, une structure architectonique musicale. Voici, par exemple, comment se divisait le nome citharodique (Pollux, iv, 66) : *préambule* ou *proème, début, transition, ombilic* ou *partie moyenne, retour, final, épilogue* ou *sortie.* Le plus fameux de tous les nomes était le *nome pythique,* nome aulétique, véritable poème symphonique en miniature, où l'on dépeignait le combat d'Apollon contre le serpent Python. Ce nome était divisé de la façon suivante : *introduction,* où le dieu s'apprêtait à la lutte, *provocation,* où il défiait le serpent, *iambique* (évidente allusion au rythme obligatoire à cette partie) où se déroulait le combat parmi les fanfares des trompettes, imitées par l'aulos, et le grincement des dents du dragon; *prière* pour commémorer la victoire d'Apollon, et enfin *ovation* où le dieu entonnait un chant triomphal (Pollux, iv, 84). Il semble que le nome citharistique se déroula plus tard sur ce même canevas.

Pour conclure sur le nome, il faut savoir, quelle que soit la signification qu'on veuille attribuer au mot, qu'il doit être considéré seulement du point de vue musical. Même s'il s'agit d'un nome citharodique ou aulodique, c'est-à-dire d'une composition vocale accompagnée, c'est la musique qui l'emporte sur la poésie. L'évolution du nome concerne donc exclusivement l'histoire de la musique.

Les dénominations de nomes qui, outre le *pythicon,* sont parvenues jusqu'à nous, sont nombreuses; mais trop souvent on ne peut en rendre raison. Le nome peut se référer à une région (nome béotien, éolien, etc.), ou bien au nombre des parties dont il est composé (ex. : nome tétraèdre), au rythme (ex. : nome trochaïque), à une personne (nome de Terpandre, de Képion, etc.), à un dieu (nome d'Arès, d'Athéna, etc.). Certains nomes étaient chantés et joués dans le registre aigu (nome

orthien). Certaines dénominations restent complètement
obscures (nome du Christ, nome Polycéphale, nome
du Figuier), bien que, de loin en loin, un musicologue
s'attache, sans y parvenir, à en découvrir la signification :
il y a le Réservé, l'Elégiaque, le Comarque (Prélude), le
Funèbre, le Trimèle (composé de trois mélodies) et
d'autres encore, dont le Pseudo-Plutarque (*De musica*, IV
et VII) et d'autres écrivains nous ont conservé le souvenir.

LA NOTATION MUSICALE

Pendant de nombreux siècles (on peut même dire
pendant des millénaires) les mélodies se transmirent dans
le monde hellénique d'un chanteur ou d'un instrumentiste à l'autre, jusqu'au moment où, parvenus à un stade
plus avancé des connaissances musicales, les musiciens
s'attaquèrent au problème de la notation qui, pour de
nombreux siècles encore, allait constituer une des plus
importantes acquisitions de l'art musical. Cet événement
se produisit au ~ VIe siècle, peut-être un peu plus tôt;
mais il est probable que l'usage du premier système de
notation musicale ne s'est imposé qu'au ~ Ve siècle.

Cette notation était alphabétique, c'est-à-dire qu'elle
s'appuyait sur des signes graphiques constitués par des
lettres de l'alphabet ou des signes semblables. La notation de notre temps, elle, use d'une portée de cinq lignes
(celle de l'Eglise latine en a quatre) et représente graphi-
quement, par la hauteur des signes, l'intervalle qui
sépare les sons entre eux. Elle est dite pour cela *diastéma-
tique*. Il est évident que des signes alphabétiques ne sauraient aspirer à la même efficacité représentative; simples
symboles, ils requièrent une interprétation.

Cette notation compta seize signes, qu'on dit provenir
d'un alphabet hellénique d'époque archaïque. Elle correspondait à deux octaves éoliennes, plus un ton au grave.
Ces signes correspondent tous aux touches blanches du
clavier. Mais nous savons que les Grecs ont employé les
sons correspondant à nos touches noires — et même
d'autres sons que notre piano ne saurait rendre et que
nous avons écartés de notre organisation musicale. D'accord avec la théorie, l'alphabet musical répondait à
l'octave divisée en vingt-quatre parties, moyennant quoi
chacun des seize signes pouvait avoir trois aspects :

1º soit que dans la position normale, il correspondît au son naturel ; 2º soit que renversé (c'est-à-dire tracé comme son image dans un miroir) il correspondît à la touche noire plus élevée d'un demi-ton ; 3º soit que couché, il signifiât l'élévation d'un quart de ton. De cette manière, on disposait d'un système de quarante-huit signes qui suffisaient pour noter avec exactitude.

A une époque postérieure, les Grecs crurent nécessaire d'introduire un autre système de notation, qui fut appelé *notation vocale,* le premier système gardant le nom de *notation instrumentale,* sans que pour cela on voulût restreindre respectivement leur emploi aux voix ou aux instruments. Ce nouveau système était lui aussi alphabétique et constitué par les vingt-quatre lettres de l'alphabet ionien étendues, pour plus d'une octave, à tous les intervalles de demi-tons et quarts de ton, dans la région moyenne de la voix.

Ce nouveau système était inférieur au précédent parce qu'il était moins bien organisé. Le premier indiquait avec un nombre moindre de signes les notes principales d'une gamme et les sons contigus se rapportaient rationnellement à ces notes. L'autre système figurait une longue série ascendante sans aucun souci de simplification; c'est pour cela que la notation dite instrumentale, qui accompagna la naissance et le développement de la théorie musicale hellénique, prévalut décidément sur sa rivale.

En écrivant la musique, les Grecs, comme nous, traçaient les signes musicaux au-dessus du texte poétique. Les syllabes imposaient leurs durées aux sons, et pour cette raison il n'était pas besoin, dans le cas le plus général, d'employer de signes rythmiques. Ces signes existaient pourtant, y compris les silences, et on les juxtaposait aux signes désignant des sons, mais seulement dans le cas où les durées poétiques et musicales ne concordaient pas.

Les notations musicales grecques changèrent les destinées de la musique hellénique. Quand, avec la diffusion de l'hellénisme dans le monde ancien, la musique perdit sa sereine grandeur, quand la culture grecque ne fut plus qu'hellénistique, la notation musicale resta le privilège du petit nombre. Elle ne fut plus comprise que des savants, qui manquaient au demeurant de connaissances musicales. L'idée demeura toutefois de lier le son au signe alphabétique, et cette idée fut transmise au monde latin où elle donna naissance aux premières notations musicales du Moyen âge, qui furent, elles aussi, alphabétiques.

LA MUSIQUE EN GRÈCE

LA PRÉHISTOIRE

On sait qu'à une époque reculée, les îles de la mer Egée et les rivages des continents avoisinants furent le siège d'une civilisation raffinée, d'où sortit la civilisation grecque (∼ 3000-∼ 1200). La Crète, l'île la plus grande de cette mer, fut le foyer de la nation égéenne, sur laquelle régnait en un temps lointain le légendaire Minos. C'est vers la Crète que les Grecs des temps historiques se tournaient presque instinctivement, saluant en elle l'antique Mère de leur civilisation. Vers l'an ∼ 2000, les Achéens, dont Homère devait plus tard chanter les hauts faits, descendent tout le long de la péninsule balkanique; leurs plus grandes villes, placées sur le continent, sont Mycènes et Tirynthe. Des catastrophes successives, dont les causes nous sont inconnues, abattent les palais, consument les villes, qui sont pillées de surcroît. Le dernier désastre (∼ 1200) donne le signal de l'arrivée des Doriens venus de l'Illyrie, peuple de mœurs rudes, si on les compare aux Egéens et aux Achéens, beaucoup plus avancés sur les voies de la culture. L'irruption des Doriens provoque l'écroulement et la disparition de la belle civilisation égéenne. Ainsi finit l'âge ancien de l'Hellade. Le Moyen âge commence, empli pour nous d'épaisses ténèbres. Il faut attendre plus de trois cents ans pour reprendre le fil de l'histoire. Il faut attendre que les Grecs, rassemblés autour du plus fameux sanctuaire de leur race, inaugurent, avec la 1re olympiade (∼ 776-∼ 773) le commencement des temps nouveaux.

De longs siècles (deux millénaires séparent les premiers vestiges de l'Egéide du commencement des olympiades) se dérobent à l'information et ne livrent pas à nos recherches plus de secrets que la pioche des archéologues n'en a découvert. C'est assez dire qu'on ne peut espérer écrire l'histoire d'un art aussi fugitif et immatériel que la musique de ces temps oubliés.

Il n'est pourtant pas impossible de montrer comment, de la nuit des siècles égéens, proviennent de nombreuses coutumes que l'on a cru jadis élaborées par les Grecs historiques. Il est certain que les lumières confuses recueillies par les Grecs eux-mêmes sur les origines de leur musique remontent à cet âge-là, et que les personnages auxquels ils assignaient telle ou telle découverte ou invention dans le domaine de cet art vécurent dans ces âges lointains. Olympos et Arion, Hyagnis et Marsyas, Orphée et Thamyris, Eumolpos, Olène, Ardalos, etc., tels sont les noms de ces artistes mythiques, venus de la nuit de la préhistoire grecque. Cette préhistoire contint aussi certainement l'enfance de la musique, mais cette enfance, comme toutes les enfances, fut oubliée ou ne demeura qu'à l'état fragmentaire et nébuleux. Mais voici que les fouilles archéologiques viennent arracher au passé le plus reculé les preuves d'une activité musicale rudimentaire. Des statuettes représentant des joueurs d'aulos double et de harpe triangulaire ont été retrouvées à Théra et à Kéros, dans les Cyclades; les archéologues les font remonter aux périodes de l'ancienne civilisation cycladique (∼ 3000-∼ 2000). Mosso a déterré à Phaestos (Crète) des fragments d'aulos qu'il a retrouvés dans des couches que l'on peut dater de ∼4000. A Chypre, les fouilles ont exhumé d'autres statuettes de joueurs d'aulos, à Mycènes et à Ithaque des fragments d'auloi en ivoire et en os, tandis que la mission archéologique italienne mettait au jour, à Haghia Triada (côte méridionale de la Crète) un sarcophage sur les côtés duquel sont peints des joueurs de lyre heptacorde et d'aulos double (environ ∼ 1400). Enfin à Spata (Athènes), à Mycènes et à Troie on tirait du sol des fragments de lyre à quatre et sept cordes. La légende selon laquelle le Lesbien Terpandre, qui aurait vécu vers le ∼ VIIIe siècle, aurait fixé à sept le nombre des cordes, malgré la violente hostilité de ses contemporains, est donc fantaisiste, puisque, mille ans avant lui, la lyre heptacorde était familière aux hommes du minoen et au peuple achéen. Il est évidemment impossible de savoir quel genre de musique on pratiquait aux temps de l'Egéide, dont chaque période inclut plusieurs siècles; mais il n'est pas douteux qu'il s'agissait d'un art d'une simplicité élémentaire, encore bien éloigné de ce qui parut aux Grecs de l'époque historique l'héritage d'une civilisation arriérée. En tout cas, la préhistoire nous a laissé quelques traces de manifestations musicales collectives : cortèges, chœurs, danses. On n'a pas d'indice d'une activité sociale où la musique aurait revêtu la forme d'un solo chanté ou joué en présence d'un public. Peut-être ces formes naquirent-elles plus tard, lorsque, avec la poésie épique, apparaît l'aède. On ne voit pas d'exemple de manifestation d'une virtuosité personnelle. L'instrument resta peut-être subordonné en toute occasion aux voix et aux danses. C'était donc la vie collective d'un art qui s'exprimait selon des formes probablement rudimentaires et peu personnelles. Et pourtant la musique est ainsi faite que l'acte qui la crée est le fait d'un seul homme; rien ne l'illustre mieux que le cas de la musique homophone. Les progrès de l'individualisme artistique détachèrent de la foule anonyme ceux qui avaient créé les plus beaux chants. Ils étaient incontestablement peu nombreux. Salués par la postérité comme divins, leurs noms devinrent légendaires ou se confondirent avec les mythes.

Dans les poèmes homériques, il n'est pas rare de rencontrer des allusions aux coutumes musicales contemporaines du poète. Ce temps, s'il ne correspond pas tout à fait à l'égéen-mycénien, était certainement encore imbu des habitudes de cette civilisation. Le chant et la danse, ornement du festin (*l'Iliade* I, 471; *l'Odyssée* VIII, 69 et 254); la Crète foyer traditionnel d'une chorale orchestique très développée (*l'Iliade* XVIII, 492 et 590), etc. Hyménées, péans, danses chorales allègres défraient les écrits des plus anciens auteurs, qui rapportent ce qu'ils ont recueilli de leurs lointains prédécesseurs. La mission archéologique italienne à Phaestos, Evans à Cnossos ont étudié les aires théâtrales des palais des Minossides, qui remontent à ~1900-~1750 : ce sont de vastes cours avec des trottoirs pavés au centre et entourées de larges gradins conçus pour obtenir la meilleure visibilité. Peut-être dans ces « cours » royales n'a-t-on pas donné de spectacles au sens que nous donnons aujourd'hui à ce mot, mais des cortèges et des rites religieux s'y sont déroulés, dans lesquels la musique a certainement joué son rôle.

Un ensemble de souvenirs et de survivances rattache donc la musique de l'antiquité gréco-romaine aux sources égéennes et la linguistique moderne vient enfin confirmer l'intuition du savant, le récit du poète, la trouvaille de l'archéologue. Cette science nous prouve que dans la langue grecque, il y a des mots qui ne proviennent ni du grec ni d'autres langages indo-européens et dont la présence ne s'explique qu'en admettant leur dérivation d'une langue encore inconnue qui dut être employée avant l'arrivée des Hellènes dans des territoires qui ne furent grecs que par la suite. Parmi ces mots, qu'on reconnaît à leurs désinences, à la position du *sigma* ou à d'autres particularités phonétiques, on rencontre bon nombre de termes musicaux tels que cithare, cithariste, lyre, syrinx, péan, dithyrambe, etc. Ainsi, concurremment avec le langage, les Égéens créèrent-ils les premières musiques de la civilisation méditerranéenne et les transmirent-ils à travers les siècles à leurs héritiers, les Hellènes.

LA PREMIÈRE CATASTASE

Quand le peuple grec sortit de son obscure préhistoire et prit conscience de sa tradition, il reconnut l'importance de deux moments historiques qu'il distingue lui-même sous les dénominations de première et deuxième *catastase*. Littéralement, le mot veut dire « institution, constitution », et sous ce titre furent comprises les notions les plus variées : invention de mélodies, de rythmes, de formes; innovations stylistiques; rôle croissant de la musique dans l'éducation de la jeunesse, dans la vie publique et privée. En ce qui concerne en particulier la première catastase, de nombreuses innovations furent dues à ses musiciens. Nous savons pourtant qu'un millénaire auparavant, la musique était vigoureusement implantée dans le monde égéen et mycénien. Nous devons donc accueillir avec quelque scepticisme l'attribution à un musicien ou à un autre du mérite de telle ou telle invention. Toutefois il ne faut pas diminuer l'importance des catastases. Alors que commence l'époque dite de la Renaissance grecque, et après de longs siècles de création musicale spontanée et quelque peu tâtonnante, nous pouvons nous représenter les catastases comme des systématisations successives de la technique poétique, musicale et orchestique, comme l'instauration d'une discipline de l'art et le signe de son intégration sociale. Si nous ne sommes pas encore au stade de l'énonciation théorique qui viendra plus tard, il reste que les plus grands musiciens des deux périodes, bien qu'on puisse aujourd'hui réduire leur part d'invention, durent au moins choisir entre les formes, adopter des critères, suivre des règles qu'ils avaient peut-être imaginées ou adoptées. La première catastase s'illustre du nom de Terpandre, Lesbien d'Antisse, célèbre citharède qui paraît dans la deuxième moitié du ∼ VIIIᵉ siècle et fut quatre fois vainqueur aux jeux Olympiques. Avec lui, le solo vocal prend place dans les grandes fêtes nationales helléniques, et Terpandre même, selon Pollux (IV, 66), fut l'inventeur du nome citharodique. Il ne nous reste de sa production que quelques minuscules fragments poétiques, alors que sa mémoire fut célébrée pendant des siècles dans le monde grec.

Un autre poète-musicien fut l'illustre Archiloque de Paros, qui vécut au commencement du ∼ VIIᵉ siècle. Avec ses rythmes vifs, agiles, et ses formes brèves, l'inspiration populaire pénètre la poésie et la musique proprement artistique pour la première fois dans l'histoire de la littérature universelle. Pour la première fois s'accomplit cette transfusion salutaire. Le sentiment dionysiaque s'affirme chez le vieux musicien avec force; ses chants bachiques et érotiques, ses rythmes cycliques empruntés aux rondes dansées de la plèbe, marquent dans la Renaissance hellénique les premières expressions d'une musique vocale laïque et non narrative, à distance égale de l'hymne et des héroïsmes de l'épique, tout en cherchant à exprimer les vicissitudes de l'existence et le monde des passions avec une grande richesse de couleurs et une grande vivacité de mouvements. Les Anciens placèrent Archiloque au niveau d'Homère, et sa renommée fut grande pendant des siècles. On dit qu'il inventa l'*alternative* qui, comme son nom l'indique, alterne la poésie chantée et la récitation de vers avec accompagnement musical. C'est la *paracatalogè* (récitation non chantée, mais accompagnée par un instrument de musique) mélodramatique, qui, après Archiloque, passera dans la tragédie.

Parmi les compositeurs aulodiques de la première catastase, on doit citer Clonas, personnage peut-être légendaire, créateur de *nomes* et compositeur d'hymnes en vers épiques. D'une plus grande renommée, Tyrtée l'Athénien fut un maître d'école boiteux qui, envoyé à

Sparte à l'époque de la seconde guerre messénienne
(∼645-∼628), appela aux armes et conduisit au combat
les Lacédémoniens aux sons de ses chants virils. Les
embateria qu'il composa sur les vers *parémiaques* (tétrapodies anapestiques catalectiques) constituent les premières
marches militaires. Des sentiments moins martiaux inspirèrent les chants de Mimnerme de Smyrne, l'amant
fameux de l'aulète Nanno, qui s'illustra autour de ∼630.
Il fut aussi un excellent exécutant sur aulos et créa, semble-t-il, l'élégie amoureuse.

L'art aulodique, art de la passion s'il en fut, bien que
cultivé à toutes les époques de l'antiquité grecque, ne fut
pas toujours reconnu en tant que forme d'art élaborée.
Dans les concours musicaux de Delphes, l'aulodie ne
fut admise qu'une seule fois, au commencement du
∼ VIe siècle. La victoire d'Echembratos d'Arcadie, de
l'école de Clonas, mit fin, en l'an ∼ 586, à la tentative et,
dès lors, le solo avec aulos cessa d'être considéré comme
un art de premier plan. L'aulos conserva cependant
pour toujours la tâche importante de soutenir les voix
dans plusieurs types de compositions, entre autres le
dithyrambe.

L'aulétique demeura un champ très étendu d'expériences musicales. Elle n'était pas moins ancienne, au
demeurant, que l'aulodie. Il est probable même qu'elle l'a
précédée, s'il est vrai que les premiers instruments de
musique de l'humanité aient été des instruments à vent.
Mais l'aulos, dans ses modèles les plus rustiques, demeura
aux mains des pâtres et des paysans, puis peu à peu, en
grandissant dans la considération du public, finit par
être admis aux concours de Delphes. Il semble, de plus,
que la tradition aulétique fut d'origine phrygienne. Les
aulètes légendaires de la préhistoire, dont le plus illustre
fut Olympos, n'étaient-ils pas Phrygiens ?

En vérité, il y eut deux Olympos, et le plus connu,
Olympos le Jeune, vécut dans la première moitié du
∼ VIIe siècle. Sa renommée connut les faveurs de la
postérité. Plutarque, Aristote et Platon en parlèrent avec
insistance et l'on finit par lui attribuer nombre d'innovations et de découvertes qui, probablement, ne lui appartenaient pas. Peut-être ne fit-il qu'introduire en Grèce, et
utiliser mieux que d'autres, des éléments et des procédés
d'exécution déjà pratiqués dans sa Phrygie natale.

Des musiciens exclusivement aulétiques, c'est-à-dire qui composaient des musiques instrumentales et non des accompagnements, rien ne nous a été conservé, à l'exception des dénominations de nomes dont ils furent les inventeurs (pour autant que l'on puisse faire crédit aux écrivains anciens). Ainsi Cratès composa-t-il, le premier, un nome polycéphale, inspiré par le mythe du combat de Persée avec la Gorgone (Pindare, *XII*e *Pythique*); Hiérax, le nome endrome (air de course pour les athlètes) qui fut employé traditionnellement pour accompagner à Olympie le *pentathlon*. Plus illustre encore fut Sacadas d'Argos, auteur du nome pythique dont nous avons déjà parlé. Ce nome fut si célèbre, que l'instrument sur lequel il avait été joué prit le nom d'aulos pythique.

Si la destinée de l'aulos joué en solo fut brillante, le même sort ne fut pas réservé au solo de cithare. Peut-être de moindres possibilités imitatives ou de moindres ressources expressives firent-elles que la musique citharistique occupa une place assez limitée dans l'histoire de l'art musical grec. La pratique du solo de cithare eut peut-être son berceau dans l'Arcadie montagneuse. Plus heureuse que l'aulodie, la citharistique se maintint dans le programme des concours de Delphes jusqu'à la fin de l'Antiquité, mais elle ne réussit jamais à intéresser le public au même titre que la citharodie ou que l'aulétique. Il semble que les nomes citharistiques se modelaient pour la forme sur le nome pythique, avec les variantes que le caractère et les diverses possibilités techniques de l'instrument imposaient, en particulier l'emploi du genre chromatique, propre à la cithare, comme l'enharmonique l'était à l'aulos. Lorsqu'elle participait à un concours, la cithare prenait le nom de pythique.

LA SECONDE CATASTASE ET LES GRANDES COMPOSITIONS CHORALES

Si la précédente catastase se place aux premières lueurs de l'histoire grecque, celle dont nous allons parler peut être placée à l'époque de l'hégémonie de Sparte (~ VIIe siècle). Cette époque fut illustrée par la grande lyrique chorale.

On comprendra sans peine que l'État lacédémonien devait accueillir avec faveur un art où chaque citoyen n'était estimé que comme partie d'une masse qui agissait avec discipline et selon un ordre préétabli. Les institutions musicales spartiates étaient aussi développées que celles qui préparaient le citoyen à la guerre, et la pratique continuelle de la musique et de la danse atténuait la dureté du régime éducatif et de la vie. L'hoplite qui, jeune homme, avait participé aux Gymnopédies, danse, lorsqu'il est adulte, la *pyrrhique;* il marche au combat au son de l'aulos, il attaque l'ennemi en chantant l'*embatérion,* remercie les dieux de la victoire en entonnant le *péan,* tandis que le son et le rythme règlent la marche gracieuse des jeunes filles vers les temples. Savoir bien chanter en chœur faisait partie de la discipline du citoyen spartiate, et si la ville ne produisit jamais de grands poètes ni de grands musiciens, du moins accueillit-elle avec bienveillance les artistes qui y accoururent des autres régions de la Grèce.

Le chœur antique était bien différent du nôtre. D'abord, il accompagnait presque toujours la marche ou la danse. Ensuite, il ne comprenait jamais plus d'une cinquantaine d'exécutants, d'ordinaire entre quinze et trente. Enfin, il n'avait pas la complexe majesté d'expression de notre groupement choral, parce qu'il était toujours monodique. Mais on ne peut, pour autant, dédaigner l'art d'un Thalétas, d'un Pindare, d'un Bacchylide. Mis à part la valeur poétique des créations et l'énorme diversité de la technique musicale, nous sommes encore à même d'apprécier les formes précises et pures d'un art primordial, où se meuvent sur un horizon limpide et net les attitudes sculpturales des formes humaines nues. Le chant de l'Eglise latine, l'authentique chant grégorien, encore pratiqué aujourd'hui dans toute sa pureté par quelques communautés monastiques, nous montre quel art grandiose peut produire une musique chorale exclusivement homophone.

LES CHANTS CHORAUX.

Nous allons maintenant mentionner les diverses espèces de chants choraux de la Grèce. Le plus ancien de tous était l'*hymne,* chant de louange ou d'imploration adressé aux dieux, composition de type liturgique, d'intonation grave et solennelle. Plusieurs autres chants dérivèrent de lui et chacun eut son caractère spécial, ses rythmes,

ses harmonies, ses danses propres. Tout en conservant
une grande liberté à l'intérieur de l'expression lyrique,
ils restèrent liés à la divinité, sinon par l'invocation
directe, du moins par les souvenirs mythiques qu'exprimaient les vers du poète. Avec l'écoulement des siècles,
les liens religieux finirent par se relâcher et le mythe resta
comme motif littéraire.

Le *péan* et le *prosodion* restèrent, dans le chant choral,
plus proches du sentiment religieux. Privés de danse,
pleins d'austérité, liés aux rythmes dactyliques et aux
valeurs longues de la mélodie, ils étaient exécutés l'un
de pied ferme, l'autre en marchant. Ils s'adressaient à
Apollon, pour faire cesser un fléau; et plus tard cette
destination s'étendit aux refrains qu'on exécutait
aussi bien après une victoire qu'à la fin d'un repas, non
seulement en l'honneur d'Apollon, mais aussi d'Artémis
ou même de Zeus. Le prosodion assumait plus particulièrement l'office de chant processionnel, exécuté sur
des tripodies anapestiques (le *vers énoplion* ou *prosodiaque*),
sur lesquelles pouvait se développer seule une mélodie
au souffle bref, aux fréquents retours, presque litanique.
Les valeurs longues et les silences lui donnaient son
ampleur et sa majesté. Les deux hymnes étaient accompagnés à l'origine par la cithare, mais l'aulos ne tarda pas
à être employé lui aussi. Dans le prosodion même, évidemment pour des nécessités d'ordre pratique, car il
s'agissait de soutenir un chant au grand air et en mouvement, on arriva à l'emploi simultané des cithares et
des auloi.

L'*hyporchème* était au contraire un chant vif, enthousiaste où, rapides, s'écoulaient les rythmes ïambo-tro-
chaïques et péoniques. Ici l'hymne avait délaissé le culte
des dieux pour servir au plaisir des hommes. Nous
sommes dans le règne des *allegro con brio* et des *scherzando,*
qui, de Crète, berceau de cette danse chantée, se répandirent dans la Grèce entière.

Le chant de l'*épinicie,* ode triomphale, s'élevait devant
le peuple entier d'une ville pour honorer l'athlète vainqueur aux jeux. Debout sur le char et revêtu d'un riche
habit, le héros était entouré de ses parents et de ses amis,
tandis que la foule se pressait dans les rues et l'accompagnait au temple. C'est là qu'il consacrait aux dieux
sa couronne et sacrifiait en leur honneur. Puis venait

le moment culminant de la fête : l'exécution de l'ode dans la cour du palais du prince ou bien au portique du temple, au prytanée de la ville, ou encore sur une place publique. Dans les célébrations les plus importantes, le grand poète-musicien-maître ès danses, qui avait été chargé de la composition, dirigeait lui-même l'hymne en jouant de la phorminx, instrument traditionnel, presque l'emblème de son art. Si le maître ne voulait pas ou ne pouvait pas s'y rendre en personne, il déléguait un de ses jeunes élèves. Morceau d'apparat, l'hymne ajoutait à la noblesse de la musique l'emphase de la poésie et la beauté des figurations orchestiques. Seuls les plus grands auteurs de la Grèce s'essayèrent à un tel genre, qui laissa des traces durables.

Les *parthénies* et les chœurs nuptiaux étaient des sortes de chants lyriques auxquels les voix féminines prenaient part. Ils n'étaient pas éloignés de certaines musiques populaires encore pratiquées de notre temps. Les chants funèbres (chants thrénodiques, *thrènos*) étaient également assez proches de l'art instinctif du peuple.

Le *dithyrambe,* lui, était un hymne à Dionysos dans lequel, à l'origine, la récitation du coryphée était suivie par l'accompagnement instrumental. Le coryphée racontait l'un des épisodes de la vie du dieu, tandis que les choreutes, vêtus de peaux de bouc, symbolisaient les Satyres, les compagnons d'aventure de Dionysos, et tournaient autour de l'autel en chantant et en dansant. La fougue dionysiaque qui animait l'exécution nous est révélée par les rythmes, choisis parmi les plus vifs et les plus bondissants que la rythmopée grecque ait connus. Quant aux mélodies, elles étaient écrites dans le mode phrygien, mode de l'exaltation et de l'extase. L'instrument qui soutenait le chœur était l'aulos, à la sonorité mordante, tandis que le son éthéré de la chaste cithare était abandonné à la lyrique chorale apollinienne. Et il n'est pas exclu que dans les temps les plus anciens, les instruments orgiastiques à percussion n'aient fait leur apparition dans le dithyrambe. Ces compositions chorales subirent toutefois une évolution et, tout en restant un chant lyrique allégorique qui faisait allusion à la victoire de Dionysos sur les forces contraires de la nature, elles s'acheminèrent vers un contenu plus châtié et se rapprochèrent des autres formes de lyrique chorale. Le coryphée en vint à chanter au lieu de se limiter à la récitation; les chants du chœur revêtirent l'allure strophique; l'aulète finit par manifester son habileté en insérant des interludes entre la monodie du coryphée et l'ensemble du chœur. Nous verrons d'ailleurs plus loin un aspect important de l'évolution du dithyrambe.

Il ne ressort pas bien clairement des notes que l'Antiquité nous a laissées, de quelle manière la danse s'unissait à la poésie pendant l'exécution de la lyrique chorale. On peut penser à plusieurs solutions, selon que les chanteurs étaient en même temps des danseurs ou que leur tâche était divisée. Dans le premier cas, les choreutes pouvaient danser et chanter pendant la durée du poème ou bien, divisés en groupes, ils pouvaient alterner le chant et la danse. On peut aussi bien imaginer que le coryphée chantait pendant que les choreutes dansaient, et ils n'intervenaient que dans quelques moments particuliers de l'ode lyrique. Il est probable qu'on choisissait l'une ou l'autre de ces modalités selon le caractère de la composition, les exigences techniques de la danse, la vitesse du mouvement, etc. Nous savons aussi que parfois les triades strophiques étaient dansées par une moitié du chœur pendant la durée d'une même strophe, tandis que l'autre moitié chantait; dans l'antistrophe les parties se renversaient, tandis que dans l'épode tous les choreutes s'arrêtaient pour chanter. Il est certain que la fantaisie des compositeurs orchestiques grecs se sera longuement exercée dans différentes combinaisons de ce type, logiquement connexes à la forme, à l'*agogique* du morceau, etc.

LES COMPOSITEURS DE CHANTS CHORAUX.

Il reste encore à parler des plus grands compositeurs de la lyrique chorale, à commencer par les fondateurs de la seconde catastase. Thalétas le Crétois, personnage à demi légendaire, fut le plus renommé, mais il est probable qu'il n'a fait qu'importer en Grèce continentale les habitudes musicales plus anciennes de son île — ce que l'on peut dater de la moitié du ∼ VIIᵉ siècle. Alcman de Sardes apparaît plus tard, vers la fin du même siècle. Grand poète, il fut aussi grand musicien, et donna une forme plus harmonique à la composition lyrique en développant la strophe. Mais ce fut un Grec de Sicile,

Stésichore d'Himère, qui vécut entre le ∽ VIIᵉ et le
∽ VIᵉ siècle, qui perfectionna le mécanisme strophique
en le systématisant en strophe, antistrophe et épode. Il
faut souligner que cette systématisation s'accomplit pour
les besoins de la musique et de l'orchestique, et non sous
la poussée de l'évolution poétique. Pour cette dernière,
l'isostrophie n'est pas du tout une gêne (nous récitons et
prenons plaisir à des poèmes écrits entièrement dans le
même mètre et la même forme), parce que la pensée et la
langue pourvoient à sa variété. Le problème est différent
en ce qui concerne la musique et la danse, car il est nécessaire d'espacer la répétition des mélodies et des figurations sans toutefois la supprimer. Le dernier élément de
la triade, c'est-à-dire l'épode, qui introduit précisément
un élément de variété, pourvoit à cette nécessité.

Stésichore connut une très haute renommée, et les
pythagoriciens assurèrent que l'âme d'Homère était passée en lui. Dès son époque, l'art choral s'était répandu
dans toutes les contrées grecques et devait un peu
plus tard, entre la fin du ∽ VIᵉ et le milieu du
∽ Vᵉ siècle, donner ses meilleurs fruits grâce à la production de trois artistes dont les noms sont au faîte de
l'art poético-musical grec : Simonide de Kéos, Pindare
de Thèbes, Bacchylide de Kéos. Tous trois composèrent
des chœurs lyriques de tout type, mais alors qu'il est
aisé de parler d'eux du point de vue poétique, il n'en
va pas de même du point de vue musical pour le premier
et le troisième (qui étaient oncle et neveu). Sur Pindare
au contraire, nous sommes mieux informés, à cause de
sa puissante personnalité et parce que ses œuvres elles-
mêmes, en grande partie sauvées de la dispersion, nous
fournissent des données théoriques. Nous pourrions
même dire que nous possédons un fragment d'une de ses
compositions musicales (les cinq premiers vers de la
Iʳᵉ *Pythique*), si son authenticité ne prêtait pas à certains
doutes.

Pindare, qui était peut-être fils de musicien, fut donc
un compositeur fameux. Ses mélodies, comme le Pseudo-
Plutarque nous l'assure (*De musica,* XXXI), étaient encore
chantées du temps d'Aristoxène (deuxième moitié du ∽
IVᵉ siècle). Elles avaient alors une saveur de sévérité
classique, comme pour nous Bach. Pindare étudia avec
Lasos d'Hermione et, à vingt ans, composa la Xᵉ *Pythique,*

dans laquelle, comme le poète nous le dit lui-même, auloi et cithares s'unissaient pour accompagner le chœur qui, sur les rivages du Pénée, exécutait sa douce musique. Pindare composait sur commande et avait des requêtes de partout : de Sicile comme de Libye, de la Grèce insulaire comme de la Thessalie. Il composa des musiques de tout genre, et si les textes que nous avons de lui sont formés pour la plupart d'épinicies, nous avons, quoique mutilés, des péans et des parthénies, et aussi des fragments de prosodies, d'hyporchèmes et même d'un dithyrambe. Selon une note du *De musica* (XXXI), qui ne fut pas toujours bien comprise des traducteurs et des commentateurs, il avait grand soin de l'accompagnement instrumental. Ce qui prouverait qu'il employait couramment les procédés de l'hétérophonie, car il est de toute évidence qu'un accompagnement qui eût seulement doublé le chant n'aurait requis aucun soin particulier. Autant dans les épinicies que dans les odes incomplètes ou dans les fragments divers, on peut recueillir de fréquentes allusions, parfois d'ordre technique, au chant et à la musique. Or dans un art qui liait d'une manière indissoluble la parole au son et dans l'œuvre d'un auteur qui était un technicien de la musique aussi bien que de la poésie, ces allusions ne peuvent pas être entendues dans un sens purement rhétorique, comme ce serait le cas, de nos jours, si elles venaient d'un poète ignorant la technique musicale. On est donc en droit de les retenir, comme se rapportant, sans autre but, à la pratique de la musique.

En ce qui concerne le dithyrambe et après avoir cité Arion de Méthymne, musicien à demi fabuleux, nous devons mentionner Lasos d'Hermione (moitié du ∼ VIᵉ siècle), le maître de Pindare. Il fut aussi un savant, auteur du premier traité didactique musical, et un artiste appliqué à la science acoustique.

LA CHANSON

Nous avons déjà dit qu'il n'est pas resté de traces de musique *solo* de la Grèce préhistorique, bien que son existence ne prête à aucun doute. A côté du lyrisme de masse, l'humble chanson individuelle, inspirée par deux sujets éternels : l'amour et le vin, dut, elle aussi, plus ou moins artistiquement travaillée, vivre à travers les âges sa vie paisible et sans prétentions.

Le premier indice de l'existence de chansons de solistes est donné par le *scolie,* c'est-à-dire la chanson symposiale (chanson de banquet), dont l'invention fut attribuée à Terpandre. Si nous nous souvenons que cet artiste vécut dans la deuxième moitié du ~ VIIIᵉ siècle, nous savons déjà que penser d'une attribution de ce genre. Mais c'est justement sur la terre natale de ce musicien renommé, dans l'île de Lesbos, que la chanson d'amour devait atteindre, deux générations plus tard, à la perfection. Il ne s'agit plus ici de l'épopée, remplie de clameurs belliqueuses, ni du lyrisme de parade et de l'héroïsme de ses mythes, ni même de l'élégie gnomique ou des ïambes fouettants des Ioniens. Ici, l'émotion poétique est tout entière contenue dans un bref chant d'amour ou dans une mince chanson symposiale. Lorsqu'elle tente de s'exprimer dans des formes plus amples, moins intimes, comme les hymnes ou les épithalames, elle le fait dans un style aisé, voisin de la simplicité des formes populaires.

SAPPHO ET LA CHANSON D'AMOUR.

Peut-être la devons-nous au voisinage de l'Orient sensuel, où à Lesbos même qui fut, avec la Crète, l'un des lieux du monde grec où l'on aima le plus la musique. Vingt-cinq siècles ont passé sans que l'image éternelle en soit décolorée ou se soit effacée. Sappho, qui attend frémissante son amant dans la nuit silencieuse, pendant que lentement se couchent la lune et les pléiades, ou bien sur le point de s'évanouir en voyant le bien-aimé avec sa rivale, crée du premier trait le pathétique amoureux. Avec elle, nous entrons dans le printemps lyrique du monde.

Il n'y a pas de poésie plus étroitement liée à la musique que celle qui est destinée à un seul exécutant ou à un très petit ensemble d'exécutants. Ici, rien de l'impersonnalité du grand art choral, mais l'expression du sentiment intime d'une âme solitaire. Une voix soutenue par la vibration d'un instrument à cordes, ou bien, dans les hyménées, un petit chœur de jeunes filles qui chantent près de la maison nuptiale. Une langue sonore et en même temps gracieuse comme le dialecte éolien. Des rythmes agiles dans la strophe coulante, mais savamment tournée ; des mélodies tantôt modestes qui expriment des sensations familières, parfois éclairées d'une flamme nouvelle de passion languissante. Sappho, couronnée de violettes, comme nous la décrit un vers d'Alcée, chante en s'accompagnant sur la *pectis* aiguë, la lyre multicorde d'Orient, une pathétique mélodie mixolydienne. La danse, absente de l'expression lyrique individuelle, n'est mêlée aux voix que dans les chansons collectives.

La chanson éolienne a, du point de vue musical, un autre mérite : celui d'avoir mis en valeur le plus beau des instruments de musique, la voix féminine. Les jeunes filles de Mitylène, qui n'étaient pas du tout assujetties aux lois en vigueur dans le reste de la Grèce sur l'emploi des voix au théâtre et dans le dithyrambe, ces jeunes filles, dis-je, entonnaient librement l'ode légère, créée par celle que Platon appellera « la dixième Muse ».

Ces formes d'art, plus personnelles et plus intimes que toute autre jaillie du sol hellénique, sont aux grandes compositions chorales et tragiques ce que notre musique de chambre est aux productions symphoniques et au théâtre lyrique. Et jusqu'à cette époque-là, poésie lyrique signifiant musique, les écoles de poésie furent aussi des écoles de musique.

Le lyrisme éolien demeure, en tant que forme d'art élaborée par la volonté consciente d'un artiste, un magnifique météore qui sillonna pendant un peu plus d'un siècle le ciel hellénique, puis s'éteignit. Cependant, l'humble chanson du peuple, le chant d'amour, le petit chœur des jeunes filles ne dut pas disparaître pour autant. Pas même quand, avec l'invasion perse, Lesbos, Samos et les Sporades furent les premières terres grecques à tomber sous le joug barbare, qui submergea le pur esprit primitif de l'hellénisme. Mais le météore n'avait pas resplendi en vain et aucune autre création ancienne n'eut, du point de vue poétique et formel, une diffusion plus ample que celle des strophes éoliennes. Nées pour célébrer l'amour, la souriante beauté, et pour atteindre les plus hauts sommets du lyrisme intime, les poètes romains les adoptèrent.

Le christianisme lui-même, qui cependant brûla le recueil de ces chants, ne se fit pas scrupule d'en recueillir les vestiges et de s'inspirer de leur élégance formelle.

Alcée (∼ 620-∼ 580) est le plus ancien de ces poètes-musiciens éoliens qui chantèrent, dans une forme élaborée, les inépuisables thèmes de la chanson d'amour. Poète érotique, poète dionysien, il dut être, de plus, un musicien de très grand talent, car il n'aurait pas été possible, dans les conditions techniques d'alors, d'atteindre à la renommée sans une exceptionnelle habileté de compositeur et d'exécutant. Son nom est indissolublement lié à celui de Sappho, non seulement à cause de leur lieu de naissance commun, mais aussi à cause de l'amour qu'il eut pour elle. La célébrité de la grande poétesse, auréolée de toutes sortes de légendes, a été si grande et si persistante que les noms de ses rivales, Gorgo et Andromède, sont parvenus jusqu'à nous, ainsi que ceux de ses élèves : Erinna, Damophyla, Gongyla, Atthis, Eunice, Mnasidique, Praxinoé, Anactoria, Gyrinno... Ombres légères, fanées au grand souffle des siècles, elles vivent dans la lumière qui entoure le nom de l'amoureuse de Phaon.

LES CHANSONS DE BANQUET.

Un type particulier de chanson survécut aux érotiques et aux dionysiennes des ∼ VIIe et ∼ VIe siècles et se répandit de la Grèce insulaire à la Grèce continentale : c'est la chanson des fins de banquets, le *scolie,* que nous avons déjà mentionné. Très ancien était l'usage de chanter à la fin des repas. On chantait auparavant le péan au dieu; puis dans les festins donnés par les riches familles dans les temps de prospérité, on introduisit la coutume d'entonner l'éloge de l'amphitryon. Plus tard encore, les chanteurs, qui étaient les convives mêmes, élargirent leur répertoire en prenant partout les sujets de leurs exhibitions : tantôt la politique, tantôt la morale, tantôt un personnage illustre, une belle hétaïre, un bel éphèbe, tantôt enfin, les plaisirs mêmes de la table et la bonne chère. Les aulètes, le plus souvent du sexe féminin, soufflent dans les instruments qui règlent les chants et les mouvements des danseurs; le libertinage finit par prévaloir, et quant aux graves dissertations philosophiques et scientifiques qui quelquefois suivaient le banquet, elles devinrent toujours plus rares...

Il est intéressant de toute manière de montrer que bientôt dans le *commos* (ainsi s'appela la partie finale du

festin) le chant solo se substitua au chant choral. Chacun
à son tour, les convives chantent, selon leur inspiration
personnelle, tout ce qui vient à leur mémoire : les dou-
ceurs de la vie, l'amour, le bon vin. Une petite branche
de myrte passe de l'un à l'autre, et si le chanteur ne sait
pas s'accompagner lui-même sur la cithare ou sur le
barbiton, le cithariste est là qui intervient. Alors, on
chante le scolie, mot dont l'interprétation est assez douteuse, mais qui signifie probablement, comme nous
l'avons dit, une composition lyrique écrite pour clore le
banquet. En lui se réfugie et se transmet l'ode légère qui
avait été celle des Lesbiens, non certes avec la haute
fantaisie et l'intensité pathétique de son lyrisme, mais
avec sa technique musicale, la vive rythmique ternaire,
l'élégance de brefs types formels.

LA COMPOSITION ANABOLIQUE

On sait la large place que tenait la musique dans l'éducation de la jeunesse. Cette éducation était conduite de
telle sorte que les jeunes gens instruits venaient à faire
partie du chœur de la ville, et philosophes et législateurs
avaient fixé la place que les deux arts, poésie et musique,
devaient avoir dans la vie religieuse, publique et privée.
Le choix des choreutes à employer dans une manifestation musicale portait donc sur un grand nombre de
personnes; il ne tenait pas seulement à la qualité de
chaque exécutant, mais aussi au caractère lui-même des
chœurs : vieillards, femmes ou jeunes gens, Grecs, Barbares ou personnages mythiques. Ce choix fait, on
procédait à une étude minutieuse qui durait des jours et
des jours. L'auteur unissait aux fonctions de maître du
chœur et de ballet celles de régisseur : à lui la tâche de
régler le geste, les mouvements, le ton de l'acteur, et
aussi le chant, la danse, les évolutions de l'ensemble
autour de l'autel. Toutefois, il ne travaillait pas seul; il
recrutait ses aides parmi des personnes qui, dotées
d'expérience et de technique, présidaient aux répétitions
et restaient dans l'ombre pendant la représentation. Il y
avait aussi, comme dans nos ensembles choraux, les
« guides » du chœur : c'étaient le *coryphée* et deux *parastates,*
qui étaient placés sous sa direction. Dans la disposition
du chœur, ils occupaient les places les plus en vue et

devaient être prêts à exécuter, en solistes, les passages
les plus difficiles.

Il faut toutefois observer que, si répandue que fût
l'éducation musicale et bien que les répétitions fussent
nombreuses, un chœur ancien ne pouvait pourtant pas
faire grand-chose. Non seulement l'éducation vocale de
chacun des participants lui faisait défaut mais aussi
une préparation professionnelle. Il n'y eut pas, pendant
des siècles, de groupes de choreutes qui fussent capables
d'aborder les difficultés vocales et mnémoniques d'une
longue composition, en admettant qu'elle eût été écrite.
C'est pour cette raison que, lorsqu'une composition de
ce genre naquit vers le milieu du ∼ Ve siècle, on ne put
utiliser les ensembles habituels, non seulement pour des
raisons d'ordre artistique, mais aussi pour des raisons
de nature sociale et politique qui ne furent pas sans
conséquences sur les destinées d'un art si intimement lié
à la vie et aux coutumes helléniques. La déchéance de
l'aristocratie, le triomphe des partis du peuple font
oublier les usages anciens et créent une soif de nouveauté.
Les luttes entre les factions bouleversent les institutions
que l'esprit conservateur hellénique avait su garder pendant des siècles. Les *chorégies* peu à peu déchoient et le
compositeur s'en délivre volontiers, car il préfère les
chœurs professionnels. Dans cette atmosphère agitée,
l'esprit audacieux et novateur de quelques poètes-musiciens va sombrer. L'innovation fondamentale consista
en la suppression de la coupe strophique, de telle sorte
que le dithyrambe fut composé de sections indépendantes
et dissemblables confiées tantôt au chœur, tantôt au
coryphée. Elles prirent le nom d'*anaboles*.

Seul le musicien, et non le littérateur ou le philologue,
peut dire quelles profondes conséquences cette innovation provoqua dans la technique du *mélos* ancien et dans
la pratique artistique. Une composition poétique de
forme strophique, en effet, comprenait une mélodie qui
se répétait, identique, à chaque strophe; une autre composition constituée par des triades stésichoréennes comprenait deux mélodies différentes, l'une pour les strophes et
les antistrophes, l'autre pour les épodes. Un poème anabolique, tout au contraire, est le signe d'une liberté mélodique absolue, liberté sans précédent dans la musique chorale antique, mais qui devait exister dans la musique

pour soliste, car la répétition de la mélodie, phénomène artistique instinctif, était certainement appliquée en Grèce avec la générosité qu'on retrouve dans toutes les musiques populaires et primitives. Le musicien hellénique était donc obligé de mettre en musique le poème entier écrit en forme anabolique. S'il ne lui était pas défendu de répéter une même phrase mélodique, la dissemblance des vers et des rythmes ne le lui rendait pas facile. La plupart des mélodies s'accommodaient des plus grandes hardiesses : très fréquent emploi du chromatisme, multiplicité de passages d'un mode à l'autre, recherche d'effets coûte que coûte. Toutes choses qui auraient semblé proprement inouïes aux Hellènes du temps de Périclès. De là, la division du public en deux partis : d'un côté les enthousiastes, de l'autre les adversaires acharnés. Avec la foule de ces derniers résonnent, plus hautes, les voix d'Aristophane, de Platon, puis de Plutarque; mais Euripide suit les musiciens du nouveau dithyrambe et applique à la tragédie le principe de la composition anabolique; Aristote loue ces musiciens et les juge classiques; Aristoxène, le plus grand théoricien de l'Antiquité, travaille avec sympathie à la biographie de Téleste de Sélinonte, l'un des représentants des nouvelles tendances.

Ce qui est certain, c'est que les procédés anaboliques donnèrent le coup de grâce aux chorégies. Il devenait impossible qu'un groupe de citoyens rapidement instruits, d'amateurs, pût interpréter les longs chants choraux du nouveau dithyrambe. Il devint indispensable donc d'utiliser des personnes qui avaient cultivé le chant avec une assiduité bien plus grande, dans un dessein professionnel et avec des connaissances techniques plus avancées. Ainsi déchut et se perdit une des institutions artistiques grecques les plus caractéristiques, une institution qui avait probablement ses racines dans un passé plus éloigné que celui que nous connaissons et qui avait le mérite d'intéresser directement le citoyen aux exécutions chorales et tragiques. Mais la fin des chorégies fut sans conséquence sur les destinées de la tragédie et de la comédie.

Les « pervertisseurs » les plus renommés, ceux contre lesquels se dressaient avec le plus d'acrimonie les traditionalistes (fameuse à ce sujet l'invective de Phérécrate que le Pseudo-Plutarque nous a rapportée dans son *De musica*) furent Mélanippide le Jeune, Kinésias d'Athènes,

Phrynis de Mitylène, Timothée (lui aussi de Mitylène).
Très peu de choses nous sont restées d'eux, bien que
nous sachions de l'un d'eux (Timothée) qu'il fut un créateur infatigable. Ils appartenaient tous au ∼ Vᵉ siècle.
Le Cithéréen Philoxène et le Sélinontin Téleste franchirent
ce siècle et acquirent eux aussi une très haute renommée.

LA MUSIQUE DANS LA TRAGÉDIE

Il semble que la tragédie soit née en Grèce pendant la
soixante et unième olympiade (∼ 536 - ∼ 533), mais
la plus ancienne œuvre parvenue jusqu'à nous (*les
Suppliantes,* d'Eschyle) est postérieure d'à peu près
soixante ans. Sur les premiers essais de transformation
du dithyrambe en tragédie nous n'avons donc pas de
documents de première main, mais seulement les informations des commentateurs, souvent contradictoires. On
n'ignore pas, enfin, que nous ne possédons pas plus de
trente-deux tragédies anciennes intégrales, toutes des
trois grands tragiques : Eschyle, Sophocle et Euripide.
Elles constituent à peine, à ce qu'on sait, le dixième de
celles qu'ils écrivirent. En ce qui concerne la musique,
nous possédons seulement, mais dans l'état le plus
lamentable, un très petit fragment d'un chœur d'Euripide
(une partie de l'antistrophe du premier *stasimon* de
l'*Oreste*), document pratiquement sans valeur. On doit
donc, comme à l'ordinaire, chercher à suppléer cette
absence de documents par des hypothèses et procéder à
de prudentes déductions.

La tragédie, d'après ce que les Anciens nous en ont
dit, naquit des cérémonies du culte populaire dionysien.
Un Attique, Thespis d'Icarie, eut le premier, paraît-il,
l'idée de conférer une individualité plus détachée au
coryphée du dithyrambe. Dans l'une des fêtes annuelles
des Grandes Dionysies il fit de lui, jusqu'alors simple
conteur, un personnage de l'épisode qui constituait l'objet de la production, et peut-être plus d'un personnage,
s'il est vrai que le masque tragique et les différents déguisements permettaient au chef du chœur de se transmuer
successivement en plusieurs individus. Thespis le détacha
matériellement du chœur en le mettant sur une estrade ;
en même temps il lui confia l'action de la pièce, pendant
que le chœur se chargeait de la partie lyrique. Tandis

qu'avant la naissance de la tragédie, le dithyrambe était un drame sans décors, sans masques, sans costumes, à peu près ce qu'est, de nos jours, un oratorio par rapport à un opéra (mais la partie narrative devait être encore plus marquée que celle de notre récitant), après la transformation, le contraste entre l'acteur dans les habits du personnage et le chœur perfectionne le drame dans le sens de la représentation. D'ailleurs le dithyrambe, au moment de la naissance de la tragédie, n'était plus consacré entièrement à Dionysos : les arguments étaient empruntés aux mythes les plus variés et quelquefois ils n'étaient même pas mythiques. La même chose arriva avec la tragédie. On voulut que l'événement chanté dans le poème épique, celui-là même qui était l'objet du mystère sacré, et que celui qui était mimé par la danse autour de l'autel eussent un relief plus vif, grâce au développement de l'action et aux contrastes entre les personnages.

La tragédie serait donc venue bien après que la poésie, la musique et la danse eussent été pratiquées dans les grands concours panhelléniques. Elle est, à ses débuts, une composition presque uniquement musicale, que l'aulos dionysien, bien mieux que la cithare apollinienne, souligne. Bientôt, la poésie chantée et dansée laisse un peu plus de place à la poésie récitée. Ainsi musique, danse et récitation se succèdent-elles tour à tour de manière variée au cours de la représentation dramatique. Mais les chants restent toujours, comme en témoigne Aristote, le nerf de la tragédie et, parmi ces chants prédominent ceux du chœur, où réside le souvenir de l'origine entièrement musicale du genre. Au fond, ce fut à la récitation de s'interposer entre un chant choral et l'autre, ce fut à l'*agoniste* de parler depuis la scène, au-dessus du petit groupe de chanteurs et de danseurs qui occupait l'orchestre. Dans la tragédie plus ancienne, à peine sortie de la matrice musicale, la distinction entre vers et chant devait être plus marquée. Aristote nous dit que les chants du chœur sont communs à toutes les tragédies : il n'y eut point de tragédie où le chœur ne chantât pas. Il nous dit encore que du temps de Phrynichos (auteur primitif de tragédies, dont rien ne nous est resté) les *tragédiographes* étaient avant tout des compositeurs de musique, parce que la partie musicale avait alors une importance prépondérante sur la récitation. Celle-ci

exprime l'action véritable, les événements tragiques ou
comiques, les faits extérieurs. Mais à peine un développement sentimental ou une impression plus vive inter-
viennent-ils, que la musique et le chant remplacent la
poésie récitée. Il arriva même, au cours du développement
du genre, que les personnages non seulement représen-
tèrent les événements, mais restèrent soumis, eux aussi,
aux passions ; la limite alors franchie entre l'action et
l'émotion, le chant fut l'apanage des acteurs eux-mêmes,
et ils dialoguèrent en musique, d'abord avec le chœur,
puis entre eux.

Nous pouvons distinguer dans chaque tragédie les
parties chantées, celles qui étaient simplement récitées,
celles enfin qui étaient récitées avec l'accompagnement
de l'aulos. La recherche est facile, car tout ce qui était
récité est composé en rythme ïambique, et précisément
en trimètres ïambiques, le mètre discursif par excellence,
ou bien en dimètres anapestiques ou en tétramètres
trochaïques, en tout cas en vers de série continue ; au
lieu que les parties lyriques comprennent des vers
lyriques, ordonnés en systèmes ; l'aulos accompagne la
récitation *(paracatalogè)*, lorsque celle-ci précède immédiatement, suit, ou coupe des vers lyriques. Les Grecs,
non seulement admettaient le dialogue de deux parties,
l'une chantée et l'autre récitée avec accompagnement
instrumental, mais ne manquaient pas d'utiliser pour
un même personnage l'alternance rapide et répétée des
deux procédés. Il leur paraissait même que l'irrégularité
provoquait une impression hautement pathétique, car
le pathétique, dit Aristote (*Problèmes musicaux,* VI), est
irrégulier de nature. La diction des vers devait être favorisée par la mélodie de l'aulos, d'abord à cause de la
musicalité de la langue et des procédés quantitatifs de
versification, ensuite parce que probablement la récitation était faite d'un ton solennel et non de manière réaliste.

En conclusion, les trois procédés (récitation, récitation
accompagnée, chant) constituent une voie ascendante du
calme à la passion et le compositeur grec la suit avec
beaucoup de soin. Lorsque l'action a un cours plus ou
moins tranquille, les personnages disent leurs trimètres
ïambiques ; dès qu'une émotion intervient, l'aulos commence ses mélodies, sur lesquelles se modèle la diction ;
quand se présente l'envolée lyrique ou l'élan pathétique,

les rythmes deviennent plus vifs et variés, le chœur ou les protagonistes chantent. Inversement, si l'on revient à la tranquillité, le chant s'arrête et la récitation recommence, d'abord avec accompagnement instrumental, puis seule, lorsque le son de l'aulos, sillage musical du chant, s'est tu, lui aussi.

Voyons maintenant quels étaient les grands moments de la tragédie grecque où la musique intervenait.

Le premier est la *parodos,* le chant du chœur qui entre avec solennité dans l'orchestre. Rythme de marche donc, indiqué par le pied anapestique ; chant de caractère processionnel. Mais s'il en fut ainsi au commencement, plus tard ce caractère se perd, en tout ou en partie : parfois les choreutes entrent silencieux et entonnent ensuite les vers lyriques des anapestes ; d'autres fois encore, les anapestes sont récités par le coryphée au milieu des strophes lyriques du chœur, ou bien un acteur sur la scène intervient, en récitant ou en chantant. La parodos enfin se transforme, soit selon les nécessités du drame, soit dans l'intention d'apporter plus de variété.

Le chant orchestique le plus important est le *stasimon,* où subsiste le noyau lyrique primordial du dithyrambe : les autres parties de la tragédie peuvent se transformer, le stasimon reste ce qu'il était dans l'ancienne tragédie : un chant choral uni à la danse. Il aura, c'est vrai, plus ou moins affaire avec le sujet du drame, mais il est toujours fondé sur le lyrisme. Pas de récitation donc, ni d'ïambes ni d'anapestes, mais seulement chant, seulement rythmes lyriques, les plus variés, les plus fantastiques. Hors sa valeur traditionnelle, le stasimon acquit assez vite une fonction particulière dans l'économie de la tragédie, c'est-à-dire qu'il servit à interrompre l'action quand elle se transportait d'un lieu à un autre, à séparer deux épisodes entre lesquels un certain laps de temps devait s'écouler, afin que les acteurs changent de masque et de costume. Il remplit la fonction de notre interlude symphonique actuel, et comme l'intérêt du drame alla peu à peu se concentrer sur la scène, il devint indépendant du drame, si bien qu'on pouvait sans nul inconvénient le déplacer d'une tragédie à une autre *(embolima).* Le chant du stasimon était d'abord lié à l'*emmeleia,* la danse tranquille de la tragédie ; plus tard d'autres types de danse lui furent adaptés.

Le troisième chant de la tragédie est le *commos*. Ici la musique monte sur la scène, car le commos est un chant commun aux personnages qui sont sur la scène et au chœur placé dans l'orchestre. Si le stasimon est le noyau lyrique du drame, le commos en est le noyau pathétique. En lui se reflète tout ce qui bouleverse au plus haut point l'âme humaine : tristesse, souci, angoisse, désespoir. C'est le chant de la douleur vibrante, non résignée. Comme il s'agit précisément de l'expression d'un sentiment pathétique, on y retrouve la récitation alternant avec le chant avec, en accompagnement, la mélodie continue de l'aulos. Ici, une grande variété de combinaisons, selon que la scène comporte un acteur ou deux, qu'ils récitent ensemble ou séparément, selon que la forme en est strophique ou non, symétrique ou dissymétrique, etc.

Enfin nous avons les chants scéniques, c'est-à-dire les chants exécutés par les seuls acteurs sur la scène. Bien que nous ayons dit que l'étude du chant ne prenait pas beaucoup de temps aux acteurs grecs, il est logique de penser que celui auquel était confiée une partie récitée et chantée dans une solennité si importante, devait posséder des dons particuliers, qu'ils fussent acquis ou naturels. La personnalité de l'acteur, d'abord absolument subordonnée à celle du poète-musicien, en vint plus tard à croître en importance, jusqu'à ce qu'on trouve convenable d'instituer, à côté du concours de tragédie, celui d'interprétation, auquel participaient les trois protagonistes des tragédies.

Les chants scéniques se répartissaient en solos, duos et trios. Mais il faut prendre garde : lorsqu'on parle de duos et de trios, on ne doit pas penser que deux ou trois chanteurs unissaient en quelque manière leurs voix. En vérité, ils ne faisaient que dialoguer musicalement, que chanter l'un après l'autre, et même l'un d'eux pouvait se limiter à réciter. Le solo, la monodie, vint plus tard et nous la trouvons seulement dans Euripide, à travers des formes libres qui durent constituer de vrais morceaux de bravoure, dignes de chanteurs rompus à toutes les difficultés. Le duo suit la même évolution; mais l'un des deux se contentait de réciter. En ce qui concerne les trios, nous n'en connaissons qu'un seul : celui des *Trachiniennes*, qui, de surcroît, paraît avoir été refondu après la mort de Sophocle. Il s'agit en tout cas d'un trio bien modeste : Héraclès chante presque tout au long du morceau, pendant que Hyllos et le Vieillard se partagent seulement cinq vers.

On peut se demander quel laps de temps occupait la musique dans une tragédie grecque. Naturellement, la réponse ne peut être donnée que pour les pièces qui nous sont restées, et l'on voit que dans Eschyle les morceaux musicaux étaient plus longs, dans Euripide plus courts, tandis que le nombre des chants choraux chez les trois grands tragiques ne présente pas de différences notables; chez Euripide les *commoi* diminuent au profit des chants scéniques. Dans ces derniers, aussi bien que dans les *stasima,* le même auteur ne craint pas d'employer les procédés anaboliques. Or, on a moins besoin de mélodies dans une suite de longs morceaux choraux en forme strophique que dans des chœurs brefs de forme libre. Quand nous examinons les types et l'étendue des morceaux musicaux dans l'œuvre des trois grands tragiques, nous voyons aisément que la musique dramatique, au cours des quatre-vingts ans qui séparent la première tragédie de la dernière que nous connaissons, fut soumise à une évolution rapide, inhabituelle dans l'art musical grec. Et nous voyons aussi qu'Euripide, avec ses morceaux anaboliques, dut posséder une invention mélodique plus abondante, bien qu'Eschyle ait mis plus de musique dans ses tragédies. Ce fut certes cette abondance de mélodies qui fit survivre les chants de l'auteur des *Bacchantes* jusqu'au IIe siècle av. J.-C.

LA MUSIQUE DANS LA COMÉDIE

La même obscurité qu'on déplore à propos de l'origine de la tragédie plane sur celle de la comédie, compliquée du fait qu'avant la comédie attique, connue à travers Aristophane, exista une comédie dorienne, née et développée non pas en Grèce, mais dans une de ses colonies occidentales, en Sicile. Aristote (*Poétique,* III, 5) accorde, pour le théâtre comique, la primauté aux Siciliens de race dorienne, et Epicharme le Syracusain est pour lui le plus ancien et le plus grand représentant de l'art scénique gai. Il y eut donc une production d'un cachet particulier, que les Anciens savaient très bien distinguer d'une pro-

duction plus moderne, par laquelle les Attiques succé-
daient aux Doriens. Mais de cette production plus
ancienne nous avons seulement des notations éparses, et
du théâtre d'Epicharme, qui semble compter une quarantaine de comédies, il ne nous reste que de minces fragments. Quelle place eut la musique dans cet art très
ancien ? Quels usages musicaux de la comédie dorienne
passèrent sur les scènes attiques ?

A ces questions, nous ne saurions donner une réponse
satisfaisante. A propos du premier point, nous ne savons
combien le théâtre épicharméen comprenait d'éléments
lyriques et même s'il en contenait; mais on peut soutenir
à juste titre qu'il y avait là des chants et des danses, et
cela pour plusieurs raisons. Avant toute autre chose,
parmi les fragments qui nous sont parvenus, il y en a
un qui fait expressément allusion à l'exécution des
musiques et des danses (*le Mariage d'Hébé, Sphynx* etc.).
Encore faut-il réfléchir à la part prépondérante que dut
prendre dans ce théâtre l'esprit populaire issu des formes
primordiales de type bouffon, et qui durent longtemps
vivre obscurément dans les villages de l'île, mais le jour
vint où des artistes capables donnèrent à ces spectacles
une tournure plus artistique et leur prêtèrent une fable
cohérente qui se déroulait du commencement à la fin.
Or il est hors de doute que de telles expressions de la
gaîté populaire ne pouvaient exclure les chants et les
danses. Il faut mentionner enfin que les Anciens nous
ont dit, à propos du théâtre de Plaute, que cet auteur
s'inspira d'Epicharme, et nous voyons que Plaute, tout
en omettant le chœur dans ces comédies, passe continuellement du *diverbium* au *canticum* — de la récitation
au chant. En conclusion, on peut penser que la comédie primitive dorienne était un spectacle où l'on avait
apporté les chants et les danses des fêtes chorales sici-
liennes, en les liant logiquement à une donnée dans
laquelle on avait inséré de petites chansons et de petites
strophes inspirées de l'art populaire.

Il est bien plus difficile de répondre à la deuxième
question posée ci-dessus, c'est-à-dire de déterminer quel
héritage la comédie dorienne laissa à la comédie attique.
Il faudrait pour cela étudier les influences réciproques
de la comédie dorienne et de la tragédie (Epicharme, qui
vécut entre ~ 550 et ~ 460, put connaître la production

eschylienne). Cette étude est impossible, faute de documents du côté dorien et du petit nombre de documents qu'on peut trouver ailleurs. On peut seulement dire que si la comédie dorienne et la tragédie se développèrent à peu près au cours de la même période, la comédie attique les suivit à près de cinquante ans de distance; donc cette dernière dut profiter de l'expérience des premières. C'est pour cela que nous retrouvons dans la comédie des morceaux musicaux, de la récitation avec accompagnement instrumental et de la récitation pure, comme dans la tragédie. Nous retrouvons aussi les chants du chœur, les chants auxquels participaient chœur et acteurs et un grand nombre de chants scéniques.

Mais si les formes ne se distinguaient pas beaucoup, l'esprit en était absolument différent. Quiconque a lu une comédie d'Aristophane sait qu'elle se déroule dans un climat extrêmement éloigné de celui de la tragédie. Quiconque sait quelle était l'origine de la comédie dans l'Hellade, sait aussi qu'elle dérive des *phallophories* primitives, qui consacraient la communion entre les choreutes et les acteurs d'un côté, et le public de l'autre. Des données très simples, beaucoup de réalisme dans l'action scénique et, en ce qui touche la musique, une variété dans l'inspiration et beaucoup de facilité. De même que la lyrique chorale pénétra dans la tragédie pour en constituer la charpente musicale, de même l'art du peuple dut pénétrer dans la comédie attique et influencer ses chants, et ce fut certainement un aspect qu'elle eut en commun, hors les particularités d'exécution, avec la comédie dorienne.

Parmi les chœurs, nous retrouvons la parodos, moins que jamais contrainte aux règles de sa lointaine origine anapestique. Au *stasimon* est substituée la *parabase*, intermède musical de la comédie, où l'on plaçait des ariettes, des tirades de vers accompagnées par l'aulos et des strophes chorales dansées — tout cela avec une très grande liberté de formes. Naturellement nous ne trouvons plus ici la sage *emmeleia*, mais le *cordax* et la *sikinnis*, deux danses vives et peu châtiées. Les chants qui se répondaient de la scène à l'orchestre comprennent des couples de strophes chorales entre lesquelles se situe la récitation de l'acteur. Il faut surtout mentionner les vifs *syntagmata*, où deux personnages ou plus se querellent en récitant, pendant que le chœur chante son commentaire. L'effet ne devait pas être très éloigné de celui d'un *concertato* dans un opéra-bouffe. Les chants scéniques consistaient surtout en airs ou en chansons d'inspiration facile qu'accompagnait certainement une musique non moins facile.

La comédie attique offrait sûrement une grande variété de procédés musicaux. Il n'y manqua même pas des épisodes d'un lyrisme délicat (il suffit de citer l'air fameux des *Oiseaux*), il n'y manqua pas non plus la parodie de la musique sérieuse, sans compter les morceaux en solo et les chœurs de mauvaise réputation hérités des rites champêtres. Et pourtant la comédie attique sut pleinement concilier les disparates et les invraisemblances avec les ressources de la fantaisie de l'auteur qui pouvait être, comme ce fut le cas d'Aristophane, un grand poète et un grand artiste.

On sait qu'entre tragédie et comédie, se plaçait dans l'Antiquité un type singulier de production théâtrale appelé drame satyrique, qui était représenté après les tragédies. Mais on ne saurait décider avec assurance du rôle qu'y jouait la musique, car une seule de ces « opérettes » est parvenue jusqu'à nous et les écrits laissés par les Anciens sur ce sujet sont peu nombreux. On peut seulement dire que, dans *le Cyclope* d'Euripide, la musique, au contraire de ce qu'on aurait eu le droit d'attendre, occupait une place modeste. C'est environ le septième des vers, seulement, qui était accompagné de musique. Une parodos, deux stasima, deux autres chœurs, tous assez courts, et une chanson à boire où Polyphème dialogue avec le chœur, voilà la partie musicale de cette production, unique survivante de tout un genre artistique.

LA MUSIQUE DANS LES COLONIES GRECQUES D'OCCIDENT

On sait qu'à partir de l'époque préhistorique, c'est-à-dire dès l'époque qui a pris le nom d'égéenne, les peuplades préhelléniques parcoururent les mers occidentales, colonisèrent plusieurs contrées riveraines de la Méditerranée (Libye, Italie, Sicile, Ibérie, etc.) et étendirent leur commerce à ces terres. De ces relations, beaucoup de vestiges sont restés, même dans les mythes locaux, dont quelques-uns doivent avoir un lointain fondement historique. On comprend que la colonisation était plus dense sur les rivages proches des côtes d'origine. On ne sera donc pas surpris de trouver, au commencement des temps historiques ou un peu plus tard, de vastes établissements à l'extrémité de la péninsule italienne et en Sicile. Des villes opulentes et illustres furent fondées, et elles maintinrent non seulement des liens idéologiques avec la patrie, mais rivalisèrent en ferveur pour l'essor de la vie sociale et intellectuelle. Elles en vinrent à se retourner contre cette patrie, comme ce fut le cas dans la guerre du Péloponnèse.

On trouve des mythes musicaux, des souvenirs d'artistes très anciens, des manifestations musicales dans toutes les villes grecques de la Grande-Grèce et de la Sicile; mais on ne saurait dire si, dans les formes et dans l'esprit de cet art venu par la mer, se mêlait ou non quelque expression d'un art indigène, né d'un autre sentiment ou de conditions déterminées. Les peuplades italiques, d'une race différente des Grecs, descendaient tout au long de la péninsule et pesaient sur les Helléniques installés le long des côtes de la mer Ionienne. Ailleurs, Sicules et Sicanes, rejetés des côtes de la Sicile par l'immigration grecque, étaient tenus à l'écart des villes nouvelles. Le panorama ethnique était, dans cet Occident hellénisé, beaucoup plus varié et composite que sur les bords de la mer Égée.

Nous savons que Platon réprouvait les habitudes de vie de ces Grecs d'outre-mer, confondant dans sa réprobation Italiotes et Siciliotes. Il semble que cette vie était dédiée uniquement aux plaisirs des sens, et sans doute d'agréables musiques tenaient-elles une large place dans ces plaisirs. *Molle Tarentum* se disait de la ville qui, presque à la même époque, était devenue cependant la forteresse des pythagoriciens et la patrie d'Aristoxène (fin du ∼ IVᵉ siècle), le plus grand théoricien de l'Antiquité en matière musicale. Il est l'auteur des *Eléments harmoniques*, dont nous sont parvenus trois livres, et des *Eléments rythmiques*, qui sont restés à l'état de fragments, mais très précieux. De Sybaris, Crotone et Métaponte, villes renommées de la Grande-Grèce, il

n'est pas resté beaucoup de documents musicaux dignes
de mémoire. Rhegium peut se vanter seulement d'avoir
donné naissance à Ibycos ($\sim$ VIᵉ siècle), ancien poète
choral, et à Glaucus ($\sim$ Vᵉ siècle), le premier musicographe de notre civilisation, dont les fragments sont
incorporés à ce *De musica* qui a été attribué par erreur
à Plutarque. Mais de toutes les villes grecques de l'Italie
continentale, il n'en est aucune dont les traditions musicales puissent dépasser celles de la Locres Epizéphy-
rienne, fondée par des peuplades de la Locride dans
la seconde moitié du $\sim$ VIIIᵉ siècle sur les bords de la
mer Ionienne, dans le voisinage du cap Zéphyr. Pindare parle trois fois de cette ville : il affirme (dans la
XIᵉ *Olympique*) que les Locriens sont un peuple musicien ; il mentionne (dans la IIᵉ *Pythique*) les chansons en
chœur des jeunes filles locriennes ; il loue le chant et l'harmonie des auloi pratiqués par un Locrien (fragm. 140).
Cette dernière mention a probablement trait à l'aveugle
Xénocrite, l'un des fondateurs de la deuxième catastase,
qui aurait été l'inventeur d'un mode locrien, dit aussi italique, dont l'octave coïncidait avec l'octave éolienne ou
hypodorienne (échelle de *la*). Il semble que ce mode eut
un *éthos* particulier, mais la différence devait être si subtile que même dans l'Antiquité, bien qu'on fût accoutumé
aux subtilités, la perception s'en perdit. Xénocrite est
sans doute à l'origine d'une école musicale locrienne
dont les noms des élèves sont parvenus jusqu'à nous :
Erasippe, Eunomos, Mnasée et la poétesse Théano.

PYTHAGORE.

On ne peut pas non plus oublier que c'est en Grande-
Grèce que vécut et travailla Pythagore, qui s'occupa de musique, mais d'un point de vue particulier.
Aujourd'hui les doctrines musicales du grand maître
peuvent sembler bien modestes, mais elles ont une place
non seulement dans l'histoire de la musique, mais aussi
dans celle de la pensée humaine. Pythagore observa que
le son est engendré par le mouvement de l'air et qu'il est
d'autant plus aigu que ce mouvement a plus de vitesse.
Mais il ne parvint pourtant pas à concevoir la théorie des vibrations, et si même il y était parvenu, il n'aurait pas su comment les évaluer. Le philosophe trouva
également que deux cordes de même épaisseur et égale-

ment tendues donnent l'intervalle d'octave si l'une (la plus aiguë) est la moitié de l'autre ; l'intervalle de quinte *(ut-sol)* si les longueurs sont dans le rapport de 2 à 3 ; l'intervalle de quarte *(ut-fa)* si les longueurs sont comme 3 est à 4. En conclusion, ces rapports sont tous contenus dans le quaternaire 1-2-3-4.

Les découvertes pythagoriciennes éblouirent le maître et les disciples. C'était la première loi physique que l'homme retrouvait et à la vérité il leur parut que ce n'était pas seulement une loi qui eût été retrouvée, mais *la* loi. Les connaissances assez avancées de l'école pythagoricienne en matière d'astronomie leur permirent d'étendre cette loi des choses de la terre aux choses du ciel, du son de la lyre aux sphères suprêmes, de l'engendré au non-engendré, du passager à l'éternel. L'harmonie qui règle le mouvement des astres ne peut pas être éloignée, disait-on, de l'ordre qui règle les rapports des plus simples intervalles fondamentaux de la musique. Les astres qui tournent autour d'un centre commun doivent donc se mouvoir à des intervalles déterminés selon de simples rapports numériques. Les nombres devinrent alors la représentation du monde phénoménal, le moyen qui permettait à la loi de se généraliser ; et comme les nombres provenaient de rapports musicaux, les rapports mis en jeu dans le cosmos étaient donc des rapports musicaux.

Avec les siècles, une semblable conception a gardé quelque chose de sa fascination. Mais dans l'Antiquité, elle s'étendit et se précisa en détails dans lesquels une incontrôlable fantaisie remplaça l'observation scientifique qui faisait défaut. Cette fantaisie connut son apogée dans la fantasmagorie cosmologique de « l'harmonie des sphères ». Ici le mot harmonie doit être entendu dans le sens grec (échelle musicale des sphères donc, et non concomitance des sons rendus par les sphères) : une succession de sons liés par des rapports déterminés. Il s'agissait alors d'assigner à chaque astre un des sons d'une gamme choisie. Ici il y avait de quoi soutenir les idées les plus fantaisistes et, en fait, les hypothèses avancées par les Anciens à ce sujet furent très nombreuses et naturellement tout à fait arbitraires.

Les conceptions mathématiques et intellectuelles exposées par le grand philosophe, étendues à une science extra-musicale et universelle, prirent le dessus sur la pratique musicale, bien que celle-ci fût partout en honneur. Il arriva ainsi que « le grave Pythagore rejeta le témoignage de la sensation dans le jugement de la musique et dit que la vertu de cet art doit se percevoir par l'intelligence » (Pseudo-Plutarque, *De musica,* XXXVII.) Cette opinion rencontra l'opposition d'Aristoxène de Tarente, dont l'enseignement, au contraire, répudiait les éléments de nature « physique » et mathématique contenus dans la musique en s'appuyant sur un critère moins rigoureusement intellectuel et sur la pratique empirique des artistes mêmes. La lutte entre les deux tendances opposées ne cessa pas durant l'Antiquité, elle continua au Moyen âge et on peut dire qu'elle est même parvenue jusqu'à nous. Ces querelles ou ces divergences n'ont pas ralenti l'évolution de l'art musical, mais les auteurs du Moyen âge, en écrivant sur la musique, se sont fondés sur les théories de Pythagore. De toute la théorie musicale grecque une seule chose survécut à l'écroulement du savoir ancien, ce fut la sainte tétrade pythagoricienne. La musique, selon la conception du maître, est considérée avant tout comme une science et, comme pure spéculation de l'esprit, elle a sa place parmi les sciences du quadrivium.

LA MUSIQUE EN SICILE.

Au sein de la Grande-Grèce, ce fut la Sicile qui connut la vie sociale la plus développée et sa physionomie fut la plus caractéristique. Elle sut conserver plus longtemps l'importance politique et sociale de ses villes, qui furent parmi les premières du monde gréco-romain. La Sicile fut le théâtre d'événements décisifs pour l'humanité antique, son histoire revêt une importance universelle et l'éclat de ses manifestations artistiques rejaillit sur la Grèce elle-même.

Nous avons déjà nommé les plus grands artistes dont l'île s'honora dans ce temps-là. Illustre entre tous, Tisias d'Himère, surnommé Stésichore (guide du chœur), vécut entre ∼ 630 et ∼ 555 à peu près, et passe pour l'inventeur de la triade strophique. Auteur de vers héroïques accompagnés de musique, un dicton célèbre disait qu'il soutint sur la lyre le poids de l'épopée, et la comparaison entre Stésichore et Homère fut un lieu commun de l'Antiquité. Ce qui n'empêcha pas le grand Sicilien de chanter les joies de l'amour et du festin, à côté de l'épopée.

D'Epicharme le Syracusain, nous avons déjà parlé à propos de la comédie dorienne, et nous ne nous répéterons pas. Midas et Métellos furent deux aulètes célèbres d'Agrigente, et le premier eut l'honneur d'être chanté par Pindare (*XIIe Pythique*), le second d'avoir Platon parmi ses élèves. Empédocle, lui aussi d'Agrigente, est une figure bien singulière, mais en lui l'habileté du musicien, reconnue par les Anciens, est surpassée par la renommée du philosophe. Téleste de Sélinonte fut un des plus fameux auteurs de dithyrambes anaboliques. On ne doit pas oublier enfin que plusieurs grands poètes-musiciens de la Grèce, de Sappho à Eschyle, de Simonide à Bacchylide et à Pindare, vinrent en Sicile, pour y vivre et y créer.

LA MUSIQUE CHEZ LES PEUPLES ITALIQUES ET DANS LA ROME PRIMITIVE

La mélique et l'orchestique avaient atteint en Grèce une grande finesse de formes et de contenu, lorsque Rome n'était encore que sur le chemin de la puissance. On sait que ce fut d'abord une petite assemblée de paysans et de pâtres; ses chants ne pouvaient avoir qu'une allure rude et grossière : les anciens mythes du Latium furent rustiques, belliqueux et domestiques et leur pragmatisme s'oppose à la vision lyrique du pur artiste hellénique. Les mélodies romaines archaïques ne pouvaient pas naître du sentiment et de la fantaisie qui inspirèrent le poète-musicien grec, mais des besoins d'une vie plus simple et élémentaire : le besoin de se rendre les dieux favorables, celui de bercer le nouveau-né ou de chanter les *nénies* aux morts, celui de célébrer la victoire. En tout cas l'origine des musiques romaines primitives doit être recherchée parmi ces peuplades italiques qui habitèrent la péninsule à l'époque préromaine. Ce furent les Etrusques, les Ombriens et des groupements numériquement moins importants tels que les Sabelliens et les Latins. Ces deux derniers, amas plutôt

confus de provenances diverses, étaient encore barbares
à la naissance de Rome, et l'on ne peut rien dire sur leurs
pratiques musicales, qui ne pouvaient être que rudimentaires. Des Ombriens, on ne sait pas davantage. Il ne
reste donc que la civilisation étrusque. Mais si nous nous
rappelons que, selon une tradition très ancienne, com-
battue de nos jours, mais qui est loin d'avoir perdu de sa
force, les Etrusques provenaient eux aussi des côtes
égéennes de l'Asie Mineure, voilà que nous sommes
ramenés au bassin oriental de la Méditerranée et aux
ténèbres du Moyen âge hellénique. Peut-être la liaison
entre l'art grec et l'art romain doit-elle être recherchée
dans les temps les plus reculés : il y aurait une source
unique issue d'une époque où il aurait existé des formes
et des usages artistiques également répandus dans le
monde civilisé ; puis les deux ruisseaux qui en décou-
laient se fixèrent dans les deux péninsules méditerranéennes et vécurent séparés pendant bien des siècles,
sans points de contact. Plus tard, ils viendront s'unir
encore une fois et ce sera le plus raffiné qui absorbera le
moins évolué, mais à la fin ils déchoiront ensemble, et
ensemble s'aviliront.

Le peuple tyrrhénien, qui s'appela étrusque, dut immi-
grer en Italie vers la fin du Moyen âge hellénique (fin
du ~ IXe - commencement du ~ VIIIe siècle). Il conserva
son indépendance cinq siècles durant et ses institutions
pour deux siècles encore, avant que Rome ne l'absorbât
en faisant prévaloir sa civilisation.

Ce ne fut donc pas des rivages grecs, où la vie intellectuelle latine puisa de si splendides exemples, que parvinrent à Rome les premiers chants et les premières
mélodies : les habitants de la ville nouvelle recueillirent
des anciens peuples italiques des coutumes artistiques et
rituelles et les musiques qui s'y adaptaient. C'étaient des
coutumes véritablement primitives, établies au même
moment où la Grèce et ses colonies italiques connaissaient les magnificences et les délicatesses d'un art lyrique
achevé. Aux Etrusques, les Romains empruntèrent sans
doute leurs premiers instruments de musique, ceux que
nous voyons reproduits fréquemment sur les bas-
reliefs, sur les peintures murales, les vases, les bronzes
de l'art étrusque. Les instruments à vent prédominent
sur les instruments à cordes. Peut-être cette considération

pourrait-elle apporter une modeste contribution à la
thèse qui fait les Etrusques originaires de l'Asie Mineure,
où, comme nous savons, l'aulos était l'instrument national. Mais, à part cette hypothèse, la provenance égéenne
de la plus grande partie des instruments que nous
montrent les figurations étrusques s'impose : nous retrouvons, en effet, la lyre, l'aulos, la flûte de Pan. La première
est tout à fait semblable à la lyre grecque, alors qu'il ne
semble pas que l'Etrurie connût la grande cithare grecque
de concert. L'aulos est presque toujours double; quelquefois son tuyau est recourbé dans sa partie inférieure
avec un pavillon terminal, comme notre clarinette basse.
Nouveauté à l'égard de la Grèce, ce n'en est pas une à
l'égard de la Phrygie, où l'aulos *élyme* avait précisément
cette forme-là. La flûte de Pan, au contraire, ne diffère
en rien du même instrument hellénique. Mais la nouveauté réside surtout dans les « cuivres » : cors et
trompettes qui, chez les Grecs, comme nous l'avons dit,
eurent une structure rudimentaire et furent d'une importance artistique à peu près nulle. Le long cor recourbé,
rendu plus solide au moyen d'une barre qui en réunit
les extrémités, fut inventé par les Tyrrhéniens, selon
Pollux (IV, 85). Les Romains l'adoptèrent tel quel et
lui donnèrent le nom de *bucina*. C'était un instrument
pour sonneries militaires qui, en Etrurie aussi bien qu'à
Rome, était employé dans les manifestations de la vie
publique, dans la milice, pour les combats. Dans les
légions romaines, à l'arrivée de l'empereur ou du général,
ou bien quand un légionnaire avait été tué, les *bucinatores*
entonnaient le *classicum,* sorte de «fanfare d'ordonnance »
de l'armée. Les Etrusques connaissaient aussi la trompette, instrument de son plus aigu que l'autre et qui se
recourbait à l'une de ses extrémités où il s'ouvrait en
un pavillon. Les Romains l'appelèrent *lituus* et l'em-
ployèrent surtout dans la cavalerie; s'il était plus court,
il conservait sa forme droite et prenait le nom de *tuba.*
Sous cette dernière forme, il aurait été inventé, selon
Diodore (v, 40), par les Etrusques. Un cor plus court
que la *bucina* eut à Rome le nom de *cornu.* Dans les
peintures étrusques enfin, on voit fréquemment un instrument à percussion du type des castagnettes, constitué par
deux planchettes de bois qu'on frappait l'une contre l'autre,
accompagnant les danseurs de ses battements rythmiques.

Nous avons passé en revue les moyens sonores dont disposa l'art musical étrusque au cours des siècles où il put avoir un développement indépendant. Ces moyens étaient assez semblables à ceux qu'utilisaient les Grecs, mais ils en étaient restés au stade archaïque. Archaïques aussi nous paraissent les pratiques musicales de ce peuple, telles que nous les voyons dans les peintures et les sculptures : cérémonies sacrées liées au culte des morts, danses, scènes de course ou de lutte, musiques guerrières, musiques nuptiales. Le motif ornemental du joueur de diaulos revient fréquemment, ainsi que les synaulies de lyre et d'aulos. Dans beaucoup de danses, les danseurs et les musiciens étrusques nous sont montrés dans des attitudes qui ressemblent beaucoup à celles des Hellènes. On peut dire que la musique en Étrurie en est au stade égéen, ou tout au moins au stade où elle dut se trouver en Grèce avant la première catastase de Terpandre.

C'est cet art qui, de l'Etrurie descendit vers le sud, sur les rivages du Tibre. On a peu de documents sur les premiers rudiments de la poésie latine mise en musique au temps semi-légendaire de la royauté, et pendant la première période de la république la musique latine balbutie. Au commencement, on rencontre les chants des *Fauni vates* (prêtres de Faunus), accordés au rude vers saturnien dont la constitution rythmique demeure incertaine, mètre indigène de la *Saturnia tellus*, où l'accent syllabique prévalait sur la quantité, et qui est probablement la plus ancienne application d'un mode de versification et de mise en musique différent de celui des Grecs. Mais en ce qui concerne l'indépendance qu'une telle conception donnait à la parole par rapport à la musique, nous ne pouvons presque rien dire. C'était également en vers saturniens (qui ne devaient pas être très différents de notre *saltarello*) qu'était composé le *Saliare carmen,* hymne attribué par la tradition à Numa, que les Saliens, prêtres de Mars, chantaient autour de l'autel du dieu au commencement du printemps. D'autres chants liturgiques, d'après les fragments connus, obéissaient aux formes ïambiques. Parmi les genres profanes, il faut mentionner les licencieux chants *fescennins,* peut-être d'origine italique falisque, où il se peut que se soit introduit un élément dramatique. Nous pouvons penser à eux comme à des farces rustiques mêlées de dialogues assez libres improvisés sur une donnée sommaire, de chansons gaies et de danses tirées du répertoire populaire et champêtre. Proches des chants fescennins durent être les *saturae.* On ne saurait rien dire sur l'accompagnement de ces musiques, mais il ne dut pas différer beaucoup de ce que les peintures romaines nous montrent : l'aulos double, que les Romains appelaient *tibia,* s'unissait au chant dans le temple, dans la farce, dans les festins, dans les funérailles. La lyre, beaucoup moins répandue, même dans la période de la plus grande splendeur artistique, joua toujours un rôle réduit. Dans le *Collegium tibicinum,* les instrumentistes s'unissaient en corporation, comme leurs confrères helléniques à l'époque de la décadence.

Bref, la première Rome n'en était qu'à l'enfance de la musique et de l'expression dramatique. Mais quand, à l'époque de la république, la puissance de l'*Urbs* commença à s'étendre dans l'Italie centrale et méridionale, il y eut à Rome un afflux de musiciens, de danseurs, de mimes venus des autres peuples italiques. C'est ainsi qu'en l'an 390 de Rome (~ 363), comme on célébrait des rites propitiatoires après une épidémie de peste, au cours des grands jeux *(ludi romani),* qui jusqu'alors avaient comporté seulement des courses de chevaux et de chars, furent donnés aussi des spectacles dramatiques avec des dialogues, des chants et des danses, joués par des acteurs et des musiciens étrusques. A cet effet on construisit un échafaudage en planches avec une scène à la mode grecque. Ces productions informes et grossières, dont rien n'est resté, furent en vogue plus d'un siècle, et ce fut seulement au cours de la deuxième moitié du ~ IIIe siècle (~ 240) que le théâtre romain tenta, avec l'Italiote Livius Andronicus, de Tarente, une première imitation hellénique. Il fut suivi par Nævius, Ennius, Plaute et Térence, pour ne mentionner que les auteurs les plus connus de tragédies et de comédies. On en arriva ainsi, toujours en imitant les Grecs, au Ier siècle avant notre ère.

LA MUSIQUE
DANS LE MONDE HELLÉNISTIQUE

Le panhellénisme, que les conquêtes d'Alexandre le Macédonien avaient répandu sur son immense empire, renfermait en lui, et dans une très large mesure, les coutumes, les préférences, les idées et les motifs des peuples d'Orient. L'hellénisme gagnait en étendue, mais sa pureté s'altérait; de plus il perdait en profondeur ce qu'il acquérait en extension. Athènes qui, dans le passé, s'était trouvée au centre de la région géographique et en même temps de la vie spirituelle du peuple grec, reste maintenant à l'écart. Le centre se déplace non au point de rencontre des voies d'un seul pays, mais à celui de plusieurs pays, de continents entiers. Cette transformation politique et sociale du monde antique réagit sur les arts musicaux de l'Antiquité. Les conditions matérielles changent, l'esprit dégénère; il est donc naturel que la composition poétique et musicale subisse les conséquences de cet état de choses. La décadence des chorégies, la création anabolique sont, par exemple, deux événements qui n'ont pas seulement des causes de nature artistique. Un autre événement est destiné à avoir des conséquences encore plus grandes : la séparation graduelle des arts musicaux. D'un côté, on brise le lien rythmique qui unissait la poésie à la musique; d'un autre côté, la danse cherche à se séparer de la poésie et à lui substituer l'expression mimique elle-même. De plus, la danse abandonne peu à peu la noblesse des poses pour la vulgarité ou la lubricité. Enfin, il semble que l'époque des grands créateurs soit close. La Grèce ne donne plus de grands poètes-musiciens. Le poète bien souvent ignore tout de la musique et doit recourir à un autre artiste qui porte le nom de *mélographe* et ne sait rien de la poésie. Ce dernier compose la musique et l'adapte aux vers de l'autre. De cette manière la composition musicale devient un travail où prévaut le métier, et les grands élans de l'esprit hellénique, qui ont donné des fruits si abondants au lyrisme du ∼ Ve siècle, cessent peu à peu dans le siècle suivant. Du ∼ IVe siècle, en effet, date une lente déchéance, qui s'accentue dans les suivants. L'âme grecque ne sait plus se retrouver elle-même : on fait de la théorie plus qu'on ne crée. C'est alors que commence le règne des curiosités savantes, que les attitudes doctorales prévalent. La spécialisation s'introduit. Mais ici aussi, ce qu'on perd d'un côté, on le gagne de l'autre. La diffusion de la musique, avec celle de la langue grecque, croît énormément : entre l'époque d'Alexandre et celle d'Auguste, la musique grecque est non seulement répandue à Rome, non seulement présente à Syracuse, mais envahit la Syrie, la Perse et la Médie, se répand dans le vieux peuple de l'Egypte et dans la bourgeoisie nouvelle d'Alexandrie. Entre l'océan Indien et l'Atlantique, partout où la *koinè* (la langue commune) résonne, la cithare d'Apollon accompagne encore l'hymne aux vieux dieux de l'Olympe et l'aulos reprend les accents périmés du dithyrambe corinthien.

C'est cependant un malheur pour nous que la musique soit sur la voie de l'émancipation, car, à défaut de compositions musicales, le fil pour la suivre dans son itinéraire technique vient à nous manquer. Nous ne pouvons donc que nous référer à des procédés sommairement descriptifs. On peut dire avant tout que tous les genres musicaux cultivés dans les siècles précédents continuent à vivre : tragédie, comédie, dithyrambe, lyrique chorale, solo vocal et instrumental. Cependant la tragédie est figée dans le souvenir des trois grands, sans qu'on sache rien lui ajouter de nouveau. Les œuvres d'Eschyle, de Sophocle et d'Euripide sont continuellement reprises sur les scènes hellénistiques, mais comme les contemporains ne produisent plus, les grands acteurs tragiques déclinent et disparaissent (~ IIIe siècle). La comédie, au contraire, subit une profonde évolution : Aristophane qui mettait en satires les événements de son époque — événements forcément inconnus de celles qui suivaient —, disparaît du répertoire et est remplacé par Ménandre et ses imitateurs. Mais ici le chant disparaît presque entièrement de la pièce, ou bien il se réduit à quelques ariettes. En échange, la musique prend une large place dans des parodies qui ont une grande vogue (hilarodie, lysiodie, magodie, mime, comédie italique, etc.). Il s'agissait de productions qui ne différaient pas beaucoup l'une de l'autre, et qui étaient constituées par des chants et des danses grotesques, accompagnées d'instruments de tous les types. La musique chorale, au contraire, continue avec les hymnes, les péans, les dithyrambes, et elle est pratiquée assidûment. De grandes assemblées de chanteurs, accompagnés par des orchestres entiers d'instruments à vent ou à cordes, se réunissent quelquefois pour chanter une prière à un dieu ou l'éloge d'un prince, mais ce lyrisme de parade ou de commande ne réussira jamais à s'élever au-dessus de la médiocrité. C'est dans la musique instrumentale des solistes que se concentrera le talent musical des ∼ IVe et ∼ IIIe siècles. Les aulètes et les citharistes renommés de la Grèce se répandirent dans le monde ancien et acquirent une renommée universelle. L'intérêt de l'époque est passé de l'auteur à l'exécutant. Alors que l'artiste créateur ne fait que prouver son impuissance et son manque de fantaisie, l'interprète fait au moins preuve d'une véritable habileté et offre au public les musiques et les spectacles les plus variés que l'art du temps puisse organiser. Acteurs, musiciens, danseurs remplissaient les grandes villes; réunis en petites compagnies nomades, ils partaient en tournée, offrant des spectacles mêlés de récitation, de musique et de danse. Au-dessus de ces compagnies, il y avait les grandes corporations des artistes dionysiaques, qui comprenaient poètes, mélographes, acteurs tragiques et comiques, citharistes, aulètes et choreutes, tout le personnel enfin qui était indispensable pour monter des spectacles complets. Ces confréries qui ne négligeaient pas l'appât du gain et qui visaient au bien-être de leur communauté, avaient également un caractère religieux, en mémoire des liens qui unissaient autrefois le culte des dieux et l'art poético-musical. Elles se produisaient souvent dans les plus grandes villes et parurent aux grandes fêtes nationales helléniques. Dans les royaumes hellénistiques qui naissent du démembrement de l'empire d'Alexandre, l'art dramatique et la musique sont protégés par les princes. Alexandre lui-même, pour ses noces avec Statira et à l'occasion des honneurs funèbres rendus à son ami Héphestion, réclame le déploiement d'un grand faste musical. En Égypte, Ptolémée XIII (∼ 80-∼ 52) surnommé l'Aulète à cause de ses qualités d'instrumentiste, ouvre la série des *dilettanti* couronnés. Un mécène athénien, Hérode Atticus, fait bâtir à ses frais, au IIe siècle de notre ère, un théâtre au pied de l'Acropole, non loin de l'ancien théâtre de Dionysos, pour les concerts de virtuoses. A cette époque de déclin, l'activité artistique n'était pas inférieure à celle des siècles les plus brillants de la Grèce antique, mais la qualité répondait-elle à la quantité des manifestations ? Il est permis d'en douter.

LA MUSIQUE DANS L'EMPIRE ROMAIN

Le peu d'inclination que le peuple romain, dans son ensemble, montra pour certaines activités artistiques, l'absence d'un intérêt passionné comparable à celui dont étaient entourées, dans la Grèce du passé, les choses de la musique, le fait que la puissance et la richesse de Rome furent postérieures à la floraison de l'art poético-musical hellénique, les différences entre l'organisation de la vie civile latine et de la *polis* grecque, expliquent pourquoi la Rome impériale se montra inférieure à la Grèce dans ses manifestations musicales. Avant tout, il faut dire que le poète et le dramaturge latins ne savaient pas la musique; qu'ils avaient recours à un *artis musicae peritus*. D'autre part, les écrivains latins se taisent sur les techniques musicales; il est même rare qu'ils s'occupent de musique, même du point de vue esthétique ou moral. Toutefois les musiques romaines existèrent, à tel point qu'encore dans les premiers siècles de notre ère on reprenait continuellement sur les théâtres le répertoire traditionnel, avec ses *cantica* propres à chaque production, chants que le peuple connaissait par cœur et aimait. Mais si les compositions musicales existaient, il nous est permis de croire que leurs auteurs ne devaient pas avoir un idéal artistique très élevé, ni les auditeurs beaucoup d'exigences.

Une production théâtrale romaine imitée des Grecs, tragédie ou comédie, comprenait, comme son modèle, chant et récitation. On distinguait trois parties : *diverbium, canticum* et *chorus*. Mais à Rome tous les chants sont scéniques, parce que désormais l'orchestre est occupé par le public et que le chœur a dû monter sur la scène; la danse n'est plus représentée. L'examen de la versification employée par l'auteur latin nous autorise à séparer le chant de la récitation, mais nous ne sommes plus au temps de l'hellénisme et il serait imprudent de vouloir tirer de la rythmique des déductions d'ordre musical. Cependant, dans une production théâtrale latine la musique devait avoir une partie considérable, à commencer par le prélude musical constitué par un solo de *tibia*. Il arriva même que les organisateurs des spectacles, comptant sur la distraction du public romain, décidèrent de condenser les parties récitées de la tragédie tout en laissant intacts seulement les *cantica*. De cette manière les scènes musicales restaient séparées par de courts dialogues, et le drame était dissous dans une atmosphère musicale.

La *tibia* était le seul instrument musical utilisé sur le théâtre : c'est sur le *tibia* que l'on jouait le prélude et que l'on accompagnait ensuite l'acteur et le chœur. Le *tibicen* restait dans le fond de la scène tandis que l'acteur s'avançait. Parfois on employait un curieux procédé : le *tibicen* jouait et l'acteur sur la scène mimait son rôle, tandis qu'un autre exécutant, dissimulé à la vue du public, chantait. Cet usage remontait à Livius Andronicus, dont nous avons déjà parlé, le père du théâtre romain hellénistique, et qui jouait dans ses propres drames. Il était un jour devenu aphone pour avoir plusieurs fois répété certains chants que les auditeurs aimaient particulièrement et il avait trouvé commode de recourir à un remplaçant pour la partie vocale.

Plus tard un nouveau genre de spectacle apparut à Rome, ce fut le mime, d'où dériva plus tard la pantomime. L'ensemble du monde latin (ou soumis à la domination latine) collabora à cette création. Le baladin étrusque *(hister)* apporta à Rome les mimes de son pays ; de la Grande-Grèce et de la Sicile parvinrent les productions parodiques en faveur lors du déclin de l'hellénisme, riches en chansons et en musique ; d'Atelle, la petite comédie bouffonne en patois *(atellana)* ; d'Orient et d'Occident arrivaient les danseurs de caractère : de la Syrie les *ambubaiae* (musiciennes), de l'Andalousie les belles Gaditanes. C'est de ce mélange de créations et d'interprétations que naquit le mime. Ce mot peut se rapporter soit à l'acteur, soit à la production, mais nous nous référons ici à cette dernière. C'était un spectacle

difficile à définir, mêlé de récitations, de chants et de
danses; plus tard on élimina la récitation qui fut remplacée par la gesticulation. Il est permis de reconnaître là
l'influence de l'Italie méridionale, où le geste a été, de
tout temps, quelque chose de particulièrement vif, de
joyeux et d'éloquent. Le rôle de la danse était capital :
elle était accompagnée par une variété d'instruments
assez bruyants; parfois il y avait aussi un chœur. Le
mime fut d'abord un court spectacle qui cherchait sa
voie, mais dans la suite il crût en importance et devint la
pantomime, où se déploya un grand luxe de moyens et
d'effets.

Avec le mime, les femmes accèdent à la scène, et
avec elles on glisse bientôt de la fable bouffonne au
réalisme le plus effronté. Les arguments du mime sont
choisis parmi les événements les plus communs de la vie
et traités avec un relief caricatural; tandis que dans la
pantomime, la préférence va à des sujets épiques et
mythiques que l'on développe avec une grande précision
dans la lubricité. Ici, la personnalité du premier acteur,
le pantomime, domine : il doit savoir imiter, mimer,
danser, tout faire. Peu à peu l'art de la pantomime
devient particulièrement complexe, et exige des interprètes une grande finesse d'expression : l'interprète
principal finit par indiquer le thème de la production,
choisir la musique; il s'occupe de la régie, monte le
spectacle. Rome eut plusieurs grands pantomimes, Pylade
et Bathylle, par exemple, dont les noms reviennent
souvent dans les écrits contemporains. Honorés par les
empereurs, adulés par l'aristocratie, c'étaient les personnalités théâtrales du temps; ils se groupaient en corporations, comme les danseurs, les chanteurs et les
instrumentistes.

Dans le mime et la pantomime la musique occupait
sans doute la plus grande place; quant à sa valeur artistique, elle ne devait pas être d'un niveau supérieur à
celle de nos revues de music-hall. Néanmoins en elle se
manifestait la plus haute expression musicale romaine.

Quand la Grèce fut devenue l'une des provinces de
l'Empire, l'Urbs commença à accueillir les musiciens
grecs, car les *cives romani* ne témoignaient pas de beaucoup de goût pour les professions artistiques. Ces musiciens introduisirent à Rome la citharodie et le chant

monodique, tandis que les grandes manifestations de la lyrique chorale ne réussissaient pas à s'acclimater dans le Latium, et gardaient toujours un caractère occasionnel. La citharodie consista dans l'exécution de nomes chantés en grec, et résonna comme l'écho de l'Athènes cultivée et élégante. D'autres chants monodiques, eux aussi accompagnés par la cithare ou par quelque autre instrument polycorde, eurent pour texte poétique les plus célèbres expressions de la lyrique latine. C'est ainsi que les ïambes de Catulle, les odes d'Horace, les élégies de Tibulle, toute la grande poésie latine enfin, où revit la rythmopée hellénique, fut exécutée, avec les mêmes moyens que ceux employés jadis à Lesbos pour l'ode légère d'Alcée et de Sappho. De cette manière se forma donc un véritable répertoire de musique de chambre et l'on peut en inférer que ces chants, dont il ne nous reste que les textes, constituèrent les manifestations les plus hautes et les plus pures de la musicalité latine. C'est probablement grâce à leur diffusion que l'exécution musicale, jusqu'alors réservée aux esclaves et aux affranchis, en vint peu à peu à être pratiquée par les libres citoyens romains.

On tombe alors bientôt dans l'excès opposé, c'est-à-dire dans la passion et la frénésie musicales. Des membres de l'aristocratie, non seulement chantent et jouent dans leurs palais, mais en viennent à se produire sur les scènes au grand scandale de la noblesse. Peu à peu cet usage se répand, et ce sont surtout les empereurs qui, par leur exemple, justifient ces excès. Caligula, passionné de théâtre, chante avec les acteurs sur la scène et imite leur façon de marcher et leurs gestes; Titus et Britannicus, à la cour de Claude et de Néron, chantent et jouent. Il est à peine besoin de mentionner Néron, l'impérial histrion, qui revêt l'habit de cithariste, se présente avec une fausse humilité aux concours, soutient des programmes publics entiers de nomes citharodiques et finit par se faire inscrire à la corporation des citharistes professionnels. Cependant, si l'on met de côté ses folies et sa basse histrionnerie, il faut croire qu'il avait des qualités adéquates, ainsi que d'autres empereurs ou d'autres aristocrates. Mentionnons encore Titus, chanteur et instrumentiste habile, Hadrien, Héliogabale qui savait jouer de plusieurs instruments, Alexandre

Sévère. Aux jeux du cirque, aussi bien que dans les concerts publics et privés, participaient de véritables orchestres composés de la manière la plus variée. Pour les combats de gladiateurs, les instruments étaient choisis parmi les plus bruyants; dans les riches maisons où l'on disposait de nombreux esclaves musiciens *(pueri symphoniaci)*, un chœur s'ajoutait parfois aux instruments et aux danses. Dans les voluptueux banquets de l'époque impériale, dont Pétrone nous a laissé une si vivante peinture (dans *le Festin de Trimalcion*), la musique s'unissait aux plus désinvoltes obscénités, tout comme au cirque elle accompagnait l'effusion de sang et la cruauté. Si dans la masse des écrits contemporains les notes ne manquent pas, il s'agit surtout d'anecdotes qui ne révèlent que les coutumes et ne disent rien de ce qui peut nous intéresser le plus. L'équilibre qui avait présidé pendant des siècles, et même des millénaires, à la musique du monde classique est rompu, et nous ne disposons pas de véritables documents musicaux, qui nous permettraient de comprendre et d'apprécier. Le grand fleuve de la musicalité ancienne, que nous avons vu couler avec une majesté tranquille, s'est fractionné en mille ruisselets, puis a cessé de couler pour ne plus former que des mares stagnantes.

LES VESTIGES DE LA MUSIQUE HELLÉNIQUE ET HELLÉNISTIQUE

Les textes musicaux qui nous restent de cette période sont presque tous à l'état de fragments et leur importance est souvent nulle du point de vue pratique. Comme plusieurs prêtent à l'incertitude et au doute, ils ont donné lieu à des discussions sans fin, dans lesquelles nous ne pouvons pas entrer. Nous les signalons dans l'ordre chronologique, certain ou présumé, des compositions :

1º Iᵉ *Pythique de Pindare* (∼ 478), lue par Kircher vers la moitié du XVIIᵉ siècle dans un ancien codex de Messine; mais comme ce codex n'a pas été retrouvé, on a émis de nos jours bien des doutes sur l'authenticité de ce morceau. Il s'agit de la musique composée pour les

vers 1-5 de la Pythique, où Pindare élève justement un
hymne à la musique.

2° *Ier stasimon de l' « Oreste » d'Euripide* (∼ 408). C'est
un lambeau qui nous est parvenu dans les conditions les
plus précaires, privé du commencement, de la fin et
criblé de lacunes. On peut cependant apercevoir
que la composition était de genre chromatique, probablement de mode dorien et de rythme dochmiaque
(voir p. 386). Ce fragment a été lu sur un papyrus égyptien des premiers siècles de notre ère.

3° *Fragments du Caire.* Un autre papyrus nous donne
trois lignes d'un texte inconnu, probablement tiré d'une
tragédie, avec des signes musicaux. Ce document est
encore plus court et dans un état pire que le précédent;
de plus, on est en droit de considérer avec quelque
méfiance la musique qui nous est ainsi révélée. Mais
puisque nous pouvons dater le papyrus d'à peu près
∼ 250, nous avons là la plus ancienne écriture musicale
qui soit au monde.

4° *Hymnes delphiques.* Il s'agit de deux hymnes à
Apollon, retrouvés à Delphes, en 1893, par l'Ecole
française d'Athènes : gravés sur deux tables de marbre,
brisées, ils sont assez longs mais eux aussi, pleins de
lacunes. Ce sont des compositions anaboliques de la
première moitié du ∼ IIe siècle, de rythme quinaire et
de mode dorien.

5° *Hymnes de Mésomède.* Ils furent signalés la première
fois par Vincenzo Galilei dans son *Dialogo della musica
antica e della moderna* (1581). Ce sont trois compositions
citharodiques dédiées à la Muse, au Soleil, à Némésis,
dont les deux dernières auraient été composées, par
Mésomède de Crète, citharède qui vécut à Rome sous
l'empereur Hadrien (130-140). Le mode en est dorien
pour les deux premiers hymnes, phrygien pour le troisième; le rythme est dactylo-anapestique, à l'exception
du commencement qui est ïambique.

6° *Epitaphe de Seikilos.* C'est une inscription découverte en Anatolie en 1883 et perdue en 1923 pendant
la guerre gréco-turque. Un certain Seikilos fit graver
dans le marbre des maximes et, au-dessus, des notes
musicales, mais on comprend sans peine que les deux
choses ont peu de rapport. Peut-être sommes-nous en
présence d'un ancien scolie, en tout cas nous avons dans

cette « épitaphe » la plus belle mélodie que l'Antiquité
nous ait léguée. Mode hypophrygien, rythme trochaïque,
époque : Ier siècle de notre ère.

7° *Fragments de Contrapollonopolis*. Encore des lambeaux de papyrus, connus sous le nom de la localité de
Thébaïde où ils ont été retrouvés. Ce sont trois morceaux de musique vocale (un péan incomplet et un
fragment tragique; le troisième, minuscule, est inclas-
sable) et deux de musique instrumentale. L'intérêt de
ces fragments est mince, et quant à l'époque, nous
connaissons seulement celle du papyrus, qui est de 156
de notre ère.

8° *Fragments instrumentaux de l'Anonyme*. Dans un
ancien Manuel de musique anonyme du IIIe siècle, on peut
lire cinq fragments instrumentaux. Il s'agit d'exercices
élémentaires, de formules d'accompagnement pour cithare, de petites mélodies, qui devaient servir probablement aux études techniques des citharistes.

9° *Hymne chrétienne d'Oxyrhynchus*. (Voir le chapitre
consacré à la Musique byzantine). Bien que le sujet de
cette composition n'ait rien à voir avec l'antiquité gréco-
romaine, la musique est certainement une émanation et
une expression de l'art de cette période. C'est la conclusion (avec quelques lacunes) d'un hymne à la Trinité qui
remonte à la fin du IIIe siècle. Mode hypophrygien,
rythme dactylique.

OTTAVIO TIBY.

BIBLIOGRAPHIE

On distinguera d'une part les œuvres des écrivains de
l'Antiquité, parmi lesquelles on peut recueillir quelques renseignements sur la musique, et d'autre part, les travaux
modernes qui se donnent pour objet d'étudier, d'interpréter,
de discuter ces sources.

La première partie est très vaste, mais on peut la réduire si
l'on ne tient compte que des écrits qui sont spécifiquement
consacrés à la musique, et parmi ceux-ci, des meilleurs, et des
meilleures éditions.

MEIBOM, M., *Antiquae musicae auctores septem*, texte grec et
trad. lat., Amsterdam, 1652.

ARISTOXÈNE, *Fragments rythmiques,* trad. all. de H. Feussner, Hanau, 1840, et de J. Bartels, Bonn, 1854.

ARISTOXÈNE, *Eléments harmoniques* (compris dans l'ouvrage de Meibom), trad. fr. de Ch. Ruelle (Paris, 1870), qui a traduit aussi presque tous les traités publiés par Meibom; trad. angl. de H. S. Macrau, Oxford, 1902.

ARISTOTE, *Problèmes musicaux,* texte grec et trad. fr. avec large commentaire de F. A. Gevaert et J. C. Vollgraff, Gand, 1903; trad. fr. de Ch. Ruelle, Paris, 1892.

ALYPIUS, GAUDENCE, BACCHIUS l'Ancien. Ces trois traités fondamentaux sur la notation musicale ont été traduits en français et commentés par Ch. Ruelle, Paris, 1896.

PLUTARQUE, *De la musique;* texte, traduction, commentaire de François Lasserre; Lausanne, 1954. (Le Pseudo-Plutarque).

La deuxième partie de cette bibliographie doit s'ouvrir sur l'ouvrage fondamental de :

GEVAERT, F. A., *Histoire et Théorie de la musique dans l' Antiquité,* 2 vol., Gand, 1875-1881 (récemment republié en éd. photocopiée), qu'il faut lire avec *la Mélopée antique dans le chant de l'Eglise latine,* du même auteur, Gand, 1895, et avec les *Problèmes musicaux* d'Aristote (déjà cité). Ce sont des travaux d'une érudition immense, qui contiennent des détails discutables mais auxquels il faut toujours se référer.

RIEMANN, H., *Handbuch der Musikgeschichte,* Ire partie, 1 vol.: *Die Musik des Alterthums,* Leipzig, 1901.

LALOY, L., *Aristoxène de Tarente et la musique de l' Antiquité,* Paris, 1904.

EMMANUEL, M., *Traité de la musique grecque antique,* Paris, 1911; art. *Grèce* dans l'*Encyclopédie de la musique,* de Lavignac, Ire partie, 1 vol., Paris, 1924.

ABERT, H., *Die Antike,* dans *Handbuch der Musikgeschichte* de G. Adler, Francfort, 1924.

REINACH, Th., *la Musique grecque,* Paris, 1926; excellent petit livre de synthèse.

WINNINGTON-INGRAM, R. P., *Modes in Ancient Greek Music,* Cambridge, 1936.

GOMBOSI, O., *Tonarten und Stimmungen der antiken Musik,* Copenhague, 1939.

TIBY, O., *La Musica in Grecia ed a Roma,* Florence, 1942. Vaste bibliographie et recueil complet des vestiges musicaux.

POTIRON, H., *Les modes grecs antiques,* Paris, Tournai, Rome, 1950.

LA MUSIQUE
DANS
LE MONDE MUSULMAN

LA MUSIQUE IRANIENNE

Nous n'avons pas encore à notre disposition de documents authentiques qui nous donnent une idée précise sur les caractéristiques de l'ancienne musique persane, la musique au temps des Achéménides (∼ 600), par exemple.

Tout ce que nous savons, c'est que la musique instrumentale et la musique vocale jouaient un grand rôle dans la vie sociale, culturelle et religieuse des peuples qui constituaient l'ancien empire d'Iran. On peut citer par exemple les écrits d'Hérodote sur les traditions persanes qui existaient encore en son temps :

Les Perses, écrit-il, n'allument pas de feu sacré pour offrir des dons et célébrer les saints. Ils n'arrosent pas non plus les tombes de vin ; mais l'un des religieux se présente et chante des hymnes sacrés.

On peut, dans le même sens, citer ce trait que Xénophon rapporte sur Xerxès, le Grand Roi :

Lors de son attaque contre l'armée assyrienne, écrit-il, Xerxès récita, à son habitude, un hymne héroïque que tout le monde chanta. Vers minuit, quand le son de la fanfare annonça le commencement de l'attaque, il ordonna à son armée de lui répondre par un hymne que tout le monde devait chanter dès qu'il l'aurait entonné lui-même.

Nos premières connaissances portent sur la musique persane au temps des Sassanides (500 ap. J.-C.), que l'on peut considérer comme la base de ce que devait être la musique iranienne après la conquête musulmane, ainsi que la base des musiques du monde musulman.

Nous avons des preuves suffisantes pour nous convaincre que la musique, à l'époque de la dynastie sassanide, était très riche et occupait une grande place dans la vie du peuple. Par exemple : la fameuse secte religieuse de Mazdak se représentait Dieu sous les traits de Chosroès Ier ; devant lui, debout, se tenaient quatre personnages qui incarnaient les forces spirituelles ;

parmi ceux-ci, trois étaient des hauts fonctionnaires, mais le quatrième était le musicien. La musique, qui jouait un grand rôle dans le service divin des Mazdekistes, était donc à ce point considérée par le peuple qu'on lui avait assigné une place importante dans l'incarnation de la hiérarchie céleste.

D'ailleurs, les musiciens, les chanteurs et les virtuoses occupaient à la cour des Sassanides un rang de premier plan. A l'occasion de l'inauguration d'une digue sur le Tigre, Chosroès II convoqua les musiciens en même temps que les satrapes (gouverneurs).

Parmi les grands maîtres de la musique de cette époque, on peut citer Râmtine, Bâmchade, Nakissa, Azâdvaré-tchangui, Sarkache et Bârbadh, chanteurs et compositeurs célèbres de la cour de Chosroès II Parviz.

Les systèmes attribués à Bârbadh sont composés de sept *khosrowâni* (« attribué aux rois »), de trente *lahn* (formes de modulation) et de trois cent soixante *dastgah* (systèmes) correspondant aux sept jours de la semaine, trente jours du mois et trois cent soixante jours de l'année.

Dans le livre de Manoutchehri et dans ceux d'autres écrivains persans on rencontre souvent des noms de chants ou de pièces dont on ne peut distinguer le genre. *Yazdan-afarid (Création du Dieu)*, par exemple, semble être un hymne religieux; certains *dastân* se rapportaient à des faits, à des moments glorieux de l'histoire que les Sassanides, dès le vᵉ siècle, aimaient à rappeler; par exemple : *Kiné-Iradj, Kiné-Siâvoche* et *Takhté-Ardachir (le Trône d'Ardachir)*. Certains *dastân* décrivaient la puissance de Chosroès Parviz, comme *Bâghé-Chirin (le Jardin [ou palais] de Chirine)*, *Bâghé-Chahriar (le Palais du roi)*, *Ouranguigue (l'Hymne du trône)*, *Tahkté-Tâghdis, Ziré-Keiçaran*. Certains évoquaient les trésors du roi : *Haft-Guandj (les Sept trésors)*, *Gunzé-bâd-âvard (le Trésor apporté par le vent)* ; celui-ci était destiné à célébrer la prise, en Egypte, par le général Chahré-barase (« qui sied à l'empire »), d'un trésor que l'empereur romain de Constantinople avait embarqué sur des navires que le vent avait jetés à la côte. Enfin certains *dastân* décrivaient les fêtes qui avaient lieu aux diverses saisons, et surtout celles qui célébraient l'avènement du printemps; on y évoquait les paysages et le bonheur de la vie : *Nowrouzé-bozorgue (la Grande fête du printemps)*, *Sarvé-sahi*

(le Cyprès élancé), Golzâr (le Champ des fleurs), Sabzé-
bahâr (le Vert du printemps), Rahé-gol (le Chemin des
fleurs), Arayéchan-khorchid-va-mâh (Présentation du soleil
et de la lune), Ababre kouhân (A travers les montagnes),
Nouchine-labhanán, Rowchan-tchérâgh (la Lampe brillante),
Palyse-bân, Del-anguizàn (Qui émeut le cœur), Chab-diz
(Couleur de la nuit).

Certains de ces noms anciens se retrouvent encore
parmi les différents modes de la musique traditionnelle
que l'on pratique aujourd'hui en Iran et dans les pays
du monde musulman. On peut citer, par exemple, les
noms *Zir-afkand, Now-rouz, Nahoft, Khosravani,* etc.

Rast était le nom d'un de ces modes, qui constitue
aujourd'hui l'un des systèmes les plus importants dans
la musique arabe, persane et turque.

Il semble que Bârbadh fut le plus grand compositeur
de son temps; non seulement par la richesse de sa
création et sa virtuosité dans l'exécution, mais aussi par la
variété des sentiments que ses œuvres faisaient surgir
chez l'auditeur. Voici à ce propos un récit qui a été cité
et mis en vers par différents auteurs anciens :

Chosroès II avait un cheval noir nommé Chabdiz
(couleur de nuit), intelligent et beau entre tous. Le roi
l'aimait tellement qu'il jura de faire tuer celui qui
annoncerait la nouvelle de sa mort. Quand ce fâcheux
événement se produisit, le grand écuyer pria Bârbadh
d'en informer le roi au moyen d'un chant dont Chosroès
comprit l'intention. Il s'écria « Malheur à toi! Chabdiz
est mort ». — « C'est le roi qui l'a dit », répliqua le musicien. Ainsi celui-ci évita-t-il le sort réservé au porteur de
mauvaises nouvelles et releva-t-il le roi de son serment.

Selon les récits qui nous sont parvenus, on attribue à
Bârbadh les systèmes de la musique persane; mais en
réalité ces systèmes existaient avant Bârbadh et le maître
y aurait introduit quelques modifications pour les
compléter. En tout cas on doit considérer qu'ils constituent la base de la musique persane et de la musique
arabe à partir de l'Islam.

LA CONQUÊTE ARABE

A l'époque où les Arabes conquirent la Perse, les
habitants de ce pays avaient atteint un niveau de civili-

sation supérieur à celui de leurs nouveaux maîtres. Ces
derniers trouvèrent en Perse une culture musicale bien
plus avancée et des instruments de musique plus perfectionnés que ceux qu'ils connaissaient. Assez vite ils
adoptèrent les instruments persans et il n'est pas douteux
que les systèmes musicaux décrits par leurs plus anciens
auteurs dont nous ayons les textes, ne soient basés sur
un système persan antérieur.

Cette musique persane fut diffusée par les musiciens
et chanteurs persans qui s'expatrièrent dans les villes
des pays arabes où ils étaient traités avec bienveillance
par des habitants qui avaient déjà renoncé aux mœurs
des Bédouins, pris goût aux « plaisirs de la vie » et
qui étaient polis et raffinés.

Et bientôt il y eut des chanteurs célèbres, parmi lesquels Nachit, qui était d'origine persane et Saïb Khatir,
le maître d'Abdollah ibn-Dja'far. C'est à cette époque
que les Arabes adoptèrent le « goût persan ». Par la
suite, Meid-Ibn-Choraih et d'autres, également célèbres,
perfectionnèrent l'art du chant, sans s'écarter toutefois
des principes de leurs maîtres. Bagdad devint alors le
centre du bon goût sous le règne des Abbassides grâce à
de grands artistes comme Ibrahimé-mousseli, son fils
Ishaghe et son petit-fils Hamed ; et les airs créés par eux
prirent les formes qu'ils ont encore aujourd'hui dans
les pays arabes.

On peut trouver dans le *Moroudjez-ahab (les Prairies
d'or)* de Mass'oudi, dans les vingt et un volumes de
Ketabé-Aghâni (le Livre des chansons) d'Abol-faradjé-
Isfahâni et dans d'autres œuvres en prose et en vers
persans et arabes, les noms et les biographies des artistes
qui ont contribué surtout à faire pénétrer les théories
persanes dans la musique arabe, en voici quelques-uns :

Issa-ibné-Abdollah, dit aussi Toweis (le petit paon)
qui avait été esclave d'Arwa, mère du troisième calife,
Othman-ibné-Affan, était un affranchi de la famille
Ghoraychit de Makhzoum. Tout jeune, il avait fréquenté
des prisonniers persans employés aux travaux publics.
En les entendant chanter, il avait appris leurs mélodies,
repéré le genre et le rythme de leur musique qu'il
s'assimila au point de l'imiter dans ses compositions.
La tradition veut qu'il ait été le premier parmi les Arabes,
depuis l'Islamisme, à donner une certaine grâce à ses

chants, le premier qui fit entendre à Médine des airs soumis à une mesure régulière.

Saïb-Khatir, de Médine, était fils d'un prisonnier persan et esclave de la famille de Layth. Il chanta quelque temps sans accompagnement et se contenta de marquer le rythme au moyen d'une baguette dont il frappait le sol. Plus tard il joua du luth et fut le premier à se servir de cet instrument pour accompagner son chant, et à jouer avec art. Ayant entendu un esclave persan nommé Nachit chanter les airs de son pays, Saïb composa le premier air arabe de facture savante et de rythme lent, nommé *thaghil,* qui a été chanté sur des paroles restées célèbres. Il fut admis à chanter devant le calife Moaviya qui le combla de faveurs.

Saïd-ibné-Mesdjah était de race noire; il avait entendu chanter des ouvriers persans qui avaient été amenés de l'Irak par Abdollah-ibné-Zobeir pour réparer les maisons autour de la Ka'ba. Affranchi par son maître en raison de ses talents artistiques, il voyagea en Syrie et en Perse et apprit à jouer de divers instruments. Il revint dans le Hedjaz et fixa l'échelle des sons du chant arabe, selon les règles persanes. Ishaghe-mousseli, musicien célèbre des califes abbassides, qui vivait vers le commencement du IIIe siècle de l'hégire, considérait ce grand musicien comme celui qui, le premier, avait fait entendre à La Mecque le chant arabe tel qu'il existait encore en son temps. De même, Isfahani, l'auteur du livre *Aghani,* reconnaît en lui le créateur du chant dans l'Arabie musulmane et celui qui le premier a apporté le chant persan au chant arabe. Cet artiste est mort entre 705 et 714.

Moslem-ibné-Mohrez, de La Mecque, fils d'un affranchi persan, était un élève de Saïd-ibné-Mesdjah; comme son maître il voyagea en Perse, et au retour il continua l'œuvre d'affinement de la musique arabe et composa des airs si délicieux qu'on disait n'en avoir jamais entendu de semblables à La Mecque.

Il est donc bien évident qu'avant l'Islam il y avait en Perse une musique très riche par sa mélodie, ses instruments, son rythme et peut-être par l'harmonie aussi.

Les poètes persans ne nous décrivent jamais une chasse royale sans indiquer la présence, dans le cortège, de nombreux musiciens munis de cors, de trompes, de grelots, de cymbales, de harpes et de guitares diverses.

Tout ce déploiement musical n'avait pas seulement pour but l'agrément; il servait aussi à prévenir les gens qu'il fallait s'écarter ou se prosterner sur le passage de la majesté royale; également à regrouper l'escorte dispersée pendant l'attaque ou la poursuite du gibier. Peut-on penser qu'une telle variété d'instruments, et un si grand nombre de joueurs et de chanteurs, n'impliquent pas qu'il y eut une sorte d'harmonie dans cette musique ? Mais nous n'en savons rien, et nous n'avons pas à notre disposition les traces de la notation qui existait peut-être et qui pourrait nous renseigner sur ce sujet.

Mais l'Islam fut peu favorable à la musique; selon une tradition, elle était tolérée pour les noces et les fêtes de famille, ce qui ne nécessitait que fort peu d'instruments; elle fut exclue du culte et ne fut admise que pour l'*adhan,* appel à la prière et à la récitation du Coran.

Malgré cette interdiction, les gens raffinés continuèrent à pratiquer cette musique en secret mais avec des instruments moins bruyants et plus perfectionnés du point de vue du timbre.

Pour ces raisons la musique persane, à partir de l'Islam, fut réduite en fait et en théorie à la monodie. Mais combien elle s'enrichit et s'affina ! Toute l'ingéniosité du théoricien, toute la sensibilité, toute l'inquiétude de l'artiste portent sur la mélodie. On arrive à employer des intervalles extrêmement ténus, on distingue quantité de genres, forts, faibles, colorés. On varie, on nuance, on déplace certaines touches de quantités minimes. On ajoute des notes supplémentaires aux notes essentielles, des fioritures, des accents, on parvient à une sensibilité merveilleuse. Tout cela constituait un art de haute valeur, mais ce n'est pas tout. Cette musique servait aussi à accompagner les chanteurs qui récitaient les poésies des grands écrivains comme Hafiz, Mowlavi, Saadi, qui exprimaient les plus hautes idées philosophiques, ce qui donnait à la musique persane son caractère métaphysique.

Elle servait également à accompagner les poèmes de *Chah-Nameh (Livre des rois)* de Ferdousi selon un type spécial de rythmes et de chants très appréciés du peuple dans les gymnases, et surtout des tribus kurdes et bakhtiaris. Les gymnases, cercles d'athlétisme appelés *zourkhanéh* (littéralement « maisons de force »), sont les vestiges d'une

tradition qui remonte à des milliers d'années : on pratique
le « sport antique » avec des instruments qui ressemblent
aux armes anciennes — lourds boucliers, arcs de fer, etc.
Ces exercices, pratiqués en commun, sont accompagnés
d'une musique traditionnelle. Pour rythmer les mouvements de ses camarades, le tambourinaire, qui est également le chantre de la cérémonie, frappe son instrument
avec la paume et les doigts, chantant surtout les
poèmes épiques de *Chah-Nameh* selon un système appelé
tchéhar-gah ; ceci atteste l'originalité de ce système qui
est l'un des plus anciens et l'un des plus caractéristiques
de la musique persane.

Nous avons dit que l'Islam fut peu favorable à la
musique. L'Iran ayant été amené à admettre la religion
islamique, sa musique, avons-nous vu, ne fut pratiquée
qu'en secret par les gens de goût et les poètes qui
étaient d'ailleurs bien traités par les princes et les gouverneurs des provinces ; ceux-ci, loin du centre politique de
l'Islam, cherchaient, en effet, peu à peu à gagner de
l'indépendance. On voit donc apparaître de nouveau
la musique à la cour et dans la vie intime des rois et des
princes. Aussi sont-ils nombreux les poètes de renom
qui, comme Roudaki, étaient à la fois chanteurs, instrumentistes et compositeurs.

En outre, la tradition ancienne qui consistait à
consacrer des chapitres importants à la théorie musicale
dans les traités de philosophie, à côté d'autres sciences
comme la physique et les mathématiques, cette tradition
liait la musique aux sciences. La musique présentait
toujours un intérêt scientifique pour les philosophes et
les hommes de lettres.

On voit apparaître, dès le Xe siècle, les grandes figures
de Farabi et Avicenne qui ont traité la musique dans ses
différents aspects physiques et acoustiques. Ils ont
reconstruit une théorie de la musique en usage dans les
pays musulmans et semblent avoir eu pour but de
fournir aux musiciens de ces pays une méthode qui
leur aurait permis de donner une base solide à leur art,
dont les règles n'étaient pas bien établies ou s'étaient
altérées. Leur exposé comporte des règles qui pourraient
s'appliquer à toute musique.

Les savants comme Safiy-yüd-Din, Abd al-Qâdir Ibn
Ghaïbî, Mahmoudé-Chirazi etc., venus à leur suite, avaient

donc une tâche déterminée à remplir ; ils devaient rechercher les règles propres à la musique des pays musulmans,
les codifier en suivant la voie qui leur avait été tracée par
Farabi et Avicenne. La théorie qu'ils exposent convient
mieux à la musique persane qu'à la musique en faveur
chez les Arabes et dans d'autres pays islamiques ; et cela
parce que cette théorie avait été empruntée aux traditions anciennes de la musique persane. Citons par
exemple l'échelle fixée par Safiy-yüd-Din et admise
depuis le XIIIe siècle par tout le monde musulman, qui
était celle qui existait dans la tablature du *tanbur du
Khorassan,* ancien instrument à cordes attribué au Khorassan, province située à l'ouest de l'Iran, et qui paraît être
à l'origine de ce que l'on appelle aujourd'hui le *seh-tar.*

TRAITÉ DE LA GAMME IRANIENNE

La gamme de la musique orientale a fait depuis
longtemps l'objet de longues discussions entre de
nombreux savants et musicologues, en Occident aussi
bien qu'en Orient.

Les uns se sont bornés à l'étude des manuscrits,
ouvrages des anciens théoriciens et musicologues
orientaux, les autres, plus avancés, se sont occupés de
l'étude des instruments. Or, les instruments ne possédant pas de ligatures ne nous fournissent pas de
renseignements suffisants en ce qui concerne la formule
de la gamme ; ceux qui en possèdent, étant d'ailleurs
peu nombreux, ne nous donnent que des indications
très approximatives, surtout si on se contente d'une
simple mesure de longueur. Il y aura toujours de grandes
erreurs, dues, non seulement à la grosseur des ligatures
mais surtout au changement de la tension quand
on se sert des doigts pour raccourcir la longueur de la
corde et produire les différents sons de la gamme.
Pour ces raisons, il y a des divergences énormes dans les
résultats des recherches des savants qui se sont occupés
de cette question.

Les uns ont trouvé 18 intervalles égaux dans une
octave de la gamme orientale, correspondant chacun à
un tiers de ton, les autres en ont obtenu 17 : 2 demi-tons

et 15 tiers de ton. Certains ont cru à l'existence de 24 quarts de ton égaux et d'autres ont pensé même à 28.

En réalité, la question n'avait pas été traitée jusqu'ici d'une façon scientifique, à la lumière d'expériences et de recherches de laboratoire, et les formules ci-dessus furent rejetées par le Congrès de musique arabe, tenu au Caire en 1932, la Commission de la gamme n'ayant pu obtenir pour les divisions précédentes l'approbation des musiciens et instrumentistes orientaux représentant les pays musulmans et assistant aux expériences de cette Commission.

L'objet de nos recherches était de mesurer, par des méthodes électroacoustiques directes, les intervalles inconnus de la gamme iranienne. Elles consistent dans la mesure des intervalles de la gamme, non pas à partir des instruments de musique, comme l'ont fait Cornu et Mercadier pour la gamme occidentale, mais à travers les enregistrements de mélodies chantées. Nous avons ensuite vérifié les résultats obtenus à l'aide de l'oscillographe cathodique.

LE TÉTRACORDE CHEZ LES IRANIENS

L'édifice mélodique des modernes a pour cadre essentiel l'octave. Chez les Iraniens, le cadre mélodique élémentaire est plutôt la quarte, le plus petit intervalle consonnant admis par leur oreille.

Nous n'avons pas de documents écrits, antérieurs à Farabi, nous permettant de connaître la formule de la gamme musicale des anciens Persans; mais il est certain que, depuis Farabi, la musique iranienne et la musique arabe sont basées sur la même gamme : la musique iranienne est plus ancienne et la musique arabe a été calquée sur elle.

A l'époque de Farabi, l'application du principe diatonique à l'instrument en faveur était déjà un fait accompli. Les autres témoins de la musique de l'époque ne connaissent pas d'autre principe. Comme les doigts appliqués à raccourcir les cordes, les ligatures ordinaires étaient au nombre de quatre, nommées la *sabbàba* (index), la *vostà* (médius), la *bincir* (annulaire) et la *khincir* (auriculaire). Avec la *motlaq* (la corde libre) cela faisait sur chaque corde cinq sons, mesurés de la manière suivante :

	ut motlaq	ré sabbàba		mi bincir	fa khincir
Rapport	1	8	voir plus	64	3
des longueurs	1	9	bas	81	4

L'intervalle *motlaq-bincir* (*ut-mi*) était une tierce majeure (81/64), restant toujours fixe, tandis que l'intervalle *motlaq-voŝtà* variait autour d'une tierce mineure. Les auteurs de cette époque nous apprennent que tous les airs chantés se divisaient en deux genres : « airs à *voŝtà* » et « airs à *bincir* », c'est-à-dire qu'ils contenaient soit la tierce mineure, soit la tierce majeure.

Pour obtenir cette *voŝtà*, selon le principe diatonique, on prit en premier lieu un son plus grave d'un ton que celui de la *khincir* (*fa*), soit 32/27 (*fig. 1* : V_1). C'est un son équivalent au *mi* bémol de Pythagore; entre lui et la *sabbàba* (*ré*) il y a 256/243, intervalle égal à celui de *bincir-khincir* (*mi-fa*), c'est-à-dire un demi-ton diatonique de Pythagore, appelé aussi *limma ;* nous le représenterons par la lettre « L ».

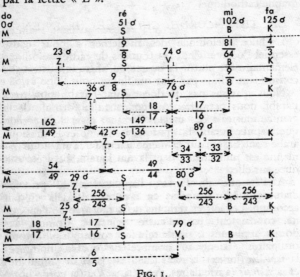

Fig. 1.

Comme il fallait peut-être un équivalent au *mi* bémol, on mesurait un autre intervalle d'un ton plus

grave en partant de cette *vosṭà* pour atteindre 256/243
(*fig. 1* : Z₁). On ne disposait plus de doigt pour toucher
cette ligature destinée principalement aux ornements ;
on l'appelait la *zaïd* (surajoutée) et la *modjannab* (voisine)
de la *sabbàba*. [(Dans la suite, ces deux termes ont eu un
autre emploi (voir la gamme de Safiy-yüd-Din, p. 468.)]
Nous noterons par l'indice 1 les deux sons *zaïd* et *vosṭà*,
Z_1 et V_1, obtenus de la manière indiquée ci-dessus.
Voici donc les 6 sons constituant le tétracorde longtemps
avant Farabi et que nous représenterons par les lettres
M, Z, S, V, B et K :

$$\longleftarrow T = \frac{9}{8} \longrightarrow \quad \longleftarrow T = \frac{9}{8} \longrightarrow \quad \longleftarrow t = \frac{256}{243} \longrightarrow$$

M	Z_1	S	V_1	B	K
<u>ut</u>	<u>ré b</u>	<u>ré</u>	<u>mi b</u>	<u>mi</u>	<u>fa</u>

$$\longleftarrow L \longrightarrow \quad \longleftarrow L \longrightarrow \quad \longleftarrow L \longrightarrow$$

Il semble que les artistes persans avaient maintenu
l'ancienne tradition qui consistait à attacher la ligature
de la *vosṭà* au milieu, entre celles du *ré* et du *mi,* et la
« voisine de la *sabbàba* » au milieu, entre le sillet et cette
vosṭà (*fig. 1* : V₂ et Z₂) ce qui faisait pour l'une 81/68 et
pour l'autre 162/149. Cette *vosṭà* que Farabi appelle *vosṭà
de fors* (*vosṭà* persane), se rapproche de la tierce mineure
naturelle 6/5, dont l'écart est de 3,20 savarts. Nous indiquerons ces deux sons par Z_2 et V_2.
   Le célèbre virtuose Mançour-Dja'far, surnommé Zalzal, mort un siècle et demi avant Farabi, eut le courage
de se débarrasser du dualisme traditionnel des tierces
mineures et majeures, auquel, apparemment, il ne voyait
pas de raison. Il s'avisa de trancher cette difficulté en
plaçant sa *vosṭà,* véritable tierce neutre, à distance égale du
point adopté par les anciens Persans et de la *bincir* (*mi*), ce
qui faisait un intervalle de 27/22. Sa « voisine de la *sabbàba* »
se plaçait à mi-chemin entre cette *vosṭà* et le sillet (*fig. 1* :
V₃ et Z₃) correspondant à un intervalle de 54/49. Nous
noterons ces deux sons, appelés par Farabi *vosṭà de Zalzal*
et *zaïd de Zalzal*, par V₃ et Z₃. Farabi fait mention d'une
zaïd dont la distance au *ré* est un limma ; c'est justement

l'*ut* dièse de Pythagore avec un intervalle de 2187/2048, ainsi que d'une *voſtà* dite de *zalzalain,* dont la diſtance au *mi* eſt également d'un limma (*fig. 1* : V_4 et Z_4). Cette dernière eſt le *ré* dièse de Pythagore indiqué par l'intervalle 19683/16384. Nous noterons ces deux sons par Z_4 et V_4.

Il y avait des artiſtes, écrit Farabi, qui mettaient leur *zaïd* à mi-diſtance entre le sillet et la *sabbàba* (*ré*) (*fig. 1* : $Ž_5$); c'eſt-à-dire un intervalle de 18/17. Nous désignerons cette note par Z_5.

Enfin, dans la description du *rabab,* ancien inſtrument à corde iranien, Farabi fait mention d'une *voſtà,* dite à « l'ancienne manière », qui représente juſtement la tierce mineure naturelle 6/5 dont la diſtance à la *sabbàba* eſt de 16/15, demi-ton naturel (*fig. 1* : V_5). Nous l'indiquerons par V_5.

La figure 1 représente, selon les explications données par Farabi, la conſtruction des cinq *voſtà* et des cinq *zaïd* en usage à son époque.

Dans le tableau I figurent les différents sons, avec leurs intervalles respectifs, exiſtant dans le tétracorde en usage dans la musique orientale avant Farabi.

Dans ce tableau, *d* représente les valeurs en savarts des intervalles successifs, *l* les longueurs en centimètres, correspondant aux différentes notes jouées sur une corde d'un mètre de long correspondant aux degrés du tétracorde, et D représente les différences successives des longueurs.

[Nous n'avons pas fait figurer dans ce tableau des intervalles comme 40/39, 40/38, 40/37... appartenant au « *tanbur* de Bagdad », qui caractérisent la gamme originale des Arabes au temps de la Djâhilîya (paganisme). Cette gamme diffère totalement de la gamme iranienne que les Arabes ont adoptée après l'Islamisme.]

L'étude de ce tableau conduit aux remarques suivantes :

1º La gamme diatonique de Pythagore, dont le tétracorde eſt conſtitué de deux tons (9/8 = 51 σ) et d'un demi-ton (256/243 = 23 σ), était en usage chez les Iraniens avant Farabi.

2º Outre le petit intervalle diatonique de 23 σ, *bincirkhincir (mi-fa),* il y avait aussi deux demi-tons diatoniques, *motlaq-zaïd₁ (do-ré* bémol) et *sabbàba-voſtà₁ (ré-mi* bémol), chacun également de 23 σ.

Nom	$I = \dfrac{N}{N\,do}$	log I	l en σ	d	l en cm	D
M	$\dfrac{1}{1}$	0	0		0	
				23		5,08
Z_1	$\dfrac{256}{243}$	0,02263	23		5,08	
				2		0,47
Z_6	$\dfrac{18}{17}$	0,02482	25		5,55	
				4		0,81
Z_4	$\dfrac{2187}{2048}$	0,02852	29		6,36	
				7		1,67
Z_2	$\dfrac{162}{149}$	0,03633	36		8,03	
				6		1,23
Z_3	$\dfrac{54}{49}$	0,04219	42		9,26	
				9		1,85
S	$\dfrac{9}{8}$	0,05115	51		11,11	
				23		4,51
V_1	$\dfrac{32}{27}$	0,07379	74		15,62	
				2		1,63
V_2	$\dfrac{81}{68}$	0,07598	76		16,05	
				3		0,61
V_5	$\dfrac{6}{5}$	0,07918	79		16,66	
				1		0,10
V_4	$\dfrac{19683}{16384}$	0,07972	80		16,76	
				9		1,76
V_3	$\dfrac{27}{22}$	0,08894	89		18,52	
				13		2,46
B	$\dfrac{81}{64}$	0,10231	102		20,98	
				23		4,02
K	$\dfrac{4}{3}$	0,12494	125		25,00	

Tableau I.

3° Il existait aussi deux intervalles *motlaq-zaïd₄* et *sab-bâba-vostà₄*, correspondant aux demi-tons chromatiques de Pythagore *ut-ut* dièse et *ré-ré* dièse.

4° Il y avait deux intervalles de 25 σ *motlaq-zaïd₅* et *sabbàba-voſtà₂*, égaux chacun au demi-ton tempéré

$$(\sqrt[12]{2} = 25,01 \, \sigma).$$

5° L'intervalle *sabbàba-voſtà₅* de 28 σ représentant le demi-ton majeur naturel eſt défini par la *voſtà₅* qui paraît avoir été en usage longtemps avant Farabi puisqu'il la qualifie d'« ancienne manière ». Cela prouve que les Iraniens connaissaient, dès l'Antiquité, les éléments de la gamme naturelle dont Zarlino a reconnu l'exiſtence cinq siècles après Farabi.

L'ÉVOLUTION DE LA GAMME
CHEZ LES IRANIENS

C'eſt à tort qu'on supposerait qu'il fut queſtion d'employer simultanément tous ces intervalles. Comme ligatures indispensables on ne comptait que la *sabbàba* (*ré*), la *khincir* (*fa*) et, soit la *bincir* (*mi*), soit l'une des *voſtà*; de même, on ne mettait qu'une seule des « voisines de la *sabbàba* ».

Il semble qu'à l'origine, le luth, inſtrument favori des Iraniens, n'ait comporté que deux cordes, comme le *tanbur,* son aîné : elles ont gardé les vieux noms persans : *bamm* et *zir* (corde grave et corde d'en-bas ou aiguë). On peut même supposer que la *zir* n'était pas deſtinée à suivre le tétracorde de la *bamm,* mais qu'elle en répétait les sons à l'octave pour donner plus d'ampleur au son quand on touchait les deux cordes à la fois, ou bien pour mieux s'accorder aux voix des enfants et des femmes, car, lorsqu'on éprouva le besoin d'augmenter le nombre des sons disponibles, on n'ajouta pas de nouvelles cordes à la suite de la *zir,* comme Farabi le fit plus tard lui-même. On inséra deux cordes à la fois entre la *zir* et la *bamm,* qu'on appela la *mathna* et la *mathlath* (numéro deux et numéro trois). En raidissant ensuite la *zir,* à raison, à peu près, d'une tierce mineure, on obtenait sur le luth de quatre cordes une suite de quatre tétracordes liés ainsi :

sur la *bamm* . . . .*ut – fa*
sur la *mathlath* . . . .*fa – si* bémol
sur la *mathna* . . . .*si* bémol – *mi* bémol
sur la *zir* . . . .*mi* bémol – *la* bémol.

C'était, à deux tons près, le syſtème complet de deux

octaves emprunté à l'étendue normale de la voix humaine.
Aussi, les connaisseurs pleins de zèle à l'égard de la doctrine grecque de deux octaves complètes ne purent-ils se
refuser la satisfaction d'y conformer leur instrument
favori. Le plus simple aurait été de descendre plus bas
encore sur la *zir*, pour la toucher aux 2/3 et aux 16/27 de
sa longueur, mais il aurait alors fallu déplacer la main
gauche, en lâchant le pouce, et changer ainsi de position,
ce qui n'était pas habituel chez les Anciens. On aurait pu
également changer et agrandir l'intervalle entre une ou
deux paires de cordes, mais cela eût dérangé les habitudes
acquises et obligé les virtuoses à recommencer leurs
études. Pour ces raisons, Farabi préféra ajouter une cinquième corde qu'il appelle tantôt la « cinquième » et
tantôt la « *hadd* aiguë ». Le dernier de ces noms est resté
en usage jusqu'à nos jours. Ainsi, le système complet de
deux octaves fut admis par les successeurs de Farabi. On
remarquera que l'échelle diatonique d'une octave se composait de deux tétracordes appelés chacun *tabagha* (rang)
et d'un intervalle d'un ton appelé *facelat-ol-asghal* (intervalle plus grave), qui se plaçait souvent après les deux
tétracordes successifs.

Dans les instruments comme le luth, munis de liga-
tures, celles qui représentaient la *sabbàba* (*ré*), la *bincir* (*mi*)
et la *khincir* (*fa*) restaient toujours fixes dans chaque
tétracorde, tandis que les ligatures correspondant à la
zaïd et à la *vosfà* changeaient de position suivant les
maîtres et suivant les exigences des mélodies. Le nombre
et la qualité de ces ligatures, dans chaque tétracorde,
caractérisaient la gamme de l'époque. Ainsi, la gamme
attribuée à Ishaghe-mousseli était dépourvue de la *zaïd* et
munie de la *vosfà*[1] :

	do		ré		*mi* b		*mi*		*fa*
	M		S		V_1		B		K

Dans la gamme de Ja'Ghanbi-Kindi, on voit apparaître la Z_1 :

	do		ré b		ré		*mi* b		*mi*	*fa*
	M		Z_1		S		V_1		B	K

Farabi employait dans sa gamme quatre *zaïd* et trois
vosfà :

do					ré					*mi*	*fa*
M	Z_1	Z_5	Z_2	Z_3	S		V_1	V_2	V_3	B	K

Avicenne paraît avoir eu l'intention de faire revivre les éléments de la gamme naturelle appartenant au *rabab*, ancien instrument favori des Iraniens. Il y a, dans la gamme d'Avicenne, outre la *vostà*$_1$ (*mi* bémol) une autre *vostà* définie par le rapport $39/32 = 86$ σ. Elle est située entre la *vostà*$_1$ et la *vostà*$_3$. Nous l'indiquerons par l'indice 6. Il y a également dans cette gamme deux nouvelles *zaïd*; l'une définie par $16/15$, son plus grave d'un ton mineur naturel $(10/9)$ que la *vostà*$_1$, l'autre définie par $13/12$, son plus grave d'un ton majeur $(9/8)$ que la *vostà*$_6$. Nous distinguerons ces deux *zaïd* par les indices 6 et 7. La première définie par 28 σ est située entre la *zaïd*$_6$ et la *zaïd*$_4$ et la deuxième, définie par 35 σ, est placée entre la *zaïd*$_4$ et la *zaïd*$_2$. Ainsi, le tétracorde de la gamme d'Avicenne est représenté par les sons suivants :

do			*ré*			*mi*	*fa*
M	Z$_6$	Z$_7$	S	V$_1$	V$_6$	B	K

LA GAMME DE SAFIY-YÜD-DIN.

Nous avons vu que la *vostà*$_2$ des Iraniens s'obtenait d'une façon empirique et fut imitée ensuite par Zalzal, pour réaliser sa tierce neutre, connue depuis sous le nom de « *vostà* de Zalzal » (V$_3$). Désormais, les maîtres du luth essayaient d'imiter son illustre exemple, et les *vostà* et les « voisines de la *sabbàba*, à la Zalzal » furent insérées parmi les intervalles plus rationnels.

Cependant les théoriciens, fidèles à l'esprit de la gamme diatonique, qui ne pouvaient ni bannir les intervalles équivoques, ni souffrir des exceptions à la construction régulière de l'échelle des sons, devaient trouver un moyen de contraindre, sinon les sons rebelles, du moins quelque chose qui y ressemblait quelque peu, à entrer dans l'arrangement mathématique basé sur la répétition du ton majeur ou la translation de la quarte. Quand on avait déjà compté deux tons en arrière à partir de la *khincir* (*fa*) (*fig. 2*) pour s'assurer de la *vostà*$_1$ (*mi* bémol) et de la *zaïd*$_1$ (*ré* bémol) sans reproche, on n'avait qu'à prendre la quarte de cette dernière et répéter l'opération précédente pour atteindre ce qui pouvait, pour les besoins de la cause, être nommé « sons de Zalzal rationalisés », bien qu'ils fussent haussés à raison, l'un de 7 σ et l'autre de 3 σ par rapport aux vrais sons de Zalzal. Indiquons les sons ainsi obtenus par V$_7$ et Z$_8$. Le premier est situé entre la *vostà₃* et la *bincir,* et le deuxième entre la *zaïd₁* et la *sabbàba.*

La vieille *vostà₁,* rétablie, reçut depuis le nom de sa rivale persane *fors.* Par *modjannab,* représenté dans la figure 2 par M₀ ou plutôt *modjannabé-kabir* (la grande voisine), on entendait désormais la ligature représentant la *zaïd₈,* établie entre celles de la *zaïd₁* et de la *sabbàba.* La *vostà₇* fut appelée « Zalzal » et la *zaïd₁* a conservé son ancien nom *zaïd.* Ces dernières sont représentées dans la figure par Zₐ et Z et la (*vostà₁*) *fors,* par F.

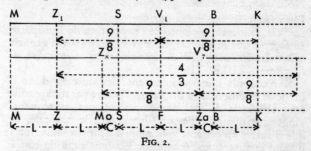

FIG. 2.

Ainsi, les recettes empiriques étaient mises de côté à tout jamais. C'était le triomphe de la musique savante, mathématique et rationnelle.

La figure 2 représente la formation de la série des sons arrêtés par Safiy-yüd-Din, dans un tétracorde. Celui-ci est composé des huit sons : M, Z, M₀, S, F, Zₐ, B et K avec les intervalles successifs : L, L, C, L, L, C, L (L = limma; C = comma).

La gamme de Safiy-yüd-Din aux tétracordes liés est donc composée dans une octave de 17 intervalles successifs, rangés dans l'ordre :

L, L, C. L, L, C. L | L, L, C. L, L, C. | L, L, C | .

Il semble que depuis Safiy-yüd-Din (XIIIᵉ siècle), l'échelle diatonique pure de 17 degrés à l'octave et de deux octaves en tout, était admise par tous les musicologues du monde musulman. Ils tâchaient toujours de suivre son exemple en essayant de trouver les degrés de la gamme, non par des procédés empiriques, mais par des déplacements du ton majeur ou par la translation de la quarte, opérations qui les ramenaient toujours à l'échelle de Safiy-yüd-Din. On peut citer comme exemple la gamme de Mahmoudé-Chirazi ou la gamme d'Abd al-Qâdir Ibn Ghaïbî.

LES RECHERCHES DES MUSICOLOGUES SUR LA GAMME ORIENTALE

Ces recherches comportent l'étude bibliographique de l'histoire de la musique orientale, l'étude objective des instruments munis de ligatures ou l'évaluation des intervalles par la méthode de mesure des longueurs de la corde.

LES PARTISANS DES TIERS DE TON.

C'est Villoteau, membre de l'expédition de Bonaparte en Egypte qui, le premier, fit des recherches sur la gamme orientale (*Mémoire sur la musique,* dans *Description de l'Egypte,* t. XIII et XIV).

Il reconnaît que quelques-uns des auteurs dont il invoque le témoignage divisaient l'octave par tons, demi-tons et quarts de ton, et comptaient, par conséquent, vingt-quatre sons différents dans l'échelle musicale, et que d'autres en portent le nombre à quarante-huit; mais il nous assure que l'échelle de dix-huit tiers de ton à l'octave est le plus généralement admise et qu'elle est plus conforme à la tablature de leurs instruments.

Le savant F. J. Fétis va plus loin encore *(Histoire de la musique).* Il croit que la musique, au beau temps de l'Islamisme, était conforme à la division de l'octave par tiers de ton, à savoir, quinze tiers de ton et deux demi-tons. Son opinion sur ce point est tellement arrêtée qu'il se refuse à se rendre au témoignage de Farabi, l'auteur le plus ancien qui ait traité ce sujet.

R. G. Kiesewetter et Hammer-Purgstall, savants viennois, ont trouvé chez des auteurs plus récents que Farabi, le principe des dix-sept intervalles, dit des tiers de ton, dans l'octave. Ces deux savants situent notre philosophe en dehors de l'évolution historique de la musique orientale et, selon eux, ce principe se serait développé en Orient, indépendamment de l'influence grecque, et aurait une origine plus ancienne. (On trouvera les références dans la Bibliographie.)

Carl Engel, savant allemand, écrit dans l'introduction du *Catalogue des instruments de musique* appartenant au musée de South Kensington :

Les Persans paraissent avoir adopté à une époque assez
ancienne, des intervalles plus petits que le demi-ton. Quand
les Arabes firent la conquête du pays, ses habitants avaient
atteint un degré de civilisation supérieur à celui de leurs
nouveaux maîtres. Ces derniers trouvèrent en Perse un culte
de l'art musical bien plus avancé et des instruments de musique
plus perfectionnés que ceux qu'ils connaissaient eux-mêmes.
Bientôt, ils adoptèrent les instruments persans, et il n'est pas
douteux que le système musical décrit par les plus anciens
de leurs auteurs dont on ait les écrits sur la théorie de l'art,
ne soit basé sur un système persan plus ancien. Dans ces
écrits, l'octave se partage en dix-sept tiers de ton, intervalles
utilisés en Orient de nos jours.

LES PARTISANS DES QUARTS DE TON.

Selon Dom J. Parisot (voir la Bibliographie), Mikhail
Machaqa de Damas (auteur du *Reçalatache-charafià, fi sana
at-el-mausiqui*, Beyrouth, 1246 de l'Hégire) est le fondateur de la gamme à vingt-quatre quarts de ton. Chez
cet auteur, l'octave entière se partage les vingt-quatre
petits intervalles appelés quarts de ton. Pour les établir, Machaqa, mathématicien et musicologue du siècle
dernier, suppose une corde de *yek-gah* (ut_1), partagée
en 3 456 sections égales, dont la moitié donnera le
son *nawa* (ut_2). Quand on augmente les 1 728 sections constituant ce *nawa*, successivement de 49, 51, 53,
55, etc., on obtient la série des quarts de ton dont nous
parlons. La valeur de ces quarts de ton varie entre 12,10 σ
et 12,80 σ. Le vrai quart de ton dans le système tempéré
est d'une valeur de 12,5 σ.

Le Dr H. Farmer (voir la Bibliographie) déduit
de ses recherches que la gamme de vingt-quatre quarts
de ton a une origine plus ancienne. Elle était sans
doute en usage au XIIe siècle et composée de trois grands
intervalles et de quatre petits. Chacun des grands se
partageait en quatre et chacun des petits en trois. De
cette façon, l'octave est partagée en vingt-quatre petits
intervalles et, si certains auteurs, comme Mahmmad-
Ismaïl-Chehabed-Din, parlent de la gamme à vingt-huit
intervalles, elle est exactement la même que la gamme à
vingt-quatre intervalles dont chacun des quatre petits
intervalles est aussi partagé en quatre.

L'EMPIRISME DES TIERS
ET DES QUARTS DE TON

Toute oreille un peu exercée à la musique est aisément capable d'entendre la quarte et la quinte justes dans les mélodies orientales dont elles sont les cadres mélodiques principaux. Or, la division de l'octave en dix-huit tiers de ton égaux, déplace ces deux intervalles d'un comma et demi à peu près et les rend inadmissibles à l'oreille musicale. En effet, le son représentant la quarte juste ($4/3 = 125 \, \sigma$) prend place entre le septième tiers de ton ($7 \times 301/18 = 116,9 \, \sigma$) et le huitième ($8 \times 301/18 = 133,8 \, \sigma$), avec une différence de $8,1 \, \sigma$ par rapport au premier et de $8,6 \, \sigma$ par rapport au second, petits intervalles qui ne peuvent pas être négligés par l'oreille.

Pour les esprits systématiques, c'était l'un des mérites du système diatonique parfait que de partager le ton entier en deux limmas et un comma, de même que le tétracorde contenait deux tons plus un limma, et l'octave, deux tétracordes plus un ton; mais il est probable que les difficultés résultant de cette division du ton auraient obligé certains théoriciens à suggérer l'idée du partage en tiers de ton. On peut noter, par exemple, le fait que dans le système de Safiy-yüd-Din (L. L. C), les deux octaves ne se composent pas de la même manière. Le *mi,* dans l'une, était, par exemple, remplacé dans l'autre par un son équivalent au *fa,* diminué d'un comma.

A son tour, le praticien se demandait en vain pourquoi l'un des trois intervalles entre les ligatures d'un ton devait être beaucoup plus petit que les deux autres. Il vaudrait mieux, donc, avoir trois intervalles égaux dans un ton et, puisque l'octave contient six tons en tout, les tiers de ton pris à la lettre seraient au nombre de dix-huit, hypothèse en faveur de laquelle il n'existe aucun témoignage.

Ce qui est bien plus étrange, c'est la tentative de ramener les intervalles diatoniques à la valeur de quarts de ton. Par cette mesure si violente et arbitraire, la gamme est tellement faussée qu'il devient impossible de juger, par exemple, si l'*iraq,* septième quart de ton de Machaqa représenté par l'intervalle $3456/2833 =$

86,32 σ, doit reproduire la *vosṭà* de Zalzal ($V_3 = 88,94$ σ), tierce neutre, ou plutôt remplacer l'*iraq* de Safiy-yüd-Din ($V_7 = 96,41$ σ), semblable à la tierce majeure naturelle, ou encore, sa précédente ($V_1 = 73,78$ σ) tierce mineure appelée *nim-adjam*.

On constate bien qu'à 3 σ près, cet *iraq* est un son plus rapproché de la tierce neutre, alors que, selon une notice recueillie par Eli Smith (voir la Bibliographie), on préférait, au XIIIe siècle, la *vosṭà* persane (V_1), l'ancienne *vosṭà* traditionnelle qui entre dans le cadre diatonique, à la *vosṭà* neutre de Zalzal (V_3). Le fait que la tierce neutre était, en raison de son empirisme, condamnée depuis le XIIIe siècle, prouve qu'il n'est guère aisé de soutenir la présence de cette tierce chez un auteur, six siècles plus tard.

Ainsi sera-t-il permis, comme conséquence des remarques qui précèdent, de supposer que les intervalles trop fameux de tiers et de quarts de ton n'ont jamais existé que sur le papier. Il est donc nécessaire, pour éclaircir la question, d'avoir recours aux recherches scientifiques par les mesures expérimentales.

MÉTHODES DIRECTES

Cornu et Mercadier, savants français du XIXe siècle, se sont occupés, de 1869 à 1872, des mesures des intervalles de la gamme, jouée par les virtuoses de la musique occidentale. Ils sont parvenus, par des moyens mécaniques, à enregistrer les vibrations des instruments à cordes du type du violon.

Nous avons préféré les méthodes que nous appelons « directes ». Elles consistent à mesurer directement les intervalles de la gamme, non pas à partir des instruments de musique en usage, mais à travers les mélodies chantées.

Nous avons choisi, pour nos recherches, la méthode directe d'enregistrement électroacoustique, puis nous avons vérifié les résultats obtenus avec l'oscillographe cathodique.

La méthode directe d'enregistrement électroacoustique consiste à transformer les vibrations sonores des mélodies chantées en vibrations électriques, puis en vibrations mécaniques d'une plume enregistreuse devant laquelle se déplace, à vitesse uniforme, une bande télégraphique.

Les appareils nécessaires à la réalisation de nos travaux ont été : un microphone à ruban, un amplificateur de puissance à lampes, un appareil d'entraînement de bande et un enregistreur rapide à aimant mobile ; pour les mesures, nous nous servons de la machine à diviser.

Le microphone à ruban, l'amplificateur et l'appareil d'entraînement de bande, nous ont été obligeamment prêtés par le Directeur de la Radio iranienne qui eut la gentillesse de mettre à notre disposition les appareils électriques dont nous avions besoin. Quant à l'enregistreur rapide, il fut construit en 1944, avec la collaboration de M. Djawadi Pour que nous remercions vivement.

LES EXPÉRIENCES.

Les intervalles mesurés correspondent à des mélodies chantées qu'on doit au préalable enregistrer. Elles ont été choisies et étudiées par Ali Naghi Waziri (célèbre instrumentiste et musicologue contemporain, que nous remercions pour sa précieuse collaboration) dans la musique populaire, parmi les modes et les systèmes connus et chantés par tout le monde. Prenons, par exemple, la mélodie suivante qui représente une berceuse chantée dans les provinces du Nord de l'Iran et notamment à Gargan :

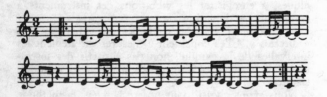

On fait chanter cette mélodie devant le microphone successivement par plusieurs chanteurs. On obtient ainsi pour chacun d'eux, une bande enregistrée de plusieurs mètres de longueur. Un dispositif spécial, formé d'un levier et d'un bouton manœuvré à la main, permet de séparer la plume enregistreuse de la bande chaque fois qu'une note est chantée et que la note suivante va commencer à être enregistrée. La vitesse du moteur de l'appareil d'entraînement est réglée de façon à avoir une longueur de bande de 30 cm environ pour une noire ($\downarrow$ =60).

Il n'est pas difficile de retrouver sur la bande l'enregistrement correspondant à chaque note. Il suffit de numéroter sur cette bande la série des vibrations successives des notes de la mélodie chantée qu'on a écrite au bout de la bande et dont on a également numéroté les notes de la même façon. On peut, par conséquent, connaître facilement la vibration enregistrée correspondant à chacune des notes chantées de la mélodie. La bande ainsi préparée est ensuite enroulée autour d'une bobine sur laquelle on colle une fiche portant les noms du chanteur et du chant, ainsi que la date de l'expérience.

Nos enregistrements ont été effectués à la station de Radio en présence de M. le Dr Hissby, Doyen de la Faculté des sciences de Téhéran, avec la collaboration du Dr Ismaïl Baigui, professeur à la même Faculté et de l'ingénieur Djawadi Pour, directeur technique à la radio, ainsi qu'avec le concours de musiciens et chanteurs célèbres, parmi lesquels M. Ali Naghi Waziri et M. Badia'zadeh. Nous leur adressons nos remerciements particuliers pour la précieuse aide scientifique, technique et artistique qu'ils nous ont apportée.

Nous avons ainsi préparé environ cent bobines correspondant aux différentes mélodies choisies pour l'enregistrement.

PROCÉDÉS DE MESURE.

Sur la bande de la berceuse, en tenant compte seulement des intervalles successifs et en faisant abstraction des notes de courte durée comme les doubles croches, on peut mesurer les intervalles *do-ré, ré-mi,* et *mi-fa* du tétracorde *do-fa* : ils sont successivement répétés 8, 6 et 4 fois. Cinq chanteurs, parmi les plus célèbres de Téhéran, ont pris part à l'expérience; la mélodie ayant été chantée trois fois par chacun d'eux, les intervalles ci-dessus ont donc été répétés successivement 120, 90 et 60 fois. La plupart de ces intervalles ont été d'ailleurs repris dans nos sept systèmes, à l'intérieur desquels nos mélodies d'enregistrement ont été choisies. Chaque intervalle est ainsi repris un nombre suffisant de fois (plus de 300 pour la plupart) pour qu'on puisse s'estimer satisfait des moyennes des résultats des recherches. Il ne reste plus alors qu'à mesurer les intervalles sur les bandes enregistrées.

Supposons que nous ayons à mesurer l'intervalle *do-ré*. La vitesse d'entraînement de la bande restant constante à chaque expérience (ce qui est d'ailleurs vérifié avec une grande précision avant tout enregistrement), les deux procédés suivants sont applicables :

1º On peut compter successivement le nombre des vibrations enregistrées sur une longueur déterminée de la bande (10 cm par exemple), correspondant aux deux sons *do* et *ré* et faire ensuite le rapport de ces nombres.

2º On peut également mesurer les longueurs successives correspondant à un nombre déterminé de vibrations (200 par exemple) sur les portions de la bande représentant les deux sons *do* et *ré* et faire ensuite le rapport inverse.

La première méthode a un inconvénient : en général, on ne peut pas avoir un nombre entier de vibrations pour une longueur déterminée de la bande et l'évaluation d'une fraction de vibration est accompagnée d'une certaine erreur. C'est justement pour échapper à cette erreur que nous avons choisi le deuxième procédé.

L'APPAREIL DE MESURE.

Pour appliquer notre procédé de mesure nous nous sommes servi de la machine à diviser. Muni d'un microscope, cet appareil permet, grâce à son réticule, de bien viser les sommets des sinusoïdes. On attache, avec deux petites plaques munies de vis de pression, une portion de la bande correspondant au premier son de fréquence N, de l'intervalle I à mesurer. On vise un sommet et on marque, sur la règle de la machine, la position de la plaque portant la bande. On fait ensuite tourner la machine et les vibrations enregistrées défilent devant l'œil au microscope. On compte 200 sommets, par exemple, du côté gauche au côté droit du fil horizontal du réticule et on marque la nouvelle position de la plaque, ce qui permet de mesurer la longueur *l* de la bande déplacée avec une grande précision. En effet, chaque tour de roue de la machine correspond au déplacement transversal de sa plaque égal à un millimètre; comme la roue elle-même porte 100 traits de division, chacune de celles-ci correspond donc à 1/100ᵉ de millimètre du déplacement de la plaque. La mesure des longueurs est donc faite avec une précision de 1/100ᵉ de millimètre. La longueur de la bande pour 200 vibrations étant à peu près de 10 cm, la mesure de la longueur pour 200 vibrations comporte une erreur relative de 1/10 000ᵉ.

On recommence l'expérience avec la portion de bande correspondant au deuxième son de fréquence N' de l'intervalle à mesurer. On trouve pour ses 200 vibrations une longueur définie l'. On calcule ensuite l'intervalle cherché :

$$I = \frac{N'}{N} = \frac{l'}{l}$$

LES MESURES.

Elles ont été réalisées au laboratoire de la Faculté des Sciences de Téhéran avec la collaboration du Dr Ismaïl Baigui.

Il s'agit de mesurer les intervalles compris dans le tétracorde, élément constitutif de la gamme. Celui-ci contient les sons principaux *do, ré, mi,* et *fa* et les sons secondaires que nous représenterons par *ré₁, ré₂...,* placés entre *do* et *ré* et les *mi₁, mi₂...,* placés entre *ré* et *mi*.

Nous avons commencé par la mesure des intervalles principaux, se trouvant entre les notes principales du tétracorde. Nous avons donc choisi, pour les premiers enregistrements, des *goucheh* (modes) pris dans le *dastgah* (système) connu sous le nom de *mahour,* qui est composé exclusivement des notes principales.

Le tableau II représente la valeur des intervalles principaux mesurés dans le tétracorde de la gamme orientale et dans celui de la gamme diatonique de Pythagore. Cette comparaison nous montre que le tétracorde joué en Iran est exactement diatonique. Il en est donc de même pour la gamme. En effet, le maximum d'écart ne dépasse pas — 0,42 σ, ce qui peut être considéré comme négligeable pour l'oreille.

Tétracorde	do-ré	ré-mi	mi-fa	do-fa
Orientale	51,54 σ	51,29 σ	22,21 σ	124,95 σ
Pythagore	51,15	51,15	22,63	124,94
Différence	+ 0,39	+ 0,14	— 0,42	+ 0,01

TABLEAU II.

Nous avons ensuite choisi des mélodies prises dans d'autres systèmes caractérisés par des sons secondaires. Chacune de ces mélodies contient au moins deux sons principaux à partir desquels il est possible de mesurer les intervalles secondaires. Ainsi nous avons trouvé trois sons secondaires, entre *do* et *ré*, que nous représentons par *ré*$_1$, *ré*$_2$ et *ré*$_3$, et trois sons secondaires entre *ré* et *mi* que nous indiquons par *mi*$_1$, *mi*$_2$ et *mi*$_3$. Par exemple, le mode appelé *Ispahan* contient les trois sons principaux *do, mi* et *fa* avec le son secondaire *ré*$_2$; le *goucheh* appelé *dar-amad*, pris dans le système *tché-har-gah*, contient les trois sons principaux *do, mi* et *fa* avec un son secondaire qui ne demeure pas fixe chez tous les chanteurs. On chante la mélodie, soit avec *ré*$_1$, soit avec *ré*$_2$; le *nagmeh* appelé *dacheti*, pris dans le système *chour*, contient les trois notes principales *do, ré* et *fa* avec un son secondaire variable ; il est tantôt *mi*$_2$, tantôt *mi*$_3$ et ainsi de suite.

Le tableau III représente, d'après nos expériences, les moyennes des valeurs des intervalles secondaires dans un tétracorde.

do-ré$_1$	22,27 σ	mi-mi$_1$	22,28 σ
do-ré$_2$	29,97	mi-mi$_2$	29,89
do-ré$_3$	45,23	mi-mi$_3$	45,38

TABLEAU III.

Les remarques suivantes se rapportent à ces intervalles secondaires :

1° Le $ré_1$, représenté par l'intervalle 22,27 σ est, à 0,36 σ près, le *ré* bémol de Pythagore, ou la *zaïd* de Safiy-yüd-Din (Z_1) appelée *nim-baïati*, et représentée par 22,63σ. C'est un son d'agrément et rarement employé aujourd'hui, sauf dans certains systèmes comme le *tchéhar-gah*.

2° Le $ré_2$, représenté par 29,97 σ, est, à — 0,010 σ près, égal au rapport 15/14 = 29,96 σ. C'est un intervalle, au contraire, très usité dans la musique orientale, ce qui peut être considéré comme sa principale caractéristique. Il représente à — 1,45 σ près le *do* dièse de Pythagore ou la *zaïd$_4$* indiquée par L + C = 28,52 σ.

3° Le $ré_3$, représenté par 45,23 σ, est, à + 0,03 σ près, égal à la *modjannabé* de Safiy-yüd-Din (Z_8), appelée *nimhiçar*, et indiquée par 45,26 σ. C'est un son d'un emploi restreint, et dans la plupart des cas il est remplacé par le *ré* ordinaire.

4° Le mi_1, représenté par 22,28 σ, est à + 0,35 σ près, le *mi* bémol (*ré-mi* bémol = L = 22,63 σ) ou le son V_1 appelé *fors* dans le système de Safiy-yüd-Din. Il est, comme le $ré_1$, employé comme son d'agrément.

5° Le mi_2, représenté par 29,89 σ, est, à + 0,07 σ près, le même rapport 15/14, caractéristique de la gamme contemporaine d'Orient. Il est, à — 1,37 σ près, égal à L + C, ce qui permet de le considérer comme le *ré* dièse de Pythagore ou la *vostà$_4$* qui entre dans le cadre diatonique qui existait avant Farabi.

6° Le mi_3, représenté par 45,38 σ, est, à — 0,12 σ près, la V_7 appelée « Zalzal » dans le tétracorde de Safiy-yüd-Din (2L = 45,26 σ). C'est un son d'un emploi assez restreint aujourd'hui dans la musique iranienne, tandis qu'il était fréquemment en usage dans la plupart des systèmes de l'époque de Safiy-yüd-Din.

Le tableau IV représente, d'après les indications de nos mesures, les intervalles du tétracorde de la gamme iranienne, comparés à ceux de la gamme de Pythagore. Il comprend neuf intervalles successifs.

On distingue dans ce tableau les degrés du tétracorde de Safiy-yüd-Din, sauf l'intervalle L + C représenté par $ré_2$ (Z_4) et mi_2 (V_4). On peut trouver cet intervalle parmi les variétés d'échelles qui existaient avant Safiy-yüd-Din, avec les différents accords que Farabi donne pour le

« tanbur du Khorassan ». Son usage était devenu restreint à l'époque de Safiy. En effet, il parle rarement d'un son nommé *modjannabé saghir* (petite voisine), représenté par le rapport 2187/2048, soit 28,52, qui, à + 1,44 σ près,

Tétracorde d'Orient		Tétracorde de Pytag.		Différence
Nom	$I = \dfrac{N}{N \, do}$	Nom	$I = \dfrac{N}{N \, do}$	
do	0 σ	do	0 σ	
ré$_1$	22,27	ré ♭	22,63	— 0,36
ré$_2$	29,97	do ♯	28,52	+ 1,45
ré$_3$	45,23	-	-	-
ré	51,54	ré	51,15	+ 0,39
mi$_1$	73,82	mi ♭	73,78	+ 0,04
mi$_2$	81,43	ré ♯	79,63	+ 1,76
mi$_3$	96,92	-	-	-
mi	102,83	mi	102,30	+ 0,53
fa	124,95	fa	124,94	+ 0,01

Tableau IV.

est égal au rapport 15/14 établi par nos mesures. Il semble qu'à l'époque de Safiy-yüd-Din, c'était la *modjannabé kabir*, $Z_8 = 2L$, qui avait la plus grande importance. Depuis, elle est remplacée par le *modjannabé saghir* qui, aujourd'hui, doit être considéré comme la caractéristique principale de la gamme dans la musique orientale.

Notons que sur les instruments à ligatures, comme le *tar* et le *seh-tar,* on s'abstient en général d'attacher celles qui représentent le *ré₃* et le *mi₃,* d'un usage très restreint. Ces deux notes étant plus graves d'un comma que le *ré* et le *mi,* on les produit en se servant des ligatures représentant le *ré* et le *mi* ou le *ré₂* et le *mi₂* ; on les pousse à raison d'un comma du côté grave ou d'un limma moins un comma du côté aigu, chaque fois qu'une mélodie exige l'emploi de l'une ou de l'autre note.

Vérification par l'oscillographe cathodique. – Rien ne paraissait plus étrange dans les résultats de nos recherches que l'existence de cet intervalle caractéristique 15/14, représenté dans le tétracorde *do-fa,* par les sons *ré₂* et *mi₂.* Cet intervalle semblait avoir cessé d'exister depuis Safiy-yüd-Din; les musicologues n'en parlaient plus. Ce fait nous incita à approfondir nos investigations et à chercher les moyens de vérifier les résultats de nos travaux. Nous avons finalement eu recours à l'oscillographe cathodique aux laboratoires de recherches du Ministère des P. T. T. iranien; ce travail a été effectué avec la collaboration de M. Arghandeh que nous remercions vivement.

Nous avons vérifié, au moyen de cet oscillographe, les deux résultats suivants :

1° La coïncidence entre le tétracorde de la musique orientale et celui de la gamme de Pythagore dans les intervalles diatoniques.

2° L'existence de l'intervalle caractéristique 15/14.

APPAREILS ET PROCÉDÉS DE VÉRIFICATION.

Les appareils nécessaires à la réalisation de notre méthode ont été les suivants : deux oscillateurs à basse fréquence de 0 à 1 000 p/s, deux amplificateurs de puissance, un potentiomètre, l'oscillographe cathodique et un appareil photographique.

Ainsi, si nous voulons vérifier, par exemple, un intervalle que nous pensons être égal à 9/8, nous pouvons appliquer deux méthodes :

a) *Méthode simple :*

Nous disposons le potentiomètre de façon qu'il mette l'oscillateur 1 en communication avec l'oscillographe. L'oscillateur étant mis en marche avec une fréquence moyenne (300 par exemple), nous réglons la fréquence du balayage de façon à avoir huit vibrations fixes sur l'écran de l'oscillographe.

Sans changer la fréquence du balayage nous supprimons du circuit l'oscillateur 1 et nous mettons en relation avec l'oscillographe l'oscillateur 2, dont nous réglons la fréquence afin d'avoir neuf vibrations fixes sur l'écran.

La fréquence du balayage restant fixe dans les deux expériences, nous avons ainsi pu produire avec précision l'intervalle 9/8 à vérifier entre les deux sons des oscillateurs 1 et 2 que nous pouvons bien entendre. Il ne reste plus qu'à demander aux musiciens assistant à l'expérience, de vérifier si l'intervalle produit leur paraît juste ou faux. Les deux amplificateurs permettent de diminuer ou d'augmenter l'intensité de l'un ou de l'autre des deux sons de l'intervalle. Le musicien n'a qu'à prendre comme base de la mélodie qu'il chante la note la plus grave de l'intervalle et repérer ensuite si la note aiguë entre ou non dans la mélodie chantée.

Nous avons invité tous les musiciens renommés de Téhéran à prendre part à l'expérience. Chacun a essayé séparément et tous étaient d'accord sur les intervalles do - $ré$ = 9/8, $ré$ - mi = 9/8 et do - fa = 4/3, ce qui démontre la concordance parfaite entre le tétracorde iranien et celui de Pythagore dans la mesure de la sensibilité de l'oreille.

Nous avons opéré de la même façon pour l'intervalle caractéristique 15/14.

Les figures 3 et 4 représentent les vibrations fixes photographiées sur l'écran de l'oscillographe correspondant aux deux oscillateurs, relatives à l'intervalle 15/14.

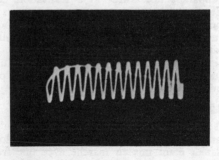

FIG. 3.

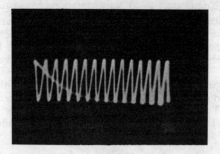

FIG. 4.

b) *Méthode de battement :*

Nous nous sommes servi de cette méthode pour la vérification en sens inverse. Dans ce cas, nous demandons au musicien qui assiste à l'expérience de régler lui-même attentivement les deux oscillateurs de façon à bien entendre et à justifier l'intervalle à examiner qu'il chante dans une mélodie quelconque. Une fois cet intervalle réglé, nous envoyons la somme de deux vibrations émises, au moyen du potentiomètre, aux plaques de mesure de l'oscillographe et nous réglons la fréquence du balayage de façon à avoir une courbe fixe de battement sur l'écran. En comptant le nombre n des sommets entre deux nœuds successifs de la courbe, nous pouvons calculer l'intervalle examiné par la formule $I = \dfrac{n+1}{n-1}$.

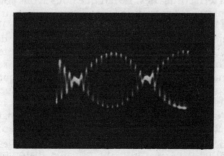

FIG. 5.

Nous avons ainsi employé cette méthode pour vérifier l'existence des intervalles 9/8, 4/3, 3/2 et 15/14. Parmi une vingtaine de musiciens qui ont pris part aux expériences, chacun séparément, la plupart ont réussi à nous fournir des courbes fixes justifiant, à 1,5 σ près, les intervalles ci-dessus.

La figure 5 représente la courbe relative à l'intervalle 15/14, fourni par Saba, violoniste virtuose iranien, où *n* est égal à 28. Ce nombre donne pour cet intervalle, le rapport 29/27 qui, à 1,08 σ près, peut être confondu pour l'oreille avec le rapport 15/14.

LA GAMME CONTEMPORAINE DE LA MUSIQUE IRANIENNE.

La constitution du tétracorde étant connue, il ne reste plus, pour distinguer celle de l'octave, qu'à savoir si l'intervalle de séparation se place entre ou après les deux tétracordes formant l'octave. Il est vrai qu'à l'époque de Safiy-yüd-Din, il se plaçait en général après les deux tétra-cordes; mais tout concourt à nous persuader que, bien longtemps avant lui, il y avait une gamme diatonique majeure persane considérée comme naturelle; elle com-mençait par la tonique propre, avec l'intervalle de sépara-tion au milieu, et les deux tétracordes construits sur le même plan. C'est celle que l'on entendait dans le système appelé *rast* (droit): système qui date du temps des Sas-sanides (IIIᵉ siècle) et qu'on trouve sous différents aspects, même à l'heure actuelle, dans les divers pays de l'Orient et du monde musulman. La tradition se perdit, avant le XIIIᵉ siècle, avec la nouvelle pratique du luth, qui néces-sitait des tétracordes liés. Le fait que nous ayons conservé jusqu'à présent, par tradition, ce système *rast*, et qu'il soit toujours caractérisé par la gamme majeure (nous l'appe-lons aujourd'hui *mahour*), prouve que nous devons prendre, comme gamme originale persane contempo-raine, l'octave composée par deux tétracordes séparés par un intervalle majeur. Il est d'ailleurs évident que dans beaucoup de mélodies actuelles, le cadre mélodique est la quinte juste, c'est-à-dire une quarte plus un ton majeur qui doit être considéré comme l'intervalle de séparation dans l'octave. Ainsi, la gamme originale de l'Iran com-prend 23 degrés dans une octave (l'octave comprise), qui entrent tous dans le cadre du principe diatonique de Pythagore. Ce nombre pourrait être augmenté à l'infini par les transpositions successives des mélodies, ce qui explique l'existence des gammes à 24, 28 ou 98 degrés dans la musique orientale.

Les éléments apportés par les auteurs anciens et modernes, et les résultats de nos propres recherches, nous permettent de comprendre pourquoi et comment l'idée de la division de l'octave en tiers et en quarts de ton a été adoptée d'une manière erronée par certains musicologues. En effet, depuis Safiy-yüd-Din, on se contente, dans la pratique, d'attacher le long de chacun des intervalles majeurs du tétracorde, deux ligatures dont la première est toujours restée fixe ($ré_1$ et mi_1) et dont la deuxième représentait, à partir du XIIIe siècle, les sons $ré_3$ et mi_3; actuellement elle représente les sons $ré_2$ et mi_2, de sorte qu'à tous les temps, le ton est virtuellement divisé en trois intervalles qu'on a pris à la lettre comme des tiers de ton.

En outre, la nécessité, dans certaines mélodies, de pousser les ligatures représentant $ré$ et mi au $ré_2$ et au mi_2 pour en tirer les sons $ré_3$ et mi_3, a conduit à l'idée du partage de l'intervalle majeur en quatre quarts de ton.

La succession des quarts de ton compris dans un intervalle majeur A - B s'établit, selon nos recherches, comme suit :

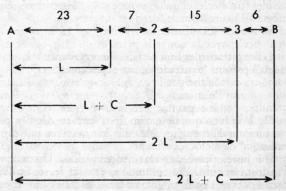

Ces intervalles entrent tous dans le cadre diatonique de Pythagore et ne peuvent jamais être pris comme de vrais quarts de ton provenant du tempérament de la gamme.

Ce tempérament, présentant certains avantages dans la musique occidentale, a conduit des théoriciens à égaliser les petits intervalles existant dans un ton majeur de la gamme orientale. Mais, en réalité, l'idée du tempérament doit conduire à la division de l'octave, non pas en 24 quarts de ton égaux, mais en 12 demi-tons égaux. En effet, le tempérament en quarts de ton donne les intervalles successifs dans un ton majeur A - B :

$$A \xleftrightarrow{\;12,5\;} 1 \xleftrightarrow{\;12,5\;} 2 \xleftrightarrow{\;12,5\;} 3 \xleftrightarrow{\;12,5\;} B$$

On constate que les trois sons compris entre A et B sont déplacés; la mesure de ces déplacements peut être évaluée ainsi :

le son 1............ — 10,50 σ
le son 2............ — 5,00 σ
le son 3............ — 7,50 σ

Il est évident qu'un écart de 10,50 σ ne peut être négligé par l'oreille surtout dans une musique monodique comme celle de l'Orient. Le maximum d'écart dans le tempérament de la musique occidentale ne dépasse pas - 5 σ.

Le tempérament en demi-ton donne lieu aux intervalles suivants :

$$A \xleftarrow{\;\;25\;\;} \tfrac{1}{2} \xrightarrow{\;\;25\;\;} \begin{smallmatrix}3\\B\end{smallmatrix}$$

Les trois sons compris dans l'intervalle A - B sont déplacés; voici la mesure de ces déplacements :

le son 1............ + 2 σ
le son 2............ — 5 σ
le son 3............ + 5 σ

On voit bien que le maximum d'écart ne dépasse pas ± 5 σ, ce qui est négligeable dans une musique polyphonique.

Si le développement de la science musicale, l'harmonie, l'instrumentation, l'orchestration, etc., et les difficultés techniques qui en résultent, amènent les musiciens orientaux, eux aussi, à égaliser un jour, comme l'ont fait les Occidentaux, les intervalles de la gamme, c'est au tempérament de 12 demi-tons qu'ils auront recours et non au

tempérament de 24 quarts de ton ; ce dernier, trop loin de
la nature et, par conséquent, imperceptible par l'oreille
musicale, ne sera jamais réalisable.

Nous nous sommes servi, pour passer à l'application
des résultats de nos recherches, d'un instrument du pays,
appelé *santour*. C'est un instrument en forme de trapèze, à
cordes fixes ; on en joue avec deux baguettes, une dans
chaque main ; sa tessiture va de *ut*$_1$ à *ut*$_4$ et son timbre
rappelle celui du clavecin, mais il est plus clair et plus
résonnant. Il a été complété par Mohammad Bagheri,
qui en est un virtuose : grâce aux petits leviers qu'il a
disposés sur sa table d'harmonie, aux deux extrémités de
chaque corde, on peut raccourcir la longueur de chacune
de ces cordes et produire les différentes gammes orientales ou occidentales.

Avec la collaboration de cet artiste, nous avons réglé
cet instrument et ses leviers selon la formule de la gamme
obtenue au cours de nos recherches. Nous avons ensuite
fait jouer à maintes reprises, sur cet instrument, des morceaux de notre composition, en public et devant les
membres de l'Association scientifique à l'amphithéâtre de
la Faculté des sciences de Téhéran, sans que personne
éprouve la moindre impression de changement de gamme.
Parmi ces morceaux, citons *Omide (l'Espérance)*, *Chad-
bache (la Bienvenue)*, *Raghsé-galha (la Danse des fleurs)* respectivement dans les systèmes *tchéhar-gah, homaïoun, chour*,
et *Dehgan (le Paysan)* dans le mode *Ispahan.*

LES SYSTÈMES DE LA MUSIQUE IRANIENNE

MUSIQUE ANCIENNE

Nous avons dit que, depuis Safiy-yüd-Din, le tétracorde comprenait deux intervalles majeurs divisés chacun
en deux limmas et un comma (L. L. C). L'octave étant la
somme de deux tétracordes et d'un intervalle majeur,
cette division donnait dix-sept intervalles dans une
octave, constituant dix-huit degrés dont chacun avait un
nom spécial se référant au système ou au mode dont ce
degré était la tonique, la note principale ou la note de
repos. C'est en somme une gamme comprenant une
quarte (de 1 à 8) et une quinte (de 8 à 18), qu'on peut

comparer à la gamme chromatique occidentale en ce sens qu'elle comprend tous les degrés disponibles pour la formation des cycles, des tonalités et des modes.

Un cycle était, en général, la somme d'une quarte comprenant trois ou quatre intervalles successifs et d'une quinte divisée dans la plupart des cas en quatre intervalles, cette quinte étant la somme d'une quarte et d'un intervalle de séparation égal au ton majeur.

Les intervalles successifs employés au sein d'une quarte étaient le ton majeur (T), le demi-ton mineur limma (L), le demi-ton majeur apotome (L + C) et l'intervalle égal à deux limmas (L + L), ton mineur. Il semble que ces deux derniers intervalles étaient confondus par les Anciens, aussi Safiy-yüd-Din les représentait-il tous deux par la lettre « J ». Le comma (c) était rarement employé.

Suivant le choix des degrés intermédiaires contenus dans la quarte et dans la quinte, en évitant les causes de dissonance, on constituait les différents genres dont certains étaient considérés comme mélodiquement consonnants.

Voici quelles étaient les causes de dissonance :

1º Dépasser l'extrémité aiguë de la première quarte. On ne pouvait donc choisir ni trois « T », ni quatre « J » successifs.

2º La réunion de trois intervalles emmêles différents (plus petits que le ton, soit « L » ou « J ») dans la première quarte. Cette réunion est permise dans la quinte.

3º Faire de l'extrémité aiguë de la quarte un intervalle « L » et de l'extrémité grave un intervalle « J ».

4º La succession de deux intervalles « L ».

En évitant ces causes de dissonance on ne peut partager la quarte que des sept manières suivantes :

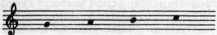

Le premier partage (ci-dessus) comporte les intervalles T. T. L.

Le deuxième, les intervalles T. L. T.

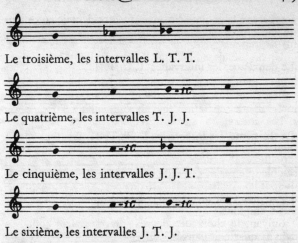

Le troisième, les intervalles L. T. T.

Le quatrième, les intervalles T. J. J.

Le cinquième, les intervalles J. J. T.

Le sixième, les intervalles J. T. J.

Le septième, les intervalles J. J. J. L.

Si nous appelons premier registre la première quarte contenue dans un cycle, la quinte qui vient la compléter comprend une deuxième quarte nommée deuxième registre et un intervalle d'un ton de « disjonction » qui complète l'octave. Le deuxième registre est donc à son tour susceptible d'être partagé de sept façons. Alors, en ajoutant l'intervalle disjonctif, qui peut être placé au grave ou à l'aigu et partagé ou non en d'autres intervalles plus petits, et en évitant les causes de dissonance, on peut partager la quinte de dix-neuf manières dont douze expliquées par Safiy-yüd-Din et sept ajoutées par le commentateur de son ouvrage Ali-Jorjani, au XIVe siècle.

Voici, selon Safiy-yüd-Din, les douze manières de partager la quinte :

Le premier partage (ci-dessus), comporte les intervalles T. T. L. T.

Le deuxième, les intervalles T. L. T. T.

Le troisième, les intervalles L. T. T. T.

Le quatrième, les intervalles T. J. J. T.

Le cinquième, les intervalles J. J. T. T.

Le sixième, les intervalles J. T. J. T.

Le septième, les intervalles J. J. J. L. T.

Le huitième, les intervalles T. J. J. J. L.

Le neuvième, les intervalles J. T. J. J. L.

Le dixième, les intervalles J. L. T. J. J.

Le onzième, les intervalles J. J. L. T. J.

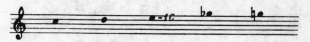

Le douzième, les intervalles T. J. T. J.

Les sept manières de partager la quinte, ajoutées par le commentateur de l'ouvrage de Safiy-yüd-Din sur les cycles *adwar,* sont les suivantes :

Le treizième partage comporte les intervalles T. T. L + J. C.

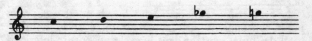

Le quatorzième, les intervalles T. T. L + L. J.

Le quinzième, les intervalles L. T. T. J. C.

Le seizième, les intervalles J. J. T. J. C.

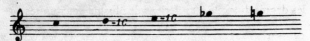

Le dix-septième, les intervalles J. T. T. J.

Le dix-huitième, les intervalles L. T. J. J. J.

Le dix-neuvième partage de la quinte comporte les intervalles J. J. J. L + J. C.

Si, dans l'octave, on considère l'addition des divers genres de quarte et de quinte, on obtient 133 (7 fois 19) cycles dont 84 sont cités par Safiy-yüd-Din et 49 ajoutés par le commentateur.

Parmi ces cycles, les uns sont consonnants, d'autres dissonants et d'autres encore ont une dissonance mitigée. On appréciait le degré de consonnance d'un cycle d'après le nombre des rapports consonnants (l'octave 2/1, la quarte 4/3 et la quinte 3/2) qui peuvent exister entre ses degrés.

Le cycle consonnant était celui dont le nombre des rapports consonnants était supérieur ou égal au nombre total des notes existant dans le cycle ou encore inférieur d'une ou de deux unités. Par exemple le cycle :

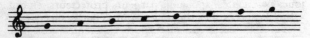

contient cinq intervalles 4/3 (*sol-do, la-ré, si-mi, do-fa* et *ré-sol*), trois intervalles 3/2 (*sol-ré, la-mi* et *do-sol*) et un intervalle 2/1 (l'octave) ce qui fait en tout neuf intervalles consonnants. Il est donc très consonnant parce que le nombre des intervalles consonnants (9) dépasse d'une unité le nombre total des notes (8).

Si le nombre des rapports consonnants existant entre

les degrés du cycle est inférieur de plus de deux unités au nombre total des notes, mais reste supérieur au nombre des notes fixes (la quarte, la quinte et l'octave), le cycle a une dissonance mitigée. C'est le cas, par exemple, du cycle :

qui contient trois rapports 4/3 (*sol-do, la-ré, do-fa*), un rapport 3/2 (*sol-ré*) et un rapport 2/1 (l'octave). C'est-à-dire cinq rapports consonants. Ce nombre est inférieur de trois unités au nombre total des notes mais supérieur de deux unités au nombre des notes fixes. (Dans cet exemple, la quarte *ré-sol* est considérée comme équivalente de la quinte *sol-ré*, et la quinte *do-sol* comme équivalente de la quarte *sol-do*).

Si le nombre des rapports consonants existant entre les degrés du cycle n'atteint pas celui des notes fixes ou en est l'égal, il est considéré comme dissonant. C'est le cas, par exemple, du cycle suivant :

Il contient seulement deux intervalles de 4/3 (*sol-do* et *do-fa*) et un intervalle 2/1 ; c'est-à-dire trois intervalles consonants, nombre égal à celui des notes fixes (*sol, do* et *fa*). Il est donc dissonant.

Parmi les cycles consonants, certains connaissaient une faveur particulière chez les maîtres de l'art. La plupart étaient des vestiges du passé modifiés selon le goût et le caprice des artistes renommés. Quelques airs, joués ou chantés, applaudis par leurs protecteurs, en ont assuré le succès. Les théoriciens qui s'étaient succédé du Xe au XVIe siècle avaient exposé différentes séries de gammes modales, classées sous les noms génériques de *maqamat, avazat, choab* et *tarakib*, et portant des dénominations très variées. A la base du système exposé par chacun de ces auteurs se retrouve toujours la même série de douze gammes modales, composées des mêmes successions d'intervalles, et portant les mêmes noms. Ce sont les douze *maqamat*. La plupart des noms attribués à ces modes sont persans, d'autres sont arabes. Il en est qui

sont des toponymes ; ce sont *iraq*, *isfahan* et *héjazi*.
D'autres sont des adjectifs : *hosseyni*, *abou-salik*, attribués
aux noms d'homme, *ochaq (les amants)*, *nava (la mélodie)*
en persan, *zangouleh (la clochette)* en persan, et *rahavi (la
marche)* en persan. D'autres, enfin, désignent une particularité de la gamme, ou des genres qui la composent
comme *raft*, ou mode droit, régulier, en persan (ainsi
qualifié parce qu'il utilise les degrés de la gamme fondamentale sans altération) et *zirafkand*, qui signifie, en
persan, omettre la note du *zir*, quatrième corde du luth ;
et enfin *bozorg* (grand, en persan) par opposition à *koutchek*
(petit) ; ces deux qualificatifs se rapportent au genre
zirafkand, qui se présente de deux manières.

Voici, d'après Safiy-yüd-Din, les douze cycles en
faveur, avec les intervalles successifs rapportés à la même
tonique :

Ochaq (T. T. L. T. T. L. T.)

Nava (T. L. T. T. L. T. T.)

Abou-Salik (L. T. T. L. T. T. T.)

Raft (T. J. J. T. J. J. T.)

Iraq (J. T. J. J. T. J. J. L.)

Isfahan (T. J. J. T. J. J. J. L.)

Zirafkand (J. J. T. J. J. L. T. J.)

Bozorg (J. T. J. J. L. T. J. J.)

Zangouleh (T. J. J. J. T. J. J. L.)

Rahàvi (J. T. J. J. J. T. T.)

Hosseyni (J. J. T. J. J. T. T.)

Héjazi (J. J. T. J. T. J. T.)

Safiy-yüd-Din nous cite d'autres successions modales nommées *avazat* (pluriel du mot persan *avaz*, qui signifie « le chant »). Il y en a six, dont deux sont des cycles complets et les autres des fragments de cycle. Les deux premiers, *gavechte* et *gardanya* (*le retour*, en persan), ont des intervalles communs avec le cycle *isfahan* ; le troisième, *salmak*, a des intervalles communs avec le mode *zangouleh* ; le quatrième, *now-rouz* (*le nouveau jour*, fête du nouvel an persan), est un genre fondamental constituant la base du mode *hosseyni* ; le cinquième, *mayeh* (*le constituant*, en persan), est une combinaison modale où il n'est pas tenu compte des intervalles emmèles ; le sixième, *chah-naz* (*le favori du roi*, en persan) est l'élément fondamental du mode *zirafkand*.

Voici, d'après Safiy-yüd-Din, les six *avazat*, avec leurs intervalles successifs :

Gavechte (J. T. J. J. J. L. T. J.)

Gardanya (T. J. J. J. L. T. J. J.)

Salmak (T. T. J. J. J.)

Now-rouz (J. J. T. J. J. T.)

Mayeh (T + L. T. L. T + L. T.)

Chah-Naz (J. J. L. T. J.)

Le commentateur du *Livre des cycles* de Safiy-yüd-Din a fait des tableaux où sont indiqués tous les cycles consonnants. Il en a choisi quarante parmi les quatre-vingt-quatre qui figurent sur les tableaux de Safiy-yüd-Din, quatre parmi les quarante-neuf qui se trouvent dans les tableaux qu'il a ajoutés à ceux de l'auteur, quatre des six *avazat* indiqués par Safiy-yüd-Din qu'il trouve consonnants. Il semble que la plupart de ces cycles étaient utilisés; certains étaient peut-être d'une importance secondaire. Dans sa nomenclature des modes on trouve des formes et des noms nouveaux abandonnés par ses prédécesseurs. Quelques-uns de ces noms sont d'origine très ancienne comme *mehrajan* (ou *mehragan*, « fête de l'automne », en persan) qui est l'un des trente *lahn* (modulation) de Bârbadh, et *mazdakani* (attribué à Mazdak, fondateur de la célèbre secte religieuse du temps des Sassanides); d'autres se retrouvent dans les combinaisons modales en usage aujourd'hui même.

Voici les trente-deux cycles consonnants cités par notre commentateur, à côté des douze *maqamat* et des six *avazat* expliqués par Safiy-yüd-Din, avec les noms et les successions des intervalles correspondants :

Saba (T. T. L. T. J. J. T.)

Azra (T. T. L. T. J. J. J. L.)

Douslakanah (l'ami) (en persan) (T. T. L. T. J. J + L. J.)

Ma'achouq (l'aimé) (T. L. T. T. T. L. T.)

Khoche-sara (celui qui chante bien) (en persan) (T. L. T. T. J. J. T.)

Khazan (l'automne) (en persan) (T. L. T. T. J. J. J. L.)

Now-Bahar (le printemps nouveau) (en persan) (L. T. T. T. T. L. T.)

Vessal (l'union) (L. T. T. T. L. T. T.)

Goleslan (la roseraie) (en persan) (L. T. T. T. J. J. T.)

Ghamzadeh (triste) (en persan) (L. T. T. J. J. T. T.)

Mehrajan (la fête de l'automne) (L. T. T. J. J. J. L. T.)

Delgocha (ce qui ouvre le cœur) (en persan) (T. J. J. T. T. L. T.)

Boustan (le potager) (en persan) (T. J. J. T. J. T. T. T.)

Zangouleh (la clochette) (deuxième forme) (T. J. J. J. T. J. T.)

Majles-Afrouz (qui anime le cercle) (en persan) (T. J. J. T. J. L + J. J.)

Nassim (la brise) (en persan) (J. J. T. T. T. L. T.)

Janfaza (qui augmente la vie) (en persan) (J. J. T. T. L. T. T.)

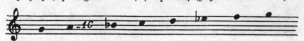

Mohayyer (J. J. T. T. J. J. T.)

Hejazi (deuxième forme) (J. J. T. J. T. J. T.)

Zandroud (Zayandehroud, grande rivière de l'Isfahan) (J. J. T. J. J. J. L. T.)

Iraq (deuxième forme) (J. J. T. J. T. J. J. L.)

Zirafkandkoutchek (petit *zirafkand* en persan) (J. J. T. J. J. L. J. + L. J.)

Mazdakani (attribué à Mazdak) (J. T. J. T. T. L. T.)

Nehoft (caché) (en persan) (J. T. J. T. J. J. T.)

Isfahanak (petit Isfahan) (J. T. J. J. J. L. J + L. J.)

Ghazal (la gazelle) (J. T. J. T. J. J + L. J.)

Vameq (J. J. J. L. T. T. L. T.)

Now-rouz arabe (J. J. J. L. T. J. J. T.)

Mahouri (qui ressemble à la lune) (T. T. L. T. T. T. L.)

Farah (la joie) (T. T. L. T. T. J. J.)

Bayza (le blanc) (T. J. J. T. T. J. J.)

Khazra (le vert) (J. T. J. J. T. J. J.)

On aurait souhaité avoir des précisions sur la tonique réelle des modes indiqués par Safiy-yüd-Din et son commentateur. Ces modes, en effet, ont tous été représentés de la même manière, en prenant la même note comme point de départ, la note (*sol*) la plus grave de l'échelle générale. La notion de tonique n'est pourtant pas étrangère à la musique orientale, si l'on s'en rapporte à la technique traditionnelle appliquée par les musiciens contemporains. Ces derniers attribuent, en effet, à chacun de leurs modes une tonique propre. D'autre part la musique orientale ne connaît pas de diapason à hauteur fixe, mais elle observe la valeur relative des toniques dans telle ou telle hauteur donnée. Dans les ouvrages des théoriciens orientaux certains articles sont consacrés à la tonalité et à la façon de transposer telle ou telle succession d'intervalles sur les divers degrés de l'échelle théorique de dix-huit sons à l'octave. Nous n'y trouvons, malheureusement, aucun renseignement sur la tonique propre à chaque mode.

On aurait souhaité également avoir des précisions sur les fonctions mélodiques des degrés de chaque mode. Où se terminait la ligne mélodique ? Lequel, de ces degrés, représentait le centre mélodique dans un mode donné ?

Pour analyser les fonctions mélodiques des notes de chaque cycle, nous aurions dû avoir à notre disposition des fragments des compositions musicales écrites dans chaque mode. Malheureusement, ces grands philosophes, qui, pour la plupart, n'ignoraient pourtant rien de la pratique musicale (certains d'entre eux étaient même des virtuoses et des compositeurs), ne nous ont laissé aucune trace de leurs compositions sauf quelques petits fragments à partir desquels on ne peut pas apprécier la juste valeur des fonctions des notes dans ces modes si variés.

Il semble, en outre, qu'il y eut toujours un désaccord entre les artistes et les théoriciens sur la valeur réelle de certains intervalles de l'échelle musicale systématisée par Safiy-yüd-Din. En effet, les touches « *j* » et « *w* », représentant la seconde et la tierce neutre *(la-1c* et *si-1c)*, appelées par Safiy-yüd-Din « *zaïd* (surajoutée) et *vostayé Zalzal,* médius de Zalzal* », s'étaient révélées réfractaires aux essais de systématisation. Tous les musiciens contemporains s'accordent pour estimer que ces notes doivent former, avec la note grave du tétracorde auquel elles appartiennent, des intervalles plus petits que la seconde et la tierce majeures pythagoriques. Certains, formés à l'école turque, prétendent attribuer à leur différence la valeur d'un comma; d'autres considèrent que cette différence devrait être plus grande encore, et lui attribuent volontiers la valeur d'un quart de ton. Les recherches selon la méthode directe, que nous avons exposée dans la partie consacrée à la gamme, ont amené à découvrir que, dans la plupart des cas, cette différence est égale à un limma. En effet, les résultats de nos recherches sur la mesure des intervalles de la gamme orientale, montrent qu'ils sont les mêmes que ceux que l'on trouve dans l'échelle jouée sur le « *tanbur* du Khorassan ». Dans cette échelle, le ton majeur 9/8 est partagé de trois manières en intervalles plus petits. On y distingue les divisions L. L. C, L. C. L et C. L. L. Safiy-yüd-Din, entraîné par une volonté de systématisation plus rationnelle de l'échelle, a choisi la première division, L. L. C. C'est donc, après l'Islamisme, un retour à la tradition persane que les musicologues et les théoriciens orientaux ont enfin accepté. Mais cette rationalisation des degrés n'avait pu

en annuler la pratique. Il est fort probable que la division
L. C. L était, dans la plupart des cas, plus conforme à la
pratique musicale orientale, comme elle l'est aujourd'hui,
selon nos travaux, dans la musique contemporaine. Ainsi,
remplacer les notes affectées de l'indication « moins un
comma » dans la plupart des modes exposés par Safiy-
yüd-Din et son commentateur, par des notes comportant
l'indication « moins un limma », serait plus conforme
à la réalité musicale.

MUSIQUE CONTEMPORAINE

Dans la gamme complète de la musique contemporaine
iranienne on distingue les trois divisions du « *tanbur* du
Khorassan », de sorte que dans un intervalle donné
A-B = 9/8 = 2 L + C on peut avoir quatre degrés
distincts dans les positions suivantes :

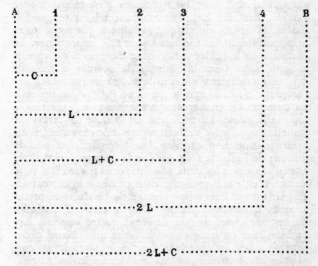

Ces divisions donnent, dans une octave, une échelle de
27 intervalles, avec 28 degrés qui entrent tous dans le
cadre du principe diatonique de Pythagore. Cette échelle
a également l'avantage de donner les degrés de la gamme
harmonique qui se retrouvent, mélodiquement, dans la

musique orientale. En effet, la touche « *W* » de Safiyy-
yüd-Dïn, représentée par un ton + 2 L, est la tierce
majeure 5/4 avec une erreur négligeable pour l'oreille,
tandis que l'intervalle un ton + L + C représente la
tierce mineure naturelle 6/5; la quinte + 2 L est la
sixte majeure 5/3, et la quinte + L + C donne la sixte
mineure naturelle 8/5.

La musique traditionnelle iranienne que jouent les
artistes contemporains est basée sur sept systèmes *(dastgah)* principaux et comprend environ 228 combinaisons
modales *(goucheb)*. Chaque système est caractérisé par
une échelle, comprenant une quarte et une quinte à l'octave, avec des intervalles bien définis, et dont l'étendue correspond normalement à celle de la voix humaine,
soit deux octaves environ. Cette étendue peut être dépassée dans les instruments modernes. Les fonctions mélodiques de chacun des degrés de la gamme dans un
système donné sont bien connues; c'est ce qui oriente
l'artiste dans son improvisation sur tel ou tel *goucheb*.
Parmi les degrés de chaque système il y a trois notes
principales dont les fonctions sont très importantes. La
première est le centre mélodique; c'est ce qu'on appelle
la note *chahed* (témoin), autour de laquelle la mélodie
évolue. La deuxième est la note *motéghayer* (variable), qui
change de position vers le grave ou l'aigu d'un limma à
un comma. Ce changement s'effectue pour exprimer la
joie ou la peine. La troisième est la note *ist* (arrêt) sur
laquelle la mélodie s'interrompt momentanément pour
présenter une demi-cadence. Dans certains systèmes, la
tonique de l'échelle est aussi soit la note témoin, soit la
note d'arrêt, soit les deux à la fois; dans d'autres, la note
témoin n'est pas la tonique : dans ce cas, le système, tout
en gardant ses intervalles, change de caractère et prend
le nom de *naghmeh* (chant). C'est le cas, par exemple,
du système *chour,* duquel dérivent quatre *naghmeh.* Les
naghmeh, tout en restant dans le cadre du système, prennent un aspect indépendant. Les *goucheh* sont des combinaisons caractérisées par les notes principales *(chahed,
motéghayer,* et *ist)* bien définies, dont les cadres mélodiques
ne dépassent pas une quarte ou une quinte. Chaque
système commence par un prélude nommé *darâmad ;* les
goucheh qui se suivent se rattachent au système par une
cadence appelée *foroud* (descente).

Nous en venons maintenant à l'étude des systèmes utilisés dans la musique traditionnelle iranienne et des *naghmeh* qui en dérivent, avec les modes composés dans l'étendue de chacun d'eux :

1) DASTGAHÉ-CHOUR.

Ce système, dont l'origine est très ancienne, est à la base de la plupart des musiques folkloriques et des musiques des tribus. Voici la succession de ses intervalles dans une octave et le début du prélude :

(J. J. T. T. L. T. T.)

Darâmad

Nous indiquons les notes principales par des lettres placées au-dessus : « t » pour la note témoin, « V » pour la note variable et « A » pour la note d'arrêt.

Les *naghmeh,* ou systèmes secondaires qui dérivent du système *chour,* sont les suivants :

a) *Naghmehyé-abou-atâ.*

Il commence par le deuxième degré du cycle du système *chour.* Ce deuxième degré constitue, en même temps, la note d'arrêt; le quatrième degré du *chour* en est la note témoin :

Voici quelques-uns des modes principaux :

Darâmad

Héjaz, dont la note témoin est la cinquième note du cycle *chour* et la note d'arrêt, la tonique du cycle :

Tchéhar-baghe (quatre jardins), est une mélodie rythmique qui accompagne certaines poésies d'un rythme particulier :

b) *Naghmehyé-bayaté-tork.*

Le troisième degré du cycle *chour* est la note témoin et la septième, la note d'arrêt :

Voici quelques-uns des modes principaux :

Darâmad

Qatâr, d'un usage fréquent chez les tribus kurdes, accompagne le plus souvent les poésies du célèbre poète Baba-taher. La deuxième note du cycle *chour* en est la note témoin et la septième, au grave, la note d'arrêt :

Fili, dont la note témoin est la septième du système *chour* et la note d'arrêt, la troisième du cycle :

c) *Naghmehyé-afchari.*

La quatrième note du système *chour* en est la note témoin, la deuxième la note d'arrêt et la cinquième la note variable. A cette note variable est dû son aspect mélancolique; il exprime plainte et tristesse :

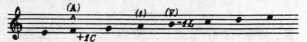

Voici le début du prélude et quelques-uns des modes principaux :

Jameh-darân commence par la cinquième note du cycle *chour ;* cette note est également la variable :

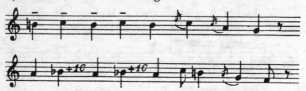

Masnavi-pitch commence par la septième note, au grave, du cycle *chour,* avec la quatrième comme note témoin et la deuxième comme note d'arrêt. C'est une forme mélodique bien connue qui accompagne les célèbres poésies de Mowlavi :

Qarâï commence par la septième note du cycle *chour*

qui est également la note témoin, et finit sur la cinquième comme note d'arrêt :

Chah-khataï commence par la septième note, au grave, du cycle *chour,* avec la troisième comme note témoin et la deuxième comme note d'arrêt :

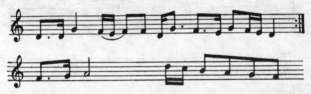

d) *Naghmeh-dacheti.*

Il commence par la troisième note du cycle *chour;* la cinquième est la note témoin et en même temps la variable. Il finit sur la tonique du cycle. *Dacheti* est un système secondaire très populaire, à la base du folklore musical des provinces du Nord. Voici le début du prélude et quelques-uns des modes principaux :

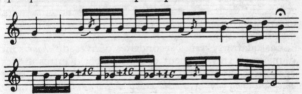

Do-beyti, sur lequel sont chantées les poésies de Babataher :

Guilaki, dans lequel la note témoin ne change pas, ni la variable :

Gabri, sans variable, commence par la quatrième note du cycle :

Bayaté-kord, qui commence également par la quatrième note du cycle :

Ces quatre systèmes secondaires dérivés du *chour* sont d'un usage très fréquent et contiennent d'autres modes également importants comme *sayakhi* et *samali* dans *abou-atâ* ; *do-gah* et *rouhol-arvah* dans *bayaté-tork* ; *nahib* dans *afchar* et *bidakani, tchoupani, gham-anguiz, soranj,* et *koutcheh-baghi* dans *dacheti.*

Les modes joués dans le système principal *chour* sont les suivants :

Chah-naz.

Il commence par la troisième note du cycle, la qua-

trième comme témoin, la cinquième comme variable et
la septième, au grave, comme note d'arrêt :

(a)

Greyli, avec la quatrième note comme témoin :

Molla-niazi avec la septième note comme témoin et la
troisième comme note d'arrêt :

Bozorg, avec la huitième note du cycle comme témoin
et note d'arrêt :

Rohab, qui commence par la septième, au grave, et la quatrième comme témoin :

Les autres modes rattachés au système *chour* sont les suivants :

Zir-keché-Salmak. Salmak. Golriz. Safa. Khârâ. Qajar. Hazine Qaratcheh. Rahavi. Dastané-arabe. Baslénégar. Bagdadi. Tchehar-pareh. Bargardân. Massihi. Hosseyni. Araq. Nahoft. Chékasté. Owj. Gham-anguiz. Oqdeh-gocha. Koutché-baghi. Néchabourak. Zarbé-ossoul. Neychabour. Hâjiani. Dachetestâni. Azarbayédjâni. Khosrowâni. Mehrabâni.

Chaque mode se rattache au système par une cadence de ce type :

2) DASTGAHÉ-MAHOUR.

Il figure parmi les cycles cités par le commentateur de Safiy-yüd-Din, ce qui atteste l'ancienneté de son origine; ses intervalles correspondent à ceux de la tonalité majeure occidentale. Il exprime l'audace, la gaîté, l'optimisme. Voici les intervalles successifs et le début de l'introduction :

(T. T. L. T. T. T. L.)

Darâmad

Nous donnons ici quelques exemples des *goucheh* (modes) joués dans ce système :

Kerechemeh, qui commence par la cinquième note du cycle, au grave, avec la tonique et la tierce comme notes témoins :

Gochayeche, qui commence par la quatrième du cycle avec la deuxième comme témoin :

Kharazmi, avec la cinquième note comme témoin :

La plupart des modes se rattachent au système par la cadence suivante :

Dans certains modes, une ou plusieurs notes étrangères au système auquel ils appartiennent, ont été empruntées à d'autres systèmes pour leur donner plus d'éclat et faire échapper le système à sa monotonie. Ces modes se rattachent au système principal par une cadence. C'est le cas, par exemple, pour les modes *delkache* et *chekasteh*, qui empruntent quelques notes au système *chour*. Voici le mode *delkache* avec sa cadence *(foroud)* :

Delkache

Foroudé-Delkache

Les autres modes du système *mahour* sont les suivants :

Koroghli. Dâd. Khosravani. Khâvarân. Tarab-anguiz. Toussi. Azarbayédjâni. Fili. Zir-afkand. Mahouré-saghir.

Abol. Hessar-mahour. Neyriz. Nahib. Araq. Mohayer. Achour-avand. Zangouleh. Sorouche. Isfahanak. Râké-hendi. Safir. Naghmeh. Raké-abdollah. Saqi-nameh. Soufi-nameh. Parvâneh. Basténégar. Harbi. Chahr-achoub.

3) DASTGAHÉ-HOMAYOUN.

C'est un système comparable à la tonalité mineure occidentale; ses modes sont mélancoliques et ses mélodies très douces. Voici la succession des intervalles du cycle de ce système et le début de l'introduction :

(J. T + L. L. T. L. T. T.)

Darâmad avec la deuxième note du cycle comme note témoin et la septième, au grave, comme note d'arrêt :

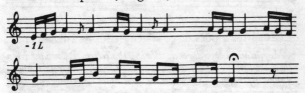

Voici quelques exemples de modes joués dans ce système :

Tchakavak avec la quatrième note du cycle comme témoin :

Bakhtyari avec la tonique du cycle comme témoin :

Leyli-va-mainoun avec la quatrième note du cycle comme témoin :

Bidad avec la cinquième note du cycle comme témoin et la quatrième comme note d'arrêt :

Les autres modes de ce système sont les suivants :

Mavâliân. Neyé-davoud. Bavi. Aboltchap. Râvandi. Moureh. Tarz. Nowrouzé-arabe. Nowrouzé-saba. Nowrouzé-khara. Nafir-va-farafgue. Chouchetari. Meygoli. Del-navaz. Ghazal. Moalef. Danassari. Djameh-darân. Farah. Chahr-achoub. Parvaneh.

Du système *homayoun* dérive un système secondaire (*naghmeh*), nommé *bayaté-isfahan*, qui devient de plus en plus indépendant. On obtient le cycle de ce système en plaçant la première quarte du cycle de *homayoun* à la suite de la quinte suivante. La tonique du cycle *isfahan* est donc la quatrième note de celui de *homayoun*. Ces deux cycles ont les mêmes notes; mais la septième note du cycle *isfahan* est parfois diminuée d'un limma.

Voici les intervalles successifs du *naghmeh-isfahan* avec le début de l'introduction et quelques exemples des modes joués dans ce système :

$$(T.\ L.\ T.\ T.\ J.\ T + L.\ L.)$$

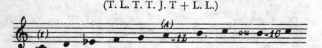

Darâmad qui commence par la cinquième note du cycle avec la tonique à l'octave comme témoin et la sixième comme note d'arrêt :

Bayâté-râdjéa avec la deuxième note du cycle comme témoin :

Ochâq avec la cinquième note comme témoin :

Les autres modes de ce système sont : *Souzo-godaz. Djavabeh. Razo-niaz. Tchehar-mezrab. Masnavi. Farah-anguiz.*

4) DASTGAHÉ-SÉGAH.

C'est un système d'un usage fréquent dans tous les pays du monde musulman; il exprime la douleur, le chagrin qui finalement débouchent sur l'espérance. La tierce mineure naturelle, qu'on entend toujours au début des mélodies, est sa caractéristique. Voici la succession des intervalles de ce système, le début de l'introduction et quelques exemples des modes :

(T.J.J.T.J.J.T.)

Darâmad avec la troisième note du cycle comme témoin et note d'arrêt :

Mouyeh avec la sixième note du cycle comme témoin et la cinquième comme note d'arrêt :

Zabol avec la cinquième note du cycle comme témoin :

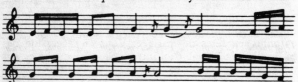

Mokhalef avec la tonique du cycle comme témoin et note d'arrêt :

Héçar avec la septième note du cycle comme témoin et note d'arrêt :

Les autres modes joués dans ce système sont les suivants :

Avaz. Naghmeh. Zangué-chotor. Basteh-négar. Zangouleh. Khazân. Bas-heçar. Moarbad. Hadji-hassani. Maghloub. Dobeyti. Hazine. Delgocha. Rahavi massihi. Nâqous. Takhté-tâqdis. Chah-khatâï. Madâyen. Nahavand.

5) DASTGAHÉ-TCHEHARGAH.

C'est un système très ancien et très original. Il exprime la joie, la gaîté, le bien-être, le dynamisme. Il est à la base du chant folklorique *Mobarak-Bad (Sois béni!)* que l'on entonne aux fêtes de mariage. Voici la succession des intervalles, le début de l'introduction et quelques-uns des modes joués dans ce système :

$$(J. T + L. L. T. J. T + L. L.)$$

Darâmad qui commence par la cinquième note du cycle, au grave, avec la tonique comme note témoin et note d'arrêt :

Piche-zangouleh, mélodie rythmique à deux temps :

Zangouleh, mélodie rythmique à trois temps :

Naghmeh, mélodie rythmique à deux temps :

Pahlavi :

Rajaz qui accompagne les poèmes de Ferdousi :

Les autres modes de ce système sont les suivants :

Badre. Zabol. Basteh-négar. Mouyeh. Heçar. Pas-heçar. Moarbad. Mokhalef. Maqloub. Dobeyti. Krechmeh. Hazine. Hozan. Hoda. Ardjouzeh. Mansouri. Sarébanak. Paré-parastouk. Chahr-achoub. Hachieh. Lazgui.

6) DASTGAHÉ-NAVA.

Il pourrait être considéré comme un dérivé du système *chour,* car il a la même succession d'intervalles; mais les positions des notes principales ne sont pas les mêmes, ce qui lui donne un aspect assez différent pour qu'on puisse le considérer comme un système indépendant. Ce système est d'un caractère calme et paisible; il accompagne les poésies d'un sens profond et qui expriment une philosophie.

Voici la succession des intervalles avec le début du prélude et quelques-uns des modes composés dans ce système :

(J. J. T. T. L. T. T.)

Darâmad, qui commence par la tonique, avec la quatrième note du cycle comme témoin et la deuxième comme note d'arrêt :

Gardaniah, avec la troisième note du cycle comme témoin et la deuxième comme note d'arrêt :

Gavechte, avec la cinquième note du cycle comme témoin :

Nahoft, avec l'octave comme témoin et la quatrième comme note d'arrêt :

Les autres modes de ce système sont les suivants :

Naghmeh. Bayaté-radjea. Hazine. Mouyeh. Ochaq. Achiran. Neychabourak. Khojasteh. Madjlessi. Malek-hosseini. Bou-salik. Neyriz. Nastouri. Taqdis. Rohab. Araq.

7) DASTGAHÉ-RAST-PANDJGAH.

C'est un système très ancien, qui date des Sassanides; on le retrouve dans tous les pays du monde musulman. Il présente les caractères du système *mahour;* d'autres modes, appartenant à d'autres systèmes, viennent s'y rattacher. Voici la succession des intervalles avec une cadence et quelques-uns des modes joués dans ce système :

(T. T. L. T. T. L. T.)
Foroud

Khosrowani commence par la cinquième note du cycle qui est en même temps la note témoin :

Bahré-nour commence par la septième note du cycle, au grave, et la tonique comme témoin et note d'arrêt :

Les autres modes dans ce système sont les suivants : *Zangouleh-saghir. Zangouleh-kabir. Naghmeh. Rouh-afzâ. Neyriz. Pandjgâh. Sépéhre. Ochaq. Nowrouzé-adjam. Bahré-nour. Qaratcheh. Mobarqa'. Nahib. Araq. Mohayer. Achour. Esfahanak. Basteh-négar. Hazine. Tarz. Aboltchap. Ravandi. Leyli-va-Madjnoun. Nowrouzé-arabe. Nowrouzé-saba. Nowrouzé-khârâ. Nasir-va-farangue. Mâvâraon-nahr. Rak. Raké-abdollah. Chahr-achoub. Harbi.*

Les deux cent vingt-huit modes sur lesquels travaillent les artistes iraniens contemporains sont composés sur les sept systèmes principaux, *chour, mahour, homayoun, ségah, tchehargah, navâ,* et *râst-pandjgâh,* et sur les cinq systèmes secondaires, *abou-atâ, bayaté-tork, afchâr, dacheti* et *bayâté-isfahan.* Il y en a bien d'autres, oubliés aujourd'hui, dont on trouve les noms dans les œuvres de grands poètes comme Ferdousi, Nézami, ou d'écrivains et d'historiens comme Abol-faradjé-Isfahâni. Il est certain que ces modes, diffusés par des artistes persans, sont à la base de toutes les musiques des pays musulmans. Une comparaison entre les modes que l'on trouve aujourd'hui en Iran et ceux des pays arabes permet de l'affirmer. En effet :

1º) Parmi les cinquante-deux *maqâm* (modes) qui existent en Egypte, il en est trente dont les noms se retrouvent parmi les modes de la musique iranienne.

2º) Les autres modes égyptiens ont des noms persans ou sont d'origine persane.

3º) Parmi les trente-sept modes utilisés en Iraq et dans la péninsule arabique, il y en a vingt-deux que l'on ne trouve pas en Egypte, parmi lesquels neuf sont utilisés en Iran.

4º) Parmi les quinze autres modes iraquiens, et que l'on trouve aussi en Egypte, huit sont utilisés en Iran.

5º) Parmi les dix-huit modes marocains et tunisiens, dix-sept se retrouvent en Egypte sous des noms différents, dont dix sont utilisés en Iran; le mode *tab'a iraq el ajam,* que l'on ne trouve pas en Egypte, semble avoir son origine dans la musique persane : le mot « ajam » indique, en effet, les choses attribuées à l'Iran.

On peut faire la même comparaison entre la musique persane et les musiques d'autres pays qui environnent l'Iran. Il est évident que chacune de ces musiques présente aujourd'hui un aspect propre, mais que sa base est dans la musique iranienne.

Nous n'avons pas parlé, dans cette étude, de la musique folklorique ni de la musique composée sur des rythmes différents, appelée *tasnif,* car ces deux genres trouvent leurs thèmes dans les modes de la musique traditionnelle. Celle-ci, jouée dans la vie quotidienne sur des instruments traditionnels, accompagne les poésies de Hafaz, Saadi, Mowlavi, Ferdousi et d'autres poètes célèbres. Elle est la source même de la musique folklorique et de la musique moderne et contemporaine que nos grands compositeurs tentent d'universaliser et de rendre compréhensible à l'Occident.

Mehdi BARKECHLI.

La Phonothèque nationale de Paris possède une trentaine de disques comportant l'enregistrement des systèmes et des modes de la musique iranienne : ceux-ci ont été exécutés au violon, en 1949, par l'auteur, invité par l'Université de Paris.

BIBLIOGRAPHIE

HAMMER-PUGSTALL, *Literatur der arabischen und persischen Musik*, Vienne, 1839.

KIESEWETTER, R. G., *Die Musik der Araber nach den Originalquellen*, Leipzig, 1842.

SMITH, Eli, *A Treatise on Arab Music*, mémoire publié par la Société orientale d'Amérique, 1847.

MIKHAIL-MACHAQA, *Recalatache-charafia, fi sana at-el-mausiqui*, Beyrouth, 1870.

LAND, J.-P. N., *Recherches sur l'histoire de la gamme arabe*. Publications du VIe Congrès International des Orientalistes, Leyde, 1885.

PARISOT, Dom J., *La musique orientale*, Tribune de Saint-Gervais, 1898.

FARMER, Dr H., *A History of Arabian Music*, Londres, 1929.

BARKECHLI, Mehdi, *L'Art sassanide, base de la musique arabe*, Presses Universitaires, Téhéran, 1947.

BARKECHLI, Mehdi, *Cahier d'Acoustique*, 14, paru dans les *Annales de Télécommunications*, t. V, nº 5, Paris, 1950.

BARKECHLI, Mehdi, *L'Evolution de la gamme dans la musique orientale*, paru dans les Comptes rendus du Colloque international de l'Acoustique musicale, organisé par le C. N. R. S. à Marseille, 1958.

ERLANGER, R. D', *La musique arabe*, 6 vol., Paris, t. I, 1930; t. II, 1935; t. III, 1938; t. IV, 1939; t. V, 1949; t. VI, 1959.

VAZIRI, Ali-Naghi, *Avaz-chenassi* (Livre de chant).

LA MUSIQUE ARABE

L A musique arabe eſt un ensemble de traditions assez mal définies dans l'espace et dans le temps.

Dans le temps, elle se confine volontiers — avant la conquête musulmane — à l'intérieur de la péninsule arabique, ce qui lui confère, jusqu'au VIIᵉ siècle, un caractère purement folklorique et fermé; c'eſt le temps dit de l'ignorance, la *djâhilîya*, c'eſt-à-dire du paganisme et de la méconnaissance des vérités révélées, mais c'eſt une époque de culture poétique originale et intense.

Dans l'espace, l'art primitif du chamelier nomade va, dans l'Islam, se répandre dans tout le bassin méditerranéen, de Bagdad à Cordoue, et rassembler et s'assimiler les traditions du monde antique, dispersées depuis la chute de l'empire romain.

Le poète du désert, l'aède bédouin, va se trouver en contact avec les veſtiges des civilisations les plus brillantes. En Egypte, en Syrie, en Perse, il recueillera l'héritage de plusieurs millénaires, sans pour autant abdiquer sa personnalité, son « arabisme » assez exclusif par lequel il rejettera tout ce qui, dans les arts étrangers, lui semble inassimilable, et n'acceptera que ce qui eſt conforme à son génie linguiſtique et ethnique.

Il en résulte que la musique arabe apparaît, partout où elle s'eſt implantée, sous un double aspeĉt. Elle eſt théoriquement *une,* et conſtruite selon une doĉtrine assez cohérente basée sur des conceptions grecques; mais elle eſt en même temps très *diverse,* selon les traditions populaires des pays qu'elle a recouverts.

De plus, dans sa doĉtrine même, elle a subi, en se répandant de l'Eſt à l'Oueſt, une véritable « occidentalisation », de sorte que son caraĉtère arabe ne semble parfois être demeuré tel que par son aspeĉt linguiſtique ou par l'unité du sentiment religieux.

Voici, pour nous éclairer sur cette évolution, quelques jalons; nous diſtinguerons ainsi cinq périodes.

1°) *Période bédouine,* depuis la *djâhilîya* jusqu'aux premiers temps de l'Islam (mort d'Ali, 661);

2°) *Période d'assimilation,* de la dynastie omeyyade au premier cycle abbasside (vers 830);

3°) *Période d'épanouissement et de dispersion,* avec le second cycle abbasside et l'établissement des Omeyyades en Espagne ;

4°) *Période de repli,* de la prise de Grenade (1492) à la fin du xviiie siècle;

5°) *Renaissance :* la *Nahda,* du xixe siècle, à partir de l'expédition de Bonaparte en Egypte, jusqu'au congrès du Caire (1932).

LA DJÂHILÎYA

Le Bédouin du Hedjaz et du Nedjd, qui a méconnu Allah l'Unique (qu'Il soit exalté!) ne fut cependant pas un barbare, car il n'en a pas moins cultivé une poésie lyrique riche d'images et d'accent. Chaque tribu avait alors son *châir,* son poète-devin, chargé d'exalter les vertus guerrières de son groupe et de jeter le mauvais sort et l'insulte sur l'adversaire. Sa parole rythmée, modulée, portait loin, et elle était aussitôt transmise et commentée dans les campements les plus reculés. Le rythme musical prolongeait la cadence du vers. L'accentuation et l'alternance des syllabes longues et brèves, ce bondissement verbal de l'arabe s'appuyait sur les coups tantôt vibrants et tantôt secs — dom, tek — du *douff,* le tambourin carré à double peau; le chamelier avait le pouvoir, par son chant, le *hidâ,* d'accélérer ou de ralentir à son gré l'allure de la caravane, tandis que le galop du cheval inspirait au guerrier la strophe ailée du *khabab.*

En Arabie Heureuse, celle des peuplades sédentaires, fixées au sol par le climat plus doux et les travaux d'irrigation — dont la célèbre digue de Mareb — un art plus raffiné s'est développé de bonne heure, et notamment au Yémen avec les rois de Saba, de ~ 700 à ~ 500, puis avec les rois Homérites de la race de Himyar.

La qacîda. Après l'ère de la poésie primitive, qui s'étend des origines au ~ ve siècle, une forme savante se fait jour, la *qacîda,* sorte d'ode dithyrambique, qui se développe selon un plan et des règles bientôt classiques :

a) un prélude nostalgique, avec l'évocation d'un camp abandonné ;

b) un tableau du désert et de ses hôtes naturels : le chameau, les animaux sauvages ;

c) l'éloge de la tribu, de son poète, de son mécène, de ses hauts faits ;

d) le portrait de la bien-aimée et la description de quelque festin bachique.

La qacîda, devenue l'expression idéale de l'âme arabe, est la synthèse de ses divers dialectes en une langue unifiée, épurée, comme de ses chants aux rythmes rigoureux.

Lorsque, au ∼ IIIᵉ siècle, une sécheresse implacable poussa vers le nord les peuplades du désert, les Arabes vinrent au contact des civilisations sumérienne, syrienne, hébraïque. Leur rude mélopée s'y enrichit de nouveaux mélismes et d'une tendance à l'ornementation dont ils feront plus tard cette arabesque sonore analogue à celle de leur écriture, dans son déroulement sans fin.

Cette mélopée, que nul d'entre eux n'a jamais notée, demeure sans doute à peu près intacte dans la mémoire des nomades hilaliens du Sahara et chez les Bédouins du Sud-Tunisien, qui cultivent toujours le chant *yamâni*. Ce sont partout ces vocalises tremblées dans l'aigu, sur de menus intervalles et dont l'*ambitus* dépasse rarement la tierce ou la quarte. Elles s'accompagnent souvent de la *guesba,* flûte oblique en roseau, au timbre grave et grésillant comme un vent de sable.

Cette observation actuelle corrobore la description par al-Farabi des « ligatures païennes » du *tounbour (tanbur)* persan, sorte de mandoline à long manche, toujours en usage à Bagdad comme à Istamboul. Ces ligatures supposent l'existence de six sons différents dans l'intervalle d'une tierce.

Concurremment avec la qacîda, les genres primitifs demeurèrent vivaces et en relation étroite avec les mœurs pastorales ou guerrières des tribus. Outre le *hidâ* et le *khabab*, il existait des chants de guerre, d'amour, de voyageurs *(rhina ar-rokbâne)*, de lamentation *(marthiya)*. A ces genres profanes, dont l'ensemble constitue le *kalâm al-hazl* (badinage), s'opposera bientôt, sous l'influence de la prédication chrétienne, le *kalâm al-jadd,* ou chant de l'effort.

Le battement du *hidâ* s'exprime d'après le mètre poétique du *rajaz* qui s'obtient par la répétition d'un

« pied » composé de deux longues suivies d'une brève,
puis d'une longue : — — ◡ —

que l'on peut noter :

Quant au khabab, il utilisait, semble-t-il, la formule
suivante :

◡ ◡ —, soit deux brèves et une longue.

Les instruments les plus couramment utilisés pendant
la djâhilîya sont peu nombreux :

Le *rabab-al-châir*, la viole du poète, à une seule corde,
frottée par un arc arrondi;

Le *mizâf*, sorte de harpe primitive connue dans le
Yémen;

Le *mizhâr*, sorte de mandoline en forme de poire à
table de peau et munie de trois cordes;

Le tambourin le plus répandu, le *douff*, est constitué
par un châssis en bois de forme carrée, entièrement
recouvert de peau.

LES DÉBUTS DE L'ISLAM (661-883)

LES CALIFES ORTHODOXES.

Le prophète Mohammed fut violemment hostile à la
musique qu'il voyait trop souvent associée à des réjouissances profanes et à l'usage du vin. « Maudite soit,
disait-il, la barbe que surmonte une flûte! » C'était là
une attitude entièrement conforme à celle de tous les
réformateurs religieux. Isaïe vitupérait de même ceux
dont « la harpe, le luth, le tambourin, la flûte et le vin
sont de leurs fêtes... ». Saint Clément d'Alexandrie
observait que les musiciens étaient de « mœurs dissolues
et rebelles... ». Et tous les rigoristes musulmans ont beau
jeu de constater avec Ibn abi-d-Dunyâ que « toute dissipation commence par la musique et finit dans l'ivro-
gnerie. »

La poésie elle-même ne trouva grâce auprès du Prophète qu'en la personne de Hassan ben Thabit dont il
fit un défenseur de l'Islam. Et la psalmodie modulée par
son premier muezzin, Bilâl, fut le seul chant toléré par lui.

Mais dès que la poursuite de la guerre sainte eut entraîné les Arabes hors de leur pays, ils découvrirent les vieilles civilisations orientales de l'Inde et de la Perse, et occidentales de la Syrie et de l'empire byzantin.

Les Omeyyades.

Installée d'abord à Damas, la dynastie des Omeyyades échappe au rigorisme de la Mecque, où domine l'esprit des premiers compagnons, pour étudier la culture grecque. Le prestige des vainqueurs s'épanouit dans la culture et l'art des vaincus. Dans ce nouveau décor, la musique joue un rôle de premier plan. Le chant arabe primitif s'enrichit, un style nouveau prend forme, des œuvres originales apparaissent. Les califes Yazid et Walid favorisent la poésie et s'entourent d'une cour chamarrée; les chansons d'amour supplantent la vieille qacîda, tandis que Walid II se berce de chansons bachiques. Il en résulte un certain développement des mètres poétiques et une plus grande variété de rythmes :

thaqîl - 'awal,   thaqîl - thâni,   ramal ;
(= premier lourd) (= second lourd).

L'échelle musicale s'amplifie, le style mélodique s'enrichit.

Parmi les novateurs qui ne sont d'abord que des imitateurs, on cite surtout Ibn Misdjah, dont on dit dans *Kitâb al-Aghânî (le Livre des chansons)* qu'il avait su choisir dans l'échelle musicale des Grecs et des Persans les sons les plus agréables, en rejetant ce qui lui déplaisait et notamment l'exagération des *nabarat,* ou sauts du grave à l'aigu. Tel est bien en effet le goût arabe, immuable, et Ibn Misdjah n'a pu dépasser impunément le cadre de l'octave, qui suffit amplement à la mélopée concentrée du Bédouin. Toutefois, malgré l'horreur des grands intervalles, le style s'affine en vue de l'effet artistique, au lieu de se borner à scander servilement un texte poétique. De là l'idée nouvelle du *rhinâ al-motqâne* (chant travaillé), par opposition au *rhinâ ar-rokbâne* (chant des cavaliers).

Un disciple d'Ibn Misdjah, le Persan Moslim ibn Mohriz, introduit dans la phrase mélodique une innovation qui fait date chez les musiciens. Tandis qu'auparavant le chant faisait corps avec un seul vers, Moslim l'étend sur deux vers qui forment, par la division traditionnelle du vers en deux hémistiches, un véritable quatrain. C'est là une forme essentiellement persane qu'a hautement illustrée plus tard Omar Khayyâm.

La strophe quaternaire, avant tout lyrique, sera à la base de la musique andalouse et de sa phrase à longs développements.

Mais, d'ores et déjà, dans sa carrure parfaite et dans son raccourci symbolique, le quatrain forme un tout complet, un genre indépendant qui, en Orient, s'appelle *dou-baït,* et en Occident musulman, *bitaïn.*

Déjà des écoles se forment pour répandre cet art nouveau. Une femme, élève d'Ibn Mohriz, groupe autour d'elle une chorale de cinquante jeunes filles, c'est Djemilé « la belle »; d'autres artistes, Ibn Souraïj, Mabed, Malik, se rendent célèbres, tandis que leur œuvre tombe dans l'oubli.

PREMIER CYCLE ABBASSIDE (762-805).

Le transfert du califat à Bagdad marque le triomphe de l'influence persane, tant dans la culture qu'en politique.

De même que les arts graphiques et l'architecture, la poésie et la musique connaissent un essor inouï. A l'ombre de la cour abbasside, une véritable dynastie de musiciens naît et prospère : Ibrâhîm al-Maucili et son fils Ishâq en sont les membres les plus illustres, avec Mansour Zalzal, beau-frère d'Ibrâhîm; Zalzal est un théoricien autant qu'un artiste et un luthier, inventeur d'un instrument pisciforme appelé *chebbout* et d'une ligature du luth qui porte son nom.

Ishâq étudie et codifie à sa manière l'enseignement reçu de son père. Il compose une méthode pour moduler et il improvise selon un style personnel : ses créations débutaient, dit-on, sur une note élevée, d'où le chant descendait peu à peu, remontait, redescendait, avec des nuances faisant alterner la force et la douceur, « ce qui est, dit le chroniqueur, la perfection de l'art... ».

Les musiciens arabes d'aujourd'hui ne font pas autre chose quand ils exécutent une pièce instrumentale appelée *taqsim,* ou une cantilène dénommée *mawâl.*

A Bagdad, l'antique chant bédouin s'est développé, mais sans perdre pour autant ses caractères originels.

1º *L'échelle musicale* s'est étendue sur deux octaves, à base diatonique, sous l'influence combinée des Grecs et des Persans;

2⁰ *Les nouvelles formes* se plient aux exigences de la métrique arabe; un classement des genres s'effectue d'après les rythmes fondamentaux :

hazaj, ramal, thaqîl premier, thaqîl second, puis *makhourî* dérivé du thaqîl second;

3⁰ Une notion, jusqu'ici inconnue, s'ébauche et s'affirme, celle de *l'expression,* en rapport avec le sens du texte;

4⁰ *Un essai d'harmonisation* est tenté, qui sera sans lendemain. On sait, du reste, que la musique arabe est demeurée obstinément homophonique, comme si ce devait être là l'un de ses caractères essentiels et sa condition *sine qua non.* Et cependant : Jafar savait accorder son tambourin dans la tonalité choisie par son chanteur. Ishâq al-Maucili savait battre *simultanément* les quatre cordes de son luth. Ces procédés, admis d'abord à titre d'ornements, seront plus tard codifiés par le grand médecin-philosophe Avicenne, qui distingue dans son *Kitab-ech-Chifa* :

1 – le *taraïd* (vibrato ou trille);

2 – le *tamzij* (mélange) avec son dérivé, le *tachqiq* (arpège);

3 – le *tarkib* (superposition) avec un dérivé, *ibdâl* (renversement);

4 – le *taucîl* (jonction = port de voix, appogiature?)

Quant au rôle social de la musique à la cour, il n'est plus celui d'un simple divertissement, mais celui d'un décor sonore et comme un protocole officiel. Les musiciens doivent se produire à leur tour, selon une progression étudiée. La suite de morceaux ainsi réglée se présente comme un ensemble cohérent qui portera le nom significatif de *nouba* (tour de rôle).

L'instrument classique par excellence est le luth, qui se perfectionne pour s'adapter au *système parfait* des Grecs, la double octave. Le *rabab* persan et le *mizhar* arabe semblent avoir ici combiné leurs éléments pour former le *oûd* à quatre cordes. Les deux cordes extrêmes portent, en effet, des noms persans : *bamm, zir,* tandis que les cordes moyennes gardent des noms arabes : *mithna, mithlath* (deuxième, troisième). L'accord de cet instrument, par quartes successives, marque un progrès certain sur celui que la tradition marocaine a conservé, par quintes embrassées, dont l'étendue ne dépasse pas l'octave.

Orient

Maroc

Les instruments anciens n'en gardent pas moins leur emploi, qui est de servir et de perpétuer les chants du folklore. Ce sont : le *toumbour,* sorte de mandoline à très long manche, qui se prête à un jeu extrêmement raffiné par sa sonorité délicate et intime; le *mizaf,* sorte de harpe ou de cithare à douze cordes; la *qaçaba* (flûte oblique) qui participe aux concerts classiques et devient le compagnon inséparable du chanteur Siyyât; enfin le tambourin, *douff,* déjà cité, qui demeurera inchangé jusqu'à nos jours.

ÉPANOUISSEMENT ET DISPERSION

L'empire abbasside, à l'apogée de sa puissance, porte en lui-même des germes de décadence. Les Omeyyades, chassés de Damas, se réfugient en Occident et vont constituer en Espagne, avec Cordoue pour capitale, un royaume indépendant.

Suivant les vicissitudes de la politique, des écoles rivales se forment, qui se développent avec leurs tendances propres.

A Bagdad même, l'influence persane n'est pas toujours victorieuse et on assiste à une sorte de querelle des Anciens et des Modernes, un débat de tous les temps. L'école classique, représentée par les Maucili, est protégée par les Baramika (les Barmécides), tout-puissants ministres de la dynastie régnante. Mais à l'intérieur du palais, les indépendants trouvent dans la famille royale elle-même un garant sûr et prestigieux : Ibrâhîm, demi-frère de Haroun ar-Rachid. « Je suis roi, dit-il, et fils de roi et je chante comme il me plaît! » Ce faisant, il se livre à ce petit jeu bien oriental : l'imitation, ou l'arrangement varié, qui n'est souvent qu'un plagiat déguisé. Mais lorsqu'il chante, tous les serviteurs du palais, des cuisines aux écuries, quittent leur poste pour venir l'entendre.

Les classiques se groupent autour du noble luth, les indépendants restent fidèles au *toumbour* populaire.

Théoriciens.

C'est cependant en cette époque de déclin politique que les théoriciens se penchent avec le plus d'attention sur l'explication des phénomènes sonores et tendent à édifier une doctrine, sorte de synthèse cosmologique inspirée de la philosophie grecque, mais appropriée à l'Islam. C'est peut-être même en raison de l'extrême diversité des peuples rassemblés sous la bannière du Prophète que les penseurs s'efforcent de trouver un lien capable de les unir, aussi bien sur le plan de la connaissance scientifique que sur celui de la foi.

Al-Kindi, al-Farabi, Ibn Sina (Avicenne), Ikhwân-aç-Çafa (les Frères de la Pureté) sont avant tout des philosophes traducteurs et commentateurs d'Aristote et de Platon, et comme tels ils tendent à l'universalité, mais leur point de départ est en Arabie, dont ils étudient la musique propre en fonction de l'ensemble des connaissances.

On peut distinguer dans leurs ouvrages deux tendances :

1°) Celle de l'esprit positif et mathématique selon Pythagore et Aristote, développée par al-Farabi (mort en 950), dont *le Grand livre de la musique* est davantage un traité d'acoustique qu'une recherche d'art;

2°) Celle de la mystique ou de la métaphysique selon Platon, pour qui la géométrie, les nombres, l'astronomie, les combinaisons sonores sont liés par des rapports communs. Telle sera la tendance d'al-Kindi qui s'efforcera de découvrir les plus subtiles analogies entre ces diverses connaissances.

La théorie musicale arabe s'inspire de la conception grecque, mais elle ne la copie pas servilement. Les « genres », ou quartes constitutives descendantes grecques, portent un nom arabe analogue, *jins,* mais ils prennent un sens ascendant, tout comme les *modes,* composés de deux tétracordes disjoints, appelés *groupes* par al-Farabi.

Ces groupes sont de deux sortes, selon qu'ils comportent des *genres forts* ou des *genres faibles,* correspondant, les premiers aux genres diatoniques grecs, les seconds aux genres chromatiques et enharmoniques.

Voici par exemple, selon la notation moderne, deux genres « forts » :

1 – *sol, la, si, ré* bémol; *ré, mi, sol* bémol, *sol ;*
2 – *sol, la, si, do* dièse; *ré, mi, fa* dièse, *sol.*

On y retrouve le genre diatonique *dur* de Ptolémée,
ainsi que la *ditoniè* d'Eratosthène, dont les rapports numériques s'expriment respectivement par :

$$1 - 9/8 - 10/9 - 16/15 ;$$
$$2 - 9/8 - 9/8 - 256/243.$$

Parmi les genres faibles, citons :
sol, la, si + 3 commas, *do* dièse; *ré, mi* + 3 commas,
fa dièse, *sol.*

Al-Farabi dénombre six groupes forts et six faibles;
il en tire des modes, ou espèces d'octave, classés selon
leur point de départ sur les différents degrés de l'échelle.

Avicenne distingue seize genres, dont sept forts et
neuf doux parmi lesquels six chromatiques et trois
enharmoniques, mais il reconnaît que ces derniers n'ont
qu'une valeur spéculative.

La théorie arabe du rythme s'éloigne assez de la
conception grecque, car elle est fonction de la métrique
poétique. On classe les rythmes en *conjoints* et *disjoints,*
c'est-à-dire continus et discontinus. Les premiers se
ramènent au *hazaj* des anciens Arabes, qui semble n'être
qu'une cellule binaire. Le *ramal,* dans sa forme de base,
donne le schéma suivant :
— o — — — o — — — o — divisible en trois mesures
ternaires anacrousiques :

Au XIIe siècle, al-Khuwarizmi donne pour son *ramal
lourd* le diagramme suivant :
tanna tan tan — tanna tan tan (bis)
qui s'abrège ainsi dans le *ramal léger : tan tan — tan tan.*
Cette seconde forme peut être notée :

Cet auteur décrit le *hazaj* par la formule *tan tan* répétée
quatre fois, alors que les métriciens l'indiquent ainsi :
o — — — o — — — que l'on peut traduire :

Il décrit de même les anciennes formules : *premier lourd, second lourd ;* enfin *makhouri*, qui peut s'écrire de deux manières :

Tandis que vers 850 la puissance abbasside décline, l'influence arabe redevient prédominante, et, vers 905, les Hamdanides, originaires du Yémen, prennent le pouvoir et font d'Alep leur capitale. C'est sous le règne de Saïf-ad-Dawlah que le célèbre philosophe al-Farabi, d'origine turque, écrira son *Grand Livre de la musique.* La civilisation arabo-persane continue à briller dans les centres de Boukhara et de Samarkand où se forment la plupart des penseurs de l'Islam : les exégètes, les traducteurs, les compilateurs. A la fin du XIe siècle, les Turcs finissent par supplanter les Persans; ils étendent leur domination sur la Transoxiane, la Syrie, et jusque dans l'Inde.

Tandis que la culture arabe recouvre ainsi les civilisations orientales, l'un de ses rameaux va s'épanouir à l'ouest dans les jardins d'Andalousie.

L'Orient s'applique à chercher le secret des sciences et des arts, il élabore des systèmes, se livre à mille mensurations subtiles. L'Occident, et en l'espèce l'Espagne, s'attachera davantage à créer des formes originales, à renouveler la technique, à vivre plus en artiste qu'en philosophe.

Ziryâb. — L'impulsion lui est donnée par l'arrivée à Cordoue de Abu el-Hassan Ali ben Nâfi, surnommé Ziryâb, transfuge de la cour de Bagdad, d'où la jalousie de son maître Ishâq al-Maucili l'avait chassé. Abder-Rahman II l'accueille avec empressement, le comble de richesses. Et non seulement Ziryâb rehausse l'éclat de la cour, mais il devient le conseiller intime du calife omeyyade et même l'arbitre des élégances (822).

Comme artiste, il vient offrir ses talents de poète, de compositeur et de théoricien, en disciple du néo-plato-

nicien al-Kindi, l'auteur d'une manière de quadrature de
la sphère céleste en fonction des quatre cordes du luth,
où il fait entrer et cadrer ensemble les notions les plus
disparates (en apparence du moins!) : les signes du
Zodiaque, les quatre éléments cosmiques : l'eau, la terre,
l'air, le feu, les quatre saisons, et, bien entendu, les quatre
humeurs et les facultés humaines. De là une conception
musicothérapique où les modes — types mélodiques —
deviennent des « natures », des « tempéraments » et
agissent par leurs analogues ou leurs contraires sur les
tempéraments de l'organisme humain. Il s'ensuit la création d'un répertoire construit, sur le même plan, avec
quatre modes fondamentaux et leurs dérivés, qui donneront naissance aux *vingt-quatre noubas* andalouses, une
pour chaque heure du jour.

Mais Ziryâb croit devoir ajouter au luth une cinquième
corde, et pourquoi cela ? C'est que la corde *zîr*, teinte en
jaune, représente la bile; la *mathna,* rouge, est la corde du
sang; la *mithlath*, blanche, est celle du flegme, et la *bamm*,
noire, celle de l'atrabile; mais on avait oublié l'âme qui
domine cet ensemble, « et l'on sait que l'âme réside dans
le sang », c'est pourquoi cette corde sera rouge, elle aussi.

Ziryâb est encore un excellent pédagogue; sa méthode
de chant contient en puissance les bases de notre enseignement traditionnel : vocalise, phrasé, déclamation lyrique.
Il exige de son élève une tenue correcte, une émission
vocale régulière et puissante : « *ya hajjâm !* » (« ô bar-
bier! »), fait-il crier; puis il aborde la diction et le chant
avec paroles.

Par son enseignement, des formes nouvelles de composition s'imposent : on prend l'habitude de commencer
une séance par le *nachîd* (récitatif) que l'on enchaîne
avec un *bassît* (largo) auquel succèdent des *moharrakât*,
des *hazajât* (mouvements animés et légers), tout ceci
« selon les règles tracées par Ziryâb ».

L'impulsion donnée par ce génial novateur venu de
l'Orient continue de s'exercer dans un sens original et
local et, par suite, occidental.

Sous le règne d'Abdallah (882-912), la versification
monotone de la qacîda, que les Persans avaient essayé de
varier par l'emploi du quatrain, est de plus en plus
délaissée; le poète aveugle al-Moqaddem al-Qabri utilise
la division strophique qui va transformer le style du

chant syllabique en une véritable phrase mélodique à développements.

Tandis que, politiquement, les rois de Grenade, de Valence et de Séville se séparent de l'Orient, l'art subit l'influence espagnole et traduit la douceur de vivre et d'aimer dans une nature accueillante et riche. La langue arabe s'adapte à cette sensibilité et se renouvelle.

Partout les musiciens — comme les poètes — animent les longues soirées princières (*zambra*, ou *samra*). Séville devient un centre de fabrication des instruments de musique : le luth, la rote, le rebec, le *kanoun* (psaltérion), la guitare, le *zolami* (musette), la *chouqra* et la *noura* (flûtes), le *bôq* (trompe droite).

Et lorsque sous les coups répétés de la « Reconquista » espagnole, le royaume de Grenade, dernier bastion de l'Islam ibérique, chancellera, son historien Ibn al-Khatîb n'oubliera pas de mentionner dans la hiérarchie de la cour les poètes et les musiciens.

MOUWACHCHAH ET ZAJAL.

Mais durant cette longue période — cinq siècles — l'évolution strophique de la musique arabo-andalouse se traduit par un retour aux formes populaires. On les a appelées : le *mouwachchah* (l'enjolivé) et le *zajal* (le lyrique). L'école persane avait déjà substitué à la versification monorime de la qacîda, le quatrain de forme : $a - a - b - a$; l'école andalouse adopte le cadre de la chanson populaire à refrain. Le couplet comprend généralement un distique, puis des quatrains qui ramènent comme un refrain la rime du distique : $a a - b b b a - c c c a...$ etc.

La première de ces formes, le *mouwachchah*, demeure assez classique, malgré ces nouveautés rythmiques. Elle est cultivée par les poètes de cour, qui ne laissent pas de demeurer fidèles à la métrique et à la syntaxe traditionnelles.

Le *zajal* est d'allure plus simple; il emploie la langue populaire, le dialecte andalou, qui néglige les cas et les désinences de la langue du Coran.

La structure de ces deux genres donne à la musique une variété, un développement, qui annoncent le style instrumental moderne et expliquent l'importance accrue de l'orchestre et des vocalises de liaison dans la musique des *noubas*.

L'invention du mouwachchah est attribuée par Ibn Khaldoun au poète Obada al-Qazzaz (XIᵉ siècle); tandis que le zajal a surtout été illustré par le « troubadour » andalou Ibn·Guzmân (XIIᵉ siècle).

Vers l'Orient. — Le prestige de cette poésie ornée et florale est tel que l'Orient, après avoir servi de modèle, en devient à son tour tributaire.

Ibn Guzmân est tout fier d'apprendre que ses chansons, à peine lancées, se répandent jusqu'à Bagdad où leur succès est encore plus vif qu'à Séville.

Au Maghreb. — Mais de bonne heure, la musique andalouse se répandit d'abord et surtout au Maghreb.

A Kairouan, dès le Xᵉ siècle, s'était fondée une école dirigée par Mounis el-Baghdâdi; au XIᵉ siècle, c'est Abou Salt-Omaya qui, venu d'Espagne (Denia) s'installe en Tunisie à Mahdia.

A la suite des guerres qui tendent à la libération de l'Espagne, les artistes cherchent refuge en Afrique du Nord. Lors de la chute de Cordoue (1236), près de cinquante mille musulmans gagnent Tlemcen. La prise de Séville, douze ans plus tard, provoque un nouveau repli sur Grenade et l'Afrique; avec la conquête de Valence par Jaime d'Aragon, c'est un exode de deux cent mille âmes qui affluent vers Grenade et Fès.

Durant deux siècles encore, la civilisation arabe va briller d'une vie intellectuelle et artistique encore plus intense. C'est à Grenade que les plus grands musiciens apporteront chacun sa pierre anonyme à ce vaste édifice qui formera le cycle des *Noubât-Gharnâta*.

Lorsque Ferdinand d'Aragon conquiert Almeria et Cadix (1485-1489), c'est Tétouan qui reçoit les réfugiés; et lorsque l'infortuné Abu Abdallah devra abandonner Grenade aux Rois Catholiques, c'est Fès qui donnera asile aux derniers Maures d'Andalousie.

A considérer les vestiges qui subsistent en Afrique septentrionale, on est amené à constater l'existence de plusieurs écoles andalouses qui, ayant été fondées sur des conceptions communes, se sont développées diversement. Les noubas de Tunis sont originaires de Séville; celles d'Alger et de Tlemcen furent importées de Cordoue; Fès et Tétouan ont reçu les leurs de Valence et de Grenade. En effet, les répertoires conservés dans ces divers centres sont composés de poésies et

de mélodies toutes différentes; quant à leur groupement, il procède, sous des appellations diverses, des
mêmes lois rythmiques, des mêmes principes mélodiques.

L'histoire a conservé les noms d'assez nombreux musiciens de cette époque, mais aucune des œuvres qui nous
sont parvenues par la tradition orale ne porte un nom
d'auteur. Citons cependant Ibn Bâdja (Avempace), célèbre
surtout comme philosophe, et dont le talent de musicien
lui avait même attiré les critiques d'al-Fath Ibn Khâkân
qui lui reprochait de perdre son temps à écouter chanter
des palefreniers.

En Espagne. — La musique musulmane ne fut pas sans
influencer, à l'époque, celle des chrétiens. Les comptes de
la maison royale de Don Sanche IV de Castille mentionnent notamment des noms arabes de jongleurs et
de musiciens. Quant au peuple, il prend plaisir à assister
aux réjouissances des Infidèles, ce qui lui attire les foudres
de l'Eglise.

Mais on retrouve l'influence de la musique arabe
dans les *Cantiques* du Roi Sage et *le Chansonnier de
l'Arsenal.*

Le musicologue espagnol Ribera propose même une
étymologie inattendue pour le mot troubadour, qui
serait formé du nom arabe : *tarab,* qui signifie musique, et
de la désinence romane *dour ;* d'où *tarabadour,* lequel serait
un simple exécutant et non un compositeur. Le terme
arabe *moutrib,* dérivé de la même racine, a le même sens.

EXIL ET REPLIEMENT

De la chute de Grenade (1492) à l'expédition d'Egypte
(1798), la musique arabe, privée de tout contact avec
l'extérieur, avec l'Occident en pleine Renaissance,
demeure sur son acquis et cesse d'évoluer.

Les luttes intestines, l'affaiblissement des dynasties
arabes en Afrique, l'autorité de plus en plus chancelante
de l'empire turc, tout cet émiettement politique ne
permet plus à l'art de s'épanouir ou de se renouveler.

Les divers peuples de la communauté musulmane
reprennent leur individualité ethnique et culturelle.

La musique, qui s'est toujours perpétuée par la tradition orale grâce à la mémoire exceptionnelle des

Orientaux, continue à vivre, à se conserver à peu près intacte, mais elle ne se renouvelle plus.

Au XVIIIᵉ siècle cependant, à Fès, un nommé El Hâdj Allâl al-Batla compose une nouba en mode *istihlal* (lever de la Lune).

Plus tard, un musicien cultivé de Tétouan, Mohammed ibn el Hassan al-Haïk, recueille pieusement toutes les chansons encore connues de ses contemporains et les classe selon leurs modes et leurs rythmes.

En Orient. — Les théoriciens poursuivent leurs études, mais ne font guère que se répéter. Certains auteurs cependant décrivent avec précision les gammes, les modes, les rythmes employés dans leur pays, et leurs divergences sont souvent fort grandes.

Les œuvres les mieux conservées se trouvent surtout chez les Turcs : le *pécherev*, prélude d'orchestre; le *sémaï*, le *nakish*, le *kiami natik*, chants très ornés qui se développent dans un cadre rythmique rigide et généralement fort étendu. On ne trouve nulle part, sauf chez les derviches, l'équivalent des noubas andalouses. Les musiciens orientaux préfèrent en général des pièces assez brèves, à couplets entrecoupés de réponses instrumentales.

RENAISSANCE LITTÉRAIRE ET MUSICALE : LA NAHDA

Le réveil de l'Orient date du début du XIXᵉ siècle, lorsque l'expédition de Bonaparte eut permis de renouer le contact avec les savants de l'Occident.

Chez les Européens, la musique orientale récemment découverte mit à la mode certains sujets, avec le goût de la couleur locale. En Egypte, c'est à la demande de Ismaïl-Pacha que Verdi compose *Aïda,* dont l'orientalisme n'est pas tout de convention, et qui contient des trouvailles curieusement pressenties.

Bourgault-Ducoudray explore le folklore grec et oriental. A Stamboul, Raouf Yekta Bey étudie en savant et en artiste la musique turque. A Beyrouth, le père Collangettes reprend les recherches mathématiques sur la gamme arabe, tandis que Wadia Sabra, ancien élève de la Schola Cantorum, s'essaie à des compositions originales. A Alger, Jules Rouanet se livre, sur le plan général et local, à une vaste enquête qui aboutit à une véritable somme des connaissances acquises sur la question.

À Tunis enfin, le baron Rodolphe d'Erlanger, tout en publiant de nombreuses traductions des plus grands théoriciens arabes, prépare le Congrès de musique arabe qui se tiendra au Caire en 1932.

Des musicologues, des compositeurs venus de l'Afrique du Nord, d'Espagne, de France, d'Angleterre, d'Allemagne, d'Autriche et de Hongrie, y confrontent les résultats de leurs recherches et viennent observer sur place les multiples visages de la musique musulmane.

Un nouvel inventaire fait le point de l'état actuel des doctrines et du folklore. Sur le plan théorique, on est parvenu à dégager une doctrine d'ensemble assez cohérente. On trouvera résumés, en un tableau à la page suivante, les traits essentiels de la gamme fondamentale arabe actuelle.

Dans le domaine pratique, le champ des investigations est encore, en certaines parties, inexploré. L'école hongroise de musicologie est actuellement à la tête des recherches folkloriques.

L'œuvre de Bela Bartok doit beaucoup, en certaines de ses parties les plus originales, au folklore bédouin. M. Karpati, de Budapest, poursuit avec sagacité les recherches entreprises par son génial devancier. C'est sans doute là, plus que dans les études théoriques, que la musique moderne peut puiser des éléments de renouvellement.

Les compositeurs du Proche-Orient, comme ceux du Maghreb, en attendant d'acquérir une formation technique qui leur manque, ne font guère encore que cultiver des genres faciles, à l'imitation de ce qu'il y a de moins bon dans la production européenne. Mais il ne fait pas de doute qu'à la suite de l'école russe, avec Rimsky-Korsakov et l'Arménien Khatchaturian, les Arabes ne parviennent un jour à exploiter eux-mêmes avec succès les ressources extrêmement variées de leur fonds populaire.

Alexis CHOTTIN.

Notes de la gamme	Termes arabo-persans	Anciens intervalles	Échelle égyptienne	Gamme naturelle	Gamme tempérée ou quarts de ton
SOL	*RAST*	10.000	10.000	10.000	10.000
......	Nim-zirkoulah	9.724	9.712	....	9.712
......	Zirkoulah	9.492	9.478	....	9.439
......	Tik-zirkoulah	9.166	9.175	....	9.170
LA	*DOUKAH*	8.889	8.910	$8.888\left(\frac{8}{9}\right)$	8.909
......	Nim-Kourd	8.707	8.696		8.656
......	Kourd	8.437	(8.445) (8.380)	....	8.409
SI	*SIGAH*	8.148	8.175		8.170
......	Nim-Bousalik	8.000	7.978	$8.000\left(\frac{4}{5}\right)$	7.937
......	Bousalik	7.777	7.748	....	7.712
DO	*JAHARKAH*	7.500	7.500	$7.500\left(\frac{3}{4}\right)$	7.492
......	Nim-Hijaz	7.291	7.320	....	7.279
......	Hijaz	7.119	7.111	....	7.072
......	Tik-Hijaz	6.913	6.881	....	6.870
RÉ	*NAWA*	6.666	6.666	$6.666\left(\frac{2}{3}\right)$	6.675
......	Nim-Hissâr	6.530	6.524	....	6.485
......	Hissâr	6.328	(6.310) (6.270)	....	6.300
......	Tik-Hissâr	6.111	6.116	....	6.121
MI	*HOSSEINI*	5.925	5.940	$6.000\left(\frac{3}{5}\right)$	5.947
......	Nim-ajam	5.769	5.789	....	5.778
......	Ajam	5.555	5.580	....	5.613
FA	*IRAQ* (ou Aouj)	5.454	5.450	....	5.453
......	Nim-Mahour	5.333	5.320	$5.333\left(\frac{8}{15}\right)$	5.298
......	Mahour	5.142	5.120	....	5.147
SOL	*KURDANE*	5.000	5.000	$5.000\left(\frac{1}{2}\right)$	5.000

BIBLIOGRAPHIE

HUARD, C., *la Musique persane,* dans l'*Encyclopédie de la musique* de Lavignac I, t. 5, Paris, 1922.

ROUANET, J., *la Musique arabe,* dans l'*Encyclopédie de la musique* de Lavignac, I, t. 5, Paris, 1922.

YEKTA BEY, Raouf, *la Musique turque,* dans l'*Encyclopédie de la musique* de Lavignac, I, t. 5, Paris, 1922.

RIBERA, J., *Historia de la música árabe medieval,* Madrid, 1927.

FARMER, H. G., *A History of Arabian Music to the 13th. Century,* Londres, 1929.

CHOTTIN, A., *Tableau de la musique marocaine,* Paris, 1939.

FARMER, H. G., *Sources of Arabian Music,* Londres, 1940.

ERLANGER, R. D', *la Musique arabe,* 6 vol., Paris, t. I, 1930; t. II, 1935; t. III, 1938; t. IV, 1939; t. V, 1949; t. VI, 1959.

LARREA PALACIN, A. DE, *Nawba Isbahân,* Tétouan, 1956.

LA MUSIQUE POPULAIRE
DU PROCHE-ORIENT ARABE

AUCUNE norme ne permet de définir d'une façon précise ce qu'est la musique populaire du Proche-Orient arabe. Il est d'ailleurs aussi impropre de parler de « musique populaire arabe » que de « musique arabe ». C'est confondre une langue commune à des peuples aussi différents que ceux d'Extrême-Orient ou d'Asie centrale, du Moyen-Orient ou d'Afrique, avec les manifestations d'un art qui puise à des sources ethniques, religieuses et géographiques très diverses. Si la langue arabe sert de dénominateur commun à des pays qui s'étendent du golfe Persique à l'Atlantique, leur musique peut être très différente d'une contrée à l'autre et n'avoir de commun que le facteur linguistique. La « musique arabe » des pays du Proche-Orient n'est pas celle d'Afrique du Nord ou de Mauritanie. Elle est, en revanche, de même nature que les musiques classiques turque et persane. Les unes et les autres font appel, en effet, aux mêmes théoriciens du Moyen âge : al-Farabi est également revendiqué par les Arabes et les Turcs, Abou Ibn Sina (Avicenne) est réclamé à la fois par les Persans, les Turcs et les Arabes. Ce sont des modalités d'exécution dues à des facteurs locaux et à des influences régionales qui ont donné à la musique moderne de chacun de ces trois peuples un cachet propre. Mais on peut constater que la musique instrumentale dans sa forme classique de *taqsîm* (improvisation instrumentale sur les modes classiques) est demeurée rigoureusement la même dans les trois pays.

La musique arabe apparaît, en définitive, comme un art qui a pris naissance et s'est développé en terre d'Islam. Elle est le fruit de travaux élaborés à partir d'éléments étrangers par des musiciens musulmans, persans, turcs et arabes, ou même par des musiciens chrétiens hellénisés.

De cette musique que l'on peut appeler « classique » ou « savante », nous ne connaissons, en dehors des traités théoriques, que des formes contemporaines le plus souvent dégénérées. Subissant les influences de la musique européenne dans ses manifestations les plus commerciales, mêlant les instruments occidentaux aux instruments classiques d'Orient, les compositions modernes s'apparenteraient plus aux productions de music-hall des cités européennes qu'à la musique de l'époque d'al-Farabi ou d'al-Isfahani — ou même à celle des musiciens modernes de l'Islam du siècle dernier et du premier tiers de ce siècle. Cette forme hétéroclite de la musique arabo-européenne tend cependant à s'imposer dans le monde arabe aussi bien d'Asie que d'Afrique, grâce au disque et à la radio. L'Egypte en forme le centre d'attraction et de rayonnement. Un chanteur et une chanteuse de grand talent en ont été les promoteurs : Mouhammad Abd-al-Wahhab et Oum Koulsoum. Le premier surtout, compositeur et chanteur d'une valeur incontestable, après s'être, avec succès, montré fidèle à la ligne classique, a sacrifié aux goûts du jour. Il a été suivi par une foule d'imitateurs. Cependant de vieux musiciens, des chanteurs de mosquée, restent attachés à la musique traditionnelle. Leur nombre diminue de jour en jour et leur influence est quasiment nulle.

Mais, parallèlement à la musique savante, nous découvrons une autre musique qui présente un caractère de pérennité, et que des traditions séculaires ont sauvegardée. Cette musique « populaire » n'est pas une forme ou un genre de la musique savante. Sur plus d'un point, elle semble défier le code musical des théoriciens arabes du Moyen âge et s'écarte du système tonal et modal si complexe, reconstitué par les musicologues et physiciens d'Orient et d'Occident. Elle a toujours été traitée plus qu'en parent pauvre, et figure peu ou prou dans les études anciennes ou modernes. Nous nous trouvons en face d'un monde pour ainsi dire inconnu et inexploré. Seuls quelques recueils de chants ou de poésies populaires régionaux ont été publiés, mais aucune codification sonore n'a encore été faite. Il est vrai que la tâche est ardue et se heurte à des difficultés presque insurmontables. On a déjà suffisamment insisté sur l'absence de notation musicale qui paralyse l'étude des musiques d'Orient en général. En outre, alors qu'une apparence d'unité et d'universalité préside aux différentes expressions de la musique savante ancienne ou moderne, la musique populaire comporte, au contraire, les plus grandes variétés. Celles-ci sont la conséquence des différentes civilisations qui se sont succédé au cours de l'histoire sur cette terre d'Orient appelée à juste titre « mosaïque de peuples et de races ». En l'absence de tout document sur ce sujet, force est donc de procéder par voie de déduction ou même de recourir à des hypothèses. Seules des études théoriques et pratiques de prospection, d'analyse et de synthèse permettront de reconstituer les origines, l'évolution et les attaches de cette musique.

Nous insisterons ici sur quelques aspects des musiques populaires d'expression arabe, celles qui sont plus particulières aux pays du Proche-Orient. Cette étude ne touche pas à la musique des fellahs d'Egypte dans ses manifestations qui s'apparenteraient davantage aux musiques copte ou africaine.

Mais comment distinguer entre musique savante et musique populaire? Celle-ci emprunte-t-elle les différentes langues dialectales et non l'arabe classique? La musique populaire, il est vrai, est essentiellement à base de poésies en langues dialectales. Cependant, ce critère est insuffisant puisque la musique moderne arabe, surtout dans ses formes commerciales et légères, se sert de la langue dialectale plus que de la langue classique.

La musique populaire diffère-t-elle de la musique savante par des rythmes et des airs simples et entraînants qui plaisent à la foule et lui donnent de ce fait son caractère propre? Mais les chansons modernes dites communément « chants indigènes » *(aghani baladyat)*, et considérées comme tels du fait de leur succès auprès du grand public, n'appartiennent pas davantage à la musique populaire proprement dite et n'ont de valeur que dans la mesure où elles s'inspirent d'un folklore musical authentique.

Il nous paraît plus exact, en ce qui concerne le Proche-Orient arabe, de dire que sa musique populaire doit être recherchée à sa source la plus pure, là où elle est restée à l'abri des influences étrangères : le désert, les montagnes et les campagnes. Ce sont les Bédouins nomades, semi-sédentarisés ou sédentaires, les fellahs et les montagnards qui semblent avoir le mieux gardé leurs coutumes et leurs traditions séculaires. Leurs chants nous serviront de modèles.

De l'état actuel de la musique populaire du Proche-Orient arabe, il semble que nous puissions conclure à l'existence de trois sources différentes :

1º La musique bédouine du désert;
2º La musique folklorique que nous pourrions appeler semi-bédouine ou campagnarde;
3º La musique purement folklorique qui appartient en propre à des groupements ethniques ou religieux et qui tantôt emprunte la langue populaire arabe, tantôt conserve un dialecte particulier.

Il est certain que les musiques populaires d'expression arabe ne sont pas nées avec l'apparition de l'Islam. Nous savons que, dans la période pré-islamique dite de la *djahilîya* (ère de l'ignorance), d'importantes manifestations marquaient la vie sociale des tribus arabes. Parmi celles-ci, deux étaient particulièrement significatives : la procession autour de la « Kaaba », à La Mecque, cérémonie où la magie se mêlait au culte fétichiste des Arabes de la djahilîya, et le « Souk Oukaz », sorte de marché littéraire où devaient se produire à la fois les conteurs et les poètes. La prose rimée allait vite faire place à la poésie classique. Dès cette époque, celle-ci atteint à une perfection qui n'a pas été dépassée depuis. Les sept *mouallaqat* qui nous sont parvenues comptent parmi les chefs-d'œuvre de la littérature arabe. Or ces poésies se chantaient certainement; le terme arabe appliqué dès l'origine à toute poésie était : « chanter les vers » *(anchada al-chi'ir)*. Mais si l'analyse des premières poésies arabes permet d'être fixé sur leur forme et leur rythme littéraire, elle ne peut, en l'absence de signes graphiques, aider à trouver quels en étaient le rythme musical et la ligne mélodique. Tout ce qui peut être dit à ce sujet relève de la pure hypothèse.

Les chroniqueurs arabes du Moyen âge désignent le *hîda* comme à l'origine du chant du désert. C'était le chant par lequel le chamelier imitait la cadence des pas du chameau et dont « il se servait

pour l'exciter dans ses longues marches du désert ».
Mais rien n'indique ce qu'était la forme musicale du
hîda. Faut-il voir un vestige de celui-ci dans le chant
rythmique le plus en usage chez les Bédouins nomades
du Proche-Orient et qu'on appelle communément le
chant du *hijjana* ou *hijjaniyé* ?

Outre le *hîda*, l'époque de la djahilîya a connu
différentes formes du folklore du désert : le *hija*
ou satire, le *madh* ou *madih* (louange), sorte de
chant épique dans lequel on exalte les mérites d'un puissant ou d'un héros, le *ghazal* ou chant d'amour, le
ritha ou *marathi*, lamentations funéraires plus particulièrement réservées aux femmes.

Mais un problème reste très mal posé : celui de l'existence autour de ce premier noyau de poésie chantée du
désert arabique, de musiques régionales et locales d'inspiration différente; nous voulons parler des musiques
religieuses et profanes qui fleurissaient avant la conquête
de l'Islam dans les provinces d'Orient des empires
romain et perse. Des textes historiques attestent l'existence de chants profanes et religieux dans des centres
de Syrie tels qu'Edesse et Antioche. A Edesse notamment, centre culturel araméen à la limite des civilisations
sémitique et hellénique, dans cette Mésopotamie qui
s'ouvre sur le désert du monde nomade, les historiens
ecclésiastiques parlent de la vogue que rencontraient,
vers 223 de l'ère chrétienne, les chants des manichéens ou
gnostiques. C'est grâce à des hymnes composés par deux
chefs de cette secte, Bardesane et son fils Harmonius,
que ceux-ci trouvaient accès auprès des masses populaires de la région.

Cette musique, bien que de tendance dogmatique,
semble avoir dépassé le cadre religieux et avoir eu
une portée populaire. En effet, presque à la même époque
et dans ce même centre d'Edesse, nous assistons aux
efforts d'un poète chrétien, Ephrem, docteur de l'Eglise.
Celui-ci, pour contrecarrer l'influence des hymnes de
Bardesane, réplique par des compositions conformes
à la doctrine officielle de l'Eglise. Il paraît même
probable, au témoignage d'historiens ecclésiastiques
de l'époque, qu'Ephrem d'Edesse ne fit que « substituer dans les chants populaires des hérétiques des
paroles orthodoxes »... (Sozomène, *Histoire ecclésiastique*

dans la *Patrologie grecque* de Migne, t. LXVII, I, 3, col. 16, et Théodoret, *Histoire ecclésiastique*, t. LXXXII, IV, 26, col. 1190). Les hymnes en langue syriaque de saint Ephrem, transmis par la tradition orale, forment de nos jours le patrimoine de la musique liturgique des Eglises syriennes. Un bénédictin français, dom Jeannin, qui en entreprit la notation à la fin du siècle dernier, a pu, dans une introduction éminemment critique, faire le rapprochement entre la musique religieuse actuelle des Eglises syriennes et ce que nous connaissons des vocalises gnostico-magiques (*Mélodies liturgiques syriennes et chaldéennes, introduction musicale,* Paris, 1923, pp. 110-111, 147).

Nous nous trouvons là en face de cette forme de la musique populaire religieuse qui est transposée dans la vie profane ou qui, du moins, sert à l'inspirer. En Orient surtout, où le spirituel et le temporel sont étroitement liés, la musique elle-même ne connaît pas de barrières. Jusqu'à nos jours, le chant d'église, dans des régions telles que la Mésopotamie, accompagne également les manifestations populaires. Il donne parfois naissance à des poèmes mi-religieux mi-profanes qui font partie intégrante du patrimoine folklorique des groupements ethniques de cette région. En ce qui concerne la musique populaire d'expression arabe, ce point reste à étudier. En effet, la rencontre de ce que nous croyons être le premier noyau des chants des Bédouins d'Arabie, avant l'Islam, avec les musiques populaires chrétienne, hébraïque et païenne des contrées romaines de Syrie, n'a pas pu ne pas provoquer d'échanges entre eux. Sans parler des colonies de chrétiens et de juifs qui vivaient dans le Hedjaz, centre culturel arabe, nous savons que le christianisme a été embrassé par plusieurs tribus arabes. L'histoire a conservé le souvenir des royaumes lahmide, perse et surtout ghassanide. Ce dernier formait la province romaine du Sud de la Syrie et a connu une vie religieuse très florissante. Le christianisme a également pénétré jusqu'auprès des tribus nomades à la limite des régions désertiques romaine et perse (CHARLES Henri, *le Christianisme des Arabes nomades sur le limes et dans le désert syro-mésopotamien aux alentours de l'Hégire,* Bibl. des Hautes Etudes, Paris, 1936). Encadrés notamment par des missionnaires et un clergé araméens, ayant adopté en majorité la langue syriaque, ces Bédouins arabes n'ont pas été sans connaître la musique d'Edesse et d'Antioche et sans en faire usage. Mais à défaut de documents musicaux, seule une analyse interne permettra d'établir les liens de parenté entre la musique populaire de langue arabe et les musiques religieuses d'Orient dans leur état actuel.

Après l'apparition de l'Islam, la musique arabe, subissant les influences locales et régionales des pays conquis, évolue dans un double sens. Sous l'influence des éléments empruntés à la musique gréco-persane, se constitue, surtout dans la cour des califes et dans les cités, une musique de plus en plus raffinée qui rompt avec la musique rudimentaire des Bédouins, tandis que celle-ci, s'implantant en milieu rural et subissant les influences autochtones, évolue en différentes formes populaires. Figée dans sa simplicité, sa rudesse et sa monotonie, elle reste étrangère à toutes les évolutions de la musique citadine qui, seule, a droit au titre de musique classique ou savante. C'est ainsi que nous retrouvons, après des siècles, les deux expressions de la musique de langue arabe.

ÉTAT ACTUEL DE LA MUSIQUE POPULAIRE

Malgré l'absence d'unité dans la musique populaire d'expression arabe, nous pouvons relever certains traits communs qui constituent d'ailleurs le plus souvent des caractéristiques inhérentes au chant oriental et même au chant populaire en général.

Une première question se pose : quels sont les rapports exacts de la parole, du rythme et de la mélodie dans cette musique populaire ?

Contrairement à la musique classique où le rôle de la parole, prose ou poésie, paraît secondaire et où s'affirment la finesse et la complexité de la mélodie, la virtuosité et l'habileté du chanteur, le premier rôle dans le chant populaire appartient au poète-improvisateur, *cha'er,* indépendamment de la qualité de sa voix et de ses connaissances musicales. En conséquence, la forme musicale cède le pas à la forme littéraire et se plie à ses exigences. Nous avons une première illustration de ce phénomène dans le chant libre et lent du genre récitatif sous sa forme la plus répandue en Proche-Orient, les *ataba* et *qacîda*. Dans ces poèmes, la mélodie se déroule dans des limites extrêmement réduites qui ne dépassent jamais un ambitus de quarte ou de quinte. Le rythme lui-même est libre et sert à ponctuer l'accent tonique du mètre littéraire. Ainsi rythme et mélodie contribuent-ils à mettre en relief le sens des paroles et la forme poétique.

Il semble cependant que la forme musicale, suivant une évolution naturelle et sans doute sous des influences mal connues, ait acquis ses droits et se soit affirmée même dans les formes de ce récitatif. Dans la *ataba* notamment, si le texte poétique s'appuie sur une ligne mélodique austère et monotone, il est précédé et suivi de vocalises où l'habileté du chanteur se donne libre cours. Autre fait significatif, chez les Bédouins, la *ataba* évite généralement ces mélismes chers aux sédentaires. On a ainsi l'impression chez ces derniers qu'au texte poétique, à peine chanté, est venue se superposer une forme musicale où la mélodie, dégagée des servitudes de la parole, peut évoluer librement.

Ce rôle secondaire de la forme musicale ressort encore davantage des chants qu'on pourrait appeler « syllabiques » et qui sont caractérisés par une mélodie sans vocalises et par un rythme mesuré et vif. Dans cette forme, la mélodie est essentiellement au service du rythme musical et littéraire à la fois. Son rôle y est même parfois nul, tels ces chants de bravoure appelés *aghani hamassyat* (littéralement : chants d'enthousiasme) qu'on pourrait rattacher au genre héroïque. Il s'agit de couplets chantés *recto tono*, sur une seule note suivie parfois d'un intervalle de seconde. Seul le rythme tonique et musical est rigoureusement marqué par l'accompagnement de la *dourbakkeh* (petit instrument à percussion) (*darboukkah*, en Afrique du Nord), et le claquement des mains.

Vends ta mère et achète un fusil
Un fusil est préférable à ta mère
Au jour de guerre il soulagera ta peine (te sortira du mauvais
[pas).

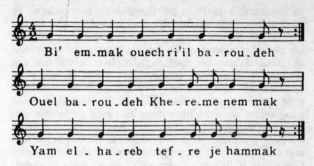

Bi' em-mak ouech ri'il ba-rou-deh

Ouel ba-rou-deh Khe-re-me nem mak

Yam el-ha-reb tef-re je hammak

Ex. 1.

Ici non seulement la mélodie est absente, mais la parole elle-même passe au second rang. Elle est manifestement destinée à servir le rythme. Le même couplet ou le même mètre peut se répéter indéfiniment sans diminuer pour autant la valeur de cette psalmodie rythmée.

Cependant, si la forme littéraire est prééminente dans une large partie du chant populaire, il semble que ce soit en raison de leur structure musicale que certains airs aient trouvé un profond écho dans l'âme populaire et par là même se soient transmis de génération en génération.

Il apparaît ainsi que les formes littéraire et musicale sont intimement liées et ne peuvent être étudiées l'une sans l'autre.

LA FORME LITTÉRAIRE

La poésie populaire du Proche-Orient arabe est essentiellement le fruit de l'improvisation et se transmet de mémoire. Ses auteurs sont généralement anonymes et, à part quelques plaquettes où des poètes modernes ont consigné leurs productions, c'est la mémoire populaire qui reste la principale détentrice de ce patrimoine. C'est elle qui fait, en vertu d'un instinct éclectique, la sélection entre ce qui est appelé à rester et ce qui tôt ou tard doit tomber dans l'oubli. Cette tradition vivante devient ainsi le creuset où sont éprouvées les compositions des *cha'er* et d'où sort une littérature poétique et musicale à la fois, où l'ancien et le moderne se confondent mais qui reste toujours ouverte aux œuvres futures. Il devient ainsi difficile de distinguer le *cha'er* ou *qawal*, compositeur et improvisateur, du *moughanni*, chanteur qu'une mémoire prodigieuse, servie par une diction et une voix appropriées, a fait le fidèle interprète des compositions populaires. L'un et l'autre sont appréciés et sont précieux du fait de la disparition progressive de cette littérature au profit de la musique commerciale moderne et du rôle de plus en plus ingrat de nos « troubadours » orientaux. C'est paradoxalement l'Occident qui montre encore le plus d'intérêt à l'égard de la littérature populaire arabe. Cela ne donne que plus de valeur au recueil de poésies et de chansons populaires qu'a publié Ester Panetta (voir Bibliographie). L'auteur s'est surtout attaché au folklore de Libye et n'a donné qu'une place minime au chant populaire du Proche-Orient. Mais ce recueil, ainsi que d'autres publications fragmentaires du même genre, malgré leur mérite incontestable, ne peuvent encore constituer une base de travail pour une analyse et une synthèse des différentes formes littéraires du chant populaire d'expression arabe. Celles-ci devraient être étudiées d'abord dans leur langue originale. Seul un tel travail permettrait de dégager les rapports entre les genres littéraires populaire et classique et de définir les liens intimes de la parole et du chant. On ne peut, en l'absence de ces études, relever pour le moment que quelques caractéristiques générales des formes littéraires en question.

Le chant populaire est à base de prose et de poésie rimées. Le mètre et la rime en sont donc les deux aspects fondamentaux. Ce fait constant de la rime que nous retrouvons également dans la littérature classique arabe peut-il être considéré comme un phénomène aussi ancien que le chant populaire lui-même ? Dans certaines littératures sémitiques comme la littérature syriaque, qui s'est développée entre les IVe et VIIIe siècles sur cette même terre du Proche-Orient, la rime n'apparaît qu'avec la décadence de cette littérature au Moyen âge. En revanche, les monuments littéraires arabes les plus anciens de l'ère pré-islamique, tels les *mouallaqat,* comportent à la fois le rythme et la rime. D'autres points communs semblent indiquer l'origine identique de la poésie populaire et classique arabe. La césure, qui divise le vers classique en deux parties symétriques, est également fréquente en poésie populaire, bien qu'elle n'y soit pas aussi constante qu'en poésie classique. On retrouve également dans la poésie classique, des mètres et des rythmes qui peuvent être aussi bien ceux de la poésie populaire.

Cependant celle-ci présente une structure différente. Les règles de rime qui président à la forme littéraire de certains chants populaires, tels que la *ataba,* sont différentes de celles qui régissent la poésie classique. Nous trouvons, par ailleurs, dans le folklore populaire, l'usage d'un mètre rimé qui tient le milieu entre la poésie et la prose. Le rythme littéraire, sans être absolument libre comme dans la prose, évolue avec beaucoup de souplesse et n'est pas assujetti à des règles précises quant au nombre de pieds et à la construction métrique. Certains exemples du folklore libanais tels les *qacîda, maanna* et *yabou zoulouf* illustrent parfaitement bien ce phénomène. Cette même souplesse pourra d'ailleurs être observée dans le rythme musical lui-même.

En conclusion, si la poésie populaire arabe offre une parenté certaine avec la poésie classique, elle semble avoir évolué en marge de celle-ci. Elle reste fidèle à son caractère original fait à la fois de simplicité et de liberté.

LA FORME MUSICALE

Le chant populaire de langue arabe présente, du point de vue musical, des analogies avec le chant classique. Mais il s'en écarte sur de nombreux points essentiels.

La musique populaire d'expression arabe est essentiellement homophone. Mis à part l'accompagnement à l'octave qui résulte de l'unisson des voix d'hommes et de femmes, aucun exemple de polyphonie n'a pu encore être signalé. Celle-ci est également inexistante dans la musique savante arabe ainsi que dans les chants populaires religieux des Eglises orientales d'origine sémitique. A peine pourrait-on relever, quand le chant est accompagné par un instrument, l'usage d'une pédale à la manière de l'« ison » byzantin, sur la tonique ou la quinte. Mais il est difficile d'en conclure à l'existence d'un embryon d'harmonie. L'accompagnement instrumental ne se révèle d'ailleurs pas essentiel au chant populaire. Il semble même avoir été adopté sous l'influence de la musique classique. En effet, de nos jours encore, le chant populaire authentique se passe habituellement d'accompagnement instrumental. Celui-ci n'est pas toujours très heureux puisqu'il s'agit, en général, d'instruments classiques et d'accompagnateurs qui ont tendance à traiter la musique populaire à la manière de la musique classique. Cependant, il faut faire exception pour certains instruments populaires tels que le *rabab* (violon monocorde), la flûte de roseau sous sa forme de *naï*, *ourghoul* ou *mijwez* dont le soutien est plus conforme au tempérament populaire.

La musique populaire d'expression arabe serait ainsi, en définitive, homophone et monodique. C'est dire toute l'importance qui y est donnée à la mélodie et au rythme.

Alors que la forme littéraire laisse une grande part à l'inspiration et au don d'improvisation du *cha'er*, la forme musicale est enfermée dans des cadres traditionnels qui donnent leur caractère propre aux différents genres musicaux. Ceux-ci sont désignés tantôt par le premier mot du verset ou de la strophe-type dont le mètre, le rythme et la mélodie servent de modèle aux autres strophes, tantôt par un terme général qui indique soit l'objet du poème — ainsi le mot *madih* pour les chants de louanges, *nadeb* pour les lamentations —, soit un terme qui a inspiré, à l'origine, la première strophe type et dont le sens demeure obscur. Il est quasiment impossible de faire une classification rigoureuse de ces genres. En effet, le même chant peut parfois servir en des circonstances variées et à des buts différents. Ainsi la *ataba* qui est essentiellement un chant nostalgique de l'amitié, devient, suivant les cas, chant d'amour, de bravoure, de lamentation, etc. Cette liberté dans l'interprétation musicale et littéraire selon laquelle une même mélodie sert de formule « passe-partout », nous ramène au problème que nous avons déjà posé : les rapports entre la parole et la musique, les lois qui régissent le mètre, le rythme musical et la mélodie, et leur place respective dans les manifestations sociales de caractère populaire.

Mais s'il y a ainsi une sorte de chassé-croisé entre les

genres littéraire et musical, il n'y a pas uniformité ni confusion. Nous pouvons, en effet, classer le chant populaire arabe en deux catégories distinctes :

1. Les chants que nous pourrions appeler *mélismatiques,* du genre de la mélopée ou du récitatif, dont la dominante est l'emploi de mélismes et le rythme libre. Ils sont exclusivement exécutés en solo, et, en dehors d'une formule de base, la mélodie y offre un champ vaste pour l'improvisation.

2. Les chants qu'on pourrait dire *syllabiques,* dans lesquels chaque syllabe est scandée, et qui sont caractérisés par un rythme vif et mesuré et par l'absence de vocalises. Ces chants sont manifestement destinés à stimuler et à soutenir la danse. En l'espèce, ils ont pour rôle essentiel d'accompagner la danse folklorique la plus répandue au Moyen-Orient, la *dabkeh,* ou la forme du *hallay* qu'on trouve chez les populations syriennes, assyriennes, arméniennes et kurdes de la Haute Mésopotamie. Cette danse consiste en un cercle formé d'hommes et de femmes se tenant par la main et frappant le sol en cadences régulières.

Entre ces deux catégories, les limites restent pourtant assez vagues. Certains chants offrent en effet un mélange du genre mélismatique libre et du genre syllabique mesuré. Dans le chant libre lui-même, comme la *ataba,* vient s'ajouter, au début ou à la fin d'une strophe, un verset de la deuxième catégorie qui forme refrain. Nous sommes ainsi en présence de chants où se succèdent les récitatifs, les tirades vocalisées et les versets au rythme mesuré. Cet exemple est à rapprocher de celui de l'hymnographie chrétienne d'Orient. Les genres appelés, du grec, « hirmologiques » et « papadiques », se retrouvent notamment dans les chants religieux byzantins, syriens, chaldéens, arméniens et coptes. Le plainchant lui-même ne nous donne-t-il pas l'exemple du chant mélismatique par excellence dans les alléluias et les graduels, et du chant hirmologique dans les séquences et les hymnes ?

Ainsi c'est par le rythme musical que se distinguent surtout les deux catégories de chants en question. La mélodie elle-même offre à la fois des éléments distincts et communs. Dans le chant mélismatique, le chanteur se lance plus librement dans l'improvisation; la mélodie sort des cadres quelque peu rigides de la mesure et évolue sur un ambitus plus étendu, agrémentée de notes souvent étrangères à l'ossature mélodique.

Mais ce chant, qu'il soit mélismatique ou syllabique, comporte presque exclusivement un ambitus mélodique restreint. Cet ambitus est, par ordre de fréquence, la quarte, la quinte, la tierce et la seconde. Son application n'est jamais rigoureuse. Selon l'habitude du ou des chanteurs, des débordements, sous forme de fioritures, se font sur les sons voisins, allant jusqu'à la sixième ou la septième sans que la tonalité du chant en souffre. Ces sons, sur lesquels passe rapidement le chanteur, servent à agrémenter le chant, mais ne font pas partie intégrante de la contexture mélodique elle-même.

Les fioritures libres et improvisées, si chères aux Orientaux, forment des versions ou des variantes d'un même chant propre à une région, à un village, ou même à un groupement ethnique. Nous avons pu relever ces deux versions du même air populaire répandu dans les pays du Levant et appelé, du premier mot du couplet-type : *Ala Dal'ona*, que nous donnons à titre d'exemple :

Ex. 2.

Nous pouvons observer un phénomène analogue dans les chants religieux de caractère populaire des Eglises d'Orient où le même hymne se présente en des versions différentes selon les centres liturgiques.

Cette variété pratiquement incontrôlable des versions mélodiques pose la question de la gamme ou de l'échelle modale. Or il paraît difficile d'appliquer aux mélodies populaires la méthode d'analyse par gamme ou par échelle. Nous venons de dire que les fioritures qui paraissent faire partie de l'ambitus d'un chant donné ne constituent pas un critère de gamme ou d'échelle quelconque, puisqu'elles sont étrangères à la structure mélodique. La tonique ou le son final ne sont pas davantage une indication. On ne peut pas non plus faire entrer ces chants dans le cadre des modes de la

musique classique arabe. Si parenté il y a, il faudrait, semble-t-il, la chercher du côté des autres musiques populaires d'Orient, notamment des musiques persane, kurde et turkmène, ou même des chants populaires chrétiens. Il est par exemple remarquable de constater le rôle important que joue, dans ces différentes musiques, le tétracorde *ré-mi-fa-sol* avec prolongement à l'aigu sur le *la* et au grave sur le *do*. Peut-être voudra-t-on y voir la gamme phrygienne grecque ou le mode ecclésiastique de *ré*? L'application de la notion de mode, à la manière ancienne, ne semble pas elle-même tellement adéquate à ce genre de chants. Nous constatons en effet que ce sont des formules mélodiques et un certain

rapport de régularité ou de fréquence entre les sons constitutifs de la mélodie, et non l'échelle ou la gamme, qui donnent aux chants populaires leur caractère propre et qui servent à différencier les genres auxquels ils appartiennent. Enfin, contrairement à la musique savante qui fait un large emploi des intervalles chromatiques, la musique populaire est plus généralement diatonique. En revanche, l'usage de l'échelle tempérée paraît aussi étranger à ces mêmes chants populaires qu'à la musique du Proche-Orient, en général.

GENRES PRINCIPAUX DU CHANT
POPULAIRE CONTEMPORAIN

Une classification assez courante fait entrer dans
la musique populaire les formes suivantes : *al-qacîda,
al-hida, al-mowachah, al-mawal (al-bagdadi, al-misri, al-
ibrahimi), al-ataba, al-doubet, al-dor, al-taqtouqa, al-
monologue, al-dialogue, al-trilogue, al-chrougui, al-zajal
loubnani, al-zawbai.* Sur ces genres énumérés, *qacîda,
ataba, chrougui, zawbai* sont en effet des genres de chant
folklorique communs aux pays du Proche-Orient. Le
hida est le chant du chamelier dont nous parlent les
anciens chroniqueurs arabes, mais dont aucun exemple,
au moins sous ce titre, ne nous est connu. Le *zajal
loubnani* indique l'ensemble du folklore musical du Liban.
Al-mowachah est un genre de la musique classique arabe
qui aurait trouvé naissance dans l'Espagne musulmane
et qui reste actuellement l'un des rares exemples anciens
de musique classique. Le *mawal*, poème récitatif classique riche en vocalises, dont on attribue la paternité
à des chanteurs populaires de Bagdad, tient davantage
de la musique savante que de la musique populaire.
Bien que populaire de nom, le mawal comporte une
structure musicale qui entre dans le cadre de la musique
classique. Les *doubet, dor, taqtouqa* sont des genres de chansonnettes modernes qu'on appelle indigènes *(baladyat)*
et qu'on a tendance à assimiler au chant populaire, du
fait de leur mélodie simple et plaisante, de leur rythme
vif, et surtout de l'audience qu'elles rencontrent auprès
du public dont, pour un temps, elles deviennent les
refrains favoris. Quant aux « monologue, dialogue, tri-
logue », ce sont également des chansonnettes imitées
de la musique légère européenne.

Cette classification laisse suffisamment entendre combien il est difficile de distinguer l'authentique musique
populaire des formes de la musique classique ou des
chansons modernes simili-populaires. Ainsi, dans l'énumération que nous allons donner ci-après, n'avons-nous
nullement la prétention de dresser une liste exhaustive
dans l'espace et le temps.

En marge du folklore musical propre à chaque région, nous trouvons dans les différents pays du Proche-Orient des chants populaires qui semblent avoir nettement débordé leur cadre local et ethnique. Ces chants sont conservés à la fois chez les Bédouins nomades qui, en général, n'ont aucun contact réel et efficace avec le monde sédentaire moderne, et chez les sédentaires. A part quelques chants exclusivement bédouins, il n'existe plus de musique bédouine à proprement parler. Celle-ci, qui a tiré ses origines du monde du désert, paraît s'être mieux conservée chez les sédentaires appelés communément *fellah* (paysans) ou improprement « *badou* » (Bédouins), que chez les nomades eux-mêmes. Par ailleurs, on peut noter que le folklore poétique et musical est extrêmement pauvre chez les nomades et ne présente pas la richesse et la variété du chant populaire des fellahs.

LE HIJJANA.

Le seul exemple de chant proprement bédouin est celui qu'on appelle communément le *hijjana* ou, en terme dialectal, le *hijjanié*.

En arabe littéraire classique, *hijane* désigne le dromadaire ou chameau blanc et de meilleure race. En arabe dialectal, *hijjana* désigne les méharistes.

En termes de musique populaire bédouine, le hijjana est donc essentiellement un chant de méhariste. Il est très caractéristique avec sa mesure ternaire, son rythme scandé et son ambitus mélodique ne dépassant pas la quinte. Contrairement aux genres folkloriques dont il a déjà été question, le hijjana s'exécute toujours en groupe et sur des notes aiguës.

Le hijjana, qui se chante avec et pour le chameau dont il suit la cadence de marche, tirerait-il son origine du fameux chant dit *hida* ou *hada* qui nous est signalé par les anciens chroniqueurs arabes comme étant le premier chant connu par le Bédouin à l'époque préislamique de la djahilîya?

Le *hida,* comme le hijjana, serait devenu par la suite un chant de guerre ou de bravoure. Les tribus le chantaient notamment pour se stimuler au razzou. Actuellement, il est le chant des Bédouins nomades ou sédentarisés, en toutes circonstances : noces, travail, marche à travers le désert, etc.

La production poétique du hijjana paraît très limitée. Ici, c'est le rythme et la mélodie simple et monotone qui comptent, non les paroles. Il s'agit le plus souvent d'une strophe ou d'une phrase qu'on répète indéfiniment :

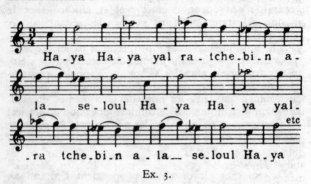

Ha_ya Ha_ya yal ra_tche_bi_n a_
la__ se_loul Ha_ya Ha_ya yal.
_ra tche_bi_n a_la__ se_loul Ha_ya

Ex. 3.

Les chants de deuil *(al-nadeb)* sont également fréquents chez les Bédouins. Ils sont généralement exécutés par des femmes, lesquelles, dans des scènes d'un réalisme spectaculaire, déchirent leurs habits, s'arrachent les cheveux, se frappent les joues et la poitrine, ou exécutent des mouvements de danse.

LA ATABA.

Le chant qui nous paraît être le plus représentatif du folklore proche-oriental est celui qui porte le titre de *ataba*. Nous avons cru devoir insister sur la présentation et l'analyse de ce type de chant qui tient une place de choix dans la musique populaire à la fois bédouine et sédentaire.

La ataba, d'après le sens classique : « reproches amicaux », est un des genres populaires les plus anciens et les plus répandus en pays arabe. Dans sa forme pure, c'est un chant d'amitié, non d'amour. La ataba est essentiellement un chant nostalgique et mélancolique : elle évoque les bienfaits de l'amitié, l'éloignement des amis, leur oubli, leur ingratitude, la séparation des alliés du sang, etc. Mais alors que les Bédouins lui gardent toujours ce caractère primitif, certains *cha'er*

modernes du Liban et de la Syrie ont adapté la ataba
à des poésies d'amour.

Sa forme littéraire s'apparente, par certains côtés, à la
poésie arabe classique : nous y retrouvons la formule du
mètre par *quantité* ou accent tonique, la césure qui coupe
le vers en deux parties diſtinctes et la rime. Mais la
ſtructure poétique de la ataba offre des libertés et des
particularités inconnues du vers littéraire arabe. Celui-
ci, dans la forme classique de la poésie pré-islamique
(*mouallaqat*), comporte un mètre égal et rigoureux
dans les deux parties du vers; le vers de la ataba n'a
pas de mètres égaux et réguliers. Ceux-ci sont indifféremment composés de 13, 12, 11, 10 ou 9 pieds selon
les circonſtances, le pays ou le cha'er. Dans le même
poème ou le même vers, le mètre peut comporter des
pieds irréguliers. Les règles de rime sont également
différentes dans les vers classiques et dans ceux de la
ataba. Alors que, dans les premiers, nous retrouvons la
même rime tout au long du poème, à la fin de la deuxième
partie de chaque vers, le vers de la ataba comporte une
rime à la fin de chaque partie du vers. Seul le vers final
du couplet eſt indépendant dans sa rime et son mètre,
et sert de refrain dans certains centres sédentaires.

La ſtructure de la ataba apparaît en définitive autonome tout en s'apparentant par certains côtés à la
poésie classique. Le poème de la ataba se divise en
couplets de quatre vers chacun. Le premier couplet
forme le modèle-type. Mais, en raison de la souplesse
qui préside à toute manifeſtation d'art populaire, une
grande liberté règne dans le mètre et la rime de chaque
couplet, comme dans cet exemple :

> *Beyni mabeynatch naher ouma jara Yomène*
> *Ousadratch mal'ab al-Khayal   Yomène*
> *Ouani achartatch sana ouenta t'goul Yomène*
> *Oumen tchethrat al-mahabba da'yanna 'l'hessab*

Entre toi et moi, un fleuve a coulé à peine deux jours
Ta poitrine eſt le champ de course du cavalier pour deux
J'ai vécu avec toi un an et tu dis deux jours   [jours
L'affection eſt tellement grande que nous avons perdu toute
[notion du temps

[*Comme il s'agit d'arabe dialectal bédouin, notre transcription
eſt purement phonétique.*]

Le genre musical de la ataba est celui du chant récitatif qui évolue sur un ambitus mélodique d'une
quarte et se chante sur un rythme libre. Chez les
Bédouins, la mélodie est dépouillée des vocalises et des
riches fioritures qui accompagnent la ataba chez les
sédentaires. Après une intonation en voix tenue, et
généralement sur une note aiguë, chaque vers est chanté
presque *recto tono,* avec l'accent rythmique marqué sur
la dernière syllabe par une brève formule mélodique et un arrêt sur la sus-tonique. Seul le dernier
vers du couplet comporte le repos sur la tonique. Chez
les sédentaires, ce dernier vers forme un refrain repris en
chœur, comme nous le verrons plus loin. Il est à remarquer que la ataba n'est pas également en honneur
chez toutes les tribus bédouines. Certaines d'entre elles,
comme les Haddidyne et les Mawali, la tiennent en mépris
et la remplacent par le *zawbai* dont nous ne possédons malheureusement encore aucun exemple.

Voici un schéma approximatif du chant ataba sur
le couplet-type que nous avons indiqué plus haut :

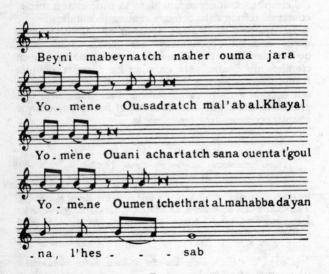

Beyni mabeynatch naher ouma jara

Yo . mène   Ou_sadratch mal'ab al_Khayal

Yo . mène   Ouani achartatch sana ouenta t'goul

Yo . mè_ne   Oumen tchethrat al_mahabba da'yan

_na, l'hes _ _ _ sab

Ex. 4.

LA QACÎDA.

La *qacîda* (pluriel : *qaça'id*) est, étymologiquement, un poème qui comporte un certain nombre de vers sans règles strictes de métrique ou de rime. La *qacîda* n'a pas de sujet précis.

En musique populaire, la *qacîda* a une acception diverse et large : n'importe quel chant poétique qui n'entre pas dans une catégorie particulière peut être appelé qacîda. Nous nous trouvons cependant devant deux formes de qacîda, celle des régions rurales syriennes, qui se chante sur des rythmes vifs et mesurés et comporte un refrain repris en chœur avec claquement des mains et accompagnement de *durbakkeh,* et la qacîda ou *qacîd* libanais, du genre récitatif au rythme libre, qui se chante sur des vers également libres. Le récitatif musical qui sert de support au qacîd libanais se chante dans une tonalité apparentée au mode arabe classique du *segah.* Enfin, au Liban, le qacîd est surtout une mélopée d'amour, alors qu'en Syrie, il est chant de danse, d'amour, de guerre, d'éloge d'un chef ou d'un notable.

La qacîda est également signalée en Afrique du Nord comme figure de musique religieuse par opposition à la musique profane. Or il ne nous semble pas que la qacîda appartienne davantage à la musique religieuse qu'à la musique profane. Dans le mode classique, qacîda est un terme général qui s'applique à n'importe quelle composition poétique. Quand celle-ci traite un sujet religieux, la qacîda peut alors être dite religieuse, non en raison de la musique, mais du sens poétique. La distinction dans l'Islam entre musique religieuse et profane ne repose d'ailleurs sur aucun fondement. La musique dite religieuse ne se distingue pas de la musique classique profane. Les chants exécutés à la mosquée sont relativement récents. Les chants du Coran et du muezzin ont été fixés pour la première fois à Damas par un compositeur syrien du XVIIIe siècle. Certains États arabes, comme le royaume d'Arabie Séoudite, interdisent encore de nos jours le chant dit religieux comme étant contraire à l'esprit de l'Islam et aux recommandations du Prophète.

La mijana et les chants héroïques.

Parmi les chants mélismatiques, la *mijana* est le plus répandu dans les pays du Levant. L'étymologie du terme lui-même est obscure. En arabe littéraire, le verbe *majana* signifie « plaisanter », « prendre le bon côté de la vie »... Mais ce terme ne serait-il pas le nom symbolique d'une femme, héroïne du *cha'er,* comme il est d'usage souvent en poésie populaire ?

La *mijana* comporte un rythme mesuré qui vient se superposer à la *ataba* en guise de refrain repris par le chœur. C'est surtout au Liban que la mijana, comme la ataba à laquelle elle est d'ailleurs liée, trouve son centre d'épanouissement et d'enrichissement, si bien qu'elle est communément considérée comme une forme représentative du folklore libanais.

Dans le rythme vif et mesuré, les chants de bravoure et de guerre qu'on pourrait rattacher au genre héroïque se retrouvent en Proche-Orient dans des versions différentes. Ces chants sont, en général, débités par un *qawal*, mot à mot, « diseur de paroles », dont le rôle consiste à mettre en relief le caractère oratoire du poème. La forme de chant dite *arada* sert dans les manifestations nationales, ou dans les cercles animés d'enfants ou de jeunes adolescents. En outre l'usage, au Mont-Liban, du chant héroïque dans les cérémonies funéraires, est fréquent. Le *cha'er,* ou le *qawal,* à la tête du cortège funèbre qui précède la cérémonie religieuse, déclame en chantant le panégyrique du mort, et danse parfois, une épée à la main. La foule reprend chaque verset qui est chanté, *recto tono,* sur un rythme de danse.

Ex. 5

Les chants et rythmes de danse constituent un autre élément commun aux populations du Proche-Orient. Ces chants portent des titres différents mais se ressemblent par leur structure rythmique et mélodique. Le chant le plus répandu et le plus représentatif est celui qui est connu en général sous le titre de *Ala Dal'ona,* et dont nous avons donné un exemple plus haut.

CHANTS RÉGIONAUX

Il y a enfin un folklore propre soit à un pays, soit à des groupements ethniques d'un même pays. Un travail tant expérimental que théorique reste évidemment à faire dans ce domaine. Nous nous limiterons ici à quelques aspects représentatifs de ce folklore musical.

LIBAN.

C'est le Liban, de tous les pays arabes pourtant le plus orienté vers l'extérieur et le plus occidentalisé, qui possède le patrimoine populaire musical et poétique le plus riche et le plus expressif — sans doute parce qu'il est aussi le mieux conservé. Le terme même de *zajal,* terme arabe par lequel on désigne les poésies non classiques, est inséparable du folklore libanais puisque celui-ci est considéré comme le plus représentatif.

En plus des formes de chant communes aux pays du Proche-Orient et qui trouvent au Liban leur plein épanouissement, la musique proprement libanaise se classe, elle aussi, en deux catégories : les chants mélismatiques et les chants syllabiques.

En tête des chants mélismatiques, nommons le chant qui porte le titre de son verset type :

Al-Aïn yabou zoulouf, du genre récitatif, dont la mélodie comporte des vocalises et un rythme libre et pourrait être apparentée au mode classique *rast.* *Yabou zoulouf,* littéralement : « homme aux favoris », est chanté par un soliste homme ou femme. Le dernier verset de chaque couplet est repris en chœur comme dans la ataba. *Yabou zoulouf* est un chant montagnard qui célèbre les amours rustiques. Comme la ataba, il est formé d'une poésie au mètre libre mais rimé. Il est le fruit de l'improvisation et se transmet de mémoire.

Le *maanna* est un autre genre bien connu du folklore musical libanais. L'étymologie du terme reste obscure. D'après la racine du verbe arabe *anna,* il signifierait : « évoquer un souvenir ». En arabe

dialectal libanais, *maanna* serait plutôt synonyme de
« complainte ». Cette dernière acception semble plus
adéquate, car le *maanna* est surtout un chant nostalgique d'amour. Il est composé sur une poésie rimée.
Le rythme du chant s'exprime en mesures égales et
régulières, mais il n'est pas libre comme dans les autres
chants du genre mélismatique. Exécuté par un soliste,
le dernier verset de chaque couplet est repris comme
refrain par le chœur. La mélodie du *maanna* avec sa
contexture très simple comporte des variantes suivant
les provinces du Mont-Liban. Il se présente ainsi parfois
sous forme de dialogue ou de joute poétique entre
deux *cha'er zajal* (poètes du chant populaire).

Les chants syllabiques constituent des formes plus
courantes et assez variées de la musique populaire libanaise. Ils sont composés selon une structure mélodique
à ambitus réduit et simple, et un rythme vif et scandé.
Ces chants sont destinés à soutenir la danse populaire
de la *dabkeh* dont nous avons déjà parlé. Parmi ces
chants : *Mijana, Ala-Dal'ona*, dont il a déjà été question, *Asmar al-Lone, Ya Ghazel yabou'il'Iba*, sont les
formes les plus courantes. D'autres genres inspirés
de ces mêmes chants et qui présentent un caractère
plus moderne sont appelés du terme général *qarradyeh*.
Ils sont caractérisés par un rythme vif et mesuré et
par une mélodie dénuée des vocalises et des fioritures
si fréquentes dans le chant mélismatique. L'accompagnement de la *durbakkeh* et du claquement des mains
est le soutien naturel de ces chants. Les professionnels
font intervenir l'accompagnement des instruments
classiques comme le *oud* (luth) et la *kamanjeh* (violon).

SYRIE.

Comme au Liban, nous retrouvons en Syrie les genres
de musique populaire communs aux centres arabes ou
arabophones du Proche-Orient : *ataba, mijana, qacîda*,
les rythmes de danse qui accompagnent la *dabkeh*.
Seules des variantes et des formes différentes d'interprétation locale donnent à ces chants un cachet
propre suivant les régions.

Dans la catégorie du chant que nous avons appelé
mélismatique, les régions rurales syriennes connaissent
deux formes particulières :

a) Le *chrougui* ou *chargui*, littéralement « oriental » ou « ce qui appartient à l'Est », est une forme variée de la *ataba* sans l'addition du « mijana-refrain ». Le *chrougui* s'accompagne généralement au rabab;

b) Le *lahla chargui* appartient également à l'Est. C'est un récitatif dans lequel le rythme présente une certaine unité. Ce chant n'a pas d'objet précis, mais pourrait être rattaché au genre narratif : poèmes où sont racontés divers faits de la vie quotidienne du cha'er ou du village. La mélodie, qui se chante sur des sons très aigus, évolue sur des intervalles de quarte avec prolongement sur la quinte formant note d'agrément. Le verset chanté en solo est répété par un groupe de chanteurs. Chaque strophe est entrecoupée de vocalises non rythmées où sont intercalés un « of ! (ah !) » et un « *Ya ghali!* (O, cher !) » destinés, semble-t-il, à stimuler les auditeurs et le cha'er.

Malgré l'unité géographique et linguistique des centres d'où il tire ses origines, le chant folklorique syrien comporte des particularismes qui sont le fait des différentes minorités ethniques et religieuses dont est composée une partie de la population syrienne. Celles-ci ont vécu jusqu'ici renfermées sur elles-mêmes et ont réussi à garder jalousement leurs traditions séculaires.

Outre les Bédouins du désert, trois groupements ont leur folklore musical propre, ce sont : les Alaouites, les Druzes et les populations araméennes et turkmènes de la Djezireh (ancienne Mésopotamie). Ces régions mériteraient une étude approfondie. Nous ne ferons ici que signaler le sujet et les problèmes qu'il pose.

Le Djebel alaouite est une région montagneuse du Nord syrien habitée par les adeptes de la secte chiite des Nosaïris ou Metwalis ; bien que moins riche que le Liban, son patrimoine poétique et musical est varié et étendu. Nous y retrouvons les formes musicales des autres régions du Proche-Orient, mais avec des variantes et des particularités d'exécution. Une analyse approfondie de ces formes serait d'un grand intérêt pour la compréhension de la musique populaire proche-orientale. Le folklore musical alaouite comporte, en outre, des chants originaux qui accompagnent les manifestations populaires du Djebel : les chants de noces, notamment, où les souhaits aux mariés sont chantés par le cha'er sous forme de tirades vocalisées de longue haleine, reprises ensuite et scandées par les assistants.

Le Djebel druze est une région montagneuse du Sud syrien où des chants populaires propres se sont conservés à l'abri des influences de la musique arabe moderne. D'origine islamique, mais ayant évolué en secte autonome, la communauté druze, répartie actuellement entre la Syrie, le Liban et Israël, et dont une minorité se trouve en Amérique, a généralement vécu repliée sur elle-même, défendant fièrement ses traditions sociales et religieuses.

Nous pouvons relever notamment les « chants de travail » des fellahs druzes. Non pas qu'il existe, à proprement parler, des « chants de travail » en musique populaire arabe, mais l'exemple des Druzes ou des paysans qui chantent en travaillant est assez original pour ces pays. Même dans les villes où ils vont travailler, à la morte-saison, les fellahs druzes ne se lassent pas de chanter à longueur de journée pour s'encourager au labeur. Ce phénomène est même une de leurs particularités. Ces chants sont pris le plus souvent au folklore bédouin : hijjana, qacîda. Mais tout en empruntant les airs et les mélodies du chant bédouin, les cha'er druzes y adaptent des mélodies inspirées des thèmes nationaux du Djebel. Ce phénomène reflète le plus souvent l'esprit de farouche particularisme dont est animé ce peuple, et le rêve d'une autonomie à l'égard du pouvoir central de Damas à laquelle il aspire toujours. Ce sont d'ailleurs des chants du genre héroïque, exaltant le courage légendaire des Druzes et célébrant les hauts faits de leurs chefs, qui constituent les thèmes favoris des chants de travail des paysans druzes. Ils semblent les plus aptes à stimuler leur ardeur au travail et à en faire oublier les peines.

La Djezireh (ancienne Mésopotamie) de l'Est syrien abrite des groupes ethniques bien différents de ceux des autres provinces syriennes. Nous nous trouvons là dans l'ancien centre araméen où sont actuellement représentées des populations d'origine syriaque, kurde, turkmène et arménienne. Les musiques populaires de cette région sortent ainsi du cadre populaire arabe. Si la langue arabe et même la structure littéraire de la poésie populaire arabe servent à interpréter le chant folklorique d'une partie de ces populations, il n'en est pas de même de la musique elle-même dont il faut chercher les attaches avec les musiques kurde, turkmène ou même religieuse des Eglises de langue syriaque. D'ailleurs, chez une partie de ces populations araméennes réparties entre l'Est de la Syrie et de la Turquie et le Nord de l'Irak, les dialectes araméens restent en usage parallèlement à la langue arabe. L'emploi fréquent, dans ces mêmes dialectes, de chants d'inspiration religieuse, mais qui servent à des manifestations de caractère profane, pose un problème intéressant à étudier.

La musique populaire du Proche-Orient n'apparaît pas ainsi comme un art homogène et uniforme. Mais les différentes traditions dont elle est tributaire ne peuvent non plus être considérées séparément en raison des liens qui existent entre elles et des échanges auxquels elles ont donné lieu au cours des siècles. Seules des études d'ensemble permettront d'apporter des solutions heureuses aux problèmes si complexes que posent les traditions musicales et littéraires de cette région.

Simon JARGY.

BIBLIOGRAPHIE

ROUANET, Jules, *La musique arabe,* dans l'*Encyclopédie de la musique,* 1re partie « Histoire de la musique », Paris, 1922.

YEKTA, Raouf *La musique turque,* dans l'*Encyclopédie de la musique,* 1re partie « Histoire de la musique », Paris,1922.

HUART, Cl., *La musique persane,* dans l'*Encyclopédie de la musique,* 1re partie « Histoire de la musique », Paris, 1922.

JEANNIN, Dom J., *Mélodies liturgiques syriennes et chaldéennes, introduction musicale,* Paris, 1924.

FARMER, H. G., *History of the Arabian Music to the XIIIth Century,* Londres, 1929.

Actes du congrès de la musique arabe (en arabe et en français), Le Caire, 1933.

RASWAN, Carl R., *Mœurs et coutumes des Bédouins,* Paris, 1936.

DICKSON, P., *The Arab of the Desert,* Londres, 1947.

AL-FARADJ AL-ISFAHANI, Abou, *Kitab al-Aghkani* (en arabe), Beyrouth, 1954.

PANETTA, Ester, *Poesie e canti popolari arabi*, Bologne, 1956.

ERLANGER, R. D', *La musique arabe,* 6 vol., Paris, t. I, 1930; t. II, 1935; t. III, 1938; t. IV, 1939; t. V, 1949; t. VI, 1959.

ABBAS, Mouhammad, *Ghadha'al-Ataba* (en arabe), recueil de poésies populaires. Homs, s. d.

JEANNIN, Dom. J., *Recueil des mélodies,* Beyrouth, s. d.

LA MUSIQUE TURQUE

Les plus anciens spécimens de l'art musical turc datent tout au plus du xve siècle. Bien que divers essais de notation aient été faits depuis au moins dix siècles, la tradition orale ayant prévalu, la plupart des textes musicaux n'ont malheureusement pas pu parvenir jusqu'à nous. Aussi, pour avoir une idée plus ou moins exacte des origines et du développement de l'art musical turc, l'on est obligé d'avoir recours aux œuvres des théoriciens musulmans du Moyen âge. Ces théoriciens, bien qu'ils aient rédigé leurs œuvres en arabe, nous parlent non seulement de la musique de cette nation, mais de la musique telle qu'elle a été pratiquée sur le large territoire de l'empire arabe d'alors, qui comprenait, en dehors des pays habités par les Arabes eux-mêmes, ceux habités par les Iraniens et par les Turcs. Les chapitres consacrés au *tanbur* (instrument à cordes) du Khorassan, dans les livres de ces théoriciens, le mode cité comme étant en usage chez les Turcs au xiiie siècle par Safiy-yüd-Din Abd-ul-Mü'min dans son *Kitab-ul Adwar (Le livre des cycles,* traduction de Rodolphe d'Erlanger), l'instrument du nom de *yera'ah* cité par Avicenne et Safiy-yüd-Din (Avicenne, *Kitab-uch-Chifa,* traduction d'Erlanger, t. 2, p. 234; Safiy-yüd-Din, *Ach-Charafiyyeh,* traduction d'Erlanger, t. iii), etc... confirment ce point de vue.

Farabî, parlant au ixe siècle des sensations sonores naturelles, dit : « Quels sont les gens qui savent distinguer ce qui est naturel de ce qui ne l'est pas ? Ce seront pour nous les habitants des contrées comprises entre le quinzième et le quarante-cinquième degré de latitude... Pour les nations fixées en dehors de l'habitat des précédents... plus au nord, comme vers l'est les nomades turcs... leurs coutumes sont, en beaucoup de choses, tout à fait anormales » (Farabî, *Kitab-ul Musikî-al-Kabîr,* traduction d'Erlanger, t. 1, p. 38-39). Quel pouvait être, dans la musique, le reflet de cette anomalie qu'exprime

Farabî, lui-même Turc, né en deçà du quarante-cinquième degré de latitude, d'une famille apparemment
établie depuis longtemps ? Puisqu'il traite dans son livre
d'un système musical fondé sur diverses combinaisons
tétracordales et évitant plus ou moins les grands sauts
d'intervalles, la musique des nomades turcs devait forcément ne pas procéder de celui-ci. Avicenne parle plus
explicitement des grands sauts d'intervalles : « Evoluer
d'une note à une autre très éloignée donne à l'âme
l'impression d'une chose exagérée, comme si elle avait
été soumise à un mouvement trop violent » (*op. cit.*,
p. 140-141). Il ne pourrait pas s'agir, ici, des modes tels
que *ouchak, neva, abu-salik* dont les gammes correspondent à celles des modes hypophrygien, hypodorien et
dorien et qui, selon Safiy-yüd-Din, « inspirent la force, le
courage, dilatent l'âme et engendrent la gaîté », et sont
« en harmonie avec le tempérament des Turcs » (*Kitab-ul
Adwar*, p. 543). Nous savons bien, aujourd'hui, que ces
Turcs utilisent dans leur musique divers types de gammes
pentatoniques. D'autre part, nous pouvons dire que certaines gammes pentatoniques n'ont rien à voir avec la
conception tricordale qui se trouve à la base même du
système tétracordal. Or, la musique folklorique turque
utilise un système tétracordal issu de combinaisons tricordales, et l'art musical turc, malgré les déviations dues
à son évolution ultérieure, révèle une étroite parenté
avec cette musique populaire. Ce fait rapproche plutôt
la musique turque du système musical traité par ces auteurs, que de n'importe quel système qui en diffère.
L'existence de cette gamme pentatonique : *sol-la-do do-ré-
fa,* sous le nom de *mayah* dans le *Kitab-ul Adwar* (p. 391,
395 et 401), est une preuve de plus de l'infiltration de
certains éléments turco-asiatiques dans la musique dont
parlent les livres de ces auteurs.

Divers types de tétracordes et leurs diverses combinaisons sont à la base même de l'art musical turc, et les
échelles modales résultent de l'adjonction disjointe ou
conjointe de tétracordes de la même espèce ou de genres
différents. Deux tétracordes disjoints fournissent une
série de huit sons; mais avec les tétracordes conjoints
l'on ne peut atteindre qu'une septième. Aussi, pour compléter l'octave, on ajoute un huitième son (ton de disjonction des théoriciens musulmans) soit au grave, soit

à l'aigu de l'échelle. Bien qu'en apparence toutes ces séries de huit sons obtenues d'une façon ou d'une autre aient l'aspect de séries formées de quartes et de quintes, il en va bien autrement dans la réalité. Nous savons bien le rôle important de ce ton de disjonction dans la musique anatolico-grecque de l'Antiquité. D'autre part, nous savons qu'à partir des débuts de l'ère chrétienne cette musique a changé de physionomie : ses modes essentiellement descendants devenant ascendants, leur structure tétracordale se transformant (par exemple chez Gaudence) en une combinaison de quartes et de quintes. Farabî, Avicenne et Safiy-yüd-Din continuent cette tradition.

Les théoriciens contemporains de la musique turque ont adopté sans aucune modification cette façon de voir de leurs prédécesseurs (Raouf Yekta, *la Musique turque,* dans l'*Encyclopédie de la musique,* de Lavignac; Suphi Zühdü Ezgi, *Türk Musikîsi Nazariyati,* Istanbul, 1935). Quant à nous, nous avons renoncé à cette tradition séculaire, en rendant aux échelles modales leur caractère descendant et en rejetant la tradition de quartes et de quintes.

DIVISION DE L'OCTAVE — LES MODES

Dans la musique turque, les sons employés dans l'étendue d'une octave dépassent de beaucoup le nombre de douze, et il n'est guère aisé d'en définir le nombre exact. D'après Farabî l'octave est divisée en vingt-deux degrés. « Ce sont là, dit-il, les notes que l'on emploie sur le luth, les unes fréquemment, les autres plus rarement » (Farabî, *op. cit.,* p. 49). Plus loin, dans le chapitre où il donne de longues explications sur les ligatures du luth, il dit : « Les ligatures que nous avons énumérées sont à peu près toutes celles que l'on emploie sur le luth. On ne les rencontre cependant pas toutes ensemble sur un même instrument. Il y en a qui sont indispensables au jeu du luth et employées par tous les musiciens... Quant aux touches qualifiées de voisines de l'index, certains musiciens les rejettent et ne se servent d'aucune d'elles » (Farabî, *op. cit.,* t. I, p. 179). En revanche sur le *tanbur* du Khorassan, l'octave est divisée en dix-sept degrés (Farabî, *op. cit.,* p. 246-249). Mais suivant les différents

accords que Farabî applique à cet instrument, ce nombre
subit des changements considérables (Farabî, *op. cit.*,
p. 252-253). Il est bien naturel que l'on ne puisse pas arriver
à fixer d'une façon définitive le nombre des degrés de
l'octave, ces auteurs traitant non pas de la musique arabe
exclusivement, mais avant tout de la musique elle-même,
en tant qu'elle est une science et un art, et en second lieu,
des résultats des observations faites par eux-mêmes sur
la vaste contrée de l'empire arabe habitée par des peuples
hétérogènes, auxquelles ils ajoutent des spéculations
purement théoriques : « ... C'est pourquoi tu ne recon-
naîtras pas comme conformes au naturel tous les rythmes
que nous allons citer et tous les genres que nous avons
déjà indiqués, quoiqu'ils aient tout ce qu'il faut pour être
naturels. La cause en est encore celle que nous venons
d'indiquer. Les musiciens se sont bornés au choix de certains genres et de certains rythmes » (Avicenne, *op. cit.*,
t. II, p. 179). D'autre part, ces paroles du même auteur,
au sujet de la non-concordance des intervalles, fixés
théoriquement, avec la réalité des choses, sont très significatives : « Les musiciens de nos jours confondent les
intervalles complémentaires, les intervalles emmèles; ils
les jouent les uns pour les autres, sans s'apercevoir des
différences qu'ils comportent... Leur oreille ne se rend
pas compte de ces différences » (Avicenne, *op. cit.*, t. II,
p. 150). On doit dire que ces auteurs méticuleux montrent
eux-mêmes une certaine hésitation en fixant la place
exacte de certains intervalles.

Au XIIIe siècle, Safiy-yüd-Din tenta d'apporter de
l'ordre à cet état chaotique. En effet, c'est lui qui fixa
les intervalles qui divisent l'octave. D'après lui, l'octave
se compose de dix-sept intervalles (*Ach-Charafiyyeh*,
traduction d'Erlanger, t. III, p. 112-113; *Kitab-ul Adwar*,
p. 215). La division de Safiy-yüd-Din fut adoptée par tous
les théoriciens et resta en vigueur jusqu'au début de
ce siècle, où elle a dû céder la place à un autre point de
vue, indiqué par certains théoriciens contemporains, suivant lequel l'octave doit se composer de vingt-quatre
intervalles (cf. Raouf Yekta, *la Musique turque* dans
l'*Encyclopédie de la Musique* de Lavignac, p. 2985-2987;
Suphi Zühdü Ezgi, *Türk Musikîsi Nazariyati*, t. I, p. 20-
26; t. IV, p. 179-187; Raouf Yekta, *Türk Musikîsi Nazariyati*, p. 89-93, Istanbul, 1924). Or, ces théoriciens, tout

en adoptant certains intervalles factices, omettent, sous
prétexte de ne pas trop compliquer les choses, certains
autres qui sont d'un usage courant. Il est vrai que l'on se
réfère à un passage de *Muradnâme* (Bedr Dils âd bin Mu-
hammed bin Oruç Gazî), encyclopédie datant du xv⁰
siècle et qui contient un chapitre consacré à la musique,
où l'auteur cite, à côté de la division de l'octave en dix-
sept degrés, une autre division en vingt-quatre degrés.
Mais, toute explication sur ce sujet ayant été intentionnellement omise par son auteur, ce passage ne pourrait
pas servir d'argument solide en cette matière. Il est
curieux de constater d'autre part, que, déjà au xix⁰ siècle,
des théoriciens arabes, qui vivaient côte à côte avec les
Turcs dans le vaste empire ottoman, parlaient de cette
division dans leurs livres (cf. *Risaletuch-Chehabiyyeh fî
Sinâat-ul Musikî*), avec toutefois, certains emprunts à la
terminologie turque. Cette tendance à des intervalles
minimes nous fait penser au *tanbur* de Bagdad décrit
par Farabî, sur lequel l'intervalle de seconde (exactement
l'intervalle de 8/7 se trouve divisé en cinq parties (Farabî, *op. cit.*, t. 1, p. 218-219). On se demande si ce ne
sont pas les habitants de la Mésopotamie, de la Syrie et
de la péninsule arabe qui auraient, originellement, une
prédilection pour ce genre d'intervalles.

Quoi qu'il en soit, si nous revenons aux faits, sans
prendre en considération les spéculations théoriques,
nous constatons que dans la musique turque, la division
de l'octave se fait, essentiellement, conformément aux
idées de Safiy-yüd-Din. Rappelons que cet auteur admet
trois sortes d'intervalles emmèles : 1 + 1/8 (ton majeur),
1 + 1/13 (exactement 65536/59049 : ton mineur), et
1 + 13/243 (limma), tous adoptés par l'art musical turc.
Pour nous expliquer mieux, prenons un intervalle de
quarte et, par exemple, la quarte *sol-do*. Nous pouvons
y appliquer une division ascendante et une autre, descendante :

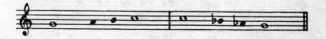

Ex. 1.

Ainsi l'intervalle de ton majeur (*Tanînî*) sera inégalement divisé en deux parties. En effet, l'intervalle *sol-la* bémol correspond à un limma, au lieu que *la* bémol-*la* est un apotome (*Küçük mücennep*) de rapport 2187/2048. Entre le *la* et le *si* se trouve un limma *(Bakiyyeh)* et un apotome. D'autre part, si nous prenons la somme de deux limmas (256/243), nous obtiendrons l'intervalle de ton mineur (*Büyük mücennep*), et le surplus de cet intervalle sur le ton majeur sera le comma (*Fazla*). L'exemple suivant donne tous ces intervalles :

Ex. 2.

Classés par ordre de grandeur, nous avons donc les intervalles suivants :

- comma
- limma
- apotome = limma + comma
- ton mineur = 2 limmas
- ton majeur = limma + apotome.

Jusqu'ici, nous avons suivi la division de Safiy-yüd-Din. Celle-ci nous donne dix-sept degrés dans l'étendue d'une octave. Dans la musique turque on a adopté une division supplémentaire; en dotant d'apotomes les deux grands emmèles de la quarte; cet intervalle est donc divisé de la façon suivante :

⌐ ⌐ = apotome   ⌣ = limma

Ex. 3.

Cette division fournit vingt-deux intervalles dans une octave. Les théoriciens contemporains, en y intercalant deux autres degrés (*si* plus un comma, *fa* plus un comma), obtiennent la série de vingt-quatre intervalles.

Des signes spéciaux ont été proposés pour désigner les divers intervalles (Raouf Yekta, *la Musique turque* dans l'*Encyclopédie* de Lavignac; Suphi Züdhü Ezgi, *Türk Musikîsi Nazariyati*; Ahmed Adnan Saygun, *Yedi Karadeniz Türküsü ve bir Horon,* Istanbul, 1938). Ceux que nous adoptons dans cette monographie sont :

♭	bémol de comma	♯	dièse de comma
♭	bémol de limma	♯	dièse de limma
♭	bémol d'apotome	♯	dièse d'apotome

La division du tétracorde en de si petits intervalles n'est nullement nouvelle. L'on sait que dans la musique anatolico-grecque, la division du tétracorde en trois intervalles se faisait de différentes façons. Ces espèces sont connues sous la désignation de « nuances χοραι » dont il faut trouver l'origine dans l'instinct même des peuples disséminés tant dans la Grèce antique elle-même qu'en Asie Mineure. En fixant les intervalles emmêles, les théoriciens musulmans ont pris soin de considérer non seulement les livres théoriques de l'Antiquité, mais encore les variétés d'expressions musicales des divers peuples. Ces intervalles ne s'emploient guère chromatiquement et la quarte ne comporte pas plus de quatre sons, donc trois intervalles. Les divers genres tétracordaux se forment selon la disposition de ceux-ci dans la quarte. Les types de tétracordes employés dans la musique turque sont :

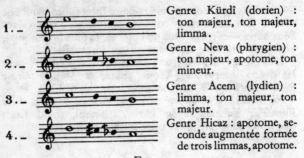

Genre Kürdî (dorien) : ton majeur, ton majeur, limma.

Genre Neva (phrygien) : ton majeur, apotome, ton mineur.

Genre Acem (lydien) : limma, ton majeur, ton majeur.

Genre Hicaz : apotome, seconde augmentée formée de trois limmas, apotome.

Ex. 4.

L'adjonction d'un tétracorde à un autre du même genre ou de nature différente fournit l'échelle modale. Les mélodies, conformément aux lois qui régissent les *makam,* (c'est-à-dire les modes), évoluent sur les échelles ainsi obtenues.

Bien qu'une échelle modale contienne les sons constitutifs d'une makam, elle ne peut être considérée comme la makam elle-même. En effet celle-ci est caractérisée par une évolution spéciale de la mélodie sur les degrés de l'échelle modale, et cette évolution n'est pas laissée au hasard : son début, ses arrêts intermédiaires, ses passages modulants sont tous bien déterminés.

Dans l'art musical turc on emploie des makam simples et des makam composées. Dans les modes simples, l'arrêt intermédiaire, malgré certaines apparences trompeuses, se trouve toujours sur la quarte ou sur la quinte descendantes. Suivant la makam adoptée, la mélodie peut commencer par un degré plus ou moins élevé et évoluer de façon diverse; mais vers la fin elle tend toujours au grave. Donc, le son final se trouve toujours placé au grave. Par conséquent, il n'est pas aisé de parler, à propos de la musique turque, de makam ascendantes. Aussi marquons-nous d'une manière descendante les échelles constitutives des makam que nous donnons ci-après, sans entrer toutefois dans le détail des évolutions mélodiques. Le tableau contient : 1. l'échelle formée de deux tétracordes disjoints; 2. son hypo; 3. la forme intense de l'hypo; 4. son hyper; 5. l'échelle formée de deux tétracordes conjoints; 6. son hypo; 7. la forme intense de l'hypo. Les arrêts intermédiaires y sont soulignés, sauf dans le cas de tétracordes conjoints où les arrêts se trouvent sur les degrés communs aux deux tétracordes. Quant au son final, il est toujours le son grave de chaque échelle. Remarquons que certains modes de création plus récente s'adaptent parfaitement à la conception tétracordale. Ceci est dû à l'influence musicale qui agit sur l'imagination créatrice des compositeurs, imbus de l'atmosphère musicale qui les entoure et qui les contraint, inconsciemment, à ne créer que des formes adéquates à celle-ci.

I. ÉCHELLES DU GENRE KÜRDI (type dorien: 9/8, 9/8, 256/243)

Échelles	Genres	Noms des Makam
Mi ré do si ⌐ la sol fa mi	**Disjoint**	Kürdî
la sol fa mi ⌐ mi ré do si ‖ la	/hypo du »	Buselik I
la sol fa mi ⌐ mi ré do	» » intense	
si ‖ la sol fa mi ⌐ mi re do si	hyper du »	
Ré do si♭ la ⌐ la sol fa mi	**Conjoint**	
la sol fa mi ⌐ ré do si♭ la	hypo du »	
la sol fa mi ⌐ ré do	» » intense	
Échelle de la même famille		
la sol fa mi ⌐ ré do si♭ ‖ la	hypo du disjoint	Hüseynî I

II. Échelles du genre Neva (type phrygien : 9/8, 2187/2048, 65536/59049)

Échelles	Genres	Makam
‾Ré do si♭ la‾ sol fa mi♭ ré	Disjoint	Neva
sol fa mi♭ ré‿ré do si♭ la ‖ sol	hypo du "	Yegâh
sol fa mi♭ ré‿ré do si♭	" " intense	Segâh
la ‖ sol fa mi♭ ré‿ré do si♭ la	hyper "	Uşşak
Do si♭ la♭ sol‿sol fa mi♭ ré	Conjoint	
sol fa mi♭ ré‿do si♭ la♭ sol	hypo du "	Hüseynî II
sol fa mi♭ ré‿do si♭	" " intense	
Echelle de la même famille		
sol fa mi ré‿ré do si♭ la ‖ sol	hypo du disjoint	Rast I

III. Échelles du genre Acem (type lydien : 256/243, 9/8, 9/8)

Échelles	Genres	Makam
Do si la sol fa mi ré do	Disjoint	
fa mi ré do do si la sol ‖ fa	hypo du disjoint	
fa mi ré do do si la	» » » intense	
sol ‖ fa mi ré do si la sol	hyper » »	
Si♭ la sol fa fa mi ré do	conjoint	
fa mi ré do si♭ la sol fa	hypo du »	Acem-Asirân
fa mi ré do si♭ la	» » » intense	
Echelle de la même famille		
fa mi ré do si♭ la ♮ sol fa	hypo du conjoint	Rast II

IV. Échelles du genre Hicaz (apotome, 3 limmas, apotome)

Échelles	Genres	Makam
Ré do𝄪 si♭ la | sol fa𝄪 mi♭ ré	Disjoint	Şeddi-arabân
sol fa𝄪 mi♭ ré ré do𝄪 si♭ la ‖ sol	hypo du	Nigrîz II
sol fa𝄪 mi♭ ré do𝄪 si♭	» » intense	
la ‖ sol fa𝄪 mi♭ ré do𝄪 si♭ la	hyper du disjoint	
Do si♭ la♭ sol sol fa𝄪 mi♭ ré	Conjoint	
sol fa𝄪 mi♭ ré do si♭ la♭ sol	hypo » »	Hicazkâr
sol fa𝄪 mi♭ ré do si♭	hypo » » intense	

I. Hicaz + Neva (phrygien)

Échelles	Genres	Makam
Ré do♯ si♭ la ‿ sol fa mi ré	Disjoint	
sol fa mi ré‿ré do ♯ si♭ la ‖ sol	hypo du »	Nigriz I
sol fa mi ré‿ré do ♯ si♭	» » » intense	
la ‖ sol fa mi ré‿ré do ♯ si♭ la	hyper » »	Hicaz-i Hümâyún
Do si♭ la♭ sol‿sol fa mi ré	Conjoint	
sol fa mi ré‿do si♭ la♭ sol	hypo du »	Hicaz
sol fa mi ré‿do si♭	» » » intense	

II. Neva (phrygien) + Hicaz

Échelles	Genres		Makam
Ré do si♮ la sol fa♯ mi♭ ré	Disjoint		Uzzâl
sol fa♯ mi♭ ré ré do si♭ la ∥ sol	hypo du »		Sûznâk
sol fa♯ mi♭ ré do si♭	» » intense		Hüzzam
la ∥ sol fa♯ mi♭ ré ré do si♭ la	hyper » »		Karciğar
Do si♭ la♭ sol sol fa♯ mi♭ ré	Conjoint		
sol fa♯ mi♭ ré do si♭ la♭ sol	hypo du »		
sol fa♯ mi♭ ré do si♭	» » intense		
Echelle de la même famille sol fa♯ mi♭ ré do si♭ la sol	hypo du conjoint		Nihavend; Buselik II

III. Acem + Neva (lydien + phrygien)

Échelles	Genres	Makam
Ré do♯ si la sol fa mi ré	Disjoint	
sol fa mi ré ré do♯ si la ‖ sol	hypo du »	(Pençgâh)
sol fa mi ré ré do♯ si	» » intense	Nişâbûr

IV. Acem (lydien) + Hicaz

Échelles	Genres	Makam
Do si♭ la sol fa mi ré♭ do	Disjoint	
fa mi ré♭ do do si♭ la sol ‖fa	hypo du »	
fa mi ré♭ do do si♭ la	» » intense	Sabâ

Les échelles ci-dessus sont celles des modes simples.
Il est à remarquer que le mélange des genres n'implique
pas forcément une complexité modale. Au contraire,
deux tétracordes de genres différents se combinent souvent, pour faire partie intégrante d'une échelle simple.
C'est plutôt par l'adjonction de tétracordes de genres différents et dans une étendue dépassant l'octave, ou par
l'emploi alternatif de plusieurs types de tétracordes dans
une composition, selon les règles établies, que l'on
obtient les échelles des modes composés. Donc ces
modes, de par la structure complexe de leurs échelles,
comportent des éléments modulants et, éventuellement,
plus d'un arrêt intermédiaire. Une étude même succincte
de toutes ces combinaisons modales nous entraînerait
trop loin. Aussi nous bornerons-nous à donner comme
exemple une seule de ces échelles, celle du mode Beste-
nigâr :

fa mi ré♮ do do si♭ la

(do si♭) la la sol fa♯ (mi ré)

Cette échelle est formée de tétracordes Acem + Hicaz,
au grave desquels est ajouté un autre du genre Neva.
La première échelle est celle du mode Sabâ (hypo du
disjoint intense), tandis que la seconde appartient au
mode Sagâh (hypo du disjoint intense : genre Neva). Le
fa dièse du tétracorde inférieur sert de son final.

LA RYTHMIQUE

Dans son livre *Ach-Charafiyyeh,* Safiy-yüd-Din définit
ainsi le rythme : « [C'est] un ensemble de percussions séparées par des temps d'une durée déterminée,
ayant entre elles tels ou tels rapports, et disposées de telles
ou telles façons par périodes identiques » (trad. d'Erlanger, t. III, p. 159). Cette définition s'applique exactement à
la façon dont on conçoit le rythme dans la musique
turque. D'autre part, cette conception du rythme nous
met, du même coup, en contact avec le monde antique

anatolico-grec. En effet, les traditions rythmiques de ce monde antique, ainsi que celles de l'époque médiévale de l'Islam (traditions arabo-persano-turques) continuent à coexister dans l'art musical turc.

Quand on parle du rythme dans la musique turque, on entend une formule rythmique se répétant d'un bout à l'autre de la pièce, à laquelle la mélodie, tout en gardant une certaine liberté d'allure, s'adapte néanmoins, plus ou moins régulièrement. Certaines formules, même essentiellement différentes, se fondent parfois en une seule. Ainsi, par exemple, le dactyle, l'anapeste et le spondée sont-ils considérés comme les variantes d'une seule et même formule rythmique. En outre, certaines formules rythmiques commencent par l'*arsis*, d'autres par la *thésis*. Pendant l'exécution d'une pièce musicale, il est de règle de scander la mélopée suivant les percussions de la formule rythmique. A cet effet on se sert des instruments à percussion, et spécifiquement du *kudüm*. Parfois aussi la mélodie est accompagnée de mouvements corporels rythmés. Le geste spécifique consiste à lever et à poser alternativement chaque bras sur les genoux. On pourrait dire que le mouvement du bras droit correspond à l'arsis et celui du bras gauche à la thésis. Mais ceci ne signifie point que ces mouvements des bras correspondent respectivement aux temps lourds et légers. L'on peut en dire autant de syllabes comme *düm, tek, kâ,* ou *ke,* appropriées à chacune de ces percussions.

Le terme « pied » correspond exactement à ces formules rythmiques. Ces pieds subdivisent la phrase musicale en une série de compartiments, dont certains sont d'une longueur considérable. On les utilise soit d'une façon simple, en les répétant autant qu'il le faut, soit en les combinant et en formant ainsi des unités d'un degré supérieur, ce qui correspond au « cycle redoublé » des théoriciens musulmans, ou bien au *côlon* de la musique antique. Enfin, par la combinaison de plusieurs types de pieds, on obtient des mélanges rythmiques.

Les formules rythmiques, simples ou combinées, peuvent être isochrones ou hétérochrones. Nous donnons ci-après les rythmes usités dans l'art musical turc.

I. RYTHMES SIMPLES

d : düm; t : tek; k : ke (court) ou kâ (long).

a) *4 temps premiers* (2 + 2 = deux temps rythmiques isochrones) : *Sofiyan* : $\overline{}$ ⋮ ∪ ∪ ; ∟⎽⏌ ⋮ ⎽ ⎽
d   t   k   d   t   k

Paradigme : Fai-lün.

Auteurs musulmans : Rapide de l'égal ternaire.

Comparer avec dactyle. (Dans les rythmes combinés les dactyles, les anapestes et les spondées s'emploient indistinctement.)

b) *5 temps premiers* [(2 + 3 = deux temps rythmiques hétérochrones, genre Aksak)].

Türk aksagi : $\overline{}$ ⋮ ⎽ ∪
d   t   t

Paradigme : Fâ-ilün.

Auteurs musulmans : Léger du disjoint premier.

Comparer avec péon vulgaire.

c) *6 temps premiers* (3 + 3 = deux temps rythmiques isochrones, ou 2 + 2 + 2 = trois temps rythmiques isochrones) :

Yürük semâî :   *Sengin semâî :*

a) ∪ ∪ (⎽) ∪ ⋮ ∪ ⎽   a) ⎽ (∟⏌) ⋮ ⎽ ⎽
    d t t   d t   d t t   d t

b) ∪ ∪ ⋮ ∪ ∪ ⋮ ⎽   b) ⎽ ⎽ ⋮ ⎽ ⎽ ⋮∟ ⎽
    d t   t d t   d t   t d t

Paradigme : a) Mefâ-ilün; b) Müf-tai-lün.

Auteurs musulmans : Inégal ternaire continu.

Comparer avec diiambe et choriambe.

Le rythme à trois temps égaux est inexistant dans la musique turque. La musique à trois temps (3/4 ou 3/8), connue sous le nom de Semâî, est d'origine étrangère (peut-être européenne). Quant aux groupes iambiques ou trochaïques, ils se rassemblent plutôt par dipodies ou tétrapodies et entrent dans la composition des rythmes du genre sesquialtère et fournissent l'élément essentiel des combinaisons rythmiques hétérochrones.

Le rythme ci-dessus se présente sous deux aspects bien distincts. Rarement on les rencontre isolément. Dans les compositions ces deux formes se mêlent.

d) *7 temps premiers* (3 + 2 + 2 = trois temps rythmiques hétérochrones) :

Devr-i hindî :

Paradigme : Mefâ-î-lün.
Auteurs musulmans : Léger-lourd du disjoint premier.

Comparer avec épitrite.

7 temps premiers (2 + 2 + 3 = trois temps rythmiques
hétérochrones) :

Devr-i Turan :

Paradigme : Müs-tef-ilün.
Auteurs musulmans : Léger de l'égal ternaire (genre
Aksak).

e) *8 temps premiers* [(3 + 2 + 3 = trois temps rythmiques hétérochrones (genre Aksak)] :

Müsemmen :

ou (2 + 2 + 2 + 2 = quatre temps rythmiques isochrones) :

Düyek :

Çifte Düyek :

Paradigme : Mefa-aï-lâ-tün.
Auteurs musulmans : Lourd second.

Ce rythme dérivé du Lourd premier des Anciens débutait,
à l'origine, par deux ïambes et présentait ainsi toutes les
particularités d'un rythme Aksak. Dans la musique turque il a
été transformé en un rythme syncopé isochrone.

f) *9 temps premiers* [(2 + 2 + 2 + « 2 + 1 » = quatre
temps rythmiques hétérochrones (genre Aksak)].

Aksak :

Agir Aksak :

⌣ _ : _ ⌣ : ⌣ _ _
d   t k   d   t t

ou [(2 + 2 + 2 + « 1 + 2 » = quatre temps rythmiques hétérochrones (genre Aksak)] :

Evfer : _ : ∪ _ : _ : ∪ _
d   t k   d   t t

g) *10 temps premiers* [(2 + « 1 + 2 » + 2 + « 2 + 1 » = quatre temps rythmiques hétérochrones (genre Aksak)] :

Aksak semâî :

_ : ∪ _ : _ : _ ∪
d   t k   d   t t

Agir Aksak semâî :

⌣ : _ ⌣ : ⌣ _ : ⌣ _
d   t k   d   t t

Paradigme : Fâ-ilün + Fâ-ilün.
Auteurs musulmans : Léger Ramal.

Exécuté très vivement, ce rythme prend le nom de Curcuna (Djourdjouna). Le paradigme des Anciens ne correspond pas exactement à ce rythme, où le ïambe de la première section est remplacé, dans la seconde section, par un trochée. On doit se rappeler que les scansions, chez les auteurs musulmans, sont parfois assez vagues.

II. RYTHMES COMBINÉS ET RYTHMES FORMANT DES CYCLES REDOUBLÉS

a) *10 temps premiers* (2+3+1 + 2+2 = cinq temps rythmiques hétérochrones) :

Nim-Fahte ou *Lenk-Fahte :*

(⌢ : ∪ ∪)
_ : _ _ : ∪ :: _ : ∪ ∪
d   t   d   t t k

Paradigme : Müf-tai-lün + Fai-lün.
Auteurs musulmans : Fâhitî; forme ancienne : Failün + Müf-tai-lün.

Cycle redoublé du rythme précédent (dix temps rythmiques isochrones) :

20 (2+2+ 2 + 2+2 + 2+2+2 + 2+2):

Fahte :

Paradigme : Müf-tai-lün + Fai-lün + Müf-tai-lün + Fai-lün.

Auteurs musulmans : Fâhitî : forme ancienne : Fai-lün + Müf-tai-lün + Fai-lün + Müf-tai-lün. Autre forme : Müf-tai-lün + Fai-lün + Müf-tai-lün + Fai-lün.

b) *12 temps premiers* $(3+3 + 2+2+2 = $ cinq temps rythmiques hétérochrones) :

Firenkçîn :

Paradigme : Mefâ-ilün + Müf-tai-lün

ou $(2+2+2 + 2+2+2 = $ six temps rythmiques isochrones) :

Nim-Çenber :

Paradigme = Müf-tai-lün + Müf-tai-lün.
Auteurs musulmans : Ramal.

Cycle redoublé du même rythme (douze temps rythmiques isochrones) :

Çenber :

Paradigme : Müf-tai-lün+Müf-tai-lün + Müf-tai-lâ-tün+Fai-lün.
Auteurs musulmans : Ramal.
[Nombre des temps premiers : 24
$(2+2+2 + 2+2+2 + 2+2+2+2 + 2+2)$.]

c) *13 temps premiers* $(2+2 + 2+2 + 2+2 = $ six temps rythmiques hétérochrones) :

Nim-Evsat :

Paradigme = Fâ-ilün+Fai-lün+Fai-lün.

Cycle redoublé du même rythme (douze temps rythmiques hétérochrones) :

Evsat :

Paradigme : Fâ-ilün+Fai-lün+Fai-lün + Fâ-ilün+ Fai-lün+Fai-lün.

[Nombre de temps premiers :
26 (2+3 + 2+2 + 2+2 + 2+3 +
2+2 + 2+2)].

d) *14 temps premiers* (3+2+2 + 3+2+2 = six temps rythmiques hétérochrones) :

Devr-i Revân :

Paradigme : Mefâ-î-lün + Mefâ-î-lün.

Auteurs musulmans : Léger-lourd du disjoint premier;

ou (3+3 + 2+2+2+2 = six temps rythmiques hétérochrones) :

Firengî Fer' :

Paradigme : Mefâ-ilün + Müf-tai-lâ-tün.

e) *16 temps premiers :*
(3+3 + 2+2 + 2+2+2 = sept temps rythmiques hétérochrones) :

Berefchan :

Paradigme : Mefâ-ilün + Fai-lün + Mûf-tai-lün.

Auteurs musulmans : Lourd premier;

ou (2+2+2+2 + 2+2+2+2 = huit temps rythmiques isochrones) :

I. *Nim-Hafif :*

Paradigme : Fai-lün + Fai-lün + Müf-tai-lâ-tün.

Auteurs musulmans : Léger-lourd. (Voir le rythme suivant, à 16 temps.)

Cycle redoublé du même rythme (seize temps rythmiques isochrones).

Hafif :

| ∪ | ∪ | : | — | :: | ∪ | ∪ | : | — | :: | — | : | ∪ | ∪ | : | ∪ | ∪ | : | — | :: |
| d | t | | t | | d | t | | t | | d | | t | k | | d | d | | t | |

| — | : | ∪ | ∪ | :: | ∪ | ∪ | : | ∪ | ∪ | :: | ∪ | ∪ | ∪ | : | — | : | ∪ | ∪ | |
| d | | t | k | | d | t | | d | t | | d | t | d | d | | t | t | k | |

Paradigme : Fai-lün+Fai-lün+Müf-tai-la-tün + Fai-lün+Fai-lün+Müf-tai-lâ-tün.

Auteurs musulmans : Léger-lourd. (Voir le rythme à 32 temps suivant.)

[Nombre des temps premiers : 32 (4 × 2+2+2+2)].

II. *Fer' ou Fer'i Muhammes :*

| — | : | ∪ | ∪ | : | — | : | :: | ∪ | ∪ | : | ∪ | ∪ | : | — | : | ∪ | ∪ | |
| d | | t | k | | d | | | d | t | | d | t | | d | d | | t | t | k |

Paradigme : Müf-tai-lâ-tün + Müf-tai-lâ-tün.

Auteurs musulmans : Léger-lourd (ou Muhammes).

Cycle redoublé du même rythme (seize temps rythmiques isochrones) :

Muhammes :

| — | : | ∪ | ∪ | : | — | : | — | :: | — | : | — | : | — | : | ∪ | ∪ | :: |
| d | | t | k | | d | | t | | d | | t | | d | d | | t | t | k |

(**düm**)

| — | : | — | : | ∪ | ∪ | : | — | : | — | : | ∪ | ∪ | : | ∪ | ∪ | : | ∪ | ∪ | |
| d | | t | | t | k | | d | | t | | t | k | | t | k | | t | k | |

Paradigme : Müf-tai-lâ-tün + Müf-tai-lâ-tün + Müf-tai-lâ-tün + Müf-tai-lâ-tün.

Auteurs musulmans : Léger-lourd (ou Muhammes).

[Nombre des temps premiers : 32 (4 × 2+2+2+2)].

f) *18 temps premiers :*

(2+2+2 + 2+2 + 2+2+2+2 = neuf temps rythmiques isochrones) :

Türkî-Darb :

```
—  : U U : U U ::' _  : —  :: — : U U  : — : U U
t    t k   t k     d    d   t   t k   d   d d
```

Paradigme : Müf-tai-lün + Fai-lün + Müf-tai-lâ-tün;
ou (2+2+2 + 2+2 + 2+2 + 2+2 = neuf temps
rythmiques isochrones) :

Nim-Devr :

```
—  : —  : —  ::  (—:—) ::  (—:—)  :: U U : U U
d    d   t       d          d        t k   t k
```

Paradigme : Müf-tai-lün + Fai-lün + Fai-lün + Fai-lün.

Si l'on compare ce cycle à sa forme redoublée, l'on voit
qu'il est augmenté d'un dactyle.

Cycle redoublé du même rythme (quatorze temps
rythmiques isochrones) :

Devr-i Kebir :

```
                    t k  t k
                  (U U : U U)
—  : —  : —   ::              ::  —  :     ::
d    d   t           d             t

 (—:—)  : —  ::  (—:—)  :: U U : U U
  t       d       t        t k   t k
```

Paradigme : Müf-tai-lün + Fai-lün + Fai-lün + Müf-
tai-lün + Fai-lün + Fai-lün.

Auteurs musulmans : Variante du Fâhitî (cycle redoublé du rythme à 10 temps premiers : Fahte).
[Nombre des temps premiers :
28 (2 × 2+2+2 + 2+2 + 2+2)].

g) *21 temps premiers :*
(2+3 + 2+2 + 2+2 + 2+2 + 2+2 = dix temps
rythmiques hétérochrones) :

Durak evferi :

```
U U : U — ::  (—:—)  ::  (—:—)  ::  (—:—)  ::  (—:—)
t k   t k      d          d          t          t
```

Paradigme : Fâ-ilün + Fai-lün + Fai-lün + Fai-lün + Fai-
lün.

h) *24 temps premiers :*
$$(2+2 \ + \ 2+2+2 \ + \ 2+2+2 \ + \ 2+2 \ +$$
$$2+2 = \text{douze temps rythmiques isochrones}).$$

Nim-Sakîl :

$$\underline{-} : \overset{\cup}{} \overset{\cup}{} :: \ \underline{-} : \overset{\cup}{} \overset{\cup}{} : \overset{\cup}{} \overset{\cup}{} :: \ \underline{-} :$$
$$\text{d} \quad \text{t} \ \text{k} \quad \text{d} \quad \text{t} \ \text{k} \quad \text{t} \ \text{k} \quad \text{d}$$

$$\overline{(\cup \ \cup)} : \overline{(\cup \ \cup)} :: \ \overline{(- : -)} \ :: \ \overset{\cup}{} \overset{\cup}{} : \overset{\cup}{} \overset{\cup}{}$$
$$\text{t} \qquad \text{t} \qquad \text{t} \qquad \text{t} \ \text{k} \quad \text{t} \ \text{k}$$

Paradigme : Fai-lün+Müf-tai-lün+Müf-tai-lün+Fai-lün+Fai-lün.

Auteurs musulmans : combinaison de deux types de Fâhitî, (Fahte), le second inversé.

Cycle redoublé du même rythme (vingt-quatre temps rythmiques isochrones) :

Sakîl :

$$\underline{-} : \overset{\cup}{}\overset{\cup}{} : \ \underline{-} : \overset{\cup}{}\overset{\cup}{} : \overset{\cup}{}\overset{\cup}{} :: \ \underline{-} : \overset{\cup}{}\overset{\cup}{} : \ \underline{-} :: \ \underline{-} : \ \underline{-} :: \ \underline{-} : \ \underline{-} ::$$
$$\text{d} \ \text{t} \ \text{k} \ \text{d} \ \text{t} \ \text{k} \ \text{t} \ \text{k} \ \text{d} \ \text{t} \ \text{k} \ \text{d} \ \text{t} \quad \text{t} \quad \text{d} \ \text{d}$$

$$\underline{-} : \ \underline{-} :: \ \underline{-} : \ \underline{-} : \ \underline{-} :: \overset{\cup}{}\overset{\cup}{} : \overset{\cup}{}\overset{\cup}{} : \overset{\cup}{}\overset{\cup}{} : \overset{\cup}{}\overset{\cup}{} :: \ \underline{-} : \overset{\cup}{}\overset{\cup}{}$$
$$\text{t} \quad \text{d} \quad \text{t} \ \text{t} \quad \text{d} \quad \text{t} \ \text{k} \ \text{d} \ \text{t} \ \text{d} \ \text{t} \quad \text{d} \ \text{t} \ \text{d} \quad \text{d} \ \text{t} \ \text{k}$$

Paradigme : Fai-lün+Müf-tai-lün+Müf-tai-lün+Fai-lün+Fai-lün + Fai-lün+Müf-tai-lün+Müf-tai-lün+Fai-lün+Fai-lün.

Auteurs musulmans : Voir Nim-Sakîl.

[Nombre des temps premiers :
$$48 (2 \times 2+2 \ + \ 2+2+2 \ +$$
$$2+2+2 \ + \ 2+2 \ + \ 2+2)].$$

i) *26 temps premiers :*
$$(2+2+2 \ + \ 2+2+2+2 \ +$$
$$2+2+2+2 \ + \ 2+2 = \text{treize temps ryth-}$$
miques isochrones) :

Charki Devr-i revâni :

(autre forme)

$$\left(\overline{\overset{\text{düm}}{}} \qquad \text{tek} \qquad \overline{\overset{\text{düm}}{}} \qquad \text{tek} \qquad \overset{\text{t} \quad \text{k}}{\overline{}} \right)$$
$$\overline{\cup : \cup} \qquad \overline{\cup : \cup} \qquad \overline{\cup : \cup}$$
$$\underline{-} : \ \underline{-} : \ \underline{-} :: \overset{\cup}{} \ \cup : \ \underline{-} : \ \underline{-} : \ \underline{-} : \overset{\cup}{} \ \cup : \ \underline{-} : \ \underline{-} :: \overset{\cup}{} \ \cup$$
$$\text{d} \quad \text{t} \quad \text{d} \ \text{t} \ \text{t} \quad \text{d} \quad \text{t} \quad \text{d} \ \text{t} \ \text{t} \quad \text{d} \ \text{t} \ \text{t}$$

j) *28 temps premiers :*

(2+2 + 2+2+2 + 2+2 +
2+2+2 + 2+2 + 2+2 = quatorze
temps rythmiques isochrones) :

Remel :

Paradigme : Fai-lün+Müf-tai-lün+Fai-lün + Müf-
tai-lün+Fai-lün+Fai-lün.

Ce rythme est une autre variante du Fâhitî (Fahte).

MÉLANGES DES RYTHMES

En ajoutant certains rythmes à d'autres (par
exemple : deux Remel à deux Muhammes, etc.) l'on
obtient des groupes rythmiques combinés. Ces groupes
sont connus sous l'épithète de *darbeyn*. Le rythme darbeyn ne peut pas avoir une figure fixe. Toutefois, certaines de ces combinaisons possèdent une physionomie
bien définie. Ces groupes rythmiques fournissent les
exemples les plus longs et les plus compliqués de la
rythmique turque.

Rythme *Zincir :*

Formation : Agir (Çifte) Düyek + Fahte + Çenber + Devr-i Kebir + Berefchan.

Genre: quarante-sept temps rythmiques hétérochrones.

Les temps premiers des rythmes composants n'étant pas
isochrones, si l'on compte les valeurs sans prendre en considération ce fait, on aura 60 (ou 120) temps, ce qui est faux.

Rythme *Hâvî* :

d tk d tk d tk tk d tk tk d t

d d tk tk d tk dd t tk d

t tk dt t dt t dt dd t tk

Formation : Çenber + Çenber + Nim-Hafif.

Genre : trente-deux temps rythmiques isochrones.

Rythme *Darb-i Fetih* :

d tk d tk tk d tk d t d t d

tk d t d tk tk d tk tk d t

d d d tk tk d tk dd t tk

d t tk dt t dt t dt dd t tk

Formation :
    Türkî-Darb + Türkî-Darb + Fahte + Hafif.

Genre : quarante-quatre temps rythmiques isochrones.

NOTIONS SUR LA COMPOSITION
ET L'EXÉCUTION

La musique instrumentale et la musique vocale sont
deux branches de la musique turque. Cette musique étant

essentiellement monodique, les instruments qui accompagnent le chant ne font que répéter la même mélodie pendant la durée de ce chant. En outre, les pièces vocales ne sont destinées à aucune voix en particulier. L'étendue de l'échelle musicale ne dépassant pas la double octave, le diapason choisi peut convenir, jusqu'à un certain point, à toutes les voix, et dans le cas où le chanteur éprouve une certaine gêne à chanter trop bas, il ne voit aucun inconvénient à transposer le passage en question à son octave aiguë; les passages aigus se chantent plutôt en fausset. Bien que la double octave soit notée du *ré* 1 au *ré* 3 en clef de *sol*, d'après l'accord usuel, le *ré* sonne comme le *la* du diapason normal. Quant à la musique instrumentale, celle-ci non plus n'est destinée à aucun instrument particulier. Chaque instrument est bon pour l'exécuter.

Les pièces sont constituées de manière à former une suite dans un même mode. Cette suite est connue sous le nom de Fasil. Les formes employées dans les pièces vocales ou instrumentales se réduisent à peu près à ces schémas : ABCB, ABCBDBEB, ABACA. On commence le Fasil par le Taksim, pièce improvisée par un instrumentiste; un prélude instrumental nommé Péchrev le suit, après quoi l'on attaque une série de pièces vocales. Des pièces de longue haleine telles que Kâr, Beste, Nakich, Semâî, en occupent la première partie; l'on continue par des chants plus courts et plus légers et ensuite par des airs de danse, et l'on termine par une pièce instrumentale nommée Saz Semâî. Les instruments employés sont le *tanbur*, l'*ud*, le *kanun*, le *kemençe*, le *santur*, le *ney*, le *kudüm* et le *def*, que nous allons décrire maintenant.

LES INSTRUMENTS

Le *tanbur* est un instrument à long manche. La caisse sonore en est ronde et bombée. Le manche est muni de ligatures. Le nombre des ligatures n'est pas absolument fixe. Théoriquement les ligatures de la première octave sont au nombre de vingt-quatre, tandis qu'en pratique elles peuvent être moins ou même plus nombreuses. Quant à la seconde octave, elle ne dispose pas de plus de quinze ligatures. Mais celles-ci étant mobiles, le musicien peut combler les lacunes en les arrangeant selon les intervalles du mode choisi. L'instrument est à huit cordes, groupées par deux et accordées de la manière suivante :

L'*ud* est un instrument à cordes. Le manche, dépourvu de ligatures, qu'il semble avoir possédées naguère, est court, tandis que la caisse sonore, ovale et bombée, est très grande. Il comporte dix cordes, groupées par deux et accordées de la façon suivante :

Depuis quelque temps, il est devenu d'usage de placer une corde supplémentaire, accordée à la quarte inférieure du groupe grave, au bas des chanterelles. Le musicien, pour jouer de cet instrument, se sert d'un plectre, qui, en général, est une plume d'aigle.

Le *kanun* est un instrument à cordes pincées et en forme de trapèze, que l'on tient sur les genoux et dont on joue au moyen de plectres placés, dans chaque main, entre l'index et un anneau métallique. L'instrument a soixante-douze cordes groupées par trois. L'étendue en est la suivante :

De petites pièces de métal que l'on pose sous les cordes servent à les raccourcir, permettant ainsi au musicien d'obtenir les sons qu'il désire.

Le *kemençe* est un instrument à archet que l'on tient verticalement sur le genou. Ses trois cordes sont accordées de la manière suivante :

Les cordes se trouvent à une hauteur approximative de cinq millimètres de la touche; la coutume est de jouer de cet instrument en touchant les cordes de côté avec les ongles.

Le *ney* est le nom d'une famille d'instruments à vent en roseau, à l'extrémité supérieure desquels on applique une embouchure d'ivoire ou de corne en forme de cône tronqué. Leur étendue est de deux octaves plus une septième mineure que l'on note de la façon suivante, sans prendre en considération les différentes hauteurs des instruments :

La sonorité du ney rappelle celle de la flûte. Son appellation varie avec ses dimensions. Le *mansur ney* sonne à peu près comme un instrument en *ut*. Les autres ney sont : *süpürdeh ney* (sonnant une quarte au-dessus du mansur); *müstahsen ney* (tierce mineure supérieure); *kiz ney* (seconde); *chah ney* (seconde inférieure); *davud ney* (tierce inférieure); *bolahenk ney* (quarte inférieure).

Les *nisfiyye* sont des ney de petites dimensions. Chaque ney peut avoir sa nisfiyye qui sonne à son octave supérieure. Une partie des ney, aussi bien que des nisfiyye, sont tombés en désuétude.

Les *kudüm* consistent en deux petites timbales faites de métal recouvert de préférence de peau de chèvre, et dont on joue au moyen de deux baguettes. Les kudüm étaient employés surtout par les *mevlevites,* connus sous le nom de derviches tourneurs, pendant leur cérémonie rituelle.

Le *halile* ou *zil* : ce sont les cymbales. On se servait des cymbales pendant les cérémonies rituelles des *rufai* et de certaines autres confréries.

Un autre instrument religieux est le *mazhar,* sorte de tambour de basque de dimensions variées, sans grelots.

Le *def* est une sorte de tambour de basque muni de cinq paires de toutes petites cymbales.

LA MUSIQUE FOLKLORIQUE

La Turquie, dont la majeure partie est située sur le territoire connu sous le nom d'Asie Mineure, fut, depuis des temps immémoriaux, le berceau de civilisations innombrables. En outre, cette même terre a servi de pont à divers peuples qui l'envahirent, pour disparaître au bout d'un certain temps, les uns s'assimilant au peuple autochtone, les autres quittant définitivement ces terres. Les Turcs eux-mêmes s'infiltrèrent dans le pays bien avant l'arrivée de la dynastie seldjoukide et s'y établirent. Il serait assez malaisé de définir d'une façon précise ce que nous ont légué tous ces peuples. Mais ce qui nous surprend, c'est d'y constater une homogénéité dans le folklore musical, tout en réservant, bien entendu, la part des divers dialectes musicaux.

LE CARACTÈRE DESCENDANT

La musique folklorique turque est, essentiellement, de caractère descendant. Habituellement, une mélodie commence à un degré élevé de l'échelle et descend vers le son final qui se trouve au bas de cette échelle. Ce son final est, le plus souvent, le son le plus grave de la mélodie. Quant au degré auquel on attaque la mélodie, il n'est point choisi au hasard : il peut être la dixième, l'octave, la septième mineure, la quinte ou la quarte du son final. Dans des mélodies de longue haleine, si le chant commence par le son qui sert de final (avec ou sans appogiature ascendante), le chanteur monte le plus souvent à l'un des degrés mentionnés ci-dessus. Dans certaines mélodies à quatre sections, la troisième est attaquée souvent — mais non nécessairement — sur la douzième. La mélodie ci-dessous est un exemple de ce genre descendant :

Ex. 5.

Dans les mélodies à ambitus restreint l'évolution
linéaire s'effectue aussi dans le sens descendant, et d'une
façon générale, si le son final sert d'arrêt intermédiaire,
la mélodie descend jusqu'à la seconde majeure ou la
tierce mineure inférieures. Dans le cas où les arrêts
intermédiaires diffèrent du son final, la ligne mélodique
revêt parfois un aspect plutôt stagnant.

LES MODES

Nous croyons avoir toutes les raisons d'affirmer que
la musique folklorique turque est d'origine pentatonique. Qu'il s'agisse d'une mélodie de grande étendue ou
d'une autre d'ambitus restreint, ce sont presque toujours les degrés d'une échelle pentatonique qui en
forment l'ossature. Il est vrai que les mélodies pentatoniques pures sont très rares en Turquie; mais sous l'apparence hexatonique ou heptatonique de la plupart des
mélodies il n'est point difficile de découvrir cette structure pentatonique.

Il s'agit de l'échelle descendante *la-sol-mi-ré-do-la,* dans
laquelle on intercale des sons mobiles. Ainsi, dans le tricorde supérieur on aura un *fa* dièse (comme broderie du
sol, ou comme note de passage du *mi* au *sol*) ou un *fa*
naturel (comme broderie du *mi* ou comme note de passage du *sol* au *mi*). Quant au *si* du tricorde inférieur, s'il

n'est pas introduit comme broderie ou note de passage, le plus souvent, vers la fin de la mélodie, il prend la place du *do,* et donne ainsi naissance à un autre genre de tricorde : *ré-si-la* au lieu de *ré-do-la :*

Oy ___ a - man ___ hey. ___

Ex. 6.

Ici la hauteur est tout à fait conventionnelle. Remarquons que le *la* nous servira toujours pour désigner le son final.

Dans certaines mélodies, forcément plus récentes, on trouve le *do* et le *si* comme notes réelles, faisant partie intégrante de l'échelle. La coexistence de ces deux notes transforme le tricorde originel en un tétracorde du type phrygien : *ré-do-si-la.* La force attractive du son final se fait sentir surtout sur ce deuxième degré qui joue, en ce cas, le rôle d'une sensible descendante, et de ce fait, se rapproche de plus en plus du son final. Ainsi le *si* comme broderie inférieure du *do (do-si-do)* sera très rapproché de ce son, tandis que comme broderie supérieure du *la (la-si-la)* il en sera éloigné, et, dans le tétracorde *ré-do-si-la,* le *si* tendra de plus en plus vers le son final, c'est-à-dire *la.* Les tétracordes résultant de la combinaison de deux tricordes gardent leur caractère tricordal et diffèrent d'un autre type de tétracorde, formé celui-ci de quatre sons réels. Les mélodies appartenant à ce dernier type dépassent cependant rarement l'étendue d'une quarte. Cette chanson qui évolue dans une étendue de tierce mineure et n'atteint la quarte qu'au refrain est un exemple assez caractéristique de ce type :

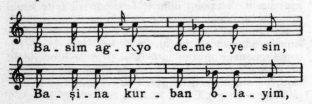

Ba - sim ag - r. yo de - me - ye - sin,

Ba - şi - na kur - ban o - la - yim,

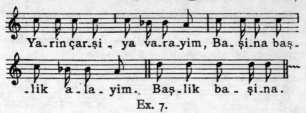

Ex. 7.

Est-ce à dire que les tétracordes provenant des combinaisons tricordales ne revêtent jamais le caractère de vrais tétracordes, avec leurs quatre sons réels ? Loin de là. L'analyse des mélodies nous montre que ces combinaisons tricordales peuvent donner naissance à des tétracordes réguliers, par la superposition desquels naissent, à leur tour, divers modes. La musique folklorique de la Turquie nous fournit plusieurs exemples de ce genre :

Ex. 8.

Ces tétracordes de type dorien ou phrygien servent à former les échelles sur lesquelles évoluent les modes employés dans la musique folklorique turque, le premier donnant naissance au mode *kurdî* (dorien) et au mode *huseynî* (hypodorien), qui est différent du type hexatonique, et le second donnant naissance aux modes phrygien, hypophrygien et hypophrygien tendu. Remarquons qu'aucune de ces dénominations que nous empruntons soit à l'art traditionnel turc, soit à la terminologie grecque n'est employée, ni connue des paysans turcs.

Le type Hidjaz (tétracorde), que l'on rencontre dans certaines mélodies, vient compléter cette liste :

(type Hidjaz)

Ex. 9.

C'est ce tétracorde qui engendre les modes Hidjaz, Karcigar et Nigriz employés dans certaines mélodies.

STRUCTURE DES MÉLODIES

On peut classer les mélodies, d'une façon générale, en six catégories :

I. — Celles qui suivent de près le rythme de la parole et donnent naissance, ainsi, à une sorte de *parlando-recitativo* (voir ex. 7).

Les mélodies appartenant à ce genre ne dépassent généralement pas la tierce, mineure ou majeure, ou, tout au plus, la quarte. Elles se chantent sur des paroles — le nombre de vers étant souvent indéterminé — dont le nombre de syllabes est lui-même fréquemment indéfini. Néanmoins, dans le cas où elles sont appliquées à des poésies d'une forme définie elles peuvent, à leur tour, acquérir une forme plus régulière, où les deux sections A et B de la mélodie correspondent aux deux vers d'un texte. Elles prennent alors, suivant le nombre de syllabes de chaque vers et le caractère général de la poésie, des noms spéciaux et désignent une manière de dire les paroles. Les mélodies de cette catégorie peuvent être considérées comme appartenant au genre pré-modal.

II. — Mélodies qui suivent de près le rythme de la parole, mais, à la fin de chaque vers, demi-strophe ou strophe, laissent en suspens la phrase musicale, en exigeant, toutefois, la descente au son final. La phrase musicale est complétée alors par l'adjonction d'une seconde section (appelée section complémentaire) sur laquelle se chantent certaines exclamations, telles que *oy, ah,* ou certains mots n'ayant aucune relation, ou presque, avec les paroles initiales.

Ex. 10.

Cette section complémentaire, destinée à emmener
la mélodie au son final, a souvent un rythme bien
défini et emprunte une formule mélodique qui se répète
à la manière d'une progression mélodique. Elle acquiert
même l'aspect d'une mélodie de danse. Nous donnons
ci-dessous l'exemple d'une strophe récitée sur une même
formule, à laquelle s'ajoute la section complémentaire, ce
qui nous donne la forme A-A-A-A-SC:

Ex. 11.

III. — Mélodies qui, tout en suivant de près le rythme de la parole, donnent lieu à des vocalises, dont l'emplacement dans le discours mélodique est strictement défini. Ordinairement elles comportent quatre vers (dans certains genres une demi-strophe) de huit ou de onze syllabes. Ici encore, la mélodie de forme AB-AB restant en suspens, l'on ajoute des sections complémentaires à la fin de chaque section.

Divers types de cette catégorie qui se distinguent par des noms particuliers, tels que Bozlak, Maya, Hoyrat, Garip, Çukurova, etc., forment, pour ainsi dire, des moules selon lesquels se façonnent les paroles. Pour en donner une idée nous citerons le type Bozlak qui se chante toujours sur des vers de onze syllabes.

1er vers : 6 syllabes avec une courte inflexion de la voix sur la sixième + 5 syllabes souvent répétées; section A;

2e vers : 5 syllabes récitées sans interruption + courte section B complémentaire emmenant la mélodie à l'arrêt intermédiaire;

3e vers : reprise de la section A, soit à la même hauteur, soit plus haut : A;

4e vers : reprise de la section B, laissant la mélodie en suspens : B.

Adjonction : section complémentaire ramenant la mélodie au son final.

L'exemple 5 est typique du Bozlak. Par contre, certains types de cette catégorie se distinguent, en plus de leur caractère *parlando-recitativo* orné de vocalises, par l'adoption d'un mode qui, en ce cas, leur devient propre. Ainsi le type Garip se chante seulement sur cette échelle : *sol-fa-mi-ré* + *ré-do* dièse-*si* bémol-*la*.

IV. — Mélodies dont le rythme se plie aux exigences des poésies utilisant les mètres de l'Aruz arabe. Même certaines mélodies de composition syllabique se chantent de cette façon :

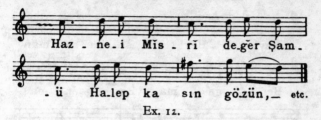

Haz _ ne _ i Mĭs _ rĭ de _ ger Şam _ _ ü Ha _ lep ka sın gö _ zün, _ etc.

Ex. 12.

V. — Mélodies qui accusent un rythme plus ou moins caractérisé. Le style *parlando-recitativo* ne s'y trouve pas. Toutefois, il est fréquent qu'elles n'aient pas la rigueur rythmique des mélodies à danser avec ou sans paroles :

I

Hem o _ ku _ dum _ he _ mi yaz _ dım,

II

yalan dün _ ya sen _ den bez dim ray

III

Dag _ lar ko _ ya ğı _ nı gez _ dim,

IV

Yi _ ten yav _ ru bu _ lu _ nur _ _ mu.

Ex. 13.

VI. — Des mélodies à danser, avec ou sans paroles, entrent dans cette catégorie. Ici le rythme est régulier, et le plus souvent, une courte formule mélodique d'ambitus assez restreint se répète sans cesse. Toutefois cela dépend du caractère de la danse. Ainsi, si certaines mélodies des *horon,* danses de la mer Noire, ne sont que des formules mélodiques ne dépassant pas la tierce, ou tout au plus la quinte, celles des danses *zeybek* lent de la mer Egée peuvent atteindre une neuvième, avec des inflexions sur certaines notes :

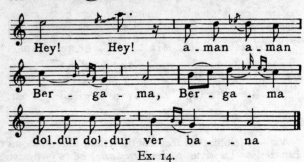

Ex. 14.

LE RYTHME

La rareté extrême du rythme à trois temps attire l'attention. Par contre, toutes les variétés des rythmes Aksak se retrouvent dans la plupart des danses. Voici quelques exemples de ces rythmes :

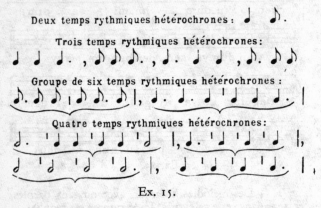

Ex. 15.

En outre, les rythmes binaires réguliers s'emploient aussi bien dans les mélodies des catégories IV et V que dans les danses.

LES DANSES

Du point de vue de la danse on peut diviser la Turquie en cinq régions : celles des danses *zeybek, halay, bar, horon* et celle des *danses à cuillers*.

Zeybek est le nom des diverses danses de la partie
Ouest du pays, qui s'étend vers la mer Egée (Izmir, Aydin,
Balikesir, Denizli, etc.). Le rythme de ces danses est
toujours un rythme Aksak, à quatre temps. Certaines sont
dansées par un seul individu (Aydin, Odemich), d'autres
par des groupes plus ou moins nombreux.

Les danses de Çorum et Sivas, régions du plateau central, se groupent sous le nom de *halay*. Les danses des
régions du Sud (Adana) et de certaines parties de l'Est
(Erzincan, etc.) appartiennent à ce groupe. Les halay,
dansées par des groupes de plusieurs personnes, peuvent
être considérées comme des suites de danses à deux, trois
ou quatre parties. Les rythmes isochrones et hétérochrones y sont employés. Certaines halay sont très significatives, tant par les noms qu'elles portent que par la
façon dont elles sont dansées : *halay de l'aigle,* imitant
les mouvements de l'aigle qui se précipite sur sa proie;
halay paysanne, décrivant la vie quotidienne d'une paysanne, etc. On peut en dire autant des *bar,* dansées également par des groupes et appartenant plus spécialement
au haut plateau d'Erzeroum; *bar aux poignards, bar de la
poule,* etc. Divers types de rythmes y sont également utilisés.

Les *horon* se dansent du côté de l'Est de la mer Noire et
vers Artvin, à l'extrémité Nord-Est du pays. Ces danses,
d'une vivacité extrême, sont exécutées généralement sur
des rythmes Aksak à deux ou à trois temps. Quant aux
danses à cuillers — dans la région de Konya, Nigde et
Kayseri — qui sont dansées soit par une personne, soit
par groupes de deux, trois ou plus, elles se distinguent
des autres par les mouvements singuliers du corps et
surtout du ventre, et s'exécutent sur des rythmes réguliers ou Aksak.

LES INSTRUMENTS DE MUSIQUE

Les instruments à cordes pincées constituent une
famille. Le plus petit de ces instruments est à trois cordes,
tandis que le plus grand en possède douze. Sur ces instruments à longs manches munis de ligatures et à caisses
sonores relativement petites, les cordes sont groupées
par deux, par trois ou par quatre. Le plus petit, du nom
de *cura* (= petit) est d'une longueur approximative de

cinquante centimètres; *baglama,* à six cordes (2-2-2) est d'une taille moyenne (approximativement quatre-vingts centimètres); *bozuk* comporte huit cordes (3-2-3). Les types les plus grands sont le *saz* ou *asik sazi* (neuf cordes : 3-3-3) et *meydan sazi* (douze cordes : 4-4-4). On joue de ces instruments en se servant d'un plectre, exception faite du plus petit dont on joue en pinçant les cordes. La corde la plus grave (ou le groupe de cordes) se trouve au milieu des deux autres. Il existe diverses façons d'accorder ces instruments. Voici les plus fréquemment utilisées :

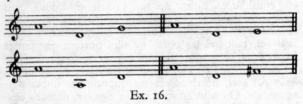

Ex. 16.

On accompagne souvent la mélodie par sa quinte inférieure. Souvent aussi on frotte toutes les cordes à la fois. La moyenne de l'échelle de cette famille d'instruments nous donne les degrés suivants (nous avons négligé le type à trois cordes qui n'est muni que partiellement de ligatures) :

la 1; *si* bémol 256/243; *si* naturel 9/8; *do* 32/27; *do* dièse 8192/6461; *ré* 4/3; *mi* bémol 2087/1536; *mi* naturel 3/2; *fa* 384/243; *fa* dièse 177147/131062; *sol* 48/27; *sol* dièse 12288/6561; *la* 2/1.

Sur les instruments accordés par quarte et quinte *(ré-sol-la),* les musiciens, en pressant le pouce contre la quatrième ligature de la corde supérieure *(sol),* obtiennent une autre espèce de *si* qui, se trouvant à une distance de ton majeur + ton mineur (8192/6461) du *sol,* et par conséquent formant un intervalle de ton mineur (65536/58149) avec le *la,* est un peu plus grave que le *si* naturel. Ainsi, sur cet instrument, l'octave se trouve divisée en treize degrés. Toutefois, nous devons rappeler de nouveau que ces degrés ne sont que des moyennes obtenues par l'étude théorique des échelles des divers instruments, et le paysan qui chante, même s'il est accom-

pagné d'un instrument à sons fixes, ne pense jamais à
tenir compte de ces intervalles.

Les principaux instruments à archet sont le *kabak* et le
kemençe. Kabak signifie calebasse. En effet, la caisse de
l'instrument est faite d'une calebasse. Quant au kemençe,
particulier à la mer Noire, c'est un instrument à trois
cordes, le plus souvent accordées par quartes : *mi-la-ré*.
Le musicien joue de cet instrument en le tenant perpen-
diculairement ou obliquement contre sa poitrine et en
se servant d'un archet fait de crins de cheval. On en joue
en frottant l'archet simultanément sur deux cordes de
façon à obtenir le plus souvent les intervalles suivants :

Ex. 17.

Les principaux instruments à vent sont le *zurna,* le *mey,*
l'*argun* ou *argul,* le *kaval,* et le *tulum-zurna.*

Le *zurna* est un instrument à anche double, une sorte
de hautbois primitif. On en joue soit à deux, soit seul,
mais toujours accompagné du *davul,* instrument à percussion. Dans le cas où deux zurna jouent ensemble, le
second fait une sorte de bourdon, prolongeant continuellement le son final ; ou bien il double, tant bien que mal,
la mélodie. On en distingue deux sortes : *kaba zurna*
(zurna grave) et *zil zurna* (zurna aigu). Le zurna, joué
avec le davul, est par excellence l'instrument d'accompagnement des danses zeybek, halay et bar.

Le *mey,* particulier au haut plateau d'Erzeroum, est un
instrument à anche double, qui est assez large relativement au tuyau dont la longueur ne dépasse pas trente-
cinq centimètres. Les sons obtenus par cet instrument
sont, de ce fait, graves et doux.

L'*argun* ou *argul* est un instrument à double tuyau,
chaque tuyau possédant son anche. Cet instrument utilisé plutôt vers le Sud du pays est le même que le *zamr*
ou *zummara* employé dans les pays arabes.

Le *kaval,* simple tuyau long d'environ quatre-
vingts centimètres, produit des sons assez proches de
ceux de la flûte. Les petits *düdük* ou *dilli düdük* (*düdük* à

anches), sortes de *Blockflöte,* se rapprochent du kaval par leur sonorité.

L'étendue de ces instruments ne dépasse pas l'octave. Le jeu continu que le joueur obtient en aspirant l'air par le nez tandis qu'il souffle dans le tuyau, est caractéristique de tous ces instruments.

Le *tulum-zurna,* instrument de la région située à l'est de la mer Noire, est une cornemuse munie de deux petits tuyaux, dont l'un sert de bourdon. Son étendue est d'une quinte.

L'instrument à percussion, par excellence, est le *davul,* — sorte de grosse caisse primitive — qui est suspendu au cou du joueur par une corde. L'instrumentiste en joue avec deux baguettes, l'une grosse et l'autre mince, qu'il tient dans chaque main.

Outre le davul, on se sert du *deblek, dümblek,* sortes de timbales très petites ; de *darbuka,* cruches en terre cuite couvertes de peaux ; de cuillers de bois, d'autres objets encore.

Ahmed Adnan SAYGUN.

BIBLIOGRAPHIE

YEKTA, Raouf, « La Musique turque » dans l'*Encyclopédie de la Musique,* de Lavignac, t. V, Paris, 1922.

EZGI, Suphi Zühdü, *Ameli ve Nazarî Türk Musikîsi,* en cinq volumes, publié par le Conservatoire de musique d'Istanbul entre 1935 et 1952.

Recueil publié sous le nom de *Dârül-Elhân Külliyâti* par le Conservatoire d'Istanbul et comprenant les œuvres des compositeurs turcs.

Recueils de musique religieuse publiés par le Conservatoire de musique d'Istanbul.

MUSIQUE FOLKLORIQUE

RAGIP GAZIMIHAL, Mahmud, *Anadolu Halk Türküleri ve Musiki Istikbalimiz,* Istanbul, 1925.

RAGIP GAZIMIHAL, Mahmud, *Sarkî Anadolu Türkü ve Oyunlari,* Istanbul, 1928.

RAGIP GAZIMIHAL, Mahmud, *Türk Halk Musikisinin Tonal Hususiyetleri,* Istanbul, 1936.

RAGIP GAZIMIHAL, Mahmud, *Iklig*, Ankara, 1958.

RAGIP GAZIMIHAL, Mahmud, articles dans *Millî Mecmua*, Istanbul, et dans différentes revues (Istanbul, Ankara).

ADNAN SAYGUN, A., *Rize Artvin ve Kars Havalisi Türkü, Saz ve Oyunlari Hakkinda Bazi Malumat*, Istanbul, 1937.

ADNAN SAYGUN, A., *Yedi Karadeniz Türküsü ve Bir Horon*, Istanbul, 1938.

ADNAN SAYGUN, A., *Karacaoglan*, Ankara, 1952.

ADNAN SAYGUN, A., articles dans le *Journal of the International Folk Music Council* ; dans différentes revues turques.

Conservatoire de la Ville d'Istanbul : *Turk Halk Musikisi* ; Collection de la musique folklorique turque (14 cahiers) publiée entre 1925 et 1930.

YÖNETKEN, Halil Bedi, articles dans différentes revues d'Ankara et d'Istanbul.

LA MUSIQUE
DANS LE MONDE CHRÉTIEN

À LA CONQUÊTE DE L'AVENIR :
LE CHRISTIANISME DEVANT LES
CIVILISATIONS TRADITIONNELLES

A L'HEURE de ses débuts obscurs, dans un monde païen que tout d'abord il étonna peu, et qu'il inquiéta moins encore, le jeune christianisme apportait le germe d'une moisson nouvelle. Dans leur enthousiasme, ses apôtres eurent-ils conscience de la révolution totale qu'ils devaient provoquer en convertissant les Gentils ? Leurs vues n'étaient que spirituelles, et voici qu'obéissant à leur vocation, ils donnèrent le départ à toute une culture autonome.

C'est d'une greffe qu'il s'agit : le christianisme va se superposer à des éléments locaux et, dans une méditation de huit cents ans, marquée de déchirements et de conquêtes, va préparer ce que nous connaissons sous le nom de renaissance carolingienne. Ces premiers siècles de notre ère sont témoins d'un travail considérable où trois grandes traditions s'unissent pour enfanter le monde médiéval :

— Une tradition orale du monde celtique et gaulois, recouverte, mais jamais complètement assimilée par la marée de l'administration romaine, tradition qui survivra longuement, obscurément, et sera cause de faits inexplicables sans elle ;

— Une tradition du monde gréco-romain, où l'écrit est prépondérant, et qui recouvre le bassin de la Méditerranée ;

— Une tradition judéo-chrétienne, orale par excellence.

Toute l'histoire de la littérature chrétienne, de la musique sacrée, n'est que la somme des conflits et des réussites qu'engendrent ces rencontres : histoire douloureuse au cours de laquelle un monde spontané va peu à peu sombrer dans un labyrinthe d'écrits. Pour ce monde,

le travail du copiste sera révéré presque jusqu'à la super-
stition, car il s'y attache un peu du respect que ressent
l'analphabète pour le travail quasi magique de l'écrivain.
Mais ce dernier, de son côté, ne va nous livrer que des
bribes de sa tradition, car il est resté, sous bien des rapports, un homme de tradition orale, ne consignant au
parchemin que des fragments de sa science : parce que
le parchemin est cher, on n'y écrit que ce qu'on a peur
d'oublier, ce qui est inhabituel. Le Moyen âge n'a pas pris
soin de nous décrire son monde quotidien, et ses écrits
laconiques nous mettent au supplice.

LA TRADITION CELTIQUE

Que connaissait donc ce monde occidental, aux premiers jours de notre ère, dans cette nébuleuse où le situe
notre inconscience moderne ? On parle de druides, de
bardes, et l'on sourit un peu. On ne sait plus, de nos jours,
que ces hommes étaient les gardiens d'un monde de
civilisation évoluée, qu'ils se transmettaient une science
relativement abondante sous forme de récits oraux. Non
que ce monde n'ait connu l'écriture : mais les connaissances d'un univers spontané sont bagage précieux, qu'il
faut transmettre à bon escient, à ceux-là seuls qu'elles
intéressent, et cela oralement sous forme de parole
rythmée. Poèmes didactiques, épiques, historiques sont
le support de ces traditions; la forme extérieure en est
la cantillation du texte. Vers ou prose, peu importe :
le relief du langage est accentué par une mélodie tout à
fait élémentaire, reproduite le plus souvent de phrase en
phrase du début à la fin du récit. Parfois aussi, une
scansion gestuelle vient doubler le rythme oral, renforçant l'autorité du récit sur la mémoire de l'auditeur. Il est
probable que la notion de vers de longueur déterminée
prend son origine dans ce besoin d'étayer la parole pour
augmenter son efficacité, et cela, quelle que soit la tradition considérée : au début les vers n'ont dû être qu'un
schéma rythmique aidant à mémoriser certaines phrases.

Ainsi se sont transmises jusqu'à nos jours des traditions et des connaissances qui ont à l'origine formé le
bagage spirituel et technique de nos aïeux, et qu'on peut
encore saisir sous cette forme dans des régions préservées
pendant longtemps : certains massifs montagneux comme

la Bretagne, des îles comme la Corse. Les traditions s'y conservent mieux que dans les pays de plaine sillonnés par les voyages de toute sorte, et elles y forment un bagage culturel bien plus considérable que nous ne le croyons généralement. Or dans ces régions, l'interprète qui transmet les leçons — récits, histoires, poèmes — ne se prend pas pour un chanteur : il est un « récitant », sans plus, et la forme cantillée extrêmement simple qu'il utilise n'est présente que pour uniformiser la parole et la revêtir du rythme qui lui confère l'autorité suprême.

Loin d'être un musicien, même amateur, il ne se considère que comme l'humble serviteur d'une transmission sacrée, le porteur d'un flambeau respectable. Tout comme les aèdes du monde grec primitif, le barde gaulois, le scôp franc sont les ministres d'un culte traditionnel, culte qu'on doit célébrer en des circonstances déterminées, et devant des auditeurs qui en soient dignes.

Or cette forme de transmission, universelle dans les civilisations spontanées qui nous sont encore accessibles, se trahit même dans la leçon de certains écrits médiévaux, incomplets si l'on ne restitue la part de tradition orale qui les entourait.

LA TRADITION DE ROME

La tradition du monde gréco-romain est toute-puissante au début de notre ère, et tentera d'asservir les traditions orales. Y parvint-elle, et pouvait-elle y parvenir ? Certes, la vie culturelle de Rome repose sur l'écrit, et Rome en cela reprend les traditions grecques. Mais la Grèce, dans la période homérique, est encore un monde traditionnel où le cliché oral se reflète dans le legs écrit. Les philologues connaissent, dans Homère lui-même, la part des clichés destinés à aider la mémoire de l'aède. Il est certain que par la suite la musique grecque savante a rencontré un grand succès dans le monde grec et même hellénistique; mais peut-on croire qu'elle s'est réellement imposée de façon populaire même dans ce pourtour de la Méditerranée où l'écrit est relativement respecté ? On l'a tant affirmé, on a tant exposé une pseudo-continuité entre les théories musicales grecques et la civilisation de Rome qu'on éprouve quelque réticence à poser la question. Quelques faits montrent qu'elle n'est pas vaine, et que la tradition savante fut, malgré tout, affaire de professionnels et d'érudits.

Notre vue en ces matières est faussée par l'école obligatoire de nos jours, l'imprimé qui met notre attention en état de siège. Mais lorsqu'on nous parle de l'école romaine, pour obligatoire qu'elle soit, nous ne pouvons la comparer à l'école de notre XXᵉ siècle. La présence de tous les enfants à l'école romaine, la science de la lecture, son emploi surtout, n'ont pas ce caractère universel, inéluctable, que nous connaissons. Les femmes y sont admises, mais tout porte à croire qu'elles y vont assez peu et c'est là, malgré tout, une moitié du genre humain. Les patriciens ne considèrent pas que la lecture soit leur affaire et en laissent l'usage à des esclaves. Que Rome, l'Italie même, aient eu de savants théoriciens de la musique est exact; que des musiciens de métier aient existé, qu'ils aient même connu une notation sur laquelle il faudra bien qu'on se décide à revenir, est évident. Mais il s'agit là de petits noyaux urbains, dont l'influence ne rayonne pas : comment peut-on penser que des faits aussi théoriques et compliqués aient pu changer des coutumes populaires ? La moindre cantillation est un bien propre d'un groupe humain; une importation aussi artificielle ne peut l'éliminer. Elle ne se nourrit pas de traités théoriques mais de souvenirs collectifs, stylisés et embellis; les aménagements d'une civilisation nouvelle n'y prennent place que dans la mesure où ils sont familiers aux plus petites gens du groupe qui écoutera les récits. Il y faut plus de siècles que le sort n'en donna à Rome. Aussi verrons-nous la musique théorique réduite à Rome à des discussions entre savants. Si bien que lorsqu'on devra, au VIIᵉ siècle, codifier l'enseignement du plain-chant, les règles péniblement élaborées seront un compromis entre le vocabulaire hérité de l'Antiquité classique et une tradition vivante, qui les démentira à chaque instant.

LA TRADITION JUDÉO-CHRÉTIENNE ET LA SOUDURE DES TROIS GROUPES

Aux antipodes de la tradition écrite du monde gréco-romain, se situe la tradition orale juive imposée par Jésus. A l'heure où la louve veille encore sur Romulus, la tradition hébraïque est déjà fixée depuis longtemps ; sa transmission fidèle, voulue, à l'intérieur des communautés, même celles de la Diaspora, s'opposera toujours aux écrits du texte latin. Certes, au retour de la captivité de Babylone (à partir de ∼ 537) Esdras a fait copier la Bible et ses commentaires. Il en est résulté un raidissement de la compréhension du texte ; on y a ajouté, peu à peu, l'amoncellement inouï des gloses qui forment le Talmud. Ce matériel était déjà considérable à l'époque du Christ, et c'est contre cette quantité d'écrits — la Loi — contre ce monde des copistes, assurés de la perfection immobile, définitive, de leur œuvre, que Jésus réagit. Son Evangile, sa Tradition, à lui, ne seront copiés que plus tard, lorsque l'enseignement oral se sera emparé d'eux et les aura déjà fixés dans une forme hiératique. Et il est bien vraisemblable que les Disciples suivaient les antiques coutumes palestiniennes, prêchant par succession de courtes formules verbales, au rythme accentuel net, mis en relief par une cantillation élémentaire, à peine chantée et qui ne devient réellement mélodique qu'aux fins de phrases. Bien plus que des timbres précis, difficiles à mémoriser et qui se modifient d'ailleurs avec les récitants, c'est une attitude mentale que ce système communique à l'interprète, une manière d'être qui s'est communiquée du monde juif converti aux nouveaux chrétiens.

Lorsqu'on veut voir une musique grecque dans le répertoire de la jeune chrétienté — ce fut la thèse de Gevaert, et plusieurs savants la soutiennent encore — pense-t-on réellement que cette musique grecque antique, savante, sophistiquée, ait pu s'adapter à des récitations quasi populaires comme le furent celles de la jeune Eglise ? Dans la musique classique grecque, on ne trouve guère que des textes établis à l'aide d'intervalles larges, à la déclamation syllabique : tout le plain-chant qu'on a conservé nous transmet au contraire le témoignage d'intervalles menus, de vocalises semblables à celles de bien des Orientaux modernes. Il est presque impossible de concevoir qu'une communauté de gens fort simples ait pu faire sien un art aussi compliqué que l'art grec classique, et cela sans aucune nécessité puisque les types de cantillation quasi incantatoire étaient encore courants, d'usage quotidien, dans le monde qui entourait ces groupes. C'est bien en ce sens que témoignent les textes qui tous nous affirment que les chrétiens chantaient « des psaumes et des hymnes », sans aucunement insister sur le caractère de ces pièces.

Pourquoi d'ailleurs le rituel chrétien, qui se voulait une réforme simple du rituel juif, eût-il emprunté une autre musique que celle de la synagogue ? Pourquoi cette musique eût-elle été différente alors qu'elle servait le même texte, celui de la Bible ? Il eût fallu faire acte de composition musicale, et c'est là une idée tout à fait moderne : l'indépendance et l'autonomie des formules musicales est une acquisition du bas Moyen âge. Dans la première période de l'Eglise, le compositeur est inconnu.

Pour fixer les idées, on peut évoquer la coutume actuelle de la synagogue, de la mosquée, et même des églises chrétiennes d'Orient. La musique doit y être reproduite très fidèlement, non pas à l'aide d'une copie (pour ces communautés l'écriture musicale n'existe pas) mais de mémoire. Or on n'enseigne pas les mélodies note à note : ce serait là une tâche vouée à l'échec. On procède par fragments mélodiques à l'intérieur d'échelles qui varient avec les pays et même, à l'intérieur d'un même système, avec l'expression ou le type de pièce. Les noms de ces fragments, comme ceux des modes, sont extrêmement divers, seul le principe est à peu près universel et aboutit à la transmission fidèle, facile, d'un répertoire abondant.

Tout indique que le répertoire chrétien fut ainsi transmis dans les débuts, tout au moins pour une bonne partie. Même à l'époque classique — celle du grégorien — une étude superficielle révèle à l'œil le moins prévenu, que les pièces se reproduisent ainsi les unes les autres, par fragments, à peine aménagées pour recevoir des paroles différentes. L'étude de Ferretti le montre avec évidence, ainsi que les nombreux décalques qui reproduisent des incises identiques à travers tout le répertoire.

Que par la suite — et même dès la paix de l'Eglise, dès l'époque d'Ambroise, au IVe siècle — l'esprit occidental ait introduit des transformations, est évident. La première modification, dont dépendirent les autres, est celle de la mentalité du chantre. Le chantre oriental déroule sa vocalise librement, en interprète responsable de la recomposition de l'œuvre, dans une sorte d'exultation personnelle qui communique au chant tout entier une expression glorieuse et triomphante. En Occident, au contraire, la tradition, dès le début du christianisme, impose une attitude tout opposée : le chantre est un méditatif, toute son attitude doit être de réserve et son chant est marqué par cette intériorité. *Cantate in cordibus vestris* est l'expression biblique, mais indéfiniment reprise par les exégètes chrétiens pour insister sur ce caractère de piété modeste, qui peut aboutir à une véritable contention de la voix et du mouvement mélodique.

L'esprit occidental marque aussi le répertoire lui-même. Alors qu'en Orient le chantre, ayant appris des formules, les répète de façon globale, en admettant un certain coefficient d'initiative personnelle pour les relier suivant des règles fixes, en admettant aussi une certaine liberté, le chantre d'Occident va peu à peu voir s'aliéner cette liberté, et sa part se réduire à l'exécution pure et simple d'un canevas dessiné avec une précision croissante, jusqu'à ce que la notation musicale, fournissant le décompte exact des notes, vienne lui interdire d'en ajouter une seule. Il a fallu douze siècles pour atteindre ainsi la diffusion de la musique écrite avec précision sur la portée.

Enfin, dernière conquête, l'échelle musicale juive, aux micro-intervalles, suivant l'expression si heureuse d'Edith Gerson-Kiwi, est devenue l'échelle occidentale qui a passé par bien des formes avant de nous être livrée dans son état actuel, encore instable.

Toutes ces synthèses ont été longues et douloureuses. Enfantement d'un monde nouveau, survivances de mondes anciens s'affrontèrent au cours de sept siècles d'incertitudes. Persécutions, invasions, sont les refrains de ces saisons douloureuses. Pourtant, il semble que l'Occident s'empara volontiers de cette tradition judéo-chrétienne, qui cadrait bien avec son propre arrière-plan populaire. Le monde romain lui-même, ce monde si sûr de sa supériorité érudite, écrite, administrative, avait peu à peu cédé à la générosité du christianisme.

Mais pendant bien longtemps — jusqu'à nos jours dans certaines régions préservées — circuleront à travers nos provinces des courants aussi bien érudits que populaires, et qui accuseront la survivance de ce monde spontané.

Côte à côte, sous la tutelle ecclésiastique, les deux grandes formes humaines de civilisation peineront ainsi pour se rejoindre, pendant des siècles. C'est le mérite de l'Eglise latine d'Occident, et aussi celui de la civilisation latine, que d'avoir su faire une synthèse harmonieuse d'éléments aussi divers.

Solange CORBIN.

BIBLIOGRAPHIE

LE MONDE CELTIQUE, SES TRADITIONS

La question des récitations est admirablement traitée dans :
RYCHNER (J.), *La chanson de geste. Essai sur l'art épique des jongleurs,* « Société de publications romanes et françaises », sous la direction de Mario Roques, t. LIII, Lille, Genève, 1955.
On verra en outre, à titre d'exemples seulement :
MURKO (M.), *La poésie populaire épique en Yougoslavie au début du XXe siècle,* Paris, 1930.
CROSBY (Ruth), *Oral Delivery in the Middle Ages,* dans « Speculum », XI, p. 88-109, 1936.
ENTWISTLE (William J.), *European Balladry,* Oxford, Clarendon Press, 1939.
MARCEL-DUBOIS (Cl.) et ANDRAL (M.), *Musique populaire de l'île de Batz,* dans « Arts et Traditions populaires », juillet-septembre 1954.
MAGOUN (F. P.), *Bede's History of Caedmon : the Case History of an Anglo-Saxon Oral Singer,* dans « Speculum », XXX, p. 49-63, 1955.
BONSER (Wilfrid), *An Anglo-Saxon and Celtic Bibliography, 450-1087,* Berkeley, 1957.

LE MONDE ROMAIN

MARROU (H. I.), *Saint Augustin et la fin de la culture antique,* Paris, 1938.
MARROU (H. I.), *Histoire de l'Education dans l'Antiquité,* Paris, 1948.
WILLE (Gunther), *Die Bedeutung der Musik im Leben der Römer,* Inaugural-Dissertation zur Erlangung des Doktorgrades... aus Stuttgart, 1951, 800 p. in-4°, ronéot.

LE MONDE HÉBRAÏQUE

Jousse (Marcel), *Etudes de psychologie linguistique : le style oral rythmique et mnémotechnique chez les verbomoteurs,* dans « Archives de philosophie », t. II, 4, Paris, 1925.

Avenary (Hanoch), *Jüdische Musik,* dans « Die Musik in Geschichte und Gegenwart, Allgemeine Enzyklopädie der Musik », col. 224-261, 1949.

Avenary (Hanoch), *Formal Structure of Psalms and Canticles in Early Jewish and Christian Chant,* dans « Musica Disciplina », VII, 1953.

Avenary (Hanoch), *Magic, Symbolism and Allegory of the Old Hebrew Sound Instruments,* dans « Coll. Historiæ musicæ », II, Florence, 1956.

Gerson-Kiwi (Edith), *Musique dans la Bible,* « Dictionnaire de la Bible, » col. 1411 à 1468, éd. Pirot, suppl. t. V, Paris, 1956.

LA SYNTHÈSE DES TRADITIONS

Faral (Edmond), *Les jongleurs en France au Moyen âge,* Paris, 1910.

Griffe (Elie), *La Gaule chrétienne à l'époque romaine. I. Des origines chrétiennes à la fin du IVᵉ siècle,* Paris, 1948.

Laugardière (Maurice de), *L'Eglise de Bourges avant Charlemagne,* Bourges, Paris, 1952.

Haraszti (E.), *La technique des improvisateurs de langue vulgaire et de latin au quattrocento,* dans « Revue belge de Musicologie », IX, p. 12-31, 1955.

La transmission de la musique grecque savante à la musique chrétienne est l'objet des livres de :

Gevaert (F. A.), *Les origines du chant liturgique de l'Eglise latine,* Gand, 1890.

Gevaert (F. A.), *La mélopée antique dans le chant de l'Eglise latine,* Gand, 1895.

LA MUSIQUE BYZANTINE

L E chant religieux des premiers chrétiens de Palestine
et de Syrie émanait du chant de la Synagogue. Au
fur et à mesure que la nouvelle croyance gagnait les
païens, des hymnes s'ajoutaient à ce chant, dans lesquels
les allusions aux divinités grecques et orientales étaient
remplacées par des acclamations et des doxologies à la
gloire du Seigneur. Les offices du matin et du soir
étaient empruntés à ceux du Temple et des Synagogues.
Mais les « heures » liturgiques n'étaient pas étrangères
aux païens grecs. On sait, d'après les hymnes gravés
sur pierre que l'on a trouvés à Epidaure, que les péans
que les Grecs chantaient en l'honneur des dieux, pouvaient se présenter sous la forme, en quelque sorte, d'un
bréviaire consacré aux six heures de prière quotidienne.

Une réaction orthodoxe se produisit au IIIe siècle
contre les textes qui n'étaient pas tirés des Ecritures, et
ces hymnes disparurent du répertoire liturgique. Il
convient d'avoir ce fait présent à l'esprit lorsqu'on
étudie les hymnes byzantines. Même lorsque, plus tard,
cette règle ne fut plus appliquée avec autant de rigueur,
les poètes firent le plus grand usage possible d'extraits
ou de phrases des Saintes Ecritures ou des œuvres des
Pères de l'Eglise.

C'est en raison de cette réaction orthodoxe que presque
tous les poèmes et toute la musique de cette grande
période de l'hymnographie chrétienne ancienne ont été
perdus, et que nous ne possédons qu'un seul fragment
d'une hymne chrétienne sur papyrus, datant de la fin du
IIIe siècle. Bien qu'il soit écrit selon la notation grecque
d'Alypius, c'est le premier exemple d'hymne chrétienne,
et son importance est par conséquent exceptionnelle. Ce
n'est pas, comme l'ont cru certains érudits, le dernier
exemple de musique grecque ; ils avaient été trompés par
la notation grecque. Maintenant que quelques milliers de
mélodies byzantines ont été transcrites, on voit que la

mélodie de l'*Hymne à la Sainte Trinité* possède le style et les cadences typiques des mélodies byzantines; on n'y trouve aucun rapport avec la musique grecque classique. Nous reproduisons la fin des lignes 3 et 4 de ce fragment; ce sont les seules qui soient complètes. Le point (.) marque un accent sur la note, le trait (-) indique un *ritardando;* les deux signes sont souvent combinés :

Ex. 1.

[... Et tandis que nous célébrons dans nos hymnes, le Père, le Fils et le Saint-Esprit, que toutes les vertus de la création entonnent ce refrain :

Amen, Amen ! Puissance, louange...

(Transcription et Traduction de Th. Reinach dans *la Musique grecque,* Paris 1926, p.207-208).

L'hymne a été publiée dans le volume XV des *Oxyrhynchus Papyri* (1922), par A. R. Hunt et justement signalé par Th. Reinach comme « *Un ancêtre de la musique ecclésiastique* » dans la « Revue musicale », 1922. Il en a donné une transcription, mais sans indiquer avec précision les lacunes du texte ni les signes point et trait. Cf. mes transcriptions dans *The Classical Quarterly,* vol. 39 (1945) et dans *A History of Byzantine Music and Hymnography* (Oxford, 1949) p. 126-128.]

Nous ne possédons pas un seul morceau de musique qui se situe entre ce fragment d'une hymne à la Trinité et le IXe siècle, époque qui nous a donné des livres complets de chant ecclésiastique, *Hirmologia* et *Sticheraria,* en notation musicale. Cet intervalle rend obscur le passage du chant ecclésiastique chrétien de ses centres les plus importants, à savoir Jérusalem et Antioche, à Constantinople, qui, devenue alors le centre politique de l'empire d'Orient, devint aussi son centre religieux et établit sa propre liturgie. Cette liturgie n'était plus celle d'un centre monastique où le culte de Dieu était pratiqué jour et nuit; c'était la liturgie de la grande Eglise de l'empereur, et celui-ci avait la plus haute autorité en matière civile et religieuse; il était à la fois l'autocrate et le Grand prêtre. Les cérémonies auxquelles il assistait en tant que chef d'Etat étaient réglées selon un rite d'acclamations entonnées par les « factions » des « Bleus » et des « Verts ». Lorsqu'il était présent en tant que chef de l'Eglise, une musique de procession et des acclamations liturgiques entonnées par le clergé l'accompagnaient quand il se rendait à Sainte-Sophie.

Des innombrables acclamations, chants et mélodies que rapporte le *Livre des cérémonies* de Constantin Porphyrogénète, on n'a conservé que les acclamations chantées lorsque les empereurs et leurs épouses, les augustes et le patriarche se rendaient à l'église.

Nous connaissons plusieurs des acclamations du dernier siècle de l'Empire; cf. l'étude de H. J. W. Tillyard sur *The Acclamation of Byzantine Emperors,* dans Annual

of the British School at Athens, XVIII (1911-12) pp. 239-
260. Voir aussi E. Wellesz, *A History of Byzantine Music
and Hymnography,* (Oxford, 1949, pp. 103-106). Elles sont
conservées dans d'énormes volumes où se trouve consigné l'Office. Ces acclamations sont le fait d'un système
compliqué de clameurs et de réponses, que se renvoient
le soliste et le chœur. Elles commencent par le cri, trois
fois répété, de « Vive l'Empereur! » :

Ex. 2.

Puis viennent un récitatif à la gloire des empereurs, des
impératrices et aussi du patriarche, qui sont nommés en
personne, et enfin un appel à la bénédiction de Dieu sur
le règne des empereurs et sur leur famille. Il est intéressant de noter que, comme l'a fait remarquer Dom M. Huglo, la mélodie citée ici se rapproche étroitement du
kyrie *Jesu Redemptor,* datant du xᵉ siècle. Nous pouvons
donc en conclure que le rite d'acclamation des empereurs
a été conservé, pratiquement sans changement, pendant
la plus grande partie de l'histoire de l'empire d'Orient.

Ces considérations nous ramènent au problème de la
transmission du chant byzantin. Comment expliquer
qu'aucune hymne, en notation musicale, datant de la
période qui va de l'*Hymne à la Sainte Trinité* aux manuscrits musicaux du ixᵉ siècle, ne nous soit parvenue, pas
plus d'ailleurs que les mélodies profanes des siècles
suivants ?

Commençons par les mélodies liturgiques. Pendant
les premiers siècles, jusqu'à l'époque de Justinien le
Grand, au viᵉ siècle, le répertoire n'était pas étendu au point
qu'il eût été difficile aux chanteurs d'apprendre par cœur
les mélodies : on les y entraînait dès l'enfance. Par la

suite, lorsque le nombre des fêtes s'accrût et que plusieurs poèmes furent écrits sur une même mélodie, déjà existante, on introduisit un système de signes musicaux pour fixer l'exécution des mélodies. C'est exactement ce qui s'est passé pour le chant grégorien. Dans ce système il était inutile de s'occuper des intervalles. Il suffisait d'indiquer si un mouvement devait être ascendant ou descendant, les chanteurs sachant par cœur s'il s'agissait d'une tierce, d'une quarte ou même d'une quinte. En revanche, on prenait le plus grand soin de fixer les nuances rythmiques et dynamiques de telle sorte que les paroles et la musique allaient miraculeusement ensemble.

Pendant la « querelle des images », un grand nombre de monastères furent détruits, de bibliothèques pillées et de manuscrits brûlés. C'est peut-être la raison pour laquelle les manuscrits n'ont été conservés que depuis l'époque de la restauration de l'orthodoxie. A cette époque de renaissance religieuse, le nombre croissant des hymnes et des chants nécessita une notation musicale plus détaillée, et les moines commencèrent à introduire des signes pour indiquer les intervalles. Finalement, vers la fin du XIIᵉ siècle, on introduisit une notation exacte des intervalles. A partir du XIIIᵉ siècle la musique l'emporta sur les paroles, et on ajouta des signes supplémentaires à l'encre rouge, semblables aux indications modernes : *legato, staccato, sforzando*, etc.

Mais seule la musique liturgique était jugée digne d'être conservée sur de coûteux parchemins. Les chants de cérémonie et les acclamations étaient chantés suivant une sorte de cantillation, qui n'avait pas besoin d'être notée, et les mélodies profanes, si belles fussent-elles, n'étaient point consignées par écrit.

Ce n'est que relativement récemment que l'on a réussi à déchiffrer la musique byzantine. Les premiers essais eurent lieu au début de notre siècle, et le problème a été résolu il y a quarante ans. La transcription commença sur une vaste échelle il y a environ vingt-cinq ans.

Nous en savons assez sur les différents genres de chant byzantin pour pouvoir comprendre le caractère et le style de celui-ci. Mais notre tâche principale est de comprendre ce que représentaient ces mélodies pour le moine byzantin qui les chantait, en ajoutait de nouvelles au répertoire existant, et plus tard se mit à embellir les mélodies.

L'auteur chrétien du traité *De la Hiérarchie céleste,* qui écrivait sous le pseudonyme de Denys l'Aréopagite, parle d'un écho de l'harmonie et de la beauté divines que l'on peut observer en toutes choses. Il y a au ciel une hiérarchie céleste, un ordre saint, une image de la beauté divine. La hiérarchie ecclésiastique en est sur terre l'équivalent. Ensemble elles forment les degrés d'une échelle qui va du plus humble ecclésiastique aux plus hauts rangs de la Triade, là où les séraphins dansent autour de Dieu et chantent des hymnes à sa gloire de leurs lèvres jamais silencieuses.

La musique céleste de ces hymnes n'est pas perceptible, même aux rangs inférieurs de la Triade, mais elle leur est révélée par les séraphins. En descendant les degrés de l'échelle mystique, la révélation atteint les rangs de ceux qui possèdent l'inspiration divine, les prophètes et les saints, qui perçoivent un faible écho des hymnes célestes qu'ils peuvent alors transmettre aux musiciens inspirés, c'est-à-dire ceux qui écrivent les hymnes.

Ainsi les hymnes et les cantiques de l'Eglise sont le reflet de la musique spirituelle rendue audible aux oreilles humaines.

Denys l'Aréopagite était néo-platonicien, mais quelle différence entre la philosophie de Plotin et de Proclus et la théologie de Denys!

Dans le néo-platonisme, le musicien est un être sensible, facilement ému et passionnément attiré par la beauté matérielle. Grâce à l'inspiration, il peut gravir le sentier mystique qui mène à la perception de la beauté divine; à partir des harmonies perceptibles à l'oreille il peut s'élever au niveau du philosophe auquel sont révélés les harmonies divines et les principes qui les gouvernent.

Dans la théologie dionysienne le musicien reçoit les hymnes chantées au ciel et les transmet sur terre d'un ordre à l'autre, jusqu'à ce qu'ils deviennent perceptibles aux oreilles humaines dans les rangs de la hiérarchie ecclésiastique.

La théologie dionysienne nous fournit le moyen de comprendre l'art liturgique oriental.

L'artiste au service de l'Eglise orthodoxe n'était pas autorisé, comme l'artiste occidental, à traiter son sujet

librement. Celui qui peignait l'image d'un saint devait
copier les traits que lui transmettaient ses prédécesseurs,
car le portrait était considéré comme la manifestation
terrestre de l'être essentiel. Il devait représenter ce qu'il
y avait d'éternel en lui, et non pas seulement son aspect
temporel. Si les adorateurs d'images rendaient hommage
à l'icône d'un saint, c'est qu'ils y voyaient, durant le
temps de cette vénération, la manifestation terrestre du
saint du ciel.

De même le compositeur d'hymnes devait suivre un
modèle, une hymne qui existait déjà, pour la fête du saint
ou du martyr qu'il honorait. On considérait ce modèle
comme l'écho d'une hymne chantée par les anges.

Le musicien est donc simplement l'humble instrument
de la grâce divine. Il sait qu'il ne peut composer et
chanter que des mélodies qui parviennent au monde
comme l'écho imparfait des hymnes célestes, mais Denys
déclare : « Il est possible, grâce à elles, de parvenir aux
archétypes immatériels. »

On a beaucoup parlé autrefois de la rigidité de l'art
byzantin. — Il n'était certes pas conforme aux idées de la
fin du XIXᵉ siècle. — Sans doute des travaux récents ont-
ils montré combien ce jugement est erroné, mais il existe
encore certains préjugés contre la peinture et la poésie
byzantines, même chez les érudits, car il est plus facile
de porter des jugements dévastateurs que de se débarrasser d'un préjugé.

En musique nous avons eu plus de chance, car le chant
ecclésiastique byzantin demeurait caché dans une notation neumatique dont on avait perdu la clé. Lorsqu'on la
retrouva, le vieux préjugé avait perdu de sa force, et les
mélodies de l'Eglise byzantine furent acceptées comme un
enrichissement de notre connaissance de la musique de
l'Eglise chrétienne au Moyen âge.

L'étude des différentes phases de la notation byzantine
a permis d'établir la continuité de la tradition mélodique
des hymnes du Xᵉ au XVᵉ siècle, c'est-à-dire à peu près
depuis la fin de la controverse des iconoclastes jusqu'à la
chute de Constantinople en 1453.

Nous ne savons pas si l'art d'écrire des hymnes subit
des changements considérables entre sa période d'éclat,
au temps de Justinien, et le Xᵉ siècle, car aucun manuscrit
en notation musicale ne nous est parvenu.

Mais là encore, la théologie pseudo-dionysienne nous vient en aide. Puisque aux yeux des moines les hymnes n'étaient que les échos des chants de gloire célestes, le compositeur n'aurait jamais essayé d'en changer la structure, qui pour lui était d'inspiration divine. En revanche, il y ajoutait des ornements pour les enrichir et les adaptait à la splendeur toujours croissante des services religieux.

Pour examiner cette question il faut nous tourner vers les manuscrits occidentaux. On trouve dans des graduels de Bénévent — en Italie — datant du Xe et du XIe siècle, des chants bilingues pour les grandes occasions, en particulier Pâques. Ces chants remontent sans doute à l'époque de l'institution de l'Exarchat de Ravenne, sous le règne de l'empereur Maurice à la fin du VIe siècle.

Le chant le plus intéressant est l'antienne bilingue *Ote to Stavro — O quando in cruce,* l'un des douze tropaires tirés de l'*Adoratio crucis* du Vendredi Saint.

La liturgie de Bénévent, destinée à un peuple parlant grec et latin, conserve la mélodie grecque originale, qui est d'abord chantée sur texte grec, puis sur texte latin. La mélodie était considérée comme une relique précieuse et demeurait inchangée à travers les siècles.

L'attitude à l'égard des mélodies était différente dans l'empire byzantin proprement dit. Dans les stichères du XIIe siècle, la mélodie se présente sous une forme beaucoup plus ornementée. (Cf. E. Wellesz, *Eastern Elements in Western Chant,* Monumenta musicae Byzantinae, Amer. Ser. [1947] I, p. 68-110.) Il faut, en fait, un certain temps pour découvrir l'original, de type plus ou moins syllabique, caché sous les fioritures.

Dans l'exemple suivant nous indiquons, à la première ligne, le début de la mélodie de Bénévent, à la seconde celui de la mélodie byzantine, extraite du Codex 1499, du monastère Vatopedi, sur le mont Athos, écrit en 1292. Les paroles sont les suivantes :

Lorsque les méchants clouèrent à la croix le Seigneur de gloire, il s'écria vers eux...

Le grec de ces graduels occidentaux est très altéré, ce qui indique que les scribes qui ont recopié les manuscrits plus anciens ne comprenaient pas ce qu'ils écrivaient. Dans la transcription nous suivons le texte original selon la prononciation byzantine usuelle.

Ex. 3.

Il est fascinant d'observer que l'ornementation de la mélodie suit les mêmes principes que les variations sur un thème dans les œuvres de nos classiques, et plus nous nous familiarisons avec la technique byzantine de composition, plus nous sommes forcés d'admirer la façon dont sont produites, par les moyens les plus simples, d'innombrables variantes d'une phrase. Le répertoire des mélodies se divise en trois groupes, suivant leur style : style *hirmologique*, style *stichérarique* et style *asmatique*, ou *mélismatique*, ou *calophonique*.

Le style *hirmologique* est employé dans les odes des canons. Le canon se compose de neuf odes : chaque ode a une strophe modèle, *hirmos*, selon laquelle toutes les autres strophes sont construites. Dans les chants composés dans le style hirmologique les mélodies sont brèves, et chaque syllabe du texte comprend généralement une ou deux notes.

Le style *stichérarique* caractérise les poèmes monostrophiques, les tropaires, qui sont plus mélismatiques que les odes, mais toujours composés de telle façon que l'on comprend clairement chaque mot du texte.

Le style *asmatique* est le chant richement orné pour le soliste, le psaltiste, et se définit mieux sous le nom de style *psaltique*.

On trouve des chants du style hirmologique et du style stichérarique dans les manuscrits à partir du ixe siècle, et ils demeurent pratiquement inchangés jusqu'au début du xive siècle. Les chants du troisième groupe, dans le style psaltique, ne se trouvent dans les manuscrits qu'à partir du xiiie siècle, et témoignent déjà, au xive et au xve siècle, d'une tendance de plus en plus marquée à l'ornementation ; il s'y développe un véritable style de *coloratura*, à tel point que la compréhension du texte devient impossible.

Toutes les mélodies byzantines sont écrites selon huit modes (ou *échoi*), dont quatre authentes (ou maîtres) et quatre plagaux (ou dérivés). Certains musicologues pensent que les modes byzantins avaient des rapports avec les modes grecs anciens. En fait, ce n'est pas le cas. Ces musicologues, parmi lesquels on compte L.-A. Bourgault-Ducoudray, ont été trompés par les théoriciens byzantins, qui copièrent les traités des mathématiciens grecs. On trouve un passage très révélateur dans un traité de Nicolas Mesaritès (né en 1164) sur l'église des Apôtres à Constantinople (cf. G. Downey, *Nikolaos Mesarites : Description of the Church of the Holy Apostles,* Transactions of the American Philosophical

Society, vol. XLVII, 6 [1957], ch. IX [899] et XLII [917]).
Devant l'église on enseignait divers sujets. Dans l'une des
classes, les maîtres de chant *(hymnôdoi)* apprenaient aux
enfants les louanges de Dieu, et aux garçons plus âgés à
chanter ensemble avec rythme. Ces professeurs faisaient
« des gestes de chef d'orchestre » (tout comme le
prescrit la méthode de Solesmes!) et s'assuraient que les
enfants chantaient « dans le ton ». Dans une autre classe
se trouvaient ceux qui apprenaient les mathématiques, et
là les étudiants discutaient de « *nêtè, hypatè* et autres
termes qui sont peu familiers ou dont personne n'a
jamais entendu parler. »

Le système des huit modes ne se limite pas à la théorie
grecque classique. Il fut introduit à Byzance, venant de
Syrie où l'*Oktoechos* existait déjà. Le système a probablement son origine dans les idées cosmologiques, et cela
relierait l'*Oktoechos* aux anciennes sources juives, hittites
ou même babyloniennes (cf. E. Werner : *The Origin of
the Eight Modes of Music,* Hebrew Union College Annual,
vol. XXI [1948] p. 211-255.) Ainsi donc les modes
byzantins dérivent des systèmes de modes syriens,
puisque les textes et les mélodies venaient de Syrie et de
Palestine. Ce n'est que plus tard que les érudits byzantins,
avec un penchant pour la civilisation hellénistique,
essayèrent de relier le chant byzantin à la théorie musicale
grecque.

Les moines byzantins n'indiquaient pas seulement le
mode; ils ajoutaient également des signes musicaux pour
fixer la note de départ. Le deuxième mode, par exemple,
commence et finit sur *mi.* Dans certaines mélodies,
cependant, la note de départ est *sol.* Dans ce cas, on
ajoute deux secondes ascendantes à la note de base du
mode II, indiquant qu'il faut commencer une tierce plus
haut, sur *sol.*

Dans les mélodies mélismatiques on trouve fréquemment de longues formules d'intonation, chantées probablement par le *protopsaltes.* Ces formules d'intonation
constituent un guide très précieux pour le chanteur, et,
en ce qui nous concerne, pour le transcripteur, car elles
permettent d'éviter des erreurs.

* *
*

Nous avons utilisé jusqu'ici les termes « hymne » et « chant » sans parler du genre de poésie qui était mis en musique. Si nous rappelons le fait que l'Eglise orthodoxe célébrait quotidiennement avec une grande solennité l'*orthros,* office du matin, et l'*hesperinos,* office du soir, alors qu'elle ne célébrait régulièrement la messe que le dimanche et les jours de fête, nous comprenons que les hymnes jouaient un rôle extrêmement important dans la liturgie. Malheureusement nous ne savons que fort peu de chose du développement de l'hymne byzantine. Au début du vie siècle, tandis que se multipliaient les constructions de monastères et d'églises, et notamment de Sainte-Sophie, on assiste à une floraison abondante d'hymnes liturgiques. Un nouveau genre poétique apparaît, le *kontakion,* dont la forme est due à Romanos, figure dominante de l'hymnographie orthodoxe. C'est le cardinal Pitra qui découvrit la métrique de ces poèmes, et qui, le premier, montra la grandeur de Romanos en publiant un grand nombre de ses *kontakia* (cf. J.-B. Pitra, *Analecta sacra,* vol. I, pp. 1-239, parmi lesquels le fameux *Kontakion de la Nativité* qui commence comme un simple air folklorique.)

Romanos, juif de naissance, était venu de Syrie. Il connaissait donc bien les homélies d'Ephrem, et des autres poètes syriens. C'est à ceux-ci qu'il emprunte les dialogues qui rendent ses *kontakia* si dramatiques. Mais cela ne suffit pas à expliquer la maîtrise de ses poèmes, constitués de trente strophes ou plus, avec un « proème », sorte d'*argumentum* dans une métrique différente. On a critiqué le ton polémique de certaines de ces strophes, en particulier lorsque dans son *Hymne sur la Pentecôte* il demande pourquoi on s'occupe tant d'Aratos, de Platon, de Démosthène, d'Homère et de Pythagore, alors qu'on n'honore pas ceux auxquels l'Esprit Saint est apparu.

Mais une telle attitude ne nous rappelle-t-elle pas celle de Paul Claudel ? Souvenons-nous du passage de son *Magnificat,* dans lequel il parle comme défenseur de la foi dans un siècle où domine l'esprit d'indifférence religieuse : « Restez avec moi, Seigneur, parce que le soir approche et ne m'abandonnez pas ! — Ne me perdez pas avec les Voltaire, et les Renan, et les Michelet, et les Hugo, et tous les autres infâmes ! » C'est dans le même esprit que Romanos, vitupérait ceux qui rêvaient encore à la gloire passée de la Grèce païenne, ou se laissaient tromper par le mirage des vues hérétiques. Grand poète, il n'ignorait pas la grandeur des poètes et des philosophes grecs, mais pour lui ils appartenaient à un monde illusoire, le monde réel étant celui des saints qu'il glorifiait dans ses poèmes.

A l'exception de Romanos, on connaît fort peu d'auteurs de *kontakia*. Ce genre prit fin lorsque, au concile *in Trullo*, en 692, un sermon quotidien fut exigé et le sermon du dimanche rendu obligatoire. Le *kontakion* était une homélie poétique; en prêchant cette homélie on la rendit superficielle.

Une forme nouvelle naquit, le *canon*, mis au point par André (660-740), métropolite de Gortyne, en Crète. Son œuvre la plus importante est le *Grand Canon*, qui comprend deux cent cinquante strophes. C'est lui qui, avec Jean Damascène et Cosmas de Jérusalem, mit au point la forme du canon qui devait remplacer les neuf cantiques de l'office du matin. Chaque ode a invariablement pour modèle l'un des neuf cantiques. Ainsi, par exemple, le premier cantique étant le chant de victoire de Moïse (*Exode*, xv, 1-20), la première ode d'un canon pour le *Samedi de Lazare* d'André de Crète comporte le texte suivant, qui est une paraphrase du premier verset :

Chantons tous une ode de victoire au Dieu qui a fait des prodiges admirables de son bras puissant et qui a sauvé Israël, car il s'est couvert de gloire.

La musique, de style hirmologique, est dans le premier mode; la transcription est faite d'après le fac-similé du *Hirmologium of Grottaferrata*, E. G. II, Monum. Mus. Byzant., vol. III.

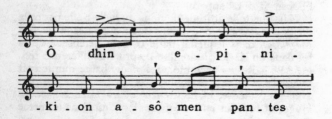

The _ ô _ tô _ pî _ i _ san _
ti thav _ ma _ sta te _
_ra _ ta vra _ chi _ ô _ ni
i _ psi _ lô _ kê sô _ san _ ti
ton I _ sra _ ê _ l o _
_ti de _ do _ _ x _ a _ stê.

Ex. 4.

Jean Damascène et Cosmas de Jérusalem subirent la première phase de la « querelle des images ». La persécution des *iconodoules,* adorateurs d'icônes, provoqua cependant une plus grande piété parmi le clergé orthodoxe, et une hymnographie plus importante, dont le monastère de Stoudios à Constantinople devint alors le centre. Théodore le Stoudite se joignit à la communauté avec ses deux frères Joseph et Euthymios. Ses canons servirent de modèle à toutes les hymnes à venir, et il inaugura également la seconde période du *kontakion.*

L'hymnographie byzantine cependant ne repose pas sur les deux formes principales du kontakion et du canon. Il y a un grand nombre de tropaires monostrophiques qui ont leur fonction particulière : il y a les *stichera,* qui précèdent un canon, et les *theotokia, kathismata, staurotheotokia,* etc., qui sont insérés entre les strophes d'un canon.

Il y a enfin les doxologies et les alléluias, avec leurs versets composés dans le style mélismatique, ainsi que les psaumes qui servent de répons. Le psaltiste chante le verset, mais s'arrête avant les deux derniers mots qui sont chantés par le chœur. Les *Psaltika* étant des livres de chant pour les solistes, ces deux derniers mots sont omis, et il n'y a pas de livres pour le chœur.

Comme exemple de style mélismatique, voici le début d'un *Gloria tibi, Domine,* dans le mode II (*Codex Ashburnhamsis* 62; Mon. Mus. Byz., Fac-sim. *N,* fol. 259r.) :

Ex. 5.

Au cours du xv⁰ siècle, notamment après la chute de Constantinople, le chant byzantin tomba en décadence. Les chanteurs étaient forcés d'accepter la méthode de chant et les gammes turques, car ils devaient enseigner la musique aux enfants turcs, riches. Ils avaient accepté également la façon de développer artificiellement les mélodies au moyen de *coloraturas*. L'histoire de la musique byzantine se termine par conséquent avec la chute de Constantinople.

Cependant, dans les monastères basiliens, en Sicile et en Italie du Sud, la tradition byzantine survécut, et de nos jours le monastère grec de Grottaferrata, grâce aux travaux de Dom Lorenzo Tardo et de Dom Bartolomeo di Salvo, est devenu un centre de la reconstitution du chant byzantin.

Les recherches sur le chant mélismatique sont relativement récentes. Elles ont commencé avec la transcription de la célèbre hymne *Akathistos* du Codex Ashburnham (E. Wellesz, *The Akathistos Hymn*, Mon. Mus. Byz., vol. IX, 1957) écrite à Grottaferrata en 1289, dont il existe maintenant une excellente édition en fac-similé (C. Höeg, *Contacarium Ashburnhamse*, Mon. Mus. Byz., Fac-sim. N, 1956). On peut se rendre compte déjà que la découverte de ce trésor de mélodies est de la plus grande importance pour l'histoire du chant byzantin, dont on ne connaissait jusqu'ici que les exemples les plus simples, à savoir les mélodies dans le style hirmologique et dans le style stichérarique. En somme, la redécouverte du chant byzantin est une révélation pour le musicien et l'amateur de musique. Ces mélodies sont d'une puissance dramatique et émotionnelle qui nous impressionne de la même façon, par exemple, que les mosaïques de Sainte-Sophie, ou la fresque de l'Anastase de la Kahrié-djami.

Le chant byzantin vient s'intégrer admirablement au tableau que nous connaissons de la grandeur de Byzance. Nous imaginons sans peine les sentiments de l'empereur Justinien, qui, entrant à Sainte-Sophie pour le premier service divin, lorsque l'église fut terminée, et admirant la splendeur de l'intérieur et la beauté du chant, s'écria : « Gloire à Dieu, qui a daigné me trouver digne d'accomplir cette œuvre! ô Salomon, je t'ai surpassé! »

Egon WELLESZ.

BIBLIOGRAPHIE

BOURGAULT-DUCOUDRAY, L. A., *Etudes sur la musique ecclésiastique grecque*, Paris, 1877.

FLEISCHER, O., *Die spätgriechische Notenschrift*, Neumenn-studien III, Berlin, 1904.

GASTOUÉ, A., *Introduction à la paléographie musicale byzantine*, Catalogue des manuscrits de musique byzantine, Paris, 1907.

THIBAUT, J.-B., *Monuments de la notation ekphonétique et hagiopolite de l'Eglise grecque*, Saint-Pétersbourg, 1913.

TILLYARD, H. J. W., *Byzantine Music and Hymnography*, Londres, 1923.

WELLESZ, E., *Trésor de la musique byzantine*, Paris, 1934.

TARDO, L., *L'antica melurgia bizantina*, Grottaferrata, 1938.

WELLESZ, E., *A History of Byzantine Music and Hymnography*, Oxford, 1949. Seconde édition en préparation.

Monumenta Musicae Byzantinae, édition de C. Höeg, H. J. W. Tillyard, E. Wellesz, Copenhague, 1935.

Ser. Fac-sim. : Vol. I, *Sticherarium*. — Vol. II, *Hirmologium*. éd. C. Höeg. — Vol. III, *Hirmologium Cretense*, éd. L. Tardo. —Vol. IV, *Contacarium*, éd. C. Höeg.

Ser. Transcriptions : 9 vol. par Tillyard, Höeg et Wellesz.

Ser. Subsidia : (1) H. J. W. TILLYARD, *Handbook of the Middle Byzantine Musical Notation*, 1935. (2) C. HÖEG, *La notation ekphonétique*, 1935. (3) E. WELLESZ, *Eastern Elements in Western Chant*, 1947.

MUSIQUE CHRÉTIENNE
DES PREMIERS SIÈCLES :
LES PLAINS-CHANTS
ET LE CHANT GRÉGORIEN

Pour un Européen de l'Ouest, il est difficile d'évoquer la musique d'une période « chrétienne », et même de la première période, autrement qu'à travers la mélodie ecclésiastique de nos jours. Ferait-on l'effort méritoire d'éliminer ce qui à première vue paraît aberrant — l'orchestre des mariages, les « cantiques » peut-être, et la polyphonie *a cappella* qu'on sait introduite plus tard — qu'il resterait sous une forme analogue au plain-chant un ensemble de pièces qui ont entre elles quelque ressemblance : celle d'être des mélodies qu'une voix seule peut chanter sans les déformer, suggérant ainsi l'inutilité de l'accompagnement d'orgue qu'on leur ajoute. On entend ces pièces aux messes chantées, aux vêpres, par exception aux saluts. On les entend d'une façon plus complète et profitable dans les monastères — même lorsque l'expression artistique laisse à désirer —, et plus encore dans des cérémonies inhabituelles : ordinations, dédicaces d'églises, sacres d'évêques.

Qu'il s'agisse alors d'hymnes, de répons, de séquences ou de psaumes, on dit uniformément qu'on a entendu l'office « en grégorien ». La présente étude voudrait définir la nature de ce bloc compact où se trouvent en réalité des éléments très divers introduits par les portes les plus variées, amalgamés ou rejetés par la tradition au nom de l'orthodoxie chrétienne. J'appellerai « répertoire » l'ensemble de ces compositions. Leur nature veut, elle aussi, être définie : c'est du plain-chant, c'est-à-dire une mélodie recouvrant un nombre de degrés restreint de l'échelle musicale, où l'unité de temps est indivisible (à l'inverse de nos unités modernes qu'on peut décomposer en noires, croches, doubles croches), ce qui donne une grande impression de calme et d'égalité. Pareille musique n'était pas accompagnée d'instruments, bien que d'autres cultes de la même époque les aient admis (le culte juif, ou certains rites païens). Le plain-chant est une musique strictement vocale, qu'une ferme discipline ecclésiastique a délibérément opposée à des manifestations instrumentales profanes.

On essaiera d'abord de définir ce qu'a pu être le répertoire des premières chrétientés; puis nous verrons ce répertoire s'accroître en nombre et s'amplifier dans sa forme; ensuite on assistera à son épanouissement au temps des Carolingiens sous une autorité inflexible qui lui a imposé jusqu'à son nom : le *grégorien*. On présentera, aussi distinctement qu'on pourra, les faits reconnus, les conjectures vraisemblables, les distinguant des légendes et des opinions si respectables qu'elles soient. On ne s'étonnera pas de voir rattacher les faits musicaux à des événements historiques qui les ont parfois commandés : la musique appartient à l'histoire.

LA MUSIQUE
DANS LE SECRET DES CATACOMBES

LES SOURCES

On est mal informé des agissements d'une chrétienté primitive : comment saisir dans leurs détails les coutumes de gens qui veulent faire échapper leur culte à tout contrôle ? Même après la paix de l'Église, la musique est mal connue. Bien qu'elle soit en effet un élément essentiel de la vie, on en parle fort peu : les écrivains anciens ne mentionnent guère tout ce qui est pour eux quotidien, nous n'en avons connaissance que si un accident rompt l'harmonie des habitudes. Comme il n'existait pas de moyen praticable d'écrire la musique, elle était transmise oralement : de ce fait elle a subi des déformations et des accroissements, des oublis aussi, qu'on mesure encore mal. Pour la reconstituer avec certitude, il faudrait des sources beaucoup plus détaillées que celles dont nous disposons : textes disciplinaires (canons de conciles, règlements de toute sorte), écrits pédagogiques du type des lettres de saint Jérôme, récits historiques comme certaines vies de personnages célèbres, ou hagiographiques comme les vies des saints. Ces deux derniers genres sont particulièrement difficiles à interroger : recopiés pendant des siècles, retouchés comme la musique elle-même, on leur arrache difficilement leur vérité ancienne.

LES PREMIERS CHANTS

Voici donc au seuil de notre ère les chrétiens prêts à affronter le martyre. C'est du moins l'attitude sous laquelle nous nous les représentons : mais ces chrétiens étaient des hommes bien vivants, et qui ont connu d'autres attitudes parmi lesquelles prime le geste du fidèle zélé qui prend part à un culte secret. C'est à la suite de longues recherches sur la forme et le développement de ce culte qu'on arrive à saisir ce qui était chanté : il est de plus en plus évident que les premiers chrétiens ont conservé des habitudes judaïques de prière, reprises à la synagogue; ils ne s'en séparaient que dans la partie eucharistique du culte, évidemment la plus importante. Encore lisait-on déjà, dans la messe primitive, des passages pris aux Livres saints, et toujours en usage. C'est donc sans étonnement qu'on voit ces premiers chrétiens chanter des psaumes, des cantiques et des hymnes. Trois termes qui sont pour nous des réalités vivantes : les psaumes font encore partie de l'office, et il faut entendre par « cantiques » ceux des Écritures : le *Magnificat*, le *Nunc dimittis*, etc., toujours eux aussi en usage. Quant au terme « hymne », il faut dire ici qu'il a, en hébreu, un sens très général recouvrant les deux premiers. Sa traduction latine est également équivoque : on chante des hymnes, c'est-à-dire des chants de louange à Dieu, mais qui n'ont pas une forme déterminée. Très vite pourtant on a appliqué ce mot latin à une sorte toute particulière de chant : Philon le Juif rapporte que les chrétiens composent des pièces très variées de forme et leur donnent le nom d'hymne. Voici donc un premier sens chrétien : des « compositions ecclésiastiques » qui ne doivent rien aux Écritures. Le sens s'est précisé mais, bien que cela soit plus tardif, je suis ici dans l'obligation d'éviter l'équivoque, donc de terminer la définition :

parmi les « compositions ecclésiastiques », le terme
« hymne » s'est appliqué strictement à des pièces
strophiques (le type rendu célèbre par saint Ambroise)
dont chaque strophe est chantée sur la même mélodie.
L'ensemble des « compositions ecclésiastiques » a compris des formes très variées qui interviendront plus tard :
le *versus,* le trope, l'office rythmique. Les pièces mentionnées par Philon relevaient sûrement plus de la poésie
populaire que du travail savant : les textes primitifs en
effet montrent le peuple entier chantant — il n'était pas
encore bien nombreux — et on nous dit aussi que le
prêtre et le peuple chantent à tour de rôle. On ne parle
pas de chantre à la première époque, il est vraisemblable
qu'il n'en existait pas.

Les premiers auteurs nous disent aussi que les psaumes
étaient chantés sous la forme « antiphonée », mais les
explications de ce terme varient beaucoup. Il est probable qu'il a tout simplement recouvert, comme tant
d'autres, des manières différentes de chanter : pour les
uns « antiphoner » un psaume c'est le confier à deux
groupes qui en alternent les versets, pour d'autres c'est
introduire un court refrain (l'un des versets) après chaque
verset nouveau, et actuellement l'antienne est un court
refrain chanté au début et à la fin du psaume; sa finale
prépare et introduit la mélodie psalmodique.

LES MÉLODIES PRIMITIVES

Quelles sont les mélodies employées ? On peut
répondre sans hésiter pour les psaumes et les cantiques :
c'était la mélodie reprise au culte hébraïque et qui nous
a été transmise. Cette conjecture se vérifie à travers
d'innombrables comparaison. : les plus accessibles sont
celles d'Amédée Gastoué, éditées en 1907. Notre coutume actuelle connaît huit « tons » (ou plutôt modes) des
psaumes, plus le ton très spécial du psaume *In exitu,* dont
on ignore l'origine exacte : ils sont probablement
anciens, sauf pour le luxe de formules finales dont nous
les entourons maintenant. Ce sont les mêmes tons qui
servent pour les cantiques pris à la Bible et dont la forme
verbale est celle des Psaumes. On est bien moins à l'aise
pour parler des compositions ecclésiastiques. Beaucoup
d'auteurs anciens y font allusion : on sait donc qu'elles

existaient : mais comment les chantait-on ? Certainement de façon assez simple : il ne semble pas que les chants aient été compliqués avant la paix de l'Eglise (313). Les formes ornées et savantes paraissent postérieures à cette période.

Il ne faut pas chercher à reconstituer l'air supposé de poésies perdues. Cependant nous avons un jalon : bien plus tard, au IVe siècle, les hymnes d'Ambroise de Milan se sont imposées et conservées parce qu'elles se chantaient sur des mélodies très simples, probablement prises au répertoire populaire, et faciles à retenir par l'ensemble d'une assistance déjà nombreuse. Je laisse le lecteur libre de croire qu'il en était de même pour les compositions antérieures, aujourd'hui perdues, ou bien, au contraire, que ces compositions ont été perdues parce qu'elles n'employaient pas ce système, et qu'elles étaient trop compliquées pour être retenues par les fidèles.

On a déterminé l'origine hébraïque de certains textes dont on est sûr qu'ils ont été très tôt chantés : les récitatifs du prêtre, le ton des lectures, et une série de pièces fort simples encore en usage : le ton du « répons bref » des petites heures, quelques antiennes. Le *Sanctus* et le *Gloria in excelsis* ont été introduits au début du second siècle, mais probablement sous une forme perdue : des acclamations assez brèves.

Ce résumé paraît bien court : souvenons-nous que le répertoire n'était ni écrit, ni noté musicalement. On n'a pas à broder sur ce thème des suppositions fort touchantes, alors que les documents n'y laissent aucune place. L'entrée de sainte Cécile dans l'histoire comme patronne des musiciens relève de cette catégorie légendaire : l'interprétation trop large d'un mot de son office, bien postérieur à sa mort d'ailleurs, a seule permis cet heureux faux pas de l'histoire auquel nous devons une belle et tardive littérature de messes et motets en l'honneur de la sainte...

L'ÉGLISE PRIMITIVE ET LA MUSIQUE

L'exposé pour cette première période serait incomplet si l'on ne signalait ici deux points qui commanderont toute l'évolution de la musique liturgique jusqu'à nos jours : l'attitude de l'Eglise vis-à-vis de la musique religieuse, et

son horreur de la musique profane. Il faut le dire clairement : l'Eglise primitive ne tolère la musique que comme
un moyen de perfectionnement moral, et comme une
partie quelconque du culte divin; elle ignore la notion
de la musique écoutée pour elle-même, la notion d'art
en somme, et charge la mélodie d'une tâche bien
déterminée : transmettre un texte, une doctrine. Quant
à la musique profane, elle est formellement interdite à
l'église ; son emploi est jugé dangereux même en dehors
du sanctuaire et l'on met les chrétiens en garde contre
elle.

En réaction, en effet, contre un passé alors récent dont
il fallait s'isoler, contre les coutumes du Temple de Jérusalem, où la musique revêtait des formes instrumentales
bruyantes, et en réaction contre les coutumes païennes,
l'Eglise latine va imposer, dès ses origines, un genre qui
lui restera propre : une musique presque uniquement spirituelle. On ne doit introduire à l'église aucun instrument,
quel qu'il soit : tous rappellent les banquets profanes.
Il n'y a pas de pièces bruyantes ni d'effets artistiques :
les ordonnances rappellent constamment la modestie
et la réserve qu'il faut observer. « Chantez dans vos
cœurs », dit-on couramment, et cela avec un contexte
qui ferait souvent croire que cette jubilation est uniquement mentale, si l'on ne disait que parfois les assistants
l'entendent ou y répondent. Le but cherché n'est que
moral : recueillement, sérénité, détachement des choses
de ce monde et des avantages physiques. Le raisonnement
va parfois fort loin : ce n'est pas la beauté de la voix qui
plaît à Dieu, c'est la pureté de l'intention, même si l'on
chante faux (ce témoignage est de saint Jérôme, mais
pourrait être écrit par tous les liturgistes). Quant aux
Pères du désert, certains vont plus loin, et pensent même
à proscrire tout chant de leur liturgie, et en premier lieu
les chants ornés.

L'ESTHÉTIQUE DU PLAIN-CHANT

Ces conditions paraissent sévères; on pourrait croire
à l'exagération. Cependant elles sont redites de siècle en
siècle par les moralistes, et elles régissent encore le chant
d'église dans sa partie strictement liturgique : on doit
chanter une mélodie sans éclats, qui ne voudrait être

qu'intérieure, intellectuelle presque, spirituelle en tout cas. Sa destination propre, et c'est là une notion sur laquelle il faudrait revenir souvent, n'est pas de distraire, embellir, orner, elle n'est surtout pas la beauté en soi : la musique de l'église existe uniquement pour servir la liturgie, transmettre en l'amplifiant le sens des paroles sacrées.

Malgré la réelle beauté que nous trouvons au plain-chant, ce n'est pas un « art » à proprement parler, à notre point de vue moderne : c'est un moyen hiératique d'édification, strictement surveillé. C'est une obligation religieuse, et comme telle, sa forme est définie; son but est de donner aux paroles qu'elle soutient plus d'ampleur et de portée : un texte récité ne pénètre pas aussi profondément dans l'esprit de l'auditeur, il n'y reste pas gravé comme un chant dont la mélodie peut à l'occasion devenir obsédante. Ce n'est pas par hasard d'ailleurs que la trame musicale est ajoutée aux paroles : toutes les formes religieuses destinées à un nombreux public font usage du même procédé ; la parole risque d'atteindre le cœur humain moins sûrement si un son musical ne vient préciser l'élévation relative des syllabes, les arrêts et les reprises du discours.

C'est pour avoir méconnu ce principe qu'on a discuté à vide, principalement sur l'exécution du plain-chant, et l'on n'a pas tenu compte des longues conséquences de cette notion. Du moment, en effet, où la musique est une stricte obligation de forme très définie, il n'y a pas de composition libre et personnelle, et il ne peut y avoir de jugement des résultats. Le Moyen âge d'ailleurs a pratiqué la copie sous toutes ses formes et, si c'est une vertu que de recopier un texte d'autrui présumé bon, il est douteux qu'une composition personnelle reçoive des encouragements. En tout cas il n'en est pas question en musique d'église. Il faut exécuter ce qu'on a reçu de la Tradition, sans le déformer : il ne reste aucune place pour l'initiative individuelle. Un artiste serait-il tenté, d'ailleurs, que la morale à son tour le rappellerait à l'effacement, à la modestie, à l'abandon des choses humaines : il faudra dix siècles pour que, bien timidement, les noms de quelques musiciens commencent à échapper à l'oubli. Ce qui compte, c'est que les paroles sacrées soient transmises et reçues avec leur maximum de signification :

l'obligation liturgique est tellement stricte qu'elle régit, depuis vingt siècles, les récitatifs du prêtre sans qu'il soit possible d'y changer une inflexion.

De cette notion découle le mode d'expression propre au plain-chant, que nous retrouvons encore à l'époque moderne : le texte est servi en premier, tel qu'il se présente (en général dans les Écritures) et sans qu'on ait l'autorisation d'y changer un mot : les variantes nombreuses de nos manuscrits sont dictées par plusieurs raisons, mais jamais par l'initiative personnelle. En prenant le texte tel qu'il se présente, on admet toutes les alternances irrégulières des accents verbaux de la traduction latine. La phrase musicale est calquée sur l'ordonnance de cette construction irrégulière; dans certaines compositions ecclésiastiques on a cherché à l'imiter. Cette cadence imprévisible a alors déterminé la forme rythmique de la musique qu'on lui adapte : c'est la fameuse égalité des temps premiers du rythme libre, dont la raison originelle est l'effacement de la musique devant les paroles. Les ornements musicaux paraissent aux fins de phrase ou d'incise, et de là ont peu à peu cheminé dans les pièces ornées. La coutume était tellement forte qu'elle a entraîné à coup sûr la modification de pièces entrées au répertoire beaucoup plus tard; leur forme n'était peut-être pas celle du plain-chant, mais elles ont fini par se modeler sur lui. Enfin ce mode d'expression n'est pas spécial au rite latin : les rites orientaux (grec, slave, etc.) ont des formes tout à fait comparables.

Cette musique qui, en premier lieu et avant tout, sert à la transmission du sacré, répond à un besoin immanent de l'homme, ressenti de façon assez diverse suivant les groupes sociaux et qui a beaucoup évolué. Dans la première période il a dû être assez uniforme. Il a cependant dû très vite se différencier : pour un esprit monacal, toute liturgie est au cœur même du sacré, mais pour un prêtre chargé de l'éducation des fidèles, certaines parties du chant religieux ont dû devenir peu à peu des moyens didactiques. Il y a entre ces deux conceptions voisines et bien chrétiennes toutes deux, une gamme de vues différentes qui rendent assez bien compte des « compositions ecclésiastiques » dont il est question plus haut. Très proches du sacré, elles n'en font déjà plus partie.

Il semble — et cela est fort important — que cette

différence de vues rende compte, surtout, des différentes interprétations rythmiques qui sont encore aujourd'hui en discussion. Nul ne saura décrire dans le détail le dégradé insensible qui s'est glissé dans l'exécution : au centre du sacré, des paroles saintes à un point tel qu'elles ne peuvent être dites que par le prêtre, sur un ton immuable de récitatif. A côté, des pièces qui relèvent des ministres secondaires : le lecteur, le chantre. Puis, celles qui sont davantage écrites en vue de l'instruction du peuple, celles qu'on lui fait chanter en certains cas, mais qui peuvent bien souvent aussi rester l'apanage du clergé (en particulier chez les moines). Qui ne voit qu'aux franges extérieures du répertoire, on confine au folklore et aux pièces strictement métriques comme certaines hymnes ?

C'est là qu'intervient à nouveau la discipline, et il faut bien y insister. L'Eglise légifère constamment contre la musique des « incantations magiques et des banquets païens » parce qu'elle redoute que dans le culte on n'introduise des chants profanes qui rappelleraient la magie ou les débauches qu'ils ont accompagnées ailleurs. Le nombre des ordonnances de ce type, jusqu'à la fin du Moyen âge, est inconcevable pour nous qui faisons un départ étroit entre les genres musicaux : il nous instruit sur les difficultés des liturgistes anciens, il nous est en même temps un sûr garant que des infiltrations se sont produites.

LA CHRÉTIENTÉ LIBRE : LA CROISSANCE
(IVe-VIe siècle)

ENRICHISSEMENT DU RÉPERTOIRE
APRÈS L'ÉDIT DE CONSTANTIN

On a décrit plus haut le peu qu'on sache à coup sûr des origines de la musique liturgique et religieuse. Dès le IVe siècle, les problèmes sont plus complexes : libérées par les lettres de Constantin en 313, les chrétientés réduites des débuts se sont brusquement multipliées. Les fidèles croissent en nombre, et l'histoire se fait plus confuse par la seule existence de ce grand nombre. Mais il y a d'autres raisons à cette complexité croissante : les prédications continuelles faites par des apôtres venant de points différents, à des dates différentes, transmettaient des rites variables — on ne peut encore parler de liturgie fixée — et les récits, aussi bien que les monuments conservés pour la période du IVe au VIIIe siècle, en sont un témoignage. Il n'y a pas de témoins directs tels que des livres liturgiques pour le IVe et le Ve siècle; il y en a quelques-uns pour le VIe et quelques centaines environ sont répertoriés pour le VIIe et le VIIIe. Sans être bien riches, nous pouvons donc nous former une idée de ce qu'étaient les coutumes liturgiques qui servaient de support au chant : en général on s'accorde à y retrouver une origine grecque, orientale en tout cas, dont la forme et le degré d'adaptation varient avec le groupe envisagé : le groupe gallican et le groupe hispanique, dissemblables entre eux, ont une parenté commune avec les rites grecs — l'Irlande celtique a reçu des coutumes qu'on a rattachées à la Palestine —, en Italie, Milan, Bénévent ont des tendances grecques. Cette variété complique la recherche ; de plus, on manque de documents sur le rite romain primitif, de sorte qu'on le juge difficilement et qu'on a fini par lui attribuer tour à tour les différentes formes provinciales.

Que savons-nous des modifications de la liturgie à Rome même ? Le culte se développait lentement et continuellement. Le nombre des fêtes, très restreint au début, s'accroissait peu à peu; Pâques, la Pentecôte, l'Epiphanie et quelques anniversaires de martyrs avaient seuls ponctué l'année; la fête de Noël n'est entrée à Rome qu'au IVe siècle, et c'est assez tard seulement qu'on a célébré les saints non martyrs. Les heures liturgiques (l'office) n'étaient pas réglées avec la minutie que nous connaissons : il est probable que l'obligation de les réciter atteignait en partie les laïques aussi bien que le clergé. A mesure que de nouvelles fêtes entraient dans l'usage, on déterminait les pièces à chanter pour chacune d'elles : cependant les détails n'étaient pas obligatoires comme ils le sont devenus, et une marge de liberté assez grande séparait probablement encore des églises même très proches. Aussi voit-on sur ce terrain mouvant chaque pape refaire à nouveau une liste des fêtes et des offices que nous appellerions un *ordo* : les contemporains le nommaient alors le « chant annuel ». Terme équivoque, qui semble atteindre aussi bien le calendrier liturgique que la répartition des offices et celle du chant.

L'INFLUENCE DE L'ORDRE DE SAINT-BENOÎT

A cette période enfin appartient une institution qui dominera toutes les questions liturgiques et musicales pendant plusieurs siècles : l'ordre de Saint-Benoît. A la création, le fondateur n'a eu en vue que son monastère du Mont-Cassin. La perfection et l'équilibre de sa Règle en assurèrent la diffusion immédiate : les grandes figures du Moyen âge, jusqu'au XIᵉ siècle, seront des moines, ou des prêtres séculiers formés dans des monastères, et pénétrés par l'esprit de la Règle. On dit, en effet « la Règle » en parlant des ordonnances de saint Benoît; c'est la constitution typique pour les moines occidentaux, et devant elle toutes les autres s'effacent peu à peu : les statuts orientaux, antérieurs, aussi bien que ceux presque contemporains de l'Irlandais Colomban. Or Benoît a laissé une large place au chant; à sa mort, peu avant 547, l'office monastique était constitué, à peu de chose près comme il l'est à présent.

Dans ce dédale on possède quelques jalons. Dès le IVᵉ siècle, l'exécution de certaines pièces a semblé trop difficile pour une assistance qui devient de plus en plus nombreuse et, partant, moins instruite et moins zélée. La conséquence de ce fait se voit rapidement : il y aura désormais des chantres de métier auxquels on fait parfois allusion; d'autre part les sources signalent aussi des chants ou des acclamations qui devront être dits par tous les fidèles — mais ce sont là des allusions toujours laconiques, elles ne servent que comme point de repère.

C'est maintenant, croyons-nous, qu'il est à propos de rappeler la thèse classique au sujet de tous ces événements. En général, les historiens sont d'accord pour penser qu'il aurait existé, dès cette période, un répertoire assez court mais voisin de celui que nous connaissons. A la fin du VIᵉ siècle, saint Grégoire rentrant de Constantinople aurait compilé à l'usage des églises latines tout un ensemble qu'il aurait rapporté de ses missions orientales; ce répertoire imposé au VIᵉ siècle serait celui que nous chantons à présent. En réalité, c'est là un récit fait

par Jean Diacre, à Rome même, mais à la fin du IXᵉ siècle,
c'est-à-dire trois cents ans plus tard, trois cents ans rem-
plis de guerres et d'événements brutaux dans lesquels
Rome a largement payé l'honneur d'être le pivot du
monde latin. Si, pour étudier des faits d'il y a trois cents
ans, nous n'utilisions que les documents et les traditions
accessibles aujourd'hui, sans avoir recours à l'imprimerie, que pourrions-nous dire et quelle assurance aurions-
nous de posséder quelque parcelle de vérité ? Et c'est
pourtant une aveugle confiance qu'on accorde au récit
de Jean Diacre... Nous verrons plus loin ce qu'il est
bon d'en conserver. Si les érudits sont aujourd'hui
d'accord pour lui donner peu de crédit, on ne peut le
remplacer que par des études de détail, encore incomplètes, mais qui donnent des repères certains, que nous
essaierons de mettre en évidence.

LA THÉORIE PRIMITIVE

Prenons donc les questions une à une, et pour commencer, la plus redoutable : celle de la théorie musicale. Il
existe de courts traités de musique dont nous n'avons
pas fait mention : ceux de la première période ne
concernent que la musique grecque et sont inutilisables
ici. Saint Augustin a écrit un *De musica,* qui concernait le
langage et non la musique; c'est un traité de métrique et
pour connaître l'opinion du saint sur la musique, on doit
étudier l'ensemble de son œuvre. Le traité de Boèce, à la
fin du Vᵉ siècle, est autrement utilisable. On y voit que
la théorie grecque est encore connue; cependant, après
les modes grecs, l'auteur décrit la notation instrumentale
grecque également, en y ajoutant quelques indications
qui, développées, auraient permis la notation des mélodies. En son temps, cette découverte n'a pas été utilisée
car aucun document aujourd'hui connu n'en fait état; il
faudra attendre trois siècles pour voir apparaître la
première tentative de notation, mais sous la forme,
absolument différente, des *neumes,* qu'on dit dérivés des
accents grammaticaux. Saint Isidore de Séville, juste un
siècle plus tard (il est mort en 636), dira explicitement
qu'on ne peut pas écrire la musique, et après lui, aucun
auteur ne traitera plus de la musique jusqu'à Alcuin, à
la fin du VIIIᵉ siècle; son œuvre a, par malheur, disparu.

Cependant le récit de Boèce nous informe encore implicitement d'un autre fait : il écrit en Italie et ne connaît, à la fin du ve siècle, que la théorie grecque; il faut donc croire que pour lui il n'en existe pas d'autre, et c'est bien là ce que nous disent les Pères de l'Eglise : la mélodie liturgique nous est transmise par l'Orient, d'où est également venue la foi chrétienne.

Or, en nous faisant cette affirmation — très fréquemment —, les Pères ne manquent pas d'ajouter qu'il faut exclure de l'église toutes les mélodies chromatiques, parce qu'elles sont dangereuses pour le bon équilibre de la moralité; effectivement, dans le plain-chant, on ne trouve pas de successions de demi-tons; l'existence d'intervalles inférieurs à ce même demi-ton est attestée par de très rares documents, dont on a beaucoup discuté sans arriver à un accord. Cependant la musique grecque et la plupart des mélodies du Proche-Orient contiennent des échelles défectives (où le demi-ton n'est pas exprimé, mais contenu et sous-entendu dans un intervalle plus grand que lui) où l'intervalle supérieur au demi-ton est suivi de plusieurs intervalles plus petits que lui; c'est là une musique raffinée : elle s'est amenuisée et éteinte dans la grâce mièvre qui accompagnait les banquets profanes et les fêtes cultuelles païennes. D'où l'interdit que jetaient sur elle les Pères de l'Eglise; il est toutefois certain que ces mélodies étaient constamment introduites en Occident, puisque la théorie grecque et le répertoire oriental semblent avoir constitué la base originelle de la musique ecclésiastique. Il est un fait certain, c'est que l'Eglise latine, ayant reçu les formules chromatiques, les a perdues ou transformées, on ne sait ni quand ni comment, mais voici quel semble avoir été le processus.

Ces mélodies arrivaient dans des régions où le folklore était entièrement construit sur des échelles défectives de quatre ou cinq degrés, sans demi-ton exprimé. Peu à peu, elles perdaient leur caractère oriental; tant à cause de l'interdit qu'il subissait, que de l'impossibilité pour les chantres latins de l'interpréter. Il ne faut faire aucun commentaire détaillé sur une opération dont on ignore les modalités. Il est cependant permis de croire que nous avons reçu l'écho de semblables difficultés : par exemple, par Hilaire de Poitiers qui, au ive siècle, avait vécu en Orient. A son retour il composa des hymnes pour ses diocésains ; on croit qu'elles étaient inspirées par les formes orientales. L'évêque, en tout cas, se plaint qu'on chante mal ses œuvres et traite les Gaulois d'« indociles » ; il est bien probable qu'ils étaient seulement surpris par des formes inaccoutumées. Un fait très analogue se produit encore maintenant : lorsque certains rites orientaux sont réalisés dans un lieu de culte très éloigné du centre de ce rite, les autorités ont une réelle difficulté à faire exécuter les chants convenablement et même à recruter des chantres qui, formés par nos coutumes harmoniques occidentales, soient pourtant capables de percevoir certaines vocalises et certains intervalles.

Le problème de la transformation des échelles musicales, bien loin d'être résolu, est à peine posé : voici en effet une vingtaine d'années à peine que parut, sur ce sujet, un livre de J. Yasser proposant la solution que nous avons reprise ici, celle d'une assimilation des demi et quarts de ton dans une échelle populaire pentatonique. Cet ouvrage n'eut pas un écho immédiat dans le monde des plain-chantistes ; cependant des recherches tout à fait récentes sur l'origine du chant dominicain vont exactement dans le même sens : si on élimine les demi-tons d'une mélodie ancienne, le schéma de cette mélodie reste intact et le dessin musical se replace de lui-même dans les modes défectifs populaires. Le répertoire en a, par hasard, conservé quelques-uns, telle la communion *In splendoribus,* tel aussi le *Pater* de la messe hispanique, tombé en désuétude depuis le xie siècle, et conservé seulement dans quelques chapelles mozarabes d'Espagne. Les restitutions ont encore un caractère expérimental, malgré tous les soins archéologiques dont on peut les entourer, mais il vaut la peine de les tenter.

FORMES PARALLÈLES AU CHANT ROMAIN : LE CELTIQUE, LE GALLICAN, L'HISPANIQUE, L'AMBROSIEN

On a vu combien notre information est précaire pour les premiers siècles lorsqu'il s'agit d'une matière devenue banale au Moyen âge : le chant romain. A plus forte raison faisons-nous des réserves en traitant de communautés qui n'ont rien conservé de ce répertoire (l'Eglise celtique) ou n'ont conservé que des livres

notés en neumes (Eglise hispanique). Seule l'Eglise de
Milan nous offre un répertoire traditionnel et copié
depuis longtemps; encore faut-il préciser que ce répertoire, au cours des temps, s'est beaucoup rapproché du
romain qui le cernait de toutes parts.

On est fondé à croire que, pendant les trois premiers
siècles de l'Eglise, le répertoire musical, tout comme le
répertoire littéraire de la Bible et des Psaumes, venait
du rituel hébraïque. L'origine orientale des apôtres, la
nature même du texte littéraire, la forme du culte qui, à
part la messe, est restée assez longtemps dépendante de
la forme juive, tendent à le faire croire. D'autre part, la
musique grecque n'a jamais été qu'une musique savante,
dont l'accès était interdit aux petites gens à qui le
christianisme s'adressa d'abord. On ne peut guère
croire qu'un système aussi compliqué ait été transmis et
imposé par des apôtres dont le souci n'était pas culturel,
mais spirituel, et qui de toute évidence n'étaient pas
armés pour une pareille tâche. On conçoit bien mieux la
transmission assez machinale d'un système de cantillation et de vocalise, issu de l'Orient judaïque, et que son
principe même destinait bien à appuyer le caractère et
l'expression des paroles sacrées.

Ces transmissions se conservèrent probablement sur
place, dans des groupes relativement clos, et qui avaient
peu de rapports avec Rome, ou n'en avaient pas. Ainsi
advint-il qu'à partir du VIe siècle, Rome qui affirmait
son autorité envoya peu à peu des missionnaires dans ces
régions très anciennement converties, et ne reconnut
pas les rites anciens, aussi bien au point de vue musical
que théologique ou liturgique. Le point de vue musical
ne semble pas avoir eu d'importance dans ces secondes
conversions, et il est même possible que le point de vue
liturgique n'ait pas paru très important : on voit saint Grégoire écrire à ses missionnaires en Angleterre qu'il ne
faut pas brutaliser les convertis, et qu'il convient de leur
laisser tout ce qui est tolérable de leur coutume ancienne.

Le chant celtique a disparu le premier. Son domaine
était l'Irlande des premières conversions, l'Angleterre,
la Bretagne; il serait peut-être possible, actuellement
encore, de retrouver ses traces dans certaines cantil-
lations populaires, ou dans des chants irlandais. Mais
aucune notation de ces pièces n'a été faite, même tardive-

ment. L'arrivée des missionnaires romains au VIIe siècle, puis les invasions successives, ont eu raison d'une tradition orale.

Le chant gallican n'a pas eu beaucoup plus de chances de survie, car le changement de livres du gallican au grégorien a eu lieu au début du IXe siècle, avant que l'invention des neumes permît la conservation du répertoire. Cependant les églises gallicanes ont laissé une grande quantité de fragments de livres de liturgie et des documents littéraires importants, qui permettent d'échafauder des théories. Il n'est pas impossible d'ailleurs de retrouver la transmission de certaines pièces conservées par des livres aquitains, telles que les *preces* aquitaines et mozarabes.

Le répertoire hispanique a trouvé des conditions relativement favorables, puisqu'il s'est maintenu jusqu'au XIe siècle. On l'a nommé « mozarabe », parce qu'on le rapporte aux communautés espagnoles demeurées «parmi les Arabes ». Mais en réalité il reste propre aux chrétiens hispaniques, et jamais aucun élément arabe ne s'y est mélangé. La date relativement tardive de son abolition par Grégoire VII a permis qu'il fût consigné dans d'assez nombreux recueils, où la mélodie est représentée par des neumes encore illisibles. Toutefois, textes et neumes existent; on pense même que certains textes notés sur lignes après le XVe siècle reprennent l'ancienne tradition primitive, ce qui légitime les éditions de Dom German Prado. Sans quitter le domaine des neumes et des manuscrits, on peut discerner des éléments assez caractéristiques : l'abondance de vocalises, la forme du rituel encore proche de l'improvisation, la part assez importante des acclamations populaires, permettent des hypothèses raisonnables.

Les érudits hispanisants ont tendance à rapprocher l'ensemble des rites hispanique et ambrosien, non sans raison semble-t-il. Une organisation comparable, un chant probablement de même nature permettent cette comparaison. On rapporte à saint Ambroise l'organisation du répertoire milanais — souvent appelé ambrosien pour cette raison. On doit écarter les hymnes de ces considérations : au début, ce ne sont pas des chants liturgiques mais populaires, et leur forme actuelle ne peut servir à former des hypothèses sur le répertoire rituel. Bien au contraire, l'ambrosien ancien semble antérieur à la constitution du système modal grégorien; la plupart des antiennes échappent à la classification modale, ainsi que la psalmodie qui fut réglée pour la première fois, pense-t-on, au xvie siècle. Les vocalises sont fort longues, et repoussées tout à fait à la fin des pièces.

ÉLÉMENTS DU RÉPERTOIRE ROMAIN DU IVe AU VIe SIÈCLE

Recherchons maintenant dans la musique elle-même les grands traits qui peuvent la décrire dans la période du ive au vie siècle. Nous avons dit que l'Eglise n'admet encore la musique que comme un moyen de graver plus profondément certains textes dans l'esprit des fidèles, et qu'elle l'ignore, et l'ignorera longtemps, en tant que production artistique. On voit nettement que les premiers textes sont encore simples et proches du récitatif et de la psalmodie, qui est un récitatif supérieurement organisé. C'est de proche en proche que les genres vont se compliquer et se séparer les uns des autres et le mouvement s'accroît après le ive siècle. On trouvera toujours, après l'édit de Milan, les grandes formes qui sont nées presque en même temps que la chrétienté latine :

— le récitatif indispensable aux paroles du prêtre, et qui ne pourrait recevoir aucune addition musicale sous peine de perdre son caractère sacré;

— la lecture didactique : les deux Testaments, confiés eux aussi à un ministre de l'autel;

— la psalmodie commune aux prêtres et aux fidèles de la première période;

— quelques pièces syllabiques simples, antiennes et répons; ces deux types sortirent peu à peu de la psalmodie, à laquelle ils ont servi de refrain. Mais on n'a aucune certitude sur leur forme primitive, ni sur leur évolution avant la paix de l'Eglise;

— des compositions ecclésiastiques en vers.

Il semble qu'à partir de l'édit de Milan, des divisions plus subtiles soient à envisager. Le peuple plus nombreux et l'évolution du christianisme en sont cause : la liturgie se précise et se complique, le chantre se substitue

aux fidèles pour bien des pièces, et, nécessairement, sa
présence impose un répertoire de professionnel. La psalmodie va se dédoubler elle aussi; il reste — comme
maintenant — un type psalmodique accessible non seulement à l'ensemble du clergé mais également à la partie
la plus zélée et la plus instruite des fidèles; il s'est créé,
on ne sait trop quand, un type nouveau de psalmodie
ornée qui, à partir de versets de psaumes simples à l'origine, a reçu des additions vocalisées de proportions très
variables, et qui ne pourront plus être exécutées que par
un professionnel. Une forme de ces additions est la vocalise, ou *jubilus,* de l'*Alleluia,* qui fait valoir la voix et les
talents du chantre. L'assistance ne prend plus part à des
chants si difficiles; on lui réservera désormais des acclamations très simples, du type *Kyrie eleison.* Enfin, on verra
se multiplier les compositions ecclésiastiques sur lesquelles nous aurons souvent à revenir, et qui ont dû,
suivant leur nature propre et suivant les circonstances,
être chantées soit par le chantre, soit par les fidèles.

Les récitatifs du prêtre sont le type même de la mélopée, ils sont peu nombreux et leur forme est strictement
fixée d'avance (type : la Préface de la messe). Certains
récitatifs du chantre leur sont analogues, mais leur forme
est légèrement variable (type : l'*Exultet* pascal).

Le Lecteur est dépositaire d'une science déjà bien plus
compliquée. Il est chargé de lire, en les déclamant sur
un timbre musical connu, des passages des Livres saints
qui varient tous les jours et dont certains sont fort longs.
Il est obligé de connaître parfaitement la langue de ces
textes, le latin, dans ses subtilités : accents, repos, ponctuation. Il s'agit d'adapter le texte à la formule musicale
avec assez de clarté pour que le sens de la lecture soit
toujours perçu par tous : il faut croire que cela n'était
pas plus facile à l'époque de Constantin qu'à la nôtre,
car les écrivains reviennent constamment sur la nécessité de bien enseigner les Lecteurs.

De la psalmodie ornée sont sorties bien des formes qui
nous paraissent aujourd'hui indépendantes. Le trait (*trac-
tus*) est le modèle achevé du genre; sa psalmodie est assez
simple en théorie mais exige du chantre un art consommé.
C'est de toute évidence une pièce de soliste. Psalmodie
ornée encore, la majeure partie des répons, suspendus à
une formule modale assez simple, aboutissant à un verset

du même mode ou d'un mode voisin, et plus strictement
psalmodique encore. Enfin, de la psalmodie ornée sont
venues aussi quelques antiennes non syllabiques, telles
que les antiennes d'*introït* qu'on alternait avec le psaume
pendant l'entrée du clergé avant la messe. Travail de
spécialiste toujours, la vocalise du chantre après le verset
de l'*Alleluia ;* ce genre paraît bien établi en Afrique du
Nord dès la fin du Vᵉ siècle; Victor de Vita conte, en
effet, que les Vandales, entrant dans une église, massa-
crèrent les fidèles; le chantre, occupé à vocaliser l'*Alleluia,* tomba, la gorge percée d'une flèche.

Tout cela concerne la série des textes inspirés, c'est-à-
dire chantés dans la forme où l'Ecriture les transmet :
c'est le chant proprement liturgique, avec des accents
verbaux dont l'alternance irrégulière dicte une mélodie
aux périodes également irrégulières, adhérant fortement
à son soutien textuel sans lequel elle n'existerait pas. C'est
le type même des chants liturgiques latins, grecs et russes,
dont la charpente rythmique est donnée à l'origine par
les accents principaux de la phrase, même s'ils sont
apparemment masqués par des ornements compliqués :
l'égalité des temps premiers, dans les chants syllabiques
ou ornementés de tous ces rites, est l'élément commun
que le chantre modèle suivant sa propre sensibilité,
tout comme une « mesure » moderne, mais qui
conserve à tous ces chants leur sérénité et leur majesté.
C'est un genre assez difficile parce qu'il exige du chantre
des connaissances plus approfondies que les mélodies
à périodes égales, dessinées sur des textes strophiques,
où les chutes de phrase retombent automatiquement
sur la même formule mélodique.

LA PART DES FIDÈLES

Si tant de genres sont destinés à des chantres instruits
et au surplus chantant en solistes, il se présente une
question irritante : quelle est au juste la part des fidèles
dans les chants d'église ? Cette part a certainement diminué depuis les débuts du christianisme. Au VIᵉ siècle,
plusieurs conciles ont déjà légiféré sur certaines acclamations réservées aux assistants. Nous avons parlé du
Sanctus et du *Gloria ;* on nous montre maintenant la foule
chantant *Kyrie eleison* ou, à l'occasion, son équivalent latin,

Domine miserere. Il ne faut pas croire qu'il s'agisse là de
la pièce de plain-chant qui s'exécute aujourd'hui et qui
est relativement difficile; on désigne ainsi des réponses
à des invocations ou à des litanies, ou des acclamations
répétées indéfiniment. Pareil fait est courant dans tous
les cultes et se reproduit encore aujourd'hui dans certaines liturgies orientales, lorsque l'assistance répète une
centaine de fois *Kyrie eleison ;* le rite hispanique connaissait une coutume tout à fait semblable au cours de la
cérémonie du Vendredi saint. On possède des attestations comparables pour Rome au VIᵉ siècle; Grégoire
de Tours parle d'une invocation *Domine miserere,* indéfiniment répétée; plus tard, les missionnaires, en
Angleterre, lorsqu'ils allèrent trouver le roi de Kent,
chantaient la litanie *Deprecamur te Domine.*

C'est, de toute évidence, la prière spontanée d'une
assistance qui ne connaît pas la langue liturgique et qui,
ne pouvant prendre part aux prières dont elle est le
témoin, se sert d'exclamations très simples.

C'est que les fidèles, devenus très nombreux, exclus
de l'exécution d'un répertoire devenu difficile, commençaient probablement à se désintéresser d'un office qu'ils
ne suivaient plus que de loin : c'est un témoignage de
ce fait que donnent les nombreuses et diverses compositions ecclésiastiques dont il faut à présent dire un mot.
On a vu que le principe de ces pièces remonte très haut,
probablement au début même de l'Eglise. Voici ce qu'on
en sait. Les *hymni* attestés par Philon au Iᵉʳ siècle se sont
multipliés, mais on ne les a conservés que de façon
exceptionnelle. On possède cependant une pièce de
Victorin (IIIᵉ siècle) composée d'acclamations à la Trinité, auxquelles l'assistance répondait *O beata Trinitas ;* il
en a survécu une version du IXᵉ siècle, avec une notation
musicale en neumes. Quelques pièces de saint Hilaire de
Poitiers sont restées en usage assez longtemps et l'Eglise
avait conservé une hymne et deux *versus* (pièces à refrain)
de Fortunat; un seul des deux derniers subsiste. La véritable vogue des hymnes, pièces strophiques régulières,
remonte à saint Ambroise de Milan (IVᵉ siècle), qui les
composa pour instruire et surtout distraire et occuper les
fidèles, attendant sous sa protection la fin du siège de la
ville. Le succès de l'entreprise fut immédiat; les sept
pièces d'Ambroise furent si répandues qu'elles servirent

de modèle à d'innombrables imitations. On les chante encore : rythme et mélodie s'imposent à l'assistance la plus rétive et contiennent bien probablement des timbres populaires. Les hymnes ambrosiennes firent tout de suite partie de l'office monastique qui ne les a jamais abandonnées ; les moines, à cette époque, n'étaient pas prêtres *ipso facto,* ils n'étaient souvent que des laïques désireux de mener une vie plus digne sous la direction immédiate du clergé et il était peut-être utile de leur faciliter la participation aux offices. Remarquons en passant que les hymnes ambrosiennes (je pense ici aux originaux et aux copies tardives), créées pour les fidèles, ont dû devenir rapidement métriques et fortement scandées si elles ne l'étaient dès leur origine ; il semble que certains bénédictins aient continué à les chanter en rythme libre, alors que, dans la période de la Renaissance au moins, les livres séculiers présentent des versions métriques. Ces hymnes, en tout cas, ne figurent pas dans l'office romain avant le XIIe siècle, alors qu'elles étaient, dès l'origine, adoptées par la plupart des rites provinciaux, dont le gallican, qui semble ne jamais les avoir abandonnées.

Au VIe siècle, saint Césaire d'Arles aurait fait chanter par tous, « en grec et en latin », des antiennes et des « proses », qu'on pense pouvoir rapporter aux oraisons en prose, et non aux séquences qui sont plus tardives. Vers la même époque, Cassiodore parle de « tropes » chantés, commentaires qui interpolaient certains textes latins : les séquences en sont une forme parmi tant d'autres ; ce sont là les ancêtres bien lointains des cinq séquences qui sont demeurées à notre répertoire. D'un autre côté, la mention du grec et du latin, chantés par tous les fidèles, confirme ce que Boèce nous dit, à la même époque, de la théorie musicale uniquement grecque.

COMPOSITION ET TRANSMISSION

Tentons maintenant d'éclairer la question de la transmission et de la composition de tous ces chants. Boèce, en poursuivant son idée, aurait abouti à une notation. Mais il n'a pas en vue la réalisation pratique ; son système n'a pas été diffusé et on n'en trouve pas trace dans les livres de ses contemporains ; Isidore de Séville, quatre-vingts ans plus tard, l'ignore complètement. Comment donc les pièces traversaient-elles le temps sans se déformer ? Les uns veulent qu'on retrouve à tout prix des neumes musicaux, d'autres voient partout des compositions de personnages célèbres, ce qui ne fait que reculer le problème. D'autre part rien à cette époque ne fait croire que l'apprentissage du métier de chantre soit fort long comme il semble l'être devenu plus tard. Comment pouvait-on, de mémoire, exécuter tant de pièces différentes, et en particulier les interminables vocalises de l'*alleluia* ?

Un ouvrage récent, traitant de textes plus tardifs, constate de menues différences, identiques dans certains cas, entre des pièces transmises de façon également identique. Ces variations ne relèvent pas de la transmission par notation neumatique, encore inexistante ; elles représentent des interprétations vocales différentes. Pour l'auteur en effet, les chantres n'exécutent de mémoire qu'une infime partie de leur répertoire : pour le reste ils usent d'une improvisation réglée suivant des normes connues. Cette hypothèse extrêmement intéressante, très vraisemblable, est fortement appuyée par un fait actuel mais dont l'origine remonte vraisemblablement à l'époque même où le plain-chant s'est formé : la Synagogue, l'Eglise grecque, les Eglises copte et abyssine, pour leur liturgie, utilisent une grande quantité de vocalises qui ne sont pas écrites puisqu'il n'existe pas de moyen de les noter. On les enseigne donc par tronçons courts, que le chantre, par la suite, juxtapose à son gré et suivant les besoins de l'office, assortissant ainsi le chant à la liturgie. Il est très probable que les vocalises du plain-chant, tout au moins, ont été ainsi enseignées au Moyen âge ; le chantre apprenait les formules les meilleures pour chaque mode, ainsi que leurs enchaînements les plus courants ; la juxtaposition se faisait d'elle-même. C'est là métier d'artiste en réalité, et qui se rapproche singulièrement du point d'orgue où jadis chanteur et violoniste rivalisaient de science ; il est bien probable que certaines pièces de plain-chant se sont ainsi créées et transmises. Cette hypothèse est tout à fait vraisemblable, parce qu'elle rejoint à la fois des réalités visibles pour nous, d'une part, et de l'autre, se rattache étroitement à la mentalité médiévale pour laquelle la composition personnelle n'existe pas. L'écrivain, le musicien se doivent, en effet, de reproduire fidèlement ce qu'ils ont appris, et non d'inventer à nouveau : ce que nous appellerions plagiat est pour eux le respect absolu de la tradition, à l'ombre de laquelle toute leur œuvre doit s'épanouir.

L'OCCIDENT SE TOURNE VERS ROME : LE CHANT DEVIENT ROMAIN
(VIIe-VIIIe siècle)

SAINT GRÉGOIRE LE GRAND

Avec l'entrée en scène des chantres de métier à l'église, avec Augustin, Ambroise, puis Césaire, Boèce et Cassiodore, avec la création de l'ordre de Saint-Benoît qui recouvrira en Occident toutes les autres formes de monachisme, avec les papes législateurs, nous atteignons une époque difficile, controversée, celle de saint Grégoire, mort en 604. Ce très grand pontife a eu une action multiple, et dans un grand nombre de domaines. Esprit supérieur, de moralité éclairée, au sens pastoral et missionnaire, il est la réussite de l'Eglise à cette période. C'est un noble romain qui, devenu moine, a été le premier propagateur de la règle bénédictine; il a écrit la vie de saint Benoît dont il a connu les premiers disciples. Passant de la vie monastique à la charge pastorale il a été envoyé à la cour byzantine et finalement élu pape. Il prend alors en charge la vie matérielle de Rome en même temps que sa vie spirituelle et dans des périodes troublées par la guerre et l'invasion il assure la nourriture et la paix de son troupeau; enfin il met en route la conversion des Anglo-Saxons. Son génie universel, si humain et si noble, lui a valu une célébrité immédiate, et il n'est pas question de reporter sur un autre Grégoire, comme on a voulu le faire, les faits qu'on lui attribue : ce nom, au Moyen âge, ne désigne qu'un seul homme, Grégoire le Grand. Est-ce à dire qu'on ne lui a attribué que ses propres œuvres, spécialement en matière de musique, c'est-à-dire dans un domaine encore secondaire, d'évolution lente, de composition anonyme et de transmission difficile ? A la gloire de ce très grand pape, le chant d'église lui a été attribué en entier : trois siècles après sa

mort, on a commencé à parler de chant « grégorien »,
et il n'est pas à propos qu'on cesse d'employer ce terme
dans la vie pastorale de l'Eglise. Cependant l'historien
sait que l'homme du Moyen âge aime à conférer une
autorité indiscutable au moindre fragment de texte,
chanté ou non, en lui ajoutant une signature illustre,
incontrôlable parce que le pseudo-signataire est mort
depuis longtemps. On comprend qu'un clergé recruté
parmi les moines, faisant constamment œuvre missionnaire, se soit prévalu de l'autorité de saint Grégoire,
pape moine et missionnaire; mais c'est là un fait tardif :
les successeurs de Grégoire n'ont connu que la liturgie
« romaine », le chant « romain ». Saint Grégoire n'a
pas composé le plain-chant que nous appelons « grégorien ».

Jusqu'ici, l'Orient chrétien avait joué un rôle primordial dans la vie religieuse et culturelle. Le christianisme
était venu de Palestine en Italie; l'empire romain avait
transféré sa capitale à Byzance. Pendant longtemps la
fiction impériale avait été respectée : on continuait à
demander les directives à Byzance. Débordé sur toutes ses
frontières, aux prises avec les pires difficultés, l'Empire
se repliait en Orient, ne laissant à Rome que des chefs
sans valeur. Rome isolée, assiégée, appelant sans écho le
secours impérial, supportant les invasions, tâchant de
négocier seule, Rome est sauvée par ses papes, Grégoire
en tête. L'autorité dès lors revient à Rome après avoir
jadis émigré vers Byzance : elle a changé de mains, et
ce sont les pontifes qui prennent l'initiative. Le rôle
unificateur de Rome commence.

Nous avons vu chaque région recevoir, en même
temps, sa conversion et des rites chrétiens inspirés des
formes orientales. L'unité liturgique ne dépasse guère
la métropole provinciale et il y a fort peu de tentatives
d'unification générale du culte; l'unité absolue sera
l'œuvre de dix siècles. Grégoire, comme tous les papes
de son temps, avait rédigé un *ordo* rendu nécessaire par
les perpétuelles additions à la liturgie; il rédigea aussi ce
qu'on nomme un sacramentaire (les oraisons de la messe)
et très probablement un antiphonaire (les pièces chantées)
— sans la musique puisqu'on ne savait pas la noter. Il
n'est pas sûr qu'on ait conservé ce dernier livre; il est

tout à fait improbable qu'il ait été transmis à l'Angleterre dans les conditions que nous dirons plus loin. Grégoire, en outre, a été frappé par le fait que les chantres devaient avoir des qualités inutiles, sinon nuisibles aux prêtres et a rendu un décret ordonnant de les choisir dans les rangs des sous-diacres, libérant ainsi les prêtres pour leur tâche propre. Il a enfin légiféré sur l'introduction de l'*alleluia* dans la messe, et on lui attribue la composition de la messe chantée de sainte Agathe. Or la tendance était alors de ne prendre les textes liturgiques que dans les Ecritures; il se trouve que la messe de sainte Agathe est en grande partie de composition ecclésiastique, ce qui rend cette dernière tradition difficilement acceptable.

En même temps le pontife décidait de tenter la conversion des Anglo-Saxons. L'Irlande avait été convertie depuis fort longtemps; puis vinrent les païens, Angles et Saxons, qui prirent pied et finirent par repousser les Celtes en Irlande. Convertir ces envahisseurs fut l'entreprise que Grégoire proposa à une petite troupe de moines dans les dernières années du VIᵉ siècle. Les directives qu'il leur donna nous restent : il leur est, entre autres, recommandé de ne pas insister sur les rites extérieurs, pour ne pas heurter les nouveaux convertis. L'Angleterre ne fut entièrement chrétienne qu'assez tard; cependant le premier accueil fut bon et Grégoire mourut avant que les moines, s'étant attaqués aux coutumes des Celtes d'Irlande, ne fussent chassés une première fois de l'île par chrétiens et païens réunis. Un grand point toutefois était acquis, l'idée de « romanité » s'était imposée : dans le milieu du VIIᵉ siècle on parle d'un chantre qui avait « les traditions de Cantorbéry » et, très peu après, l'on commence à mentionner les « traditions romaines ». Au début du VIIIᵉ siècle, la conversion de l'Angleterre avait fait assez de progrès pour que des missionnaires anglais fussent souvent envoyés en Gaule où l'anarchie mérovingienne battait son plein, et en Germanie où peu de missions avaient dépassé Trèves, lieu de culte déjà fort ancien. La notion d'autorité romaine était alors assez forte pour susciter une lutte d'influence entre Lyon et Rome, à laquelle la victoire resta en fin de compte.

On peut donc, en gros, retenir trois faits de la mission anglaise de Grégoire : on voit pour la première fois paraître la notion d'autorité romaine, puis viennent les termes « coutume romaine » et « chant romain ». Enfin apparaissent les missionnaires anglais en Gaule et en Germanie. Toutefois, si des moines voyagèrent alors sur le continent, on ne sait trop quelle liturgie remplissait leurs besaces, et c'est ici qu'intervient la chasse aux manuscrits. Nous sommes au début du VIIIe siècle : il reste bien des témoignages écrits, mais les liturgistes discutent encore de leur nature et en aucun cas les rites n'en sont assimilables à ce qu'on appelle « le romain ». Il n'est pas vraisemblable que le chant ait eu un sort différent.

L'ÂGE D'OR DU PLAIN-CHANT

Dans la Rome pontificale, la tradition cependant s'organisait : pour la doctrine, pour la liturgie comme pour le chant qui en est l'expression. Les érudits s'accordent à penser qu'on a connu alors — au VIIe siècle, et dans plusieurs régions de l'Occident latin — une forme très accomplie du plain-chant dont la tradition, vieille déjà de six siècles, s'était affirmée et développée surtout depuis la paix de l'Eglise. C'est à cette époque que tous placent « l'âge d'or du plain-chant ». Mais il est aussi certain que ces mélodies n'avaient pas exactement le contour que nous leur connaissons, et qui est celui de leur dernière rédaction au IXe siècle.

On est également sûr qu'à force de légiférer, les pontifes étaient arrivés à constituer un ensemble liturgique fixe quoique restreint encore; toutefois pour des raisons d'usage courant, difficiles à unifier, bien des textes échappaient aux règlements. En tout cas le premier pas était fait vers l'unité : prise de conscience de certaines nécessités du culte, restriction des pièces chantées à ce qui paraît convenir à ce cadre, transmission, problématique encore, de ce prototype aux provinces. Un nouveau pas était à faire : l'organisation liturgique complète.

L'ÉGLISE AUTORITAIRE :
LA FIXATION DU PLAIN-CHANT
(VIIIᵉ-IXᵉ siècle)

LES RAPPORTS
ENTRE ROME ET LES FRANCS

Voici, au milieu du VIIIᵉ siècle, la fin des Mérovingiens. Anarchie, batailles ternissent pour nous le reflet qui devrait parer cet avant-début de l'ère carolingienne; Rome n'est pas épargnée, mais reste l'autorité la mieux organisée d'Occident : sa qualité spirituelle en impose aux barbares, récemment promus au rang de civilisés. Batailles en Angleterre, où les Anglo-Saxons prennent la place des Celtes, batailles en Gaule, où les Carolingiens vont remplacer la révolte intérieure par la guerre de conquête, batailles en Espagne, où les Arabes submergent les chrétiens... Pas d'arbitre : l'empereur, dans sa cour somptueuse, est trop loin. Intellectuellement, l'Angleterre est en avance, car Grégoire, en lui proposant la conversion, a déterminé la fondation d'un grand nombre de monastères, foyers de culture. De là, les moines passent sur le continent, séduits par la possibilité d'un martyre que rend vraisemblable l'anarchie politique des Mérovingiens. Pourtant, de ces moines isolés, la Gaule ne retient guère que les noms : l'heure du changement n'a pas sonné.

Le revirement date de Charles Martel. C'est lui qui organise le domaine carolingien, et son propre fils, Pépin, est le premier prince occidental qui accepte des relations suivies avec Rome. Relations de protecteur à protégé : le pape est aux prises avec les Lombards. Il a bien essayé d'alerter Byzance mais la faiblesse de l'empire est telle qu'il a fallu en appeler à Pépin. Le prince lui-même n'a pas le choix : malgré ses victoires, la vie de son royaume est incertaine s'il n'a quelque appui extérieur. Il adopte l'attitude du pontife et en fait son allié après lui avoir fait sentir un peu lourdement sa protection; il a fallu en effet qu'en 752 Etienne II vienne en France plaider sa cause. Dans ce douloureux voyage, il est escorté par

l'évêque de Metz, Chrodegang, qui est allé le chercher à
Rome : Chrodegang, de sang noble, très influent lui-
même, parent de Pépin devenu roi, est dans d'excellentes
conditions pour imposer des réformes. Il est surtout très
pieux et formé par le plus grand, et le dernier en date,
des missionnaires anglais : le moine Boniface, apôtre
des Germanies.

Les négociations furent longues et délicates, et
l'évêque de Metz eut certainement l'occasion de faire
d'autres voyages à Rome : on n'en connaît pas le détail.
Mais on sait de façon précise qu'après le voyage de 752,
il imposa dans son diocèse un ordre nouveau des offices,
qui était un ordre romain, et le propre biographe de
Chrodegang, presque contemporain des événements,
mentionne déjà un chant assorti à ces coutumes. C'est ce
fait indiscutable qui a donné naissance à l'idée toute
moderne d'une école messine de notation musicale neumatique, alors que les documents interrogés se placent
longtemps avant l'apparition du premier neume musical,
et concernent seulement des réformes liturgiques. Il se
fit à la suite de ces événements de nombreux échanges
entre Rome et la Gaule; chantres, livres liturgiques ont
souvent passé les Alpes : l'époque la plus active est
comprise entre 752 et 840. Malgré le nombre des témoignages conservés, on n'arrive pas à reconstituer les faits
avec certitude. D'une part, chaque pape refaisait son *ordo,*
pour y faire entrer les nouvelles fêtes et fixer de nouveaux
détails de liturgie; d'autre part, les Francs recevaient des
livres sans musique qui se complétaient sur place le plus
souvent, et des chantres qui leur enseignaient la mélodie
de Rome : de tout cela, nous avons des attestations.
Cette tradition orale tombait en plein milieu gallican, et
s'y adaptait en une certaine mesure : mouvante déjà à
Rome même, la liturgie changeait aussi en Gaule. Les
liturgistes scrupuleux à qui l'occasion était donnée de
comparer les coutumes de France et de Rome allaient
répétant que la Gaule avait perdu la tradition romaine,
et qu'il fallait redemander des livres.

LA NOTION DE CHANT « GRÉGORIEN »

C'est alors que s'implante en Occident l'idée d'une
tradition unique qu'on veut revêtir d'autorité. Pour la

première fois, vers 770, on voit, dans les sacramentaires, la rubrique qui les attribue à saint Grégoire; à la même époque, on rédige auprès de Saint-Gall, en Suisse, un premier document relatant que ce saint pape a eu le mérite de composer « noblement » le répertoire — entre beaucoup d'autres pontifes et abbés qu'on nomme également. C'est fait, le chant d'église est devenu « grégorien ». Cette notion, venue d'un besoin d'unité et d'esprit missionnaire, s'est imposée par suite du besoin d'autorité que ressent le clerc médiéval. Il lui faut une signature partout : ce n'est pas une fraude, c'est une pieuse imagination qui aide à la diffusion de la liturgie.

Quelle marchandise va donc recouvrir ce pavillon ? Parmi les étapes de la liturgie entre 752 et 840, il en est une qu'on peut clairement retracer, c'est celle du chant appelé « vieux-romain ». Il en faut parler ici, parce qu'il éclaire la route. On a récemment regroupé, en effet, quelques livres originaires de Rome même, copiés après le milieu du XIe siècle, et l'on a constaté qu'ils fournissent une version mélodique assez spéciale, identique dans tous les livres. Les lacunes du calendrier, l'ordre des fêtes, tout indique qu'il s'agit de documents reproduits d'après une version particulière à Rome, aux VIIe et VIIIe siècles, et en tout cas antérieure aux livres d'après lesquels les éditions modernes sont faites. A cet ensemble, on a donné le nom de « vieux-romain »; il n'est pas passé en entier dans l'usage actuel, mais quelques rituels en retiennent des fragments.

C'est là un fait d'une portée singulière. Voici un ensemble de livres dont on sait qu'ils étaient encore en usage dans une église de Rome au moins, au XIe siècle, et qu'ils sont la copie de documents bien plus anciens, antérieurs au grégorien du IXe siècle. Il est bien évident qu'ils ont été transmis aux provinces, à titre de document liturgique, à un moment quelconque : et malgré la hâte des Francs à se modeler sur Rome, aucun livre gaulois ne les reprend. On touche ici au nœud de nos problèmes. C'est là une des formes qui ont été transmises : plus tard, lorsque Rome elle-même a changé, peu à peu les liturgistes ont constaté la divergence dont on a parlé plus haut. Ce fait est clair pour la forme du vieux-romain : il a dû se reproduire plusieurs fois, car la liturgie à Rome ne s'est pas modelée aussi vite qu'on le croit : elle est le résultat de longues méditations, d'additions et d'expériences sans nombre.

D'un autre côté, la religion dans les divers pays chrétiens était alors affaire d'Etat. Le roi, l'empereur chrétien ne font que reprendre la tradition de Melchisédech, le roi-prêtre ; elle aboutit directement à l'empereur byzantin, à la fois césar et pontife. Les rois francs n'en ont pas jugé autrement. Le culte n'est pas une chose religieuse qu'on laisse à la direction des prêtres et des moines ; c'est une des branches sur lesquelles pèse le plus lourdement l'autorité civile : à la fois parce que le roi désire que ses sujets soient chrétiens, parce que la religion aide puissamment le pouvoir temporel, parce que l'autorité religieuse est grande et qu'il faut la ménager, l'aider, la circonscrire. Situation délicate. On verra Pépin légiférer sur le culte, et retirer en même temps certaines abbayes à l'abbé religieux pour les remettre à des laïques ; Charlemagne, plus pieux, continuera à légiférer sans toucher aux biens du clergé.

C'est pour toutes ces raisons que, périodiquement, les textes carolingiens trahissent une inquiétude sur le conformisme avec Rome. Cependant, une fois arrivés en Gaule, les documents demandés à Rome ne restaient pas fixés *ne varietur :* pour les Francs, culte et chant étaient encore mouvants, se complétant suivant les nouvelles fêtes, les règlements nouveaux de l'office, et surtout pour combler les heures d'oraison devenues beaucoup plus longues. Les mélodies romaines ne suffisaient plus pour de telles exigences : on adaptait sur place des formules gallicanes ou bien on développait les romaines. C'est ce répertoire, étendu par la suite à tout l'empire carolingien, qu'on retrouve dans les manuscrits. D'abord, ce furent des livres — graduels ou antiphonaires — non notés, mais désormais presque identiques entre eux, et fort nombreux. Vers le milieu du IXe siècle, apparaît, timide, la notation dite neumatique : elle ne se répandra que vers le début du Xe siècle, remplissant alors de nombreux livres, dont la liturgie n'a pas changé depuis une centaine d'années : ce sont là les témoins utilisés pour la reconstitution du grégorien. Transmis par Rome, complété en Gaule, on donne à ce répertoire le nom de « romano-gallican » ; Rome l'a adopté ensuite et c'est lui qui est devenu le « romain » actuel : c'est à cet ensemble si complexe qu'on ajoute le nom de saint Grégoire. Actuellement universel, obligatoire d'ailleurs, il n'a pas été adopté en même temps dans tout l'Occident, d'où la survivance épisodique de quelques rites spéciaux : le « romain » n'est jamais entré à Milan, Lyon a conservé jusqu'au XVIIᵉ siècle une liturgie carolingienne primitive, Braga conserve encore des coutumes monastiques du XIIᵉ siècle, l'Espagne avait un rite primitif fort beau qu'elle a abandonné au XIᵉ siècle sur l'ordre du Saint-Siège. Enfin certaines régions d'Italie, comme Bénévent, ont mis longtemps à se débarrasser de leurs coutumes anciennes.

Ces circonstances rendent assez bien compte des différences de caractère à l'intérieur même du répertoire actuel, bien qu'il soit désormais universel. Il est temps de l'étudier de plus près.

En premier lieu, peut-on penser qu'un pareil ensemble pût être enseigné uniquement de mémoire ? Le *magister* du IXᵉ siècle disposait de documents nouveaux : tout d'abord, le tonaire. C'est une liste des pièces chantées, classées non plus d'après l'ordre de la liturgie, mais d'après l'ordre des modes du plain-chant ; à l'intérieur de chaque mode il existe des subdivisions suivant les formules mélodiques : débuts, finales etc. De semblables aide-mémoire sont de plus en plus utiles à mesure que le répertoire grandit ; le premier que nous connaissons a été écrit vers 798 dans le Nord de la France. Sa liste est assez courte mais n'est pas donnée comme une nouveauté : on est donc en droit de croire qu'elle est la reproduction de documents antérieurs, connus depuis un certain temps déjà. Ce genre a été très familier à tout le Moyen âge, car la notation en neumes, qui allait apparaître vers 850, n'était pas assez précise pour indiquer les intervalles. On enseignait donc en premier les formules musicales à l'aide du traité de musique, et l'application pratique se faisait avec le tonaire, resté en vogue même après l'apparition de la portée à la fin du XIᵉ siècle.

Un autre moyen était utilisé depuis très longtemps pour aider la mémoire : ce sont les poèmes acrostiches qui témoignent du besoin de rappeler, avec le début de la strophe, le retour régulier d'une mélodie. On doit probablement à saint Augustin le premier exemple d'une longue lignée : son poème abécédaire dont toutes les strophes commencent par les différentes lettres de l'alphabet. La plupart des pièces analogues sont actuellement hors d'usage, mais la liturgie la plus stricte ne les a pas dédaignées. Des antiennes classiques forment acrostiche : on pense ici aux grandes antiennes de Magnificat des sept jours précédant Noël. Elles commencent toutes par le vocatif « O » (*O sapientia,* etc.) et l'initiale des premiers mots forme l'acrostiche *Ero cras* ou *Vero cras.* Ces pièces sont tout à fait classiques, et s'introduisirent dans la liturgie vers le vie siècle.

LA THÉORIE « GRÉGORIENNE »

Enfin, voici paraître de nouveau le traité de musique, succédant à celui de Boèce après une interruption de trois siècles. Alcuin en écrivit un, perdu maintenant; le plus ancien dont on puisse se servir est celui d'Aurélien de Réomé, vers l'an 850. Mesurons donc, avec le chemin parcouru, la différence entre la musique du vie siècle et celle du ixe... Boèce ne connaissait que les modes grecs, et nous avons dit que ces modes, bien qu'ils fussent la base de la théorie musicale, ont été battus en brèche parce qu'ils étaient assortis de mélodies compliquées. Ils sont encore, cependant, l'entrée en matière d'Aurélien, et resteront présents dans tous les traités jusqu'à la Renaissance. Le Moyen âge est ainsi : cette théorie ne correspond plus à la réalité, mais on la recopie sans se lasser. Immédiatement après les modes grecs, Aurélien énumère ceux du plain-chant, mais sous la forme, décrite plus haut, du tonaire; il ne connaît pas la notation et utilise le nom grec des intervalles. On juge de la confusion que présente un pareil système : la théorie, très compliquée, n'a à peu près aucun rapport avec la pratique. Il existe deux catégories de musiciens : le *musicus* ou savant, et le chantre, qui se débrouille dans les minuties du répertoire, à qui l'on demande surtout bonne mémoire et belle voix, et qui, lui, peut se borner à connaître les modes nouveaux de façon pratique. Essayons de l'imiter, et voyons ce qu'est cette fameuse théorie médiévale du plain-chant.

Les « modes » du plain-chant se lisent du bas en haut

de l'échelle sonore, contrairement aux modes grecs, et à partir de quatre finales : *ré, mi, fa, sol*. Chacun d'eux commande une quinte ascendante, qui constitue le mode « authente » de cette même finale, et à laquelle on peut ajouter, sans altérer l'apparence modale, une quarte supérieure. Si cette quarte est placée au-dessous de la finale, le mode devient « plagal ». Il y a ainsi un mode authente (aigu) et un mode plagal (grave) pour chaque finale; leurs noms sont d'origine grecque mais n'ont rien à voir avec la théorie classique : sur *ré*, le *protus*, sur *mi* le *deuterus*, sur *fa* le *tritus* et sur *sol*, le *tetrardus*. On ne connaît d'autre altération que le *si* bémol; encore résulte-t-il d'une transposition et non d'une modification originelle de la note : d'où la longue incertitude sur la place des demi-tons qui se trahira longtemps encore dans les traités. Chacun des modes peut être transposé deux fois : à la quarte et à la quinte. Pour transposer à partir du *sol*, il faut modifier la place du demi-ton pour retrouver la disposition d'intervalles qui entoure le *ré* : nécessité donc d'un *si* bémol. Ces différentes combinaisons se placent dans une échelle de même étendue que la grecque, mais ce n'est pas une échelle fixe et il n'y a pas de diapason déterminé. De plus, alors que les modes grecs sont d'étendue réduite — à l'intérieur d'un tétracorde — les modes grégoriens sont plus ambitieux : on leur a fixé un *ambitus* idéal, à l'intérieur d'hexacordes. On a émis l'hypothèse que les pièces d'étendue restreinte telles que le *Pater* hispanique seraient les plus anciennes. Il y a une part seulement de vérité dans cette conjecture, cependant des pièces ornées telles que l'offertoire *Jubilate Deo*, qui recouvre une onzième, remontent fort loin. Il faut convenir que cela est rare : on admet qu'une étendue d'une sixte suffit à exprimer la majorité du répertoire ancien.

Nous ne possédons d'ailleurs pas de témoins notés antérieurs au IXe siècle, et il est possible que des modifications à l'étendue des pièces aient été apportées assez tôt, lorsqu'elles sont passées de la psalmodie ornée au stade de l'indépendance mélodique. L'étendue d'une sixte serait d'ailleurs menue et la mélodie monotone si les modulations n'étaient possibles, tout comme dans la théorie moderne. Une très grande diversité vient du passage d'un mode quelconque à son plagal, et l'on peut, de plus, moduler d'un hexacorde à l'autre. La mélodie peut ainsi évoluer avec une grande liberté. Le mode est désigné non par la formule initiale, mais par la dernière, d'où l'importance des notes dites « finales ».

Il ne semble pas qu'un lien existe entre l'éthique d'un mode quelconque et les sentiments exprimés dans les pièces, quelles qu'elles soient. Cette notion nous vient en droite ligne de la théorie grecque, comme tant d'autres qui n'ont pas d'application pratique dans le plain-chant, mais elle n'est entrée que fort tard dans la littérature. Quand on examine les faits, il est presque impossible d'établir un lien entre le mode adopté et le sentiment exprimé. On a voulu ainsi rattacher les pièces de la Vierge, en bloc, au mode de *sol,* si clair avec sa finale entourée de deux tons pleins, le *fa* et le *la.* Mais il suffit d'ouvrir le graduel pour voir que les pièces à la Vierge se répartissent un peu dans tous les modes, et il en est ainsi pour tout le reste du plain-chant. Si l'on sort de la stricte liturgie d'ailleurs, on voit que beaucoup de pièces du type *planctus* — déplorations, chants funèbres, exhortations, etc. — sont écrites en mode de *ré,* avec un appui fréquent sur le *la,* quinte du mode. Mais ces faits sont bien plus tardifs que la création du plain-chant et n'appartiennent pas à la liturgie pure. De plus, il faut bien voir que toutes les théories du plain-chant sont fort tardives. Tout se passe comme si l'on avait voulu — postérieurement au IXᵉ siècle — plier la pratique à une théorie qui n'a été exprimée que peu à peu, et qui n'a en tout cas rien à voir avec les débuts du genre.

ÉTUDE CRITIQUE DU RÉPERTOIRE

Que désignent les mots « chant romain » au IXᵉ siècle, ou le mot « grégorien », qui était devenu leur synonyme vers les années 770 ? Beaucoup de choses à vrai dire : les livres même non notés vont promptement déborder et l'on est fondé à croire qu'ils n'ont pas tout conservé. La stricte liturgie part toujours du récitatif ecclésiastique et de la lecture, pour arriver, à travers la psalmodie simple et ornée, aux pièces issues de la psalmodie, mais qui en sont désormais indépendantes, elles aussi, syllabiques ou ornées. Les antiennes, surtout les antiennes de l'office de nuit et celle de la communion, restent assez simples, mais les répons sont tous fort ornés et compliqués. Il n'y a pas de lien obligatoire (mode ou type mélodique) entre les différentes pièces d'un même office ; il est d'ailleurs arrivé souvent, et il arrive encore au IXe siècle, qu'on transfère des pièces d'un office à l'autre. Cela est devenu rare : le culte se fixe.

Les mélodies sont désormais très abondantes. On a célébré à l'envi leur variété, leur beauté réelle et la poésie du mouvement mélodique : il est incontestable que beaucoup d'entre elles sont des chefs-d'œuvre. Et heureusement, les réussites ont eu beaucoup d'imitations. Expliquons-nous. La composition d'une mélodie n'a jamais dû se faire en une fois à ces époques où l'invention doit toujours rappeler quelque chose de connu, sinon le reproduire. Une pièce réussie était beaucoup plus un assemblage heureux de fragments choisis, et réunis avec goût : Jean Diacre nous a donné le nom de cette sorte de composition, c'est la « centonisation ». L'auteur rapporte le fait à saint Grégoire : il n'est pas un témoin bien valable pour ce pape mort depuis trois cents ans, mais ce qu'il faut retenir, c'est son avis sur la méthode de composition, qu'il voit mettre en œuvre devant lui, et qui en tout cas est encore traditionnelle. Il est certain qu'on rejoint ici la méthode d'improvisation personnelle des chantres, avec ce qu'elle pouvait apporter d'imprévu et de trouvailles heureuses ; il n'est pas moins certain que ces réalisations n'entraient que lentement dans les manuscrits.

On est d'ailleurs en présence de plusieurs formes d'imitation. Celle du chantre, qui consiste à imiter par fragments. Puis la méthode de la reproduction pure et simple et de l'adaptation. Il était, en effet, nécessaire de meubler les offices nouveaux : comme la création *ex nihilo* était bien rarement envisagée, on adaptait à de nouvelles paroles des mélodies à succès. Naturellement il fallait modifier bien des choses : la place des accents textuels, la longueur, et là était l'art du musicien. Il est rare que l'adaptation d'un chef-d'œuvre ait mal réussi : on en compte plus de vingt pour le graduel *Justus ut palma,* et aucune d'elles n'est manquée.

En général, les compositions postérieures au VIIIe siècle ont un dessin mélodique plus compliqué, moins sûr que celui de leurs aînées : c'est pourquoi l'on

peut parler d'un « âge d'or » du plain-chant. Ce n'est
pas une règle cependant : l'office des morts a dû être écrit
peu après la mort d'Alcuin, dans les premières années du
IXᵉ siècle, et il est remarquable. Cependant, à mesure que
le temps avance, on va vers des pièces écrites en un seul
mode, donc rigides, remplaçant les modulations constantes de l'époque antérieure. Pauvres d'inspiration, elles
se rattrapent sur la quantité des vocalises : on a ainsi
composé une grande quantité d'offices pour les fêtes des
saints, après 850, sur des textes en vers de toute nature :
ce sont les offices, dits rythmiques, dont la plupart sont
maintenant hors d'usage.

A côté de ces pièces d'exécution difficile s'étaient créés,
probablement depuis assez longtemps, toute une série
de chants beaucoup plus accessibles, réservés à l'ordinaire
des messes (*Kyrie, Sanctus, Agnus dei*) et sortis des acclamations des fidèles dont il a été question plus haut. On
les nomme les « ordinaires » et le graduel moderne en
réunit un assez grand nombre, mais quelques-uns, parmi
les meilleurs, restent à éditer. On peut voir dans n'importe
quelle édition que ces pièces ont été groupées par
« messes », auxquelles on a donné des noms pris le plus
souvent aux commentaires qui les ont accompagnées
parfois (tropes) et dont on parlera plus loin. Ces groupements sont factices : ils ne représentent pas une unité de
mode, ni de date, ni de mélodie, encore moins une unité
historique, car dans les manuscrits ils sont groupés tout
différemment. Certaines de ces pièces ont pu être chantées
par les fidèles : le *Kyrie orbis factor* par exemple, ou le
Sanctus des jours de semaine, actuellement connu par son
emploi à la messe des morts : il était répandu au point
d'avoir été parodié. Mais la réelle difficulté de beaucoup
d'entre elles a dû les faire réserver au chantre.

On est assez renseigné, par la législation de Charlemagne, sur la part des fidèles dans le culte au IXᵉ siècle.
Leur répertoire est assez mince et l'on revient sans cesse
aux mêmes points : l'assistance doit savoir le *Credo* et le
Pater, ce dernier non chanté, elle doit répondre aux
litanies, elle doit savoir dire *Kyrie* et *Sanctus*. Il semble que
le *Kyrie* en cause soit uniquement la réponse aux litanies,
et l'assistance a trop de peine à apprendre ces points
essentiels pour aller beaucoup plus loin dans l'expression
de sa piété. Quelques mots laissent penser que les

hymnes, alors refusées par Rome, et manquant aux livres officiels romano-gallicans, étaient restées en usage en Gaule.

D'un autre côté, le plain-chant devait aboutir à une littérature toute différente. Poussé par le besoin d'un répertoire populaire, le clerc médiéval utilise désormais largement toutes les espèces de tropes, commentaires généralement latins interpolant les pièces liturgiques. Le style en est facile, les genres, nombreux dès l'époque carolingienne, se sont multipliés suivant le caprice des clercs puisque ce genre dépendait d'eux seuls. Une des branches a donné les séquences, une autre le drame liturgique. Ces interpolations ont d'abord repris la mélodie des pièces sur lesquelles elles se greffaient : leur histoire est longue, et fait l'objet d'une autre section du présent ouvrage (voir : *la Musique post-grégorienne*).

C'étaient là des compositions ecclésiastiques, dans la force du terme. Mais ce n'étaient pas les seules, car le IXᵉ siècle en a été riche et l'on a, au surplus, chanté des quantités de poèmes pieux, alors nouveaux, sur lesquels nous retrouvons maintenant des neumes musicaux de première main.

Malgré tous ces genres nouveaux, il est évident que le plain-chant officiel s'était légèrement desséché depuis qu'il tendait à une fixation définitive du répertoire. En dehors des adaptations, les compositions strictement liturgiques et les offices rythmiques sont un peu des œuvres de décadence, et l'on sent nettement que la vie s'est réfugiée dans d'autres genres. Pour dépasser le plain-chant à son stade de perfection, pour atteindre la polyphonie qui est déjà en germe, il faudra préciser deux notions étrangères au grégorien : l'échelle fixe, et le rythme mesuré.

Solange CORBIN.

BIBLIOGRAPHIE

Il est nécessaire d'orienter le lecteur dans la forêt des travaux qu'a suscités le plain-chant. C'est une matière vivante, et puisqu'il est l'expression quotidienne de la prière pour un

grand nombre de fidèles, il devait fatalement provoquer des
discussions et des études sans nombre. Il n'y a pas manqué.
Il me semble bien inutile de recourir au groupe compact des
études anciennes, remplacées depuis longtemps, provoquées
par le souci visible de réhabiliter un art qui paraissait barbare,
« gothique » comme on disait au siècle dernier. Barbare, le
plain-chant a bien dû l'être lorsqu'il était chanté pendant le
bas Moyen âge et la Renaissance en dehors de ses normes
particulières. On n'a jamais cessé d'écrire des traités d'exécution et d'accompagnement depuis le début du XVIIIᵉ siècle ;
on n'y trouverait aucune vue historique. A mesure que le
temps passait, d'ailleurs, le sujet devenait plus épineux et la
polémique s'en mêlait : les études entreprises au XIXᵉ siècle
déchaînèrent un torrent de passions ; l'historique n'en est pas
fait. Manuels et traités foisonnent : les meilleurs ont trouvé
leur suite normale dans les travaux des moines bénédictins,
les autres sont oubliés. Un très riche *scriptorium* s'est peu à
peu constitué à Solesmes même ; on y mène de front l'étude
de la technique musicale et les recherches historiques, celles-
ci étant très poussées depuis quelques années.

Entre les manuels d'exécution et les ouvrages d'histoire,
il reste une place mal remplie : celle de la vulgarisation, qui
n'a pas été faite. On essaiera de la remplacer par quelques
ouvrages scientifiques choisis, en prévenant le lecteur qu'une
recherche érudite se doit de limiter ses objectifs sous peine de
perdre sa rigueur ; les titres donnés ne recouvriront jamais que
des points assez étroits.

On s'excuse de renvoyer le lecteur à tant de livres où les
exemples sont donnés en notation carrée, peut-être plus
difficile à lire, en tout cas légèrement inhabituelle sauf pour
les musicologues. Mais on pense qu'un premier contact avec
un quelconque *liber usualis,* ou un graduel, est nécessaire :
on y trouvera toujours, en préface, la méthode de lecture du
plain-chant dans sa notation carrée. Il faut prévenir aussi
le lecteur que les transcriptions en notation moderne trahissent
les pièces qu'elles veulent rendre plus accessibles ; l'effort de
lecture est petit et mérite d'être fait.

OUVRAGES GÉNÉRAUX

Après la lecture du plain-chant, il est évident qu'on doit
assurer la documentation générale. La meilleure entrée en
matière est une suite d'articles de Dom J. FROGER (Solesmes)
dans *Musique et Liturgie* (Paris), répartie sur plusieurs années :
nᵒ 15, 18 (1950), 19 (1951), 26 et 28 (1952) et 33 (1953). On
sera évidemment dérouté par quelques termes spéciaux ;
peut-être pourra-t-on recourir au *Dictionnaire d'archéologie chrétienne et de liturgie,* commencé en 1907 par Dom F. CABROL et

Dom H. LECLERCQ, continué sous la direction de M. H. MAR-
ROU (15 tomes en 30 volumes in-4°). L'ouvrage n'est critique
que dans la partie revue par H. MARROU, et pour certains
articles confiés à des rédacteurs spécialisés (les liturgies cel-
tiques, par exemple, ont été traitées par Dom GOUGAUD).
Malgré les défauts de la première partie, cette collection est
précieuse.

On pourra aussi consulter l'œuvre déjà vieillie d'Amédée GASTOUÉ (mort en 1943); son meilleur livre, *les Origines
du chant romain*, Paris, 1907, n'a pas été remplacé; les analyses
restent de grande valeur bien que des études de détail aient
fait évoluer certaines questions.

Le livre de Th. GEROLD, *les Pères de l'Eglise et la musique*,
Strasbourg, 1929, présente les écrivains de la première
période.

Dans un tout autre style, on lira J. CHAILLEY, *Histoire
musicale du Moyen âge*, Paris, 1950, débordant d'aperçus
nouveaux, solidement documentés.

P. HUOT-PLEUROUX, *Histoire de la Musique religieuse*, Paris,
1957, ne consacre que quelques pages aux débuts du christianisme, et l'énorme compilation de Willi APEL, *Gregorian
Chant*, Indiana University Press, 1958, est une vulgarisation
intelligente.

OUVRAGES HISTORIQUES

Ces lectures doivent être doublées de celles d'ouvrages
strictement historiques, ayant trait en particulier à l'histoire
et à la vie de l'Eglise : les connaissances acquises n'ont
aucune valeur, surtout pour les époques reculées, si elles ne
sont replacées dans leur horizon, si différent du nôtre. N'importe quelle collection générale peut convenir : pour l'histoire
de l'Eglise, on aura plaisir à lire *l'Histoire de l'Eglise depuis
les origines jusqu'à nos jours* (cette collection en cours, sous
la direction de A. FLICHE et V. MARTIN, Paris, est à son
quatorzième volume).

La collection Halphen-Sagnac, « *Peuples et Civilisations* »,
et la collection « *l'Evolution de l'Humanité* », sous la direction
de H. BERR, font une large part à l'histoire religieuse. Pour
les premiers temps du christianisme, le meilleur livre est actuellement celui de Jean DANIÉLOU, *Théologie du Judéo-Chris-
tianisme*, Paris, 1958.

MONOGRAPHIES

Les ouvrages traitant de points particuliers sont légion,
et leur énumération serait forcément incomplète. Cet éparpil-
lement s'augmente du fait que, depuis 1940, l'édition est de
plus en plus coûteuse; on a donc pris l'habitude d'éviter

l'édition de livres importants, et les érudits confient leurs
recherches à des revues spécialisées accessibles dans les
bibliothèques. Cette méthode est favorable à la recherche et
permet d'approfondir des points de détail qui ne pourraient
entrer dans un livre plus général.

On commencera l'enquête par les dictionnaires de musique
qui se sont faits nombreux depuis quelques années. L'énorme
ouvrage allemand, *Die Musik in Geschichte und Gegenwart* n'est
pas terminé mais constitue une utile préparation pour les
lecteurs lisant l'allemand. On y trouve les vues les plus
classiques sur la plupart des sujets. Des érudits de plusieurs
nationalités ont collaboré au *Larousse de la Musique* (sous la
direction de Norbert Dufourcq), Paris, 1957 et suiv., dont
les articles relatifs au plain-chant sont rédigés en général
par M. de Valois. L'*Encyclopédie de la Musique* en cours
d'édition chez Fasquelle, Paris, peut également être signalée
ici; nous y assurons nous-même les articles relatifs au
Moyen âge et au plain-chant. Enfin une *Bibliographie grégorienne,* éditée à Solesmes (3ᵉ édition, 1958) et constamment
tenue à jour, est indispensable à tous, et il faut également mentionner le *Précis de Musicologie,* édité sous la direction de
J. Chailley, Paris, 1959.

On passera ensuite à la recherche dans les revues. On
simplifiera beaucoup la question en relevant la bibliographie
utilisable dans les dépouillements édités chaque année par la
Revue de Musicologie (à la fin de son numéro de décembre).
On y trouvera le titre complet et le lieu d'édition des revues
et leur contenu soigneusement répertorié. On y trouvera
même le dépouillement de publications à la vie éphémère, et
qui échapperaient aussi bien au scientifique qu'au lecteur
cultivé désireux de vues plus générales.

MODALITÉ DU PLAIN-CHANT

Il est toutefois un aspect du grégorien — comme de tous
les plains-chants, et même des chants orientaux — qu'il faut
connaître assez à fond pour suivre l'évolution de ces mélodies
si différentes de nos vues modernes. C'est la modalité, ou
disposition des intervalles de l'échelle musicale.

Les deux spécialistes de ces questions sont actuellement
J. Chailley et H. Potiron. Le premier, après des études
considérables sur les modes grecs (cf. *Acta Musicologica,*
1956, *Revue de Musicologie,* 1956, p. 96) arrive, dans ses cours
en Sorbonne, à des conclusions nouvelles en cours d'édition.
H. Potiron, au contraire, part des thèmes classiques. On lira :
J. Chailley, *Formation et transformations du langage musical,*
cours ronéotypé, 1956; H. Potiron, *La terminologie modale,*

dans la *Revue grégorienne*, 1949. Des positions nouvelles sont prises par Dom Pierre Thomas : *Studio sulla modalità gregoriana*, Rome, 1947 (ronéotypé, dépôt à l'Istituto Pontificio di Musica Sacra, 20 Piazza Sant' Agostino). La proposition d'une échelle pentatonique du plain-chant est faite par J. Yasser, *Mediaeval Quartal Harmony*, New York, 1938, rare, analyse dans la *Revue grégorienne*, 1939, p. 233-239.

COMPOSITION DU PLAIN-CHANT

L'apparence si spéciale du chant grégorien est magistralement analysée par Dom P. Ferretti, *Esthétique grégorienne ou traité des formes musicales du chant grégorien*, Rome, Tournai, Paris, 1938. L'auteur rend compte des singularités que notre oreille occidentale ne comprend pas, et décrit minutieusement le procédé de composition. Ce livre est indispensable à l'érudit comme à l'amateur de musique.

A l'entrée du IXe siècle — le siècle des tropes et des séquences —, on doit reprendre avec soin le livre de J. Chailley, cité plus haut, et celui de Rombault van Doren, *Etude musicale sur l'influence de l'abbaye de Saint-Gall, du VIIIe au IXe siècle.*, Louvain, 1925. On consultera avec précaution le livre de A. Gastoué, *Le Graduel et l'Antiphonaire romains*, Lyon, 1913, beaucoup moins sûr que *Les origines du chant romain*. Dom Froger a écrit une série d'articles indispensables : *les Chants de la messe aux VIIIe et IXe siècles*, dans la *Revue grégorienne*, 1947-1948. Deux œuvres de Margit Sahlin, *Etude sur la Carole médiévale, l'origine du mot et ses rapports avec l'Eglise*, Upsal, 1940, et de E. Kantorowicz, *Laudes Regiae, a Study in liturgical Acclamations*, Berkeley, 1946, (celle-ci sur les *laudes carolingiennes*) développent des points de vue tout à fait neufs sur les rapports de la musique d'église avec le chant populaire.

On serait incomplet si l'on ne signalait les moyens de prendre contact avec l'exécution elle-même des œuvres. On est dérouté par les neumes, la notation carrée, les notes alignées sans barres de mesure. Il faut bien convenir qu'en pareille matière l'expérience est un grand maître, et que seuls des moines chantant l'office jour et nuit, toute l'année, sont à même de codifier des méthodes d'exécution. C'est là l'œuvre particulière des moines de Solesmes depuis un siècle : entreprise à l'instigation de Dom Guéranger dans le seul but de restaurer la vie liturgique de l'office, elle s'est poursuivie régulièrement sous la direction de Dom Pothier, de Dom Mocquereau puis de Dom Gajard. La majorité du monde religieux s'est actuellement ralliée à ces méthodes qui ont pour elles une immédiate clarté d'enseignement : le rythme libre, si difficile à interpréter, est par elles accessible à tous, tout au moins en son principe. Car en pareille matière toute méthode vaut ce que vaut l'élève... il n'en est point qui confère le talent et le goût musical. On en trouvera l'exposé dans les œuvres de Dom Gajard, de A. Le Guennant et de H. Potiron. Pour tous trois, on lira soigneusement la *Revue grégorienne* (depuis 1911 et aussi les années 1953-1954 et suivantes, consacrées, ainsi qu'on l'a dit, à la pratique).

On ajoutera quelques titres indispensables : Dom GAJARD, *Notions sur la rythmique grégorienne*, Paris, 1944. — A. LE GUENNANT, *Précis de rythmique grégorienne, Cahiers de l'Institut grégorien de Paris*, 1950.

L'œuvre enfin de H. Potiron, si abondante, peut être abordée de façon pratique par : *l'Analyse modale du chant grégorien*, Paris, 1948, et *Leçons pratiques d'accompagnement du chant grégorien*, Paris, 1947.

LA NOTATION MUSICALE

LES NEUMES

LA TRANSMISSION ORALE

L E monde occidental n'a pas senti très tôt la nécessité de noter la musique qui servait à son culte et à
ses délassements. On peut juger qu'il était en cela irra-
tionnel, car Rome avait repris les principes de la musique
grecque, et la Grèce antique avait connu une notation.
Mais la musique était en Grèce un art raffiné doublé
d'une science. Les théoriciens s'emparèrent de cet aspect
tout nouveau, pliant l'entendement et l'oreille à des
formes et à des raisonnements de plus en plus raffinés et
compliqués. Ils fixèrent certains états de leur théorie à
l'aide d'une écriture alphabétique limitée aux cercles
savants; les rares applications de ce système sont tardives. C'étaient là jeux d'érudits, qui ne se transmirent
pas à la Rome antique où la musique des banquets et
du temple païen resta traditionnelle et populaire.

De leur côté les premiers chrétiens ne se souciaient
pas de laisser des traces écrites de leur culte : ils n'étaient
que des proscrits. Les éléments musicaux, probablement
rudimentaires, qui leur étaient parvenus avec les premiers apôtres, n'exigeaient aucune notation; ils conservaient le caractère d'improvisation réglée qu'ils avaient
en Orient. Le chantre raccorde les unes aux autres des
phrases très courtes, suivant certaines règles, et son
talent n'est pas tant de reproduire exactement d'après un
modèle que de réinventer constamment le répertoire à
mesure qu'il le chante, système toujours usuel en Orient
et qui est encore, dans la liturgie grecque, l'objet d'un
long enseignement entièrement mnémonique.

Des siècles durant, la littérature paléochrétienne va
nous montrer l'art musical relevant de ce principe. Mais,
à partir de la paix de l'Eglise, l'orientation du culte changea. D'une part les évêques, traditionalistes, restés en

liaison avec la Grèce et l'Orient, se rendent continuellement à l'évidence qu'un fossé va se creusant entre les deux civilisations : d'où les constantes ordonnances de « retour aux sources », aux traditions des « Pères d'Orient ». D'un autre côté l'esprit latin s'affirme : on codifie. On règle, on abrège ou allonge le culte, on élague ou l'on multiplie les prières. Des suites de prescriptions qui vont être édictées, se dégage la notion que la liturgie est chose autoritaire; on ne l'adapte plus, on la reproduit sans défaillance et le chantre n'est pas traité autrement que le célébrant. Il ne « recompose » plus, il se souvient. Appauvrissement certes, mais qui préfigure une autre forme d'art : l'exécutant n'aura plus, au terme de l'évolution, ni choix ni initiative. Au contraire, ce répertoire imposé par le législateur porte déjà en lui quelque marque de ce qui caractérisera plus tard notre musique : la composition personnelle, écrite pour être reproduite sans altération.

Oui, c'est bien une esthétique nouvelle qui se fait jour, si timide qu'on la saisit à peine. Pendant sept siècles encore, l'homme médiéval, constant avec lui-même, avec sa philosophie, sa discipline de copie et de tradition, va limiter son invention à ce qu'il croit être reproduction ou adaptation aux circonstances. En réalité la modestie de ce bon ouvrier lui masque l'importance de son chef-d'œuvre : se dégageant de la monodie orientale, il crée peu à peu l'*ars antiqua*. Si la nécessité de lire ne se fait pas sentir dès le début de l'évolution, c'est que la technique ancienne, longuement conservée, permet toujours d'exécuter de mémoire. Mais la formation des chantres semble de plus en plus difficile et longue à cause de l'accroissement du répertoire. Il semble que déjà, vers le vɪᵉ ou le vɪɪᵉ siècle, le manque d'une notation pratique se faisait sentir, car Isidore de Séville constate que les sons « meurent » si l'on n'apprend les mélodies par cœur; il est probable qu'on se heurtait à d'insurmontables difficultés d'exécution.

Mais il est un fait certain : nous conservons, de la période mérovingienne, un très grand nombre de manuscrits dont pas un seul n'est noté. Nos premiers témoignages se placent vers le milieu du ɪxᵉ siècle, sous la forme de *neumes,* petites barres inclinées mélangées à des points. Cette écriture est uniquement destinée à montrer

Neumes sans crochets, début du xiᵉ siècle (Tropaire d'Autun).
(Paris, Arsenal 1169)

si la mélodie monte ou descend : c'est un aide-mémoire,
sans plus. A son origine, on pense communément retrouver les accents grave et aigu de l'écriture littéraire : en pratique, les barres verticales indiquent bien des notes aiguës,
et les points des notes graves. La hauteur absolue et la
précision des intervalles n'entrent pas en jeu ; il est donc
impossible de faire une lecture directe de ces éléments.
En général on constitue ce qu'on nomme un « tableau
de lecture » : plusieurs versions du même texte sont
superposées et permettent de contrôler les mouvements
mélodiques. Certains manuscrits donnent des indications
plus précises (place des demi-tons, notes ornées, etc.) ;
on arrive alors à une hypothèse plausible qu'il faut contrôler avec des versions tardives sur lignes.

LES PREMIERS NEUMES

Les essais du IXe siècle ne sont que de très rares fragments ; leurs neumes sont disposés sur une seule et même
pièce, isolée en général dans un livre qui ne contient
aucune autre tentative de notation. Il n'existe pas encore
de livre liturgique entièrement noté et destiné à l'être.
En plus, il semble que le fait le plus important ait jusqu'ici échappé aux chercheurs : toutes les notations du
IXe siècle surmontent des pièces rares, étrangères à la
liturgie : un évangile tropé, un poème religieux, quelque
pièce profane même. Dès cette époque, plusieurs écritures neumatiques se laissent grouper ; elles relèvent
toutes du même principe, mais suivant la région où elles
sont exécutées, leur aspect varie.

Les bouleversements dont nous parlions plus haut se
traduisent bien dans ces faits. La liturgie propre est
encore le domaine de l'exécution mnémonique, et il est
bien des églises où elle restera de rigueur jusqu'à la
Renaissance. Mais on tient à conserver trace de la musique nouvelle créée pour des pièces peu courantes ; c'est
la notion de composition personnelle qui se fait jour,
avec l'appréciation de valeur qui l'accompagne toujours.

L'état des manuscrits laisse voir que cet état de choses
a duré environ jusqu'à la moitié du Xe siècle. C'est alors
seulement qu'on commence à prévoir des livres liturgiques où des réserves de places appellent les neumes ;

Points-liés sur quatre lignes dont une rouge, XIIᵉ siècle (Missel de
Foissy, dans l'Aube).
(Paris, B. N., lat. 9437)

on conserve un grand nombre de témoins, notés ou non. C'est la forme courante de cette époque. Il n'entre encore, dans ces signes, aucune notion de mesure : les indications rythmiques assez fréquentes pourraient, plus exactement, être appelées dynamiques.

L'étape suivante des neumes s'étale sur deux siècles : de la fin du xe à la première moitié du xiie, et ne concerne que les manuscrits d'une partie de la France, dits « français » (par opposition aux autres groupes dits lorrain, breton, etc.). Les barres verticales, et avec elles toutes les combinaisons qu'elles forment avec les points, reçurent à leur extrémité un renflement de plus en plus sensible qui devint un point anguleux, puis carré. On finit par localiser le son précisément à l'endroit du signe où se trouvait le point : c'est l'écriture dite en points-liés qui s'adaptera si facilement à la portée qu'elle deviendra la notation classique du plain-chant encore en usage, et nous transmettra les témoins de notre *ars antiqua*.

LA PORTÉE : FIXATION DE LA HAUTEUR DES SONS

Mais nous anticipons ici sur l'avenir : au début du xie siècle les neumes français n'en sont qu'à former leur crochet terminal. D'autres écritures utilisent déjà une ligne à la pointe sèche pour ordonnancer leurs neumes; elles sont aussi sur le chemin du progrès. C'est précisément alors que Gui d'Arezzo, précisant et résumant des recherches déjà anciennes, et dont on trouve trace dans les traités de musique et dans les manuscrits, réussit à placer les notes de l'échelle musicale médiévale sur une portée aux lignes régulièrement espacées. En même temps il préconisait aussi l'emploi d'une notation alphabétique, beaucoup plus difficile à manier mais qui avait l'avantage de tenir peu de place. La portée ne fut pas adoptée vite, ni uniformément; Gui avait eu des détracteurs qui l'obligèrent même à changer de monastère. Il semble que l'Italie fut alors à la pointe du progrès et qu'on y trouve des portées à la fin du xie siècle); ensuite vint le Nord de la France, puis le Centre. La Suisse se montra très conservatrice, et l'Aquitaine dont le système neumatique était assez clair, plus encore.

Les neumes qui prenaient ainsi place sur la portée ne

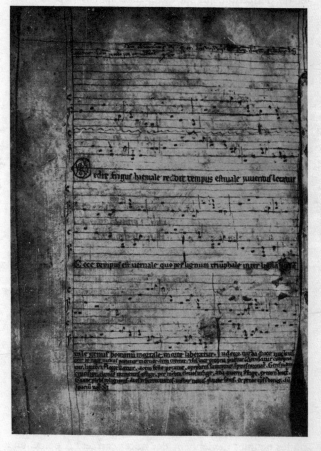

Organum à deux voix, XIIᵉ siècle : *Cedit frigus*.
(Paris, B. N., lat. 5132)

perdaient pas tout de suite leur caractère régional; on put longtemps distinguer l'origine d'une notation. Cependant l'évolution fut rapide dans la France du Centre; dès la fin du XIIᵉ siècle elle atteint un degré de régularité et de perfection qui fut égalé mais jamais dépassé. On peut, dès lors, parler d'une écriture classique qui est restée l'écriture modèle des livres de plain-chant.

L'ÉCRITURE DE LA MUSIQUE POLYPHONIQUE

Jusqu'ici aucun signe matériel n'a permis de distinguer la notation du plain-chant et celle de la musique polyphonique mesurée, dont l'existence remonte au moins au IXᵉ siècle. Le même matériel sert aux deux genres : mais si le plain-chant se passe volontiers de précisions qui lui semblent secondaires, la polyphonie a besoin qu'on indique ses intervalles, sa hauteur absolue, et sa mesure. Comme toujours, l'écriture et la théorie suivirent très lentement la pratique; les premiers témoins polyphoniques sont du début du XIᵉ siècle, ils utilisent alors les neumes sans lignes : c'est dire que toute cette partie du répertoire est illisible et perdue pour nous. Cependant, dès que la portée fut codifiée par Gui d'Arezzo, elle s'introduisit dans la musique polyphonique où les neumes, puis les points-liés, puis les notes carrées se succédèrent rapidement : toute l'évolution ne semble pas avoir pris plus d'une centaine d'années. On inscrivait les différentes voix de la polyphonie sur une seule et même portée à laquelle on donnait autant de lignes qu'il était nécessaire : c'était, déjà, une mise en partition dont le seul défaut était de ne pas indiquer la mesure.

On déduisait cette dernière du rythme des paroles et, en certains cas, de leur quantité; le guide était la métrique latine, avec ses inusables schémas, isolant chaque pied métrique. Les théoriciens en parlent longuement et confusément; ces schémas, appliqués à la musique, reçurent le nom de modes rythmiques. Ces faits se placent probablement au début même des essais polyphoniques c'est-à-dire au IXᵉ siècle; ils étaient déjà traditionnels à l'époque où les neumes deviennent des notes carrées. A peine, en effet, la notion de hauteur exacte était-elle acquise, à la fin du XIᵉ siècle, que les théoriciens transportèrent l'idée modale dans la notation et, tout de suite après, un autre

principe fut adopté : on appliqua l'idée métrique aux
différents groupes mélodiques du plain-chant.

On se servit alors de façon très classique des éléments
qu'on avait sous la main, en précisant leur sens. Les notations neumatiques avaient stylisé des groupes de notes,
ascendants, descendants, de deux à six ou sept notes. Ces
figures nous sont transmises par l'actuel plain-chant, où
elles n'ont qu'une valeur mélodique ; la notation polyphonique leur attribua une valeur métrique définie suivant leur forme : ce sont ces combinaisons de brèves et
de longues, auxquelles on donna le nom de ligatures, que
nous retrouverons dans l'*ars nova*, et la Renaissance elle-
même en conservera quelques bribes. Dès la fin du
XIIe siècle, les théoriciens nous en montrent le fonctionnement, assez compliqué ; elles deviennent alors de plus
en plus complexes.

La scission est désormais totale entre les écritures du
plain-chant et celles de la polyphonie. Elles utilisent le
même matériel de notation carrée, mais en le soumettant
à des traitements différents. Il n'y a eu ni coupure brutale, ni génération spontanée : tous les éléments sont en
germe dans les premiers neumes du IXe siècle, hermé-
tiques et illisibles, et c'est par une progression lente et
continue que l'héritage ancien s'est peu à peu transformé. La notation de l'*ars antiqua* atteint son apogée
vers la fin du XIIIe siècle, et contient désormais l'ensemble des éléments de hauteur et de mesure indispensables à la musique occidentale ; l'antique monodie orientale n'est plus qu'un souvenir.

Solange CORBIN.

BIBLIOGRAPHIE

Peu d'écrits sur les neumes sont conçus pour le public
cultivé ; la plupart d'entre eux sont arides, d'intérêt restreint,
et difficiles à obtenir et à lire parce qu'ils sont l'œuvre de
savants étrangers.

On prendra le manuel de notation neumatique de Dom
G. SUNYOL : *Introduction à la paléographie musicale grégorienne*,
traduction française, Paris, 1935 : l'illustration est abondante,
clairement ordonnée, mais le texte et la bibliographie ont
déjà vieilli. L'Abbaye de Solesmes édite une *Bibliographie*

grégorienne où sont répertoriées toutes les études postérieures
à 1935 (éd. de Sunyol). La première édition de cette *Bibliographie* remonte à 1955, des *Suppléments* paraissent régulièrement.

Quelques études plus approfondies seront accessibles. On
pourra les rechercher sous la signature de DD. Hesbert,
Huglo, Hourlier, le R. P. Delalande, etc., dans la « Revue
grégorienne », avant 1952 (depuis cette date les études paléo-
graphiques sont réunies dans « Etudes grégoriennes »,
Solesmes, collection à parution irrégulière. Nous avons tenté
nous-même une analyse régionale actuellement à l'impression.)

Enfin, les divers congrès de musique sacrée ont généralement une section de paléographie; les Actes, édités par la
suite, rendent compte *in extenso* de ses travaux : congrès de
Rome, 1950, Vienne, 1954, Paris etc.

La lecture de la musique mesurée demande une préparation, mais non point si longue qu'on le croit communément,
ni si difficile. L'accord n'est pas fait sur les méthodes de transcription, de sorte que la lecture des traités médiévaux n'est
pas inutile; un latiniste, même moyen, peut s'y risquer. Le
latin médiéval n'est pas celui d'Horace ni de Tacite; il exige
du lecteur souplesse et méthode, et surtout, à cause de sa
prolixité, une patience infinie.

On pourra ainsi prendre les second et troisième tomes de
Martin GERBERT, *Scriptores ecclesiastici de musica sacra...* Saint-
Blaise, 1784, qui se trouve dans toutes les grandes bibliothèques, et surtout, par E. DE COUSSEMAKER, *Scriptorum de
musica medii aevi nova series*, Paris, 1864-1876 : les deux premiers
tomes. Le vieux manuel de J. WOLF, *Handbuch der Notationskunde*, Leipzig, 1913-1919, 2 vol., est assez élémentaire.

GÉROLD, Th., *La musique au Moyen âge*, Paris, 1932, est un
guide excellent pour la période du XIIe au XIVe siècle.

Enfin on aura recours au livre clair et bien illustré par
de nombreux exemples de Willy APEL, *The Notation of
Polyphonic Music, 900-1600*, Mediaeval Academy of America, Cambridge, Mass., 1942.

Au cours de ces lectures, on sera amené à poser des questions sur le rythme, encore souvent obscur. Cette question
a été récemment traitée par W. WAITE, *The Rhythm of Twelfth
Century Polyphony, its Theory and Practice*, Yale University
Press, New Haven, 1954. Il est difficile d'admettre en bloc
toutes ses conclusions, mais la plupart des thèses en présence
sont clairement exposées.

LA NOTATION MESURÉE

C'eſt au début du XIIIe siècle que Jean de Garlande écrit le premier traité, *De musica mensurabili positio,* où il soit fait état d'un nouveau ſyſtème de notation; mais en réalité, dès la fin du XIIe siècle, de nouvelles figures avaient fait leur apparition, nées d'un principe nouveau qui était devenu nécessaire pour noter avec exaƈtitude les complexités de la musique du moment, car la notation a toujours été diƈtée par les exigences de la musique et non vice versa. Alors que le contrepoint n'était plus réduit à suivre le rythme du chant donné, mais juxtaposait à la *teneur* un *motet* de rythme totalement différent, il s'agissait de formuler les règles d'une écriture musicale qui pût permettre l'exécution simultanée et rigoureuse de ces parties aux mouvements divers. Francon de Cologne (*Ars cantus mensurabilis,* env. 1260) et Walter Odington (*De ſpeculatione musices,* env. 1280) en établissent la grammaire, fixent les règles qui suppriment l'arbitraire quant à l'appréciation de la durée des notes qui sont alors :

(ou *maxime*)
Duplex longa   *Longa*   *Brevis*   *Semi-Brevis*

avec les silences correspondants :

La longue et la brève peuvent se combiner en figures appelées *ligatures* qui affeƈtent les formes les plus diverses :

cum proprietate et cum perfeƈtione   = BL

sine proprietate et cum perfeƈtione   = LL

cum proprietate et sine perfeƈtione   = BB

sine proprietate et sine perfeƈtione   = LB

Il existe aussi des figures plus complexes comprenant plusieurs notes et de nombreuses règles pour les résoudre. Le manuscrit H 196 de la Faculté de médecine de Montpellier (transcrit par Y. Rokseth) et le manuscrit du *Roman de Fauvel* (Paris, Bibl. nat., franç. 146) sont écrits suivant ces principes de la notation franconienne qui est une *notation noire*.

**

Bien que Pierre de la Croix (env. 1280) introduise des innovations importantes — comme la désignation d'une

nouvelle valeur, *minima* ⬥ —, c'est surtout Philippe de

Vitry, souvent surnommé « le père de la notation moderne », qui, dans son traité *Ars nova* (env. 1320), revise les principes de la notation franconienne, donne à la minime son rôle et, alors que le rythme ternaire avait prévalu durant tout le XIIIe siècle, reconnaît au rythme binaire une égale importance et applique cette division binaire à toutes les notes dans les différentes mensurations, c'est-à-dire dans leurs rapports les unes avec les autres. Ces relations des valeurs entre elles sont : le *mode* ou division de la longue en brèves, le *temps* ou division de la brève en semi-brèves, la *prolation* ou division de la semi-brève en minimes. On a ainsi :

mode parfait ♩ = ♩ ♩ ♩

mode imparfait ♩ = ♩ ♩

temps parfait ♩ = ⬥ ⬥ ⬥

temps imparfait ♩ = ⬥ ⬥

prolation majeure (ou parfaite) ⬥ = ⬥ ⬥ ⬥

prolation mineure (ou imparfaite) ⬥ = ⬥ ⬥

On peut combiner tous ces éléments et l'on indique alors, par exemple : temps parfait prolation majeure ⊙ ; temps parfait prolation mineure ◯ ; temps imparfait prolation majeure ☾ ; temps imparfait prolation mineure ☾ .

Il existe deux sortes de points, l'un qui est un signe de division et qui joue le rôle dévolu plus tard à la barre de mesure, *punctum divisionis ;* il marque l'imperfection de la brève = ♄ ◊ • ♄ = o ♩ o •

L'autre, *punctum additionis* (ou *augmentationis*), est semblable au point de notre notation moderne. Pour rendre cette notation plus claire, on adjoignit aux notes noires des notes rouges qui indiquaient le passage temporaire d'une mensuration parfaite à une mensuration imparfaite. Les manuscrits de Guillaume de Machaut (à la Bibl. nat. de Paris) font usage de cette notation française.

Simultanément avec le système de Vitry s'était développé, en Italie, un mode de notation qui était plus proche des principes de l'écriture de la fin du xiiie siècle et dont les règles sont exposées pour la première fois par Marchettus de Padoue dans son *Pomerium artis musicae mensuratae* (env. 1325). On y fait un grand usage du *punctum divisionis,* et la brève est divisée en groupes de notes de valeur moindre (parmi lesquelles apparaît la *semi-minime*

♪) mieux adaptées à la déclamation rapide du style italien très fleuri. Mais après 1350, les compositeurs, en Italie — Landino et ses contemporains —, en viennent à un système mixte où ils adoptent quelques-uns des principes de la notation française.

En tout cas, vers la fin du xive siècle, la musique possédait une écriture capable de rendre toutes les complexités et tous les raffinements de l'art le plus évolué, et les manuscrits copiés à cette époque font figure d' « études transcendantales » de la notation. Il n'est d'ailleurs pas facile de traduire toutes ces complexités dans notre notation moderne, et pour une œuvre donnée, on obtient des transcriptions quelquefois divergentes. Le manuscrit 1047 du Musée Condé à Chantilly, copié en Italie dans la première décade du xve siècle, présente le plus bel ensemble des énigmes que peut poser la notation à cette époque et on y trouve réunies toutes les pièces les plus difficiles du xive siècle. Sans doute a-t-il été conçu ainsi à dessein et pour servir de livre d'école à des chanteurs particulièrement expérimentés dont il s'agissait d'assouplir l'esprit plus encore que la voix. Bien souvent on aurait pu noter plus simplement certaines figures

musicales, mais la notation mesurée de la fin du Moyen
âge n'était pas tellement un moyen pour le compositeur
de noter son œuvre, qu'une création abstraite, fruit du
jeu le plus subtil des nombres. Cependant, s'il s'agissait
de former les futurs musiciens à ces exercices d'école de
la plus haute virtuosité, on voulait aussi, sous cette enveloppe difficile à percer, protéger la science musicale
contre la curiosité des non-initiés et on a pu dire que
le mécanisme essentiel de l'ésotérisme musical est atteint
par la notation. La coexistence du *deux* et du *trois* en des
combinaisons où fusionnent ces éléments contradictoires,
marque l'époque la plus complexe de la musique du
Moyen âge. Ce jeu des nombres n'était certainement pas
gratuit, et le choix du rythme ternaire ou du rythme
binaire, par exemple, était peut-être dicté au compositeur
par des impératifs qui nous échappent maintenant. Ce
choix n'était-il pas lié au sens des textes ? En tout cas
le rythme binaire, hardiment choisi par Guillaume de Machaut pour sa messe, écrite d'un bout à l'autre en temps
imparfait prolation mineure, alors que dans la majorité
de ses œuvres profanes il préfère le ternaire, n'a pas pu
être le seul effet du hasard et il est l'indice le plus significatif de la puissance du raisonnement binaire dans la
musique, qui devait amener au siècle suivant une simplification de toute la notation.

*
**

Vers 1450 et jusqu'à la fin du XVIᵉ siècle — époque
de la monodie accompagnée — la musique entre dans
une nouvelle voie. Les musiciens pratiquent alors
une polyphonie complexe, mais clairement construite,
dans laquelle chaque ligne du contrepoint suit son chemin
rigoureux et où toutes les voix ont acquis la même
importance. Cette clarté se marque dans la notation qui
va se transformer dans le même sens. Les complications de l'âge précédent sont pour la plupart abandonnées, l'arsenal des ligatures s'appauvrit, et seules
les formes les plus simples survivront au XVIᵉ siècle.
C'est une nouvelle forme
que l'on rencontre le
plus souvent maintenant,
cum opposita proprietate =
et qui se transcrit par deux semi-brèves. On emploie de

préférence une *notation blanche* qui comprend toutes les valeurs de l'ancienne notation noire, et au-delà de la *minime* 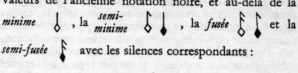, la *semi-minime*, la *fusée* et la *semi-fusée* avec les silences correspondants :

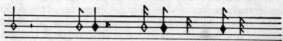

Les notes rouges ont disparu, et le *color* est maintenant obtenu par le noircissement de certaines notes qui perdent ainsi le quart de leur valeur :

Par un symbolisme essentiellement littéraire, il arrive que pour illustrer les mots *nuit, obscurité* ou *Requiem,* par exemple, on écrive tout ou partie d'une pièce en notation noire; mais ce n'est là qu'un emploi passager qui ne marque en aucune façon un retour à l'ancienne notation.

L'une des caractéristiques de l'école franco-flamande, au XVe siècle et jusqu'au début du XVIe, est l'usage des *proportions*. Ce procédé — dont Jean de Muris avait fait la première mention dès le milieu du XIVe siècle — consistait à diminuer ou à augmenter la valeur des notes par rapport à l'*integer valor* (c'est-à-dire la valeur ordinaire des différentes notes) suivant certaines proportions arithmétiques que l'on indiquait par des fractions. On avait ainsi la *proportio dupla* 2, *tripla* 3, *quadrupla* 4, *quintupla* 5 ou 10 (et bien d'autres beaucoup plus compliquées) qui indiquaient une diminution de 2, 3, 4, 5 à 1. En temps imparfait, la *proportio tripla* C³ ou 3 (de même que la *proportio sesquialtera* C$\frac{2}{3}$) indiquait que trois minimes en valaient deux des précédentes. Les augmentations étaient beaucoup moins fréquemment employées.

La valeur théorique de telles spéculations reste douteuse et leur influence sur la musique elle-même n'est pas évidente non plus, à moins qu'elles n'aient alors permis de fixer avec exactitude le mouvement d'une composition, ce que l'état actuel de nos connaissances ne nous permet pas d'affirmer. En tout cas les théoriciens de la fin du XVe siècle se sont complu à développer jusqu'à l'absurde des extravagances de ce genre. Cependant, ces proportions étaient justifiées pour l'établissement de certains *canons*, dans lesquels le thème était reproduit aux différentes voix suivant des mensurations différentes. Les canons énigmatiques étaient d'ailleurs l'une des formes favorites des compositeurs franco-flamands qui n'en notaient qu'une seule partie, les autres devant être introduites suivant des formules plus ou moins limpides : *Canit more Hebraeorum* (Il faut commencer par la fin), *Otia dant vitia* (Il ne faut pas observer les silences). Josquin va plus loin encore dans l'obscurité avec ces deux formules citées par Aron *(Institutio harmonica)* : *Omnia probate quod bonum est tenete,* ou encore : *Qui quaerit, invenit,* et à propos desquelles le théoricien italien ajoute que, même si Josquin se comprenait lui-même, il ne tenait certainement pas à être compris des autres ! Ces procédés justifient la définition du canon donnée par Tinctoris : *Canon est regula voluntatem compositoris sub obscuritate quadam ostendens,* et marquent une permanence de la pensée du Moyen âge.

Avec l'imprimerie musicale, inaugurée en 1501 par Petrucci à Venise, la notation ne va pas s'éloigner sensiblement de l'écriture manuscrite, mais elle va s'alléger peu à peu de toutes les complexités de l'âge précédent pour en arriver, au milieu du siècle, à une écriture très proche de notre notation moderne. Cependant, la barre de mesure n'a pas encore fait son apparition (sauf dans les tablatures), car la musique polyphonique est toujours publiée en parties séparées, soit dans le même livre sur deux pages en regard, soit même avec un livre pour chaque voix, et la barre de mesure ne sera employée que vers la fin du siècle lorsque cette notation en parties séparées sera abandonnée au profit de la partition. L'absence presque totale des partitions au XVIe siècle n'a pas manqué de surprendre, car il est difficile d'imaginer que les créateurs d'une polyphonie aussi complexe aient

pu écrire en parties séparées et juger ainsi de l'ensemble
de leur œuvre. D'autre part, est-il vraisemblable de supposer que s'ils établissaient des partitions destinées à l'imprimeur, celles-ci aient ensuite toutes été supprimées
comme étant devenues inutiles, ce qui expliquerait
qu'aucune ne nous soit parvenue ? Il semble qu'en réalité le compositeur notait directement sur une ardoise,
une tablette de bois ou un parchemin lavable sa partition qui était ensuite recopiée — ou imprimée — en
parties séparées. Puis il suffisait de l'effacer et la *tabula
compositoria* pouvait servir de nouveau. Cependant,
quelques courts exemples dans certains ouvrages théoriques du XVIe siècle sont notés en partition avec barres
de mesure, et Bermudo (*Declaración de instrumentos musicales, 1555*) conseille aux organistes débutants de diviser
la tablature avec des barres de mesure de manière à voir
les notes qui doivent résonner ensemble. En 1577 sont
publiés les madrigaux de Cyprien de Rore en partition
avec barres de mesure, destinés aux instruments, et *per
qualunque studioso di contrapunto,* ajoute l'éditeur. De plus,
dès le XIIe siècle, il existait une sorte de partition où
toutes les voix étaient notées chacune avec une couleur
différente sur une seule portée de dix lignes, procédé
conseillé aux jeunes compositeurs et aux musiciens débutants, et d'un usage fréquent aux XVe et XVIe siècles. La
partition et la barre de mesure semblent donc bien n'avoir
été employées d'abord qu'exceptionnellement et pour
l'étude plus que pour la pratique de l'exécution. Ce n'est
qu'à la fin du siècle qu'elles passeront dans l'usage courant.

* *
*

Parmi les problèmes que pose l'interprétation de la
notation du Moyen âge et de la Renaissance, celui des
accidents est certainement l'un des plus délicats et celui
qui a donné lieu aux solutions les plus contradictoires.
Le passage d'un hexacorde à un autre (muance) suivant
le principe de la solmisation guidonienne, en entraînant
l'altération chromatique de certains degrés, avait nécessité l'introduction des accidents, le *si* bémol d'abord,
puis d'autres bémols et dièses qu'on employait, *causa neces-
sitatis* ou *causa pulchritudinis :* on évitait le triton (mélodique ou harmonique) et, dès le XIVe siècle, la notion

de « sensible » se précise pour devenir prépondérante
avec Landino et Machaut. Au xvᵉ siècle et au début du
xvIᵉ, ces accidents — soit par simple négligence, soit
intentionnellement — ne sont pas notés, et le soin de
les rétablir est laissé à l'interprète. Celui-ci doit alors
appliquer les règles de ce qu'on appelait *musica ficta*
(musica falsa, au xIIIᵉ siècle), ainsi que le théoricien Stef-
fano Vanneo le réclame du chanteur qui doit, écrit-il,
rétablir la consonnance *(vel deprimit vel erigit)* dès que
son oreille perçoit une harmonie désagréable *(Recane-*
tum, 1533). Le problème se trouve encore compliqué par
l'usage, qui persistera du xIIIᵉ au xvIᵉ siècle, de donner
aux différentes voix d'une même composition des
armures différentes. La chanson de Josquin, *Fortuna d'un*
gran tempo, avec trois armures différentes (*si* et *mi* bémols
au *contra; si* bémol au *tenor* et rien au *discantus*) est impossible à interpréter sans recourir à la *musica ficta* qui permet
de retrouver tout le génie du compositeur. Cependant,
malgré les règles données par les théoriciens, il est quelquefois difficile de concilier la logique mélodique de
chacune des parties avec une bonne consonance de l'ensemble harmonique. De plus, les recherches de Lowinsky,
dans le domaine du motet néerlandais de la première
moitié du xvIᵉ siècle, ont révélé l'existence de ce que
cet auteur appelle : *secret chromatic art.* L'intolérance de
l'Eglise, qui défendait les vieux modes ecclésiastiques
dont le diatonisme était menacé par le chromatisme croissant, ne permettait pas aux compositeurs d'exprimer ouvertement leurs innovations dans ce domaine. Cet art
secret permettait de dissimuler, sous l'apparence la plus
orthodoxe, un motet que, dans certaines circonstances,
on interprétait en y ajoutant les altérations du chromatisme le plus évolué.

Cependant, dès 1523, en Italie, Aron s'élève contre le
principe de la *musica ficta* qui exige que le chanteur devine
les intentions du compositeur et qu'il perce l'*incognito*
secreto derrière lequel sont dissimulées les véritables altérations. Ses idées prévalurent, et le madrigal italien affirmera
ouvertement le chromatisme le plus osé. La rationalisation de la notation fera disparaître également les armures
multiples qui avaient duré plus de trois siècles. Ainsi, à
la fin du xvIᵉ siècle, après avoir rejeté les dernières
survivances de l'édifice moyenâgeux, la notation est

fort peu éloignée de la nôtre et sa transcription ne pose plus de problèmes.

A la fin de cette étude où n'ont pu être exposés que des principes généraux, peut-être est-il bon d'ajouter que, s'il est bien vrai que toute notation est le reflet de la musique qu'elle traduit, jamais cette évidence n'est apparue plus clairement qu'aux xive et xve siècles. Car il s'agit alors d'une langue hermétique dont la connaissance est indispensable si l'on veut pénétrer complètement le génie musical de ces deux siècles, durant lesquels la notation n'était pas seulement un assemblage de signes conventionnels, mais le résultat de tout un système édifié selon les principes d'un enseignement très éloigné du nôtre en ce qu'il ne tendait pas à éduquer des réflexes, mais à maintenir toujours actives les facultés intellectuelles du musicien.

Nanie Bridgman.

BIBLIOGRAPHIE

Pour une étude plus approfondie, il faut conseiller d'abord les deux ouvrages de base, bien que déjà anciens, de :

Wolf, J., *Geschichte der Mensural-Notation von 1250-1460*, Leipzig, 1904.

Handbuch der Notationskunde, Leipzig, 1913-1919.

On lira aussi avec profit le volume plus récent de :

Apel, Willy, *The Notation of polyphonic Music 900-1600*, Cambridge, Mass. 1942.

Enfin on trouvera les notions pratiques essentielles, clairement exposées dans l'étude de :

Pirro, André, *De la notation proportionnelle, XVe et XVIe siècles*, dans la *Tribune de Saint-Gervais*, 1re année, 1895, nos 3, 4 et 5.

Pour une étude plus particulière de la notation italienne du xive siècle, voir :

Sartori, Claudio, *La Notazione italiana del Trecento*, Florence, 1938.

LA NOTATION
POUR INSTRUMENTS SOLISTES

Le Moyen âge connaissait déjà le concert instrumental. Toutefois, la musique exécutée par les instruments ne se distinguait pas de la musique vocale dont elle était toujours une transcription fidèle, à l'exception d'une ornementation mélodique : la coloration. Mandole, psaltérion, vielle, rebec, flûtes à bec, orgue portatif s'unissaient pour exécuter des danses ou animer de ritournelles la récitation des poèmes tandis que bombarde, cornet à bouquin, buccine, tambourins et castagnettes sonnaient les fanfares accompagnant chasses et guerres. Dès 1319-1320 Jean de Muris, au chapitre XII de la *Summa musicae,* déclare, à propos des différentes espèces d'instruments de musique, qu'il existe des figures de notes selon les propriétés diverses de l'instrument considéré. Il faut cependant attendre le XVe siècle pour en avoir les premiers exemples, et voir les instruments se dégager de leur rôle accompagnateur et devenir des instruments solistes. Grâce à la découverte de formes fixes (les *ricercari*) ou improvisées (les *préludes*), nous voyons les instruments polyphoniques tels que luth, orgue, clavecin, clavicorde... acquérir leur individualité. Cette autonomie de la musique instrumentale va nécessiter une notation non seulement conforme à l'instrument considéré mais aussi à la forme d'écriture qui lui est réservée. C'est ainsi que naissent les *tablatures.*

Il est de coutume de définir les tablatures comme une notation « directe », s'opposant à la notation proportionnelle ou « figurée » réservée à la musique vocale. C'est un système où les doigts de l'exécutant sont renvoyés directement aux inventions techniques de son instrument : les touches pour l'orgue, l'endroit où placer les doigts sur le manche pour le luth ou la guitare. Mais, dès à présent, il nous faut émettre quelques restrictions. Seules les tablatures de luth répondent sans réserve à cette définition. Si la notation d'orgue porte, comme celle de luth, le nom de tablature, elle en diffère cependant : elle est, nous le verrons plus loin, un savant compromis

entre la tablature proprement dite et la notation proportionnelle de la musique vocale.

Le luth est le premier instrument pour lequel une
notation « directe » ait été inventée. Durant le XVIe siècle,
trois types sont en usage : les tablatures françaises, italiennes et allemandes. Les luthistes espagnols adoptent le
système italien. De toutes ces espèces, seule la tablature
française survécut au long du XVIIe siècle. Chaque pays
élabore un système qui lui est propre; cependant une
base et des principes demeurent communs. Le luth du
XVIe siècle est en général un instrument à onze cordes,
dont cinq sont doubles. Les trois premières (doubles)
sonnent à l'octave, les deux suivantes (doubles) à l'unisson, la sixième simple est nommée chanterelle. En principe, l'accord du luth repose sur le *sol* grave et s'arpège
en intervalles de : quarte, quarte, tierce, quarte, quarte.
La tablature va reproduire fidèlement tous ces éléments.
Elle aura six lignes équidistantes, chaque ligne représentant l'une des six cordes du luth. Des figures, lettres ou
chiffres placés sur les lignes désigneront l'emplacement
que l'un des doigts de la main gauche doit occuper sur
l'une des cordes. L'intervalle séparant un signe de celui
qui lui succède immédiatement est toujours d'un demi-
ton. La rythmique est plus difficile à établir. En effet,
cette notation ne procure pas la possibilité d'indiquer les
valeurs de notes se présentant simultanément dans les
différentes parties; seule la plus petite des valeurs simultanées est indiquée. Les signes rythmiques sont écrits
au-dessus de la portée; lorsqu'il s'inscrivent dans celle-ci,
ils prennent valeur de silence. Maximes, longues, brèves
ne figurent jamais dans les tablatures de luth, la résonance d'une corde ne pouvant durer au-delà d'une semi-
brève. Des barres séparent les mesures. Ainsi, les tablatures nous apparaissent-elles dans toute leur simplicité.
Les premiers exemples connus sont italiens, l'*Intabo-
latura di lauto, libro primo-quarto*, est publié à Venise en
1507-1508 par O. Petrucci. Dans ces livres, les chiffres
sont préférés aux lettres. La corde grave du luth est représentée par la ligne la plus haute. Il faut attendre 1529,
pour voir l'éditeur parisien P. Attaingnant publier les

Dix-huit Basses Dances garnies de recoupes et tordions... le tout réduyt en la tablature de lutz et la Très brève et familière introduction pour entendre et apprendre par soy-mesme à jouer toutes chansons réduictes en la tablature du lutz avec la manière d'accorder le dict lutz. Avec ce dernier livre, nous avons la première méthode de luth. Le manche a huit touches marquées par les lettres : *b, c, d, e, f, g, h, i.* La lettre *a* est employée pour les cordes à vide. A l'inverse du système italien, la ligne la plus haute est réservée à la chanterelle. La portée n'est que de cinq lignes. Les sons à reproduire sur la sixième corde grave sont écrits sous la portée. Voici un fragment emprunté au second livre d'Attaingnant :

Cette notation se maintient jusqu'à la fin du xvi⁰ siècle ;
cependant dès le milieu de ce siècle, certaines tablatures
adoptent une sixième ligne pour la corde grave. Très
rapidement, des cordes simples au nombre de trois,
quatre et même cinq sont ajoutées aux cordes du luth
traditionnel, ce sont des cordes basses qui seront indiquées par la lettre *a* surmontée d'un trait *a, ā, a͞, a͞,*...
placée sous la portée de six lignes. Autour de 1640, un
nouveau système est introduit par le luthiste Denis
Gaultier. Il domine rapidement tous les autres. Ici,

l'accord des cordes principales est devenu :

Vers cette même époque, l'emploi de la *scordatura,* altération de l'accord normal du luth, devient fréquent. Les
tablatures espagnoles sont semblables aux françaises, à
l'exception des chiffres remplaçant les lettres. Le premier monument édité, *El Maestro* de Luis de Milan, date
de 1535.

Si la première tablature allemande : Hans Judenkünig,
Ain schone kunstliche Underweisung (Vienne), ne date que
de 1523, il semble cependant que cette notation puisse
remonter au milieu du xv⁰ siècle au moins. Elle est
destinée, surtout au début, à un luth à cinq cordes. Elle
diffère essentiellement des tablatures italiennes, françaises
et espagnoles. Les luthistes allemands préfèrent un système dans lequel les cinquante-quatre touches (ou plus)
sont indiquées par un signe individuel. Dans leur représentation graphique, les lettres ne se succèdent plus le
long des cordes, mais les traversent comme nous le
voyons dans le premier schéma de la page 712.

La guitare, sorte de luth à fond plat et à cinq cordes
seulement, eut aussi aux xvi⁰ et xvii⁰ siècles une très
grande vogue. Au début, la notation de cet instrument
était semblable à celle du luth. Par la suite, étant surtout
employé comme accompagnateur d'une partie chantée,
une notation qui lui est propre se crée. Au commencement des recueils, un tableau des accords parfaits mineurs
et majeurs est dressé. A chaque accord correspond une
lettre. Le second schéma de la page suivante montre
l'extrême simplification de ce système.

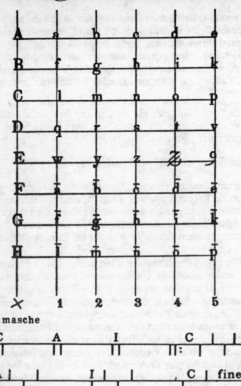

Bergamasche

Les petits traits qui se dressent sur ou sous la ligne précisent la façon dont doit être arpégé l'accord : au-dessus, l'accord eſt joué de bas en haut, au-dessous, il eſt inversé, la note supérieure étant jouée la première.

La musique pour ciſtre possède aussi une tablature particulière.

*
* *

Si la vision graphique de la tablature de clavier eſt quelque peu semblable à celle de luth, ce n'eſt cependant plus, je l'ai déjà dit, une notation « direĉte », mais une notation « figurée » dont les principes sont proches de la notation proportionnelle réservée à la musique vocale. Avec les tablatures d'orgue, il ne nous suffit plus d'interroger les différents pays; l'individualité eſt encore plus grande : ici, le compositeur veut faire preuve d'originalité jusque dans les principes de sa notation. Ainsi chaque tablature apporte-t-elle des éléments nouveaux en rendant plus complexe l'étude. Pays-Bas, Allemagne, qui très tôt reçoivent dans leurs églises des inſtruments à tuyaux, en seront les promoteurs. Si l'orgue d' « église » ou de « concert » exiſte dès le xiie siècle, la première tablature ne date que du début du xive siècle (*Robertsbridge Codex*, conservé au British Museum) et il faut attendre une centaine d'années pour être en présence d'un syſtème quelque peu élaboré avec les tablatures de Faenza (vers 1420), de Ludolf Wilkin (1432), d'Adam Ileborgh (1450). Mais ce n'eſt qu'avec le *Buxheimer Orgelbuch* (vers 1460) que les principes de cette notation apparaissent fermement établis. Tout comme dans les premiers exemples, la partie supérieure eſt écrite en notes, les deux parties inférieures étant écrites en lettres. Les notes s'inscrivent sur une portée de six à sept lignes avec une clef d'*ut* au début. La notation noire caraĉtériſtique de la notation mesurée antérieure à 1450 eſt employée. Pour un groupe de notes ayant une même valeur, les queues sont liées comme dans notre syſtème moderne. Il eſt une différence qui néanmoins ne peut être négligée : dans un groupe de quatre semi-brèves, par exemple, le crochet de la dernière note dépasse toujours

sur la droite , tandis que dans un groupe

de trois notes égales [symbol], la dernière note n'est pas
une semi-brève, mais une maxime. Les hastes sont invariablement tournées vers le haut. Tournées vers le bas,
elles indiquent une altération chromatique. La haste
bouclée [symbol] prévient d'un ornement, en principe un
mordant. Si altération et mordant sont désignés simultanément, à la haste bouclée s'adjoint un trait en diago-
nale [symbol]. Aux deux voix inférieures dans le système
alphabétique, les lettres ne correspondent plus à des
intervalles de demi-ton, mais à la hauteur réelle d'une
note : *a = la, c = do, d = ré, e = mi...*

A l'exception du *si* qui bémolisé est indiqué *b,* et
bécarre [symbol], l'altération chromatique est signalée par
une petite boucle : *do =* [symbol] ; *ré =* [symbol] ; *fa =* [symbol]
Le rythme est indiqué au-dessus des lettres par des
signes similaires à la valeur des notes.

La première tablature éditée date de 1512 : Arnold
Schlick, *Tabulaturen etlicher Lobgesang und Lidlein uff die
Orgeln und Lauten* (Mayence). Les notes évidées sont préfé-
rées aux notes noires. Les barres de mesure sont absentes.

Mein lieb ist weg

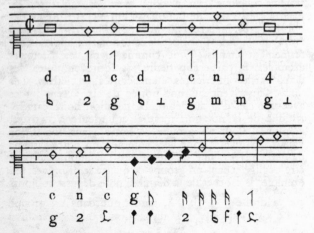

Dans la seconde moitié du XVIe siècle, la partie mélodique écrite jusqu'alors avec des notes est remplacée par le système alphabétique réservé aux voix inférieures. Ce n'est certainement là qu'un souci d'économie de place, les éditions étant assez coûteuses. Les principes demeurent les mêmes, excepté toutefois une variété assez confuse de signes rythmiques et la curieuse graphie des lettres.

Ces principes, nous les retrouvons dans les rares tablatures françaises de cette époque. Seul le théoricien Bermudo, dans sa *Declaración de instrumentos musicales* (Ossuna, 1555), défend un nouveau système suivant lequel les touches blanches et noires sont dénombrées de une à quarante-deux. Là, nous sommes proches des tablatures de luth. Mais, trop compliqué, ce chiffrage continu est vite remplacé par l'adjonction d'un trait, d'un point, d'une apostrophe... aux huit chiffres de l'octave, ce qui permet de distinguer la hauteur de celle-ci. Trois tablatures espagnoles s'y réfèrent.

Parallèlement aux tablatures d'orgue, il existe tout au long du XVIe siècle et au début du XVIIe siècle, deux autres notations pour instruments à clavier.

L'une, que l'Italie nomme volontiers *intavolatura*, s'écrit sur deux portées de chacune cinq, six ou sept lignes. Elle annonce la notation moderne par deux particularités : les barres de mesure et les liaisons. C'est sous cette forme que sont publiés par P. Attaingnant, de 1529 à 1530, sept livres de *Vingt et six Chansons musicales réduites en la tablature des orgues, espinettes, manicordions et telz semblables instrumentz musicaulx*. En Angleterre, les compositeurs de l'époque Tudor, puis les virginalistes l'emploient également.

L'autre apparaît en Italie à la fin du XVIe siècle, elle est appelée *partitura*. Dans la partitura, chaque voix correspond à une portée. Comme dans la *musica ficta,* les dièses sont souvent absents. Cette forme d'écriture est surtout adaptée au contrepoint strict, celui-ci étant au début du XVIIe siècle si communément regardé comme la base du style d'orgue, que durant quelque temps, même les *toccata* étaient mises en quatre parties superposées et notées en *partitura.*

Le XVIIIe siècle voit la disparition totale et définitive des tablatures et des *partitura*. Seule l'*intavolatura* à deux portées est définitivement adoptée dans la musique pour clavier. Elle est l'ancêtre direct de notre actuelle partition pour piano.

Paule CHAILLON.

BIBLIOGRAPHIE

Il faut citer en premier lieu l'important ouvrage de :
WOLF, J., *Handbuch der Notationskunde*, Leipzig, 1913-1919, 2 vol., dans lequel plusieurs chapitres du t. II sont consacrés aux tablatures.

Plus récemment deux ouvrages de :
APEL, Willy, *The Notation of polyphonic Music, 900-1600*, Cambridge, Mass., 1942.

Masters of the keyboard, Cambridge, Mass., 1947.

Enfin on trouvera d'utiles renseignements dans : *Le luth et sa musique*, où sont réunis et présentés par Jean Jacquot les entretiens du Colloque du C.N.R.S. (Neuilly, 1957), qui furent consacrés à ce sujet.

LA MUSIQUE
AU MOYEN ÂGE

LA MUSIQUE POST-GRÉGORIENNE

LES TROPES

MINIATURES et ivoires, pour représenter saint Grégoire, ont coutume de figurer à son oreille une blanche colombe lui dictant homélies ou neumes musicaux, selon le récit légendaire que rapporte Paul Diacre quelque trois cents ans après la mort du grand pape.

C'est encore Paul Diacre qui, pour la première fois, attribue clairement à saint Grégoire le rôle dont la tradition n'a cessé de lui faire gloire à propos de la composition d'un antiphonaire type, mais dont aucun témoignage précis antérieur à lui n'a pu être relevé. Le grand pape eût-il du reste composé lui-même ce fameux antiphonaire qu'il n'eût guère pu y fixer par écrit une tradition mélodique : la notation antique, à base d'alphabet, était en désuétude et la nouvelle notation par neumes n'avait pas encore fait son apparition : on n'en trouve aucun spécimen, nul même n'en parle avant la deuxième moitié du IXe siècle : saint Grégoire était mort alors depuis près de trois siècles.

Quoi qu'il en soit, son nom était, au XIe siècle au moins, assez intimement lié à la notion d'unification liturgique et musicale pour que le célèbre polémiste et chroniqueur de Saint-Martial de Limoges, Adhémar de Chabannes, rapportant les efforts de Charlemagne pour imposer cette unification, le montre se couvrant de l'autorité grégorienne — c'est la fameuse phrase, si souvent citée : *Revertimini vos ad fontem Sancti Gregorii, quia manifeste corrupistis cantum.* Le témoignage est trop tardif, Adhémar est trop souvent fantaisiste dans ses récits, pour que le rôle réel de saint Grégoire s'en voie éclairé, mais du moins cela nous montre à quel point, à cette époque déjà, la créance en sa paternité était profondément enracinée.

Ce qui, par contre, ne saurait être historiquement

contesté, c'est l'insistance personnelle avec laquelle les Carolingiens, Pépin d'abord, puis Charlemagne, usèrent de toutes les ressources de leur pouvoir pour détruire les derniers vestiges d'individualité qui pouvaient demeurer dans les liturgies ou les usages musicaux des peuples de leur royaume, pour les obliger à respecter l'usage romain et à plier leur chant à la technique romaine. Il serait naïf de voir là souci d'art désintéressé. Paradoxalement, cette politique musicale allait même à contre-courant de leurs préoccupations culturelles habituelles, puisque Alcuin, au nom de Charlemagne, s'efforçait au contraire de sauver la langue franque en tant qu'instrument de culture traditionnelle, menacée par l'envahissement de la littérature savante des clercs parlant latin. L'unification liturgique et musicale était, pour les conquérants, le signe tangible de l'unification spirituelle dont ils avaient besoin pour réunir sous leur domination des peuples trop divers. Le choix, comme étalon, de la liturgie romaine, était en outre fort habile, et leur donnait droit de la part des papes à une reconnaissance qu'ils savaient fort bien monnayer. D'où l'importance, primordiale à leurs yeux, d'une opération qui, d'un point de vue culturel, pouvait passer pour amour désintéressé de l'art, et qui en réalité, vue sous l'angle politique, mettait en jeu d'immenses intérêts.

Sous l'énergique impulsion des Carolingiens, et dans toute la mesure où n'en eut pas raison la résistance plus ou moins passive des communautés religieuses et de leurs chefs, la liturgie tendit à s'unifier, à se fixer de façon invariable, et il en fut de même, non seulement des textes, mais de la façon de les chanter, où l'usage romain fut désormais le modèle indiscuté.

Pépin et Charles avaient vu juste sur le plan de la catholicité. Sur le plan de l'art, ils ne soupçonnèrent à aucun moment qu'ils pussent jouer un rôle néfaste. La nécessité, en art, du concept évolutif est une découverte moderne. Mais il est de fait que ce moment précis marque la fin de la période vivante du chant grégorien. Protégé par l'Ordo, celui-ci devait se conserver passivement jusqu'à nos jours, vidé de la substance nécessaire que donne à toute musique l'accord entre ce qu'elle exprime et les aspirations intimes de ceux à qui elle s'adresse; sa dégénérescence allait se poursuivre sur un rythme sans cesse accru, tandis que les fidèles, et surtout les communautés monastiques, pour qui le chant liturgique est l'une des raisons de vivre, allaient ressentir de plus en plus violemment le besoin de créer autre chose, quelque chose qui fût à l'image de leur temps, et non plus à celle de leurs ancêtres du temps des invasions barbares.

C'est ainsi que l'on peut s'expliquer le succès et la descendance, véritablement surprenants, d'une invention en elle-même insignifiante, que l'histoire musicale a enregistrée sous le nom de *tropes*. Parce qu'un jour, vers 850, des moines de Jumièges, en Normandie, imaginèrent de mettre des paroles syllabiques sous les vocalises grégoriennes de i'*Alleluia* pour mieux les retenir; parce qu'un hasard de guerre mit un antiphonaire ainsi annoté sous les yeux d'un moine de Saint-Gall, Notker, qui éprouvait les mêmes difficultés de mémoire (rappelons que l'écriture neumatique était encore à ses débuts) et que Notker, pris d'enthousiasme pour l'ingéniosité du procédé, lança autour de lui une mode qui devint de plus en plus envahissante, l'histoire musicale et sans doute aussi l'histoire littéraire se trouvèrent changées.

Pour la compréhension de ce phénomène, il n'est pas inutile d'établir, à l'intérieur de cet immense répertoire des tropes, qui pendant six cents ans environ recouvrit des pièces fort différentes les unes des autres, une classification basée non seulement sur leur aspect littéraire, mais aussi sur leur facture musicale et surtout sur leurs rapports avec le modèle liturgique. On s'aperçoit alors que l'ordre logique dans lequel on est tenté de les classer correspond à peu près exactement à l'ordre chronologique de leur apparition.

TROPE D'ADAPTATION.

Voici donc d'abord la modeste invention de l'anonyme de Jumièges. On met, sous les mélismes, des paroles mnémotechniques, simple « adaptation » de la vocalise existante. Le paroissien courant utilise encore aujourd'hui, pour identifier certaines pièces — les *Kyrie* par exemple — des expressions mystérieuses telles que *Cunctipotens, Orbis factor,* etc. C'est l'*incipit* des tropes qui leur furent adaptés. Il n'est pas encore question de modifier quoi que ce soit au texte musical; mais insensiblement, un nouveau style va se faire jour : au lieu des amples vocalises jubilatoires répandues à profusion dans le répertoire grégorien, on s'habituera à généraliser un style syllabique presque rigoureux, plus franc mais plus lourd, dont les hymnes et les antiennes étaient jusqu'alors à peu près les seuls représentants.

Bientôt, l'adaptation fera tache d'huile. Non content de mettre des paroles sur les vocalises, donc *entre* les mots du texte existant et dans la mesure où le permet le nombre de notes des vocalises, le texte du trope s'attaque au texte liturgique lui-même; toujours sans modifier la mélodie, il commence à remplacer ce texte : c'est ainsi que, très tôt, les mots *Kyrie* ou *Alleluia* disparaissent pour être remplacés par les premiers mots du trope.

TROPE DE DÉVELOPPEMENT (SÉQUENCES OU PROSES).

Impatient des bornes que lui impose le nombre de notes limité du modèle, l'adaptateur entreprend bientôt de développer la cellule mélodique primitive. Le texte liturgique lui offre ainsi un schéma de base auquel il se réfère périodiquement sans s'astreindre désormais à le suivre servilement. Telle est la première forme des *séquences* ou *proses,* où s'illustrera Notker. C'est ce que l'on pourrait appeler le *trope de développement,* deuxième forme de trope.

Ainsi en possession d'une formule commode de composition, les auteurs de séquences n'allaient pas tarder à la perfectionner. Au bout de peu de temps ils s'avisèrent de lui donner une structure en répétant verset par verset chaque strophe ainsi obtenue. A l'exception parfois de la première et de la dernière strophe, la séquence se présenta ainsi avec un schéma couplé d'une harmonieuse symétrie :

a ou *aa, bb cc ... zz* ou *z.*

Les plus anciennes séquences de Saint-Gall sont en prose, sans assonance particulière et sans correspondance rythmique rigoureuse. Les séquences aquitaines, par contre, qui se développent sensiblement à la même époque, et dont Saint-Martial de Limoges est le centre le plus actif, empruntent à certains modèles du trope d'adaptation une formule d'assonance qui ne sera pas sans influence sur la formation ultérieure de la rime,

généralisée dans toute la littérature aux alentours de
1100. De même que les commentaires du trope d'adaptation aimaient rappeler par leur voyelle d'appui la
syllabe du mot qu'elle remplaçait, la séquence aquitaine
assonancera régulièrement les finales de ces strophes
par un *a* qui rappelle la sonorité de l'*alleluia* initial.

Puis peu à peu la forme s'organisera. L'emploi de
plus en plus fréquent du *cursus* (rythmes oratoires
définis basés sur certains schémas d'accent reconnus
comme particulièrement harmonieux) introduira peu
à peu un rythme accentuel de plus en plus strict, et au
début du XIIe siècle nous verrons à côté de l'ancienne
séquence s'imposer des pièces en nouveau style qui en
conserveront la structure, y introduisant de véritables
vers à nombre de syllabes défini et à rythme régulier
(accent tonique, principal ou secondaire, régulièrement
disposé de deux en deux syllabes). En même temps, le
souvenir de l'alleluia initial disparaîtra et à la paraphrase
primitive du modèle grégorien se substituera une composition libre faisant néanmoins largement appel à des
phrases musicales types réparties par centons. Ce sera
la *nouvelle séquence* où s'illustrera Adam de Saint-Victor
et qui sera encore cultivée jusqu'au XIVe siècle. On sait
qu'après la brutale réforme du concile de Trente, la
liturgie actuelle n'en conserve plus que cinq, dont la
plus ancienne appartient à la transition entre les deux
styles (aucune séquence d'ancien style ne subsistant).
C'est le *Victimae paschali laudes*, attribué à Wipo, chapelain
de la cour de Bourgogne dans la première moitié du
XIe siècle. Les autres séquences conservées *(Lauda Sion,
Dies irae,* etc.*)* sont en général du XIIIe siècle. Il est
aisé en les comparant au *Victimae paschali laudes* de constater les progrès de la régularité dans le rythme accentuel.

[En se référant au *Victimae paschali,* on tiendra compte du
fait que le texte primitif comportait, avant *scimus Christum
surrexisse,* une strophe aujourd'hui supprimée, de même
mélodie, et que *Angelicos testes* se plaçait avant *Sepulchrum
Christi viventis* : la symétrie était donc plus complète que
sous la forme actuelle.]

L'importance de la séquence, proportionnée à l'ampleur de son développement, devait être considérable.
Non seulement elle généralisait un style syllabique
demeuré exceptionnel dans le répertoire grégorien

(surtout antienne et hymne) mais encore, par la rigueur de sa structure couplée, elle attirait l'attention sur des préoccupations de forme symétrique dont on pourrait certes trouver la genèse dans maintes pièces grégoriennes, mais qui prenait désormais un relief particulier. Suivant une théorie controversée, mais cependant appuyée d'arguments sérieux, la séquence pourrait fort bien être à l'origine de nombreuses formes musico-littéraires parmi lesquelles le *lai* est l'une des plus importantes.

TROPE D'INTERPOLATION.

Un troisième pas fut fait dans l'histoire des tropes lorsque, au lieu de développer un texte préexistant, on s'avisa d'allonger le modèle au moyen de commentaires intercalés entre les mots de celui-ci et dotés d'une musique entièrement nouvelle. Littérairement, le trope d'interpolation se distingue mal du trope d'adaptation. En réalité, sa conception est entièrement différente, et l'on s'étonne que les savants qui ont étudié les tropes les aient régulièrement confondus. Ce genre d'interpolation, qui ne visait pas à un style nouveau, mais au contraire cherchait à s'intégrer dans le texte interpolé en veillant seulement à la correction des raccords mélodiques, prit parfois de tels développements que l'on vit certaines interpolations se détacher du tronc primitif pour devenir de véritables pièces indépendantes. C'est ainsi, par exemple, que l'*Ave verum* était primitivement un trope de *Sanctus*.

TROPE D'ENCADREMENT.

Du trope d'interpolation, on passe tout naturellement à la quatrième catégorie. En effet, les commentaires interpolés pouvaient aussi bien se placer au début ou à la fin d'une pièce qu'en son milieu. Il suffit que le raccord mélodique et grammatical soit moins intime, que le texte ouvrant la pièce présente par lui-même, littérairement et musicalement, un sens complet, pour que l'on se trouve cette fois en présence d'un véritable *prélude* (ou, à la fin, d'un postlude) aisément détachable et qui aura, plus que tout autre, tendance à devenir une pièce isolée. C'est à l'un de ces tropes-préludes, le *Quem quaeritis* de l'introït de Pâques, que l'on doit en

grande partie la naissance du *drame liturgique* qui devait
être la cellule initiale du théâtre moderne.

TROPE DE COMPLÉMENT. LE VERSUS.

En se développant, le trope d'encadrement finira par
perdre à peu près tout contact avec la pièce qu'il annonce
ou conclut. Il deviendra alors une pièce lyrique indépendante intercalée dans la liturgie entre deux moments
officiels. De là naîtra la notion de « chant de conduite »,
en latin *conductus,* dont le développement polyphonique
à son tour donnera naissance à l'une des trois grandes
familles de la polyphonie du XIIIe siècle, le *conduit*. Mais
auparavant ce genre de trope, que nous pourrons appeler
trope de complément, se sera largement développé, notamment à Saint-Martial de Limoges, où il donnera naissance
à tout un répertoire de pièces lyriques intercalées dans
les moments creux de l'office, que l'on appellera les
versus, c'est-à-dire d'abord *verset,* puis, avec dérivation de
sens, « pièce en vers ». A la fin du XIe siècle on verra
même, exceptionnellement, certains versus devenir des
chants de circonstance (par exemple le *Jerusalem mirabilis*
qui est un appel à la première croisade) ou même faire
appel à la langue vulgaire. Nous sommes ici bien près de
la naissance, à la même époque et dans la même région,
des premiers troubadours dont, rappelons-le, les chansons s'appelaient d'abord un *vers.*

TROPE DE SUBSTITUTION.

Une dernière classe de trope apparaîtra lorsque les
tropeurs, sans vergogne aucune, se mettront non plus à
commenter ou à enrichir mais à remplacer entièrement
le texte proposé par la liturgie, se bornant à en rappeler
les paroles principales par une brève allusion en cours
de texte. Cela sera particulièrement employé pour les
Benedicamus Domino qui deviendront de véritables chansons à nombreuses strophes, dans lesquelles le mot
primitif se glissera presque furtivement. Le célèbre
O filii pascal, que l'on chante encore aujourd'hui aux
saluts du Saint-Sacrement sous une forme musicale
refaite au XVIIe siècle, mais dont l'original est l'œuvre du
cordelier Jehan Tisserant, mort en 1494, est l'un des
derniers tropes de *Benedicamus* appartenant à cette catégorie, comme en témoignent les deux strophes finales :

In hoc festo sanctissimo
Sit laus et jubilatio,
Benedicamus Domino
Alleluia.

De quibus nos humillimas
Devotas atque debitas
Deo *dicamus* gratias
Alleluia.

LE DRAME LITURGIQUE

Il était courant au siècle dernier de présenter le théâtre classique comme une imitation directe des drames de l'Antiquité. On sait aujourd'hui que si cette imitation fut réelle et consciente, elle ne fut qu'un phénomène d'évolution appliqué à une tradition remontant en réalité au drame liturgique du Moyen âge. Il y eut à la fin de l'Antiquité une rupture complète de tradition et le théâtre moderne dut se recréer de toutes pièces à l'image du peuple chrétien, comme la tragédie antique s'était créée dans les mêmes conditions à l'image des civilisations qu'elle représentait. Cette nouvelle naissance, qui sera suivie de longs développements et de nombreuses transformations, mais ne subira plus aucune solution de continuité, est encore une conséquence directe du développement des tropes.

On peut attribuer à la naissance du drame liturgique deux origines distinctes qui donneront lieu chacune à une branche bien caractérisée. L'une, *cycle de Noël*, remonte à la prophétie de la Sibylle; l'autre, *cycle de Pâques,* au trope *Quem quaeritis.*

Cycle de Noël. La Sibylle, les Prophètes du Christ, le Sponsus.

La prophétie de la Sibylle est un texte grec probablement apocryphe, qui apparaît pour la première fois au IIIᵉ siècle chez Eusèbe de Césarée, par lequel, en hexamètres grecs acrostiches, la Sibylle annonce la venue du Christ. Traduit et inséré dans *la Cité de Dieu* par saint Augustin, il fut repris à la même époque dans un sermon contre les Juifs attribué faussement au même saint Augustin; ce sermon à son tour pénétra dans l'office au IXe ou au Xe siècle comme « leçon » chantée à l'office de nuit de la vigile de Noël. Le premier acte de la transformation consista à lui donner une mélodie indépendante de celle de la lecture psalmodiée habituelle. Elle formait ainsi comme une intercalation lyrique au milieu de la *lectio*. Ultérieurement, peut-être à Saint-Martial de Limoges, on la transforma en pièce lyrique caractérisée en répétant son premier vers en guise de refrain, négligeant ainsi l'acrostiche.

La formule de transition était une invitation implicite à de nouveaux développements. *Audite quid dixerit,* disait le lecteur. Puis commençait le chant de la prophétie. Il est probable que l'on dut d'abord matérialiser cette invitation en faisant apparaître un personnage distinct chargé de ce chant. Puis cette prophétie elle-même devint le noyau auquel s'ajoutèrent d'autres prophéties. A l'appel du lecteur, les différents prophètes du Christ, parmi lesquels figurait Virgile, apparaissaient l'un après l'autre en chantant chacun leur strophe divinatoire. Costumes et accessoires s'y mêlèrent. Le plus pittoresque fut sans doute Balaam avec son ânesse revêtue d'un drap tombant jusqu'à terre et un comparse caché entre les pattes de l'animal pour lui prêter sa voix. Ainsi prit forme le drame des *Prophètes du Christ*.

A la fin du XIe siècle, dans un manuscrit célèbre qui appartint à la bibliothèque de Saint-Martial de Limoges, le drame des *Prophètes* se trouve précédé d'une pièce fameuse dont nous avons cru pouvoir établir qu'elle en était le prologue. Il s'agit du *Sponsus,* drame liturgique de la parabole des Vierges sages et des Vierges folles. Œuvre remarquable qui présente en outre la singularité de contenir mélangées des strophes latines et des strophes françaises. D'après l'étude linguistique de L.-P. Thomas, ce chef-d'œuvre de la lyrique médiévale serait probablement d'origine francienne, ou tout au moins aurait été primitivement écrit en langue d'oïl, puis adapté par le scribe en dialecte périgourdin-limousin. Quelque cent ans plus tard, ce même drame des *Prophètes* devait donner naissance à une pièce d'une importance capitale dans l'histoire littéraire : le *Jeu d'Adam et Eve*. Cette fois, le prologue est double : une première partie raconte l'histoire d'Adam et Eve, une

seconde celle de Caïn et Abel, une troisième est occupée
par le drame des prophètes proprement dit. Comme dans
le *Sponsus,* la langue française (dialecte cette fois anglo-
normand) y fait son apparition mais de façon toute
différente. La structure musicale du drame y est conservée
sous forme de répons pour les deux premières parties,
et des prophéties traditionnelles pour la troisième, mais
entre ces parties musicales se glisse un long commentaire
parlé en vers dialogués — en quelque sorte un trope
non musical du drame musical, complet en lui-même —
et dont la valeur littéraire est considérable; la première
partie en particulier, celle d'Adam et Eve proprement
dite, peut être considérée comme l'un des chefs-d'œuvre
de la littérature médiévale.

Cycle de Pâques. « Quem quaeritis ».

Parallèlement au cycle de Noël, centré autour du
chant de la Sibylle, le cycle de Pâques va se former
autour du *Quem quaeritis.* Celui-ci est un trope dialogué
servant d'introduction à l'introït de Pâques, *Resurrexi.*
Peut-être est-il originaire de Saint-Martial de Limoges où
il apparaît dès le début du Xe siècle. Il ne s'agit encore là
que d'un trope ordinaire ne donnant lieu à aucune
mise en scène particulière. Il présente seulement un
élément intéressant de dialogue entre les saintes femmes
venues au matin de la résurrection au tombeau du Christ
et l'ange qui les accueille. Une trentaine d'années plus
tard, entre 965 et 975, l'évêque anglais Ethelwold dans
sa *Regularis Concordia anglicae nationis* rédigée à l'intention
des moines de son pays, nous apprend qu'à Fleury (aujourd'hui Saint-Benoît-sur-Loire) et à Gand, ce texte
donne lieu à une véritable mise en scène. Celle-ci ira sans
cesse s'enrichissant de détails nouveaux. De l'introït pascal, elle passera aux matines, avant le *Te Deum.* Puis, autour
du noyau *Quem quaeritis,* nous verrons de nouvelles scènes
s'agglutiner de part et d'autre. En amont nous remonte-
rons jusqu'à l'intervention des Juifs auprès de Pilate pour
obtenir la garde du sépulcre; et en aval jusqu'aux pèlerins
d'Emmaüs qui formeront bientôt un drame liturgique
destiné au lundi de Pâques. Les épisodes annexes vont
s'amplifiant; en particulier l'achat des parfums auprès
d'un marchand de comédie dont nous avions déjà eu
le prototype avec le *Sponsus.* Le lieu liturgique se fixe

désormais de préférence au noĉturne de matines, dont le *Te Deum* final eĉt conservé pour clore à la fois et la pièce et l'office. Ce *Te Deum* reĉtera traditionnel. Même après que le drame sacré aura quitté l'église, on le trouvera encore dans les grands myĉtères du xve siècle.

A l'imitation du *Quem quaeritis in sepulchro* pascal, on se mit bientôt à fabriquer d'autres *Quem quaeritis* : pour l'Ascension (*Quem quaeritis in coelum ascendisse*), pour la Saint-Jean-Baptiĉte; mais ce ne furent là que des singularités sans lendemain. De tout autre conséquence devait être l'adaptation de Noël : *Quem quaeritis in praesepe*, qui allait à son tour et de la même façon donner naissance à un *drame des paĉteurs* généralement placé à la messe de minuit avant le *Benedicamus Domino* final et qui, paradoxalement, appartient ainsi au cycle de Pâques. Ici encore le noyau initial *Quem quaeritis*, avec la même mélodie qu'à Pâques, eĉt conservé religieusement. Les épisodes sont symétriques : aux anges accueillant les saintes femmes au sépulcre correspondent les sages femmes *(obĉtetrices)* accueillant les bergers au seuil de la grotte; au *non eĉt hic* du sépulcre vide correspond joyeusement le *adeĉt hic* de la crèche. On ajoutera au développement l'épisode des mages *(ordo ĉtellae)*, ou le massacre des Innocents *(ordo Rachelis)*.

Musicalement, surtout lorsqu'il eĉt tardif (xiiie-xive siècle), le drame liturgique eĉt une œuvre composite qui reflète les différents ĉtyles des époques auxquelles il fut composé par additions successives, un peu comme ces églises commencées en ĉtyle roman et achevées en gothique flamboyant. On y trouve successivement des passages de grégorien pur, des tropes, des passages en ĉtyle poĉt-grégorien, des morceaux lyriques poĉtérieurs, rimés, rythmés, qui trahissent le nouveau ĉtyle ». Ces derniers y font un peu figure d'*airs* à côté des récitatifs de l'opéra classique.

Au xive siècle, on alla plus loin encore dans l'adaptation et, notamment pour des couvents de femmes, comme celui d'Origny-Sainte-Benoîte, on se mit sur la même mélodie à traduire en français les textes latins, partiellement du moins.

Miracles.

A côté du drame liturgique, et à son exemple, on vit naître vers la fin du XIIe siècle des *miracles* qui en empruntaient la structure générale musicale, mais cette fois sans lien précis avec l'office, ni avec le choix liturgique du sujet. C'est ainsi que les étudiants de Beauvais firent représenter un *Drame de Daniel* remarquable par sa structure strophique et l'abondance de sa mise en scène. Puis les miracles de saint Nicolas offrirent une matière abondante. A l'imitation de ces miracles latins chantés, les clercs se mirent à composer des miracles latins parlés; ainsi au *Daniel* de Beauvais correspond le *Daniel* parlé d'Hilaire. Après quoi les poètes français se mirent de la partie et l'on vit apparaître les miracles en langue vulgaire, non musicaux. C'est ainsi que Jean Bodel d'Arras put écrire son célèbre *Jeu de saint Nicolas*, et, plus tard, Rutebeuf, son *Miracle de Théophile*. Cette fois la musique n'est plus qu'un souvenir. On peut légitimement la supposer, elle n'est plus partie intégrante de la structure du drame. Toutefois, le *Te Deum* final, souvenir de la fin des matines où étaient représentés les drames liturgiques, demeure comme un cordon ombilical. Au XIVe siècle, les *Miracles de Notre-Dame*, adaptation scénique des récits qu'écrivait Gautier de Coinci au début du XIIIe siècle, n'auront plus trace de musique, mais le jeu provençal de sainte Agnès introduira dans le théâtre religieux la mode des *refrains chantés,* adaptation de paroles nouvelles composées pour la pièce sur des timbres connus, et au XVe siècle les grands mystères de la Passion et de la Résurrection accorderont une place considérable à la musique. Mais cette fois, il ne s'agit plus comme dans le drame liturgique ou dans le *Jeu d'Adam et Eve,* d'une fonction structurelle : la musique, si abondante soit-elle, est devenue la servante du drame parlé. C'est en quelque sorte l'équivalent de la musique de scène opposée à la musique de l'opéra.

LA MONODIE NON LITURGIQUE

A. LES TROUVEURS

LES ORIGINES ET LES GENRES

Guillaume, septième du nom comme comte de Poitiers et neuvième comme duc d'Aquitaine, fut un assez piètre chef d'Etat, mais vaillant et preux, si joyeux compagnon que, de retour d'une désastreuse croisade, il mettait ses misères en couplets, et « faisait rire aux larmes ses auditeurs en en chantant les vers *cum facetis modulationibus* ».

Cette petite phrase d'Orderic Vital, l'historien du premier troubadour, est peut-être la clef très simple d'un problème que les savants de tous ordres ont compliqué à plaisir. Se servir des formes de la lyrique latine florissant à cette même époque (début du XIIᵉ siècle) et dans la même région, notamment dans les *versus* de Saint-Martial de Limoges, pour en faire le véhicule de chants d'actualité n'était pas une nouveauté : ce procédé avait déjà servi, alors que le duc marchait sur ses vingt-cinq ans, à enflammer les cœurs — en latin — en vue de la première croisade. On avait même tenté, dans le cadre de la chanson pieuse, de transporter la langue vulgaire dans ce répertoire, encore très proche de la paraliturgie des tropes. Si la chanson faite par Guillaume sur « les Misères de sa captivité » est malheureusement perdue, nous possédons celle par laquelle il charge strophes et mélodie de son testament personnel et politique. C'est aussi la seule dont nous possédions, par recoupements, un fragment de musique : on y retrouve l'une des formules mélodiques familières aux *versus* martialiens.

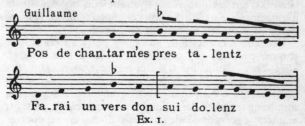

Ex. 1.

Versus de Saint Martial de Limoges :

Annus novus in gaudio   Speci-a-li gaude corum

Ex. 2.

Ce sera encore, plus tard, la formule mélodique de l'*O filii*, qui est, nous l'avons vu, un trope de *Benedicamus Domino*.

D'autres chansons de Guillaume sont des « bonnes histoires », de ces « gabs » dont il faisait rire ses convives — et dont le sel est plus piquant que fin. C'est peut-être là que gît, très simplement et sans remonter aux druides ni à Mahomet, le noyau initial d'où devait sortir pour deux siècles l'extraordinaire efflorescence de ces *troubadours* méridionaux, puis des *trouvères* d'oïl, que nous grouperons, selon leur étymologie commune, sous le vocable d'ensemble de *trouveurs* — un mot dont l'origine même renvoie implicitement aux faiseurs de tropes, les *tropatores*. Leurs chansons mêmes s'appelaient à l'origine *un vers*, traduction littérale du mot *versus* que nous avons rencontré dans ce sens précis, strictement limité lorsqu'on l'emploie au singulier, comme le feront les premiers troubadours.

Cet aspect de chanson d'actualité ne disparaîtra jamais tout à fait de l'œuvre des trouveurs, tant troubadours que trouvères; chansons de croisade, *planhs* sur la mort de tel personnage, déclarations d'amour, malédictions vengeresses jetées sur un seigneur qui a mal délié sa bourse... Un genre spécial et satirique, le *sirventès,* en naîtra même plus tard. Hypnotisés par la vogue envahissante des poèmes d'amour fictif, les savants n'ont presque jamais souligné que, non seulement logiquement mais aussi chronologiquement, les *chansons du réel* se plaçaient à l'origine du genre.

Ce stade d'inspiration, que nous pouvons considérer comme primitif, ne tarda pas en effet à être dépassé. Déjà chez Guillaume IX lui-même apparaissent des chansons toutes différentes, où se dessine sommairement la future convention de la courtoisie amoureuse : soupirant transi et dame implacable, comme le puissant seigneur dévergondé devait sans doute en rencontrer

fort peu. Peut-être sur ce point y eut-il imitation de la
poésie arabe, dont la proximité de l'Espagne et les
grandes migrations de la Croisade favorisaient la connaissance malgré la barrière linguistique. On a relevé aussi
de curieuses similitudes de formes poétiques de l'une à
l'autre; musicalement, il est impossible d'en juger, car
nous ne possédons aucune mélodie arabe de cette époque,
tandis que l'emprise mélodique post-grégorienne reste
au contraire visible chez tous les troubadours des
premières générations.

Car, il importe de le répéter, ni poétiquement ni
musicalement, l'œuvre des trouveurs ne porte, avant
une date tardive, de trace populaire. C'est une chanson
savante qui accentuera de plus en plus son caractère
savant chez les troubadours, au point de sombrer, vers
la fin du XIIᵉ siècle, dans l'ésotérisme de chapelle du
trobar clus, et qui ne s'éclaircira que dans la deuxième
moitié du XIIIᵉ siècle, chez les trouvères du Nord, sous
l'influence des refrains de carole, d'origine plus naïve,
dont il deviendra alors de mode de les « farcir ». Une
seule pièce, peut-être, fait exception : c'est une pastourelle
de Marcabru, l'un des plus anciens troubadours après
Guillaume IX, avec ses symétries légères et la grâce
de son majeur inaccoutumé — qui conclut d'ailleurs
sur un mode de *la* inattendu :

[Aucune chanson n'est notée rythmiquement avant 1270
environ. Le problème de la transcription rythmique a paru
un moment résolu par la théorie des *modes rythmiques* mise au
point de 1898 à 1907 par Pierre Aubry et Fr. Ludwig (et
non, comme on l'a dit longtemps, par Beck et Aubry). Nous
transcrivons cette pastourelle selon cette théorie, dont le bien-
fondé apparaît aujourd'hui moins solide qu'on ne le pensait.]

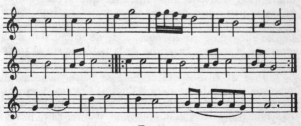

Ex. 3.

Une fois la convention admise dans la chanson, elle s'y installe solidement. Elle envahit à la fois la poésie narrative et la chanson d'amour. A la première, elle apportera un peu plus tard, par osmose avec les récits des chansons de geste, les jolies légendes des *chansons de toile* — qui ne sont pas, loin de là et quoi qu'on en ait dit, de veine populaire : nous connaissons même le nom de l'un de ses derniers auteurs, le trouvère Audefroi le Bastard. Dès Marcabru, elle impose les cadres stéréotypés et charmants des chansons de bergers, qui se divisent en deux grands courants : *pastourelle* (le chevalier qui fait la cour à la bergère), *bergerie* (jeux naïfs et champêtres des bergers). La chanson populaire paysanne a, depuis, adopté et transmis de pareils thèmes, qui seront recueillis au XIXᵉ siècle ou de nos jours, en des versions bien postérieures, et dont la plupart sentent fort leur XVIIIᵉ siècle. Est-ce les trouveurs qui imitèrent le peuple, ou bien celui-ci qui emprunta à ceux-là ? Il est difficile de répondre, mais la seconde hypothèse est loin d'être la plus invraisemblable. Les histoires de bergers sont séduisantes aux grands tout comme le sont au cœur des petites gens les histoires de princes et de princesses, et Trianon est en germe dans les *dorenlot* de Jean Erars et dans les amours frustes et touchantes des innombrables Robin et Marion du Moyen âge.

Mais c'est surtout dans la chanson d'amour, la *cansó* des troubadours, que s'incruste la convention. Les premiers troubadours, Guillaume IX en tête, n'ont encore de la fameuse délicatesse courtoise qu'une idée fort rudimentaire. Dans leurs œuvres sincères, la femme joue à peu près le rôle que lui attribuent les chansons des salles de garde; dans d'autres se devine confusément une notion nouvelle, plus littéraire que vécue, qui se précisera peu à peu dans les chansons et les romans, et qui, de la littérature théorique, finira par gagner la vie sociale elle-même : la *courtoisie,* code de soumission sans réserve à la femme, revanche de la faiblesse sur la force triomphante.

Autour de ce postulat de base se bâtira le scénario type sur lequel on brodera à l'infini. Les trois personnages principaux qui, hélas, demeureront traditionnels : l'amant (généralement le poète), la dame, belle, jeune, inaccessible... parfois, le mari, évidemment vieux,

« vilain » et jaloux. Autour d'eux gravitent les médi-
sants, les *losengiers,* prompts à épier et à rapporter, et
qui sont les ennemis majeurs. Parfois les amants ont un
compagnon fidèle et complice; dans la *chanson d'aube*
(où ils gémissent du jour qui les sépare) celui-ci fait le
gaite, le veilleur, et assure leur sécurité. Le second acte
de *Tristan et Isolde* est une vaste chanson d'aube; il n'y
manque ni le *losengier,* Mélot, ni la *gaite,* gardienne des
amours nocturnes, Brangaene, ni la malédiction du
jour, qui a fourni à Wagner l'un de ses plus beaux thèmes.

De chasteté, d'amour platonique et éthéré, il ne sera
pas question avant longtemps. Cette notion inattendue
fera son apparition beaucoup plus tard, aux temps de
la décadence méridionale, et aura pour théoriciens,
vers 1233, le troubadour Montanhagol et le poète
Matfré Ermengaut; celui-ci la délaiera dans les vingt-sept
mille cinq cents vers de son *Bréviaire d'amour,* en même
temps que pour la première fois les troubadours, retour-
nant inconsciemment à leurs origines, s'aviseront d'écrire
des chansons à Notre-Dame. Cette soudaine évolution
eut-elle pour mobile le désir d'éviter tous ennuis avec
l'Inquisition que la guerre albigeoise avait installée
dans le Midi? Ou bien plutôt, n'était-ce pas l'aboutissement ultime de cet affinement progressif qui avait
mené la « joie d'amour » des grossièretés de Guillaume IX aux évanescentes « amours lointaines » de
Jaufré Rudel et aux subtilités casuistiques du *trobar clus*?
Ce retour aux sources assura du moins, vers 1280,
malgré un essoufflement indéniable de l'inspiration, une
fin en beauté aux troubadours du Midi, tandis que vers
la même époque, les trouvères du Nord, victimes de la
réaction bourgeoise et anti-idéaliste qui suivit la mort
de saint Louis, sombraient dans le ridicule avec les
joutes poético-musicales des *puys* artésiens, où se discutaient dans les jeux partis de graves questions comme
de savoir si gagner l'opulence mérite de renoncer à manger des pois au lard!

LES FORMES

Des nombreuses formes poétiques et musicales usitées
par le *versus,* la chanson des trouvères ne retiendra
que la plus simple, la forme en couplets, héritée de

l'hymnographie. Elle y ajoutera parfois la *tornade,*
strophe finale écourtée n'utilisant qu'une partie de la
mélodie — le procédé est emprunté à la *sortie* des
anciennes séquences et se retrouvera plus tard dans
l'*envoi* des ballades poétiques du xvᵉ siècle.

Les formes internes sont assez nombreuses, mais la
plus fréquente, connue également des *versus,* consiste
dans la répétition mélodique des deux premières phrases,
soit AB AB CDEF... Cette forme aura une longue
descendance : nous la retrouverons encore dans les airs
de cour du xviiᵉ siècle, d'où elle passera dans l'opéra
lullyste. Les trouvères l'empunteront aux troubadours
et la transmettront aux Minnesänger allemands. Elle
est familière aux chorals luthériens. Tannhäuser,
Beckmesser et Walther l'emploieront encore dans
leurs chants de concours respectifs : Wagner était bien
renseigné. Hans Sachs la commente devant Walther
au IIᵉ acte des *Maîtres chanteurs;* quand Walther a terminé la partie couplée de son chant : « *Es ist ein Stollen* »
lui dit Sachs; *Stollen* est le nom de la partie AB répétée;
« il faut maintenant l'*Abgesang* » — l'*Abgesang* ou
conclusion est la fin non couplée de la strophe. Les
versions françaises traduisent « strophe » et « envoi » :
c'est un pur contresens.

LES TROUBADOURS D'OC

Guillaume IX, le premier troubadour connu, est aussi
le seul de sa génération. Après lui, l'art du « trouver »
se transmettra sans interruption; parti du centre de la
France, Limousin et Poitou, il gagnera d'abord toutes
les provinces avoisinantes : Gascogne, Auvergne, Provence...; à l'exemple du duc, de grands seigneurs le
cultiveront, mais aussi de plus humbles personnages, qui
cumuleront parfois le métier de trouveur, c'est-à-dire de
compositeur-poète, et celui de *jongleur,* c'est-à-dire d'exécutant nomade — il n'en faut pas moins éviter de
confondre les deux activités. Plus tard les jongleurs
musiciens, qui au début étaient encore confondus avec
les acrobates, équilibristes ou autres amuseurs, gagneront
en dignité, se sépareront de leurs frères inférieurs et
deviendront les *ménestrels,* qui au xivᵉ siècle s'organise-
ront en corporation et posséderont à Paris leur église,

Saint-Julien-des-Ménétriers. Celle-ci, démolie à la Révolution, occupait l'actuel emplacement des nᵒˢ 164-168 de la rue Saint-Martin.

Le xiiᵉ siècle fut le grand siècle des troubadours méridionaux : Jaufré Rudel, Marcabru, Bernard de Ventadour sont les plus célèbres de la première période; dans la seconde moitié du siècle, les recherches de formes, soutenues par les déclarations d'orgueil de leurs auteurs, prennent le pas sur l'inspiration; deux tendances se dégagent principalement : le *trobar ric,* qui s'attache surtout à multiplier les prouesses de versification, et où s'illustrent Raimbaut d'Orange et Arnaut Daniel, le *trobar clus,* où la recherche de complication vise davantage les subtilités de pensée, avec Bernart Marti, Peire d'Auvergne, Guiraut de Borneilh; ce dernier, du reste, réagit bientôt contre les excès de ce que l'on appelait alors l'*entrebescamen,* l'embrouillage systématique. Ce n'est là qu'une anthologie : les noms de troubadours connus approchent le demi-millier; certains ne nous ont laissé que leur nom, d'autres leurs vers seuls; ceux dont nous possédons à la fois vers et musique sont malheureusement la minorité, mais cette minorité est suffisante pour nous donner une idée du style et de son évolution.

Le xiiiᵉ siècle est le siècle de la décadence du trouver dans la patrie de ses inventeurs, de son triomphe universel chez leurs disciples. Le profond bouleversement politique et social apporté vers 1210 par la guerre albigeoise n'est sans doute pas étranger à l'affaiblissement de ce rayonnement dans les provinces méridionales, mais ne suffit pas à l'expliquer. Il semble bien que l'évolution de cet art vers l'ésotérisme du *trobar clus* ou les raffinements excessifs du *trobar ric* l'aient mené dans une impasse où il s'éteindra, vers 1290, avec le dernier des troubadours, Guiraut Riquier. Ainsi meurt tout art qui, volontairement ou non, se coupe des forces vives que représente toujours, malgré ses erreurs saisonnières, le public cultivé mais non spécialisé — ce n'en est pas là le seul exemple, et nous voudrions que notre musique du xxᵉ siècle, prisonnière de son obsession d'*entrebescamen,* en comprenne la leçon tandis qu'il en est temps encore... Mais ceci est une autre histoire.

Fort heureusement, l'expérience des grands troubadours avait franchi les frontières de la Loire, des Alpes

et des Pyrénées avant de sombrer elle-même dans ses
propres ramifications, et, régénérée par un sang neuf,
allait se survivre ailleurs et se développer en une direction
tout autre, plus saine et plus susceptible de renouvel-
lements.

LES TROUVÈRES D'OÏL

Leurs premiers disciples furent les Français du Nord,
qui prirent le même nom de *trouveurs ;* à la forme méridi-
dionale *(trobaire, trobador,* dont nous avons fait *troubadour)* ils donnèrent normalement son équivalent
francien *(trovere, troveor,* que nous adaptons en *trouvère).* Le plus ancien trouvère connu, encore médiocre
comme tel, est l'un des plus illustres romanciers en vers du
XIIᵉ siècle, Chrétien de Troyes, auteur entre autres d'un
Tristan perdu et de ce *Perceval le Gallois* dont Wagner,
qui le connut à travers son traducteur Wolfram von
Eschenbach (choisi par lui comme héros du *Tannhäuser)*
fit son *Parsifal.* Arrière-petites-filles du duc-troubadour
Guillaume IX, filles du roi de France Louis VII, les
comtesses Marie de Champagne et Aélis de Blois surent
créer à leur cour les conditions favorables, et le
XIIᵉ siècle n'était pas achevé que la jeune école des
Conon de Béthune et des Blondel de Nesles pouvait
déjà rivaliser avec le trouver du Midi; c'est en français
d'oïl que le roi d'Angleterre Richard Cœur de Lion,
(également arrière-petit-fils de Guillaume et demi-frère de
Marie et Aélis par leur mère Eléonore), dont les prétentions cependant visaient principalement l'Aquitaine,
écrira ses chansons. Lors de la croisade albigeoise, qui
fut cruelle comme toutes les guerres, mais dont il est
excessif de vouloir faire la curée de « barbares du Nord »
sur un Midi qui seul eût été civilisé, on verra des seigneurs trouvères comme Bouchard de Marly guerroyer
aux côtés de Simon de Montfort tout comme de nombreux troubadours étaient parmi les protégés des seigneurs méridionaux plus ou moins favorables à l'hérésie.

Si les premiers trouvères imitèrent docilement leurs
modèles, l'évolution du trouver français allait être
toute différente. L'un se dirigeait vers les culs-de-sac
des raffinements ésotériques et des surenchères de forme,
l'autre allait, au contraire, viser de plus en plus à l'allé-

gement et à la clarification. Cette évolution devait être aussi musicale que littéraire. L'atmosphère musicale était différente. Depuis la grande époque des tropes et des séquences, aucun effort de renouvellement musical n'avait marqué le Midi; les troubadours, poètes autant que musiciens, ne pouvaient suffire à cette tâche. Au pays d'oïl, au contraire, la vie musicale se transformait. L'école de Notre-Dame, à la même époque, renouvelait entièrement le répertoire paraliturgique et dressait les premiers monuments de la polyphonie, qui devaient bientôt bouleverser entièrement le langage musical, et modifier la conception de la monodie elle-même en l'éloignant progressivement de la modalité ecclésiastique, en brossant les premières ébauches de la tonalité classique; les mélodies des trouvères oscilleront elles aussi entre ces deux pôles. Un pieux moine, Gautier de Coinci, prieur de Vic-sur-Aisne, écrira de 1219 à 1236 des chansons à la Vierge dont il farcira ses récits de miracles : parolier non compositeur, il en empruntera indifféremment la mélodie à des séquences, des lais, des conduits de Pérotin ou des chansons de Blondel de Nesles, montrant ainsi la parenté très réelle qui relie ces deux chapitres apparemment si différents de l'histoire musicale. Plus tard, le roi de Castille Alphonse X, dit le Sage ou plutôt le Savant, s'inspirera de Gautier de Coinci pour écrire en galicien (ancien portugais) ses *Cantigas de Santa Maria,* lui empruntant ici quelques vers, là une mélodie.

Dans les premières années du XIIIe siècle devait apparaître également une littérature musicale de tout autre origine qui allait contribuer puissamment à l'évolution du style dans le sens de l'allégement. Cette musique, que l'on peut appeler populaire en ce sens qu'elle naissait spontanément de milieux non professionnels, à l'occasion des fêtes et divertissements de château (car il ne s'agit nullement de folklore paysan), était à base de petites chansons très brèves, à forme fixe et très simple — rondeaux, virelais, ballades — et toute préoccupation savante en était aussi absente que l'emprise mélodique ecclésiastique. Si la tonalité classique n'y est pas toujours clairement marquée, elle s'y glissera beaucoup plus rapidement, et la modalité s'y fait beaucoup plus souple. *Rondets de carole,* chansons à

danser dont, en les réunissant, on fabriquait de petits
scénarios de ballerie, allaient bientôt connaître une telle
vogue que leurs refrains devaient envahir le roman
d'abord, la chanson de trouvère ensuite. Durant la
première moitié du xiiie siècle, cette influence eſt encore
extérieure; on la devine seulement à travers la transformation du ſtyle qui marque les chansons des contemporains de Thibaut de Champagne, le plus célèbre des
trouvères de cette période et lui aussi descendant de
Guillaume par sa grand-mère Marie, comtesse de Champagne. Dans la seconde moitié du siècle, la mode des
refrains de ce genre conduira les chansonniers à en « farcir » leurs œuvres, et ils leur communiqueront cette grâce
et cette souplesse qui manquaient aux mélodies plus austères et plus ornées de leurs prédécesseurs, fils spirituels
des *versus* paraliturgiques. C'eſt par les « refrains » des
paſtourelles et des bergeries que s'explique la genèse du
célèbre *Jeu de Robin et Marion,* et par lui du futur opéra-
comique.

La fin du trouver français n'eſt pas de beaucoup
poſtérieure, malgré les apparences, à celle du trouver
méridional : toutes deux se placent aux alentours de 1290;
mais l'une fut la conclusion d'une lente dégénérescence,
l'autre une rapide extinction; l'un périt d'anémie,
l'autre d'étouffement, par excès d'adeptes médiocres et
par perte de son idéal. De causes opposées naquirent
des effets similaires, à savoir la prédominance funeſte
de la forme et du métier sur le fond; mais tandis que
les trop rares troubadours de la fin du xiiie siècle
devenaient exsangues à force de pseudo-spiritualité,
ceux du Nord perdirent l'âme de leur art, au contraire,
par défaut de cette même spiritualité, entraînés par
la vague bourgeoise de matérialité satirique qui marqua
la réaction de la fin du siècle. Il y avait à Arras seul,
vers 1270, cent quatre-vingt-deux trouvères, occupés à
peu près exclusivement à se disputer les prix de concours et à ratiociner sur les problèmes de plus en plus
ridicules que l'on proposait pour thèmes à leurs « jeux
partis ». Ce qui montre bien l'inanité de cette école fin
de siècle eſt que, parmi ces cent quatre-vingt-deux trouvères se trouvait le talent le plus original de l'époque,
Adam de la Halle, et que ce talent, qui trouva à s'épanouir dans tous les autres genres, demeure quasi indé-

celable dans les genres spécifiques du trouver, chansons ou jeux partis, où il est presque aussi inintéressant que ses cent quatre-vingt et un confrères...

LES TROUVEURS HORS DE FRANCE

D'autres pays vont accueillir et transformer le lyrisme médiéval né en Provence et au Limousin. Il cherchera refuge au-delà des Alpes : en Italie et en Sicile, en Autriche et en Bavière; au-delà des Pyrénées : en Espagne et au Portugal; au-delà du Rhin, dans les pays germaniques. Il traversera même la Manche pour fusionner en Grande-Bretagne avec des moyens d'expression typiquement anglais.

ITALIE.

Au début du XIIIᵉ siècle, lors de la guerre des Albigeois (1209 à 1229), de nombreux troubadours provençaux cherchent de l'autre côté des Alpes le climat favorable à leur inspiration. Raimbaut de Vaqueiras, Peire Vidal et Gaucelm Faidit ont séjourné en Italie. Ces trouveurs prolongent ainsi la tradition lyrique en voie de disparition dans leur pays, et forment, avec leurs imitateurs italiens, une école en marge de celle du Sud de la France.

Lanfranc Cigala de Gênes, Sordello de Mantoue (mort après 1269) et Bartolommeo Zorzi subissent incontestablement l'influence méridionale, plus poétique que musicale, et, premier fait notable, empruntent non seulement la manière et les formes provençales, mais encore le parler. Notre ballade ou ballette, se retrouve dans la *ballata,* chanson à danser; le dialogue de la pastourelle sert de modèle au *contrasto,* dialogue amoureux. Les *tenzone, serventese* et *discordo* s'inspirent des genres correspondants.

Les musiciens-poètes italiens tendent à se dégager peu à peu de l'emprise étrangère en faveur d'une esthétique originale et de l'emploi de la langue nationale, mais, deuxième fait capital, alors que les premiers trouveurs italiens écrivent encore en provençal, il appartiendra à Raimbaut de Vaqueiras de composer les premiers vers italiens connus.

Le style populaire commence à se manifester dans les

laudi spirituali (voir exemple 8, page 753), poésie religieuse cultivée par les disciples de saint François d'Assise, dont la construction est apparentée à la *ballata*, au virelai ou chanson balladée et aux *cantigas*. La strophe *(stanza)* est précédée et suivie du refrain *(ripresa)* dont la mélodie est utilisée entièrement ou partiellement pour la dernière partie de la strophe.

L'Italie aura donc à choisir entre l'imitation de la littérature provençale et le développement d'un art autochtone. L'école sicilienne subit encore l'influence française. Le début d'une chanson de Giacomino Pugliese [1] :

> *Quando vegio rinverdire*
> *Giardino e prato e rivera*
> *Gli augelletti odo bradire...*

semble la traduction littérale de l'exorde habituel de tous nos trouveurs français. En revanche, l'école toscane, plus indépendante, annonce déjà le *dolce stil nuovo*.

Après avoir servi de refuge aux néo-troubadours et bénéficié de leur technique, tout en prolongeant le lyrisme provençal qui y connut un regain de vitalité, l'Italie suivra encore l'esthétique française de l'*ars nova* avant de pouvoir affirmer son caractère propre.

ESPAGNE.

Il en est de l'Espagne comme de l'Italie. Dès la fin du XIIe siècle, les cours de Catalogne, de Castille et d'Aragon encouragent les échanges et accueillent de nombreux troubadours : le Moine de Montaudon, Guiraut de Borneilh, Peire Vidal, grand ami du roi d'Aragon Alphonse II, entre autres. Marcabru et Guiraut Riquier comptent parmi les favoris des princes espagnols auxquels ils dédient d'ailleurs des poésies. Les seigneurs catalans : Guilhem de Bergadan, Guiraut de Cabrera, Uc de Mataplana s'exercent à l'art du trouver. Le *Cancionero de Baena* nous apprend que des musiciens comme Martin el Tañedor (le joueur, l'instrumentiste) exécutent des pièces d'origine provençale. Le prestige français est tel que, vers le milieu du XIIIe siècle, Alphonse X le Savant ou le Sage, célèbre

---

1) Brittain, *Medieval Lat. and Rom. Lyric* p. 50.

roi de Castille et de Léon, n'hésite pas à reprocher à Pero da Ponte d'avoir opté dans ses *Cantiones de amigo,* pour le style national, au lieu de suivre le modèle de nos poètes.

L'imitation espagnole vise d'abord les genres méridionaux. Les *Cantigas de Santa Maria* d'Alphonse X relatant, dans un style similaire de celui des troubadours, les miracles accomplis par la Vierge, s'inspirent directement des chansons mariales de Gautier de Coincy et reprennent le schéma de notre virelai et des *laudi,* groupant avant chaque strophe *(estrofa),* un refrain *(estribillo)* avec l'ouvert et le clos classiques (voir ex. 4, p. 744).

L'emprunt s'étend aussi, dans une certaine mesure, à la langue. En effet, la péninsule ibérique accapare non seulement des formes et des mélodies, mais encore les parlers du Limousin et de la Provence. A la fin du XIIIe siècle, le *Mistereo de Elche* est chanté en « lemosi » (limousin), et la musique d'une poésie de Raimbaut de Vaqueiras a été adaptée au texte de ce mystère.

L'importance de l'apport français varie suivant les régions et leur histoire. En Catalogne où, après le limousin, le catalan s'imposera en tant que langue romane, le rayonnement de l'école provençale sera le plus durable et se prolongera jusque vers le XVe siècle.

Par contre, au XIIIe siècle, en Castille et en Aragon, détournés des préoccupations artistiques à cause de fréquentes luttes, l'influence française sera moins profonde. Quelques tentatives timides se manifestent, mais le lyrisme ne s'épanouira pas totalement. Le premier troubadour castillan, Gonzalo de Berceo, écrit au milieu du siècle; le roi Alphonse X déjà cité, choisit le castillan pour ses œuvres en prose, et le galicien, ancêtre du portugais, plus proche de notre provençal, pour sa poésie.

Des ménestrels aragonais vont, au XIVe siècle, « aux escoles » en France. Malgré ces essais, la veine épique l'emporte sur la verve lyrique méridionale. Dans les deux provinces, Castille et Aragon, l'importation d'Outre-Pyrénées sera moins importante qu'en Catalogne.

Après la dispersion de la Croisade, l'Espagne a donc, elle aussi, accueilli notre tradition et largement imité les modèles français. Il faudra attendre le règne d'Alphonse le Magnanime, roi d'Aragon en 1416, mort en 1458, pour assister à la naissance d'une école polyphonique typiquement espagnole.

Rosa das rosas - Transcription de H. Anglès.

cité par Reese : *Music in the Middle Ages,* p. 247-248, ex. 65.

(Au sujet de la transcription rythmique, voir la remarque de la page 733.)

Ex. 4.

PORTUGAL.

Le Portugal, indépendant depuis 1143, ne fera pas exception et sera fortement marqué par le courant français. Sa situation géographique et le célèbre pèlerinage de saint Jacques favorisent, dès la deuxième moitié du XIIe siècle, la pénétration de l'influence méridionale. Les trouveurs portugais ne manquent pas de chevaucher le fameux *caminho francês*; c'est ainsi que João d'Aboim qui escorta Alphonse III en France avant son accession au trône, s'écrie :

> *Cavalgava noutro dia*
> *Per o caminho francês*

« Je chevauchais l'autre jour par le chemin français. » Allusion à double sens; car on croirait entendre un début de pastourelle française.

Eux aussi reprennent les genres provençaux, mais n'empruntent pas le parler de nos troubadours, ils expriment leurs élans lyriques en galicien. Entre une chanson d'amour de nos trouveurs et une *cantiga d'amigo* de Martin Codax, l'imitation de la forme est frappante. Notre *alba* ou chanson d'aube trouve son équivalent dans l'*alva*. La *ballata,* chanson à danser, devient la *balaida*. La chanson d'amour est transposée dans le *cantiga de amor*. La chanson de croisade engendre le *cantiga de romaria* ou chanson de pèlerinage. Le sirventès enfin, se retrouve dans les *cantigas de escarnho* ou de *maldizer*. La *barcarola,* barcarolle ou chanson de bateau, vient enrichir la variété des genres. Sept barcarolles de João Zorro nous sont parvenues. Une nouvelle forme s'impose : le *cossante* ou *cantiga parallilistica* ou encore *cantiga retornada,* généralement connus sous le terme global de *cantiga de amigo*.

Des trouveurs de valeur (actuellement, on peut les juger selon leurs talents littéraires; l'appréciation d'après leur musique est rendue difficile, faute d'éditions accessibles) font honneur au patrimoine portugais : le chevalier Nuño Fernandez Torneol, les jongleurs Pedro Eanes Solaz et Martin Codax, les trouveurs João Servando et João Airas. Ce dernier, né à Compostelle, et Pedro Eanes Solaz mélangent les formes castillanes et portugaises.

L'influence des troubadours, qui se manifeste du XIIe siècle à la deuxième moitié du XIVe siècle, sera moins sensible après l'extinction de la dynastie française (1383). Comme l'Italie, et commé l'Espagne, le Portugal a amplement profité de la tradition provençale qu'il ne s'est pas contenté d'imiter simplement, car il a élargi l'éventail des genres. Si les chansons d'amour des trouveurs ont inspiré les *cantigas de amigo,* ses rivières ont inspiré les auteurs de *barcarolas ;* et c'est sur sa côte que fleurit la lyrique vraiment originale de toute la péninsule ibérique.

Allemagne.

Le lyrisme provençal, après avoir traversé la France, du sud au nord, aboutit au xii⁰ siècle dans les pays germaniques, par deux voies principales d'accès : le Limbourg, la Flandre et le Hainaut d'une part; la Champagne, la Lorraine et l'Alsace, d'autre part. Aux xiii⁰ et xiv⁰ siècles, les « chants de Flagellants » pénètrent, par les Alpes, en Autriche et en Bavière. Ces *Geisslerlieder,* très en faveur au temps de la Peste noire, ne sont pas sans avoir influencé le choral protestant.

Les échanges sont facilités par les transmissions de recueils de chansons de troubadours, par les séjours de jongleurs français dans les différentes cours allemandes et par les nombreux voyages effectués à l'étranger par les trouveurs et les *Minnesänger.* Vers 1200, Peire Vidal s'aventure jusqu'en Hongrie; il sera accueilli à la cour du roi Emeric; une mélodie française fait d'ailleurs partie du patrimoine hongrois, il s'agit de l'adaptation d'une complainte de la Vierge par Godefroi de Breteuil, réalisée par un religieux hongrois en Italie vers le milieu du xiv⁰ siècle. Le *Minnesänger* Heinrich von Mügeln est natif de Prague où se distinguent maître Zavi še et ses disciples. — Au xiii⁰ siècle, en Hollande, Jean Iᵉʳ de Brabant représente l'art des trouveurs dans son pays et s'exprimera en moyen-néerlandais.

L'évolution du *Minnesang* s'accomplit entre 1170 et 1340 environ. Sa période de floraison se situe à l'époque des Staufen et de l'art roman. L'influence française sera décisive dans la dernière décade du xii⁰ siècle. D'après A. Moret (*Anthologie du Minnesang,* Paris, 1949), le mouvement prend naissance en Autriche et en Bavière. Un autre courant, venu du Bas-Rhin, l'introduit dans la région rhénane, en Thuringe et en Suisse. Vers 1250, il s'étend à l'Allemagne Moyenne et à la Basse Allemagne. Ses principaux centres d'intensité se situent en Autriche et en Souabe, en Franconie rhénane et méridionale, et en Thuringe. Le *Minnesang* prolongera la tradition du lyrisme médiéval jusque vers le milieu du xive siècle. Dans son *Frauendienst*, Ulrich von Lichtenstein précise que les musiciens-poètes allemands se contentent souvent d'adapter ou de traduire les compositions étrangères.

La dépendance littéraire des Minnesänger à l'égard des œuvres françaises a été prouvée par István Frank (*Trouvères et Minnesänger,* Sarrebruck, 1952). L'auteur a établi la filiation des textes romans aux textes germaniques, pour le fond et la forme, et a proposé des rapprochements en ce qui concerne les idées et les thèmes, les images, les expressions poétiques et la terminologie courtoise, et la structure strophique. Friedrich von Hausen, s'inspirant de Conon de Béthune, a écrit un chant de croisade; Folquet de Marseille lui a aussi servi de modèle. Rudolf von Fenis imite ce dernier, mais est encore tenté par la fantaisie de Peire Vidal et par les formules strophiques de Gace Brûlé auquel il emprunte le procédé des *coblas capfinidas* pour enchaîner deux strophes (la fin de la strophe est reprise au premier vers de la suivante) :

> fin de strophe : ... *doch dien ich iemer mêre*
> strophe suivante : *Iemer mêre wil ich ir dienen.*

Ulrich von Gutenberg reprend un des thèmes chers à Blondel de Nesles : « l'idée de la blessure profonde et incurable que les yeux de la dame dardent dans le cœur du poète » (cf. Frank, *op. cit.*, textes : 8a et 8b).

Des lieux communs circulent d'un poète à l'autre : « l'image du papillon brûlé par la flamme qui le fascine » ou la distraction de l'amant absorbé dans ses rêveries. Hartwig von Rute chante comme Gaucelm Faidit, son impatience à l'attente d'un messager de sa dame; il emprunte à son modèle provençal et les idées et la formule strophique.

Principaux *Minnesänger* et leurs modèles :

Albrecht von Johannsdorf (Marquis [de Montferrat], Conon de Béthune);
Bernger von Horheim (trouvère inconnu, Bertrand de Born, Chrétien de Troyes, Gace Brûlé);

Friedrich von Hausen (Bernard de Ventadour, Chrétien de
Troyes, Guyot de Provins, Gace Brulé, Conon de Béthune,
Folquet de Marseille);
Hartmann von Aue (G. Brulé);
Hartwig von Rute (Gaucelm Faidit?);
Heinrich von Morungen (trouvère inconnu);
Heinrich von Veldeke (G. Brulé, Pierre des Molins, Marca-
bru, Peirol, Conon de Béthune, Jaufré Rudel);
Reinmar l'Ancien, de Haguenau (G. Brulé, Aubin de
Sézanne);
Rudolf von Fenis (Folquet de Marseille, G. Faidit, G. Brulé,
Peire Vidal);
Ulrich von Gutenberg (Blondel de Nesles);

Les formes qu'utilisent les *Minnesänger* procèdent
directement des modèles français. Le descort provençal
a pu influencer le *Leich*. Le sirventès se retrouve dans le
Spruch (terme introduit par Simrock); le débat jeu parti,
tenso, dans le *Geteiltezspil*, apparenté au *Spruch*. L'aube
a pour équivalent le *Tagelied, Tagewise;* la pastourelle
rend possible la poésie villageoise de Neidhart et de ses
disciples, mais le *Minnesang* ne connaît aucun terme
autochtone pour la désigner (le mot *pastorela, pastoreta*
est employé improprement). La chanson de croisade,
Kreuzlied, figure aussi parmi les genres cultivés dans les
pays germaniques, citons celles de Hiltbolt von Schwan-
gau, de Reinmar de Haguenau et de Walther von der
Vogelweide dont le célèbre *Palästinalied* emprunte la
mélodie de Jaufré Rudel : *Lanquan li jorn son lonc en
mai* (correspondance démontrée par H. Husmann. On
peut la constater en comparant les deux œuvres enregistrées, l'une sur disque B.A.M.-L.D. 08, l'autre Studio
S.M. 33.05).
J. Smits van Waesberghe (De *melodieën van Hendrik
van Veldekes Liederen,* Amsterdam, 1957, leçon inaugurale)
a montré également ce que Heinric van Veldeke doit
à Marcabru : imitation du nombre de vers, des rimes,
de la structure strophique et adaptation de la mélodie
française au texte allemand. La seule différence est due à
la prosodie : dans le texte de Veldeke, les terminaisons
féminines se trouvent aux vers 1, 3, 6 et 8 (les autres
sont masculines); dans celui de Marcabru les terminaisons
féminines ne se rencontrent qu'aux vers 6 et 8 (voir
page 751).

Si la première génération de *Minnesänger*, représentée par Fr. von Hausen, Reinmar le Vieux, R. von Fenis, se livre encore à la fin du XIIe siècle à une imitation servile des modèles étrangers, la deuxième génération, celle de Walther von der Vogelweide, Heinrich von Meissen, Wolfram von Eschenbach (le Wolfram du *Tannhäuser* wagnérien, et par surcroît le traducteur du *Perceval* de Chrétien de Troyes dont Wagner fera son *Parsifal*), affirme déjà un style plus personnel. La mort de Frauenlob (1318) marque le déclin de l'école des *Minnesänger*. Dans les villes bourgeoises, les *Meistersinger* leur succéderont.

L'Allemagne s'est peu intéressée à la polyphonie avant Oswald von Wolkenstein (XVe siècle) qui, à son tour, imite la musique française. L'*ars antiqua* n'est guère représentée que par un curieux motet bilingue :

> *Brumas e mors*
> *Brumas e mors*
> *Brumas ist tot,*
> *O weh der Not.*

L'*ars nova*, par une composition typiquement germanique avec un refrain *Krieleis,* contraction populaire de *Kyrie eleison* au même titre que le *Criaulé* des provinces françaises. L'influence des polyphonistes franco-flamands sera encore très nette jusqu'à l'essor de la musique autochtone et de la musique protestante, amorcé par les précurseurs directs de Jean-Sébastien Bach.

ANGLETERRE.

Aucune école de l'importance de celle de Provence ou de celle du Nord ne se créera en Angleterre, où les *minstrels* jouent un rôle plus effacé. On rencontre cependant quelques tentatives d'importer le répertoire et la technique des trouvères. Eléonore d'Aquitaine, petite-fille du premier troubadour Guillaume IX, et épouse du roi Henri d'Anjou, encourage les échanges culturels; son fils, Richard Cœur de Lion (mort en 1199), pratique l'art lyrique et s'exprime en français d'oïl, et Bernard de Ventadour séjourne outre-Manche.

L'influence française qui, sur le plan musical, atteint de nombreux pays européens, se manifeste aussi en Grande-Bretagne sur le plan philologique, conséquence

Texte de H. v. Veldeke.   Mélodie de Marcabru.
(M. F. 65. 13).   (Ms. Paris B.N. fr. 844 f⁰ 203ᵛ).

Ex. 5.

Heinric van Veldeke.

1 Di tit di is erclaret wale,
2 des ne is idoch di werelt nit,
3 want si drave is ende vale
4 de te rechte si besit
5 di bere volgen di ergin
6 dat si bose i lanc so mere ;
7 want si der minnen avetin
8 di bere dinden wilen ere

Marcabru.

rimes	
a	Bel mes quan sunt li fruit madur
b	que raverdissent li gain
a	et l'arzel per lou tens obscur
b	baissent de lor veis lou refreŋ
c	tan redouten la tenebror
d	et mou corages s'enance
c	et chant per ioi de fine amor
d	ou nais ma bone esperance

de la conquête normande. Jusqu'au milieu du XIIe siècle, la langue littéraire de la noblesse et des classes cultivées est un compromis, le *Norman French*. L'idiome anglais ne se fixera définitivement qu'à partir des lais et des ballades de Chaucer. Le style de nos trouveurs se retrouve dans *la Prière du prisonnier*, *The Prisoner's Song*, chant de la fin du XIIe siècle, avec paroles françaises et anglaises, en forme de séquence, l'équivalent religieux du lai, dont voici la première moitié de la deuxième strophe :

> *Jhesu Crist, veirs Deu, veirs hom,*
> *Prenge vus de mei pité,*
> *Jetez mei de la prisun*
> *U je suis a tort geté.*
> *Jhesu Crist, sod God, sod man*
> *Loverd, thu rew upon me,*
> *Of prisun thar ich in am,*
> *Bring me ut and makye fre*

(Cité d'après *The New Oxford History of Music*, II, p. 251.)

Comme M. Bukofzer le souligne, « les deux sont des traductions substituées du *Planctus ante nescia* de Godefroi de Breteuil de Saint-Victor et se chantant sur la même mélodie ».

La chanson *Mirie it is while sumer ilast*, datant du début du siècle suivant, est assez proche des œuvres des trouvères, mais le ton est caractéristique de la poésie anglo-saxonne. Il faudra attendre l'époque de Dunstable et de Chaucer pour situer le point de départ de la musique et de la littérature anglaises qui atteindront leur âge d'or au temps de Shakespeare, sous le règne d'Elisabeth, et joueront un rôle essentiel dans la genèse de la grande école musicale franco-flamande à l'issue de la guerre de Cent Ans.

Le lyrisme provençal, né vers 1090, avec ses prolongements dans la France du Nord vers 1250, ne s'est donc pas éteint. La date de 1280 ne marque pas une fin en soi, mais le début du rayonnement de l'influence française à l'étranger.

Les formes « trouvées » par nos musiciens-poètes ont été reprises et développées. Notre ballade ou ballette s'est prolongée dans la *ballata* et la *bailada*. La chanson balladée, virelai, a servi de modèle aux *laudi*, aux *cantigas* et aux *Geisslerlieder*. La chanson d'amour, *canso*, a été imitée dans les *canzone, cantigas de amigo, canciones de amor* et dans les *Lieder.* Le sirventès a donné naissance aux *serventese, cantigas de escarnho* ou de *maldizer* et au *Spruch,* forme voisine. La chanson de croisade a eu pour équivalents le *cantiga de romaria,* chanson de pèlerinage et le *Kreuzlied.* La chanson d'aube, alba, a été traduite en *alva, Tageliet (Tagelied)* ou *Tagewise ;* la tenson (tenso, débat, partimen) en *tenzone, Streitgedicht* ou *Geteiltezspil ;* le lai en *Leich ;* enfin la pastourelle a suggéré le *contrafto* et la *pastourela* ou *pastoreta* (mots employés improprement dans le *Minnesang,* avec le sens de chanson paysanne).

S'il y a emprunt des formes, il y a aussi emprunt des thèmes littéraires, adaptations de mélodies françaises à des textes étrangers et utilisation de certaines formules mélodiques par les trouveurs des différentes régions. Les 4 exemples suivants cités d'après *The New Oxford History of Music,* II, pp. 239 et 260, empruntés aux répertoires français, allemand, italien et espagnol, illustreront ce dernier procédé :

Trouvère — Anonyme

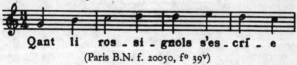

Qant li ros _ si _ gnols s'es _ cri _ e

(Paris B.N. f. 20050, f° 39ᵛ)

Ex. 6.

Der Gutere

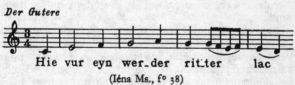

Hie vur eyn wer _ der rit _ ter lac

(Iéna Ms., f° 38)

Ex. 7.

Laudi Spirituali

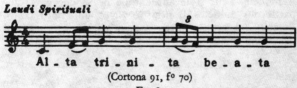

Al _ ta tri _ ni _ ta be _ a _ ta

(Cortona 91, f° 70)

Ex. 8.

Alfonso el Sabio _ *Cantigas*

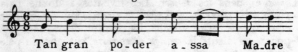

Tan gran   po_der   a_ssa   Ma_dre

(H. Anglès : *La Musica, de las cantigas del Rey Alfonso el Sabio*,
Barcelone, 1943, n° 252)

Ex. 9.

On constate que la mélodie pentatonique, avec une
note de passage :

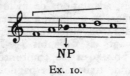

NP

Ex. 10.

formule empruntée au grégorien :

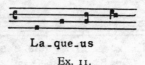

La_que_us

Ex. 11.

circule à travers ces fragments avec des rythmes différents.

Les centres d'intensité se sont déplacés d'abord à
l'intérieur de la France d'oc et d'oïl, ensuite ils ont
débordé ses frontières. Avec quelques réserves pour
l'Angleterre, on peut dire que, jusque vers le XIVᵉ siècle,
les différents pays ont imité l'union du trouver littéraire et du trouver musical dont la France leur offrait
le modèle. Leur style autochtone ne se dégagera qu'à
partir des modèles français et avec un retard considérable sur ceux-ci, preuve évidente du rayonnement
de l'école française.

B. LES CHANTS ÉPIQUES

Si le « trouver » est essentiellement un art de cour savant et raffiné, le peuple aussi eut ses « trouveurs »; mais leur destinée fut fort différente. En toute enfance de civilisation, les récits légendaires de la tradition sont transmis par le chant autant que par la parole. La nôtre ne fait pas exception. Deux formes surtout y furent prisées : le lai et la chanson de geste.

LE LAI.

Aucun lai narratif ne nous a été conservé. Nous les connaissons cependant de manière indirecte. La « matière » qu'ils racontaient, d'origine le plus souvent britanno-celtique, a été reprise, sans musique cette fois, mais avec maintes allusions à leur origine chantée, soit dans des romans — ainsi les *Tristan* de Béroul et Thomas, que traduira en allemand Gottfried de Strasbourg et dont Wagner tirera son chef-d'œuvre, — soit dans des récits plus courts qui garderont le nom de « lai », et dont les plus célèbres seront, au XIIe siècle, ceux de la poétesse Marie de France. Quant à leur musique, faite probablement de phrases mélodiques interchangeables, elle fut à son tour adaptée par des trouveurs qui en reprirent les éléments pour y plaquer des chansons lyriques. C'est ainsi que nous connaissons par Marie de France le sujet du *Lai du Chèvrefeuille,* l'un des épisodes de la légende de Tristan et Iseut, tandis que sa mélodie, adaptée à un poème assez plat, nous a été conservée sous le même titre. Il nous manque hélas! l'essentiel, c'est-à-dire le texte lui-même... C'est dans ce lai de Marie de France que se trouvent les vers fameux :

> Belle amie, si [ainsi] est de nous :
> Ni vous sans moi, ni moi sans vous.

LA CHANSON DE GESTE.

Pour la chanson de geste, nous sommes un peu plus heureux : la longueur des récits a incité les jongleurs à les rédiger, et beaucoup nous sont ainsi parvenus.

Malheureusement, le jongleur ne copiait pas sa musique, et nous ne connaissons celle-ci que par des recoupements parfois laborieux. Une citation notée du *Jeu de Robin et Marion*, portant sur un vers scatologique, nous permet de restituer, à travers la grossière *Chanson d'Audigier* — d'où est extrait le vers cité — l'un au moins des timbres de la *Chanson de Girart de Vienne*, dont celle d'*Audigier* est une parodie.

On possède également une ligne de musique notée de la *Bataille d'Annezin* et, intégralement, les timbres sur lesquels se modulait la partie chantée d'*Aucassin et Nicolette* — mélange original de roman et de chanson de geste, alternativement chanté et parlé.

Nous savons enfin, par un théoricien parisien de la fin du XIIIe siècle, Jean de Grouchy, que la chanson entière s'adaptait à la même mélodie — d'une manière dont *Aucassin et Nicolette* nous livre clairement le mécanisme : dans cette « chantefable », trois timbres alternent en fonction du texte : un timbre d'intonation, un timbre de développement, un timbre conclusif en fin de « laisse ».

Telle est encore, dans ses grandes lignes, la structure d'un important document de transition, égaré à la fin du XIe siècle parmi les *versus* de Saint-Martial de Limoges : une strophe en forme de laisse paraphrasant le *Tu autem* de matines, selon le procédé des tropes de substitution, et qui semble la strophe finale d'une vie de saint chantée en vers français, analogue en tous points à la chanson de geste proprement dite, comme il nous en est parvenu d'assez nombreux spécimens littéraires.

Ce document et plusieurs autres ont permis à l'auteur de ces lignes de proposer une filière logique, en tous points conforme aux témoignages en cause : la chanson de geste serait essentiellement l'extension à la « geste des héros » de la « geste des saints » sortie de l'office par adaptation en langue vulgaire, selon le processus des tropes, à partir des récitations chantées de ces vies de saints, telle qu'elle figurait liturgiquement comme leçons de matines (s'achevant par *Tu autem*) à l'office de leur vigile. D'où leur structure récitative sur un nombre restreint de timbres d'intonation, de développement, de conclusion, etc., bien connue de la récitation chantée liturgique.

Quoi qu'il en soit, on ne saurait négliger le fait que les chansons de geste, si elles sont un chapitre essentiel et prestigieux de notre histoire littéraire, ne peuvent être étudiées complètement qu'en collaboration avec l'histoire musicale.

C. LES DÉBUTS DE LA POLYPHONIE ET L'ARS ANTIQUA

LES ORIGINES

La polyphonie est-elle réellement une invention du Moyen âge occidental ? On l'a dit longtemps. Aujourd'hui où l'on s'aperçoit de plus en plus que de nombreux peuples primitifs chantent naturellement en polyphonie, on se demande si ce n'est pas là un phénomène naturel qui aurait pu avoir des sources antérieures non écrites. Il ne semble pas toutefois que l'opinion traditionnelle doive être modifiée. Tout au plus le mot invention demanderait-il à être soigneusement pesé. La polyphonie primitive, telle qu'elle nous apparaît chez les peuples incultes, se présente à nous sous des aspects extrêmement variés qui témoignent à l'analyse de différents stades de développement. Or sans aucun doute, nous retrouvons à travers l'histoire de la polyphonie écrite médiévale le développement logique de ces différents stades à partir du début. Rien jusqu'à présent ne permet d'affirmer que les premiers témoignages qui se succèdent à partir du ixe siècle aient été en réalité une continuation de coutumes antérieures non relatées.

C'est donc au ixe siècle, dans un traité de musique qui a été longtemps, et à tort, attribué à Hucbald, moine de Saint-Amand (son véritable auteur s'appelait Ogier et était peut-être de Laon) que l'on trouve pour la première fois, non seulement l'attestation mais la description détaillée d'un chant à plusieurs voix que, sous cette forme, on appellera l'*organum parallèle* ou la *diaphonie*.

ORGANUM PARALLÈLE OU DIAPHONIE.
Pendant longtemps l'art polyphonique sera un dérivé rigoureux de l'art monodique. Il s'agira d'enrichir un

chant monodique donné et non de composer pour
un mélange de voix. Son développement entraînera
d'abord la déformation, puis l'abandon du chant donné
qui, de raison d'être, deviendra prétexte. Mais pendant
longtemps il ne saura être question d'harmonie au sens
propre. Le problème durant tout le Moyen âge restera
de superposer plusieurs chants qui, plus mélodiquement,
conserveront chacun leur qualité. C'est du contrepoint,
ce n'est pas encore de l'harmonie.

Pour Ogier, le problème consiste avant tout à superposer à elle-même une mélodie qui la suive parallèlement, suivant les consonnances : octaves, quintes, quartes,
sans modifier ses différents aspects à chacun des étages.
A l'octave, à la quinte, ou aux différents mélanges de
ces deux consonnances, le problème est généralement
simple. Lorsqu'il s'agit de la quarte, il se complique.
Les intervalles changent plus fréquemment, l'impression
de consonnance est moins parfaite au début et à la fin.
Aussi Ogier conseille-t-il de modifier ce début et
cette fin en les faisant partir de l'unisson et en les y
faisant revenir à la fin. C'est le fameux distique *Rex celi
Domine* que l'on a pu appeler « les Serments de Strasbourg de la musique », car il inaugure le nouveau
langage musical au même moment où ce célèbre document atteste la naissance de la langue française.

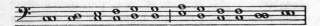

Rex ce -li Do -mi -ne, ma -ris un -dis -so   -ni
Ty- ta- nis ni- ti- di squa- li- di- que so   -li

Ex. 12.

LE DÉCHANT À MOUVEMENT CONTRAIRE.

La diaphonie ainsi définie évoluera peu jusqu'à la fin
du XIe siècle. A ce moment apparaîtra un nouveau principe extrêmement fécond, le *mouvement contraire,* dans
lequel on recherchera la descente d'une voix lorsque
l'autre monte et réciproquement. La voix principale,
c'est-à-dire le chant à accompagner, est d'abord inférieure; la voix d'accompagnement, dite *voix organale,* se
place au-dessus. Au début, on se contente de rechercher
des *consonances d'appui* aux emplacements principaux, les

deux mélodies évoluant librement entre ces consonnances d'appui comme le font aujourd'hui les notes de passage mais avec une liberté infiniment plus grande. Peu à peu cette liberté se resserrera et on aboutira, dès la fin du XIIᵉ siècle, à une codification extrêmement précise des différents mouvements permis ou défendus, codification dont du reste, alors comme aujourd'hui, les musiciens n'auront aucun scrupule de s'écarter quand bon leur semblera. Le premier traité de ce genre, *Discantus positio vulgaris,* est du début du XIIIᵉ ou peut-être même de la fin du XIIᵉ siècle. La précision de ces règles permettra aux chantres experts d'improviser leur déchant sans qu'il soit besoin de le noter, c'est ce que l'on appellera le *chant sur le livre,* qui durera, plus ou moins déformé, jusqu'au XVIIIᵉ siècle.

EXTENSION DE LA « VOIX ORGANALE ». L'ORGANUM
À VOCALISES.

Un troisième stade va maintenant s'ouvrir. Nous sommes au début du XIIᵉ siècle. La voix principale va commencer à se déformer par complaisance envers les agréments et les développements de la voix organale. Pour laisser le déchanteur libre d'orner et d'améliorer le contrepoint qu'il improvise ou que l'*organiste* (faiseur d'organum) compose à son propre usage, on commencera à allonger les valeurs de la voix principale. Cet allongement, très rapidement, atteindra des limites insoupçonnées : ce sera *l'organum à vocalises* ou organum fleuri, qui atteindra son apogée au milieu du XIIᵉ siècle à Notre-Dame de Paris avec Léonin et peu après avec Pérotin. La partie principale devient alors celle qui « soutient le déchant », *discantum tenet* d'où son nouveau nom de *teneur,* en latin *tenor,* ce qui, après plusieurs transformations, deviendra notre « ténor ». Léonin écrivait ses organa à deux voix. Pérotin les reprend, les amplifie et leur ajoute volontiers une troisième voix. Il en écrit lui-même à deux, trois, et même quatre voix. Ses grands organa à quatre voix, ou *quadruples, Viderunt* et *Sederunt,* ses organa triples comme *Nativitas* (dont, à l'époque même, on fit un arrangement réduit sous les paroles *Diffusa est*) sont des chefs-d'œuvre de construction, d'ampleur et de développement. Contemporains de la construction de l'actuelle cathédrale Notre-

Dame, il est peu de musiques qui épousent à tel point
l'esprit de l'édifice pour lequel elles ont été conçues.

ADDITION DE PAROLES AUX VOCALISES. LE « MOTET ».

L'organum fleuri va maintenant tout naturellement
donner naissance à une quatrième forme. De même
qu'autrefois l'on avait par les tropes placé des paroles
sur les vocalises des chants grégoriens, on va maintenant
procéder de la même façon vis-à-vis des vocalises de
l'organum. Ces paroles vont donner leur nom à ce
genre nouveau qui s'appellera le « petit texte », en latin
motulus ou *motetus,* dont nous avons fait *motet.* On voit
qu'il ne faut pas confondre le motet médiéval avec le
genre de musique religieuse très différent qui prendra
le même nom à partir du XVIᵉ siècle.

Forme primitive. — Le premier motet connu se trouve
aux environs de 1100 dans un manuscrit de Saint-Martial
de Limoges. Sa teneur écrite en lettres nous donne la
mélodie intégrale d'un *Benedicamus Domino* liturgique.
Au-dessus, écrit en neumes, se contrepointe un long
développement littéraire sur la base du répons *Stirps
Jesse.*

*Transformation de la « teneur ». La théorie des « modes
rythmiques ».* — Les témoignages de cette forme primitive
sont extrêmement rares. Presque aussitôt une nouvelle
technique apparaît. La teneur liturgique va rapidement
passer au rang de prétexte à contrepoint : on se bornera
à en choisir un passage plus ou moins bref que l'on
répétera une fois terminé, ou bien, mieux encore, on
découpera ce passage en petites tranches de rythme
donné qui, très rapidement, deviendront purement
instrumentales. Au début, il y a toujours une relation
étroite de sens entre la teneur liturgique et la ou les
voix de contrepoint du motet. Peu à peu cette liaison
se relâchera et l'on en arrivera bientôt à considérer la
teneur d'origine liturgique comme un simple timbre
interchangeable sans rapport avec le texte.

Le développement de contrepoints de ce genre posait
à l'exécutant des problèmes de lecture assez complexes
par le fait que l'écriture à cette époque, si elle commençait
à pouvoir noter avec quelque exactitude la hauteur des
notes, n'avait pas encore découvert le principe d'une
notation rythmique. Ce problème fut d'abord résolu de

deux façons différentes : d'abord par l'invention, à Notre-Dame de Paris, d'une convention d'écriture groupant les *ligatures* des vocalises en fonction de leur rythme : ce fut là le noyau initial d'où devait sortir la notation rythmique; ensuite en classifiant les différents rythmes de base selon un procédé assez strict que l'on a dénommé le *mode rythmique*. Un mode — ïambe, trochée, dactyle, etc. — ayant été choisi une fois pour toutes, il était entendu qu'on le conservait jusqu'à la fin de la pièce. Ces modes étaient toujours ternaires : même le dactyle (une longue, deux brèves) se pliait à cette règle en donnant trois temps à la longue, puis un temps à la première brève et deux à la seconde (c'est le rythme de l'allegro de la *VIIe Symphonie* de Beethoven et non celui de son allegretto). Cette théorie des modes rythmiques devait être au XIIIe siècle un puissant élément d'unité architecturale mais ne devait pas tarder à paraître tyrannique; les excès rythmiques de la période suivante seront avant tout une violente réaction contre ce carcan, réaction qui se manifestera dès que l'écriture, en se perfectionnant, aura permis de s'évader de l'unité modale. Signalons aussi que la théorie rythmique nous est décrite exclusivement par les théoriciens à propos de la polyphonie et spécialement des motets. Son application au répertoire des trouvères est une théorie moderne, dont les bases ont été jetées par Pierre Aubry et les dernières conséquences tirées par Friedrich Ludwig (et non pas apparemment par Jean Beck comme celui-ci le prétendit).

Textes profanes sur teneur liturgique. — Au cours du XIIIe siècle, un nouveau pas en avant fut fait dans la technique du motet en vue de sa séparation du texte liturgique. Non seulement toute liaison de sens demeura coupée entre la teneur liturgique et les voix de contrepoint, mais on se mit à écrire des motets profanes qui cependant conservaient leur teneur liturgique. En même temps l'écriture à plusieurs voix commença à acquérir une homogénéité qui se manifeste notamment par l'emploi, sporadique mais de plus en plus fréquent, d'imitations d'une voix à l'autre, procédé déjà entrevu par Pérotin cinquante ans plus tôt. Néanmoins c'est encore le contrepoint qui règne sans conteste, à tel point que l'on ne craindra pas d'enlever ou d'ajouter une voix à

tel motet antérieur ou encore de changer l'une d'elles en
en composant une nouvelle à sa place.

Apparition des teneurs profanes. Motets bilingues. — A la
fin du XIIIe siècle la « profanation » du motet sera complète. La teneur liturgique elle-même fera place parfois
à des teneurs profanes, chansons ou mélodies entièrement inventées. Même lorsque la teneur demeure
liturgique, toute liaison de sens reste coupée à tel point
que l'on ne craindra pas, à l'extrême fin du XIIIe siècle,
d'écrire, sur teneur liturgique, des motets dont l'une
des voix sera latine et pieuse, l'autre française et profane. Le motet est devenu alors un simple exercice de
contrepoint où le musicien se montre fier de souligner
par tous les moyens en son pouvoir la personnalité
individuelle de chaque voix.

Avec cette solution extrême, le motet n'aura pas pour
autant terminé son existence. Nous le retrouverons au
chapitre suivant entre les mains de l'*ars nova*.

LE CONDUIT

Il nous faut maintenant faire un retour en arrière pour
aborder la troisième grande forme polyphonique, le
conduit. Reportons-nous pour cela au stade présenté plus
haut au paragraphe sur le déchant à mouvement contraire.
Pour accompagner en polyphonie un texte liturgique
donné, on conserve celui-ci à la voix inférieure (voix
principale) et, au-dessus de cette voix principale, on
bâtit par contrepoint une autre ligne mélodique, la
voix organale. Nous avons vu aussi, en parlant des tropes,
comment ceux-ci, au stade du trope de complément,
avaient donné naissance à une lyrique libre, généralement latine, dont le *versus* de Saint-Martial de Limoges
a été l'expression principale. On conçoit dès lors que la
tentation soit venue bientôt de *traiter polyphoniquement
ces versus comme on traitait les mélodies liturgiques*. On se
mit donc à y adapter des déchants.

Apparemment rien de bien nouveau dans ce fait.
Mais que l'on veuille bien y prendre garde. Sans nous en
rendre compte, nous voici placés devant une situation
absolument nouvelle. En effet, dans le déchant proprement dit, une partie, la partie liturgique, est donnée à
l'avance et le compositeur n'est pas libre de la modifier.

Dans le déchant adapté à un versus, la situation est tout autre : la voix principale est, elle aussi, une partie libre nouvellement inventée. Si le déchanteur est un musicien différent du contrapuntiste, rien de nouveau; mais rien n'empêche non plus que l'un et l'autre soient une même et unique personne. Dès lors voici par la force des choses une situation nouvelle, jusqu'alors inconcevable, qui se trouve créée : un compositeur va écrire une pièce à plusieurs voix en toute liberté, en partant du papier blanc et non plus d'un chant donné. C'est là l'immense originalité du *conduit*.

À l'origine le conduit, en latin *conductus,* était une simple pièce monodique appartenant à la catégorie des tropes de complément. Son nom, d'origine paraliturgique, vient du fait que sa place liturgique correspondait à un déplacement des ministres durant l'office. Longtemps le mot conduit a conservé ce simple sens. Puis, lorsqu'on se mit à lui ajouter des déchants, on en vint à le considérer sous un angle tout à fait nouveau, et, à la fin du XIIᵉ siècle, on parlera du conduit comme d'un genre polyphonique dans lequel toutes les parties sont écrites librement en contrepoint syllabique sans texte donné liturgique, et le mot conduit désignera bientôt ce nouveau genre de composition polyphonique. Pérotin en sera l'un des plus célèbres compositeurs.

Ainsi désormais compris, le conduit va évoluer comme un genre à part; il acquerra une structure propre, dans laquelle les parties syllabiques alterneront avec des parties vocalisées, ou peut-être instrumentales, notamment en prélude, en interlude, et en coda. Des fragments en style d'organum s'y inséreront même : ce seront les *puncta organi* dont une traduction littérale a fait notre mot *point d'orgue*. Comme dans le motet, le procédé de l'imitation s'y glissera volontiers. Vers 1240 on verra même se dessiner la notion de « contrepoint renversable », les parties échangeant successivement leurs voix. En outre la liberté mélodique de chacune des parties jouera inconsciemment un rôle important dans la diversité de l'harmonie qui manquait bien souvent, il faut l'avouer, au motet à parties obligées, et c'est ainsi que peu à peu, à partir de la notion de contrepoint pur, nous nous acheminerons progressivement

vers une notion d'harmonie qui n'est encore ni volontaire ni consciente, mais que l'on commence à voir
nettement se dessiner dans le filigrane de l'évolution.

Dans la seconde moitié du XIIIe siècle, le trouvère
Adam de la Halle apportera une nouvelle pierre à
l'édifice. Il écrira pour la première fois des pièces françaises en forme de *rondeau* (forme fixe AB *a* A *ab* AB,
très en vogue depuis 1200 dans le répertoire monodique
des refrains, et dont il existait aussi des spécimens latins)
dans l'écriture polyphonique du conduit. Ce seront (on
peut négliger des essais maladroits d'adaptation des
scribes de Gautier de Coinci) les premiers monuments
de la polyphonie libre en langue vulgaire.

Indépendamment de leur valeur musicale (car malgré
leur brièveté, ce sont de petits chefs-d'œuvre de grâce,
d'ironie ou parfois d'émotion), les rondeaux d'Adam,
sous le titre desquels se cachent du reste un virelai et
une ballade, marquent une étape de plus dans l'histoire
de la conquête harmonique : les comparaisons de manuscrits permettent d'établir que la *vox prius facta*, la partie
mélodique primitive sur laquelle est bâtie le déchant,
n'est plus la partie inférieure, mais le plus souvent la
partie médiane. Dès lors la partie inférieure n'est plus,
comme précédemment, un « chant donné », mais une
partie *composée après coup en vue de l'effet d'ensemble*. Sans
doute recherche-t-elle plus la beauté linéaire qu'une
correction de basse harmonique dont le XIIIe siècle n'a
que faire; si expressive soit-elle mélodiquement, elle n'en
est pas moins déjà, jusqu'à un certain point, une « vraie
basse » : grâce à elle, cent ans plus tard, pourra commencer à se frayer passage une notion nouvelle qui jusqu'à nos jours n'a cessé de régner en maître, voire en
tyran, sur la totalité de la musique : celle de la « basse
fondamentale ».

C'est seulement à cette époque que l'on verra apparaître une forme que des historiens naïfs ont parfois
donnée comme origine première à la polyphonie : le
canon. On a pu déceler le premier canon connu, vers
1290, dans un court refrain de *Renart le Nouvel,* de
Jacquemart Gelée de Lille; le premier canon développé,
qui du reste est fort beau, est une célèbre pièce anglaise
sur le coucou, *Sumer is icumen in*. Originaire sans doute du
monastère de Reading, on a cru longtemps pouvoir la

dater de 1240; on pense aujourd'hui qu'elle est plus tardive et ne remonte pas au-delà de 1300.

L'ARS NOVA

Dès le deuxième tiers du XIIIe siècle, une mentalité nouvelle s'empare des esprits. C'en est fini de l'idéalisme courtois, de la piété profonde, de l'effacement respectueux des classes moyennes devant les seigneurs et les gens d'église. La bourgeoisie se développe, conquiert des droits politiques, parle haut, et s'intéresse aux arts qu'elle va tenter de ramener à sa mesure. C'est l'époque des derniers trouveurs parmi lesquels s'illustrent Guiraut Riquier chez les troubadours, et Adam de la Halle chez les trouvères. Mais ce dernier n'est pas seulement un faiseur de chansons, c'est aussi un esprit curieux, habile à la polyphonie, inventif en diable, et qui porte à l'apogée, notamment dans ses rondeaux, la technique polyphonique de l'ancien déchant qu'il transporte sur des textes français. En même temps il développe considérablement la technique du « motet enté », réplique profane en quelque sorte du trope d'interpolation (puisque l'une des voix « ente », c'est-à-dire greffe un nouveau développement entre les deux moitiés d'un refrain de rondeau, le tout formant l'une des voix du motet) et il inaugure avec son *Jeu de la Feuillée* et surtout son *Jeu de Robin et Marion*, l'histoire de l'opéra-comique. Celle-ci dérive en droite ligne de la chanson de trouvère avec sa pratique des refrains et le *Jeu de Robin et Marion* n'est en quelque sorte que la transcription dramatique de la pastourelle et de la bergerie à refrains : la partie couplet y est devenue dialogue parlé tandis que les refrains chantés y sont conservés et amplifiés.

Sous Philippe le Bel (début du XIVe siècle) la transformation va s'accélérer. C'est le déclin de la féodalité. Des troubles graves secouent l'Eglise : affaire des Templiers, Grand Schisme d'Occident, installation des papes à Avignon. Le sentiment national commence à devenir une réalité. Des temps nouveaux sont en germe.

Du point de vue technique, la notation musicale s'est considérablement développée. Il est devenu possible non seulement de noter les durées de valeurs (ceci dès Adam de la Halle) mais encore d'échapper à la sujétion des modes rythmiques qu'imposait l'imprécision de la notation du XIIIe siècle. La réaction sera violente et brutale, et, par la porte nouvellement ouverte, les compositeurs vont se ruer à l'assaut de combinaisons rythmiques plus ou moins désordonnées qui les vengeront de l'étreinte où les maintenait la théorie des modes.

Du point de vue mélodique, la transformation n'est pas moins considérable. Les anciens modes d'église cèdent de plus en plus sous la pression des altérations et notamment des différentes sensibles; celles-ci n'affectent pas seulement la tonique mais tous les degrés de l'échelle, et surtout la dominante. La mélodie grégorienne elle-même n'y échappe pas. Le mode d'*ut,* vainqueur final de cette longue lutte, n'en est pas cependant encore à son chant de triomphe. Nous sommes, pour un temps assez long, dans une période d'instabilité tonale où les anciens modes perdent sans cesse du terrain sans que la tonalité soit venue entièrement les remplacer.

Enfin les anciennes formes restent encore à la base de la composition, mais on s'ingénie sans cesse et de plus en plus à en étendre les possibilités, au point qu'elles seront bientôt méconnaissables.

Une première période de transition est dominée vers 1316 par le recueil d'interpolations du *Roman de Fauvel ;* Pierre de la Croix acquiert la réputation d'*optimus notator.* Puis apparaîtront bientôt deux noms qui domineront l'époque et inaugureront un art nouveau. Ce nom d'art nouveau, *ars nova,* sera donné comme titre à un traité de notation (ce qui illustre bien l'importance de l'écriture dans cette histoire) de Philippe de Vitry, futur évêque de Meaux; il est resté comme un drapeau à toute cette période, dont, après celui de Philippe, le nom prestigieux de Guillaume de Machaut demeurera le symbole.

LA TRANSFORMATION DU MOTET.

On peut suivre ici mieux que partout ailleurs la transformation des mœurs musicales : rien n'est plus instructif que de constater ce qui, dans cette vieille forme qui sera conservée plus ou moins jusqu'à la fin du Moyen âge (on en trouve encore des vestiges à la

Renaissance et même chez J.-S. Bach), est fidèlement hérité de la tradition en prenant des résonances toutes nouvelles.

Sans renoncer tout à fait au soutien d'un chant donné, la teneur évoluera de plus en plus vers une relative liberté. Mais, à l'exemple de la teneur du XIIIᵉ siècle, elle restera longtemps basée sur une structure rythmique soigneusement étudiée. Seulement l'*isorythmie* — cette symétrie de rythme entre les périodes —, jadis élémentaire et visible à l'œil nu en raison de la brièveté et de la permanence des dessins rythmiques, va se compliquer, se diluer sur des fragments étendus, séparés par des zones franches de rythme libre. L'élaboration rythmique *a priori*, chère à Messiaen et à Boulez, y trouve un terrain d'élection où l'oreille cesse parfois de pouvoir la suivre, mais qui démontre à l'analyse une volonté de rigueur et de complexité qui disparaîtra par la suite jusqu'au milieu du XXᵉ siècle.

Puis l'exemple d'Adam de la Halle va porter ses fruits. Définitivement — et cette fois ouvertement — la teneur, à base de chant donné mélodique, va cesser d'occuper la partie inférieure de l'édifice. En dessous d'elle se placera une partie libre, au début rythmiquement voisine d'elle, qui s'appellera contre-teneur *(contratenor)* : comme chez Adam, elle sera d'abord un compromis entre le simple contre-chant et la basse harmonique, mais sa liberté même laissera le champ libre à la marche progressive vers la basse fondamentale, ce qui eût été impossible tant que la partie inférieure était occupée par une mélodie imposée non conçue pour cette fonction nouvelle. Encore quelque temps, et le *tenor* ne sera plus qu'une tessiture parmi les autres, conservant toutefois jusqu'au XVIᵉ siècle cette prééminence mélodique qui est l'un des secrets de l'équilibre merveilleusement sonnant de la polyphonie renaissante.

Dans le motet du XIIIᵉ siècle, la teneur était normalement instrumentale, soutenant de son chant donné le contrepoint vocal du « motet » et du « triple ». Doublée désormais de son *contratenor,* l'équilibre se trouve singulièrement renversé. A quatre voix — deux vocales, deux instrumentales (l'hésitation est encore permise) ou à trois voix — deux instrumentales, une seule vocale, la supérieure — une sonorité nouvelle, dont le motet à deux voix du XIIIe était inconsciemment la préfiguration, se trouve créée sans qu'on y ait pris garde : la *monodie accompagnée,* qui n'est pas née, on le voit, des cénacles florentins du XVIIe siècle, mais de l'évolution naturelle du vieux motet. Au début, souvenir des origines, la partie instrumentale de ténor conserve encore une certaine prééminence mélodique. Puis, par la force des choses, les valeurs seront bientôt inversées : la partie vocale de dessus attirera à elle la suprématie, les parties accompagnantes « accompagneront » le contrepoint, d'abord mélodique, puis progressivement attiré par les lois de succession harmonique qui vont maintenant être peu à peu découvertes.

Au reste, teneur et contre-teneur cesseront très vite d'être l'édifice obligatoire. Souvent, elles n'entrent en jeu qu'assez tard, lorsque les ex-parties vocales de contrepoint ont eu loisir de se développer seules, affirmant ainsi leur majorité conquise, en toute liberté.

Enfin, dans le cours de ce développement lui-même, une volonté de structure de plus en plus nette ne cessera de s'affirmer. Déjà, depuis Pérotin, des procédés d'imitation fragmentaire, des développements cohérents de cellules élémentaires étaient venus apporter un élément conscient de liaison et de construction à ce qui n'était d'abord qu'improvisation libre. L'*ars nova,* et Machaut en particulier, reprendront et systématiseront ces possibilités, leur donnant parfois l'apparence de véritables thèmes conducteurs. Un procédé rythmique spécial, le *hoquet,* consistant à faire alterner rapidement et brièvement d'une voix à l'autre notes et silences, s'était glissé, à titre d'amusement un peu gratuit, dans les motets de la fin du XIIIe siècle : il sera repris et développé, devenant un véritable genre, et fournissant, ici encore, un élément de structure : souvent Machaut s'en sert en guise de coda brillante — comme jadis les déchanteurs des *puncta organi* de leurs conduits (voir, par exemple, l'*Amen* du *Gloria* et du *Credo* de la *Messe,* la fin du motet *Felix Virgo,* etc.).

LA RYTHMIQUE.

C'est là l'un des points essentiels des préoccupations de l'*ars nova.* Réagir, à la faveur des possibilités nouvelles de l'écriture, contre la monotonie des anciens modes uniformes. Souvent, chez Machaut, ceux-ci ont laissé des traces visibles : Machaut n'est pas un révolutionnaire; il ne renie rien du passé, mais il ne néglige rien du présent. Comme tous les véritables génies, c'est un homme de synthèse. N'a-t-il pas écrit du reste ces vers admirables, merveilleuse définition de l'évolution musicale dont il fut l'un des acteurs :

> ... Musique qui les chants forge
> En la vieille et nouvelle forge.

Mais, à partir de ces anciennes formules, qui assurent encore quelque temps des bases de structure qui sans elles eussent fait défaut en attendant que d'autres principes soient trouvés, le rythme se modifie profondément. On a vu que la structure isorythmique des motets était demeurée longtemps une règle de plus en plus élastique. Les changements de mode se font de plus en plus fréquents et rapprochés. Puis tout vestige modal disparaît du déroulement rythmique, non sans créer quelque temps un certain déséquilibre. En même temps, les procédés d'exception tels que le hoquet, que Machaut avait su sagement, en général, localiser, envahissent tout à profusion et sans discernement, disloquant la ligne mélodique, abolissant la prosodie, répandant cet aspect heurté et quasi ataxique qui séduit d'abord et lasse à la longue lorsqu'on cesse de le sentir justifié par l'expression ou la structure.

Enfin, les possibilités innombrables d'une notation devenue incroyablement complexe et minutieuse, permettant la division de toute valeur en deux ou en trois à volonté — et plus riche en cela que la nôtre qui asservit impitoyablement le ternaire au binaire — incitent les compositeurs à en exploiter à fond toutes les éventualités, et l'on aboutit ainsi, en fin de siècle, à une véritable *rythmique aberrante,* qui offre au transcripteur d'effroyables rébus dont l'audition est impuissante à rendre compte.

Le principe essentiel en est la syncope, magistralement utilisée par Machaut (surtout dans sa *Messe*), mais devenue peu après lui un jeu d'esprit développé sur des pièces entières. Il ne faut pas la définir comme de nos jours, et la notion de déplacement de temps forts y semble sinon étrangère, du moins secondaire. Le jeu consiste à entremêler des rythmes différents d'inextri-

cable façon. On aime, par exemple, commencer un
rythme, puis l'abandonner avant qu'il ne soit arrivé à
son point d'aboutissement. On repart alors (à contretemps) sur un rythme nouveau, gardant en réserve
la continuation du rythme primitif, qui reprendra sa
place plus tard, comme l'Elpénor de Giraudoux s'amusant à recourir aux formes du langage « des futurs Ger-
mains qui gardent pendant toute la phrase le verbe
comme un noyau dans leur bouche et l'échappent
soudain ».

(Jacob de SENLECHES, *En attendant espérance*. D'après W. APEL,
French Secular Music of the Late 14 th Century, p. 81.)

Ex. 13.

La notation transcrite sur portées n'est qu'un essai de compromis moderne en vue de la concordance. La véritable notation, génératrice du rythme exact, correspond à celle transcrite au-dessus des portées. A la première ligne, le rythme, noté comme l'équivalent de duolets à 6/8, s'interrompt au milieu du 1er temps, et trois temps entiers s'intercalent avant que ce temps ne s'achève. A la deuxième ligne, c'est une mesure à 3/4 (ou du moins son équivalent ancien) qui s'intercale entre le 1er et le 2e temps d'une mesure à 6/8, laquelle se poursuit normalement aux autres voix. Pierre Boulez, de nos jours, bénira le magnétophone de pouvoir réaliser un rêve analogue, comme par exemple d'isoler trois doubles croches d'un quintolet pour les coller à la suite des deux croches d'un triolet.

On voit ainsi l'importance de ces jeux rythmiques dans l'esthétique du XIVe siècle. Toutes les parties mélismatiques de la messe de Machaut sont bâties sur un thème rythmique uniforme :

qui circule d'une pièce à l'autre, en s'adjoignant chaque fois des contre-sujets rythmiques différents :

Ex. 14.

Mais on conçoit aussi qu'après avoir donné entre les mains de maîtres d'extraordinaires chefs-d'œuvre, une telle esthétique n'ait guère tardé à s'anémier par systématisation et excès inconsidérés. A la fin du siècle, en France et en Italie, l'*ars nova* a mené la musique dans une impasse d'où elle ne pourra sortir que par une vigoureuse réaction vers la simplicité. Ce sera l'œuvre du xve siècle anglo-franco-flamand.

L'HARMONIE.

On a vu comment, dès Adam de la Halle, la teneur à chant donné avait cessé d'occuper la partie inférieure pour faire place à une partie nouvellement composée. Celle-ci s'installe officiellement au xive siècle sous le nom de contre-teneur. Mais, au départ, l'aspect général de l'harmonie ne semble guère modifié. Comme la teneur, la contre-teneur ne fait encore appel qu'aux mouvements mélodiques dictés par la facilité d'intonation, la cohérence linéaire et la prééminence des mouvements conjoints. Une digression est ici nécessaire.

Comme l'a très justement formulé E. Costère, l'attraction d'une note donnée vers la suivante se manifeste selon la *loi du plus court chemin*. Mais (et ici nous nous séparons de Costère qui a eu, selon nous, le tort de mélanger des notions très différentes), cette attraction peut jouer (non simultanément) selon l'ordre mélodique ou selon l'ordre harmonique. Dans l'ordre mélodique, le plus court chemin est celui du plus petit intervalle (unisson, éventuellement quart de ton, demi-ton, ton, etc.), avec parfois interférence de l'ordre d'apparition des intervalles dans le cycle des quintes (quinte, ton, tierce mineure, tierce majeure, demi-ton, triton, chacun dans certains cas avec leurs renversements). Dans l'ordre harmonique, le plus court chemin est défini par la proximité de l'intervalle dans la résonance (unisson ou octave, quinte ou quarte, tierce majeure, septième mineure... mais la lenteur d'assimilation et la rapide décroissance de l'intensité de perception de ces rapports n'a pas encore permis de dépasser la tierce majeure, qui dans cette fonction ne sera utilisée qu'au XIXᵉ siècle). Toute l'harmonie classique est faite d'un équilibre entre les « plus courts chemins » des fondamentales dans l'ordre harmonique et les « plus courts chemins » des autres notes dans l'ordre mélodique.

L'histoire du contrepoint telle que nous l'avons esquissée, avec à la basse son chant donné mélodique, explique suffisamment pourquoi jusqu'au XIVᵉ siècle, les proximités mélodiques seules entrent en jeu. Des cadences comme celles-ci, fort courantes :

XIIIᵉ Siècle

XIVᵉ Siècle

Ex. 15.

s'analysent par le seul mouvement mélodique des parties, polytonalité éventuelle incluse, sans aucun sous-entendu anachronique de fondamentale, et sans aucune idée de mode de *fa* avec triton modal. Il ne s'agit pas d'une harmonie d'ensemble à degrés numérotés, mais d'une superposition de mélodies dont chacune doit avoir sa cohérence individuelle, et dont on ne demande à l'ensemble que de respecter, aux points névralgiques, les principes de la consonnance.

Cependant, nous avons vu peu à peu la partie de basse devenir libre. Dès les débuts du conduit, on observe dans l'alternance des accords de consonnance une recherche de diversité dont le motet, avec sa teneur imposée, semble n'avoir cure. Les rondeaux d'Adam étaient caractéristiques de cette préoccupation, sans toutefois sortir jamais des relations mélodiques. Machaut n'en sort pas non plus, mais on devine chez lui qu'une force obscure est en mouvement, qui vise à sacrifier, quand besoin est, la valeur mélodique en fonction du mouvement d'ensemble. On trouve chez lui des intervalles non mélodiques, allant jusqu'à l'octave augmentée (surtout dans la contre-teneur), dont la justification n'est plus dans la marche individuelle des parties. Vers la fin du siècle se produira peu à peu la révolution capitale qui changera le cours de la musique pour un demi-millénaire : aux rapports purement mélodiques se substitueront peu à peu, aux emplacements essentiels de la basse — et surtout aux cadences —, les rapports harmoniques de quarte et de quinte, première manifestation, encore sporadique, de la basse fondamentale avec ses enchaînements basés sur le « plus court chemin » harmonique, et principe essentiel de l'analyse harmonique classique, telle que la codifiera Rameau après deux siècles d'expérience instinctive.

LES AUTEURS.

Si nous nous sommes attardé, contrairement à l'usage, sur l'histoire interne du langage plutôt que sur les manifestations extérieures de l'histoire anecdotique et des relevés de noms et de titres, c'est que nous nous trouvons précisément à un tournant essentiel de l'histoire musicale dont la méthode d'exposé traditionnelle ne saurait rendre compte.

Cet exposé traditionnel, cependant, est singulièrement facilité par une évolution significative des mœurs musicales. Jusque-là, presque toutes les grandes œuvres étaient anonymes. Seuls en général, les trouvères monodiques signaient leurs chansons, dont souvent une strophe satisfaite montrait l'orgueil qu'ils en tiraient. Nous ne connaissons les noms de Léonin ou de Pérotin que par des recoupements : pas plus que celles de leurs confrères leurs œuvres ne sont signées dans aucun manuscrit. Si Adam de la Halle, le premier de tous peut-être, a signé ses motets et ses rondeaux, c'est qu'il était également connu comme trouvère. Avec l'*ars nova,* c'en est fait de la grandeur d'anonymat des bâtisseurs de cathédrales. L'orgueil du nom s'empare définitivement de la gent compositrice — et il n'en est point sorti. Après Philippe de Vitry (qui, par transition, signe ses traités, mais rarement ses compositions), voici Machaut et ses disciples, dont les noms seront de plus en plus fréquents en marge des partitions.

La gloire de Machaut a bénéficié de sa renommée de poète et de son rôle politique : secrétaire du roi de Bohême, Jean de Luxembourg, tué à Crécy en 1346, Guillaume de Machaut parcourut l'Europe jusqu'à Prague à la suite de son maître avant de finir ses jours à Reims comme chanoine. Peut-être du reste s'agissait-il d'un canonicat séculier : c'était là l'un des nombreux bénéfices dont Jean XXII, pape français d'Avignon, avait comblé le secrétaire du roi de Luxembourg sans se rappeler qu'il avait lui-même jadis, en 1322 ou 1324, condamné les excès d'une *ars nova* à ses débuts, dont Machaut devait devenir le maître incontesté.

Si, au temps de Machaut, l'anonymat est encore fréquent — le maître excepté — la génération suivante nous offre une pléiade de compositeurs signants : Jean Vaillant, Taillandier, Pierre des Molins, Solage, Trebor, Jean Cuvelier, Jacob de Senleches, François Andrieu (auteur, sur des paroles d'Eustache Deschamps, d'une admirable déploration sur la mort de Machaut, en forme de double ballade). En Italie, où l'*ars nova* étend ses ramifications avec autant de vigueur qu'en France, et où les contacts avec notre pays sont continuels, voici Filippotto da Caserta, Bartolino da Padova, Jacopo da Bologna, et deux noms de première grandeur : Francesco Landino et Johannes Ciconia, ce dernier originaire de Liège. Ces quelques maîtres exceptés, on conçoit que Jacopo da Bologna puisse ironiser :

> *Si e piena la terra di maestroli*
> *Che loco piu non trovano discepoli.*

Décidément, ce n'est pas sur le seul terrain de l'esthétique que notre époque peut proclamer ses affinités avec celle de l'*ars nova*...

LES GENRES ET LES FORMES.

Nous avons longuement parlé du motet, qui représente le type même de la forme ancienne transformée à l'usage des nouveaux temps. Le rondeau suit la même voie — ceux de Machaut sont aussi compliqués et « tarabiscotés » que ceux d'Adam étaient agréables et spontanés (on avait pu constater la transition, au temps de Fauvel, avec ceux de Jehannot de l'Escurel). Machaut y développe, texte et musique, de véritables rébus où s'introduit le mouvement rétrograde. Le hoquet, nous l'avons dit, passe du rang de procédé occasionnel à celui de genre systématique. Les formes poétiques, qui par ailleurs ont tendance à se figer en règles précises et minutieuses, se décalquent sur les formes musicales — ainsi qu'elles avaient commencé à le faire auparavant. Ballade, virelai se fixent en règles strictes. Du croisement de la ballade avec le motet naît la double ballade, inaugurée occasionnellement par Machaut et cultivée par ses disciples (chaque voix du motet est une ballade différente, mais les refrains sont identiques). On voit même de triples ballades.

Avec son œuvre la plus célèbre, la *Messe Notre-Dame* (qu'on a tort de vouloir persister à dénommer d'un titre apocryphe dont la fausseté a été cent fois prouvée, « Messe du sacre de Charles V ») — ce pourrait être, suppose M. Machabey, une messe votive, car on a retrouvé une « fondation » des deux frères Machaut —, Machaut transforme la réunion de diverses pièces hétérogènes, telle qu'on la pratiquait auparavant (messes de Tournai, de Besançon, etc.), en un tout bien constitué, où circulent d'une pièce à l'autre des thèmes communs,

tantôt mélodiques (Ex. 16.)

tantôt rythmiques (cf. p. 771). Parfois il y traite les thèmes grégoriens en teneur de motet : voyez le *Kyrie* où le thème bien connu du *Cunctipotens* est présenté selon trois rythmes différents, d'abord dans la stricte isorythmie du XIIIe, puis selon l'isorythmie plus

diluée de l'art nouveau, tandis que la contre-teneur se
bâtit sa propre isorythmie nouveau style. *Gloria, Credo*
sont écrits syllabiquement dans l'esprit des conduits
— sans doute, selon le principe même du conduit, la
teneur en est-elle d'invention libre. *Sanctus, Agnus,
Ite missa est* sont aussi en teneur, mais sur une isorythmie
plus large. L'*Amen* du *Gloria* et celui du *Credo* sont de
vastes compositions vocalisées, où abondent hoquets et
imitations. D'expressifs arrêts sur les mots importants
(et in terra pax, ex Maria Virgine) font image et, sans
sortir encore de l'écriture par mouvements mélodiques,
sonnent déjà à nos oreilles comme de véritables accords.
De brefs préludes et interludes instrumentaux s'intercalent dans la trame vocale, qu'il faut supposer sans doute
doublée d'instruments non spécifiés — orgue, cornets
ou trombones — et dont l'exécution était très probablement confiée à quatre chantres solistes (donc voix
d'hommes) et non à un chœur nombreux et mixte
comme on a tendance à l'interpréter aujourd'hui.

Le chef-d'œuvre de Machaut est sans doute le premier
exemple d'une messe composée de manière homogène
par un musicien unique. Elle n'est pas, cependant, la
seule messe polyphonique de son époque. D'autres
sont aujourd'hui connues (messes dites de Tournai, de
Toulouse, de Barcelone, de Besançon) et témoignent
par certains aspects d'une technique très voisine. Mais
ces messes (qui en général ne dépassent pas trois voix)
sont des assemblages factices de morceaux, d'origine
et de style très différents. Artistiquement parlant, elles
ne supportent aucune comparaison avec la *Messe Notre-
Dame.* Toutefois la *Messe de Besançon,* ou du moins
ses fragments (retrouvés par l'auteur de ces lignes),
dont le *Kyrie,* tropé, est signé d'un certain Johannes Lambuleti, a dans l'histoire musicale une importance particulière, car elle serait, d'après M. Léo Schrade,
le premier exemple d'un genre qui devait amplement
prospérer, jusqu'à Janequin, Palestrina, Bach et... Cas-
til-Blaze : la « messe parodie » (mise en œuvre, sur les
textes de la messe, de matériaux antérieurs empruntés à
des œuvres différentes).

Le canon se développe et prend d'amples proportions,
sous le nom de « chasse », *caccia* en Italie. Comme
effectivement plusieurs de ces canons sont des descriptions

de chasse, au reste remarquables de vie et de couleur,
on discute encore pour savoir si la forme a pris le nom
du tableau ou si la prédilection pour ce sujet a été
suggéré par le nom de la forme, où les voix semblent
se poursuivre comme gibier et chasseur.

Quant au mot *canon,* qui signifie « règle, mode
d'emploi », il provient sans doute de la rubrique donnant le « mode d'emploi » permettant de le résoudre :
Bach usera encore de tels « canons » dans *l'Offrande
musicale.* Primitivement le canon portait le nom plus
exact de *rotundellus* ou « morceau qui tourne en rond »,
puisqu'on le recommence sans fin; on disait aussi
rondellus, rota (roue); les Anglais ont conservé *round*
et les Allemands *Radel.* Le nom disparut sans doute
parce qu'il risquait de former confusion avec le *rondeau,*
issu lui aussi du même mot.

La musique descriptive prend du reste, à ce moment,
un grand essor, et favorise particulièrement les musiciens : c'est dans la description des chasses, des batailles,
des cris de la rue, des chants d'oiseaux, qu'ils trouveront
peut-être la part la plus vivante de leur inspiration :
Janequin plonge ses racines dans l'*ars nova,* et ira
jusqu'à conserver, pour le prologue de son *Chant de
l'alouette,* le texte à peine déformé d'un virelai de cette
époque, consacré lui aussi à l'imitation adroite et gracieuse des « tititon tititonton » de l'oiseau matinal.

On ne saurait enfin négliger un aspect récemment
découvert, mais fort important, des initiatives de cette
période alternativement décevante et captivante. Ce n'est
rien de moins, en effet, que la musique instrumentale
pure qui est en germe dans ces transcriptions pour
instrument seul de pièces vocales (ou instrumento-
vocales) dont l'amorce apparaît, en musique religieuse,
dans le manuscrit d'Apt (originaire sans doute de la
chapelle papale d'Avignon) et qui prend d'amples
proportions dans le codex de Faenza nouvellement mis
au jour. Il ne s'agit pas en effet de simples réductions
sans paroles, mais de véritables transformations suggérées par la technique de l'instrument : c'est la technique
de la « coloration » que l'on croyait jusqu'à présent née
au xve siècle avec les transcriptions d'orgue de l'école de
Paumann, et dont il faut désormais faire honneur à
l'*ars nova.* C'est toute la genèse des préludes ou des

fantaisies d'orgue ou de clavecin, qui culmineront avec les Couperin et J.-S. Bach, qui trouve ici sa justification à base vocale.

Roland-Manuel contait récemment son dernier entretien avec Igor Stravinsky : « Quelles sont aujourd'hui, en 1954, vos préoccupations majeures ? » lui demandait-il. Et Stravinsky de répondre : « Guillaume de Machaut, Heinrich Isaac, Dufay, Pérotin et Webern... »

Est-il meilleure illustration de l'actualité d'une époque où, par-delà quatre siècles de trop tranquille certitude, nous touchons du doigt, avec toutes les outrances de l'expérimentation et de la découverte, la formation même du génie musical moderne ?

Jacques CHAILLEY.

Le fragment consacré aux Trouveurs hors de France *a été rédigé par Edith Weber.*

BIBLIOGRAPHIE

Ouvrages permanents aisément accessibles.

DE COUSSEMAKER, Ed., *Histoire de l'harmonie au Moyen âge,* Paris, 1852. *Drames liturgiques du Moyen âge,* Rennes, 1860. *L'Art harmonique aux XIIe et XIIIe siècles,* Lille, 1865.

Ouvrages (épuisés) qui constituent une mine de richesses présentées en vrac et sujettes à vérifications.

COMBARIEU, J., *La Musique, ses lois, son évolution,* t. 1, Paris, 1907, contient des vues intéressantes, à côté d'évidentes lacunes.

AUBRY, P., *Trouvères et Troubadours,* Paris, 1910.

BECK, J., *La Musique des troubadours,* Paris, 1910.

GASTOUÉ, A., *Les Primitifs de la musique,* Paris, 1922 : offre une première prise de contact avec la musique polyphonique.

NEF, C., *Histoire de la musique,* trad. Y. Rokseth, Paris, 1925; les chapitres relatifs au Moyen âge sont particulièrement soignés.

MACHABEY, A., *Histoire et évolution des formes musicales du Ier au XVe siècle de l'ère chrétienne,* Paris, 1928 : complète heureusement l'*Histoire de la langue musicale,* Paris, 1911-1928, de M. Emmanuel. Révisé en 1955 sous le titre *Genèse de la tonalité classique.*

LUDWIG, F., Contribution au premier volume du *Handbuch der Musikgeschichte,* de Guido Adler, 2e éd. revue, Berlin,

1929; la 1ʳᵉ édition (1924) a ouvert l'ère des travaux scientifiques, de pair avec les publications de P. Aubry.

BESSELER, H., *Die Musik des Mittelalters und der Renaissance*, dans la collection *Handbuch der Musikwissenschaft*, de Ernst Bücken, Potsdam, 1931; magnifiques illustrations.

GÉROLD, Th., *La Musique au Moyen âge*, Paris, 1932 : seul ouvrage d'ensemble paru en France avant la guerre de 1939.

REESE, G., *Music in the Middle Ages*, New York, 1940 : le meilleur manuel actuel.

DUFOURCQ, N., *La Musique des origines à nos jours*, Paris, 1946, articles d'A. Le Guennant, Ch. Van den Borren, J. Chailley, Jean Vigué.

CHAILLEY, J., *Histoire musicale du Moyen âge*, Paris, 1950. *La Musique médiévale*, Paris, 1951 : résume l'essentiel historique du précédent en y adjoignant une série d'études sur les sources médiévales du langage et de la pratique musicale actuelle.

FRANK, István, *Trouvères et Minnesänger*, Sarrebruck, 1952; ouvrage fondamental pour l'étude des relations entre les trouvères français et allemands; à compléter par divers articles de H. Husmann, Ursula Aarburg et Jos Smits Van Waesberghe.

Pour les autres correspondances, voir surtout les articles disséminés de H. Anglès (Espagne), N. Pirrotta (Italie), M. Bukofzer (Angleterre).

MACHABEY, A., *Guillaume de Machaut, la vie et l'œuvre musicale*, Paris, 1955.

LAPA, M. Rodrigues, *Liçoes de literatura portuguesa, epoca medieval :* contient un excellent résumé des thèses présentées sur l'origine de l'art des trouveurs.

MORET, A., *Anthologie du Minnesang*, 1949. Le *Lyrisme médiéval allemand des origines au XIVᵉ siècle*, pour les textes seulement.

L' « ARS NOVA » ITALIENNE

LA MUSIQUE EN ITALIE
AVANT L' « ARS NOVA »

Dès avant l'apparition de l'*ars nova* en Italie, la vie musicale y avait dépassé le stade de l'inspiration purement populaire. Poètes et conteurs nous ont laissé bien des œuvres qui en témoignent, de même que les représentations figuratives des peintres, sculpteurs, miniaturistes. Ce qui nous fait défaut, malheureusement, c'est la musique elle-même. Non seulement parce que, à l'époque, on ignorait généralement la notation musicale et que la transmission de la musique était surtout orale, mais peut-être aussi parce que le compositeur marquait une sorte de réserve, voire de méfiance, à l'égard de toute influence possible, éducatrice, et quelquefois déformante, de la musique écrite. Lorsque nous parcourons l'un des plus anciens manuscrits où figure le *Cantique au soleil* de saint François d'Assise, la découverte d'une portée musicale nous fait tressaillir; jamais, cependant, le copiste n'y a inscrit les notes. Les chants religieux des Flagellants, les *laudes,* font seuls exception. Encore cette exception n'est-elle qu'apparente, puisque parmi les centaines de recueils connus, deux seulement, et quelques fragments, contiennent la musique et les textes. C'est que, de toute évidence, la musique n'y répond pas à une nécessité musicale, mais constitue une sorte d'ornement qui, à côté des riches miniatures, témoigne de l'importance et de la prospérité de la confrérie.

Pourtant, au XIIIe siècle, l'activité poétique est intense en Italie. Elle atteint son plus haut point d'épanouissement avec la poésie de Dante et le *dolce stil nuovo;* en outre, il s'agit le plus souvent de poésie chantée au sens propre. Cela ressort notamment de sa structure et de sa terminologie. Il en est ainsi de la *canzone,* qui est la forme la plus complexe, choisie par les poètes non seulement pour la lyrique amoureuse, mais pour traiter des sujets moraux ou plus généralement philosophiques, ou pour exprimer leur passion politique, et que Dante définissait : « *fiƈtio rhetorica in musica posita* ». Il en est de même du sonnet, qui tout d'abord n'est qu'une strophe isolée de la *canzone,* bien que, par suite d'un emploi quasi épistolaire et souvent politique, l'accompagnement musical en soit assez vite abandonné. Il en est ainsi, enfin, de la *ballata* (en dépit de son nom, la *ballata* se rapproche davantage du virelai, qui d'ailleurs, lui aussi, reçut parfois le nom de *chanson baladée*), la plus populaire et la plus répandue des formes où s'associent la musique et la poésie. Les *ballate* sont ainsi dites « *quia ballantur* », explique naïvement l'auteur anonyme d'un petit traité, qui leur réserve la première place parce que « *omnis scientia incipit a notoribus* ». La technique par laquelle les parties de chaque strophe, ou stances, étaient réparties pour le chant entre le soliste qui « menait la danse » et le chœur des danseurs en rond est rapportée en vers latins dans le *Pervigilium Veneris* de Giovanni del Virgilio, humaniste bolonais contemporain de Dante. Mais la *ballata* n'était pas seulement dansée : elle se prêtait à tous les genres d'expression lyrique et, dans ce cas, nous dit le traité anonyme déjà cité, le poète était moins tenu de se conformer à une rythmique déterminée, l'*aer italicum.*

Une certaine assonance des locutions *dolce stil nuovo* et *ars nova* a pu amener à faire un rapprochement entre les deux genres (c'est probablement ce qui a conduit Riemann à choisir le titre du traité de Philippe de Vitry pour désigner les polyphonies française et italienne du XIVᵉ siècle); or, ils sont absolument différents. L'expression musicale du *stil nuovo* a été la monodie, caractéristique de la tradition des troubadours, de laquelle, en effet, le *stil nuovo* est indirectement dérivé. Par contre, l'*ars nova,* qui est polyphonique, se rattache à une tradition musicale différente et d'une technique plus poussée. Sa création est due à l'Eglise et aux ordres ecclésiastiques. Le *stil nuovo* était déjà dépassé lorsque l'*ars nova* n'était pas encore née ou, tout au moins, était à peine esquissée. Si le *stil nuovo* exerça quelque influence sur la polyphonie profane à peine naissante, cette influence fut négative. La grande élévation lyrique à laquelle la poésie avait atteint à l'époque de Dante imposa aux musiciens

un choix difficile; il leur fallait ou bien adapter l'intensité
d'expression de la musique à celle de la poésie, ou ne lui
assigner qu'un rôle accessoire et, partant, subordonné.
Dans l'épisode bien connu du *Purgatoire* où Dante
retrouve le musicien Casella et lui demande de chanter
Amor che nella mente mi ragiona, l'émotion provoquée par
le chant est si forte que le poète en est troublé jusqu'au
désarroi, bien plus que par la rencontre du vieil ami.
Parce que, dit-il ailleurs, la musique « attire les esprits
humains, lesquels sont presque entièrement des émanations du cœur, de sorte qu'ils cessent toute activité... et les
vertus de tous, ou presque tous, sont transférées à l'esprit sensible qui reçoit le son ». Nous pensons qu'une
telle sensibilité était davantage aspiration et illusion du
poète qu'effective vertu de la musique : non seulement
celle-ci était incapable d'ajouter quelque beauté propre à
celle du texte poétique, mais elle l'alourdissait plutôt.
L'époque de Dante marque la fin de l'identité originelle
des deux arts. Par la suite, la *canzone* abandonne son
enveloppe musicale pour devenir œuvre littéraire pure.
Par contre, un nouveau type de *ballata* est en train de se
former. Le fait que le nombre de strophes est ramené à
une seule et que la poésie y prend un ton conventionnel
montre que celle-ci n'est créée que pour fournir prétexte
à chanter. Il s'agit de poésie à musique.

La polyphonie elle-même a été utilisée en Italie
pendant le siècle qui précéda l'apparition de l'*ars nova*.
Il suffira de rappeler qu'au début du XIIIᵉ siècle les
règlements liturgiques de la cathédrale de Sienne prescri-
vaient des exécutions polyphoniques plus fréquentes
qu'à Notre-Dame de Paris. On peut également relire
les récits du franciscain Salimbene de Adam, dans
lesquels celui-ci rappelle que certains de ses confrères
aimaient composer des *conductus* à deux ou trois voix.
Il s'agissait certainement de polyphonies qualitativement
inférieures à celles de Notre-Dame, dont on ne souli-
gnera jamais assez le caractère exceptionnel. Les conditions politiques de l'Italie n'avaient pas permis la formation d'un centre politique et culturel national d'une
importance comparable à celle de Paris. La formation
de communes autonomes avait réduit la puissance des
grands fiefs ecclésiastiques et détruit la prospérité des
abbayes, lesquelles auraient pu être, à l'exemple des

abbayes anglaises, mais ne furent pas, des centres de
culture polyphonique. La cour papale elle-même vivait
à Rome une vie agitée et difficile qui motiva finalement
son transfert en Avignon. Un témoignage concret
d'une *ars antiqua* italienne, latente et obscure mais
existant malgré tout, nous est fourni par des musiques
découvertes récemment dans les archives de la cathédrale de Padoue et qui accompagnaient les offices
célébrés dans cette église. Nous en donnerons un
exemple, tiré des parties les plus récentes qui, par le
type de la notation et l'utilisation du chromatisme,
annoncent les doctrines du principal théoricien de l'*ars
nova* italienne, Marchettus de Padoue :

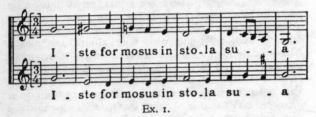

I - ste for mosus in sto-la su - - a

Ex. 1.

LES THÉORICIENS DE L' « ARS NOVA »

MARCHETTUS DE PADOUE ET ANTONIO DA TÉMPO.
On ne peut certes faire aucun rapprochement entre
la position de Marchettus à l'égard de la musique italienne et celle de Vitry à l'égard de l'*ars nova* française. Il
ne fut pas et ne voulut pas être un innovateur, un chef
d'école. Paradoxalement, son importance historique résulte de son peu d'originalité, ce qui est la meilleure preuve
de l'autonomie de la polyphonie italienne qui, tout en
empruntant certains éléments à l'art d'autres pays, a
néanmoins été l'aboutissement d'une évolution particulière. L'influence de Marchettus sur ses contemporains a
également été limitée et ses tentatives pour corriger les
pratiques existantes, dans la mesure où celles-ci contras-
taient avec certains de ses principes théoriques abstraits
et inactuels, eurent peu de succès. Il est possible, par
contre, qu'il ait eu une certaine part dans la diffusion de
la polyphonie en dehors des milieux religieux. Il est
désormais certain que le plus ancien de ses traités, le

Lucidarium in arte musicae planae, fut écrit en 1317, en
hommage à Ranieri di Zaccaria da Orvieto, vicaire des
Anjous en Romagne. Bien qu'il s'agisse d'un texte sur
les modes ecclésiastiques, Marchettus ne peut renoncer à
y introduire des remarques sur l'emploi des altérations
chromatiques dans la polyphonie. Le *Pomerium artis
musicae mensuratae* fut composé quelques années plus tard,
mais certainement pas plus tard que 1324, puisqu'il fut
écrit à Cesena, chez un certain Rinaldo de'Cinzi, dont on
sait qu'il fut emprisonné à la fin de la même année, puis
décapité, à la suite d'une tentative d'usurpation de la
seigneurie de la ville. Le *Pomerium,* dans lequel est exposée
la notation typique de la polyphonie italienne, est dédié
au roi de Naples, Robert d'Anjou, à qui Vitry dédia plus
tard un motet. Marchettus parle de l'amour du roi pour
la musique, amour que ce dernier aurait hérité de son
père Charles, et de son habitude de s'entourer d'une *turba
canentium.* On peut donc se demander si la diffusion de la
coutume des exécutions polyphoniques n'a pas coïncidé
avec les années de son règne (1309-1342). En dépit de
leurs divisions politiques, les Italiens devaient considérer
Robert d'Anjou — chef du parti guelfe, mais plus homme
de culture raffiné et protecteur d'écrivains et d'artistes que
bon chef de guerre et bon politique — comme l'exemple
le plus haut de la royauté. Exemple certainement plus
édifiant que celui des papes s'exilant à Avignon, et même
que celui des lointains empereurs qui, au cours de leurs
rares incursions en Italie, avaient été admirés pour leur
habileté à se procurer de l'argent plutôt que pour leur
magnificence.

S'il n'est guère facile de déterminer quelle a été la part
de Marchettus dans la diffusion de la polyphonie dans les
milieux courtois, il est certain, toutefois, que le milieu
musical de Padoue n'y a pas été étranger. Rinaldo de'
Cinzi, dont nous avons dit qu'il fut le protecteur de
Marchettus et voulut accéder à la seigneurie de Cesena,
avait été podestat de Padoue peu avant sa tentative
malheureuse. Le traité de métrique *Summa artis rytmici
vulgaris dictaminis* fut écrit à Padoue par un Padouan,
Antonio da Tempo, qui nous a légué le premier témoignage pouvant être daté (1332) de la coutume selon
laquelle on exécutait des madrigaux polyphoniques. La
ville était tombée en 1328 au pouvoir des seigneurs de

Vérone et le traité de da Tempo est dédié à Alberto Della
Scala qui gouverna également au nom de son frère Mastino. On parlera de nouveau de polyphonie à Vérone (est-ce par hasard que Marchettus s'y rendit en 1317 ?) et à Milan un peu plus tard : les Scaligeri et les Visconti, les plus redoutables *signori* de l'époque, rivalisaient non seulement dans leurs aspirations à l'hégémonie politique, mais aussi par l'affirmation d'un prestige princier.

LE MADRIGAL

La principale forme de la nouvelle polyphonie courtoise est le madrigal, que Francesco da Barberino avait cité en 1313 parmi les modes poétiques *qui de novo emergunt*. Les origines du madrigal, aussi bien que celles de son nom, nous sont inconnues. Compte tenu de ce que la technique de la polyphonie est issue des milieux ecclésiastiques, il nous semble qu'il faille préférer, parmi les différentes étymologies proposées, celle qui fait dériver *matriale* (c'est sous cette forme qu'il est le plus souvent cité dans les manuscrits toscans de l'époque) de *materialis*. *Cantus materialis,* par opposition à *cantus spiritualis,* aurait été le terme désignant une catégorie de compositions qui n'étaient pas destinées à la liturgie ni à des buts d'édification religieuse, mais que l'on chantait pour se délasser et s'amuser pendant les heures de repos et de récréation. Salimbene de Adam fait allusion à cette coutume lorsqu'il parle de *cantilenae de cantu melodiato sive fracto in quibus clerici seculares maxime delectantur*, sorte de chant orné qui pourrait bien être le prédécesseur du madrigal, et dans lequel la voix la plus élevée devait, selon un auteur plus récent, *ire melodiando*.

Le sens amoindrissant, sinon nettement péjoratif, qu'impliquait l'opposition du *cantus materialis* au spirituel, pesa longtemps sur le madrigal, même lorsqu'on eut perdu la notion de sa signification première. Francesco da Barberino parle du *matricalis* comme d'un *rudium inordinatum concinium ;* da Tempo, bien qu'il fût témoin d'une réalité raffinée et courtoise, fait allusion à une origine monodique et plébéienne. Nous pouvons comprendre le jugement sévère du premier, qui, lorsqu'il écrivait, en 1313, avait sous les yeux une structure métrique qui n'était pas encore bien définie (puisqu'il

jugeait du point de vue du texte poétique), mais plutôt
une multiplicité de formes groupées sous le même nom,
du fait du genre de sujets qu'elles traitaient et du fait
qu'elles procédaient toutes de la même forme musicale,
la polyphonie. Un remarquable signe de variation de la
forme du madrigal peut être relevé également dans les
développements et les exemples cités dans le traité de da
Tempo et, d'une manière générale, dans les madrigaux
antérieurs à la première moitié du xive siècle. C'est
d'ailleurs seulement à cette époque que le madrigal
atteint sa forme définitive, laquelle n'autorise plus
aucune déviation. C'est alors un bref poème, composé
de deux ou trois vers, généralement hendécasyllabes,
les *tercets,* et finissant par un ou deux vers isolés qui
constituent la *ritournelle,* la musique du premier tercet
étant reprise pour le second et, le cas échéant, pour le
troisième; ce n'est que pour la ritournelle finale que la
formulation musicale est différente, souvent marquée
par une variation du rythme ou de la tonalité. Quant à
la théorie de da Tempo, elle n'est étayée par aucun
élément de fait; ce n'est qu'élucubration échafaudée sur
l'étymologie de *mandrigalis* qu'il fait dériver de *mandria*
(troupeau). Mais ce naïf exercice philologique ne fut
pas sans conséquences. Da Tempo en conclut qu'aussi
bien la poésie que la musique du madrigal devaient
avoir un certain côté pastoral, ou pour mieux dire
champêtre. Cette affirmation paraît avoir eu une influence
sur les auteurs de nombreux textes ostensiblement populaires inclus dans le répertoire de la plus ancienne
source de l'époque, le manuscrit du Vatican, Rossi 215.
La langue dans laquelle ces textes sont écrits, qui est
celle de la Vénétie, la notation musicale très semblable
à celle que décrit Marchettus rapprochent ce répertoire
de la patrie et de l'époque des deux théoriciens padouans.
Le plus typique de ces morceaux d'intonation populaire est le madrigal *Quando i oselli canta (Lorsque chantent
les oiseaux),* dont non seulement le texte se rapproche par
le ton et la forme des couplets populaires, mais dont le
ténor est une mélodie d'apparence populaire :

Ex. 2.

Le fait qu'à la répétition de la première phrase mélodique ne correspond pas la même mélodie à la voix
supérieure, vient confirmer que la composition s'inspire
peut-être d'une mélodie existante.

LES COMPOSITEURS

GIOVANNI DA CASCIA ET PIERO.

Dans la plupart des madrigaux du manuscrit Rossi 215,
la technique polyphonique est plutôt primitive : souvent
les voix procèdent par quintes parallèles ou à l'unisson;
le rythme est dur et heurté, et la mélodie fleurit par
brefs mélismes dépourvus de spontanéité; le développement de la composition est bref et étriqué. Seul
un groupe d'œuvres très limité atteint un niveau
artistique plus élevé. Certaines de ces compositions
concordent avec celles d'autres manuscrits et, puisque
le manuscrit Rossi 215 ne donne aucun nom d'auteur,
cela permet de reconnaître l'apport de deux musiciens
connus. L'un d'eux est Johannes de Florentia (Giovanni
da Cascia), dont nous savons par un historien de la
fin du XIVᵉ siècle, Filippo Villani, qu'ayant été invité à
la cour de Mastino II Della Scala, il entra en compétition
avec un Bolonais (Jacopo da Bologna) très habile
dans l'art musical, *tyranno eos irritante muneribus*. L'autre
musicien est un certain Piero, non cité par Villani,
mais qui n'en participa pas moins aux concours musicaux
de Vérone. Que ces polyphonistes se soient mesurés
en des compétitions artistiques dans les cours seigneu-

riales est un fait attesté par l'existence des œuvres présentées à ces concours musicaux. Toute une série de madrigaux, dus aux trois musiciens cités plus haut, est dédiée à une dame qui habitait une maison entourée d'un jardin, au bord de l'Adige; son nom, qui revient souvent dans la ritournelle finale, est Anne. Jacopo et Piero chantent tous deux les louanges d'une certaine Marguerite, qui fut peut-être fille naturelle de Mastino II Della Scala. Giovanni da Cascia et Piero ont mis en musique chacun le même texte qui évoque une partie de chasse sur les bords du fleuve Adda, ce qui nous permet de conclure qu'ils ont été les hôtes de Visconti. Un motet et un madrigal de Jacopo, tous deux en acrostiche sur le nom de Luchino Visconti, montrent que l'auteur est allé à Milan. Un autre madrigal a été composé à l'occasion du baptême des deux jumeaux de Visconti, célébré en grande pompe, le 4 août 1346.

A Giovanni da Cascia revient le mérite d'avoir donné au madrigal sa forme définitive. Dans ses œuvres, la richesse de l'expression mélodique va de pair avec une harmonie de structure qui n'a pas d'égale dans les madrigaux plus anciens. La voix supérieure s'épanche en mélismes au mouvement rapide, mais égal et néanmoins calme, reprenant souvent les mêmes figures en des progressions mélodiques. Par moments, le flux mélodique s'arrête un instant, mais un nouveau mouvement, soudain mais spontané, le ranime et le conduit à la conclusion. Ainsi le madrigal s'ordonne selon une structure simple mais harmonieuse, avec d'amples mélismes au début et à la fin de chaque vers, qui encadrent la récitation plus déclamatoire de la partie centrale. Le *ténor* au mouvement plus modéré contribue à éclaircir le sens de la phrase mélodique et à l'orienter vers les cadences. Sa nature vocale devait contribuer puissamment à donner à ce support rythmique et mélodique la valeur et la couleur appropriées. Peut-être Giovanni da Cascia, qui était à la fois exécutant et compositeur, improvisait-il une partie des ornements vocaux de la voix supérieure. Cela expliquerait les importantes variantes que l'on relève de l'une à l'autre source de ses œuvres — une vingtaine en tout, dont trois *cacce* à trois voix — bien plus que dans celles de tout autre compositeur de l'époque. Par contre, les œuvres de Piero sont très peu nombreuses. Peut-être en existe-t-il d'autres et figurent-elles parmi les œuvres anonymes rassemblées dans les manuscrits de l'Italie du Nord où, comme nous l'avons dit plus haut, il rivalisa avec Giovanni da Cascia et Jacopo da Bologna. Sans atteindre à l'ampleur du tracé de celles de Giovanni, ses compositions connues se caractérisent, en revanche, par une mélodie plus nettement travaillée dans le détail. Le rapport harmonique entre les voix est plus étroit, avec une utilisation plus fréquente des dissonances (selon le point de vue de l'époque) de tierce et de sixte, dont la tendance à la résolution est marquée, conformément à l'enseignement de Marchettus, d'altérations chromatiques.

LA CACCIA.

L'une des caractéristiques de Piero est une préférence marquée pour la *caccia*. Ce terme, qui désigne pour nous une forme particulière de composition poétique et musicale, qualifiait tout d'abord le procédé contrapuntique du *canon* qui, plus tard, prit le nom de fugue. En dépit de leur nombre limité, les compositions de Piero offrent maints exemples de la manière par laquelle le canon pouvait être introduit dans le madrigal, tantôt dans les tercets, tantôt dans les ritournelles, en tant qu'effet purement musical. L'exemple le plus typique est celui du madrigal *Ogni diletto (Toutes délices)* qui, par une disposition inhabituelle des strophes, fait suivre chaque tercet en canon d'une ritournelle sans canon, soulignant ainsi le contraste entre les deux formes de polyphonie. Mais Piero a pratiqué également la *caccia* comme forme dans laquelle le canon tend à un effet représentatif. Deux de ses compositions : *Con dolce brama (Avec un doux désir)* et *Con bracchi assai (Avec beaucoup de braques)* traduisent deux moments de cette distinction qu'il opère progressivement par rapport au madrigal. Le texte de la première ne se distingue en effet nullement, du point de vue métrique, de celui du madrigal (sans ritournelle); mais ses tercets, au lieu d'être tous chantés sur la musique du premier d'entre eux, sont insérés dans un long canon par lequel le musicien s'efforce de reproduire l'animation croissante de la scène de l'entrée d'un navire au port et de faire ressortir chaque cri du pilote et des marins. L'esprit d'imitation qui se manifeste ainsi n'est pas un fait nouveau dans la polyphonie du canon, puisque déjà dans l'*ars antiqua* on avait remarqué que l'onomatopée rend plus évidente pour l'auditeur la « présence » des voix. Mais dans la *caccia* de l'*ars nova* on s'efforce plutôt de rendre l'artifice moins évident, on tend davantage à obtenir un effet grâce à une multiplicité de sons et de voix qui se croisent et, par moments, se superposent : par exemple pour une scène de plein air, de chasse le plus souvent (ainsi que le nom en suggérait l'idée), mais également de pêche, pour un marché, un effet d'incendie, une scène de jeux. Dans l'autre *caccia* de Piero, *Con bracchi assai* (qui a été également mise en musique par Giovanni da Cascia), on peut voir comment le texte lui-même porte la marque de cette technique impressionniste qui élimine toute symétrie inutile des vers et des strophes et fait se succéder des vers de longueur inégale dans un jeu serré de rimes et d'assonances, régi davantage par le dynamisme de l'action que par celui du verbe. Du point de vue musical, les *cacce* comportent généralement une troisième voix, venant s'ajouter aux deux qui constituent le canon, voix grave, instrumentale, qui complète (lorsqu'elle ne les déforme pas) les harmonies esquissées par le duo des voix aiguës et prend le nom de *ténor*.

JACOPO DA BOLOGNA.

Jacopo da Bologna, venu probablement plus tard que Giovanni da Cascia et Piero à la compétition, y apporta un esprit de rivalité plus âpre. Quatre au moins de ses compositions — parmi lesquelles *Oseletto silvagio* (*Petit oiseau sauvage*), mis en musique deux fois, l'une en madrigal à deux voix, l'autre en *caccia* à trois voix — affirment orgueilleusement une supériorité artistique qui semble avoir finalement été reconnue par ses contemporains, si l'on en juge par le nombre et la diffusion de ses œuvres dans les manuscrits de l'époque. Comme tous les innovateurs, il est ingrat à l'égard de ses prédécesseurs. S'il s'efforce de varier la forme du madrigal, il n'en doit pas moins à Giovanni da Cascia le schéma dans lequel s'insèrent ses variantes; s'il donne à la voix inférieure un dessin mélodique plus marqué et l'affranchit de la voix supérieure dans la récitation du texte, c'est dans l'application du canon au madrigal, tellement fréquente chez Piero, qu'il en trouva

un exemple. Il n'en reste pas moins que son effort pour
enrichir le langage de la polyphonie profane aboutit
à un résultat remarquable, quoiqu'il procède plus de
la volonté que de la spontanéité. Ambitieux, Jacopo s'at-
taqua également au motet. Le seul exemple de motet profane italien de cette période est de lui. Il s'agit du motet à
trois voix *Lux purpurata — Diligite iustitiam,* composé en
l'honneur de Luchino Visconti (nous avons quelques
fragments de motets plus récents, d'auteurs inconnus,
qui témoignent que le genre était également pratiqué en
Italie). L'influence du motet sur ses madrigaux à trois
voix est évidente dans *Aquila altera (l'Aigle fier),* dont le
texte est différent pour chacune des voix. Toutefois, l'influence de la *caccia* est plus sensible non seulement par
les imitations libres sur lesquelles le madrigal insiste, mais
également du fait que, ici, comme dans tous ses madrigaux à trois voix, Jacopo adopte une disposition analogue à celle de la *caccia :* un duo de voix aiguës, qui
s'équilibrent dans le dialogue, et une voix grave, le *ténor*
qui, dans les madrigaux, est, lui aussi, une partie vocale.

L' « *ARS NOVA* » FLORENTINE

Tandis que, d'après les documents que nous avons,
l'activité de Giovanni et de Piero ne paraît pas avoir
dépassé le milieu du siècle, celle de Jacopo a duré
peut-être plus longtemps, soutenue, après la mort de
Luchino Visconti et de Mastino II Della Scala, par
quelque autre seigneur. Mais, dans l'ensemble, la disparition de Visconti et de Della Scala provoqua un arrêt
dans le développement de la polyphonie profane en
Italie du Nord, où c'est seulement vers la fin du siècle
qu'apparaît une autre figure marquante, Fr. Bartolino
da Padova. Entre-temps, c'est à Florence que s'ouvre la
nouvelle phase de la polyphonie italienne.

Si aujourd'hui la tradition florentine nous paraît
plus riche que celle de l'Italie du Nord, cela est dû en
grande partie à la contribution du plus récent manuscrit
de l'*ars nova* italienne : le codex qui, au XVe siècle, appartint à l'organiste des Médicis, Antonio Squarcialupi.
Compilé aux environs de 1440, par intérêt pour un art
déjà disparu, égalant en beauté ceux qui sortaient de
l'atelier du libraire Vespasiano da Bisticci, ce recueil

contient plus de cent cinquante *unica* : cela signifie qu'il
nous a gardé des œuvres qui, au moment où elles furent
créées, ne dépassèrent peut-être pas un cercle très restreint. Sans ce recueil, notre connaissance des compositeurs florentins, surtout des contemporains de
Giovanni da Cascia, ou de ses successeurs immédiats, serait
de loin plus limitée. Le fait même que Giovanni da Cascia
ait émigré à la cour du « tyran » véronais signifie que la
république florentine était moins favorable à son art; les
descriptions qui accompagnent le *Décaméron* de Boccace
montrent que, vers 1348, y dominait encore sans rival le
chant des *ballate* monodiques. En revanche, le peuple de
Florence s'intéressait à la polyphonie liturgique. Filippo
Villani parle d'un *Credo,* exécuté en l'église de Santa
Reparata, devant un public très nombreux, dont l'auteur
fut un musicien nommé Bartolo. Il s'agit probablement
d'une composition, attribuée à tort à Bartolino da Padova,
et dont voici l'admirable *Amen :*

Ex. 3.

Toutes les compositions liturgiques connues de cette période sont dues à des Florentins : un *Et in terra* et un *Agnus Dei* sont de Ser Gherardello da Firenze, un *Sanctus* est dû à Lorenzo Masini, un *Benedicamus Domino,* sensiblement plus récent, est de Paolo Tenorista. L'activité officielle des polyphonistes devait donc être solidaire de leurs fonctions ecclésiastiques, et les compositions profanes devaient servir, comme les premiers *cantus materiales,* au plaisir personnel de l'auteur ou d'un groupe d'amis. Peut-être est-ce par la poésie qu'elles commencèrent à éveiller l'attention d'un cercle plus large d'admirateurs. Des poètes tels que Niccolò Soldanieri et Franco Sacchetti, attirés par le ton idyllique du madrigal et par le réalisme impressionniste des *cacce,* dont certains exemples étaient importés de la vallée du Pô, commencèrent à s'intéresser à la musique qui les accompagnait et à en propager le goût dans les milieux littéraires de leur ville. Peut-être les quelques textes de madrigaux composés par Pétrarque vers le milieu du XIVe siècle, pendant ses visites aux cours du Nord, ainsi que le passage du poète à Florence en 1350, eurent-ils une certaine influence. Toujours est-il que les textes choisis par les compositeurs florentins ont un caractère littéraire plus marqué.

Le manuscrit sur lequel Franco Sacchetti transcrivit lui-même ses poésies, en mentionnant les noms de ceux qui en composaient la musique, contient de précieuses indications permettant d'établir une chronologie approximative de l'*ars nova* florentine. Lorenzo Masini n'y figure qu'à propos des œuvres composées pendant la première période de l'activité poétique de Sacchetti, avant 1360. La mort de Gherardello provoqua un échange de sonnets entre Sacchetti et Simone Peruzzi, avant 1364. Seul Donato (qui, comme Giovanni, était originaire de Cascia,

près de Florence) devait être encore en vie vers 1370.
L'affinité de leur style avec celui de Giovanni da Cascia
est évidente chez chacun de ces trois maîtres, en dépit
des caractéristiques individuelles, aussi bien dans la
forme générale du madrigal que dans le goût de la vocalise vigoureuse, plus marqué et plus fantaisiste surtout
chez Lorenzo Masini et chez Donato. La personnalité
la plus marquante est celle de Lorenzo Masini, porté
par son esprit de recherche à des expériences techniques
et artistiques singulières, et dont la lucidité n'empêche
point que celles-ci s'expriment en une poésie authentique. La *caccia* : *A poste messe (Guetteurs en place)* nous en
offre un exemple : il s'agit d'un canon insolite de trois
voix semblables sans *ténor,* subtilement disposé en un
crescendo et un decrescendo obsessionnels d'onomatopées insistantes, suivi d'une ritournelle monodique
d'une sereine beauté dont voici la conclusion :

Ex. 4.

Ce n'est pas là le seul essai monodique de Lorenzo
Masini; le manuscrit Squarcialupi nous a conservé de
Lorenzo et de Gherardello da Firenze un petit nombre
de *ballate* à une voix. Avec quelques autres *ballate*
contenues dans le manuscrit Rossi 215 c'est là tout ce
qui nous reste de la très vaste production monodique. Cela
suffit, cependant, à nous fournir la preuve de l'intense activité des auteurs de ballades, du raffinement auquel pouvait
atteindre ce genre dans lequel, même durant la période

de plus grand développement de la polyphonie, la musique italienne du xive siècle s'incarne principalement.

FRANCESCO LANDINI : LA BALLATA

La polyphonie elle-même ne s'orienta vers une plus
grande diffusion qu'aux environs de 1370, lorsqu'elle
commença à abandonner le ton objectif — narratif,
descriptif, épigrammatique — du madrigal et de la
caccia pour adopter le ton lyrique de la *ballata*. Niccolò
da Perugia, artiste vif et versatile, qui séjournait à
Florence vers 1360 et avait composé de plaisants madrigaux et *cacce* dans le style florentin, en grande partie
sur des textes de Sacchetti, fut l'un des premiers compositeurs de *ballate* polyphoniques. Mais le plus grand
représentant de la nouvelle forme polyphonique qui,
autant que cette dernière, contribua à rendre la polyphonie populaire, fut Francesco Landini, dit le *Cieco degli
organi* (« l'Aveugle des orgues »). Son œuvre, bien plus
abondante que celle de tout autre compositeur italien de
l'époque, ne comprend que douze madrigaux et une
caccia, contre plus de cent quarante *ballate*. Près des deux
tiers de celles-ci sont des *ballate* à deux voix, en un style
moins orné, mais plus concentré et qui ressemble davantage au style pathétique des madrigaux, comme dans
l'exemple suivant :

Ex. 5.

La simplicité de leur polyphonie leur permettait d'être
exécutées plus facilement. Mais il est probable que la
faculté de substituer un instrument à la voix inférieure a
contribué à leur diffusion. La plus grande complexité
polyphonique des *ballate* à trois voix ne s'accompagne
toutefois ni d'un élargissement de la forme, ni d'une
plus grande richesse des mélismes. La troisième voix
n'est pas, comme dans les madrigaux et dans les *cacce*,
un deuxième *cantus* qui dialogue à égalité avec le premier,
mais plutôt un *contre-ténor* qui partage avec le *ténor* les
tâches d'un accompagnement harmonique, plus varié
lorsque les deux voix sont instrumentales, et leur sonorité ténue n'atteint pas à la primauté expressive du *cantus*.
Une autre disposition, typiquement italienne, est celle
où le *contre-ténor* instrumental s'insère dans le rapport
fondamental entre le *cantus* et le *ténor* vocaux.

En dépit de la richesse d'invention dont elle témoigne
l'œuvre de Landini, en raison même de son abondance,
n'évite pas une facilité proche de la routine. Il est probable que le succès de cette œuvre tenait au moins autant
à certaine tendance à la douceur un peu sentimentale qu'à
l'auréole poétique qui entourait le compositeur aveugle.
Toutefois, il n'est pas facile, de nos jours, d'apprécier les
qualités grâce auxquelles l'harmonisation de Landini

cadence landinienne

Ex. 6.

seconde avec naturel la ligne mélodique et tire même de la monodie la formule qui, aujourd'hui encore, est connue sous le nom de cadence landinienne (ex. 6).

Au cours des mêmes décennies qui précédèrent immédiatement la fin du siècle, les *ballate* d'un autre Florentin, peut-être plus doué d'imagination que Landini mais moins soucieux du goût du nouveau public de la polyphonie, franchirent à peine les murs du couvent de l'Annunziata, où l'auteur, Andrea de' Servi, était organiste.

L'APPORT DE L' « ARS NOVA » ITALIENNE

Le fil que nous avons pu suivre jusqu'ici se brise après la mort de Landini, en 1397. Art périphérique, comme on dit, la polyphonie italienne avait tiré grand avantage de son caractère profondément provincial. Elle avait tourné en simplicité essentielle la modestie de ses moyens, en fraîcheur d'invention rythmique l'absence de schémas et la liberté de toutes entraves traditionnelles, en clarté harmonique sa construction, qui n'était pas selon la raison, de bas en haut, mais en fonction des exigences mélodiques du *cantus*. Elle se caractérisait essentiellement par un pouvoir de communication assez sensuel grâce à son sens de la voix; cette tendance était d'ailleurs maîtrisée par ce qu'il y avait de constructif en elle, et qui procédait de l'art polyphonique même. De toute façon, son domaine était plus celui de l'intuition que celui de l'intelligence. Mais si cela constituait sa force, c'était également une cause de faiblesse. Parmi les artistes les plus conscients, tels Jacopo, Lorenzo ou Landini, chacun aspira à une plus grande complexité et éprouva le besoin de s'aligner sur les exemples qu'offrait l'art français de l'époque. Jacopo et Lorenzo prirent modèle sur Vitry, Landini s'inspira de Machaut. L'esprit florentin, si vivace, ne permit pas que l'art de Lorenzo Masini et de Francesco Landini fût atteint dans sa substance. En Italie du Nord, et même à Padoue, où avait probablement jailli la première étincelle de l'*ars nova* italienne, la tradition de la polyphonie profane ne fut comparable ni par la continuité, ni par la cohérence, à celle de Florence.

L'œuvre de Bartolino da Padova — musicien qui, dans le Nord, représente à un niveau moindre, un équivalent de Landini — révèle une faible résistance à l'influence étrangère. Mais même à Florence, après Landini, la tradition ne trouva point de continuateurs, puisque Paolo Tenorista, seul survivant parmi les maîtres florentins et dont la personnalité artistique était comparable à celle des maîtres plus anciens, travaillait loin de sa ville natale, probablement à Naples et à Rome, où il faisait partie de la suite du cardinal Angelo Acciaiuoli. Cela ne signifie pas que les musiques étrangères, déjà à la mode dans les villes du Nord, aient aussitôt été introduites à Florence. Ici, l'on se contentait encore des musiques du siècle qui venait de finir et c'est justement à cette période qu'appartiennent tous les grands recueils manuscrits qui en ont perpétué le témoignage.

Les événements qui provoquèrent la crise de la polyphonie italienne mûrissaient depuis un certain temps, depuis le retour à Rome, en 1377, de la cour pontificale que le long séjour à Avignon avait complètement adaptée aux usages français. Mais ce qui influença surtout les musiciens italiens, ce furent le Grand Schisme et les événement politiques qui suivirent. Des musiciens formés à la tradition italienne, tel probablement Filipotto da Caserta, émigrèrent à Avignon et s'adaptèrent rapidement au style musical qui y dominait. D'autres, venus en Italie des pays étrangers, à la suite des prélats d'outremonts, apportèrent un art qui, en dépit de ce qu'il avait de décadent, devait exciter l'émulation des musiciens italiens par la virtuosité raffinée du rythme et de la notation. A la crise que traversaient les musiciens venait s'ajouter celle des commettants. La seigneurie des Scaligeri n'existait plus au début du nouveau siècle, ainsi que celle des Carrara à Padoue; les Visconti de Milan étaient en difficulté; les plus grandes commandes de polyphonie, liturgique et profane, venaient du milieu profondément cosmopolite des grands prélats, tandis que les bourgeois amateurs de polyphonie penchaient toujours davantage vers des formes d'art à l'accent plus populaire, dont malheureusement nous ne connaissons pas la musique : *ballate* dialectales du Vénitien Leonardo Giustinian, *strambotti* siciliens (d'intonation lyrique, schéma métrique ABAB-ABAB), *rispetti* (probablement une variante des *strambotti*,

schéma ABABCCDD) des *cantimpanche* (ménestrels) florentins, *calate* (chansons à danser d'un rythme très gai)
di Marittima e Campagna. Il est intéressant de noter qu'au
cours du premier quart du xve siècle, l'activité polyphonique se règle en Italie selon les orientations politiques. A Lucques, sous la seigneurie de Paolo Guinigi,
qui suit la politique de Ladislas de Naples, défenseur de
son propre domaine et de l'autorité des papes romains,
on assiste à un épanouissement tardif de la polyphonie
courtoise où sont maintenues les formes italiennes,
jusqu'en 1430. Mais à Milan, la musique de Matteo
da Perugia, organiste du Dôme à partir de 1402, mais
étroitement lié au cardinal Pietro Filargo, s'apparente
tout à fait à la musique française, et c'est peut-être la
raison pour laquelle elle provoque les protestations des
fabriciens de la cathédrale. Plus tard, lorsque Filargo est
élevé au pontificat par le malheureux concile de Pise, un
groupe de *cantori* italiens venus à sa suite et à celle de son
successeur, Jean XXIII, participent vers 1409-1411 à
une exhibition outrancière de tout ce qui caractérise le
maniérisme d'origine avignonnaise. Encore bien plus
significatives sont ces brusques conversions qui suivent
les caprices d'une mode, elle-même reflet des alternatives
de la fortune politique. Un cas typique est celui de Pros-
docimo de Beldomandis, Padouan qui, après s'être fait,
dans les premières années du siècle, le propagandiste de
la théorie française, écrivit pour démontrer la supériorité
de la notation musicale italienne. Qu'ils eussent fait partie
du groupe des *cantori* pontificaux cité plus haut et composé dans les formes françaises, n'empêcha pas Magister
Zacharias et Antonello da Caserta de revenir au style
italien et même de ranimer les formes anciennes presque
totalement abandonnées, le premier avec une *caccia*
tardive, le second avec un madrigal composé pour les
noces d'une descendante de Robert d'Anjou, Jeanne II
de Naples.

Dans ce retour aux anciennes formes, ils avaient été
précédés par le Florentin Paolo Tenorista et par un
grand musicien d'outre-monts, mort à Padoue en 1412,
Johannes Ciconia, de Liège, qui, séduit par le charme de
la polyphonie italienne, avait composé des *ballate* et des
madrigaux inspirés, plutôt que par l'exemple de Bartolino, par la claire tradition florentine, et avait modelé sur

le style des *cacce* les larges ouvertures de ses motets. Ainsi, tandis que la nouvelle mode seigneuriale italienne, avec les Malatesta, les Savoie, les Médicis, aligne ses propres goûts musicaux sur ceux de la cour de Bourgogne, le langage des polyphonistes italiens n'a pas encore entièrement disparu, mais devient, par la médiation de Ciconia et des nombreux artistes étrangers venus en Italie, surtout celle de Dufay, l'un des éléments de la polyphonie internationale du nouveau siècle.

Nino PIRROTTA.

BIBLIOGRAPHIE

BESSELER, H., *Die Musik des Mittelalters und der Renaissance*, Potsdam, 1931-1935.

LIGOTTI, E. et PIRROTTA, N., *Il Sacchetti e la tecnica musicale del Trecento italiano*, Florence, 1935.

LIGOTTI, E., *La Poesia musicale italiana del sec. XIV*, Palerme, 1944.

PIRROTTA, N., *Lirica monodica trecentesca*, in « La Rassegna Musicale », XV, 1936.

PIRROTTA, N., *« Dulcedo » e « subtilitas »*, in « La Revue belge de Musicologie », II, 1948.

PIRROTTA, N., *Marchettus de Padua and the Italian Ars Nova*, in « Musica Disciplina », IX, 1955.

SCHNEIDER, M., *Die Ars nova des XIV. Jahrhunderts in Frankreich und Italien*, Wolfenbüttel, 1930.

WOLF, J., *Florenz in der Musikgeschichte des 14. Jahrhunderts*, in S.I.M.G., III.

ÉDITIONS

APEL, W., *French Secular Music of the Late 14. Century*, Cambridge, Mass., 1950 (contient les pièces françaises de Filipotto et Antonello da Caserta).

ELLINWOOD, L., *The Works of F. Landini*, Cambridge, Mass. 1945.

MARROCCO, W. Th., *Fourteenth Century Italian Cacce*, Cambridge, Mass., 1942.

MARROCCO, W. Th., *The Music of Jacopo da Bologna*, Berkeley et Los Angeles, 1954.

PIRROTTA, N., *The Music of Fourteenth Century Italy : I. Bartholus, Johannes, Gherardellus de Florentia*, Amsterdam, 1954.

WOLF, J., *Der Squarcialupi-Codex*, Lippstadt, 1955.

LA MUSIQUE EN ANGLETERRE

Les civilisations médiévales se manifestent à un niveau prénational ou international et non sous des formes qui répondent à la conception moderne de nation; il serait donc futile et anachronique de rechercher des styles nationaux entièrement développés dans la musique médiévale. Néanmoins il est légitime de parler des différences régionales que l'on peut, rétrospectivement, appeler traits nationaux.

Depuis l'époque romane, le centre géographique de la musique se trouvait en France, d'où il s'étendit dans les pays environnants. Mais il y eut un processus d'interaction : les transformations régionales du style original pouvaient à leur tour devenir un stimulant pour le pays d'origine. Généralement l'Angleterre suit le principal courant de développement, quelquefois à une distance considérable; mais elle développe certains traits typiquement anglais. Dans le premier cas on parlera de « la musique en Angleterre », et dans le second de « la musique anglaise » proprement dite. Il faut se rappeler cette distinction, même s'il est parfois difficile de tracer une limite bien définie entre les deux concepts.

LE PLAIN-CHANT EN ANGLETERRE

Le plain-chant romain avait pénétré en Angleterre du vivant de Grégoire le Grand, grâce à l'œuvre missionnaire du moine bénédictin Augustin, qui devint plus tard archevêque de Canterbury. Au moment de la conquête normande, en 1066, le chant grégorien devait être complètement établi, au point que les moines anglais résistaient avec fermeté aux réformes de Turstin de Caen, que Guillaume le Conquérant avait fait abbé de Glastonbury. La nature de la réforme normande n'est pas claire, mais la résistance qu'on lui opposa fit couler le sang, si nous en croyons les chroniqueurs.

La contribution anglaise au plain-chant consiste surtout en répons et antiennes composés pour les nombreux saints et martyrs locaux. En leur honneur on composait des offices spéciaux, auxquels on adaptait des mélodies existantes, ou bien on créait une musique écrite spécialement pour cette occasion. On peut généralement être sûr que les offices pour saint Dunstan, saint Alban, saint Edmond, saint Thomas Becket et d'autres dont on trouve les noms dans les manuscrits du XIIe et du XIIIe siècle, sont d'origine anglaise. Les manuscrits de plain-chant anglais sont spécialement riches en tropes, bien qu'il soit difficile de déterminer à quel point les Anglais contribuèrent à leur composition. Le développement de la séquence ou prose, type spécial de trope, fut aussi grandement favorisé en Angleterre, mais on n'en a pas encore étudié systématiquement les détails.

Le corps du plain-chant anglais fut finalement formulé dans l'*Usus Sarum* au début du XIIIe siècle. Il codifie, sous l'influence normande, le rite de la cathédrale de Salisbury, au sein duquel se révèle un des dialectes régionaux aujourd'hui les mieux connus du chant grégorien. Une grande partie de l'Angleterre l'avait adopté au XVe siècle, et les ordres monastiques eux-mêmes en subirent l'influence. Les rites régionaux de Hereford et de York n'atteignirent jamais la même importance. Le rite de Salisbury exige un riche cérémonial, des antiennes et des répons fort développés, de nombreux tropes de kyrie et des services processionnels d'apparat.

Sous Henry VIII, la Réforme mit fin au plain-chant anglais; mais à ce moment il avait déjà accompli son évolution; du XIIe au XVe siècle il établit les fondements sur lesquels la polyphonie anglaise put ériger son splendide édifice.

LA MONODIE PROFANE ET SACRÉE

Au cours du Moyen âge, la musique composée pour une seule voix (mieux dite monodique pour l'opposer au terme usuel de polyphonique) joua un plus grand rôle qu'on ne le pense d'habitude. La chanson d'amour courtoise des trouveurs, les cantilènes populaires des villes, et les conduits moraux et politiques du clergé étaient généralement monodiques, bien que, quelquefois, ils entrassent dans le domaine plus évolué de la polyphonie. Il serait faux de croire que le domaine du profane et celui du sacré étaient clairement définis au Moyen âge. En fait, ils se chevauchaient et on pouvait transformer toute chanson profane en un chant religieux (ou vice versa) en changeant le texte *(contrafactum)*. Il serait également faux de supposer qu'une chanson populaire était nécessairement profane et un chant religieux savant. Profane et sacré concernent la fonction, populaire et savant l'origine sociologique et la destination de la musique; avec cette double classification toutes les combinaisons sont possibles.

Les chants médiévaux avec des paroles anglaises, dont un petit nombre seulement nous est parvenu, sont d'un intérêt tout spécial. Les paroles anglaises sacrées sont souvent des traductions de modèles en latin destinées aux classes moins instruites, et qui ignoraient cette langue. Cette popularisation existe surtout pour des formes qui n'étaient pas strictement liturgiques, telles que la séquence, ou des formes liturgiques populaires telles que l'hymne. Réciproquement, des textes anglais peuvent apparaître dans des versions latines «spiritualisées». Dans le domaine sacré, les franciscains furent les grands responsables de la composition de chansons populaires dans la langue vulgaire; elles servaient à la propagande religieuse. Mais même avant qu'ils n'entrent en activité, les chansons religieuses ne manquaient pas. Les premiers chants anglais existant encore et dont nous connaissions la musique sont quelques hymnes courts qui, selon la légende, furent « révélés » à saint Godric vers la fin du XIIe siècle. De la même époque date une longue *Prière du prisonnier* en forme de séquence, avec deux textes, dont l'un est français et l'autre anglais. Les deux sont des traductions du *Planctus ante nescia* de Godefroi de Breteuil de Saint-Victor, et se chantent sur la même mélodie. Cette plainte de la Vierge joue un rôle important dans le développement des miracles.

Certaines chansons morales, en anglais, étaient composées sur le modèle des chants de trouveurs, par exemple *Worldes blis ne last, Man mei longe,* et *The milde lomb.* On connaît la séquence *Stabat iuxta Christi crucem* en deux paraphrases anglaises différentes, avec la mélodie originale, et aussi dans une version polyphonique libre pour

deux voix. L'hymne *Angelus ad Virginem,* lui-même probablement d'origine anglaise, existe aussi en traduction
anglaise de l'époque. D'autres chansons latines se rapportent à des événements politiques anglais, tels que
l'exil de Thomas Becket *(In rama sonat gemitus).*

Les chansons profanes en anglais sont extrêmement
rares, parce que le français resta pendant longtemps la
langue de la noblesse et des classes cultivées. La chanson profane la plus ancienne avec paroles anglaises, et
dont la musique nous reste, est *Mirie it is while sumer ilast*
(Joyeux est le temps d'été) du début du XIIIe siècle. A part
la langue, c'est une chanson de trouveur typique à tous
égards. Un recueil du XIVe siècle d'un monastère irlandais, à Ossory, nous montre de façon intéressante comment les franciscains mettaient des paroles spiritualisées
sur des chants profanes et « immoraux ». Plusieurs chants
sont écrits dans la forme de la *cantilène,* qui est identique à
celle du *carol* anglais.

LES DÉBUTS DE LA POLYPHONIE
DE LA PÉRIODE ROMANE

L'art de la polyphonie fleurit pour la première fois
pendant l'époque romane. C'est à l'Angleterre, qui suivit
l'exemple de la France plus ardemment que les autres
pays européens, que nous devons le premier grand recueil
d'*organa* à deux parties. Le manuscrit, qui date du
XIe siècle, vient de Winchester, centre important de la
musique anglaise, spécialement célèbre pour son grand
orgue. Le *Winchester Troper (Tropaire de Winchester)*
contient plus de cent cinquante organa de chants respon-
soriaux, de la messe et des offices. La musique reflète le
style de la polyphonie contemporaine de Chartres, de
Tours et de Fleury. Elle est écrite essentiellement dans le
style note contre note, la voix principale se trouvant au-
dessous; il est remarquable que les voix ne soient pas
écrites sur la même page, mais soient notées à différents
endroits dans le livre. Le *Winchester Troper* révèle le rapport étroit qui existe entre la polyphonie et le trope. Cette
caractéristique persista dans la musique anglaise avec plus
de ténacité que dans aucun autre pays, et elle se développa
graduellement en un trait typiquement anglais. Malheureusement la musique est écrite en neumes sans

portée ni clef, et on ne peut pas la déchiffrer avec précision.

On peut avoir une idée plus nette de la technique en consultant la musique à deux voix du vers responsorial *Ut tuo propitiatus*, écrite dans la notation alphabétique au début du XIIᵉ siècle. Son style correspond à celui de la première étape de l'école de Saint-Martial. On y trouve à la fois des mouvements parallèles et contraires, et encore une liberté remarquable dans l'utilisation des dissonances, quoique les quartes et les quintes dominent. Un tel organum note contre note, avançant dans un tempo vigoureux mais lent, rappelle les arches robustes de l'architecture romane. Plus tard on différencia les sections syllabiques des sections mélismatiques du plain-chant en allongeant les notes de la *vox principalis*, tandis qu'à la *vox organalis* on mit des mélismes plus rapides. C'est là que se trouve l'origine du style de la pédale que l'école de Notre-Dame perfectionna.

Une chronique intéressante de Gérald de Bary, de la fin du XIIᵉ siècle, mentionne brièvement une forme populaire de la polyphonie spécifiquement anglaise. On chantait, raconte-t-il, à un grand nombre de voix dans le pays de Galles, et à deux voix dans le Yorkshire. On a fait des hypothèses assez fantaisistes sur ce texte obscur. Selon l'une on pensait qu'il prouvait la prédilection anglaise pour les consonnances imparfaites : la tierce et la sixte. Mais la chronique ne mentionne aucun intervalle et, à d'autres endroits, Gérald ne parle que de quartes et de quintes. Il semble que les chants à un grand nombre de voix se rapportaient à des canons primitifs et à la pratique de l'hétérophonie, dans laquelle l'octave et la quinte doublées jouaient un rôle important, et peut-être aussi au bourdon et à l'accompagnement *ostinato* qu'on trouve plus tard sous la forme du *pes* dans la musique anglaise. Le chant à deux voix, que Gérald lui-même attribue aux Danois et aux Norvégiens, serait le « chant jumeau » ou *cantus gemellus*, façon populaire de chanter en quintes qu'on pratique encore aujourd'hui en Islande.

LA POLYPHONIE EN ANGLETERRE
À L'ÉPOQUE GOTHIQUE

L'essor de l'école de Notre-Dame, qui coïncide avec la période gothique, eut des répercussions immédiates en Angleterre. Beaucoup de manuscrits d'origine anglaise, quelques-uns écrits splendidement en large format, prouvent que l'art de Léonin et de Pérotin fut avidement imité. Comme dans le cas du *Winchester Troper* c'est encore un manuscrit anglais qui nous fait connaître la première étape de la musique de Notre-Dame, le Ms 677 de Wolfenbüttel (W₁) qui vient de St. Andrews en Écosse. C'est aussi un théoricien anglais, qu'on appelle Anonyme IV, qui nous donne quelques renseignements historiques limités sur la musique, mais il appartient à une génération postérieure à celle de Pérotin. Jean de Garlande, théoricien qui contribua au passage de la notation modale à la notation mesurée, était aussi un Anglais, bien qu'il travaillât surtout à Paris.

Il n'est pas facile de distinguer les compositions anglaises du répertoire de l'école de Notre-Dame; mais on peut trouver quelques signes dans l'emploi des consonnances imparfaites, caractéristique, selon l'Anonyme IV, des compositeurs anglais de l'Ouest, plus éloignés de l'influence française que ceux de Winchester ou de Canterbury. Les compositeurs faisaient un usage forcément plus fréquent des consonnances imparfaites dès qu'on portait à trois ou surtout à quatre le nombre des voix. Il est bien vrai que des tierces apparaissent chez Pérotin, mais habituellement elles sont isolées et toujours précédées et suivies d'intervalles parfaits. On n'accepte en réalité l'usage des tierces que lorsqu'elles sont groupées parallèlement, et de telles chaînes se rencontrent de temps à autre dans des compositions qui se rapportent à des événement politiques anglais comme, par exemple, le conduit *Redit aetas aurea* qui fut probablement composé à l'occasion de l'accession au trône de Richard Cœur de Lion. Il est possible que certains organa et tropes polyphoniques trouvés uniquement dans le Ms W₁ soient anglais bien qu'ils ne contiennent pas beaucoup de tierces. Le dernier fascicule du W₁, pour lequel on a réclamé une origine anglaise, n'est en définitive pas entièrement anglais, puisqu'il contient aussi des *clausulae* de Notre-Dame ; mais il comprend vraiment plusieurs tropes probablement anglais d'un style étrange. Ils sont pour la plupart écrits note contre note, avec de courts mélismes et quelques pédales dans le ténor aux cadences. Bref, ce style « provincial » ne va pas jusqu'aux contrastes extrêmes de la musique de Léonin et de Pérotin. Il devenait un style favori de la musique anglaise, bien qu'on le voie dans d'autres pays avoisinant la France. La polyphonie « provinciale » révèle un conservatisme typiquement anglais, qui se manifeste tout au long de l'histoire musicale de l'Angleterre. Elle modifie et perpétue alors une étape de la polyphonie de Saint-Martial à une époque où celle-ci était déjà démodée en France.

LE TYPE POLYPHONIQUE
ET LA FUSION DES FORMES

Les traits d'une polyphonie typiquement anglaise ne commencent à émerger clairement que dans la seconde moitié du XIIIe siècle. Avant tout, les formes polyphoniques se rapprochent de très près de la liturgie, suggérant ainsi que les centres principaux de la culture musicale en Angleterre étaient les monastères et les cathédrales. La composition d'organa, qui s'arrêta en France peu après 1200, se poursuivit en Angleterre pendant au moins un siècle encore. Il est très caractéristique que les manuscrits anglais conservent des motets, non comme des formes indépendantes, mais comme des insertions de tropes dans les organa liturgiques. La tendance à fondre des formes et des styles, maintenus distincts dans la musique française, est un autre trait anglais ; ainsi trouvons-nous des organa composés dans le style du conduit, des motets comme parties intégrantes d'organa, et des conduits avec deux ou trois textes différents, ce qui rend difficile la classification des formes. Aussi sommes-nous obligés de parler de formes hybrides, telles que le conduit-motet qui est l'une des formes anglaises favorites.

Des compositions de moindre envergure, pour deux voix qui se croisent fréquemment, montrent très clairement des tierces parallèles d'une riche sonorité. Un hymne à saint Magnus, des Orcades, *Nobilis, humilis,* (fin du XIIIe siècle), se compose presque entièrement de tierces. Il n'est pas surprenant que sa mélodie soit citée plus tard par le théoricien anglais Robert de Handlo, comme exemple de style populaire en musique (*more lascivo*). *Jesu Christe milde moder*, *Edi beo* et *Angelus ad virginem* (première adaptation polyphonique connue de cet hymne : voir ex. 1) sont des compositions semblables avec des paroles latines ou anglaises.

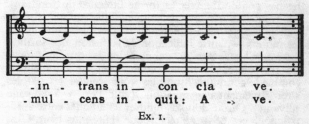

Ex. 1.

Également d'un grand intérêt sont les premiers motets avec paroles anglaises, l'un avec texte en langue vulgaire à la voix supérieure et un ténor en latin, l'autre avec un *duplum* en latin et un ténor en anglais.

L'INTERVERSION DES VOIX

La polyphonie anglaise fait largement usage d'une technique particulière de relations vocales qui se trouve aussi dans les organa à trois et à quatre voix de l'école de Notre-Dame, mais qui devint bientôt une particularité des compositeurs anglais, qui s'en servaient beaucoup plus souvent et plus systématiquement. Elle consiste en une interversion des voix, dans laquelle une voix reprend la section qu'une autre voix a chantée d'abord et réciproquement. L'interversion a lieu à la même hauteur, de telle sorte qu'à l'exécution les sections se répètent et diffèrent seulement du point de vue du timbre des voix et des instruments qui peuvent les doubler. Les morceaux qui comportent ce procédé d'interversion dans le grand recueil de motets de Montpellier sont sans aucun doute d'origine anglaise; il y en a beaucoup d'autres dans les fragments anglais datant d'environ 1300. Parce qu'une grande partie d'entre eux furent trouvés dans des manuscrits de Worcester, on a parlé un peu prématurément d'une école de Worcester; cependant d'autres sources, découvertes plus récemment, à Reading et à York, avec une musique identique ou similaire, prouvent que ce style fut très répandu en Angleterre.

L'imitation réciproque des voix, mentionnée déjà par J. de Garlande, est décrite de manière plus complète par Walter Odington, qui nomme cette forme le *rondellus* (à ne pas confondre avec la forme littéraire du rondeau). Le rondellus est une technique plutôt qu'une forme, puisqu'il apparaît indifféremment dans les conduits et les motets —, autre indication de la fusion des formes. Le rondellus *In excelsis,* qui combine des caractéristiques du conduit et du motet, commence par un mélisme comme le conduit; ensuite les voix récitent les paroles alternativement en imitation (voir l'ex. 2 à la page suivante). On ne doit pas ignorer les affinités entre l'imitation et cet échange réciproque traité plus haut. C'est pourquoi ce n'est pas un simple accident si la musique se tourna vers l'imitation et l'écriture canonique.

Le premier canon dont on a connaissance est *Sumer is icumen in,* écrit pour quatre voix canoniques sur un *pes* ou *ostinato* à deux parties. Ce fut la première et, pendant longtemps, la seule composition connue à six voix (quoique, en pratique, les voix soient réduites à trois ou quatre par de fréquentes doublures). Le nombre inhabituel de voix marque essentiellement la recherche d'une pleine sonorité pour elle-même, autre trait typique de la musique médiévale anglaise confirmé par le grand nombre de pièces anglaises à quatre parties. On pouvait obtenir cette sonorité non seulement par le grand nombre de voix, mais aussi grâce à des accords pleins; l'emploi fréquent d'accords avec tierces n'est donc qu'une autre manifestation du même trait. Il est pos-

CHICAGO #3. *IN EXCELSIS*

In ex.cel.sis glo.ri.a, in ter.ris le.

Ex. 2.

sible que le ténor ostinato ou *pes,* formé seulement de quelques notes qui limitent sévèrement les progressions harmoniques, dérive de pratiques populaires telles que le bourdon. C'est un procédé que *Sumer is icumen in* (trouvé à Reading) partage avec de nombreuses compositions anglaises de la fin du XIIIᵉ siècle. La *rota,* il est ainsi nommé dans le manuscrit, date de la seconde moitié du siècle et non de la première comme on le pensait autrefois, et prend place parmi les autres compositions à plusieurs voix et d'une brillante sonorité. Comme bien d'autres pièces, cette *rota* est écrite dans une notation particulière à l'Angleterre, et, chantée dans sa forme originale en mesure binaire, elle le fut par la suite en ternaire. La mesure binaire se retrouve fréquemment dans les conduits et les motets anglais à la fin du siècle et il se peut que l'Angleterre ait joué un rôle éminent en en fixant l'usage.

L'HARMONIE ANGLAISE
ET LE CHANT GRÉGORIEN

La fusion des formes, l'imitation réciproque des parties, la pleine sonorité des accords à grand nombre de voix, l'emploi d'un *pes*, toutes ces caractéristiques situent la musique anglaise nettement à part. Ces traits s'affirmèrent pendant une époque de relatif isolement insulaire, bien que les innovations rythmiques de l'*ars nova* (la division de la semi-brève en valeurs plus courtes et, plus tard encore, la technique de composition isorythmique) fussent amenées de France.

Depuis la fin du XIIIᵉ siècle, on peut, en général, reconnaître immédiatement les compositions anglaises grâce à leur emploi des accords pleins, souvent en mouvement parallèle. Ils apparaissent sous deux formes, soit comme accords complets ou de trois sons au premier renversement, soit comme accords de trois sons parallèles en position fondamentale. La dernière forme, qui est aussi la plus rare, nous rappelle de façon curieuse le strict organum archaïque de quintes. Une analyse plus approfondie montre que ces accords de trois sons parallèles n'étaient pas conçus comme des organa enrichis harmoniquement, mais comme deux rangées de tierces superposées. Ce point est confirmé par des com-

positions telles que le *Mater ora filium* qui place le cantus
firmus grégorien à la voix du milieu sans aucune élaboration :

Ex. 3.

Les Anglais incorporaient de différentes manières la
mélodie grégorienne à leurs compositions; elle pouvait
apparaître à la voix inférieure, quelquefois à la voix

supérieure ou, le plus souvent, à la voix intermédiaire. Il
y avait une quatrième possibilité, le *cantus firmus migrant*,
errant dans plusieurs voix, qui apparut d'abord en Angleterre. Elle indique qu'au XIVe siècle le principe de composition successive des voix fit place graduellement à la
composition simultanée. Tandis que, dans la composition
écrite, les mélodies préexistantes étaient libres d'apparaître dans n'importe quelle voix, elles étaient réservées
au ténor dans la polyphonie improvisée. Cette façon plus
simple et populaire d'adapter le plain-chant, que l'on
appelle *discantus* ou *déchant,* faisait entendre des mouvements contraires avec accent sur les intervalles parfaits.
Les chanteurs anglais connaissaient bien cette technique,
mais ils préféraient leur propre « déchant anglais » qui
favorisait le mouvement parallèle avec accent sur les
intervalles imparfaits. Par un système ingénieux de
« visées », les chanteurs pouvaient lire leurs parties directement d'après le plain-chant; ils imaginaient qu'elles
étaient à l'unisson avec le cantus firmus au début et à la
fin de la phrase, et une tierce en dessous à tout autre
moment. Mais en réalité, ce qu'ils avaient imaginé, ils le
chantaient une quinte au-dessus pour la voix intermédiaire
(*mene*) et une octave au-dessus pour la voix supérieure
(*treble*). (Voir l'exemple ci-dessous : les notes imaginées
sont écrites comme des points) :

Chant grégorien et voix imaginée

Be - a - ta   vis - ce - - - ra.

Réalisation à trois voix

Be - a - ta   vis - ce - - ra.

Ex. 4.

Il en résulte une simple série d'accords de sixtes dans
lesquels le cantus firmus se trouve nécessairement à la
basse. Les traités de « déchant anglais » sont pour la
plupart écrits en anglais et datent de la première moitié

du xve siècle, mais la pratique en est certainement plus ancienne. Le déchant anglais devait être transformé plus tard par les compositeurs franco-flamands en *faux-bourdon,* semblable au déchant par ses aspects harmoniques, mais différent de lui par la position et le traitement mélodique du cantus firmus.

COMPOSITIONS ISORYTHMIQUES

La technique isorythmique, cette méthode très intellectuelle qui consiste à organiser une grande composition en sections bien définies au moyen du rythme, exerça une profonde influence sur les compositeurs anglais. Mais ils l'empruntèrent à leurs confrères français sans abandonner leur propre style harmonique, et il en sortit une forme de motet rythmique d'une riche sonorité. En appliquant aussi la technique isorythmique à la messe, ils atténuèrent la distinction entre le motet et celle-ci. La musique de la messe composée d'après le style du motet (la messe-motet) pose immédiatement le problème du choix du cantus firmus. La solution la plus simple était de prendre (comme l'avait fait Machaut) le propre plain-chant de la messe. Mais les compositeurs anglais choisissaient aussi d'autres chants grégoriens, qui n'appartenaient pas à l'Ordinaire, tels que des antiennes, des répons et des séquences; quelquefois ils n'employaient aucun plain-chant. Cette complexité, et le conflit possible des différents textes liturgiques, eurent une influence décisive sur l'évolution de la messe au siècle suivant.

Les sources de la musique anglaise au xive siècle sont extrêmement dispersées et toutes fragmentaires; en fait, à l'exception du codex W₁, mentionné ci-dessus, nous n'avons aucun manuscrit complet d'origine anglaise antérieur au xve siècle. Le manuscrit d'*Old Hall,* qui contient, en même temps que des motets et des messes isorythmiques, un grand nombre de messes dans d'autres styles, est le premier document assez complet qui nous donne une idée de la composition de la messe anglaise au début du xve siècle.

LA MUSIQUE DE LA CHAPELLE ROYALE

Le manuscrit d'*Old Hall* date d'environ 1420, encore du vivant de Henry V, qui y est cité lui-même comme compositeur. Pour la première fois dans la musique anglaise, nous rencontrons un nombre considérable de noms de compositeurs, dont plusieurs servaient à la chapelle royale. Parmi eux se trouvent Aleyn (probablement l'Alanus qu'on trouve également dans le manuscrit de Chantilly), Byttering, Cooke, Excestre, Gervays, Pycard, Pennard, Queldryk et Swynford. Leonel Power, dont les compositions figurent le plus fréquemment, est le plus important des compositeurs de ce recueil. On y trouve aussi les noms de Damett et Sturgeon qui devinrent chanoines à la chapelle Saint-George de Windsor, et c'est la raison pour laquelle on associe le manuscrit à cet endroit. Cependant les œuvres de ces deux compositeurs ne furent ajoutées au manuscrit que plus tard et ne peuvent donc pas déterminer son origine. Quelques compositions de Dunstable et de Forest représentent les dernières additions.

Le répertoire du manuscrit d'*Old Hall* est surtout liturgique et comprend les quatre groupes des parties de la messe. Il n'y a pas de groupe de *Kyrie* parce que souvent le Kyrie n'était pas écrit à plusieurs voix, mais chanté comme trope de fête. Entre les groupes, on introduisit des antiennes polyphoniques de style simple et des motets pour la plupart isorythmiques. Il est évident que quelques motets, d'un style fortement dissonant et rythmique, appartiennent à la fin du xive siècle. Les antiennes et les séquences à trois voix, composées note contre note, rappellent le vieux style sans prétention du conduit, le plain-chant se trouvant le plus souvent à la voix du milieu.

Les messes montrent une étonnante variété de styles. Le plus simple et le plus ancien est le style du conduit où les voix sont écrites en « notation de partition ». Plusieurs compositions écrites dans ce style comportaient le plain-chant, tandis que dans d'autres les paroles étaient mises en musique d'une manière libre et coulante, en style harmonique tel qu'on peut le voir dans d'autres manuscrits de l'époque. Les partitions plus recherchées révèlent des influences à la fois françaises et italiennes. On retrouve le modèle italien dans les messes en canon, composées en imitation de la *caccia*, dans laquelle les voix supérieures, et même deux groupes de deux voix, s'organisent en canon. Le *Gloria* à cinq voix de Pycard illustre bien ce deuxième style :

Ex. 5.

Un autre style comporte de grandes sections de *tutti* à quatre ou cinq parties qui contrastent avec des sections de duos selon des groupements de voix soigneusement préparés, méthode que l'on retrouve dans les motets de l'Italie du Nord. On voit l'influence française non seulement dans les messes-motets isorythmiques, mais aussi dans d'autres composées sur le modèle de la chanson profane. Cette messe-chanson, dans laquelle le superius est la voix dominante, soutenue par deux voix instrumentales, était le style le plus répandu à cette époque.

LEONEL POWER ET JOHN DUNSTABLE

Leonel Power, qui travaillait à Canterbury, et John Dunstable, musicien au service du duc de Bedford, furent les deux compositeurs anglais les plus importants au début du xve siècle. Leurs œuvres marquent le passage décisif de l'*ars nova* du xive siècle à la musique de la Renaissance. Tinctoris glorifie l'école anglaise pour avoir inauguré une nouvelle époque musicale, une autre *ars nova,* par quoi il entend la « Renaissance ». Jamais depuis, la musique anglaise n'a exercé une influence aussi profonde sur les destinées de la musique européenne.

Leonel Power doit appartenir à une génération légèrement antérieure à celle de Dunstable. Dans son œuvre
apparaît un changement de style très net. Ses premières
œuvres, dont beaucoup se trouvent dans le manuscrit
d'*Old Hall,* forment sa « première manière » qui adhère
à la tradition anglaise par son traitement formel de la
dissonance et du rythme. Les œuvres de sa « deuxième
manière » sont réparties dans plusieurs manuscrits
importants en Italie du Nord (Trente, Aoste, Modène
et Bologne) et le montrent sous un jour tout à fait
différent. Ce dernier style est très semblable à celui de
Dunstable; en effet, les manuscrits attribuent la même
œuvre tantôt à l'un, tantôt à l'autre maître, ce qui
prouve l'homogénéité de l'école anglaise. L'œuvre de
Leonel Power consiste exclusivement, pour autant qu'on
la connaisse, en compositions religieuses : des messes
de style varié (dont l'une pour saint Thomas, patron
de Canterbury), et des motets, surtout de petits motets
sur des textes dédiés à la Vierge. On pouvait chanter
ceux-ci à l'occasion de dévotions privées pour le culte
de la Vierge, qui prit une telle importance au XVe siècle
qu'il éclipsa presque les services liturgiques réguliers.
Un bon exemple de sa deuxième manière est le motet à
la Vierge *Gloriosae Virginis,* dans lequel les quatre parties
alternent de façon typique avec des duos destinés probablement à des solistes :

LEONEL POWER : *GLORIOSAE VIRGINIS*

Ex. 6.

Le nom de John Dunstable était célèbre dans toute l'Europe au xvᵉ siècle, en grande partie grâce aux louanges de Tinctoris; plus tard une véritable légende se forma autour de son nom et on vit en lui « l'inventeur du contrepoint ». Dunstable éleva le dialecte national anglais au niveau d'un style universel. Il marque l'importance de l'influence anglaise sur la musique continentale, qu'il connaissait à fond. Il cultivait les formes traditionnelles de la messe et du motet, aussi bien isorythmiques que libres, et celles de la chanson-motet de dévotion; mais il y développa graduellement un nouveau style d'importance fondamentale pour l'avenir. Martin le Franc, l'observateur pénétrant de la cour de Bourgogne, affirma à l'époque que Binchois et Dufay le considéraient comme leur modèle. Le Franc attribue la « nouvelle pratique de faire frisque (alerte) concordance » à la « contenance anglaise » de Dunstable. Il est certainement vrai que le nouveau style consonnant ou « panconsonnant » représente la majeure contribution de Dunstable à la transformation de la musique médiévale en celle de la Renaissance. Il élimina du contrepoint les dissonances non préparées et les frictions entre les voix que l'on trouve encore dans ses premières œuvres, et il transforma les syncopes non préparées et dissonantes en suspensions préparées. Cette clarification du traitement de la dissonance, en même temps que l'harmonie anglaise traditionnellement riche, expliquent l'impression générale, d'une nouveauté frappante, dans sa musique, celle de l'euphonie perpétuelle. Ce nouveau style n'est entièrement réalisé que dans un petit nombre de ses œuvres, dont le motet déclamatoire *Quam pulchra es*. Cette œuvre est également très remarquable par l'établissement d'une nouvelle relation entre paroles et musique : le rythme déclamatoire du texte détermine le rythme musical. La musique de Dunstable est maintenant facilement accessible dans l'édition de ses œuvres complètes.

Dunstable partage avec les compositeurs de l'école anglaise le don d'écrire des phrases continues et des mélodies finement ciselées. Ses compositions commencent souvent par un motif qui esquisse l'accord de trois sons, s'élève à la sixte ou à l'octave, et tourne alors vers la cadence. De cette manière stéréotypée de faire débuter une composition, on peut dire qu'elle est la

marque de fabrique, anglaise, de la période de Dunstable.
Sa musique montre un sens très développé de la recherche
d'une certaine sonorité par la disposition des voix, son
goût pour les duos « panconsonnants » et les progressions harmoniques qui n'accentuent pas encore la cadence
parfaite de l'harmonie fonctionnelle. La seule innovation importante de forme concerne la messe. Leonel et
Dunstable furent les premiers à relier les différents
mouvements de l'Ordinaire au moyen d'un cantus firmus
au ténor qui restait toujours le même. Ainsi l'Ordinaire
devint-il une œuvre d'unité strictement musicale, et cette
nouvelle conception révèle l'apparition de préoccupations artistiques dans le domaine de la liturgie. La messe
cyclique nouvellement créée, véritable enfant de la
Renaissance, est la dernière innovation anglaise de conséquence universelle. Le premier pas vers cette unification fut la création de mouvements par couples,
qui furent finalement groupés deux à deux en un cycle
complet. Parmi les premières messes cycliques se trouvent
la *Missa Alma Redemptoris* de Leonel, et la *Missa Da
gaudiorum* de Dunstable. Le duo d'ouverture de la *Missa
Rex seculorum,* attribuée à Leonel aussi bien qu'à
Dunstable, nous donne une idée de la douceur anglaise
dans la composition des duos :

DUNSTABLE
ou LEONEL : *MISSA REX SECULORUM; GLORIA*

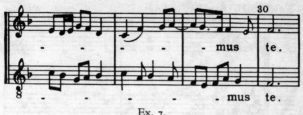

Ex. 7.

CONTEMPORAINS
ET SUCCESSEURS DE DUNSTABLE

Power et Dunstable étaient entourés d'un groupe de compositeurs moins importants, mais non pas toujours inférieurs, dont les œuvres ont été conservées soit en Angleterre, soit sur le continent, ou bien partagées entre les deux. Le plus ancien d'entre eux est Piamor, auteur d'un motet déclamatoire. Parmi les autres on trouve les noms de Benet, Bloym (Blome), Forest, Markham, Neweland, Sandley, Souleby (Soursby), Stone, Tyling et Wywell. Beaucoup d'œuvres anonymes sont désignées dans les manuscrits par le terme *Anglicanus*, qui indique leur origine. Bedingham, Plummer (Polumier), Morton et Frye forment un groupe quelque peu postérieur. Bedingham écrivit des chansons en français, en italien et en anglais, et plusieurs messes dont l'une est basée sur le *Dueil angoisseux* de Binchois. Plummer, qui servit à la chapelle royale jusqu'en 1462, est connu pour ses remarquables chansons-motets, spécialement son *Anna mater matris* à quatre voix, où il fait un usage large et méthodique de l'imitation.

Robert Morton fut un des compositeurs anglais qui servirent à la cour de Bourgogne. Il donnait des leçons de contrepoint au futur Charles le Téméraire, et ses chansons charmantes étaient justement célèbres. Walter Frye, lui aussi, travaillait à la cour bourguignonne; sa tendre chanson-motet *Ave Regina coelorum mater* était l'une des compositions les plus connues de l'époque, et fréquemment d'autres compositeurs retravaillaient ses chansons. Son style mélancolique est bien illustré dans cette chanson sur des paroles anglaises :

WALTER FRYE ; *ALAS, ALAS*

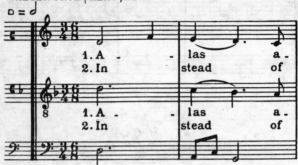

1. A _ _ las   a _
2. In   stead   of

_ las
rest

1. A _ _ las   a _
2. In   stead   of

_ las
rest

_ las
rest

_ las
rest

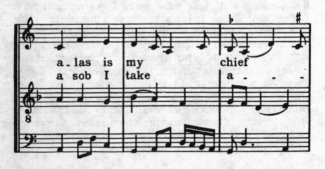

a _ las   is   my   chief
a sob   I   take   a _ _

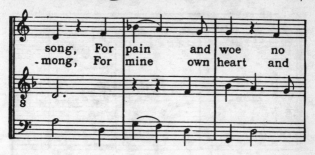

song, For pain and woe no
-mong, For mine own heart and

heave a long

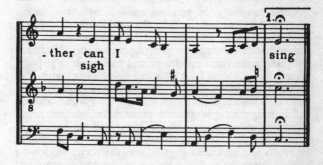

-ther can I sing
sigh

Ex. 8.

L'une de ses messes cycliques est basée sur un motet et révèle des éléments de la technique de la parodie.

LA MUSIQUE
DANS LES CHAPELLES ET LES COLLÈGES

La musique anglaise de la seconde moitié du XVe siècle se développa sans beaucoup de contacts avec les grands courants de la musique européenne. Outre la chapelle royale et les monastères, de nouveaux centres musicaux prirent naissance dans les chantreries des donations privées, des cathédrales, et dans les chapelles nouvellement fondées des collèges (Eton College, King's College à Cambridge) où se célébraient des vêpres extra-liturgiques, surtout en l'honneur de la Vierge.

Certains chants du processionnal de Salisbury furent adaptés dans un simple style d'accord souvent avec un supérius élaboré. Ici nous trouvons également les premières mises en musique polyphoniques de la Passion, dans lesquelles alternent des parties psalmodiées et polyphoniques. Le *carol* était un autre genre important de la musique anglaise. A l'origine chanson de danse populaire et monodique, il s'était transformé en une composition polyphonique stylisée pour deux ou trois voix (plus tard même pour quatre). On ne doit pas confondre le *carol* anglais avec la *carole* française. Il représente un type spécifiquement anglais, avec des textes anglais ou anglais-latins en partie religieux et en partie moralisateurs, politiques ou amoureux. Il jouissait d'une grande faveur dans les cercles monastiques et universitaires; on l'introduisait aussi quelquefois dans la liturgie. La forme correspondante en latin fut la *cantilena*. Le *carol* se tient à mi-chemin entre le style de la chanson et celui du conduit, mais il possède une saveur plus populaire et une forme en sections distinctes dans laquelle un *burden* (bourdon), invariable au début, alterne avec un couplet variable. On pouvait allonger ces deux parties par des reprises du chœur :

CAROL: *SAINT THOMAS HONOUR WE*

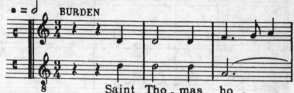

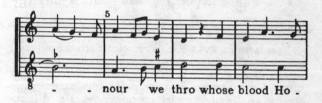

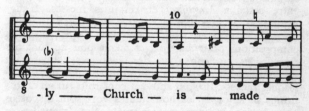

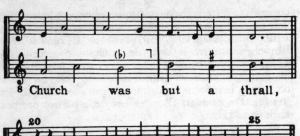

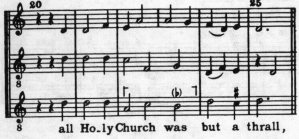

Ex. 9.

Vers la fin du xvᵉ siècle, la principale activité musicale
semble se concentrer sur trois grandes formes, l'antienne
mariale (spécialement le *Salve Regina*), le *Magnificat* et la
messe. Ces trois types sont composés dans le même style
comme en témoignent les relations musicales directes
entre certains *Magnificat* et certaines messes. L'augmentation de la sonorité est très évidente; le nombre
normal des voix est passé maintenant à cinq; mais des
compositions pour six voix et même plus ne sont pas
rares. Des antiennes et des cantiques, auparavant
modestes, sont traités maintenant comme de gigan-
tesques motets. Ils sont souvent construits sur un cantus
firmus au ténor, et les nombreuses voix sont disposées
en grandes sections contrastantes sur lesquelles se
détachent des duos et des trios groupés de manières
diverses. Les rapports avec les pratiques anglaises antérieures sont clairs, mais ce qui était alors simplement
suggéré s'est maintenant considérablement amplifié par
une sorte de développement inné. En dépit du nombre de
voix, la polyphonie emploie très peu l'imitation dans son
contrepoint; elle accentue la sonorité des grands

contrastes, et les complexités rythmiques des voix entre-
mêlées.

Les principaux compositeurs de cette période sont
Brown, Cornyshe, Davy, Lambe, Ludford et Robert
Fayrfax. Ce dernier, le plus célèbre en Angleterre, reçut
le titre de docteur des universités de Cambridge et
d'Oxford. Les œuvres de cette période se trouvent dans
trois grands manuscrits à Eton, Gonville et Caius College (Cambridge) et à Lambeth Palace (Londres).

Alors qu'elle avait eu une influence dominante sur le
développement de la musique européenne pendant la
période de Dunstable, la musique anglaise était revenue
à la fin du siècle à une situation d'école nationale dont
les traits évoluaient dans l'autonomie. Qu'elle soit parvenue à créer des formes nouvelles et des styles nouveaux
en dépit de son habituel conservatisme rétrospectif,
est un des paradoxes rafraîchissants de l'histoire musicale.

Manfred F. Bukofzer.

BIBLIOGRAPHIE

ÉDITIONS MUSICALES :

The Winchester Troper, éd. par W. H. Frere, Henry Bradshaw
Society, VIII, Londres, 1894.
Handschin, J., A Monument of English Mediaeval Polyphony :
The Manuscript Wolfenbüttel 677, The Musical Times, LXIII,
1932; LXXIV, 1933.
The Old Hall Manuscript, transcrit et édité par Alexan-
der Ramsbotham, complété par H. B. Collins et Dom Anselm
Hughes, vol. I, 1933; vol. III., 1938.
John Dunstable Complete Works, éd. par Manfred Bukofzer,
Musica Britannica, VIII, Londres, 1953.
The Eton Choirbook, transcrit et édité par Frank Ll. Har-
rison, Musica Britannica, X, Londres, 1956.

OUVRAGES GÉNÉRAUX :

Besseler, H., Die Musik des Mittelalters und der Renaissance,
Potsdam, 1931.

BUKOFZER, M., *The Gymel : the Earliest Form of English Polyphony*, Music and Letters, XVI, 1935.

Geschichte des englischen Diskants und des Fauxbourdons nach den theoretischen Quellen, 21e vol. de la Collection d'études musicologiques fondée par Karl Nef, Strasbourg, 1936.

REESE, G., *Music in the Middle Ages*, Londres, 1940.

BORREN, Ch. van den, *Etudes sur le XVe siècle musical*, Anvers, 1941.

BUKOFZER, M., *Studies in Medieval and Renaissance Music*, New York 1950.

BESSELER, H., *Bourdon und Fauxbourdon, Studien zum Ursprung der niederländischen Musik*, Leipzig, 1950.

John Dunstable, a Qincentenary Report, The Musical Quarterly, vol. XL n°1, janvier 1954.

Early Medieval Music up to 1300, publié sous la direction de Dom Anselm Hughes, *The New Oxford History of Music*, vol. II, Londres, 1954.

HARRISON, Frank Ll., *Music in Medieval Britain*, Londres, 1958.

LA MUSIQUE DE DANSE
ET LA MUSIQUE INSTRUMENTALE

LE titre de ce chapitre groupe deux types de musiques que l'on doit traiter séparément, bien qu'elles interfèrent dans une large mesure. La musique instrumentale n'est pas nécessairement de la musique de danse, et la musique de danse n'est pas toujours instrumentale. La musique de danse est définie par ses fonctions et son but, et le fait que ce soient des instruments, des voix ou un mélange des deux qui l'interprètent n'a pas d'importance. C'est la fonction et non pas le moyen qui compte. La musique instrumentale est définie par ce moyen, l'instrument, et il importe peu qu'elle fonctionne comme musique de danse, musique de chambre autonome ou musique liturgique. Mais ici se pose une autre question capitale : l'intermédiaire instrumental se reflète-t-il aussi dans le style de la musique ? On verra plus loin, dans ce chapitre, que, dans la musique médiévale, se développèrent, sur un champ limité, certains traits de style que l'on peut appeler justement « idiomes instrumentaux ».

Notre connaissance de la danse au début du Moyen âge, nous la tenons surtout des chroniques, des textes des conciles d'Eglise et de la littérature. Ces documents montrent d'une manière très évidente que la danse était une activité fondamentale de la vie médiévale, non seulement sur la place du marché et dans les fêtes profanes des communautés, mais encore — et cela nous surprend davantage — à l'église. L'épidémie de danse qui, à la fin du Moyen âge, se répandit sur toute l'Europe prit la forme de danses macabres, danses de la mort, et danse de Saint-Guy. On parle du caractère extatique de cette dernière dans plusieurs textes, mais nous ne savons pratiquement rien de la musique de ces danses. Les documents musicaux encore existants datent, à quelques exceptions près, du XIIIe siècle, bien que les mélodies qui

y sont inscrites remontent en partie au siècle précédent.
C'est pourquoi nous limiterons notre exposé à la musique
de danse et à la musique instrumentale, de la fin du
XIIᵉ au XVᵉ siècle.

LA CAROLE

Les poèmes courtois et les romans en vers tels que *le
Roman de Renart, Guillaume de Dole, le Roman de la Violette,
le Roman de la Rose* et bien d'autres, abondent en références sur la danse, le chant et le jeu d'instruments. Il est
difficile de savoir dans chaque cas, à quel point ces descriptions sont exactes et dans quelle mesure le choix de
termes particuliers est dû à des licences poétiques. Mais
il n'y a pas de doute que la danse mentionnée le plus
fréquemment est la *carole*. L'origine et l'étymologie de la
carole sont encore un sujet de controverse. On a prétendu
que le mot « carole » était une transformation gallicisée
de *chorea*, de *corolla* (diminutif de *corona*), du nom Carolus,
ou de l'exclamation liturgique populaire : *kyrie*. Quelle
que soit la dérivation correcte selon la philologie moderne,
il est significatif que plusieurs dictionnaires du XIIIᵉ siècle,
dont l'un de Jean de Garlande, grammairien et théoricien
musical anglais, s'accordent pour dire que la carole était
l'équivalent français du latin *chorea* (danse).

Plusieurs sources littéraires semblent faire une distinction entre la carole et la danse. On a expliqué cela comme
l'expression du contraste entre une danse en chaîne chantée (carole) et une danse par couples ou petits groupes de
trois. Il se peut que cette distinction ait eu une signification sociale, puisque la danse en chaîne était associée aux
formes plus populaires de danses bourgeoises et pay-
sannes, et la danse par couples aux formes plus aristocra-
tiques, bien qu'aucun des types ne soit limité à l'un des
groupes sociaux. Toutes les sources ne font pas cette distinction. « Danse » était alors, comme aujourd'hui, un
terme général s'appliquant à toutes les sortes de danses,
et c'est seulement dans certains cas qu'il serait nécessaire
de lui donner un sens spécifique.

Dans l'interprétation des danses, les éléments chorégraphiques et musicaux étaient inséparables. En général,
la carole était chantée (ou chantée et jouée) et la danse
— dans le sens spécifique — jouée sur un instrument. La

musique qui accompagnait la danse d'un groupe important pouvait aisément être chantée par un chœur (à l'unisson); tandis que celle, plus difficile, qui accompagnait la danse par couples, ou par un petit nombre de participants, sollicitait l'interprétation d'un jongleur ou d'un ménestrel. La seule musique instrumentale de danse que nous ayons conservée date d'une période relativement plus récente dont nous traiterons plus loin. Sur la musique des premières caroles nous possédons quelques renseignements, mais malheureusement peu précis.

La carole était chantée de préférence en plein air, les participants se tenant par la main en forme de chaîne ouverte. Les miniatures de l'époque représentent précisément cette formation de danseurs. L'exécution de la carole est caractérisée par les interventions alternées d'un chef (coryphée, ou « chante-avant ») et du groupe entier. Les formes varient dans le détail, mais elles ont toutes un trait commun fondamental : le refrain *(responsorium* ou *ripresa)* chanté par le groupe choral. Le refrain, qui répétait toujours le même texte et la même musique, se dansait sur un mouvement circulaire ou latéral de la chaîne entière. Pendant les couplets du chef, le mouvement s'interrompait, chacun restant à sa place et marquant la mesure par des mouvements rythmiques des bras. La corrélation entre le mouvement de la danse et le refrain d'une part, et entre l'intervention du soliste et l'interruption du mouvement de l'autre, a survécu jusqu'à nos jours dans certaines danses populaires. On trouve cela aussi dans la *ballata* italienne du XIIIe siècle; d'ailleurs le terme technique *stance* dérive probablement du latin *stare*. La monotonie musicale du refrain était compensée par l'activité de la danse. Ainsi les éléments des formes musicales et chorégraphiques étaient-ils intimement liés. C'était une forme d'une ingénieuse simplicité; le chœur ne devait rien savoir de plus que le refrain, tandis que le chef ajoutait (ou improvisait) de plus en plus de vers, ou *additamenta,* alors que la danse se poursuivait. Les deux formes musicales et littéraires les plus fréquemment mentionnées dans les romans en vers à propos de la carole sont le rondeau ou rondelet et le virelai. Il faut se rappeler que la carole était le nom d'une danse de groupe et ne désignait pas une forme musicale spécifique.

LA MUSIQUE DES CHANSONS À DANSER

Les formes musicales fixes, ou formes à refrain, comprenaient en plus du rondeau et du virelai, la bergerette, la ballade et d'autres types non spécifiés, appelés chansons ou chansonnettes, qui, elles, n'avaient pas toujours de refrain. La musique de ces chants a été conservée quelquefois dans les romans en vers eux-mêmes. Plus fréquemment cependant, ils ne donnent pas la musique, de sorte que nous devons aller vers d'autres sources, vers les chansons à refrain ou les voix supérieures des motets. Le terme « motet », au XIIIe siècle, indique non seulement la forme polyphonique, mais quelquefois le simple refrain. La notation du début du XIIIe siècle présente une difficulté supplémentaire; elle n'indique pas le rythme, et laisse ainsi dans le vague ce qui est l'essentiel d'une chanson à danser. Quelques mélodies de rondeau tirent sans aucun doute leur origine des *clausulae* liturgiques que l'on changea ensuite en motets latins et français. Un vers caractéristique, habituellement la phrase finale d'un motet, pouvait être tiré du contexte, et devenir indépendant comme refrain monodique. Cependant, comme les mêmes refrains servaient quelquefois à des ténors différents, on utilisait aussi le procédé contraire. Les refrains de rondeaux bien connus étaient incorporés au motet et opposés au ténor liturgique. C'est le principe du motet enté.

LE RONDEAU ET LE VIRELAI.

Le Roman de Guillaume de Dole contient plusieurs rondeaux sur des sujets extrêmement populaires à l'époque, par exemple le thème de *la Belle Aeliz* :

Main se leva bele Aeliz	a
mignotement la voi venir	A
bien se para, mieus se vesti	a
desoz le raim.	b
Mignotement la voi venir	A
cele que j'aim.	B

La partie en italique constitue le refrain qui tient en deux vers, A et B (majuscules indiquant le refrain). La musique de ces deux vers suffirait normalement à recomposer la pièce entière. Les vers en romain, désignés par des minuscules, sont dits par le soliste. Le schéma aAabAB est celui du rondeau primitif, qui ne diffère de la forme complètement développée que par l'absence du refrain au tout début. La musique de notre rondeau n'est pas connue dans sa forme complète, seul le refrain apparaît comme citation à la fin d'un motet :

Ex. 1.

La notation mesurée du motet rend au moins le rythme définitif. On pourrait facilement reconstituer le rondeau en entier à partir de la musique du refrain, selon le schéma donné. Cependant, nous ne l'avons pas fait parce qu'on retrouve le vers « *Main se leva bele Aeliz* » avec divers autres refrains; de sorte qu'il est impossible de savoir quelle est sa disposition originale. Dans d'autres cas, les vers du refrain et du solo ne s'accordent même pas en longueur, comme par exemple dans le rondeau suivant de *Guillaume de Dole*. L'auteur le cite à propos d'une carole qui est même évoquée dans le texte :

> C'est tot la gieus en mi les prés
> *Vos ne sentés mie les maus d'amer ?*
> dames i vent por caroler
> remirez vos bras
> *Vos ne sentés mie les maus d'amer*
> [*au*]*si com je fas ?*

Ici encore, seule la musique du refrain nous est parvenue. En outre, elle n'existe que dans une notation incertaine, dans une chanson à refrain, et il est difficile d'ajuster la musique aux autres vers. Le rondeau a été publié en compagnie de beaucoup d'autres en une version « reconstituée » dans laquelle on a procédé à plusieurs ajustements plus ou moins arbitraires. De telles reconstitutions créent une impression trompeuse et sont fondées sur l'hypothèse erronée selon laquelle les rondeaux étaient toujours de construction régulière. L'échange constant des vers dans ces formes populaires rend ces entreprises, effectuées uniquement à partir des refrains, extrêmement hasardeuses.

Le virelai, appelé *ballata* en Italie, était un peu plus complexe que le rondeau. Il se présentait selon les schéma AB cc ab AB, illustré dans *C'est la fins* :

Ex. 2.

Le refrain de ce virelai provient d'une *clausula* liturgique ; nous connaissons donc son rythme original. Les rythmes modaux à trois temps, qui donnent à la musique un pouls régulier et un élan rythmique, rendirent possible la transformation de la musique sacrée en musique de danse. Il faut remarquer que le vers « C'est la jus en mi le pré » est pratiquement identique au premier vers du rondeau cité ci-dessus.

Certains rondeaux français existent seulement comme motets à deux parties dans lesquels le ténor liturgique a été ajusté à la forme du rondeau. Il se peut que ces pièces dérivées n'aient pas été écrites pour la danse. Composées par des musiciens professionnels, elles sont des divertissements pour l'aristocratie cultivée, comparables aux danses stylisées de la *suite* de l'époque baroque, ou au menuet de la symphonie classique.

LES CHANSONS DE TROUVEURS ET LA DANSE.

Il est remarquable que, contrairement à une vague croyance populaire, l'immense répertoire des trouvères et des troubadours se situe, en général, nettement à l'écart des chansons à danser que nous venons de décrire. Les chansons d'amour courtoises étaient conçues sur un plan plus élevé; elles étaient écrites pour être écoutées. L'influence de la danse est peu importante sur la musique des trouvères et des troubadours. Il est vrai que quelques manuscrits des derniers trouvères contiennent plusieurs rondeaux et genres apparentés, sous la forme d'additions postérieures. Il faut aussi mentionner quelques chansons à danser provençales, mais qui ont été publiées si fréquemment qu'on a pu croire qu'elles étaient significatives du caractère général de l'œuvre des trouveurs. En réalité, c'est le contraire.

Un cas très spécial et bien connu est celui du *Kalenda maya,* improvisé par le troubadour Raimbaut de Vaqueiras sur la mélodie d'une *estampie* instrumentale que deux jongleurs venaient de jouer sur la vielle. Naturellement, le chant suit les règles de la forme instrumentale. Il confirme Jean de Grouchy, selon qui l'estampie et la *ductia* pouvaient être aussi bien instrumentales que vocales. On n'a pas suffisamment insisté sur le fait que le rythme de cette mélodie sans prétention n'est pas indiqué dans le manuscrit. Les transcriptions modernes offrent au moins trois solutions rythmiques qui donnent chacune à la mélodie une structure de phrase différente et en conséquence un caractère différent.

Apparition de la ballade. — Le chant provençal sur la Reine du Printemps, *A l'entrada del tens clar,* une des mélodies les plus charmantes de l'époque, est peut-être encore plus célèbre. L'exclamation chorale « *eya* » sert de refrain interne, et le chant s'achève sur le refrain : « *A la via* ». La première phrase répétée se différencie par la terminaison *ouverte* la première fois, et *fermée* la seconde. Le schéma est ainsi le même que celui de la ballade au

xive siècle. Si cette forme n'est pas rare en dehors de la
danse, par exemple dans la musique des trouvères, il
semble que *A l'entrada* soit le premier chant à danser en
forme de ballade. La mélodie nous est conservée dans un
seul chansonnier, en neumes mal écrits, sans rythme, et
l'on ne peut se fier ni à la notation, ni à la distribution des
syllabes sur la partition. Comme d'habitude, les transcriptions modernes ne s'accordent pas sur l'application
des modèles de rythmes modaux ; la première des deux
solutions données dans l'exemple 3 (ci-après) détruit
l'élan rythmique de la mélodie de danse en égalisant
toutes les notes, et la deuxième dérange la structure
symétrique de la phrase en ne donnant au cri « *eya* » que
deux temps assez essoufflés :

Ex. 3.

Heureusement deux conduits latins empruntèrent cette
mélodie. Bien qu'elles laissent quelques questions en

suspens, ces versions à trois parties nous éclairent sur le rythme voulu.

Ainsi, dans l'exemple 4, une nouvelle transcription a été essayée dans laquelle la mélodie de la ballade a été ajustée et corrigée par analogie avec les versions polyphoniques. La mélodie se développe, selon cette solution, dans des phrases symétriques, adéquates à une chanson à danser.

A l'entra_da del tens clar e_y_a,
E per je_los ir_ri_tar e_y_a,

1. per joi_a re_començar e_y_a,
vo la re_gi_na mostrar

2. qu'el est si a_mo_ro_sa A la vi',___ **B**

a la vi_a, je_los___ lais_saz nos,

laissaz nos bal_lar___ en_tre nos,___ en_tre nos.

Ex. 4.

Les additions en notation mesurée aux chansonniers de la seconde moitié du XIIIe siècle éliminent les incertitudes à l'égard du rythme. Parmi celles-là se trouve le chant provençal *Ben volgra s'esser poges*, qui s'intitule *dansa*, formé d'une danse chantée parente du virelai. Elle présente un arrangement de phrases strictement symétriques dans le rythme régulier du premier mode, ainsi que le fait un rondeau latin interpolé dans le *Ludus super Anticlaudianum*. Ce dernier est un *contrafactum* du chant à danser français *Qui grieve ma cointise,* qui n'a pas survécu dans sa version profane. Les rondeaux, virelais et ballades polyphoniques des XIVᵉ et XVᵉ siècles sont d'une musique très stylisée ; ce sont surtout les formules rythmiques très complexes de la fin du XIVᵉ siècle qui rendaient la danse absolument impossible.

DANSES CLÉRICALES

Les *contrafacta* latins qu'on vient de citer nous rappellent cette vérité fondamentale : la distinction entre profane et sacré n'avait qu'une valeur relative dans la musique médiévale. Cela se manifeste d'une manière encore plus frappante dans les danses cléricales sacrées. Les rapports officiels de l'Eglise fulminent souvent contre l'excès de danse « à l'église, au cimetière et dans les processions », preuve que la danse rituelle était une coutume que l'on ne pouvait pas déraciner complètement. Certains manuscrits liturgiques mentionnent expressément les danses du chantre et des jeunes religieux *(clericuli),* et, ce qui est encore plus surprenant, leurs danses sur des mélodies grégoriennes (répons et antiennes) qui n'avaient pas été composées à cet effet. Mais il existe un assez grand répertoire de danses cléricales proprement dites, avec texte latin, et qui étaient certainement destinées aux processions de fête. On les trouve dans un manuscrit de la Biblioteca Laurenziana à Florence, et dans nombre de documents très éparpillés du XIIIᵉ siècle. Le manuscrit de Florence, source la plus importante pour l'étude de la polyphonie de l'école de Notre-Dame, contient la plupart des danses dans son dernier fascicule ; il est décoré d'une miniature qui représente des religieux dansant dans la formation typique de la carole. Les danses, en forme de courtes chansons monodiques, peuvent être considérées comme des conduits ou chants processionnels. Leurs textes indiquent qu'elles furent composées pour le temps de Noël (la Nativité, Saint-Etienne, les Saints Innocents, la Circoncision et l'Epiphanie), pour Pâques, pour la Pentecôte et pour les fêtes des saints (saint Jean, saint Nicolas). Il faut remarquer que ces fêtes coïncident avec les

fêtes païennes du solstice et du printemps, que la musique
et la danse populaires avaient toujours célébrées. A ces
moments-là les religieux, et particulièrement les jeunes
clericuli, étaient autorisés à danser sur des textes pieux
qui mentionnent souvent le mot *tripudium* (danse). La
crosse des prélats, le *baculus,* servait de thème favori à
ces chansons, et des offices spéciaux comme celui des
Saints Innocents offraient de nombreuses occasions de
diversions humoristiques. L'office de la Circoncision de
Sens et de Beauvais, appelé incorrectement « Fête des
Fous », contient le conduit bien connu *Orientis partibus,*
dans lequel on salue l'âne par le refrain français solennel :
« *Hez, Sir asne, hez !* » Certaines danses cléricales et
chants similaires étaient célèbres; ils apparaissent non
seulement dans l'Office de Pierre de Corbeil, mentionné
ci-dessus, mais encore en Espagne (Ripoll et Montserrat),
en Italie (Bobbio), en Allemagne (Moosburg) et en Angleterre. On peut évoquer des modèles plus anciens de cette
littérature, jusqu'aux tropes et *cantiones* de Saint-Martial,
au début du XIIe siècle.

LES CAROLES LATINES.

Les danses cléricales du manuscrit de Florence sont
pour la plupart des rondeaux ou *rondelli,* sans refrain
initial. Quelques-uns suivent le schéma primitif aA bB,
peut-être modèle de base de la forme plus développée. A
ce propos, il faut rappeler que le mot « carole » désignait
aussi, au XIIIe siècle, le bas-côté d'une église — précisément l'endroit où les « caroles cléricales » étaient exécutées. La forme même du rondeau révèle un rapport étroit
avec la danse, mais il serait excessif de considérer *a priori,*
comme on l'a quelquefois proposé, chaque chant de ce
genre comme un chant à danser. Les caroles latines constituent le premier grand groupe de chants à danser dont
on ait préservé la musique. De nombreuses hypothèses
ont été émises au sujet de l'origine de ce genre. Selon une
théorie, le rondeau tirerait son origine de la poésie latine
des religieux, pour en venir ensuite à la poésie profane;
selon la théorie contraire, le caractère sacré du rondeau
aurait trouvé son origine dans des modèles profanes
perdus depuis. Mais il ne semble pas que la réponse à cette
question réside dans une alternative aussi absolue. Etant
donné la constance des emprunts du domaine profane au

domaine sacré et vice versa, il semble plus probable que le genre du rondeau prit naissance à la fois dans les deux. En effet, certaines caroles existent en même temps en latin et en français, et l'on ne sait pas de façon certaine quelle est la version originale.

Les caroles latines sont formées de phrases simples et concises dont les paroles sont présentées, soit syllabiquement, soit accompagnées de courts mélismes. En dépit de la simplicité de l'ensemble, il y a une surprenante variété de détails qui rendent difficile l'établissement d'un type « normal ». Fréquemment les reprises de la musique et des vers ne coïncident pas, de telle manière que des enjambements assez complexes se créent entre les éléments de la musique et du texte. Les vers du *rondellus* de Pâques, *Qui passus est* (ex. 5), sont dans la forme d'un rondeau strict (aA ab AB), mais le schéma musical correspondant est aA bc BC, ou, si l'on prend les deux dernières phrases ensemble, aA; bB. L'exemple montre, une fois de plus, que les reconstitutions à partir de la seule musique du refrain peuvent donner lieu à de fausses interprétations des projets des compositeurs.

Ex. 5.

Le recueil florentin comprend aussi des formes strophiques, avec ou sans refrain. L'une de celles-ci, la gaie carole de Noël, *Leto leta concio* (ex. 6) ressemble de manière frappante à la ballade *A l'entrada* (voir ex. 4) par le rythme et la structure de ses phrases. Mais il faut se rappeler que l'interprétation rythmique est hypothétique, puisque les *rondelli* sont tous écrits en notation carrée :

Ex. 6.

Les caroles sacrées du XIVe siècle ne laissent aucun doute au sujet du rythme. Le recueil le plus intéressant de l'époque, le *Llibre Vermell* du monastère de Montserrat, contient des chants sacrés composés par des moines pour remplacer les chants profanes inconvenants sur lesquels les pèlerins avaient l'habitude de danser. Dans le manuscrit on voit l'inscription *a bal redon* (dans une danse en rond) sur plusieurs mélodies, dont l'une est *Ad mortem festinamus*. Cette composition mérite une attention spéciale parce que c'est la première mélodie connue qui soit en rapport avec la danse de mort, sombre thème du siècle balayé par la grande peste. C'est un virelai (Ex. 7), dont le texte développe un chant latin antérieur, de forme plus simple et de mélodie différente de celle du XIIIe siècle :

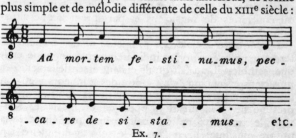

Ex. 7.

La chanson à danser était essentiellement monodique bien que son influence s'étendît aussi, de temps en temps, aux conduits polyphoniques comme on l'a mentionné dans le passage consacré à *A l'entrada*. On connaît d'autres cas semblables, ce qui prouve que la ligne de démarcation entre la monodie et la polyphonie était aussi fluide que celle qui existe entre la musique profane et la musique sacrée. Il est douteux que l'on ait dansé sur des versions polyphoniques puisque la polyphonie tendait à obscurcir la distinction entre les parties de solo et les partie de chœur. En tout cas, l'art raffiné de la polyphonie n'hésitait pas à remonter aux sources plus humbles de la monodie. Il serait faux, néanmoins, de considérer la musique simple de la carole et des danses cléricales comme celle de « chansons populaires », au sens moderne du terme; au plus celles-ci étaient-elles des « chansons popularisantes », destinées aux classes cultivées et composées par des poètes et des musiciens cultivés.

LA PARTICIPATION DES JONGLEURS ET DES MÉNESTRELS

En général, les danseurs exécutaient eux-mêmes la musique de la carole, mais des descriptions de l'époque mentionnent souvent aussi des instruments de soutien, joués par des musiciens professionnels, les jongleurs et les ménestrels. La différence entre ces deux groupes est surtout d'ordre social. Les jongleurs, qui étaient des musiciens ambulants et des amuseurs, ne jouissaient d'aucune considération. Les ménestrels, musiciens qui avaient une situation fixe à la cour ou parmi la suite d'un seigneur, étaient toutefois mieux vus; plus tard, ils entreprirent de s'organiser dans les villes en corporations ou confréries de musiciens et parvinrent à une situation encore supérieure.

L'infériorité sociale des jongleurs et des ménestrels, termes employés souvent indifféremment à l'époque, était due, semble-t-il, au fait qu'ils étaient essentiellement des musiciens exécutants, c'est-à-dire des « joueurs » et non des « trouveurs ». Seuls ces derniers jouissaient du prestige lié à la création poétique et musicale. Souvent le trouveur ne daignait même pas chanter sa propre musique; il en laissait le soin au jongleur. Un

jongleur s'élevait dans l'échelle sociale en devenant trouveur; et si, comme cela se produisait souvent, un trouveur était amené par l'adversité à devenir jongleur, il
perdait son rang.

Il y avait une grande variété d'instruments à archet, à
vent et à cordes pincées, mais l'instrument principal, avec
lequel on représenta souvent le jongleur, était la vielle.
Selon Grouchy et Elias Salomon, c'était l'instrument à
tout faire sur lequel on pouvait jouer facilement toutes
les formes musicales. Evidemment la musique vocale ne
change pas de caractère quand elle est accompagnée par
des instruments ou quand elle est fredonnée (ou sifflée),
c'est-à-dire lorsqu'elle devient momentanément « instrumentale ». Alors que les mélodies vocales peuvent toujours être jouées sur un instrument, l'inverse n'est pas
toujours vrai, parce que les instruments permettent une
gamme plus étendue que celle de la voix humaine, des
ornements et des traits mélodiques trop rapides
pour elle. C'est précisément de ces deux points du
langage instrumental que traitent les théoriciens de
l'époque.

On peut donc distinguer la musique où les instruments
jouent un rôle accessoire ou facultatif, et celle où ils sont
essentiels. Tout au long du Moyen âge l'accompagnement accessoire des instruments est normal. La musique
vocale pouvait être doublée à l'unisson ou à l'octave et
était ainsi, en puissance, de la « musique de chambre
mélangée ». Les romans en vers indiquent que le jongleur
accompagnait le chanteur, puisque le noble trouveur,
habituellement, ne jouait pas lui-même. Il semble que cet
« accompagnement » consistait seulement à jouer la mélodie, peut-être avec quelques légers ornements. Mais, de
plus, avec l'instrument, on jouait les préludes et les post-
ludes qui se situaient entre les versets. De telles introduc-
tions sont citées non seulement par Grouchy, mais aussi
par un théoricien anonyme du début du XIIIe siècle, qui
rapporte que les jongleurs faisaient alterner le chant et
l'exécution instrumentale dans leurs présentations. Grouchy désigne ces interpolations instrumentales du nom de
modus, mais il ne donne aucun autre renseignement, et
les manuscrits n'en parlent pas. Un *modulus* à trois voix et
sans texte du XIVe siècle n'a rien à voir avec le *modus*

puisqu'il est en fait un motet — forme qu'on appela parfois *modulus*. En fait, bien qu'il soit certain que la participation instrumentale dans la musique monodique existait, on sait peu de chose de sa nature exacte, du rôle des instruments à percussion, et d'autres questions similaires, en dépit du grand nombre de tableaux qui représentent l'ensemble des voix et des instruments.

LA POLYPHONIE AVEC INSTRUMENTS FACULTATIFS OU OBLIGÉS

Nous sommes un peu mieux informés sur le rôle des instruments dans la musique polyphonique. Il n'existait pas de distinction absolue entre les exécutions vocales et instrumentales. En principe, les instruments pouvaient doubler ou remplacer une ou plusieurs voix. Les théoriciens discutent du rôle accessoire des instruments dans l'organum et le déchant, spécialement du redoublement des notes supérieures du triplum et du quadruplum. Mais il y a aussi des signes d'une participation plus importante de ce qu'on pourrait appeler les « instruments obligés », si l'on peut se permettre ce terme moderne. Les instruments deviennent essentiels surtout dans le motet et le *hoquet*. Les ténors des motets existent quelquefois en deux versions : une version vocale avec les notes divisées, adaptées aux syllabes du texte, et une version instrumentale sans texte, écrite en ligatures et sur des modèles de strict ostinato. Bien que le ténor fût à l'origine un plain-chant et, par conséquent, vocal, l'arrangement en formules abstraites d'ostinato fit que la mélodie convenait mieux aux instruments qu'à la voix. Dès le début, les ténors des motets en forme de rondeaux, cités dans la seconde partie de ce chapitre, ne furent pas destinés à être chantés. Plusieurs ténors de motets du manuscrit de Montpellier sont certainement d'origine instrumentale, comme l'indique leur titre *Chose Tassin*. Ce sont des sections (ou *puncta*) d'estampies de Tassin, ménestrel à la cour de Philippe le Bel. Grouchy mentionne la *Res Tassini* comme étant particulièrement difficile. Sa traduction du mot « chose » par « *res* » nous rappelle la *Res d'Alemaigne* citée par Guillaume de Machaut comme modèle d'une de ses ballades. On présume que les ténors, consistant en une courte phrase d'ostinato, répétée sans cesse, et connus dans la musique anglaise sous le nom de *pes,* étaient aussi instrumentaux.

Le *hoquet,* type spécial de *clausula,* a de fortes affinités avec la musique instrumentale. Sa mobilité et le rapide jeu entre les voix révèlent un certain sens de l'humour, et une joie dans les vives reparties; grâce à ces qualités, ce genre, de l'avis de Grouchy, convenait particulièrement à la jeunesse. Il est significatif que Garlande, qui fut l'un des premiers à traiter du hoquet, compare son style à celui d'un instrument à vent. On trouve dans le titre du hoquet *In seculum viellatoris* une référence directe à la musique instrumentale. Certains hoquets restèrent populaires jusqu'en plein XIVe siècle; le double hoquet *David,* de Machaut, est probablement la dernière composition indépendante de ce type, mais son style survécut plus longtemps, en particulier dans les motets et les messes où on l'employait pour marquer la fin des périodes isorythmiques.

La cantilène. Apparition de la notion d'accompagnement.

Le motet du XIIIe siècle avec ténor instrumental prépara le terrain à la chanson ou *cantilena,* que l'on peut appeler « chanson accompagnée » du XIVe siècle. Dans le style de la cantilène, la partie la plus importante était la voix supérieure que l'on composait en premier lieu. D'habitude, elle était soutenue ou « accompagnée » par deux parties plus basses, sans texte, écrites en ligatures et exécutées généralement par des instruments. Des compositions exceptionnelles avec paroles à toutes les voix confirment cette règle. Le style de la cantilène, transféré au motet et à la messe, devint le type préféré de composition au XIVe siècle. Le contraténor, voix écrite en dernier lieu, révèle très clairement les caractéristiques d'une partie instrumentale de remplissage : une gamme plus étendue que la voix humaine, des intervalles difficiles et non mélodiques. Les tableaux représentant des ensembles musicaux, de nombreuses œuvres littéraires, par exemple les longues listes d'instruments dans les vers de Machaut, ne laissent pas de doute sur le fait que la musique polyphonique du XIVe siècle était de la musique de chambre pour voix et instrument mélangés. Il n'est donc pas surprenant que l'on ait commencé à exploiter le contraste entre les styles de composition vocale et instrumentale.

En effet, il devint un élément de structure important
dans la *caccia* italienne, où deux voix en canon, avec texte,
se développaient sur une partie instrumentale de soutien.
On aimait beaucoup, dans la musique française, certaines chansons dont le texte évoquait des instruments. A
ce texte répondaient des motifs de fanfare, des quartes et
des quintes répétées, et des passages de hoquet tels qu'on
en trouve dans le virelai *Or sus vous dormez trop* ou dans
Sonés ces nachaires. La fanfare fut très en faveur vers 1400, et
même sans justification de texte. Il existe une chanson de
Fontaine dans une version avec « trompette contratenor », et des pièces allemandes avec voix spécifiquement désignées *tuba, trompette,* ou même portant un titre
comme *Das Nachthorn (le Cor de nuit)*. Relativement
rares, ces formes d'orchestration n'en sont pas moins
caractéristiques. Cette sorte d'écriture instrumentale s'introduisit même dans la messe, par exemple dans le *Gloria
ad modum tubae* de Dufay et dans les messes cycliques de
Grossim et de Cousin. Ce sont évidemment des exemples
extrêmes de style instrumental dans la musique religieuse,
mais ils rendent bien compte de ce qui se pratiquait avant
l'apparition du style *a cappella*.

Il est à peine nécessaire d'ajouter que des instruments
pouvaient jouer toutes les voix d'une chanson sans que
celle-ci fût chantée. Le témoignage des écrivains italiens
et français ne laisse pas de doute à ce sujet. Machaut
recommande de jouer une de ses ballades « sus les orgues,
sus cornemuses ou autres instrumens », et des directives
semblables se retrouvent chez Eustache Deschamps. Plusieurs manuscrits contiennent des chansons écrites sous
forme de trios, sans texte, pour un ensemble instrumental. Ce mode d'exécution est naturellement facultatif et ne
modifie en aucune manière la musique elle-même. Mais
même quand les instruments jouent le rôle essentiel, nous
ne pouvons pas encore parler d'une musique instrumentale au sens strict du terme.

LA PREMIÈRE MUSIQUE
INSTRUMENTALE INDÉPENDANTE

Les plus anciens exemples de musique purement instrumentale qui nous restent datent de la deuxième moitié
du XIIIe siècle. Ils ne sont pas très nombreux et ils doivent

leur conservation plus au hasard qu'à l'intention, puisqu'ils avaient été notés aux petites places laissées vides dans les manuscrits. Du point de vue de la forme, ils appartiennent tous à la catégorie générale de l'estampie. Jean de Grouchy, à qui nous devons tant d'observations pénétrantes concernant la musique à Paris vers 1300, est le seul théoricien qui nous donne un compte rendu détaillé des formes de la *musica vulgaris*. Le fait qu'il les sépare en formes vocales et instrumentales est, pour nous, particulièrement intéressant. Grouchy cite trois formes instrumentales : l'estampie ou *stantipes*, la *ductia* et la *nota*. D'autres théoriciens mentionnent encore le *caribus* ou *garip,* dont on ne connaît, cependant, que le nom. Grouchy décrit l'estampie comme une forme autonome et compliquée qu'il fallait écouter en tant que « musique absolue ». La *ductia,* d'autre part, était une forme de danse dont la mesure était accentuée par un instrument à percussion, non employé dans l'estampie. D'autres documents, pourtant, relient l'estampie elle aussi à la danse. Les trois types instrumentaux suivaient le même principe de forme. La composition s'organisait en plusieurs sections différentes ou *puncta,* dont chacune était répétée immédiatement (AA, BB, CC, etc.). Cependant les reprises se différenciaient par leur terminaison (ouverte puis close) qui restait la même pour tous les *puncta*. Cette méthode, destinée à créer l'unité par la rime musicale, est le trait le plus caractéristique des formes instrumentales. On peut ainsi représenter le schéma par A × 1 A × 2, B × 1 B × 2, C × 1 C × 2, etc. L'estampie ne différait de la *ductia* et de la *nota* que par un plus grand nombre de *puncta,* nombre qui ne semblait pas rigide.

Voici maintenant une observation frappante : le prototype de la forme que nous venons de décrire est indubitablement la *séquence*. Rien ne révèle de manière plus convaincante combien sont étroites les relations entre domaine sacré et domaine profane, et entre les intermédiaires vocaux et instrumentaux, que ce phénomène extraordinaire : une forme sacrée et vocale parraina une forme profane et purement instrumentale. Il se peut que la musique profane, ou même instrumentale, ait influencé à l'origine la séquence elle-même, comme son style mélodique le suggère parfois, mais la priorité de la séquence sur l'estampie est indiscutable. Il faut ajouter que le *lai*

français représente l'équivalent profane de la séquence
dans le domaine vocal. Il différait de son modèle par des
reprises plus nombreuses et parfois irrégulières de certains *puncta*. Les mélodies des lais emploient une tessiture
étendue et des motifs alertes et successifs qui rappellent
un style instrumental. En effet, les romans en vers parlent
de lais instrumentaux, de « lais de vielle, de rote, de
harpe »; pourtant aucune composition portant de tels
titres ne nous est parvenue. Mais puisque nous savons
que les lais pouvaient être chantés aussi bien que joués,
un lai joué devient automatiquement une estampie. De
même, il n'existe pas de pièce instrumentale intitulée *nota,*
mais nous connaissons une *Note Martinet,* qui est, en
vérité, une estampie vocale ou lai. Citons également le
contrafactum latin de la chanson à danser française *De
juer et de baler,* tiré du *Ludus super Anticlaudianum.* En
forme de séquence, avec une légère rime musicale, il
s'intitule *rotula.* Il semble que l'adaptation des paroles à
une mélodie instrumentale, ainsi que nous le voyons dans
le *Kalenda Maya,* se faisait couramment; en effet, il
existe plusieurs autres chants de trouveurs exprimés dans
les formes concises de l'estampie.

Les premières compositions instrumentales écrites
encore en notation modale ont été conservées dans deux
manuscrits d'origine anglaise. L'une d'elles (Bodleian
Library à Oxford, Douce 139) contient une estampie
d'une mélodie gracieuse, dans le rythme régulier du troisième (et quatrième) mode, qui devait être transcrit *more
lascivo* en mesure binaire :

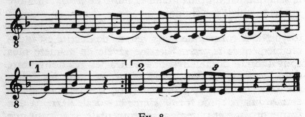

Ex. 8.

A part une courte section primitive à trois parties, vers
la fin, elle est monodique. Quelques *puncta* ont une rime
musicale, se servant d'une terminaison ouverte puis

close, tandis que d'autres ne sont pas tout à fait réguliers.

L'autre manuscrit (British Museum, Harley 978) présente un groupe de trois pièces, probablement des danses,
d'une structure de phrase symétrique. Qu'elles soient
toutes écrites pour deux voix indique un degré insolite
de raffinement dans le style. Les *puncta* manquent de rime
musicale, mais le contrepoint diffère à chaque reprise.
Ainsi la fonction de différenciation mélodique (que l'on
trouve dans les *puncta*) est ici transformée en variation
contrapuntique, avec un effet semblable. En général la
mélodie apparaît à la voix inférieure, mais dans certains
puncta, elle se trouve à la voix supérieure, transposée une
quinte au-dessus. De telles transpositions suggèrent que
les pièces étaient destinées à la vielle, parce que son accord
en quintes (et quartes) rendait extrêmement facile la transposition en changeant de corde sans changer de doigté.

Même dans ces premiers exemples, certaines caractéristiques d'un idiome typiquement instrumental commencent à émerger; au cours de développements ultérieurs, elles deviendront plus précises. On rencontre une
prédilection pour des répétitions rapides de la même note,
pour des motifs rythmiques et mélodiques consécutifs,
de vives alternances de notes séparées par une quarte ou
une quinte (inspirées par l'accord des cordes), des accords
brisés, des passages de gammes et des ornements en notes
de valeur courte, et (dans les danses) une tendance aux
phrases symétriques. La préférence pour le mode majeur
n'est pas un trait de la musique profane et instrumentale
aussi typique qu'on l'a prétendu.

Des idiomes instrumentaux apparaissent au premier
plan dans les compositions instrumentales monodiques
du XIVe siècle. Les principaux documents sont deux séries
d'estampies et de danses ajoutées au *Chansonnier du Roi* et
à un manuscrit italien de madrigaux (British Museum,
Add. 29987). La série française consiste en onze estampies et danses royales. Le terme « royale », que l'on
trouve aussi dans la « chanson royale » se réfère probablement aux concours ou *puys* tenus par les confréries de
musiciens. Il est possible que les danses soient des exemples
tardifs de la « danse » au sens spécifique, évoquée dans
la première partie de ce chapitre. Elles diffèrent des estampies surtout par leur plus petit nombre de *puncta.* Ces

compositions ont une forme claire et un rythme souple qui n'est plus soumis à une régularité modale. Tous les *puncta* gardent strictement la rime musicale. On trouvera les deux premières sections de la cinquième estampie dans l'exemple 9. Il faut remarquer, en particulier, la cadence caractéristique des terminaisons ouvertes puis closes. C'est une « cadence avec final redoublé », forme emphatique de conclusion que l'on trouve dans les premières danses (voir exemple 8), et que l'on peut retrouver encore dans la musique de danse de l'ère baroque :

Ex. 9.

La série italienne ne comprend pas moins de quinze compositions de type divers, s'intitulant *stampita*, *salta-rello* et *trotto*. Les estampies portent des noms poétiques comme *Principio di virtù* ou *Tre fontane*. Ce sont des compositions très travaillées et étendues, avec des rimes musicales, des rythmes plutôt complexes et une prédilection pour des notes répétées et des quartes ou des quintes alternées. Deux pièces, *Lamento di Tristano* et *la Manfredina*, sont d'un intérêt particulier; toutes les deux développent le rythme de la « polonaise » :

et sont suivies d'une courte danse en mesure binaire nommée la *rota*. Nous voyons par le premier *punctum* de *la Manfredina* et de sa rota (exemple 10) que celle-ci représente, en fait, une variation condensée, dans un rythme contrastant, de la danse précédente. Le groupement des danses par couples établit le principe des danses « à double emploi » qu'on trouve plus tard dans la pavane et la gaillarde, et dans les « doubles variés » de la suite de danses baroque.

LA MANFREDINA

LA ROTA

Ex. 10.

LA MUSIQUE DES TABLATURES D'ORGUE

En même temps que s'affirmait l'indépendance du langage instrumental, les instruments à clavier, spécialement l'orgue et le clavecin, progressaient au point que l'on pouvait jouer aussi de la musique à plusieurs parties. Pour rendre facilement accessibles les parties d'une pièce polyphonique à un seul interprète, il ne suffisait plus désormais de les noter séparément; il devenait nécessaire de créer une nouvelle méthode de notation qui permette de lire toutes les parties d'un seul coup d'œil. Plusieurs tablatures répondirent à cette nécessité. La tablature la plus ancienne se trouve dans un manuscrit anglais du début du XIVᵉ siècle, le *Robertsbridge Codex*. Les voix sont présentées sur une seule portée en un mélange de notation musicale et alphabétique. Le manuscrit, probablement un fragment d'une plus grande collection, contient trois estampies dans la forme typique, mais avec une rime musicale très longue qui constitue la majeure partie de chaque *punctum*. La section close de la première estampie fragmentaire (transcrite dans l'exemple 11) montre comment on pouvait transposer les joyeuses quintes alternées, des cordes au clavier. On remarquera aussi les rapides motifs de secondes adjacentes, qui convenaient spécialement au clavier. La liberté dans le traitement des dissonances et des accidents, qui distinguent la musique de clavier jusqu'à la fin de la Renaissance, est tout à fait remarquable :

Ex. 11.

TRANSCRIPTIONS ET ARRANGEMENTS.

La collection comprend aussi des transcriptions pour clavier, de trois motets, dont deux apparaissent sous leur forme originale dans *le Roman de Fauvel*. Il est très instructif de comparer les deux versions. Cela prouve que nous nous trouvons ici en face non de transcriptions littérales mais d'arrangements plus ou moins libres affectant profondément la musique originale. La voix supérieure est agrémentée d'ornements inchantables et d'une rapide figuration instrumentale. La diminution ou la coloration de la voix supérieure contraste avec le ténor, laissé généralement sans changement, mises à part quelques simplifications rythmiques. Les voix intermédiaires sont omises ou tout au plus suggérées aux passages importants, car la notation alphabétique ne permettait pas de les inscrire continuellement comme voix indépendantes. Cette écriture suggestive de voix libres est caractéristique de la musique de tablature. Une autre particularité est sa dépendance à l'égard du répertoire vocal — dépendance qui devait durer jusqu'à la fin de la Renaissance. C'est un autre exemple des corrélations entre la musique vocale et la musique instrumentale au Moyen âge.

On a retrouvé récemment à Faenza un manuscrit datant d'environ 1400, qui nous donne de nombreux arrangements pour orgue de madrigaux et de chansons des principaux compositeurs du XIVe siècle, tels que Jacopo da Bologna, Landini et Machaut. Le manuscrit appartient à un type de tablature généralement appelé partition de clavier. Il donne une notation pour les deux mains, avec des lignes verticales alignées à la distance de brèves qui préfigurent la barre de mesure moderne. Le recueil de Faenza constitue la tablature la plus importante pour la musique du XIVe siècle. Le codex Reina de la Bibliothèque nationale ne contient qu'une courte addition en tablature. Les arrangements pour clavier s'éloignent quelquefois tellement de l'original qu'il devient difficile de reconnaître le modèle dans sa transcription. Cette difficulté apparaît dans l'exemple 12 (ci-après), qui présente en même temps la version originale à quatre parties de De toutes flours de Machaut et l'arrangement à deux parties, qui, transposé, omet le triplum et le contraténor. L'arrangement prouve de manière décisive que les mélismes de la version originale, considérés autrefois comme instrumentaux, sont en réalité vocaux, puisqu'ils sont encore plus ornés dans la véritable variante instrumentale :

MACHAUT : *DE TOUTES FLOURS*

Ex. 12.

Des arrangements de ce genre n'étaient pas réservés aux seuls instruments à clavier; ils pouvaient aussi être destinés aux ensembles instrumentaux, et étaient écrits alors en parties séparées. La chanson *Amis tout dous*, de

Pierre des Molins, en était un bon exemple; la voix supérieure existe en deux diminutions différentes. En effet c'est
la version instrumentale qui rendit la composition célèbre
sous le titre *Molin de Paris*. Ce titre, cité aussi dans un sonnet de Prodenzani, illustre le cas curieux où le nom d'un
compositeur impose par méprise un sens descriptif à sa
composition; on a pensé que les ornements rapides évoquaient le mouvement de la roue d'un moulin.

Naissance de formes autonomes de la musique d'orgue.

Les messes d'orgue forment une autre partie importante du manuscrit de Faenza, et attestent par des exemples
concrets le rôle très discuté de la musique instrumentale
dans la liturgie. On pouvait exécuter la messe de telle
manière que les parties polyphoniques alternent avec les
parties de plain-chant. C'est ce qu'on appelle la méthode
d'*alternance*. On peut déduire du recueil de Faenza que les
sections de polyphonie vocale pouvaient être remplacées
par des compositions d'orgue. Dans ces pièces, le plain-
chant se poursuit en brèves égales ou divisées sous un
rapide contrepoint fleuri de la main droite. On peut voir
dans l'exemple 13 un *Kyrie* harmonisé de cette manière.
L'organiste improvisait ainsi des arrangements de plain-
chant en analogie avec le déchant improvisé des chanteurs, mais la différence d'intermédiaire produisait des
compositions de style très différent :

KYRIE

Ex. 13.

Un groupe de tablatures fragmentaires d'orgue d'origine allemande, de la première moitié du xvᵉ siècle, comprend en outre des messes pour orgue, semblables à celles de Faenza, mais moins originales au point de vue rythmique, et d'un style plus primitif. Plusieurs préludes ou *preambula* d'Ileborgh (1448) rappellent, par leur liberté rhapsodique et leur style archaïque, le vieil *organum duplum*, bien qu'ils soient, à la même époque, les précurseurs des intonations et toccatas du xvɪᵉ siècle. Les tablatures d'orgue allemandes les plus significatives de cette période — elles emploient toutes le mélange typique de notes et de lettres —, sont le *Fundamentum organisandi* (1452) de l'organiste aveugle Konrad Paumann, de Nuremberg, et le *Buxheimer Orgelbuch* un peu plus tardif. « *Fundamentum* » est le terme technique de l'époque pour « cours de composition ». La collection de Paumann comprend des séries de chants allemands et de plains-chants, mais c'est essentiellement un ouvrage didactique, indiquant à l'organiste comment former des cadences et comment écrire une ligne fleurie sur un *cantus firmus*. Toutes les successions possibles d'intervalles sont illustrées par de courts exemples. Plusieurs solutions de ce genre pour des secondes ascendantes figurent dans l'exemple 14 :

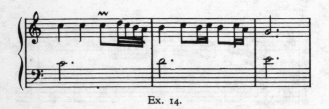

Ex. 14.

En assemblant plus ou moins adroitement les formules remémorées, l'organiste pouvait facilement « composer » une messe d'orgue sur n'importe quel cantus firmus.

Le *Buxheimer Orgelbuch,* qui constitue la plus vaste tablature d'orgue du siècle, étend les ressources techniques du jeu d'orgue en augmentant le nombre des voix jusqu'à trois, et parfois même quatre, et en donnant une importance particulière au pédalier. Les compositions liturgiques sur plains-chants et les *preambula* marquent une avance nette dans le cadre de la composition pour orgue.

Le *Kyrie* de l'exemple 15 illustre l'écriture pour trois voix sur le même plain-chant que celui de l'exemple 13 :

Ex. 15.

Le recueil offre également une série impressionnante de chansons profanes et de motets des plus grands compositeurs du temps, dont Ciconia, Arnold de Lantins, Binchois, Dufay, Dunstable, Frye, Morton et bien d'autres encore. Ce manuscrit est une des sources principales de la musique allemande, grâce à ses arrangements de chants allemands.

Il semble, d'après le nombre de tablatures existant encore, que l'Allemagne était prééminente dans le domaine de l'orgue au XVe siècle. On trouve également un témoignage de l'existence d'une musique liturgique d'orgue en Angleterre dans l'arrangement à deux parties de *Felix namque,* écrit en partition et non en tablature; fragment isolé du début du XVe siècle, il indique que les nombreux arrangements de ce même plain-chant, et d'autres encore du XVIe siècle, doivent remonter à une tradition bien établie.

LA MUSIQUE DE DANSE DU XVe SIÈCLE : LA BASSE-DANSE

Au début du XVe siècle l'estampie avait complètement disparu. De nouvelles formes de musique instrumentale prirent naissance mais elles ne se cristallisèrent que dans la deuxième partie du siècle. Des compositions intitulées, par exemple, *Coda di volpe* ou *Der Pfauen schwanz* étaient des pièces pour ensemble instrumental, souvent construites à partir de chansons; dépassant la transcription habituelle, ces « *coda* » peuvent être nommées, plutôt, fantaisies contrapuntiques.

La danse courtoise du XVe siècle distinguait le *ballo* de la *basse-danse* ou *bassa danza*. Le *ballo* se dansait en pantomime, avec une chorégraphie recherchée sur des mélodies originales. La basse-danse consistait en une série de pas autonomes. Les manuels de danse italiens et français, dont les plus célèbres sont de Domenico, Cornazano et Guglielmo Ebreo, donnent une description fascinante de détails chorégraphiques, mais malheureusement nous parlent très peu de la musique ; nos renseignements viennent de deux sources où se trouvent reproduites en partie, les mêmes mélodies : un manuscrit précieux, de Bruxelles, écrit en notes d'or et d'argent sur un parchemin noir, qui fut probablement un jour en la possession de Marguerite d'Autriche, et un incunable de Michel Toulouze, *l'Art et Instruction de bien dancer*. Des documents éparpillés ont préservé un petit nombre d'autres mélodies. Toutes ces mélodies portent des titres caractéristiques en italien et en français et sont notées en une série égale de brèves noires. La notation étrange et l'origine des mélodies ont toutes deux fait naître des théories contradictoires, mais il est maintenant établi que les mélodies ne sont pas des chants populaires, comme on l'avait cru autrefois, et que certaines d'entre elles dérivent des ténors de chansons polyphoniques de Binchois, Fontaine et d'autres compositeurs. Les séries de brèves noires donnent des versions rythmiquement simplifiées de leurs modèles, comme le montre l'exemple 16, qui place le ténor de la chanson anonyme à quatre voix, *Filles à marier* (qui n'est pas la même que celle de Binchois), à côté de la basse-danse portant le même titre :

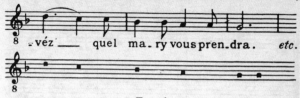

-véz___ quel ma-ry vous pren-dra. etc.

Ex. 16.

Les mélodies de basse-danse servaient de cantus firmus pour des improvisations à deux ou trois voix. Sur les tableaux représentant des basses-danses on ne manque pas de faire figurer un ensemble d'instrumentistes à vent, un trombone pour le ténor, et un ou deux *cornetti* ou des flûtes pour les voix supérieures. Une brève de la musique correspondait à un pas de la danse. Pour comprendre la notation abstraite, il faut savoir qu'il existait quatre réalisations métriques de la danse, nommées *bassa danza, quaternaria, saltarello (alta danza* ou *pas de Brabant)*, et *piva ;* la *piva* était la danse la plus rapide, la *bassa danza* la plus lente et la plus majestueuse. Toutes les brèves de cette dernière étaient allongées pour former ce qu'on appelait la *misura imperiale.*

Comme la musique consistait surtout en improvisations, il ne nous est parvenu que très peu de pièces polyphoniques, dont la plus ancienne est un arrangement à deux parties d'une mélodie connue en Italie sous le titre de *Il Re di Spagna,* et en France de *Castille la nouvelle* (exemple 17).

[LA SPAGNA]

Ex. 17.

La musique a toutes les caractéristiques d'une improvisation notée, surtout la ligne errante de la voix supérieure. Un arrangement similaire à deux parties d'une autre mélodie se trouve dans un document anglais. Plus tard des arrangements de *la Spagna* ornèrent le cantus firmus lui-même, et ils sont probablement trop stylisés pour avoir servi de musique de danse. On retrouve aussi dans les tablatures cette mélodie de *la Spagna,* qui jouit d'une grande faveur tout au long du XVe siècle, et forme ainsi le lien entre l'improvisation sur les ténors de basse-danse et l'improvisation sur des basses d'ostinato, plus courtes, de la Renaissance et de l'époque baroque.

Manfred F. BUKOFZER.

BIBLIOGRAPHIE

Early English Harmony, I, édit. H. Woolridge, Londres, 1897.

AUBRY, P., *Estampies et Danses royales. Les plus anciens textes de musique instrumentale au Moyen âge,* Paris, 1907.

FARAL. E., *Les jongleurs en France au Moyen âge*, Paris, 1909.

GOUGAUD, H., *La danse dans les églises*, « Revue d'histoire ecclésiastique », XV, 1, 229, 1914.

WOLF, J., *Die Tänze des Mittelalters,* « Archiv für Musik-wissenschaft », I, 10, 1918.

GENNRICH, F., *Rondeaux, Virelais und Balladen,* « Gesell-schaft für romanische Literatur », vol. 43, 47, 1921-1927.

LA BASSÉE, Adam de, *Ludus super Anticlaudianum,* Lille, 1930.

HANDSCHIN, J., *Über Eſtampie und Sequenz,* « Zeitschrift für Musikwissenschaft », tomes XII, 1, XIII, 113, 1929-1930.

HANDSCHIN J., *Die Rolle der Nationen in der mittelalterlichen Musikgeschichte,* « Schweizerisches Jahrbuch für Musikwis-senschaft », V, 1931.

GENNRICH, F., *Formenlehre des mittelalterlichen Liedes,* Halle, 1932.

SCHRADE, L., *Die Messe in der Orgelmusik des 15. Jahrhunderts,* « Archiv für Musikforschung » I, 150, 1936.

Le Manuscrit du Roi, édit. J. Beck, Philadelphie, 1938.

DE GROCHEO, G., *De Doctrina musicali,* édit. E. Rohloff, Leipzig, 1943.

ROKSETH, Y., *Danses cléricales du XIIᵉ siècle,* Publications de la Faculté des lettres de l'Université de Strasbourg, fasc. 106, 93, 1945.

CHAILLEY, J., *Notes sur la transcription de la ballette de la Reine d'Avril,* « Revue belge de Musicologie », I, 109, 1947.

CHAILLEY, J., *Un document nouveau sur la danse ecclésiaſtique,* « Acta musicologica », XXI, 18, 1949.

BUKOFZER, M., *Studies in Mediaeval and Renaissance Music,* New York, 1950.

PLAMENAC, D., *Keyboard Music of the 14 th. Century in Codex Faenza 117,* « Journal of The American Musicological Society », IV, 179, 1951.

PLAMENAC, D., *New Light on Codex Faenza 117,* « Kongress-bericht, Internationale Gesellschaft für Musikwissenschaft », 310, Utrecht, 1952.

LA MUSIQUE
DE MACHAUT À DUFAY

L A mort de Machaut (1377) priva les musiciens de
l'École française d'un chef sans égal. Son œuvre
fit tellement autorité qu'elle ne laissa guère à la génération suivante la liberté de chercher sa voie. C'est
pourquoi peu de nouveautés et d'idées originales se
firent jour. L'invention de formes nouvelles ne comptait
pas, semble-t-il, parmi les aspirations des successeurs
de Machaut et ils se contentèrent presque toujours de
continuer, avec certains raffinements et certains développements, la voie qu'il avait tracée. L'art de la ballade, qui, chez Machaut, résume en quelque sorte
l'ensemble de son œuvre, connut une complexité accrue,
sans que la finesse de cet art surpasse en rien celle du
grand ancêtre. Néanmoins, il y eut certaines modifications
qui, sans provoquer de transformation importante,
amenèrent un changement dans l'intérêt et l'importance accordés à certains aspects de la ballade. Tandis
qu'elle devenait plus complexe, ses sujets devenaient
plus variés et plus étendus. Consacrés à des commémo-
rations, à des événements politiques et à des panégy-
riques, les textes de la ballade dépassèrent de loin le
cadre traditionnel des sujets amoureux. Il faut noter
toutefois que Machaut, dans ses ballades sans musique,
avait déjà abordé de nombreux sujets. Et avec l'adoption
de textes latins (pour quelques rares exemples, cf. le
manuscrit de Chantilly, musée Condé, 1047), certaines
caractéristiques du motet même envahirent la ballade.

Tandis que les formes profanes demeuraient en général
prépondérantes, c'est le rondeau qui, de plus en plus,
attirait l'attention des compositeurs. La simplicité de
sa structure entraîna une plus grande simplicité de
composition, qui était évidemment en conflit avec le
style compliqué de la ballade. A partir de 1400, le rondeau

fit de rapides progrès et, dès 1420, il surpassait de beaucoup la ballade dans la faveur des compositeurs.

Le motet subit un changement considérable, non pas dans sa structure fondamentale, mais dans la place qu'il occupait et le but qu'on lui assignait. Les motets de Machaut faisaient partie de son abondante production de musique profane, la majorité étant composée de motets doubles, en français, sur des sujets amoureux. Bien que l'œuvre d'un Philippe de Vitry, par exemple, manifeste des aspects très différents, c'est la conception de Machaut qui eut, pendant un certain temps, le plus d'influence. Ceci, semble-t-il, est confirmé par les règles établies pour les Enfants de la Sainte-Chapelle du Palais vers 1350. Ces règles demandaient aux chantres de connaître à fond « mottez, balades et teles choses », et d'être en même temps « souffisamment introduiz au chant de l'église », ce qui indique que le motet était classé dans la musique profane. Vers la fin du siècle cependant, les caractéristiques du motet de Philippe de Vitry s'imposèrent de plus en plus pour remplacer bientôt le modèle donné par Guillaume de Machaut. Le latin redevint la langue prédominante et le motet fut consacré à des sujets religieux; il servit d'œuvre dédicatoire; il fut associé à des événements importants; parmi les sujets religieux, le culte de la Sainte Vierge était le plus important. Ainsi certains sujets liés au motet pendant la première moitié du siècle, sauf chez Machaut, reprirent-ils une place prépondérante.

Pendant cette période de transition, qui va de Machaut à Dufay, la mise en musique de la messe prit de l'importance, les ordinaires cycliques de la messe demeurant cependant de rares exceptions. A vrai dire, la messe ne se libéra pas entièrement des formes et des styles qu'elle avait adoptés pendant le XIVe siècle. Mais, sans tenir compte de l'évolution de son style, on peut dire que la messe en musique devint un genre plus courant. Certes, on continua à mettre en musique des parties isolées, mais le cycle complet commença à attirer les compositeurs et se présenta comme un nouveau problème artistique.

LES FOYERS DE CULTURE MUSICALE

La culture musicale conservait de solides racines à la cour et dans l'Église. Les cathédrales de Paris, Rouen, Chartres, Cambrai étaient de remarquables centres de musique religieuse, tandis que la musique de cour était toujours hautement appréciée chez le roi et dans les palais de la famille royale à Paris, comme à la cour des ducs de Berry, de Bar, d'Orléans, de Bourgogne, et de bien d'autres. La puissance politique croissante de la Bourgogne a conduit certains commentateurs à déclarer que le centre de la vie musicale n'était plus la France proprement dite, ou plus exactement Paris, mais la cour de Bourgogne. Cela n'est qu'en partie vrai. Sans retirer de leur importance aux centres musicaux plus anciens, la Bourgogne joua en quelque sorte un nouveau rôle. En fait, cela ne se produisit guère avant Philippe le Bon, et peu de temps avant le second quart du XVe siècle. Comme ils employaient un grand nombre de musiciens, les ducs de Bourgogne acquièrent peu à peu la réputation de posséder la plus belle chapelle. Mais les activités musicales des autres cours ne diminuaient pas pour autant, et Paris surtout conservait la réputation d'avoir en permanence, ou temporairement, les compositeurs les plus éminents. Il ne faut pas oublier, non plus, qu'avant Philippe le Bon, les ducs de Bourgogne séjournaient plus fréquemment à Paris que dans leurs propres provinces. Jean sans Peur préférait sa résidence parisienne aux cités bourguignonnes.

LES MÉNESTRELS

Les ménestrels — nous connaissons le nom de beaucoup d'entre eux — remplissaient leurs fonctions partout où allaient leurs princes : dans leurs voyages, dans leurs missions politiques, aux fêtes de toutes sortes. Le nombre de ménestrels attachés au service d'un prince était l'indication de sa magnificence. Plus il était brillant et puissant, plus les activités musicales de sa cour avaient d'éclat. Bien qu'il y eût une distinction très nette entre les ménestrels, d'une part, et les chapelains, clercs et chantres, d'autre part, la musique elle-même, sacrée ou profane, exigeait une étroite collaboration entre eux. Il est certain qu'une telle coopération résultait directement de la communauté de style qui régnait entre la musique profane et la musique sacrée. Les musiciens pratiquaient, d'une cour à l'autre, des échanges constants. Certains vinrent en France à la suite de leurs maîtres, d'Italie, d'Angleterre, d'Espagne et d'Allemagne. L'aristocratie, typiquement internationale, de la culture médiévale offrait ainsi aux musiciens maintes occasions de se familiariser avec tous les langages et tous les modes d'expression. Lorsqu'ils rendaient visite à diverses cours, on comparait et on critiquait leurs mérites. Ce sont de telles épreuves qui ont très probablement permis d'établir que les musiciens de Philippe le Bon étaient parmi les meilleurs. Chaque fois qu'il s'attachait de nouveaux chanteurs ou ménestrels, Philippe le Bon se montrait très difficile et très prudent avant de prendre une décision, mais il est probable que la plupart des princes, qui étaient tous connaisseurs et souvent musiciens eux-mêmes, agissaient ainsi.

De même que des ménestrels de divers pays vinrent en foule à la cour des nobles français, de même des musiciens français se rendirent à l'étranger, surtout en Italie, et en particulier à la cour du pape. Les documents de la chapelle pontificale portent les noms de musiciens de France et de Bourgogne, témoignant ainsi du rôle prépondérant joué par la France dans la musique de la fin du Moyen âge. Il est très possible que les échanges artistiques entre Français et Italiens se soient développés considérablement depuis l'époque du schisme d'Occident, et la situation exceptionnelle des compositeurs français est attestée par le grand intérêt que témoignaient les Italiens pour la musique française. La plupart des textes auxquels nous pouvons nous référer, ont été copiés en Italie; il en est ainsi des manuscrits de Chantilly (musée Condé, 1047) et d'Oxford (Bodleian Library, Canonici, 213), deux des recueils les plus importants de cette époque.

LES COMPOSITEURS

Le manuscrit de Chantilly, avec son répertoire qui va de 1369, au moins (*Dame doucement* — *Doulz amis*, de Vaillant, qui était probablement parisien), jusqu'aux environs de 1390, ne compte pas moins de trente-deux noms de compositeurs, parmi lesquels se trouve Machaut à côté d'Andrieu, qui mit en musique une complainte d'Eustache Deschamps sur la mort de Machaut. La plupart de ces compositeurs ne sont représentés que par une ou deux œuvres, que l'on ne retrouve nulle part ailleurs, et leur nom apparaît à peine dans les documents. Des musiciens tels que Solage, Trebor, Jean Vaillant, Senleches, Suzay étaient plus proches de Machaut et des représentants authentiques du xive siècle, tandis que Hasprois, Tapissier, Cesaris, Carmen vivaient encore au début du xve siècle, les trois derniers étant considérés comme les aînés de Binchois ou de Dufay. Dans le passage si souvent cité de son *Champion des Dames* (1440 environ), Martin le Franc les cite tous les trois ensemble :

> Tapissier, Carmen, Cesaris
> N'a pas longtemps si bien chantèrent
> Qu'ilz esbahirent tout Paris
> Et tous ceulx qui les frequentèrent.

Mais il y en avait d'autres : Nicolas Grenon était au service de Philippe le Hardi en 1385; en 1399 il succéda à son frère, Jean, au chapitre du Saint-Sépulcre à Paris, où il demeura jusqu'à 1401. Ensuite il se rendit à Laon. En 1408, et entre 1421 et 1424, il enseigna la musique à la cathédrale de Cambrai. Les documents montrent qu'en 1412 il était au service de Jean sans Peur. De 1425 à 1428, il fit partie de la chapelle pontificale, et en 1449 il avait repris ses activités à Cambrai. Pierre Fontaine, qui venait de Rouen, appartint, ainsi que Grenon, à la chapelle de Philippe le Bon en 1419, mais il était au service du duc de Bourgogne sous Philippe le Hardi. Guillaume Le Grand, dont le nom figure aussi dans les documents de Bourgogne

en 1419, apparaît ensuite à Rouen. Après avoir été
chantre à la cathédrale de Chartres, Jacques de Temple-
neuve devint maître de chapelle en Bourgogne, fonction
qu'il occupa jusqu'en 1435. Thomas Hoppinel était
« maître des enfants » à Notre-Dame de Paris (1410),
tandis qu'Étienne Grossin y exerçait les fonctions de
clerc de matines depuis 1421. Jacques Vide, qui habitait
Paris et avait des rapports avec la cour, se rendit en
mission à la cour de Bourgogne en 1428. Richard de
Loqueville, « joueur de harpe » du duc de Bar, au moins
jusqu'en 1410, fut nommé à la cathédrale de Cambrai en
1413, et mourut en cette ville en 1418. D'autres noms ne
feraient qu'allonger cette liste, où les dates n'apparaissent
que sporadiquement, les documents ne nous fournissant
jamais une chronologie complète. On retrouve la trace
de Jean Vaillant (dans le manuscrit de Chantilly) assez
tôt dans le XIVe siècle; cependant, il est certain qu'il
travaillait à Paris au début du XVe siècle. Un certain
Jacquemart le Cuvelier, originaire de Tournai, musicien
du roi Charles V, est mentionné dans les documents à
la date de 1380. Il est également représenté dans le
manuscrit de Chantilly, et cité par l'auteur anonyme des
Règles de la seconde rhétorique. En revanche, aucune composition de Jean des Noiers, dit Tapissier, qui apparaît
également dans un document de 1380 ainsi que dans les
Règles, n'est contenue dans le manuscrit de Chantilly.
Un motet, dont on peut fixer la date, prouve que Tapissier devait être encore vivant en 1417. En fait, aux environs de 1440, Martin le Franc le louait d'avoir charmé
les Parisiens « il n'y a pas si longtemps ». Johannes
Cesaris est représenté dans le manuscrit de Chantilly,
mais par un *ténor* seulement, tandis que l'œuvre de Carmen
n'apparaît que dans des sources moins anciennes. Mais
il se pourrait que Jean Simon de Haspres (Hasprois),
représenté par deux compositions dans le manuscrit
de Chantilly, appartienne à une génération antérieure
à celle de Tapissier. Ainsi, nous nous trouvons en face
d'un mélange confus de dates et de faits. Quelle différence d'âge y avait-il entre Vaillant et Tapissier, entre
Hasprois et Carmen? Tapissier et Grenon appartiennent-ils à des générations tout à fait différentes? Les
dates les plus anciennes que l'on connaisse sont 1380
pour l'un, pour l'autre 1385. Grenon a dû mourir

très vieux, car il apparaît encore dans les documents
de 1449. Peut-on affirmer que Loqueville est mort jeune
(1418) alors que sa musique se rapproche de celle de
Grenon? Ces nombreux compositeurs, entre Machaut
et Dufay, étaient-ils tous des compositeurs mineurs,
qui n'avaient pas assez de talent pour favoriser une
évolution de la musique? La remarque de Martin le
Franc ne semble pas témoigner de l'infériorité de Tapissier, de Carmen ou de Cesaris. Nicolas Grenon n'était
pas non plus un homme de tempérament médiocre.
Toutes ces confusions et ces incertitudes sont caractéristiques d'une période de transition. Prise séparément,
l'œuvre de chaque compositeur n'est pas assez étendue
pour nous fournir des éclaircissements sur la musique
de l'époque. Entre Machaut et Dufay il n'y a pas,
semble-t-il, un seul compositeur qui, à lui seul, ait provoqué d'évolution. Par contre, l'ensemble de leurs
œuvres présente un tableau assez clair, qui nous conduit
à juger l'époque à travers les différentes catégories
musicales : ballades, rondeaux, virelais, motets et messes,
plutôt que par l'intermédiaire de personnalités artistiques
isolées.

LA CHANSON PROFANE

Les deux manuscrits, celui de Chantilly et celui
d'Oxford (fascicules 5-8) fixent les limites de cette
période de transition. Celui de Chantilly a un répertoire
profane de 70 ballades, 11 virelais et 18 rondeaux,
tandis que celui d'Oxford ne contient que 19 ballades,
8 virelais et 79 rondeaux. Ces répertoires reflètent de
l'un à l'autre exactement l'évolution de cette époque.
Le processus qui a abouti au résultat final a été long et
tortueux.

LA BALLADE

Tout d'abord, les jeunes successeurs de Machaut se
sont efforcés de surpasser leur maître en multipliant
les procédés artistiques et les dimensions de la ballade.
Ils se montraient parfaitement logiques en continuant à
donner la prépondérance à la ballade. Car les motets
avaient occupé une phase intermédiaire de la vie de

Machaut, alors qu'il avait composé ses ballades au début et à la fin de sa carrière, les portant à un haut degré de raffinement. C'est précisément cet élan donné par Machaut qui força ses successeurs à aller encore plus loin. La longueur de la ballade fut doublée et le refrain traité à part. Des traits stylistiques et des procédés réservés aux motets à l'époque de Machaut y firent leur apparition. A la fin du siècle la ballade égalait certainement les recherches du motet, mais elle en avait aussi usurpé d'autres privilèges. Trebor composa des ballades dédicatoires, adressées à des personnalités princières, en des occasions particulières. C'est ainsi qu'il dédia ses deux ballades *Se Alixandre* et *Se July Cesar* à Gaston Phœbus, comte de Foix. Sa ballade *En seumeillant*, écrite après 1389, s'adresse à Jean Ier d'Aragon pour chanter les louanges de sa conquête de la Sardaigne. Les meilleures occasions de composer des ballades s'offraient lorsque les circonstances exigeaient un grand faste : par exemple, les mariages princiers. Trebor célébra un événement de ce genre dans sa ballade *Passerose de beauté,* composée probablement pour le célèbre double mariage de Cambrai en 1385. Il est possible que l'accroissement de la longueur de la ballade et les raffinements dont elle était l'objet viennent du rôle qu'elle jouait dans ces fêtes. Trebor, cependant, ne faisait pas de différence entre la ballade amoureuse traditionnelle et la ballade de circonstance; pour lui, comme pour les autres, « arma et amor » étaient toujours étroitement unis. Mais il est probable que dans *S'aincy estoit,* ballade de Solage, écrite en hommage à Jean, duc de Berry, et à lui dédiée, l'abondance de coloratures plus complexes et plus rapides veuille élever l'œuvre à la hauteur de l'intention.

Tous les compositeurs n'étaient pas d'accord sur l'extension illimitée de la ballade : Hasprois semble y avoir été opposé. Il s'en tient aux dimensions de la ballade de Machaut, allant même jusqu'à les réduire. Sa ballade *Ma doulce amour* (dans les manuscrits de Chantilly, d'Oxford, etc.), conservait les raffinements et la longueur de ballades plus anciennes, mais les coloratures, stéréotypées, avec des répétitions de motifs, avaient perdu la finesse d'autrefois qu'un Vaillant (ms. de Chantilly) possédait encore. Vers la fin du siècle,

quelques compositeurs recherchaient plutôt la simplicité que la complication. Il se peut que cette tendance
soit due à une prédilection pour le rondeau, ou à une
réaction contre la complication, sans que celle-ci fût
tout à fait victorieuse. Pour Hasprois, par exemple,
partisan de la simplification, une courte ballade comme
Se mes deux yeux (ms. d'Oxford), qui ne contient que
vingt-neuf mesures, n'était réalisable qu'en réduisant
la mélodie à un style purement syllabique. Même lorsque
la ballade servait d'œuvre de circonstance, elle pouvait
se simplifier. Ainsi, Jean Le Grand, dans la ballade
intitulée *Entre vous nouviaux mariés,* composée pour un
mariage, poussa la simplification encore plus loin que
Dufay, dans sa ballade de 1423 dédiée à Carlo Malatesta,
Resveillies vous et faites chiere lye. Et lorsque la ballade eut
abandonné au rondeau le rôle de pièce de circonstance,
libérée, une fois de plus, elle rejoignit à nouveau le
motet.

Mais à l'époque de Hasprois, il n'existait aucune
unité des idées artistiques. Si Baude Cordier était plus
jeune que Hasprois (son œuvre a été ajoutée au manuscrit
de Chantilly après que celui-ci avait été terminé; il est
surtout représenté dans le manuscrit d'Oxford) la
différence d'âge ne peut pas avoir été bien grande, et
pourtant Cordier était nettement en faveur du rondeau.
Il ne subsiste de lui qu'une seule ballade, *Dame excellent*
(quatre voix, pour deux déchants, ténor instrumental
et contra-ténor, ms. d'Oxford, folio 116), tandis que
le reste de son œuvre est constitué par des rondeaux.
Par ses changements fréquents de « proportions »,
l'ordonnance rythmique de la ballade a des racines
profondes dans la fin du XIVe siècle, mais le style syllabique de la mélodie indique clairement l'avenir.

LE RONDEAU

Johannes Cesaris, tout comme Cordier, se consacre
surtout au rondeau. Nous ne connaissons qu'une seule
ballade, *Bonté, bialté* (Florence, Panciatichi 26, f. 14')
et un ténor pour *Le dieus d'amours*. Toutes ses autres
œuvres profanes sont des rondeaux. Ses compositions
présentent d'ailleurs différents aspects de style. Certes,
sa ballade a toutes les complexités du genre. Mais

Cesaris soumet également le rondeau aux mêmes
raffinements subtils. *Se par plour ou par dueil mener*
(manuscrit d'Oxford, f. 110), avec deux textes différents
(seul l'*incipit* est commun aux deux voix), a des changements de mesure, des syncopes et une ornementation
fleurie qui dérivent de la ballade. Cesaris semble réduire
les contrastes de style en empruntant au motet la superposition de deux textes différents et à la ballade sa
structure complexe. D'autre part, la simplicité du double
rondeau *Pour la doulour — Qui dolente* (ms. d'Oxford,
f. 84′) contraste nettement avec les autres compositions,
bien qu'elle résulte probablement de l'emploi des seuls
moyens vocaux (deux voix). Différents éléments apparaissent dans chaque œuvre et aucun ne peut être considéré comme prédominant. On ne peut pas dire non
plus laquelle des neuf compositions de Cesaris représente
le mieux ses intentions.

Qu'ils aient été pénétrés d'une tradition trop forte
ou bien qu'ils aient été indécis quant aux voies à suivre
en vue de nouvelles découvertes, presque tous les
compositeurs travaillèrent dans des directions diverses,
jusqu'au moment où Dufay et sa génération apportèrent
une clarté nouvelle. Certains compositeurs séparèrent
le style du rondeau de celui de la ballade, d'autres
comme Cesaris, les unirent. Richard de Loqueville
affranchit sa ballade *Quant Compaignons* (ms. d'Oxford,
f. 90), de toute complication. En faisant usage d'un
style simple et syllabique, il ramène la ballade aux
dimensions d'un rondeau, et donne à son rondeau *Je
vous pri* (ms. d'Oxford, f. 91′, 92) une finesse très supérieure à celle d'une simple ballade. Des mélismes,
placés çà et là, servaient à faire ressortir des symétries
de structure. En fait, Loqueville compose *Je vous pri*
comme une petite œuvre d'art précieuse et parfaitement
équilibrée. Le rondeau *Pour mesdisans* (ms. d'Oxford,
f. 96′) peut également être considéré comme l'un des
meilleurs que Loqueville ait écrits. L'amélioration de
la technique et le soin qu'il apporte à les écrire confirment
la position favorable du rondeau en 1410.

Si l'existence de tendances diverses, presque contradictoires, caractérise cette époque, Nicolas Grenon fut
certainement un des compositeurs les plus représentatifs de ces divergences. Certes, comme les autres, il

préférait le rondeau, mais il ne semble pas avoir tout à fait considéré le genre comme susceptible d'être simplifié. Il ne se montre pas d'ailleurs nettement partisan de la simplification de la composition musicale. Sa ballade *Je ne requier de ma dame* est encore divisée en sections, comme les œuvres des compositeurs contenues dans le manuscrit de Chantilly. Il traite le refrain séparément et lui donne presque la longueur du couplet. L'apparence extérieure appartient au passé, mais la structure interne est nouvelle. L'écriture du dessus perd beaucoup de sa subtilité passée; Grenon rend la mélodie plus claire au moyen de groupes et grâce à un mouvement rythmique régulier. Nicolas Grenon poussa encore plus loin la simplification lorsqu'il s'occupa du virelai. Des phrases courtes mais complètes, syllabiques de préférence, un emploi bien équilibré des mélismes contribuèrent énormément à la clarté du style dans *La plus belle et doulce figure*. Son rondeau *La plus jolie et la plus belle,* entièrement vocal (trois voix), est d'un style syllabique tout à fait dépouillé, et sa texture note contre note, très simple, ressemble beaucoup à la *Pastourelle en un vergier* de Pierre Fontaine.

Mais le style de Grenon présente d'autres aspects. Dans son célèbre rondeau *Se je vous ay,* on aurait du mal à reconnaître le même compositeur, si la paternité de l'œuvre n'était indiscutable. *Se je vous ay* ou *Je suy defait* appartiennent simplement à des conceptions musicales différentes, peut-être même aussi à une ambiance différente. Dans *Se je vous ay,* on sent l'influence très proche de Cesaris, avec qui Grenon partage la complexité de procédés plus habituels à la ballade qu'au rondeau. Mais d'où viennent ces formes d'une simplicité frappante ? Quelle est la cause réelle de ce processus de simplification en conflit direct avec les subtilités d'écriture ? On ne peut répondre nettement.

LE VIRELAI

On a proposé des explications qui font preuve de plus de parti pris que d'exactitude historique. On a affirmé à propos des virelais de Chantilly : « Cette collection de virelais a très probablement été écrite et composée dans le Nord du territoire de langue française où l'in-

fluence flamande se faisait sentir. Il y a peut-être un
écho de la poésie villageoise du xiiie siècle, dont le
babil contraste si vigoureusement avec la rhétorique
solennelle des ballades élégantes. L'accompagnement
musical possède une certaine gaieté insouciante et il
est, par comparaison avec les ballades, d'une simplicité
presque rustique. » (Urban T. Holmes, cité par Apel,
French Secular Music, p. 16.) Mais, en fait, il n'y a pas
de simplicité dans la musique des virelais du manuscrit
de Chantilly, et le paysan de *Sus un fontayne* de Johannes
Ciconia, par exemple, devait être un bien curieux
personnage. Il serait fallacieux de vouloir identifier la
simplicité avec l'esprit flamand, qui serait le représentant des manières rustiques. Le virelai est tout autant
destiné à divertir la noblesse cultivée que la ballade et
le rondeau.

D'autres explications feraient attribuer l'apparition
de nouveaux éléments stylistiques aux influences italiennes. Ces influences, si elles ne sont pas impossibles,
demeurent pour l'instant très hypothétiques. Il est exact
que beaucoup de musiciens se trouvaient en Italie, mais
il est également vrai que certaines de leurs œuvres les
plus maniérées ont vu le jour en Italie. Avant tout, le
fait qu'il ne nous reste qu'une poignée d'œuvres devrait
exclure toute généralisation hâtive.

L'œuvre profane d'Arnold et de Hugo de Lantins
fournit une autre preuve des hésitations et des incertitudes qui semblent caractériser une génération de transition. Certes, ils avaient tous les deux une préférence
marquée pour le rondeau, ainsi qu'un goût particulier
pour la chanson à deux voix (cantus et ténor) et un
instrument d'accompagnement (contraténor), mais, à
tout autre égard, ils font preuve d'une variété étonnante.
Le rondeau d'Arnold, *Esclave à dueil,* est bien plus
complexe que sa ballade syllabique *Puisque je suy.* Et si
Je suy exent, de Hugo, donne à la chanson sa forme la
plus subtile, son trio vocal, *Plaindre m'estuet,* renonce à
toute prétention et à tout artifice. La diversité des types,
la variété des directions, les mélanges et même les
contradictions, tous ces phénomènes semblent faire
partie intégrante de cette époque intermédiaire.

Selon Martin le Franc, Carmen, Cesaris et Tapissier
charmèrent les Parisiens. Si l'œuvre de Cesaris repré-

sentait l'aspect profane de la musique, on n'a conservé
aucune œuvre profane de Carmen ou de Tapissier. Et
pourtant, les Parisiens n'auraient pu être seulement
charmés par la gravité de leur musique sacrée. Ce qui
nous reste de leur œuvre demande à être jugé avec
précaution, car il serait dangereux de conclure, d'après
les quelques fragments qui nous sont parvenus, que
Cesaris se consacrait à la musique profane, et Carmen ou
Tapissier à la messe et au motet.

LE MOTET

Aux environs de 1400, les compositeurs français de
motets avaient hérité de la structure isorythmique. L'isorythmie témoignait, mieux que toute autre chose, d'un
sens très développé de la construction chez les musiciens
du XIVe siècle. C'était un principe si puissant qu'il
continua à servir de guide aux compositeurs. Le genre
du motet et la structure isorythmique devinrent pratiquement identiques. Il est maintenant clair qu'une
disposition aussi rationnelle n'aurait pu se développer
au-delà de ce que la génération de Machaut avait déjà
accompli, sans une application plus complète de l'isorythmie à toutes les parties du motet. C'est exactement
ce qui s'est passé. Avant et après 1400, les motets,
régulièrement et systématiquement, incorporaient des
motifs isorythmiques dans toutes leurs parties.

Bien que, dans le manuscrit de Chantilly, le motet
ne vienne qu'en second — après les compositions
profanes —, il demeurait pourtant d'une grande noblesse.
Il n'y a dans le manuscrit de Chantilly que 13 motets,
pour 99 ballades, rondeaux et virelais. Si l'on ne tenait
pas compte de la forme fixe de la ballade, le *Inclite flos,*
composé par Mayhuet de Joan, pourrait être classé
avec les motets puisque cette œuvre dédiée au pape
Clément VII avait le même but.

Écrits à l'occasion de grandes cérémonies, ou pour
célébrer des événements importants, les motets conservèrent un très haut rang dans la hiérarchie des formes
musicales, bien que, pendant toute cette période, ils
aient été surpassés en nombre par les compositions

profanes. Les trois compositeurs dont Martin le Franc fait l'éloge jouèrent un très grand rôle dans la composition des motets, mais, de Cesaris ne subsiste qu'un seul, *A virtutis — Ergo, beata* (ms. d'Oxford, f. 116'-117) [deux voix, deux instruments], qui pourrait avoir été utilisé dans un office divin. Les deux textes sont dédiés à la Sainte Vierge et le ténor est tiré de l'antienne *Benedicta filia tua a Domino* que l'on chantait à laudes, lors de la fête de l'Assomption. La structure isorythmique y apparaît comme un plan rigide. Quatre motifs, *taleae*, différents dans chacune des quatre voix, et de dix-huit mesures, sont répétés quatre fois. Comme la répétition des motifs est exacte dans les quatre voix, le motet a quatre grandes sections reconnaissables, étroitement reliées entre elles. De fréquents changements de rythme animent le mouvement vif des voix supérieures avec lesquelles le ténor et le contraténor soutenus forment un contraste frappant. Mais la disposition rythmique du *triplum* et du *motetus* est quelque peu en conflit, car l'ensemble syncopé qui est le plus complexe est suivi d'une déclamation simple et unie.

Carmen et Tapissier nous sont plus accessibles. Bien que peu abondante, leur production a été mieux préservée. Leur œuvre montre clairement la place du motet dans la vie publique. Le *Venite, adoremus — Salve Sancta aeterna Trinitas* (quatre voix) de Carmen est écrit en l'honneur de la sainte Trinité mais c'est, en fait, une prière destinée à mettre fin au schisme qui déchirait l'Église et bouleversait le monde occidental. Le texte semble faire allusion au triple schisme : « *Trinitas in personis, et una deitas... una vita, veritas, fons... ut des pacem nostris in diebus.* » En accord avec l'importance du but recherché, Carmen a composé son motet suivant un plan d'isorythmie complexe. Il est divisé en trois grandes sections; chacune a sa période isorythmique propre répétée deux fois dans chaque voix, de telle sorte qu'il y a en tout six périodes, les motifs changeant trois fois, tandis que le ténor a une répétition supplémentaire de la mélodie; dans chacune des trois sections, il y a un changement de mensuration. Cette disposition compliquée est partagée par toutes les voix. Deux instruments d'accompagnement font contraste avec le duo vocal. La mélodie, dans le *triplum* et le *motetus*, pré-

sente une déclamation simple et surtout syllabique; les
voix supérieures, étroitement liées, se meuvent avec
nombre d'entrées en imitation au commencement des
strophes. Ces caractéristiques mélodiques devaient
s'intensifier par la suite.

L'union la plus étroite des deux voix supérieures
fut réalisée au moyen du canon. Carmen l'a utilisé dans
son *Pontifici decori speculi* (à quatre voix), motet en
hommage à saint Nicolas. La combinaison d'un canon
pour les parties supérieures et d'une structure isorythmique de l'ensemble représente sans doute le plus haut
degré de rationalisme en matière de musique. Pourtant,
la trame du canon pur n'est pas ornée mélodiquement
et évite toutes les formules recherchées qui résultent
généralement du changement de « proportion ». Une
structure rigide excluait probablement tout autre mode
d'écriture. L'arrangement en canon des voix supérieures,
un style mélodique assez direct, de même que l'invention
libre du ténor, sont des caractéristiques présumées rares
dans les motets typiquement français. Ce genre de
technique, dont Johannes Ciconia semble avoir été le
principal représentant, semble plutôt appartenir à
l'Italie. Mais comme nous disposons de relativement peu
de compositions, il est difficile, là aussi, de généraliser.

Tapissier se range au côté de Carmen, non seulement
par le style mais aussi par le choix des thèmes du motet.
Lui aussi utilise le thème du schisme dans *Eya dulcis
— Vale placens* (quatre voix), prière adressée à la Sainte
Vierge pour lui demander d'en délivrer le monde
chrétien : « *Tolle scisma : ad te dirigimus corda, laudes tibi
porrigimus* » (*triplum,* seconde strophe). La structure
isorythmique du motet est combinée avec une répétition libre de la mélodie dans le ténor. Comme dans
la plupart des motets de cette époque, les textes du
triplum et du *motetus* sont étroitement apparentés, étant
consacrés tous les deux au même thème général. Nombre
de ces textes sont groupés en strophes, et le nombre
de strophes se retrouve souvent dans le nombre des
périodes isorythmiques. Bien que le motet de Tapissier
ne réalise pas de tels rapports, le principe de la concordance de la structure isorythmique avec les strophes est
aussi fréquent que nouveau.

Richard de Loqueville est si mal représenté dans les

motets qui nous sont parvenus, qu'on peut difficilement
porter un jugement d'ensemble sur son œuvre. Son
motet à saint Yves, *O flos in divo — Sacris pignoribus
dotata* (trois voix), contient toutes les simplifications
adoptées par les formes profanes. La mélodie se rapproche
déjà beaucoup du style syllabique, de brefs groupes
mélismatiques apparaissent aux cadences, généralement en accord avec la division du texte. Le rythme
oscille entre 6/8 et 3/4, soit dans une seule voix, soit dans
les rapports entre le *triplum* et le *motetus*. De temps à
autre, le mouvement rythmique des parties supérieures
est semblable, ajoutant ainsi à l'impression de simplicité
générale. Néanmoins la disposition est isorythmique
dans les trois parties. En raison de la simplification interne
et du maintien des cadences mélodiques et harmoniques en rapport régulier avec les strophes, la structure
isorythmique tend à devenir un système, une formule
abstraite appliquée de façon plus ou moins automatique.
Mais comme le style de Loqueville se rapproche de
celui de Carmen dans *Salve pater — Felix et beata,* il
ne constitue pas un phénomène isolé.

Nicolas Grenon représente mieux que tout autre la
position hésitante et incertaine d'un compositeur travaillant pour ainsi dire entre deux époques. Son œuvre
a des racines profondes dans le motet du XIVe siècle et
pourtant elle occupe une position avancée dans la nouvelle période. Il se meut dans des directions différentes,
et la variété de ce qu'il est en mesure de produire
indique exactement sa position transitoire. Cependant,
il fait preuve de constance dans son emploi de l'isorythmie. Même là, ses moyens sont vastes. Il passe
par des phases diverses qui vont de l'accumulation
de procédés multiples de mensuration (diminution) à
une application directe et schématique. *Ave virtus vir-
tutum — Prophetarum fulti* (quatre voix), motet à la
Sainte Vierge, qui repose sur le ténor du *Laetabun-
dus* de Noël, est, par sa structure, son œuvre la plus
complexe, avec un accroissement de l'accélération dans
la section diminuée. Malgré la rationalisation poussée,
la déclamation rapide, à la manière d'une récitation
monotone, principalement syllabique, conduit la mélodie vers des cadences placées à intervalles réguliers
après des phrases brèves. Malgré l'importance de sa

structure, la composition produit l'effet d'une succession rapide de petits groupes, les voix supérieures étant écrites suivant des lignes douces et coulantes. Le contraténor est en union harmonique plus étroite avec le *triplum* et le *motetus*, tandis que les longs accents soutenus du ténor ont une valeur structurale plutôt qu'une fonction de pivot harmonique dans le cadre du motet.

Dans son motet de la Trinité, *Ad honorem Sanctae Trinitatis — Coelorum regnum sempiternum* (quatre voix), Grenon s'essaie dans une voie différente. L'abondance des mélismes, faits d'ornements subtils, n'est pas du tout compatible avec le style d'une déclamation dépouillée. Là aussi, la disposition rationnelle est accrue par une introduction en forme de canon aux voix supérieures venant avant la structure isorythmique. Mais la composition la plus claire et la moins compliquée de Grenon demeure sans aucun doute son motet de Noël, *Nova vobis gaudia* (trois voix). La structure isorythmique n'y est pas abandonnée complètement, mais toute l'isorythmie (qui consiste en trois *taleae*, répétées quatre fois, et deux *colores* répétés deux fois dans le ténor) est traitée en un système d'où résulte une composition en sections. Les périodes isorythmiques deviennent des sections terminées par des cadences à toutes les voix. Étant donné que des chevauchements constants, qui évitent les coïncidences de groupes et les cadences marquées à la fin des périodes, lui sont essentiels, la simplification effectuée par Grenon touche au cœur même de la nature de l'isorythmie. Sans changements de mensuration dans les sections, le motet de Grenon coule naturellement du début à la fin. Les phrases mélodiques brèves et concises du *triplum* et du *motetus* sont souvent reliées ensemble par de brèves imitations. Le rapport entre les deux voix est encore rendu plus étroit par l'élimination d'une des caractéristiques essentielles du motet : la diversité des textes. Ici, le *triplum* et le *motetus* chantent le même texte. S'il est vrai, comme le veut la théorie, que la forme la plus simple soit chronologiquement la plus récente, le motet *Nova vobis gaudia* doit appartenir à la dernière période de Grenon. La distance qui sépare le style du motet (à l'exception de sa structure) de celui du simple rondeau s'est réduite. Mais Grenon n'écrit jamais d'une manière uniforme. Un motet comme *Plasmatoris — Verbigine* (quatre voix) tend vers une richesse d'ornementation qui n'est pas sans rappeler celle de certaines œuvres de Carmen. En conséquence, il n'est pas de motet de Grenon qui présente un caractère assez marqué pour que l'on puisse dire qu'il est typiquement sien ou exclusivement moderne.

LA MESSE

On a toujours dit que le xɪvᵉ siècle n'avait guère cherché à cultiver la polyphonie dans la messe, qu'il avait laissé les formes profanes dominer le répertoire. Ceci est indiscutable. De plus, si nous considérons l'état de dépendance dans lequel se trouvait la messe, la supériorité de la musique profane paraît encore plus évidente. L'adaptation complète des styles et des moyens d'exécution profanes ne laissait que très peu de place à un style propre à la messe. Néanmoins, la musique sacrée occupait une place solide et était beaucoup plus en faveur que ne le suggèrent les compositions qui nous sont parvenues. Bien des documents témoignent du goût des princes pour la musique aux offices. Les chapelles des cours résonnaient d'autant de musique sacrée que les cathédrales des cités et, au début du xvᵉ siècle, la musique liturgique se développe.

C'est à la musique profane que la messe emprunta l'emploi de la voix solo avec ténor et contraténor instrumentaux. C'est l'usage le plus répandu. Mais il y avait d'autres formes qui, en apparence, adoptaient des modèles différents. C'est évidemment le motet qui a servi de modèle pour l'emploi du texte de la messe dans les deux parties supérieures, avec une seule partie instrumentale d'accompagnement. Cette combinaison, toutefois, permit des dispositions de texte fort étranges. Richard de Loqueville en offre un exemple très intéressant dans l'un de ses *Gloria*. Les strophes sont réparties entre les deux voix supérieures sans aucune régularité ; à la fin, deux strophes différentes apparaissent simultanément. Tandis qu'une des voix chante les paroles,

l'autre fait fonction d'instrument d'accompagnement.
Une grande variété s'observe également dans les parties
de la messe mises en musique par Hugo de Lantins.
Dans son *Gloria* (ms. d'Oxford, f. 58'), les paroles
sont données au *triplum* et au ténor, le contraténor
étant exécuté sur un instrument. Dans un autre *Gloria*
(ms. d'Oxford, f. 59'), il répartit les strophes entre
les trois voix de façon si irrégulière que toute participation cohérente des voix et des instruments est impossible (en admettant, bien entendu, que la version
conservée dans les manuscrits soit correcte).

La plus importante est la forme purement vocale.
Généralement à deux et trois voix, elle va de pair avec
une alternance de dispositions structurales qui s'appliquent principalement aux parties disposant d'un long
texte, le *Gloria* et le *Credo*. La structure alternée des
compositions polyphoniques a certainement été encou-
ragée par l'alternance observée dans l'exécution des
Gloria et des *Credo* psalmodiés. Les mouvements polyphoniques cependant n'alternent pas strictement strophe
après strophe. Les strophes sont combinées en un groupe
et l'alternance procède alors par groupes. Deux et trois
voix alternent suivant le groupement des strophes. Le
duo est traité comme un solo, le trio comme un chœur,
ainsi qu'il est indiqué dans les manuscrits.

Guillaume Le Grand et Hubert de Salins semblent
avoir préféré la messe alternée, mais Loqueville a écrit
également un *Gloria* dans ce style, ce qui entraîne une
distinction entre *versus* et *chorus*. Beaucoup de ces mouvements, entièrement vocaux, ont acquis un style qui
leur est propre, et peut-être est-ce là le seul style authentique de la messe. Strictement syllabique, la composition
possède une texture note contre note, le rythme étant
le même dans toutes les parties ou ne variant que très
peu. Guillaume Le Grand est le représentant principal
de ce type de messe.

En général, les messes sont beaucoup moins compliquées que les autres formes musicales, et les plus simples
sont purement vocales. Mais même les mouvements
qui imitent des œuvres profanes sont moins compliqués
que leurs modèles. Le *Credo* de Tapissier (ms. d'Apt,
f. 34'), qui est presque entièrement écrit note contre
note, en offre un exemple convaincant. Pourtant certains

procédés artistiques, tels que l'isorythmie ou le canon, se trouvent dans les parties supérieures. Particulièrement intéressants sont les duos vocaux en forme de canon, de mouvements alternés, ancêtres même des *bicinia* (chants à deux voix) de la polyphonie chorale à venir. On ne renonce pas entièrement au style recherché, comme le prouve le long « Amen » du *Credo* de Jean Franchoys, dont le développement rappelle les « Amen » du manuscrit d'Ivrée (xivᵉ siècle).

Certains *Gloria* ou certains *Credo*, tels ceux de Hugo de Lantins ou de Loqueville, offrent un aspect particulier. Nous y trouvons une déclamation syllabique concise qui ressemble tout à fait à une récitation *recto tono* (comparer le motet de Grenon, *Nova vobis gaudia*, au *Gloria*, ms. d'Oxford, f. 59′, de Hugo de Lantins) et convient particulièrement bien au *Gloria* et au *Credo*, dont le chant est influencé par la psalmodie. Comme ce genre de mélodie déclamatoire est conforme à la nature de la récitation des longs textes du *Gloria* et du *Credo*, nous sommes porté à croire qu'elle a son origine dans la messe plutôt que dans le motet ou le rondeau. Le *Gloria* et le *Credo* de la messe *Verbum incarnatum* d'Arnold de Lantins offrent le même type de récitation uniforme.

Cette dernière œuvre se détache du reste comme une œuvre remarquable. C'est une messe complète qui comprend l'ensemble de l'ordinaire. Les mouvements sont reliés entre eux par des variations sur le motif initial du *triplum* qui se poursuit d'un bout à l'autre de la messe, et qui apparaît ajouté au début des mouvements et aussi au début de divisions internes telles que celle du *Credo*. Cette unification de l'ordinaire de la messe sur la base de principes artistiques demeure le grand problème qui se posera à la génération de Dufay.

Léo Schrade.

BIBLIOGRAPHIE

ÉDITIONS

STAINER, J. F. R., et STAINER, C., *Dufay and his Contemporaries*, Londres, 1898.

WOLF, J., *Geschichte der Mensural Notation*, Leipzig, 1904, vol. II, III.

VAN DEN BORREN, Ch., *Polyphonia Sacra*, The Plainsong and Medieval Music Society, Londres, 1932.

GASTOUÉ, A., *Le manuscrit de musique du trésor d'Apt*, Paris, 1936.

MARIX, J., *Les musiciens de la cour de Bourgogne au XVᵉ siècle*, Paris, 1937.

APEL, Willi, *French Secular Music of the Late Fourteenth Century*, Cambridge, Mass., 1950.

REANEY, Gilbert, *Early Fifteenth Century Music*, (Baude Cordier, Johannes Cesaris, Johannis Carmen, Johannes Tapissier), dans *Corpus Mensurabilis Musicae*, vol. XI, I, American Institute of Musicology, New York, 1955.

The Works of Guillaume de Machaut, édité par Léo Schrade, dans *Polyphonic Music or the Fourteenth Century*, vol. II et III, Editions de l' « Oiseau Lyre », 1956.

WOLF, J., *Denkmäler der Tonkunst in Oesterreich*, vol. VII, p. 76.

LITTÉRATURE

BRENET, Michel, *Les musiciens de la Sainte Chapelle du Palais*, Paris, 1910.

BESSELER, H., *Studien zur Musik des Mittelalters*, Archiv für Musikwissenschaft VII, p. 167, 1925.

LUDWIG, F., *Die mehrstimmige Messe des 14. Jahrhunderts*, Archiv für Musikwissenschaft VII, p. 419, 1925.

LUDWIG, F., *Guillaume de Machaut. Musikalische Werke, Einleitung*, vol. 2, Leipzig, 1928.

PIRRO, André, *La musique à Paris sous le règne de Charles VI*, Strasbourg, 1930.

BESSELER, H., *Die Musik des Mittelalters und der Renaissance*, Potsdam, 1934.

DANNEMANN, Erna, *Die spätgotische Musiktradition in Frankreich und Burgund vor dem Auftreten Dufays*, Strasbourg, 1936.

MARIX, Jeanne, *Histoire de la musique et des musiciens de la cour de Bourgogne sous le règne de Philippe le Bon*, Strasbourg, 1939.

PIRRO, André, *Histoire de la musique de la fin du XIVᵉ siècle à la fin du XVIᵉ*, Paris, 1940.

Besseler, H., *Bourdon und Fauxbourdon*, Leipzig, 1950.

Schrade, Léo, *A Fourteenth Century Parody Mass*, dans Acta Musicologica, vol. XXVII, p. 13-19, 1955.

Schrade, Léo, *The Chronology of the Ars nova in France*, dans « Le colloque de l'Ars nova à Wégimont », p. 37-62, 1959.

LA CHANSON FRANÇAISE
AU XVᵉ SIÈCLE
DE DUFAY À JOSQUIN DES PRÉS
(1420 À 1480)

L E XVᵉ siècle paraît avoir été « l'âge d'or » de la chanson
française; au moment où la messe trouve son unité
interne, soit en édifiant sur un même *cantus firmus* les
cinq parties de l'Ordinaire, soit en les reliant par des
phrases initiales identiques, au moment où le motet,
de profane qu'il était, atteint au sacré et devient la
forme qu'adopteront Dufay, Ockeghem et Josquin des
Prés pour chanter les louanges de la Vierge Marie,
pour implorer sa miséricorde, pour célébrer un saint
glorieux ou pour consacrer une église, la chanson,
malgré ses proportions modestes, malgré sa forme
rigoureusement limitée, s'impose, envahit les manuscrits
en deçà et au-delà des monts et pénètre, à la fin du
siècle, jusqu'en Allemagne et même en Angleterre. Des
recueils entiers lui sont consacrés; de ces « chansonniers »
plus de trente-cinq entre 1400 et 1450, plus d'une
vingtaine entre 1450 et 1480 et, enfin, plus d'une
soixantaine entre 1480 et 1520 rassemblent ces pièces
ténues. C'est que la chanson fait partie de la vie même;
elle exprime tous les sentiments : l'amour, la joie, la
tristesse ou la mélancolie; elle relate des événements
historiques; elle est satirique, railleuse, quelquefois
même grossière; courtoise d'origine et de destination,
elle fait souvent des emprunts à un répertoire ancien
devenu populaire. Elle est appréciée de tous; elle résonne
dans les palais, mais est aussi fredonnée « ès carrefours ».
Charles d'Orléans se fait faire une robe brodée de neuf
cent soixante perles dont cinq cent soixante-huit, cousues
sur les deux manches, reproduisent tout au long le texte
et la musique de la chanson *Madame, je suis plus joyeulx;*
les dames de la cour de Ferrare, vers 1480, adoptant

cette mode, auront des manches ornées de titres de chansons, de devises. Isabelle d'Este, à Mantoue, pour sa *grotta,* fait exécuter sur le mur, en marqueterie, le célèbre canon d'Ockeghem : *Prendez sur moy,* tandis qu'à Urbin, Frédéric de Montefeltre choisit *J'ay pris amors* pour orner un panneau de son cabinet de travail. Maints monuments figurés indiquent comment l'on exécutait une chanson : c'est ainsi que la ballade *De ce que fol pense,* de Pierre des Molins, est accompagnée de harpe sur une tapisserie du début du siècle, tandis que le rondeau de Dufay, *Mon seul plaisir, ma doulce joye,* sur une miniature d'un manuscrit de la bibliothèque Estense de Modène, est confié à trois voix. Pas de grandes fêtes, pas d'entrées de souverains, pas de bals, pas de banquets sans chansons : n'évoquons que pour mémoire la somptueuse Fête du Faisan — appelée aussi Banquet du Vœu — donnée par Philippe le Bon, le 17 février 1454, alors que le duc de Bourgogne voulait entraîner les seigneurs de la chrétienté à s'armer pour reconquérir Constantinople, prise, l'année précédente, par les Turcs; sans insister sur les « entremelz » — entrées ayant lieu entre chaque service — sur la musique qui fut exécutée tour à tour dans des décors représentant un immense pâté et une église « verrée », souvenons-nous seulement que *Je ne vis oncques la pareille* fut chantée par un « iosne fils de eage de XII ans », en robe cramoisie, monté sur un cerf blanc à la ramure dorée, « merveilleusement grant et bel », et que « le dit cherf... tenoit la teneur »; qu'une femme vêtue de satin blanc, portée par un éléphant, vint représenter « Notre Sainte-Mère l'Eglise » et moduler une complainte.

La chanson, nous l'avons dit, n'était pas seulement appréciée des grands seigneurs; un voleur, condamné à mort, « qui avoit desrobé ij calices à Saint Simplice, et congneust qu'il en avoit, en son temps, desrobé XXij » clamait à haute voix, tandis qu'on le menait au supplice :

Hé! Robinet, tu m'as la mort donnée...

air que Galeas-Marie Sforza, duc de Milan, priera sa belle-sœur Yolande de Savoie de lui envoyer (en 1471) « noté » en duo, sous le superius d'une pièce italienne célèbre : *O rosa bella.*

Sur la scène, dans les mystères, dans les moralités,

dans les farces surtout, les parodies, les imitations de
chansons connues sont fréquentes et, si l'exécution à
voix seule est la plus courante, l'on voit, cependant, les
acteurs s'avancer parfois vers le public et chanter
ensemble ; il existe aussi une forme dialoguée entre solo
et chœur, un seul acteur énonçant le premier vers, la
suite étant confiée à un groupe de plusieurs personnages ;
la danse s'ajoute dans certains cas à la musique : dans le
Mistère de la Passion, joué à Mons en 1501, la « Mag-
delaine et ses demoiselles » chantent « en se desmenant
honnestement et joyeusement ». En Italie même, *J'ay
pris amors* et *Gens cors* (*Gente de corps*) seront exécutées à
trois voix au cours d'une représentation donnée à l'occasion de la venue de Ferdinand d'Aragon à Urbin en 1474.

Nous reviendrons d'ailleurs sur cette question des
chansons de théâtre, sur le répertoire auquel auteurs et
régisseurs font appel le plus volontiers.

S'il nous fallait encore d'autres preuves du succès de
la chanson française, nous les trouverions dans les
emprunts fréquents qui lui sont faits ; les *laude*, ces chants
spirituels italiens, dissimuleront sous de pieuses paroles
maintes de nos chansons ; en Italie, en Allemagne, nous
retrouvons certaines d'entre elles sous forme de pièces
polyphoniques dépourvues du texte littéraire qui les a
fait naître ; de simples titres, sans aucun rapport avec le
poème d'origine, les recouvrent ; et il est difficile de
reconnaître sous les noms de *Coda di volpe*, de *Der
Fochs schwantcz* ou de *Sancta Genitrix* un rondeau de
Jean Molinet, *Ayme qui vouldra* ; sous le titre de *Der
Pawir schwantcz* — *Rubinus* (*Der Bauern schwanz*) une
version — sans paroles et avec adjonction d'une partie
de contratenor — de la chanson à trois, *Entre Péronne
et Saint-Quentin* ou, enfin, de se rendre compte que la
pièce allemande *Elend du hast umbfangen mich* est identique
à celle de Morton appelée simplement *Motectus* et que
l'une et l'autre sont un démarquage de la chanson *Vive
ma dame par amours* ; ces exemples appartiennent à des
manuscrits postérieurs à 1460 mais, dans un recueil de
1430 environ, un rondeau de Dufay, *Craindre vous veuil*,
a déjà été écourté pour qu'on puisse y adapter le poème
italien *Quel fronte signorille* ; ailleurs, *Gentil madonna*
cache *Fortune las !* et les cas de travestissements de ce
genre sont nombreux.

Les chansons françaises, célèbres dans toute l'Europe, sont adaptées aux instruments, transcrites pour les orgues, l'épinette ou le luth, ornées de « fleuretis et brisures »; toujours vivantes, rajeunies, renouvelées, elles continueront à être recueillies, préservées et certaines d'entre elles connaîtront une vogue qui durera plus d'un siècle.

Qu'est donc cette chanson française, cette chanson courtoise d'abord qui jouit d'une telle faveur ? L'union de musique et de poésie qu'elle représente a-t-elle été un élément de son succès ? D'autres facteurs sont-ils intervenus ? Le milieu aristocratique dans lequel elle est née a-t-il exercé une influence sur son développement ? Autant de questions auxquelles nous tenterons de répondre.

Le début du XVe siècle nous apparaît comme une des périodes de l'histoire où le langage musical a subi les transformations les plus profondes; celles apportées au rythme et à la polyphonie, surtout sensibles à partir·de 1420-1430, seront si grandes que de nombreux musicologues, allemands et américains surtout, ont considéré qu'il s'agissait là d'une véritable Renaissance et utilisent couramment ce terme pour désigner la période qui s'étend de 1420 à 1520, ce qui heurte nos habitudes, accoutumés que nous sommes en France, à appeler Renaissance l'époque qui, vers 1550, voit se former le mouvement littéraire et artistique auquel se rattache la Pléiade, le style inspiré de l'antique et la musique des « odes accordées à la lyre ». Il est vrai que, dès le XIVe siècle, des compositeurs comme Matheus de Perusio, comme Johannes Ciconia de Liège tenteront d'écrire une langue moins recherchée, plus claire; parmi les prédécesseurs immédiats de Binchois et de Dufay, un Richard de Loqueville, joueur de harpe de la duchesse de Bar, un Nicolas Grenon ou un Pierre Fontaine, musiciens à la cour de Bourgogne, abandonneront, dans leurs œuvres profanes, les rythmes trop complexes, éviteront dans la marche des parties les dissonances trop rudes et donneront à une ligne simple et expressive une valeur nouvelle. Mais d'autres, à la même époque, demeureront résolument tournés vers le passé. C'est le cas de Jacques Vide, valet de chambre en 1423 de

Philippe le Bon, qui, dans *Amans, doublés* ne craint ni les frottements de seconde ni les dissonances non préparées ; c'est aussi celui de Grossin « de Paris », chapelain de Saint-Merry en 1418, clerc de matines à Notre-Dame en 1421, dont le trait mélodique est, dans *Va t'ent souspier,* alourdi par des notes répétées et coupé de trop fréquentes cadences.

Cette période de transition a été étudiée au chapitre précédent; c'est l'époque où « Tapissier, Carmen, Cesaris... esbahirent tout Paris », nous dit Martin le Franc, en 1440, dans son *Champion des Dames,* en ajoutant qu'au dire de ceux qui connurent ces musiciens — dont le dernier cité a, seul, écrit des chansons — ne « dechanterrent en mélodie de tel chois » que Guillaume Dufay et Gilles Binchois. Puis, parlant des deux grands maîtres, il précise :

> Car ils ont nouvelle pratique
> De faire frisque concordance...
> Et ont prins de la contenance
> Angloise et ensuy Dunstable,
> Pour quoy merveilleuse plaisance
> Rend leur chant joyeux et notable.

Ce texte, pour avoir été maintes fois cité, n'en a pas moins conservé toute sa valeur; Martin le Franc rapporte une opinion, sans doute admise du vivant des auteurs, selon laquelle ils ont subi l'influence d'un style nouveau, plus euphonique, plus « concordant » que l'ancien, celui de Dunstable, alors à Paris comme musicien attaché au duc de Bedford, l'oncle de Henry VI, régent chargé d'administrer les possessions françaises du jeune roi; ce serait donc au contact de la musique anglaise — et l'examen des œuvres semble corroborer cette assertion — que nous devrions sinon le goût de la mélodie, du moins l'accroissement de son importance comme aussi l'usage des vocalises étendues et fleuries, des intervalles clairs de tierces et de sixtes. Ces caractères sont communs à la musique sacrée et à la musique profane, mais si, dans les œuvres religieuses, la partie de ténor est encore la voix essentielle, la clef de voûte de l'édifice, dans la chanson, est le superius, qui aura maintenant le rôle primordial; c'est la ligne mélodique qu'il faudra songer à écrire d'abord, comme le recommande un théoricien, Ægidius de Murino : *Qui vult condere modulum fiat primo tenor... Et qui vult condere baladam, rotundellum, viriledum, psalmodiam fiat primo discantus ;* cette valeur accordée au « dessus » est un des traits les plus marquants du style nouveau, l'un de ceux qui l'opposent le plus nettement à l'écriture traditionnelle, et le fait que cette transformation se soit produite dans la musique profane accroît encore l'intérêt de celle-ci.

La mélodie, pour libre qu'elle soit ou doive être, subit, outre la contrainte qu'impose la stricte observance des règles du contrepoint, celle de la forme littéraire à laquelle elle est soumise; la ballade — au schéma musical ABA — si appréciée au temps de Guillaume de Machaut, voit sa vogue diminuer au début du xvᵉ siècle et elle disparaît presque complètement vers 1430. Les genres favoris deviennent alors le *rondeau* (qui peut être quatrain ou cinquain, selon que la strophe est de quatre ou cinq vers) et la *bergerette*, qui n'est autre qu'une sorte de virelai écourté. Le rondeau conserve le même schéma musical qu'au xiiiᵉ siècle – AB – AA – AB – AB –, la première moitié de l'œuvre, qui correspond à une demi-strophe, étant répétée cinq fois alors que la seconde ne l'est que trois. La structure de la bergerette est un peu différente : A – BB – A – A; la première phrase (A), adaptée à la strophe entière, est beaucoup plus étendue que la seconde (B) qui doit être répétée car seule la moitié du « couplet du milieu » était mise en musique; ce couplet, d'ailleurs, peut être « d'aultre lizière », c'est-à-dire écrit sur d'autres rimes que les premier et troisième, et la longueur des vers peut aussi varier. C'est donc une forme moins monotone que le rondeau, aucun fragment n'étant dit plus de trois fois; pourtant, jamais elle ne l'a emporté sur lui; chez Busnois même, considéré par un auteur des *Arts de seconde rhétorique* comme le créateur de cette forme, on n'en trouve pas plus d'une quinzaine d'exemples à côté d'une quarantaine de rondeaux; la bergerette n'avait d'ailleurs pas, alors, le privilège de la nouveauté, Grenon — qui meurt vers 1449 — l'ayant déjà adoptée longtemps auparavant quand il écrivit *La plus belle et doulce figure.* Nous disons « adopté » car, au xvᵉ siècle, c'est à choisir l'œuvre poétique que se borne le rôle du compositeur : l'ère des poètes-musiciens — à de rares exceptions près — est close; Machaut aura été l'aboutissement d'une longue chaîne, non un chef de file; les techniques musicales et poétiques deviendront tâches de spécialistes et ne seront plus confiées à un seul. Le compositeur de chansons ne semble pas craindre la monotonie engendrée par la répétition; au contraire, plus un air plaît, plus il convient de le redire pour mieux l'entendre, sans oublier qu'il est laissé au chanteur le soin de l'orner, d'y ajouter des « fleuretis » pour ranimer l'intérêt. Quand, cent ans plus tard, ces formes fixes seront abandonnées comme « vieille quinquaille rouillée » et que la faveur ira aux sixains, huitains et dizains, sans parler des épîtres, épigrammes et autres, si le goût n'eût pas porté aux redites, il eût été facile d'introduire plus de variété en écrivant des phrases musicales plus longues, d'une seule venue, mais les compositeurs français, parisiens surtout, comme Claudin de Sermisy et Janequin, préféreront s'en tenir aux phrases brèves, maintes fois répétées.

Puisque nous parlons de « chanson parisienne » au XVIe siècle, pouvons-nous, au XVe, adopter aussi le classement simple qu'est celui par école ? Du fait que des musiciens comme Pierre Fontaine et Nicolas Grenon — dont il a été parlé au chapitre précédent —, comme Gilles Binchois — dont nous allons examiner l'œuvre profane — aient été attachés à la cour de Bourgogne, sommes-nous en droit de parler d'une « école bourguignonne » ? Il faudrait, pour que cette appellation fût justifiée, que le style de ces musiciens présente, non seulement des traits communs, mais aussi des caractères qui le différencient de celui pratiqué à Paris, à Rouen ou à Chartres. Or ce n'est pas le cas; la chanson française, qu'elle naisse à Paris, dans les « bas-païs flandrinois », à la cour de Bourgogne ou à celle de Savoie, est, à une époque déterminée, d'une facture à peu près uniforme; aussi est-il difficile d'affirmer que tel ou tel compositeur ait imprimé une marque qui permette de le reconnaître. Si certaines formules mélodiques ou rythmiques, certains procédés d'écriture peuvent parfois révéler leur auteur, des attributions faites uniquement d'après des éléments stylistiques risqueraient d'être souvent erronées.

Ce qui est certain, c'est qu'il existe un style d'époque et

qu'une chanson de Dufay vieillissant sera plus proche, nous semble-t-il, d'une chanson d'Ockeghem que d'une écrite par le compositeur lui-même en ses années de jeunesse. Nous allons donc étudier, en les groupant autour des grands maîtres, deux générations de musiciens : celle de Binchois et de Dufay d'abord, celle d'Ockeghem et de Busnois ensuite.

BINCHOIS

Gilles de Binche, dit Binchois, fut, de 1430 à sa mort en 1460, chapelain de Philippe le Bon qui, lui-même, appréciait la musique et savait jouer de la harpe. De la jeunesse de Binchois, il nous est dit qu'il fut « soudart » mais « d'honorable mondanité »; en 1424, il est à Paris, au service du duc de Suffolk. Celui-ci, époux de la petite-fille de Chaucer, aime à la fois la poésie et la musique : il écrit des vers, se fait lire les œuvres de Garencières et « autres diz amoureux » et charge Binchois de mettre en musique le rondel *Ainsi que a la fois my souvient,* hélas aujourd'hui perdu. C'est dans cette ambiance de cour que se développera le talent du compositeur; lui aussi s'intéresse à la poésie et le choix qu'il fait de vers de Christine de Pisan, d'Alain Chartier et de Charles d'Orléans indique son goût sûr et fin.

A Christine de Pisan — poétesse amie d'Eustache Deschamps et protégée du duc de Bourgogne Philippe le Hardi — il emprunte la première strophe de la ballade *Dueil angoisseux, rage desmesurée ;* il sait, pour traduire ces vers forts et expressifs, trouver des accents d'une émotion profonde et même atteindre à une puissance qui lui est inhabituelle. C'est à un heureux dosage de style syllabique et de style mélismatique qu'il parvient dans *Mon cuer chante joyeusement.* Cette pièce, écrite par Charles d'Orléans lors de sa captivité en Angleterre, fut, à l'origine, une ballade; signe des temps, elle sera transformée en rondeau pour être mise en musique. Les trois premiers mots sont déclamés, chaque syllabe détachée, tandis que sur « joyeusement » fuse un trait plein de fougue et d'allégresse.

Quant au rondeau d'Alain Chartier, *Triste plaisir et douloureuse joye,* il a été célèbre — on le trouve encore, altéré il est vrai, mais reconnaissable, dans un manuscrit

Les États de Bourgogne à l'époque de Philippe le Bon.

copié vers 1515 — et c'est sans doute à la musique de
Binchois pleine de tendresse et de mélancolie qu'il dut
son succès. Le poète Jean Régnier, bailli d'Auxerre,
autorisé, après dix-huit mois de captivité pour délit
politique, à sortir de prison à condition de laisser sa

femme et son fils en otage, ne trouve pas de meilleur
moyen d'exprimer les sentiments contradictoires qui
l'animent que de chanter cette pièce dont l'élan mélodique et le rythme syncopé traduisent à la fois la joie et
l'inquiétude. Chanson typiquement courtoise dédiée à
une « doulce dame », « gente et belle », *De plus en plus
se renouvelle,* avec sa mélodie étendue, son balancement
régulier et son rythme de sicilienne, est d'une fine subtilité; *Plains de plours et de gemissements* s'ouvre par une
ample phrase, largement dessinée, en accord profond
avec le sens des paroles. Toutes les chansons de Binchois
sont construites sur le même modèle : écrites à trois
voix, le superius — qui, seul, porte des paroles —
déroule une ligne d'une réelle souplesse, soutenu par un
ténor au « mouvement égal et mélodieux »; quant au
contraténor, il doit compléter l'harmonie; il procède
donc par larges intervalles, ce qui semble le destiner à
une exécution plus instrumentale que vocale. Les
cadences, de style traditionnel, sont de deux types :
ou en faux-bourdon ou déjà basées sur la dominante et la
tonique, mais cette dernière n'est qu'exceptionnellement atteinte par la sensible, la formule par la tierce
inférieure étant presque constamment utilisée. Quelques
fugitives imitations apparaissent çà et là : une entrée à la
quinte dans *Amoreux suy,* quelques ébauches de canons
à l'unisson dans *Filles à marier.*

Rien n'est plus difficile que d'essayer de dater ces
quelque quarante pièces qui, ne portant pas de traces
nettes d'une évolution, présentent une grande uniform-
mité de style; toutes ou presque sont conservées dans
des manuscrits copiés avant 1460, c'est-à-dire du vivant
de l'auteur; peut-être pourrions-nous admettre que les
plus rigides, comme *Seule esgarée,* ou celles aux phrases
trop brèves, comme *Joyeux penser et souvenir,* aient été
écrites au temps de la jeunesse du musicien, mais rien ne
permet de l'affirmer. Les poésies choisies par Binchois ne
nous apportent non plus aucune indication ; elles ne
chantent que l'amour, l'amour courtois avec son vocabulaire habituel d'où les allégories du *Roman de la Rose*
ne sont pas exclues, où figurent *Malebouche, Bel Accueil*
et *Faux Dangier ;* la « belle sans per »... « parfaite en
bien, de beauté assouvie » a un « très doulx maintiens »
tandis que l'amant soupire « nuit et jour sans cesse »,

tenu qu'il est « en cruelle rigueur ». Parfois Binchois chante « le doux printemps » ou le « gentil mois de may », mais il ne semble pas avoir écrit de pièces de circonstance sauf, peut-être, *Je ne vis oncques la pareille* pour la Fête du Faisan, encore cette chanson ne lui est-elle attribuée que dans un seul manuscrit, un autre la donnant à Dufay. Malgré son statisme, l'œuvre profane de Binchois laisse transparaître une liberté d'invention, une justesse et une simplicité d'expression, qui ont fait de lui, « père de joyeuseté », un des maîtres de son temps.

DUFAY

La coutume veut que l'on oppose à Gilles Binchois, homme de cour, auteur de chansons, Guillaume Dufay, homme d'église, compositeur de messes et de motets; une miniature qui représente le premier une harpe à la main, le second auprès d'un orgue, est, dit-on, un symbole. S'il est vrai que Binchois, dans ses œuvres religieuses, emploie un langage « aussi fleuri, aussi découpé, aussi vif que son langage profane » (A. Pirro), Dufay, lui, saura aussi bien qu'édifier un grand motet se plier aux dimensions réduites de la chanson; de plus, l'œuvre profane de Dufay est plus importante, même numériquement, que celle de Binchois. Ce qui diffère chez les deux artistes, c'est plutôt le sens de leur vie; Binchois est un sédentaire qui ne s'éloignera guère de Paris et de la cour de Bourgogne, tandis que Dufay fera une de ces « carrières internationales » qui étaient, au Moyen âge, celles des grands musiciens.

Nous ne savons pas où ni quand naquit Guillaume Dufay, mais on peut dire avec vraisemblance qu'il vit le jour vers 1400 dans une région du Nord de la France, proche de ce qui est aujourd'hui la Belgique. Nous n'insisterons pas sur la biographie de celui que l'on appelait « la lumière du XVe siècle » et ne tiendrons compte ici des événements de sa vie que dans la mesure où ils ont une incidence directe sur l'œuvre de l'artiste. Formé à Cambrai, Dufay ira, jeune, en Italie (il y écrit des pièces de circonstance avant 1420), passe au service des Malatesta, revient en France, à Laon semble-t-il, vers 1426, devient chantre du pape Martin V en 1428, va à la cour de Savoie en 1434, réapparaît à la chapelle papale de 1435 à 1437, subit les vicissitudes du pontificat d'Eugène IV, reste en rapport sans doute avec son protecteur Amédée VIII de Savoie — qui sera plus connu comme anti-pape sous le nom de Félix V —, retourne encore à Cambrai, cette fois comme chanoine, quitte sa ville de nouveau pendant cinq ans (de 1453 à 1458) pour se rendre auprès de Louis de Savoie et de son épouse Anne de Chypre et enfin viendra s'éteindre à Cambrai près de sa cathédrale le 27 novembre 1474. Ce bref résumé permet de saisir combien la vie de Dufay a été mouvementée; ces voyages continuels, ces contacts avec les musiciens de Bologne, de Rome, de Florence, et même de Naples, nous permettent de comprendre comment, peu à peu, s'est formée la langue universelle qui sera la sienne. Au début de sa carrière, il aura l'occasion de connaître les œuvres des musiciens fixés en Italie, en particulier celles des Liégeois Ciconia, Arnold et Hugo de Lantins. Comme ce dernier il chantera le mariage de Cléophe Malatesta avec Théodore Paléologue, fils de l'empereur de Constantinople (1420); vers la même époque, il écrira aussi un épithalame pour célébrer l'union de Carlo Malatesta et de Vittoria Colonna, nièce du pape Martin V. C'est dans le même style traditionnel, sans grande originalité, que seront écrites deux chansons datées de 1425 et de 1426 : *Je me complains piteusement,* ballade pour trois ténors, où les voix alternent avec des ritournelles instrumentales, œuvre d'une limpidité presque excessive, où les intervalles de tierces et de sixtes abondent, où sont soigneusement évitées toutes dissonances, et *Adieu ces bons vins de Lannoys,* écho de la vie de Dufay puisqu'il y chante, avec une grande simplicité, sans recherches apparentes d'écriture, les regrets qu'il éprouve à quitter ce pays (il détenait un bénéfice en l'église de Nouvion-le-Vineux, près de Laon). Il semble que Dufay ait écrit antérieurement à 1435 la plupart de ses chansons; les deux tiers de celles que nous connaissons appartiennent à cette période. Ce sont des chants d'étrennes, où sont loués, en un dialogue entre superius et ténor, soutenu par un contraténor plus rythmique que mélodique, « bonne fame, belle dame... bon vin » *(Bon jour, bon mois, bon an et bonne estraine),* tandis que trois voix s'unissent pour énoncer les syllabes joyeuses de *Ce jour de l'an voudray*

joye mener, chanter, danser… Ce sont des chants de mai :
« de no cuer, oſtons mérancolie »… « car la saison
semont (appelle) tous amoureux » et l'auteur ne craint
pas d'intervenir : « Ny fallons mye, Karissime Dufay
vous en prie… » *(Ce moys de may) ;* il faut aller au bois,
« cueillir le may » et chanter « chascun un virelay »
(Resvelons-nous, resvelons, amoureux) : pièces d'une écriture
plus verticale qu'horizontale, que de longues séries de
sixtes allègent encore. Dans *Hé, compaignons,* Dufay
demande à « Huchon, Ernoul, Hunblot, Henry, Jean,
Françoys… » de n'être « plus en soussy : tantoſt vendra
le temps joly que nous aurons du bien treſtous »; les
paroles sont déclamées presque syllabiquement alors
qu'entre chaque vers se déroulent de longs et souples
mélismes.

Il ne peut être queſtion d'examiner ici toutes les
chansons de Dufay; celles qui ont pour thème l'amour
sont évidemment les plus nombreuses; des acroſtiches
révèlent parfois les noms de ceux pour qui elles furent
écrites ou le nom du donateur : détails minimes mais qui
rattachent ces œuvres à la vie même de leur auteur; Dufay
trouve — dans *Mon cuer me fait* — pour louer la « bonne
sans per, rose odourans comme la grainne, jone, gente,
blanche que lainne », des accents d'une grande fraîcheur :
quatre voix se meuvent dans un ambitus étroit laissant
au superius une flexibilité remarquable.

Dans toutes ces chansons courtoises, antérieures, nous
l'avons dit, à 1435, la phrase musicale, modelée sur la
longueur du vers, eſt brève, les cadences se rattachent
pour la plupart au type traditionnel — à la tierce supérieure — avec quelques cas rares du mouvement domi-
nante-tonique; mais dès cette époque, Dufay sait,
quand le texte l'exige — comme dans le cas de *La belle
se siet* — employer une autre langue; pour traduire les
« loiaus amours » de celle qui ne veut pas obéir à son
père, épouser un seigneur mais le sien ami « qui pouriſt
en la tour » — œuvre certainement inspirée d'une chanson plus ancienne d'allure populaire qui, d'ailleurs
survivra plus de deux siècles encore sous le nom de *La
Pernette* — il accélère la récitation en répétant la même
note et détache chaque syllabe pour donner aux mots
plus d'intensité :

Son pè-re lui de-mande:Fille qu'avez-vous?

Ex. 1.

Et, peu à peu, dans cette forme exiguë qu'est celle de la chanson, Dufay, qui a le sens de la mélodie et celui de l'équilibre sonore, qui, dans ses œuvres religieuses, déroule si librement d'amples lignes émouvantes, parviendra par des imitations ou par des canons — souvent entre deux voix égales — à donner l'illusion d'un dessin continu et à dissimuler cette coupure à la fin du vers, qui hache la phrase chez la plupart de ses contemporains; c'est ainsi qu'il traitera un rondeau d'Antoine de Cuise, poète de l'entourage de Charles d'Orléans, *Les doleurs dont me sens tel somme*; sur des vers aux allitérations répétées, aux rimes parfaites, simple jeu sonore qui annonce déjà l'art plus verbal que sensible des grands rhétoriqueurs, il construit une pièce remarquable où les deux voix supérieures en canons rigoureux seront soutenues par deux parties graves procédant par larges mouvements d'octaves, de quintes, de quartes, à l'allure instrumentale :

Les   doleurs

Les   do _ leurs   dont

Ex. 2.

C'est à cette période de maturité qu'appartiennent les chansons les plus célèbres de Dufay : *Franc cuer gentil* — écrite pour Frachon — qui sera transcrite pour clavier; *Se la face ay pale,* ballade équivoquée maintes fois adaptée aux orgues, qui servira de thème, de cantus firmus, à de nombreuses messes; *Mon seul plaisir, ma doulce joye, Vostre bruit et vostre grant fame, Le serviteur hault guerdonné,* que des auteurs de la génération de Josquin, connaissant le succès dont elles ont joui, reprendront en les modifiant, en y ajoutant une voix ou en écrivant plusieurs contraténors différents. Parfois, parmi ces pièces tendres ou tristes, éclate une fanfare comme *Donnez l'assault à la forteresse ;* malgré son titre et son style, ce n'est pas une chanson de guerre mais d'amour : la forteresse qu'il s'agit d'enlever est le cœur de la belle, les imitations entre les voix deviennent de plus en plus serrées, évoquant le combat; ailleurs Dufay écrit une Lamentation de notre Sainte Mère l'Eglise, pleurant la perte de Constantinople et, à la supplication en langue vulgaire, *Très piteulx de tout espoir fontaine,* se joint, au ténor, la plainte de Jérémie : *Omnes amici ejus spreverunt eam ;* si Dufay ne craint pas d'unir textes latins et français, il se plaît aussi à superposer rondeaux courtois et mélodies d'allure populaire et à faire entendre simultanément : *Je vous pri, mon très doux ami...* et *Tant que notr' argent dure... Nous men'rons joieuse vie !* Nous verrons d'ailleurs que le théâtre fera de larges emprunts à ce répertoire particulier, rarement noté, qui ne nous est parvenu que grâce aux ténors et contraténors de pièces à textes multiples.

L'œuvre profane de Dufay — à l'inverse de ce que nous avons constaté chez Binchois — nous permet de suivre l'évolution du style de l'auteur et aussi la transformation qui s'opère dans la chanson entre 1425 et 1470; peu à peu la partie de contraténor abandonne son rôle de remplissage pour devenir autonome; sans rivaliser encore avec le superius et le ténor, elle tend à s'assouplir, à prendre plus d'importance dans l'ensemble de la polyphonie; les imitations, de fugitives qu'elles étaient, deviennent plus systématiques, plus étendues; l'équilibre des voix — qui sera la caractéristique essentielle de la chanson française de la fin du siècle — commence à être recherché. Il ne s'agit pas, dans des pièces de proportions réduites, de vouloir trouver toutes les qualités qui ont rendu Dufay célèbre; la foi qui anime ses grands motets, qui soutient la puissante architecture de ses messes n'a que faire ici, mais le sens de la ligne — de la mélodie qui s'étend librement, qui subit la coupure des vers sans s'y soumettre — donne à ses œuvres profanes, même les plus simples, un élan spontané, rare à cette époque, que l'écriture contrapuntique des autres parties, souvent subtile, n'entrave en rien; ainsi, comme le dit André Pirro, « par un heureux mélange de vigueur et d'abandon, Dufay prouve qu'il aime à construire d'abord, étant certain de pouvoir ajuster ses phrases les plus souples sur les raisonnements les plus sévères ».

Citer les musiciens de cette génération est une tâche malaisée; ceux qui furent les compagnons de jeunesse de Binchois et de Dufay comme Grossin, comme Jacques Vide, restent tournés vers le passé et ne savent pas se dégager des complications rythmiques de l'*ars nova* ; c'est à une autre lignée que se rattachent nos deux maîtres, à des compositeurs recherchant la clarté, l'expression simple : comme Richard de Loqueville — qui meurt dès 1418 — mais aussi, comme Nicolas Grenon et Pierre Fontaine, qui ne disparaissent que vers 1450, mais qui néanmoins font figure d'anciens plutôt que de contemporains; quant à ceux qui écriront pen-

dant la maturité et la vieillesse de Dufay — je pense à
Fédé, à Morton, qui ne s'éteignent qu'un an après lui —,
nés sensiblement plus avant dans le siècle, ils appartiennent plutôt à la génération d'Ockeghem et de Busnois qu'à celle qui l'a précédée.

OCKEGHEM

Il ne faut pas perdre de vue qu'à la mort de Dufay, en
1474, il y a près de trente ans que Jean Ockeghem a quitté
la cathédrale d'Anvers pour la petite ville de Moulins,
« échangé l'habit d'église pour le drap vert dont Charles Iᵉʳ,
duc de Bourbon, revêt ses douze chapelains ». Ce musicien du Nord, originaire du Hainaut, au dire du poète
Jean Lemaire de Belges, ne quittera plus la France; il
entrera vers 1452 à la chapelle royale, y restera jusqu'à sa
mort en 1496, servant successivement trois souverains :
Charles VII, Louis XI et Charles VIII. Homme d'église,
c'est dans la musique sacrée qu'il donne le meilleur de
lui-même; c'est là que ses qualités profondes : son mysticisme, son sens de l'équilibre rigoureux dans la grandeur, pourront s'exprimer avec le plus de liberté. Si l'on
a souvent opposé Dufay à Binchois, l'on a pu écrire, à
plus juste titre encore, qu'Ockeghem et Antoine de Busnes,
dit Busnois, représentaient parfaitement « les deux pôles
de la création musicale, religieuse et profane ». Il est vrai
que la chanson n'occupe qu'une faible part de l'œuvre
d'Ockeghem — une vingtaine de pièces seulement —
alors qu'elle sera, avec près de quatre-vingts compositions, l'essentiel de celle de Busnois, qui, venu jeune
avant 1467 à la cour de Bourgogne, demeurera, après la
mort de Charles le Téméraire, attaché à divers membres
de la famille ducale. Tinctoris, le grand théoricien, associe
les deux musiciens dans un même hommage, leur dédiant,
en 1476, son ouvrage « sur la nature et la propriété des
tons », où il les qualifie de *prestantissimi ac celeberrimi
artis musicae professores,* disant, par ailleurs, que ce sont eux
qui, avec Regis et Caron, brillent du plus vif éclat de tous
les compositeurs « modernes ».

Le cadre fixe de la chanson n'est-il pas trop rigide pour
un musicien comme Ockeghem et ne s'y sentira-t-il pas
trop à l'étroit ? Ses qualités profondes pourront-elles
s'y manifester ?

Sa gravité foncière apparaît dans la déploration qu'il a laissée sur la mort de Binchois, « patron de bonté », qui doit dater de 1460 :

> Mort, tu as navré de ton dart
> Le père de joyeuseté...

Le superius fait entendre, en français, une plainte écrite sur une mélodie ample et sinueuse, qui se déroule comme un récit de la vie du défunt; le ténor et le contraténor clament en latin *Miserere*, demandant pour « celui qui gist soubz la lame » le repos éternel, tandis qu'un *contratenor basis* émet de longues notes tenues. L'ensemble est d'une grande simplicité; une émotion vraie s'en dégage pourtant, rendue plus poignante encore par l'emploi de voix évoluant toujours dans le grave de leur tessiture.

Presque transi, un peu moins qu'estre mort, est une *desperata* où le musicien trouve des accents rudes pour décrire les tourments de l'amant :

> Hélas! je suis contre mon veul en vie,
> Et si n'est riens dont tant j'aie envie
> Que de povoir veoir ma fin bien prochaine...

Parfois, pour exprimer la déception d'un amoureux, il emprunte, comme dans la bergerette « *Ma bouche rit...* », des vers où les termes s'opposent, procédé cher à Alain Chartier, à Antoine de Cuise, dont les rhétoriqueurs feront bientôt un usage systématique et abusif :

> Vostre pitié veult donc que je meure
> Mais rigueur, que vivant je demeure,
> Ainsi meurs vif et, en vivant, trespasse...

La mélodie, découpée syllabiquement au début du vers, s'étend en un dessin mélismatique sur *pleu...re meu...re, eu...re*, tandis que le rythme s'accélère pour indiquer que « la mort... luy pourchasse ». Ockeghem a recours à un style vertical pour frapper les mots essentiels : *Ha! cuer pervers, faulsaire et mensongier*, pour marteler : *Dictes, comment avés osé songier...* Il traduit d'une manière discrète et émue les plaintes de l'amante offensée; *Fors seulement*, avec ses longs dialogues entre superius et ténor, ses clairs passages en duo, est un petit chef-d'œuvre d'expression contenue. Beaucoup de

chansons d'Ockeghem sont, il est vrai, empreintes de
mélancolie : *La despourveue et la bannie*, *Quand de vous
seul je perds la vue,* mais il ne faut pas déduire de ce fait
que le grave chapelain du roi de France, le trésorier de
Saint-Martin de Tours, manque d'élan ou de gaieté; la
première phrase de *Ma maistresse* est d'une ampleur et
d'une envolée remarquables :

Ma mais-tres _ se et _ ma_____

plus qu'aul-tra _ _ _ my _ e,

Ex. 3.

Au jaillissement continu de musique qui anime la
première strophe, fait suite, pendant la seconde, un
passage rigoureux presque entièrement homophone :
il y a là une opposition voulue, poursuivie avec ténacité,
d'où émane une réelle grandeur. Enfin, *L'autre d'antan,
l'autrier passa* conte les ravages causés par « ung regart
forgié à Millan »; nous n'éprouvons aucune pitié pour
celui « mis en l'arrière ban », entraînés que nous sommes
par un gai rythme ternaire, par de brefs motifs qui
circulent entre les trois voix. Cette écriture « en imitation » est rare chez Ockeghem; seul, peut-être, le
début de *Petite Camusette* prouve que notre auteur
utilise ce procédé que Busnois pratiquera, nous le verrons, avec une certaine timidité mais avec un plaisir
évident; de plus, Ockeghem, suivant en cela la tradition
de la génération précédente, maintient volontiers le
contraténor dans un rôle subalterne, laissant superius
et ténor amorcer des réponses. L'équilibre parfait des
trois voix, il ne le réalisera que dans une pièce, le
canon dont le souvenir reste vivant à Mantoue :

Prendez sur moy vostre exemple, amoureux...

Pour être d'une rigueur absolue, semblable à un impec-

cable mécanisme d'horlogerie, cette chanson n'en a pas
moins une austère beauté, due à l'imbrication harmonieuse de ses lignes; certes, celles-ci ne peuvent se
permettre de dévier, mais, à l'intérieur d'un cadre
strict, elles s'infléchissent, tracent des courbes sensibles,
s'éloignent de la tonalité principale, oscillent, et
reviennent conclure — du moins aux deux voix supérieures — sur une paraphrase du fragment précédent;
réussite de l'esprit de logique, réussite du technicien —
Ockeghem n'a-t-il pas écrit un *Deo gratias* formé de
quatre canons à neuf voix? —, réussite de l'artiste aussi,
qui sait donner la vie à une composition purement
mathématique, là où d'autres n'eussent, sans doute,
écrit qu'un exercice d'école.

BUSNOIS

A côté d'Ockeghem, *sol lucens super omnes* — c'est en
ces termes que le loue Jean Molinet, poète et historio-
graphe des ducs de Bourgogne — se dresse le plus grand
de ses contemporains, Antoine de Busnes, dit Busnois;
son nom semble indiquer qu'il est de Busnes, petite
bourgade du Pas-de-Calais, proche de Béthune; y est-il
né? à quelle date? où a-t-il reçu sa formation musicale?
Autant de questions auxquelles nous ne pouvons
répondre. C'est lui-même qui se désigne comme *indignus
musicus* de Charles, comte de Charolais, prince qui, dès
l'enfance, jouait de la harpe et « mettoit sus chansons et
motets »; en 1468, avec Hayne et Basin, Busnois est
cité comme chantre, sans toutefois être membre de la
chapelle de son maître, devenu duc de Bourgogne; il
accompagne le Téméraire dans ses déplacements et
semble avoir assisté, en 1475, au siège de Neuss, où il
se trouve avec Jean Molinet et peut-être aussi avec
Caron que nous retrouverons plus loin. Du service du
duc de Bourgogne, Busnois passe, en 1476, à celui de la
duchesse, Marguerite d'York, puis à celui de sa fille
Marie qui épouse, l'année suivante, l'archiduc Maximilien; d'après une lettre en vers de Molinet, Busnois
était doyen de Vorne (ou de Verne, selon les manuscrits), « en bas-pais flandrinois »; il est porté, en 1482,
comme prêtre chapelain aux obsèques de Marie de Bourgogne, et meurt en 1492 à Bruges où il occupait le

poste de *rector cantoriae*. Voici quelques points isolés qui ne constituent pas, à vrai dire, une biographie, mais qui nous permettent de nous rendre compte que Busnois, musicien et un peu poète, a vécu d'une manière presque continue dans l'ambiance bourguignonne. A-t-il séjourné en Italie ? De nombreuses chansons conservées dans des manuscrits d'outre-monts, le fait que le marquis de Mantoue écrive en 1495 pour demander un motet de lui, qu'en 1525 encore, le théoricien Pietro Aron donne en exemple *Je ne demande autre de gré,* autant d'indices qui nous porteraient à le croire; ce sont là, en tout cas, des témoignages du succès durable que son œuvre a connu au-delà de nos frontières.

Si la vie de Busnois demeure encore assez cachée, du moins connaissons-nous le milieu dans lequel il a évolué. Notre musicien est un des rares compositeurs de son époque — avec Jean Cornuel dit Verjus — à avoir cultivé la poésie; il entretient une correspondance avec Molinet qui lui adresse, entre autres, une lettre dont chaque vers se termine par *bus* ou par *nois*. Ce Jean Molinet, chroniqueur et poète, s'adonne aussi à la musique : ne nous a-t-il pas laissé une chanson : *Tart ara mon cuer sa plaisance* ? Il connaît les compositeurs de son temps et sait les juger, nous l'avons vu; il est l'auteur de deux épitaphes d'Ockeghem dont l'une : *Nymphes des bois, déesses des fontaines,* fournira à Josquin des Prés le texte qu'il choisira pour édifier l'émouvante déploration sur la mort du « vray trésorier de musique ». De plus, Molinet est au courant du répertoire à la mode : dans plusieurs poèmes, en particulier dans son *Débat du vieil gendarme et du vieil amoureux* et dans son *Oroison à Notre-Dame,* il reproduit le début de maintes chansons à succès; enfin, des allusions nombreuses aux instruments, à la théorie même, sont dispersées à travers toute son œuvre. C'est pour ce vrai amateur de musique que Busnois rédigera : *Reposons-nous entre nous, amoreux...* auquel le rhétoriqueur répondra par un dictier, où le dernier vers de chaque strophe est emprunté au rondeau reçu; Busnois écrira aussi des bergerettes, dont l'une, citée par Fabri dans son *Grand et vrai art de pleine rhétorique,* est, hélas! perdue :

> Cent mille fois le jour du moins,
> Je me souhaite à vous, Madame...

Mais quatre pièces de lui au moins demeurent : ce sont
celles destinées à Jacqueline d'Hacqueville; dans le rondeau *A vous sans autre,* le prénom de cette dame est donné
en acrostiche; ses nom et prénom sont révélés par le
même procédé dans *Je ne puis vivre,* une bergerette layée;
quant aux rondeaux : *Ja que li ne ne s'i attende* et *A que
ville et abhominable,* ils ne dissimulent guère à qui ils sont
adressés. Pour nous, il n'est pas indifférent de connaître
l'existence de cette Jacqueline d'Hacqueville, « noble
femme de nom et d'armes », épouse de Jean Bouchart,
conseiller au Parlement de Paris; elle est la sœur de
Nicolas d'Hacqueville, président du Parlement, à qui
Lefèvre d'Etaples dédiera, en 1496, ses *Elementa musicalia ;*
voici donc Busnois, musicien « bourguignon » s'il en
fut, en relation avec le milieu parisien, avec des membres
de l'Université, du Parlement, et ceci nous incite à
éviter d'établir des cloisons trop étanches entre les
écoles, à admettre qu'au xve siècle, à une époque où
les voyages sont fréquents, des influences diverses
peuvent s'exercer, des échanges nombreux s'établir. Ce
qui caractérise Busnois, musicien de cour, c'est son goût
de la délicatesse, du brillant; poète, il est lui-même
rhétoriqueur; il s'est exercé à ces jeux littéraires et y
déploie cette habileté mécanique que possèdent « ces
patients diseurs de riens », comme les nomme
André Pirro. C'est d'eux, sans doute, qu'il a appris
« cette diversité bien réglée, cette fermeté dans le
développement, cette faculté de racheter certains sujets
par l'imprévu des idées accessoires ». Comme eux, il
sait établir un plan et utiliser au mieux la matière la
plus mince; pour varier les effets, il fait alterner, dans
Terrible Dame, voix graves et voix élevées, ou confie le
thème de *Je ne puis vivre ainsi toujours* aux seules parties
extrêmes, ce qui crée un état d'incertitude jusqu'à l'entrée
du ténor; il sait modeler une phrase musicale pour
souligner le sens des paroles, être fervent, humble,
implorant *(A une dame j'ay fait vœu, En tous les lieux ou
j'ay esté),* quelquefois révolté — il traduit alors son indi-
gnation par de longues périodes animées *(Seule a part
moy)* —; il est rare qu'il exprime l'âpreté comme dans
Advienne que pourra ou *Mon seul et sangle souvenir.* Plus
volontiers, il déploie des lignes courtes, élégantes,
trouve des tournures heureuses, agréables, qui, selon

l'usage, seront dites au superius ou au ténor. Pourtant, Busnois sera, parmi ses contemporains, celui qui tentera de donner au contraténor un rôle plus important; dans certaines chansons comme *Je ne puis vivre* et *Joye me fuit,* cette partie, d'ailleurs appelée *concordans,* sera traitée à l'égal des autres : mêmes entrées, mêmes imitations, mêmes dessins, mêmes mouvements conjoints, même détails jusque dans les notes de passage : il ne s'agit plus d'un duo soutenu par une basse, mais d'un réel concert à trois, ce qui est alors une nouveauté, surtout dans le domaine profane. Busnois écrit aussi parfois pour trois voix de même tessiture, en général grave, groupement pour lequel les musiciens français du début du XVIe siècle, Févin en particulier, auront une prédilection. Enfin, si notre auteur cultive le style en imitation, il ne le fait qu'en conservant une certaine liberté d'allure, sans jamais se soumettre à des règles impératives : il amorce une réponse, s'arrête puis reprend, arbitrairement, semble-t-il; dans *Quelque povre homme,* chacune des trois voix énonce sagement le thème, mais bientôt seuls les dessus conservent la même allure; le contraténor paraît babiller, avec beaucoup d'animation d'ailleurs, utilisant des fragments du thème initial soit pour les étirer, soit pour les retourner. Busnois ne manque pas non plus de traiter la forme la plus rigide, le canon; mais celui-ci est loin d'être toujours rigoureux ou constant. Ce qui est le plus remarquable chez Busnois, c'est la liberté rythmique à l'intérieur du tissu polyphonique; dans certaines bergerettes, il adopte un procédé auquel ses contemporains auront rarement recours : il écrit la musique de la première strophe en temps parfait ou ternaire, réservant le temps imparfait ou binaire pour la seconde, introduisant ainsi un élément de variété entre les sections d'une même pièce. Nous avons surtout cité des chansons à trois voix, et il semble que ce soit dans celles-ci que Busnois ait donné le meilleur de lui-même. Il écrit pourtant quelquefois à quatre, mais il paraît moins à l'aise, et les lignes n'ont pas la même élégance, la même souplesse de trait *(Accordés moy ce que je pense)* ; dans les pièces à textes multiples, en particulier, comme *Mon Mignault — Gratieuse plaisante* ou *Corps digne — Dieu ! quel mariage !* Busnois semble trouver difficile de fondre en un tout harmonieux des éléments disparates tandis qu'il sait utiliser un chant d'allure populaire comme *Vous marchez du bout du pié, Marionette,* pour écrire à quatre une pièce brève, pleine d'allant, au rythme carré et joyeux. Mais la forme la plus adaptée à son talent, à la fois brillant et un peu superficiel, est, il faut le reconnaître, celle de ces rondeaux et bergerettes à trois qui, en termes recherchés, chantent la tristesse d'un *povre doloreux cuer,* le désespoir du *léal servant* qui *pleure a chaudes larmes* ou *crie fort vengence a Dieu,* les exploits de *Bel Acueil, le sergent d'Amours,* les méfaits de *Malebouche* ou de *Faux Dangier* — les personnages du *Roman de la Rose* sont toujours en faveur auprès du public — et aussi les mérites d'une *très gracieuse poupine... gente, doulce, bénigne ;* dans ce petit genre, Busnois est passé maître.

CARON

Mais il n'est pas seul à briller en cette période, si fertile en talents : Molinet cite comme « étoile » Caron, dont le nom se rencontre si souvent dans les recueils du xve siècle qu'il nous semble impossible que l'auteur de tant de chansons célèbres soit pour nous presque un inconnu. A peine savons-nous son prénom — Firmin au dire de Tinctoris — mais est-ce le Caron qui assista, avec Busnois, au siège de Neuss en 1474, ou le Philippe Caron qui fut « enfant d'autel » à la cathédrale de Cambrai ? Y aurait-il confusion de prénoms et s'agirait-il d'un seul personnage ? Nous ne pouvons l'affirmer... Toujours est-il que Caron est un maître de la chanson, *magister cantilenarum,* c'est du moins ce qu'assure dans sa *Prière pour les musiciens* Loyset Compère ; Tinctoris, par deux fois, rapproche ce musicien d'Ockeghem, de Busnois, de Regis et de Faugues, nous disant que ces cinq auteurs, « qui tous se glorifient d'avoir eu pour maîtres Dunstable, Binchois et Dufay », ont écrit des « œuvres dignes des dieux immortels »... « les meilleures qu'il lui ait été donné d'entendre ».

Moins profond qu'Ockeghem, moins habile rhétoriqueur que Busnois, moins soucieux que l'un et l'autre de recherches et de combinaisons savantes, Caron, qui nous a laissé une vingtaine de chansons, se distingue par la limpidité de son style, par la continuité de la ligne de ses dessus ; peu d'auteurs ont le même souffle que lui ; il prend garde, comme Dufay, de ne pas couper sa phrase à la fin de chaque vers, mais de l'étirer en une longue courbe sinueuse. Il affectionne le temps binaire — nous ne connaissons de lui que trois pièces en temps ternaire — et nombre de ses chansons débutent par le rythme dactylique : une longue, deux brèves, qui deviendra bientôt le caractère essentiel de la chanson française, comme il sera plus tard celui de la *canzon alla francese*. Même quand Caron met en musique des vers aussi ampoulés que ceux d'*Accueilli m'a la belle au gent atour :*

> Tournez ni scay tournant, voie ne tout,
> Et tourment n'est que n'aye tour à tour...

il parvient à éviter l'affectation : de brèves imitations se resserrent pour aboutir à un martèlement syllabique et à un adroit enchevêtrement des voix qui suggèrent ces « tours », en créant l'illusion par des moyens simples. Il souligne le sens des paroles et le fait avec sobriété : quatre longues notes dont la dernière est prolongée par un point d'orgue ouvrent *Morir me fault,* isolant ces mots du reste du texte, les mettant ainsi en valeur; il sait exprimer la gravité : la mélodie de *La despourvue et la bannye* — chanson souvent dissimulée sous des paroles italiennes : *Tanto l'afano* — est empreinte d'une réelle mélancolie; il trouve pour traduire la gaieté d'*Adieu fortune,* un rythme franc, appuyé. Quant à la chanson la plus célèbre de notre auteur, *Hélas que pourra devenir* — conservée dans une douzaine de manuscrits —, elle présente les qualités de fluidité mélodique, d'adresse dans la marche des parties, qui firent, sans doute, son succès et auxquelles nous sommes sensibles aujourd'hui encore; deux textes littéraires : un rondeau quatrain, *Hélas ! m'amour, hélas ! ma très parfaite amie* et un cinquain, *Hélas que pourra devenir mon cuer,* peuvent s'y adapter; bien qu'écrite à trois voix, on peut exécuter cette chanson à quatre en y adjoignant un contraténor « si placet », et aussi la rendre pieuse en changeant ses paroles en celles d'*Ave sidus clarisimum ;* voici qui nous permet de saisir sur le vif les modifications qu'on ne craignait pas alors de faire subir à une œuvre. *Accœuilli m'a la belle* a connu les mêmes travestissements.

Il semble que Caron ait fait preuve de plus de clarté, de plus d'ampleur dans la ligne, de plus de sens mélo-

dique réel, que maints de ses contemporains; peut-
être eût-il été incapable de construire de ces motets aux
imbrications subtiles, de ces canons rigoureux, de
réaliser ces tours de force auxquels se livraient Ockeghem
et Busnois, mais son œuvre révèle un vrai musicien et
nous donne le désir de le mieux connaître.

Les autres maîtres loués par Tinctoris ne nous
retiendront pas : Regis paraît n'avoir écrit que deux
chansons, et Faugues n'est connu que par des messes.

MORTON ET HAYNE

Mais nous ne pouvons passer sous silence ni
Robert Morton ni Hayne van Ghizeghem; leurs noms
sont unis dans une même pièce qui, après avoir relaté la
« grant chière » faite par eux à Cambrai, les « beaux
mets » qui leur furent servis, ajoute que sur « bas instruments » — d'une sonorité douce — « ont joué »
et « fort chanté ».

L'œuvre profane de Morton, « chapelain anglois »
du duc de Bourgogne, Philippe le Bon, est mince —
huit à dix pièces; mais elle reste un témoignage de ce
style clair, plus pensé à deux qu'à trois voix, nourri de
faux-bourdon, qui est dans la ligne de Dunstable, de
Bedingham, de Fry; tout en fleurissant sur le continent,
il a conservé ses caractéristiques d'origine; les chansons :
N'aray-je jamais mieulx que j'ay — celle-ci recueillie dans
une quinzaine de manuscrits —, *Le souvenir de vous me
tue,* presque aussi célèbre, transcrite pour les orgues
comme le sera *Cousine, trop vous m'abusés...,* sont de celles
« répandues dans le monde entier », nous dit un contemporain, « dont les doux accents résonnent tant dans les
palais des rois que dans les maisons des particuliers ».

Hayne van Ghizeghem — dont le nom seul indique
qu'il appartient aux provinces du Nord — est un auteur
essentiellement profane; il chantait et jouait « de bas
instruments » avec Morton à Cambrai, nous l'avons vu;
c'était sans doute un virtuose brillant; aussi est-ce à
« dire un motet avecques son lucz » que l'invite le
poète Guillaume Cretin, quand il appelle les musiciens pour pleurer la mort d'Ockeghem.

Entré à la cour de Bourgogne en 1457, comme
« josne fils » confié à la garde d'un aîné, Hayne deviendra

valet de chambre et chantre de Philippe le Bon, puis de
Charles le Téméraire. Ses vingt chansons sont nettement
plus modernes que celles de Morton, et la vogue dont
elles ont joui est due à leur écriture subtile, raffinée;
l'une d'entre elles : *De tous biens plaine est ma maistresse...*
est certainement, à cette époque, celle qui fut le plus
souvent recueillie, adaptée aux instruments, transformée
en danse; ses thèmes seront repris, morcelés, introduits
dans d'autres pièces par des contemporains et aussi par
des musiciens de la génération suivante; parfois même
une voix entière lui sera empruntée — de préférence le
ténor, pris comme *cantus firmus* — et servira à construire une œuvre nouvelle à quatre ou cinq parties.
Allez regrets..., dont les paroles sont de Jean II de Bourbon — le « gentil cousin Clermondois » avec qui
Charles d'Orléans échangeait des vers —, a connu un
succès presque égal, et *Amors, amors, trop me fiers de
tes dars...* dont l'émouvante mélodie se déroule largement, sans que jamais l'équilibre et l'indépendance des
autres voix en soient altérés, a été non seulement
intégralement « réduite au luth » — comme le seront,
pendant de longues années, tant de chansons de cette
époque — mais aura la bonne fortune, avec *Je ne fay
plus,* attribuée selon les manuscrits à Busnois, à
Gilles Mureau et à Loyset Compère, d'être recueillie par
un de ces *cantori al liuto,* si appréciés dans les petites cours
de l'Italie du Nord, qui improvisaient, en général, plutôt
qu'ils ne notaient, ces réalisations destinées à être
éphémères. Grâce à un artiste dont nous ignorons même
le nom, l'œuvre de Hayne a survécu sous forme de chant
accompagné de luth : le dessus confié à la voix, les deux
parties inférieures exécutées sur un instrument qui les
orne, prolongeant par des dessins appropriés la sonorité trop brève des cordes pincées; c'est là un premier
exemple d'un genre appelé à connaître au siècle suivant,
avec les éditions d'Attaingnant, de Phalèse, avec les *airs
de cour* ensuite, une vogue immense; c'est là un ancêtre,
destiné à avoir une descendance nombreuse et vigoureuse, qui mérite d'être connu.

A - mors, a - mors,   trop me

fiers ____ de ____ tes ____

dars   Ne ____ sçay se c'est ____

cru — — elz

soul — dars

Ex. 4.

LES POÈTES

Nous avons évoqué l'auteur du rondeau : *Allez, regrets...,* ce duc de Bourbon, héros du « Recouvrement de Normandie », « aussi vaillant qu'Hector de Troie », protecteur des arts et des lettres, auprès duquel, à la cour de Moulins, Villon, en des circonstances difficiles, trouva asile. Villon, le plus grand poète de ce temps, n'a-t-il pas eu de son vivant d'œuvre mise en musique ? Seul un *rondel* détaché du *Testament : Mort, j'appelle de ta rigueur...* a été trouvé jusqu'à ce jour dans les chansonniers, pourtant nombreux, qui nous sont parvenus ; l'auteur, dont le nom même était ignoré jusqu'à ces dernières années en est Jean Delahaye, qui fut au service de Monseigneur de Luxembourg, suivit son maître en Angleterre et ne revint en France, à Rouen, qu'après 1443 ; c'est certainement un grand musicien : cinq chansons sont tout ce que nous possédons de lui ; mais celle-ci est d'une intensité dramatique remarquable : la vocalise sur le mot : *j'appelle,* traduit l'angoisse de l'homme à qui la mort « a sa maiſtresse ravie » et aussi la douleur de celui qui dit au passé : *Deux eſtions et n'avions qu'ung cueur...*

D'autres poètes encore voient leurs vers adoptés par les compositeurs : Blosset, Blosseville, Meschinot, Jacques de Savoie, mais leurs rondeaux et bergerettes ne présentent pas de caractères assez originaux pour qu'on puisse les diſtinguer de la production courante. Nous avions, au début de ce chapitre, insiſté sur la diversité de la chanson française, qui exprime tous les sentiments : amour, joie, triſtesse, mélancolie. En examinant la chanson courtoise au temps de Dufay et de Binchois, au temps d'Ockeghem et de Busnois, nous l'avons vue traduire avec adresse, parfois avec émotion, parfois même avec une certaine violence, des poèmes dont le contenu ne sort guère — sauf de rares exceptions — de la banalité, et il eſt certain qu'au XVᵉ siècle, la musique donne à la littérature plus qu'elle ne reçoit d'elle. L'amour, sujet essentiel de ces pièces brèves, eſt plutôt celui cultivé dans les « cours d'amour », transmis, suivant la tradition, en termes recherchés, qu'un sentiment qui s'exhale librement ; ce sera la gloire des compositeurs d'alors d'être parvenus à donner du mouvement, de la vie, à des vers souvent languissants, à rendre touchantes les plaintes du « serviteur hault guerdonné » ou de la « femme desconfortée ». Il eſt vrai que l'amant n'eſt pas « toujours livré à mort », n'a pas à subir sans cesse « les rigueurs de Fortune », à endurer « meschef », « paine griefve et langoreuse »; il a parfois le « baſton d'espérance »; il peut se plaire à décrire sa dame, vêtue d'un « beau doublet de satin », se prélassant « le matin, près du feu », se souvenir de sa jeunesse, de « Paris, ville souveraine », de « Florence la jolye », de Dijon où il s'eſt « déduit » à

> Jouer, galler tout le jour et la nuyt,
> Faire grant chère, tousjours menant grant bruyt...

Parfois il se laissera aller à rêver de « chaſteaux, ung millier, en Espaigne... ». Quand il s'agit d'intentions plus précises, elles sont, en général, ironiquement voilées; si l'on chante « Ce qu'on fait a catimini » — c'eſt Gilles Joye, un chapelain du duc de Bourgogne, qui mettra ces paroles en musique — l'on prend soin d'avoir recours au latin pour dire « concernant multiplicamini » et demander d'en être « tenu pour excusé, in conspectu Altissimi ». C'est discrètement toujours que l'on évoque, dans les pièces courtoises, ce « mestier joly que l'on fait sans chandelle, »; même quand un amant déçu veut se venger de sa « belle », il se contente d'écrire :

> Plaindre m'estuet de ma dame jolye
> Vers tous amans qui par sa courtosie
> Tout m'a failly sa foy qu'avoit promis...

et il faudra lire l'acrostiche que forme le rondeau entier pour s'apercevoir qu'à cette époque on ne craint pas les injures grossières!

Nous avons vu la place importante que tenait encore le *Roman de la Rose* dans nos chansons : les allégories qui lui sont empruntées : Dangier, Malebouche, Bel Accueil et autres ne survivront plus longtemps, mais, à côté d'elles, apparaissent des dieux, des personnages de l'Ecriture sainte ou de l'Antiquité : Vénus, Phébus, Flora « très noble et digne espouse du très doulx Zéphirus », « Hester » et Assuérus, Judith et « le roy Oloferne », « Virgille » et même jusqu'au « gentil Buciphal... ».

Marquées par leur origine, par leur destination, ces chansons d'Ockeghem, de Busnois et de leurs contemporains, se répandront dans toute l'Europe; elles serviront de *cantus firmi* à d'innombrables messes; elles résonneront en Italie, en Allemagne, jusqu'en Hongrie, à la cour de Mathias Corvin; elles seront exécutées à trois ou quatre voix sans accompagnement, ou alors chantées avec le soutien d'instruments à cordes pincées, harpe et luth, ce dernier prenant, peu à peu, la primauté; elles seront adaptées aux orgues, épinettes ou clavicordes, chargées de traits volubiles, d'une ornementation subtile; les musiciens de la génération suivante : Josquin des Prés, Alexander Agricola, Pierre de La Rue, Heinrich Isaac, Ghiselin alias Verbonnet, Loyset Compère, et bien d'autres dont il sera parlé en un prochain chapitre, porteront cette forme à son apogée, arrivant à créer un admirable équilibre interne entre les parties, à construire, à une échelle réduite, une œuvre souple où le contraténor s'exprime avec la même liberté qu'un dessus ou un ténor. L'adjonction d'une quatrième voix — adoptée tant par goût de l'embellissement du tissu polyphonique que par obéissance aux théoriciens, qui y voient une représentation des quatre éléments — apporte des possibilités plus larges. C'est d'ailleurs en lisant les pièces écrites à quatre par Agricola, à cinq ou à six voix par Josquin sur des chansons de nos auteurs, en comparant diverses compositions sur un même thème, que l'on suit avec le plus de précision l'évolution qui s'est faite au cours des vingt dernières années du siècle, que l'on se rend compte des progrès techniques qui ont été réalisés.

LA CHANSON HISTORIQUE

Cette chanson courtoise, si admirée, nous apporte un écho du milieu raffiné dans lequel elle a pris naissance, mais ignore les événements, pourtant importants et graves, qui se déroulaient alors; peut-être sera-t-on étonné que nous n'ayons pas encore parlé de la chanson historique : c'est qu'elle tient une place minime dans les manuscrits antérieurs à 1500. La chanson politique était pratiquement interdite; dès 1395, une ordonnance de police avait défendu, sous peine d'amende arbitraire et de prison au pain et à l'eau « à tous menestriers de bouche et recordeurs de dits que ilz ne facent, dyent ne chantent, en place ne ailleurs, aucuns ditz, rymes ne chansons qui facent mention du pape, du Roy et des seigneurs de France ». La guerre et ses malheurs, les différends entre le roi et ses vassaux, autant de sujets auxquels il ne sera pas fait allusion. Tout au plus avons-nous quelques chansons qui demandent aux « gentis compagnons » de « laisser dames et damoyselles » pour servir « le roy de cuer loial », ou qui clament « Vive le Roy et sa puissance !... » Il faudra entrer dans le xvie siècle, atteindre la fin du règne de Louis XII, pour trouver des pièces qui rappellent la guerre de Cent Ans : encore, à une exception près, sont-elles toutes réunies dans un seul recueil — connu sous le nom de manuscrit de Bayeux — recueil constitué vers 1514 par Charles de Bourbon, ce grand féodal qui se révoltera plus tard contre François Ier; sans doute le jeune connétable voulait-il rendre hommage ainsi à son oncle le duc Jean II, le poète dont nous avons déjà parlé, qui collabora avec Hayne et Loyset Compère, et qui, outre ses qualités littéraires était « aussi vaillant qu'Hector de Troie » et avait été l'un des héros du « Recouvrement de Normandie ». Chansons très différentes de toutes celles examinées jusqu'ici, non soumises aux formes fixes, mais faites de longues strophes séparées par un refrain; la langue en est simple, directe; quant à la musique, elle est monodique au lieu d'être polyphonique; composée environ un demi-siècle avant d'être copiée dans ce précieux manuscrit aux larges bordures enluminées, elle se trouve chargée de nombreux petits ornements qui ne sont certes pas d'origine, mais sous lesquels nous retrouvons une mélodie ferme, nettement découpée, un rythme clair, des cadences régulières qui lui donnent parfois une allure populaire. Paule Chaillon étudiera plus loin ce recueil et ceux de la même époque qui lui sont apparentés; nous ne voulons ici que nous arrêter brièvement aux chants historiques : l'un relate la « frottée » infligée « aux Anglois » par le capitaine Prégent — Prégent de Coëtivy — qui les a « en la mer enfondrez »; un autre est un véritable appel à la révolte contre l'envahisseur, exprimé par une déclamation syllabique rapide sur une mélodie presque sans inflexions :

> Entre vous, gens de village
> Qui aymez le roy françoys,
> Prenez chascun bon courage
> Pour combattre les Englois;
> Prenez chascun une houe
> Pour mieux les desraciner...

D'autres chansons évoquent les joyeux compagnons du Vau-de-Vire ; l'une en particulier pleure avec une émotion véritable la disparition, à la journée de Formigny (1450), du poète Olivier Vasselin, qui appartient peut-être plus à la légende qu'à la réalité (voir l'ex. 5 à la page suivante).

La « grande pillerie » qui eut lieu « à la duché de Normandie » quelques années plus tard est contée aussi : visites trop fréquentes des *court-vestus* qui viennent « par grand'ruderie, demander ce que l'on a mye » et à qui il faudrait encore dire :

> Mes bons seigneurs, je vous en prie,
> Prenez tout ce que nous avons.

Dans un autre recueil à voix seule, aussi du début du XVIe siècle, édité par Gaston Paris dès 1875, ce sont des

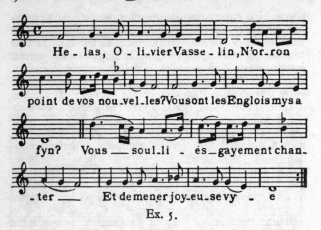

He _ las, O _ li _ vier Vasse _ lin, N'or_ron
point de vos nou_vel_les? Vous ont les Englois mys a
fyn? Vous ___ soul_li _ és _ gayement chan_
_ ter ___ Et de mener joy_eu_se vy _ e

Ex. 5.

échos de la guerre de Bretagne qui nous parviennent,
à côté de chansons d'aventuriers; puis les guerres
d'Italie inspireront de nombreuses pièces, mais là nous
serions entraînés hors des limites de cette étude.

Une question se pose : le style de ces chansons historiques, si différent de celui de nos chansons courtoises,
le style des autres pièces monodiques de ces recueils —
qui est aussi celui de certaines pièces polyphoniques écrites
en France à la même époque, vers 1515 — porte en lui
d'autres éléments que ceux légués par les chansons
savantes de Dufay, d'Ockeghem ou de Busnois; cette
mélodie moins souple mais plus limpide, cette déclamation presque entièrement syllabique, cette forme
strophique que nous avons remarquées, d'où viennent-
elles ? Il est impossible, nous le savons, de parler de
chansons populaires; nous ne possédons du XVe siècle
aucune œuvre authentiquement telle — au sens où les
ethnographes entendent aujourd'hui ce terme — et
fort peu de pièces à caractère fonctionnel correspondant
à des fêtes urbaines ou rurales, ou aux divers métiers;
seul le cycle des fêtes du Mai paraît avoir laissé quelques
traces. Mais dans maints chansonniers, surtout après
1460, il nous arrive de voir des pièces qui, par leur forme,
leur sujet, leur substance musicale se distinguent nettement du répertoire courtois qui, en général, les envi-

ronne. Elles peuvent être écrites sur un seul texte,
comme *La belle se siet au pié de la tour,* de Dufay — dont
nous avons donné un bref fragment au début de ce chapitre — ou comme *L'aultre jour par un matin,* qui chante
les amours de Robin avec une « paſtoure simple et coye »,
dont voici la première phrase :

Ex. 6.

Le refrain en onomatopées, rythmé comme une
danse, d'abord ternaire, puis binaire, contribue à donner
à cette pièce une allure populaire :

Ex. 7

Dans le même esprit, mais plus nombreuses, sont les pièces à textes multiples : ceux-ci peuvent être superposés, dans ce cas nous leur conserverons cette appellation; si, au contraire, ils sont juxtaposés, ce sera, pour nous, une *fricassée,* que les musicologues anglais ou américains appellent *quodlibet,* mosaïque formée de plusieurs phrases brèves — parfois de trois ou quatre notes seulement — mises bout à bout, fragments que les auditeurs du temps, vers 1470, devaient avoir plaisir à reconnaître au passage...

Il est évident que la première formule, celle de la superposition, est musicalement la plus intéressante, et c'est celle qu'adopteront les rares compositeurs qui, comme Dufay et Busnois, signeront des chansons de ce genre, dont la masse demeure anonyme. Chansons presque toujours à quatre parties : au ténor est dévolue la tâche de faire entendre la mélodie énoncée quasi syllabiquement; le contra répond, le plus souvent, dans le même style, à quelques variantes près, tandis que le dessus paraphrase le ténor en l'ornant, ce qui donne à cette ligne une allure plus souple, plus étirée; quant à la basse, souvent elle se modèle sur le superius, qu'elle suit à la dixième; ailleurs, dans les pièces d'écriture franchement harmonique, elle joue un simple rôle de soutien.

Ces chansons à textes multiples superposés peuvent être en même temps des *fricassées* : il est fréquent qu'une des voix, conçue comme une mosaïque, nous l'avons dit, parvienne par la seule juxtaposition de fragments choisis dans ce but, à rendre sensibles certaines allusions, à suggérer certains sous-entendus et, fait remarquable, ces subtilités d'écriture, dignes des rhétoriqueurs, paraissent naturelles et ne ralentissent en rien le mouvement général.

Dans l'ensemble, ces chansons sont d'une écriture claire : nombreux passages à la tierce, à la sixte, à la dixième, en une sorte de rappel de *faux-bourdon ;* si certaines ont des entrées en imitation, c'est là une exception et le style homophone est nettement le plus en faveur (*De ma griefve maladie, L'autrier en ung vert bocaige, Puisqu'autrement*). *Il est de bonne heure né* — dont le ténor sera introduit dans de nombreuses pièces et que Japart utilisera plus tard comme thème d'une chanson polyphonique — nous paraît un exemple caractéristique d'une écriture qui s'apparente à celle de la *frottola :*

Ex. 8.

Il y aurait, sans doute, des rapprochements curieux à faire sur ce point, en examinant les pièces bilingues, où d'ailleurs le mélange des langues s'effectue de diverses manières : à une même voix pour prononcer des paroles italiennes et françaises; il arrive que, simultanément, deux voix chantent, l'une en français, l'autre en italien, ou encore qu'à une strophe en une langue il en succède une dans l'autre.

Un trait est commun à certaines de ces chansons : des interruptions se produisent, pendant de nombreuses mesures, dans l'une ou l'autre des parties médianes, donnant l'impression d'une œuvre plutôt à trois qu'à quatre voix. Est-ce là un procédé pour introduire un élément de variété dans des pièces que l'homophonie continue risquait de rendre monotones ? Enfin, on emploie souvent — et ce doit être là une recherche d'archaïsme — la cadence qui, mélodiquement, atteint la tonique par la tierce inférieure, cadence dont il n'est plus fait usage, depuis longtemps, dans la musique savante.

Telle est, brièvement, la musique de ces pièces; voyons maintenant quels textes elle illustre; ceux-ci vont-ils nous éclairer quant à l'origine de ces ténors, airs faciles à retenir qui, dégagés du rôle de *cantus firmus* que nous leur avons vu remplir, deviennent la véritable chanson que l'on fredonne « ès carrefours » ?

Le cycle de Robin et Marion connaît une grande faveur, qu'il s'agisse de *Petite Camusette ! A la mort m'avez mis*, de *Vous marchez du bout du pié, Marionette*, de *Robinet se veult marier*, ou de *Je m'en vois au vert bois*, et l'on regrette de ne pas trouver de parenté mélodique entre ces chansons et les rondels du XIIIᵉ siècle.

La plus célèbre des pièces de ce groupe, celle que chantait le pauvre Jenin le Racowatier tandis qu'on le menait au supplice :

> Hé! Robinet tu m'as la mort donnée
> Quant pour Marguet je suis abandonnée...

sera recopiée maintes fois, associée à *O rosa bella*, à *Par ung vert pré*, à *Tringalore ;* elle sera traitée en « fricassée » avec un autre thème, célèbre entre tous, déjà utilisé par Morton dans une de ses chansons, le thème de *L'homme armé* qui deviendra le *cantus firmus* de choix de très nombreuses messes. Cette liste fastidieuse de titres n'a pour but que de montrer le goût que témoignent les compositeurs de cette époque pour des éléments connus de tous, sur lesquels leur habileté technique peut s'exercer en toute liberté.

Les chansons à sujet érotique, « avec propos » selon l'expression de Marot, sont nombreuses, et se présentent sous la forme narrative : *L'autrier en ung vert bocaige, L'autrier m'aloie esbanoyant, Je my levay par un matin...;* moines et religieuses ne sont pas épargnés. C'est une « nonette jolie », à la « gorgeste polie » qui va « s'esbatant après complie »; ce sont des « moines blancs et noirs » auxquels il advient des mésaventures avec des maris jaloux. Ces maris... on leur prodigue des conseils, sur une musique alerte, ponctuée avec esprit, qui annonce la chanson : *Lourdault* (ou Regnault), *garde que tu feras :*

Ex. 9.

On leur rappelle qu'

> Il fait bon fermer son huis
> Quant la nuit est venue...

Quant aux femmes, il leur faut « mary à plaisance, gent et resjouy », car rien ne les « deshecte tant que cuer endormy... » et « une jeunette de XV ans » déclare ne pouvoir dormir, parce qu'elle « est seulette »... Nous voici loin de la chanson courtoise — et par le ton et par la forme — mais les termes mêmes qui sont employés nous rapprochent de la chanson du début du xvie, de celle qu'illustreront Loyset Compère, Brugier, Ninot le Petit, Antoine de Févin et aussi certains maîtres de la chanson parisienne de 1530, Passereau, Janequin ou Heurteur; les sujets sont analogues : *En revenant de Noion* (ou *Je revenoye de Noion*), *Sur le petit pont,*

Les trois filles... etc. La déclamation, rapide le plus souvent, est de même nature quoique moins vive, moins percutante qu'elle ne le deviendra ; et surtout nous ne trouvons pas ici ce souci d'équilibrer harmonieusement les voix, de créer des imitations, qui sera celui des compositeurs de la génération suivante, même quand ils traiteront des thèmes d'allure populaire ; il faudra attendre le recueil de Certon, en 1552, pour trouver la véritable descendance de ces pièces courtes, strophiques, homophones et syllabiques qui annoncent l'air.

Disons maintenant un mot des personnages mis en scène dans ces chansons : à côté de Robin et Marguet, il y a Janet et Margot, Rolet et Gillaine ; il y a ce niais de Jenin Janot à qui l'on demande sans cesse : *Es-tu point marié ?* Il y a Jenin Cornet « lequel se dit de Crémone... un bec cornu, pour dire net », il y a Messire Jean : « biau sire Jian », il y a Clerice = le Clerc, qui n'a pas l'étude pour seul but ; tous appartiennent au monde des tréteaux, à celui de la farce en particulier.

LA CHANSON ET LE THÉÂTRE

Il ne peut être question ici de traiter le vaste problème de la chanson dans le théâtre, mais il nous faut remarquer que les airs dont nous venons de parler ont pénétré non seulement dans les sotties et les farces, mais aussi dans les mystères et les moralités. *L'amy Baudichon* — qui figure souvent dans nos ténors — évoqué dans plusieurs farces et sotties, est chanté par l'empereur Néron dans le *Mistère de la Passion ;* de même « ce petit mot (motet, chanson) où il y a *Hé ! Vogue la galée* » que les filles de Sion font entendre dans la *Vengeance Nostre Seigneur* pour rendre manifeste la « mondanité » du peuple de la ville, sera inséré dans maintes fricassées, servira de base à plusieurs pièces polyphoniques et sera même recueilli par Tinctoris.

Sur cinquante-trois farces publiées par Gustave Cohen, quatorze commencent par des chansons qui, toutes, appartiennent à ce même répertoire : c'est Bietrix, dans le *Mince du Quaire* qui débute par : *La tricoton, coton, la tricotée, La belle et jolie tricotée :*

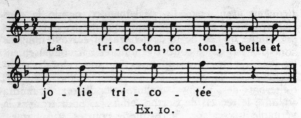

La   tri-co-ton, co-ton, la belle et
jo-lie tri-co-tée

Ex. 10.

C'est *Mince du Quaire* qui lui répond :

> Entre Péronne et Saint-Quentin
> Trouvay pastourelle nommée...

C'est Regnault qui, décidé à se marier malgré les admonestations de ses amis, entre en scène en chantant : *Chascun me crie : Marie-toy, marie !*

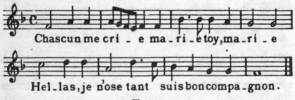

Chascun me cri-e ma-ri-e toy, ma-ri-e
Hel-las, je n'ose tant suis bon compa-gnon.

Ex. 11.

A l'intérieur du texte, les interpolations musicales sont nombreuses; la *Farce du Savetier* où Sandrin « *ne respont que chansons* » — il en chante plus de vingt — connut un tel succès qu'un compositeur parisien marquant du début du XVIe siècle, Pierre Regnault, renoncera à son nom pour prendre celui de Sandrin.

Les emprunts faits à un répertoire plus ancien et savant sont rares; encore s'agit-il non de pièces chantées, mais de vers cités familièrement, presque en guise de proverbes : c'est ainsi que l'on retrouve *Mon seul plaisir* et *Dueil angoisseux* dans une même farce, celle du *Patinier*.

Nous n'insisterons pas davantage sur ces chansons de théâtre dont l'énumération serait longue, mais nous voudrions donner ici une strophe de la chanson du *Povre Johan* telle qu'elle est dite au cours de la farce

du même nom; chanson qui conte les malheurs de ce
mari trop confiant, que sa femme mène par le bout du
nez, prototype des benêts, des « nivelés », personnage
dont la légende s'emparera et fera Jean de Nivelle :

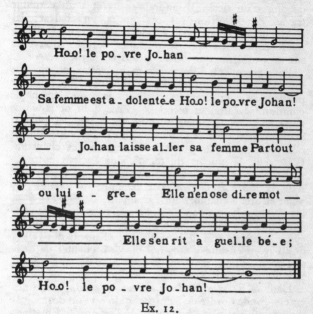

Ex. 12.

Si la chanson tient une grande place dans le théâtre,
cette union, pour spectaculaire qu'elle soit, ne nous
apparaît pas comme l'essentiel des rapports entre l'un
et l'autre : ce n'en est là, semble-t-il, que l'aspect extérieur; ce qui est plus important, c'est l'identité des personnages qui se présentent avec les mêmes caractères;
farces et chansons auraient-elles puisé à un fonds commun ? Qui a emprunté à l'autre ? Il est impossible de
traiter ici cette question, comme il est difficile d'ailleurs
d'être affirmatif; ce qui est certain, c'est qu'il y a eu
interpénétration; ces échanges se sont-ils produits
depuis longtemps ? Il y a une tradition des bergeries,
du théâtre satirique dans laquelle s'insèrent nos chan-

sons et si nous n'avons pu retrouver en elles jusqu'à maintenant aucun thème musical des XIIIe et XIVe siècles, nous relevons dans nos ténors des allusions politiques qui remontent au temps de Philippe le Bel, donc vieilles de plus d'un siècle. Il faudrait se livrer à un véritable travail de dissection sur ces ténors, en analyser les fragments en détail, et il se pourrait que cette étude au microscope nous apporte quelques données nouvelles sur un problème qui touche à tout notre théâtre.

Pour en revenir à des sujets moins vastes, notons que les indications fournies par le théâtre et la musique peuvent se compléter, les chansons être un élément de datation de certaines pièces — celles dont nous avons parlé ici ne sont jamais postérieures à 1500, la plupart étant antérieures à cette date —, les farces nous fournir des renseignements quant à l'exécution des chansons. C'est seul, la plupart du temps, que l'acteur entre en scène, mais parfois c'est à troix voix que l'on commence ; dans la *Farce du Goguelu,* par exemple, un aveugle, un valet et une « chamberière » chantent : *Seigneurs et dames que Dieu gard...* sur l'air de *Bon temps, reviendras-tu jamais* ? Plus loin les mêmes personnages se mettent d'accord pour « dire au son de la vielle une chanson nouvelle » qu'ils iront ensuite « sans nul discord, chanter de maison en maison », mais chantent-ils à l'unisson ou polyphoniquement ? Rien ne nous l'indique.

Dans *la Résurrection Jenin a Paulme,* Jenin, revenu des enfers, fonde l'ordre de Saint-Babouin où l'on dort « jusqu'à prime » et boit « bon vin », où l'on chante « matines sur ung pot de vin », etc. L'indication scénique est précise : « Jenin chante : *Nous sommes de l'ordre de Saint-Babouin* » puis les autres se joignent à lui et sur les paroles : « *L'ordre ne dit mye de lever matin,* ils chantent tous » ; ce n'est pas ainsi qu'est écrite la chanson à quatre de Loyset Compère où les entrées se font successivement ; est-ce sous la forme que nous reproduisons ici (ex. 13, page suivante) ou simplement à l'unisson du ténor que l'on exécutait cette pièce ? Nous ne saurions le dire.

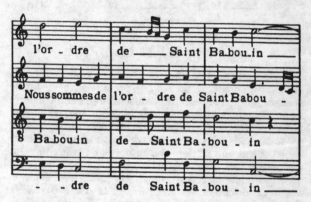

Ex. 13.

LA CHANSON ET LA DANSE

Enfin, quittons le théâtre pour un domaine où la chanson joue encore un rôle de premier plan : celui de la danse, auquel le regretté Manfred Bukofzer a consacré ici même un beau chapitre. En publiant (p. 864) la chanson polyphonique *Filles à marier* et sa notation de danse en regard, il nous a permis de saisir dès le premier abord ce qui unit ce domaine au nôtre, de voir comment une danse naît d'une chanson. Aussi ne nous reste-t-il qu'à examiner le répertoire en usage au XVe siècle, à tenter de discerner les emprunts faits d'une part à la chanson savante et d'autre part à la chanson d'allure populaire.

Si nous consultons les somptueux manuscrits de basses-dances de Marguerite d'Autriche ou le petit recueil imprimé de Michel Toulouze, nous constatons que des titres comme *Sans faire de vous départie,* ou *Triste plaisir* (ex. 14, page suivante) indiquent clairement leur origine courtoise ; ce sont des rondeaux à trois voix de Pierre Fontaine, de Binchois, dont on a extrait le ténor qui devient l'élément de base de la danse.

Ténor de la
Chanson de
Binchois

Basse
dance

Version ornée de
ce ténor d'après
le ms. de Bayeux

Tris _ te plai _ sir et ___ dou _ loureu _

_ _ se joye   As _

_ pre doulceur, ___ re _ con _ fort en _ nuy _ eux.

Ex. 14.

Il en eſt de même pour *Une fois avant que morir,* pour *Ma maiſtreſſe...* Mais d'autres basses-dances ne se rattachent-elles pas à une lignée différente ? C'eſt certainement le cas de *Marchon la dureau,* bien connue comme ténor de deux chansons, *Madame de nom* et *Puisqu'aultrement,* air sans doute célèbre, puisque c'eſt lui que l'on choisit de chanter pour donner le signal de l'attaque lors de la reprise d'Arras par les Bourguignons en 1492; c'eſt du moins ce que nous apprend Molinet.

D'autres liens sont plus difficiles à découvrir : *le Rousin* eſt tiré d'une chanson à textes multiples en l'honneur du « bon courcier Montagne »; le dessus retrace les hauts faits d'autres chevaux célèbres : le « gentil Buciphal », « Pirion *le rosin* marcial », le « rous Baiart qui fut au fils Hémon », tandis que le ténor dévide une « fricassée » d'airs grivois; c'eſt d'un « panachage » des deux voix que naît la basse-dance. *Portingaloise* s'inspire d'un fragment d'une de nos chansons écrit sur les mots « en la mode du Portingal » et, chose curieuse, c'eſt sur ce même thème qu'eſt conſtruite la seule pièce portugaise *Ay, ay, ay, ay, que fuertes penas* qui ait été conservée, semble-t-il, dans un chansonnier français, pièce qui se rapporte, nous dit Gaſton Paris, à la mort du jeune prince Alfonso de Portugal, survenue en 1491. Il y aurait là un problème de sources amusant à résoudre, mais qu'il n'eſt pas loisible de traiter ici. D'ailleurs, les quelques points sur lesquels nous avons attiré l'attention du leċteur suffisent, croyons-nous, à prouver que les basses-dances empruntent leurs thèmes à la chanson, qu'elle soit de ſtyle courtois ou populaire; quant aux *balli* plus animés, c'eſt surtout au répertoire de cette dernière qu'ils puiseront : *Hélas ? la fille Guillemin,* etc.

Les deux courants que nous diſtinguons dès 1470 continueront à s'enrichir d'apports divers : la chanson courtoise à l'architeċture équilibrée, au contrepoint souple, à l'écriture subtile, trouvera dans les provinces du Nord le terrain qui lui permettra d'atteindre son développement le plus harmonieux : c'eſt à Josquin et à ses contemporains, puis à Gombert, à Crecquillon qu'il incombera de la cultiver avec succès; la chanson d'allure populaire se répandra et croîtra surtout à Paris, à Lyon; à partir de 1552, nous l'avons dit, elle verra avec Certon sa descendance prendre un essor rapide :

si le mot *air* n'apparaît qu'en 1570, la forme qu'il recouvre eſt fixée vingt ans auparavant, et c'eſt dans ce ſtyle qu'écriront Cléreau, Arcadelt, Nicolas de La Grotte; par ses prolongements, la chanson simple, homophone, souvent anonyme, aura sans doute joué un rôle hiſtorique aussi important pour la musique française que les pièces raffinées des grands maîtres.

G. Thibault.

BIBLIOGRAPHIE

OUVRAGES GÉNÉRAUX

Besseler, H., *Die Musik des Mittelalters und der Renaissance*, Potsdam, 1931-1935.

Pirro, A., *Histoire de la Musique de la fin du XIVe siècle à la fin du XVIe*, Paris, 1940.

Reese, G., *Music in the Renaissance*, Norton, New York, 1954.

Précis de Musicologie, sous la direction de J. Chailley, chapitre sur le xve siècle, Paris, 1958.

ÉDITIONS DE TEXTES ET ÉTUDES

Chansons françaises du XVe siècle, éd. par G. Paris, Société des Anciens Textes Français, Paris, 1875.

Stainer, J. R. F. et Stainer, C., *Dufay and his contemporaries*, Novello, Londres, 1898.

Manuscrit dit des Basses-Danses de la Bibliothèque de Bourgogne, publié par E. Closson, Société des Bibliophiles et Iconophiles de Belgique, 1912.

Le Manuscrit de Bayeux, éd. par Th. Gerold, Paris, 1921.

Droz, E. et Thibault, G., *Poètes et Musiciens du XVe siècle*, Paris, 1924.

Van den Borren, Ch., *Guillaume Dufay, son importance dans l'évolution de la musique au XVe siècle*, Bruxelles, 1926.

Pirro, A., Droz, E., Rokseth, Y. et Thibault, G., *Trois chansonniers français du XVe siècle*, Droz, Paris, 1927.

Droz, E., *Le recueil Trepperel-Les Sotties*, Paris, 1935.

L'Art et Inſtruction de bien dancer, de Michel Toulouze (1438), éd. en fac-similé publiée par le Royal College of Physicians, Londres, 1936.

Marix, J., *Les musiciens de la cour de Bourgogne au XVe siècle*, textes, Paris, 1937.

MARIX, J., *Histoire de la musique et des musiciens de la cour de Bourgogne sous le règne de Philippe le Bon (1420-1467)*, [étude], Strasbourg, 1939.

Harmonice Musices Odhecaton, éd. par Helen Hewitt, Cambridge (Mass.), 1946.

DAVIDSON, A. T. et APEL, W., *Historical Anthology of Music*, Londres et Oxford, 1947.

Recueil de Farces françaises inédites du XVe siècle, G. COHEN, « Medieval Academy of America »; Cambridge, Mass., 1949.

BUKOFZER, M., *A polyphonic Basse-Dance of the Renaissance*, dans « Studies in Medieval and Renaissance Music », Norton, New York, 1950, p. 190 et suivantes, — (Etude suivie d'une excellente bibliographie).

VAN DEN BORREN, Ch., *Pièces polyphoniques profanes de provenance liégeoise (XVe siècle)*, Bruxelles, 1950.

PLAMENAC, D., *A Reconstruction of the French Chansonnier in the Bibliotheca Colombina*, dans « Musical Quarterly », Vol. XXXVII n° 4, Vol. XXXVIII n°s 1 et 2, Séville —1.

The « Second » Chansonnier of the Bibliotheca Riccardiana, « Annales Musicologiques », t. II, p. 106 et suivantes, Société de Musique d'Autrefois, Paris, 1954.

ADLER, G., et KOLLER, O., *Sechs Trienter Codices*, publié dans « Denkmäler der Tonkunst in Oesterreich », t. VII, XI, XIX, XXVII, XXXI, XL (le t. VII comprend un index thématique des six mss).

LA MUSIQUE RELIGIEUSE
DE DUFAY À JOSQUIN DES PRÉS

DUFAY ET SON ÉPOQUE

L'ŒUVRE de Dufay a, semble-t-il, étendu son influence dans des directions diverses. Cependant, c'est dans le pouvoir de clarification de cette œuvre qu'il faut peut-être reconnaître l'effet le plus remarquable de son génie. La complexité déroutante qui caractérise le premier quart du xvᵉ siècle se démêle en effet peu à peu, et le style et la technique qui coexistaient sans révéler de direction bien précise commencent à s'orienter avec plus de netteté. Cette clarification nouvelle marque fortement la musique profane : les rapports entre les divers genres y apparaissent définis, de même que le style propre à chacun d'eux. Mais, dans le domaine de la musique religieuse également, nous découvrons que la venue de Dufay a singulièrement dissipé l'incertitude où se trouvaient ses prédécesseurs. De fait, c'est à ses efforts que nous attribuons un progrès capital de la musique religieuse, en particulier dans le domaine liturgique de l'Ordinaire de la messe. Il n'est pas douteux que Dufay a éclairci la structure et la technique de composition de la messe polyphonique, non seulement pour sa génération mais aussi, dans une certaine mesure, pour ses successeurs. Mais l'importance grandissante que l'on attribue au cycle de la messe pose encore bien des problèmes. En premier lieu, il semble que l'attitude de Dufay à l'égard de l'Ordinaire de la messe ait évolué considérablement. C'est au cours de la dernière période de sa vie que prédomine la messe cyclique. Cette période n'est pas seulement celle de ses réalisations les plus mûres, c'est aussi la plus féconde. A ses débuts, Dufay s'intéressa surtout à la musique profane; à la fin de sa vie, il se tourna vers la musique religieuse. Il est permis d'avancer que si, au début, il mit l'accent sur les genres profanes, cela vient clairement de ce que ses prédécesseurs plaçaient cette musique profane, au xive siècle, à un rang élevé. Dufay ne fit sans doute qu'exploiter ou développer un héritage déjà considérable. On peut donc dire qu'il a été un disciple fidèle. Son œuvre est en effet étroitement reliée au passé, non seulement dans son ensemble, mais aussi en ce qui concerne certaines conceptions bien définies qui se sont formées dans le domaine de la composition profane. Ce lien n'a jamais été brisé, même lorsque Dufay s'intéressa surtout à la musique religieuse. Il serait faux, cependant, d'imaginer que l'œuvre de Dufay se divise nettement en deux périodes correspondant à la première et à la seconde moitié de sa vie : il n'abandonna jamais complètement la composition profane (certains rondeaux appartiennent sûrement à la seconde période), et de nombreuses œuvres religieuses se situent dans les débuts.

LES CAUSES DU RENOUVEAU DE LA MUSIQUE RELIGIEUSE

A quelles sources s'alimenta cette nouvelle tendance ? Quelle est l'origine de la transformation profonde du répertoire musical ? Cette évolution aboutit à une véritable révolution, puisque la musique sacrée prit la place précédemment occupée par la musique profane. L'on emprunta désormais idées et formes aux compositions religieuses alors que, jusque-là, les genres profanes servaient de guide à toute pensée artistique. Il y a donc là un tournant d'une importance capitale, que nous hésitons à envisager uniquement du point de vue musical. N'est-il pas plus raisonnable de supposer que la cause première de ce changement est due à un renouveau d'intensité du sentiment religieux ?

De fait, on a établi un rapport direct entre un mouvement religieux lié au mysticisme de Jan van Ruysbroeck, et surtout à Gérard de Groote, et la nouvelle musique religieuse du xve siècle. En appliquant à la musique la brillante interprétation de la *Devotio moderna* dans *le Déclin du Moyen âge* de Huizinga, Heinrich Besseler fut le premier à rapprocher les deux phénomènes historiques : la *Devotio moderna* et la musique religieuse, tout d'abord à propos d'Ockeghem (*Die Musik des Mittelalters und der Renaissance,*

1931, p. 237), ensuite de Dufay aux environs de 1430 (*Bourdon und Fauxbourdon*, 1950, p. 203). Après Besseler, Manfred Bukofzer (*Studies in Medieval and Renaissance Music*, 1950, p. 291) affirma également que la musique et la *Devotio moderna* avaient été associées « à juste titre ».

Bien qu'un tel rapprochement offre d'intéressantes possibilités, il convient d'en vérifier la justesse; le problème qu'il pose est, en effet, d'une importance majeure. Que sait-on de la *Devotio moderna*? Le mouvement prit forme lorsque Gérard de Groote fonda, vers 1380, la « Confrérie de la vie commune » qu'il installa dans la maison de son ami Florentius Radewijns à Deventer (diocèse d'Utrecht). Peu après, de nombreux établissements analogues firent leur apparition dans les principales villes des Pays-Bas. Presque immédiatement le mouvement gagna le nord et le centre de la Basse Allemagne. L'intensification de la piété, qui en était l'idéal, avait pour corollaire un intérêt marqué pour les écoles et pour l'éducation.

Comme on le sait, ce qui poussait les Frères à se réunir en communauté, c'était avant tout le désir de s'éloigner du courant toujours plus fort de relâchement, de frivolité ou d'indifférence religieuse qui entraînait les laïcs et le clergé. Pour mener en commun une vie pieuse, ils se donnèrent des règles sévères d'humilité, de pauvreté, sans toutefois prononcer de vœux. Ils ne se retiraient pas du monde et de ses activités, mais exerçaient, au contraire, toutes sortes de professions, chacun étant tenu d'apporter sa cotisation au fonds commun.

Comme tant d'autres mouvements de ce genre, la « Confrérie de la vie commune » éveilla les soupçons de l'Eglise, et en particulier l'hostilité des frères mendiants; car ce sont ces derniers qui, plus que d'autres, se sentirent menacés, bien que la dégradation de leur conduite leur eût souvent attiré les reproches d'éminents hommes d'église. Cependant, la « Confrérie de la vie commune » fut approuvée par le concile de Constance (1415) grâce aux plaidoyers enthousiastes de Pierre d'Ailly et de Jean Gerson.

D'après tout ce que nous savons de la façon dont le mouvement étendit son influence, il semble qu'il ait surtout affecté les Pays-Bas et le Nord-Ouest de l'Allemagne. Les communautés étaient nombreuses le long du Rhin; répondant à une requête présentée par la

Confrérie pendant les premières années du mouvement, l'Université de Cologne rédigea un rapport officiel sur la légalité de la *Devotio moderna*. En revanche, on ignore dans quelle mesure le mouvement réussit à s'implanter en France. Selon Huizinga, la *Devotio moderna* « était à peine connue en France sous une forme organisée ». « La *Devotio moderna,* si on la considère comme un mouvement assujetti à des règles strictes, se limite aux Pays-Bas du Nord et à la Basse Allemagne, mais l'esprit qui la fit naître se retrouve en France. »

En ce qui concerne l'évolution musicale et, en particulier, l'essor de la musique religieuse, il ne fait pas de doute que la clef du problème, c'est la question de l'influence en France de la *Devotio moderna*. Or on n'en retrouve aucune trace ; jamais les Français n'ont fondé, chez eux, un établissement de la Confrérie.

Cependant, chose étonnante, de tout le clergé réuni au concile de Constance, ce sont deux Français, Pierre d'Ailly et Jean Gerson, qui se chargèrent de défendre le mouvement, dont ils connaissaient sans doute l'existence depuis longtemps. Certes, Gérard de Groote avait fait ses études à Paris, mais à cette époque Pierre d'Ailly était trop jeune pour rencontrer au Collège de Navarre le fondateur de la Confrérie. Rien n'indique que l'un ou l'autre de ces deux théologiens ait adopté la doctrine du mouvement religieux. Il existait cependant un terrain d'entente entre les deux Français et Gérard de Groote. Les idées de de Groote sur l'intensification de la piété rencontraient en de nombreux points les idées *de reformatione* de Pierre d'Ailly. Mais d'Ailly songeait surtout à la répression des abus, de Groote à une réforme interne.

Une autre date dans la vie de Pierre d'Ailly attire immédiatement notre attention. Après avoir été évêque du Puy pendant deux ans (1395-1397), Pierre d'Ailly, qui avait soutenu, au nom du roi, le parti de Benoît XIII, fut nommé évêque de Cambrai (1397). Cette nomination lie son nom à celui de la cathédrale de Cambrai qui allait devenir un centre de musique religieuse. Une fois encore nous ignorons si cette nomination, purement politique, donna à d'Ailly des raisons de procéder à des réformes religieuses dans son nouveau diocèse, ou de se faire le défenseur de la *Devotio moderna*.

Telles sont les données que nous possédons pour la

France, données manifestement insuffisantes et douteuses.
Il est très possible, cependant, que le climat religieux et
l'atmosphère générale aient eu des points communs avec
les aspirations de la *Devotio moderna*. Néanmoins, nous ne
voyons pas comment Dufay, pas plus qu'Ockeghem d'ailleurs, aurait rencontré la voie que suivait le mouvement
religieux. Il est très improbable que, pendant les quelques
années qu'il passa à Cambrai dans sa jeunesse, ce mouvement, même s'il y existait, ait exercé une influence sur lui.
Pendant les années décisives de sa formation artistique, il
se trouvait en Italie, où la *Devotio moderna* était complètement inconnue. Même dans ses rapports avec la cour de
Savoie, avec Amédée VIII dans sa retraite de Ripaille, ou
avec Louis, le fils de celui-ci, Dufay ne pouvait se sentir
porté vers une « régénération » religieuse. S'il est vrai
qu'Amédée VIII représente une forme attardée de piété
médiévale, la « cellule monacale » où il s'était retiré se
nommait château de Ripaille. Malgré ce que les contemporains racontaient des habitudes du château, « faire
ripaille » est resté l'expression proverbiale désignant une
vie de luxe et de plaisirs. (Voir Charles van den Borren,
Guillaume Dufay, 1926, p. 43 ; Huizinga, *op. cit.*)

Il nous reste à examiner la dernière période de la vie de
Dufay, où Cambrai et la musique religieuse jouent un rôle
prépondérant. Il semble toutefois que l'activité musicale
de Dufay à la cathédrale de Cambrai ait été intermit-
tente, et l'on ne sait rien qui puisse être interprété
comme la manifestation d'un renouveau de piété et de
dévotion. On peut tout juste affirmer que la musique
sacrée florissait à Cambrai : à la cathédrale, à Saint-
Sépulcre, à Saint-Aubert et à Saint-Géry. (Voir l'article
de V. Fédorov sur *Cambrai, MGG*, II – 697 et les
études admirables d'A. Pirro.) Mais, décrivant la vie
musicale à Cambrai aux environs de 1417, Pirro déclare :
« L'art profane prospérait donc à Cambrai, sous la
tutelle de l'Eglise. »

A quelle cause attribuer la prépondérance de la musique
religieuse vers le milieu du XVe siècle ? Le problème
demeure troublant. Si nous n'acceptons pas que la *Devotio moderna* ait joué un rôle déterminant — et en raison
des contradictions et de l'imprécision des témoignages, je
ne crois pas que nous puissions le faire — nous sommes
dans l'impossibilité de prouver qu'un mouvement reli-

gieux quelconque ait été à l'origine du développement de
la musique sacrée. Il nous reste donc à trouver un
rapport de cause à effet. La plus grande partie de l'existence de Dufay est marquée par la vie de cour, par
l'entourage des princes et des prélats. L'harmonie de
la vie mondaine et de la vie religieuse est conforme aux
principes du Moyen âge.

GUILLAUME DUFAY

Guillaume Dufay, né aux environs de 1400, commença
son éducation et sa carrière musicales à Cambrai où, à
partir de 1409, il fut l'élève de Nicolas Malin, et probablement aussi de Richard de Loqueville, en supposant que
Dufay demeura à Cambrai jusqu'au milieu de la seconde
décade du siècle. Il est certain, en tout cas, qu'il était
encore très jeune lorsqu'il quitta cette ville. Quant à
savoir s'il se rendit d'abord à Constance, en 1417, dans
la suite de Pierre d'Ailly, ou s'il alla directement en Italie,
il est difficile de trancher cette question. A partir de 1420
(ou 1419), nous le trouvons à Rimini, où il met son activité
artistique au service des Malatesta ; il reste en contact étroit
avec cette cour au moins jusqu'en 1426 ; c'est dans une
brillante atmosphère qu'il poursuit désormais son œuvre :
cour pontificale, cours de Ferrare, de Savoie et de Bourgogne. Ses rapports avec la cour pontificale s'étendent
sur deux périodes, 1428-1433 et 1435-1437 ; ses rapports
avec la maison de Savoie durent — il l'a dit lui-même —
un peu plus de sept ans, avec des intervalles qu'il est
impossible de déterminer. Bien qu'il ait été nommé « chapelain du duc de Bourgogne », et malgré quelques appa-
ritions à la cour, il n'y occupait guère qu'une situation
honorifique. Il obtient le diplôme de bachelier en droit
canon, probablement à Bologne. Dans la dernière période
de sa vie, il renoue des liens avec Cambrai, où il demeure
assez régulièrement à partir de 1451, tout en faisant de
nombreux voyages. De riches prébendes, des donations
et des honneurs font de lui un personnage de haut rang.
Dufay mourut à Cambrai le 25 novembre 1474.

Il semble que Dufay ait commencé à composer pour la
messe pendant son premier séjour en Italie, bien que certaines œuvres appartiennent peut-être à la période de sa
jeunesse qui précéda son départ de Cambrai, mais de

celles-ci presque aucune n'a subsisté. Du *Corpus Missarum* de Dufay, qui consiste en parties isolées de la messe, onze *Kyrie,* quatorze *Gloria,* quatre *Credo,* quatre *Sanctus* et quatre *Agnus Dei* ont été préservés. Ces fragments séparés sont généralement considérés comme antérieurs à la composition des messes cycliques, dont huit ou neuf existent encore. Cette classification chronologique est cependant indéfendable du point de vue stylistique. En effet, si elle était valable, les trente-sept fragments séparés devraient précéder ce qu'on appelle la *Missa sine nomine* qui, étant la première messe cyclique de Dufay, se situe aux environs de 1420. Ni le style de ces fragments isolés, ni le peu que l'on sache de leur origine n'autorisent un classement aussi simpliste. Certes, le développement historique accordait une importance toujours croissante à l'Ordinaire cyclique de la messe, mais il n'y eut pas d'évolution simple. De même que la messe cyclique ne remplaça pas immédiatement la composition de fragments séparés, de même la variété première des solutions apportées au problème de structure de ce cycle persista, sans préférence marquée pour l'une d'entre elles. De fait, la composition de fragments séparés et la combinaison de ces fragments en un cycle sont un héritage artistique que Dufay avait reçu du XIVᵉ siècle. Son attachement aux deux parties de cet héritage suffit à prouver que son art avait de profondes racines dans le passé avant d'accorder la préférence au cycle unifié de la messe. Cependant, la victoire du cycle sur toutes les autres formes de messe ne se produisit qu'au milieu du siècle, qui correspond à la dernière période de Cambrai. Retenons que le style et la structure de bien des fragments isolés semblent faire appel à certaines techniques qui supposent l'existence de procédés mis au point pour la messe cyclique.

L'héritage transmis par le XIVᵉ siècle comprenait l'invention de techniques et de conceptions de structure nouvelles qui, adroitement employées, pouvaient donner à la messe une forme particulière. A cette époque, la composition de la messe était presque entièrement dominée par les procédés en usage dans la musique profane. Certes, la musique liturgique adoptait souvent, sans discernement, les éléments de la composition profane; cependant des efforts sérieux, parfois couronnés de succès, s'attachaient à donner à la musique religieuse des structures musicales qui ne fussent pas directement issues des genres profanes prédominants. Il semble que la technique de la parodie, qui allait jouer un rôle décisif dans la composition de la messe, en ait été le plus important, tandis que les formes sur cantus firmus étaient extrêmement rares, sinon inexistantes. (Je ne connais qu'un exemple, inédit d'ailleurs, parmi les parties de la messe contenues dans le manuscrit d'Ivrée, qu'il soit possible d'interpréter comme une œuvre sur cantus firmus.) Même le cycle de la messe a été reconnu comme un problème musical, et cela non seulement dans le cas de la messe de Machaut. Toutefois, dans le premier quart du xve siècle, c'est la technique du cantus firmus qui commence à faire des progrès et à attirer l'attention des compositeurs, tant en France qu'en Italie.

Dès le début, Dufay explora les voies diverses que ses prédécesseurs avaient ouvertes à la composition de la messe. Grâce à son génie, on ne trouve pas même dans ses premières œuvres l'incertitude qui va généralement de pair avec les « expériences ». Au contraire, il ne semble jamais faire de tentatives. Son œuvre présente avec une maîtrise supérieure les connaissances acquises du passé et du présent. Il est, à vrai dire, le parfait héritier qui fait fructifier l'héritage avec le plus grand discernement.

LA « MISSA SINE NOMINE ».

La toute première messe, ou tout au moins celle que l'on considère comme la plus ancienne des messes existantes, *Missa sine nomine,* est un exemple remarquable de la façon dont Dufay réinterprète les formes anciennes. Si le motif initial du chant unit le Kyrie et le Sanctus (le motif de l'Agnus Dei présentant une légère variation) et établit ainsi un lien musical entre ces trois parties de la messe, c'est cependant au Gloria, ainsi qu'au Credo, qu'il faut attribuer la plus grande importance, car c'est là que Dufay se révèle un véritable connaisseur du xive siècle. Ces deux mouvements sont dans la ligne des fragments composés, au xive siècle, par les musiciens du groupe d'Avignon, dont les noms sont demeurés pour la plupart inconnus. La déclamation du texte, rapide, unie, régulière, et sans grande variété de rythme, est, en effet, presque l'image des modèles avignonnais, bien que le style de la mélodie ait subi entre-temps des changements profonds. La structure simple des deux parties instrumentales d'accompagnement, qui a souvent la forme d'un mouvement parallèle évident ou déguisé, remonte également à bien des Gloria ou des Credo conservés dans le manuscrit d'Ivrée. Même les « hoquets », comme on en trouve dans le Gloria (mesures 20 et suiv.), ou ces mesures intermédiaires conventionnelles à la fin des versets, à l'endroit où le chant disparaît et où les deux instruments établissent un lien avec le verset suivant (mesure 50, par exemple), sont caractéristiques des messes du xive siècle. Il est intéressant de noter que même le Gloria semble établir un lien avec le Kyrie, le Sanctus et l'Agnus Dei, puisque la phrase construite sur les paroles « *Qui sedes ad dexteram* » présente une ressemblance avec le motif initial des autres mouvements. Toutefois, le Credo, semble-t-il, occupe une place à part, bien qu'on y trouve des analogies mélodiques avec le Gloria. D'autres traits séduisants apparaissent dans la forme donnée à ce Credo construit sur trois motifs mélodiques constamment variés.

C'est peut-être à Ciconia que revient le mérite d'avoir répandu en Italie, où Dufay put en prendre connaissance, les techniques avignonnaises de composition de la messe. Le rôle joué par Ciconia dans la musique avignonnaise et, par la suite, la façon dont il développa son remarquable talent de musicien en Italie, n'ont pas encore été pleinement appréciés. Mais des recherches récentes (en particulier celles de Mme S. Clercx-Lejeune) ont montré l'importance croissante de ce rôle. Il semble même que le faux-bourdon et ses particularités harmoniques aient leur origine en Italie plutôt qu'en Angleterre. Dans une étude brève mais brillante, *Aux origines du faux-bourdon* (Revue de Musicologie, vol. XI, 1957, p. 151), Mme S. Clercx-Lejeune, s'efforçant de déchirer le voile de préjugés qui enveloppe le problème du faux-bourdon, a montré que l'on retrouve tout de ce procédé, sauf le nom, dans le *Credo* de Ciconia (Bologne, Liceo Q 15, 5), et qu'en outre la technique, sinon la dénomination, est probablement d'origine italienne. Cette thèse présente bien des avantages, et, si nous considérons l'origine étrange de la polyphonie italienne au xive siècle, nous comprenons que le faux-bourdon n'est rien d'autre que le produit logique du concept de l'*organum* parallèle, qui est à la base de la polyphonie italienne de cette époque.

LA MESSE DE SAINT JACQUES.

D'après ce que nous savons, la forme technique du faux-bourdon apparaît pour la première fois dans la Communion de la *Missa Sancti Jacobi* de Dufay. Il dédia probablement cette messe, et certainement son motet *Rite-Artubus*, à Robert Auclou, *Curatus Sancti Jacobi*, curé de l'église Saint-Jacques-de-la-Boucherie à Paris. Guillaume de Van, qui édita ces deux œuvres, a démontré que le motet a dû être composé en 1426 ou 1427, date qui vaut, semble-t-il, également pour la messe (voir *Guglielmi Dufay, Opera Omnia* I2, XX, Rome, 1948). Reprenant la thèse de Van, Besseler (*Archiv für Musikwissenschaft*, vol. 9, 1952) situe la composition de l'œuvre à Paris, puisque c'est à l'église Saint-Jacques que Robert Auclou exerçait ses fonctions. Besseler suppose que Dufay et Auclou se sont rencontrés à Paris (*Acta Musicologica*, vol. XXVI, p. 84). Mais Dufay séjournait certainement à Bologne en 1427 et 1428, puisque le cardinal Louis Aleman avait demandé pour lui la permission de s'absenter de Saint-Géry de Cambrai. (Voir A. Pirro, *Histoire de la musique de la fin du XIVe siècle à la fin du XVIe*, Paris 1940, p. 63, où l'auteur suggère également qu'à cette époque Dufay aurait étudié à l'Université de Bologne.) Or justement, Louis Aleman d'Arles, cardinal-légat à Bologne, avait pour secrétaire, en 1426, Robert Auclou. C'est donc certainement à Bologne que Dufay fit la connaissance de ce dernier et, par la suite, ils se rencontrèrent sans doute plusieurs fois avant la mort d'Auclou à Cambrai en 1452 (voir S. Clercx-Lejeune, *op. cit.*, p. 160 et suiv.). Il s'ensuit que Dufay a probablement composé le motet et la messe en Italie. L'on peut donc raisonnablement supposer que Dufay employa le faux-bourdon pour la première fois pendant son séjour en Italie, ce qui est une hypothèse plus conforme que toute autre à l'évolution du compositeur.

Peu d'années séparent la *Missa sine nomine* de la *Missa Sancti Jacobi (Messe de saint Jacques)*; cependant les techniques et les structures employées dans la nouvelle messe cyclique sont très différentes. Une différence de structure relativement grande, par rapport à un laps de temps si réduit suffit à prouver que le compositeur n'a pas suivi la voie d'une évolution systématique ou logique, mais qu'il tire successivement parti de techniques et d'idées existant déjà, en dehors de son œuvre, ou qu'il a essayées lui-même par ailleurs. De fait, la *Messe de saint Jacques* nous montre simplement Dufay abordant l'héritage musical sous un autre angle. Certes, le cycle a son caractère propre, grâce à la combinaison de toutes les parties du Propre de la messe — à l'exception du Graduel — avec celles de l'Ordinaire. Détail significatif, un seul document, le manuscrit de Bologne Q 15, contient toutes les divisions du Propre et de l'Ordinaire, alors que les autres ne donnent que les sections de l'Ordinaire. On a donc dû se servir également de la messe comme d'un cycle régulier de l'Ordinaire en omettant les parties du Propre, et ces deux possibilités semblent indiquer que, par suite de cette omission, la *Messe de saint Jacques* cessa d'être associée, comme elle l'était à l'origine, à la liturgie de saint Jacques. Notons d'autre part que, dans le manuscrit d'Aoste, toutes les parties de l'Ordinaire, à l'exception d'une seule, portent la mention *de apostolis,* bien qu'elles ne soient pas copiées dans l'ordre. (C'est ainsi que l'on trouve deux copies du Kyrie dans différentes parties du manuscrit.) L'emploi liturgique de l'Ordinaire, pour la fête de l'un quelconque des apôtres, forme ainsi un lien qui combine les divisions de l'Ordinaire pour en faire une unité toute nouvelle. Les cantus firmi qui sont à la base de l'Introït « *Mihi autem* », de la Communion « *Vos, qui secuti estis* » et d'une partie de l'Offertoire « *In omnem terram* » (seulement la mélodie de *exivit sonus eorum : et in fines orbis... eorum,* transposée une quinte au-dessous) appartiennent à la Messe de saint Jacques, mais aussi aux messes des autres apôtres. C'est évidemment là la raison principale du fait que l'on donne aux parties de l'Ordinaire le titre de *de apostolis.*

Dufay a utilisé différentes techniques pour donner à chaque mouvement sa structure, sur la base du cantus firmus choisi. Si le choix des cantus firmi était guidé par des considérations liturgiques, la manière de les traiter admettait des méthodes très variées, puisque, pour les mouvements du Propre et de l'Ordinaire, Dufay s'est servi, non pas d'un cantus firmus unique, mais de chants différents : pour l'Introït la mélodie de « *Mihi autem* », pour le Kyrie un chant utilisé « *in festis duplicibus* », pour l'Offertoire une partie de la mélodie de « *In omnem terram* », pour le Sanctus le chant utilisé « *in festis solemnibus I* », pour l'Agnus Dei la mélodie que l'on chante de nos jours « *in dominicis infra annum* », et pour la Communion le chant de « *Vos qui secuti estis* ». Le Gloria et le Credo ne semblent pas reposer sur un cantus firmus, bien que le ténor rappelle, par moments, d'une part le Gloria des fêtes solennelles I, d'autre part le Credo IV. Cependant, l'Alléluia a toutes les apparences d'une composition avec un cantus firmus, bien que l'on n'ait pas encore retrouvé l'origine du ténor. Le Verset de l'Alléluia ayant une structure poétique, on peut en conclure qu'il a dû être composé comme une partie d'un office rythmique de saint Jacques, et puisque le Verset glorifie saint Jacques sous le nom de *Hispanorum clarens stella,* l'office doit être rattaché à Compostelle. (L'incipit du ténor est le même pour l'Alléluia et pour le Verset; le texte rythmé a-t-il été écrit sur un Alléluia existant ?)

La paraphrase d'un cantus firmus est la principale technique choisie par Dufay : par sa nature même, elle permet la plus grande variété. Le plan adopté pour l'Introït est particulièrement intéressant, car Dufay l'a organisé selon l'interprétation proprement liturgique. Seule l'antienne de l'Introït est polyphonique (4 v.), avec le cantus firmus au ténor, puis on chante le verset. La répétition de l'antienne indiquée par le mot *repeticio* suit le verset, mais dans une nouvelle version polyphonique (3 v.) où le cantus firmus apparaît à la partie supérieure. La doxologie finale est monodique.

Cet art de la paraphrase, évident dans l'Introït comme dans les autres parties de la messe, comporte certaines variantes selon que le chant principal apparaît au ténor ou à la partie supérieure (cantus). En général, l'intégrité du chant principal est mieux conservée au ténor, tandis qu'au cantus, ce chant est soumis aux principes stylistiques de mélodie que Dufay, conformément à l'idéal admis pour la composition de mélodies profanes, préférait appliquer à la voix supérieure. En conséquence, au cantus, la paraphrase conduit souvent à de plus grandes déviations, en particulier à l'approche des cadences mélodiques, véritables critères permettant de juger les concepts fondamentaux qui régissent l'emploi de la mélodie à la voix

supérieure. Mais on ne doit pas considérer comme une
règle cette plus grande liberté de la paraphrase au cantus.
Parfois celui-ci suit de près le chant principal, par exemple
dans la troisième invocation du Kyrie. Bien que Dufay
ait composé séparément les neuf invocations du Kyrie, on
remarquera qu'il n'a placé le chant principal au cantus
que dans la troisième, la sixième et la neuvième invocation. Ce procédé semble calqué sur les Kyrie qui combinent l'interprétation polyphonique d'une invocation
avec le chant monodique d'une autre. Cependant, c'est
la disposition des neuf invocations en trois groupes
(Kyrie – Christe – Kyrie) qui sera généralement adoptée, disposition choisie par Dufay pour sa *Missa sine
nomine*. Les invocations se différencient également, au
point de vue formel, par le moyen d'expression : la
deuxième, la cinquième et la huitième, marquées *duo,*
doivent être chantées par des solistes, tandis que les
autres, marquées *chorus,* exigent l'emploi du chœur.

Toutes les parties de la messe, sauf l'Offertoire et la
Communion, contiennent ce passage du chœur au duo de
solistes; ce changement sert parfois à organiser la composition, moins semble-t-il dans le Gloria, qui ne comprend que deux parties de solo, mais d'une manière
évidente dans le Credo, où il réalise une sorte d'alternance entre le chœur et les solistes, selon le principe des
versets alternés. Dans le Sanctus, l'alternance sert à
mettre en valeur les intonations : la première est monodique, la deuxième un chœur à quatre voix avec le cantus firmus au ténor, la troisième un duo de solistes.
L'Agnus Dei a un plan analogue.

L'Offertoire présente le cantus firmus d'une façon particulière. Le ténor n'apparaît dans la composition à quatre
voix qu'après un long délai, la mélodie de la première
moitié du premier verset étant omise. Après l'exposition
de la seconde moitié, le ténor disparaît et ne rejoint les
autres voix qu'à la fin, en menant la mélodie jusqu'au
dernier mot. L'exposition de ces fragments mélodiques se
déroule uniformément, en larges valeurs rythmiques pour
chacune des notes de la mélodie. Bien que ce ténor
accuse certaines déviations par rapport à l'Offertoire original, on ne peut le considérer comme une paraphrase
parce que les changements sont déterminés par les exigences de l'harmonie. Outre l'art des paraphrases mélo-

diques, cette façon de traiter le cantus firmus annonce les structures favorites des successeurs de Dufay.

Mais c'est la Communion qui, malgré sa brièveté et sa simplicité de structure, a attiré l'attention des historiens plus que toute autre partie de la *Messe de saint Jacques*. Seuls sont écrits la partie supérieure (chant principal) et le ténor, ce dernier portant l'indication « faux-bourdon ». Une mention supplémentaire indique la façon de chanter la troisième voix : *Qui trinum queras a summo tolle figuras et simul incipito dyatessaron insubeundo* (dans le manuscrit de Bologne seulement). C'est probablement là (comme l'affirme H. Besseler dans *Acta Musicologica,* vol. XX, 1948, p. 26 et suiv. et ensuite dans *Bourdon und Fauxbourdon,* p. 11 et suiv.) que le nom et le procédé du faux-bourdon ont fait leur première apparition, du moins d'après les documents que l'on possède.

Bien que le faux-bourdon ait donc fait, semble-t-il, son apparition dans un fragment de messe, il ne faut pas en conclure nécessairement que cette technique a son origine dans la messe, qu'il s'agisse d'une partie séparée ou d'un cycle complet. Il est très possible qu'il ait pris naissance soit dans des genres de dimensions plus réduites, tels que l'hymne, soit dans les formes liturgiques de la psalmodie, ces dernières se présentant comme la source la plus probable. En tout cas, les rapports du faux-bourdon avec un genre strictement liturgique ont été déterminants, puisqu'il les a maintenus tout au long de son histoire.

Les principales caractéristiques du faux-bourdon sont l'emploi d'un cantus firmus à la partie supérieure, l'élément d'improvisation par lequel une troisième voix est produite automatiquement et le parallélisme des intervalles. Bien que la technique du faux-bourdon repose sur le principe d'une mélodie doublée par des intervalles en mouvement parallèle, elle a probablement contribué à la naissance de la conception harmonique. Mais dans l'œuvre de Dufay, la façon dont le cantus firmus est traité à la partie supérieure a une importance toute spéciale. Elle révèle la position privilégiée de la cantilène, élément prédominant dans la structure de la composition. Le cantus firmus est soumis aux règles mélodiques établies dans les genres profanes, où la mélodie à la voix supé-

rieure détermine toute la structure. L'influence de cette
conception mélodique se fait sentir dans le phrasé du
cantus firmus, dont les sons ne subissent aucun changement fondamental, mais sont embellis par une ornementation modérée à la fin des phrases. Cette ornementation
est constituée par des éléments typiques des cadences
mélodiques. Cette technique se répète partout où Dufay
fait usage du faux-bourdon.

LES MESSES SUR UN SEUL CANTUS FIRMUS.

La nouvelle structure de la messe grâce à laquelle
Dufay, sans l'avoir créée lui-même, ouvrit la voie à
l'avenir, apparaît dans les messes fondées sur un seul
cantus firmus pour toutes les parties. On la retrouve dans
cinq messes qui sont certainement de lui et dans la messe
la Mort de saint Gothard, qu'on lui attribue, toutes les six
étant à quatre voix. Le compositeur donne ainsi à la messe
cyclique une unité que les formes antérieures du cycle ne
possédaient pas. Il est intéressant de noter ici que le cantus firmus choisi est, soit une mélodie grégorienne, soit une
mélodie profane. La chose est surprenante en elle-même,
car si l'on suppose que la musique de la messe est l'expression d'un renouveau de ferveur, l'emploi d'une mélodie
profane n'en rend-il pas le caractère religieux tout à fait
illusoire ? N'y a-t-il pas incompatibilité entre le cantus
firmus profane et l'intention pieuse ? L'on s'étonne qu'au
temps de Dufay la combinaison de ces facteurs opposés
n'ait pas donné le sentiment d'une contradiction ; en tout
cas, à notre connaissance, celui-ci n'a jamais été exprimé.
Toutefois, par la suite et particulièrement au début de la
Réforme, on élève assez fréquemment des objections à
l'apparition d'une mélodie profane dans la messe ou dans
d'autres compositions religieuses. Il semble évident qu'à
l'époque, lorsqu'on utilisait un cantus firmus d'origine
profane dans la messe polyphonique — sans doute Dufay
est-il l'un des premiers à l'avoir fait — ce choix était dicté
par des considérations purement musicales. Tout porte à
croire que, profane ou sacré, le cantus firmus était uniquement considéré comme un élément de structure. Mais le
compositeur limitait son choix à des mélodies bien
connues, restriction qui s'appliquait aux mélodies profanes comme aux chants, bien que, pour ceux-ci, nous
ne sachions pas avec certitude s'il faut ou non faire

entrer en ligne de compte des considérations d'ordre liturgique. Parmi les mélodies grégoriennes, ce sont les antiennes qui fournissaient la plupart des cantus firmi sacrés. Les compositeurs adoptaient-ils implicitement la fonction liturgique de l'antienne choisie ? Il est difficile de donner à cette question une réponse concluante. Dans certains cas, l'on pourrait être tenté de penser que les significations liturgique et musicale coïncident. Mais il est difficile de ne pas avoir des doutes. Si l'on considère l'antienne *Ecce ancilla* choisie comme cantus firmus, on peut supposer que Dufay a composé sa messe *Ecce ancilla* à l'occasion d'une fête de la Vierge. Cette antienne fait partie du groupe de celles qui introduisent les psaumes des vêpres de l'Annonciation (25 mars). Mais Dufay combine la mélodie *Ecce ancilla* avec une autre antienne, *Beata es, Maria,* qui appartient à la liturgie de la fête de la Visitation (2 juillet). Cette fête, qui apparaît relativement tard en Europe occidentale (pas avant le XIIIe siècle), a moins d'importance que les autres fêtes de la Vierge, et l'antienne *Beata es, Maria,* se chante en mémoire de la Visitation aux secondes vêpres de la fête précédente, fête du « Précieux Sang de N.-S. Jésus-Christ », qui ne fait partie du calendrier liturgique que depuis 1849. (Le fait que l'antienne soit placée dans les secondes vêpres implique-t-il qu'à l'origine la fête de la Visitation comprenait des Vigiles ?) Quelle est donc la liturgie qui a prévalu, celle de l'Annonciation ou celle de la Visitation ? De plus, l'antienne *Beata es, Maria,* est également associée au Magnificat dans les vêpres du troisième dimanche de l'Avent. La liturgie de l'Annonciation et celle du troisième dimanche de l'Avent ne semblent pas permettre une combinaison d'antiennes du genre qu'a choisi Dufay pour sa messe. Cependant, les considérations d'ordre liturgique posent un problème intéressant. Etant donné qu'aucune fête ne doit être célébrée pendant le Carême, la date de la fête de l'Annonciation a fait l'objet d'un débat à la suite duquel les liturgies mozarabique et milanaise ont choisi la période de l'Avent. Si l'on considère d'une part les efforts du roi de Castille en vue d'obtenir la couronne de France, d'autre part les relations entre la maison de Castille et les ducs de Bourgogne, est-il impossible d'imaginer un rapport entre la messe de Dufay et la liturgie espagnole (par l'intermédiaire de la Bourgogne) ? La présence de ce lien avec l'Espagne s'est manifestée plus d'une fois dans la musique bourguignonne. La seule chose que nous sachions, c'est que la messe *Ecce ancilla* de Dufay a été copiée dans les livres de chœur de Cambrai en 1463.

Ces rapprochements avec la liturgie nous éclairent souvent sur l'origine d'une œuvre, bien qu'en ce qui concerne la messe de Dufay, nous ne puissions nous prononcer avec certitude. Mais quelque allusion que contienne le cantus firmus, la combinaison de deux antiennes ou même l'emploi d'un chant indiquent-ils, dans la messe de Dufay, une fonction proprement liturgique ? Personnellement, nous croyons que les considérations artistiques ont prévalu ; telle est, semble-t-il, la conclusion qu'impose l'emploi de mélodies profanes comme cantus firmus, et qu'un examen de la façon de traiter celui-ci ne fait que confirmer. En effet, le cantus firmus se détache toujours sur les autres voix grâce à l'emploi de valeurs rythmiques plus longues, sans aucun doute afin de rendre la mélodie facilement reconnaissable. Comme il s'agissait en général de mélodies bien connues, le fait de les présenter d'une manière distincte témoigne d'une intention artistique.

Mais la prédominance du dessein artistique par opposition à la fonction liturgique se manifeste plus nettement encore dans le fait que le compositeur combine les diverses parties pour réaliser l'unité de l'œuvre, alors que l'interprétation ne présente jamais celle-ci comme un tout. En effet, lorsqu'on célèbre la messe, les différentes parties sont naturellement séparées par les nécessités de la liturgie. Cette condition s'appliquant à tous les cycles polyphoniques unifiés par un cantus firmus, même si le principe de l'art pour l'art a contribué à la formation de ces cycles, il n'a jamais pu être mis en pratique sans limitation considérable.

La *Missa Caput* est vraisemblablement la première messe cyclique de Dufay fondée sur un seul cantus firmus ; il est fort possible qu'il ait subi en cela l'influence des compositeurs anglais qui, les premiers, donnèrent cette forme à la messe. L'identification du cantus firmus appartenant à l'antienne *Venit ad Petrum,* du rite de Salisbury (voir M. Bukofzer, *Studies in Medieval and Renaissance Music,* New York, 1950, p. 217 et suiv.), permettait déjà de supposer des contacts avec un milieu anglais. Sa présence dans un manuscrit anglais — la seule fois qu'une œuvre de Dufay figure dans un document anglais — renforce cette hypothèse. L'on est à peu près sûr que la version originale de la *Missa Caput* ne comprenait pas le Kyrie; ceci encore est conforme à l'usage anglais et, d'après tous les témoignages, Dufay composa ce Kyrie par la suite, pour la liturgie continentale (avant 1463). Enfin, le fait que Dufay ait traité l'antienne d'une façon inhabituelle chez lui, c'est-à-dire sans tenir compte des phrases de l'original grégorien, porte à croire qu'il ne l'a pas tirée directement d'un livre de plain-chant de Salisbury, mais qu'il s'est servi de la mélodie arrangée en cantus firmus d'une messe polyphonique anglaise (voir M. Bukofzer, Journal of the American Musicological Society, IV, 1951, p. 96 et suiv.); en d'autres termes, il a pris, comme point de départ, un modèle polyphonique et non pas une antienne qu'il n'avait peut-être jamais vue sous sa forme originale. La version anglaise de la *Missa Caput,* qui comprend Gloria, Credo, Sanctus et Agnus, fut composée aux environs de 1450, le Kyrie fut sans doute ajouté dix ans après. (Cependant H. Besseler, dans son édition des œuvres de Dufay, II, III, déclare que la *Missa Caput* date « peut-être des environs de 1440 ».) Si Dufay a utilisé pour cette messe, non pas un chant mais, ce qui est fort probable, un modèle polyphonique anglais, il ne faut pas nécessairement en conclure qu'il l'a composée pour un office anglais. Il a probablement connu le modèle anglais sur le continent où, comme il a été établi, les compositeurs, particulièrement en Bourgogne, entretenaient des relations étroites avec les musiciens britanniques.

Si la messe de Dufay est célèbre, ce n'est pas seulement en raison de sa valeur artistique qui en fait une date importante dans la carrière du compositeur, mais aussi parce qu'elle a amené des musiciens plus jeunes, tels qu'Ockeghem et Obrecht, à présenter la substance musicale du cantus firmus sous une forme personnelle. L'unification des différentes parties de la messe se manifeste de deux façons : toutes les parties de la messe contiennent la totalité du cantus firmus, et chaque partie présente la mélodie deux fois, d'abord en mesure ternaire, puis en mesure binaire. Le même procédé artistique des proportions doubles formant la base de chaque mouvement, cette structure intensifie certainement l'unité du cycle dans son ensemble. Le lien établi entre les parties par une seule et même mélodie ne suffit donc pas à créer l'unité cyclique. L'arrangement ultérieur du cantus firmus, généralement assujetti à des rapports mathématiques, est inséparable du procédé d'unification; de fait, plus une œuvre est élaborée avec art, plus se manifeste la suprématie des principes artistiques.

L'on retrouve tout cela dans la messe *Se la face ay pale* de Dufay, composée probablement peu après la *Missa Caput,* et fondée sur le cantus firmus de sa ballade *Se la face ay pale*. Cette œuvre est la première, semble-t-il, dans laquelle une mélodie profane sert de cantus firmus à une messe — si la messe *la Mort de saint Gothard* (en admettant qu'elle soit de Dufay) ne précède pas la messe *Se la face ay pale*. Mais Dufay s'est servi également de mélodies profanes dans des fragments isolés de messe; ces mélodies, tout comme le cantus firmus dans *la Mort de saint Gothard,* sont, selon toute apparence, des mélodies en vogue. (Sur l'emploi de *La villanella non e bella se non la domenica — O Maria noli flere, jam surrexit Christus vere* - tirée de la séquence de Pâques *Surgit Christus cum tropheo* - voir J. Handschin dans la Revue Belge de Musicologie I, p. 97; H. Besseler, *Bourdon und Fauxbourdon*, p. 213; la mélodie apparaît dans l'Amen du Credo – BL 34 – de Dufay). Le traitement du cantus firmus dans *Se la face ay pale* fait appel à des procédés mathématiques plus subtils, plus artistiques que dans la *Missa Caput*. La mélodie étant divisée en trois sections, elle n'apparaît en entier que dans le Gloria, le Credo et le Sanctus, tandis que le Kyrie et l'Agnus sont fondés sur la première et la troisième section de la mélodie; là où le ténor apparaît en entier, chaque section est traitée selon ses propres proportions, c'est-à-dire en proportion double, triple, ou en valeurs normales. Dans le Kyrie, le Sanctus et l'Agnus, toutefois, seule la mesure binaire est employée. De plus, comme les trois autres voix suivent des mesures normales, le rapport du ténor à celles-ci est de 2 à 1 ou de 3 à 1. Une disposition aussi rigoureusement mathématique indique avec quel sens magistral de la structure le compositeur manie ses matériaux. Il réalise un ensemble grandiose dont toutes les parties sont gouvernées par une même idée architecturale.

L'ordre rationnel de la composition est aussi rigoureux dans les autres messes cycliques que dans les premières. Le degré de raffinement varie de temps à autre, de même que les proportions mathématiques, mais le principe artistique ne change jamais. Parfois Dufay renforce le lien entre les différentes parties de la messe, grâce au vieux procédé du « motif de tête » qui apparaît, modifié ou intact, au début de chaque partie, ou même de ses principales subdivisions. Cet emploi du « motif de tête » constitue apparemment l'essentiel de la technique parodique.

Les trois autres messes, *l'Homme armé, Ecce ancilla Domini* et *Ave Regina Coelorum* sont sans aucun doute les plus grandes réussites de Dufay dans le domaine de la forme cyclique. Elles datent toutes les trois de sa vieillesse, bien que la messe *l'Homme armé* soit certainement antérieure aux deux autres, mais probablement de quelques années seulement. En tout cas, les trois messes ont une base stylistique commune. Ces œuvres rapprochent étonnamment Dufay de la jeune génération, celle d'Ockeghem. L'on accorde d'ailleurs de plus en plus d'importance à ce rapprochement entre les deux générations. La messe *l'Homme armé* pourrait nous en fournir une preuve ; il est très possible, en effet, que ce soit Ockeghem plutôt que Dufay qui, le premier, ait utilisé le ténor d'une chanson comme *cantus firmus* ; en conséquence, la messe d'Ockeghem précéderait celle de Dufay. En tout cas les deux messes ne sont pas éloignées chronologiquement. S'il est impossible de dire laquelle a précédé l'autre, il est certain que l'emploi d'un ténor de chanson a immédiatement séduit de nombreux compositeurs, en particulier Johannes Regis, qui a très probablement composé sa messe *l'Homme armé*, copiée dans le livre de chœur de Cambrai en 1462, sous l'influence directe de Dufay. (C'est à L. Feininger que revient le mérite d'avoir édité douze messes sur le thème de *l'Homme armé*, publiées dans *Monumenta Polyphoniae Liturgicae*.)

Bien que nous ne puissions guère supposer que, dans ses vieux jours, Dufay ait été amené, par l'exemple des jeunes compositeurs, à modifier les principes de son art, il semble pourtant que si, dans la dernière période de sa vie, il a concentré son attention sur la musique religieuse et en particulier sur le cycle de la messe, il a subi en cela l'influence d'Ockeghem qui, dès le début de sa carrière, mit l'accent sur l'Ordinaire de la messe. Mais que Dufay ait cédé ou non à la pression de la jeune génération, son talent de compositeur religieux atteint un sommet dans les dernières messes. Le merveilleux mélange de liberté et de retenue qui est la marque d'un véritable maître, caractérise sa façon de traiter le cantus firmus. Tantôt libre, tantôt régi par des valeurs mathématiques rigoureuses, telle est la façon dont celui-ci se présente dans les trois messes. Le « motif de tête », qui maintenant s'étend sur plusieurs voix et se développe plus longuement, de manière à dévoiler les détails de la technique parodique, acquiert de la force pour relier entre elles les différentes parties de la messe. L'alternance entre deux voix et l'ensemble complet à quatre voix est maintenant adroitement exploitée au profit d'une structure bien équilibrée. Dufay, avec plus d'habileté que jamais, charge la partie inférieure (au-dessous du cantus firmus du ténor) d'élargir le registre des sonorités, grâce à des procédés, selon nous, mélodiques plutôt qu'harmoniques. En effet, la basse représente très souvent un élément mélodique dans le tissu polyphonique des voix, sans « fonctions » harmoniques prévues. Ces caractéristiques de la basse apparaissent toutefois dans toutes les messes à quatre voix, c'est-à-dire à partir de la *Missa Caput*. Mais ce qui est plus remarquable encore, c'est l'art de la mélodie. Malgré la combinaison étroite des voix, malgré le flot continu des voix polyphoniques, Dufay réussit à conserver la clarté de phrasé qui a toujours été la plus grande qualité de la mélodie dans ses œuvres profanes. On retrouve à la fois la précision des groupements rythmiques et la netteté du dessin des phrases mélodiques terminées par des cadences, dans les parties en contrepoint de sa dernière messe. Elles semblent même atteindre leur plus haut degré de raffinement artistique. Si nous admettons que l'importance croissante de la musique religieuse a provoqué une rupture avec le passé, les dernières messes de Dufay prouvent qu'il n'a jamais renoncé à son idéal mélodique, quels que soient les autres éléments qu'il ait laissé pénétrer dans ses compositions.

De même que le problème de la participation de Dufay aux aspirations religieuses de la *Devotio moderna* n'est pas encore résolu, de même la place de son œuvre par rap-

port à la Renaissance pose une question déroutante. On
a dit que le cycle de la messe fondé sur un seul et même
cantus firmus, c'est-à-dire l'unité artistique du cycle, avait
été la contribution de Dufay à la Renaissance ; que le
concept même d'une unité obtenue par des procédés
purement artistiques devait se comprendre dans l'esprit
de la Renaissance, bien plus, qu'il en était l'origine. (Voir
M. Bukofzer, *Studies in Medieval and Renaissance Music*,
p. 218, 223, 225, 226, etc.). Ceci, il faut bien le dire, est assez
difficile à accepter. D'après ce que nous savons aujourd'hui, il semble indéniable que le cycle de la messe fondé
sur un cantus firmus s'est développé d'abord en Angleterre. Or si nous admettons que la formation de ce cycle
est caractéristique du style de la Renaissance, nous
sommes obligés d'en conclure qu'en matière musicale, la
Renaissance est d'origine anglaise. Mais cette conclusion
est si violemment contraire à l'idée que nous avons de la
Renaissance, que nous lui préférons l'alternative suivante : ou bien l'idée que l'emploi d'un cantus firmus
pour unifier la messe appartient spécifiquement à la
Renaissance est inacceptable, ou bien ce procédé a été
mis au point ailleurs qu'en Angleterre. Etant donné
qu'aucune source actuellement connue ne nous permet
d'accepter le second terme, nous sommes portés à croire
que l'unification du style par un cantus firmus ne fait pas
partie des critères permettant, dans le domaine musical,
de définir la Renaissance.

LES MOTETS.

La messe cyclique, qui occupe une place privilégiée
parmi les dernières œuvres de Dufay, est assurément sa
plus grande réussite artistique pour la simple raison qu'on
y trouve réunies toutes les ressources d'une technique
variée. En dépit de la supériorité de sa position et du
progrès qu'elle marquait sur les autres genres, elle
n'empêcha pas Dufay de composer des fragments de
messe séparés. Après tout, l'on en composait encore au
temps de Josquin et d'Isaac. Si la messe représente la
forme la plus noble de la musique liturgique, les motets
de Dufay et ses compositions du même genre n'appartiennent qu'en partie à la musique religieuse. Ils occupent cependant une place de choix dans l'ensemble de son
œuvre. Les compositions les plus proches de la messe

du point de vue liturgique sont ses hymnes, ses séquences et les Magnificat. Parmi celles-ci, les hymnes ont connu une renommée particulière et durable ; elles font partie des œuvres de Dufay qui ont survécu le plus longtemps. Combinées en un cycle selon l'année liturgique, elles semblent avoir été composées aux environs de 1430. Certaines utilisent la technique du faux-bourdon, la mélodie étant placée à la voix supérieure. Les hymnes, les séquences et les deux Magnificat sont tous fondés sur un cantus firmus. L'on remarquera d'une part que Dufay présente toujours, à de rares exceptions près, la mélodie à la voix supérieure, d'autre part que ces œuvres sont toutes composées pour trois voix seulement. En raison de ces caractéristiques, l'ensemble de ces compositions est fondamentalement plus proche de la musique profane que des formes amples de la musique religieuse, ce qui a, sans aucun doute, permis à Dufay d'enrichir le cantus firmus de toutes les subtilités mélodiques qui distinguent ses cantilènes. Dans sa façon de traiter le cantus firmus, il montre toute la diversité de son talent. Tantôt respectant scrupuleusement la mélodie empruntée, il ne manifeste sa personnalité que dans les phrases ponctuées par de petites cadences mélismatiques, tantôt il étend l'ornementation à toute la mélodie, tantôt encore c'est une paraphrase qu'il nous donne, en adaptant le thème choisi à son style mélodique. Le ton psalmodique du Magnificat permettait tout particulièrement à Dufay de traiter librement la matière afin d'en rompre la monotonie par la variété des paraphrases. Les trois genres, hymne, séquence et Magnificat, bien que fondés sur des mélodies empruntées, témoignent, chacun à sa manière, de la maîtrise que possédait Dufay dans l'art de la cantilène.

Les motets proprement dits comportent traditionnellement un grand nombre de variétés, c'est-à-dire qu'ils servent à des fins diverses : motets de circonstance de caractère profane, bien que le mélange d'idées religieuses et profanes y soit typiquement médiéval, motets dédicatoires, motets destinés à certaines cérémonies religieuses ou liturgiques. Quant aux motets liturgiques, il convient de dire qu'ils présentent certaines ambiguïtés. En effet, même l'emploi d'un chant liturgique au ténor ne nous éclaire pas sur la place du motet dans la liturgie ; pour le définir il vaut donc mieux, dans bien des cas, parler en général de motet religieux, plutôt que spécifiquement de motet liturgique. Toutefois certains motets destinés à des cérémonies peuvent être classés dans la musique liturgique, si ces cérémonies sont rattachées à une liturgie particulière. C'est ainsi que le célèbre motet *Nuper rosarum flores,* composé pour la dédicace à Florence, le 25 mars 1436, de la cathédrale Santa Maria del Fiore, est à la fois cérémonial et liturgique, puisqu'il a été interprété pendant l'office de consécration célébré par le pape Eugène IV lui-même. Malgré le magnifique récit que Giannozzo Manetti a fait des cérémonies, décrivant tous les détails de la musique et du chant, nous ne connaissons pas la place exacte de ce motet dans la liturgie. Comme Dufay a utilisé pour son ténor-cantus firmus l'antienne *Terribilis est locus iste,* il n'est pas impossible que le motet ait été l'introït de cette messe.

Le motet *Balsamus et munda — Isti sunt agni novelli* offre un exemple analogue de rattachement du caractère liturgique à une solennité particulière : la bénédiction et la distribution de médailles de cire (agnus dei), cérémonie pontificale que chaque nouveau pape célébrait la première année de son règne, pendant la semaine de Pâques. (Voir la description de la liturgie dans G. de Van, *Guglielmi Dufay, Opera Omnia* II, XI, où l'auteur est d'avis que le motet n'était pas chanté pendant la bénédiction, mais pendant la distribution des médailles qui avait lieu à la fin de la messe, le samedi de la semaine de Pâques.)

Les motets que Dufay a composés en l'honneur de la Vierge et des saints constituent un groupe à part, car ils posent des problèmes particuliers quant à leur fonction liturgique. Les antiennes mariales, telles que *Alma Redemptoris Mater* ou *Ave Regina,* ont un caractère nettement liturgique; au XVe siècle, ces œuvres à la gloire de la Vierge Marie, jointes à d'autres antiennes appropriées, figuraient dans l'office du salut. Il faut considérer ces antiennes mariales comme des œuvres sacrées, même si elles sont fondées seulement sur le texte liturgique, et non pas sur la mélodie du plain-chant. Dufay a composé l'*Ave Regina* une fois pour quatre voix, avec cantus firmus, et une autre fois pour trois voix, sans plain-chant. Mais dans les deux cas, les motets ont le même sens religieux. (C'est pourquoi l'édition des œuvres complètes de Dufay présentera ces antiennes comme un groupe spécial, distinct des motets.) D'autres motets de Dufay, également en l'honneur de la Vierge Marie, sont moins clairement rattachés à la liturgie. Certaines œuvres telles *Inclita stella maris*, ou *Flos florum* et *Ave, virgo, quae de coelis*, ne peuvent y trouver de place déterminée, leur texte n'ayant aucun caractère liturgique. Le motet *Fulgens iubar – Puerpera pura – Virgo post partum* présente un intérêt particulier; il se rattache manifestement à la Purification, le cantus firmus étant également emprunté aux matines des fêtes de la Vierge. Mais le texte du motetus, avec l'acrostiche *Petrus de Castello canta*, fait allusion à des circonstances spéciales et personnelles, qui, bien qu'inconnues de nous, n'ont certainement rien à voir avec la liturgie.

La signification liturgique des motets en l'honneur des saints n'est pas moins ambiguë. Il s'agit des motets à saint André, à saint Antoine, à l'apôtre saint Jacques, à saint Jean l'Evangéliste, à saint Nicolas, à saint Sébastien (on en compte deux pour ce dernier). S'il est vrai que, pour la plupart d'entre eux, Dufay s'est servi de chants tirés des offices des saints à la gloire desquels il les composait, ce choix ne prouve nullement le caractère liturgique de l'œuvre. Il faut même, dans certains cas, mettre en doute la pureté de l'intention religieuse : quelques-uns de ces motets semblent, en effet, adressés à des personnes vivantes et ne se rattachent aux offices des saints que par une allusion aux saints patrons de ceux à qui Dufay les dédiait. Dans *Rite maiorem Jacobum – Artubus summis – Ora pro nobis*, l'acrostiche au triplum et au motetus nous livre le nom de Robert Auclou, curé de la paroisse Saint-Jacques-de-la-Boucherie à Paris pendant les années 1425-1427. (Voir plus haut notre étude sur la messe.) Bien que le texte du motet *O gemma – Sacer pastor barensium – Beatus Nicolaus* ne parle que de saint Nicolas, patron de Bari, il est fort possible que Dufay l'ait composé pour Nicolas III, marquis de Ferrare, à qui il avait dédié sa ballade *C'est bien raison*. Ainsi les circonstances qui entourent la composition des motets peuvent-elles nous être complètement cachées par l'apparence religieuse des textes évoquant certaines associations d'idées qui peuvent ne pas toujours cadrer avec les intentions du compositeur.

Bien que les motets soient d'intentions très diverses, le style et la structure de la musique n'y correspondent pas nécessairement; en d'autres termes, il n'existe pas de procédés formels exclusivement réservés à une catégorie particulière de motet. Mais deux groupes se distinguent nettement par la structure : le motet isorythmique et le motet-cantilène (le terme a été proposé par Jacques Handschin pour toutes les compositions dont le style est dominé par la cantilène; voir aussi G. Reese, *Music in the Renaissance,* 1954). C'est assurément le motet isorythmique qui se rapproche le plus fortement du passé. Malgré la rigidité de l'isorythmie, Dufay réussit une grande variété d'arrangements : parfois il n'est que le gardien fidèle de la forme traditionnelle; à d'autres moments il la dépasse et cherche à obtenir des solutions nouvelles, que lui ont sans doute inspirées son séjour en Italie, et en particulier les œuvres de Ciconia.

S'il a été dit que la messe à cantus firmus est une première manifestation de la Renaissance, le motet isorythmique de Dufay est certainement l'incarnation de l'esprit médiéval. Il n'y a pas de conciliation possible. Nous considérons même comme la dernière apothéose de l'esprit médiéval en musique cette forme de motet où Dufay renforce l'élément de rationalisme propre à l'isorythmie, tout en l'unissant au sens mélodique raffiné qui fait tout son art. Par moments nous avons l'impression que Dufay accumulait tous les procédés d'organisation rationnelle chaque fois que le motet était destiné à embellir une occasion particulière ou à rehausser la splendeur d'une cérémonie. Mais le motet *Nuper rosarum flores* est peut-être l'exemple par excellence d'une complète harmonie entre la structure isorythmique des deux ténors et l'art de la variation mélodique des deux voix supérieures.

A en juger d'après les motets conservés, Dufay n'aurait composé des œuvres isorythmiques que jusqu'au milieu du siècle, puisque aucun motet isorythmique n'est postérieur aux environs de 1450. Cela ne veut pas dire que cette forme ait été remplacée par le motet-cantilène. Au contraire, le motet-cantilène figure parmi les premières œuvres de Dufay, sous la forme même où il le pratiquera dans la suite de sa carrière. Selon Charles van den Borren (*Dufay*, p. 190), *Ave, virgo, quae de coelis (Opera Omnia* I, nº 5), à trois voix, est l'un des tout premiers motets de Dufay. L'importance du motet-cantilène provient certainement de l'attachement profond de Dufay à la chanson profane, qui a communiqué la notion de mélodie à tous les autres genres musicaux. Le principal exemple de motet-cantilène est, sans doute, l'antienne *Alma Redemptoris Mater,* à trois voix, œuvre précieuse qui nous montre toute la maîtrise du compositeur dans l'art d'allier la mélodie empruntée au plain-chant et placée à la voix supérieure, à ses propres idées sur la structure d'une mélodie.

Dans son testament Dufay mentionne son *Ave Regina,* qu'il souhaitait que l'on chantât au moment de sa mort. Des tropes insérés dans le texte font allusion au compositeur : « *Miserere tui labentis Dufay* ». C'est une composition à quatre parties vocales fondée sur un cantus firmus, avec l'antienne *Ave Regina* placée au ténor mais soumise à la maîtrise technique dont le compositeur faisait preuve chaque fois qu'il adaptait des plains-chants à son style mélodique (édité par H. Besseler, *Cappella* I, 10). Œuvre tardive, il semble que s'y trouvent exploitées toutes les ressources de la forme à cantus firmus, car des fragments du chant s'étendent parfois à d'autres voix que le ténor. Dufay ouvrait ainsi à cette forme de nouvelles possibilités et laissait à la nouvelle génération le soin de les développer.

Dans son testament, Dufay demandait également que son *Requiem pro defunctis* fût chanté après ses funérailles. Ce *Requiem,* le premier que l'on connaisse, est malheureusement perdu.

GILLES BINCHOIS

Dans l'art de la chanson, Dufay avait un concurrent sérieux, Gilles Binchois, souvent son égal, et parfois même supérieur à lui dans les formes recherchées de la musique profane. Mais dans le domaine de la musique sacrée, Dufay était sans rival parmi ses contemporains, exception faite des musiciens de la jeune génération, et surtout de Johannes Ockeghem. L'art de Binchois atteignit son apogée et son incomparable perfection dans la chanson, genre qui éclipse tout ce qu'il fit d'autre, non seulement du point de vue artistique mais aussi par la quantité. Cette activité consacrée aux genres profanes n'est pas sans signification. Malgré la charge ecclésias-

tique qu'il occupait à la cour de Bourgogne, malgré les
nombreux documents où il est question de musique
religieuse à la cour, la part de la musique sacrée dans
l'œuvre de Binchois n'égala jamais celle de la musique
profane. Il sut garder toute sa musique profane à l'abri
d'une intégrité inviolée; c'est pourquoi il ne semble pas
avoir participé aux changements profonds et nombreux
qui affectèrent les divers genres de la musique religieuse.
Il semble surtout qu'il ne joua aucun rôle dans la grande
innovation apportée à la composition de la messe : le
cycle fondé sur un cantus firmus. A moins d'imaginer
que de telles œuvres se soient perdues, il nous faut bien
supposer que Binchois n'a pas utilisé le nouveau principe
de composition élaboré par son grand contemporain,
chose d'autant plus étonnante que les deux musiciens ont
été très liés, au moins pendant un certain temps. S'ils ont
eu des affinités dans le domaine de la musique profane,
Binchois suivit, dans sa musique religieuse, une voie
toute différente. Il s'est tenu, semble-t-il, à l'écart de la
jeune génération : à notre connaissance, du moins, il n'y
comptait pas de relations et aucun contact artistique
ne se reflète dans ses œuvres. L'attitude réservée de
Binchois à l'égard de la musique sacrée d'Ockeghem
indique-t-elle, bien qu'indirectement, que Dufay partageait certaines aspirations artistiques avec la jeune
génération ?

Le nombre d'œuvres religieuses de Binchois n'est
certes pas négligeable; il est même surprenant de constater l'importance accordée à certaines compositions
strictement liturgiques, à savoir : les parties de l'Ordinaire, le Magnificat, les hymnes. Quant au style et à la
technique, ils divisent de façon significative la musique
liturgique en deux groupes distincts : toutes les parties de
la messe, presque sans exception, sont influencées par le
style de la chanson profane; toutes les autres compositions, telles que les hymnes ou celles qui ont trait à la
psalmodie, prennent les formes très simples du faux-
bourdon et de techniques apparentées au faux-bourdon.

Binchois conserva aux parties de la messe la forme de
fragments indépendants. Il lui arriva cependant de grouper le Sanctus et l'Agnus, le Gloria et le Credo, une fois
même Kyrie, Gloria et Credo. Il ne cherchait pas,
semble-t-il, à créer un cycle unifié par un principe

artistique. Chaque fois qu'il empruntait sa matière mélodique, il la choisissait invariablement parmi les plains-chants grégoriens de l'Ordinaire. Il employait alors la technique qui consiste à paraphraser le chant emprunté, qu'il le plaçât au ténor ou à la voix supérieure. Cette application constante de la paraphrase mélodique, qui n'est certainement pas un hasard, permettait à la mélodie, qui avait atteint un maximum d'élégance dans la chanson, de dominer entièrement la composition. La meilleure formule consistait évidemment à placer le chant à la voix supérieure. Cependant, dans certaines parties ou subdivisions, pour lesquelles Binchois, selon toute apparence, n'a utilisé aucun chant, il a développé l'élément mélodique à la voix supérieure avec la plus grande liberté. Binchois a certainement soumis la messe à l'influence de la chanson; c'est même là une preuve éclatante de la prédominance de la chanson dans son œuvre. Certes le style de ses messes témoigne peut-être des limites de sa conception de l'art; mais il a le mérite séduisant d'une intégrité sans reproche.

Une égale constance, mais d'un autre ordre, semble présider à toutes les compositions liturgiques qui se rapportent à la psalmodie ou aux hymnes : tout d'abord, les quatre Magnificat, mais aussi le *Gloria, laus et honor* et le *Te Deum,* et cette œuvre unique, le psaume 113 *In exitu Israel.* L'emploi constant d'une technique apparentée au faux-bourdon est peut-être moins étrange que l'extrême simplicité qui la caractérise. On n'y trouve pas le moindre effort d'élaboration. Par rapport à ce que le compositeur a réussi dans les autres genres, cette technique apparaît primitive, sans artifice et ne peut être que voulue. La découverte d'une technique rudimentaire dans un art extrêmement raffiné nous surprend. C'est la première fois que cette simplicité fruste, sans artifice et sans prétention, fait son apparition dans ces genres musicaux; elle y demeurera par la suite, notamment dans tous les genres où les formules psalmodiques forment la base de la composition. Cette remarque s'applique également aux *Lamentationes Jeremiae ;* lorsque Petrucci publiera son recueil de *Lamentations* au début du XVIe siècle, la technique employée dans ces compositions nous donne l'impression qu'elles appartiennent à un style révolu. Nous hasarderons ici l'hypothèse que les « Passions en nouvelle manière » attribuées à Binchois mais aujourd'hui perdues, devaient être composées exactement dans le même style primitif que son psaume *In exitu Israel.*

Quand nous passons de ce genre de compositions aux motets de Binchois, le violent contraste entre le caractère primitif et l'extrême raffinement se marque davantage. Les motets de Binchois sont d'une moins grande diversité que ceux de Dufay et l'auteur cherchait à leur donner un caractère religieux plutôt que liturgique. Parfois même ce caractère religieux est équivoque, quand le compositeur fait le *contrafactum* d'une de ses chansons, comme c'est le cas pour *Virgo rosa venustatis.* En tout cas, Binchois s'est révélé le maître de la composition isorythmique, dont il pratiquait toutes les subtilités, comme nous le prouve son *Nove cantum melodie,* composé en 1430 à l'occasion de la naissance d'Antoine, fils de Philippe le Bon. En dehors du *Virgo rosa venustatis,* Binchois a écrit des motets à la Vierge Marie, notamment l'antienne *Ave Regina coelorum, Mater Regis,* où il montre une fois de plus son talent de la paraphrase. Son motet à trois voix, *Domitor Hectoris,* est une œuvre curieuse : c'est un motet religieux puisqu'il est écrit en l'honneur de la Sainte-Croix, mais il n'est certainement pas liturgique. Le texte rappelle certains *ritmi* du début du Moyen âge, où Hector et le Christ représentent ensemble les gardiens de l'humanité. Du point de vue stylistique, *Domitor Hectoris* est un nouvel et remarquable exemple de motet-cantilène ; de fait, c'est le type même du style mélodique, tel que Binchois l'emploie dans ses chansons. Si nous ne tenons pas compte des compositions isorythmiques, nous pouvons dire que la plupart des motets, de même que les parties de la messe, ont, pour Binchois, un seul et unique but : la manifestation la plus pure de l'art de la cantilène, quel que soit le genre de l'œuvre. « Servant Dieu en humilité », comme le rappelle André Pirro (*Histoire de la Musique,* p. 93), « Binchois n'a cependant pas renoncé à toute « mondanité » dans sa musique religieuse. »

Léo Schrade.

OCKEGHEM ET SON ÉPOQUE

A L'ÉPOQUE où Dufay en venait, dans ses dernières œuvres, à un style polyphonique dépouillé des raffinements et des rythmes compliqués issus de la tradition de l'*ars nova* française, une nouvelle génération de musiciens allait adopter à son tour cette modification des valeurs, découvrir la rigueur de la polyphonie et du style en imitation. Johannes Ockeghem, né dans le Hainaut vers 1420, qui commence à Anvers son éducation musicale pour passer ensuite, après un court séjour à Moulins chez le duc de Bourbon, à la cour de France où pendant quarante ans et jusqu'à sa mort il servira successivement trois rois — Charles VII, Louis XI et Charles VIII — est le plus représentatif de cette nouvelle école. Ses contemporains ne s'y sont pas trompés et ils témoignent à son endroit de la plus vive admiration, cristallisée à sa mort dans de nombreux poèmes à sa mémoire, depuis la longue déploration bien connue de Guillaume Crétin, jusqu'à celle de Molinet mise en musique par Josquin et celle d'Erasme chantée par Lupi et dans laquelle l'humaniste rend hommage à la « *aurea vox Okegi* ». Le grand théoricien Tinctoris le cite maintes fois comme l'un de ces maîtres qui ont su continuer glorieusement l'héritage précieux de Dunstable et de Dufay, et son compatriote Jean Lemaire de Belges reconnaît que « la musique fut ennoblie par Monsieur le trésorier de Sainct-Martin de Tours ».

Alors que beaucoup de ses collègues, avant tout musiciens de cour, s'attacheront surtout aux petits genres, Ockeghem, continuant la tradition de ses grands prédécesseurs, a conservé à la musique religieuse son rôle primordial, séparant clairement les deux mondes — sacré et profane — auxquels il concède une esthétique toute différente. Dans le domaine du sacré, il a introduit une note si inhabituelle de profondeur mystique que certains ont voulu en chercher l'origine dans le séjour

qu'il fit à Anvers où il aurait subi l'influence de ces
Frères de la vie commune, association d'hommes pieux
qui avaient mis à la portée du peuple une forme nouvelle
de dévotion. En tout cas, la gravité des accents qu'il
consacre à l'Eglise ne manque pas d'évoquer l'atmosphère
de sincérité mystique qui régnait alors dans la cité com-
merçante, où ces émules de Ruysbroeck faisaient triom-
pher une religion humanisée qui s'opposait à la sécheresse
dogmatique du Moyen âge. Mais si Ockeghem débar-
rasse l'écriture musicale des ornements superflus et un
peu secs de l'âge précédent pour atteindre à une expression toute nouvelle de grandeur et d'émotion directe, il
faut sans doute chercher le secret de ce nouveau style
tout simplement dans son génie propre qui lui a permis
d'édifier ce langage si personnel.

On ne sait à quel propos ni sur quelles preuves certains historiens ont pu porter le faux jugement, qui jouit
cependant d'une certaine faveur, et qui consiste à considérer Ockeghem comme un cérébral pur, occupé avant
tout de problèmes intellectuels et pour lequel l'expression n'aurait été qu'une considération secondaire. Sans
doute le célèbre *Deo gratias,* à trente-six voix, que l'on a
coutume de lui attribuer, et la *Fugue* à trois voix, qui pose
le problème d'un canon à la quarte dont la solution est
encore bien discutée, ont-ils contribué à lui gagner cette
réputation d'acrobate du contrepoint. Il est bien vrai qu'il
a composé un motet à trente-six voix, tour de force qui
jouissait encore d'une réputation extraordinaire longtemps après la mort du musicien. C'est cette œuvre que
cite Glarean comme l'une des preuves les plus évidentes
de l'habileté du compositeur ; c'est elle aussi qui vaudra à
Ockeghem d'être comparé à Dieu lui-même dans un
poème anonyme proposé en argument aux concurrents
du Puy de Rouen en 1523. Donc, au XVIe siècle déjà,
Ockeghem était considéré avant tout comme un virtuose
et sa messe la plus célèbre car le plus souvent citée, *Cujus
vis toni,* excitait l'admiration beaucoup plus pour le délicat
problème qu'elle pose que pour sa valeur artistique. Tout
cela ne constitue pas une raison suffisante pour ne voir
dans ce grand compositeur que « l'homme des canons ».
En réalité, nul moins que lui n'a sacrifié la beauté à l'éta-
lage de la technique et son art se situe bien au-delà des
cogitations des théoriciens de son temps qui se com-

plaisent souvent à une analyse mathématique de la musique. Même lorsqu'il poursuit au plus haut point de complexité sa science de l'écriture, lorsqu'il se livre à quelques-unes de ces expériences dont il affectionne les difficultés et l'imprévu, Ockeghem émeut toujours par la couleur de son harmonie, la vie qu'il sait ménager à chacune des parties de son contrepoint. C'est donc au jugement clairvoyant du compositeur Krének qu'il faut se ranger lorsqu'il remarque que c'est justement cette faculté de provoquer chez l'auditeur moderne non seulement un intérêt intellectuel mais aussi une émotion immédiate — et cela malgré des conditions psychologiques et sociales totalement différentes — qui prouve que la musique d'Ockeghem est toujours vivante. Il est très difficile de définir le génie essentiel de son œuvre car aucun artiste n'a fait preuve de plus de liberté que ce compositeur qui, comme tous les maîtres authentiques, n'obéit à aucun système et sait avec autant de bonheur annoncer l'avenir que respecter le passé. Si le traitement de la dissonance semble chez lui un vestige de ce style ancien que Tinctoris condamne lorsqu'il demande la réduction des éléments dissonants, il en fait cependant un usage si inhabituel, au service d'un sens artistique si aigu, qu'il renouvelle un style beaucoup plus que ne le fera l'harmonie assagie d'Obrecht. De même s'il garde de l'époque gothique la conception linéaire de chaque voix, cependant le tissu polyphonique forme un tout dont chaque partie est inaliénable, trahissant ainsi cette conception simultanée des parties qui caractérise les temps nouveaux. Bien que toutes les voix aient un rôle équivalent, et qu'elles aient entre elles un rapport subtil, le procédé de l'imitation est peu employé et ne devient jamais une routine mécanique, mais, toujours dicté par l'invention du moment, il parsème le tissu polyphonique de finesses contrapuntiques passagères. On ne peut donc pas, comme l'a fait Riemann, considérer Ockeghem comme le « père » de l'imitation continue. Peut-être faut-il voir dans ce refus d'un procédé qui sera particulièrement cher à ses compatriotes néerlandais, l'influence de ce milieu français où il passa plus de quarante ans et qui resta toujours réfractaire au style imitatif systématique, comme on le vérifiera dans la musique purement française du siècle suivant.

Malgré la valeur de certains de ses motets, c'est plutôt à la messe qu'Ockeghem accordera la première place, comme si ce vaste cadre liturgique lui était nécessaire pour affirmer sa puissante individualité, et il reste l'un des plus grands maîtres de cette forme qui n'a inspiré à tant d'autres que des compositions d'un conformisme correct. Dans la *Missa Prolationum,* la seule qui soit construite exclusivement sur l'imitation canonique, l'obligation étroite que le compositeur s'est imposée n'empêche en rien le sentiment artistique de s'épanouir. Pourtant, qui ne se sentirait paralysé dans le cadre étroit de cet exploit contrapuntique où quatre voix énoncent ensemble deux à deux, deux canons différents ? La *Missa cujus vis toni* est un autre témoin de la virtuosité d'Ockeghem puisque, écrite sans clefs, elle peut être chantée dans tous les modes à condition de bien combiner les différentes clefs à chacune des voix; mais elle n'en reste pas moins une œuvre d'art. A ces deux messes composées librement, sans cantus firmus, il faut ajouter la *Missa Mi-Mi* ou *Quarti toni* qui tire son unité de la quinte descendante *mi-la* (notes qui se solfiaient *mi-mi* dans la solmisation guidonienne) énoncée par la basse à chaque début d'une nouvelle section, et qui reste l'une des plus belles sans recourir d'aucune façon à des sophistications musicales. Les messes *sine nomine* et *Quinti toni,* à trois voix, sont également libres, mais trouvent leur unité dans le motif de tête par lequel commence chacune de leurs grandes divisions. Cependant, l'ancien procédé de composition lié à un cantus firmus n'est pas dédaigné par Ockeghem qui édifie neuf messes (sur les quinze que nous possédons de lui) suivant ce principe. Parmi ces thèmes de ténor, deux seulement sont empruntés à la liturgie : *Caput* et *Ecce ancilla Domini,* tandis que cinq sont tirés de chansons profanes : *Au travail suis* (Barbingant), *De plus en plus* (Binchois), le populaire *L'homme armé* et deux chansons du compositeur lui-même : *Ma Maîtresse* et *Fors seulement.* Il y exploite toutes les manières possibles d'utiliser un cantus firmus, depuis l'emploi textuel et au ténor seul de la chanson choisie (*L'homme armé*), jusqu'à l'utilisation de toutes les parties de la chanson à toutes les voix de la messe suivant ce qui sera le procédé de la future *missa parodia* (*Fors seulement*). La messe de Requiem mentionnée dans la *Déploration* de Crétin comme une œuvre

« exquise et très parfaicte », est une des plus importantes
au point de vue historique puisqu'elle est la plus ancienne
messe pour les défunts qui nous soit parvenue jusqu'à
présent, celle de Dufay étant perdue. Elle constitue surtout l'une des compositions les plus expressives d'Ockeghem, avec le coloris différent qu'il attribue à chacun des
mouvements. Le trait montre un lyrisme particulièrement remarquable, et les paroles « *Fuerunt mihi lacrimae
meae panes die ac nocte* » sont exprimées d'une manière
clairement descriptive avec les courts passages du ténor
interrompus par des silences qui suggèrent les sanglots,
comme le remarque l'éditeur moderne de ces messes,
Dragan Plamenac. Neuf motets seulement viennent compléter l'œuvre religieuse d'Ockeghem, parmi lesquels ses
motets à la Vierge sont « de belles et de libres enlumi-
nures du plain-chant », selon l'heureuse expression de
Pirro. L'*Alma Redemptoris Mater,* œuvre de la maturité du
vieux maître, montre un traitement ingénieux du cantus
firmus grégorien et trahit un tout autre caractère émotionnel que celui de Dufay, sur le même thème, auquel il
est intéressant de le comparer. Le *Gaude Maria* est le plus
développé et le plus avancé aussi de ces motets. Il occupe
une place à part dans l'œuvre du musicien. Par son
écriture polyphonique — traitement habile du motif de
plain-chant, alternance des duos des voix élevées avec
ceux des voix graves, procédé qui sera cher à Josquin —
il annonce déjà le style de la génération suivante. La
logique de son architecture ternaire et le modernisme de
son coloris tonal achèvent de le classer parmi ces œuvres
qui font présager l'art de la pleine Renaissance. On y
relève certains de ces thèmes balancés qui semblent
fuir la cadence, si chers au compositeur.

ANTOINE BUSNOIS

Le plus fameux des contemporains d'Ockeghem est
sans conteste Antoine Busnois, qui lui est souvent associé
dans la pensée des hommes du temps : Molinet loue leurs
subtiles cantilènes et leurs messes harmonieuses, Simon
Gréban les considère comme les deux musiciens les plus
dignes de composer un office funèbre, et Tinctoris leur
dédie son *Liber de natura et proprietate tonorum,* les saluant
tous les deux comme les maîtres musiciens les plus

fameux de l'époque. Leur talent est cependant bien différent. Busnois, serviteur des ducs de Bourgogne, s'est attaché avant tout à participer aux divertissements de la cour pour lesquels il a composé pas moins de soixante-quinze chansons. Si, dans le domaine de la musique religieuse, il n'a pas l'envergure d'Ockeghem, certains de ses motets offrent cependant de nombreux exemples de sa personnalité complexe et raffinée. Il aime les effets de surprise qui retiennent l'attention de l'auditeur, et son humanisme un peu pédant en même temps que puéril lui fait rechercher les singularités. Sur ses neuf motets, deux sont composés librement, cinq emploient des ténors grégoriens, et les deux plus originaux, *In hydraulis* et *Anthoni usque limina,* utilisent en guise de cantus firmus des thèmes librement inventés, selon un usage qui se répandra à l'époque suivante. Le premier a un texte curieux avec une première partie où l'auteur rappelle les théories musicales de Pythagore dans un style tout fleuri de mots grecs, tandis que le second est un hommage à Ockeghem. Construit sur un *pes,* ici un ténor de trois notes longues répétées en *ostinato,* ce motet est l'un des plus ingénieux de l'habile Busnois. Le motet à saint Antoine est un des plus curieux qui aient été écrits à cette époque, avec un ténor qui consiste en une seule note, *ré,* qui doit intervenir suivant les prescriptions d'un canon énoncé en une formule obscure notée sur une banderole portant aussi le dessin d'une cloche, ce qui permet de penser, avec Fétis, que ce ténor était confié à une cloche. Mais tant d'ingéniosité dans les moyens se déploie trop souvent aux dépens de cette vie intérieure qui baigne l'œuvre religieuse d'Ockeghem.

Ces deux musiciens ne représentent pas, à eux seuls, l'art de leur temps, et pour tracer le tableau exact de la vie musicale d'alors il faudrait ressusciter aussi cette pléiade de petits maîtres, sans génie mais au métier sûr, que leurs contemporains ont jugés souvent dignes de paraître aux côtés des plus grands. Tinctoris, par exemple, avec Ockeghem et Busnois, et au même rang, nomme Regis, Caron et Faugues. Johannes Regis, qui fut maître à Anvers puis à Cambrai, a laissé huit motets et deux messes, dont *Ecce ancilla Domini,* construite sur cinq ténors distincts, problème de contrepoint que le compositeur résout sans diffi-

culté apparente et sans dommage pour la valeur expressive
de son œuvre. Caron, dont on ne connaît même pas le
prénom exact, a écrit quelques messes mais trouve son
plein talent dans la chanson. De Vincent Faugues (ou
Guillaume) nous ne connaissons que des messes dont
deux surtout, *l'Homme armé* entièrement traitée en canon,
et *le Serviteur,* qui abonde en recherches originales de
contrepoint, suffisent à le ranger parmi les progressistes
de son temps. On pourrait nommer aussi pour mémoire
Jacob Barbireau qui fut durant quarante ans à la cathédrale d'Anvers et dont les trois messes et le seul motet
s'inspirent directement du style d'Ockeghem; Johannes
Touront dont l'un des deux motets connus, le célèbre
O gloriosa regina, nous a été préservé dans une dizaine de
sources.

Avec le recul du temps chacun a repris la place qu'il
mérite, et ces personnages n'ajoutent rien à ce que peut
nous apprendre le génie d'Ockeghem qui reste pour
nous, dans le domaine de la musique religieuse, le
représentant le plus typique de cette époque de transition entre le gothique et la Renaissance. Son contemporain Jacob Obrecht (né vers 1450 d'une famille de
Bergen-op-Zoom, mort à Ferrare en 1505), bien qu'à
peine son cadet, appartient plus que lui à la génération de
Josquin, et c'est de ce dernier que l'on a plutôt coutume
de le rapprocher. Il se détache du groupe d'Ockeghem
par un fort sentiment de la tonalité, le goût d'une
harmonie claire, l'effort vers l'unité préservée par la répétition d'un même motif qu'il expose en le variant aux différentes voix. Sa musique est toujours agréable mais
facile et l'on n'est pas étonné qu'il ait pu, comme le
prétend Glarean, composer une messe en une seule
nuit. Plutôt que de rechercher des solutions savantes, il a
tendance à allonger son développement à l'aide d'interminables séquences dont il ne faut d'ailleurs pas mécon-
naître la valeur expressive. Lui aussi se distingue surtout
dans ses messes où il s'ingénie à varier à l'infini l'emploi
du cantus firmus qu'il choisit aussi bien parmi les chansons que dans les thèmes liturgiques. Dans la remarquable messe *Sub tuum praesidium,* où il emploie plusieurs
mélodies liturgiques en l'honneur de la Vierge, il donne
un bel exemple de son métier de compositeur. Le Kyrie
est à trois voix et, par l'addition progressive d'une voix

supplémentaire à chaque section jusqu'à l'Agnus final à sept voix, la messe s'édifie peu à peu en une construction massive. Mais, plus que par sa science, c'est surtout par la grâce de sa mélodie flexible, par la sincérité de sa piété sereine qu'Obrecht se classe parmi les premiers de son temps. Ayant définitivement rejeté les rudesses gothiques d'Ockeghem pour se créer un langage plus suave — pour nous, moins hardi — il répond mieux aux exigences harmoniques de Tinctoris et se trouve ainsi plus proche de ce qui sera un peu plus tard l'idéal de la Renaissance.

Nanie Bridgman.

BIBLIOGRAPHIE

ÉDITIONS

Marix, J., *Les Musiciens de la cour de Bourgogne au XV\e siècle*, Paris, 1938.

Guglielmi Dufay Opera Omnia, éd. A. Carapetyan, dans *Corpus Mensurabilis Musicae I,* Rome, 1947.

Anthonii Brumel Opera Omnia, éd. A. Carapetyan dans *Corpus Mensurabilis Musicae V,* Rome, 1951.

Werken van Jacob Obrecht, uitgegeven door J. Wolf, éd. reprise à partir de 1954 par A. Smijers, Amsterdam.

Denkmäler der Tonkunst in Oesterreich, vol. VII, XI 1, XIV, XIX 1, XXVII 1, XXX, XL.

Monumenta polyphoniae liturgicae, éd. L. Feininger, séries 1 : 1, 3, 4, 5, 7, 10.

Johannes Ockeghem collected Works, éd. D. Plamenac, American musicological Society, Studies and Documents, New York.

LITTÉRATURE

Houdoy, J., *Histoire artistique de la cathédrale de Cambrai,* Paris, 1880.

Brenet, M., *Jean de Ockeghem maître de Chapelle des rois Charles VII et Louis XI,* Paris, 1913.

Van den Borren, Ch., *Guillaume Dufay,* Bruxelles, 1925.

Stephan, W., *Die burgundisch-niederländische Motette zur Zeit Ockeghems,* Cassel, 1937.

Marix, J., *Histoire de la musique et des musiciens de la cour de Bourgogne sous le règne de Philippe le Bon,* Strasbourg, 1939.

PIRRO, A., *Histoire de la Musique de la fin du XIVe siècle à la fin du XVIe*, Paris, 1940.

VAN DEN BORREN, Ch., *Études sur le XVe siècle musical*, Anvers, 1941.

BESSELER, H., *Bourdon und Fauxbourdon*, Leipzig, 1950.

BUKOFZER, M., *Studies in Medieval and Renaissance Music*, New York, 1950.

KRENEK, E., *Johannes Ockeghem*, New York, 1958.

JOSQUIN DES PRÉS
ET SES CONTEMPORAINS

L'IMPORTANCE de l'époque josquinienne ne réside pas dans la création de formes musicales nouvelles, mais dans la poursuite et l'achèvement logiques d'une évolution stylistique remontant par certains traits jusque vers 1430, et particulièrement sensible depuis 1470-1480. Nous assistons à la désagrégation de l'édifice musical du Moyen âge finissant, mais les formes de celui-ci étaient encore assez vivaces pour garder leur validité — bien qu'avec des modifications de détail — jusqu'au milieu du XVe siècle. Du domaine des disciplines mathématiques, la musique passe à celui du *trivium,* des disciplines littéraires. Le nombre, qui remplit de son symbolisme transcendant les formes médiévales tardives, perd sa fonction primordiale. La forme représentative du motet isorythmique, qui reposait sur une teneur strictement ordonnée en fonction du nombre, se voit dépouillée de sa véritable signification et passe, lorsqu'elle subsiste encore, dans le domaine du verbe. Dans les formes fondées sur le cantus firmus de la messe et du motet, également, nous voyons développée en valeurs longues une teneur d'où est absente, sans doute, une disposition essentiellement numérique, mais qui n'en continue pas moins à constituer le *fundamentum relationis* et qui détermine l'architecture d'ensemble de la composition aussi bien que sa physionomie sonore. Le contrepoint lui oppose les voix de *superius,* de *contraténor altus* et de *contraténor bassus,* chacune possédant sa fonction propre dans l'édifice d'ensemble. L'abandon de cette écriture fondée sur le cantus firmus semble être dû à diverses influences de la chanson et apparaît d'abord dans la composition de fragments de messe isolés avant de pénétrer peu à peu dans les messes complètes elles-mêmes. Le *cantus prius factus* perd ainsi sa prédominance et cède le pas à une écriture par voix égales, liées en imitations. Alors que la disposition harmonique des différents mouvements était, jusqu'à présent, déterminée par les notes du cantus firmus, nous voyons apparaître maintenant un sentiment de l'harmonie considérée comme une valeur en soi. Le style mélodique est dominé par le contrepoint des voix brodant sur les notes tenues, déroulant d'amples volutes, pleines de fantaisie et sans articulation ferme, et auxquelles la teneur s'assimile lorsqu'elle abandonne son chant en valeurs longues. Telle est, à peu près, la situation que nous trouvons avec la génération d'Ockeghem et d'où partent les musiciens du début du xvie siècle. Or, c'est en cette époque de crise qu'intervient un facteur décisif : un contact étroit avec la musique italienne vivante, contact déjà effectif au début du xve siècle avec Ciconia et Dufay, mais qui prend, à partir de 1470, une telle ampleur que seuls de rares musiciens de l'époque josquinienne restent étrangers à ce monde nouveau. La découverte de la musique italienne et les problèmes qu'elle suscite provoquent, de la part des jeunes compositeurs, un affranchissement résolu des vieilles techniques. L'écriture nouvelle est placée sous le signe de la simplicité et de la clarté, avec une prédilection pour la disposition symétrique. Le texte acquiert désormais une importance nouvelle; l'architecture de ses différentes sections détermine de façon décisive la disposition d'ensemble de la composition, tandis que, dans le détail, l'attention accordée à l'articulation syntaxique et une forte accentuation des éléments du discours ont pour conséquence une transformation radicale de l'écriture mélodique. Les motifs prennent maintenant un tour essentiellement plus bref, un caractère plus nettement marqué; au lieu de volutes sinueuses apparaît, sous l'influence, notamment, de la chanson profane, la tendance à une disposition en périodes. L'harmonie est soumise à un principe tonal rigoureux et, favorisée par les tendances qui se manifestent dès le milieu du siècle, acquiert la signification d'une valeur en soi, s'alliant rapidement à des traits expressifs et s'associant étroitement au texte. On s'attache à présent à la recherche de sonorités purement vocales, et cela même dans la chanson, qui jusqu'alors était encore fortement liée au jeu des instruments. La musique se fait plus humaine, elle cherche davantage à flatter l'oreille et, par là, admet de plus en plus une sensualité expressive. L'écriture à quatre voix se voit accorder la préférence en raison des possibilités qu'elle offre de répartir symétriquement les éléments de l'ensemble vocal. Cette répartition consiste à opposer les deux voix aiguës aux deux voix graves et le procédé, joint, par voie de conséquence, à de constantes imitations, est utilisé comme un nouveau moyen de réaliser l'articulation du discours musical. Écriture homophone ou polyphonique, traitement des voix par deux, ces différentes techniques de composition s'associent dans une seule et même œuvre, contribuant à son architecture organique tout en se mettant au service d'un art expressif.

Si l'évolution indiquée ici prit une telle envergure en un temps relativement court, c'est à l'introduction, en ces années précisément, de la musique imprimée qu'elle le doit. En 1498, le conseil municipal de Venise octroie le privilège d'imprimeur à Ottavio Petrucci et le premier ouvrage qui sorte des presses de celui-ci est, en 1501, la première partie du *Harmonice Musices Odhecaton*. La seconde partie paraît en 1502, ainsi qu'un recueil de messes de Josquin, et d'autres publications se succèdent à brève échéance. L'exemple ne tarde pas à être suivi ailleurs : en 1507, c'est Erhar Œglin à Augsbourg, en 1512, Peter Schœffer le Jeune à Mayence, en 1516, Andrea Antico à Rome, en 1520, Peutinger à Nuremberg, puis, en 1527, Pierre Attaingnant à Paris. Et les noms fameux de Formschneider, Gardano, Petrejus, Susato et G. Rhaw poursuivent ce mouvement. Cette innovation qui, par son importance, fait figure de véritable révolution, a pour effet un rapide échange de la production musicale, échange jusqu'alors impossible sur une aussi grande échelle. Les œuvres des grands maîtres sont publiées à de nombreux exemplaires et acquièrent rapidement une profonde influence sur la musique de leur temps. C'est le cas, principalement, de Josquin des Prés, dont les compositions continuent à se répandre par la tradition manuscrite en même temps que l'imprimerie leur assure une vaste diffusion.

Cette évolution semble avoir eu une grande répercussion sur la productivité musicale du temps. A côté d'une

quantité considérable de maîtres de premier plan, il est
une foule presque innombrable de musiciens secondaires
qui s'évertuent à suivre leurs modèles ou à rivaliser
avec eux. Nous nous contenterons donc d'en choisir
quelques-uns pour étudier, en prenant leurs œuvres
comme exemples, ce que furent la messe, le motet et la
chanson au début du xvie siècle.

LA MESSE

« *Acoutrez vous d'abitz de deuil : Josquin, Brumel,
Pirchon, Compère...* », c'est en ces termes que la *Déploration sur le trépas de Jean d'Ockeghem* invite les grands
musiciens d'alors à manifester leur affliction à la mort
du maître de Tours. Or le premier nom invoqué par ce
texte est celui de Josquin des Prés, qui lui donna précisément son vêtement musical et allait, à la suite de son
maître, tenir la place d'honneur dans la musique des dernières années du xve siècle et des premières décades du
xvie. Selon le *Livre des Meslanges* de Ronsard, il serait originaire du Hainaut. Mais la date de sa naissance n'est pas
établie et on la situe vers 1450. Claude Héméré le mentionne comme enfant de chœur de l'église de Saint-
Quentin. Nous le trouvons à Milan, en 1474, à la cour
du duc Galeas Marie Sforza. De 1486 à 1494, au moins,
il est, sauf pendant un certain temps, au service de la
chapelle pontificale à Rome sous Innocent VIII et
Alexandre VI. Il séjourne ensuite à Florence, où il fait
la connaissance du jeune théoricien P. Aron, puis à la
cour d'Hercule Ier d'Este, duc de Ferrare. Aux dires
de Glarean, Josquin aurait encore servi dans la chapelle
de Louis XII. Après la mort de ce dernier, il reçut un
canonicat à la collégiale de Saint-Quentin, mais il ne le
garda pas longtemps. Nommé prévôt du chapitre de
Condé-sur-l'Escaut, c'est là qu'il passa ses dernières
années et mourut le 17 août 1521.

Dès 1470 environ, Compère, dans son *Omnium bonorum plena,* cite Josquin en compagnie des musiciens les
plus fameux. Quantité de témoignages nous sont parvenus, attestant que Josquin, vers 1500 et au cours des
années suivantes, était considéré sans discussion comme
le plus grand maître de son temps. La preuve nous en
est également fournie par les nombreuses copies manus-

crites qui furent alors faites de ses œuvres, ainsi que par
l'immense succès obtenu par les éditions de celles-ci,
dues aux soins de Petrucci. Cependant, si l'essentiel
de sa production est constitué par de la musique d'église
— nous connaissons une bonne vingtaine de messes et
plus de cent motets —, il n'en a pas moins abondamment
cultivé la mélodie profane, comme en témoignent quelque
soixante-dix chansons. En 1502, 1505 et 1514, Petrucci
fit paraître trois recueils de messes qui furent réédités
à plusieurs reprises, mais la chronologie de ces œuvres
est fort malaisée à établir, particulièrement pour les
années de maturité et la dernière période, et les problèmes
qu'elle pose n'ont pas encore trouvé leur solution. Quoi
qu'il en soit, c'est comme une œuvre de jeunesse qu'il
convient de regarder la messe *l'Homme armé super voces
musicales,* qui ressortit au genre de l'ancienne messe
fondée sur le cantus firmus. Josquin s'y proposait d'introduire dans la messe dorienne — où toutes les parties
s'achèvent sur *ré* — un cantus firmus entonné sur les
degrés successifs de l'hexacorde : en *ut* dans le Kyrie,
en *ré* dans le Gloria, en *mi* dans le Credo, en *fa* dans le
Sanctus, en *sol* dans la première section de l'Agnus et
en *la* dans la troisième (ici confiée au superius ; voir ex. 1,
p. 990). En outre, Josquin introduit toute une série de
problèmes de construction, apportant la preuve éclatante
de son habileté à les résoudre dès lors d'une façon remarquable. Ainsi, dans la première partie du Gloria la teneur
(ténor) expose la mélodie — empruntée à une chanson —
sous sa forme originale, pour la reprendre à rebours, selon
le procédé dit « à l'écrevisse », à partir du *Qui tollis,* qui
porte l'indication *Qui tollis cancrizet et supra dicta notet.*
C'est sous la même forme qu'apparaît la mélodie de la
seconde section du Credo *Et incarnatus.* Le Benedictus, sans
cantus firmus, se compose de trois *bicinia* (chant à deux
voix) dérivés, par des indications de mesure différentes,
d'une seule voix notée portant la mention *Duo in unum.*
Dans la seconde section de l'Agnus, un procédé analogue
est même appliqué à trois voix qui, débutant ensemble,
dérivent d'une seule par l'effet d'une mesure différente.
Les imitations entre les voix en contrepoint sont fréquentes. Le déroulement de ces voix ne révèle pas encore
l'allure « classique », expressive, si caractéristique des
œuvres ultérieures de Josquin. Leur dessin, tant mélo-

dique que rythmique, est empreint de ce caractère irra-
tionnel qui constitue la marque essentielle des œuvres
d'Ockeghem, témoignant ainsi du peu de distance qui
sépare le disciple du maître et de la jeunesse du compositeur au moment où il écrivit cette messe. A part la
concentration des voix en contrepoint dans l'*Et incarnatus,* l'homophonie ne joue aucun rôle dans l'œuvre.
Tels traits des compositions ultérieures que l'on
attribue à des influences italiennes en sont totalement
absents.

Une technique apparentée à celle-là se rencontre
dans la messe *Hercules dux Ferrariae,* qui tire son substrat
mélodique : *ré-ut-ré-ut-ré-fa-mi-ré* de la transposition
des voyelles du titre en syllabes solmisées. Sauf à la fin
du Credo et de l'Hosannah, où elle est abrégée, cette suite
de notes est partout exposée par la teneur en valeurs
brèves. Les différentes reprises sont séparées par huit
mesures intercalaires, disposition ayant pour effet une
articulation rigoureuse des parties. De même que dans la
messe *l'Homme armé super voces musicales,* la mélodie est,
ici également, présentée selon la démarche « à l'écrevisse ».
Les voix, traitées généralement en contrepoint libre,
montrent encore des traits nettement formels, mais leur
dessin a subi une transformation radicale : rythme plus
clair, plus net, allure plus libre et plus égale, sans ces
brusques à-coups fréquents dans la messe précédente. La
mélodie, elle aussi, est plus simple, elle a dépouillé sa
turbulence de naguère, et elle est étroitement liée au
texte (voir ex. 2,).

Alors que dans la messe *l'Homme armé* les voix se
déroulent généralement sans grandes interruptions, la facture montrant une plénitude qui fait penser à Ockeghem,
nous sommes ici en présence d'une écriture extrêmement
aérée. Les parties non liées au cantus firmus sont très
fréquemment traitées en bicinia, confiés le plus souvent
aux voix supérieures. Sans doute ne rencontrons-nous
pas encore une nette opposition des deux voix aiguës et
des deux voix graves, mais la dissociation du groupe
vocal est déjà, en principe, un fait accompli. Cela apparaît aussi, nettement, dans l'opposition des parties aiguës
et des parties graves de la troisième section de l'Agnus,
écrite à six voix. Ainsi que nous l'avons déjà dit, les
traits archaïques de cette messe sont encore très accusés,

Superius de la messe *l'Homme armé super voces musicales.*

Cru _ ci _ fi_xus   e_ _ti_ampro   no _ _ bis sub   Pon_ti _ o   Pi _ _ la _ _ _ to pas _ _ _ sus et se_pul _ tus est.

Ex. 1.

Superius de la messe *Hercules dux Ferrariae.*

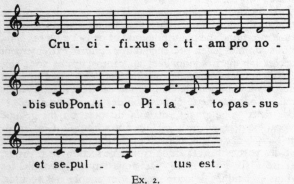

Cru _ ci _ fi_xus e _ ti _ am pro no _ _bis subPon_ti _ o Pi _ la _ to pas _ sus et se_pul _ _ tus est.

Ex. 2.

mais au fond elle porte déjà toutes les marques caractéristiques du style personnel de Josquin.

Pas plus que ces deux messes, les autres — la messe
Mater Patris exceptée — n'accordent à l'homophonie
de rôle essentiel. Son emploi se borne presque uniquement
à des passages où elle est de tradition, comme « *et
suscipe deprecationem nostram* » ou la section du Credo
commençant par les mots « *Et incarnatus est* », et cela
même dans la messe *Pange lingua,* l'une des œuvres du
maître qui révèle le plus de maturité et qui appartient
sans aucun doute à la dernière partie de sa production.
Ce n'est qu'après sa mort qu'elle fut imprimée, à Nuremberg, en 1539. Nulle part dans cette messe Josquin n'utilise plus de quatre voix; le passage « *pleni sunt caeli* »,
le Benedictus et la seconde section de l'Agnus sont traités
en bicinia des deux voix aiguës et des deux voix graves.
Mais, tandis que dans les messes antérieures la teneur,
en sa qualité de *fundamentum relationis,* était encore
traitée en valeurs longues, nous voyons réalisée ici une
absolue égalité des voix entre elles. La mélodie de
l'hymne *Pange lingua gloriosi,* mêlée à la trame polyphonique, n'est pas liée à la teneur, mais confiée aussi en
grande partie au superius. Le dessin des voix est d'une
symétrie insurpassable, l'expression mélodique d'un
calme et d'une transparence absolus. Quant au rapport
du texte et de la musique, il n'est sans doute nulle œuvre
de Josquin où il apparaisse aussi étroit :

Superius de la messe *Pange lingua.*

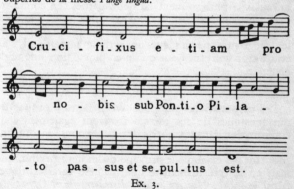

Ex. 3.

Une construction polyphonique d'une texture à première vue inconcevable est combinée à une figure essentiellement suggérée par la déclamation du texte et se transforme en une ligne mélodique organiquement liée aux paroles et qui en semble l'émanation même. Si l'on tient à voir une sorte d' « épanouissement » dans la production de Josquin, c'est bien là, à coup sûr, qu'on le trouvera : en ce parfait équilibre d'éléments reçus de la tradition et assimilés, qu'aucun maître ne réalisera jamais plus à ce point. Et avec cela, quelle richesse inépuisable d'écriture et d'architecture dans toutes ses œuvres ! Des messes publiées à ce jour, aucune qui permette de parler d'un « type » de messe proprement josquinien. Chacune, que ce soit dans le choix des mesures, dans la division du texte, dans la répartition des voix, montre des particularités qui la distinguent des autres. En principe, ces messes sont à quatre voix; ce nombre se trouve réduit — pas toujours, cependant — à trois ou à deux sur les paroles « *Pleni sunt* », dans le Benedictus et la seconde section de l'Agnus, mais aussi parfois en certaines parties du Gloria et du Credo ou dans le Christe. A une exception près, l'emploi de plus de quatre voix provient de constructions en forme de canon. En ce qui concerne l'articulation du texte, c'est le Gloria qui en offre les exemples les plus variés : généralement divisé en deux parties seulement, il peut cependant tout aussi bien ne former qu'un seul bloc *(Missa D'ung aultre amer)* ou compter jusqu'à cinq sections *(Missa Di dadi)*. Le Credo, lui aussi le plus souvent en deux parties, en comporte dans plusieurs cas trois ou quatre. Quant aux mesures, si Josquin montre une certaine tendance à commencer les différentes parties sur un rythme ternaire, il s'en écarte trop souvent pour qu'on en puisse tirer une règle générale.

LE MOTET

Les constatations que nous avons faites à propos de quelques-unes de ses messes trouvent également leur confirmation dans ses motets. Ici encore nous rencontrons des œuvres qui suivent la tradition du début du XVe siècle, adoptant par exemple le principe du motet isorythmique mais en le transformant d'une manière caractéristique. Ainsi le motet *Huc me sydereo descendere jussit Olympo,* à

six voix, où la disposition de la teneur est celle des
motets isorythmiques : deux parties, la teneur étant enve-
loppée une fois dans la première, deux fois dans la
seconde. Chaque développement comporte lui-même
quatre sections, correspondant à la division suivante du
texte : *Plangent eum — quasi unigenitum — quia innocens —
Dominus occisus est* (antienne des *Laudes* du Samedi-
Saint). Les valeurs fondamentales de la teneur se répartissent ainsi : dans la *Prima pars,* la longue double, dans
le premier développement de la *Secunda pars,* la longue
simple, dans le second développement, la brève, de sorte
que son allure se modifie selon le rapport 3 : 2 : 1. Les
mesures muettes et les mesures chantées se répartissent
comme suit :

Iᵃ pars: 48 – 15 – 6 – 12 – 6 – 15 – 6 – 14

IIᵃ pars: 16 – 5 – 2 – 5 – 2 – 6 – 2 – 6

         8 – 2½ – 1 – 2½ – 1 – 3 – 1 – 7

Le nombre des mesures muettes correspond donc au
rapport 6 : 2 : 1, alors que celui des mesures chantées
fait apparaître des différences considérables (56 : 22 : 15).
Les modifications apportées ici par le compositeur
enlèvent ainsi à l'œuvre son allure objective, imper-
sonnelle. Il a dépouillé la teneur de son caractère essentiellement numérique pour la modeler à son gré.

Ex. 4.

Cette composition d'aspect si archaïque apparaît donc
en fait comme le produit d'une génération dont le

langage se plie aux règles de l'humanisme et qui, dépouillant une forme séculaire de sa signification profonde, s'attache à l'intégrer dans l'univers nouveau qui est le sien. L'attention accordée au texte se perçoit également dans les voix en contrepoint, qu'il s'agisse de la déclamation ou même de l'interprétation de ce texte, comme dans le passage « *descendere jussit Olympo* », où le superius et les basses 1 et 2 décrivent un mouvement descendant ininterrompu s'étendant sur un intervalle de douzième. La teneur rencontrée ci-dessus se retrouve encore employée dans le motet *Ave nobilissima creatura* (cette fois sur le texte « *Benedicta tu in mulieribus* ... »). Tandis que, dans les trois développements, les mesures muettes (69 : 46 : 23) présentent toujours le rapport 3 : 2 : 1, ce sont de nouveau les mesures chantées qui, par leur nombre, s'écartent de la tradition, donnant ainsi l'impression d'être les seules sur lesquelles pût s'exercer l'intervention du compositeur.

Parmi les œuvres où Josquin déploie toute sa science de la construction, citons les motets *Ut Phoebi radiis,* où basse et teneur exposent en canon les syllabes solmisées empruntées au texte des voix supérieures, partant d'*ut,* puis montant d'un degré à chaque entrée pour parvenir ainsi jusqu'au *la,* ou encore *Illibata Dei Virgo nutrix,* dans lequel la teneur chante uniquement les notes *la-mi-la,* nous autorisant à voir dans ce motet marial un *soggetto cavato* sur les voyelles de *Maria.* Par leur technique, ces motets se placent au voisinage immédiat de la messe *Hercules dux Ferrariae.* S'il s'agit là d'œuvres écrites durant le séjour de Josquin en Italie et maintenant le contact avec la tradition nationale, les motets *Tu solus, qui facis mirabilia, O Domine Jesu Christe, Christum ducem* ou *Qui velatus facie fuisti,* tous à quatre voix, portent bien, eux, la marque italienne. Faisant presque constamment appel à toutes les voix, ils se signalent par un mouvement calme et mesuré et la polyphonie y cède le pas à une disposition harmonique sans nulle aspérité. Les harmonies ne subissent que de lentes altérations, leur succession est sans cesse entrecoupée d'îlots sonores marqués par des points d'orgue. Des bicinia font apparaître la scission, désormais accomplie, du quatuor des voix en deux duos, l'un grave, l'autre aigu, les différentes voix étant égales entre elles.

L'articulation du texte aussi bien que la déclamation
sont généralement respectées, à tel point parfois, au
regard de certaines œuvres ultérieures, que ces compositions paraissent l'émanation directe de ce texte et
atteignent, semble-t-il, les antipodes mêmes de ces
effusions mélodiques irrationnelles des premières œuvres.
Cependant Josquin sait fondre les divers éléments
stylistiques et, les transformant, se créer un style personnel où, tout autant que les voix elles-mêmes, paroles
et musique, harmonie et polyphonie, mélodie et rythme,
se font parfaitement équilibre. C'est à quoi il parvient en
particulier dans les motets tout entiers en imitation, type
auquel ressortissent notamment la plupart de ceux à
quatre voix. Ainsi voyons-nous cette technique déjà
entièrement appliquée à celui qui est intitulé *Ave Maria* :
au fur et à mesure que se succèdent les différentes
parties du texte, le musicien introduit sans cesse de
nouveaux motifs qui passent également en imitation à
chacune des voix ou bien apparaissent sous forme de
bicinia successifs traités en imitation. L'écriture est
fréquemment aérée par des duos de voix éloignées ou
voisines. Une certaine attention est bien accordée à
la déclamation, mais pas encore d'une manière aussi
convaincante que par la suite, et la mélodie, quoique
empreinte d'une grande simplicité, rappelle parfois, par
quelque raideur dans son dessin, telles compositions
plus anciennes. Par comparaison, le motet *Domine, ne
in furore tuo arguas me* semble avoir été écrit plus tard.
En deux parties, il respire une ferveur profonde et
contenue, faite de ce calme et de cette clarté qui baigne-
ront, un jour, la messe *Pange lingua* et lui conféreront
sa grandeur entre toutes les autres messes de Josquin.
Comme dans les œuvres de la première manière on
retrouve en ce motet d'amples courbes mélodiques,
mais sans ces arabesques contournées et purement
polyphoniques qui montraient tant d'aspérités et d'inégalités. Ici tout est organique et équilibré, sans nul heurt
ni à-coup, et les lignes mélodiques, en dépit de la liberté
qui préside à leur déroulement et du vaste souffle qui
les porte, suivent une règle et un ordre insaisissables
qui leur confèrent une expression de mesure et d'équilibre toute classique.

Si les messes et plus de soixante-dix motets obéissent

au principe de l'écriture à quatre parties, il en est une quarantaine d'autres qui font appel à cinq ou six voix. L'emploi du *cantus firmus* est presque exclusivement limité aux motets de la jeunesse et de l'âge mûr. La plupart des motets en canon appartiennent également à ces deux périodes, quoiqu'on en rencontre encore d'assez nombreux exemples parmi les dernières œuvres. La constatation faite à propos des messes se vérifie donc ici : l'augmentation du nombre des parties « ne constitue qu'une modification et non une transformation radicale de ce style d'écriture qui donne au motet à quatre voix sa physionomie caractéristique » (Osthoff).

LA CHANSON

Représentée par plus de soixante-dix œuvres, la chanson occupe également une place considérable dans la production de Josquin. Toute une série d'entre elles révèlent encore l'emploi de trois voix, typique du xve siècle, tandis que parmi les autres, celles à cinq ou six voix surpassent en nombre celles qui n'en comportent que quatre. Elles offrent donc un aspect des plus variés, tant par leur structure musicale que par leurs textes — faisant voisiner les diverses formes poétiques en langue française, italienne ou latine — ou l'effectif qu'elles mettent en jeu. C'est ainsi qu'à côté de compositions purement vocales, il en est d'autres destinées aux seuls instruments ou encore aux instruments et aux voix mêlés. Au nombre des œuvres de jeunesse, il convient probablement de ranger toutes les chansons à trois voix, parmi lesquelles beaucoup ne comportent pas un texte complet, mais seulement un début de texte; d'où, en bien des cas, la difficulté, voire l'impossibilité de déterminer leur mode d'exécution. Les mêmes difficultés se posent pour certaines des compositions à quatre voix, dont seules quelques-unes sont destinées avec certitude aux instruments. A côté des chansons à trois voix, citons celle où les voix inférieures chantent *Adieu mes amours à Dieu vous command,* tandis que les voix de dessus ont pour texte *Adieu mes amours on m'atent.* Cette composition s'apparente étroitement à une chanson formée d'une partie inférieure confiée à la voix et de deux parties supérieures confiées à des inftruments, à cela près que, par un souci de conftruction, la teneur eft ici doublée en canon. Les deux voix supérieures montrent une allure rythmique fort libre et se prêteraient à une exécution inftrumentale, de sorte qu'il pourrait bien s'agir d'une œuvre écrite pour voix et inftruments mêlés. Cela semble être également le cas de *De tous biens playne,* où les voix, inversement, assumeraient les parties supérieures. Josquin, ici, a emprunté sans changement le superius et la teneur d'une chanson de Hayne van Ghizeghem portant le même titre, leur ajoutant en canon deux voix inférieures. La partie notée porte la mention *Petrus e Joannes currunt in puncto* et appelle un canon à l'unisson, décalé d'une minime (une noire) :

Ex. 5.

Parmi les compositions probablement deftinées aux voix seules, citons les chansons *Plus nulz regretz* et *Plus n'eftes ma maiftresse,* qu'un certain manque d'équilibre entre paroles et musique permet d'attribuer encore à la seconde manière de Josquin. En comparaison, *Mille regretz de vous habandonner,* à quatre voix, apparaît comme une œuvre de la dernière période. La déclamation du texte y eft fortement soulignée et la musique semble n'avoir d'autre fonction que de fournir un vêtement aux paroles. Le compositeur renonce ici à tout mouvement polyphonique au profit d'une harmonie sans aspérités. L'écriture, presque d'un bout à l'autre, y eft aérée, ne mettant en œuvre que deux ou trois voix, et ce n'eft qu'à la fin, sur les paroles *brief mes jours deffiner,* qu'elles

sont toutes réunies en une stricte homophonie. Parmi les
vingt-cinq compositions à plus de quatre voix, dix-sept,
fait significatif, sont en forme de canon; elles constituent
donc, au premier chef, la solution d'un problème de
construction particulier plutôt qu'elles ne répondent à
une intention d'élargir l'effectif sonore. L'exemple le plus
instructif à cet égard est sans doute *Basies moy,* à six voix,
où trois canons différents suivent des démarches parallèles. Au fond, il s'agit ici de la superposition de deux édi-
fices, chacun composé de trois voix : au-dessus de deux
voix fondamentales reliées en canon — teneur et basse —
se déroulent respectivement deux « voix supérieures »,
en canon elles aussi; au-dessus du ténor le superius et le
contraténor, au-dessus de la basse la quinta et la sexta
pars. Les soins dont le texte est l'objet aussi bien que
la concision et l'expression de la mélodie rapprochent
l'œuvre de la dernière période. Mais ni cette chanson
ni les autres du même groupe n'utilisent jamais les
cinq ou six voix — sauf dans les dernières années —
pour obtenir un effet de plénitude sonore. Et, en raison
des nombreux silences imposés tantôt à telle voix,
tantôt à telle autre, elles ne dépassent pas en général le
cadre de l'écriture à quatre parties.

Si l'on considère la production de Josquin dans son
ensemble, il apparaît donc qu'il commence par adopter
les formes traditionnelles mais qu'il ne tarde pas à
s'en écarter. Ainsi, en son jeune âge, il est encore proche
des constructions isorythmiques déjà en pleine désagrégation et il fait un emploi assez fréquent du cantus
firmus. Un autre trait de sa pensée constructive est
représenté par les compositions en forme de canon,
procédé que l'on rencontre à toutes les périodes de sa
production, encore qu'il marque un certain recul au
cours des dernières années. D'autre part, on constate
assez tôt une tendance à assimiler les formes de la
messe, du motet et de la chanson. L'évolution stylistique qui s'opère ici vise à souligner fortement la symétrie et à augmenter la netteté de l'architecture. En
même temps que des influences essentiellement italiennes
provoquent l'importance croissante accordée à une
harmonie tonale, le texte revêt une fonction nouvelle
et son articulation détermine la structure de l'édifice

musical. Un nouveau rapport entre les paroles et la musique suscite une modification de la ligne mélodique qui gagne en brièveté, en force, acquérant un nouveau pouvoir expressif caractérisé par une sobriété mesurée. Cette transformation fondamentale, appelée à être l'une des plus importantes de l'histoire de la musique, remonte par certains traits à Ockeghem et même à Dufay, mais c'est Josquin qui en saisit toute la portée et en réalise l'accomplissement. Par là, son œuvre constitue l'expression valable d'une réalité historique, non seulement sur le plan intellectuel, mais aussi sur le plan musical. Par sa large diffusion, elle a agi de façon exemplaire sur la production des autres musiciens et fait de lui le grand maître que nul de ses contemporains n'a surpassé ni même égalé.

PIERRE DE LA RUE

Pierre de La Rue est peut-être le seul, tout au moins sous le rapport du style, que l'on puisse dans une certaine mesure comparer à Josquin. La date de sa naissance est inconnue et se situe vers 1460. Sa vie et son art furent l'une et l'autre déterminés par les liens qui l'attachèrent presque sans interruption à la chapelle de Bruxelles, laquelle relevait de la tradition bourguignonne. Ce qui le distingue le plus de Josquin, c'est l'absence de cette expérience italienne à laquelle aucun des musiciens qui l'ont subie n'est resté insensible. A partir de 1492 il est au service de Maximilien, époux de Marie de Bourgogne, avant d'appartenir à la chapelle de Philippe le Beau, qu'il accompagne en Espagne en 1501-1502, puis en 1505-1506. En 1505 il reçoit un canonicat à la collégiale de Courtrai, mais est dispensé de l'obligation de résider en cette ville. Nous le trouvons ensuite au service de Marguerite d'Autriche et de Charles Quint jusqu'en 1514. En possession d'une prébende, il séjourne alors à Termonde, qu'il quitte dès 1516 pour Courtrai, où il meurt le 20 novembre 1518.

Il nous est encore fort malaisé de nous faire une idée de sa production, une petite partie seulement de ses œuvres étant accessible dans des éditions modernes.

Mais nous savons néanmoins que les œuvres religieuses
occupèrent la première place dans son activité puisque,
en regard de trente-sept chansons, il n'écrivit pas moins
de trente et une messes, sept fragments de messe isolés et
trente-sept motets. D'autre part nous avons une preuve
du succès tout particulier rencontré précisément par
ses messes dans le fait que Marguerite d'Autriche fit
réunir un certain nombre d'entre elles — seulement
après la mort de leur auteur, probablement — en deux
manuscrits somptueusement décorés. Comme ses contemporains, Pierre de La Rue utilise pour ses compositions
des mélodies tirées de l'ordinaire du choral, divers
autres chants liturgiques, des mélodies de chansons ou
encore des éléments constructifs constitués par une
succession de quelques notes seulement. Un grand
nombre de ses messes appartient au type de la messe à
cantus firmus et assigne à la teneur un chant en valeurs
longues, la distinguant ainsi nettement des autres voix,
à l'allure libre et parfois fort animée. Mais, de même
que la teneur abandonne à tout instant ses valeurs
longues pour s'intégrer à la trame polyphonique des
autres voix, les notes longues, inversement, apparaissent
en maints passages de celles-ci. Ainsi le dessin mélodique
revêt-il ici des aspects que l'on ne rencontre guère chez
Josquin et qui contrastent avec son idéal, celui d'une
ligne égale, bien proportionnée et équilibrée. Un exemple
de ce style nous est fourni par la messe *Conceptio tua*,
à cinq voix. Comme en tant d'autres œuvres, on y
constate la prédilection du compositeur pour un procédé
consistant à opposer entre eux, notamment au commencement des différentes parties, deux bicinia, l'un au
registre aigu, l'autre au grave (par exemple dans le *Gloria*,
qui s'ouvre sur un long duo des voix supérieures, suivi
d'un second des voix inférieures). L'alternance de semblables bicinia et celle de passages écrits soit en duo, soit
pour l'ensemble des voix, correspond le plus souvent
aux différentes sections du texte. En revanche, le rapport
des paroles et de la musique — comparé aux messes de
Josquin — apparaît assez primitif. L'élément purement
musical l'emporte ici de loin. La courbe des lignes mélodiques est parfois fort tourmentée et leurs sinuosités
déconcertantes et capricieuses font fréquemment penser
à Ockeghem, dont Pierre de La Rue a sans doute été

l'élève. Le rythme est très souvent heurté et se distingue
de façon caractéristique de celui des maîtres marqués par
l'influence italienne. Chez ces derniers, la richesse de la
polyphonie n'empêche pas de percevoir constamment,
sous-jacente, une pulsation calme, qui détermine et règle
le débit mesuré du flux musical. Ici, en revanche, la mélodie ne cesse de montrer un caractère impulsif, sans la
moindre tendance à un certain déroulement périodique.
Ainsi est-il caractéristique qu'aucune des sept messes
publiées par Tirabassi ne présente une seule partie homophone — ce qui ne veut pas dire que le compositeur n'ait
pas employé ailleurs cette forme d'écriture. Dans la messe
qui nous intéresse, il est cependant un passage où il semble
vouloir réunir toutes les voix — détail significatif, c'est
sur les paroles *simul adoratur* —, mais cet élan tourne
court et, comme par un fait exprès, il est brisé par l'entrée,
une semi-brève (une blanche) trop tôt, du superius. Il
n'est pas rare de trouver des imitations entre deux ou
plusieurs voix, mais elles ne se détachent guère de l'ensemble et ne remplissent nulle fonction organique. Quant
à la réduction du nombre des voix, le passage *Pleni sunt*
(trois voix) et le Benedictus (deux voix) en offrent des
exemples. La même technique préside aussi, à peu de
chose près, à la composition des autres messes à cinq
voix : *Ista est speciosa* (voir ex. 7, p. 1002), *Dolores gloriose
recolentes, Resurrexi* et *Nos autem gloriari*. Le seul canon que
l'on y rencontre se trouve, sous forme de *fuga in subdiates-
saron,* dans la première section de l'Agnus de la messe
Dolores gloriose recolentes. Toute différente est la physionomie des messes en canon, comme la *Missa de feria,* à
cinq voix, où la teneur a abandonné ses valeurs longues
et se voit doublée en canon. Les interventions en valeurs
longues sont du reste également absentes des autres voix.
Ces dernières apparaissent ici plus libres et mieux équi-
librées, sans ces brusques arrêts et interruptions qui
déparaient les messes à cantus firmus. Le rythme y
montre une allure plus calme et plus égale, due essentiellement à l'emploi de la semi-brève et de la minime
(noire). De fréquentes répétitions de notes rappellent
certaines figures analogues des œuvres où le texte joue
un rôle primordial et avec lesquelles cette messe présente maints liens de parenté. Telles tournures des
messes à cantus firmus, qui offraient souvent un carac-

tère presque instrumental, ont fait place à une grande
simplicité, jointe à une transparence accrue de l'écriture.
En dépit d'un certain archaïsme dans le détail, la messe
Ave sanctissima Maria, elle aussi, témoigne du même
renoncement au style polyphonique des messes à cantus
firmus au profit d'une écriture plus calme, accordant
une plus grande attention aux éléments harmoniques :

Superius de la messe *Ave sanctissima Maria.*

Ex. 6.

Superius de la messe *Ista est speciosa.*

Ex. 7.

Trois des parties, doublées en canon à la quarte
supérieure, fournissent un exemple d'écriture à six
voix. Cependant ce passage n'a rien d'une sèche étude
sur l'emploi des constructions en canon. Bien au contraire,
il est d'une extraordinaire beauté tant par le dessin des
voix que par sa structure harmonique. Exception faite
des mesures terminales, l'utilisation de toutes les voix est
rare. Ainsi, ici encore, l'écriture à six voix ne vise-t-elle
pas à un déploiement accru de la matière sonore; elle
ne représente que la solution d'un problème de construction polyphonique. L'ensemble des six parties, en
fait, apparaît simplement comme la superposition de
deux groupes de trois voix, comme c'était le cas, par
exemple, dans la chanson de Josquin intitulée *Basies moy.*
De l'écriture des deux compositions qui précèdent
on peut rapprocher celle de la messe *Ave Maria,* à quatre

voix. Seul le Credo, volet central de toute l'œuvre, reprend la technique du cantus firmus : il introduit en effet une cinquième voix qui expose l'antienne, généralement en valeurs longues. Cependant, ici comme dans les autres parties de la messe, règnent la même clarté et la même transparence, la ligne mélodique de chacune des voix reste expressive, concise, avec une tendance marquée à un traitement purement syllabique. En revanche, le *Salve Regina* à quatre voix, lui, présente de nouveau le style mélodique des messes à cantus firmus, mais il assigne à toutes les voix la même allure rythmique, assez traînante et sans les brèves répétitions de notes signalées plus haut.

Nous retrouvons dans les chansons une disposition plus simple, accordant davantage d'attention à la sonorité d'ensemble. Ainsi dans *Pourquoy non ne veuil-je morir*, à quatre voix, la seule œuvre de Pierre de La Rue recueillie par Petrucci dans son *Harmonice musices Odhecaton* de 1501. D'allure calme, elle souligne fortement l'élément harmonique et, fidèle au texte, traduit un sentiment mélancolique et même presque sombre. C'est une composition fort expressive, aux courbes amples et d'harmonieuses proportions. Par là, elle se distingue nettement du type de la chanson déclamatoire, presque syllabique, auquel appartient *Mijn hert altijt heeft verlanghen*, également à quatre voix. Contrairement à *Pourquoy non*, qui, presque toujours, mettait en jeu l'effectif vocal au complet, la mélodie, ici, est constamment entrecoupée de brefs bicinia qui la divisent en autant de sections. Chose curieuse : alors que l'on s'attendrait tout naturellement, en la présente composition, à voir le musicien traiter les voix en homophonie, on ne rencontre pas la moindre trace de ce procédé. Sans doute n'en ignorait-il nullement l'emploi — comme le prouve le *O salutaris hostia* en forme de motet intercalé dans sa *Missa de Sancta Anna* — mais, dans l'ensemble, il ne semble pas lui avoir accordé un rôle très important.

Maintes tournures sembleraient indiquer que Pierre de La Rue s'est rapproché, en ses dernières années, du style de Josquin. Seule une étude approfondie de l'ensemble de son œuvre permettra de vérifier cette impression. Ce qui est certain, en tout cas, c'est qu'il a transmis au XVIe siècle, sans altérations essentielles, les techniques en vigueur vers 1480-1485, contribuant ainsi à préserver la musique de sa génération d'une emprise excessive du goût italien.

ANTOINE BRUMEL

C'est avec le titre d'*horarius et matutinarius* qu'Antoine Brumel entra en 1483 en service à la cathédrale de Chartres. On ne sait au juste combien de temps il y passa ni à quelle date il se rendit à Laon, où nous le retrouvons en 1497. A partir de janvier 1498, il est maître de chœur à Notre-Dame de Paris, fonctions auxquelles il renonce dès la fin de 1500, sans que l'on sache vers où il tourne ensuite ses pas. Peut-être était-il attaché au duc de Sore lorsque Alphonse Ier, duc de Ferrare, chercha, en 1505, à l'attirer à son service en qualité de maître de chapelle. Cependant, rien ne permet d'établir avec certitude si Brumel répondit à cette invitation. Quant aux dates de sa naissance et de sa mort, on est réduit aux conjectures, et c'est vers 1460 et 1520 qu'on les situe respectivement. Le prestige dont il jouissait trouve son meilleur témoignage dans le fait que, dès 1503, Petrucci publia un recueil de messes dues à sa plume.

Si l'ensemble de sa production nous échappe encore, du moins connaissons-nous de lui treize messes, divers fragments isolés de messes, quelque trente motets et sept chansons françaises. Le recueil de 1503 renferme, entre autres, la messe à quatre voix *l'Homme armé,* où la teneur est développée huit fois : une fois dans le Kyrie, le Sanctus et l'Agnus, deux fois dans le Gloria et trois fois dans le Credo. Le centre de l'œuvre, entre le quatrième et le cinquième développement de la teneur, est constitué par l' « *Et incarnatus est* », dont les dernières paroles, « *et homo factus est* », sont encore soulignées par l'homophonie — dont c'est le seul emploi dans toute la messe. La partie de teneur est presque tout entière écrite en valeurs longues, contrastant ainsi avec l'allure coulante des autres voix. En général, elle se borne à marquer le rythme de la mélodie fondamentale, mais elle le rompt aussi en maints passages d'une manière fort capricieuse, comme dans le Christe, où, lors d'une répétition — selon un procédé déjà rencontré dans la chanson — un élément de la mélodie apparaît réduit des trois quarts. Les césures entre les différentes parties de l'œuvre sont marquées par des sortes d'appendices libres de caractère polyphonique, mais il arrive aussi parfois qu'une note isolée ou un court fragment mélodique se présente sous l'aspect d'ornement linéaire. Sous forme d'imitations, la partie de teneur trouve accès au superius ou à la basse, plus rarement à l'altus, cette voix, écrite en dernier lieu, ayant surtout pour fonction de donner plus de plénitude à l'harmonie. Les cinq parties de la messe sont apparentées par un motif initial exposé chaque fois à la basse, toujours sur le même rythme, pour être ensuite repris et répété, fréquemment orné, par le superius (voir ex. 8, p. 1005).

Ce motif se rencontre seulement au début de chaque partie, mais il ne réapparaît pas lors d'un second ou troisième développement de la teneur (Gloria et Credo), non plus qu'à la répétition, dans la chanson, de la section mélodique initiale. Il ne s'agit du reste point ici d'une anticipation imitative purement mélodique de la mélodie de la teneur, celle-ci n'apparaissant nulle part sous la forme mélodique du motif initial, alors que les imitations proprement dites ne présentent jamais ces différences. La messe révèle encore bon nombre de traits archaïques, notamment l'armature très nette constituée par le superius et la teneur, et sur laquelle se greffent la basse et l'altus — ce dernier encore étroitement apparenté à l'ancien contraténor — (cf., dans l'exemple 8, le dessin de la basse à l'enchaînement des mesures 8/9 et 13/14).

Comparée, sur le plan technique, à la précédente, la messe *De beata Virgine,* à quatre voix, paraît bien avoir été composée plus tard. Il semble aussi qu'elle ait été immédiatement conçue à quatre voix, et l'harmonie y est l'objet d'un grand soin. C'est ainsi que la conclusion du Christe prend simplement la forme d'une longue modulation. Les mêmes harmonies se rencontrent dans le Gloria, sur les tropes « *ad Mariae gloriam* » et « *Mariam sanctificans* », et à la fin du premier Hossanah, d'où est absente, en fait, toute polyphonie. L'emploi frappant, tout au long de l'Hossanah précisément, du ton typiquement italien de *si* bémol, est bien caractéristique de la tendance générale qui se fait jour dans cette messe. Les passages homophones y sont un peu plus fréquents, mais sans

Kyrie I de la messe *l'Homme armé*.

Ex. 8.

acquérir toutefois, ici non plus, une grande importance.
Plus large est la place faite à de brefs bicinia entre voix
éloignées ou voisines. A l'exception de la seconde
section de l'Agnus, à deux voix, toutes les autres parties

de la messe sont écrites à quatre, même le passage
« *Pleni sunt* » et le Benedictus, où le nombre des voix est
traditionnellement réduit. Sans doute la seconde section
du Sanctus s'ouvre-t-elle sur des bicinia, mais elle finit
par mettre en œuvre toutes les voix et s'enchaîne sans
césure à l'Hosannah. Encore que semblable articulation
apparaisse çà et là chez d'autres compositeurs, elle
semble bien posséder ici sa signification propre et reposer
sur un sentiment nouveau des possibilités harmoniques.
Le naturel avec lequel se meut chacune des lignes mélodiques, l'homogénéité qui préside au traitement de
l'ensemble vocal et l'équilibre réciproque des parties
successives confèrent à cette œuvre, pour laquelle
Ambros accordait à son auteur une place d'honneur à
côté de Josquin, un caractère de maturité accomplie.

Proche de cette messe, le motet à quatre voix *Laudate
Dominum in sanctis ejus* (Ps. CL) montre également un
équilibre auquel n'atteignent que bien peu d'œuvres.
Sans accorder de préférence à telle ou telle technique
déterminée, il fait alterner les parties polyphoniques et
homophones, faisant, lui aussi, une large place aux
bicinia. En de brèves sections, le duo des voix aiguës
et celui des voix graves se succèdent, marqués par de
fréquentes répétitions du texte :

	in cymbalis		*in cymbalis*	
Laudate eum		*in cymbalis*		*in cymbalis*
		in cymbalis bene sonantibus		
		in cymbalis bene sonantibus		

Le motet tout entier, particulièrement en sa conclusion,
est d'une joie et d'une animation débordantes. La souveraine maîtrise qu'y révèle la science de la composition, tout autant que l'équilibre achevé des forces
mises en œuvre, l'élèvent bien au-dessus de telles autres
pages où l'on sent manifestement le musicien aux prises
avec les problèmes de l'harmonie et que l'on est tenté
d'attribuer à une seconde période. Ainsi le motet *Sicut
lilium inter spinas,* dont la puissance sonore est encore
renforcée par le mode de *fa.* Cette œuvre, qui dès le
début nous replonge dans la tonalité typique de *si* bémol,
fait presque constamment appel aux quatre voix, sans
que rien en vienne rompre ni aérer le bloc compact. Fort
attentif à la déclamation, le compositeur fait principale-

ment emploi, dans toutes les parties, de la brève (ronde) et de la semi-brève (blanche), en accordant une légère prépondérance, dans les passages lents, à la voix supérieure assez expressive. Une certaine tendance à l'harmonie tonale se manifeste dans le dessin de la basse, particulièrement aux points d'orgue, utilisés à plusieurs reprises.

Une préférence marquée pour l'écriture homophone et l'emploi des points d'orgue font apparaître des tendances analogues dans la *Missa super Dringhs*. En elle encore on observe, outre ce souci de la déclamation, absent des premières œuvres, le naturel avec lequel les voix sont conduites et une richesse sonore accrue, non seulement dans les passages en homophonie, mais aussi dans ceux de caractère polyphonique. Tandis que les œuvres probablement composées par Brumel à ses débuts témoignent d'un attachement étroit aux vieilles techniques, on ne tarde pas à voir ces liens se relâcher au cours des années suivantes. Les signes d'une influence italienne apparaissent si nets que Brumel, selon toute vraisemblance, a dû subir cette influence par un contact personnel avec la musique de ce pays, et non seulement par l'entremise d'autres musiciens. Mais, si les sonorités italiennes ont commencé par le marquer profondément, il a su, tout comme Josquin, trouver un équilibre valable entre les divers éléments de la polyphonie et de l'harmonie et, à ce titre, il est de ceux qui, dans leur œuvre, ont été eux-mêmes les artisans de l'évolution stylistique qui s'accomplissait alors.

GASPAR VAN WEERBECKE

Né vers 1445 à Audenarde, Gaspar Van Weerbecke est mentionné pour la première fois, en 1472, à la chapelle de la cour de Milan. On ignore absolument où et de qui il reçut sa formation musicale. A Milan, où il a Josquin pour compagnon, il reste jusqu'en 1480-1481, avant d'être au service de la chapelle pontificale à Rome, de 1481 à 1489. Il est ensuite de nouveau attaché à la cour de Milan, mais assez vaguement et, de 1495 à 1497, nous trouvons son nom sur les registres de comptes de Philippe le Beau. Puis, de 1500 à 1509, il appartient derechef à la chapelle pontificale. Bien qu'ayant cessé d'être choriste du pape, il semble être demeuré à Rome, où son nom est encore cité une fois en 1514, date à partir de laquelle nous perdons sa trace. Ce long séjour en Italie a profondément marqué sa production, ainsi qu'en témoignent les œuvres — presque exclusivement de musique religieuse — que nous connaissons jusqu'à présent : huit messes, deux Credo isolés, deux cycles de messes, formés chacun de huit motets, et vingt-huit autres motets. A l'exception de deux de ces derniers, toutes ces compositions sont à quatre voix. Quant aux cinq chansons que diverses sources mentionnent comme dues à sa plume, aucune ne peut lui être attribuée avec certitude. Si, dans ses messes, il semble adopter encore une attitude conservatrice qui l'apparente à Dufay, ses motets à quatre voix, eux, révèlent de la façon la plus frappante la marque du style italien : grande simplicité de forme, prédilection pour l'homophonie, harmonie quasi totale, emploi fréquent du mouvement en tierces ou sixtes parallèles, division du groupe vocal en deux duos, l'un à l'aigu, l'autre au grave. En outre, les œuvres de Gaspar Van Weerbecke tiennent grand compte de la déclamation du texte.

Les deux motets à cinq voix ressortissent encore à la tradition franco-flamande et représentent le type du motet bâti sur une teneur, tel qu'on le trouve, par exemple, chez Johannes Regis. La teneur et la basse, en valeurs longues, constituent l'assise harmonique sur laquelle se déploie librement la mélodie du superius, l'altus et le vagans (quintus) n'assumant d'autre fonction que de compléter l'édifice harmonique. Le principe réside donc, ici encore, dans la séparation des voix selon l'importance de leur rôle, ce que souligne également l'économie qui préside à l'emploi des imitations. Ce qui distingue, en revanche, les motets à quatre voix, comme *Verbum caro factum est* ou *Mater pia Dei*, c'est l'homogénéité du groupe vocal et le caractère expressif des sonorités. Le premier, d'allure ternaire, fait le plus souvent appel à l'effectif complet. Les parties inférieures s'y voient confier un duo assez long, mais sans que Gaspar Van Weerbecke manifeste encore ici, comme en d'autres motets, cette tendance à répartir l'agrégat sonore en plusieurs chœurs

par une rapide alternance de bicinia au registre grave
et à l'aigu. La musique est commandée par la déclamation du texte, fréquemment exposé en homophonie
et entrecoupé, notamment aux invocations, de ces points
d'orgue chers au style italien et qui, rompant la mesure,
permettent de s'attarder avec délices au jeu des pures
sonorités :

Ex. 9.

Les trois voix du superius, de la teneur et de la basse,
conçues simultanément, forment un ensemble parfait
que l'altus vient seulement compléter. L'importance des
sonorités apparaît encore plus nettement dans le motet
Mater digna Dei, où le dessin polyphonique des voix,
en revanche, marque un nouveau recul. On est donc
tenté de penser que Gaspar Van Weerbecke s'est
montré peu habile à cultiver le genre du motet à quatre
voix, mais il se peut que cette impression se modifie
le jour où un plus grand nombre de ses œuvres nous
sera accessible. Le fait que Gaffurius, dans sa *Practica
musicae* de 1496, le cite au nombre des « *jucundissimi
compositores* », montre bien en tout cas combien il
messiérait de sous-estimer son importance. Or les
compositions de Gaspar Van Weerbecke pouvaient-
elles trouver à leur époque meilleur juge que Gafurius
précisément, qui, le premier, a dégagé dans son ouvrage
la notion d'harmonie ?

LOYSET COMPÈRE

Formé, comme Van Weerbecke, dans la tradition de
l'école bourguignonne à son déclin, Loyset Compère
est aussi de ces musiciens dans l'œuvre desquels s'accomplit l'évolution, vers le style polyphonique vocal,
de l'époque josquinienne. Son motet *Omnium bonorum
plena* figurant dans un manuscrit de 1470 environ, on

peut en inférer qu'il est né au plus tard vers 1450. En même temps que Josquin il sert en 1474-1475 dans la chapelle ducale de Milan, puis, en 1486, dans celle du roi de France en qualité de « chantre ordinaire ». La suite de sa carrière s'entoure à nouveau d'ombre. Chanoine de la cathédrale de Saint-Quentin, il meurt dans cette ville le 16 août 1518.

Les messes n'occupent pas une grande place dans sa production. Quant aux motets, il en a composé environ vingt-cinq, mais ses chansons dépassent deux fois ce nombre, faisant de lui un des premiers chansonniers de son temps. Le motet *Omnium bonorum plena,* attesté sans nul doute comme une œuvre de jeunesse, montre dans la technique maintes correspondances avec Dufay et Ockeghem. Si la messe *l'Homme armé* et divers motets font une large place à la teneur, la majorité des motets à quatre voix appartient cependant au style italien. Le groupe vocal est divisé en brefs bicinia dont l'ordre suit les différentes sections du texte, alternant avec de fréquents passages en homophonie. L'allure des voix est calme et mesurée. L'élément polyphonique, qui tient encore une place importante dans la première composition, le cède au souci des sonorités, les mélismes font place à un style directement issu du texte, révélant partout la même clarté de forme et de structure dont témoignaient les œuvres de Van Weerbecke.

Mais c'est à ses chansons que Compère dut l'essentiel de sa renommée, comme nous le prouvent leur large diffusion autant que le nombre relativement élevé d'entre elles que Petrucci recueillit dans son *Harmonice Musices Odhecaton* de 1501. Apparentée au type de la chanson bourguignonne à trois voix, *Venez regretz* superpose à l'assise harmonique libre du contraténor deux voix supérieures (superius et teneur) liées réciproquement en de fréquentes imitations et qui se marient si parfaitement qu'on est tenté d'admettre que la partie de contra a été composée après coup. Également à trois voix, *Mes pensées ne me laissent* s'écarte de cette forme ancienne et traite les trois parties, cette fois toutes liées entre elles en imitations avec une telle équité, tant sur le plan rythmique que sur le plan mélodique, que nulle n'est défavorisée au profit des deux autres. Notons que ce délicat filigrane est obtenu en imposant silence tour à tour aux différentes voix, de sorte que la chanson ne comporte, la plupart du temps, que deux parties. Au genre du motet-chanson, dans lequel la polytexture est de règle, appartiennent *Le corps* (avec, au contra, les paroles « *Corpusque meum* ») ou encore *Male bouche*, où la voix inférieure chante le texte « *Circumdederunt me viri mendaces* ». Comme dans *Venez regretz*, les deux voix supérieures sont ici liées en imitations, tandis que le contra garde son autonomie. Nous avons là un excellent exemple de cet art subtil avec lequel le xve siècle finissant savait traiter les solistes, art fait non point de contours artificiels imposés à la mélodie, mais de courbes calmes et délicates qu'un renforcement de l'effectif priverait de toute leur distinction. Signalons encore la disposition de *Royne du ciel*, où superius et teneur sont à nouveau liés en imitations, mais sur un contraténor qui se borne à exposer une figure de cinq notes sur les paroles *Regina caeli* (début de l'antienne *Regina caeli laetare*). Cette figure est répétée sur *ut, ré, mi* et *fa*, puis le contra conclut librement. Le type de la chanson en canon est aussi représenté chez Compère. Semblable procédé se rencontre aux voix supérieures d'*Un franc archer*, qui en comporte quatre. Les voix libres imitent ici le superius, la teneur, si fidèlement même qu'elle reprend presque note pour note la mélodie de ce dernier. Au genre, nouveau à l'époque de Josquin, de la chanson à quatre parties pour voix seules, appartiennent *Alons fere nos barbes, Nous sommes de l'ordre de saint Babouin* et *Vostre bargeronette*. Par rapport aux œuvres précédentes, nous notons ici une profonde transformation de la mélodie. Celle-ci est caractérisée par de fréquentes répétitions de notes, selon la technique du *parlando* en usage dans la *frottola* italienne — également représentée, du reste, dans la production de Compère. Ces chansons sont empreintes d'une gaieté et d'une exubérance, voire d'un humour auprès desquels les œuvres de Josquin peuvent sembler lourdes. Elles nous prouvent que Compère ne s'est pas contenté de reprendre les formes existantes mais qu'il a participé à la création de formes nouvelles et su leur conférer des qualités expressives, neuves elles aussi. Son importance réside donc principalement dans ses chansons, et c'est grâce à elles qu'il s'est imposé comme un des premiers maîtres du genre vers 1500.

JEAN MOUTON

Jean Mouton, en revanche, semble n'avoir cultivé que fort rarement le genre de la chanson profane. L'essentiel de sa production se compose d'œuvres d'église, notamment de motets. Il en a écrit environ quatre-vingt-dix, contre neuf messes seulement — la plupart sur des thèmes liturgiques. Né vers 1470-1475, Mouton était issu d'une famille de Samer, près de Boulogne. En 1500, nous le trouvons à la cathédrale d'Amiens avec le titre de *magister puerorum*. En 1501-1502, il séjourne à Grenoble, puis entre bientôt dans la chapelle du roi de France où il demeure sous le règne de François Ier, presque jusqu'à sa mort; on ignore encore quand il la quitta. Chanoine de Saint-Quentin et Thérouanne, il mourut à Saint-Quentin le 30 octobre 1522.

Dans sa préface au *Livre des Meslanges,* Ronsard désigne notre musicien comme le disciple de Josquin. Encore que nul autre témoignage ne soit parvenu à notre connaissance, cette assertion trouve sa confirmation dans les œuvres de Mouton. Certaines portent en effet à tel point la marque du grand maître que plusieurs d'entre elles, dès le XVIe siècle, lui étaient attribuées. On ne saurait cependant parler d'imitation à leur propos. La personnalité de Mouton est assez forte pour assimiler les influences subies à l'école de Josquin, en tirer parti en les transformant et s'exprimer à sa propre manière. Quelques œuvres se situent dans la tradition du motet isorythmique. Tel est le cas du motet *Missus est Gabriel,* aux deux parties bâties sur le même cantus firmus isorythmique. Celui-ci n'est plus conduit en valeurs longues mais apparenté par son rythme aux autres voix, sans leur être cependant assimilé. Il n'est plus ordonné absolument en fonction du nombre, mais seulement d'une façon approximative. De cette œuvre il convient de rapprocher la composition *Exsultet conjubilando Deo,* à huit voix, et le motet *Antequam comedam,* à cinq voix, dans lequel le principe isorythmique est dépourvu de sa signification véritable par l'introduction d'un canon à la teneur. Une disposition nouvelle préside à la construction d'une série de motets où le principe canonique consistant à doubler une seule voix est étendu à l'ensemble des quatre parties. Ainsi, dans le motet à cinq voix *Peccantem me quotidie,* c'est le superius qui est doublé en canon. Son entrée tardive, les silences fréquents et assez longs qu'il doit observer et ses valeurs relativement longues l'apparentent encore aux anciennes techniques. Encore qu'aucune interruption importante ne vienne briser le cours des voix inférieures, les silences du superius et de la voix en canon ne permettent que rarement à cette composition de mettre en jeu l'effectif complet des cinq voix, lesquelles ne se trouvent guère réunies que dans la conclusion. Écrite en grande partie en brèves et en semi-brèves, l'œuvre s'apparente par là au motet *Nesciens Mater,* à huit voix. Cette fois, ce sont les quatre voix de superius, d'altus, de teneur et de basse qui sont doublées en canon. Le résultat de ce procédé — que le compositeur n'a peut-être pas recherché comme une fin en soi — est une grande puissance sonore, mais cependant sans lourdeur ni surcharge. Ici encore l'écriture est aérée par des silences si nombreux qu'il faut attendre la fin de l'œuvre pour voir les huit voix effectivement réunies en une brève conclusion; cela contribue également à faire penser que le musicien nourrissait des intentions polyphoniques constructives, et non la volonté de réaliser une harmonie chorale particulière, fondée sur l'utilisation simultanée des huit voix. Plus encore que dans le motet précédent, les problèmes relatifs à l'interprétation musicale du texte résultent ici du traitement canonique des quatre voix. Renonçant à atteindre, comme en telles compositions antérieures, un équilibre du texte et de la musique répondant à l'idéal humaniste, le compositeur s'est avant tout attaché à résoudre le problème de construction qu'il se posait à lui-même. L'unité de l'œuvre réside donc moins dans sa forme extérieure, telle que la perçoit notre oreille, que dans la loi qui préside à son architecture.

Le motet *Ave Maria gemma virginum,* lui aussi, double les quatre voix, conduites en canon à l'octave. Comparée aux deux motets précités, l'allure rythmique des voix y est infiniment plus libre, et la mobilité accrue de la

mélodie et de l'harmonie incite à attribuer à cette page
une date de composition ultérieure, encore que la
déclamation du texte — comme dans les autres motets en
canon — n'y soit pas toujours irréprochable et prive
le rapport entre paroles et musique de cette précision
caractéristique des toutes dernières œuvres. Un autre
groupe de motets, de date plus ancienne, témoigne nettement de l'influence italienne. Leur composition, chose
curieuse, se situe à peu près lors du séjour de Mouton
à Grenoble, ce qui, l'Italie n'étant pas si loin, autorise
l'hypothèse d'un voyage dans ce pays. Cependant il
conviendrait de se demander si la musique italienne
n'exerçait pas déjà, à Grenoble même, un ascendant
tel que Mouton n'aurait pu lui échapper. Au nombre
de ces œuvres de jeunesse figurent les motets *O Maria
virgo pia*, *O quam fulges in etheris*, *Sancti Dei omnes* et
Regem confessorum. Ils se signalent par une harmonie
d'une grande richesse, s'exprimant surtout en de nombreux passages homophones renforcés de cadences au
caractère tonal fortement accusé. Le rythme, fondé sur
la semi-brève, est sans cesse entrecoupé d'îlots sonores
marqués par des points d'orgue. Le compositeur déploie
en ces motets une parfaite maîtrise de toutes les techniques, dont il fait alternativement usage. Outre la nette
prédominance de l'harmonie, un autre trait caractéristique de l'influence italienne apparaît dans la division
du groupe vocal en bicinia traités tantôt en écriture
polyphonique, tantôt sur un rythme concomitant; dans
ce dernier cas, ils ne consistent du reste qu'en de brefs
épisodes faisant rapidement alterner les deux couples
de voix. Ces motets se distinguent encore par de fréquents
changements de mouvement, des correspondances
entre les différentes sections et une recherche de la
symétrie.

Œuvres, en majeure partie, de la maturité, les motets
sur des psaumes renoncent au prétexte d'un choral en
cantus firmus et adoptent une disposition libre répondant
à l'articulation du texte. Ici encore, Mouton use de
toutes les techniques qu'il a à sa disposition, notamment
de fréquentes répétitions de notes (il répète jusqu'à
dix fois la même), tirant certainement leur origine de
la psalmodie à une voix. Une grande attention est accordée à la déclamation, le rythme revêt une précision

extrême et le discours musical s'efforce de rendre justice au contenu affectif du texte. Mouton, en ces pages, se montre aussi fidèle héritier de Josquin que dans les motets tout entiers conçus en imitation. Cependant, alors que Josquin introduit régulièrement les imitations, Mouton, lui, vise à l'asymétrie et à l'irrégularité par l'effet d'un retard ou d'une anticipation. Les voix, ici, sont parfaitement assimilées l'une à l'autre et se meuvent sans le moindre heurt. A côté des nombreuses disparates que l'on observait notamment dans les œuvres de jeunesse, ces motets présentent une profonde unité. La mélodie ne s'abandonne plus à ces effusions irrationnelles qui caractérisaient l'époque d'Ockeghem, mais se distingue par son expression, sa netteté et sa concision. L'alternance des motifs suit l'articulation du texte.

Des neuf messes de Mouton, seule la *Missa Alma Redemptoris Mater* est, à ce jour, accessible en une édition moderne. Elle est à quatre parties, ce nombre étant porté à cinq dans la troisième section de l'Agnus et dans le Credo, qui occupe ici une place assez particulière : Kyrie, Gloria, Sanctus et Agnus Dei sont en effet apparentés par un duo analogue de l'altus et du superius, tandis que le Credo débute par un duo des voix graves qui le distingue des autres parties. La mélodie n'est développée qu'une fois dans chacune de celles-ci et, par le jeu de l'imitation, elle s'impose aux quatre voix, traitées avec une égalité absolue. Le second altus qui, dans le Credo, vient s'adjoindre aux quatre autres voix, développe en l'ornant la mélodie en mode phrygien qui forme la substance de cette page, de sorte que cette dernière réunit deux mélodies distinctes, conduites simultanément avec une science magistrale. Par sa technique, la présente messe se rapproche des motets de la première manière, bien qu'elle fasse la part moins large à l'homophonie. Comme eux, elle présente de fréquents changements de mouvement, et le fait que le Credo, volet central de la composition, se différencie à maints égards du reste de l'œuvre, permet également de reconnaître en celle-ci le dessein d'une disposition symétrique.

On peut aussi admettre, comme une œuvre relativement ancienne dans la production de Mouton, la messe *Sans cadence*, à quatre voix, qui présente les caractères d'une messe à cantus firmus selon l'ancien style. Les passages *Et resurrexit* et *Pleni sunt* éliminent la teneur, réduisant le nombre des voix à trois, tandis que celui-ci est porté à cinq dans l'Hosannah par le traitement de la basse en canon (*Canon in dyapason*) et dans la troisième section de l'Agnus, qui introduit un second altus. La messe est écrite sur une teneur non encore identifiée qui, liée à une armature rythmique immuable, est développée une ou plusieurs fois dans les différentes parties de l'œuvre. Bien qu'assimilée par endroits aux autres voix, elle emprunte essentiellement son allure à la semi-brève, à la brève et à la longue. Le nom que porte la messe dans le manuscrit a trait au problème que le compositeur s'est posé à lui-même. Encore que ce titre ne corresponde pas entièrement à la réalité — des clausules en mouvement contraire se rencontrent à chaque instant dans le corps des différentes parties, à l'exclusion des mesures terminales —, on remarque cependant partout un effort pour se soustraire à cette « sujétion » de l'écriture vocale que constituent précisément, au premier chef, les cadences. Il ne s'agit point ici de résoudre un problème d'ordre purement musical que l'on s'est posé de propos délibéré, mais de la lutte serrée d'un compositeur conscient de son génie avec son sujet, lutte tout à fait caractéristique de cette époque.

Cet aperçu de l'œuvre de Jean Mouton nous permet d'embrasser le chemin qu'il a parcouru : parti des types archaïques du xvᵉ siècle, il a contribué à forger l'idéal polyphonique qui sera celui de toute la première moitié du xviᵉ siècle. A côté de son maître Josquin, auquel il ne devait survivre qu'une année, il est l'un des plus grands compositeurs du début du xviᵉ siècle, et sa science, vantée à juste titre par les théoriciens, a trouvé un digne héritier en son grand disciple Adrien Willaert, lequel, à son tour, a été à l'origine d'innovations décisives pour toute l'histoire de la musique.

ANTOINE DIVITIS

Nombreuses sont encore les lacunes que présente notre connaissance d'Antoine Divitis, tant en ce qui concerne son œuvre qu'en ce qui regarde sa vie, dont le début et la fin sont entourés d'ombre. On suppose qu'il naquit à Louvain, à peu près à la même époque que Jean Mouton et Antoine de Févin. Nous le rencontrons pour la première fois en 1501 à Bruges, où il occupe les fonctions de *magister puerorum* à la cathédrale Saint-Donatien, avant d'être nommé *succentor* (sous-chantre) de cette église. Dès 1504, il quitte Bruges pour entrer au service de l'église Saint-Rombaut à Malines en qualité de maître de chant. A partir d'octobre 1505, il appartient à la chapelle de Philippe le Beau, qu'il semble cependant avoir quittée en 1506, après la mort de ce dernier en Espagne. Il faut attendre 1515 et la mort de Louis XII pour le retrouver, aux côtés de Mouton et de Févin, à la chapelle du roi de France, sans qu'il soit possible de préciser combien de temps il y resta attaché. Les registres de la chapelle pontificale à Rome mentionnent, en 1526, un certain Richardus Antonius qui pourrait bien n'être autre que notre musicien.

Quant à sa production, tout ce que nous en connaissons jusqu'à présent se limite à trois messes complètes, quelques fragments de messe isolés, plusieurs *Magnificat* et motets, et une chanson. Ses œuvres, qui le montrent en pleine possession de toutes les ressources techniques de la composition, se signalent par leur transparence et une profonde simplicité. C'est le cas de la *Missa super Si dedero* aussi bien que de la messe *Gaude Barbara*. La polyphonie des voix reste claire, l'articulation mélodique sans artifice, pleine de simplicité et de naturel. Rien de ce flot pressé, tumultueux, fréquent chez les maîtres néerlandais, mais une onde limpide courant librement. La musique, ici, a renoncé à son autonomie pour se marier étroitement au texte, dont elle souligne à la fois l'articulation syntaxique et tels mots ou passages importants. Ainsi, dans les parties de la messe au texte particulièrement riche — le Gloria de la messe *Gaude Barbara,* par exemple —, trouvons-nous de nombreuses sections en stricte homophonie, présentant le texte en valeurs brèves fortement accentuées. Nombreuses aussi les répétitions de notes sans changement de l'harmonie. Divitis montre un sens profond des possibilités et des effets harmoniques, sans cependant jamais s'abandonner, comme les Italiens, à l'ivresse des

sonorités. L'articulation du discours musical n'est plus
obtenue par des oppositions de rythmes, mais par de
continuels changements dans la technique de l'écriture.
Ses compositions lui assurent donc une place à part entre
Josquin et Pierre de La Rue, sans qu'on puisse le rapprocher de l'un plus que de l'autre, et il est assez difficile —
provisoirement du moins — de le rattacher à telle école
déterminée.

ANTOINE DE FÉVIN

C'est en le qualifiant de « *felix Jodoci aemulator* » que
Gläréan, dans son *Dodecachordon,* nous présente Antoine
de Févin, lui assignant ainsi la place qu'il occupe dans
l'histoire de la musique. De sang noble, il naquit à
Arras vers 1473 et fut attaché à la chapelle du roi de
France, au service duquel il mourut dès le début de 1512.
Ce n'est qu'après sa mort que furent imprimées les
premières de ses œuvres : d'abord six motets à quatre
voix dans le livre premier des *Mottetti de la corona,* publié
en 1513 par Petrucci, puis, dans le second livre, paru
l'année suivante, quatre messes à quatre voix. Encore
qu'aucun recueil ne lui soit entièrement consacré, un
jugement de Louis XII et l'immense diffusion de ses
compositions témoignent assez du prestige dont il
jouissait auprès de ses contemporains. Onze messes
complètes, divers fragments de messe isolés, une
quinzaine de motets, plusieurs *Magnificat,* un certain
nombre de lamentations, enfin quatre chansons — il
en a probablement écrit bien davantage — voilà ce que
nous connaissons de sa production. Sa messe à quatre
voix *Ave Maria,* vantée par Gläréan, résume toutes les
caractéristiques essentielles de son style. La plus nette
est sans doute l'emploi des duos, avec une fréquence
dont les autres musiciens n'offrent guère d'exemple.
Contrastant avec le début, en imitation, de l'Agnus,
les quatre autres parties de l'œuvre s'ouvrent par un
long duo des voix supérieures, tantôt suivi d'un second
des voix graves, tantôt élargi en quatuor par l'intervention polyphonique de la teneur et de la basse. A
l'intérieur des différentes parties, les bicinia jouent éga-

lement un rôle très important. On rencontre bien, ici
et là, de courts épisodes homophones réunissant les
quatre voix et réduits le plus souvent à quatre syllabes
en valeurs brèves, mais leur importance est des plus
accessoires. Sous le rapport de la mélodie comme sous
celui du rythme — subtil sans être artificiel — la plus
grande équité préside au traitement des voix. Févin
fait fréquemment usage — pour toutes les quatre — de
la semi-minime (croche), mais la valeur fondamentale de
cette composition reste cependant la semi-brève (blanche).
Quant à la déclamation du texte, il n'y attache pas une
importance très stricte et, lorsqu'il en tient compte, il
semble que ce soit plus le fait du hasard que d'une volonté
consciente.

Ces constatations s'appliquent également, dans leur
ensemble, à la messe *Mente tota* (voir ex. 10), elle aussi à
quatre voix, et qui, à en juger par la plus grande attention accordée à la déclamation, paraît avoir été composée
après la messe *Ave Maria*. L'emploi des duos reste le
même, mais le parallélisme qu'ils révèlent, quant à leur
longueur, au début des différentes parties, ne semble pas
être purement fortuit :

	Ave Maria		*Mente tota*	
Kyrie (S-A)	10 mesures		10 mesures	
Et in terra (S-A)	13	—	13	—
Patrem (S-A)	20	—	22	—
Crucifixus (T-B)	16	—	15	—
Sanctus (S-A)	15	—	16	—

Si l'on a été enclin, jusqu'à présent, à interpréter
l'expression de Glaréan, « *felix Jodoci aemulator* », uniquement dans le sens d'une étroite affinité entre la
musique de Josquin et celle de Févin, il est cependant
probable que seule une étude approfondie des œuvres
de ce dernier permettra de décider si le grand théoricien
n'a pas, en fait, formulé son jugement beaucoup plus
consciemment qu'il ne semble au premier abord. Car,
en dépit de traits personnels et originaux, Févin, par
endroits, montre plus qu'une simple imitation ou émulation. A preuve, dans la messe *Mente tota*, ce bref passage
du Credo, déjà utilisé dans le Gloria, et emprunté au motet
Vultum tuum deprecabantur, de Josquin :

Extrait du *Credo* de la messe *Mente tota*.

Ex. 10.

Et semblables parallèles entre le motet de Josquin et la messe de Févin se rencontrent encore en d'autres passages. Il est possible que ces correspondances — et bien d'autres encore, peut-être — ne soient pas passées

Fin de la 5ᵉ partie du motet *Vultum tuum*.

Ex. 11.

inaperçues et que ce soient elles, précisément, qui aient motivé le jugement du critique pénétrant qu'était Glaréan.

Günther BIRKNER.

BIBLIOGRAPHIE

AMBROS, A. W., *Geschichte der Musik*, t. III, 2e éd., Leipzig, 1881, et t. V, publié par O. Kade, 1882.

BESSELER, H., *Die Musik des Mittelalters und der Renaissance*, Handbuch der Musikwissenschaft, publ. par E. Bücken, Potsdam, 1931-1934.

PIRRO, A., *Histoire de la musique de la fin du XIVe siècle à la fin du XVIe*, Paris, 1940.

REESE, G., *Music in the Renaissance*, New York, 1954. En particulier chap. v : « Josquin des Prez and His Contemporaries. »

SMIJERS, A., *Van Ockeghem tot Sweelinck*, chap. iii de la « Algemeene Muziekgeschiedenis », Utrecht, 1940, pp. 109-168.

URSPRUNG, O., *Die katholische Kirchenmusik*, Handbuch der Musikwissenschaft, publ. par E. Bücken, Potsdam, 1931-1933.

VAN den BORREN, Ch., *Geschiedenis van de muziek in de Nederlanden*, t. I., Anvers, 1948, pp. 16. sqq.

VAN den BORREN, Ch., *Le Moyen âge et la Renaissance*, dans : *La Musique en Belgique du Moyen âge à nos jours*, Bruxelles, 1950. En particulier chap. ii : « D'Ockeghem à Josquin, ou l'âge d'or de la polyphonie néerlandaise ».

L'époque qui nous intéresse a trouvé son principal historien en A. W. Ambros. Les ouvrages ultérieurs apportent des modifications de détail au portrait qu'il a tracé et le complètent grâce à une connaissance plus étendue des sources. Le livre récemment paru de G. Reese est celui qui traite le sujet de la façon la plus détaillée. Il comporte une bibliographie extrêmement complète, et, par là, d'une importance particulière.

WAGNER, P., *Geschichte der Messe*, Ire partie, Leipzig, 1913.

Une vue d'ensemble et des chapitres spéciaux consacrés aux différents compositeurs retracent l'histoire de la messe jusqu'à 1600. Quelque peu dépassé sous certains rapports, cet ouvrage n'en conserve pas moins sa valeur par la netteté avec laquelle il domine le sujet.

LEICHTENTRITT, H., *Geschichte der Motette*, Leipzig, 1908.

Travail insuffisant à maints égards et dont les résultats n'offrent pas toute garantie. Nul livre plus récent ne l'ayant encore remplacé, il sera bon de ne l'utiliser qu'en se référant, pour le contrôler, à d'autres ouvrages.

DAMMANN, R., *Spätformen der isorhythmischen Motette im 16. Jahrhundert*, Archiv für Musikwissenschaft X, 1953, pp. 16-40.

Cette étude traite des formes tardives du motet isorythmique, de Josquin à Willaert. Je m'en voudrais, l'ayant utilisée, de ne pas mentionner la thèse du même auteur : *Studien zu den Motetten von Jean Mouton* (Fribourg-en-Brisgau, 1952).

EXPERT, H., *Les Maîtres musiciens de la Renaissance française :* 8e livraison : A. BRUMEL, *Missa De beata Virgine ;* F. de la RUE, *Missa Ave Maria,* Paris, 1898.

9e livraison : J. MOUTON, *Missa Alma redemptoris,* A. de FÉVIN, *Missa Mente tota,* Paris, 1899.

Ces messes ne sont jusqu'à présent accessibles que dans l'édition d'Henry Expert, qui en donne une bonne transcription aisément utilisable.

ROKSETH, Y., *Treize motets...,* Publ. de la Sté Française de Musicologie, première série, t. V, Paris, 1930.

Edition renfermant, entre autres, des motets d'A. de Févin, M. Gascongne, L. Compère et A. Brumel. La partie musicale est précédée d'une introduction générale et de notices relatives à chaque œuvre.

SMIJERS, A., *Treize livres de Motets parus chez Pierre Attaingnant en 1534 et 1535.* Réédition des trois premiers livres, Paris, 1934, 1936, 1938.

Cette édition du recueil d'Attaingnant nous donne une idée fort nette de ce qu'était la forme du motet durant les premières décades du XVIe siècle.

HEWITT, H., *Harmonice Musices Odhecaton A.,* The Mediaeval Academy of America, publ. n° 42, Cambridge, Mass., 1946.

La première publication de Petrucci contient quatre-vingt-seize compositions de la fin du XVe siècle ; elle est d'une importance capitale pour l'histoire de la chanson. Une indication précise des concordances rend particulièrement précieuse cette édition d'H. Hewitt.

SMIJERS, A., *Werken van Josquin des Prez,* publ. sous les auspices de la Vereeniging vor Nederlandse Muziekgeschiedenis, Amsterdam, 1921.

Edition monumentale des œuvres de Josquin. Les trente-trois livraisons parues jusqu'à ce jour contiennent dix-huit messes, quarante-quatre motets, et trente-quatre chansons, en bonnes transcriptions qu'accompagnent une excellente étude sur les sources et — pour chacune des messes, notamment — de brèves notices.

SMIJERS, A., *Josquin des Prez,* Proceedings of the Musical Association, 1927.

OSTHOFF, H., *Besetzung und Klangstruktur in den Werken von Josquin des Prez,* Archiv für Musikwissenschaft IX, 1952, pp. 177-194.

OSTHOFF, H., *Zur Echtheitsfrage und Chronologie bei Josquins Werken,* Compte rendu du Cinquième Congrès de la Société internationale de Musicologie à Utrecht en 1952, Amsterdam, 1953, pp. 303-309.

Ces deux études présentent les fructueux résultats de recherches approfondies sur les compositions de Josquin. Elles revêtent une importance particulière pour les problèmes, encore nombreux, que pose la chronologie des œuvres.

TIRABASSI, *P. de la Rue, Liber Missarum*, Malines, Bâle et Milan, s. d.

Edition renfermant, en transcriptions, les messes du manuscrit 15075 de la Bibliothèque royale de Belgique, à Bruxelles. Celles-ci sont cependant publiées sous une forme qui les rend pratiquement inutilisables pour le profane, car, renonçant aux abréviations de la notation originale, elles donnent de la musique une idée complètement fausse.

ROBYNS, J., *Pierre de La Rue (circa 1460-1518), een bio-bibliographische studie*, Bruxelles, 1954.

Comme son titre l'indique, ce travail se limite à une recherche bio-bibliographique, sans étude du style des œuvres.

CARAPETYAN, A., *Antonii Brumel, Opera omnia*, fasc. I : *Missa l'Homme armé*, Rome, 1951.

La messe est ici présentée dans une transcription tout à fait moderne. Une brève notice « To the Singer » fournit des conseils relatifs à l'exécution pratique.

SCHMIDT-GÖRG, J., *Brumel*, dans l'encyclopédie *Die Musik in Geschichte und Gegenwart*, t. II, pp. 398-402.

FINSCHER, L., *Compère*, dans l'encyclopédie *Die Musik in Geschichte und Gegenwart*, t. II, pp. 1594-1598.

CROLL, G., *Gaspar Van Weerbecke, An Outline of his Life and Works*, Musica Disciplina VI, 1952, pp. 67-81.

L'auteur, qui a longuement étudié la vie et l'œuvre de Gaspar, résume ici brièvement le fruit de ses travaux.

KAHMANN, B., *Antoine de Févin, A Bio-Bibliographical Contribution*, Musica Disciplina IV, 1950, et V, 1951.

Exposé d'ensemble sur la vie du compositeur et les sources de ses œuvres. Le style de Févin n'y est pas étudié.

VAN den BORREN, Ch., *Divitis*, dans l'encyclopédie *Die Musik in Geschichte und Gegenwart*, t. III, pp. 613-615.

LA CHANSON FRANÇAISE
EN EUROPE OCCIDENTALE
À L'ÉPOQUE DE JOSQUIN DES PRÉS

L A chanson française de la fin du xvᵉ siècle ne doit pas être considérée comme une simple forme d'art, mais surtout comme le témoin d'une culture dépassant de beaucoup les limites du domaine royal. L'intérêt que lui porte la société de cette époque s'explique par l'immense place faite, dès le début de la Renaissance, au « spectacle » : entrées de souverains dans les villes, baptêmes et mariages royaux, tout est prétexte à des fêtes, processions, banquets et bals, où la musique profane, tant instrumentale que vocale, prend de plus en plus d'importance. Nous la voyons devenir non seulement une forme d'art autonome, mais une nécessité sociale, de telle sorte que la chanson française, intimement liée au mécénat, va évoluer en fonction de celui-ci. Le début du xv1ᵉ siècle voit d'autre part la naissance de l'imprimerie musicale, ce qui va permettre une plus grande diffusion des œuvres. En 1501, Ottavio Petrucci publie à Venise l'*Odhecaton,* bientôt suivi par les *Canti B* et *C.* Si le premier de ces recueils est en majeure partie réservé à la chanson bourguignonne, les deux autres forment la première anthologie de la chanson française à l'époque où nous l'étudions.

La période qui s'étend de la mort d'Ockeghem (1495 ?) à celle de Josquin des Prés (1521), est pour la musique profane l'une des périodes les plus complexes de son histoire. Bien que dominée par quelques grandes personnalités, elle est avant tout la période des petits maîtres. Dans le prologue du *Quart Livre,* Rabelais mentionne rétrospectivement les noms qui l'illustrèrent le mieux :

Ouy jadis en un beau parterre Josquin des Prez, Olkegan, Hobrethz, Agricola, Brumel, Camelin, Vigoris, de la Fage,

Bruyer, Prioris, Seguin, de La Rue, Midy, Moulu, Mouton, Guascongne, Loyset Compère, Penet, Févin, Rouzée, Richadfort, Rousseau, Consilium, Constantio Festi, Jacquet Berchem chantans mélodieusement.

Si certains de ces noms, tels Camelin, Seguin, Midy, Rousseau, ne nous sont connus que par cette citation, pour les autres nous possédons un assez grand nombre d'œuvres. A peu d'exceptions près, tous musiciens des Pays-Bas, que ce soit des Flandres proprement dites, du Hainaut, de l'Artois ou de la Picardie, nous les voyons très tôt abandonner les maîtrises du Nord, pour le faste des cours italiennes.

S'il est coutumier, de nos jours, de qualifier de franco-flamande la chanson en langue française de la fin du XVe siècle, résumant par ces termes la langue employée et le lieu d'origine des musiciens, il est nécessaire de distinguer deux esthétiques : la chanson dite « savante » et la chanson que nous appellerons ici « rurale ». La technique en est moins différente que l'esprit qui les anime. Esprit déterminé par le milieu dans lequel elles prennent naissance.

La chanson savante, présentée le plus souvent en un contrepoint libre où chaque voix procède d'un thème différent, s'apparente encore par sa structure au motet. Elle est, durant cette période, portée à son apogée par Josquin des Prés, Isaac, Obrecht et Pierre de La Rue. Mais à la cour de France, la chanson se dégage peu à peu du style religieux. Construite à partir d'éléments populaires, elle n'a d'autres prétentions que d'être un joyeux divertissement. Aux personnalités bien définies des musiciens du Nord s'opposent les « petits maîtres » de la cour de France. A l'intérêt musical répond l'intérêt historique et littéraire.

Dans toute l'Europe occidentale, on voit déjà au XVe siècle se manifester, sous l'influence des cours italiennes, un goût affirmé pour tout ce qui est fastueux. Si la cour de France des règnes de Louis XI et de Charles VIII, tout comme la cour hongroise de Mathias Corvin, s'érigent alors en mécénat, peu de documents permettent cependant d'en étudier la vie musicale. La lecture des chroniques est souvent décevante. Les comptes n'ont pas toujours été conservés. Et il est bien difficile d'attribuer tel ou tel manuscrit à un milieu déterminé.

.

C'est à la cour de Marguerite d'Autriche que la vie
musicale nous est la mieux connue. Toute jeune, lors
de son séjour en France, elle se familiarise avec la
musique vocale et instrumentale, et apprend à jouer de
l'épinette. Poète, elle ne cesse durant toute sa vie de
s'intéresser aux arts et aux artistes. Soit à Malines, soit
à Bourg-en-Bresse, elle est constamment entourée de
poètes, de peintres et de musiciens. En 1506, à la mort
de son frère Philippe le Beau, elle recueille sa chapelle
musicale. C'est surtout la lecture du catalogue de sa
« librairie » qui nous renseigne sur ses goûts musicaux. En
plus de quelques manuscrits de polyphonie religieuse,
trois manuscrits de musique profane y figurent : le
manuscrit dit des *Basses Danses* (Bibl. royale de Belgique
ms. 9085) publié par E. Closson, et deux chansonniers
nommés *Albums poétiques de Marguerite d'Autriche* (Bibl.
royale de Belgique mss 228 et 11239), dont seuls les textes
littéraires ont été publiés par Marcel Françon. Comme
le fait remarquer ce dernier dans son introduction à la
publication des *Albums,* « il semble que Marguerite
soit restée attachée aux vieilles traditions et qu'elle ait
été peu accessible au goût nouveau ». Ce qui est exact
pour les textes littéraires, l'est également pour la musique. Ce sont des ballades et des rondeaux, formes
préférées des musiciens du XVe siècle. En majeure
partie anonymes, nous y rencontrons toutefois deux
pièces de Jean Lemaire de Belges :

> Soubz ce tumbel qui est ung dure conclave
> Gist l'amant vert et le très noble esclave.

et :

> Plus nulz regretz, grans, moyens ne menuz
> De joye nudz, ne soyent ditz n'escriptz.

Comme le fait encore remarquer Marcel Françon, c'est
« la douleur, la lassitude, le découragement que provoque
le malheur sous toutes ses formes », qui vont servir de
thèmes : *Toutz les regretz, Secretz regretz..., Doeul et
ennuy..., Plaine de deul,* thèmes déjà courants à la cour
des ducs de Bourgogne. Pièces de circonstance parfois,
hommage rendu à la reine :

De l'œil de la fille du Roy

ou reproche habilement déguisé :

> A vous non aultre servir habandonné
> Bien quatorze ans me suis en toute place
> Et se ne puis acquerir votre grace...

qui, comme le dit André Pirro, semble faire foi des quatorze années de service de Pierre de La Rue. Ces textes sont mis en musique à trois ou quatre voix. Sous les noms de Hayne, Alexander Agricola, de Orto, Loyset Compère, on retrouve dans ces deux manuscrits des chansons principalement à trois voix, possédant encore toutes les caractéristiques de la chanson bourguignonne où, bien souvent, une voix énonce un thème liturgique sur des paroles latines, tandis que les autres voix sont indépendantes. Mais c'est à Pierre de La Rue, compositeur préféré de Marguerite d'Autriche, que peuvent être attribuées la plupart des chansons à quatre voix. Si parfois les quatre voix procèdent encore de thèmes différents comme dans *Pourquoy non,* c'est la chanson en imitation qui prévaut : *Trop plus secret* (ex. 1) :

Ex. 1.

La chanson française à la cour de Marguerite d'Autriche semble être tout imprégnée de tristesse. Elle conserve un caractère savant, quelque peu guindé, dû au choix des textes littéraires et au goût particulier de la duchesse.

*
* *

Le début de la Renaissance à la cour de France est plus marqué, semble-t-il, par la création d'une esthétique musicale nouvelle que par un retour à l'antique qui ne se manifeste qu'à la fin du siècle avec la musique mesurée de Claude Le Jeune. La chanson s'affranchit de la tutelle du motet et, pour le texte littéraire, des règles trop strictes des rhétoriqueurs, pour n'être plus au début du XVIᵉ siècle qu'un divertissement.

Si la vie de cour est encore loin d'atteindre le faste qu'elle connaîtra sous le règne de François Iᵉʳ, elle est déjà très brillante sous Louis XII et Anne de Bretagne. La Maison du Roi et de la Reine s'organise. Les comptes révèlent, en plus des musiciens de la Chambre et de la chapelle, un maître des Menus plaisirs de la Chambre. On fait couramment appel à des musiciens étrangers. En 1506, Louis XII engage à Milan un orchestre composé de six instrumentistes italiens. Mais seul un document, cité dans les diverses histoires de la musique, nous renseigne sur le goût de Louis XII pour la musique profane. Il s'agit d'une lettre adressée d'Italie à Monseigneur de Montmorency, dans laquelle il loue le talent d'Antoine de Févin, l'un des chantres de sa chapelle. Bien qu'héritant de la structure à trois voix de la chanson bourguignonne, la chanson française s'en distingue par l'emploi constant de thèmes musicaux et de textes littéraires empruntés à deux manuscrits monodiques conservés de nos jours à la Bibliothèque nationale (fr. 9436, dit ms. de Bayeux, et nouv. acq. fr. 12744). Avec ces deux chansonniers, nous sommes en présence d'un répertoire de chansons rurales, ainsi nommées par Jean Molinet dans son traité *l'Art de Rhétorique*. Le terme de rural n'implique pas que nous ayons affaire à un répertoire folklorique, mais simplement à des pièces de forme libre où le vers est souvent boiteux et où les rimes ne sont pas toujours respectées. Sous un anonymat absolu, elles semblent avoir été, pour la société de l'époque, de joyeux divertissements (chansons à boire et à danser). Des recueils publiés sans musique à la fin du siècle précisent encore leur utilisation : le *Recueil de toutes les sortes de chansons nouvelles rustiques et musicales, et aussi qui sont dans la déploration de Vénus,* Lyon, Georges Poncet, 1555.

Si certains de ces textes conservent les formes fixes du rondeau, du virelai et de la bergerette, la plupart les abandonnent en faveur des formes libres de la chanson strophique et de la chanson à refrain, celui-ci se bornant parfois à quelques onomatopées. La fin du xve siècle est un retour aux thèmes des xiie et xiiie siècles : pastourelles,

> Dieu la gard la bergerette
> Qui bien gard ses brebis...,

plaintes de mal mariée :

> Mon mari m'a diffamé.

En revanche, le xvie siècle, délaissant la préciosité et l'amour courtois, leur préfère les images sans équivoque où déjà se fait jour l'érotisme de la chanson parisienne du milieu du siècle. Ces thèmes littéraires et musicaux vont devenir, sous la plume des musiciens de Louis XII, des chansons à trois voix. Variés rythmiquement et mélodiquement, ils vont alimenter soit l'une, soit l'autre des voix, soit les trois lorsque l'écriture est en imitation et fait appel à différents procédés d'écriture. S'inscrivant au superius, ils sont harmonisés par les deux autres voix ; s'énonçant au ténor en valeurs longues telle une teneur liturgique, les deux autres voix procèdent de thèmes différents. Mais ce qui est le plus courant, c'est l'écriture en imitation aux trois voix, le thème rural servant de sujet. Les voix sont en principe groupées dans une même tessiture, élevée ou grave. Des formules mélodiques et rythmiques caractérisent ce type de chanson. La plus répandue est celle de *L'amour de moy si est enclose* : elle commente au superius ou au ténor une cadence parfaite :

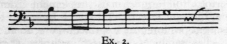

Ex. 2.

Le rythme ♩ ♪ ♪ ♩ n'est pas nouveau, on le rencontre déjà dans les œuvres de Busnois, Caron, Ockeghem, mais à la fin du XVe siècle il se répand de plus en plus. Il devient, vers 1520, le rythme initial de la chanson française. Cependant, l'emploi de ces diverses formules confère à ces pièces une certaine banalité, leur originalité n'étant due qu'à l'emprunt fait aux thèmes ruraux. Que ce soit dans *Dieu gard de mal de deshonneur,* de Jean Mouton, ou dans *Il m'est advis que je vois Perrichon,* de Hyllaire Penet, ou bien encore dans *J'ayme bien mon amy,* de Ninot Le Petit, il serait difficile de distinguer la personnalité de ces différents musiciens. Mais, en plus des formules courantes à cette époque, les quinze chansons de Févin qui nous sont connues reflètent des éléments qui leur sont propres. Les voix sont souvent ramassées dans une tessiture grave; leurs entrées en imitation à l'unisson provoquent entre les différentes parties de constants croisements.

*
**

Quel fut le rôle de l'Italie à cette époque ? L'influence du Quattrocento, indéniable en ce qui concerne l'art architectural et pictural, semble demeurer nulle en ce qui concerne la musique française des confins des XVe et XVIe siècles. Celle-ci, en revanche, intéresse les Italiens. Grâce à son morcellement politique, l'Italie offre simultanément plusieurs foyers musicaux : Venise, Ferrare, Milan, Rome et Florence où Laurent le Magnifique groupe autour de lui les musiciens en renom. Des musiciens du Nord vont séjourner plus ou moins longtemps à ces cours. Les livres de comptes de Galéas-Marie Sforza à Milan, révèlent la présence, de 1471 à 1474, d'Alexander Agricola, à qui succède, semble-t-il, en 1475, Loyset Compère. Josquin des Prés est mentionné pour l'année 1476. De 1486 à 1494, il fait partie de la chapelle pontificale. Jacob Obrecht est à Ferrare, au service d'Hercule d'Este; après un séjour dans les Flandres, on le retrouve de nouveau en Italie en 1504, et il meurt à Ferrare en 1505, alors que Brumel s'y trouve également. Dès 1475, Heinrich Isaac sert Laurent le Magnifique à Florence; à partir de 1512, il est nommé agent de l'empereur Maximilien auprès de ce prince, et il meurt à Florence en 1517. Les manuscrits de ses chansons se trouvent encore dans des bibliothèques italiennes, notamment à Florence. A trois ou quatre voix, elles gardent une grande simplicité de structure afin que les mots soient plus distinctement perçus.

Au début du XVIe siècle, il semble que ce soit à la chanson « rurale » à trois voix que l'Italie se soit particulièrement intéressée. De nombreuses publications en font foi. En 1520, Luca Antonio Giunta publie à Venise les *Chansons à troys*. En 1536, un second recueil fait suite au premier : *la Couronne et fleur de chansons à troys*. En 1541, Antoine Gardane fait paraître dans un but uniquement commercial, semble-t-il, et sous le nom de Janequin, un recueil de chansons « rurales » dont certaines peuvent être attribuées avec certitude à M. Gascongne et A. de Févin. Adrien Willaert, faisant abstraction de sa personnalité, se complaît à écrire des chansons à trois voix empruntant des thèmes populaires : *Quant le joly Robinet; Jean, Jean, quant tu t'en yras ; Perrot viendras-tu*, qui, en 1578, sont à nouveau publiées par les éditeurs parisiens Ad. Le Roy et R. Ballard. Chez les premiers auteurs de madrigaux, nous retrouvons parfois les formules caractéristiques de cette sorte de chanson. Celle-ci est éclipsée un temps par la chanson parisienne à quatre voix publiée principalement par l'éditeur Pierre Attaingnant dès 1528, mais il semble que la fin du siècle voit un retour à la chanson à trois voix, grâce aux publications de Pierre Phalèse et à celles d'Ad. Le Roy et de R. Ballard dont je viens de parler.

***

Il n'est pas possible d'étudier la chanson française sans réserver la plus large place à Josquin des Prés. Comme le dit André Pirro : « Il suffirait d'étudier Josquin des Prés pour connaître la musique de son temps sous la forme la plus achevée. » En effet, par l'immense diversité de son œuvre, Josquin semble résumer à lui seul toutes les tendances de la musique franco-flamande à l'époque où nous l'étudions. En 1576, dans *les Meslanges d'Orlande de Lassus*, un sonnet de J. Megnier le mentionne encore :

> Le bon père Josquin de la musique informe
> Ébaucha le premier le dur et rude corps
> . . . .
> Josquin aura la palme ayant été premier.

Mais ce ne sont pas les seuls Français qui louent son talent. En 1545, dans la préface du *Septième livre contenant vingt et quatre chansons à cinq et six parties*... qu'il dédie à Lazarus Doucher, l'éditeur anversois Tylman Susato parle de lui en ces termes :

> ...c'est le présent livre de chansons à cinq et six parties composées par feu de bonne mémoire Josquin des Prés, en son temps très excellent et supérminent au scavoir musical et ay voulu commancer a imprimer icelles œuvres affin que d'icelles chascun puisse avoir perpétuelle mémoire, comme il a bien mérité.

En 1567, dans une lettre de Cosimo Bartoli, nous lisons ceci :

> De Josquin disciple d'Œghem, on peut dire qu'il fut en musique un monstre de la nature, comme le fut en architecture, en peinture, en sculpture notre Michel-Ange Buonarroti ; de même, en effet, que personne n'est parvenu jusqu'ici à la hauteur de Josquin dans la composition, de même Michel-Ange, parmi tous ceux qui se sont exercés jusqu'ici aux mêmes arts que lui, est seul sans égal.

Comme son œuvre religieuse, l'œuvre profane de Josquin atteste son origine nordique. Bien souvent encore, la structure du motet va servir de cadre à la chanson. Et comme le fait remarquer Charles van den Borren : « Rien ne ressemble plus à un beau motet de Josquin ou de Pierre de La Rue, qu'un beau motet d'Obrecht, et nul ne songerait à nier que l'un et l'autre dérivent de la même source. » Pour la chanson, il en est de même. Malgré la diversité de son œuvre — ce qui en rend l'étude plus ardue et les constantes plus difficiles à établir —, il existe cependant certains éléments, certains procédés d'écriture, qui lui sont propres. Voulant conclure, il allège peu à peu la polyphonie grâce à l'intervention d'une ou deux pédales, détendant ainsi la contexture harmonique, avant l'accord final comme dans les chansons *Vous l'arez, s'il vous plaist*, et *Ma bouche rit*. Recherche de timbre, effets d'écho, dans des pièces à six voix, où l'ensemble vocal se divise en deux groupes de trois voix, se répondant et dialoguant sans presque jamais se superposer. C'est à l'écriture en imitation que Josquin fait appel le plus souvent, mais bien rares sont les pièces basées sur un même thème. Il se plaît à construire des doubles et même des triples canons comme dans : *Basies moy, ma doulce amye,* (voir ex. 3, page 1037).

Les six voix sont basées sur trois thèmes donnant lieu à trois canons à la quarte : ténor et bassus, contraténor et superius, quinta pars et sexta pars. Après avoir énoncé plusieurs fois *Basies moy,* les six voix vont se répartir différemment pour amorcer un nouveau canon à la quarte sur un seul thème. Si Josquin préfère de beaucoup l'écriture à quatre, cinq ou six voix, on rencontre toutefois dans son œuvre un certain nombre de chansons à trois voix. Abandonnant alors son talent de véritable architecte, il ne fait que suivre l'exemple des musiciens de Louis XII, et il est bien difficile de reconnaître dans ces courtes pièces empruntant des thèmes ruraux le génie du grand Josquin. Sa biographie, bien qu'assez connue, demeure sur un point encore obscur. Séjourna-t-il à la cour de France ? Gustave Reese donne la date de 1501, sans préciser l'origine de son hypothèse. Des textes tels que la chanson *Vive le Roy et sa presence,* ou le motet *Memor esto verbi tui,* qui, d'après Glarean, devait rappeler au roi qu'une prébende annoncée tardait trop, et la chanson transcrite par Glarean à la fin de son *Dodecachordon* et dont une voix porte la mention *Vox regis,* attestent sinon son passage, du moins les rapports certains qu'il eut avec cette cour. Il convient d'ajouter que la présence, dans l'œuvre profane de Josquin, de « chansons rurales » à trois voix, caractéristiques de la cour de Louis XII, semble confirmer cette supposition, sans pour cela la dater. Peut-être même est-il permis de penser qu'elles furent écrites en hommage au Roi, pour solliciter les avantages d'une prébende, ou mieux encore, un poste de chantre ou de maître de chapelle.

Ex. 3.

On constate donc qu'au début du XVIᵉ siècle, la chanson basée sur un texte français, tant « savante » que « populaire », a une très grande vogue, non seulement en France mais également à l'étranger. Intimement liée à la vie sociale des cours, elle en conte bien souvent l'histoire. Ainsi la période qui va de 1495 à 1521 environ marque-t-elle en même temps l'apogée de la chanson franco-flamande et la période de transition où l'on voit se concrétiser et s'affirmer le goût français.

Paule CHAILLON.

BIBLIOGRAPHIE

On ne mentionnera ici que les ouvrages généraux ayant un rapport direct avec le sujet traité :

PIRRO, André, *Histoire de la musique, XVᵉ et XVIᵉ siècles,* chap. V et VI, Paris, 1940.

REESE, Gustave, *Music in the Renaissance,* New York, 1954.

VAN den BORREN, Charles, *La musique en Belgique du Moyen Age à nos jours,* Bruxelles, 1950.

SARTORI, Claudio, *Josquin Des Prés cantore del Duomo di Milano (1459-1472)* dans Annales musicologiques, t. IV, Paris, 1956, p. 55-83.

Ajoutons l'excellent ouvrage de :

GOMBOSI, *Jacob Obrecht*, Leipzig, 1925.

Pour une étude plus détaillée de cette époque, il sera facile de trouver la bibliographie d'articles parus dans des revues de musicologie, dans les volumes cités ci-dessus.

ÉDITIONS MUSICALES

SMIJERS, A., *Werken van Josquin des Prez uitgegeven... derde aflevering wereldlijke werken,* vol. I-III, Amsterdam (1921) et Leipzig, G. Alsbach et Cie et C.F.W. Siegel (s. d.).

WOLF, Johannes, *Werken van Jacob Obrecht uitgegeven... vijftiende en zestiende aflevering wereldlijke werken,* Leipzig, Breitkopf und Härtel [1912-1921] in *Vereeniging voor Noord-Nederlandes Muziekgeschiedenis.*

WOLF, Johannes, H. Isaac, *Weltliche Werke bearbeitet...* in *Denkmäler der Tonkunst in Oesterreich,* Vienne, Leipzig, Breitkopf und Härtel, 1907-1909.

DANS LA COLLECTION FOLIO/HISTOIRE

DANS LA COLLECTION FOLIO/ACTUEL

Malgré nos recherches, nous n'avons pas pu retrouver la trace de certains auteurs de ce volume. Les droits d'auteur leur revenant sont réservés dans un compte à nos Éditions.

Reproduit et achevé d'imprimé
par l'imprimerie Bussière Camedan Imprimeries
à Saint-Amand (Cher), le 23 mars 2001.
Dépôt légal : mars 2001.
Numéro d'imprimeur : 6512.
ISBN 2-07-041745-X/Imprimé en France.